让 我 们 青春文 一 起 追 寻

Paix et

guerre

〔法〕
雷蒙·阿隆
著

王甦　周玉婷
译

entre les

nations

〔上〕

民族
国家间
的
和平与
战争

Raymond Aron

社会科学文献出版社
SOCIAL SCIENCES ACADEMIC PRESS (CHINA)

二十世纪雷蒙·阿隆最重要的政治思想名著之一

中文版序

　　我很开心看到父亲的这部初版于1962年、至今仍在思想界广为流传的国际关系经典著作被翻译成中文。虽然从他写这本书时起至今，世界已然发生了深刻的变化，但这本书仍会激励那些想要了解这个世界的人去思考，这着实令人激动。它经常受到批评，这很正常，而且这表明它依然充满生命力，且具有实用价值。事实上，它是国家和民族关系理论史及战争理论史中的一个阶段。中国的研究者可以通过评估本书首次出版以来世界上发生的变化，将这部作品纳入自己的批评体系。这种批评将使他们在思想上和对世界的认识上更进一步。整体人类的共同理性就是这样发展的。我感谢那些承担翻译和传播本书的责任和重担的人，希望这本书能对推动中法两国的知识交流有所帮助。

多米妮克·施纳佩尔－阿隆
法国社会科学高等研究院学术主席
法国宪法委员会名誉委员
巴黎高等研究院主席

Préface à l'édition chinoise

Je suis heureuse de voir traduire en chinois le livre que mon père publia en 1962 et qui reste un classique, largement diffusé dans le monde de la pensée, sur les relations internationales. Il est en effet frappant que, alors que le monde a profondément changé depuis le temps où il écrivait cet ouvrage, ce livre continue à inspirer la réflexion de ceux qui veulent comprendre le monde. Il est souvent critiqué, ce qui est normal et montre qu'il est toujours vivant et utile. Il constitue en effet une étape fondamentale dans l'histoire de la théorie des relations entre les États et les peuples et la théorie de la guerre. Les chercheurs chinois pourront le soumettre à leur propre critique en évaluant les changements intervenus depuis le temps de son écriture et cette critique leur permettra d'avancer dans leur réflexion et dans leur compréhension du monde. C'est ainsi que progresse la raison humaine commune à tous les hommes. Je remercie ceux qui ont pris la responsabilité et la charge de traduire et de diffuser ce livre et espère qu'il contribuera à développer les relations intellectuelles entre nos deux pays.

Dominique Schnapper – Aron
Directrice d'études à l'EHESS
Membre honoraire du Conseil constitutionnel
Présidente de l'Institut d'études avancées de Paris

目　录

·上·

第一部分　理论　概念和体系

第二部分　社会学　决定因素和规律性

·下·

国际社会
第八版介绍 *

就人类当下的处境而言，我首先注意到的是其构成中
的一种明显的矛盾性，而这种矛盾性又总会让人类摇摆不
定。从人与人的关系来看，我们都以公民身份生活，并遵
从法律；从民族与民族的关系来看，每一民族都享有天然
的自由。这种状况比不区分两者使我们的处境更糟，因为
这种同时在社会秩序中和自然状态下的生活让我们不但屈
从于两种状态的局限，而且不论在哪种状态中都找不到安
全感。的确，社会秩序的卓越之处体现在力量与法律的角
逐中，但这仅限于在法律能够控制力量的情况下；当君主
处于绝对独立的意志下时，这唯一的力量将以法律的名义

* 此介绍是雷蒙·阿隆在 1983 年 10 月去世之前写作的手稿节选。在这份手稿的
其中一页上，他清楚写明了他的两个著书计划："我着手写作的这本小书或者
说长篇介绍源自下面两项计划：为《民族国家间的和平与战争》的再版做准
备，通过对 1962 年的文稿的批判性介绍让再版内容更充实；撰写我在完成
《回忆录》的写作时构思的论文，让它成为能够同奥斯瓦尔德·斯宾格勒的
《决定时刻》（*Jahre der Entscheidung*）相提并论的随笔。"雷蒙·阿隆所说的
"对 1962 年的文稿的批判性介绍"就是我们现在看见的这篇介绍。作者就此回
应了别人对他在国际社会研究中构想出的理论框架所提出的明确异议，也审视
了他的主要概念是如何经受住事实检验的（D. S. 和 J.-C. C.）。——原注（如
无特殊说明，本书脚注均为原注）

向公民，或者以国家利益的名义向外人发号施令，从而剥夺前者反抗之权利和后者反抗之意志，因此真正的公正之名只会被用来确保暴力在各处能够得以实施。

II 关于我们一般所称的民众权利，可以确定的是，如果没有惩罚，保障它的法律只不过是比自然法更无力的空想。自然法至少为具体个人所体会，而民众权利则除了对它的服从者有益之外，并无任何保障，其裁决也只有在确保有利可图时，才会被尊重。因此，在现今所处的混合状态下，我们不论偏向哪一边，我们不论做得过多还是过少，都劳而无功，我们处于可以到达的最坏的境地。①

请允许我在这里引用让－雅克·卢梭关于战争状态的一个片段。《民族国家间的和平与战争》这本书就是以这个古典论点作为起点的：国家间的自然状态（或潜在战争状态），本质上不同于国家内部的公民状态。公民们遵从法律，即使法律表达权力的同时也掩饰权力。因此，本书涉及的是**国家间体系**：在这个由国家组成的**体系**中，各国互相监督以确保自身安全；说是**国家间的**，是因为战争不是个人之间的关系，而是国家间的一种关系。"战争绝不是人与人的关系，而是国与国的关系，在战争中的个人并不是作为人或者公民，而仅仅是作为战士而碰巧成为敌人；他们不是作为祖国的成员，而是作为祖国的保卫者而成为敌人。"②

我们也可以把这种哲学理论诠释为一种理想类型模式。在

---

① J. -J. Rousseau, *Écrits sur l'Abbé de Saint-Pierre*, in *Œuvres Complètes*, vol. Ⅲ, « La Pléiade », Gallimard, 1970, p. 610.

② J. -J. Rousseau, *Le Contrat social*, Ⅰ, 4, 同上, p. 357。

自然状态尚未被超越，因而和平状态（或者说国家间的公民状态）无法实现的情况下，纯粹的国家间战争既可以被看作社会学模型，也可以被看作理想模型。

那么，我对法律或者哲学假定的使用是否让本书犯了材料使用中的时代错误？这本书是否过于关注过去？它是否在重复一种狭隘且过时的对国际社会的描述？有些人批评我太拘泥于那种或多或少反映了欧洲协调的战争的传统含义。我认为这种批评并不恰当。当然我也可以把书写成另一种样子，不过我还是给了这本书"民族国家间的和平与战争"（对我而言，更确切的是"国家间的"）这个题目。我所说的战争就是我们一直以来理解的这个词的意思，即国家间的武装冲突，或者那些多少由国家组织的军队间的力量较量。暗杀、恐怖主义和经济竞争全都没有包含在我称为战争的这个概念之中。

我一直都强调20世纪末国家间体系的独特之处，这个全球性体系即便在和平时期也是好战的。国家间体系并不等同于国际社会，它体现的是国际社会的一个具体方面，在我看来也是一个根本方面。我没有忽视国际社会的其他方面，只是我没有系统地对它们加以研究。我期望知道的是，我做的选择是否合理，或者我做的选择是否迫使我回顾过去而非揣测未来、预见未来。

虽然我分析了资本主义世界市场，但是几乎没有使用经济体系的概念。很显然，国民经济实际是属于一个体系或者位于一个体系之中的——如果我们将"体系"一词理解为一个整体，它的各个要素相互影响、相互关联的话。说到底，任意一个要素的改变都不可能不引起其他要素的变化。当然，要素单元之间的交互影响并非对称。即便在那些不遵循调控中心机制

的体系中，一些单元也会因其规模和力量而在整个体系中行使
一种实际权力。

当前，在那些致力于**和平研究**（peace research），并认为和
平研究这一说法比国际关系或国家间体系这类说法更可取的机
构中，世界经济体系就取代了国家间体系。经济体系可以两分
为中心和边缘，工业化国家处于经济体系的中心，欠发达国家
或发展中国家处于体系的边缘。体系的中心包括美国和其他工
业国，前者剥削后者，而它们又一起对处于体系边缘的国家实
施剥削。每个国家的内部也完全可以出现同样的双重性。富国
将它们所抽取利润中的一小部分留给它们的边缘国家，以维持
这些国家的生存。而这些边缘国家同样包含中心、特权者以及
与那些处于经济体系中心的外国资本主义存在部分联系的民族
资产阶级。

IV　　　这种描述显然是受马克思主义思想启发得出的。所有财富
都是由剩余价值创造和提供的，而剩余价值又是剥削者从他们
自己国家的劳动者和边缘国家的劳动者身上抽取出来的。国家
间结构与国家内结构之间的一个相似之处因此而显现出来。这
个隐含理论，无论是在马克思的论述中还是在列宁的《帝国主
义是资本主义的最高阶段》中都没有，至少没有以这种方式被
阐明，但我们还是可以从他们的论断中推断出来。这一理论有
意回避谈论严格意义上的国家间对抗或国家间冲突。它通过论
述资本主义社会的阶级斗争而将这种分析扩展到了全世界。

国家间体系和经济体系之间有着千丝万缕的联系，我在后
面将有机会对这些联系加以论述。不过，从它们中的哪一个开
始论述更合适呢？是从对独立自主和国家主权的诉求开始，还
是从社会内部不平等结构或不同社会之间的关系开始？在这点

上，我准备忠实遵循《和平与战争》（指本书，下同）一书的主要思想。纵观历史，服从于一个中央权力机构的各个领土共同体（collectivités territoriales），它们之间的武装对抗或武装冲突是历史进程中的正常现象。伟人或英雄领导着军队，管理着人民。假设征服者和立法者在今天有的仅仅是我们对他们的固有印象，或仅仅是那些被载入教科书的回忆，那么，就应该对国家间交往的古典描述予以保留，而不是对国家内部主体身份或公民之间的对立以及国家间的战争状态置之不理。即便这种对立不再成立，为了明晰最终可能消除这种对立或超越它的那些现象，我们首先应该做的还是去重述这种对立。

让我们更进一步分析。建立在中心与边缘的不平等之上的经济体系，其成立的前提是社会关系对于国家间关系而言是主导原因。然而，实际情况却与此不符。苏联既非中心也非边缘。伊拉克和伊朗展开了一场我们无论如何也无法将其附会于经济体系的战争。作为世界中心的美国，它的行动也许推动或加速了战后重大事件的发生——两个阵营瓜分欧洲以及非殖民化——而这些事件也可能是正在演化的经济体系的政治表达；不过，它们看起来首先还是像有组织的国家间斗争的偶然结果，抑或是臣服于外部势力的国家或居民之间的斗争所得到的偶然结果。我们最好还是从那些可以直接观察到的现象出发，然后再进入——如果可以进入的话——这些现象的深层现实。

针对国家间体系所具有的优先性还存在另一种异议，它涉及国界的失效和超级大国的自我抑制，即超级大国禁止自己使用它们拥有的所有杀戮手段和摧毁手段。可以为民族国家的衰落和国界的消失辩护的理由从不缺乏。当下，所有欧洲民主政体的军事边界都居于德意志民主共和国和德意志联邦共和国之间。一旦处于战争状态，两大集团都将被卷入其中，它们将构成行动的主体。只有像瑞士和瑞典这种装备精良的中立国家，才有机会保住自己的政治自主性。领空被如此小心地戒备，针对外国飞机的布防又是如此严密，以至于对卫星国而言领空已经不复存在。所有这些都是不容置疑的事实，然而我们从中又能得出怎样的结论呢？

在世界的某些地区，尤其是欧洲，由于苏联军事力量的存在及其对东欧诸国的控制，民族国家被降级了。一边矗立的是一个军事帝国，另一边则是一个维持了和平状态的军事联盟。无论在分界线以东还是以西，民族国家都没有被真正地抹去。如果交上诸如苏联撤军这等好运，如果克里姆林宫让自己的盟友暂时解散，那么这些盟友将重新回到以前的状态，捷克、波兰和匈牙利不会合并为一个将丧失民族认同的整体。它们充其量也只会像西欧那样寻求建立共同市场，但并没有因为共同市场简化商品和服务交换的需要而取消国界。

这也不代表欧洲民族国家的存续问题亦会在其他大陆上演。在非洲，各国都期望向欧洲模式靠拢，为此，它们不但需要建立一种为别国所承认的主权，而且还需要创造一个有民族意识的公民社会。民族国家，对于这些以殖民边界为国界的国家而言，是作为领导者的少数人期望达到的目标。同样的注解还可以用在拉丁美洲或亚洲国家身上。在此之后，国家会在人们的日常生活中发挥如此巨大的影响，以至于让人们脱离了游离状态且期望归属于这个国家，并对它施加影响。

VI 人们还可以反驳我说，民族国家的基础已被腐蚀，各个民族都受到了次级民族起义或微观民族起义的影响，即便在欧洲也一样（在法国，有科西嘉人、巴斯克人、布列塔尼人）。在非洲各国，部落之间的争端更多是被国家压制了，而非被解决了。更何况，还有大量国家被倚仗了某种意识形态或某个外国势力的革命者弄得四分五裂。所有这些都是显而易见的事实，我们可以称之为"民族国家危机"，我会在本书稍后部分[1]对此加以分析，它们有时因体系本身的异质性而起，有时则缘于殖民者划定的边界内部各民族之间的异质性。正是通过把实际情况同民族国家的理想类型进行比较，才让这些所谓的危机现象获得了意义。这个理想类型甚至在欧洲都没有实现；在其他大陆，最经常的情况是，国家的人口无论从客观意义上还是从主观意义上来讲，都未形成民族（除去日本这个明显的例外：臣服于唯一主权之下的人口都具有异质性）。不过，这些众所周知的事实还是无法说明为什么把国家间关系的古典理论作为历史模型和国际社会的简化表现是不合理的。

尽管内战与国家间战争的次数很可能同样多，但通过历史可以看出，政治单元内部的各种冲突与不同政治单元之间的冲突的区别还是十分显著。即便在那些边界尚未清晰划分、领导群体尚未清楚指定的无文字社会，人种学家也发现了这两种争端之间的分隔线，一种是用商谈和妥协的方式来解决，另一种则要用暴力来了结。

简而言之，卢梭总结出的理想类型反映的不是当前的现实，恰恰相反，它的功能在于让国家间体系的不完美性凸显出来，而导致这种不完美的因素在于各自宣称主权独立的单元之间的那种极端异质性。不过又正因如此，对《和平与战争》的另一种驳斥才可能出现。我是否对虽然本身并不在国家间体系中，

---

[1]　特别见本书第 396～407 页和第 1020～1033 页。

但又对国家间体系产生了影响或被其所影响了的那些现象给予了足够多的重视呢？

我将对跨国（transnationaux）现象、国际（internationaux）现象和超国家（supranationaux）现象进行区分。跨国现象是指跨越国界并在某种程度上逃脱国家权威或国家控制的现象。一旦国家开放了边境，取消了关税，而且本质上不再存在交换方各自国家的干预，商品和服务交换便是在个人之间进行的。所谓的多国公司——在一定数量国家拥有子公司的公司——构成了一张在母公司控制下的跨国网。母公司的领导人不可能不关心外国政府对他们的决策所做的反应，比如当母公司所在国强制对诸如法国公司、德国公司或英国公司这些子公司实施禁运的时候。

经济体系从多个角度避开了国家间体系；更确切地说，国家通过政治而对经济体系的形成做出贡献，但经济体系却是由不同国家根据其权重不同而以不均衡的方式决定的，它因此成了一个不同于国家间体系的体系，我们因此应该将其定性为跨国的而非国家间的甚或国际的。

非经济领域中的跨国现象并没有少受力量的支配。信仰、意识形态、科学发现也都没有忽视国界的存在。即便是在像天主教这样的超国家的等级组织中，各国教会也没有失去各自的特征，尽管所有或几乎所有的教会都会被同一些潮流所影响，而这些潮流会驱使它们时而趋于右派，时而趋于左派。天主教会由于自身结构而自称是跨国的，即便它在现实中无法完全实现这种跨国性。

第三国际自称是国际的，因为它既是国家间组织又属于跨国组织。它首先包括的是那些因在国内获胜而代表了国家的国家政党。基于这一事实，这些国家政党因为它们所取得的胜利而被尊重。然而，它们的存在也动摇了苏维埃政党期望维持的等级结构，尽管后者口头上还是宣称兄弟政党之间应该平等相待。马克思－列宁主义运动不仅是服从中央权力的跨国现象，也是在全世界传播、在各国以一个国家政党为化身的超国家意识形态，同时它还是由属于不同国家的个人或群体之间的关系创造并维持的国际社会。

超国家现象则构成了另一个种类，尽管我们有时候很难把超国家现象同国家间关系或国际关系清楚区分开。海牙法庭被定义为一个典型的超国家现象，虽然法官们是被各国政府任命的，但一旦任命，他们就如同法律解释者一样从事其职业，这些法律都是被所有国家接受了的（至少是所有加入了国际法庭的国家）。联合国则是另一回事，这个组织由多个国家创建，主要任务是解决冲突、维持和平。事实上，联合国中的所有国家都是在**按习惯**施政。联合国大会投票通过的那些动议或决议表达的都是绝大多数国家的信念或利益，很少有一项动议体现的是国际社会共同体的真实想法。安全理事会中五个常任理事国所享有的一票否决权，使它在两个超级大国以这种或那种方式卷入冲突时，无法有效地起作用。

或许，我们可以把囊括了国家间体系、世界经济（或世界市场，或世界经济体系）、各种跨国现象和超国家现象的整体称为**国际社会**或**世界社会**，其中"国际的"这个形容词适用于我所区分的所有现象。为方便起见，我们把所有能让我们向往全人类统一的国家之间及个人之间关系的集合称为国际社会。我不认为"**国际社会**"或"**世界社会**"这个说法构成了一个真正的概念。它在没有被描述的情况下指代一个总体，这个总体同时包含着国家间体系、经济体系、跨国运动、公民社会与公民社会之间多种形式的交换（18 世纪宽泛意义上的贸易）以及超国家机构。它是一个几乎不包含任何一种社会典型特征的总体，我们真的能够将这样一个总体称为社会吗？我们真的能够对一个包含了所有国际生活形式的国际体系加以讨论吗？我对此表示怀疑。

国家之间的关系必须从整体上来分析。就不是很严格的"体系"概念而言，这些关系构成了一个体系。国家之间维持着或多或少的往来。对自己有被卷入普遍战争的风险这点有意识的国家，都是属于同一体系的国家。今天的所有国家都以某种方式隶属于国家间体系，只就它们参与了联合国以及两个超级大国无孔不入的状况，就足以做出此种判断。世界体系分割成了多个次级体系，次级体系中的单元多少都感觉不会受到来自自己所属地带之外的势力的干预与侵扰，这种感觉的产生要么是因为超级大国的影响在此相互抵消，要么是因为距离，又或是因为这些国家不具太多利害关系而让它们的相对自主得到了保障。体系或次级体系都名副其实，因为在其中发生的所有重大事件都会引起整体的反应。

我也用"体系"这个术语指代世界经济。严格说来，我们可以将世界经济分为两种，一种是资本主义的，一种是社会主义的；前者以美国为中心，后者以苏联为中心。实际上还存在着一个社会主义体系的雏形，只是它还尚未超出东欧范围；最多越南和古巴也属于这个体系的组成部分，而这个体系又与另一体系有着联系：在社会主义国家间的贸易中，美元和美元价格经常被用作统一计量单位；波兰、匈牙利和罗马尼亚从西方借走了数目可观的钱；还有某些人民民主政体已经加入或期望加入国际货币基金组织。事实上，能被定性为世界经济体系的经济体系只有一个，就是那个大部分苏维埃国家把自己排除在外的资本主义体系。

批评者可能会就国际社会中国家间体系的位置提出质疑。我们是否可以用 18 世纪和 19 世纪的那些模式，也就是欧洲协调时期或欧洲支配世界那个时期的模式，来理解这个从两次大战的战火中重生的 20 世纪的世界？虽然对此的争论没有停止，不过，和平与战争的交替主宰了德意志第三帝国被摧毁后的这些年。在国际关系研究中，我认为，并且现在还依然认为，必须把国家间体系摆在首要位置。

国家间体系的这种优先性**先验地**排除了经济体系在因果关系中的主导地位。更何况，马克思－列宁主义或列宁主义对战争的解释在战后这些年中已经遭遇了无法逾越的障碍。列宁倾向于认为资本主义国家间的战争是经济对抗的结果。然而，这一次，经济对抗却是在大西洋联盟或美日联盟的内部进行着。我还记得战时又或是战争刚刚结束后的一张苏联宣传单，传单的作者指出，美国和英国因为重大矛盾而对立，而这种矛盾又是在一个紧密的联盟中显露出来的。

经济对抗不但继续在工业化国家之间进行，而且还因增长速度的放慢而被激化。不过，还没有任何这类对抗转化成战争。直到现在，集团与集团之间、政体与政体之间的敌对仍然比经济对抗更尖锐。在本书第三部分中，我或许还应该加入对国家间体系和经济体系之间所具有的独特关系的分析。1961 年，世界经济的扩张缓和了竞争；盟国互相原谅了彼此做出的就他们的原则而言算是错误的那些行为。即便在今天，"经济战争"也还没有发展到让大西洋联盟破裂的地步。支撑国家间体系存在的那些理由战胜了经济体系引发的不满。

　　我会不会因为视国家为"行为体"且认为国家间体系是由行为体组成的而被斥作是犯了整体论的错误呢？因为做了如此选择，我无法让自己再采用社会学的一般方法来分析。在我的论述中，好像是一个国家在决策，而不是一个人或很多人在决策。不过，每当我们进入微观决策层面，每当我们面对的是有血有肉的行为者时，我们就会发现——很显然地——种种磋商、种种意见不一致、种种个人创意以及种种错误，而所有这些最终又可以归结为一句话："奥匈帝国给塞尔维亚下了最后通牒"或"奥地利开炮轰炸了贝尔格莱德"。每一次外交危机都有待辨识，历史学家对 1914 年 7 月到 8 月之间发生的事就是这么做的。美国的社会学家在遇到古巴危机时也是这么做的。对于把国家视为行为体这样的虚构做法，我们应该认为它是合理的还是不合理的呢？应该说它对我们的研究和理解是有利的还是不利的呢？

　　社会学家，**更不必说**历史学家，从来就没有对这点掉以轻心，即决策者——君主、国家或政府首脑，为幕僚、佞臣和执行者们所环绕，并不是一人在做决策。一些人或机制负责向他传送信息，另一些则执行或违背他的意志。很多个世纪以前，宠妃（或宠臣）常常被认为是鼓动了君王的人，但历史学家却也没有因此而犹豫大谈"法国"政治或"英国"政治，这些实体在他们的谈论中就如同人一样，它们可以各自按照自己的方式行事。只要我们静下来好好思考，这种本就只存在于表面的矛盾便会自然消弭。

XI　　国家——国家间体系的行为体——被根据不同方法管理着，从白宫和国会之间的美国式持续对话到希特勒的催眠性专制主义。然而，一方面，元首自己需要从别人那里获取外部世界的信息；他也需要让别人去执行他的意志。另一方面，不论美国总统曾经多么心怀犹豫，无论他与同事的会议进展如何，无论他在国会遇到怎样的阻力，他最终还是拍板决定了于 1917～1918 年向欧洲派出几百万人以及在 1965 年向越南派出超过 50 万人的远征军。在有组织的国家结构中，最高层的决策会引发一系列效应，而这些效应还常常是出乎决策者预料的，假设我们能够辨识出那些决策者的话。

当前的决策者，无论他是美国总统还是克里姆林宫政治局，他们更少依赖个人（幕僚或宠臣），更多依赖官僚体制，或者如果我们愿意的话也可以说，他们依靠的是复杂的组织机构，而那其中的每个人都有自己的个人利益且与他人存在对抗关系。艾利森（G. A. Allison）在他那本围绕古巴导弹危机写就的优秀著作中，阐明了这些组织机构、机构领导人以及总统私人幕僚所发挥的作用。[①] 肯尼迪是根据参谋长联席会议的"三人统筹小组"就他提出的问题的回复来制定最终决策的。或许类似的商议也在莫斯科进行着。社会学家显然必须分析一个人或一些人决定成千上万同胞命运时所处的环境条件。不论国家的政体如何，国家对外行动的背面都属于社会学家要研究的问题。正是这些对外行动的发生处，决定着是战争还是和平。历史学家无法确切知道是否存在一个于 1914 年发动了战争的"决策者"。关于这些事件的记述仅记下了主要参战方的宣战，然后它们就进入了战争状态。

致力于国家间关系研究的学科同其他社会科学一样，也可以遵循个人主义方法论。当我们谈论苏联、苏共中央政治局或

---

① G. A. Allison, *Essence of Decision*, Boston, Little Brown, 1971.

美国总统时，谈论的其实是对被考察国家的对外行动有决策权的那些机构，不论这些机构在以怎样的方式运行，不论它们的运行方式能以怎样的方式被研究。

XII 　　在《和平与战争》的第二部分中，我没有对影响或限制外交家的各种机构进行研究，或许我当时是应该对其加以研究的。我当时秉持的主旨是反驳有关政体或民族国家的普遍性主张。对于根据地理位置或持久利益制定的外交政策的稳定性，我表示了怀疑——这意味着国家或行为体是无法在撇开被我称为"对外行动的背面"这一点不谈的情况下被定义的。或者把我的观点提升到理论层面来说，我一直认为克劳塞维茨和列宁之间的对话很重要。克劳塞维茨丝毫没有对共同体福利（用今天的话来说就是民族利益）这个概念加以怀疑，在该概念中，被拟人化的国家所拥有的智慧，即政治智慧，才是评判者。在他的眼中，存在一种以君王为化身的共同福利。列宁反击了克劳塞维茨，他认为，在一个存在阶级的国家中是不可能有共同福利的。国家的对外行动表达的是这个或那个阶级的意愿。在我看来，自1917年革命以来发生的历史事件都在共同驳斥这类极端理论：苏联在外的行为虽既不像沙皇政体曾经做的那样，又不像它可能会去做的那样，但也没有把罗曼诺夫帝国的传统和所有实践都抛诸脑后。

　　因此，我不认为在分析国家间关系时使用理性行为体这一概念就意味着某种整体论，或者说就是在提出某种关于历史进程的泛灵论或理性视角。我们知道且要重申的一点是，人们造就了属于他们的历史，但无法知道他们造就的是怎样的历史。对一场战役的记述是无法具体到每个人的行为的，但它没有否认这种或那种行为的重要性。战役的结局通常都只体现为一个总的结局，但这并不代表一种整体论概念。社会学家往往采用"事与愿违的结果"（effets pervers）这一表达。个体行为组合后的结果也会与个人意图相矛盾：每个企业家都用机器替代劳动者；竞争让他们不得不这么做，但这么做却会导致利润率降低，他们因此得到的也是一个与所有人利益都相悖的结果，尽管其间的每个人都理性地遵从了自己的个人利益。社会运行的一个面向便是以这种个体行为组合所产生的事与愿违的结果为特征的。我们几乎可以用德皇威廉二世的说法"我想要的不是这样"来展现这个事与愿违的结果的概念。

国家间体系不同于国家内部体系，它不服从于某个中央权威或中央控制机构。无论在和平时期还是在战争时期，每个行为体都发挥着自己的作用，最经常出现的情况是，它们不得不靠自己来维持自己的存续及利益。负责人要在无法清晰辨识的局势中做出决策，他们既要面对盟友也要面对对手，且向来无法知道这些关系会持续多久。结果这让历史学家倾向于把个体同一场战争或一个时期的整体结果结合起来思考，而任何人都不想要这些结果。由此便产生了对重大事件的两类解释，以1914 年战争的发动为例：一方面，大部分历史学家重构了从奥匈帝国对塞尔维亚下最后通牒到战争爆发之间，各方都城中发生的事情；另一方面，列宁及马克思主义者则试图根据战祸程度的不同用各种原因来解释战争。有时候历史学家会在进行微观记述前先用一章来讨论深层力量，但他们没有发现深层力量与微观事件之间到底存在怎样的联系。

也许，在《和平与战争》的第三部分中，我确实具有一种高估"行为体"逻辑及其不言自明的理性的倾向，因而低估了对外行为的"背面"以及独立于决策者的那些经济、社会和心理变化。我将"历史"作为第三部分的标题，它讨论的是既定时期内全球社会的情势。基于一个我没有加以掩盖的悖论，"历史"这一部分探讨的是一些同时发生的事情。在二十年之后再观察 1983 年的世界，我将试图去理解演变的动力，而不会再次低估对外行动的"背面"的影响和那些可归因于跨国现象的改变。

我们或许可将今天的情势与 1961 年的相比较，因为今天的情势的确可算是似曾相识。体系依然是两极的；欧洲两大部分之间的界线分毫未动；国家决策者和评论者继续讨论着核武器在欧洲防御中起到的作用和核战争的风险；两个超级大国之间的军事对比关系在向有利于苏联的方向转变；相对于美国来说，经济落后的欧洲，甚至是日本，都追赶上了美国。美国丧失了承担帝国重负的能力或决心。

XIV 国家间体系和经济体系

在《和平与战争》中，我讨论过列宁关于帝国主义的论述，并对外交－军事关系和经济关系的多个方面进行了分析。

列宁并没有把经济或殖民冲突与严格意义上的政治或军事冲突清楚区分开。1914 年战争（一战）是资本主义国家（国家或它们的银行家和企业家）间争端的结果，因为它们没法做到和平分享它们一起掠夺来的财富。要驳斥这个被简化为大线条的论点并不困难。"欧洲帝国主义"的最后阶段——对撒哈拉以南非洲的瓜分——部分是欧洲各大势力之间传统对立的副产品，部分是冒险家的杰作，还有部分则是国家权力意志的表达——一些政治人物真诚相信本国商业依赖国家在全世界拥有的基地和领土。那些殖民帝国主义的支持者，以法国的朱尔·

费里（Jules Ferry）为例，为殖民帝国主义辩护，理由是需要向外售卖商品或需要外部向国内工厂供应原材料。无论以怎样的方式去思考执政者或世界事务，无论海外冲突应当对欧洲国家的协调统一负有多大责任，1914年战争都是从巴尔干——这个斯拉夫人和德国人利益交锋之地——开始的。这种说法过于华美壮丽，如果用更简单的语言来说，它是从奥匈帝国同斯拉夫国家摩擦交锋之地开始的，而这些斯拉夫国家都心怀针对二元帝国的斯拉夫领土收复主义。比起摩洛哥问题，阿尔萨斯－洛林对法德敌对情绪的助长更甚。比起**德国制造**的商品带来的商业竞争，英国更担忧公海上的德国舰队。

我们今天已经知道，两次世界大战加速了欧洲帝国的解体，终结了殖民时代和旧大陆对世界的统治，加快了欧洲大势力的衰落。当然，由于人们永远也无法知道自己造就了怎样的历史，他们也会忽视他们的行动所造成的后果。不过，银行家、工业家和国家决策者，他们期望通过用次级武装冲突来解决他们几乎不会有任何所得的非洲或亚洲领土问题，我们只能用"异常盲目"来形容这种做法。

1914年以前的资本主义世界市场被英国所主导，以伦敦和伦敦商界为中心。自19世纪最后四分之一的时间那个时期开始，英国就失去了工业先锋的角色：在前沿领域，比如电学和化学领域，跻身于世界一流的是威廉二世统治时期的德国。不过，尽管德国在出口方面的进步比英国快，英国还是保持了数量上的优势。而且，德国的扩张继续指向了欧洲而非海外。英国的出口分布则完全相反。

英国在19世纪建立了经济体系或资本主义市场，这并没有阻碍其他国家实现比支配国更快的增长速度。货币体系为金本位，又或是以与黄金挂钩的英镑为中心；价格高低的长期变动也没有动摇体系。英国有所谓的隐形收入（对外投资的利息、货运、保险），从而抵消了商业收支上的赤字且有所盈余。它继续将国际收支的部分盈余用于向外放贷。

从在南非发现金矿的 19 世纪末到 1914 年战争，这一时期是以经济的迅速扩张和前所未见的繁荣为特征的。社会民主派中的修正主义者纷纷行动起来，希望促成一种与马克思的（或被人们说成是马克思的）某些预言相抵触的变化："无产者"的生活水平随着国家整体财富的增长提高了。列宁把受到资本主义"臭钱"吸引而背叛了无产阶级利益的"工人贵族阶层"的形成视为殖民的战利品。

在英国时代的最后阶段，只有一个国家通过自身的努力跻身这个成员数有限的大国俱乐部，它就是日本。日本也采用了当时在属于俱乐部成员的欧洲国家中通行的那种规则态度：它在中国台湾地区（1895）和朝鲜（1905）实施了殖民帝国主义。这种帝国主义对日本的经济增长并非必需，就像西方黑非洲或赤道黑非洲同样没有与法国的经济需求相对应一样。第一次世界大战之后，日本继续实施这种帝国主义，这导致了 1931 年"满洲国"的成立，随后还导致了 1937 年日本对中国的全面侵略以及 1941 年日本对美国和英国的战争，最后以 1945 年日本的战败收场。从此以后，卸掉武装的日本在美国主导的资本主义市场中欣欣向荣。

以伦敦为中心的世界市场，在某些方面不同于 1945 年以后的围绕美国的世界市场。追求增长的意识形态当时还不存在：当然了，资本主义经济在当时依然是被增长的动力机制推动的。1914 年前就有一些经济学家对国民生产总值进行了计算。当时的国家决策者们已经模糊察觉到国家之间有着发展上的不同，而且他们也大致估计了国家增长速度的差异、各自财富的差异以及大国和小国之间的差异。当时的国家决策者们并没有把谋求经济增长率作为优先目标，他们不太关心增长率以及那些无法确知的东西，通常更关心的是货币或价格的稳定性。而且，那些处于伦敦政府和巴黎政府统治下的被剥夺了自主权的广袤土地，当时还仅仅是在以缓慢的速度进入工业阶段。诚然，印度的英国统治者还是建成了现代社会所需的基础设施。但 20 世纪的情况已经不再符合威斯敏斯特①在 19 世纪的说法了："我们为了自己的利益而在印度驻留。"不管怎么说，英国的世界市场都不是像 1945 年后美国的世界市场那种意义上的存在。

在殖民地消失的同时，人们看见的是社会主义市场的诞生。不过，确切地说，这个市场不能算是可与资本主义市场匹敌的对手。两个市场的规模差距非常大，这让社会主义这个小市场以某种方式依赖于资本主义这个大市场。

这样一种世界市场，就其本身和相对于国家间体系而言，分别有着怎样的特征呢？在经济体系中，货币体系构成了游戏规则的第一条。从 1945 年起，两种不同的货币体系相继占过上风，一种是由《布雷顿森林协议》于 1945 年定义的货币体系，另一种是从 1973 年开始实施的浮动汇率制，或许也可说它相当于没有制度。

布雷顿森林体系禁止浮动汇率在用黄金表示货币价值的同时也用美元比价，这使美国通过国际货币基金组织的一纸文书负担起了维持美元和黄金之间可兑换性的责任。

---

① 英国议会所在的地区。——译者注

布雷顿森林体系看起来给了美元一种特权，这点被欧洲人，尤其是法国人指了出来：美元成了黄金的等价物；美元在作为国家货币的同时还是跨国货币，它在世界的任何地方都可以兑换，这让（现在依然让）美国人可以用自己的货币买到任何一种商品。美国成为唯一一个在对外收支出现赤字的情况下，可以不用采取限制措施的政治实体。

《布雷顿森林协议》的绝大部分措施都对应的既不是某个单一概念又不是单一的美国利益。英国以凯恩斯勋爵为代言人，期望建立另外一套类似于世界中央银行的体系。但阻止竞争性货币贬值的汇率的稳定性，在当时似乎符合了绝大部分经济学家和国家决策者的期望。一如既往地，决策者们在倒退着走向未来。他们试图防止 20 世纪 30 年代的局面重演。其时，金本位制的崩溃导致了一场货币混乱，在这场混乱中所有手段都变得合法，而这最终又让所有人都得不偿失。

布雷顿森林体系是否因为自身的固有缺陷而注定失败呢？以雅克·吕夫（Jacques Rueff）为最持久、最雄辩的阐释者的那个思想学派指出了这个体系建构的缺点所在：金本位建立起了黄金和美元之间的等价关系，中央银行通常把黄金和外汇（尤其是美元，不过也有英镑）作为储备货币。就美国的情况来说，由于美元被认同为储备手段，美国国际收支中出现的赤字便给各国中央银行（尤其是德意志联邦共和国或日本的中央银行）带来了投在美国国债上的外汇盈余。因此，国际收支赤字就无法对导致赤字的那些因素产生任何中和作用。在雅克·吕夫看来，金本位一开始就注定失败，因为它创造且维持了通货膨胀和美国在对外收支中的赤字。

事实上，在整个 20 世纪 50 年代，美国对外收支赤字都保

持在每年十亿美元上下的水平；它促成了一种符合华盛顿政府
目标的黄金再分配。肯尼迪总统是第一个严肃对待国际收支赤 XVIII
字的总统，他让最优秀的经济学家为此做出报告。其中大部分
经济学家——尤其是萨缪尔森（P. A. Samuelson）——都认为存
在对美元的高估，至少相对于美国在国际贸易中的主要竞争对
手（联邦德国、日本等）的货币而言是这样的。我不知道萨缪
尔森是否提出了让美元贬值的建议，又或者他是否像他的大部
分同事那样也认为基准货币是不能贬值的，并进而认为纠正不
均衡的责任理应落到那些被低估的货币身上，或者说理应落到
那些接收了过多美元的中央银行身上。

　　20 世纪 60 年代，民主党总统肯尼迪和约翰逊都采取了多
个局部措施，以减少对外购买或限制他国资本进入美国市场。
正如人们很容易就能预见的那样，这些措施在实际运用中毫无
效率可言。然后，便是约翰逊从 1965 年开始在越南展开的那场
真正的战争，而且为了让绝大部分美国公众不被这场远征所触
痛，他并没有为开战多征税。因此通货膨胀在美国日益严重，
外贸赤字也越来越大。1971 年，尼克松总统强迫欧洲人接受了
美元贬值。他向蓬皮杜总统承认了美元相对黄金部分贬值的事
实（或者，如果我们愿意的话也可以说，他接受了对黄金的价
值重估，1 盎司黄金从原来的 35 美元变成了 42 美元）。不过，
这种贬值对于重建国际均衡依然是不够的。

　　二十年间，华盛顿领导层的思想状态发生着变化。肯尼迪
依然把美国的赤字视为国家的失败或者说屈辱。渐渐地，美国
经济学家传播了这样一种简单思想，即货币是围绕美国基准
（或太阳）在运行。为什么美国人要为日益堆积于联邦德国央
行和日本央行中的美元担忧呢？这些银行所属的政府才是应该

去应对这场危机的人，换句话说，应该是他们去让自己的货币升值。至于美国人，则应对此保持一种善意的漠不关心、一种**善意的忽视**（benign neglect）。

1971 年，理查德·尼克松以约翰·康纳利（John Connally）为中间人强迫欧洲人听任美元贬值，然而，这个在美国总统和法国总统于亚速尔群岛会晤后的第二年秋天达成的协议将不会长久。记得我当时写了一篇名为《被废黜后的美元统治》的文章。尽管被贬值，美元依然保留了它的跨国角色，它依旧是记账货币、交易货币，甚至还是储备货币，而这也并非出于华盛顿想要实现帝国主义的意愿，而是出于经济体系的需要。虽然黄金没有完全货币化，但中央银行从 1969 年开始就不再对黄金市场加以控制。黄金价格实现了市场浮动，它就像其他随便哪种金属的价格一样是浮动的。黄金重新回到它原来的状态，即一种投机品——至少从短期来看是如此（我们可以这样估计，长期而言，黄金的价格是会上涨的，至少是一种与主要货币磨损成比例的上涨）。

美国当局在 1973 年将自己的意图推行到底。两年前，尼克松曾在其他货币由黄金定义而黄金兑马克、日元或法郎的比率固定这一基础上，接受了一个新的黄金兑美元价。在这两年间，美元一直是基准货币和体系的中心；而那些接受了过剩美元的国家能做的，只有让它们的本币汇率上升。华盛顿的负责人表现出的**善意的忽视**也达到了顶点。

然而，这些负责人对尼克松在欧洲压力下所做的让步感到遗憾。尼克松仅仅满足于让美元相对于主要货币整体贬值 10%——这种贬值程度很可能本来就不够，更何况在 1971 年，他因为要准备选举而大开贷款阀门，引发了新的通货膨胀。

1973 年，尽管有布雷顿森林体系的相关原则，但这些负责人却依靠他们自己的威信，不征求任何意见，直接带来了浮动汇率：同黄金一样，货币价值也将由市场决定。

因此，美国在战后不久建立了以稳定汇率为基础的一套货币体系，然而在二十五年后，它又把一套与之完全相反的货币体系强加于世：不再有固定汇率。这样的决定，确切地说，就是用协商达成了第一套体系、后又将第二套体系强加于人的做法，是根据自己的利益还是自己的学说做出的？既然学说如此经常地局限于对利益的理性化，就很难在利益和学说之间做出选择。

1944～1945 年，在商议布雷顿森林协定的条款时，美国人害怕的是竞争性贬值，他们害怕 20 世纪 30 年代那种争先恐后的贬值情况再次重演，当时各国都努力利用汇率把失业重担扔给其他国家。由于美国在经济和金融上的强大，它在类似的混乱中便有可能成为第一个牺牲者，不过，其他国家理应有同样的担忧。各国的大多数经济学家都认为，既定体制在当时的政治条件下是最好的体制。那种以国家机构为模型却更加接近超国家组织的体制，即便有凯恩斯在，也是无法吸引美国人的。当时的美国人担心的是，（在那种体制下）自己会被中央银行的规则束缚而无法作为；而面对大国压倒性的优势，尤其是面对美国压倒性的优势的其他国家，在当时担心的则是这类组织建成的后果。

布雷顿森林体系是否在有利于美国人的同时损害了美国的竞争者呢？欧洲人在 1947～1973 年这段时间里缩小了与美国人在生活水平上的差距，那是他们经济史上最辉煌的时期。然而，正是多亏了美国人，欧洲人才有了他们的黄金三十年。美元的过高估价有利于日本和德国的出口。欧洲国家的扩张从某种角度上说是由出口引发和支撑的。而且，美元的过高估价还鼓励了美国企业在欧洲投资。出于民族主义，法国的部长们会时不时谴责一番美国的投资。但是，美国人用短期借贷的方式借走了欧洲的资金，后又通过购买破产公司或开设子公司等长期投资的方式把钱投回了欧洲。撇开政治不说，美国投资对欧洲的扩张和繁荣确实做出了贡献。这些投资增加了投资的整体规模，随之带来了生产和管理技术，加上它们引起了竞争，从而刺激欧洲各国的公司更加努力地寻求进步。美元的过高估价还有利于投资本身；当美元跌到 1 美元兑 4 法郎水平的时候，资本也随之改变了流动方向。欧洲人对美国的投资随之增加，而美国人在欧洲的投资则随之下降。

我一直认为，在这个虽然不能说是最糟糕的，但无论从哪个角度看都是以美元为主导货币的世界中，那个一直持续至1973 年的货币体系才是对我们而言——也就是对法国人和欧洲人而言——在可能条件下的最好制度。

XXI 对于那些以国家间体系为首要关心对象的人而言，问题在于：货币体系与国家间体系的关系如何？国家间体系是否至少部分地被货币体系所决定，尤其被美国当局对布雷顿森林体系规则的利用所决定？

起初，在各国协商《布雷顿森林协定》的条例时，那个完好无缺地从战争中走出来的美国，那个因为工业机制的动员而致富的美国，享有经济和金融的超强实力。它在国际货币基金组织中有几乎是说一不二的决定权。这就是说，一旦美国在任何情况下都做到了遵守这些规则——其中有很大部分是它自己制定的——它就会比它的竞争对手更少享受这些规则。

　　从 1973 年开始，这种情况发生了变化。从十年的经验中，我们观察到市场会抬高或压低美元的价格。高估和低估交替进行，美元永远没有处于那个与购买力平价吻合的汇率点。显而易见，美元继续享有它的好处，而正是这些好处保障了它的跨国特征：允许用美元购买外国产品，就是让华盛顿的执政者可以肆无忌惮地去容忍国际收支中赤字的存在。低估美元的时期同高估美元的时期一样，都对美国人和其他外国人而言既有利又有弊。

　　当美元汇率以自由落体方式下降时，欧洲人埋怨的是美国用比当初借款时更低的利率偿还了债务，以及美国在第三世界市场上进行了不正当竞争。面对在三年间从 1 美元兑 4 法郎升值为 1 美元兑 8 法郎的情况，欧洲人，尤其是法国人，又抱怨说石油及其他用美元结算的材料对除了美国人以外的其他所有人都价格更贵。诚然，作为补偿，美国贸易赤字为出口国提供了额外的机会。对大部分国家而言，对发展中国家而言，对法国而言，价格高估与过度出口并不是相等的。

　　是否正是由于美国有着强大的军事实力，才能强迫其他中央银行用美国国债的形式积累美元？是否应该像金德尔伯格（Kindleberger）论述的那样，认为德国人或欧洲人之所以同意积累一无是处的美元，是因为作为交换他们可享受美国的保护，而有了这种保护，他们便可以仅部分支付自己防御的开销？虽然没有明确说出来或写出来，但欧洲人的确应该支付美国提供给他们的这部分安全保障。 XXII

　　当欧洲人同美国人商谈商业和贸易问题时，他们显然会考虑到外交 - 战略情况——不过，1973 年的变故却让人们对这种解释产生了怀疑。与重估价值并行的布雷顿森林体系，对那些被过剩美元淹没的国家而言，对除了美国以外的其他国家而言，难道不比浮动汇率更好吗？法国人埋怨作为国家单元进行的美国投资。大城市的市长们，一方面在巴黎的意识形态论战中谴责美元帝国主义，另一方面却毫不犹豫地对美国公司在法国建设工厂予以优待。如果波恩的执政者能够预见到实行浮动汇率制的后果，他们也许就不会在 1973 年之前继续力挺美元了，他们这样做是出于自身经济利益的需要，而不是为了顺从他们的保护者。

当下，罗纳德·里根的政策刺激并激怒了主要国家（除了日本）的大多数领导人。这项政策在于把数目可观的预算赤字（1000 亿美元，大约 6% 的国内生产总值）同货币紧缩（直至 1983 年 8 月）结合起来。货币紧缩会导致通货膨胀的大幅减退及利率上扬。这样，在复苏的最初阶段，利率会达到一个就这一阶段利率水平而言前所未有的新高度。这样的利率会将外国资本吸引过来，并在市场上让美元价格上涨。但这个经济复苏面临很快被喊停的风险：为了避免在经济复苏中再次出现通货膨胀，美联储很可能重新回到紧缩政策上。

我们就此可做出第一点评论。美国再一次因为它所处的特殊位置而获利。没有任何一个其他国家能在拥有大量预算赤字的情况下还把外国资本吸引过去（即便在外贸赤字会被外部投资利率部分抵消的情况下也是如此）。没有任何一个其他国家能够允许如此巨额的预算赤字，它们也没有能力仅用货币武器就能有效对抗通货膨胀。［日本曾不得不容忍比这个数额更大的预算赤字，但因为日本人将收入中的很高比例（约 32%）用作储蓄，所以个人储蓄弥补了预算赤字，故而没有发生通货膨胀。］

XXIII

里根是不是因为自己国家拥有强大的军事实力才实施这样

的政策？在我看来，这种说法没有任何意义。当然，军事力量属于整个"美国"的一部分。问题是："如果美国在陆、海、空没有这种实力，它还会有同样的举动吗？"我不清楚如何才能给这个问题一个明智合理的答案。在我看来，在"是"与"不是"之间去选择这个问题的答案并非一种切合实际的做法。我觉得根本的一点在于，美国管理跨国货币的方式就像它是在管理一种严格意义上的国内货币一样。美国总统虽然下决心要解决通货膨胀问题，但无力减少国家的开支，更何况他还同时决定重整军备，于是他便把减缓价格上涨的责任交给了美联储主席。美联储主席从美国独一无二的条件中获得了帮助。无论这个国家的公共财政和国际收支状况如何，跨国货币都会发挥它的功能。

诚然，有段时间卡特总统不得不干预市场以维持美元价格走势。总有一天，美元会重新从最高点回落。而且，也并非所有外国资本都向高利率国家流动，它们还流向国际危机下的避难国，流向无论怎样都算得上最富庶，也许还能算是世界上最有活力的那个经济体。

如果欧洲在安全问题上没有依赖美国的话，情况会不会有所不同？或许吧，然而，真正会让经济面貌改变的，其实是一个真实欧洲统一体的形成。如果欧洲共同体成了与美利坚合众国对等的存在，跨大西洋对话会完全进入另一种进程。欧洲货币或许会让美元失去垄断地位，让它不再是跨国记账单位；不论德国经济还是英国经济都未达到可支撑跨国货币的规模。

我们能够就货币帝国主义进行讨论吗？美国是否从不合理的美元角色中获得了好处？市场经济意识形态肯定了华盛顿负责人的善意："人们"没法抵制市场运行。美元价格必须跌到很低的水平才能让卡特下决心进行干预。在我写下这些文字的

时候，1 美元已经升值到可以兑换 8 法郎，里根重新回到了另

XXIV 一种形式的**善意的忽视**。债务人，即那些以固定价格签订了石油和天然气长期售卖协议的国家，为美元价格的飘忽不定付出了高昂的代价。

美元相对于对应了购买力平价的货币均衡价格上涨或下跌，这对美国而言是有利可图的吗？这个问题没有现成答案。过高估价的美元会导致贸易收支赤字（在危机时期，国家更多会像 20 世纪 30 年代那样去谋求货币的估价过低）；1978 ~ 1979 年美元的价格被低估有利于美国出口，便于美国银行和美国国债履行借方义务。接近于购买力平价汇率的汇率是否会在有利于美国本身的同时还有利于整个经济体系呢？

就个人而言，我对此毫不怀疑，但我也不抱妄想，认为自己能够说服华盛顿的幕僚或负责人。他们保留着对 20 世纪 60 年代的记忆，那是个瘫痪的年代。其时，与黄金挂钩的美元无法自由波动；它的汇率仅仅通过其他货币的浮动才会变动。当美国在 1971 年要求对美元进行一次完全合法的贬值时，它遭遇的是其盟友和竞争对手的一致反对。从那时开始，美国便抛弃了所有形式的刚性。美国人对在货币上也能实践"市场总是有理"这一想法感到满意。市场规则扩展到货币领域，这导致了一种普遍相对性。货币不再是某个真实物品的体现，它同任何商品之间都没有优先联系。美元，同其他货币一样，其价格是由外汇购买者为了换取法郎、马克或日元而准备支付的美元数量决定的。

美国将用多长时间来强加浮动汇率呢？没有人会去冒险预测。由于西方国家没有就替代体系达成协议，这个制度很可能会继续延续下去。恢复金本位和金兑换本位（让一些货

币同黄金一起成为储备手段）意味着要让美国专家转变观念，而新观念仅处于零星可见的阶段。经济学家和领导阶层目前的主导舆论依旧更多是对以往刚性的拒绝，而不是对今日浮动汇率的忠实支持。然而，所有的改革都是在限制政府对内行为自由。里根总统希望的是增加国防支出，降低收入税，战胜通货膨胀。美联储的政策补充和调节了那些即便不算自相矛盾但看起来也分歧重重的意愿。利率升高和美元汇率下滑就是这种政策的结果。 XXV

对此，众多海外专家反驳道，欧洲资本之所以流向美国不是因为利率，而是因为受到了美国经济本身的吸引：如今的美国经济注定还会实现一次飞跃发展，而所有欧洲国家的经济却似乎不同程度地陷入了困境。实际上我们很可能会见到战后初期那种情景的再现，因为旧大陆依然没有找回它对自己和对世界的信心。

没人能衡量出利率和寻找庇护（或被盼望已久的繁荣所吸引）这两大因素在此事上各自所占的分量。我从未像今天这样对推断充满怀疑。从 1973 年到 1982 年，石油价格的两次上涨不但主导了外交博弈，还同时主导了经济和货币博弈。作为石油行业"七巨头"的这些石油公司，并没有顶住生产国的国家意愿：它们被剥夺了油井的所有权，尽管它们依然是石油配送中的顶梁柱。它们拥有与原油的价格高低成比例的利润，而这又让它们有机会到其他能源领域中投资。美国银行接收到了这些石油生产国无法花出去的那些收入中的最大部分。石油市场是从 1982 年开始失去平衡的。即便发生了两伊战争，即便处于战争中的这两个国家减少了石油生产，石油供应还是不停地超过需求。石油需求降低的原因众多：在石油输出国组织成员国以外的国家发现油田，替代能源使用的增加，更加节约地使用石油这种日益昂贵的资源。对美国而言，石油的价格上涨从未造成什么严重问题，它也不会引发美国的通货膨胀或外贸赤字。石油危机后，日本和联邦德国没有花很多力气和时间就重新确立了它们的国际收支平衡。然而，第三世界中的那些最发达的国家，比如巴西，却被债务缚住了手脚。委内瑞拉和墨西哥这两大石油生产国，在使用石油这一大自然偶然赐予它们的资源时表现得十分糟糕，以致它们在重建国际收支平衡和减少债务的过程中于 1982 年陷入了通货紧缩的政策泥潭。

XXVI

两次石油危机既没有让华盛顿的领导者生出幻想，也没有让他们明确利益的含义。他们采取了很多措施去预防灾难在美国或美国之外发生，但没能构想出一套整体计划。发展中国家可以借走从石油美元①那里得来的美元。为了维持本国的生活水平和一贯的生活方式，这些国家不断借贷，长年累月下来，它们变得不再有能力偿还合同规定的借款利息，更别说偿还借款的本金了。

或许，一套可以与马歇尔计划相媲美的计划是不可能的？事实上，亚洲的那些发展很快的发展中国家和地区，譬如韩国、新加坡，以及台湾地区，是靠自己的努力摆脱困境的。韩国虽然债务沉重，但保持了足够高的经济增长率，这让它一直是信誉良好的借贷方。另一方面，诸如委内瑞拉和墨西哥这样的石油生产国行事却十分轻佻随便，美国需要大费周章才能强迫它们遵守那些在整体计划的实施中所必需的规章。不管怎么说，这些都还无法解决石油输出国组织成员国在数量上整体过量的

① 石油美元（pétrodollars）指出口石油获得的外汇。

问题，或者更笼统地说就是石油生产国数量过多的问题。上一阶段遗留下来的是各国对内对外的普遍负债和企业负债问题。美国对此没做什么特别处理，不过，只要债权人对美国依然存有信心，美国就可以通过接收从外部流入的资本而继续增加自己的负债。美国人对此毫不担心，因为美元继续吸引着全世界的资本——他们同样不担心的还有跨国货币的数量，作为最后借款人的他们在迫不得已的情况下可以制造所需的跨国货币以免于倒闭。

我还要再次说点题外话：关于国家间体系和世界市场之间的关系，我们能根据上面的这些分析做出哪些评论呢？总体而言，就世界市场需要一种跨国货币及这种角色可以由美国货币在黄金缺位的情况下扮演这点来说，美元的货币统治并不是美国军事主导地位的结果或副产品。只要美元还与黄金相连，与美国人相比，欧洲人就会更偏向于带来更小幅度的通货膨胀的政策，但比起浮动汇率而言，他们又会偏向于或应该会更偏向于布雷顿森林体系。当然，如果缺了美国军事实力在美国货币背后提供的支撑，美元应该是无法扮演如此角色的；英镑在19世纪之所以有那样的地位便是基于英国皇家海军和黄金的支撑。不过，各国还是让自己或多或少适应了随华盛顿经济政策而生的形势。从帝国主义经济政策谋求的是支配和剥削这层意义来看，这种经济政策还不能说是十足的帝国主义。战争刚结束后的那些年中，美国的经济政策被一种"深思熟虑的私心"所驱动，这是用一种传统的表达方式来说；如果不那么悲观的话，就是被他们的世界责任所驱动。随着美国相对它的竞争对手——欧洲和日本而言在主导地位上的下降，随着苏联军事实力水平逐步上升到了可以同美利坚合众国媲美的地步，美国人

XXVII

的这种感觉在一点一点减弱。里根和他的政策象征着他的国家在向自然私心回归（私心对所有国家而言都是自然现象），这种政策是三种因素共同作用的结果：施加于总统的各种压力，总统自己的想法，以及领导团队制定的各个施政目标之间的矛盾。至于美国的行为将在世界其他部分产生怎样的影响，这一问题在美国的决策机制中根本就没有被关注。因此美国总统经济顾问委员会（Council of Economic Advisers）主席马丁·费尔德斯坦（Martin Feldstein）才可以这样写：比起会让经济活动整体减慢的通货紧缩而言，与带有美元高估特征，即与包含进出口盈余的通货膨胀做斗争让国家付出的代价更小。某些出口部门的确因此受到了打击，但比起采用其他反通胀措施而言，这样做的代价更小。

世界市场中的美国经济政策是为它的外交 - 战略政策服务的，还是正好相反？美国的外交战略政策和经济政策是互相独立的吗？这两种政策（而且至少就经济层面而言，货币及商业政策本身是来自华盛顿的）既非相互独立，也非不可割裂。在第一阶段中，国家间体系问题会影响到世界市场中的政策。关税及贸易总协定和国际货币基金组织的形成并非由于确立了重建西欧这一唯一或者说是优先目标，之所以它们会形成，是因为美国领导人期望在马歇尔计划之上建立起一种国际经济秩序。这种经济秩序当然要符合美国利益，但它同时也要符合其他国家的利益，因为美国领导人相信自由交换的世界是符合共同体（如果我们愿意的话，也可以说是西方共同体）利益的事情。

与此同时，加入了《关税及贸易总协定》和国际货币基金组织的国家，其实就是在某种意义上对一种规章表示了臣服；不过，这些国家还是有不遵守这种规章的自由，而且也有自由从多少带了自由主义或独裁色彩的政体转换到马克思－列宁主义式社会主义政体。何况，也的确有苏维埃集团的国家加入国际货币基金组织。剩下的便是世界市场的组织倾向于使属于该市场的国家免受苏维埃的诱惑。

美国在国家间体系中所做的重大决策并非全都出自经济动机，向韩国或越南派兵便不是。美元被用来服务于外交－战略政策，马歇尔计划是其第一例证。对第三世界援助的分配在一些确定的情况下是出于外交或战略利益，并且继续被这类原因所影响。

直到这里，温和或理智的马克思主义者还可以几乎不持异议地跟着我的思路走。在他们眼中，正是这种对世界经济的组织方式构成了**帝国主义**，因为它让富者更富、穷者更穷，或者说正是这种组织方式拉大而非缩小了贫富差距。乍看起来，这样的说法似乎并没有被历史经验证实。

1947～1973 年，欧洲人和美国人在生活水平上的差距不是拉大而是缩小了。因此，我们不得不把工业化国家之间的关系从这种理论中剔除。一旦工业化国家进入大幅增长阶段——有时候这种增长还具持续性——所有事实都表明，最富的国家或最先进的国家并不一定能保持住它们的优势。德意志帝国在丝毫没有借助于殖民剥削的情况下便接近了英国的水平。虽然在这 35 年间各欧洲国家的增长率参差不齐，但这与它们是否对欠发达国家进行了剥削没什么关系。工业化国家在世界市场上的竞争，其本身并不会对具有支配力的经济体或最先进的经济体构成帮助。相反，落后的国家可以将已经跨越到后一阶段的那些国家作为范例。劳动力由农业向工业和服务业转移会以增长率提高的方式表现出来。比如法国在 1950 年拥有比英国更多的农业人口储备。

即便是一个马克思主义者，他也会接受这些断言，因为这些断言可以说是显而易见的。不过，有人也会对此存有异议，尤其假如他是一名马克思－列宁主义者，他会反驳道，欧洲所有工业化国家都利用了美国的帝国主义。那篇关于"经济帝国主义"（l'impérialisme économique）的论文就把世界划分为了中心和边缘两部分（更确切地说是多个中心和多个边缘）。美国处于世界经济的中心，而在美国内部，也存在一种二元性：中心的一元为资产阶级，他们占有了由外国生产且从外国及边缘抽取而来的剩余价值中的绝大部分；边缘则是被中心剥削着的人民大众，他们领到了美国人积累起来的剩余价值总体中的皮毛部分。以同样的方式，我们在作为工业中心边缘的发展中国家里也能区分出作为中心的民族资本家和作为边缘的大众——他们是国内中心和世界中心的双重牺牲者。

这种表述引出了无数的问题和反驳。问题首先出在用词上。假设各个中心社会的"中心"都剥削着自己的边缘——通俗说来就是资本家或特权者剥削着下层阶级，那么我们是否可以把这叫作帝国主义？领导着大型国企或私企的少数人，管理着政府的少数人，对人民大众而言算是帝国主义吗？我们可以假设把收入、实力、威望上的平等分配（或近乎平等的分配）作为标准。这样一来，所有持有比在平等分配假设下应得数量更多的物质或精神物品的人，都会被视为剥削者，抑或被视为剥削的同谋者或剥削的受益者。如果把一国的经济管理者视为社会的支配者，那么他们就属于中心的中心，也可以说是卓越的支配者，围绕在他们身边的便是各种支配者－被支配者，或者说是支配者中的各种被支配者。

这样的用词选择是从超科学（extra-scientifique）角度考虑的。自新石器时代小型社会以降的所有复杂社会都包含着社会角色或社会功能的分化，因此也就都具有一定的社会异质性。帕累托（Vilfredo Pareto）很坦率，他一劳永逸地把他观察到的社会中的人分成了精英和大众（或大多数人）两种。内含了理论的这些概念被无数社会学家批判过、提炼过、反驳过、辩护过。不过，从这些不停翻新的争论中，还是涌现出了一些平凡无奇或显而易见的结论。既然社会异质性被作为了假设，既然精英的存在被人所公认（即存在一些身处关键位置的人），社会学家肩负的任务便不是强调同时代的各种复杂社会之间有着怎样的相似特征，而是比较这种异质性的多种形态，比较精英们的各种梦想形式，又或是比较精英和大众的关系。尤其在我们期望保留剥削概念的情况下，就更须去探究，从什么时候开始，这些"特权少数"因为享受了相对于他们提供给共同体的服务而言过多的好处，而对某些阶级或整个社会实施了剥削。

世界市场里中心与边缘的关系，必要的话也可以被界定为是帝国主义的。从本义上讲，帝国主义意味着一国或一个共同体攫取了某一地区、某国人民或他国的所有权或支配权。将战败国纳入战胜国主权区域的做法就体现了帝国主义的纯粹形式。19世纪末20世纪初的法国在非洲的殖民征服，构成的则是帝国主义在历史上的一种特殊形态。通过引申概念，我们还可以在一个政治实体对别的政治实体实施某种支配的时候——要么在对外行动上对别的政治实体有所强迫，要么禁止别的政治实体按照本身意愿选择政体——谈及帝国主义。东欧国家就属于苏联帝国主义的范围。哪些第三世界国家又属于美国帝国主义范围呢？

苏联在 1956 年损害了匈牙利的利益,在 1968 年损害了捷克斯洛伐克的利益,在 1981 年又损害了波兰的利益,这表明苏联会对已经信仰了马克思 – 列宁主义且属于苏东集团的那些国家的政体变动行使否决权。在东欧,帝国主义国家保留了最后的救济手段,即动用军事力量。在古巴问题上,苏联没有考虑使用武力这一最终手段,不过,古巴的政体,更确切地说是古巴政体和苏联之间的联系,让它们之间的关系也不大可能破裂。

美国在哪些区域中以哪些手段实施着"帝国主义"呢?加拿大和墨西哥这两个美国邻国,它们在政体上没有受到同苏联向东欧国家实施的那种支配相似的来自美国的某种支配。我们可以说,加拿大或墨西哥的行动自由其实受制于美国可能对其实施的那些制裁的威胁。处于主导地位的国家限制了比它弱小的其他国家的自主性。但是,自 1933 年"睦邻政策"实施以来,美国容忍了墨西哥对美国石油公司的国有化。对加勒比国家和中美洲国家实施的支配曾有所改变;派遣海军陆战队的做法曾过时;但在冷战气氛下这又重新变得可能。华盛顿的执政者不再为了保护美国投资而向外派出精锐部队,他们派兵干涉的目的在于防止马克思 – 列宁主义政党掌权。

要划出美国"帝国主义区域"的界限是件困难的事。如果我们把有美国驻军的国家都纳入这个区域的话,大西洋联盟成员国(退出了北约统一指挥部的法国、不接受美国在本国修建基地的挪威和芬兰这些北欧国家除外)就都属于这一区域。这种说法要在满足以下这个意义明确、含义有限的条件的前提下才成立:是西欧国家自己请求与美国组成一个联盟或让美国提供安全保障的。美国以工会或特工组织为中介成为意大利和法国冷战的一部分——那里的冷战存在于共产党与其他中间党派或反共产党党派之间。共产党人其实在西方国家内部已经输掉了冷战。里根团队没有因为共产党人进入法国政府而感到愤慨。而以前的那些总统团队［尤其是亨利·基辛格（Henry Kissinger）的团队］就尽其所能地阻止过意大利的基督教民主主义与共产党之间达成的"历史性妥协"。如果我们减弱"帝国"一词的强度，那么大西洋共同体所构成的整体可以被称为"帝国区域"。这个区域针对的正是苏维埃集团，而克里姆林宫的领导人也对形势估计得恰如其分：苏联如果想攻击这个区域，是不可能不冒任何风险的。不过，这个区域整体依然没有远离苏联的野心。在葡萄牙康乃馨革命之后的那些年里，共产党人、共产党和居住在苏联大使馆中的某些行动人员都参与到了最终会对民主党人有利的战斗中。

至于那些处于苏维埃集团和大西洋共同体之间的国家，美 XXXII国对它们所抱的态度则根据形势和世界区域的不同而不同。约翰·福斯特·杜勒斯组织推翻了那位名为阿本斯①的总统，他被怀疑心怀马克思－列宁主义的观点。林登·贝恩斯·约翰逊以保护美国的人员和财务不受其内战威胁为借口，将海军陆战队派到了多米尼加共和国。约翰·F.肯尼迪则试图通过组织1500名古巴流放人员的登陆来推翻卡斯特罗政府。就美国没有把这些小国家纳入自己的主权区域，但有权向这些国家派遣军队保护自己的经济利益这点来讲，加勒比地区和中美洲在历史上曾是美国的帝国区域之一。这个帝国区域有别于大西洋共同体，尽管我们用了相同的方式去指代它们：欧洲人是自愿进入美国的帝国区域的，而美洲国家则是在不情愿的情况下被纳入

---

① 哈科沃·阿本斯·古斯曼是危地马拉总统（1951～1954），其政府被美国雇佣军于1954年自洪都拉斯入侵时所策动的军事政变推翻。——译者注

这个区域，更何况为了在这些国家中维持听命于华盛顿帝国意志的当地政府，华盛顿还用上了外交（或武力）手段。

拉丁美洲并没有完全臣服于美国。在 19 世纪时，英国才是在那里占显要地位的国家，它通过资本输出参与了这些国家的经济发展。巴西和智利在精神上更多受到了欧洲而非北美的影响。第二次世界大战之后，西半球南部的大陆才开始引起外交和公众舆论的兴趣。连在英国人自己那里都引起了争议的《门罗宣言》首先反对的就是西班牙和法国朦胧的帝国愿望。

从 1945 年起，美国通过美洲国家组织（Organisation des États américains）想方设法地对拉丁美洲国家施加外交压力，并期望把这些国家统一起来以防止可能发生的马克思－列宁主义革命。美国只取得了部分成功。尽管华盛顿特工组织对所有反对左翼力量的人都予以了支持，阿连德政府还是主要被智利人自己推翻的，而不是被美国中央情报局推翻的。尽管美国中央情报局对那些阴谋或袭击提供了帮助，但它似乎对那场最后让皮诺切特（Pinochet）将军掌权的军事政变并没有什么直接责任。

如果我们要对这些散乱评论做个综述的话，那就是，美国没有在拉丁美洲创建一个美国的（yankee）帝国，它甚至没有以至高无上的方式在那里行使帝国的权威。美国人既没有导致也没有阻止那里的国家政变和军事首领（西班牙语：caudillos）掌权；他们在那里实施的外交从性质上更没有不同于"其他国家"。就美国在这些国家的内部政治争斗中多少扮演了重要角色这点来说，美国在那里实行的依然是可被我们称为帝国主义的外交。它在那里对自己支持的势力的胜利加以保证。就偏好而言，美国倾向于支持敌视游击队的民主党人，譬如委内瑞拉的贝当古（Bétancourt）。但是，它更经常偏向于保守的专制者，这些专制者有时也是肮脏卑劣的，但他们又都是反对被怀疑具有滑向马克思－列宁主义倾向的左派革命的。美国在其他大陆上实施外交时也怀有同样的打算或想法，比起阻止马克思－列宁主义革命而言，它更加关注西方式民主制度的传播（不过，这经常是不可能做到的）。如果我们把所有不仅限于同外国政府打交道，而且还设法帮助在外国的、有利于美国利益的、名声大的当权者或最高权力竞争者的外交统统归为帝国主义外交，那么我就只有在小国家里才能找到非帝国主义外交了。不论是法国还是英国都没有抛弃使用这样的帝国主义外交，尽管它们都没有保留可以同两个超级大国媲美的手段。依照这种对帝国主义的定义，两个超级大国就是典型的帝国主义的，而且它们也不可能不是帝国主义的。一来，它们拥有的实力让它们打消了作为旁观者的想法；二来，在这个革命性的世纪中，大多数国家的不稳定状况让反对、点燃或助长叛乱的机会大大增加，这些都在吸引着它们的干预。换句话说，这两个超级大国如果仅仅靠单纯的相互为敌，抑或只是靠互相达成半同谋关系，是无法支配政治历史的进程的。

世界被划分为中心和边缘，这种划分与强大和弱小之间的不平等、强大者对弱小者实施的支配或影响没有多大关系。这种划分尤以经济关系为参照。工业化国家从发展中国家那里购买原材料。有时候，这些初级产品是由美国、英国、法国甚至是瑞士的公司开发经营的。这些外国公司只在这些原材料的原产地和出产国从事有关原材料的工作。更普遍来看，工业化国家剥削边缘国家的方式主要有三种：（1）它们用市价购买原材料，而这个市价就实际购买力而言（也就是相对于边缘国家购买工业产品的价格而言）是偏低的；（2）在边缘国家建立外国公司以积累利润，这些利润是由资本主义制度带来的，是通过使用先进技术以及因为相对于资本而言劳动力过剩的国家遭受了低工资待遇而得来的；（3）外国公司与边缘国家的民族资本家联合：外国公司同民族资本家在一起就可以对从工薪者工资中抽取来的那些剩余也加以积累，这种方式下的边缘国家的边缘人群遭受的是双重剥削。世界中心在各处激活一些卫星中心，这些卫星中心又把它们自己的剥削添加到世界中心对边缘的总体剥削中。

要在这里详细讨论这种经济图景的表现和它之所以建立的那些依据，是完全没有可能的。毫无疑问，如果存在一部国际关系专论的话，世界市场所占的篇幅会同国家间体系所占的篇幅一样长。《和平与战争》一书仅对国家间体系进行了讨论。因此，我只在这篇介绍中描述国家间体系和世界资本主义市场之间的相互依赖关系。

跨国公司就是保证发展中国家顺从性的前哨站或治安力量？这种说法经不起考验。一个跨国公司如果剥削了大自然赐予小国的财富中的主要部分，它通常也会变为所谓的民族国家政府的主人。这样的风险在工业化国家中并不存在（法国在投资上欠了美国很多）。现下，没有哪个南美国家、非洲国家或亚洲国家可以在不冒重大风险的情况下，以对所有权进行补偿为条件将美国子公司国有化。

多国公司，尤其是美国公司，是否一方面对美国外交有着影响，另一方面又对它们建立了子公司的那些国家施加着影响？大型企业在华盛顿形成了压力集团，这是肯定的，它们属于各种压力集团之一。然而，认为所有这些大企业集团拥有相同的外交利益，且会因此而联合起来说服国会议员或总统团队，这样的想法没有道理。国际电话电报公司（I. T. T.）执行总裁曾就智利问题给美国总统写信，这件事情表明，这些企业中的某些领导人并没有摒弃动员美国外交服务于自己集团位于某个国家的子公司的利益的做法。石油企业就在卡斯特罗政权的初期发挥过作用，不过它们最终还是拒绝了卡斯特罗的命令而服从了华盛顿的指令。根据我所做的研究来看，卡斯特罗的古巴同美国关系破裂的责任主要还是在美国总统的外交政策上，或者说是美国国务院的外交政策上。

XXXV

　　既然我对这种国际经济已经做过一番分析，那么现在我便应该再次回到那个被支持和反对"压力集团"的人满怀激情地讨论过的问题上。对此，我也想发表一些评论。工业化国家，尤其是欧洲国家，从美国投资那里得到的好处应该比坏处多。并不是国际商业机器公司（I. B. M.）的法国子公司阻碍了法国电信业的进步，它为法国带来了外汇；虽然它属于一家美国公司，但它还是法国主要出口商中的一员。况且这些对接待国经济而言过于强大的企业秉持的更多是一种对于它们自身利益而言理性的战略，而不是对于它们的子公司所在国而言理性的战略。有时它还会动员那些本应为民族资本主义所用的资源去服务自身利益。最后，我还要谈及一个似乎能够体现中心和边缘关系存在的论据：跨国公司，难道不就是通过对它们产品生产地经济或产品销售地经济加以损害而积累剩余价值的代理人？

　　我们很难对这个论据表示赞同，就像我们也很难将它弃之不顾一样。不管怎样，人人都是想同富人和"先进国"站在一起的。如果富国的企业在穷国中运营，那是因为它们能在那里获得利润。即便抛开种种次要情况不谈（比如发展中国家情愿不要的那些消费品的传播），起初为本国带来了资本的那些外国公司最终还是可能攫取民族资本，并把子公司所得的盈余全部或部分地调回本国。不过，其资本资产负债表及可抽取盈余还是会根据情况的不同而变化的。因此这种论据并没有得到普遍证实，而且，它除了让我们得出一种先验的意识形态外，是无法让我们得出中心对边缘进行了系统性剥削这类断言的。

石油行业提供了一个既典型又极端的例子："石油巨头"，石油界的七个大型多国公司，在很长时间里将石油价格维持在了较低水平，这个价格符合的仅仅是当时的油田情况，在油田中采掘成本是（所有环节中）最低的。当石油输出国组织成员国期望确保自己的土地所有权时，这些"巨头"并没有对油田的新拥有人加以抵制。"巨头们"的利润随着黑金价格的上涨而增加。直到1973年，殖民价格，即殖民地的石油价格，一直在给"巨头们"带来财富，而且还间接地为那些拥有石油业多国公司的工业化国家带来财富。只有"巨头们"和它们的竞争对手有能力运输、分配和精炼石油。在失去了油田开采利润的情况下，这些公司便从整个石油流通过程中的其他环节获取可观的利润。

还有最后一点评语，可以用来总结这篇文章。以两个超级大国或两个阵营为中心的国家间体系与一个世界市场共存于世，而这个世界市场既非各个国家外交－战略关系的原因也非它的结果。即便我们接受了"中心－边缘"这种描述，最通常的情况还是经济剥削变得不同于政治支配。政治战略和经济战略在遏制学说①中既不会相交也不会联合。地缘政治

---

① 遏制学说（la doctrine de l'endiguement）：美国在冷战时期实行的针对苏联的一项外交政策，其主要目的是遏制社会主义思想和政体在世界的蔓延。——译者注

分析，比如基辛格在外交中吹嘘的那种，当然会考虑到世界市场中不同领土所处的位置和所具有的价值。海湾国家的石油财富让美国不得不担负起这个地区的防务。不过，萨尔瓦多的军事防御从战略性地缘政治概念那里汲取的思想并不亚于从政治概念上受到的启发。笼统说来，美国期望限制苏联的扩张，防止多少与苏联存在紧密依附关系的马克思－列宁主义政权的形成；有时候这种意愿会被经济利益左右，有时候对这些利益的寻求会徒劳无功——除非地缘政治学和世界市场理论既没有结合也没有统一。要对资本主义市场的扩张有所助益，就必须控制马克思－列宁主义的蔓延。为了让美国在国家间体系中保持主导地位，就必须遏制住"马克思主义国际市场"。

让我们回到我已经论述过的问题上：国家间体系，这个行为体在其中遵循着外交－战略考量的体系，是否正在一点点丧失重要性？两个超级大国之间的对抗，难道不会在尚存争议的那些国家的内部引起一场可能让它们最终倒向其中一个超级大国的革命吗？在欧洲，斗争难道不是已经通过言辞攻击、宣传攻势和恐怖主义袭击而非核武器打击进行了吗？　XXXⅧ

我对这些问题的回答还是不变。答案是肯定的，就现下而言，最发达的工业化国家为了避免向核战争的极端升级而尽力避免着直接碰撞。不过，暴力——革命者的暴力、恐怖主义者的暴力——在超级大国的对抗中占了重要位置，即便在它们没有动用武装力量时也是如此。苏维埃集团靠着军事势力得以维持。以色列掌握了一种地区性霸权（就像越南在中南半岛集团地区那样），但这种霸权依赖于超级大国互相遏制的状态。最后，苏联和美国之间假定的那种力量关系笼罩着国家间体系的冲突和联合。即便在今天，这个体系于我看来依然在国际社会中是主导性的和首要的，尽管随着时间的推移，它似乎正在慢慢变为背景。事实上，正是这一体系形成了国际社会的结构，即便国际社会也有自身的特征：引起政治领导人忧惧的大规模战争发生的可能、边缘手段在国家间斗争中的扩张发展，与这些同时存在的还有不同社会之间交流的增多和跨国经济的出现。

第四版前言

这本书写于 1960～1961 年，出版于 1962 年春。本次为第六次再版，距第一版的完成已过去六年。对本书进行全面复审既不可能也无必要：不是因为本书篇幅巨大，而是因为这并非我在此次再版中为自己定下的目标。我不想趁机加入对时事的讨论，当然所谓的"时事"是对于日常媒体提到这个词时的意义而言。显然，我在本书名为"历史"的第三部分中已经概括分析了我们所处的外交世界，这是一个已经扩展到全球范围并被热核武器的威胁所支配的世界，而绝大部分拥有这种武器的国家又都是超级大国。从某个角度来说，甚至本书的前两部分，即国际关系的"理论"和"社会学"部分，也是直指当下的。然而，我首先要阐明对把握国家间关系必不可少的**概念机制**；其次关注的是影响了这些关系的**决定因素**以及过去的研究揭示的**规律性**。甚至我在第三部分中围绕冷战或和平共存所做的那些超越了无法预料的偶然事件的历史解释，其目的也在于描绘1945 年以后的世界所具有的持久特征。

写此前言正值 1966 年年中，我自然也期望在某些具体点上做出与我原本思想差别不大的细节修正。不过，最根本的还是在于这些分析工具依然可用，而且在过去五年中发生的那些变化也都落入了我已经画出的框架之中。虽然我并不期望能就1961～1966 年发生的事件做出总结，但还是希望对它们进行简要说明，这些发生在外交舞台上多少也算引人瞩目的转变都是存在已久的隐藏趋势的结果，而这种趋势在肯尼迪总统入主白宫时就已初现端倪。

* * *

我以下面这种指导思想作为思考国际局势的起点：**两个超级大国团结一致，阻止那场**一旦展开就会首先祸害它们的**全面战争的爆发**。美国和苏联，由于地位及意识形态的不兼容性，不可避免地互相为敌，但它们却有着一个共同的最高利益。它们不想也没法共同统治天下，然而这已不是什么问题，因为双方从此以后都暴露在了对方的打击下，都希望避免互相毁灭。这样一种政治－战略学说在美国的大学和专门机构中被公开教授，肯尼迪总统在被来自哈佛大学或兰德公司的幕僚说服后也正式采用了这种观点。

然而，我们在 1966 年观察到的这个符合逻辑的超级大国之间默认达成的有限一致，却在当时因为三个事实而陷入瘫痪境地：核力量关系的不确定性、赫鲁晓夫的言辞、柏林危机。最终让世界舆论动摇的，更多是美国的选举论战，而非苏联的自吹自擂。美国弹道导弹的劣势（众所周知的"导弹差距"）存在于 1963 年还是 1965 年呢？假设美国的部分劣势不会**实际**影响基于恐怖的全球均衡，那么苏联领导人是否会受自己已获优势——哪怕只是幻觉——意识的驱使而去冒风险或看轻美国的决心呢？

比起五年前，今天对这些问题进行探究更显合理，当时的苏联领导人，不论是赫鲁晓夫还是军事类书籍作者最经常流露出的就是他们不愿意采用美国的思考方法。苏联第一人发出的威胁尽管不是很清晰，但还是表达说要让美国侦察机（U－2）

使用的机场数量减少，又或对无论处于世界何处的帝国主义侵略都要以弹道导弹和核武器作为回应。在肯尼迪处被抛弃的杜勒斯的大规模报复概念却被苏联采用。在美国学者大肆推广灵活反应（flexible response）战略的同时，苏联学者描绘的图景却是：一旦两个超级大国卷入战争，战争就必然会持续升级。我还想知道，既然双方在战略学说上存在不对称，那么苏联拒绝在暂停核试验的条约上签字（从 1958 年开始暂停试验直到 1961 年秋重新开始，也就是本书第一版付梓的时候，苏联又重新开始试验）是否也就不能归咎于一种计算错误：赫鲁晓夫认为可以从核战争带来的恐惧中获利——虽然他对此的恐惧并不亚于他的对手，但他让自己强装不怕。

1962 年 10 月至 11 月的古巴导弹危机打破了这种幻象。当赫鲁晓夫以不谨慎的态度在古巴建造中程导弹基地时，美国的那纸几乎等同于最后通牒的文件，让他陷入了无法回避的选择困境：要么选择在全球其他地区进行反击（在某个苏联拥有常规武器优势的地区，就像美国在佛罗里达近海沿岸拥有的那种优势），要么选择诉诸终极武器，抑或撤退。克里姆林宫的领导人似乎对此没有丝毫犹豫，他们宁愿撤退，宁愿被中国谴责为"投降主义"，也不愿冒不可预测的风险加深危机。

除了古巴人击落了一架美国侦察机外，双方没有再开一枪，然而对军事准备倍加渲染的外交公函向莫斯科传达的信息却意义明确。威慑不再只限于想法。苏联领导人发现，或许还是惊奇地发现，美国总统在某些情势下，即便面对的是一个拥有热核武器的国家，在他没有遭遇直接交锋带来的危险之前，是不会让步的。赫鲁晓夫从这次危机和失败中吸取了教训。他放弃了在第三帝国旧都柏林改变现状的企图，从此以后他在原子战争的问题上采用了与肯尼迪相同的言辞。这种情况在赫鲁晓夫离开政坛及林登·约翰逊入主白宫后依然如故。

更进一步说，就苏联战略家继续表现出的、对获得美国分析家赞赏的那种精明的实用性所抱有某种怀疑态度，以及他们提出的如果核力量介入就会让局部战争升级为激烈的战争的说法而言，克里姆林宫的领导人们，即便不去考虑为所有观察家赞同的、美国从此以后在核武器的数量和载具上具有优势这一点，他们也应该比美国总统的幕僚们更倾向于谨慎行事。

不管怎么说，在 1961 ~ 1962 年这一军备竞赛还处于加速的阶段，即我在完成这本书写作的时候（此时，苏联和美国先后在这种气氛中重新开始核试验），我凭观察认为接下来会是一个竞赛减缓的时期，这种变化符合双方都不想闹到同归于尽的地步这一独特的敌对逻辑。1963 年，关于部分停止核试验的条约在莫斯科的签署以及克里姆林宫和白宫之间热线电话的建立，都象征着敌人之间为预防全面战争而建立起了一种同盟——对双方而言，这种全面战争所具有的灾祸性都是它们在全球任意一处的局部失败会带来的灾祸所无法比拟的。

虽然从根本上说美苏关系的缓和是以减少核危险为目的的，但它同时也处于一种能够让美苏关系部分回转的政治背景中。今天，我们能够更加清楚地看见美苏冲突的多个不同篇章。1957 年，莫斯科和北京达成了一项协议，苏联将帮助中国实现核计划。两年之后，即 1958 年中华人民共和国军队在台湾海峡采取行动后，苏联宣布废除这项协议。苏联希望在社会主义阵营中握有核武器的垄断权，这一愿望是这两大信奉马列主义的势力关系破裂的原因之一。这种冲突符合千百年来主权国家间关系的经验：一方期望在联盟的战略中单独担负最高责任，另

一方却心怀不再依附于人这一既传统又合理的愿望。这种必然
矛盾并不是在原子时代才产生的，但当这些决定涉及的是使用
核武器的可能性，或者说当它们关系到的是数百万人的生死问
题时，又怎样才能消除这些矛盾呢？

或许要等到 1963 年，即赫鲁晓夫对重拾社会主义阵营的统
一完全失望后，他才会真的下决定签署《部分禁止核试验条
约》。因为与敌人签署这个具有明确目标的条约实际上会使他的
盟友在获得核武器方面更加困难，这个条约让他们之间那种应
该已被公开论战加深了的分歧，更进一步地暴露于众目睽睽之
下。显然，巴黎政府和北京政府对莫斯科条约的解释一般无二：
原子俱乐部的三大成员企图阻止其他国家像它们一样拥有核武
器。巴黎和华盛顿之间的关系因为这个条约步入艰难，华盛顿
的领导人认为这个条约符合和平利益，因此也就符合了人类自
身的利益，而戴高乐将军则将其视为一种自私的表现，甚至认
为这体现了这些国家——"这些冷酷怪兽"——的恬不知耻。

即便华盛顿和巴黎之间的关系在今天是如此糟糕，即便法
国和中国在拒绝臣服于各自阵营"领导国"的权威上具有可比
性，但它们之间的差异还是比相似更明显，因为民主国家的外
交与"共产主义国家"的外交所服从的规则完全不同。仅仅具
有相同的意识形态并不足以让联盟牢不可破，而莫斯科和北京
之间分裂的根源如果仅是双方民族利益的对立的话，那这种分
裂就不会具有与这种情形相同的特征，即对抗双方都立即把自
己的目标或适时战略用一种意识形态语言表达出来，并试图将
世界上同样信奉马列主义的其他部分都拉到自己的利益一边。
共产主义国家在它们的联盟和在它们的争吵中表现一致，它们
既没有完全被意识形态所限，也没有对它们信仰的那种历史哲

学完全漠不关心。美国和法国即便达不到相互理解的程度，它们的盟友关系也会继续以比这更轻松的方式保持下去，因为战略争论、大型政治辩论以及观点分歧都属于民主制度的常规方式。

苏联和美国之间关系的缓和，美苏冲突的缓解，法国和中国在发展原子力量上付出的努力，戴高乐主义外交，美国在欧洲的外交独立，以及发生在南亚的反美行动，这些是否都标志着两极体系的终结和国际关系新阶段的开始？

首先让我们重申一点，两极性除了在军事计划上和在地球的一个有限区域中（我们可以简化地说成是在北半球）存在外，从来没实在存在过。不过从军事上说，比起所有其他国家拥有的武器，苏联和美国所拥有的武器具有压倒性优势，就这一点而言，两极性又是存在的。旧大陆，一如德国，尤其是柏林，继续四分五裂。但人们在这些物质现实——热核两极性、分享旧大陆——面前的生存方式却发生了变化。

拿"巨头们"拥有的摧毁能力这点来说，它并非与它们支配盟友或敌人的能力相称。最令人恐惧的武器激不起没有这些武器的国家的恐惧。阿尔巴尼亚挑战了苏联，古巴挑战了美国。所有这一切的发生就好像核力量越是强大，就越难把它转换为外交实力，武器越是骇人听闻，越是不人道，就越难想象把它用到一个没有此类武器的国家身上。或者还可以用另外一种说法：所有这一切就像苏联和美国的热核装置互相让对方陷入了瘫痪，虽然它可以作为对局部战争升级所发出的预先通知，但在大国和小国的关系上，尤其是在北半球的大国和小国的关系上，仅仅发挥着有限的影响。

当然，低估始终如一的行为是错误的，尽管将不可见的核武器部分类比为19世纪英国舰队的活动十分常见。中华人民共和国对北西伯利亚和东南亚做了同样的事：它向它的"修正主义"盟友或"帝国主义敌人"发出了言语上的干扰。它并没有投入一场公开行动，它甚至没有冒险干涉越南事务。美国人之所以可以不受制裁地保持在西柏林的驻防，并向南越派遣30万人，还对北越实施了轰炸，是因为他们拥有世界第一的军事实力。然而，他们虽然拥有摧毁北越的能力，却未必拥有同等程度的能够保证让河内政府投降的能力，就更别说让越共战士投降了。军事力量会继续作为国际秩序的基础存在，但它既不是无处不在，也不是在所有情况下都具有决定性。

11

在欧洲两大阵营内部，近年来分裂的征候越来越明显。借助美苏冲突，东欧国家以各自的方式显示出独立自主的意愿，它们都与西方重新结交，都不同意让苏联文化或马列主义意识形态独霸天下。商品、人口、思想都越来越多地跨越了铁幕形成的边界。东欧国家和西欧国家之间的双边协议，无论涉及的是商业、技术还是文化，数量都日益增多。从1956年开始，莫斯科领导人顺应了从一个单挑大梁的政治集团向联盟的缓慢转变，这个联盟将由最强大的国家领导，同时也会给予其他国家在内部事务管理方面的一定的自由，甚至还会让其他国家参与共同战略的决策。自古巴导弹危机以来，这些领导人至少暂时地接受了柏林的现状，并且也不再挥舞武器以谋求改变局面。

这种对战争缺乏真实恐惧的气氛越来越浓，处于其中的大西洋联盟的成员国感到它们与美国之间的团结性有所降低，虽然美国的保护对它们而言依然必不可少，但似乎这种同美国的关系越来越值得怀疑。尤其是从1958年开始的法国外交，以各种各样的方式（将多种部队撤出北大西洋公约组织、反对英国加入共同市场、承认中华人民共和国、批评美国在南越的军事行动）显示出它的独立自主性，它还通过退出北约指挥部更进一步地迈向独立自主。所有这些变动都让旧大陆今日之面目与五年前观察家们所观察到的景象相去甚远。顺着当前这些事件思考下去，在历史视界中想象一个"从大西洋到乌拉尔河"的重新统一的欧洲，也变得并非完全不可能。

不过，这对于当前而言还多少属于一个遥远的可能。只要德国依然分裂，欧洲冷战的基本利害就会一直存在，而且第二次世界大战的后果也将无法消除。驻守在德意志民主共和国（东德）土地上的苏联的五个师对西欧构成了威胁，并迫使东欧国家保持了最低限度的纪律。一项旨在改变现有的、让西欧复兴的领土规定，并能让局势在随后得到缓和的新领土规定，只能是缓慢演化的结果。如果在不久的将来必须进行协商的话，这种协商也需要所有人参加，不但需要波恩①和华盛顿的执政者，也需要巴黎或莫斯科的执政者。

在欧洲两大集团之外，以多种方式秉承了不同程度的中立立场和中立主义的那些所谓没有介入的国家，在 1966 年数量更多，而且比 1961 年更不团结。亚非团结的神话所剩无几。非洲国家因为自身的不稳定、力量的弱小以及对苏联或中国的"渗入"的被动抵抗，而对两个超级大国不甚关心。国际体系或许有了分裂成多个子体系的趋向，这些子体系自身力量均衡，其中存在着局部对立（近东、印度次大陆），而且它们也都以某种方式与全球体系相连，但并不等同于全球体系。

在时下的 1966 年 7 月，占据国际关系主导位置的事件是越

12

---

① 曾是德意志联邦共和国的首都，代指西德政府。——译者注

南战争。正如开始于 1950 年的朝鲜战争，这场战争很可能在很大程度上是由偶发情况促成的。十六年前，克里姆林宫的领导人们犯了一个计算错误，他们轻视了美国的干预。在谁都还没有完全意识到的情况下，美国人逐渐介入越南问题。从此以后，他们的主要目标便不再是拯救南越的民主制度，而是要向世人展示他们有足够的物质能力和精神能力去挫败颠覆行为，就像挫败公开侵略那样。

即便越南战争如此具有悲剧性，即便它比朝鲜战争（这场战争让恐惧传到了全世界）更具悲剧性，只要历史进程没有逃脱人们的掌控，它就应该仅仅是历史的旁枝末节而已。中国无法对其进行有效干预，苏联由于距离过远也同样无法对其进行有效干预。不论是中国还是苏联，与美国军事力量直接交锋对它们都没什么好处。北越甘愿通过转换斗争方法、从丛林和河流转向谈判桌，循序渐进地达成自己的目标。

* * *

在思考未来远景时，无论我们所怀的心情夹杂着怎样的乐观主义或焦虑不安，国家间关系的基本问题依然如旧。

大国在理性尚存的情况下是不会发动玉石俱焚的死战的。然而，虽然哲学家常常将人称作理性的存在，他们却很少能以同样的信心把这一品质用到对人类历史的描绘上。

——布拉奈（Brannay），1966 年 7 月

* * *

正如我在 1966 年 7 月所作前言中提及的原因，在我看来，

趁 1975 年新版出版之际，对本书进行更新不是一种恰当的做法。读者可以自己判断我在十五年前使用的方法和概念是否依旧可以运用到对当前世界的理解上。

——巴黎，1975 年 7 月

国际法自然而然地建立在一个原则之上，那就是：各国在和平时期，应该尽可能多为善，在战争时期，应该在不损毁各自真切利益的前提下，尽可能少为恶。

——孟德斯鸠，
《论法的精神》，第一章，第三节

导言　理解的概念层次

　　动荡的时代引人深思。希腊城邦危机遗留给我们的是柏拉
图的《理想国》和亚里士多德的《政治学》。撕裂了欧洲的 17
世纪宗教冲突让以《利维坦》或《神学政治论》为代表的国家
中性论涌现出来：对霍布斯而言，国家必定是绝对中性的；对
斯宾诺莎而言，至少从哲学角度上看，国家的中性是自由主义
的。在英国革命的那个世纪中，洛克捍卫并阐明了公民自由。
在法国人还在无意识中酝酿法国大革命的那个时期，孟德斯鸠
和卢梭定义了传统君主制以突然或渐进的方式解体后会出现的
两种政体的本质：一种是由于权力均衡而行为有度的代议制政
府，另一种是援引人民意志却摒弃了一切权威限制的自称民主
的政府。

　　第二次世界大战一结束，美国这个在历史上梦想对旧大陆
事务袖手旁观的国家，却发现自己不但担负了和平与繁荣的重
任，甚至还需要对半个地球的生存负责。美军向西在东京和汉
城（今称首尔）驻防，向东在柏林驻防。西方世界自罗马帝国
以来还没有遇到过这种情况。美国是第一个真正的世界性势力，
因为外交舞台的全球性统一实属前所未有。美洲大陆之于亚欧
大陆的位置正如英伦诸岛之于欧洲的位置：美国回归了欧洲岛
国的传统，想方设法地在德国和朝鲜半岛的中心增高壁垒，遏
制具有支配力的陆地国家的扩张。

　　美国和苏联合作取得的共同胜利所造就的形势，并没有创造

出任何可以同我们刚才提到的那些壮举相媲美的杰作。国际关系已经成了一门大学学科的研究对象。取得这一新学科的教授资格的人在成倍增加，相关专著和教材层出不穷。这些努力取得成果了吗？在回答这个问题之前，还需要先搞清楚跟在国家决策者和舆论后面的美国教授们提出要发掘或构思的东西到底是什么。

历史学家没有等到美国登上一流大国之位以后才去研究"国际关系"。但是，他们对国际关系描述或讲述得很多，分析或解释得却很少。然而，没有任何一门科学会仅仅止步于描述或讲述。此外，国家决策者或外交家从过去数世纪的历史知识中又能得到什么教训呢？大规模杀伤性武器、颠覆性技术、由于航空技术和电子技术的发展而变得无处不在的军事力量，这些因素带来的物质和人力上的创新至少已经让过去的历史经验教训变得模棱两可。如果还存在什么经验教训的话，要想记住它们，就只有将它们放入一个包含了这种模棱两可的理论中才行。这种理论将对常量加以阐明，而这么做的目的并不在于消除创新部分，而在于解释这些常量。

决定性问题也正在此。国际关系的专家们不愿仅仅跟在历史学家的后面：他们也想像其他学者那样得出普遍性命题，创建出学说体系。只有地缘政治学关心过国际关系的抽象化和个中原理。然而，德国地缘政治学留给人们的却是个坏印象，而且不管怎么说，仅以空间框架为参考是不足以构成一个理论目标的，何况这一理论的功能是要把握影响了国家间关系进程的各种因素。

对国际关系理论的特征进行粗略描述是件很容易的事。"首先，它让数据整理成了可能。它是一个有用的理解工具。"[1] 其

---

[1] Kenneth W. Thompson, *Toward a theory of international politics*. American political science review. Vol. XLIX, n°3, september 1955.

次，"理论意味着在深度分析中会用到的问题选择标准应被清楚明白地指出"。最后，"能让理论成为理解工具的，并不仅仅是一致性和规律性，还有那些意外情况或非理性情况"。谁又会驳斥这些公式化主张呢？**整理数据、选择问题、确定规律性和意外情况**，不论是社会科学中的什么理论，在任何情况下，都必须具备这三种功能。真正的问题其实还在比这些无可争议的主张更高的层次上。

理论家常常倾向于简化事实，在对行为者隐含逻辑的阐明中对行为进行解释。汉斯·摩根索（Hans J. Morgenthau）写道："国际关系理论是观察者对发现于客观事物（subject matter）中的所有理性要素的理性有序概述。这样的理论是国际关系的一种理性概括，是一张国际舞台的地图。"① 国际关系的经验诠释与理论诠释之间的差别就好似一张照片和一幅画像之间的差别。"照片展示的是裸眼所能看到的一切。画像展示的并非裸眼所能看到的一切，而是一种眼睛无法看到的东西：作为模特儿的那个人的人性精髓。"

另一位国际关系专家对下面这些问题做了回应：国际政治的"理性要素"是什么？仅仅考虑理性要素是否就可以绘制出一幅梗概图或完成一幅体现了模特儿人性精髓的肖像画？如果理论家对这两个问题的回答是否定的，那他就必须另辟蹊径，走上社会学的道路。目标已经明确——绘制一张国际舞台的地图——理论家将努力对**所有**要素都加以思考，而不是仅仅把他的注意力固定在理性要素上。

---

① 原文引自汉斯·摩根索的一篇报告，题目为《国际关系理论的理论和实践重要性》（"L'importance théorique et pratique d'une théorie des relations internationales"，p. 5）。

持"理性模式论"和持"社会学分析"的人之间的这种对话——它也是一场对话者并不总是能理解其性质和内容的对话——常常还被加进一种严格意义上的传统美式争论：理想主义和现实主义之争。如今已被命名为"欧洲外交官的马基雅维利主义"的现实主义，在大西洋彼岸的美国被视作**旧世界**的典型，它标志着一种堕落，这种堕落正是人们期望移民到**新世界**和充满无限可能的土地上来逃避的。然而，随着欧洲秩序的崩溃及具有支配力的美国军队的获胜，美国人虽然没有感到良心不安，却还是渐渐发现他们自己的外交越来越脱离以前的理想，越发同不久以前还被他们严厉批评过的那些敌人和盟友的外交实践相似。为了在对日作战中收买苏联的介入而牺牲中国的利益，这是道德的吗？事后的情势揭示出这种做法得不偿失，理性地说，罗斯福本**应该**收买的是苏联的不介入。然而，即便当时的做法真的符合理性，做这样的计算会因此变得更道德吗？罗斯福任凭东欧国家受苏联的支配，这样的做法是对还是错？以迫于形势为由为这些做法辩护，就是在重拾欧洲人曾经用来为自己的行为做辩护的那些论据，然而美国人出于道德和地理位置的原因，在很长时间里以蔑视或义愤的态度摒弃了这些论据。战争统帅在他的人民面前要对自己的行为负责，对胜利或失败负责。善意和个人道德的坚守又算什么呢？外交的法则或战略的法则与此不沾边。不过，在这样的情况下，现实主义和理想主义之间的，马基雅维利主义和康德主义之间的，堕落欧洲和正直美洲之间的对立又将如何呢？

本书试图首先澄清这些争论，然后再超越它们。这两个理论概念其实并不矛盾，而是互为补充：理性模式论和社会学主张在对一个社会学世界的概念性操作中构成了互相接续的时刻。

对一个行为领域的理解还不足以找出行为具有的矛盾性。也许只有历史才能让马基雅维利主义和道德主义之间的永久争论有朝一日会有所消弭。不过，我还是会从形式理论出发去确定各种原因，之后再对一个独特局面加以分析，通过这样一种安排，我期望展示一种可以用在其他研究对象上的方法，同时还期望展示我们知识的局限和历史选择的条件。

为了在这篇导言中清楚阐明本书的结构，我将首先对国际关系加以定义，然后再明确其四个层次的概念化的特征，我们可以将它们分别称为理论（théorie）、社会学（sociologie）、历史（histoire）和人类行为学（praxéologie）。

一

最近，一位荷兰历史学家①——他是自他的国家在莱顿（Leyde）②设置国际关系学教授职位以来首个获得此资格的人——在他的首堂课上试图对他讲授的这门学科加以界定。他是以承认自己失败作结的：他虽孜孜以求，但还是没有找到他要研究的这个领域的界限。

这种失败很有启迪性，因为在此遭遇失败是肯定的，或者说，是显而易见的。"国际关系"在现实中没有画好的边界，它们没有，也不可能在实际层面上脱离其他社会现象。不过，同样的说法也适用于经济学和政治学。如果"将国际关系研究作为一个独立系统来研究的做法已经失败"，那么真正的问题便在于指向相同但超越了这种失败的另一层面。说到底，将经济

---

①　B. H. M. Vlekke, *On the study of international political science*. The David Davies Momorial Institute of International Studies, Londres（s. d.）.

②　指莱顿大学。——译者注

学研究当作一个自我封闭的系统的尝试同样遭到了失败；但经济学存在的合法性并没有因此而降低，其真实性和可被孤立出来的可能性也没有受到任何人的质疑。国际关系研究本身包含了某个关注中心吗？它针对的是集体现象，是能够辨识出独特性的人类行为吗？国际关系的这种独特意义足以建构起一种理论吗？

国际关系（relations internationales）从定义上说似乎就是民族国家（nations）之间的关系。然而如果真是这样的话，"民族国家"就不是法国大革命以后人们赋予它的那个历史性概念，即它指代的不是政治共同体的一个特殊种类——这个共同体中的绝大部分个人都具备了公民意识，国家（État）看起来也似乎是事先存在的某种民族性的表达。在"国际关系"这一用语中，国家等同于任何一种领土被组织化了的政治共同体。让我们暂时这样说，国际关系是**政治单元**（unités politiques）之间的关系，而政治单元这一概念不但涵盖了希腊城邦、罗马帝国和埃及帝国，也同样包括了欧洲君主制、资产阶级共和制和人民民主制。这个定义牵涉到的困难有二：是否必须把属于不同政治单元的个人之间的关系也包括进政治单元间的关系？政治单元，即领土被组织化了的政治共同体，自何处起，到何处止？

当欧洲的年轻人期望到自己的祖国以外的地方去度假时，这是否涉及了国际关系专家应当关注的现象？当我在法国商店购买一件德国商品时，当一位法国进口商与莱茵河对岸的一位制造商做生意时，这些经济交换是否属于"国际关系"？

对这些问题做肯定回答或否定回答似乎都一样困难。国家间关系，即严格意义上的国家之间的关系，构成了典型的国际关系：条约就是国家间关系存在的一个无可争辩的例证。假设一国与他国之间的经济交换完全由两国之间的协议所规定，在这样的假设下，这些经济交换就完全属于国际关系研究的内容。相反，如果我们假设跨境经济交换是脱离了严格规章制约的，而且自由交换盛行于世，那么，在法国购买德国商品，在德国卖出法国商品就只是个人行为，它们没有体现国际关系的各种特征。

虽然这种界定的困难确实存在，但我认为，过于夸大其重要性也是错误的。没有任何学科具有清楚划定的界限。一开始就去探求国际关系领域的终结处，或去明确从哪个时候起个人间关系就不再算国际关系，这样的做法几乎毫无意义。我们要做的是确定国家间关系研究的关注中心，并明确构成了这一特殊研究领域核心的国际关系现象或行为本身所具有的特殊含义。而国际关系的中心就是我们称之为国家间关系的那些关系，也就是使政治单元卷入冲突的那些关系。

国家间关系体现在被我象征性地称为**外交家**和**士兵**的这两种人的特殊行为中，也被这些人的特殊行为所体现。这两种人，也唯有这两种人，完全不再是作为某个共同体的成员在行动，而是作为他们所属共同体的**代表**在行动：**大使**在履行职责时**就是**他所代言的那个政治单元；**士兵**在战场上**就是**他以它的名义杀戮人类同类的那个政治单元。正因为阿尔及尔的戴伊（Dey）① 用扇子打的是一名外交官，他的这次攻击才具有了成为历史事件的价值。正因为文明国家的公民们穿上了制服且出于公民义务在行动，他们才能够无愧于心地去杀戮。

18

---

① 阿尔及尔的戴伊，是突尼斯和阿尔及利亚被奥斯曼帝国统治期间（1671~1830）的地区总督头衔。——译者注

外交官①和士兵**活在**作为国家间关系且归结为外交和战争的国际关系中，他们**象征**了国际关系。国家间关系体现出如下**特征**——正是这个特征让它与其他社会关系区分开来：国家间关系开展于战争的阴影之下，或者以更严格的表述来说，国家之间的关系本质上包含了一种对战争或和平的选择。每个国家因此也都倾向于把暴力垄断权保留给自己，历史上互予承认的国家也因此认可了它们之间战争的合法性。在某些情况下，互相敌对的国家之间的这种相互承认会被推到逻辑尽头：每个国家都只动用常规军队作战，而拒绝到敌国内部制造叛乱，因为叛乱虽然会削弱敌国，却也会动摇本国期望保有的合法暴力垄断权。

国际关系学作为关于和平与战争的科学，可以成为外交和战略这两门艺术的基础，外交和战略是两种既互补又对立的方法，国家之间的往来正是遵循它们来开展的。"战争不属于艺术或科学领域，但属于社会存在的领域。它是一种以流血为解决方法的大规模利益冲突，而且也正因如此它才与别的冲突不同。比起同样属于利益冲突和人类活动的其他任何类型的商业艺术，战争与政治更相似，因为政治至少能被部分看作一种大尺度上的商业。此外，政治还是战争得以孕育的介质，正如生物的属性已经存在于它们的胚胎中，已经形成的战争雏形隐藏于政治之中。"②

由此，我们明白了为什么国际关系为一门特殊学科提供了

---

① 很明显，在这样的抽象含义中，国家元首、外交部部长、总理在他们的部分行为中也扮演了外交官的角色。他们代表了政治单元本身。

② Karl Von Clausewitz, *De la guerre*, liv. II, chap. IV. p. 45. Les références se rapportent à l'édition publiée par les Éditions de Minuit, Paris, 1950.

中心关注点，也知道了为什么国际关系避开了所有的明确限定。历史学家从没有将触及国家之间关系的事件的记述孤立出来，在军事战役和外交手段组合的曲折被以繁杂的方式同民族命运之兴衰、皇室家族或社会阶级之间的对立关联起来的情况下，要将其孤立出来也的确不可能。国际关系学与外交历史学一样，都必须承认外交舞台上发生的事情同国内舞台上的事件有着千丝万缕的联系。国际关系学同样不能把国家间关系与被多个政治单元关注的个人间关系绝对分割开。但是，只要人类还没有被统一进一个普世国家中，对内政治和对外政治之间就会一直存在**根本**区别。对内政治试图让合法权威持有者保有暴力垄断权，对外政治则承认武装力量具有多元中心。政治，由于其关涉的是共同体的内部组织，其内在目标让人们臣服于法律帝国。政治，由于其涉及的是国家间关系，似乎其意义——既是理想意义也是客观现实意义——仅仅在于让国家在其他国家之存在所造就的潜在威胁中生存。这就是存在于古典哲学中的一个常见对立：政治艺术教给人们的是在共同体内部如何和平生活，而它教给共同体的则是要么和平共处要么相互征战。国家的共有关系没有脱离**自然状态**（l'état de nature）。如果它们真的已经脱离了自然状态，也不会有什么国际关系理论了。

有人会提出异议，认为这种对立在观念层次上很清晰，但在实践层次上却非如此。事实上，这个对立假设了各个政治单元都是互相外接、可以辨识的。当政治单元是由外交官和身着制服的军人代表时，也就是说，当它们实际行使着合法暴力的垄断权且互相承认的时候，就属于这种情况。当民族的自身意识缺失而且不存在合法组织起来的国家时，对内政治和对外政治就趋于混合，因为对内政治在根本上并不是和平的，对外政治在根本上也并不是好战的。

中世纪君主同诸侯之间的关系适合划分到哪一类呢？当时的国王或皇帝几乎没有任何无条件服从于他们的武装力量，贵族们做的是效忠宣誓而不是纪律服从。从定义上说，似乎很难对主权分散、武装力量割据的时期进行概念化处理，而局限于一定空间且彼此分离的政治单元却因人们的意识以及观念的严格性而很适合被概念化。

不同政治单元卷入其中的冲突与一个政治单元内部发生的冲突之间的分野，有时候会出现不确定性，甚至在统治权集中且被公认为合法的时期也可能出现不确定性。只需要作为一个国家完整领土构成部分的某个省份中的一部分人拒绝服从中央权力并为此展开武装斗争，就足以使得从国际法角度来看的内战，在那些将反叛者视为既有民族或即将诞生的民族的意志表达者的人眼中，变成一场对外战争。如果获得最后胜利的是南部邦联，美国便会分裂成两个国家，而始于内战的南北战争也将以对外战争结束。

让我们想象一个出现于未来的、涵盖了全人类的普世国家。从理论上说，那将是一个不会再有军队（士兵既不是警察也不是刽子手，他是在与另一士兵对决时冒生命危险的人），仅仅有警察的世界。如果一个省份或一个党派拿起了武器，这个唯一存在于世的全球性国家将宣布其为叛乱，且以相应的方式对待之。然而，作为国内政治插曲的这种内战，会在叛军取得胜利并因此导致普世国家解体的情况下反过来被认为属于外国政治的领域。

"国际关系"作为研究对象所具有的这种含糊性并不是由我们概念工具的不足所导致的，它是镌刻于现实本身的不确定性。它再次提醒我们——如果我们还有被提醒的必要的话——政治单元内部的各种事件会以众多方式影响着政治单元之间的关系进程。它同样提醒我们，战争的利害是生死存亡，是国家的诞生或消亡。由于极其专注于对组织化国家间往来关系的研究，专家们时常会忽略一点，即对和平而言，过度虚弱同过度强大一样危险。武装冲突爆发的区域常常也是政治单元正在解体的地方。要么是明白或相信自己处于不利状况的国家引起了敌对者的觊觎，要么是这些国家在一次绝望的救亡图存中引发了最终将耗尽它们力量的大爆发。

将研究扩展至国家生死存亡的做法，会不会让国际关系研究丧失一切明确边界和原创性？那些事先就把国际关系想象成可以**具体**分离的人会对下面的分析感到失望，不过这种失望完全没有道理。国际关系学的中心论题是具有特殊意义的国际关系，其特殊意义也可以说在于对和平与战争的选择以及和平与战争的更迭。对致力于国际关系研究的这门学科而言，各个（民族）国家和帝国之间的多种关系模式，影响世界外交的各种决定因素以及国家诞生和消亡的各种情势，都是它无法绕开的。一种完整的政治科学或政治哲学会把国际关系作为一个章节归纳进去，但这个章节将保持其原创性，因为**它讨论的是政治单元之间的关系，而每个政治单元都要求拥有自我裁决的权利，要求成为唯一可以决定自己是否作战的主宰者。**

二

我们将在三个概念化层次上把握国际关系，然后再去审视行为者所要面对的伦理问题和实际问题。不过，在描述三个层次的特征之前，我们还想说明一下，同样可以用概念化方式通过对比来区分的人类活动的另外两个领域——体育运动和经济。

让我们考察一下在法国被称为联合足球（football association）①的这项运动。以外行人为听众的理论阐明的是这个游戏的性质以及它必须服从的规则。中线两边各有多少球员互为对手？选手有权运用哪些手段或无权运用哪些手段（他们有权用头接触球，但无权用手触碰）？球员在不同的线间是如何分布的（前、中、后）？他们是如何合并己方努力，挫败对手的努力的？这种抽象理论为从事这项运动的人和业余爱好者所公认。然而，在规则所画定的框架内，还有千变万化的情况，它要么是人们的无心行为，要么是行为者事先就设想好了的有意行为。教练员会事先为每场比赛制订一个计划，明确每个球员的任务（比如中场盯住对方的某个前锋），确定各个球员在某些典型情形或意外情形中所要负起的义务和责任。在第二阶段中，理论分解成了以不同球员为听众的多种话语：在针对整支球队或部分球员的效率行为理论存在的同时，还存在针对边锋、前卫或后卫等球员的效率行为理论。

在下一个阶段，理论家就不再是老师或教练员了，而是社会学家。球赛在球场而非黑板上——是如何进行的？这国或那国球员所采用的方法各有什么特征？是否存在拉丁球风、英国球风、美国球风？获胜球队有着怎样的精湛技艺和精神状态？对于这些问题，在不做历史研究的情况下是无法给出答案的，必须观察各场球赛的过程、方法的演变以及技术和情绪的变化。

---

① 联合足球，足球的原始名称，与"橄榄足球"（football rugby，现称为橄榄球）、盖尔足球（football gaélique）、澳大利亚足球（football australien）、北美足球（美国足球和加拿大足球）相区分。如今，国际足球联合会（FIFA）在法语中仅使用"足球"（football）一词。——译者注

体育社会学家可以去探究，是哪些原因（如异常的禀赋、参与者的数量、国家的支持等）让一个民族在某一时期获胜或持续获得胜利。

　　社会学家不但需要借鉴理论家，还需要借鉴历史学家。如果他不明白游戏的逻辑，那么他对球员演变的跟踪研究就会变得徒劳无功。他将无法发现盯人的人或盯区域的人采用了怎样的不同战术。然而，有关实力因素或胜利原因的相对泛泛的理论还不足以解释为什么匈牙利会在1954年世界杯决赛中失利，也不足以完全满足我们的好奇心。决定具体比赛胜负的，从来就不是游戏逻辑本身或取胜的一般化原因，而且某些比赛，正如某些经典战例一样，依然值得历史学家像在描述英雄事迹时做的那样，不吝笔墨地去记述。

　　在理论家、社会学家和历史学家之后，第四种人物出场了，他与球员密不可分：裁判。规则记载在文档中，然而应当如何诠释它们呢？那个触犯规则的事实——手球——是否在某一时刻实际发生了？裁判的决定是无法上诉的，不过球员和观众不可避免地会对裁判加以评判，其方式可以是默默进行，也可以是喧哗起哄。队伍与队伍对抗的集体体育项目会引起或褒或贬的一系列评判：队员之间的评判，搭档之间的评判，一支队伍对作为对手的另一支队伍的评判，参赛者对裁判的评判，观众对参赛者和裁判的评判。所有这些评判都在效率性评价（他打得很好）、正确性评价（他遵守了规则）和体育道德精神衡量（某支队伍体现了竞技精神）之间游移不定。即便在体育运动中，其他一切没有被严令禁止的做法也不见得就为道德所允许。最后，相对于开展这项运动的人或全社会来说，足球理论还可以对这项体育运动本身加以思考。这是不是一项有利于实践者

22

身心健康的运动？政府是否应该予以支持？

这样，我们就重新找到了刚才区分过的四个概念层次：**概念和体系的模式化、事件的一般原因、运动的演变或具体比赛的进程、讲求实际或讲求伦理的裁决**，所有这些要么与既定领域内部的行为有关，要么与被认为是一个整体的领域本身有关。

外交或战略行为与体育行为有某些相似之处，它同样包含合作和竞争。所有共同体都处于由敌人、朋友和中立或对它漠不关心的国家共同构成的环境之中。虽然没有用石灰画定的外交赛场，但外交领域却具备全部行为体，它们都可能在普遍化冲突中介入进来。博弈者的禀赋并没有以规则或习惯战术为方式一劳永逸地固定下来，不过，我们还是能够看到某些特征明显的行为体集团，它们各自构成可以大致勾画出的情形。

既有合作也有竞争的对外政治行为，本质上也是一种冒险行为。外交家和战略家采取行动，也就是说，他们要在搜集到所有想得到的信息和获得确定性之前做出决定。行为是以概率为基础的。完全拒绝风险是不合理的做法；在风险得到计算的情况下，接受风险会变得合理。然而，我们永远也无法消除不确定性，它与人类在反应上的不可预见性相连（**别人会怎么做**，将帅或国家元首，希特勒或斯大林会怎么做呢？）；它与国家周围聚集的隐秘有关，而且它的存在也是因为在行动前就知道一切本就是不可能的。"体育光彩的不确定性"在暴力或非暴力的政治行为中也有对等物。我们不会去模仿那些认为过去总由上天注定并以此消除了事件的人类面向的历史学家。

我们用来特征化体育社会学（取胜原因、不同地方打法的国家特点）和体育历史学（或某场比赛的历史学）的那些表达，同样也可应用到国际关系的社会学和历史学上。从根本上将这两个领域区分开来的是理性理论和人类行为学。同足球比起来，对外政治似乎尤其具有不确定性。行为体的目标不像让球进入球门线那么简单。外交博弈的规则并非完美编撰的典章，行为体会为自己的利益违反规则。没有裁判，甚至当所有行为体作为一个整体（联合国）而宣称具有判决权时，国家行为体也不会服从这个连完美性都值得质疑的集体裁判的判决。如果把民族国家之间的对抗想象成一项体育运动，那么这项运动中自由搏击出现的频率就实在是太高了——它就像实打实进行的自由式摔跤（catch）①。

更广泛而言，体育行为呈现出三个显著特征：游戏的目的和规则清晰明确；比赛在一个封闭的空间内进行，参赛人数固定，体系边界画定且自身内部结构化；行为服从效率规则和裁判判决，对此进行的道德或半道德判决因此针对的是参赛者在开展比赛时体现的精神。对于每一门社会科学，我们都可以询问：目标和规则是否或者说在多大程度上是被定义了的，行为体是否或者说在多大程度上形成了体系，个人行为是否或者说在多大程度上服从于效率性或道德性义务。

让我们从体育转到经济。不论社会是否对它有所认识，所有社会都存在一个经济问题，而且会以某种方式解决这个问题。所有社会都必须用它有限的资源去满足社会成员的需求。欲望和物品之间的不相称并不总是会被作为不相称来感受。一个将不相称视为生活方式的常态下生活的共同体，可能不会憧憬自己拥有物品之外的其他东西。这样一个共同体本身是贫穷的，但它并不认为自己是贫穷的。我们还要补充一点——这点仅仅

23

---

① 自由式摔跤是以表演方式进行的摔跤比赛，其内容和结果都是事先计划好的，是对真实搏击的一种模仿。——译者注

在表面上存在悖论——尽管在我们的时代，社会财富获得了惊人增长，但从未有哪个社会像我们的社会这样，如此觉得自己贫穷。欲望的增长比资源的增长更迅速。一旦错误地认为生产能力有着无限性，资源的有限性似乎就成了可耻的事情。

经济领域是思想的一个基本类别，是个人存在或集体存在的一个维度。这个类别并不等同于同样作为类别存在的稀缺性或贫穷（欲望和资源之间的不相称）。作为**问题**的经济仅仅假设了稀缺性或贫穷的存在；作为**解决办法**的经济假设则是，人们可以用多种方法超越贫穷，他们也可以选择使用既有资源以外的其他方式。换句话说，经济假设了一种选择难题，鲁滨孙在他的小岛上也有过同样的困惑：鲁滨孙拥有的是他可以工作的时间，他可以选择采用让工作和娱乐各占些小时数的时间分配，可以选择在工作中兼顾消费品（食物）和投资（房屋）的需要。对个人而言真切的事情，对共同体而言就更是如此。劳动力是人类社会的原生资源，对人力资源尽可能多样化的使用从一开始就存在。随着经济形势的日益复杂，选择的可能性也大大增加，物品越来越具有可替代性。同样一件东西可以用于多种目的，不同的东西也可以用于同一个目的。

既然贫穷这**一**问题是所有共同体都需要面对的，而某种选择又是被实际采用的**一种**解决办法，那么贫穷和选择就决定了人类存在的经济维度。因为无视欲望而无视贫穷的那些人，意识不到这一经济维度。他们像他们的祖先那样生活，好似他们一直就是这样生活过来的一样。习俗强大到能够驱除梦想、不满和进步的意愿。如果没有了稀缺性，没有了进行选择的必要性，没有了繁重的工作，后经济时代就会出现。托洛茨基曾经在某处写道，从现在开始，富足已经浮出了历史地平线，只有小资产阶级还在拒绝相信这个光辉灿烂的未来，还在把福音书的诅咒视作永恒。后经济时代是可以想象的：生产力将让每个人都可以随心所欲地消费，而且出于对别人的尊重，人们也不会索取超出自己应得部分的其他东西。

足球运动员希望将球射入由两个竖立支柱加一个离地两米多高的横梁构成的限定区域。人作为经济的主体，期望**最优化**使用本就不充足的资源，希望按照能够给他们带来**最大满意度**的方式使用这些资源。经济学家在理论上重建了个人选择的逻辑，并以多种方式阐述了它们，边际理论在今天依旧是这种经济行为理性化的最常见版本。而对经济行为的阐述又正是以个人和他们的偏好层次为起点的。

尽管理论的路线是从个人选择到总体平衡，但在我看来，不论是从逻辑上说还是从哲学上说，以共同体为起点更为可取。实际上，经济现实的独特之处只有在整体层次上才可能显露出来。既定社会内部的各种个人偏好层次可能根本就是相同的，因为所有个人都或多或少地依附于一套共有的价值体系。尽管如此，如果没有货币提供一个严格且普遍公认的衡量手段，力求最大化个人满意度的那些活动还是无法得到很好的定义。如果用以交换的物品不属于同一市场，而且价格也不能用金钱来衡量，那么黑人对小摆设的喜爱程度更甚于象牙，就是理性的。

货币的量化让我们可以辨识出经济总体的会计等式。这些会计等式，从重农主义的计算表到国民经济核算的现代研究，虽然没有提供对变化的解释，却构成了一些显而易见的事实，经济学正是要从这些事实中试图把握多变的初级变量和次级变量或者决定性因素和被决定因素。也正因为如此，变量的相关性和经济要素之间的独立性都是必须要观察的方面。改变一个价格，就是间接地改变所有价格。减少或增加投资、降低或提高利率，就是在一步一步地对国民生产和各生产类别的分配比例施加影响。

所有经济理论，不论它是微观经济的还是宏观经济的，不论其理论灵感来自自由主义还是社会主义，都会对经济变量之间的相互依赖性加以强调。瓦尔拉斯或帕累托的均衡理论，以个人选择为起点，通过对一个均衡点加以定义而重新构建了整个经济；这个均衡点既实现了生产的最大化，也实现了满意度的最大化（如果以某个既定收入分配模式为起点的话）。凯恩斯经济理论或宏观经济理论则直接从整体入手，试图阐明具有决定作用的变量，必须通过操作这些变量才能避免就业不足，将国民生产的极限值尽可能提高等等。

因此，经济活动的目标乍一看是明确的：对于做出理性选择的个人，最大化其满意度，在货币成了物质财富统一媒介的后来阶段中，最大化货币资源。不过，这个定义给不确定性留了余地：比如，从何时开始个人变得更偏好娱乐而不是增加自己的收入？更进一步，我们也可以说，不明确或者不定性在考察共同体时变成了一个根本方面。

"经济问题"假设了共同体的存在：正是共同体通过对生产、交换和分配进行组织来为经济问题选择解决办法。这个解决办法包含了个人与个人间的合作部分和竞争部分。无论是被视作整体的共同体还是经济主体，都并非处在一种且仅有一种理性选择的境地中。

选择国民生产的最大化还是选择减少不平等？选择增长的最大化还是选择维持一个高消费水平？选择用公共权力以权威方式强加合作还是选择由竞争机制带来的自由运行？虽然所有

社会的确都对这三者给出了自己的选择，但这些选择却不是一种可以由经济活动的固有目标推导出来的逻辑结果。既然社会的目标具有多元性，那么至今为止的所有经济解决方案就都同时包含了资产和负债。我们只须引入各个社会群体的存在时间（生者必须为了后代的利益做出怎样的牺牲？）和多样性（一定的生产组织方式导致了怎样的分配方案？），就足以发现没有哪种经济问题的解决方案可以被称为在某情形下所必须采用的理性方案。经济活动的固有目标不但无法单方面决定作为个体的经济主体的选择，也无法单方面决定作为整体的共同体的选择。

基于这种分析，理性经济理论应该具有怎样的形式呢？既然经济问题，对于处在无经济意识阶段和可能会实现的富足阶段这两个阶段之间的现阶段而言是一个基本问题，那么理论家首先要做的便是阐明经济领域本身就有的重要**概念**（生产、交换、分配、消费、货币）。

理论家的第二步，也是最重要的一步，是对经济**体系**进行分析、建构或重建。边际理论家、凯恩斯主义者、会计专家、博弈论专家，无论他们之间有何争议，他们都试图阐明，并且也成功阐明了经济整体的可理解结构和各个变量之间的相互联系。各种争论的存在是不会影响到这个以会计等式为表达方式的构造本身的：没有人会怀疑储蓄和投资之间的会计等式，这个等式虽是**根据过去经济绩效分析的**（ex post）一种统计结果，但它依赖得出结果的那些机制却相当复杂且常常晦暗不明。争论围绕着以下问题展开：是否且在怎样的情形下储蓄过剩会成为就业不足的原因？是否且在怎样的情形下储蓄不会引起可能让就业不足状态终结的经济的自然反弹？是否且在怎样的情形下可以在未实现充分就业的情况下实现一种平衡？

26

换句话说，无论是瓦尔拉斯的均衡模式还是国民经济核算的现代模式，都没有在**作为模式**的情况下被驳倒。相反，就业不足模型或从理论中得出的危机模型却由于提出了对事件的解释或预测而充满争议。"危机模型"——其体系的多种变量之间具有确定性关系——好比一场比赛中的"情景模式"，不同的是，经济主体很可能不清楚由各变量之间的关系创造出来的确切形势，但足球运动员却能够看见对手和同伴在场上的确切位置。

我们刚刚简略概括的经济理论，试图将经济整体——无论行为本身之好坏都在实际致力于解决贫困问题的一切行为所形成的整体——孤立出来，并对这些行为具备的理性加以强调，即强调在对虽具有多种用途却数量有限的资源的使用中进行的选择。所有理论，不论其倾向如何，都将具体的人替换成了经济主体，而经济主体的行为又是被简化和理性化了的行为。理论还将促使经济的多种情形简化为数量很少的某些决定性因素。它将一些原因视为**外生的**，却无视了外生因素与内生因素之间的区别在不同时期或不同人眼中是不同的。社会学是理论与事件之间不可或缺的中介。从理论到社会学的过渡可由多种方式进行。

企业家、工人和消费者这些经济主体的行为从来就不是由最大化的"**一个**"概念单方面决定的：是选择努力增加收入还是减少劳作，这取决于无法约简为一般公式的心理条件。更宽泛地说，企业家或消费者的实际行为受到了生活方式、道德观念、形而上学观点、共同体的意识形态或价值观念的影响。因此存在着一个经济心理学或经济社会学，它通过实际行为同理论模式之间的比较，或通过对理论主体在理论模型提供的各种最大化方式中所做的选择加以明确，以达到理解经济主体行为的目的。

社会学也可以把自己的目标定为重置经济系统于社会整体之中，研究多个行为领域之间相互实施的反馈行为。

最后，社会学还可以把建立经济的历史类型学作为自己的目标。理论决定了无论哪种经济都必须履行的那些职责。价值的衡量、价值的保存、集体资源在不同工种之间的分配、让生产与消费者需求相符，所有这些职责，不论履行得是好是坏，都是被实际履行了的。每个政体都以一种模式为特征，而这种模式又是履行了这些不可或缺的职责的。尤其就我们的时代来看，每个政体都多多少少采用了中央计划或市场机制：前者体现的是服从于一个更高权威的合作行为，后者体现的是一种竞争行为形式（符合规则的竞争保障了收入在个人之间的分配，它产生的结果不能由任何人设想、决定或希望）。

经济历史学家兼收并蓄了理论家的成果，后者给前者提供了用于理解的工具（概念、功能、模型），正如社会学家给历史学家指明了事件发生的框架，且帮助他们对不同社会类型有了认知一样。至于那些处于国家部院或哲学界的专家，即那些提出建议、做出决策或采取行动的人，他们需要了解的则是理性模式、体系的决定因素以及情势的规律性。为了赞成或反对一个政体，必须要了解每个政体可能具备的优缺点，以及我们要求经济去做的哪些事：什么是好的社会？经济秩序对社会存在的影响如何？必然紧随理论、社会学和历史学而来的是人类行为学，它重新对这些渐进式理解的前提——经济维度——对人类的意义。

经济行为的目标并不像体育活动的目标那么简单，尽管存在多个最大化概念，理论还是可以通过对作为目标的最大化以某种方式进行定义，从而通过以此产生的暗含理性，来重建经济主体的行为。比起由一场足球比赛构成的体系，经济体系的结构化没有那么严格：无论是经济体系的物理边界还是它的行为者，都没有像足球比赛那样被明确规定，但经济体系变量之间的相互关联性和会计等式却还是足以让理性假设成立，并让我们可以从要素出发把握经济的整体结构。至于行为原则，它们在理论层面上自称为理性的，在具体层面上自称为合理的。它们努力的方向，在某个单一目标被确定时是**效率性**，在涉及遵守竞争法则的情况下是**道德**，在人们探究生活的经济维度，探究工作、娱乐、富足和力量时又变成了**终级价值**。

三

让我们重新回到对外政治上，去探究概念化的各个层次在这个领域中具有怎样的特征。

所有的人类行为，只要它不是简单的生物反射行为或精神错乱的结果，就是可以被理解的。但是存在很多不同的理解方式。学生到随便哪个课堂听课的行为会因为外面天气冷或者他在两节课之间无事可干而变得可以理解。这种行为如果真的让他避开了寒冷或愉快地度过了课间时间，那么它甚至可以算是"逻辑的"（按帕累托的表达）或"理性的"（按马克斯·韦伯的表达）。不过，这种行为所体现的特征，与一个学生因为预计到在考试中可能会遇到老师在课堂上讲授的题目而一直上一门课的行为所具有的特征不同，与依据年终报表来做决定的企业家的行为特征不同，与为了分散盯防他的对方中场的注意力而向己方回缩的中锋的行为特征也不同。

　　那么，后面三个行为者——学生、企业家和足球球员——的行为有着怎样的共同特征呢？它们都不是心理决定的模式。这个企业家的个性，可能是贪恋金钱的，也可能相反，是对利润漠不关心的。根据自己的可用时间和考试提问概率制作出听课课程表的学生，就他个人而言，可能是喜欢也可能是讨厌要学的学科的，还可能是出于自尊或找工作的需要而想要一张文凭。同样，足球球员可能是业余爱好者也可能是专业运动员，他可能梦想荣誉或财富，但他还是要考虑到足球运动本身在效率性上对球员的要求。换句话说，这些行为多少包含了一种有意识的计算，一种为了目的而进行的手段组合，一种根据概率对风险的接受。支配这种计算本身的不但有偏好层次，还有在比赛和经济中包含了可理解结构的形势。

　　外交或战略行为体现了这些特征中的一部分，尽管根据我们前面的定义，它不但没有像足球运动员那样明确的目标，而且在某些可被最大化定义的理性条件下，它甚至连一个目标都没有，而经济主体在这样的条件下是有目标的。实际上，战略外交家行为的特殊意义在于，他们的行为被战争风险所支配，他们要在无止境的对立中面对对手，而对立中的各方又都保有诉诸最后选择的权利，即诉诸暴力的权利。运动理论是从目标（把球踢入球门）出发来建构的。经济理论，同样地，通过最大化的概念（尽管我们能够设想出很多最大化的方式）以目标为参考。**国际关系理论的出发点是自主决策中心的多元化，因此也就是战争风险的多元化，以及从风险出发推导出的计算手段的必然性。**

　　一些理论家期望为国际关系找到像体育运动或经济那样的理性目标。一位将军曾把胜利作为唯一目标，他却忽略了如下这点：军事胜利虽然总能让自尊获得满足，但并非总能带来政治利益。庄重宣告民族利益是唯一必需的理论家，其天真程度仅仅略逊于那位将军，似乎只要在"利益"前面加上"民族的"这一形容词就足以让它获得单一性。另一位理论家则断言，国家之间的政治是一场为了获得权力和安全的斗争，就好似权力和安全这两者之间从来就不会有任何矛盾，就好似比起
29 生存理由来集体人真的会更在意生存本身，且因此而有别于个体人。

我们将有机会在本书中讨论这些理论尝试。不过，还是先让我们假设外交－战略行为没什么明显目标，而战争风险却还是让力量或手段的计算成了必需。正如我们在第一部分中试图阐明的一样，存在和平与战争的选择这一事实让我们能够建构出国际关系的基本概念。

这个选择还能让我们像假设经济问题的存在那样去假设"对外政治问题"的存在。人们数千年来都生活在封闭社会中，这些社会从来就没有完全服从过任何更高的权威。每个共同体都必须靠自己求得生存，但它也不得不，或者说它也本应该参与到所有互相为敌的城邦都要面对的共有任务中，这些城邦都在相互征战中面临同归于尽的威胁。

没有任何文明真正持久地解决了个人生存和集体生存这一双重问题。它只可能被一个普世国家或法律支配的统治最终解决。我们可以把共同体之间尚不存在经常性关系的时代称为"前外交时代"，把一个只有内部斗争的普世国家时代称为"后外交时代"。只要每个共同体在不得不考虑自身安全问题的同时还需要考虑外交体系或人类物种的安全问题，外交－战略行为就永远不可能被理性地决定，这点甚至在理论上也做不到。

这种相对不确定性并不会阻碍我们在本书第一部分构建起一种理性型理论，我们将从基本概念（战略和外交，手段和目标，权力和力量，力量、荣耀和观念）开始讨论，然后再到体系和体系的各种类型。虽然外交体系既不像体育场地那样轮廓清晰，也不像经济体系那样为会计等式或变量之间的互相依赖所统一，但每个（体系中的）行为体都大致知道相对于它的对手和同伴它所必须处的位置。

这个理论，由于阐明了外交体系模型并以大线条勾勒且区分出了各种典型情境，而对构建出危机模型或就业不足模型的经济理论加以了模仿。不过，由于外交行为缺乏单义的目标，对国际关系的理性分析就无法达到可以发展出一种总体理论的程度。

本书的第六章将致力于和平与战争的类型学，它是本书第一部分和第二部分之间的过渡章节，是对外政治行为的固有解释与以物质或社会原因对事件过程进行社会学解释之间的转换点。社会学研究的是那些对国家间冲突、各种利害关系有影响的，对行为体给自己确立的目标有影响的，对民族和帝国命运有影响的情境。理论阐明了整体社会的可理解结构；社会学展示的是国际关系中的决定性因素（空间、人口、资源）和主体（民族、政体、文明）的各种变化。

我将在本书的第三部分讨论当前形势，首先我会专注于检验在前两部分中阐明的分析方式。不过，从某种角度上说，由于外交领域的全球扩张及热核武器的出现，当前的形势绝无仅有、前所未见。它包含了那些适合用"模型"来分析的情境。从这个意义上说，本书的第三部分在一个不那么抽象的层次上，同时包含一种正在理性化的理论以及一种全球时代和热核时代

30

的外交社会学理论。

同时，它还构成了本书最后一部分所需的导论，而在这个既规范又哲学的最后一部分中，我重新质疑了最初所做的那些假设。

经济随着稀缺性的消失而消失。富足会让组织问题继续存在，却不会让经济计算继续存在。同样，战争会在导致各交战方同归于尽的那一天不再是一个政治工具。工业的生产能力让富足的乌托邦理想卷土重来，武器的毁灭能力重新点燃了永久和平之梦。

所有社会都遭遇过"国际关系问题"，很多文明都因为无法限制战争而被毁灭。在我们的时代，规模夸张的战争威胁的不仅仅是某一种文明，而是全人类。预防这样一种战争的发生成了所有外交博弈者的一个显著目标，这就同他们会捍卫纯粹的民族利益一样显著。

根据康德见识深远且很可能具有预言性的观点来看，人类必须经历战争的血雨腥风才能迎来和平的一天。人们只有经历历史，才能达成对自然暴力的压制，让自己学会理智。

第一部分 理论

概念和体系

第一章 战略和外交
(或对外政治的统一性)

"战争是迫使对手服从我们意志的暴力行为。"[①] 我们将以
克劳塞维茨的这一对战争的著名定义为起点，这个定义在今天
的有效性并不低于它被写下的时代。战争，作为一种社会行为，
假设了有斗争意愿的人的存在，即被政治化地组织起来的共同
体的存在。这些共同体之中的每一个都希望能够凌驾于其他共
同体之上。"暴力，即物理性暴力（因为除国家和法律的概念
外不存在精神暴力），是手段，目的是把自己的意志强加于
敌人。"[②]

一 绝对战争和现实战争

从这个战争定义出发，克劳塞维茨推断，战争具有升级至
极端情况的倾向，或者说它具有升级至战争绝对形式的倾向。
而个中的深层逻辑，我们可称为**斗争辩证逻辑**（dialectique de
la lutte）。

"战争是一种暴力行为，而这种暴力是没有限度的。每个
敌对者都将自己的法则强加给对方，从而形成了反馈性的相互
行动，而从概念上讲，这将最终导致极端。"[③] 拒绝使用某些粗

---

① *Clausewitz*，Ⅰ，1，p. 51.
② *Ibid.*，p. 51.
③ *Ibid.*，p. 53.

暴行为的一方会害怕对手因无所顾忌而获得优势。文明国家之间的战争并不一定会没有野蛮人之间的战争残酷。因为战争的深层原因是敌对的意图，而不是敌对的情感。在大多数情况下，当双方均存在敌对意图的时候，激情和憎恨很快就会激起战斗。虽然从理论上讲，没有恨的大型战争也并非不可想象。对于开化民族，我们最多可以说，"智慧在他们的战争行为中占有重要位置，这让他们学会了比粗暴地发泄本能更有效的使用力量的方法"①。然而，战争概念中固有的摧毁敌人的意愿却从未被文明的进步所遏制或驱逐。

军事行动的目的，抽象来说是解除对手的武装。正因为"我们要以战争行为来迫使对手服从我们的意志，所以就必须使敌人要么真正无力抵抗，要么陷入必将无力抵抗的境地中"。但敌人也不是"死物"（masse morte）。战争是两股活的力量之间的冲突。"在我没有打垮敌人之前，不能不担心会被敌人打垮。我不是自己的主宰，因为我将自己的法则强加于对方，正如对方也将其法则强加于我一样。"②

战争在对手屈服于我们的意志的那一刻才算取得胜利。不过，在必要时，我们可以衡量对方拥有的资源、手段，以做出与之相称的努力，但抵抗的意愿终究还是难以衡量。对手也做着同样的事情，而且每一方都不断将投入升级以满足敌对意图，这样竞争将再一次升级至极端情况。

这种斗争辩证逻辑是纯抽象的，它并不适用于历史上发生的现实战争。斗争辩证逻辑向我们揭示的是，仅仅因为相互敌视和战胜对方的意愿而成为敌人的双方，如果相遇会发生什么。

① *Chausewitz*, p. 53.
② *Ibid.*, p. 54.

同时，这种抽象的辩证逻辑也提醒我们，每当激情或者形势使历史上的现实战争向战争的想象模型靠近时，即向绝对战争靠近时，现实中又会出现怎样的图景。

在现实世界中，"战争不是一个孤立的行动，不是与国家以前的生活没有联系而突然发生的"。它不是由"唯一的决定或者若干个同时的决定"构成的。它"也不会自己做出一个终极决定"①。对手们在战前就已经相互认识，并且对各自的资源大致了解，甚至对他们各自的意愿也大致心里有数。每一方都永远不会把所有力量全部集中起来孤注一掷。民族的命运也不会只在顷刻就成定局。② 战胜者的意图也不是总会对战败者造成无法弥补的灾难。当多方因素被加以考量时——现实对手取代了抽象概念上的敌人、行动的持续时间、交战者看似真实的意图——战争行为便改变了性质：它不再是技术行动——以战胜和解除对手武装为目的的所有手段的积累和使用——而成了冒险行动，成了根据政治游戏中可能得到的盟友/敌人信息而进行的或然性计算。

战争是一种赌博。它同时要求勇气和计算：那是从不把风险排除在外的计算以及在不同程度地接受危险时——体现出的谨慎和胆量。"它一下子就成了可能性和或然性的游戏，其中存在着好运和坏运，它们的影响沿着织成了战争大网的每一根经纬线延及各处，这让战争在人类各种活动中最近似赌博游戏。"③

35

---

① *Clausewitz*, pp. 55 – 56.

② 据克劳塞维茨，为决定一切的一次性投入而做准备会导致绝对战争。在 20 世纪，我们害怕现代武器会造成这种局面。不过，这种情况直到现在还从未发生过。

③ *Clausewitz*, p. 65.

"但是战争仍然是为了达到严肃的目的而采取的严肃的手段。"人类同动物一样，其初始元素都是必须被看作一种盲目自然冲动的敌意。战争行为本身则作为第二元素，包含了使其成为"灵魂之自由活动"的或然性与偶然性的游戏。不过还有第三个元素加入进来，并最终会主导前两种元素。战争是一种政治行为，它应政治形势而生，是政治动机的结果。它由于是一种政治工具而从性质上属于纯粹的智慧范畴。人民对战争的激情元素感兴趣，发令者及其军队关注的是它的偶然元素，智慧元素则是政府集中考虑的，而正是这最后一项起着决定性作用并且应当统领全局。

因此，克劳塞维茨的"战争不仅是一种政治行为，而且是一个真正的政治工具，是政治交往的继续，是政治交往通过其他手段的实现"[1] 这一著名论断，无论从哪个角度看都不是好战的哲学，而是对以下这个明显事实的简单陈述：战争不是以其自身为终点，军事胜利也不以其本身为目的。民族国家间的交际往来不会在硝烟升起之日即告终止，好战的表达也总是附着于关系的延续性，而关系的延续性又是由互相考量着彼此的那些共同体的意图所决定的。

战争服从于政治如同手段服从于目的，克劳塞维茨的论断暗示的这一点，确立并且证明了绝对战争和现实战争之间存在的区分。战争向极端形式升级已令人害怕，如果暴力再脱离国家元首的掌控，使现实战争有了接近绝对战争的可能，这便更令人恐惧了。当政治把摧毁敌人武装力量作为其唯一目标时，政治看起来似乎消失了。但即使是这样，战争依然是政治计划

---

[1]　*Clausewitz*, p. 67.

的结果。不论政治在战争行为中是否可见，战争行为依旧为政
治所主宰——如果我们将战争行为定义为"人格化国家的智
慧"的话。仍然是政治，即国家决策者们对所有情势的全面考
量，在做出把摧毁敌人武装力量作为战争唯一目标这一决
定——不论这种决定是正确的还是错误的，而不去考虑战争的
最终目标，也不去思考胜利本身可能带来的后果。

克劳塞维茨是一个绝对战争的理论家，而非全面战争或黩
武主义的信奉者，这就如同瓦尔拉斯是均衡论理论家，而非自
由主义空论家。之所以有这种对克劳塞维茨的误解，是因为把
他揭示人类行为本质的概念性分析错误地与目的性游说混淆了。
克劳塞维茨有时的确好像对那些完全实现了其本质的战争表示
赞许，而对 18 世纪那些用计谋和谈判把战争中的投入、暴行以
及愤怒减至最低的不完全战争持蔑视态度。即使他有时会表现
出这样的情感，那也不过只是简单的情绪而已。克劳塞维茨在
被推向极端的战争面前感到了一种神圣的恐惧和不可抗拒的诱
惑，是一种可以与宇宙灾难带来的灵魂震撼相比拟的情感。那
些交战方为击败顽固抵抗的敌人意志而把暴力进行到底的战争，
在克劳塞维茨看来既伟大又恐怖。每当有巨大利益被争夺，战
争就会迫近其极端形式。对此，作为哲学家的他，既不欣喜也
不愤慨。作为理性行为理论家，克劳塞维茨提醒着战争及和平
时期的领导者每个人都应遵守的原则：政治的首要性；战争只
是服务于既定政治目的的工具，只是国家间交往中的某一时刻
或某一方面；每个国家都应服从政治，即服从可为集体带来可
持续利益的智慧。

我们在此把军事行动的整个组织和实施称作战略，把对外
关系的组织和实施称作外交。战略和外交都属于政治，也就是

36

属于这样的一个概念：共同体或共同体的负责人给出的"民族利益"。在和平时期，政治可以利用各种外交手段，且不排除会动用军队来进行威胁。在战争时期，政治也不会让外交闲着，因为外交在对与盟友及中立方的关系中会有所作为，外交会隐晦地对敌人产生影响，要么威胁将击垮敌人，要么给敌人一个和平的前景。

在此，我们把"政治单元"视作行为体，它受智慧的启迪，受意志的驱动。每个国家都与其他国家有关系，只要国家间是和平状态，它们就必须想办法共同生活下去。尚未诉诸暴力时，它们会试图说服对方。到了它们互相开战的那一天，它们又会试图强制对方。从这个意义上讲，外交可以被认为是不诉诸武力去说服的艺术，而战略则是用最小代价去战胜的艺术。不过，强制也是一种说服的手段。力量的展示让敌人却步，但它更多象征了可能发生的强制，而不是实实在在对敌人的强制，在和平时期，谁有武装优势谁就无须动用武器也能说服盟友、竞争者或者对手。反过来，有着公正或者节制声誉的国家也更有可能在不用取得完全军事胜利的情况下达到自己的目的。即使在战争期间，它们也是说服多于强制。

37　　外交和战略的区分是完全相对的。两者是独一政治艺术——以"民族利益"为重而对国家间往来进行管理的艺术——相互补充的两个方面。如果从定义上来说，战略作为军事行动的组织和实施在行动没有进行时就不起作用，那么军事手段还是属于外交工具的一个固有组成部分。反过来说，言论、照会、承诺、保证和威胁都是战时国家首领的全套甲胄，用于对付盟友、中立方，甚至当前的敌人（敌人在昨天或许还是盟友，又或者在明天将变为盟友）。

　　说服艺术和强制艺术的互补二重性体现了克劳塞维茨由初始定义揭示出的一种更根本的二重性：战争是对意志的考验。战争因考验意志而具有人的特性，它本质上包含了心理因素，它可以用以下这个著名论断来阐述：战胜只发生在战败者承认其失败时。克劳塞维茨认为，拿破仑获胜的唯一可能在于亚历山大一世在莫斯科被攻陷后承认其战败。如果亚历山大一世没有失去勇气，即使身处莫斯科的拿破仑看起来像战胜者一样，却已经潜在地战败了。拿破仑的作战计划的确是当时唯一可行的计划，但其建立在打赌的基础上，认为亚历山大一世的顽强还不足以让法国皇帝失败。希特勒在 1940 年 7 月也曾叫嚣说英国人已经被打败，只是他们蠢到不愿意承认失败而已。不承认战败，对英国人而言实际上正是赢得最后胜利的首要条件。不论是勇气使然还是源于无意识，英国都应当坚持抵抗的意志。

　　在绝对战争中，在被推向极端的暴力打垮或摧毁其中一个对手的时候，心理因素最终也将荡然无存。然而这是一种极端情况。所有的现实战争都使得那些由共同意志凝聚起来、表达共同意志的共同体互相角逐。就此而言，战争都是心理战。

二　战略和战争目标

　　一个双重规则表现了战略和政治的关系："战争应当完全与政治意图相符合，而政治又应当完全同可用的战争手段相适应。"[①] 从某种意义上说，这一规则的两个部分看起来似乎相互矛盾，因为第一部分意味着战争行为应当服从政治意图，而第二部分则让政治意图依赖于可用的战争手段。然而，克劳塞维

　　[①]　*Clausewitz*, Ⅷ, 6, p. 708.

茨的思想和行为分析逻辑并非没有留下任何可质疑的余地：一方面，政治不能撇开其所拥有的手段来决定目标；另一方面，"它并不能深入地渗透到战争的各个细节，配置骑哨和派遣巡逻哨是不需要以政治上的考虑作依据的，但是，政治因素对整场战争，对整个战役，甚至对战斗，常常都有决定性影响"[①]。让我们举出具体例子来说明这些抽象的命题。

战争行为要求确定的战略计划："我们必须首先根据可由政治资料和政治情势推导出来的、战争可能会有的特点和主导特征来认识每场战争。"[②] 1914 年，所有交战方都搞错了他们将要进行的这场战争的性质。没有哪一方的总参谋部或内阁部院筹划了对工业界或人民的动员。无论同盟国还是协约国都没有预料到这会是一场持久战，由双方中某一方的资源优势来决定胜负。将军们以为自己投入的是一场"清爽欢快"的战争，认为那些初期战斗会如同他们在 1870 年战场上见到的一样具有决定性。歼灭战略被认为会带来胜利，而战胜方的国家首脑们将最终把和平条款强加给战败的敌人。

当法国在马恩河的胜利和东西两线的对峙让短期战的幻想破灭时，政治本应重获其权，因为政治只会在战争的极点，也就是当暴力无所保留地脱缰而出，使每一交战方都只想着要强过对方时，才会消失不见。事实上，政治在 1914 ~ 1918 年也的确并非完全不起作用。只是，特别是在协约国一方，政治除了供养战争本身之外似乎别无他求。协约国起初是用歼灭战略寻求胜利，随后又试图用消耗战略求得胜利。然而，不论在哪个阶段，它们都没有认真地审视过那些它们可以在不获得绝对胜

[①] *Clausewitz*, p. 705.

[②] *Ibid.*, p. 706.

利的情况下便有机会达成的目标：打垮敌人，无可商议地强制和平。这就与战争的绝对形式接近了，它们都是国家首脑让位于军事首领，并将其无力决定的政治目标替换成摧毁敌军这一纯粹的军事目标。

或许在当时情势下的这次政治让位是无法避免的。德国是否能接受政治协商放弃阿尔萨斯－洛林地区，而不是由于失败而被迫撤出？当时有没有可能让法国舆论接受一种妥协式和平——既不吞并也不罚款——即使他们的人民被迫牺牲了如此之多，即使执政者慷慨地给出了如此多的承诺？协约国之间达成的秘密协定，因为涉及了如此多的要求，寄托了如此多的庄严承诺，以至于在没有胜利的情况下，所有协商的朦胧意愿都可能瓦解这个未来战胜者阵营的脆弱联盟。最终，敌对本身创造出了一个无法消弭的新事实，它颠覆了先前的状态：整个欧洲的状况似乎都受到了质疑，国家首脑不再相信重回**原状**（statu quo ante）就有机会重获稳定。

或许，大战正是这样的一些战争：它们因为狂暴的激情而最终会逃脱幻想掌控战争的人。回顾这些战争，旁观者并不总能看到那些让激情合法化、把妥协的可能性排除掉的好处。或许，正如我试图相信的那样，正是工业化战争的自身性质最终向大众传达了愤恨，并激发了国家首脑颠覆旧大陆版图的欲望？事实是，20 世纪的这场战争演绎了当交战方都无力让政治目标明确起来时，战争如何渐渐转变为绝对形式。

用一个军事目标——胜利——来代替达成和平的众多目标，这在第二次世界大战中体现得更加鲜明。吉罗（Giraud）将军，这个没有怎么思考过克劳塞维茨思想的军人，在 1942 年重申：唯一目标即胜利。不过最严重的还是罗斯福总统，因为就算他

39

没有说出这句话，也已将其作为了行动信条。尽可能迅速地摧毁敌人的武装力量成了开展行动要遵循的最高指令。通过对无条件投降的坚决要求，这位非军人战争首领天真地表现出他不理解战略与政治之间的联系。

无条件投降反映的是南北战争的必然逻辑。当时战争的关键是合众国的存续，即阻止各个州脱离合众国。北方的胜利导致了南方邦联的毁灭。对邦联政治首脑，抑或对作为南方最后军队统帅的李将军（Général Lee），发出无条件投降的要求，在当时自有其合理意义。但德国的情况却与此毫无相似之处：无论是苏联人还是美国人都不想撤销德国作为一个国家的存在。其短暂的悬置①对于战胜者而言也是利弊相当。不管怎么说，这种以摧毁德军力量、让第三帝国无条件投降为唯一目标的战略已在三个方面被批评。

人们公认，用最少的代价获得胜利就是最好的（这一公式在战略中具有同经济学最低价公式相仿的含义）。当时坚决要求德国无条件投降，会刺激德国人民进行拼命抵抗。据美国领导人自己说，他们是希望避免 1918～1919 年德国因为威尔逊总统"十四点原则"中包含的承诺没有兑现而抗议的历史重演。然而事实上，德国的抗议对凡尔赛和平的失败是没有，或者说是几乎没有责任的。1918 年协约国的胜利本来就会毫无结果，这不仅是因为那场战争本身引发了革命力量，还因为盎格鲁-撒克逊人在当时并没有想要捍卫它们帮助建立的现状。如果二战时的美国人猜测到了战败德国的命运，他们就不会丧失自己的行动自由，而这又将给他们带来不用到战争结束就可以战胜

---

① 指德国分裂为东德、西德。——译者注

对方的一个额外机会。

其次，军事胜利的取得方式也不可避免地会影响事件的进程。1944 年，欧洲从东面、南面或是西面解放，对时局的影响是不一样的。不过，总想着要是英美军队在巴尔干登陆就会发生什么事，这也没有多少意义。这一计划真的可行吗？斯大林对此的反应又会是怎样的？认为当时美国方面的决定是以摧毁德国大部分军队为唯一考虑而做出的，并认为罗斯福和他的同僚对两种登陆方案会带来的政治后果的斟酌，被他们自己认为是战略中的政治的非法僭越，这种想法从理论上来讲是错误的。

最后，联盟内部对战争的所有安排，都必须同时考虑到对敌现有敌对行动和盟友间的潜在对抗。在我看来，我们似乎必须对**持久盟友**（alliés permanents）和**临时盟友**（alliés occasionnels）加以区分。我们可以把那些在可预见的未来，无论自己的某些利益受到了怎样的触犯，也不会心怀投向敌营的想法的国家视为**持久盟友**。英国和美国在 20 世纪就是持久盟友，英国政治界曾明智地决定，当英国失去海上霸权的那天，**美国治世**（pax americana）是唯一可被接受的**不列颠治世**（pax britannica）的替代者。法国和英国从 1914 年开始本应视对方为**持久盟友**。当时的英国在看待法国势力时，本应既无担忧也无不满地认为，法国有的只不过是暂时的、脆弱的暴行，它给英国带来的最多也就只应是些许的不快而已。因为一个持久盟友的变强，不应该引起担忧或者嫉妒。

临时盟友的变强却相反，因为它在盟约结束后就是威胁。实际上，临时盟友之间除了对同一个敌人的敌对之外没有任何其他黏合剂，盟友的变强能激发出足够的惧意让它们超越头一天还在进行的敌对，并在下一刻重新对付那些曾经是临时盟友

40

的国家。另外，这些临时的盟友也可能在深层次上其实是永久的敌人：在这里，我们指的是那些由于他们在外交角逐中的位置或是由于他们的意识形态而注定会互相争斗的国家。罗斯福拒绝根据对战后情势的推测来作战，梦想着三头（或两头）政治，选择揭英法两大帝国的短，而不是苏维埃帝国的，这就是把临时盟友混淆成了持久盟友，忽视了美苏临时合作之下的根本敌对。

战争扩大化的那些灾难性后果，说到底还是部分归因于不计代价和手段去获得军事胜利这一顽念。或许西方两次继武力胜利之后的政治失败［第一次因战败者试图复仇而算失败，第二次则因去强化与临时盟友（实际是持久敌人）之间的关系而算失败］让国家首脑有了政治至上的意识。朝鲜战争提供了一个与以往相反的例子，它几乎就是一场在每一刻都以政治为依据来作战的、从不以唯一军事胜利为目标的战争。当麦克阿瑟将军（Général MacArthur）宣布"战争时胜利没有替代品"① 的时候，他似乎是将罗斯福曾经的想法据为己有，把摧毁敌人的武装力量和解除敌人武装后的强制和平作为目标。

杜鲁门总统和其幕僚对他们应该给自己制定的政治目标犹豫不决。应该击退朝鲜的进攻以重建**战前原状**，还是应该让朝鲜半岛以三八线分治呢？抑或是应该遵照联合国的决议，实现朝鲜半岛的统一呢？所有美国领导人自然而然都会更偏向于把第二个作为目标。与两次世界大战相反，他们并没有把军事胜利作为目标，也就没有导致一些后果（全面动员、征召盟友、无情战斗等）。他们从迫切需要出发：不使局部战争演变成全面战争，然后在拒绝扩大冲突的框架下来看哪些目标是可以达

---

① 如果胜利不是指军事胜利，那么这句话就没有什么意义，或者说只是不言自明的真理罢了。

成的。

在仁川登陆、朝鲜军队溃散后，杜鲁门总统接受了麦克阿瑟将军不相信中国会介入的看法，冒险越过了三八线。中国"志愿军"的参战让敌对第一次扩大。中国成了非正式的参战方。不过美国领导人再一次把限制冲突作为目标，而这一目标的空间投射和象征就是对军事行动的区域加以限制。1951 年春，在不扩大战争的情况下达成目标的问题被再次提上议程。不过很快，美国领导人连这个问题也放弃了，宣布了局部或部分胜利，美国领导人当时除了希望获得实质上等同于恢复**战前原状**的和平之外，再无更大野心。

那么谁是胜利者呢？是击退了朝鲜进攻的美国人？还是阻止了美国消灭朝鲜民主主义人民共和国的企图的中国人？因为没有被世界第一强国打败，中国人获得了更多的尊重。不过美国人也证实了他们在全球各处承诺的保障所具有的价值，并且高调表明了他们不会允许"公然入侵"（正规军越过边界）。美国对冲突的有限化，剥夺了局部军事胜利的可能（如果再有两个或者三个师的兵力，第八集团军虽然无法打垮中国，但或许可以打败中国志愿军）。

朝鲜战争以政治为行动根本和两次世界大战以军事为行动根本之间的反差并不能够仅用人为失误来解释。第二次世界大战的展开从根本上讲也是政治的，我指的是，它是由**苏联方面**对各种敌对和胜利的长远后果的衡量所支配的。而美国方面则没能充分考虑到一场完全的军事胜利之后的世界是否会符合美国的长久利益。这显然不是说，仅仅考虑到要避免胜利带来的不幸后果就足够了；即，不是说避免临时盟友（持久敌人）的过度强大及当下之敌（未来盟友）的过度削弱——以至其无力 42

再对抗过于强大的当下盟友——就足够了。每一场战争的性质都依赖于多重情势,策略家必须了解这些情势,但并不总能改变它们。

或许,从1915年起第一次世界大战就只能进行到底了,因为两个阵营的国家首脑都没有能力明确提出一种让人民接受的妥协和平条款;或许,无论有没有同盟国对无条件投降的坚持,希特勒都可能成功地将德国人民置于为了保有其种族和血统的死战之中;或许,无论《雅尔塔协定》达成与否,苏联都会在中东插手并摘取美军的胜利果实。不管怎么说,无论在欧洲还是亚洲,美国的战略家都没有将对敌开展的军事行动及与临时盟友的关系置于他们想要通过战争达成的目标的考量之下。战略家们不知道怎样的欧洲和怎样的亚洲才符合美国的利益。他们不知道是否日本或者德国就是敌人,还是说只是**某种**日本或者**某种**德国才是敌人。

虽然要让胜利有利可图,仅是确定了目标、盟友和敌人还远远不够。但如果国家智慧没有明确目标,没有认清敌人和盟友的本性,那么军事上的胜利就只可能以偶然的方式带来真正的(即政治上的)胜利。

三 赢还是不输

对战略的选择同时依赖于战争的目标和可调用的手段。我们刚才分析了现实战争中的一些极端例子,其中一些是以追求单一军事胜利为目标的,另一些则是为了避免冲突的扩大。不过,在这两种极端之间,还有大量的现实战争都属于这样一种情况:其战略的选择是通过把军事可能性和意图这两者综合起来而得来的。

或许在战略上最重要的抉择就是"赢还是不输"。有一种战略是力求决定性地打败敌对武装力量，以便随后把胜利方的和平条款强加给被击垮的敌人。不过，当力量对比让这一最终结局不能实现时，战争首领们还可以通过打击其上层的获胜意志而向己方建议以不输作为战争结局。

德国的战略思想家们（如汉斯·德尔布吕克）在七年战争中找到了采用这种战略的恰当例子。腓特烈二世对战胜俄奥联军不抱幻想，但他希望能坚持足够长的时间，以让对手们士气衰落、联盟解体。我们知道沙皇的驾崩是如何在当时最终使俄国的政治崩盘的。① 这次侥幸深刻烙印在了德意志（人）的记忆中，从而让戈培尔在得知罗斯福的死讯时相信腓特烈二世的奇迹又将重演：美国和苏联之间的同盟难道不比当年圣彼得堡与维也纳之间的同盟更有悖于常理吗？ 43

其他一些为期更近的例子也说明了这个问题的持久性。在既定的力量关系下，战略家必须为自己制定怎样的目标呢？事实上，从 1915～1916 年开始，正是这个问题让德国诸将和国家首脑意见不统一。同盟国应该将自己的目标确定为赢得足以让他们最终能够对和平条款说一不二的胜利？还是说，在协约国获得了力量优势的情况下，同盟国就应该放弃对赢得胜利的追求，而将其野心限定于一种妥协和平，因为双方都意识到同盟国无力取得压倒性胜利？

与大多数法国人所相信的相反，在法尔根汉将军（Général von Falkenhayn）的战略框架下，凡尔登战役的目的更多是消耗，

---

① 1762 年 1 月 5 日女皇伊丽莎白·彼得罗芙娜病逝，腓特烈二世的追随者彼得三世即位，使俄国退出战争，并且把俄军占领的全部土地归还给普鲁士。——译者注

而不是击败法国军队。这位德国指挥官期望把法军削弱到无力在1916 年春夏进行大规模行动的程度。这样一来，就可以不用再担心西线的德军，而在东线进攻并取得胜利，且以此来说服协约国进行谈判，即使这些胜利还不足以达到强迫对方的程度。

相反，接下来的兴登堡－鲁登道夫（Hindenburg-Ludendorff）这对指挥官组合，则选择了两种选择中的另一个。直到 1918 年春，德军都试图强行执行这一决定。俄国已经在 1917 年退出战斗，美国军队大批到达欧洲；1918 年初，还有利于德军的力量关系变得而且还将继续变得越来越不利于德军。德国总参谋部寻求在毫发未损、兵员充足的美军进入战线前获得胜利。历史学家和理论家们（首先是德尔布吕克）开始思考，这种歼灭战略会不会从 1917 年起便成了一个错误。战争首领们不是本应该节约资源，限制德军的损失，以坚持足够长的时间，并同时希望在这期间协约国会因厌烦争斗而满足于协商的和平吗？放弃去强迫对方的同时，战略的任务就应该转为用防守型胜利说服敌人放弃想战胜自己的志向。

另一个说明这种"赢还是不输"辩证逻辑的例子是 1941 年的日本。既然日本已经在对中国经年不休的战争中投入了很多，它还能够突袭东南亚的所有欧洲人的据点以同时挑战英国和美国吗？何况，日本每年仅能勉强生产七百万吨的钢材，美国有着十倍于它的生产能力优势。负责这次荒唐冒险的战争指挥者头脑中在做着怎样的计算呢？

这个计算是这样的：得益于对珍珠港的突袭，日本海军在数月间拥有了至少延伸至澳大利亚的制海权。（日本的）陆军和空军就可以打下菲律宾、马来亚和印度尼西亚，或许还能打下美军在太平洋的一些前哨（关岛）。控制了这片富含主要原

材料资源的广阔区域，日本将能够组织和准备防御。就算最狂
热的将军和海军上将也没有想过要获得对美国的毁灭性打击的
胜利，以让日本军队进入首府华盛顿并最终强加和平。发起战
争的那些日本领导人期望可以在美国的自卫反击中坚持得足够
久以消磨敌人的求胜意志（在他们看来，因为美国是民主国
家，其求胜意志应该是薄弱的）。

44

　　这种计算暴露出双重错误。美国的潜艇和飞机在四年间摧
毁了几乎全部的日本商船。甚至在美国的炸弹还没在日本多
个城市中爆炸之前，在罗斯福收买苏联使其不参战之前（罗斯
福本应该收买苏联，避免其参战），日本就已经被彻底地打败
了。日本对心理层面的计算也错得离谱。民主政治经常会发展
出一些和平主义的意识形态，但他们也并不总是和平的。不管
怎么说，一旦愤怒起来，美国人会狠狠地打。虽然袭击珍珠港
为日本海军带来了对亚洲水域短暂的控制权，但它却让美国放
弃追求胜利的可能大大减小了。结果是，第一阶段中军事计算
的成功却让最终阶段中心理计算的成功成了不可能。不过，对
日本领导人而言也没有什么更好的战略①：因为没有任何理智
的战略能够在如此不对等的对手较量中为弱者赢得胜利。

　　希望以消磨敌人意志来获得胜利，在革命或者颠覆战争中
又有另一番意味。暴动是由少数群体或群众在没有斟酌"力量
关系"的情况下爆发的。从理论上讲，造反起义通常是没有任
何机会成功的。掌权者指挥着军队和警察，没有组织和武装的
人群怎么去打败他们？况且，如果权力获得了其服务者的服从，
反叛者更不会造反成功。但是，1830 年和 1848 年巴黎的起义

---

① 或许除了日本海军联合舰队司令长官山本五十六的建议——他建议把最初
的冒险更进一步，去尝试占领珍珠港。

者都属于胜利者，这是因为，不管是 1830 年的正规军还是 1848 年的国民自卫军似乎都没有坚决地战斗，而且当时的统治者由于政治阶级的分裂而被抛弃，并失去了勇气，他们加速放弃权力并忙着逃亡。

在军队士气低落的情况下转变为革命的暴动不属于国际关系理论的范畴。我们在这里把它提出来是因为，这些被称为具有颠覆性的战争呈现出了革命的某些特征，首要的就是，心理因素所具有的决定性意义。在俄国内战中，对于革命党和保守党，对于布尔什维克拥护者、国家主宰者以及复辟将领来说，主导局面的少数人的意愿、群众的思想状况对结果的影响并不亚于双方阵营中可用物质资源的影响（不过，在西班牙，佛朗哥的物质优势比共和派阵营中的不和更能决定结局）。旺代农民（Vendéens）对抗革命政权的战斗的惨烈并不亚于革命者为了新世界而进行的战斗的惨烈。让我们撇开那些关于革命必胜的神话。赤手空拳的反叛者只有在当权者不能够或者不愿意再抵抗时才会变得锐不可当。19 世纪和 20 世纪的俄军的确在华沙和布达佩斯重建了**秩序**。

今天被我们称为"具有颠覆性的"（subversif）的那些战争，例如，殖民体制下的人民反抗欧洲强权的战争，都介于内战和对外战争之间。如果其领土是合法包含在宗主国领土之内的——正如阿尔及利亚的情况那样，那么就国际法视野而言，这种战争首先算是内战（所有国家当时都承认法国对阿尔及利亚的主权统治），即使反叛者因持希望建立一个独立政治单元的逻辑将此战视为了对外战争。在东京、安南、① 突尼斯以及

---

① 东京（Tonkin），越南北方的旧省；安南（Annam），位于越南东部地区。——译者注

摩洛哥这些当时虽然不是殖民地但法国在那里建立了保护国或者君主国的国家和地区，从国际法的角度来看则是"国际冲突"的一面超过了"内战"的一面。

我们之所以把在这些颠覆战争中出现的问题和战略家在制订其战争计划时遇到的问题放在一起来说，是因为起义军领导者如同保守的战争首领般也要干脆地做出选择：**赢还是不输**。不过两者之间还是存在区别。1916 年、1917 年甚至到了 1918 年，交战双方的最高指挥官都还对摧毁敌人的抵抗能力抱有希望。1917 年春天的尼维勒（Nivelle）和 1918 年春天的鲁登道夫都指望用直接进攻强行执行这一抉择。两位指挥官都梦想着拿破仑式的歼灭性胜利——但这种胜利却直到最后都躲避着双方朝这方面的努力，战争的结局由一方的消耗和另一方获得美国增兵而实力增强所决定。而颠覆战争的情况则是，一方控制着行政和警察，保障着秩序，并可动用正规军，双方力量是如此不成比例以至于交战方中只有一方会产生取得全面军事胜利的想法。保守方有战胜对方的意愿，反叛方则希望自己不要被消灭或是根除。我们在此再次见到了典型的不对称：一方希望赢，另一方则只求不输。

不过这种不对称，虽然在表面上与七年战争中的不对称相似（腓特烈二世与一个有绝对优势的联盟的对抗），但从深层次上说却有另一番意味。腓特烈虽不指望他的对手们承认获胜无望，但至少想获得一种在对手们认为赢得胜利所花费的代价和时间过高时会接受的妥协和平。这位普鲁士国王，在自己没有被征服的同时成了相对的胜利者，这不仅是因为他保有了先前的征服之地，还因为他的英雄主义让他的威望提升。传统强大国家的联盟没有成为胜利者，从而接受了这个新来者与他们平起平坐。不过，如果反叛政党（摩洛哥独立党或突尼斯新宪政党）没有被剿灭且得到了权力，获得了独立，那么它就算是在政治上取得了完全胜利，因为它达到了自己的目的，实现了国家的独立，让保护者或殖民者放弃了窃取的特权。这种情况下，反叛军只要在军事上不输就足以在政治上获胜。然而保守
46 方为何会在军事上未输的情况下在政治上接受自己输了呢？为什么它必须要获得压倒性胜利（剿灭叛乱）才算是没有输呢？

为了理解尚不明朗的军事斗争会带来的政治结局，就必须记得反叛军与殖民者这对存在的另一个不平衡之处。要求获得民族独立（这种独立可以是在过去已存在的或是从未存在过的，在大众心中存在过的或是没有存在过的）的民族主义者比殖民政府更加富有激情。至少在我们的时代，他们对自身动机之神圣性的信仰要比他们的对手对自身统治之合法性的信念更坚定。六十年前，法国人对法国的开化任务的信念不会比英国人对**白人的重担**（white man's burden）的信念逊色。今天的法国人却怀疑自己是否有拒绝亚非人民拥有祖国（只能是非法国的）的道德权利，即使这个祖国只是一个梦想，即使这个祖国实际上是无力获得真正独立的。

这种不对称也在殖民的资产负债表的修改中得到证实。在今天，管理一片领土就是对发扬其价值负起责任。最常见的情况是，负担这种责任需要付出的成本比市场扩大或自然资源开发带来的收益还要高。我们怎么还会惊讶于保守方在某一天厌倦了支付平乱费用，以及不再继续做对反抗他们的人民有利的投资？因此，形式上的完全失败（叛乱在反叛者夺取了他们要求的统治权后结束）不一定会被不久以前还是殖民者的国家认为是完全失败。

　　独立与否这一利害关键的表面简单性掩饰了情况的复杂性。如果帝国认为被保护国或殖民地的独立是绝对的坏事和无法补救的失败的话，我们就又回到了"敌人 - 朋友"这一基本双重性上。民族主义者——突尼斯人、摩洛哥人或是阿尔及利亚人——将成为敌人，不是我们上面定义的**临时的**敌人，甚至也不是**持久的**敌人，他们将成为**绝对的**敌人、完全无法调和的敌人，其存在本身就是一种侵犯。因此，如果把这种逻辑推到底的话，他们就必须被根除。**迦太基必须被毁灭**（Delenda est Carthago）——这是表达绝对敌意的说法，是罗马的敌意，也是迦太基的敌意；两个城市中，有一个是多余的。如果阿尔及利**亚必须最终地**归属于法国，那么希望建立一个独立的阿尔及利亚的民族主义者就必须被毫不留情地消除。为了让数百万穆斯林成为法国人，在 20 世纪中期，必须使他们不再梦想阿尔及利亚民族的存在，并且忘掉那些"被割喉了的"、见证过民族存在的人。

　　或许某些法国人正是如此期望的：现实不会如此合乎逻辑，更多是人为的。殖民势力酝酿着各种各样的撤出方式，这些方式的后果也都不尽相同，其中的一些方式可能比用武力维持更可取。宗主国的利益可以通过在这个由前殖民地提升为独立国家的国家中行使权力的人而或多或少被保住。此后，帝国势力遇到的障碍就不再只是被清楚定义为**民族主义者**的这个唯一的敌人，它必须对敌人加以选择和区分。在印度支那，西方的战略本应该，也很可能可以把共产主义的民族主义者（而不是反对共产主义的民族主义者或对共产主义无所谓的民族主义者）作为敌人。这种选择不会让法国认为附庸国的独立从根本上与它的利益相悖。如果法国当时将共产主义者和民族主义者区别对待，首肯民族主义者诉求中的根本点的话，法国本会有更多的机会赢得战争。不过，在那些为帝国出谋划策的官员眼中，这种战略，虽自诩理性，却相当于饮鸩止渴。

在 1945 年后的所谓颠覆战争中，保守势力经常要面对的对手有三类：共产主义者、强硬民族主义者（要求实现独立自主）以及接受渐进方式并且有时候还会满足于自治的温和民族主义者。在强硬派中，有一些期望与殖民国家合作，而另一些则排斥这种合作。现时的极端主义者有时却是从长期来看的温和派。根据时局，也根据保守方战略中所体现的最新意图，这三个群体的人要么建立共同阵线，要么分道扬镳。当帝国势力放弃殖民统治时，只有共产主义者和那些希望与西方断绝关系的民族主义者会继续成为帝国的敌人。穆罕默德五世、布尔吉巴（Bourguiba）、摩洛哥独立党或突尼斯新宪政党就能够成为统治者及对西方友好的执政党。再一次地，昨天的敌人成了今天的朋友。没有遗忘的能力就不会有理性的政治。

相信民族主义之胜利在命运之书中早已被写下——这一符合历史决定论的信念传播开来。多种原因确保了在亚洲或者非洲，对抗欧洲各帝国的革命会取得胜利。不过，如果就此进行理论分析的话，还有一个必须要注意之处：对手之间在决心上的不对等，比他们在物质力量上的不对等更加突出。在保守方和反叛方的战争对话中体现出的意志上、利益上以及敌意上的不对称，正是法国作者们所称的西方失败的最终原因。

在今天，是否仅仅依靠意志就足以阻滞民族主义运动？就某些方面而言，阿尔及利亚的情况同突尼斯和摩洛哥的情况有些类似：在阿尔及利亚，法国的战略同样在对敌人的界定上犹豫不决，有时将所有民族主义者都当作敌人，有时又相反地只把敌人限定为民族解放阵线的积极分子或"强硬"分子。还是在阿尔及利亚，法国战略在取得军事的完全胜利上遇到了困难，它必须是不容置疑的全面军事胜利，是甚至可以让分散于山地依靠外面提供补给的游击队难以存活的军事胜利。不过，所有这些经典论证都遭到另一方面的反驳：游击队对抗正规军会更难取胜。如果当权者准备好了每年只要有必要就花费几百亿法郎，如果军队把追逐游击队作为职业军队的常规操演，如果法国本土舆论接受了长久冲突并赞成必要的牺牲，那么双方都不可能战胜对方——事实上也是如此——这对于游击队和秩序守护方而言都显而易见，因为游击队的损失大大超过了正规军。

居住在阿尔及利亚的法国人的顽强似乎不输反叛军，他们把这种顽强也传递给了一部分本土的法国人。但想以这种顽强改变事件的结果是不可能的。不过，它改变了事件的进程，这一点毋庸置疑。

四 作战行为和战略

政治控制的并不只是整体的构想。政治在某些情况下也决定战役中的具体行为、军队首领必须冒的风险，以及战略家必须给战术家的主动性画出的界线。

我们再举些例子来说明这些论断。指挥着一支军队或者舰队的人同负责广大战区的将军一样，也不能"把胜利作为唯一目标"。在著名的日德兰海战的最后那场没有空军的交战中，英国海军元帅杰利科（Jellicoe）不会忘记他可能会输掉整场战争而不是某场战役的那个时刻。不过，为了得到一个必要的战略性的结果，摧毁德国舰队并不是必须的。他必须做到的是，在打退德军战舰的突围猛攻的同时还要保有己方舰队在数目上的优势：这是取得最后胜利至少需要达成的前提。简而言之，用上面的表达来说，英国舰队只要不输就是赢了。德国舰队则因为它没有赢而已经输了。双方力量在此役后并没有改变：协约国保住了制海权。

从整体战略的角度来看，杰利科有道理不进一步追逐德国舰队，否则其前沿将暴露在对方潜艇或鱼雷艇的攻击之中。当然，摧毁德国舰队会增加**皇家海军**的荣耀，会对德军士气造成打击，也能增强盟友们的信心和影响中立国的舆论。但这些好处都是次要的，是第二位的，比起把英国舰队置于危难而言是微不足道的，因为保有舰队对于拥有制海权，甚至对于西方阵营的存在而言都是必不可少的。

而且，随后发生的事也证明了这种谨慎是正确的。德国舰队在后来的敌对过程中没有再发挥过任何影响，虽然德国舰队因参与这场胜负难料的战斗并在技术和战术上取得了某些成功而赢得了声望。但是，即便战争统帅有时候会把荣耀作为最高目标，麾下的军事指挥官也不能够把符合战争计划目标之外的其他目标作为目标。

这样说来，战地行动之于战略构想的隶属关系就是严格的军事上的，不以政治作参照的。德国的统帅在无限制潜艇战中须做出的决定却与此不同。马克斯·韦伯就此编写的回忆录是对处于此种情势下的政治军事计算的一个绝好说明。

问题的关键不在于要知道无限制潜艇战——不发出警告就摧毁商业船只——是否符合国际法：事实上，这种做法的确与1914年之前主要国家达成的规范相悖，不过，协约国在海战上的行为（远距离封锁、隐藏货轮的武装）也并非无可指责。从绝对理性的角度来看，首要问题在于要知道对无限制潜艇战的宣告是否会导致美国的宣战，以及如果没有这种公开声明的话，美国的参战是否会至少迟一些进行。

即使这种宣告事实上引来了美国的参战，它仍然可以是同样理性的，如果这些潜艇有能力确保反封锁的有效进行，阻止或者延缓一支庞大美军向欧洲的调运，如果最终德军可以在这支尚未开打的军队的战场作用显现出来之前就已经稳操胜券的话。兴登堡–鲁登道夫这对搭档的战略决定——无限制潜艇战，进攻西线，维持军力上的相对优势以保持在东边的攻势——即使不是绝对错误的，至少也是极度冒险的。在明知一旦不取得全面胜利就会加速他们不可挽救的失败的情况下，同盟国首脑也没在美国的挑战下却步，他们这是在孤注一掷。为了让读者体会到历史的讽刺，我们还要加上一点：美国海军从与日敌对的第一天开始就重演了1917年那场所谓的无限制潜艇战。

在朝鲜的美军将领和在阿尔及利亚的法军将领所抱怨之事——需要根据政治限制军事行动——本身并无新颖之处。1951年或1952年对中国东北机场进行的轰炸，也很可能不会引起战区的扩大或是参战方数量的增加。轰炸也不会从本质上改变敌对的进程，因为中国的米格战机没有进攻美军阵地，也没有阻止美国轰炸机完成它们的任务。在中国东北机场被轰炸的情况下，中国人是可以用对韩国港口或者日本基地的轰炸来作为回应的。这种不成文的有限战争协定，包含了中美双方对"庇护区"——双方分别维持着的两个朝鲜战争战场外的那些不可触碰的"圣所"（zones de refuge）——的相互尊重。

法国关于突尼斯的决策则有着些许不同（从1955年以来）。从理论上讲，突尼斯在阿尔及利亚民族解放阵线与阿尔及利亚的法国政权间的冲突中是中立的；从国际法的角度看，民族解放阵线与阿尔及利亚法国政权之间的冲突也不算战争。但事实上，因为在突尼斯的领土上有民族解放阵线的军队驻扎，突尼斯并不像中立国那样行事，它帮助反叛军，这违反了当时的国际习惯但符合当今的惯例。从司法上和道德上来看，法国50至少有权通过空袭费拉加（fellagha）① 的那些基地来作为反击。关键是要知道这样做会有哪些后果，以及成本和收益将会如何。

对突尼斯的哪怕是暂时性的入侵也很可能让这个"法国殖民地"中剩下的法国人不得不离开，它让布尔吉巴政府不得不与法国断绝关系并去其他地方寻求支持。它会引发非洲裔亚洲人严厉的舆论谴责（不论是有理有据的还是没有依据的）以及西方舆论的重大分歧。这些政治上的不利只能够用那些军事上的好处——无可置疑的巨大收益来平衡。然而，为了从根本上摧毁在突尼斯的民族解放阵线的后勤基地，就必须持续地占领这个国家（这是法国总参谋部所不愿意的，就算撇开政治考量，也有兵力不足的问题）。对突尼斯的临时占领充满无法预料的政治后果，却对阿尔及利亚冲突的基本情况改变甚少。

这一分析的目的主要不是证明某种论点，而是要让我们回想起一个概括性命题。在欧洲现代史中，首脑们很少能够有自由在绝对的军事层面上做**所有**他们认为有效和有用的事情。将军们不得不出于对国际合法性、盟友或者中立国的考虑而放弃一些行动，这是规律而非特例。

或许对最后这个政治军事决定被事件所影响的例子进行思考，有助于加深我们对这点的理解。这个决定——保卫老挝，在奠边府的防御营地周围组织防御——的结果导致部长们和将

---

① 费拉加：阿拉伯单词，字面意思是"土匪"，是指与北非的反法国殖民运动有关联的武装激进分子团体。——译者注

军们互相推诿责任。一位不幸的将军论述说，针对越南独立同盟会进攻老挝的防御决定当时是由"战时统帅"做出的，在当时就是指巴黎政府。他继续辩护说，这个决定暗示着要在奠边府这个唯一可守住老挝的地方大修防御营地。再一次，我们不是要从细节上分析这个例子，即我们不去讨论修建奠边府营地是不是实现防御老挝这一决定的唯一可执行方案，不去讨论这个营地是不是以恰当的方式被组织起来以让抵御者有一线胜利的机会，不去讨论这个虽然最后会沦陷的营地是不是至少发挥了其众多功能中的一个，即它是否保住了老挝的首都并让越盟的主要军队从东京三角洲绕道集结过来。

政府和军队指挥之间的关于老挝或奠边府的互相论战之所以让我们倍感兴趣，是因为这涉及了战略和政治关系的两个方面。当时，从政治上来看保护老挝的确是重要的，它属于那些拥有最不敌视法国的政府当权者和人民的"附庸国"之一。失去老挝所造成的军事后果是次要的，但这会沉重打击法国在整个印度支那的威望，公开象征着法军的脆弱。但是，如果我们就此总结说，政治上的考量和军事上的考量在此情形下是相互对立的，也是错误的。对威望的顾及和领土的道德内涵均属于政治范畴，但它们并不构成政治范畴的全部。无论在何种情势下，部分政治论据都可能与部分军事论据相对立。但这尚不涉及战略和外交之间的冲突，因为无论在军事范畴中还是在政治范畴中，都常常同时存在**赞成**和**反对**某一决定的论据。51

把政治范畴的**部分**动因与政治范畴本身相混淆是错误的，因为政治范畴本身从根本上是由总体局势来定义的，是由智慧的统一视角来定义的。"政治本身集中和协调内政的一切利益，也集中和协调个人的一切利益与哲学思考所能提出的一切其他利益；因为政治本身不是别的，对其他国家而言，它无非是这一切利益的代表。"① 巴黎那些负责指挥远东战争的政府官员们所缺乏的，正是对于战争本身的、对于他们所希望保有的利益的，以及对于他们所提出目标的全局性眼光。一旦共产主义在中国大陆取得胜利，他们还有希望战胜越盟吗？如果他们还做出战胜的假设，那么就是对敌我力量关系做了完全的误判。还有，他们是想要维持法国在那些附庸国家中的间接统治，还是想要让这些国家远离越盟的影响呢？如果将前者作为目标，那他们就是本末倒置，把主要目标——限制共产主义的扩张——置于处理法国和附庸国的关系模式这一次要目标之下。他们是否考虑过和越盟直接协商，或者进行包含了中国、苏联和西方诸国的扩大协商？在这样一种战略眼光下，就有可能明确什么是必需的资源，什么是需要不惜一切代价保住的筹码。正是由于缺乏这种顾全大局的眼光和明确的目标，政治才陷入克劳塞维茨指出的另一个错误中去："如果政治向战争提出战争不能实现的要求，那么它就违背了它的原则：政治应该了解它想使用的工具，从而知道对于战争而言哪些是自然而然的，哪些是绝对不可或缺的。"② 再次借用克劳塞维茨的话，在印度支那，并不是"政治对作战的不利影响"，而是政治本身应该被指责。"只有当政治对那些军事手段和措施无法预测的效应怀有期待"的时候，它才会因为在某些步骤上对战争加以规定而对其产生不利影响。"正像一个人用他并不谙熟的语言有时会无法正确表达自己的想法一样，政治也常常会做出不符合自己本来意图

---

① *Clausewitz*, VIII, 6, p. 705.

② *Ibid.*, VIII, 6, p. 706.

的决定。"①

如果政治不下达命令，或者政治首脑和军事指挥官彼此不沟通，那情况会更糟。日内瓦会议召开前，在印度支那的军事指挥官就决定在奠边府建立防御营地，因此他们忽视了另一种可能性。国际会议的召开打乱了这一难题的前提条件，其中就包括其军事前提。会议的消息刺激越盟一下子发力，决定即使代价高昂也要在谈判前夜取得一次惊人的胜利。而会议本应提醒法国总参谋部在处理越南问题上要极端谨慎。越盟**必须**寻求一场惊人大胜，就如同法国远征军**必须**不惜一切代价地避免给予越盟获胜的机会一样。

五 外交和军事手段

让我们重申一下前面已经引用过的克劳塞维茨的一个论断：政治应该了解它想使用的工具。这个论断在和平时期与在战争时期同样正确。直到朝鲜战争，美国在对外事务中的行为都在两个极端之间摇摆：战争时期执着于军事胜利，和平时期不注重军事衡量。亚历克西·德·托克维尔已经指出了这种双重疯狂的倾向——和平时期不重备兵，战争时期不重外交——并从中窥见民主精神的表达。

理性要求人们，尽管战争喧嚣，也要遐想和平；尽管武器沉默，也要不忘战事。国家间的交往在继续，外交和战争是两种互补的模式，它们轮流主宰对方，除非在绝对敌视或者绝对友好或完全联合的极端情况下，否则一方永远也不会消除另一方。

52

---

① *Clausewitz*, Ⅷ, 6, p. 707.

在和平时期，军事上的冷漠有两种表现形式：（在我们的时代）一种以美国为代表，一种以法国为代表。第一种是把武装潜力和现有力量相混淆，从而想象由钢铁生产统计数据支撑着的照会与由装甲舰队、航空母舰和飞机支撑着的照会具有同等说服力。从1931年一直到1940年夏，美国不但拒绝承认日本的侵略行为，而且拒绝用武力对抗这些侵略活动。

第二种与战略不相协调的外交模式是法国模式，它的特征是，军事上用手段进行的战争与外交协议中要求进行的战争互相矛盾。1919～1936年，对莱茵河左岸的占领，或者说对莱茵河左岸的非军事化，让法国可以在德国有意愿和有胆量动用武力的情况下，将自己的意志强加给德国。只要法军守住莱茵河上的桥，那么在发生冲突时法国就几乎具有决定性的优势。它有能力从敌对开始之时就对第三帝国军工业的心脏进行打击。在这样的军事局势下，和奥匈帝国解体后产生的新国家结盟给法国带来的，与其说是为法国的安全做补充，不如说是加强了法国在旧大陆的霸权。由于德国的西面边境对法国开放，东面和南面又仇敌环绕，法国的势力扩展到了苏联边境。但为了维持这种优势，法国需要一支军队，以能够主动从莱茵河左岸军事禁区中获利，并且能够防止魏玛防卫军重新占领这一关键军事区域。在1936年3月这一关键时刻，战争部长和军事总参谋部都坚持在同意军事介入之前先进行全面动员。法国当时没有进行军事干预的军队，而加固马其诺防线的行为已说明了它的军事防御态度，这种行为虽然体现了保守外交的精神，却与保守外交的需要南辕北辙：为了维持在《凡尔赛和约》中取得的地位和在巴尔干欧洲及东欧的联盟体系，法国本应该有能力采取军事主动来阻止德国违背《凡尔赛和约》主要条款。

一旦魏玛防卫军重新占领莱茵兰并且成为一支数目庞大的军队，法国对捷克斯洛伐克、波兰或是罗马尼亚所做的保证就变了味。法国承诺对德国的侵略会还之以一场战争，而这场战争又只会是有着同 1914～1918 年战争一样模式的冗长战争。如果战争开始，东部的那些盟国就成了补充力量，然而这些补充自身却是贫乏的，因为这些脆弱的国家可能比在上一场冲突中的塞尔维亚和罗马尼亚更快被德军占领。而且，法国的投入在当时很容易就可以被诠释成在暗示一场不可避免的战争。毕竟，如果希特勒用他的理论——**一个民族，一个帝国，一个领袖**（*ein Volk*，*ein Reich*，*ein Führer*）——把所有德国人都统一到第三帝国之下了，他真的会就此满足吗？

外交声称要采取行动，却在战争状态下没有军队；外交拥有军队，却无法完成达成其目标所要求的任务；这两种理性的过失，可以用执政者和人民的心理来解释，也可以用理智错误来解释。在轰炸机和弹道导弹的时代到来以前，美国不曾有过让它畏惧的邻国。美国人要去征服的空间，在印第安人（用民兵就够了）和自然（要士兵干吗呢）那里。对于美国人而言，所谓强权政治是专制国家的一个发明，是他们避开了的欧洲败坏的一面。拒绝以力量较量来变更领土，同时表现出的是一种混乱的法权意识形态、不想投入战争的愿望，以及对道义终将战胜暴力的模糊信心。

1945 年的美国裁军运动——**把男孩们送回家**（*bring the boys back*）——是这种传统政治（或者说是非政治）的最后篇章，是战争与和平之间彻底决裂的最终象征。过去，必须赢得战争，所有其他事务都为此而中断，这项工作被完成了，而且被很好地完成了。于是，一旦坏人们或疯子们、法西斯主义者或帝国主义者不能再祸害人间，向平民生活回归的时刻，向工业、商业、体育以及所有自由民主下的公民活动回归的时刻就到来了。

政治－军事统一体的断裂在法国发生也有某种心理原因。法国从《凡尔赛和约》中得到的地位从某种意义上来说只是人为加诸的一个地位，因为它没有体现真实的力量关系，而这个力量关系有赖于英国和美国对和约的不反对以及对和约的维持抱着的无所谓态度。如果苏联和重新武装的德国联合起来摧毁《凡尔赛和约》，法国和它仅有的那些大陆盟友是没有力量挽救和约的。从逻辑上说，1918 年后欧洲秩序的这种不可靠性本应该会刺激法国全力开拓并尽可能长时间地保留它从胜利中获得的好处（德国的裁军、莱茵兰的不设防）。理性要求建立一种基于军事行动威胁的主动性防御（不然就只能干脆去尝试让魏玛德国满意以达到安抚它的目的①）。但那种认为己不如人的情绪甚至在法国霸权仍然在握时就已经开始作祟。军事筹备反映了法国求得其安全和撤军的愿望，即使其当时的外交仍然停留在霸权扩张的阶段。

从 1945 年开始，由于战斗技术的多样化，外交和战略之间的协同出现了前所未见的新特征。在原子时代之前，我们不会想到要根据情势去运用不同的武器。今天，人们不会设想在随便哪场战争中都去使用氢弹或战术核武器。不久以前，冲突的性质还决定了投入的兵力和对实际或潜在力量的动员程度。而今天，它决定的是使用的武器的类型。

显然，战争行为比以往更加具有政治性。军事首领不惜手

① 这种理论上的可能性在希特勒掌权后就不再存在。

段和代价去赢得战争，这样的行为不可能再被全权允许了。赢得战争这个概念本身也很可能不再具有原来的含义；不管怎么说，代价问题，这个总是会被提出来的问题，成了有决定意义的问题：如果在摧毁敌人的同时也给我方带来了同样的毁灭性后果，那摧毁敌人还有什么意义呢？

我们不妨概括地说，过去的所有问题会再次被提出：潜在力量的哪一部分是必须被持久动员的？应该围绕着哪些战略可能性做军事准备？在有多种战略可能性的情况下，哪些任务是政治能够给军队的？然而，除这些经典问题外，从今以后还要再加上一些新问题：根据运用武器的不同，需要设想出多少种不同类型的战争？一个国家能够同时对多少种战争有所准备？在多种战略可能性中参与行动的军事机构在何种程度上可以互相做出行政上的区分？同样的军队是否能够适应全面战争、采用核武器的局部战争以及采用常规武器的局部战争？战略学说向来是通过对国防进行组织来表达的，然而战争工具却数目众多、操纵方法多样：如今，战争首领在选择中不必拘泥于某种固定搭配。装备的多样性在当下显而易见。

因此，类似半个世纪前的危险以另一种形式重现：在关键时刻，外交可能会被事先准备好的、执政者可以自由决定启动与否但无法进行更改的军事机制困住。在 1914 年 7 月一战爆发前的关键一周中，俄国和德国的军方首领都分别对国家掌权者及其幕僚解释说，把战争限制在某种程度上在技术上已属不可能。沙皇当时希望只进行部分动员来对抗奥匈帝国，但这种程度的动员与军方的计划不符，一旦这样做就会颠覆整个原有计划并且让混乱接踵而至。同样，德意志帝国的总参谋部谋划出的唯一战略是从西面主动进攻的两线作战。德国同样不可能只

55

对俄国作战，或是在动员后一味按兵不动：它必须在俄国能够投入大量兵力之前以最快速度攻克和打败法国。命运之神仍然在犹豫彷徨之时，根据战争计划制定的军事机器自动机制却已经开启，并几乎将除了他们的人类都卷入其中。

当前，所谓的威慑战略要求我们事先准备好报复机制。这个机制是否会有被错误启动的风险？或者，即使在战争首领因为多种原因而希望改变原有的计划（不再进行全面报复而只是实施部分报复）的情况下，它依旧能按照计划启动呢？1914年以前，"行政机器"，即负责动员的军事官僚制度，就是发生作用的自动机制。到了1960年，令我们忧虑的自动机制不但有战略计划的自动性，还有电子设备的自动性。在1914年，国家首脑可以用几天时间来做出决定。到了1960年，他们只有几分钟来做出决定。

实际上，只为自己和敌人这两个行动者劳神，这未免过于简单了。尤其是在我们的时代，中等国家不但需要以敌对联盟为基准去定位，还需要以盟友为基准来定位，这些盟友在期望敌人失败的同时，却对他们战斗同伴的那些个人目标怀有敌意或者漠不关心。1939年到1945年，美国或者英国都没有坚持挽救法兰西帝国。同样，在西面因为期望打败第三帝国而集结的国家，也未必都有着同样的目标。

奇怪的是，美国和英国之间最严重的意见分歧也没有造成它们之间实际利益的相悖。美国通过限制苏联扩张和预防东欧被苏联化所获得的利益并不亚于英国。从西侧攻入的战略和进攻敌人"强处"，这都完全是由军事因素决定的。罗斯福及其幕僚在当时的确不如今天的美国领导人这般意识到了西方共同体和苏联之间那不可化解的敌意的存在。

如果联盟内对最好的获胜方式还存有异议，这就足以让一个联盟的作战陷入艰难。但不同的取胜方式又很难为所有并肩作战者都带来同样的结果。按理说，每个国家都希望对取胜有所贡献，但又不希望会因此让自己相对于盟友而言被削弱。这种盟国间的对抗必然会降低联盟的效率。

这种考虑的双重性——保护自己的利益并且对联盟共同目标有所贡献——与战争的多态性结合，与北约的当前情势相吻合。就国家在联盟中的举止而言，最为有效的规则通常是把精力集中到那些关乎自己国家最重要利益的领域。在这一点上，即使把印度支那的战争诠释成对抗共产主义的抵御战线之一，这场战争对于法国而言也是一个错误，因为法国把全部资源中很可观的一部分用在了这个对它和整个西方而言都属次要的战场上。 56

这样看来，向阿尔及利亚运送大量法国军队则更具有合理性。无疑，联盟的力量会因此而被削弱，北约组织的盾牌从此以后会显得过于单薄。由于其他西方国家并不认为阿尔及利亚的民族主义有多么厉害，于是它们倾向于批评法国，这不但因为法国没有向北约联军做出它承诺的贡献，还因为法国损害了西方与伊斯兰世界之间的关系。即使这些批评以联盟的观点来看是合理的，也不能说明法国的决定本身是错误的。对北约联军的削弱，并不会很显著地增大欧洲发生战争的风险；而法国师团的转移，却让法国获得了一次保有地中海南部统治权的机会。如果这种统治权在当时对法国具有至关重要的意义，那么在阿尔及利亚大规模用兵就是正确的，哪怕这种行为让联盟的其他成员不悦。

危险在于，所有盟友都重复采用了同样的思路——做那些虽然对共同利益的贡献不大但对个体利益而言重要的事——这最终将会为敌人的胜利助力。中立国虽期望某一方阵营获得胜利，但又认为，自己参与需要付出巨大的代价，且并不会实质性地增强它寄予了胜利希望的阵营的实力，所以，它保持中立是有道理的——在不被其他国家效仿的前提下。最终，只会剩下一个国家来确保执行不可或缺的行动。而且只有联盟的领导者是那个唯一倾向于把联盟利益和自身利益混合起来考虑的人。

每个结盟者对联盟做出何等贡献的选择，从几十年前开始，因为传统兵器和核武器的交替出现而愈加困难。不久前的英国和当今的法国，都想要加入核俱乐部：如果核武器和运载系统占据了传统兵器的位置，那么传统兵器还有什么作为呢？连"选择"一词的意思也是模棱两可：核武装是否真的能够以一种可能的进攻、一种苏联式的要挟来保护法国，使法国在联盟内的地位得到加强？

政治的统一性包含和平与战争、外交与战略，它排斥盟国之间的完全团结。只有奇迹才能让所有结盟者的所有利益出现偶然的重合。联盟的力量总是小于它在纸面上所列举的那些力量加起来的总和。

* * *

以政治为先是一个理论建议，而非一个行动建议。不过，如果我们认为减少暴力是众望所归的话，这个理论建议从性质上来说更多是为了善而非恶。

57　　　以政治为先事实上会遏制向极端情况的升级，避免恶意无限度地以纯激情和蛮横的方式爆发。国家首脑越是计算代价和收益，越不会倾向于为了战争而放弃外交斡旋；他们越是对动用武力的风险存有疑虑，就越会对有限的成功感到满意，并且放弃对辉煌胜利的迷醉。如果国家间交往的目的在于国家的共同生存、共同繁荣和减少人民的流血，那么政治上的**合理**行为就是唯一可实现此目标的**理性**行为。

当然，让战争从属于政治，并不意味着要缓和国家间的交往。战争的性质依赖于整体历史环境。"政治越是宏伟有力，战争也就越波澜壮阔，甚至可能达到其绝对形态的高度。"① 不过，如果战争是政治的写照，如果战争根据政治决定的利害来变化，那么缓和也并非难以想象。计算能让君王们清楚看到为战争付出的成本无论如何都高于由胜利获得的利润。

再有，这种计算还必须能够说服所有行为体。否则，它就不但没有用处，还有可能挑起解决办法上的意见不一，以及促成那些本想避免的局面的到来。在这个层面上，两极性原则（principe de polarité）再次出现：战争之所以得以限制，并不仅仅依赖于交战中某一方单独的努力。"如果交战的一方做出了参与战争的重大决定，同时确信对方并不打算这样做，那么它就有很大的可能赢得胜利。"② 如果每个行为体的行为不是每时每刻都取决于另一方的反应，原子时代的战争理论也会变得更加容易。

为了让对话——无论是外交的还是战争的——一直保有理智，两个谈话者就必须对此达成共识。

① *Clausewitz*，Ⅷ，6，p. 704.
② *Ibid.*，Ⅰ，2，p. 81.

第二章 权力和力量
或对外政策的手段

很少有概念像**权力**（法语为 puissance，英语为 power，德语为 Macht）一样被如此广泛运用却又如此含混不清。表述"强权政治"一词英国人用 power politics，德国人用 Macht Politik，分别带有批判或顺从、憎恶或仰慕的不同意味。法语中，"强权政治"（politique de puissance）的表达有些不顺耳，仿佛它是从其他语言翻译过来的一样。很少有法国作者会像某些德国学说信奉者颂扬 Macht Politik 那样去颂扬权力政治。也很少有法国作者会像某些美国的道德主义者指责 power politics 那样去指责权力政治。

在最一般的意义上，权力指进行创造、生产或摧毁的能力。一个炸弹有着可以量度的威力，潮水、风还有地震亦是如此。一个人或者一个共同体的权力则因为其肩负的目的和拥有的手段具有多样性而不能被精确测量。人们主要是在他们的同类身上运用权力的这一事实，从政治上给予了这个概念本来的含义。个人的权力是**做**（faire）的能力，但首先还是指能够影响其他个人行为或感情的能力。在国际舞台上，我把一个政治单元所具有的能够把它的意志强加给其他政治单元的能力称为权力。简而言之，政治权力不是一个绝对存在，而是一种人类关系。

这个定义表明了多种区分：**防守权力**（puissance défensive，一个政治单元不让别的政治单元把意志强加于自身的能力）与进攻权力（puissance offensive，一个政治单元把自己的意志强加于别的政治单元的能力）之间的区分；能够被客观估量的**一个共同体的资源或军事力量**（les ressources ou la force militaire d'une collectivité）与并不仅仅依赖于物质或者工具的作为人类关系的**权力**之间的区别；**力量政治**（politique de force）和**权力政治**之间的区别。所有国际政治都包含了意志的持续冲突，因为国际政治是由主权国家之间的关系构成的，而国家又声称具有自由决定权。只要这些政治单元没有服从于外部的某些法律或者仲裁人，它们便会遵循本性互相对抗，这种对抗也是因为每个单元都被其他单元的行动所影响且不可避免地怀疑对方的动机。但这种互相对抗的意志并不一定会导致潜在的或实际的军事竞争。政治单元之间的往来关系并不总是兵戎相见，和平交往虽被过去或未来的军事进程所影响，但并不被它们所决定。

一　力量和两种权力

　　法语、英语和德语都同样区分了两个概念：**权力**（puissance）相对于**力量**（force），power 相对于 strength，及 Macht 相对于 Kraft。我觉得对这种区分做如下理解并不会违背语言的精神，即把前者用于人类关系及行动本身，把后者用于其能力，也就是个人的肌肉或国家的武装。

　　从体质上说，强壮的人因具有重量优势或强健肌肉而拥有抵抗他人或让他人屈服的能力。但力量如果离了神经冲动、机敏和决心也会一无是处。同样，对于共同体而言，我们建议把军事、经济及精神的**力量**与**权力**区分开来，正是权力使这些力量为了既定目标在不同的情势下运作。力量能够被大致地估计，权力则能够以它所拥有的力量为参照在更大的误差范围内

59

被估计。然而，在防守权力与攻击权力之间，在战争时期权力与和平时期权力之间，以及在一定地理区域内的权力与这一区域之外的权力之间，存在的差异可能非常大，以至于在我看来，把权力的衡量视为绝对的和固有的这一做法，弊大于利。这样的做法对国家决策者是有害的，因为它会让他们以为自己拥有了精确信息，然而他们所掌握的不过是含糊意义组合在一起所呈现出的看似严谨的评估。这样的做法对科研人员也有害，因为它让他们把对国家之间的关系，即对人类共同体之间的关系的研究替代为对数量之间对抗的研究，从而剥夺了其研究对象的真实含义。

应对力量这一概念进行辨别。至少直到原子时代来临前，战争无论从本质上还是从结果上来说都是战斗。即使武器装备的发展让战线之间的距离有了变化，战士间的对抗依然是一种极度考验，它可以被比拟为：所有的信用行为最终还是要用现金来兑现。兑现之日，即投入战斗之时，唯一对命运有影响的是被动员起来的现有力量，是由原材料转化来的大炮和炮弹，以及那些受到作战训练的公民，"不是那些我们需要用来制造火药的碳粉、硫黄和硝石，或是用来制造火炮的铜和锡，而是具有效能的现成的武器"①。

我们把**名义上**每个单元拥有的物质、人力及精神资源称为**潜在力量**（force potentielle），把在战争或和平时期动员起来以开展对外政治的那些资源称作**现有力量**（force actuelle）。在战争时期，**现有力量**和**军事力量**相近（但现有力量与军事力量也并非能够完全混同，因为行动过程中的军事力量还部分取决于

---

① *Clausewitz*，Ⅱ，2，p. 139.

斗争的非军事模式）。在和平时期，现有力量和军事力量不能混同，因为师团、舰船或飞机都是**现有的**（in being）但未被使用，它们不过是服务于对外政治的工具之一。

潜在力量和现有力量之间隔着动员。对于各个政治单元来说，它在与其他政治单元的对抗中所能使用的力量，不是与潜在力量成比例，而是与**动员潜力**（potentiel de mobilisation）成比例。而动员潜力又依赖于多重情势，我们可以把这些情势精简表达成两个抽象术语：**能力**和**意志**。由首脑们确认并由大众支持的各种经济或行政能力的情况及集体决心的情况是因时而异的。

掌权人物的权力是否与政治单元的权力具有相同的性质？

政治单元内部之**权力**（pouvoir）和政治单元本身之**权力**（puissance）这两个概念之间的联系很容易弄明白。政治单元在对抗中存在，在变得具有对外反应能力的同时成了它自己。然而，它作为政治单元来活动却只能够通过一个人或一些人来达成。**获得权力**（arrivent à la puissance）的人（按德语的 an die Macht kommen 逐词翻译而来）指的是政治单元对外的领导和代表人。不过，为此他们得负责对政治单元进行动员，以让自己的政治单元在"冷酷巨兽"互相争斗的丛林中得以生存。换句话说，正因为国际关系并没有从自然状态中脱离出来，**掌权者**（hommes du pouvoir），即那些对外而言对民族负责任的人，同时也是**权力人物**（hommes de puissance），即具有能够影响他们同类的行为及共同体自身存亡的这一广大能力的人。

然而，这种分析不应该导致我们混淆**两种权力**。国家决策者的行动根据它是对内的还是对外的而属于不同的领域，哪怕在这两种领域中它都在试图对其他人的行为产生影响。不论成为统治者的是世袭君王还是党派领袖，不论他是靠出身继承还是由选举产生，他都自称合法。这种合法性越是被广泛承认，他就越容易得到服从。至于决定谁会获得统治权的那些条件有被系统化的趋势，统治者施以统治的模式同样也在渐渐被系统化。国家首脑的决策及其领导的实现模式也都在慢慢被制度化。61 制度化在现代社会中具有一种法定特征，它由抽象规则所表达。不过，在任何时期，人们对征服者发出的指令和合法统治者发出的指令至少还是默默地进行了区别对待。至少在统治的最初，征服者是运用或借助纯粹的力量在统治，统治者自称是共同体的化身，这符合了那个对首领继承规则有所规定的传统或基于财富或群众情感来进行推选的法律规定。

不过，对**两种权力**的混淆并不能仅仅从权力持有者在国际舞台上扮演的角色中得到解释。这些掌权者常常从本源上讲就是那些成功的权力人物。政治单元和宪政政体都有其暴力起源。我们在学校里教导法国的孩子说：千年以来，国王造就了法国。我们教材的编著者们似乎从来没有因为要叙述国王们同封建领主或外夷的战争、为民族统一而进行的战争而感到尴尬，他们似乎也从来没有因为追忆了革命者们在 1789 年、1830 年及 1848 年为推翻统治使用暴力而感到不安。即使在 1958 年，国民议会的选举与其说是给予了新政府完全的合法性，还不如说是掩盖了它的非法性。用暴力进行威胁——伞兵部队登陆①——同样也是一种形式的暴力。

这些无可厚非的事实滑向所谓的现实主义阐释不过一步之遥，帕累托的社会学理论就是其体现。对权力的争夺因此成为

---

① 1958 年，戴高乐利用伞兵部队中支持他掌权的人正在以空降巴黎的形式来组织政变而威胁法兰西第四共和国政权交出权力。——译者注

权力的对抗，重要的少数①在每一刻都是这场对抗的行为者。权力的合法化并没有改变这一现象的含意：不同的领导阶级像政治单元般相互争斗，胜利的阶级将用征服者的统治方式来行使权力。

在我看来，这种阐释歪曲了政治②的本意，它一方面是由不同个人和群体为了升至领导之位及分享稀缺资源而进行的争斗构成，另一方面又在寻求公正秩序。然而，在共同体内部为了权力及其行使而进行的争斗，的确保留了某些与不同自治政治单元间的权力对抗相同的特点。

依据法律来发号施令的人事实上掌控着或大或小的权力，即将其意志强加于他人的能力，这是由他在其同事、搭档、对手或者下属间所具有的**占上风的影响力**以及由他在一小群或一大群人中的**威望**形成的。然而，这种权力，不论是被执政者拥有还是被利益集团拥有，都永远无法确切地用合法配置的职权或特权来定义。这些个人或群体实际拥有的影响力，以及他们在对外关系中或者在涉及共同体各部分关系的国家事务决策中所占的分量，不但依赖于这些个人和群体所能使用的行动手段，还取决于他们每次运用这些手段时所表现出的才能。宪法不允许公开的暴力，它勾勒出的是一个框架，在其中明确了争夺权力必须遵循的规则。但它没有废除其中"权力对抗"的要素。

内部政治游戏的行为者同样既被权力的欲望推动又同时被意识形态信念激励。权力的主人们满足着自己的野心，即使在他们被说服去服务共同体时，这些野心也很少是完全不带个人私利的。宪法的条款，议会、行政机构或政府的官方做法，都

62

---

① 来自帕累托的"重要的少数与琐碎的多数"原理。——译者注
② 被认为是社会整体内部的一个特殊系统。

不能够让我们确切地知道一个国家内部权力的实际分布。那么，富人、政客、政论家或是阴谋家，这些人在说服或强迫执政者时，在争取媒体或行政机构的支持时，在唤起无私奉献的精神时，在使精英或大众的观点发生转变时，到底拥有着怎样的能力？这样的问题没有一个一般性的答案。倘若只从宪法文本或司法程序来考虑这个问题，那太天真了；倘若只把宪法当作一纸空文，认为合法当权者有的只不过是一个头衔或是发声器，那就是错误的犬儒主义观点。因为我们从没有见过对游戏者的输赢没有影响的游戏规则，也没有见过心甘情愿地实施别人意志的权力合法拥有者（即使是那些让他获得权力的人的意志）。

因此，"对外政治"行为和"对内政治"行为的相似点和不同处就都清楚了，从而两种政治理论的分野也变得清楚了，至少在初步分析中是这样。在对外政治理论中，具有多个行为体（政治单元）、仲裁人或法律缺席、将战争作为一种可能性来加以参照，这些都是被允许的，所以对外政治理论必须包含力量计算，否则，领导一个被进攻威胁的政治单元就会是不理智的行为。相反，政治理论则是具有含糊性的，也就是说，我们能够就它的基本概念进行争论。为了减少其基本信息的不确定性，我们可以从持久竞争的角度去看待政治（谁得到了什么？怎么得到的？什么时候得到的？）；可以从要求不计代价地建立和平秩序的角度去看待它（如果认为内战是坏的极致，不论怎样的秩序都比它好些的话）；可以从寻求最优秩序上去看待它；最后还可以从在既互补又存在分歧的愿望（平等和等级制、特权和彼此尊重等）之间协调的角度去看待它。

互相承认主权与平等的国家，从定义上来讲，彼此之间是没有凌驾于对方之上的权威的。指挥着行政、军队及警察的国家决策者处在合法的等级制的顶点。即使外交 – 战略行为和（国内）政治行为之间有着众多相似点，在我看来，它们还是有着根本上的区别。国际舞台上的权力不同于国内舞台上的权力，因为它和后者相比，规模不同，使用的手段不同，也不在同一领域中被实施。

二　权力的构成要素

63

许多学者都列举出了权力或者力量的构成要素，虽然我们并不总是明白他们指的是军事力量还是整体行动力，也不清楚他们是在以和平时期还是以战争时期为参照。由于缺乏这些区分，这些学者的列举显得随意且不均，似乎还没有一个清单是完整且不容置疑的。

比如美国地理学家斯皮克曼（Spykman）列举了以下十个要素：①（1）领土面积；（2）边界的性质；（3）人口规模；（4）原材料的缺乏或具备；（5）经济和技术发展状况；（6）财力；（7）种族同质性；（8）社会整合度；（9）政治稳定性；（10）民族精神。

汉斯·摩根索（H. J. Morgenthau）教授则列举了八项：②（1）地理；（2）自然资源；（3）工业能力；（4）军事准备状态；（5）人口；（6）民族性格；（7）民族士气；（8）外交质量。

鲁道夫·斯泰因梅茨（Rudolf Steinmetz）也列举了八项：③（1）人口；（2）领土大小；（3）财富；（4）政治制度；（5）指

---

① *America's Strategy in World Politics*，1942，p. 19.
② *Politics among nations*，New York，1949，p. 80 及其后几页。
③ *Soziologie Des Krieges*，2ᵉ éd.，1929，pp. 227 – 260.

挥质量；（6）民族的统一性和凝聚力；（7）对他国的尊重和友好程度；（8）民族士气质量。

最后，德国学者吉多·菲舍尔（Guido Fischer）[1] 在第二次世界大战爆发前夜把权力的各要素整理归为三个类别：

（1）政治要素：地理位置、国家大小、人口数量及密度、组织技巧、文化水平、边界类型和邻国态度。

（2）心理要素：经济灵活度和创造技巧、恒心和适应能力。

（3）经济要素：土壤肥沃度和矿藏丰厚度、工业组织和技术水平、商业和贸易的发展、财力。

除了最后这种分类方法外，其他所有的分类方法都大同小异。它们都同时包括了地理（国土）和物质（原材料）条件，经济和技术条件，以及政治组织、人民精神士气之统一和领导者素质这样的人力条件。毋庸置疑，所有这些因素都以这样或那样的方式影响着政治单元的潜在或现有力量。但这些列举中没有哪一个在我看来达到了理论有权提出的要求。

被记入的要素必须是**同质的**，换句话说，它们必须处于同一基于历史的普遍性的尺度中：人口数量、领土特征、武器或组织质量这些要素无论在哪一时期都会影响民族国家的力量；而财政资源对蒙古征服者毫无意义，对亚历山大大帝也意义甚少。

要列举**完整**，就意味着被列举的要素必须是用涵盖现象之具体多样性和时期之变化性的概念来表达的。即使某一地理条件的军事含义会随运输和战斗技术的变化而改变，但地理条件对政治单元的行动可能性的影响却是一个常量。

---

[1] "Der wehrwirtschaftliche Bedarf", *Zeitschrift für die gesamte Staarswissenschaft*, t. IC, 1939, p. 519.

　　最后，分类应该是这样的，它能够使我们明白，**为什么随着世纪变迁，权力的构成要素会不同，以及为什么对权力的量度从本质上来说只能是近似的**。这种近似性既显而易见，又在著作中显得不合常理。在阅读理论家的著作时，人们常常以为他们有着可以准确称量政治单元权力的可靠天平。倘若这种称量真的可能，那战争也就不会发生了，因为其结果在战争开始前就已经被知晓了。不然，战争就只能用人类的疯狂来解释。正如阿纳托尔·法朗士在《企鹅岛》中写下的，因为没人对舰队的等级怀有质疑，所以没有海战。所有的军队都是世界第一，只有战争的考验才能让真实的等级得以建立。

　　让我们重新回到克劳塞维茨。没有谁会像这位理性主义理论家那样强调战争中偶然性所占的比重。"战争是充满偶然性的领域。没有其他的人类活动领域像战争那样给偶然性这个不速之客留有如此广阔的天地，因为没有一种活动像战争这样各方面都与偶然性持久相关。偶然性会增加各种情况的不确定性，并扰乱事件的进程。"[1] "战争中，关系的多样性及所有关系界限的不确定性使得要考虑的因素数量巨大。而且这些因素大部分还只能按概率法则来估计。在这点上，波拿巴说得很对，必须由统帅做出的许多决定，就像需要牛顿和欧拉的才干才能进行计算的数学难题一样。"[2] 最后，"战争中一切情况的不确定性构成了战争的一种特殊的困难，因为一切行动都仿佛是在朦胧中进行，这让一切往往都像在云雾里和月光下一样，轮廓夸张，样子古怪。因此，在对客观情况缺乏了解的场合，只好依

---

[1] *Clausewitz*, Ⅰ, 3, p. 86.

[2] *Ibid.*, Ⅰ, 3, p. 101.

靠才能，甚至靠幸运"①。

我们怎么能够想象，权力理论家在把权力的不同构成因素的权重相加的同时，居然还做到了消除掉战争的不确定性？诚然，权力，或者说一个共同体向别的共同体强加自己意志的能
65　力，与军事力量并不相同。但是如果战斗的结局是不确定的，就说明军事力量不是能够被确切测量的，那么，整体的权力比起军事力量来就更加无法被确切测量了。

我的建议是把以下三种基本要素分开：首先是政治单元所占据的**空间**；其次是能够转化成武器的**可用资源和知识**，以及**人口和把人转化为士兵的艺术（或者说工具和战士的数量和质量）**；最后是**集体行动能力**，它包括军队的组织、士兵的纪律、战争时期与和平时期的民事和军队指挥的质量，以及不论好运或坏运公民在考验面前所具备的团结度。这三个术语，从它们的抽象表达来讲，涵盖了所有，因为它们与以下这个主张一致：一个共同体的权力取决于它行动的舞台和它运用物质资源和人力资源的能力；各种证据表明，**环境、资源、集体行动（能力）**不论在哪个世纪，不论在怎样的政治单元竞争模式下都是权力的决定因素。

这三个要素也同样适用于对权力的各个层次的分析，从小单元的战术层次至有百万大军交战的战略层次，乃至持久对立国家间的外交层次。法国正规军的一个连与阿尔及利亚民族解放阵线的一个连对决的胜负取决于战斗场地、兵员数、武器及两军的纪律和指挥情况。在战略或政治的高层次上，组织军队的能力、动员公民的能力及训练士兵的能力几乎都整合在了军

---

① *Clausewitz*, Ⅱ, 2, p. 133.

事力量中，不过它们似乎更偏向于第二个要素。似乎只有战时统帅的行为、他们的战略和外交才干以及人民的决心代表了第三个要素。

我们列举的目的主要不在于提出普适的主张，而是提出一种把历史变迁包括在内的考虑方式。其中只有第一个要素部分地避开了生产和摧毁技术更迭的影响。

有些情况有利于防守权力①，换句话说，就是它增加了征服者道路上的障碍：山岳、河流、沙漠及广阔的距离。最常见的是，地形在给共同体提供了相对保护的同时也减少了对外出兵的可能。这些"小国"② 将天然屏障作为天降恩赐，因为它们并不期望扮演头等角色，从而也对进攻权力不感兴趣。而一个共同体的防守权力取决于它所占据空间的特征。

正是得益于起伏的山峦，瑞士有了它那卓越的战时防守能力；正是由于幅员辽阔，俄国自莫斯科公爵摆脱蒙古人束缚以来，就再未被完全占领过。不论是拿破仑还是希特勒，虽然在这里或那里取得了这样或那样的辉煌成功，却都无法征服沙皇及其农民的抵抗抑或共产主义国家及其人民的抵抗。对莫斯科的占领没有击溃亚历山大一世的意志，希特勒终归没有真正拿下莫斯科。同样，在 1941～1942 年，苏联也因为其地理条件、现代化的不充分（欠佳的公路系统）以及在冲突开始前就在乌拉尔地区建好或被转移到那里的工厂而得救。

66

---

① 防守权力有两个方面：在战争时期，防守权力可以归结为阻止侵略的能力，在和平时期，它依赖于防守的能力和政治单元的凝聚力。

② 为了不引起词汇的混淆，这里我们避免用"小权力"这个常见表达。"权力"一词可指代行为体本身，而不仅仅是行为体的能力。权力对抗与国际生活共存，我们因此而混淆了行为体和他们的行为能力，并根据行为体的能力给他们建起了等级。

野心勃勃的国家必须在确保自己有领土屏障的同时也有向外出兵的可能。直到近期，距离剥夺了沙皇俄国或苏联很大一部分进攻能力，同时也加强了它的防守能力。几个世纪以来，英国一直有着一块他国不便侵略的远离大陆的领土，从而成了远程行动，甚至是向大陆派遣远征军的理想基地，而不论威尼斯还是荷兰都不具备有此种安全性的领土基地。法国因为自己的首都相对靠近开放的北部边境而具有一种特殊的脆弱性，从而不得不让陆军和海军共享资源。

三个要素中没有哪一个不受历史变迁的影响，即使是第一个要素——空间，也不例外。不过，难以进入的地形会增加防守能力而降低政治单元的进攻能力，这一点总是对的。得益于起伏的山地，在阿尔及利亚生活的人今天在抵抗法国镇压中所具有的能力并不亚于17个世纪前他们在抵抗罗马人镇压时所具有的能力。但是，从战斗技术的角度来看，英国既可以是脆弱的又可以是不脆弱的，因为海峡既可以是战略道路的枢纽，也可以在陆地和天空提供了更加实用的通行渠道的情况下，成为两个封闭海域之间的一个微不足道的狭窄通道。

至于另外两个要素，那些试图对它们加以概括的最具普遍性的主张通常都少有价值。我们能说的是，如果所有东西都是可以被同质比较的，那么不论在外交领域还是在战争领域就都会由数量说了算。然而事实上，所有方面是永远不可能被同质比较的，所以这种普遍性主张让我们一无所得。不过，我们还是能够把三种要素——武器的效能、集体行动和士兵数目——进行排序而让其具有意义：武器的极端不均衡不可能用纪律或者士兵数量来补偿。组织和纪律上过大的不均衡也不可能用士兵数量来补偿（这是罗马人之所以相对于野蛮人有优势，正规

军之所以相对于民兵部队和暴动队伍有优势的根源）。然而，
我们期望——但不可能——精确那些无法被弥补的不均衡程度。 67
非工业民族在 20 世纪找到了一种战斗方法，那就是打游击，这
让他们可以防御那些装备了一切现代武器的人。即使在一方与
另一方相比具有压倒性技术优势的两个政治单元的冲突中，机
敏和决心对弱小者来说，即使非取胜之道，也是让其能够实现
持久抵抗的秘密。

历史学或社会学对单元整体力量构成要素的研究包含了两
个主要步骤：

第一步是确定军事力量的要素。每一时期的战争机制都要
靠某些种类的武器、某些组织方式及足够数量的武器和战士来
保障其有效性。

第二步是分析军事力量和共同体本身的关系。具有哪种程
度的武器或组织的优势才算是具有技术和社会的优势（如果我们
假设技术和社会的优势可以被客观决定的话）？军队素来就是一
种社会组织，是共同体整体的表现。动员系数（coefficient de
mobilisation），即实际动员起来的处于战斗状态的人员比例，取
决于社会结构、相对于非公民而言的公民数量（如果只有公民
才有被武装的荣幸的话），以及贵族的数量（如果是在不允许
普通人参加战争的社会中的话）。

在所有社会和所有时期中，都存在一个动员的极限：因为
必须留有足够人手来从事共同体赖以生存的那些不可或缺的资
源的生产（有过剩的农民则动员的理论系数高，条件是我们能
够在工作人员数量减少的情况下依然得到同样的收成）。不过
动员的实际系数很少能够达到动员的理论系数的水平，甚至连
接近它也很困难，因为动员幅度取决于各种社会状况、战争的

传统模式，以及给由被视为低等人或潜在敌意的人所组成的部队发放武器时心存的顾虑。

考虑到军队的组织和战斗模式由习俗而形成，我们可以更好地解释为什么一支军队或一种武器的优势能够持续数十年甚至数世纪之久。政治单元内部的那些拥有武器垄断权的少数人可以几乎无限地维持其统治——除非这少数人腐化变质，失去一致性和自我意志。把多种武装（重骑兵和轻骑兵、重步兵和轻步兵、重击武器和投掷武器、矛和护甲等）有效组合起来的政治单元将有机会把它的优势保持很久。历史学家或哲学家常常会忍不住把帝国人民的伟大归于他们的**美德**，从而将帝国人民所具有的武装优势视为他们总体风尚和文化优势的证明。

我们虽对这点不做深究，但很清楚的是，越是理性化地进行战争，越是会把对国民和生产的动员视为正常，且将其实施，从而让共同体所拥有的资源和军事力量之间的相称性变得越精确。正是在 20 世纪，我们才错误地有了以为通过测算资源就可以测算军事力量和权力这样的幻觉。的确，在全面动员时期，军事机构无法不与共同体中的大众休戚相关。但少数人的**美德**仍然能够让天平向这一方或另一方倾斜，而且，质量也会通过多种多样的方式对数量的主导权有所限制。由一个首领及其部下就能完成的庞大帝国的征服行为已经属于过去。① 或者说，现在，小型部队至少不得不从征服它自己的国家开始，将其作为进一步扩张的基地。不过还是只有那些喜欢历史性类比的人才能够把成吉思汗的经历和列宁领导下的布尔什维克党扯到一起。毕竟，成吉思汗首先是一位军事天才，列宁则首先是一位

---

① 即使伊本·沙特（Ibn Séoud）在 20 世纪仍然大刀阔斧地统一了阿拉伯各部落。

政治天才。前者集结军队称王称霸并消灭了自己的对手，后者则是没有武器的预言家出身，最终同时赢得了精神和武器。

三　和平时期的权力与战争时期的权力

一个政治单元在和平时期的权力也能以同样的分类方法来分析——地理位置、资源及行动能力。不过，战争时期的权力尤其取决于军事力量及其运用，而和平时期的权力，换句话来说，是不让别人把意志强加在自己身上或是能够把自己意志强加给别人的能力，它还取决于对不同时期的国际惯例所规定的各种合法手段的运用。比起军事机构，我们更应该考虑的是非暴力手段（或者说那些在和平时期被允许的暴力手段）。至于集体行动的能力，从进攻上讲，它是在不诉诸暴力的情况下运用的说服或限制的艺术，从防守上讲，它则是不被欺骗、恐吓、震慑或分裂的能力。

在"和平时期的权力"和"战争时期的权力"之间，欧洲的传统外交从原则上假设了资源和军事力量之间有着大致的相称性。我们之所以把一些政治单元称为大国，首先是因为它们所拥有的资源储备（领土和人口）和军事力量。18世纪的普鲁士及20世纪初的日本之所以能得到"大国"俱乐部的平等对待，是因为它们在战场上经受住了考验。

大国地位赋予了一定的权利：在没有参考过所有大国意见的情况下，没有任何重要事务可以在体系内被处理。当某个大国从某处获得或是夺得某种好处时，其他的大国，不论敌友，都想分一杯羹。

在力量关系是由和平交换与协议来体现的条件下（假设这种力量关系符合实际的话），"大国"地位是有利可图的。小国

69　倾向于向大国让步，因为对方比它强大。大国在国际会议中陷入孤立时，会屈服于联合潜力大过于它的联盟。我们之所以能够参考力量关系而和平地达成协议，正是因为国际会议似乎提供了一个相对客观的标准，并以此代替了武力较量，因为关于较量的结局，我们假设它在一开始就已经是由力量关系决定了的。不过，尤其是在第二次世界大战后，这种文明交往，这种明智的马基雅维利主义渐渐地消失了。

在两次大战之间，外交家们犯了许多错误，他们把意大利的力量高估至荒谬的水平，而且还对苏联的力量有错误认识，以至于连"大国"的概念也变得令人怀疑。昔日的欧洲大国（英国和法国）希望在全球外交中保持大国地位，它们的抱负似乎也因为之后在联合国安全理事会（以下简称"安理会"）具有常任席位而被认可。但这些大国的实际地位事实上是很不确定的，以至于这种官方地位很少给它们带来威望或好处。核武器让传统概念重新受到质疑：武器因为变得更加残暴可怕而使用性下降。今时不同往日，彬彬有礼和上层社会的犬儒主义已经远离了大使馆。传统意义上的外交虽然在盟友之间还扮演着一定角色，但其作用不但在敌对关系中，而且甚至在政治阵营和中立国之间的关系中都大大降低了。既然更强者不能或是不愿意实际使用它的力量，那么无论大国还是小国都不认为向它让步是必须的。"挑战"战术（"你不敢强迫我"）已经属于国际关系中的惯常做法。①

为了强迫或是说服一个国家屈服，另一个国家或国家联盟可以借助经济施压。通过国际联盟（以下简称"国联"）的决

---

① 这个战术也包括"失败"案例。布尔吉巴先生在 1961 年 7 月使用该战术时，引起了法国军队的粗暴反击。

议，一系列针对意大利的惩罚措施被颁布：禁买某些商品，禁售另外一些商品。但这种名义上的封锁缺乏实际效率，因为它不是全面封锁。意大利能够找到足够的客户，让它能够获得保障自己最低限度需求的外汇。对意大利商品的禁售没有涉及那些一旦短缺就会给意大利造成致命打击的物资。苏联试图肃清南斯拉夫反对派而进行的封锁也没有获得更多的成功，西方在当时向这个国家施以援手，而这个国家的存在本身就证明了对马克思主义的拥护和对苏联领导阵营的效忠之间是有可能发生分裂的。而后，又轮到了美国，它徒然努力，试图用封锁征服菲德尔·卡斯特罗。

然而，经济手段并不因此而总是无效。我们刚刚举的例子都有一个特殊特征：它涉及的实际上是**经济强制**的企图，或者是把经济手段作为军事手段的替代品来使用的一种企图。这种尝试之所以会遭受重大失败，那是因为为了与一个国家作对而建立一种普遍联盟是不可能的事。封锁作为武器，在今天还是可能让人无法抵御，但这必须是在被视为"罪犯"的国家在封锁线外无法找到盟友的情况下。时至今日，这样一个假设条件还从未在现实中真正实现过。

相反，在双边关系中，为了加固友谊或强化联盟，经济手段会显得很有用处，甚至不可或缺。马歇尔计划促成了北大西洋公约组织。一个国家因为是另一些国家的主要客户而有了影响这些国家的能力（初级产品市场的崩溃对从这种产品的出口中获得大部分外汇收入的国家而言是一场大灾难）。一个国家也能影响正等待着它施以财政援助或觉得自己的经济系统对其有依附性的其他国家。尤其是在我们的时代，那些被认为欠发达的国家是否同意留在某个政治区域内，取决于它们在其中能否为工业化找到援助。今后，一个国家如果无法负担那些提高人民生活水准所需的必要投资的话，就很难有机会保住它的最高权力。

在经济领域也同样有防守能力和进攻能力之分。一个欠发达国家常常对可能发生的制裁具有巨大的忍耐力：只有小部分人民会被对外贸易的中断影响。相反，一个想要用最少力量来创建和领导一个联盟的大国需要各种经济资源（技术，可以用在对外投资上的资金，等等）。

纵观历史中各个国家在和平交往时期使用过的政治手段，它们要么是政治单元中精英的行动，要么是政治单元中群众的行动。有史以来，大国以人或钱为中介渗透到各小国中以贿赂其思想、收买其忠诚。"外国党"的长时间存在被认为是国家弱小的后果和象征。在那些"巴尔干化"的国家中，对外政策是党派间争执的对象，因为每一方都对某个大国有所偏向，因此都有可能会受到其侍奉的外国主子的指责。

在我们这个世纪，民主风尚意味着一种新的做法：发起进攻的国家的话语和发言人在针对作为社会少数的领导层的同时，也针对了民众。每一方的阵营，每一个巨头势力都努力想说服分界线另一边的被统治的人，让他们相信自己是被剥削、被压迫和被愚弄的。宣传战和广播战标志着国家间的持久冲突和对媒体手段的不间断借助。在这个游戏中，权力不取决于军事力量或经济资源。比如，有些国家更有能力进行广告性输出，有些国家更有能力招募到无私的宣传者，又或者更愿意花钱来"强奸"民意。

在这方面，防守能力和进攻能力的因素迥异。防御能力最重要的条件，也差不多是唯一的条件，乃是共同体的凝聚力、大众对政权的拥护，以及政府精英成员之间就民族利益达成的一致意见。瑞士或瑞典虽没有能力或欲望去影响其他民族的思想或行为，在面对外部压力时却也并不脆弱。

除了经济手段和政治心理手段——在我们的时代这也是越来越常见了——国家在和平时期所使用的是暴力。我将**象征性暴力**（violence symbolique）与**秘密或突发性暴力**（violence clandestine ou dispersée）进行了区分。象征性暴力是由我们所谓的"炮舰外交"体现的那种暴力。将作战船只派遣到这样一些国家的港口：欠债不还的、拒绝兑现承诺的或是把让与外国公司的物和权收归国有的。这象征着用武力去强迫对方的能力和决心。象征就足够，几乎从来就不需要过渡到行动。这是在提醒对方遵从，而"弱者"在找不到支援的情况下就会屈服。到了向行动的过渡成了情势所需的那一天，象征性暴力就不再受欢迎了。如果存在为推翻纳赛尔做好了准备的内部反对势力，又或者纳赛尔在危险时刻孤单无助或突然失去勇气，那么英法在1956年对苏伊士的突发性远征就有可能成功。只有暴力的幌子是不够的。

如果象征性暴力是属于19世纪的，那么秘密或突发性暴力就是属于20世纪的。秘密暴力——在暗处进行的袭击——总是突发性的，但游击队员的突发性暴力却常常可以在光天化日之下进行。城市恐怖分子的网络是隐秘的，而游击队虽分散行动，但在有必要时也可能穿着制服在山地和密林中光明正大地活动。那些没有相互开战的国家，在和平时期会通过恐怖主义和游击队来互相争斗。埃及组建了恐怖主义袭击队并将其派往以色列。阿尔及利亚的游击队员曾在埃及或摩洛哥受训，"解放军"从突尼斯或摩洛哥获得补给。正如我们所见，和平时期为了颠覆国家秩序而使用言语和小型武器，已经不再被认为与国际法相悖了。在此，防守权力仍然依赖于民族团结：革命者如果无法取得哪怕最低程度上的人民的自愿"同谋"，那就不可能达成目标。暴力镇压的能力也是对抗颠覆举动所需防守权力的一个决定因素。在匈牙利，苏联当时的确在"道德威望"上失败了，但在"残酷威望"上成功了。就像马基雅维利所言，对统治者而言，有时候让人民畏惧比让人民爱戴更可取。

在和平时期，集体行动的能力体现在对各种手段的运用以及对敌人实施的各种手段进行的抵制上。确切地说，外交能力具有两面性：从广义上讲，外交能力是指对这些手段的整体实施以及对合适的手段加以选择；从狭义上讲，外交能力是行动的质量，可用以结交朋友并尽可能击垮对手，让面对面协商最终达成满意的结果。

72　　如果外交缺少了进行经济或政治施压的手段，也不含象征性暴力或秘密暴力，它就是纯粹的说服。或许这样的外交其实并不存在。或许自诩纯粹的外交一直隐晦地提醒着人们，如果它想让人惧怕，它就得有做到这一点的手段。至少纯粹的外交在设法让敌人和旁观者相信它意在引诱而非强迫对方。敌人必须是感到自由的，即使他其实是在向力量屈服。

当外交针对的是中立方和独立方时，当外交的目标是赢得好感或打消戒心时，它就接近了"纯粹"外交。尤其在单独会面的外交中，当商谈者交换意见时，承诺是作数的，因为交谈者在说也在听。磋商之于外交就像交战之于战略一样。

但外交和战略之间还是存在一个根本区别。外交准备走向的是国际会议，就如同军事准备走向的是战争考验一样。不过，磋商者的操作空间被联盟的潜在力量（当交火敌对还没有发生时）和战争达成的事实（当战争在进行时）所限制：通过运用各个对手之间的分歧，磋商者有时能够对战争造成的意外不利结局进行补救。在这种情况下，改变局势的是不纯粹的外交游戏——力量的重组——而不是单独磋商。相反，战争开始之日就是胜利和失败成为天平的两端之时。纯粹的外交对话确认了事件的必然后果，事件裁决着相互敌对的意图。

四　权力测量的不确定性

或许，用一个特殊的例子来明确那些反映了三种基本要素（**环境**、**资源**和**集体行动能力**）的不那么抽象的概念，在一个既定的历史时期（1919～1939 年）内，也并非无用。

两次大战间的军事技术和军队的组织都有利于全面动员，且使其成为可能。战争状态下，所有公民都可以在工业能够将他们武装的限度内成为士兵。全面动员是规则，军事力量的潜力与经济潜力成正比。然而实际上，在对这种相称性进行认识时，无论在数量上还是在质量上，都需要做出一定保留。

怎样的经济总量才能够满足军事潜力的需求呢？无论我们是选择用国民生产总值，还是工业生产总值抑或某些工业统计数据，选定的这个指标总有差错。国民生产指标是一个不确切标准，因为农业生产或服务业不像钢铁冶金工业或机械工业那样可动员作战动力。同样的情况也发生在工业生产指标上，因为我们把饼干业的工人和机器转移到航空工程部门，不像把汽车工业的工人和机器转移到坦克制造中去那样容易。最后，如果我们只看重工业或是机械工业这一个指标，我们就有可能犯下相反的错误。在有时间的条件下，工人和机器的转移也可以进行到相当的程度。比如，1914～1918 年的法国，虽然一部分领土被占领，但其战时工业的成就却令人吃惊：直到战事尾声，美国军队还在使用从法国兵工厂出厂的炮筒和炮弹。不过，当时的武器，甚至是飞机，所要求的科学知识和技术水平的确都相对简单。

经济潜力向军事力量的转化，在我们的时代，还取决于以技术－管理能力的形式表现的"集体行动的能力"。一位今天已经鲜为人知的德国教授，约翰·普伦格（J. Plenge）[1]，在1916年发表过一部很有意思的著作，这本书的主题是把1789年的观念和1914年的观念加以对照。1914年的观念最终可以归纳为一个关键词：**组织**。为了使全国都为战争工作——一部分人成为军人，一部分人从事制造或坐办公室，其他人在田野劳作以生产出居民和战争所需的粮食，行政管理必须能够把人口分配到不同的工作中，能够做到尽可能地减少生产非必需品的劳动者数量，以及尽可能地人尽其才。在二战期间的西方诸国中，英国达到了最高的动员率。希特勒的德国在没有全部动员其工业和人手的情况下就开启战端，而且德国不论在波兰战役后还是在法国战役后，甚至在**德国国防军**挺进苏联后，都没有决定进行全面动员。斯大林格勒战役之后德国才进行总动员，而且还在占领区招募了数百万工作者。

在战时，动员系数尤其表现为行政能力的作用，虽然也有部分来自群众对牺牲的同意。超过了某个点，战争动员的效果只能以降低普通人的生活水平来获得增长。哪种程度的降低才不至于失去民心呢？这个问题没有一般性的答案。不过，习惯了低生活水平的民众似乎比习惯了高生活水平的民众更容易接

---

[1] J. Plenge, *1789 und 1914: Die symbolischen Jahre in der Geschichte des politischen Geistes*, Berlin, Springer, 1916.

受艰苦的生活。这就会颠覆一个纯理论主张：一些民众在和平时期享有较高生活水平，所以对他们进行动员的余地是非常大的。抽象地来讲，人民实际条件和不能再压缩的最小限度之间的差，在富国要比在穷国大。然而，富国人民不总是能够放弃那些被穷国归为不必要的东西。

最后，各交战方并不是用潜力而是用现时已经动员起来的力量在进行战争。而这些现时动员起来的力量，依赖于空间、时间、地理条件及敌对进程。整体潜力有可能因为缺乏某种初级材料而瘫痪或者不完整。（如果燃油储备持续空仓，数千辆坦克还能发挥什么作用？）相反，把制海权同外汇储备或对外放贷相结合，就能把那些合法中立国的潜力也算进自己的潜力中（正因如此，1914～1917年美国的潜力才能被协约国算进他们自己的潜力中）。不过，一战的经历在1939年给予英法联盟的却是一个不可靠的想法。它们在事前假设了长期作战会给它们带来好处。它们认为，长期看来，西方世界的资源动员会保证这两个国家具有优势并取得消耗性胜利。然而这必须是在从敌对最初阶段开始，这个联盟的部分工业潜力一直不会为敌所用的条件下。如果没有1914年马恩河战役的胜利，就不会有法国潜力的总动员。如果没有不列颠战役，就不会有从1940年开始的首先是英国然后是美国的潜力总动员。1939年，如果英法两大民主国家没有在海上行动的时间和自由，那它们的潜力也不过是纸上数据。法国当时没有这种时间，而英国，不管怎么说总还是保住了在海上行动的自由。

既然军事力量被认为取决于人力与工业潜力以及我们刚刚提到的各种储备，那么现在的问题就在于其质量如何。在每一阶段，德国、法国、英国、意大利及美国的一个师团的相对价值是多少？唯一真实的量度标准是战斗本身。在和平时期，近似估量也是根据前面已经发生过的战斗来进行的。直到耶拿战役前，普鲁士军队都保有腓特烈大帝取得胜利所带来的声望。直到 1940 年，法国军队看起来仍然是在凡尔登战役（1916）或香槟战役（1918）中的那支军队。

不管涉及的是大炮还是军队，我们心中都会出现同样的疑问：武装的质量在怎样的程度上反映了工业的质量？军队的效率在怎样的程度上体现了人民的军事活力？换句话说，我们能否根据国家状态来判断军事力量的强弱？军事力量是不是尤其取决于军事体制本身的各种因素？

希特勒并不相信美国能够在当时的敌对过程中得到一支一流军队，因为美国大众彻底的和平态度与商业精神让美国没有可以与德国军官群体相媲美的军官阶层，从而也就缺乏相应的军事传统。纳粹德国的元首对此做出了错误判断，这对他而言是不幸的，对我们而言却是幸运的。我们可以对此给出令人信服的双重论证：部队干部编制的重要性在 20 世纪并不比在 19 世纪低，但这种编制不再要求用从事军队职业的专属社会阶层来达成。许多军事上的问题——组织和后勤——同工业或运输上会遇到的问题相似。技术人员很快就会意识到，他们在军事机构中要完成的任务，同他们原来是平民时的本职工作很相似。而且还要加上：繁荣国家的富有公民能够提供经受得住现代战争的严酷和危险的战士、下级军官及上级军官。

换句话讲，领导人能够靠天赋或好运让国家拥有在世界舞台上受人尊敬的地位，即像穆罕默德·阿里帕夏（Méhémet-Ali）那样的奇迹，在 19 世纪还可能出现，但在 20 世纪却已经不再可能。当涉及正规军的时候，人力潜力和工业潜力把统帅的行为限定在了狭窄的限度中。没有大型工业就没有大型现代军队，而拥有大型工业的国家都有能力建成一支大型军队。

正因为在理论上有着可能和不可能这两个命题，因此赋予某种无可争辩的关系它所不具备的精确性是错误的。以同样的方式装备的两个师团在二战中就并不等效。德国的那十多个装甲师在波兰战役和法国战役中起了部分决定性作用，而且它们稍后还在苏联边境获得了初期的胜利，这些战绩都在提醒我们——假如我们需要被提醒的话——在这个重视数量的世纪还有精英战士的存在。在上面这个例子中，似乎训练和技术准备同军官和士兵的激情相互结合，共同形成了一部战争机器，而它于1941年11月到12月在莫斯科不可挽回地耗尽了。德国国防军以及其他突击部队依然节节胜利，但再也找不到能同这支曾部署在东线，后部署在西线，最后又重新回到东线的装甲部队相媲美的先头部队了。

军人阶层的质量和武器的效能会被政治体制和民族心理所影响，这是显而易见的。根据武器行业声誉的不同，根据民族国家的物质条件和对军官职业的尊重情况，军事干部的招募会有好坏差别，国家精英可能心系国防也可能对国防毫不关心。德军曾经得益于良好的指挥质量而拥有很好的状态，然而，这种状态是否能够在德意志联邦共和国时期被再造出来，这一点实在令人怀疑。由于德意志联邦共和国既没有东边殖民地，也没有帝国的前景，其军事贵族、对祖国伟大性的信仰和给予军人职业的声誉都无法继续存在。

从这些复杂而微妙的关系来看，曾在某些时期流行过的主张给出了这样一个讽刺的观点："国家中若无规矩，军队中就无纪律。"这个论断被厄恩斯特·勒南以赞扬的方式援引：事实上民主制内部的无政府表象并不与工厂之规矩和军营之纪律相排斥。从1945年到1958年,一方面,法兰西第四共和国曾在寻求一个稳定的政府——所有军官都能为当时参军者的纪律性做证;另一方面,法西斯右派的宣传者最终陷入了他们自己的想象,认为墨索里尼把意大利人化为了雄狮般的人民且给予了(既没有煤炭也没有钢铁的)意大利一流的军事力量。斯宾格勒当时就把落入衰落的法国民主制之手的北非帝国划给了墨索里尼。

76 　　同样,高技术工业通常会提供高效的武器,不过,和平时期的西方工业是以提高工作收益为目标的,所以它们会用尽可能低的价格去生产。当我们制造武器的时候,其实成本并不重要。因为一个投入很多钱并把最好的头脑用在直接面向战争的工业生产的国家,可能会拥有和对手一样好或比对手更好的武器,而这个对手一般来说拥有更高水平的生产力(美国和苏联就是这样的例子)。

　　最后,不要忘记我们这个时代的武器质量事实上还远没有发展到尽头。各种敌对中的武器改良竞赛还在继续。一些武器(长距离舰炮)研发完成所需的时间是如此之长,以至于在一战结束时使用的还是在战争初期就知道的旧型号武器。直到电子技术和自动校准兴起,大炮一直是一种传统武器,它在一战中和两次大战之间只得到一些缓慢的改进。相反,飞机先是在1914~1918年,然后在1919~1939年,最后在二战期间都飞速进步。那些可以使用最新可用的飞行装置或在敌对初期才研发完成的机型来结束战争的国家,很快就会具有压倒性优势。日本人在1941年就拥有零式战斗机这种在远东行动中最好的战斗机,但日本人没有能力在竞赛中坚持下来:1945年,他们陷入自杀式飞行的绝境，而且他们的舰队也被全部摧毁了。从这以后，还没有谁能够在军事力量对抗的科学技术竞赛中取得最终胜利。从质量和数量上来说，优势总是在阵营间不断转移。上一次大战时，法国的航空力量有超过其他所有国家的可能，但条件是法国再有六个月的时间，或者法国的工业早六个月被动员起来，又或者战争能够再晚六个月开始。大致来说，一个工业技术上先进的国家更有机会占优势。但是，我们也不应该忘记，在某个领域的大量集中投入也可能让工业填补上总体的落后；同样，对于和平时期的制造业而言，胜利也不总是属于一个国家。

除了这些力量计算外，还必须要考虑到各方指挥高层的才智差异、各国决策者在战争行为上的差异，最后还要考虑人民对他们政治体制的拥护程度和面对考验时的决心如何。苏联民众是否会对要为农业集体化和"大清洗"运动承担责任的国家和党派忠贞不贰？德国和意大利的民众是否会满怀热忱地跟随他们的元首（Führer）和领袖（Duce）？民主政体下的大众是否有能力直面战争的惨烈？不论对于战争统帅还是人民而言，这些问题的答案即使已经被事先给出也无法被证明，因为这些答案所依赖的学问是无法传授的。

事件本身给出的答案尤其构成了对人民行为和政体性质之间的所谓关系的一种反驳。意大利人从来没有完全相信，与第三帝国一起作战所做的任何奉献都是值得的。纳粹主义崩塌后，在意大利北部与德军作战的抵抗军与利比亚的士兵们（而且装备很差）表现出了完全不同的士气。德国民众没有抛弃他们的元首，但是在领导层中，7 月 20 日的阴谋还有着更深远的意义：国家社会主义体制其实比英国或美国的民主制更加缺乏统一性。在苏联，虽然领导层没有阴谋连连，但在敌对的初步阶段就有一部分民众，特别是那些非俄罗斯人，对侵略者不怀敌意地加以欢迎，一些部队还表现出极小的战斗热情。简而言之，1939 年时只有两个欧洲国家的政体和人民是拧成了一股绳的，它们是希特勒的德国和民主制的英国，但民族统一性在英国比在德国更能经得住挫败。

根据这些计算，我们**在事后**（post eventum）分析 20 世纪 30 年代的那些事件时可以加上哪些评注呢？如果把在和平时期被认为有同等力量的极权国家和民主国家相比较的话，极权国家显得比民主国家更强大。极权国家外表看起来很统一，而民主国家外表看来争吵不断。法国和英国都是安于现状和守成的国家，而意大利和德国则是有诉求的国家。那些令出单一、磋商只能秘密进行的政权，比起那些言论自由、可在议会中争辩的政体，更有能力让人们相信它有不可抵御的力量和坚不可摧的决心。在外交牌局中，极权者常常虚张声势且几乎次次得手——直到有一天它的对手不再畏惧它的吓唬。

1935～1941 年，意大利当局做了一系列的"虚张声势"和"赌博"。当墨索里尼宣布他已经准备好宁愿与英国和法国开战都不愿意放弃对埃塞俄比亚的侵占时，他很可能是在自吹自擂他无法办到的事。如果墨索里尼当时发疯使意大利投入战争冲突中，那么在 1943 年发生的事可能在 1936 年就发生了，他会在与英法同盟的对抗中提前输掉。之所以他能最终得手，是因为那些赞成制裁他的人还不愿意冒开战的风险，而且法国和英国的领导层也还没有就纳粹主义被推翻会为他们带来怎样的机会和导致怎样的后果达成一致意见。至于 1940 年发生的事，那就不再是墨索里尼的虚张声势了，而是他打的一个赌——他赌战争已经潜在地结束，而通过出兵，会让意大利获得更大份额的战利品。

　　德国的举动则完全是另外一番作风，其可以分为两个阶段。1933 年 1 月到 1936 年 3 月，德国尚未拥有可以抵抗法国军事反击的力量。希特勒冒了风险——至少这种风险在表面上是存在的——逐渐违背了《凡尔赛和约》的所有主要条款。他的外交技法是挑战型的：他挑战法国，看法国会不会动用武力来禁止德国那些只是试图消除《凡尔赛和约》中对德不平等的规定的决定。面对挑战，法国只进行了抗议——这是介于两种极端解决办法（要么爽快接受德国的现状，要么采取军事行动，法国舆论对这两种办法都无法接受）之间的最糟糕办法。

　　从 1936 年开始，德国照旧使用挑战技法，只是换了种方式来进行。希特勒挑战法国和英国，看它们会不会使用军事手段，因为如果英法使用武力就意味着从此以后开展的是一场全面战争。虽然德国还是很可能会输掉这场战争，但这场战争也会从各个方面上成为那两个安于现状和守成国家的大灾难。从 1938 年起，希特勒德国拥有了当时实力上的优势，虽然没有它自己夸口的那样大（这一点大家当时就已心知肚明），但也足够在 1938 年征服捷克斯洛伐克和在 1939 年征服波兰。在普遍战争的情况下，西方国家只能靠动员它们略胜一筹的潜力，通过长期作战来获胜。对于希特勒而言，只要跨越最后一步就会获得一个看起来十分可靠的机会，让德国即使在普遍战争中也能够获胜。这个机会是：它在肃清位于东方的次要敌人（波兰）和随后消灭位于西方的大陆敌人时，让位于更东方的主要敌人（苏联）保持中立。

从此时此刻开始，对潜力的计算就不再有意义，因为其采取的所有举动都由接连的战役和一系列的赌博奠定了：在法国介入之前打败波兰，在英国动员起来前及苏联参战前打败法国，在英国还没有办法登陆欧洲大陆前打败苏联。除了最后一个，其他这些赌博德国都赢了。由于受到西方给予波兰的保护承诺的影响，斯大林用和希特勒签订协定的方式来保存自己的实力。波兰在法国军队尚未开动的情况下就已经被吞并；法国无法再战斗，而英国当时只有十多个师团。不过，英国既没有在1940年被侵略也没有因轰炸而瘫痪。苏联军队尽管经历了1941年被德国入侵的灾难，还是在莫斯科战役之前重新站了起来。输了这最后一个赌博，预示了随后的事件。1941年12月，美国因为日本的进攻而被卷入战争。一战时德国已经在双线上栽过跟头，二战时的德军总参谋部依然对此心有余悸，他们认为已经提前输了战争，但双线战争最终还是发生了，无情地与元首的愿望背道而驰。那些早就宣称过普遍战争下东西方会联合起来对付德国，而让第三帝国倒台的持反对意见的德国人，见证了他们的预言成真。打赢的那些赌和暂时取得的那些胜利只不过是在推迟这个失败的结局罢了。

日本人在1941年打的赌很**荒诞**，因为从理论上说，日出之国没有任何机会可以打赢美国，只有在美国人太迟缓或太懦弱而无法获胜的情况下，日本才能避免输掉战争。希特勒打的赌则是**冒险的**，一个合法国家的首脑不应该打这个赌，不仅因为德国人即使不战斗仅靠对别国进行开战威胁就能得到更多，还因为打赌输了的危害是无法估量的。不过，这个赌并没有在一开始就输。

直到1940年6月签署"停战协定"前，希特勒在每一步中都是赢家。这正是克劳塞维茨说的**胜利的顶点**。从这一时刻后，他就错误连连。他没有决定是要把法国当作顽强的敌人还是可弥补回来的盟友；他对侵略英国也心存疑虑，而最后还是选择把尚未投入战斗的德国国防军用在了对苏联的战役中。作为外交负责人，他缔造了一个他曾竭力避免出现的大型联盟。作为战略负责人，他没有勇气将本会让他取得决定性胜利的对力量的集中进行到底。作为军队行动的负责人，他决定把原地抵抗 79
作为绝对命令。作为战争统帅，他直到最后还希望敌人联盟瓦解，但最后却还是因为那些早已与现实脱节的想法而在一场瓦格纳式大灾难中结束了自己的生命。

并不只有希特勒在犯错。在刚才的分析中，即使斯大林的手段再高明，我们也不能把全部功劳都归于他的天才。因为一旦德国被消灭，苏联长驱直入欧洲的道路中就再无障碍。而只要美国人意识到了自 1942 年来苏联利益和美国利益之间存在矛盾，就足以让克里姆林宫的主人举步维艰。然而，这样的情况却并未在现实中发生。美国要求苏联出兵日本，以换取苏联占领远至德国中部的东欧的权利——斯大林对这一盛情邀约欣然接纳。

* * *

国际关系中的权力或力量有着怎样的作用？在美国的军校中，这个问题成了一个经典问题。但它的答案却不可能不含糊，因为正如我们刚才看见的一样，power 这个概念本身就已经指代了**资源**、**军事力量**和**权力**。

国际关系体系中一个政治单元的地位，是由它可以用在外交－战略行动上的物质及人力资源的规模所决定的。每一时期的大国因可以把可观资源用于对外行动，特别是能够动员出众多兵团而享有盛名。国际社会包含了一种威望等级，它近似地反映出根据先前的战争经历来设定的等级。

力量关系也在更大的框架内规定了联盟内部的等级：不过这种等级不一定表达了权力对比关系，因为排在最高等级位置的国家将它的意志强加于排在它之下的其他国家。一旦排序在前的国家不能再使用军事力量，它就必须采用施压方法（间接且常常没有什么效力）或说服手段。各种联盟总是由大国领导，但小国有时也能把大国拖入大国不愿意处于的境地。正因为可以让大国陷入要么做出让步要么就动武的选择上的绝境，小国在关系到自己利益的事务上取得了最后决定权。比如戴高乐将军在1940～1944年针对英国和美国实施的拒绝战术或是阻挠战术，就让弱者多次成功地强加了自己的意志。一旦不受拘束的法国人定居在了圣皮埃尔和密克隆群岛上，美国人就不能再用武力把他们驱逐出去，大战进行之际，罗斯福是无法下令与这些法国人开战的，因为他们象征着他们的祖国被共有敌人所占领。

在正常时期，即使是对立国家之间的关系也并非能用力量关系纯粹简单地表达。磋商者有搞错不同国家的力量的可能，而且他们也不会坚持要得到一个对战争结果进行总结的协议。只要我们是在"说"而不是在"打"，事实和权利作为理由对磋商者就有影响。取代了战争的外交，并不是每时每刻都只是在把战争的假想结局记录在案。而戴高乐将军说的"根据各自军队之战绩来让每一方有所收获"①，只是从长远来看在大致上

---

① 这个论断出现于戴高乐在1940年1月撰写的报告末尾处。

是对的。国家不给自己定下与它们的资源不相称的目标——这作为至理名言是对的，但如果只从字面上理解它，就意味着对相互独立的共同体之间关系的精妙缺乏了解。

国家拥有的潜力和它们的外交达成的成果之间存在的不相称，常常是因为政治单元会集合起来对付诸国中看起来扮演着"扰乱者"角色的国家。从定义上来看，主权国家会把追求霸权的国家作为敌人，即它们会把能够剥夺它们自主权的、能够剥夺它们自由做决定的能力的国家作为敌人。经典学派的外交官，比如俾斯麦，也会害怕德意志帝国力量的过度增长。他想的是让帝国限制自己的野心，通过长时间的明智且适度的行为让帝国的实力攀升，得到他国的谅解。不管自己国家的权力在欧洲秩序中扮演怎样的角色，在这位铁血宰相看来，这是保障德国安全的必要条件，是让普鲁士取得的那些胜利既不构成对他国的侮辱也不会引起他国的担忧，从而避免反德同盟出现的必要手段。1870 年后的第一阶段，是战败的法国，而不是战胜的德国，在获取土地。1870 ~ 1914 年，这位德意志帝国的代表，要么通过表现自己缺乏外交天赋，要么通过自发反对所有潜在的霸权国家并与它们发生冲突，做到了几乎不把自己国家在战争情况下能够动员起来的武装力量所具有的获胜能力表露出来。

在被一些 18 世纪著者称为"普世君主国"和割据势力的这两种形势之间做出选择，成了欧洲体系中的一种不成文法，它似乎潜在地存在于所有国家体系中。要是大国不愿意让他国与它平起平坐，它就必须把帝国进行到底，兼并其他所有国家；要是大国同意在成为老大的情况下让其他的主权单元与它共存，那么它就必须要让别人接受它的优势。不管做出怎样的选择，它都将在危险中存活，因为它永远无法取得让它获得安稳的所有胜利，它永远会被怀疑持有统治别人的渴望。

如果国家希望通过变成大国来享有安全，那么它们将永远是这种奇怪妄想的受害者。不过，纵观历史，集体的伟大本身就是一种回报。

第三章　权力、荣耀和观念
或对外政治的目标

　　政治单元尽力把自己的意志强加给对方，这是克劳塞维茨 对战争的定义所依托的假设，也是国际关系概念框架所依托的假设。那么，就有了这样一个问题：为什么政治单元想要把自己的意志强加给别人？每个政治单元有着怎样的目标？为什么这些目标互不相容，或者看起来是互不相容的？

　　如果我们处于全面战争爆发的时期，就很容易在不同程度上精确地指出每个参战国给自己定下的目标。1914 年，奥匈帝国希望消除南部斯拉夫民族的诉求对二元君主制带来的威胁。法国虽然听任阿尔萨斯－洛林被兼并，但在精神上并没有接受，炮声响起之时，它那收复离开祖国母亲的省份的热切意志就再次回归。意大利人希望收复属于哈布斯堡帝国的土地。协约国并不比它们的对手在实际上分歧更少。沙皇俄国把拥有君士坦丁堡和达达尼尔海峡定为目标，而英国却一贯反对类似的野心。只是德国带来的危险激发了英国政府从理论上秘密同意那些它一个世纪以来执拗拒绝的事情。

　　或许，正因为战争目标不为人知，德意志帝国才激起了对手对它的更大惧意？从帝国初期的那些成功来看，它的战争目标显得壮阔宏伟却隐晦不清。它那些私底下进行的勾结和联合都是在梦想着拥有"非洲地带"或是**中欧**（MittelEuropa）。德国总参谋部到 1917～1918 年还在宣称，对比利时国土的部分兼

82   并或占领是出于战略需要。如果一个具有支配地位的大国不表
明它的最终目标，就会令人怀疑它野心无穷。省份（阿尔萨
斯－洛林、的里雅斯特），战略要地（黑海海峡、佛兰德海岸）
及宗教象征地（君士坦丁堡），无疑都是事关欧洲国家冲突的
要害。但是，冲突的结局还会同时决定力量关系、德国在欧洲
的地位以及英国在世界上的地位。在抽象分析中，我们是否能
区分开那些不仅让国家追求，而且让国家与国家相互对立的典
型目标？

一　永久目标

让我们重新从国际关系框架出发：政治单元都因其独立而
自豪，并且唯恐失去就重大决定独自做主的能力，它们因为自
主性而相互对立。通过如上分析可以得出：每个政治单元只能
自助。

那么，逻辑上政治单元追求的首要目标应该是什么呢？霍
布斯在他关于**自然状态**的分析中给了我们答案。所有政治单元
都渴望生存。统治者和被统治者都关心并希望维持他们因历史、
种族或运气而得以缔造的共同体。

如果我们承认战争并不是人们所愿的话，那么，在敌对结
束时缔结和约的交战方都会期望创造一些条件，以便让不久的
将来再没有什么好为之而战的，同时他们还期望保住那些通过
战争夺取到的好处。可以说，在自然状态下，每一个体或政治
单元的首要目标就是**安全**。战争越是残酷，人们就越渴望安全。
1914～1918 年的德国也一样，人们期望找到可以让国家获得最
终安全的最好办法，他们认为通过解除某些敌人的武装或是占
领某些关键位置便能达成这个目标。

在由自主的政治单元构成的世界里，安全可以由敌对方的弱小（全面或部分地被解除武装）或自身的强大来缔造。如果我们假设安全是国家政治的最终目标，那么达成它的有效办法则是建立新的力量关系或是改写旧的力量关系，以此让潜在的敌人因为处于劣势而不会试图主动发起侵略。

安全和**力量**，这两个术语之间的关系带来了多重问题。从低层次上说，我们首先观察到的是，资源的"最大化"不一定会带来安全的"最大化"。在传统欧洲，一个国家人口数量的增加、财富的增长和战士的增多总会引起其他国家的嫉妒，进而导致针对它的敌对同盟形成。在既定体系内，存在一个**力量的最佳度**，一旦超过这个度就会导致情势出现辩证的反转。额外的力量会因为盟友转化成中立方或中立方向敌对阵营转化而让己方相对削弱。

如果安全显然是也必然是一个优先目标，那么我们就可能**从理论上**确定理性行为。其中的要点在于，确定每种情势下的力量最佳度并根据它采取相应的行动。不过，当我们考虑力量和安全这两个术语之间的关系时，还会出现一个更加严峻的问题。不论是个体还是集体，都渴求生存，这点是肯定的。但个体并不会把所有的欲望都系于生存这一唯一目标上。还有一些目标也能够让个体冒死亡的风险。在这点上，政治单元也无不同。它们期望强大，并不只是为了防范侵略、享受和平，它们还会为了使人惧怕、赢得尊重、受人尊敬而想要强大。刚才的分析中所谓的强大，换句话说，就是具有把意志强加于邻国或敌人的能力，具有影响人类命运和文明的未来的能力。这两个目标其实是相互关联的：一个人越是有力量，他被攻击的可能性就越小，同时他也会在这些力量中、在强迫别人的能力里找

83

到一种无须理由的满足感。安全可以是最终目标，"不再害怕"这一状态是值得渴望的。不过，权力也同样可以成为最终目标，如果我们明白统治带来的陶醉感，危险又算什么呢？

即使在这样的抽象层次上，对目标的罗列在我看来还是不完整的：我添加了第三个范畴，我称它为**荣耀**（gloire）。在《论均势》中，大卫·休谟解释说，城邦的行为更多是基于竞争精神，而非谨慎的计算："的确，希腊的那些战争往往被历史学家视为由竞争导致的，而不是由政治活动导致的；而且，比起获得权威和支配，似乎每个城邦都对能够领导其他城邦的这一荣誉更为看重。"通过把**出于嫉妒的竞争**和**谨慎的政治**对立起来，休谟提出了一个关于所谓**名誉之争**和**权力之争**的反命题。

战争一开始，又有一种危险涌现出来，即军事胜利成为目标本身并令人忘记了其背后的政治目标。取得**绝对胜利**的意志，即成为战胜者并最终制定和平条款，它通常是对荣誉的渴望的表达，而不是对力量的渴望的表达。对**相对胜利**的反感，即对取得部分成功后协商出的一种对胜者有利的和平的反感，源于人们的自尊心，正是这种自尊心从较量之初就在一直激励着人们去斗争。

对此，我们可以提出异议，荣耀只是权力的另一个名称或权力的另一侧面，也就是说，权力被人认可，从而它威名远扬。从某个意义上说，这种反对意见是有道理的，我们因此可以把三个目标归纳成两个：政治单元要么以寻求安全和力量为目标，要么以强加它们的意志和摘取战胜者的荣耀为目标。这两个目标，一个是物质的，关乎力量，另一个是精神的，同人与人的对话密不可分；后一种目标是伟大的，胜利和敌人的臣服使之神圣。

不过，在我看来，三元划分更好，因为这三个术语中的每 84
一个不但分别对应了一种明确具体的态度，还同时分别表达了
一个特殊的概念。克列孟梭（Clemenceau）渴望**安全**，拿破仑
渴望**权力**，而路易十四渴望法兰西的（或他自己的）**荣耀**。①
1918 年，任何理智尚存的法国首脑都会怀有同样一个目标：刚
刚才结束的这场由一个巨大联盟带来好结局的战争是如此残酷，
他们再也不想让法国陷入这样的残酷战争中。曾几何时，拿破
仑就梦想着统治欧洲：他对作为一个伟大领袖被四处传颂的荣
耀并不满足；即使克劳塞维茨将他誉为"战神"，这样的尊崇
也不会让他满意。拿破仑是对现实而不是表象极富野心，而且
他知道，从长远上说，任何国家如果不具备强迫别人的手段，
就不可能对别人发号施令。路易十四很可能对荣耀和权力同样
热衷。他希望被承认为所有人中最卓越的那一个，他使用力量
夺取城市、加固城池，不过这样具有半象征性的英雄功绩同时
也是他展示力量的一种方式。他不是在设想一个无限扩张且比
对手拥有更优资源的法国，而是梦想着路易十四之名和法国之
名在诸国人民的仰慕中大放异彩。

这一初步分析在没有被另一个分析补充完整的情况下，危
险多过实用。事实上，如果遵循这些抽象术语，我们会倾向于
把荣耀看成是非理性的，②从而把对力量手段的无限积累判定
为自相矛盾的（在某个特定的点上，自身权力的增长导致失去
盟国，得不偿失）。由于这个偏差，我们重新回到了所谓的
"安全唯一目标论"。让我们把这些抽象分析丢到一边，来细看

---

① 这并不意味着每个人不想要达到另外两个目标。
② 这样做是错误的，人不仅仅靠面包而活。

一个政治单元，也就是占据了一部分空间的一个人类共同体。如果我们假设这个共同体能被类比为一个有智慧和意志的人，那么，他可能定下怎样的目标呢？

共同体占据着一定的土地：按理说，它可能会认为自己拥有的土地面积过于狭小。在人们的对立中，拥有空间是一种原初利益。其次，统治者们还经常根据自己的臣民数量来判断自己的强大程度：在领土之外，他们觊觎的不是土地，而是人。最后，武装起来的先知有时候比起征服，对让人改变信仰更为关心：他对土地上和土地下的财富都不感兴趣，他也不计算工人或战士的数量，他想要的是传播真正的信仰，让符合生命和历史意义的组织能够一点一点地赢得全人类。

在我看来，这也是个完整的三元系列。所有的国家在各种历史情势中制定的目标必然都会归结到我们刚刚列举的三个术语中的其中一个上：**空间**、**人口**、**心灵**。要么为了扩展耕种的土地或在土地上开发财富，要么为了让不同的人臣服，让今天的外邦人成为明天的奴隶或同胞，又或者是为了让某种宗教或社会观念获得胜利——这种观念在被共同体宣称为普遍真理的同时也成了共同体自身的使命；除了这些之外，不同的社会还会为了什么而互相争斗呢？

具体来说，这些目标很难相互分离。除非使土著居民完全灭绝或把土著居民全部驱逐，否则，征服者在夺得空间的同时也夺得了占据着这个空间的人口。除非只靠传播信仰的热忱就能让人改变信仰，否则先知们在管理灵魂救赎之前是不会无视对人民的控制的。即使如此，在某些情况下，这三个术语也的确是分开的：十字军战士首先希望的是解放圣地而不是让穆斯林改变信仰。以色列人想要的是占领巴勒斯坦领土中那些曾经属于大卫王的疆域，他们对征服巴勒斯坦的穆斯林及让其改变信仰并不关心。欧洲的君主制统治者积攒省份——（省份中的）土地和人口——是因为君王的权力和威望是根据领地多少来衡量的。至于同异教徒对话，这或许从来不是国家的唯一目标。只有没有武装起来的先知才会去梦想纯粹的对话。然而，正如马基雅维利所说的，他们都会消亡。国家有时候是先知型的，不过它们都是武装了的。观念不是对空间或人口所怀有的征服意志的一种工具或一个证明。在宗教领袖或意识形态领袖的意识中，信仰的胜利和观念的传播可以以最真挚的方式被看作名副其实的行动目标。只有在不信奉者眼中这个目标才如同帝国主义的伪装：历史学家和理论家，他们是不信奉者，当然就很轻易地赞同了这种愤世嫉俗的犬儒主义诠释。

那么，目标的抽象系列和具体系列有着怎样的关系呢？如果把后者看作前者的隶属，抑或相反，就都过于武断。空间的扩展及物质资源和人力资源的增长的确是构成安全和权力的要素，有时甚至是荣耀的原因。但这并不是说对一个省份的征服永远无法自成目标。法国人没有把使阿尔萨斯－洛林回归祖国母亲怀抱视作达到终极目标的手段，而是把它看作一件不需要其他理由的、本身就有益的事情。如果没有阿尔萨斯－洛林，法国就是残缺不全的：有了斯特拉斯堡和梅斯，法国才获得了完整性。在漫长的时光中，居住在不同地方和不同城市的人们获得了某种历史性意义，即一种象征性价值。问题已经不在于去知道，巴勒斯坦的穆斯林或以色列人能否在其他地方找到同现在这块土地一样丰饶、拥有等量或更富庶资源的另一块土地。正是在那里，在太巴列湖畔，在耶路撒冷高原，正是在那里，而非在地球上的其他任何地方，（那些不再相信上帝和"契约"

的）犹太人希望重建共同体，并宣称自己是那个半传说历史的继承人。

在我们的时代，任何对秩序和公正的保证都不足以击垮民族诉求：带动着不同人民的那些活跃的少数希望能够自由选择所属的政治单元。塞浦路斯人想要的祖国不是大不列颠或英帝国：公正的行政管理、自治、相对高的生活水平，这些都无法补偿政治共同体的缺位。保持现状还是拥有祖国，在这两个憧憬中，在欧洲，最终是前者让了步：人民的迁徙意味着国家比土地更重要。

在抽象和具体这两个系列中，**荣耀**和**观念**作为第三个目标有些特别。这两个概念没有互相呼应：与观念相反，荣耀是一个空泛的概念，它只在意识中存在，还可能只存在于想要拥有它的人们的意识中。"满身荣耀"的人因为相信别人觉得他有荣耀而感到满足。"荣耀"其实是一种可笑的人格。即使这种人对这种感情的渴望并没有错，"满身荣耀"的人还是应该对他这种幸运处境处之泰然或是为了成就个人的完全崇高性而对此绝口不提。不过，也正因如此，随着距目标的实现越来越近，这个目标本身却渐行渐远。完成再多的壮举也难以平复追求荣耀者对自己是否真的光荣所起的怀疑之心。

观念——无论是基督教的还是共产主义的，无论是关乎基督神圣性的还是关乎某些社会组织形式的——它都具有与荣耀完全相反的定义。或许宗教裁判所的法官们永远也无法确定皈依的真实性，或许苏联最高苏维埃主席团永远除不掉具有"资本主义倾向"的农民，或许异端思想总是层出不穷，在驱除了前一批异端分子的第二天就有了新的异端涌现。如果我们可以勉强说观念对于其信仰者而言具有被界定的内容的话，那么荣耀是不可捕捉的，因为它同意识的对话相连。

　　然而，观念这个目标本身，从本质上来说处于无限状态。只要涉及真理，如果还有尚未完成之事，那就等于什么都还没有完成。救赎性宗教具有普遍的神圣使命，这些宗教因同每一个人对话而同全人类对话。一旦先知把自己武装起来传播宗教，他的事业在没有把其思想传遍全球前就不会结束。为了荣耀而进行的战争和为了观念而进行的战争，比起为了土地或地下财富而进行的战争，更具有人的特性。十字军战士虽然崇高但也十分危险。为了威望而战斗的贵族们所面对的也是永无止境的战斗。如果目标就是为了被公认为征服者而去征战，抑或是为了把真理强加于对方而去征战，那么，只要交战双方都持如此想法，暴力就会升级至极端。从根源上讲，最富人性的战争也通常是最缺乏人性的战争，因为战争是最无情的。

　　同样地，我们还可以尝试构建第三个三元系列目标，根据柏拉图模式，它是由身、心和精神构成的三元系列。无论是土地还是人口，是安全还是力量，利害关系最终还是要落在物质上：为了让自己不受危险侵袭或具有防御危险的手段，政治单元要扩展空间、积累财富。但不论是安全还是力量都不能满足共同体的另一渴望：每个共同体都想相对于其他共同体占上风，让对手们承认自己居于首位。政治单元如同个人一样有自尊心，或许它们对此比个人更加敏感。同样地，相较于从商议和平中得来的好处，它们有时候会更加醉心于凯旋。有时候对荣耀的渴望只在观念的传播中才被满足，而每个政治单元都自称是这个观念的唯一化身。最终，精神推动暴力的辩证，而且一旦精神把自己的命运同一个国家的命运（即一个武装了的人类共同体的命运）相连时，精神就会将暴力推向极端。

87

当然，寻求安全和力量的意志也同样会导致暴力的极端化。在刚才的分析中，一个政治单元只有在它天下无敌的情况下，也就是说，在它扩展到了普世国家的规模的情况下，它才会觉得彻底安全。不过，对安全和力量的渴望不会自行膨胀到追求无限权力的程度，除非推动利益计算的是自尊或信仰，并且后者还最终推翻了这些计算。如果只是关心能不能和平地生活，无论是皮洛士还是拿破仑抑或是希特勒，都不会赞成为了获得某些不确定的利益而付出这么多确定的牺牲。

征服者有时会把胜利后可以用来取悦人民的繁荣作为他们征战的理由。但这些乌托邦都只是借口，而不是真正激发他们的东西。人民的领导者们之所以想要拥有权力，是想将权力作为他们获取荣耀的工具，让观念成功的工具，以及使得他们自己凯旋的工具，他们永远不是为了让人民能够享受美好生活而想去拥有权力。

二 历史目标

和权力理论一样，这个目标理论也具有超历史的价值，它还同时让我们得以理解历史的多样性。国家在不同时期的各种目标都可以归结到两个三元系列的范畴，如果我们希望简化公式的话，它们甚至可以归结到最后那个抽象－具体系列上。不过，各种情势——不论是军事技术的还是经济的，是以制度为根源的还是以意识形态为根源的——都会对限定和明确国家决策者制定的目标有所影响。

让我们回到第一个范畴，它是人类冲突中最恒定的利害关系：空间。无论是在历史的开端还是在原子时代，不同的人类群体一直在对土地展开争夺，一方安居其间，另一方却觊觎它。

共同体在成员中间分配土地并把个人财产合法化。然而，共同体自己认为对土地整体拥有的统治权，并不会因此就被其他共同体所承认。在几千年的历史中，部落们在来自东边的侵略者面前节节败退，但在退却中，他们又反过来成了对生活在更西边土地上的人民而言的征服者。草原骑士们确立了他们对定居民族人民的支配并创建出相应的社会等级，战士成为位居劳作大众之上的上等阶层。

在现代，土地争夺已经失去了这一行为原先具有的简单性和粗暴性。但当争夺爆发时，其残酷性还是不输以前。以色列人和巴勒斯坦的穆斯林无法形成一个单一共同体，他们无法共居于同一片土地上：其中一方注定会蒙受不公。在北非，19世纪和20世纪的法国征战可以诠释为对柏柏尔人和阿拉伯人的部分剥夺，法国殖民者从部落、村庄或家庭的手中获取了那些土地的所有权。而突尼斯和摩洛哥的独立则或多或少迅速地造成了对法国殖民者的一次剥夺。阿尔及利亚战争争夺的利害，从某种意义上说，在于这样一块土地：穆斯林和法国人各自认为它属于自己，却又不得不暂时共居于其上。双方都要求拥有这块土地的统治权，穆斯林一方是以宣称独立来索取，法国一方则是通过强调其领土完整性来坚持。

对于定居在地中海另一边的法国人而言，阿尔及利亚是他们父辈们生活过的土地，因此也可以说是祖国的一部分。但对法国而言，阿尔及利亚在当时、在现在分别意味着什么？为什么法国①从1830年起就想要把统治权扩展到这些它在过去的历

①当我们用这样一种方式来表达时，我们是把政治单元拟人化了，而不是引入形而上学的东西：自然是人在以法国的名义做出决定。不过，本书的主题意味着我们把国家都视作是有智慧和意志的。

史中从来没有占领过的土地上？这个问题很难回答，因为连那些决定或实施征服的国家决策者或战争统帅，都要么不知道他们为什么如此行动，要么在动机上有分歧。

一些人强调柏柏尔人的海上掠夺给海运带来了风险，拥有阿尔及利亚海岸就能让地中海的安全得到保障，从而有益于法国的安全。我们可以说，这是**军事动机**带来的行动价值。另一些人则坚持移民的可能性，他们让人想象出一个在地中海两岸拥有一亿人口的法兰西帝国。我们可以认为，他们同时在对**法国在空间上的扩张**和**法国人口的增长**进行遐想。① 最后，比起过去，今天的我们更多会列举法国取得阿尔及利亚统治权后将获得的经济利益，阿尔及利亚将成为一个劳动力储备地，成为对法国本土经济而言的顾客和供应商，以及一个原材料来源地——特别是 1956 年以后，它将成为石油的来源。我们可以说，我们提及的这些都是**经济利益**。换句话说，这个例子让我们得出了三个支持征服的典型论据：**军事或战略上的重要性、空间 – 人口上的好处和空间 – 经济上的收益**。

这些论据中的每一个都遵循着变化法则。一块土地的军事、人口和经济价值不但随着战斗技术和生产技术的变化而变化，还随着人类关系和制度的变化而变化。同样位置是否具有战略重要性，取决于国际关系的不同状况（当俄国军队在距离莱茵河 200 公里处安营时，德国和法国的旧边界从军事上看就没有什么意义可言了），也根据武装情况获得或丧失其战略重要性

---

① "让那个，我们的同胞因为法国的非洲部分太狭窄而纷纷拥入摩洛哥和突尼斯并最终建立地中海帝国的日子，快点到来吧，这个地中海帝国的建立不光是为了满足我们的骄傲，也必然成为世界未来形势下成就我们伟大的最后资源。"普雷沃 – 帕拉多尔（Prévost-Paradol）在《新法国》（*La France nouvelle*）一书的末尾如此写道。

（博斯普鲁斯海峡或苏伊士运河已经丧失了它们的大部分价值，因为它们太容易因原子弹攻击而"关闭"，也太容易被飞行运输手段越过）。即使阿尔及利亚在未来获得独立，地中海的安全也都不会被柏柏尔人的海上掠夺所威胁。 89

人口论据呈现出两种截然不同的形式。空间在处于空旷的或满是人口的状态时都是珍贵的。我们不应该低估欧洲人在 16 世纪拥有了美洲空旷土地这一事实所带来的历史影响。19 世纪，死亡率降低，出生率却只是缓慢下降，于是，数以百万计的英国人、德国人、斯堪的纳维亚人，继而是意大利人和斯拉夫人，先后成功穿过大西洋，占领了北美洲的广袤土地。巴黎和约时期，在加拿大的法国人人数是 65000 人，过了不到两百年，这个数字就达到并超过 500 万人。时至今日，如果国家把人口的"增长和翻倍"定为目标的话，占领空旷空间依然是一个理想办法（清理空间以供征服者使用——这种企图本身是狠毒邪恶的——希特勒没有抵制住这种诱惑）。

与占据空旷之地相反，夺取已经满是人口的空间会引出一些问题，而且根据时期不同问题也不一。君主们倾向于以拥有省份的多少和臣民的多寡来衡量自己的强大程度。随着人口数量增长，劳作人口和战士人口也会增长。在那些人类畏惧人口灭绝和人口短缺的时代，把统治权扩展到有居民的土地是有益的。不过，这种传统想法受到了自由主义经济学家的质疑，根据他们的观点，交换能够并且也应该无视边境地进行。获得这类土地的统治权就会让宗主国不但不得不提高行政管理成本，而且还得不到任何附加利益。[①]

[①] 参考后文，第二部分，第九章。

　　自由主义者的反殖民论据虽然在 19 世纪的英国产生了巨大反响，但并没有阻止大英帝国的扩张，它被看起来清楚明白的传统观念和工业时代的一些原生现象压制住了。既然征服在军事上耗费不多，又能让帝国之内的宗主国得到廉价原材料及受保护的市场，我们又怎么能够怀疑它并非有利可图，怀疑它不是伟大性的证据和象征呢？帝国中的右派和马克思主义者其实都同意殖民地的各种好处：更高的收益率、制成品销路的保障、可靠的原材料供给。他们之间的区别仅在于对帝国扩张及其所怀目的的价值判断不同。马克思主义者揭露了剥削，在他们眼中，剥削是帝国主义的起因和目的，帝国的右派则通过开化的使命为他们的殖民事业辩护，毫无愧疚地宣扬殖民能为宗主国创收。

　　第二次世界大战之后，自由主义论据因为人们有了倾听的政治动机和经济动机而找到了听众。如果移民不包含欧洲移民，在这种情况下，人民平等原则确立了独立权。如果移民包含欧洲移民，在这样的情况下，个人平等原则禁止给予当地人次等待遇，并且要通过普选的介入逐步将权力让渡给当地的大多数人，也就是被殖民者。

　　帝国主义国家同时还发现如果认真行使"开化的使命"的话，这项使命会花销不菲。虽然一些个人和公司会从殖民中获得收益，但共同体的资产负债表的形势却不再乐观——在创立行政管理基础设施和教育基础设施，以及提高生活水平是宗主国义务之一的情况下。

　　在拥有土地所带来的**好处**和对土地上的人口负责而产生的**成本**之间，以英国为首的欧洲国家选择了非殖民化（或者，更确切地说，英国是自己做了选择，而法国是渐渐地被迫做出选择）。统治权的转让包含外交和军事上的风险：原来的帝国主义国家不能再继续发号施令，而是必须进行协商。印度的军事力量不再为英国在中东的利益服务。不过，在军事方面，放弃统治权比对抗民族主义的代价小。比起 1946 年和胡志明达成协议，打印度支那战争让法国削弱得更多。英国本应该会在对印度民族主义的抵抗中被更多地削弱，然而，即使他们的这种抵抗在一代人里取得了成效，却最终还是没能成功，最后还是把统治权移交给了印度国民大会党（以下简称"国大党"）和阿拉伯国家联盟（以下简称"阿盟"）。

这些分析虽然粗浅，但让我们得出了目标的历史性转化的两个基本要素：**战斗技术**和**生产技术**变化，改变了位置的战略价值以及土地资源、地下资源和人口资源的经济价值；**共同体的组织模式**在不同时期会允许或排斥某些支配模式。各个历史时期的征服者都很少承认，胜利强加给他们的义务会超过胜利赋予他们的权利。武器上的优势就等于文明上的优势。战败者总是错的，臣服地位俨然成了对失败的合法惩罚。孟德斯鸠论述征服的章节已经属于一个不再把战争胜负看作历史法庭或上帝法庭给出的公正裁决的时代了。[①]

比起关于战争和力量特权的那些概念，帝国的学说更加依赖于关于统治者与被统治者关系、不同人民之间关系的那些概念。当公民资格只保留给了城邦内部的一小部分人时，当只有贵族才有被武装和把劳动者作为财产来拥有的特权时，征服行

[①] "征服者对所做的坏事应该补偿一部分。因此，我给征服的权利下这样的定义：征服的权利是一种必要的、合法的而又是不幸的权利，这种权利老是留给征服者一笔巨债，要他清偿对人性所加的损害。"（*De l'Esprit des lois*, IX, 4.）

为就完全没有被理性地设限：臣民和奴隶的数量的增长可以同公民数量的增长不成比例。作为主人的人民继续自由地同意或是拒绝授予公民资格，罗马帝国也长期容忍了一定规模的臣服于罗马但未融入罗马文明的人口的存在。同样，法国国王或普鲁士国王也曾认为通过扩张领土和增加臣民数量能够增强他们的力量。当时，人们想要自己选择主人去服从的愿望不被重视，而且在多数情况下，这种愿望根本就不存在。喋血欧洲的宗教冲突体现了以下这个古老政治智慧的价值：最好是禁止人们去参与那些与他们相关的事情。为了重建欧洲和平，当时不得不命令所有人都无一例外地信仰被君主认可的教会真理。

自法国大革命以来，情况就不同了，两个新观念渐渐占领了人们的思想：共同体成员间在法律面前的平等；以及被统治者有权去憧憬按照自己的意愿成为某个共同体的一员，成为由他们组成的共同体中的一员。

第一个观念，如果推至其逻辑后果的话，意味着消除共同体内部战胜者和战败者之间的区分，正如消除等级差别，消除贵族和庶民之间的区分一样。"那么，把被征服人民降为奴隶的征服者，应该经常保留一些使被征服的人民得以恢复自由的方法（这些方法是不胜枚举的）。"① 在我们所书写的民主时代，帝国式统治通向的要么是被征服人民独立性的增强，要么是殖民地和宗主国融合成一个（或多或少封建制的或中央集权制的）多民族整体。在两种结局间的选择更多取决于宗主国的性质，而非国家决策者的意愿。一个严格的民族国家，比如法国，很难成为一个多民族共同体的中心。一个具有普世志向的国家，

---

① *De l'Esprit des Lois*, IX, 3.

比如苏联，能够尝试大尺度上的融合政策。

第二个观念同第一个观念相关联，说的是被统治者的归属意愿**不能够**也**不应该**被力量所压制或强迫。的确，民族思想在下面这两者间游移不定：植根于人民的历史存在——如果不是生物存在的话——之中的民族性规则；以及自愿决定规则——每个人、每个群体应该自己决定他愿意归属哪个政治共同体。根据第一种规则，1871 年，阿尔萨斯是属于德国的；根据第二种规则，它则属于法国。

民族国家思想并不是一个全新观念，真正的城邦公民或君主制公民并不会无差别地遵从所有君主。不过，即使是贵族也能够在不被认为是背叛的情况下，从为一个统治者服务转向为另一个统治者服务。将公民资格扩大到所有共同体成员，极大地转变了民族思想的含义。如果所有臣民都变成了公民，如果公民因为想参与国事而拒绝服从任何主人，那么，政治单元就不能够再把对随便哪块领土或对随便哪些人民不加区别的征服定为自己的目标了。如果违背此条，最常招致的惩罚就是，统治这些留有伤疤的人民会耗费巨大的精力和成本。

从另一个范畴上说，政治单元定下的具体目标并不只是随 92
着战争和生产技术的变化而变化，它们也随着主宰着共同体的组织和治理的那些历史思想的变化而变化。从长期来看，一个国家不会对内对外实施两套哲学。它不会无止境地保持公民和臣民的等级待遇。如果它想要留住外面的臣民，就最终会把自己公民的等级待遇降到臣民的水平。

既定时期内国家的具体目标并不是精确按照（战争和生产的）**技术状态**和**历史观念**来确定的，还要考虑到我们和国际法理论家共同称为**惯例**的方面。国家间彼此关照的行为，被各国判定为合法的那些手段，以及它们避免使用的诡计或粗暴行为，这些都不是直接被军队或经济组织决定的。战略－外交行为具有惯例性。传统使崇高或长远目标代代相传，这让国家决策者有时候纵然有千百种理由去改变却还是难以忘掉传统。法兰西第三共和国政府在1917年与沙皇俄国政府签订秘密协定，期望以法国支持俄国在黑海海峡上的诉求来换取俄国支持法国在莱茵河左岸的诉求，此处，**讨价还价的惯例**和**天然疆界的传统**与当时的技术和观念的影响相比占了上风。或许，经济理性和意识形态理性相对于过去的习惯和当下形势带来的激情而言最终会更占上风，但那只是从长远来看而已。

三　攻击性与防御性

克劳塞维茨所说的攻击性和防御性是战略的两个高级概念。那么，它们从哪个意义上讲是对外政治的（也就是外交－战略行为的）关键概念呢？

当商谈者们在裁军会议中试图对"攻击性武器"和"防御性武器"加以区分时，他们对其中的模糊之处束手无策：发动侵略的国家可以运用防御性武器，就像一个被攻击国家可以使用攻击性武器一样——如果我们假设这些在战术或战略上有意义的概念对武器也适用的话。

那么这些原本是关于军事行为或作战行为的概念在政治中有着怎样的意义呢？在最高抽象层次，我区分了**攻击权力**和**防御权力**，也就是说，政治单元把它的意志强加给别人的能力和政治单元不让别人的意志强加于己身的能力。在外交领域，防御对于国家而言就是保有自主性，维持它本身的生活方式，可以让它的对外法规或对外行动不臣服于他国的意志或法令。被

我们称为"小国"的那些国家，常常只有也只能具有防御性志
向。它们只想作为小国，作为可以自己做决定的"小家庭"存
活下去。相反，那些所谓的大国则希望具有被我们称为具有攻
击性的能力，也就是能够对别的政治单元采取行动、进行说服
或强迫的能力。"大国"必须主动结成各种联盟，在联合中争
得龙头。一个只用**防守权力**的一流国家采取的则是一种"**孤立
主义**"的态度，它放弃参与竞争，它拒绝加入体系，它希望他
国不要招惹它，给它安宁。孤立主义——日本在 18 世纪采取的
或美国在第一次世界大战后采取的——并不总是值得称赞。日
本的孤立主义对其他国家没有造成什么严重后果，但美国的孤
立主义却使力量计算走了样。德国就曾两次忽视了这个在国际
政治中精于孤立之道的遥远国度所具备的潜力。

在低层次上，我们有时候会把攻击性混淆为要求，把防御
性混淆为守成。在既定形势下，得到满足的国家——一般是那
些在上一次战争结束时制定和平条款的国家——希望维持现有
地位，而没有得到满足的国家则希望改变现状。在西方，1871
年后，在阿尔萨斯－洛林这一关键问题上，德国持守成态度，
法国则持修正态度。而到了 1918 年后，则是法国总体上持守成
态度，德国在所有外交交锋中，在所有涉及它疆界的问题上都
对其诉求非常强势。

修正和守成的对立，未必就决定了战争爆发时各方的角色
和责任的分配。换句话说，持守成态度的国家主动诉诸武力也
并非不可想象。比如，守成国看到没有得到满足的国家正在积
攒力量，它就会对那些它担心会发生或认为不可避免会发生的
侵略有所预防。孟德斯鸠在《论法的精神》中承认这种预防性
侵略或保守性攻击具有某些合法性。"在社会与社会之间，天

然自卫的权利有时候会导致进行攻击的必要。例如当一个民族看到继续保持和平将使另一个民族有可能来消灭自己，这时进行攻击就是防止自己灭亡的唯一方法。"[1] 1956 年 11 月以色列在西奈半岛的行动就能够以"预防性侵略"的权利作为合法依据。

两个联盟之间的冲突让持守成态度的国家和持修正态度的国家不得不卷入其中的一方：1914 年，在西边领土地位上持守成态度的德国，主动发起了针对持修正态度的法国的战争，不过这一切又是在普遍战争的大框架下发生的。说到底，一个国家或是一个阵营如果没法确切表达自己的诉求，就会觉得在诸事上都受到了不公正对待：它没有获得与其力量相称的财富分配上的公正份额。它便认为自己有能力战胜别国，并以胜利获取更加强大的地位。1914 年前，比起德国，意大利和法国所提出的诉求更加明确和肯定。也许德国比起意大利和法国这两个要求更多、力量却更弱的国家来说，更不那么反对用武力来较量。

因此，持修正态度的国家和持守成态度的国家之间的对立常常具有迷惑性。主动发起战争的倾向首先取决于力量关系，然后取决于每个国家或每个阵营认为自己会取得成功的机会。守成态度很少是彻底的，满足也很少是完全的。一旦条件允许，所谓得到满足的国家还是会根据自己的利益改变敌人或盟友的疆界。下一次战争的发动者并不总是上一次战争的战败者。

同样地，另一个悖论在于，未得到满足的、具有侵略性的国家会很愿意制造出一种和平意图的假象。1914 年 7 月，维也

---

[1] *De l'Esprit des Lois*, X, 2.

纳政府开启了"冲突区域化"的宣传,哪怕与此同时奥匈帝国的大炮正在轰炸贝尔格莱德。拔剑相向的国家在宣称它自己并不愿意见到敌对区域扩大或参战方增多的时候也不一定就不是心怀不轨。如果它期望的并不是普遍战争而是政治上的成功,那么,只要体系中的其他国家不插手,它就达到了目标。1914年,如果俄国要阻止奥匈帝国对塞尔维亚的行动,就必然会增加普遍战争爆发的可能性。1939年以前,持守成态度的联盟如果想阻止得不到满足的德意志第三帝国就必须以普遍战争来要挟。莱茵河左岸被攻占后,法国失去了进行有限度的有效反击的机会(根据《凡尔赛和约》,法国本应该是有这个机会的)。

有针对性的目标和在战争开启时扮演的角色都还不足以决定政治的特征,最后结局还是取决于一个国家或一个阵营取得胜利所造成的后果。是雅典发动了伯罗奔尼撒战争吗?雅典的公民们是有意识地在夺取希腊城邦的霸权吗?德皇威廉二世是不是(在哪种程度上算是)1914年大战爆发的责任人?不论这些问题的答案怎样,可以肯定的是,在波斯人战败的情况下,雅典会支配整个希腊世界;在西方协约国战败的情况下,威廉二世的德国就会在欧洲大陆拥有名副其实的力量优势,这意味着其他西方国家相应的自主性的损失。因为历史上很少见不滥用力量的霸权国家,所以不论这些国家的统治者有怎样的意图,因胜利得到霸权的国家都被认为富有侵略性。

如果一个国家的政策不但意在颠覆力量关系而且旨在改变国家内部的状况,那么它就会变得更加具有攻击性。革命中的法国未必在外交上必须表现得咄咄逼人,它也并不一定要主动发起战争,但是它不能不依据自身合法性的要求去攻击国王和君主的最薄弱之处。人们已经对法兰西共和国的外交作了很多长篇大论了，人们想知道的是，共和国通过重拾君主制时期外交的目标或方法，能够把君主制外交延伸到哪种程度呢？然而，一直没有人强调一个对当时的人而言十分显而易见的事实：共和国外交是否符合惯例并不取决于人。如果从法国思想在欧洲光芒四射并动摇了君主们的宝座这点来讲，共和国时期的外交从根本上讲就是**革命性的**。如果一个国家政治上的胜利将导致其他传统国家的崩溃和旧有合法性原则的没落，那么这个国家的政治就是革命性的。

95   守成与修正，被攻击者与侵略者，传统与革命，这些反命题都没有在战略层次上表现出防御性和攻击性之间的对立关系。甚至当国家具有攻击性或革命性时，如果军队的力量暂时没有被动员，如果战争统帅最终把希望寄托在了国土的广袤或人民的耐心上，那么，战争统帅仍可以下令军队首领保持防御姿态。主动采取敌对行动并不意味着选择一个既定的战略。尽管德国最终是 1914 年侵略的受害者，它还是应该去实施施里芬计划——在冲突的第一阶段攻击法国，以便在掉转枪头攻击俄国前让法国无法继续参战。法国认为自己受到了攻击，把兵力投入到了在阿尔萨斯的战役中。在全局中或某条既定战线上，对攻防战略的选择都不取决于国家的哪一项政策，不论国家如何采取主动，无论它瞄准的目标如何，力量对比关系、敌对状况及军事统帅对这两种"运用参战来服务战争"的方式各自具有的长处的看法，都会影响到战略。

我们此处的分析其实是第一章中所做分析的补充。在最低战术层次，士兵、连、营及团的行动都严格服从军事考量。一场战役打响后，长官想的就是如何打胜仗，那么根据整体形势和每支分队的目标，他就会或多或少冒一些风险，并力图取得不同程度的成功。相反，制订战争计划则在理论上和实践上都依赖于国家实施的政策、力量对比关系或冲突的地理关系。不过，如果统帅不得不**时刻**顾及政治得失，那么，在刚才我们区分出的外交上的攻击性和防御性所具有的多重含义之间，和克劳塞维茨区分出的战略两种模式之间，就都不再有对应关系。

在远东，日本从1931年或从1937年开始就实施了一种**侵略性和革命性**的政策。这个政策将中国东北分离以创建"满洲国"，它试图——并非故弄玄虚地——创建一个从奉天到雅加达的"新秩序"。正是日本在1937年主动攻击了中国，还在1941年主动攻击了美国、英国和荷兰的属地。它采取的战略却是攻防结合：在第一阶段，趁着局部的、暂时的优势，日本的海军和陆军上将们打算取得一些重大胜利并且确保在领土上有所斩获；在第二阶段，他们打算保持防御，消耗美国的取胜意志。这种把征服政策和攻防战略相结合的做法，从一开始就让妥协和平几乎没有机会实现。一个国家在不取得全面军事胜利的条件下还可以达成如此宏伟的计划，这相当罕见。不过，一个持修正态度并具有征服性和革命性的国家也的确可以采用防御战略，指望敌人消耗体力和精神，而不去奢望打败或打垮敌人。

反过来说，没有征服野心、对战争的爆发也没有责任的国家，有时候却会把全歼性胜利作为目标，与其用间接方法迂回行动，他们更偏向于唐突地对敌人的要塞进行攻击。心怀取得绝对胜利的意图却给自己定出有限目标的统帅，我们能不能说他是在以不理智的方式做事？如果这样想，那就错了。一切都取决于敌人在还没有消耗完他们用以坚持的手段之前所愿意做出的让步：希特勒就属于那种会把即使没有希望的斗争也进行到底的人。军事上的绝对胜利，虽然对于政治计划的达成并非必不可少，但还是可以增加军事威望，并因此为战胜者的外交锦上添花。最后，在战争爆发后，不论政治方面对军事行动中获得的好处打着怎样的算盘，军事统帅下令向着胜利的方向前进到底，也是很正常的。

无论做出攻击还是防御的战略选择，无论是想获得全面胜利还是有限胜利，无论是偏向于直接突击还是间接迂回，这些决定无一能够脱离政治**而**做出，这些决定完全**由**政治所决定。我们可以通过消耗敌人取得全面胜利，可以为了把某种适度的和平条款强加给敌人而全歼敌军力量，还可以将敌人的疲乏作为胜利的赌注——但这些都不排除最常见的情况：侵略性的国家常常实施攻击性战略，革命性的国家常常采取全歼战略且把绝对胜利作为目标。主权国家之间关系的复杂性、攻击性和防御性政治的多重含义、这些术语的战略词义和外交词义之间的盘根错节，使得 17 世纪和 18 世纪的作者相信，最好还是不要对侵略者和牺牲者进行**法律上**的歧视，并且承认所有交战方都有被同等对待的权利。概念性分析至少让我们看到了保持这种谨慎的原因。

1914 年战争突然爆发。萨拉热窝暗杀是大战的**诱因**，但它在怎样的程度上算是大战的**原因**呢？历史形势、国家间的互相敌对、军备竞赛，这些从长时期上是否使得大战的爆发或多或少不可避免？如果这些事件——暗杀和最后通牒——只是一个诱因的话，那么，我们有什么权利把基于当时整体形势而开战的责任扔给一个国家或一些人呢？

表面原因和深层原因并不一定一致。许多作者都确认了在 1914 年 7 月还并不构成问题的英国和德国之间的商业竞争是比利时的中立被侵犯最显著的原因。我们应该把这次对中立国的入侵看作英国决策者们援引的**借口**，还是将其看作他们做决定的**动机**呢？

想要衡量是非功过，仅靠对起因和原因、借口和动机做出区分是不够的。一旦让武器说话，结局就变得比起因更重要。各交战方抱有怎样的**目标**？一方或另一方取胜后的可能**结果**将会是什么？简而言之，如果利害是由两个世界的差别来界定的——雅典统治的世界和斯巴达统治的世界之间的差别，德意志第二帝国或第三帝国统治的世界和英俄统治的世界之间的差别——那么战争的**利害**都是些什么呢？从这个意义上讲，利害 97 永远不会在事前就被完全决定，虽然行为体对"放入博弈中"的那些筹码多多少少有着大致的认识。

利害关系本身还不是分析的最后结论。也许人民真正的战斗理由并不是那些明面上给出的让他们为之而战的理由。或许真实原因隐藏在集体无意识中。或许侵略性取决于人口数量或年轻人的数量。又或许主权国家因为彼此害怕而注定彼此争斗。

被卡尔·施米特（Carl Schmitt）[①] 尊崇的那些欧洲公法的学者向君主推荐节制与和平，但因为意识到了人类判断力的不确定性和政治行动的不明确性，他们也劝说君主们不要把法律和道德混淆起来。侵略者，假设他被公认为名副其实的侵略者，他在道德上便是有罪的，尽管如此，他仍然是一个合法的敌人而非普通法的罪犯。

四 外交 - 战略行为的不确定性

人类的行为，只要不是简单的反射行为或是因行为体的疯

[①] Carl Schemitt, *Der Nomos der Erde im Völkerrecht des jus Europaeum*, Cologne, 1950.

癫而做出的，就总能够用手段和目的来说明。我曾经说过的、做过的，都必然在我眼中或在别人眼中产生一定的结果：没有什么能够阻止我们在事后把结果视作目的，把先前的步骤视作手段。这种手段－目的模式，也就是马克斯·韦伯的**工具理性的**（zweckrational）模式，未必一定会表现心理机制甚或行为逻辑。我们在前两章中用手段和目的作为参考，只是为了阐明外交－战略行为的性质，以及让国际关系理论的特征和局限性得以明确。

让我们从经济行为与外交－战略行为之间的对立开始分析。经济行为具有相对明确的目的（尽管这个目的会因为形势和人的不同而具有不同内容），那就是对在最高抽象层次上被称为**价值**或**效用**的这个量的最大化；而外交－战略行为，在初始时并没有什么特征，而且它也只在战争的身后展开，结果理应会受到力量关系考虑的限制。我们在前面的章节中分析过手段和目的的多元性，这让我们可以更精确地抓住这两种行为的对立之处。

经济理论家避免断言，是他从外部把目标加诸个人，抑或他甚至从外部就可以知道个人想要达到的目标。他假设个人拥有偏好等级或具有可递性的选择：如果一个人偏爱 A 甚于 B，偏爱 B 甚于 C，那么他就不会偏爱 C 甚于 A。正是通过个人的选择，经济主体呈现出不同的偏好，而这种偏好又基于经济学家假定的经济主体的无差别理性（或非理性）。比起上涨的收入更偏好娱乐的人，不比那些为了积聚利润而不惜损坏自己健康的百万富翁更缺少理性。理论能够超越个人选择的无序得益于货币这一价值衡量尺度和获取财产的普遍手段。货币收入的最大化看起来就像一个理性目的，因为个人在如何使用到手的货币上是自由的。货币只是一种购买商品的手段，如何挑选商品则全看个人：在没有妨碍意识的私密性且完全尊重品味的多样性的情况下，理论家一点一点重新建构出一个受限于一种假定的经济体系，即假定主体为了最大化他们的满意度，会想要最大化能让他们满意的货币手段这一经济体系。当涉及个人行为时，除了因人而异的偏好等级或由货币数量衡量的**效用**（ophélimité）最大化外，经济学家对**利益**（intérêt）再无其他定义。

为了从**个人利益**过渡到**集体利益**，经济学家碰到了多重困难，这些困难被多次争论过。让我们集中精力来讨论主要的困难。无论如何规定集体利益——如果我们继续以个人偏好作为参考的话——总是需要把一些人的满足与另一些人的不满足相比较。认为收入的些许增长给穷人带来的满足会超过收入的些许下降给富人带来的不满足，这样的想法很诱人。通过这种推理，我们就使把富有阶层的财富向穷困阶层转移及减少收入的不平等变得正当了。就我个人而言，我赞同这样的思考方式以及这种想法后面的道德观念，但它并不理性，因为它不具有显而易见或能够加以证明的理性，它不像数学命题那样理性，它甚至也不具备瓦尔拉斯均衡模式的那种理性。把不同人的满足或不满足进行比较，没有心理学意义，这种比较所体现的思考方式完全有异于个人经济行为理论所表现的考虑事情的方式。帕累托认为，只有**对共同体而言的利益最大化**的那个点才是理性决定的对象，在我看来，他这一观点没有错。只要能够做到在不降低任何人满意度的情况下提高一些人的满意度，把个人和群体之间的冲突撇开不谈也是合理的。没有人遭受损害，一些人还因此受益。当国家决策者还能够忽视人群之间的财富不均所引起的不满，当他们还能够对收入分配的后果漠不关心，国家决策者便能够用这种科学的方式在他们愿意的长时期内说，他在努力实现**对共同体而言**的利益最大化。

帕累托自己并不认为对共同体而言的利益最大化因此就等同于共同体**的**利益最大化。被视作一个政治单元的共同体，并非一定要去确保尽可能多的共同体成员拥有尽可能高的满足度。它必须或能够将权力、威望或荣耀作为目标。个人满足之和并不等于政治单元自身的利益。然而，外交－战略行为，从定义上说，是以共同体利益为依据来开展的行动，这是用帕累托的话在说；如果用国际关系理论家的话来说，就是以"民族利益"为依据而开展的行动。那么，这种利益是否能够抽象地被看成是一个可以被国家决策者作为标准或理想来用的理性定义？根据前面三章的内容，在我看来，答案似乎是否定的。

为了给外交－战略行为一个"理性化诠释"，为了设计出一种可以与经济理论相类比的国际关系普遍理论，许多作者把权力（power 或 Macht）概念作为基础概念，使之等价于价值（或益处，或效用）概念。然而，事实上，这个概念无法担负起这种职能。

假设我们把资源潜力当作权力——资源潜力是完全不能够作为一个能被理性所规定的目标的；又或者，假设资源潜力说的是那些可以动员起来进行对外敌对行动的资源，那么，把潜力的最大化作为最高目标就等于承认把共同体的力量或权力作为最高追求。不过，一个扩展了领土，人口也得以增长的共同体会因此变成另一种样子：共同体要么走向衰落，要么大有作为。古典哲学家总是认为对共同体而言存在一个最佳规模。那么，对外政治理论家有什么权利认为执着于权力是对的，而那些把国际凝聚力或城邦的美德作为优先目标的人却是在犯错误呢？

我们是否可以不把资源潜力作为权力，而把力量——也就是为了对外政治行为而被现时动员起来的那些资源——作为权力呢？我们有什么权利说动员系数的最大化才是一个显而易见的理性目标呢？在每个时期，根据外部危险和民众感情的状况，国家元首都会试图确定合理的动员系数。从这方面看，我们同样没有理由让一切都服从外交-战略动员的需要。

最后，我们能不能把权力看作把自身意志强加给别人的能力？在这种情况下，权力的最终目标就既不是为了个人也不是为了共同体。政治总是野心勃勃，它向往拥有权力，因为政治行动，作为人与人之间的关系，从根本上包含了某种权力要素。不过大政治家之所以渴望权力并不是为了他自己而是为了可以完成一项伟业。同样，一个共同体之所以渴望权力也不是为了它本身，而是为了达成另一些目标，比如和平或荣耀，它也可能被能够传播一种思想的自豪所驱动，而以影响人类命运为目标。

从另一个范畴上讲，对共同体而言，最大化资源或力量，就是最大化那些对其他共同体采取行动时可用的手段。即使是在最简化的假设中，我们也不能够假设一个共同体除了抱有把对付别人的手段最大化这一目标外，就再没有其他目标。最大化实有权力，就是在最大化一个难以捕捉的现实（对别的共同体或多或少有影响的共同体并不总是会想方设法地强加自己的意志），也是在歪曲外交-战略行动的固有含义。实有权力的确是由一些人或者一些民族的雄心壮志构成的：它本身不是一个理性的目的。

人们并不反对"外交主体"会像经济主体只追求效用最大

100

化那样只去追求权力的最大化。因为这两种情况完全不同质。
当然，**经济人假设**（homo oeconomicus）只存在于我们所做的理
性化重构中，不过经济人假设与具体经济主体之间的关系，还
是从根本上不同于**外交家理想类型**（外交家理想类型被定义为
寻求资源、力量或权力的最大化）与外交历史之间的关系。理
论上的和实践中的两种"经济人"如同修饰过的照片和原片一
样相似。比起实践中的经济人，理论中的经济人更好地实现了
他作为经济人的本性，他具有完美的信息而且不会在计算上出
错。但如果两种经济人都是为了最大化同样一个量（货币收
入、生产、短期或长期利润）的话，理论经济人的完美计算能
够帮助我们理解，有时也修正实践中经济主体的不完美计算。
然而，以资源、现有力量或权力的最大化为目标的理论中的**外
交人**（diplomaticus）将不会是任一时期外交家的理想化形象，
他将是特定时期的某些外交人物的漫画式简化。

对于**理想的外交家**而言，他可能受制于力量计算，但力量
计算却并不是外交 – 战略行为的起点或终点。一时的友谊和敌
意并不全是力量关系的结果：**外交家**为维持均衡而努力，不过
某些友谊或敌意对他而言确实是无法避开的。他首先想到的目
标并不是最大化自己的资源，他想要的是这样或那样的省份，
这样或那样的战略位置，这样或那样具有象征意义的城市。这
种让力量的抽象目标最终隶属于具体目标和下一步目标的做法，
不但没有违背人类行为的逻辑，也没有违背国家间敌对的逻辑。
对于那些信仰耶稣基督和耶稣受难的人而言，把异教徒从圣地
中赶出去，是除了寻求力量本身以外的另一种理性事业。甚至
报复心本身也并不比对权力的渴望更不理性。政治单元相互竞
争着：自尊的满足以及从胜利或威望中得到的满足，也同得到

一个省份或一部分人口这类所谓的物质满足一样实在。

不仅政治单元的历史目标无法简化成力量关系，政治单元的最终目标也都含混不清。安全、权力、荣耀、思想这些目标从根本上是异质的，这让我们如果想将它们归纳到一个特定范畴中，就不得不歪曲外交－战略行为之人性含义。如果国家的对立能够被比作一种博弈的话，那么被"放入博弈中"的东西是无法用一个特定概念来指明的，而且这点对所有文明和所有时期都适用。外交是一种博弈，在其中，有时候行为者会冒失去生命的风险，有时候比起胜利带来的收获而言，他们对胜利本身更感兴趣。利害的定量表达并不存在：不仅因为我们无法事先知道什么是利害之处（造就赢家的关键），而且对于战士而言，胜利本身就足够了。

具体目标和最终目标的多重性让我们无法得到一个对"民族利益"的理性定义，即使它本身具有经济学中与共同利益相连的那种含混不清。共同体是由个人和集体构成的，每一个个人或集体都在尝试实现自己的目标，他们都在为此寻求最大化自己的资源、自己在国家收入中所占的比重、自己在社会等级内部的地位。这些个人或集体的利益，正像它们在现实行为中表现出来的那样，不会自然而然地达成一致，也无法相加起来凑成一个利益共同体。即使是在经济领域，共同利益也无法经由神秘的平均值计算或抵消法，演绎出个人利益或集体利益。增长率，消费和投资之间的资源分配，用于公共福利和用于对外关系的不同份额，这些都被一系列决策所决定，而这些决策虽然能够被才智所启发却无法被科学所界定。①

①　唯一能够最终取代才智的科学是从博弈理论中发展出的一种科学，它列出许多规则，根据这些规则，一个共同意愿能从个人意愿的相互矛盾中显现出来。

更何况，民族利益是无法简化成个人利益或集体利益的。从有限意义上讲，这个观念很有用，它能唤醒公民对自己暂时作为其成员的那个政治单元的意识，这个政治单元先于他们存在而且还会比他们存在得更久。这个观念也提醒执政者们，无论他们援引怎样的意识形态，国家的安全和强大都必须被作为"外交人"（l'homme diplomatiqne）的目的。

无论内部政体如何，民族利益不是，不能够，也不应该由不同阶级的理想或城邦的政治理想所决定——当制度、历史观念或领导精英改换时，共同体未必总会改变自己的目标。然而，政治共同体怎么能够经历了革命还可以把同样的野心和同样的做事方式保留下来呢？

的确，从形式上看，所有**外交家**的行为举止都表现出某些相似之处。无论哪个国家首脑，都会力图增加盟友或减少敌人的数量。革命志士在一些年过去后又会重拾那些他们打倒过的制度规划。这个毋庸置疑的延续性来自民族传统，是力量计算的迫切需要的必然结果。还要去论证的是，心怀不同哲学的国家首脑为何在同样的形势中会做出同样的反应，不同的政党——如果它们都是明智的外交人的话——又为何会以同样的方式对民族利益做出估计。然而，在我看来，这样的论证因为其假设本身是荒谬的而无法让人接受。①

两次世界大战之间的民主主义者、法西斯主义者和共产主义者怎么会不约而同地追求同样的目标呢？所有当权精英都希望巩固他们的统治并且让他们负责的国家更强大。但是，希特勒的胜利会导致极权主义制度的传播，那么，民主主义者，比

102

---

① 参见本书第十章。

如欧洲其他国家的那些民主主义者，唯一可能使他们支持德意志第三帝国的条件是，他们的祖国在一个民族社会主义的欧洲会变得更加强大，而他们能够以此为借口献身其中。国家元首带着自己的国家在新主人的带领下会更加昌盛这一希望，做出接受自己的死亡这一决定，这是否因为具有毋庸置疑的理性而值得尊崇？我们真的可以根据这种逻辑把国家力量置于公民之上吗？

一个受良好教育长大的德国人，是不是即使在认为希特勒的德国背叛了真正德国的情况下，依然应该期待希特勒德国的胜利？当每个国家或阵营成为一种思想的化身，个人就有了在对共同体的归属感和自己理想的实践的互相拉扯中被分裂的危险。无论他是选择肉体的祖国还是精神的故乡，他都无法根据一个统一的政治逻辑来被赞扬或定罪。这样一来，政治单元的民族利益似乎只能在这样一种局势下才能被具体确定下来：在这种局势中，对立被简化为一种纯粹竞争，其利害是极端的，在其中，没有任何斗争者不冒着生存或灵魂被毁灭的危险。

如果外交行为从来就不仅仅被力量对比关系所决定，如果权力无法像效用作为经济的利害那样成为外交的利害，那么，我们便可以得出下面这个合理的结论：**没有可以与经济普遍理论相媲美的国际关系普遍理论**。我们正在概述的这个理论，试图分析外交行为的含义，阐明基础概念，并且为了理解全局而去明确一些变量。但这个理论没有提出一种"永恒的外交"，它也没有企图重建一个封闭理论。

第四章　国际体系

　　　我将**彼此间保持经常往来并且均有可能卷入普遍战争的政治单元所组成的整体称为国际体系**。被主要国家的统治者考虑进力量计算中的那些政治单元是国际体系的真正成员。

　　我曾经对用**体系**这个术语来表示这样的一个整体犹豫不决，因为它的一致性是一种竞争的一致性，它是根据冲突来组织的，被武力撕裂之际就是它发出存在最强音之时。一个政治体系是由一个组织、不同部分之间的呼应关系、不同要素的配合以及统治规则所定义的。我们能在怎样的程度上从国际体系中找到它们的对等物呢？

　　下面就要试图弄清楚这些问题的答案。我们现在可以说，**体系**这个术语就其在"政党体系"这个表达中的意思而言，似乎是可以加以使用的。在这种情况下，这个术语指的同样是由互相竞争着的集体性行为者组成的整体。无疑，政党之间的竞争遵循着宪法规则，而国际法并没有提供完全与之对等的法则。不过，政党的数量、每个政党的规模以及各个政党的行动手段都没有被法律文本事先规定：各个政党都是典型的作战单位。不过，只要各个政党还以投票表决权为最后手段，各个国家还以武力为最后手段，国际行为体就从根本上不同于政党。当各个政党不再轻视机枪时，或者当国家某天融进了一个普遍性的帝国时，国内行为体和国际行为体就有了互相靠近的趋势和可能。

国际体系同政党体系一样，只包含小数量的行为体。当行为体数量增加时（联合国中有一百多个国家），主要行为体的数量不会成比例增加，有时候甚至一点都不会增加。1950年全球体系中只有两个超级大国，还有五个或六个实际或潜在的大国。同样，主要行为体从来不会有像中型公司受制于市场法则那样去感受自己对体系的服从。国际体系的结构总是**寡头垄断的**（oligopolistique）。每一时期中，一般情况下是由主要行为体来决定体系，而不是让体系来决定它们。只要主要行为体中的一个的内部政体发生了变化，国家间关系的风格就足以被改变，有时候国际关系的进程也会变化。

104

一　力量关系的格局

国际体系的第一个特征是**力量关系的格局**，这是一个自身就包含了很多方面的概念：体系的边界在哪里？相互不同的行为体之间的力量分配如何？行为体们在地图上如何分布？

在我们这个时代以前——准确来说是在1945年以前——涵盖全球的国际体系从来没有出现过。在差不多一个世纪前，大英帝国君主的外交官历尽艰难才获得了觐见中国皇帝的机会，据称这位外交官拒绝遵从那些他认为受到侮辱的礼节（跪拜），而他那些关于通商的提呈，得到的也是带有蔑视意味的答复：这个遥远的小国难道还能同中国一样精于生产或比中国生产得更好？在当时，以下两个理由的共同作用让中国被排除在了欧洲体系之外：**物理距离**的遥远让中国无法对欧洲采取军事行动，同样也限制了欧洲在远东的军事能力；两种文化之间遥远的**精神距离**使对话困难，无法互相理解。

政治－军事参与性和沟通这两个标准中，哪一个对定义体

系的归属更加重要呢？在我看来似乎是第一个。因为只有在剧
中出演的演员才归属于剧团。对于国际剧团而言，它演出的是
可能发生的或现实中实际发生的普遍战争：这同其中一个行为
体是不是说着不同的语言没有多大关系。当然，在体系已经组
建的时期——因此相互关系不具有偶然性和混乱性特征——大
多数情况下，组成体系的行为体都属于同一个文化区域，崇拜
同样的神明，尊重同样的禁忌。希腊城邦如同欧洲国家，它们
不但对彼此的深刻相似有意识，而且也对它们之间敌对的持久
性有意识。然而，被希腊人视作异族（蛮族）的波斯帝国，或
者具有让虔诚天主教君主无法漠视的伊斯兰信仰的奥斯曼土耳
其帝国，也分别被加进希腊城邦或欧洲君主国家对冲突的准备
和计算中。尽管它们不是跨民族文化整体不可缺少的部分，但
仍然是力量关系的一个要素。

105　　体系边界的不确定性并不仅仅涉及外交或军事**参与和文化
同源**两个方面。它还涉及外交领域根据技术和政治事件而发生
的拓展，有时候这种拓展迅速且出人意料。通过让希腊城邦服
从他们的法律，马其顿的国王们创建了一个政治单元，它所拥
有的资源让远距离行动成为可能。国际体系随着政治单元本身
的扩大而扩大，因此更有能力在思想上和行动上吸纳更广阔的
历史空间，从而得到扩展。

　　1914 年前，欧洲国家都忽视了美国干涉的可能性。美国看
起来并不是一个军事国家，美国人也没有在欧洲舞台上扮演什
么角色。反思这个最终歪曲了计算的错误并非没有意义。

　　从经济上看，美国从数个世纪前就已经同欧洲密不可分了。
如果欧洲的剩余人口当时没有在大西洋外找到那些空旷富饶的
用于耕种的土地，19 世纪的欧洲历史早已是另一番模样了。英

国由于具有制海权，在法国大革命和大英帝国时期的那些大型战争期间，就已经拥有至少一部分来自其他大陆的资源了。从16世纪开始的欧洲的对外征服本应让人们意识到，从此以后距离不再是军事行动中不可逾越的障碍。19世纪初，运输手段的进步似乎只限于海上交通的发展。英国已经在印度安顿下来，但拿破仑从罗马到巴黎花费的时间和恺撒时期花费的时间差不多。19世纪和20世纪初，先是因为铁路，后是因为内燃机，陆上交通工具取得了惊人发展。这些进步使得对交互性基本规则的忽视更加没有道理：如果欧洲的军事力量已经可以在印度或墨西哥出现，为什么美国的军事力量就不能介入欧洲呢？

欧洲对曾经的欧洲海外侨民可能会以军队形式再回到欧洲的这种情况全然无知，在我看来这有多重原因：很少数量的远征队就足以让西班牙人征服中美洲和南美洲。欧洲人，甚至是在他们支配世界的时代，也还是把他们的大部分资源用在那些看起来骨肉相残的斗争。他们很难想象把庞大军队运送到大西洋的另一边。军事行业的专家们倾向于高估军官群体及这个群体赖以（或理应赖以）吐故纳新的贵族阶层的重要性。正是"国家要么是商业的，要么是军事的"这种固有形象阻碍了人们认识工业潜力和军事潜力之间可以存在近似的相称性这一新事实。另外，那些美国人，既然从他们存在的一开始就对各种联盟（牵连）抱有敌对情绪，并且希望同欧洲的争端保持距离，那么，他们为什么会参与一场不但来历不明而且利害关系不清的战争呢？此种想法并非完全错误，但没有考虑到这样一个事实：起初的那些战斗并不会决定结局，战争行为还会延续数年之久。换句话说，国家决策者和将军们都错误地忽视了一点，即美国**从物质层面上讲**是有能力把大批部队调往欧洲的。因为这

106 些欧洲的国家决策者和将军没有预测到征兵、工业和力量大致
对等的共同作用会让战争大幅扩展，所以他们才会吃惊于战争
的能动性最终把美国人也卷入进来，并且还造成了欧洲外交领
域向美洲的扩展。

外交领域的边界不仅是由运输和战斗技术来勾勒的，还是
由国家间关系来划分的，它被切割成了不同的政治单元和政治
单元集合（临时联盟或持久联盟）。外交领域地理分布是不变
的，或者说变化很慢。相反，每个政治单元的力量以及政治单
元的组合却是可变的，有时候还会变化迅速。那些由地理分布
加诸的所谓**稳定**，常常具有欺骗性。不是地理而是那些映射在
地图上的力量关系，让人有了友好或敌对的想法——不论它们
是最初的想法还是持久的想法。一旦这种力量关系发生变化，
改换政治关系就变得合理。外交史教材从 20 世纪初就开始教授
反向同盟的智慧，它是一个看似由地理分布决定但实际上主要
由力量关系格局决定的传统。位于欧洲中心的国家，必须比法
国更强大，才能让旨在重塑均衡并在两条战线上都造成战争威
胁的反向联盟有意义。如果法国为了对抗波恩的德意志联邦共
和国，甚或为了对抗明日的（延伸至奥德河－尼斯河线的）统
一的德国，而与波兰或苏联结成同盟，这种做法是不理智的。
即使德国统一，它也将比西欧（得到盎格鲁－撒克逊国家支持
的法国）或苏联弱小。既然如此，为什么法国还要尽力用包围
来削弱一个并不令人生畏的邻国呢？

当然，各种同盟的地理分布也会对外交进程产生影响。由
于各种同盟占据的空间不同，政治单元也有不一样的资源、目
标和梦想。联盟并非与国家间的相对位置毫无关系：比自己强
大的盟友离自己远些总是更让人放心。如果同邻国没有成为

"永久盟友"，它就很容易变成敌人。不管怎样，体系的实质就是力量关系格局，空间本身只会根据大国和小国的位置、稳定和不稳定国家的位置以及（军事上或政治上的）敏感地点和趋于和平的区域的位置来获得外交意义。

定义我们所说的力量关系格局①的最简单办法是，把两种典型格局对立起来，即把多极格局和两极格局对立起来。在多极格局中，外交敌对行为在多个同层次的政治单元之间展开。多种均衡组合都有可能，联盟的反转属于外交的正常进程。而在两极格局中，两个政治单元处于比其他政治单元都更高的层次，这让均衡只可能以两大联合的形式出现，大多数的中型和小型国家都不得不加入分别以两个超级大国为首的阵营。

不论是怎样的格局，政治单元之间都形成了多少有些正式的等级，而且它从根本上由每个政治单元被假定能够动员起来的力量来决定：等级的一端是那些大国家，另一端则是众多小国；大国要求在所有事务中都有干预权，即使是那些和它们并不直接相关的事务；小国则对它们行动和利益的狭窄空间外的其他事务没有干涉野心，有时候甚至在直接关系到它们的问题上也听任大国互相协调、为自己做决定。大国的抱负是改变格局，而小国的愿望则是顺应从根本上并不由它们左右的格局。不过，这样将两者对立过于简单，它反映的更多是观点而不是现实情况：现实中，小国**适应**格局的方式也会对格局本身的形成产生影响。

外交领域中的力量分布是决定国家派别的多个原因中的一个。极端情况下，两个本身没有纠纷动机的国家也可能因"地

107

---

① 德语：Gestaltung der Kraftverhältnisse。

位宿命"而变得相互敌对。具有支配性的两个国家几乎不可避免地会成为敌人（除非两国紧密结合），因为只有当它们各自属于相互敌对的阵营时才可能达到权力均衡（或均势）。当敌对本身创造出龃龉，精神或激情马上就会找到无穷无尽的办法来为这种敌对辩护。在战争中亦是如此，狂怒有时候就源于斗争本身，而不是那些被争夺的利害关系。

这里涉及的是一种极端情况。联盟的形成并非力量关系格局的机械结果。简单来说，一些超级大国因为在利益或要求上有分歧或相悖之处而发生冲突，而其他的大国或小国，要么基于利益原因（它们更希望双方中的某一方获胜），要么基于情感偏好（人们对一方比另一方更有好感），又或者是考虑到权力均衡问题，都各自加入其中一个超级大国的阵营。英国就有着仅仅基于对均衡问题的考虑来选择立场的名声。它常常把欧洲大陆势力分布的细节放到一边，而将预防一方独大的霸权或帝国的出现作为唯一目标。这种纯粹的均衡政策是合乎逻辑的，因为英国（从百年战争开始）对欧洲大陆的土地和人口没有企图。采取这种姿态一方面是为了英国的安全和繁荣，让大陆的各种力量不会联合起来对付它；另一方面却是，基于意识形态原因而行动对英国外交而言成了一种奢望。为了理智地行动，它必须表现得既值得尊敬又愤世嫉俗：它会在敌对时期对盟友们尽到义务，但从不建立永久的盟友关系。

如果大陆国家的政策看起来不像岛屿国家那样脱离意识形态或情感的羁绊，这并非国家决策者的错，而全因形势所迫。欧洲大陆君主们为了省份和强势地位争吵不休。侵略留下了众多苦涩回忆。即使在各个王朝互相攻伐的年代，统治者也无法完全自由地改换盟友或敌人。阿尔萨斯－洛林被吞并后，任何一任法国政府，不论它多么专断，都不会赞成同德国完全和解。

联盟和敌对有时候只由力量关系来决定，有时候又是由利 108
害分明的争端来决定，而最常见的还是由这两个因素一起决定。
对持续的联盟或敌对而言，利益的背离或愿望的不谋而合则是
首要原因。法国和英国之间的战争旷日持久，部分是为岛屿国
家和旧大陆头号大国之间不可避免的敌对形势所迫，同时还因
为法国和英国的殖民活动在远方的土地和大洋上发生了冲突：
按理说，英国必须始终如一地把摧毁法国舰队作为目标，或者
至少要做到让英国舰队拥有无可置疑的优势，这样才能用制海
权来保障大英帝国的安全和对外扩张。20 世纪的英国政策并不
只关注力量计算。不管怎么说，在抽象的层面上，英国应该同
欧洲大陆联合以遏制美国霸权：这不是问题。对伦敦的统治阶
层而言，美国霸权仍然保留着英国霸权的一些特征，而德国霸
权则理所当然地被他们认为是奇怪的、耻辱的和无法接受的。
从**不列颠治世**到**美国治世**不会发生改天换地的变化，因为受伤
的更多是自尊而非灵魂。而**德国治世**（pax germanica）却不可
能代替不列颠治世，因为英国会拼死抵抗：从不列颠治世到德
国治世，只能用一场军事灾难来辟出道路。

二 同质和异质体系

国家的对外行为并非只为力量关系所迫：观念和情感也影
响着行为体的决定。如果我们只满足于描绘盟友和敌人在地理
上和军事上的结构，如果只在地图上对力量中心、各种可持续
的或临时的联合以及中立国进行定位，是无法完全明白外交形
势的。我们还需要抓住那些对体系中主要行为体的行为具有决
定性影响的因素，换句话说就是国家的性质以及当权者为国家

制定的目标。因此，在我看来，**同质体系**（systèmes homogènes）和**异质体系**（systèmes hétérogènes）之间的区分具有根本性。①**我把体系中的国家都属于同一类型且遵从同样政治概念的体系称为同质体系，相反，把体系中的国家都是以不同原则组织起来的且遵循相反价值观的体系称为异质体系。**从宗教战争结束至法国大革命开始，欧洲体系是多极且同质的。自 1945 年以来，欧美体系则是两极且异质的。

乍一看，同质体系具有更大的稳定性。执政者们不会漠视自己王朝的或意识形态的利益，正是这些利益将执政者们团结在了一起——尽管这种团结与民族利益相悖。对同质性的认同在神圣同盟那里被演绎到了极致。为了反对革命者，执掌国家的君主们互相许下彼此支持的承诺。神圣同盟被自由主义者说成是反对人民的国王之间的阴谋。这个同盟没有存在的"民族"理由，因为 19 世纪政体的改变不会导致联盟的倾覆：革命在西班牙取得胜利可能会危害到波旁王朝，但不会危及法国。在现代，两大阵营试图在阵营内部重拾神圣同盟的主张。苏联插手匈牙利内政的行为就是在公开声明苏联军队会为了镇压反革命（事实上是所有反抗所谓社会主义制度的暴动）而干涉所有东欧国家的事务。在西方也上演着同样的情形，不同政体暗地里联合起来反对革命。不论是反对革命的神圣同盟还是追求革命的神圣同盟归根结底对两个阵营而言都是必需的。

体系的同质性有利于限制暴力。只要体系中的国家的当权者依然认为他们之间存有团结，他们便会倾向于量力而行。革

① 我从帕洛伊·帕帕里古拉斯（Panoyis Papaligouras）先生的出色著作中借用了这个区分：*Théorie de la société internationale*, thèse de l'université de Genève, 1941。这本书是 J. 赫希（J. Herch）女士介绍给我的。

命者们成了所有执政者的共同敌人，他们不会成为这些国家中任何一个或联盟中任何一员的盟友。如果革命者在这些国家的其中一个那里取得了胜利，其他国家中的与之共有的政体形式也会被动摇。对革命的惧怕会让战争统帅要么甘心接受失败，要么对自己的抱负加以限制。

同质体系之所以看起来稳定，还因为它具有可预见性。如果不同的国家拥有着相似的政体，它就只可能是由历史继承而来的传统政体，而不会是临时产生的政体。在这样的政体下，国家决策者要服从既定的规则或惯例：敌人或盟友都大致知道他们能够等来什么或应该担忧什么。

最后，从定义上说，同质体系让国家和国家代言人需要对国家的敌人和政治对手做出区分。国家间的敌对并不意味着怨恨，它不排除达成协议及战后和解。国家决策者，无论是作为战胜者还是战败者，都可以与敌人进行商谈，而且他不会因此被意识形态者指责成放纵"罪犯"[1]、构成背叛，也不会被"血战到底派"指责他们为了自己政体的存续而出卖民族利益。[2]

体系异质性发展出的结果则截然相反。敌人同时也是对手——如果对手这个说法具有它在内部斗争中的那种意味的话。失败损害的不仅仅是民族利益，还会对执政阶级的利益造成损害。当权者不仅仅是为了国家而相互斗争，他们同时也是为了自己。国王们或共和国首脑们不但不会把另一阵营中的暴乱视为对战时政权之间共有秩序的威胁，他们反倒会认为给敌人制

---

[1] T. 范伯伦（T. Veblen）就是这样指责 1918 年协约国的决策者的。

[2] 吉耶曼（Guillemin）和其他左派作家就是这样指责在 1871 年成功签订和平协定的鸽派政党的。但如果当时把革命战争继续下去，就真的能改变战争的结局吗？

110 造混乱是很正常的做法。权力派系斗争中的那些对手，不论他们自己的想法如何，他们都是民族敌人的盟友，因此也就是他们同胞眼中的叛徒。我们称为神圣同盟的这一组织形式鼓励执政者们把他们之间的斗争置于拯救他们共同的合法性原则这一目标之下。意识形态斗争造出的形势则是，每个阵营都倚仗一种观念，并且两个阵营发生分离，而双方阵营中的大量公民不愿意或并非完全愿意只到他们的祖国获胜——如果祖国的获胜意味着他们所依附的观念的失败，敌人才是他们观念的化身的话。

这种内部斗争同国家冲突交织在一起，加大了体系的不稳定性。内部斗争结果的变化让国家归属于哪方阵营重新成为问题，因此国家领导者无法漠然视之。党派斗争**从客观上**变成了国家间斗争的插曲。当敌对行动开展起来，妥协式和平就变得非常困难了，颠覆敌方政府或政体差不多注定会成为战争的目标之一。大型战争——宗教战争、法国大革命和拿破仑帝国战争、20 世纪的世界大战——发生的时期同对政权合法性和国家组织原则重新审视的时期重合了。

这种重合并非偶然，其中的因果关系从理论上可以用两种方式来看待：战争的暴力**创造出**体系的异质性，或与此相反，异质性至少是大型战争的历史背景——如果说不是大型战争的原因的话。虽然我们永远不能够斩钉截铁地选择其中的一个而排除另一个，但是团体内部斗争和国家间冲突也并不总是以相同的方式相互组合。异质性不但是相对的，而且还有着多种多样的形式。

1914 年的欧洲体系是同质的还是异质的呢？从很多角度上看，似乎同质性居多。国家相互**承认**，即使它们中最不自由的俄国，也还是给予了反对者存在和批评的权利。没有哪处的意识形态是由国家颁布的，而且意识形态也没有成为国家团结不可或缺之物。公民们可以轻松跨过边境，在俄国边境必须出示护照的规定在当时是一桩丑闻。没有一个执政阶级把推翻潜在敌国的政体作为自己的目标。法兰西**共和国**并不反对德意志**帝国**，正如德意志帝国也不反对沙皇的**帝国**。法兰西共和国根据均势的传统要求还在当时同沙皇俄国结盟。

只要和平还在，这种同质性就会在表面上一直存在，直到它被内部裂缝撕裂，并且这种裂缝还会在战争中不断深化。国家内部关于出身原则和选举原则的冲突，在法国大革命和拿破仑帝国战争时期，就已经构成了战争的一个利害，这两种具有合法性的原则在当时达成的是一个并不稳固的妥协。与今天的法西斯主义比起来，当时的威廉二世帝国，甚至是沙皇帝国都算是"自由的"了。不过，最高权力，即统治权，继续被统治家族继承。专制主义政体（统治者由出身来指定）和民主政体（统治者由人民来指定）的异质性还是潜在存在着。当然，只要沙皇俄国同西方的民主政权还有同盟关系，双方阵营中就没有人能够完全利用这种对立。而当俄国革命发生后，协约国就毫不犹豫地对这种对立大肆宣传。

更严重的是，民族和国家之间的关系在 19 世纪也没有稳定下来。以民族权利之名，德意志帝国及意大利王国先后建立。然而德意志帝国就阿尔萨斯 - 洛林问题给出的民族观念的含义，从来就不曾被法国及其他国家的自由主义者所接受：民族性到底是语言或历史给个人规定的命运，还是个人选择自己国家的自由？而且，基于朝代传承和均势考虑而形成的欧洲领土现状，不论我们对民族观念做怎样的诠释，它都与之不兼容。奥匈帝

111

国同奥斯曼帝国一样是多民族帝国。波兰人既非德国人，也非俄罗斯人，也不是奥地利人，他们遵从的是另一套不相干的法律。

从大战爆发次日开始，所有交战国都试图强调民族观念以激发其能动性来为自己谋取利益。帝国的君主们向波兰人许下庄重而含糊的承诺，好像他们当时就已经感觉到对波兰的瓜分会成为欧洲挥之不去的罪孽一样。或许普遍兵役制也让执政者觉得，从此以后必须给出那些在战争中冒生命危险的人战争的意义。

这种合法性原则（执政者应该如何被指定？人民应该拥有怎样的国家？）的异质性并没有和欧洲共同体成员之间深层次的文化相似性相悖。这种异质性并不会挑起任何欧洲国家去摧毁其他欧洲国家政治制度的欲望。在和平时期，每个国家把他国的政治体制视为同自己无关的事务。出于自由主义理念，法国和英国向俄国革命者提供了避难处，但它们没有给这些革命者建立恐怖组织所需的钱财和武器。相反，从 1916 年或 1917 年开始，为了给出将战争继续打到获取最后胜利的理由，为了说服协约国战士相信他们是为了自由而战，还为了将德国人民从德国政体中分化出来，协约国的外交和宣传把专制主义当作战争的原因来攻击，斥之为德国人的"罪行"。他们还把民族自决权（因此奥匈帝国应该解体）作为建立公正和平的基础来宣扬，最后，他们还拒绝同对这场杀戮大战负有责任的执政者进行磋商。由于战争激发的狂热，以及西方人使决定性胜利合法的必要性，1914 年半同质的欧洲体系在 1917 年已经无可救药地变成了异质的体系。

同样地，在伯罗奔尼撒战争前夜，希腊城邦相对来说是同质的。他们曾经共同对抗波斯人，他们尊崇相同的神，庆祝相同的节日，在相同的游戏中对抗，经济或政治制度也同根同源，他们是同样旋律的变奏。当雅典和斯巴达的死战爆发时，每个阵营都记着谁宣扬过民主制，谁宣扬过贵族制（或寡头政治）。这样做的目的，与其说是鼓舞战士的斗志，不如说是削弱敌人并在对方阵营中赢得朋友。这种仅仅涉及政治中一个元素的异质性，常常足以把国家之间的敌对转变成激烈的敌意。共同文化的意义被消除，交战方中只剩下那些使他们背道而驰的东西。确切地说，对于和平和有节制的战争而言，最难克服的异质性或许正是那些看起来有着共同体背景的异质性。

112

希腊城邦在伯罗奔尼撒战争期间的异质性和欧洲国家在1917 年或 1939 年的异质性，不管怎么说，还是比希腊城邦与波斯帝国之间的异质性、希腊城邦与马其顿之间的异质性、天主教王国与奥斯曼帝国之间的异质性要小，就更不必说西班牙征服者与印加帝国或阿兹特克之间的异质性、欧洲征服者与非洲部落之间的异质性了。这些从抽象概念上举出的例子给出了三种典型情况：

（1）属于同一文明圈的政治单元常常同自己文明圈外的那些被认为是另类或外族的政治单元保持着经常性关系。基于自由观念，希腊人会用带优越感的眼光看待东方诸帝国的人民。伊斯兰教区别对待天主教王国和奥斯曼帝国，但没有禁止法国国王同信士的长官①结盟。

（2）西班牙人是一边，印加人和阿兹特克人是另一边，他们在**本质上是不同的**。尽管在数量上处于劣势，征服者还是获

---

① 信士的长官（commandeur des Croyants），穆斯林对政教合一的领袖哈里发的尊称。——译者注

得了胜利，这得益于屈服在帝国主从关系下的那些部落的愤恨不满和他们武器的惊人效力。征服者甚至在没有丝毫的犯罪感的情况下就把这些他们无法也不想理解的文明毁灭了。

（3）或许，欧洲人和非洲黑人的关系从根本上讲同西班牙人和印加人的关系并没有什么不同。今天的人类学家希望我们不要曲解那些被我们父辈称为原始野蛮的特殊"文化"，还希望我们不要急于建立价值等级。在我看来，不管怎么说，对古老部落的生活同前哥伦布时期就已经建起的文明进行区分还是有道理的。

就残酷性或恐怖性来说，我们不应该根据战争的性质建立一个高低次序，无论它涉及的是同源异质的政治单元之间的战争，还是归属于不同文明的政治单元之间的战争；无论是征服者发起的针对他们无法理解的文明的战争，还是文明开化者同野蛮人之间的战争，所有战争都是残酷的。所有征服者，不论他们是蒙古人还是西班牙人，都烧杀抢掠。无须彼此是异邦人，交战双方都可以变得十分残暴：存在政治异质性就足够了——政治异质性常常被战争创造出来，或至少会被战争放大。而且，属于同一文明家族的政治单元之间的斗争常常比其他斗争更加残酷，因为这种斗争是内战也是宗教战争。一旦每个阵营同对方国家内部某个政治派系之间有所勾结，国家间的战争就会变成内战。如果个人对国家形式的依恋程度强于对国家本身的依恋，如果个人宁愿打破国家和平也要求拥有自由选择神明或教堂的权利，那么，国家间的战争就会变成宗教战争。

113　　包含了亲缘国和邻国的国际体系不但是大型战争的舞台，也是能让帝国式统一实现的空间。外交领域随着政治单元将更多旧有的基础政治单元纳入自身而得到扩展。马其顿取胜之后，所有城邦构成了一个单元。亚历山大大帝和罗马取胜后，整个地中海盆地遵从了同样的法律和单一的意志。随着帝国的扩张，文明亲缘关系和国家归属之间的区别趋于消失。帝国在边境上忙于对付"**蛮夷**"，在内部忙于处理起义的人民或者说是尚未"**开化**"的民众。昨日的斗争对手变成了今日的公民同胞。回过头去看，大部分战争都像是内战，因为相互开战的政治单元最后都被融进一个更高层次的单元。20 世纪之前，日本人只在自己人之间展开过大型战争，中国人忙着内斗——对付蒙古人或满人。不然，还能怎样呢？共同体和个人一样，他们同邻居，同那些即使无论物质和精神都同他们相近却是**外人**的人发生冲突。政治单元必须要很辽阔才能遇到一个真正属于别的文明的邻居，历史学家要在数世纪后才能判定出这种文明是真正的外来文明。

1945 年以后，外交领域扩展到了全球，即使内部还充满种种异质性，外交体系却也开始尝试建立一种法律上的同质性，联合国就是这种努力的表现。

三　跨国社会和国际体系

如上所述，国际体系涵盖的是相互保持着经常性外交关系的政治单元。而这样的经常性外交关系自然也伴随着组成多种多样政治单元的个人之间的关系。**国际体系是不同主权下的人民所隶属的社会中国家间关系的方面**。公元前 5 世纪的古希腊社会或 20 世纪的欧洲社会，是我们所称的跨国社会，而非国家间社会或超国家社会。

跨国社会表现为商业交换、人口迁移、共同的信仰、超越国境的组织以及向所有政治单元成员开放的典礼或公开竞技。

跨国社会越是有活力，交换、迁移或沟通上的自由度就越会大，共同信念也会越强，非国家组织数量随之增加，集体典礼也会越发隆重。

我们很容易就能通过例子说明跨国社会的活力。1914 年前，经济交换在欧洲各处都享有自由，金本位提供的货币可兑换性对此的贡献超过了立法的作用。工人党派被聚集在第一国际下。希腊传统的奥林匹克运动会重新开办。尽管基督教会依然纷杂林立，但国界两边的宗教、道德甚至政治信仰都有着根本的相似性。法国人不用克服很多障碍就可以选择到德国定居，就像德国人能够去法国生活一样。这个例子类似于公元前 5 世纪古希腊社会的例子，它们都展现了相较于跨国社会而言，国家间的秩序——和平的与战争的——具有相对自主性。个人与个人之间的频繁来往、互相认识以及商品和观念的交换还不足以保障主权单元之间的和平，虽然这些交流很可能对国际共同体或超国家共同体的最终形成不可或缺。

同跨国社会相反的例子是 1946~1953 年的欧洲和世界，甚至今天的世界也是，虽然从 1953 年开始某种跨国社会在冷战的铁幕之上正在重新组建。共产主义国家和欧洲西方国家之间的商业交换已经减至最小规模。如果商业交换存在的话，它们也只涉及国家（至少对于一个阵营的国家而言是如此）。除了通过公共行政这一中介渠道外，"苏联的个人"没有权利同"资本主义的个人"进行交换。他们也不可能在不引起怀疑的情况下与"资本主义的个人"交流。个人与个人之间的交流在最大程度上被禁止了，除非个人与个人之间的交流代表着国家间的交流：公务员和外交家同他们的西方同事能够交谈，但本质上也不过是在履行职责。

这种跨国社会的完全断裂有着特有的病理学特征：不过从现在开始，苏联的身影已经出现在科学研讨会和体育竞技会场，它也迎接外国参观者并让数千苏联公民每年到西方国家参观，同西方人的私人联系也不再被完全禁止。英国飞行员的俄国妻子们终于能够同丈夫团聚。商业交换规模也慢慢扩大。不过，这种跨国社会的重建是否已经让情况发生根本转变，依然值得怀疑：涉及合法性原则及国家和社会结构形式的异质性依然是根本的。天主教共同体只有很小的影响力，因为政治信仰战胜了宗教信仰，宗教信仰被限定在私事层面；最后，除非公开或秘密地为苏联服务，否则，还没有任何一个政治的、工会的或意识形态的组织能够将苏联公民和西方公民聚集起来。国家间体系的异质性无可救药地割裂了跨国社会。

在所有时期里，跨国社会都受特殊的惯例、公约或权利管理。比如，正在进行战争的两国公民有权继续保持联系，这一点就通常是由惯例而非由法律规定的。国家之间定下的公约明确了每个国家的公民在他国领土上的法律地位。立法对创立跨国运动或参与那些自诩具有超国家性的职业组织或意识形态组织的合法性和非法性加以规定。

从社会学观点来看，我倾向于把用来管理跨国社会的法律称为国际私法，这里的跨国社会就如同我们刚才分析的，是由归属于不同政治单元的、就私人层面而言处于交互性关系中的个人所组成的不完美社会。众多法学家把国内法全部或部分地同国际私法结合起来，这再正常不过了。不论涉及的是家庭关系还是商业关系，应用到外国人身上，或本国人和外国人关系上的那些规范都是组成既定国家规范体系的内在部分。即使这

115

些规范源于与他国的协议，也不会引起根本上的改变：比如关于双重征税的那些协议，通过每个签字国的努力，保障了双方公民一种待遇上的平等，同时还保护了这些国家的纳税人免于遭受双重税赋。国家间公约的效力在各国法律系统内部也占有一席之地。

相反，国家间条约中写明的倡议、禁止和义务构成了国际公法。在上两节中我们思考了**力量关系的格局**和**体系的同质性或异质性**。国际关系管理法规就位于这两个研究的交叉点上。在怎样的程度上，以及在什么意义上，和平时期与战争时期的国家间关系遵从着一种法律（它应该与今天家庭中和买卖中个人间关系应遵从的那种法律同义，而且它的含义在历史上也从未改变过）？①

如同其他社会关系一样，国家间关系从来没有被放任到纯粹随意的程度。所有被称为高等文明的文明都把部落（或城邦，或国家）成员同外人区分开来，把不同种类的外人也区分开来。在遥远的上古时期就有了条约，在埃及帝国和赫梯帝国那里也曾有过。不同文明都有自己的不成文法，其中规定了对待外交使节、囚犯，甚至战争中的敌军士兵的方式。那么，国际公法带来了什么新东西呢？

国家之间达成的多重协议中，公约主要涉及的是**跨国社会**，条约则不但涉及跨国社会还涉及**国际体系**。属于公约的有，例如，邮政公约、与卫生相关的公约、度量衡公约；属于条约的有海权等。国际公约是从国家公共利益而非仅仅从个人利益出发，来对海洋、河流，以及交通、通信工具的使用做出

---

① 一直都存在一种社会规章，但它并不总是有法律实践或**更进一步的**成文法。

规定。国际法的扩展体现了跨国社会或国际体系公共利益的扩展，还体现了希望将人类共同体的共同生存置于法律之下这一需求的增长——人类共同体都处于同一地球上，围绕着相同的海洋，在同一天空下。

116

那么，国际法在怎样的程度上改变了国家间关系的本质呢？有关国际法①的争论一般发生在实在法与意识形态或哲学各为一端的中间领域，以及，如果我们用弗朗索瓦·佩鲁（F. Perroux）先生的话来说，它发生在被描述为"暗含规范的"理论领域。国际法的义务是国家签署的或惯例形成的条约的结果。相反，"人民自决权"、"民族原则"和"集体安全"都是模糊的主张，是对国家决策者有影响的意识形态，甚至它们也会影响法学家对实在法的解释。我们不能认为是它们让规范系统得以建立，也不能认为是它们导致了国家明确的义务或权利的产生。那些想要定义国际法本质的法学家努力想让实在法在概念上成形并突出它的特殊含义，然而，实在法本身并没有包含这种阐释。实在法允许多种阐释的存在，法学理论比经济理论多了一种法理的元素，它揭示了法律现实的意义；不过，这种所谓"发现"同样是一种阐释，会受到理论家所抱有的"国际法应该成为什么样子"这类观念的影响。

法学家们都同意，条约是国际法的重要依据，甚至是主要依据。然而，条约极少由**所有**主要条约方**自由**签订。条约反映了力量关系，它对一方的胜利和另一方的失败进行了确认。至于"约定必须信守"（pacta sunt servanda）原则，如果它不是国际法的一般规范或道德基础的话，那就是国际法存在的条件。

---

① 我们不是每次都加上"公"字。这意味着后文中我们称作国际法的法律都是法学家称作国际公法的法律。

但是，国际法也因此有了保守倾向。上一次的战胜者援引它以对抗随着时间推进而重振实力的战败者所提出的要求。换句话说，基于国家间交互行为的法律秩序，只有在下面两个假设条件之一被满足时才能获得稳定性：要么签署条约的国家都认为条约是公正的；要么存在一个所有人都认可的机构，它能够以无可置疑的公正标准为参考展开复查修正。

的确，条约在"约定必须信守"原则后还有一个"情势变更"（rebus sic stantibus）原则：需要知道的是，情势的变更在何种条件下能引起条约的变更。西方人在部分占领德意志第三帝国旧都这件事情上拥有无可争议的法律上的权利。但这种部分占领是同德国统一计划相连的。如果德国统一计划被抛弃，且对德国的分治被接受，那么基于这样一种情势变更而去修改条约是否适当？对于这个问题，法律上没有答案。

117　　如果国际法是条约的来源，那是因为国际法的主体是国家。不过也正因如此，那些导致国家诞生或消亡的主要历史事件就都处于法律秩序之外了。① 波罗的海国家不复存在，它们也因此不再是国际法的主体：无论苏联对这片1939年时还在爱沙尼亚或立陶宛主权下的领土做什么事情，都不再由国际

① 或者，如果我们愿意这样说的话，这些主要历史事件是这个秩序的创造者。一些现代法学家，比如汉斯·凯尔森（H. Kelsen），否认国家的诞生或消亡是超法律事实。他们认为"承认"更多是一种政治行为而非法律行为，总之完全不是一种创造行为，这些法学家确认说，正是国际法把配得上国家这一称谓的事实认证成国家。"新国家的法律存在与否不取决于它是否被承认，而取决于它是否在客观上满足了国际法给待获承认的国家指定的那些必须满足的条件。" "Théorie générale du droit international public", *Recueil des cours de l'Académie de droit international*, 42, 1932, p. 287. 如果我们接受这样的体系，我们会认为历史事件创造了事实条件，而这些事实条件将被国际法（而非那些现存国家的意志）当作认证国家的诞生或消亡的条件。

法管辖，至少对那些不再"承认"爱沙尼亚、拉脱维亚和立陶宛的国家（也就是说几乎所有的国家）而言是这样。当一个国家从世界地图上被抹去的时候，它便成了违反国际法行为的受害者。如果没有任何人对它施以援手，那么它很快就会被遗忘，而且给它带来致命一击的国家在所谓的世界和平大会中受欢迎的程度也不会因此而改变。无论是在抽象层面还是在特殊情形中，意识形态都几乎不能让我们肯定或否定某些人民有权利自组民族。换句话说，即使是诚实的观察者也常常在衡量以下这些问题时心存疑虑：某种对领土现状的违背是否公正，是否恰当，是短期的还是长期的，是考虑到了直接牵涉其中的人民利益，还是考虑到了国际共同体利益。

我们可以说，国家的权利在国家被承认的那天生效。无组织的叛乱不会享受任何法律保护。合法政权把他们视作罪犯对待，况且如果它想维持政权的话也必须这样对待他们。如果叛乱者组织起来并且在部分领土上行使了权力，他们就得到了交战状态下的某些权利，形势也转变成内战，而且在实践中，"合法政权"和"叛乱者"的区分会趋于消失而让它们看起来是互相敌对的两个政府，战争的结局将决定谁合法谁不合法。国际法只承认武力决定的结果和力量的仲裁。多年过去后，阿尔及利亚民族解放阵线从"叛乱"团伙变成了"流亡政府"。往后的数年内，以民族主权的名义，它将在独立后的阿尔及利亚全境自由行动。

法学家制定了那些加诸国家的规则或国家在内战形势下应遵循的规则。实际上，甚至在现代，实践也是在根据复杂的形势而千变万化。我们已经看到了两种极端情况：同质体系能够促成神圣同盟，形成对已有秩序的共同保障，带来法国军队

118

1827 年对西班牙革命的镇压或者尼古拉一世 1848 年对匈牙利革命的镇压。相反，在异质体系中，每个阵营都支持那些竖起大旗反抗敌对阵营的叛乱者。"不干涉"规则被制定出来，或多或少地被应用在中间时期，也就是不论**当权者**还是**革命者**都还没有跨境联合的时候。如果既不存在人民的国际联合，也不存在国王的国际联合，那么，国家们会让自己在支持统治者还是叛乱者这一问题上保持距离，因为，事实上，不管双方中哪一方获胜，都不会对它们产生深刻影响。

法律规范需要被阐明。其含义并非总是明确的，它在具体情况下的应用需要被考察。然而，国际法没有确定一个在阐释方面具有至高无上权力的机构。如果国家没有承诺它们的诉讼案件要服从国际法庭①，那么，每个签字国都从根本上保留了自己阐释条约的权利。只要不同国家有着不同的法律和政治观念，它们对签署的国际法就会有意思相悖的阐释——基于同样文本之上却导出了无法相容的结果，国际法就在这样的多重秩序中被实际地割裂了。

此外，只要不同国家所"承认"的国家或政府稍有不同，就足以让这些互不相容的阐释所产生的影响暴露出来。假设不同国家就如何对待"叛乱者"或"合法政府"的问题达成共识，那么，只要一些国家眼中的叛乱者在另一些国家眼中代表了合法权威，就足以让包含异质体系的法律秩序的内部矛盾暴露出来。不同国家不会对相同的事实情势做出一样的识别。阿尔及利亚民族解放阵线被一些国家当作"叛乱团伙"对待，而被另一些国家视为合法政府；德意志民主共和国被一些国家看

①　或国家在参与国际法庭时保持着法官的角色。

作"所谓的政府"，而被另一些国家看作"真正的政府"；朝鲜军队越过三八线也曾被分别看作一个"内战插曲"和一次"侵略行为"。

人们可以提出异议，认为不同的阐释并不具备同样的可信性，我们对此并不否认。两个朝鲜的分界线是由苏联和美国之间达成的协议画出的。"叛乱者"在 1958 年也没有在阿尔及利亚的任何一片土地上行使过合法权力。对于一个运用传统标准而非意识形态来进行判断的客观旁观者来说，他会偏爱这些阐释中的一个。不过，国家则不然，如果一种阐释对国家所做的事情不利的话，它又怎么会选用这种阐释呢？当国家间彼此承认对方及其政体时，这些国家对维持符合它们共同利益的法律秩序会很上心。不过，这种互相承认会在异质体系中因为意识形态的对抗而有限度。每个阵营虽然并不一定会以摧毁另一阵营的国家为目标，但还是会想去削弱它们或颠覆其政权：即使是从具体层面上看起来不可信的法律阐释，也会被当成颠覆性战争的一个工具和施压外交的一种手段来使用。

最后，假设国家组成的共同体一致认为某种阐释为真实的（在匈牙利，合法政府就是纳吉·伊姆雷先生的政府，暴动就是人民掀起的，而非外国煽动者或美国破坏分子引起的），那么，剩下的就是去惩罚违背法律的国家。在这点上，国际法再一次从根本上和国内法不同。对做出违法行为的国家，唯一有效的惩罚是对它使用暴力。过错国自己也有武器，它不会甘心臣服于仲裁判决或会议的投票决议。逼迫它去遵循法律的努力因此会有引发战争的风险。例如格里布伊（Gribouille）和甘地：要么像格里布伊为了避雨而投水那样，为了惩罚违法国家

119

而加速开战，虽然战争正是法律从功能上要去防止的；要么像甘地那样仅仅满足于对不公正对待及其带来的苦难进行宣扬，不过，征服者通常都不会具备 20 世纪英国人的那种对非暴力的敏感。

国际法既没有无可厚非的阐释，也没有有效的惩罚措施，它对应用它的主体而言作用仅限于确认它们的诞生和消亡，它不可能在我们不知如何去修订它的情况下无限持续下去，有着这些特征的国际法与国内法是同类型的法律吗？大多数法学家会对这个问题做肯定回答，我无意反对他们。对我而言，重要的是指出这两种法律之间的差异而不是否认它们属于同一类型。

四 合法化战争还是非法化战争

即使格劳秀斯（Grotius）的名著《战争与和平法》也无法涵盖国际法的所有内容，但它确实涵盖了国际法的主要宗旨。因为这个标题已足以让我们联想到法学家和哲学家互相争论的两难境地：国际法是否能够，又是否应该将战争合法化，或者相反地，将战争非法化？国际法是应该预防还是排除战争的可能性？是应该限制还是摈弃战争？

1914 年前，历史就这个问题给出的答案很清楚。欧洲的国际公法从来没有在目标和原则上把战争非法化。正相反，它对以怎样的形式宣战进行了规定，对某些手段的使用加以禁止，为停战协议的形态与和平条约的签署制定了规章，对中立国之于交战国的义务做出了强制规定，还规定了交战国之于人民、囚犯等的不同义务。简而言之，它合法化了战争，并对其加以限制，且不把战争作为一种罪行来对待。

既然战争是合法的，交战方就可以在既不相互仇视也不相互斥责的情况下成为敌人。是国家在相互战斗，而不是个人。当然，战争的合法性并不会解决战争是否公正这个道德问题。但即便是要对一场不公正战争负责的交战方，也不过是一个合法的敌人罢了。①

为什么古典法学家会把对战争国家各自行为的**道德判定**同让交战双方的冲突合法化的**法律判定**合起来说呢？17 世纪，尤其是 18 世纪的著作清楚地指出过原因：虽然明智且有德的君主被认为既不应该为了荣耀或消遣而进行战争，也不应该垂涎那些不属于他们的土地或财富，但又如何让统治者们忽视他们对安全的需求呢？如果一位君王积累了很多力量以至于马上就要达到对邻国具有压倒性优势的程度，他的那些邻国会消极坐等他打破力量均衡吗？何况这种力量均衡还是国家间关系中让各国安全得以保障的关键。

古典法学家不但意识到了我们上面分析到的含混之处，也就是需要对发起战争和发起侵略做出区分，对起因的责任和利害后果的责任做出区分，**他们还赞同迫于均势要求而采取的行动具有道德合法性，哪怕这种行动具有侵略性**。他们应该都或

———————————

① 比如，埃梅·德·瓦泰尔（Emer de Vattel）在 *Le doit des gens ou principes de la loi naturelle appliqués à la conduite et aux affaires des nations et des souverains*（1758）一书中写道："然而，竞争者也可能都是诚实的；而且基于可疑的起因，到底哪方有权利开战尚不清楚。因此国家都是平等且独立的，没有谁能够自居是仲裁者，这又必然导致了，只要还有能够引起疑惑的原因存在，交战双方的武力就应该被平等地视为合法，至少是在涉及战争外部后果时，以及直到原因被明确时都是这样。"（第三卷，第三章，第 39 段）他还更加直接地说："合乎法律的战争，就其效应而言，应该被看作双方的公正对决。"（第三卷，第七章，第 190 段）

多或少会有所保留地赞同我们在前面提到的孟德斯鸠①的主张，孟德斯鸠认为"自卫权利有时候会导致必要的攻击"。我们因此很难确定谁是真正的侵略者（而非表面上的侵略者）。均势的道德包含了某种诡辩，且不排除诉诸武力。

卢梭和黑格尔都对给予欧洲人国际法启发的这些思想进行了激进表达。在《社会契约论》中，卢梭写道："战争绝不是人与人的关系，而是国与国的关系，在战争中的个人并不是作为人或者公民，而只是作为战士而碰巧成了敌人；他们也不是作为祖国的成员，而是作为祖国的保卫者而成为敌人。最后，如果我们不可能确定性质不同的事物之间的真正关系的话，一个国家就只能以别的国家为敌，而不能以人为敌。"在纯粹的国家间战争中，个人与个人没有互相仇视的动机，一旦敌国承认战败，战胜国就应该停止继续给敌国人民制造痛苦。暴力限于军队的交锋之中。

黑格尔更激进，在《法哲学原理》的最后一部分中，他指出："国际法是从独立国家之间的关系中产生出来的。国际法中自在自为的内容有着应有的形式，因为它能否实现取决于相互区别的主权意志。"这样的主张相当于是在说，因为国家主权具有多样性，所以国际法的具体义务不能靠惩罚来实施：这些义务如同道德一样总是作为应然存在。

---

① 瓦泰尔对孟德斯鸠的主张做了保留，他更看重那些为了保持均势、预防战争爆发而结成的同盟，但他还是写道（第三卷，第三章，第42段）："对于人类而言很不幸的是，人们几乎总能在没有得到惩罚的实施压迫的权力那里找到压迫的意志……或许还没有这样的先例，即一个国家获得了权力上的重要增长后却不会授以别国抱怨的口实……"这一论述最后论及了预防性进攻的合法性："危险的威胁程度和危险会带来的危害程度是我们去面对危险的正当理由。"

121

"国际法是在国家之间必须自发生效的普遍法，是不同于契约具体文本的法，它建立在条约必被遵守的基础上。因为条约是国家间彼此义务的根据，因此条约必被遵守。但既然国家之间的关系是以主权为原则的，国家在相互关系中就处于自然状态，它们在由超国家权力构成的一种普遍意志中没有权利，但它们的相互反馈关系却是由特殊意志所决定的现实。"这段话论述的主张接近于上一段的分析。国际法是由国家相对于他国以或明确或含蓄的方式做出的各种承诺构成的。因为国家在做出这些承诺时没有丧失主权，所以战争依然可能爆发，要么是因为各缔约方无法就条约的阐释达成一致，要么是因为一方或另一方谋求改变条款。

"不过，甚至在像是暴力和偶然的非法情形的战争中，国家间也仍然存在着一种纽带，那就是国家间彼此承认对方为国家。在这种纽带中，它们彼此对对方而言都是自在自为的存在。因此就战争本身来说，这决定了战争必定是一种暂时状态。"战争是一种可以提前预知的合法状态，虽然它搁置了国家之间在和平时期相互承诺的大部分义务，却并不会因此而失去全部的合法特征。各交战方不会恣意使用手段，而且暴力爆发之时，它们也不会忘记未来要修复它们之间的法律关系（这点在国家本身的生死存亡不构成战争利害的情况下才适用）。

对于一些哲学家而言，这种古典概念看起来似乎总是无法让人满意，因为它与法律的强制性特征难以兼容，而且它也不被世界大战后的民众接受。在经历了如此多的死亡、如此多的物质毁灭、如此多的恐怖后，人们再也无法将其接受为符合人类事务常规的一种情况。战争不再被认为是国家间关系的一个插曲，它应该被非法化——就非法化这个词的本义而言。因为

122　战胜者决定把战败者当作引发战争的罪魁祸首，所以先开展敌
对行动的一方便会在事后被当作有罪的一方。国际联盟应运而
生，它的任务就是维持和平。十年之后，在美国的怂恿下，
《白里安－凯洛格公约》更加庄重地宣布战争作为国家政策工
具是非法的。

　　国际联盟和《白里安－凯洛格公约》的法律体系并没有获
得成功，其原因在于没有得到满足的那些国家谋求改变已有秩
序，而国际组织既没有和平地强加公正最终要求的改变，也没
有遏制革命国家的行动。当日本因把中国东北地区转化为"满
洲国"而被国际联盟谴责时，它退出了日内瓦会议。日本的侵
略是明目张胆的，但如果其他国家有解决办法却不使用，国际
联盟又能怎么办呢？同样，德国在对裁军规定不满意时也退出
了日内瓦会议。

　　意大利入侵埃塞俄比亚同欧洲国家在亚洲或非洲进行的类
似活动相比，并无特别之处。不过，埃塞俄比亚当时已经加入
了国际联盟，既然国家无论大或小、文明或野蛮都具有平等地
位是国际联盟所宣称的原则，那么意大利的征服行为就是不能
被容忍的，否则它将会毁掉这个作为第一次世界大战和法国政
策的结果的法律秩序的基础。相应的惩罚措施被投票制定了出
来，也被部分地实施了，但在当时最可能起效果的惩罚（石油
禁运）却未被实施。不要忘了，国际联盟的成员，甚至仅仅其
中的两个主要国家（法国和英国）就对单独一个意大利而言具
有压倒性优势，而当时的德国还在重新武装自己，它是没有能
力支援意大利的。意大利以武力回应国际联盟武力威胁的可能
性很小，因为它作为攻击一方，同持保守态度的各势力之间的
资源不均衡实在过于显著。不管巴黎和伦敦的决策者们是因为

不想颠覆法西斯政权，还是因为他们不想冒任何开战的风险，总之只有那些既无法让意大利瘫痪也不会引起意大利武力反击的惩罚措施被实施了。不论国家决策者们的动机如何，有一点看起来是明确的，即当时的政府和人民都无法接受为了那些不关乎或者说看起来不完全关乎他们民族的理由去开战。如果禁止侵略和征服的国际法可以溯源至跨国社会，以人们的情感和意愿来判断的话，跨国社会就不存在，或者说只是微弱地存在。

法律形式主义旨在禁止把战争作为解决领土现状纠纷或改变领土现状的手段，虽然埃塞俄比亚和中国的战事以及最后在欧洲和远东的双重普遍战争都标志着它的失败，但它还是没有被人们摒弃。1945 年，人们尝试使用把战争非法化的国际法来惩罚希特勒式的首脑。纽伦堡审判时，"阴谋破坏和平罪"只是针对第三帝国领导人的众多主要指控中的一条，而战争的罪行本身并不涉及我们现在讨论的话题。相反，将侵略这一国际犯罪转向确定和惩罚有罪之人的这种尝试却展现出问题的另一面，这一面是在国际法努力将"非法化战争"的所有后果淋漓尽致地展现出来时出现的。 123

在各交战方中，有一个国家或阵营从法律上会被认定为有罪。把这种过去称为不正义的战争进行"有罪化"会带来怎样的结果呢？让我们用乐观的态度来看：假如有罪的那个国家战败，那么该如何惩罚它？罪犯们又在哪里？假设我们要惩罚的是国家本身——换句话说，就是缩减它的领土，禁止它武装自己，剥夺它的部分主权，然而和平条款尤为重要的意义在于防止战争重新发生；那么，让这种惩罚欲望——即便它是合法的——肆意影响对待敌国的方式以及和平条款，是否又真正明智呢？而且，再重复一遍，这还是乐观的假设。我们很容易就可以想象，如果德意志帝国赢了，它又会如何运用这种权利去惩罚那些"有罪的"国家（波兰、法国和英国）。

那么，是否应该去惩罚那些使国家犯下了"破坏和平罪"的个人呢？温斯顿·丘吉尔在多次演讲中提到的一个主张足以让这个问题得到完全满意的答案：**一人，只是一个人**（One man，one man alone）。如果单独一个人做出了让所有人都行动起来的决定，如果单独一个人拥有绝对权力并且独自行动的话，那么这个人就是犯罪国的化身，并且的确应该承担他的民族所犯下的罪行并因此受到惩罚。但这个假设永远不会完全实现，首脑的幕僚们也参与了决策，他们同首脑共同谋划破坏和平并进行征服。那么，这种对罪犯的寻找应该被推进到哪种程度呢？在什么程度上，（个人）服从的本分和与祖国的团结一致可以被视为得到赦免的理由？

进一步说，即使这种对为国家承担罪责之人的追究得到了法律上的满意结果，它还是危害不浅。如果国家决策者知道自己在敌人眼中是罪人并且一旦失败就会被以罪人身份待之，他们又怎么可能不用尽所有手段拼死抵抗呢？赦免敌国的领导人，说起来或许不合伦理，但通常是最明智的做法，否则，这些人会为了挽救自己而让自己的同胞或臣民的生命及财富白白牺牲掉。倘若战争本身有罪，它就将是不可饶恕的。

更何况，即使在上一次世界大战中主要责任明显落在了德国身上，无辜国家支持一方、有罪国家支持另一方这种泾渭分明的情况，也远非事实。1939 年之前，国际体系是异质的。此外，还存在一种复合的异质性：三种政体互相冲突，互相敌视，每一方都倾向于把它的两个对手看成"一丘之貉"。在共产主义者看来，法西斯主义和议会制只不过是资本主义的两种模式罢了；在西方人看来，共产主义和法西斯主义体现的是极权主义的两个版本；在法西斯主义者眼中，分别代表了民主思想和理性主义思想的议会制和共产主义标志着堕落的两个阶段，一边是富豪寡头政治，另一边是平庸者专权。不过，在必要的时候，每个政体还是会承认它的两个敌人中的其中一个与自己具有某些相似点。在战争期间，斯大林把法西斯主义同民主制度区分开来，认为法西斯主义毁掉了自由和工人组织，而民主制度至少容忍了工会和不同政党的存在。但是，在《苏德互不侵犯条约》存续期间，他又向德国人民对他们元首的爱戴和"两个革命的相遇"致敬。在反法西斯同盟或者说二战同盟国时期，西方民主国家自以为对带着左翼特征的思想共同体有了新的认识，然而一旦铁幕降临、美苏在欧洲划分了界线，西方民主国家才想起来，共产主义政权也是个极为强大的对手。至于法西斯主义者，他们则根据形势变化做好了各种联合的准备，要么为了革命利益同共产主义国家结盟，要么为了保护文明同资产阶级民主国家结盟并共同对抗苏联。

这种三元异质性——如果可以这么说的话——排除了根据政体内部情况来形成不同阵营的可能，而这种形势又导致了意识形态二元主义。这种形势让国家在操作上拥有了战略自由，它们能够同它们敌人中的某一个联合起来对付另一个。法国和英国因为左派的顽强反对而无法与法西斯联合，但可以同苏联联合来对付法西斯（尽管需要大规模侵略的发生才能让右派同意这么做）。最终，还是苏联握有最多的王牌，因为它的所有敌人都能够接受它作为自己的临时盟友，它也能接受所有敌人中的一些作为自己的临时盟友。

苏联与西方民主制国家之间存在一个共同利益：阻止第三

124

帝国强大到对与它敌对的两个阵营中的任何一个而言具有压倒性优势的程度。不过，防止战争的发生符合的是法国和英国的利益，它却并非一定符合苏联的利益。德国最初向西侵略，这是符合苏联利益的，反之，德国如果首先进攻苏联，就符合了西方的利益。《苏德互不侵犯条约》并没有跳出传统马基雅维利主义的框架。

不过，一旦所有国家都参与到这种悲剧性的博弈中，苏联对波兰、芬兰和波罗的海国家的先后攻击，即使从法律角度来看是不容置疑的侵略，它还是可以被解释为是为预防希特勒的侵略而进行的防御性攻击。当一个强大邻国的企图已经十分明显，还要让可预见的受害者坐以待毙吗？如果法国军队在1936年3月就入侵德国，它或许会被世界舆论谴责，但能够拯救和平。将"主动行动"作为唯一确认战争责任的归属是不可能的，古典法学家已经认识到了这点，并且他们还从中看到了将战争合法化的主要原因。至于纽伦堡的法官们——包括了一个俄国人，他们显然会忽视苏联对波兰、芬兰和波罗的海国家的侵略，虽然就法律文本而言，苏联毋庸置疑地应该被谴责。虽说这是在所难免的酌情处理，但它又很好地表明了不公正方式的存在：**两套秤砣，双重标准**（deux poids，deux mesures）。

在战前的国际体系中，没有得到满足的国家想要推翻**现状**的意志是首要背景。在这种革命愿望的威胁面前，一些国家更加保守，而另一些国家则没那么守成。不过，所有希望阻止希特勒德国的国家，又都希望自己付出最小的代价来从胜利中获得最大的收益。最终，所有国家都为此付出了巨大代价，只有一个国家得到了同样巨大的收益：那个当时对与资本主义国家结盟感到惧怕，从而让希特勒得到开启巨大杀戮之战机会的国家。

在这种情况下，比起道德主义者指责这些操作之容易，政治想要找到替代办法是困难的。

五 承认和侵略的模棱两可

二战后创建的通过联合国这一组织表达的法律秩序，建立在同凡尔赛秩序和国际联盟相同的原则上。这一次，美国不但鼓动创建了这种秩序，还希望维持它，而不再像它在一战后所做的那样，虽提出了这种概念，随后却不参与其中。

这种秩序从此便扩展开来并涵盖了几乎全世界的人口（被分占的德国以及共产党领导的中国是两个最值得注意的特例），基于此，它被应用于在历史上和政治上都属异质的现实上。这种被国家间平等原则重新覆盖包裹的异质性就是政治单元本身的异质性：也门、利比里亚、海地被宣布同苏联、英国和美国一样有资格拥有主权和同样的特权。一些人将此视为一种相对于世纪初它们外交状况而言的决定性进步——那时欧洲人不认为他们对众多非欧洲人的支配是很正常的。不论开心与否，这种改变是无可置疑的：五十年前，在欧洲和美洲外，只有极少数国家被赋予了法律上的平等地位，今天，法律上的平等已经被赋予所有国家，不论这些国家资源多少、制度如何。国际法起初是基督教国家的法律，而后成了文明开化国家的法律，从此以后则应用于所有大陆的各个国家，只要它们热爱和平。①

---

① 参见 B. V. A. Röling, *International law in an expanded world*, Amsterdam, 1960。

相比历史异质性①，政治异质性更让法律秩序困难重重。共产主义国家和民主主义国家不仅仅是彼此的陌路人，还是彼此的敌人。根据苏联领导人的学说，他们把资本主义国家看作天生具有扩张欲望的好战者并且最终会走向灭亡。根据美国领导人对共产主义意识形态的阐释，他们认定克里姆林宫的主人们有着建立世界帝国的企图。换句话说，每个阵营的国家对于另一个阵营的国家而言都不具有爱好和平的特征，然而根据《联合国宪章》②，正是爱好和平这个特征构成了这些国家得以加入联合国的条件。如果自由主义国家按照它们的信念来行事，就会认为专制国家是帝国主义者，不会接纳它们加入法律共同体；反之，极权主义国家也同样不会接受自由主义国家的加入。

事实上，人们决定忽略这种历史和政治的双重异质性，至少在成功湖③或纽约是这样。北大西洋公约组织和华沙条约组织都通过事实和思想表达出了实实在在的敌意：双方发言人互相侮辱，言辞夸张激烈，双方成员也秣马厉兵，争相做着军事准备。在联合国，场外还是敌人的国家却要身处同一会场，根据情况，它们时而互致善意，时而互指恶行。

至于国家历史上的不平等，它仅仅在对安理会五个常任理事国（美国、苏联、英国、法国和中国）的选择上起了作用。1960年，中国的席位依然由蒋介石政府占据，也就是被一个在台湾避难的所谓民族主义政权占据。在联合国大会上，票与票具有同等效力④，而事实上超级大国都有着自己的拥护国。

① 参见 B. V. A. Röling, *International law in an expanded world*, Amsterdam, 1960, chap. XIII。
② 《联合国宪章》第四条。
③ 成功湖，1946～1951年联合国总部所在地。——译者注
④ 我们知道，在乌克兰和白俄罗斯被认作国家的情况下，苏联有三票。

　　一边是法律的和历史的异质性，另一边是国家平等的法律形式主义，这种情况让"承认"这个概念具有了决定性重要性。因为一个国家有权在自己内部做任何主权允许的事情，而且它甚至有权①请求外国出兵，这一切又都取决于我所称的**国家的政府化表现**。同样的事实会具有相悖的法律定性，而这种定性又取决于某个政府是否被**承认**为合法的。

　　美国伞兵在黎巴嫩的登陆、英国伞兵在约旦的登陆（1958年）之所以都没有被判定为违反了国际法和《联合国宪章》，那是因为这些行动是在"合法政府"的要求下进行的。如果伊拉克国王和努里·赛义德（Noury Saïd）从谋反者手中逃脱了出去②，并且向英美军队发出出兵请求，这种情况下的英美军事干预是否违法呢？让我们假设，对联合国而言的合法匈牙利政府在当时并非纳吉·伊姆雷的政府，而是斯大林主义者的政府，那么被这个所谓的"合法政府"请来的苏联的军事干涉虽然有悖国际法律形式主义，但其违背程度也只不过是比美国军队在黎巴嫩的登陆过分一点点而已。从确定"权利主体"开始，一系列的后果会不可避免地接踵而至：某些情况下，我们会问，这样一个事实国家（德意志民主共和国、朝鲜）是否应该被承认为"权利主体"，即合法国家；另一些情况下，我们又会问，虽然没有人会否认某个国家的存在，但哪一群人或哪一个政党才算代表了这个国家呢？（两大阵营都不会对匈牙利这个国家的存在有所怀疑，但会对卡达尔与纳吉在 1956 年 11 月 3 日谁

127

---

①　虽然法学家们在这点上尚存争论，但它已经成为司法实践。
②　这也是谋反者为什么要把他们立刻置于死地的另一个原因。

代表合法政府存有疑虑。)①

因此，这也解释了为什么从 1945 年起，不论是朝鲜、中国还是德国，承认与否的问题都是外交争论的核心。法学家设计了关于承认的"暗含规范的"理论，论述了**事实**承认和**法律**承认之间的区分，并观察了不同国家的各种实践。而这些实践和区分只有在以政治为参考的情况下才变得清晰明了。

让我们从没有争议的命题说起：根据惯例，国家在是否承认一个刚诞生的国家（1958 年的几内亚）或刚掌权的政府的问题上享有一定的自由。美国因为将不承认作为了一种外交工具，而对南美洲的那些革命政府的"用武力强制改变领土"的行为不予承认。美国政府希望事先就让发动政变或征服行动的人明白他们的行动不会有什么结果，从而达到阻止政变或征战的目的。美国人花了很多年才在法律上承认了苏联政府（16 年：从1917 年到 1933 年）。虽然**法律**承认并不代表对该政权采用的方式和原则表示赞同，但外交家仍增加了**事实**承认这个概念，它位于不承认和部分或完全承认的中间地带。②

以不承认作为武器最终还是缺乏效率，而且这种武器不但反对革命，还反对征战。大革命的首领们同帝国主义国家的首脑们都知道，从长期来看事实的效力无可抵御。实际上，人们也的确很难以政权来源和方法上的不正当为由来无限期否认某

---

① 到 1957 年 11 月 3 日，一切再无疑问，那是卡达尔的政府：国际法遗忘了这些政府的诞生和消亡。

② 这种区分在法律上是成问题的，因为即使是法律承认也只会是对一种事实的承认，是对一个国家，或政权，抑或政府存在的事实的承认。由一群人组成的一个实在的独立共同体的政府，应该得到的是一种非意识形态意义上的承认。然而，在异质体系中，承认却总是会有政治后果和意识形态含义。而且政府是以它们自身目的的需要来运用承认方式中的承认或是不承认。

政权存在这一事实。但承认也并不会因此而变得简单和顺理成章。相反，我们的确可以从社会学或法律上把事实承认的两种方式和法律承认的两种方式区分开来。

我把虽然同某个事实政权保持来往却拒绝承认其合法存在的这种做法称为**事实默认**（reconnaissance implicite de facto）。西方国家同德意志民主共和国（东德）的关系就是一个例子。为了尽可能减少与东德的合同中所包含的承认要素，西方国家，特别是波恩的领导人们，坚持让两个德国之间的经济协议由低级别官员出面签署。如果这些协议是在政府层面上与德意志民主共和国达成的，而且符合法律规章，那么它们就是一种事实承认。

至于法律承认，根据不同的情况，它在历史上具有两种不同的含义。如果互相承认的国家具有相同的政体抑或虽然不同却并不相悖的政体，这种承认在任何情况下都有效。国家能够做到在不寻求颠覆对方政体，不激起或支持对方内部叛乱的情况下互相对抗。相反，当两个互相法律承认的国家有着互相矛盾的政体时，不论哪方，在战争之初就存在的既有政府都无法在战败的情况下继续存在。即使在和平时期，意识形态的敌对也以很多方式表现出来，没有任何国家能够把民族利益和意识形态利益完全分离。

在由东方、西方军队解放的所有领土上，有关承认的纠纷都十分尖锐。在朝鲜半岛，只有韩国被联合国承认，而朝鲜则以坚决的态度拒绝执行联合国关于自由选举和半岛统一的决议。但是，根据苏联意识形态的解释，朝鲜的进攻不管怎么说首先是属于带有统一色彩的内战性质，是真正的朝鲜（共产主义朝鲜）试图把处于分界线另一边的那些被帝国主义奴役的朝鲜人民解放出来的一种努力。从表面上看，联合国似乎成功地将中立国动员了起来以抵抗朝鲜，这是之前国际联盟在对付意大利的时候没有做到的。而实质上，是美国的行动，而非苏联缺席情况下的那个联合国决议在保证对朝鲜有所抵抗。[①] 何况朝鲜半岛上的南北双方都经受了战争的折磨，联合国也并未不偏不倚地行使它的职责，而是与它们协商，它的作为就像是一个希望通过没有最终胜利的和平来终止一场次级冲突的政府的作为。

在德国，西方国家拒绝对德意志民主共和国进行法律承认或事实承认，因为在它们看来，波恩的德意志联邦共和国（西德）已经代表了整个德国。苏联则相反，它们对波恩的德意志联邦共和国以及德意志民主共和国做出了同等承认；这种承认给它们带来的完全是好处，它们可以将其作为与西方国家辩论的论据，促使西方国家像对待波恩的西德那样对待潘科的东德。

更奇怪的还是要数美国和大部分西方国家对共产党领导的中国的不承认。北京的共产主义政权拥有合法政府的特征，在这点上它并不比东欧那些政权逊色。华盛顿可以把这个政权看作不合法的，但前提是要把苏联政权也看作不合法的，这才符合逻辑。至于中国在朝鲜战场上的行动和对某些美国公民的处置问题，人们对这些事情的反对同他们最终用来反对苏联的理由别无二致。对共产党领导的中国的不承认只不过是为了保住蒋介石"合法威望"的一个手段罢了。出于同样原因，美国还根据同所谓"中国合法政府"达成的协议对台湾岛、金门岛和马祖岛进行防御以抵制中国共产党人的事业。

因此，虽然北京政府显示出大部分法学家所公认的能够让它获得承认的充分且必要的事实特征（实际控制着领土和人

---

① 鉴于此，这个决议的合法性都是成问题的。

民），它还是没有被西方国家所"承认"。相反，在开罗或突尼斯的民族解放阵线，虽然没有在阿尔及利亚领土范围内的任何地方行使合法权力，它还是被大部分阿拉伯国家的执政者所承认。在一个异质体系中，承认是外交或军事行动的手段。它旨在从道德上对具有临时性或革命性的组织给予支持。承认民族解放阵线就是对阿尔及利亚民族主义阵营表示友好，是在对用民族自决原则对法国政策进行谴责以及神圣化反叛行动表示肯定。

将以上分析总结起来就是：为了让权利主体的确定不存在疑问，就必须让合法性原则和对原则的阐释也都不存在疑问：民族自决原则应该在怎样的情况下，又必须根据怎样的方式被应用？应该根据怎样的方法选择政府？然而，使得无法对权利主体做出单一确定的异质性，也导致了对没有能被统一接受的侵略进行定义。

各种对侵略加以定义的尝试均遭失败，其原因多种多样、错综复杂。① 不同国家在这个问题上所抱的态度是根据场合以及对机会的考量来定的。1945 年，美国人希望把对侵略的定义（1933 年国际裁军会议上起草的对侵略的定义）引入纽伦堡法庭章程中，苏联人对此坚决反对。十年之后，轮到苏联人力图在联合国促成对侵略的定义，而美国人却在这十年间变得敌视这种做法。在我看来，不论在哪种国际体系中，定义侵略都是不可能的，而且也是没有用的。通过使用"侵略"一词，外交家、法学家或一般公民或多或少混乱地指认出它是一种对力量

---

① 我们能够在欧仁・阿罗内亚努（Eugène Aroneanu）先生的书中找到国际联盟和联合国所做的各种试图对侵略加以定义的详细研究。*La définition de l'agression*, Paris, 1958.

直接或间接的**不合法**使用。然而，国家间的关系从过去到现在就一直处于这样一种状况：不可能找到某个普遍适用的抽象标准，来让武力使用的合法与非法之间的区分变得自然而然、清楚明白。

130   即便所有对武装力量的使用，在所有情况下都是非法的，使用武装力量来威胁的效力也并不会减少。但怎么识破不用明言就能够具备效力的威胁呢？是什么样的权利让国家得以受到威胁和认为自己受到了威胁？《联合国宪章》的确是像禁止使用武力一样对威胁加以禁止，不过这样的规定纯粹是虚伪的：由于法庭没有能力按衡平法判决争议，所有国家都要靠自己而且还将继续靠自己去寻得公正，没有任何国家真正赞同为了公正而进行的威胁同有着犯罪动机而进行的威胁是一样的。

而且，如果对武装力量及其运用加以考虑，显然就把事情想得过于简单了。如果我们想要制定一部国际刑法，就必须要对"使用武装力量"这个极端重罪之外的其他各种国家可能犯下的罪和重罪都加以定义。对多种多样经济上、心理上及政治上的强迫或攻击手段也都必须予以惩罚。但怎样的"经济施压"手段才算有罪呢？怎样的宣传算是罪行，怎样的又是可以被容忍的？

简而言之，在同质体系中，对侵略加以定义是不可能的，因为诉诸武力（或是以武力来威胁）在本质上同想要保持独立的各个国家之间的关系相连。在异质体系中，对侵略加以定义也不可能，因为组成这个体系的那些政权永远都在互相攻击，并且有意识地犯下间接的或意识形态上的侵略罪行。

我们已经徒劳地尝试了超越（在定义侵略时遇到的）第一

个障碍，试图用普遍概念或通过罗列来定义在什么情况下诉诸武力是合法的或非法的。但我们因此不进反退，只是制造了更多的困难。如果对武力的使用在合法防御的情况下是合法的，那么合法防御就需要一个定义。如果我们以时间顺序为参考，侵略者就是开第一枪的那一方，我们又在**进攻**和**主动**上钻了牛角尖。我们不是总能知道是谁开启了战端，先开始的一方也并不总是肇事者，遭受危害的国家也并不总会有时间去走所谓的和平的程序。

还有，那些没有办法让自己受到公正待遇的国家（根据计划它应该得到这种公正），是不是就应该无限期地承受不公正？对不应该诉诸武力的情况进行罗列可能会让违反法律的国家得不到惩罚，可能会对国际无政府主义形成鼓励，最后还可能在无法预见的情况下引发国际无政府主义。

在异质体系中，根据《联合国宪章》的法语表达，只有"武装侵略"，即正规军的跨越边界，才是可被清楚鉴别的。而所有形式的间接侵略都是惯常实践。说起来虽然讽刺但并不出人意料的是，苏联代表在联合国负责定义侵略的委员会中提出以下主张：

> 有下列行为的国家都被认为犯有间接侵略罪行：
>
> （1）鼓励对他国进行颠覆性活动（恐怖主义、暗中破坏等行为）；
>
> （2）在他国煽动内战；
>
> （3）支持他国暴动或支持有利于侵略者的政治变革。[1]

131

———————

[1] Aroneanu, *La définition de l'agression*, Paris, 1958, p. 292.

显然，在苏联人眼中，只有大西洋集团清楚颠覆性战争的"犯罪"秘密。

两次世界大战之间，有一个名为波利蒂斯（Politis）的委员会①在 1933 年用列举的方式定义了侵略。被列举的五种情况中有四种是很容易辨识的："向他国宣战；不论是否宣战，以武装部队侵入他国领土；不论是否宣战，以陆、海、空军进攻他国领土、船舶或航空器；对他国的海岸或港口进行海军封锁。"② 在把主动开战的一方视为有罪方这一前提下，列举的这些情况很容易被理解。不过，第五种情况奇怪地与今天的现实相吻合："对在其本国领土内组成而侵入他国领土的武装匪徒予以支持；或不顾被侵犯国家的要求，拒不在其本国领土内采取一切力所能及的用来剥夺对这些武装匪徒的一切援助和保护的措施。"

让我们只看最后这种情况。组织或者容忍对抗别国的武装匪徒实际上是国家间交往的一个古老习俗，但是，假设一个国家会因为这样的间接侵略而获罪，那么它应该怎样反驳呢？抗议没什么效力，军事干涉又可能会让人陷入饮鸩止渴的境地：遵守国际法等于招来战争。即使没有国际联盟的存在，我们也不能确定法国军队就一定会到突尼斯和摩洛哥的土地上追捕阿尔及利亚叛变的武装匪徒。

波利蒂斯定义还附加列举了在哪些情况下外国军事行动是不合法的："当涉及一国内部的情况时，比如当涉及它的政治、

---

① 波利蒂斯委员会：尼古劳斯·波利劳斯（Nikolaos Politis，1872～1942），20 世纪上半叶希腊法学家和外交家，1933 年国际联盟安全问题委员会的报告曾以他的名字命名。——译者注

② Aroneanu, *La définition de l'agression*, p. 281.

经济或社会结构，政府过失，由罢工、革命、反革命或内战引起的混乱时；当涉及一个国家的国际行为时，比如对别国及其侨民的权利以及物质或精神利益进行侵害或危及其安全，断绝外交或经济关系，实施经济或金融抵制措施，与他国在经济、金融或其他方面事务上的纠纷，不属于第一种情况的其他边境事件。"禁止对革命或反革命的镇压进行干涉，这直接适用于苏联在匈牙利的行动，而禁止使用武力保护被外国危及的物质利益，又恰好描述了英法针对埃及的行动。这一对侵略的定义被加进了苏联所达成的很多协定之中，特别是与波罗的海国家和芬兰的那些协定中。① 这些国家却并没有因此而得救。联合国最终还是放弃了对侵略进行定义，而更愿意使用宪章中的其他概念，诸如破坏和平、威胁和平或国际安全、破坏国家的领土完整或政治独立。它们将"侵略"一词的使用限定在唯一一种情形中，即一国的边界在未经同意的情况下被他国的正规军跨越。而对于宣传、颠覆分子、恐怖分子突击队的跨过或越过边界的行为，国际组织甚至连国际法的解释者都没有正式地加以谴责。

法律形式主义在冷战的现实面前屈服了。

* * *

没有任何法律体系能够给出下面这两个基本问题的答案，哪怕只是在理论上给出：如何让所有对**现状**改变的行为都不以违法的方式进行？又或者，我们也可以用其他的概念来提出同样的问题，既然国际法尤其是建立在国家意志的基础上，且因

---

① Aroneanu, *La définition de l'agression*, p. 286.

132

此而只能够对现状持保守态度，那么仲裁者或法庭应该采用怎样的标准才能让对现状的改变和平地发生呢？既然国家的权利和义务从理论上讲是被确切定义了的，那么对事实上存在的组织是否值得被承认为国家这一点又应当如何定义呢？

国际联盟没有给出第一个问题的答案。联合国正在为第二个问题寻找着答案，但全球体系在历史和法律上的异质性却让它们不可能找到答案。

第五章　多极体系和两极体系

对外政治，就其本身而言，就是强权政治。同样，均衡概
念——**平衡**概念——适用于直到原子时代（也许唯独原子时代除
外）的所有国际体系。

在前面的章节中，我们区分了**力量**（国家拥有的、用以施
加压力或者进行强迫的所有手段）和**权力**（被分别看作独立单
元的每一个国家所拥有的影响其他国家的能力）。我们通常用
的表达是强权政治和力量均衡。前一个表达意味着国家不承认
高于它们意志的仲裁、法庭及法律的存在，相应地，它们的存
在或安全就只能靠它们自己或它们的联盟。我之所以更偏向于
说力量均衡而非权力均衡，原因在于力量比权力更具有可测量
性。不过，如果力量达到了均衡，权力也会近似地达到均衡。
如果没有足以让敌人不战而降的资源，任何国家都无法以至高
无上的方式将自己的意志强加给其他国家。

一　均衡政治

大卫·休谟在他那篇小论文《论均势》中，以简单却极富
说服力的方式展现了均衡政治的抽象理论。

大卫·休谟以下面这个问题作为出发点：均衡这个思想，
是一个现代思想呢，还是说只有均衡这个概念是新近的发明，
而这个思想本身已经同世界一样古老了？这两种说法中的第二
种是正确的："在所有希腊的政治中，对于均势的忧虑显而易

134 　见，古代历史学家也十分清楚地向我们讲了这一点。修昔底德
　　把因对抗雅典而形成的联盟以及由此引起的伯罗奔尼撒战争
　　描述成出于均势这一原则。当雅典开始衰落，当底比斯人同
　　斯巴达人为统治权而争执，我们看见，雅典人同大部分共和
　　政体一样，始终都选择同最弱的一方站在一起，并力图维持
　　均势。"

　　波斯帝国的做法如出一辙："与希腊共和国相比，波斯国
王从力量上看只能算一个小君主。因此，以他的安全而非好胜
心起见，最合适的做法是关心希腊共和国的纠纷并且总是支持
最弱的那一边。"亚历山大的继任者也采取了同样的原则："他
们对权力均势抱有极大的猜忌心，这种猜忌基于真正的政治和
谨慎之上，它让这位著名的征服者死后形成的国土分治不同寻
常地持续了多个世纪。"有能力介入战争的族群属于体系："在
后来的历史中，我们看见，东方的君主们把古代希腊人和马其
顿人看成唯一可能同自己国家对抗的实在的军事力量，他们始
终对世界的这个部分保持警惕之心。"

　　如果古代人被认为忽略了均衡政治，那是由于罗马帝国令
人惊讶的历史。它源于这样一个事实：罗马能够将对手一个一
个征服是因为它的对手们在当时没有能力及时结成让它们得以
存续的联盟。马其顿国王腓力二世在汉尼拔取得种种胜利的时
候，还在保持中立，他于是以不谨慎的态度同战胜者缔结了联
盟，而且结盟的条款比结盟本身还要草率。其智慧为研究古代
史的历史学家所称道的罗得岛的（rhodien）和亚该亚的
（achéen）诸共和国，却选择了帮助罗马人去打那些针对腓力和
安条克的战争。"马西尼萨（Massinissa）、阿塔罗斯（Atalus）、
普鲁西阿斯（Prusias），在他们满足了自己私欲的同时，都成了

成就伟大罗马的工具：然而他们似乎都没有觉察到，他们助力他们盟友的征战的同时，就已经锻造了自己的枷锁。"在罗马历史中，唯一看起来理解了均衡原则的君主是叙拉古国王希伦（Hiéron）："我们从不应该把这样的力量放入一方手中，它的邻国们因为害怕而完全丧失了与之对抗和捍卫自己权利的能力。"这就是关于均衡的最朴素的程式：永远不应该让一个国家拥有使它的邻国们无法与之对抗并丧失捍卫自己权利的力量。这个程式建立在**常识和显而易见的推理**上，它虽然十分简单，却没有被古代人所忽视。

　　基于同样的原则，大卫·休谟接下来分析了欧洲体系与英法之间的敌对。"一个新势力继之而起，它对于欧洲的自由而言更加令人生畏，因为它不但有着先前势力的优势，而且还没有那些缺陷——除了带有哈布斯堡王朝曾在很长时间内迷恋而且现在还继续迷恋的偏执和迫害精神外。"英国曾经走在反对君主制法国的最前方，法国在五次战争中赢了四次，却最终没有大幅度扩展它的支配范围，也没有获得欧洲的全部霸权。今天当我们读到休谟对英国政治做出的批评时还是会忍俊不禁，他指出，同希腊一样，"我们似乎在受古希腊人那富有妒忌的好胜心的驱使，而非受现代政治的谨慎观念的指挥"。英国把无利可图的战争进行了下去，这些战争开始得名正言顺，而且或许也确有其必要性，但在同样的情况下，它们都是早该结束了的。因为英国对法国的敌意已经达到了无论在怎样的条件下都不会改变的程度，既然英国也应该对战争的代价负责，又因为协约国在一战期间像依赖自己一样依赖英国的力量，英国的盟友们因此对英国显示出一种拒不妥协的态度，来让英国即使对法国抱有敌意依然担负起战争的责任。最后，"我们是真正的斗士，这让我们一旦投入战斗中，就不再关心我们自己和子孙后代，而只对如何能最大限度地伤害敌人感兴趣"。

过于炽热的战斗热情因为会造成经济上的牺牲而似乎让休谟烦恼不已，它之所以在休谟眼中令人生畏，是因为它蕴藏着有朝一日能把英国导向另一个极端的风险："让我们完全不去关心欧洲的命运。雅典人，从大多数熙攘嘈杂、诡计多端、好战爱斗的希腊人那里看到了让自己介入每一次争端、全神贯注于外国事务的错误；这令他们在后来除了对战胜者阿谀奉承、殷勤谄媚外，再也不插手任何战争。"

大卫·休谟赞同均衡政治，因为他对庞大的帝国抱有敌意："庞大的君主政权很可能在它们的发展、延续，甚至倒台过程中都对人性具有破坏性，它们自建立后都没有走多远。"我们能以罗马帝国来反驳他吗？休谟回答说，罗马帝国之所以还有一些可取之处，原因是"在罗马帝国建立之前，人类普遍处于十分无序和未开化的情形中"。一个君主政权的无限制扩张——休谟针对的是波旁王朝的统治——创造出了阻滞人性提升的障碍（"因此人性就是在它的轻飘浮沉中检验自身的"）。如果我们将**均衡政治**和**普世君主制**视为一对反命题，这就几乎已经把休谟的思想简单化地说了出来。孟德斯鸠对于普世君主制具有灾难性这点抱有的认同似乎并不亚于休谟，国家必然会随着领土的扩张而丧失美德，无论是根据历史经验还是道德价值，均衡政治都合情合理地更为可取。

孟德斯鸠指出，罗马的衰落就是从帝国的庞大规模使共和政体不再可能的那一刻开始的。如果波旁君主政体过分扩张，贵族将拒绝去匈牙利、立陶宛这样遥远的地方供职，因为他们将被"宫廷遗忘，成为君主身边近臣或情妇的阴谋的牺牲品"。国王因此而不得不召唤雇佣兵，"而基于同样的原因，罗马帝国的悲哀命运将一次又一次地重演，直到君主制最终走向瓦解"。

均衡政治遵循的是一种常识性规则，它源于为自身独立性操心的国家所存的必要的谨慎之心：防止自己被拥有所向披靡手段的他国任意摆布。在某些国家的决策者或学说信奉者看来，均衡政治应该受到谴责，因为这些人在公开或隐秘的，有时还带了暴力的力量的使用中看到了人类的恶意的表现。何况这些批评者还不得不为此设计出自主意愿之均衡在法律上或精神上的替代物。同样的均衡政治又被那些质疑普世君主制、期望独立国家得以存续的人认为是道德的，或至少是由历史证明了其存在理由的。但对于那些在给定的时间和空间中比起多主权并立更偏向于帝国一统的人，这种政治如果不是不道德的，也是无政府主义的；非教条主义观察者则会根据形势，在观点上更倾向于均衡政治或帝国政治，因为就国家领土来说，很可能并不存在一个对所有时期都最适宜的固定规模。（对谁而言最适宜？为什么？）

在最高理论层次上，均衡政治可以归纳为旨在阻止一个国家积累的力量超过结为联盟的对手之力量的措施。所有想保持均衡的国家，都要站到看起来具有取得这种优势的可能的那个国家或联盟的对立面去。这条普遍规则适用于所有国际体系。不过，如果我们想设计均衡政治的详细规则，就还必须根据**力量关系格局**来给出一些体系的模型。

最典型的是我称为多极体系①和两极体系的两个模型：多

①　通常，被其他作者称为"均势"（balance of power）的那些体系，我称之为"多极"体系。

极体系的主要行为体之间力量没有太大差异，而且它们的数量相对较多；两极体系则相反，只有两个行为体在支配其他行为体进行互相对峙，并且让自己分别成了一个联盟的中心，而那些次要行为体，除非它们有弃权的机会，否则就被迫要根据两大"阵营"来进行自我定位并加入两大阵营中的一个。根据多极体系中主要行为体数量的不同以及两极体系中两大行为体力量对等或不对等的程度，还可能存在多个中间模型。

二 多极均衡政治

我们不妨想象一个以敌对国家多元化为特征的国际体系，这些国家的资源不等，但并没有因此而具备性质上的差异，1910 年的法国、德国、俄国、英国、奥匈帝国、意大利就是例子。如果这些国家想要保持均衡，它们就必须采用一些拒绝普世君主制的规则。

从定义上说，敌人将是那个有可能会支配其他国家的国家，所以一场战争的胜利者（就是从战争中获利最多的那方）会在战争结束时立刻被它昨日的盟友猜忌。换句话说，友谊和敌意从本质上说都只是暂时的，因为它们都是由力量关系来决定的。在同样的逻辑下，力量得到加强的国家必须预计到一些盟友会为了保持力量天平的均衡而叛离到另一个阵营。既然这些防御反应被预计到了，那么力量正在上升的国家，如果没有渴望霸权或帝国之心，明智的做法就是对自己的野心加以限制。如果它想染指霸权，它就成了体系的扰乱者，而不得不面对所有对体系持守成态度的国家的敌对。

有没有可能超越这些平庸无奇的概述，而列举出多极体系理性地加诸行为体的那些规则？（再一次，此处涉及的理性是假设出的，建立在认为行为体都期望维持体系这一假设的基础上。）美国学者莫顿·A. 卡普兰（Morton A. Kaplan）[1] 列出了六条规则，它们是被他命名为均势的纲要性体系运行的充要条件，在我看来，这对应了我们正在讨论的命题。

六条规则如下：

（1）各行为体都必须以增加自己**能力**（英语：capabilities）的方式行动，不过它们都必须更偏向于协商而非战事；

（2）各行为体在能让它的能力得到增长的机会面前，必须选择战争；

（3）与其除掉一个"主要参与国"[2]，各行为体必须宁愿选择停战；

（4）对于就体系其他部分而言拥有了支配地位的联盟或国家，各行为体必须反对；

（5）对于赞同超国家组织原则的行为体，各行为体必须反对；

（6）各行为体必须允许被打败或被限制的国家行为体作为可接受的伙伴进入体系，或者说各行为体必须能够让以前并非基本行为体的行为体加入其行列中。所有基本行为体都必须被作为可接受的伙伴来对待。

在这六条规则中，其中一条可以很容易分辨出来，那就是第四条，这项规则是均衡原则的一种简单表达，它适用于所有国际体系，我们先前已经把它从大卫·休谟的论文中摘了出来。

138

---

[1]　Morton A. Kaplan, *System and process in international politics*, New York, 1957, p. 23 sqq.

[2]　主要参与国，在这样一个体系中就是通常所说的"大国"，即拥有让它自己成为均衡体系根本构成部分的那种力量的国家。

而其他规则中没有哪一条，就理论阐释而言，能够以普遍的方式清楚地使人信服。

第一条规则规定所有行为体应尽可能地让自己的能力（资源、手段、力量）得到增长——适用于以各自为政、互相敌对为特征的所有体系。因为每一方都只能依靠自己，所以资源的增长从本质上来讲是受欢迎的，只要这种增长没有使其他方面的均衡性发生变化。然而，要使一个国家的资源增长既不引起盟友或敌人资源的变化，又不引起盟友或敌人对它态度的变化，这非常罕见。也只有在将各行为体更偏向协商而非战争作为一条公理时才能继续保证政治是理性的，就如同争取用最小的努力获得既定经济效益（以生产或收入的形式）的道理一样。而且，这条公理还必须要求诸行为体撇开自尊或荣耀才行得通。

宁愿战争也不愿错过让它们的"能力"得到增长的机会，这一条规则不但不理性而且不合理。当然，抽象地说，在其他方面都均衡的情况下，所有国际舞台上的行为体都会以最大化能力为目标。不过，如果我们非要设定一些形势让国家开战变得理性的话，那么要把它缩减成一些几乎缺乏具体意义的论断才行，就像下面这种类型的论断：既然收益和成本之间的差距会随不成功或者说失败的风险的增加而增大，那么，如果一个国家期望从胜利中得到的收益超过战争可能带来的花销，它必须在战争中采取主动。不论我们最终得出怎样的具体论断，仅仅因为存在提升国家能力的机会就去开战，这还不足以成为动武的合理理由。

古典学者只把一种理由视为主动发起敌对行动的理智且合法的理由，那就是敌人的强大给自己带来了霸权威胁。眼看一个国家慢慢具有了任意摆布邻国的优势，这虽然算不上不道德，但也属于不谨慎。

第三条规则和第六条规则有些自相矛盾，但不管怎么说，它们还是展示了多种可能情况。在一个多极均衡体系中，明智的国家决策者会对是否清除一个主要行为体心怀犹豫。如果他害怕在战争进程中会摧毁一个对体系均衡而言是必须的，对他而言却只是暂时的敌人的话，他就不会把胜利进行到底。但是，如果清除一个主要行为体会直接或间接地导致另一个对等行为体加入国际舞台，他又会考虑，旧的那个行为体和新的那个行为体中的哪一个才是最符合他自身的利益。

第五条规则等同于下面这个原则：在如此体系中，所有遵循超国家观念意识形态的或以此来行动的国家，从本质上来说都是敌人。这个原则并不是由多极均衡理性模型严格推导出的。当然，只要这种均衡是由国家之间的敌对规范表达出来的，而且这些国家又相互孤立且只关心自己的利益，那么，跨境招募支持者的国家自然会因为仗恃了某种普世性学说而成为对其他国家的威胁。但从民族国家和超民族观念传播国之间不可避免的敌意出发，我们还不能够就此总结说，民族国家必然会同超民族观念传播国开战：所有一切都取决于力量关系和用武力缩减超民族观念影响力的可能性大小。

更一般地说，所有这些规则都内在地假设了保持均衡和保持体系是国家的唯一目标，或者说，至少是它们的头等大事。然而，事实向来不是如此。唯一对此或多或少有意识且这样做的国家只有英国，事实上，英国的确是把保持体系本身以及削弱每一时期有可能染指霸权的最强大国家作为了自己的唯一利益。没有一个欧陆国家像英国那样有心或有能力无私地成全均衡的各种模式，即使是在这些国家并不渴望支配其他国家的情况下也做不到。攫取重要位置或省份、划分边界、分配资源，这些才是诸多大陆国家希望从中获利的关键所在。既然这些国家为了达到目的都做好了在必要情况下除掉某个主要行为体的准备，那么除掉某个主要行为体对它们来说就不是一种非理性的行为——只要有足够的其他行为体来替代被除去的这个主要行为体并让体系得以重建就可以了。借德国分治之机将德国作为主要行为体除掉，从法国对外政治的角度而言，这并不是非理性的，因为法国对外政治寻求的是，在不让主要行为体数量危险地减少的情况下，加强自己的地位。

欧洲诸国纯粹的民族政治只涵盖了宗教战争和大革命战争之间的一个短暂时期。宗教战争结束的原因并不在于那些宣扬超民族观念的国家被置于法律之外或遭受了不可补救的失败，而是因为国家高于个人这一宣言。国家决定教会，而个人即使无信仰也要依附于教会，在个人的宗教选择严格属于个人私事这一条件下，国家勉强容忍宗教异见者。17世纪欧洲的和平是由一种复杂的外交达成的，这种外交重建了国家间的均衡，并阻止教会间的争端或被统治者的信仰之间的冲突对这种均衡有所质疑。统治者重新从"意识形态战争"的局势中回到了"神圣同盟"的局势中：所有对既定权力的反叛，这种行为本身已是如此令人恼火，以至于哪怕是敌对国家的执政者也将它视为一种罪行。政权稳定性被置于潜在敌国可以为异端人士或叛乱所削弱这一考虑之上。

或许我们讨论过其论点的那位作者会赞同我们上面的评注。他所列出的六条规则是当完全理性的行为体遵循一个多极体系（均衡体系）理想类型时的规则。即使把这些规则只作为适用于一个理想类型的规则来看，我依然无法苟同。**纯粹外交家**

（diplomate pur）的行为不能够也不应该被认为是以均衡为唯一考虑来决定的，何况均衡自身还是以对普世君主制的拒绝和主要行为体的多元性为特征的。经济主体的行为是在理想类型的市场中被决定的，因为每个经济主体都寻求自身利益的最大化。外交主体的行为，在一个多极均衡体系中，并没有单一的目的：如果其他方面的均衡性不变的话，每个主体都会希望最大化自己的资源，但如果这种资源的扩大意味着不得不开战，又或者会导致联盟的倾覆，外交主体就将为要不要冒这个险而犹豫。一个既定体系的维持需要以主要行为体的共同维护为条件，但这些行为体中的每一个，从理性出发，并不一定非要把维持体系置于它们自身利益的实现之上。如果我们暗自假设国家都以保护体系及其运行为目标，这就是以迂回的方式又回到某些权力政治理论家所犯的错误上：把对手段的计算或决策的背景同目标本身相混淆。

用对某个典型体系的分析来预测外交事件是不可能的，同理，如果想根据体系的类型来强迫君主们采取某种行动也是不可能的。多极均衡模型能够帮助我们理解的是历史上已经出现过的体系，以及我们从那位美国学者那里借鉴而来的规则所提出的让某种体系得以维系的那些形势。

严格"民族"意义上的国家会互相认定对方为敌手，但并非不共戴天的仇敌：执政者并不是从个人角度在认为敌国执政者对自己有威胁；所有国家都可能加入随便哪个可能存在的联盟，今天的敌人会因为它将在明天成为伙伴或由于它从今往后都是对体系均衡而言不可或缺的一部分而得到宽恕。这样体系下的外交是现实的，甚至偶尔还是玩世不恭的，但它也是节制和理智的。但当另外一种外交的灾难性后果悲剧性地在某天出现时，这种不抱幻想的智慧，回顾看来又似乎不再是简单的理想类型，而是一种理想了。

141　　多极均衡体系内在的所谓现实主义外交，并不符合哲学家们的最高要求。刚刚获得胜利就改换阵营、不再与盟友为伍的国家会勾起原盟友们的痛苦和愤恨，因为它们有时候为了共同的胜利付出了更高的代价。纯粹的均衡外交会忽视也必须忽视这些感情，它本身没有朋友和敌人，它不认为有些国家比另一些国家更坏，它也不把战争本身看作有罪的。它接受利己主义，或者如果我们愿意这样说的话，它接受国家的道德堕落（渴望权力和荣耀）；不过这种工于心计的堕落似乎难以被预测，与也许是理想主义的但肯定是盲目的激情相比，它也没有那么令人生畏。

直至 1945 年，美国的外交都一直同这种传统的、谨慎的不道德背道而驰。美国对它历史上的两次大战存有记忆：一次是对印第安人的战争，另一次是南北战争。这两次的敌人都不是那种在敌对行为结束后可以继续同它和平共处的国家。外交关系、联盟和冲突对他们的国家生活的正常开展似乎并非不可割裂：战争是一种令人厌恶的必需，在其中人们必须屈从，它是一种情势赋予的任务，需要以最快的速度尽可能完成好，但它不是持续延伸的历史中的一个篇章。因此，美国人从战争一开始就很少想到过去和未来。战争中，敌人是该得到惩罚的罪犯，是该被纠正的坏人。战争过后，和平又会重新降临。

然而，1945 年后，美国人也不得不颠倒同盟关系，他们（比如麦克阿瑟将军）曾经试图宣称他们没有分配好角色和功劳，中国在他们还没有反应过来的时候就已经倒向了"错误"的一边，与此同时日本却倒向了"正确"的一边。如果敌人总是邪恶的化身，如果联盟的反转有时候无法避免，那就必须得出这样的结论：善和恶会改变化身。根据马基雅维利的观点，德行（virtu）在历史过程中会从一个民族转移到另一个民族。根据道德化外交的观点，完全不同于马基雅维利观点中的德行的美德（vertu），影响着这样的转移。

不论是令人憎恶还是令人赞赏，不论是致命不幸还是弥足珍贵，均衡外交都不是国家决策者深思熟虑的结果，而是情势使然。

地理环境、国家组织和军事技术都会阻止力量向一两个国家集中。大部分国家拥有相互匹敌的资源，这是多极体系的结构特征。在希腊如同在欧洲，地理环境对独立城邦或王国不是阻碍。只要城邦是政治单元，自主决策中心的多重性就是其必然结果。引用休谟的话来说，"实际上，如果我们考虑到，与希腊整体比起来，每个共和国中的居民数量很少，以及，当时形成包围十分困难，再加上，贵族中每一个自由民都具有出众的勇气和纪律性"，我们就会得出这样的结论：均衡相对容易维持，而帝国却难以强加。在欧洲，自中世纪分散的王权走向终结以来，先是英国，随后是俄国，在普世君主制道路上竖起了不可逾越的障碍。无论是王朝还是民族国家的合法性原则，都没有使无止境的野心具有正当性。16世纪到20世纪，欧洲军队并没有以大型征战作为目标来武装自己：拿破仑的战士是从边境徒步到莫斯科的。由于距离原因，他们比亚历山大的军队衰弱得更快。

142

执政者或被统治者越是重视他们政治单元的独立性，外交就越会寻求均衡。希腊的公民不会把他们自身的自由同他们城邦的自由分开。他们团结一致，共同对抗在他们看来不过是建立在专制基础上的波斯帝国，从而共同捍卫了自由人的文明。他们又互相为敌，捍卫着自己城邦的自主性。法国君主政体是第一个热切希望获得全面独立的，它强烈拒绝了在任何形式上对帝国的臣服。人民希望独立，民族国家就将这种愿望表达出来。这种国家独立的意志，这种对绝对主权的向往，压抑了意识形态外交的倾向，尽管信仰或观念上的冲突一直存在，但它还是维持了一种国家之间的异质性。它同时还促成了均衡规则的"内化"，这些规则不再只是谨慎的忠告，而是变成了道义或习惯性的必需。维持均衡被视作所有国家决策者的共同义务。欧洲协调转变成仲裁机关、共同磋商机关，甚至是共同决策机关。

然而，力量关系变化一定不能进行得过于迅速。不管大众对此抱有的是被动接受的态度还是漠不关心的态度，都最好不要让联盟的反转发生在一夜之间。不管国家决策者的智慧如何，都最好不要在资源调度上出尔反尔，让昨天的正确计算变成今天的绝对错误。在行为体彼此对对方有所认识和力量关系大致稳定的情况下，体系运行得更好。这些条件中的任意一个，一旦被从整体中抽离出来，就都不再足以保障多极体系的存在。独立的意志最后还是被带有暴力的跨民族激情所战胜。对共同体系的关心没有抵挡住过于巨大的异质性。如果人民因为一些他们拒绝去忘记的回忆而被分隔，又或者因为尚未愈合的疼痛伤口而被分离，国际体系的所有行为体之间就不会是可以彼此接受的伙伴（1871 年后，即使均衡计算让法德联盟是理性的，法国也不再可能与德国结盟）。

从 1914 年前开始，德意志帝国的力量增长和法德之间无法缓和的对立就已开始对体系的转变产生影响：联盟有了变得持久且固化成"集团"的趋势。在两次世界大战之间，先是共产主义，后是法西斯主义，这两种跨民族意识形态让体系的异质性达到了十分巨大的程度，以至于将维持体系作为共同利益的意识竟然完全消失：国家内部不同意识形态信奉者之间的敌意不仅掺和进了国家间的敌对，而且还让这种敌对进一步加深。内燃机引发的军事革命，似乎为大型征战行为开辟了道路。于是，理论家们在此时此刻怀念起黎塞留（Richelieu）、马萨林（Mazarin）、塔列朗（Talleyrand）时期的外交来。

当多极均衡体系在恰当的时期中运作时，它是**自然状态**（état de nature）和**法治**（règne de la loi）之间的一个历史性妥协。它是自然状态，因为最强者由于是最强大的而被当作敌人，因为每个行为体都是自己行为的最终审判者，拥有在和平与战争间选择的权利。但这种**自然状态**并不仅仅是不循规则、没有限度的互相攻伐。国家互相承认对方的生存权利，它们想要，它们也知道自己想要维持均衡，它们甚至还会在面对外部世界的时候达成某种一致。希腊城邦并没有忽视它们之间的深层相似，就像它们也没有忽视野蛮人的"蛮夷性"一样。① 在亚洲人眼中，欧洲征服者给他们的印象更多是一个"侵略集团"中的一丘之貉，而非互相竞争的对手。

这种介于自然状态和法治之间的（或者说，在丛林状态和普世君主制之间的）中间解决方案，从本质上来说是不牢靠

143

① 参见 Vattel，*op. cit.*，第三卷，第三章，第47段。欧洲是一个政治体系，是一体，在其中，所有居住在世界这个部分的民族都因为各种关系和多样化的利益而相互有所联系。它们再也不像以前那样，犹如孤立碎块混杂而成的混合体，其中的每一个都对其他部分的命运很少关心，对不直接涉及它们的事情也很少忧心；统治者们对所有发生的事情的持续关注，常驻大臣，不间断的邀请，这些都让现代欧洲就像某种共和国，它的成员们虽然各自独立，却相系于共同利益，聚集起来共同维持秩序和自由。

的。它从理论上给予了统治者主动发起战争的自由——如果先
发制人对于阻止让人担忧的对手来说看起来不可或缺的话。均
衡更多出自谨慎的要求而非体系的共同利益：如果削弱强者的
战争进行得过于频繁，体系就会变得不再有效、花费昂贵而且
面目可憎。我们越是分不清"削弱强者"和"侮辱傲者"之间
的区别，所冒的风险就越大。希腊城邦到底是出于对安全的渴
望还是出于支配他人的骄傲才如此频繁地相互攻伐呢？鼓舞着
路易十四外交的是对安全的忧患之心还是对荣耀的仰慕之心？
曾经有过一个内阁外交时期，虽然现实主义理论家在今天对它
们表示出颇多宽恕之意，在过去它却是被严厉审判的，因为历
史学家认为国王和他们的好战行为就应该对那些所谓的威望之
战负责，不论这些战争是不是应该被列为威望之战。欧洲均衡
体系或许（在某些时期中）限制了战争的暴力，但从没有降低
过战争发生的频率。

　　作为一个不牢靠的妥协产物，这种体系具有无休止地超出
自己的倾向，它要么向丛林状态回归，要么朝"普世帝国"或
"法律秩序"迈进。它具有共同文明和永久敌对的双重意识，
而这实际上是自相矛盾的。如果对抗的意识占了上风，战争就
会变得无法平息，文明的外交也会被忘却从而消失。如果文化
共同体的意识占了上风，国家统一的趋势、规划和平的趋势又
会一发不可收。为什么希腊人之间彼此宁愿选择将对方的军事
力量消耗殆尽，也不愿为了打败波斯帝国而联合？为什么欧洲
人没有选择对非洲或亚洲进行共同统治，而是宁愿在自相残杀
中相互毁灭呢？

144　　我们必须注意到：从历史的角度出发，这些问题都是**在事
后**才被提出的。腓力二世、亚历山大大帝以及他们的代言人早

已经使城邦自治的丧失同统一的希腊有能力达成的伟大建立了联系。1918 年后，瓦莱里（Valéry）提出异议，说欧洲政治的目标看起来是要把古老大陆的治理托付给一个美国委员会。事实上，欧洲人素来都将他们的大部分力量用于那些互相威胁的战争。法国人之所以曾经向海外派遣重兵，那是因为在那个时期他们正在徒劳地同民族主义争论，为的是保住他们财富中的最后那点碎片，他们正在失去而非正在建立帝国。

此外，不难理解这种所谓的谬误只有在事后才能被判定。国家惧怕它们的敌人，人民害怕他们的邻居，国家或人民都渴望支配他们的近邻，而这种渴望更甚于他们对远方土地或异族人民的支配愿望。无论我们将西班牙人和英国人的庞大帝国归结为冒险精神还是利欲熏心，抑或对金钱和权力的渴望，它们都是以征服者所具有的非凡军事优势为前提的。当不存在这种优势时，最常见的还是，战争在同一文明圈内部进行。同欧洲人一样，中国人和日本人也对内部争斗习以为常。

对不问道德的、有节制的均衡外交保持着一丝怀念之情，这或许是人之常情，但也是徒劳。这种怀念从本质上说是在追溯往昔。那些对外交家不在乎观念的时代怀有悼念之情的人，显然都生活在一个异质体系中，在一个有意识形态冲突的年代里。那些对国家利己主义的精巧计谋和对均衡的尊重倍加赞赏的人，都处于国家间为了成为帝国争斗不息，且与国家密不可分的既世俗又属精神领域的信仰之间一样在争斗不息的时代。那些对体系行为体多元化带来的精巧计谋惊叹的人，他们看到的是刚性阵营称雄的外交领域。

人，包括国家决策者，都无法自由决定力量的分配，也无法自由决定外交的性质是带有意识形态的还是中性的。与其因为不喜欢现有世界而去梦想另一个世界，还不如花精力去理解世界的多样性。

三　两极均衡政治

我把以下这种力量关系格局称作是**两极的**：大部分政治单元聚集在它们中的两个的周围，而这两个政治单元的力量远超其他政治单元。对于观察者而言，多极格局和两极格局之间的区别十分清晰，因为不同的格局导致了不同的后果，这些后果中一些是逻辑的结果，另一些是历史的结果。

不论在怎样的格局下，均衡的最普遍法则都适用：体系主要行为体的目的是，不让自己陷入任凭对手摆布的境地。不过，因为是两个大国在主导，而且其他小国即使联合在一起也无法与两个大国中的任意一个相抗衡，因此均衡原则会被用在围绕着大国而形成的联盟之间的关系上。每个联盟的最高目标都是阻止对方获得优于自己的手段。

在这样的体系中，我们能区分出三种类型的行为体（而不只是"小国"和"大国"）：两大联盟各自的领导国，被迫加入联盟并且对两大领导国之一表示效忠的国家，希望能够置身于冲突之外的国家。这三种行为体各自根据不同的规则来行动。

联盟的领导国必须随时随地保持警惕，以便**预先应对**另一大国或其联盟的力量上升，以及**维持**自身联盟的凝聚力。这两大任务以多种方式互相联结。如果一个盟友改换了阵营或者变得中立，力量关系也会随之改变。从最抽象的层次上来看，领导国用两种手段来维持它所领导的联盟的凝聚力：一种是施以保护，一种是加以惩罚；或者说，一种是保障盟友们的利益，一种是用制裁来威胁分裂或背叛行为。对这些手段的理性运用取决于多种情势：对于那些对另一联盟心存畏惧的国家，大国给予其援助的承诺，也就是予以安全上的保证；对于那些对另一联盟毫不畏惧的国家，大国给予其财富上的好处；对于那些无法引诱或说服的国家，大国对其厉色恐吓。

修昔底德曾经想要知道，在怎样的程度上，雅典应该对它领导的联盟的最后解体以及这个联盟经受不住失败的情况负责。在理论上由权利平等的城邦组成的联盟，最后都变成了一种由一个支配者主宰的类似帝国的东西，这位支配者不但要求众多，而且还强索贡赋。希腊历史学家提出，最强者总是趋于滥用力量。除了这个永恒的心理动机，今天的历史学家还可以从修昔底德的记述中得出其他阐释。外部危险一旦远去，一个"岛国权力"的联盟是不会自发保存其凝聚力的。一个平等城邦组成的联盟本应该是完全和平的，除了联盟内部成员的安全和自由外，它应该别无目的。如果雅典向帝国主义道路迈进的话，连它自己都会把自己判定为过于野蛮粗暴。谁也逃不过权力的奴役。

那些由于使命或必要性而依附于两大阵营其中一方的政治单元，同样基于两种考虑来行动：一方面，联盟的利益就是它们自己的利益，另一方面，联盟的利益又不会与它们自己的利益完全重合。让我们重新回到对多极体系内部联盟的思考上：每一个暂时联合起来的主要行为体，都担心自己的主要盟友（们）力量增长，即便在敌人（们）（尚未）被战胜的情况下，也是如此。一次共同胜利所带来的好处向来不是被均等地分配的：一个国家的权重更多取决于它在谈判时所拥有的力量，而非它在敌对过程中获得的功绩（当盎格鲁－撒克逊人在1918年提出这种"现实主义"主张时，它在法国被引为丑闻）。然而，

两极体系中的盟友间竞争并不具有这样的特征。两极体系的格
146 局越是清楚，两个大国就越相对于它们的伙伴而言占有优势，
各联盟也就越有持久化趋势。作为正在与同样是持久联盟的另
一个联盟抗衡的一个持久联盟的成员，次级国家的主要利益在
于它自身的安全或它作为部分所构成的那个整体的胜利①，它
因此也更容易听任（联盟内）敌对 - 伙伴国力量增长。修昔底
德的论述多次向我们证明了，雅典让它的盟友们害怕和畏惧。
如果次级国家的命运在联盟中不会被伙伴国的有限力量所影响，
如果联盟的领导国纯粹是一个保护者或仲裁者，那么，次级国
家就会完全觉得与联盟休戚与共（**它的**成功也就是**我的**成功）：
只是，这些条件几乎不可能达成。

　　世界一如它本来的模样，每个政治单元因此也会力图让联
盟政策向有利于自身利益的方向倾斜，又或者它会在直接涉及
自身的行动中尽可能地保存实力。1959 年，法国外交家们通过
大西洋集团的共同政策指出，由于盎格鲁 - 撒克逊国家支持平
息阿尔及利亚叛乱，法国投入了大量兵力，从而削减了它对北
约保护作用的贡献。一种外交或联盟战略在永久联盟内部所遇
到的困难会小些，因为共同的意识形态或外部威胁能让联盟得
到巩固，但这些困难依旧存在而且在本质上并无变化：各种不
同的操作、战斗、取胜手段为伙伴国带来的好处还是会不一样。
即使这些伙伴国就风险和运气的评估达成了一致意见——由于
这些评估具有不确定性，这种一致其实是永远无法达成的——
它们依然会有进行争论的各种理性动机，因为有如此多的外交
或战略方法都可能在哪怕很诚恳的盟友那里带来当下收益和长

---

　　① 　如果它是自愿成为这个整体的一部分的话。

期收益上的分配不均。

　　至于那些不加盟的国家，它们首先是一些位于体系之外的政治单元，最常见的情况是，它们没有任何理由要参加两个联盟中的任意一个，而且它们甚至可以通过使交战的两大阵营被削弱的普遍战争获利。体系外的国家在两种情况下会基于计算而干预进来：要么因为它计算出两大阵营中一方的获胜给它带来的收益将超过它援助此方取胜付出的成本；要么因为它考虑到两大阵营中某方取胜会让它陷入被动局面而害怕让此方取胜。后面这种情况说明了 1917 年美国干涉的一种可能动机（但这并不意味着美国的这次干涉没有其他原因）。而波斯人在伯罗奔尼撒战争后期进行的干涉可能属于第一种情况。

　　至于体系内国家的选择——参与进去或保持中立——它首先取决于国家从中立中所能获得的安全，假设中立是所有国家的共同愿望的话。地理状况和小国自身的资源是两大决定性因素：1949 年，当《北大西洋公约》签订的时候，没有加入的瑞士和瑞典拥有着欧洲大陆铁幕以西的最强大军队，这绝非偶然。147 相反，蒂博代（Thibaudet）在评论修昔底德时写道，海上权力是无法接受一个岛屿的中立的。

　　多极格局和两极格局像两种纯粹类型一样截然对立。在一个极端上，每个主要行为体都是其他行为体可能的敌人或可能的伙伴。在另一个极端上，只有两个主要行为体，如果它们不是因观念为敌，就是因位置为敌。此处，联盟是暂时的，彼处，联盟则具有持续性；此处，盟友们不承认联盟有领导国，彼处，除了两大领导国本身外，其他所有政治单元都臣服于领导国的意志；此处，很多政治单元都能够对结盟置身事外，彼处，所有政治单元，不管愿意不愿意，都要向两大领导国中的一个表示忠诚，都要向两大阵营中的一方聚集。

不难想象，两种纯粹类型之间存在不同的中间格局，甚至这些中间格局比纯粹类型更加常见和真实。即便在同质多极体系内部，一个行为体也很少同随便哪个行为体联合或敌对：利害关系（一个省份的命运、一段边界的划分）与人民的激情可能会使理性计算没有排除掉的国家亲近关系在现实中无法达成。甚至在一种有着多个主要行为体的体系中，也会有一个或两个主要行为体去压倒其他的。如果普遍战争在两大联盟之间发生，联盟中的行为体会比其他行为体更对自己的联盟具有影响力。换句话说，如果普遍战争爆发，多极格局自己就会向两极格局趋近。正是因为这点，尽管欧洲体系在 1914 年前仍然是多极的，蒂博代和汤因比（Toynbee）仍把 1914 ~ 1918 年的世界大战同伯罗奔尼撒战争进行对比：比较点在于冲突的扩大化过程，它们都是慢慢将体系中的所有政治单元牵涉进去，并形成了以岛国权力带头的联盟同以大陆权力带头的联盟之间的相互对立，也就是雅典和英国分别同斯巴达和德国的对立。从这以后，评论家们就以修昔底德为参考对两极体系倍加强调，因为 1945 年后的世界正呈现出这样的格局。不过，显而易见的是，希腊的体系从性质上不同于当今的体系，同样，雅典和斯巴达比起其他城邦所具有的优势，也同当今两大巨头所具有的优势不属于同一类型。

一个两极体系运行或演变的法则确实是无法确定的。外交关系几何学堪比德国战争理论家绘出的战役纲要图（双翼包抄——坎尼会战，单翼直入——洛伊滕会战，等等）。外交格局同战役纲要图一样，数量不多，因为一个体系内部力量的分布模式同军队的调动一样，都只包含一些典型模式而已。关于模式的理论，就像它无法让战略家预先知道怎样的部署是他必须完成的一样，它也无法让历史学家预测出一个既定体系将会成为多极的还是两极的。

它最多也就是让我们去注意两极体系的一些结构性特征而已。两极体系从本质上看或许并不比多极体系更缺乏稳定性或更好战，不过，它的确比多极体系更易受到无法缓和的普遍战争的威胁。事实上，如果所有政治单元都属于两大阵营中的一个，那随便哪个地区冲突都会引起体系全体的兴趣。两大阵营之间的均衡受到众多小政治单元行为的影响。由于缺乏"第三方"来当仲裁者或暂时助手，两个大国会永无休止地——不论是以直接的方式，还是以通过中间国家的方式——被牵扯其中。为了相处，它们必须划分界线，界定各自的影响区域，对分裂行为发出禁令：一方的追随者没有权利到另一阵营中去，双方阵营都保证不到对方的盟友那里去煽动分裂。这些或多或少确切的规则，似乎在古希腊伯罗奔尼撒战争发生前的一段时间就已经有了。对于两个领头的城邦而言，遵守这些规则已经很困难了，还要把这些规则加诸它们各自的盟国身上，这就难上加难了。

在这样的体系中，卫星国的命运其实才是大国之间冲突的诱因和关键之处。然而，根据联盟的刚性、灵活性的不同，冲突的主要责任会分别落在卫星国和领导国身上。修昔底德描述的希腊、雅典在海上的霸权和斯巴达在陆上的霸权都并非压倒性的。科西拉（Corcyre）和科林斯（Corinthe）的舰队都足以改变力量关系。大国并不能以至高无上的方式支配它们的盟友，这些国家也可以为了它们自己的利益而把领导国拖入至死方休的战争冒险当中。

最后，由于缺乏"第三方"，这个让普遍战争变得很可能发生的体系，使普遍战争的意识形态化不可避免。为了避免相互攻伐，大国必须禁止改投阵营。但一旦它们开战，它们又怎么会放弃去煽动叛离呢？两个大国极少会有相同的制度，而且它们军事力量的原则也各自不同。在各个城邦的内部，也会分化出不同派别：一些主和，一些主战；一些倾向于这个领导国，一些则倾向于那个领导国。对这种制度或那种制度的偏好至少部分地左右了城邦对立场的选择。一步一步地，所有城邦都在两个联盟的不同拥护者之间的分化中分裂，每个联盟又不择手段地利用敌对城邦的这种内部纷争来达到削弱敌人的目的。

两极格局体系的和平要求两大领导国之间就追随国的稳定性达成一致，也就是说，禁止在（对方阵营的）国家内部招募自己的党羽。这种禁止在至死方休的斗争爆发时会消失。不过，如果这个禁令甚至在至死方休的战争爆发前都不存在，就说明和平是好战的和平，或者说它就是冷战。

四　希腊城邦的两极体系

我们刚刚所进行的形式分析，给我们带来的不是用以预见的手段，而是一种纲要。由于给定了一个两极格局，如果历史学家或社会学家想要理解其中的各种事件，他们就必须要通过以下这些步骤：

（1）涉及的是哪些联盟？这些联盟各自有多大程度上的刚性？每方领导国在使用着怎样的权力工具？每方领导国相对于它的伙伴国、盟友或卫星国有着何种程度上的优势？

（2）如果体系引起过至死方休的斗争，那么，这种斗争爆发的契机或原因是什么？

（3）在至死方休的斗争前或过程中，两大联盟之间的、领导国之间的、领导国和它们各自盟友之间的那些冲突又是怎样发展进行的？换句话说，必须弄明白每个联盟的性质和结构、它们之间对抗的契机和深层原因，以及它们战斗的类型和模式。

《伯罗奔尼撒战争史》第一卷（以下简称"第一卷"）令人钦佩地运用了这些规则。我们将从中借鉴以阐明分析的要求："在危险关头，斯巴达人作为支配力量取得了希腊联军的统帅权，至于雅典人，他们在波斯人的攻势面前，选择放弃自己的城市，带上东西登上船舶，变成了海上力量。同样，一旦他们共同打退了异邦人，叛离了波斯国王的希腊人或原来帮助过波斯从而与希腊交战的希腊人就马上分别以雅典人或斯巴达人为中心聚集起来。事实上，这两个国家显示出它们才是最强大的；一个称霸陆地，另一个称雄海上。两者之间的协议维持了一阵，而后斯巴达人与雅典人战端再起，各自在其盟友的帮助下战斗；而其他希腊人，一旦彼此间发生了争端也会投向斯巴达人和雅典人中的一方……斯巴达霸权下的盟友不用缴纳贡金，它通过在这些城邦中建立寡头政治来确保它们为斯巴达利益效力；雅典则在它的霸权下逐步蚕食除了希俄斯（Chios）和莱斯博斯（Lesbos）以外各城邦的海军，它还向所有盟友征收贡赋。"①两个城邦都以军事力量中的一个典型要素来支配其余城邦，所有其他城邦都向它们聚集。雅典的支配是财政的（盟友纳贡）和海上的（盟友们的船只都"并入"雅典舰队）。斯巴达联盟则是以站到它那方的那些城邦政权的寡头特征为基础，正如修昔底德经常谈到的，这个联盟也是以各城邦想要保住被雅典置于危险境地的城邦的自由为基础的。

---

① Liv. Ⅰ, 18, 2-3, 由 Jacqueline de Romilly 翻译，Budé 编辑。

科西拉的例子表明，领导国之间虽然缔结了协约以避免战争，但它们却做不到遵守协约，一旦我们运用现代的观念就能让这个案例的意义浮出水面。科西拉和科林斯（前者是后者的殖民地）因为都宣称埃皮达鲁斯（Epidaure）是自己的殖民地而开启战端。科西拉是一个"中立"城邦，各方虽执互相矛盾的辩词但对此却是一致承认的。为什么科西拉对缔结协约这件事本身保持了距离呢？以科林斯人的观点，这是质疑"科西拉的地理形势让他们具有独立性"（Ⅰ，37，3）；而据到雅典那里去求助的科西拉代表说，这是因为科西拉当时相信"为了不致被卷入由别人的选择所造成的危险之中而不与别国结盟"乃是明智之举，而他们在危难时刻才发现这种自我孤立是疯狂、愚蠢和懦弱的。各种联盟的扩张和嵌套，让任何具有某种重要性的政治单元都越来越不容易不与这个或那个大国结下同盟关系。

150

让一个中立的政治单元加入两大阵营之一的做法是否符合雅典和斯巴达基于共有的和平利益而缔结的协约呢？从中立立场转向结盟是否同协议相悖呢？在所有雄辩家看来，协约禁止叛离行为，即已经是某个联盟组成部分的城邦不能离开自己的联盟。科林斯的辩护人是这样对雅典人说的："你们不要开创这样的规则，使得叛离者能够在另一方阵营中受到接纳"（Ⅰ，40，4）。如果一方阵营欢迎了叛离对方的人，那对方也同样会这么做来还以颜色。"如果你们为了支持这些犯有过错的希腊人而接受了他们，那么你们会发现，你们的人民中有比当初你们接纳的叛离者人数更多的人投向我们这边；这条你们自己树立的规则对你们的影响会比对我们的影响更甚"（Ⅰ，40，6）。至高无上的规则是"每个大国应当处罚的只有它自己的同盟者"（Ⅰ，43，1）。

科西拉请求雅典援助的例子非常复杂。从形式上看，科西拉曾经是中立的，并不会落入不准接纳叛离者这个禁令的管辖范围中。科林斯人也承认，根据协约的条文，"没有签订原有协约的任何城邦，可以自由地加入任何一方"（Ⅰ，40，2）。但是，科林斯人又说，协约的精神不允许这种归附行为本身构成对另一阵营的侵略。"这一条款针对的不是那些以伤害另一阵营的城邦为加盟目的的人，它针对的是那些并非为了摆脱另一方势力才在自身安全上妥协，从而加入新同盟的那些人；如果这个条款是明智的，那它针对的也不是那些让接纳他的城邦告别和平陷入战争的那些人。"用现代的概念来说，协约包含了两个模棱两可的地方：其一，它的功能是为了避免力量均衡被打破，然而未被明确禁止的某些中立方的依附却可能会导致这种均衡被打破；其二，被协约给予了效忠选择权的中立方，却不能完全倚仗这个协约。如果科西拉这个拒绝尊重科林斯（它曾是科林斯的殖民地），甚至希望与科林斯开战的城邦，成了雅典的盟友，这种依附无论从事实上还是从精神上，都是对科林斯的一种侵犯，也就是对斯巴达的侵犯。雅典人是如此清楚他们的行为将会带来的影响，因此同科西拉达成的只是一个简单的防御性盟约，包含了在科西拉、雅典或它们的同盟被攻击的情况下互相给予援助的约定。而一个进攻性盟约，就会把雅典牵连进攻击科林斯，也就是与斯巴达作战的风险之中。

怎样的动机在决定雅典人的行为？修昔底德对此的看法是：当双方都预感到下一场战争将会发生的时候所做出的力量计算。"一旦发生战争，我们对于你们是有用的。如果你们当中有人认为战争还是遥远的事，那就大错特错了。那是因为他没有注意到斯巴达因为害怕你们的力量而希望发动战争"（Ⅰ，33，3）。这是科西拉的外交使节在雅典议会上的陈词。而修昔底德151自己则说："伯罗奔尼撒战争的爆发，似乎只是时间问题。雅典人的愿望是不让拥有同雅典舰队一样强大的舰队的科西拉就这样落入科林斯手中，因此希望尽可能地制造他们之间的争端，以便今后在雅典同科林斯和其他海上势力作战的时候，它的这些对手比现在更加虚弱"（Ⅰ，44，2）。在古希腊，有三支重要的海上力量：雅典的、科西拉的、科林斯的。如果出于害怕打破停战协议而任凭后两者联合起来，这对于雅典人来说难道不是一件既丢面子（因为显出了自己的害怕）又牺牲了可观的军事好处的事情吗？当领导国对它们的盟国而言不具备压倒性优势的时候，比起它们对盟国的领导来说，其实更多是它们被盟国拖累。雅典所具有的优势没有达到让它瞧不上科西拉的支援的程度。

被修昔底德视为这场大战第二个原因的是波提狄亚（Potidée）的争端，从形式上说它也属于同一类型。波提狄亚是科林斯的一个殖民地，雅典的一个盟友。雅典人认为对做出变节行为的盟友有惩罚的必要性和合法性。他们因此同希望保护殖民地的科林斯发生了冲突。斯巴达人违反协议，让这个纳贡的城邦脱离了雅典，"他们站在波提狄亚人一边同雅典军队作战"（Ⅰ，66）。城邦间盘根错节的关系——宗主国和殖民地之间的关系、霸权城邦和其盟友之间的关系——常常给确立公正与否带来不确定性。

不过，在修昔底德看来，这种"国际法"上的含糊性并非冲突的实际原因。这位历史学家用了下面这个著名论断来说明这点："事实上，最真实的原因也是最少被承认的那个原因，在我看来，是雅典人力量的增长引起了斯巴达人的担忧恐惧，从而迫使他们进行战争"（Ⅰ，23，6）。科林斯人在斯巴达同它盟友的议会中揭发雅典人那些违反公正和协约的恶劣行为。不过根本的指责还是在于雅典已经到了这样的程度："它无一例外地在所有人面前充当了暴君角色，它已经支配了一些城邦，还梦想控制其他的城邦"（Ⅰ，74，3）。斯巴达人决定打破停战协议并投票表决坚决作战后，修昔底德重申，与其说斯巴达人是被他们的盟友说服，不如说他们是"害怕雅典将它的权力之手伸得更远，因为他们认为绝大部分希腊已经落入雅典之手了"（Ⅰ，88，1）。

第一卷主要是我们称之为外交形式和战争源头的研究，在第一卷叙述和讨论的过程中，对均衡的考虑和对公道（公正、惯例）的考虑时时刻刻互相交织。不过这位历史学家毫不犹豫地将对均衡的考虑视作具有决定性的，而且还毫不迟疑地借行为体之口说出那些在我们今天看来无法想象其诚意的供词，那些会被今天的意识形态和大众的舆论视作虚伪的供述。雅典的代表在斯巴达议会中这样宣称："如果我们确实接受了一个别人奉献给我们的帝国，如果由于被荣耀、恐惧和利益这些强有力的因素所驱使而不愿意放弃它的话，我们的所作所为也不足为奇，它没有背离人类正常的处理方式；有鉴于此，我们也不是在首创，因为事情一直都是这样，即最强者必须让最弱者遵从它；同时，我们认为我们无愧于拥有这样的地位，而且迄今为止你们也是这样认为的。当你们计算自己的利益时，才来援引正义，而这从来就不是在人们有机会以武力获取更多利益时能够阻止他们力量增长的理由"（Ⅰ，76，2）。

坚持均衡、斯巴达对雅典帝国扩张的畏惧、盟友们对雅典霸权的愤愤不平，这些都不是一方独大的统治会引起其他各方物质层面劣势的主要原因。的确，盟友们会对纳贡或提供船只感到愤愤不平，斯巴达也会在雅典变得锐不可当的时候担忧自己的生存。但是，当大卫·休谟提到，城邦之间的争斗通常是出于自尊心而非对安全的忧虑时——更多是**嫉妒的竞争**（jealous emulation）而非**谨慎的政治**（cautious politics），他恰恰很好地理解了修昔底德的思想。拥有霸权的城邦对统治这一荣耀的追求不亚于，甚至更胜于，对支配所带来的商业或财富收益的追求。处于臣服地位的城邦之所以加以抗争，是因为觉得臣服有失自由城邦的尊严，就如同屈从于暴君（即屈从于一个绝对的、专制的主人）对于自由人而言是一件有失尊严的事一样。同样，民主且靠海的雅典，对于科林斯和其他斯巴达的盟友而言，构成了对希腊城邦自由的重大威胁。作为一名雅典公民，修昔底德没有谴责正向帝国迈进的祖国，不过他也并不否认斯巴达的阵营才是代表了传统自由的阵营。

无论捍卫自主性具有怎样的斗争含义，作为战争指挥官的伯里克利（Périclès）在雅典议会的演讲提供了另一种论证。至高无上的论据是"不在斯巴达人面前屈服"（I，140，2）。在最后通牒面前屈服，就已经属于接受奴役了："在没有预先判决的情况下，平等者以强求的形式向其邻邦提出的任何权利要求，不论是大是小，都会导致从属关系的产生。"任何借口都无关紧要。但愿人们不会把"为墨伽拉而死"想象成为一点小事而死，因为它关乎对捍卫自由的自主性而言具有根本意义的东西。

当伯里克利发表这番演讲的时候，他判断战争已经无法避免，而对方联盟的首领们也做出了同样的判断。修昔底德对这段漫长历史的叙述完全由行为体的决定来穿插编织，然而即使如此，这些人物也没有因此而缺少命运感，而且他们还把这种命运感传达给了读者。斯巴达国王阿希达穆斯（Archidamos）与伯里克利都对战争的时长不抱幻想，一旦战争爆发：这两位智者，这两位有远见的人，这两位对斗争或坚决果断或顺从接受的人，都知道双方阵营无论哪方都无法轻易获胜。每一方都在一个方面出类拔萃，雅典在海上，斯巴达在陆上。在海上有优势并不足以让斯巴达任凭摆布，正如陆上的重装步兵也不足以让雅典屈膝臣服。因此，科林斯的使节和伯里克利相继宣布：**我们将会获胜，因为我们最强大**。历史学家修昔底德以这种方式来摆出双方各自的论据，这让这场夸张型战争的扩大看起来事先就已命中注定，起初结局还具有的那些不确定都可以要么归结于会限制人类智慧却不会消除智慧的偶然因素，要么归结于战败者的错误。

一些比较自然而然会在读者心中产生。我们知道，许多学者，特别是蒂博代和汤因比，都把伯罗奔尼撒战争同当代历史中的一些战争做过比较。这种比较仅仅在对其意义和影响有所限制的条件下才合理。蒂博代援引了美国南北战争和自查理五世开始的欧洲战争。第一个比较似乎毫无依据。南北战争的利害在于国家本身的存续，联邦的一些州要求拥有退出联邦的权利。无论这场战争是不是成了"全面"战争，是不是因消耗策略才获得了绝对胜利，这些都无法证明它足以同一场被国际体系全体关注的，甚至还一步步把体系边缘或外部的政治单元也牵涉进来的普遍战争进行类比。就所有的欧洲战争来看，只有1914～1918年的大战，甚至只有1914～1918年和1939～1945年两次大战构成的大战整体，才从**形式**上表现出同伯罗奔尼撒战争相似的某些特征。

153

我们还要再次强调，这种比较只是形式上的比较。在古希腊，制海权是最受质疑的，因为它看起来似乎最能进行剥削和压迫，或许还因为它是被雅典所行使，而雅典与其盟友相比所具有的力量优势又比斯巴达与其盟友相比所具有的力量优势更为巨大。蒂博代观察到：在古希腊，正是那些支持个人自由的城邦被其他城邦视为对城邦自由的威胁，而这种看法也的确合情合理。1914 年，欧洲大陆国家最接近霸权，同时也最专制（沙皇俄国除外）。

在现代欧洲如同在古代希腊，在倾向于比较的历史学家眼中，都是普遍战争的夸张扩大构成了那个需要加以解释并且导致了众多后果的主要事实。从长期来看，的确，如果多极均衡体系——希腊的或欧洲的——造成了毫无节制、过度消耗的冲突，就应该受到谴责。然而，两大联盟的形成、每方都以领导国中的一个为中心，这其实就已经是在为大战的爆发做准备，而且也标志着国家的自由状态会向帝国大一统过渡。

伯罗奔尼撒战争同 1914～1918 年的大战一样，都以期望保留城邦自由的那个阵营的获胜而告终。斯巴达的部分霸权不过是昙花一现，随后的底比斯（Thèbes）也一样。由于拒绝了唯一可能持久维持的霸权，希腊城邦先后臣服于马其顿和罗马。由于拒绝了德国霸权，欧洲国家中的一部分臣服于苏维埃俄国（苏联）和共产主义学说（或实践）的联合支配，另一部分则臣服于美国的庇护。或许，借用雅典使节的话来说，欧洲国家越是在平等原则下掩饰自己就越会觉得自己状况凄苦。"他们是如此习惯于在平等的原则下与我们共存，因此如果情况与他们所理解的相反，他们也不会因帝国的决策或行动手段的影响而沦为自卑，他们不会感激我们让他们保有了大部分利益，反

而会因为失去一点利益而大为恼怒，这甚至比从一开始我们就
把法律抛到一边而公开追求自己的利益还要令他们恼怒：如果
我们真的那样做了，应该连他们自己都不会再去抗议和否认弱
者必须服从强者了"（Ⅰ，77，3）。

对于挽救一个因普遍战争的暴力、时长和成本而解体的均
衡体系，哪怕是支持国家自由的一方获胜也是不够的。

＊　＊　＊

我们甚至还没有尝试列出一个从中能演绎出两极格局力量
关系的行为规则表。① 无论是两极格局还是多极格局，把这些
规则罗列出来意义都不大或者会过于武断。维持格局并非行为
体的第一或最高目标。因此，将那些以保有体系为前提的规则
视为理性行为规则是不合理的，或者如果人们愿意这么说的话，
这种做法也是没有指导性的。唯一确定的普遍规则是大卫·休
谟给出的模糊意义上的**均衡**规则：每个行为体（我会加上"**主
要**"二字）都竭力不让其他行为体对自己为所欲为。它增加自
己的资源或动员系数，它在外交领域运用手腕缔结或断绝联盟
关系，并试图用这些来避免违背它自身意愿，或许会对它的安
全构成致命打击的臣服的发生。"不听任其他行为体摆布"这
一意志，根据形势的不同——具有多个能力几乎持平的主要行
为体或"两大巨头"对于其他对抗者而言具有压倒性优势——
而表现为不同的行为。"不听任其他行为体摆布的意志"同典
型格局的结合能让我们概括出体系的不同模式。不过，这些只

---

① 莫顿·卡普兰区分了严格的两极体系和"灵活的"（loose）两极体系，不
过在这两种情况下，他都在自己的模型中引入了属于现有体系（国际行为
体）的要素。对比起来会很冗长，而且对我们的主题也没什么用处。

154

具备两大特征的模式——均衡的意志和力量关系格局——依然具有太多的不确定性，从而让我们无法从中得出其运行或演变的法则。

从上面这些分析中，是否有可能列举出针对既定国际体系的社会学或历史学研究必须要考虑的变量呢？只要这些资料从根本上还是定性的（qualitatif），甚至都不包含最多和最少之间的量的区分，在我看来，使用变量这一概念就仍然值得商榷。不过，如果用一个中性术语来代替"变量"，那么在我看来，就有可能从前面的章节中概括出一个国际体系主要要素的表单，或者——如果有人喜欢这样说的话——一张国际体系研究必须要回答的问题的清单。

两个要素支配着体系：**力量关系格局、体系的同质性或异质性**。不过，两个要素都还要细分。行为体都处于同一个地理历史空间，而这个空间的界线或多或少被清晰划分了出来。在边境上，其他的行为体半融入、半陌生于体系。每个行为体自身的力量取决于资源和动员系数；动员系数本身取决于经济、军事、政治制度。这些影响着力量关系的内部制度直接决定了冲突的性质和利害。同样一个政治单元有时候会在改换制度的时候改变自己的目标。政治单元之间的对话取决于不同的阶级或权力人物之间的对话：一个极端是国王们一起反对人民，比如 19 世纪的情景（或东欧的各个政权联合起来对抗反革命的情景）；另一个极端则是一个国家（或一个阵营）的执政者同竞争国或敌对国（或阵营）内部的反叛者或革命者团结起来。在这两种极端情况之间还插入了不干涉外交，也就是不论国家对哪种意识形态有好感，也不论国家自身民族利益如何，每个国家都禁止对他国公开或潜在的内战状态下的掌权派和革命派这两方中的任意一方加以干涉。

　　同质性和异质性包含了不同的模式，以及有差异但无法数量化的细微处。所有体系都或多或少是同质的或异质的：在某个区域中是同质的，在另一个区域中是异质的；在和平时期是同质的，在战争时期是异质的；在部分遵循不干涉外交规则上是同质的，在革命行动不同手段的外交运用上是异质性的。异质性可能是社会结构的异质性也可能是政治体制的异质性，可以更多是观念上而非现实中的异质性，相反，也可以更多是现实中而非观念上的异质性。不管怎么说，我们只能通过以这些政治单元中确立的权力为参考，并用合法性、对外抱负、战略、领导阶级的战术这些概念一一分析它们，才能理解政治单元之间的对立和对话的性质。

　　力量关系格局通过动员系数的中间作用通向了内部政体，同质性或异质性通过行动手段通向了力量关系。这两个术语——力量关系和体系同质性——并非严格限定的两个变量，它们是所有历史全局中互为补充的两个方面。对两个方面的分析可以得出的是社会学层次上的体系运行模式和历史学层次上的国际关系过程：力量计算以及政体或观念的辩证对于阐明任一时期的外交－战略行为同样必不可少；不论是目标还是手段，不论是合法的还是非法的，都不适宜仅靠力量计算或仅靠观念的辩证来决定。一旦承认了公元前5世纪中期希腊城邦的体系是两极的，一旦承认了20世纪中期的全球体系也是两极的，社会学家和历史学家就可以着手他们的任务了：明确两个体系的性质、结构和运行情况。

　　体系内的变化同**体系**的变化之间的区别完全是相对的。所有外交整体都可以被称为体系，因为无论既定空间中的哪一个

156　点上发生的事件，其影响都会波及整体。但是，这些体系并不
会经由一种自我调节机制，或是基于每个主要行为体都需要让
自己的野心服从于维持体系这一目标这类简单理由，而保持自
身。雅典想要，或者说曾经被引诱得想要霸权，它的目标不是
固化两极体系，它追求的也不是自己的联盟和斯巴达的联盟之
间的均衡。

　　根据用于定义历史体系的那些特征在数量上的差异，同一
个现象可能被看作**体系内的**变化，也可能被看作**体系的**变化。
法国革命肯定开创了另一个体系，因为它引入了一种根本的异
质性。那么，拿破仑三世的即位算不算一次**体系的**改变呢？
1871 年德意志统一开启了欧洲历史的另一阶段。那么，它是否
算完全颠覆了欧洲体系呢？这些问题在我看来基本是字面上的。
最简单的办法是根据古老逻辑习惯区分属性和种类。当力量关
系格局发生了根本改变或者同质性代替了异质性时，属性就发
生了改变。当异质性或两极性加强或减弱时，我们就可以不加
区别地说，这是体系内变化或种类的变化。国际关系的模式或
类型只是用来，也必须仅仅是用来为具体研究做准备。

　　修昔底德描绘了两大权力的类型化模型：一个是以海上力
量为基础，另一个是以陆地力量为基础；一方的人民"锐意革
新，生机勃勃地想象并实现他们的观念思想"，另一方的人民
却"维持已经得到的东西，不搞发明创造"（Ⅰ，70，2）；一
方对外开放，一方闭关自守。最近这些年，托克维尔的著名比
较不知道被引用了多少次：由神秘的上天的意旨注定命运的两
方人民，各自支配了半个世界，一方用耕犁，一方用刀剑！对
两种社会类型、两种政体、两种意识形态、两种国际关系的概
念进行比较，是传统的做法，因为这种比较对于历史学的和社

会学的理解必不可少。体系取决于两极的具体状态，而不仅仅是有两极这一事实。

覆盖全球的体系，**从性质上**，异于希腊城邦体系或欧洲国家体系。苏联或美国如果被它们的盟国或卫星国之间的交锋拖入战端，它们所承担的风险并不同于斯巴达或雅典在同样情况下所承担的风险。因为两个主角所拥有的毁灭手段或许会改变外交－战略手段的**本质**。从各个层面来讲，数量的差异都会导致质的革命。

第六章　和平与战争的辩证逻辑

战争贯穿了所有历史时期和所有文明。无论人类使用的是斧头还是大炮，是箭镞还是子弹，是化学炸弹还是原子链反应；无论人类是在近身搏斗还是远距离交战；无论他们是选择单打独斗还是一拥而上；无论是全凭偶然还是遵循了严格方法，他们都是在运用由共同体提供给他们的习俗和知识所构成的工具自相残杀。

我们或许会把战争与和平的"形式类型学"（typologie formelle）视为虚妄，认为只有社会学的类型学才考虑到了现象的具体有效模式。[①] 不过，如果前面的一切分析都旨在让外交 – 战略行为的逻辑清晰化，那么从中得出的形式类型学或许也会有些用处。

一　和平的类型与战争的类型

我之所以把战争作为论述的出发点，是因为战略 – 外交行为与武装冲突的各种情况有关，而且武装冲突也几乎可以说是在用行动来兑现信用。我们这一次也把和平作为论述的出发点，因为和平是社会追求的合情合理的目标。

我的这种做法并没有同对外政治的统一性原则和国家之间的持续往来相悖。即使在那些禁止诉诸暴力手段的时期，外交

---

① 在第二部分第十二章中，我们会碰到其中的一个。

也不会疏漏借用武器来裁决的可能性和必要性。政治共同体之间的对抗不是以条约的解除开始的，它也不会随休战的达成而结束。不过，无论对外政治的目标如何——拥有土地、支配人口、某种观念的获胜——这个目标都不是战争本身。有些人钟爱战斗本身，他们从事战争就如同另一些人从事体育活动。不过，从所谓高级文明的层面上讲，如果国家是依法组织起来的，而战争又是被有意而为的，那么战争就只能是一种手段；如果战争是被行为体基于未知原因挑起的，那么它就只能是一场灾难。

　　直到现在，和平看起来就像是**政治单元之间的对抗所具有的各种暴力形态的一种或多或少具有持续性的悬置**。当国家间的往来不再采用斗争的军事形式时，我们就说和平到来并盛行于世。但是，由于这种和平是在过去战争的阴影中和在对未来战争的恐惧或等待中展开的，和平的**原则**（就孟德斯鸠在他的政府理论中使用这个术语时表示的那个意思而言①）因此就从性质上同战争的原则没有区别：和平建立在权力的基础上，也就是说建立在政治单元拥有的能够作用于其他政治单元的能力关系上。由于和平时期的权力关系不是现有或潜在力量关系的精确反映，因此它或多或少是一个走了样的表达，不同类型的和平可以同各种类型的力量关系相关。我区分了三种类型的和平——**均衡、霸权、帝国**。在既定历史空间内，政治单元的力量可以是在**均衡中悬而未决的**；可以是**被它们其中之一支配的**；还可以是**被它们中的一个远远超过**，从而让这个政治单元以外的所有其他政治单元都无一例外地失去自主性，以致作为政治

①　也就是说，对于支撑一个道德、正直、敬畏的政府类型所需要的那种情感，或用今天的话来说是那种冲动或情绪。

决策中心的它们都趋于消失的。帝国最终只会把合法暴力的垄断权保留给自己。

基于同样的事实，我们可以反驳：帝国和平从定义上讲已经不再是一种"对外政治局势"了。帝国和平同国家内部和平没什么区别，它将是一个帝国的内部秩序。只有在类型学纯粹抽象、同历史数据没有任何关系的前提下，这种反驳才能成立。然而，如果真的存在这样的情景，即帝国和平一旦确立就无法再同国内和平相区别的话，把帝国和平同国内和平相似化的这种做法本身就会导致对多种形式的误认。

比如，1871年后的德意志帝国的和平，虽然巴伐利亚还保留了少量残存的主权，它的和平还是同法兰西共和国内部和平的差异越来越少。相反，臣服于腓力二世的希腊城邦虽然被亚历山大大帝驱动去征服亚洲，它们却没有完全失去政治－行政上的自主性，而且也没有完全丧失我们认为可以构成主权的那些属性，一旦起义，它们马上就可以拥有一支军队的雏形。犹太战争提醒我——如果我们还需要被提醒的话——罗马的和平是多么脆弱；被征服的人民完全被解除了武装，旧有的制度和统治者从今以后由罗马来保护，它们是被帝国的秩序重新覆盖了，而不是被清除掉了。换句话说，帝国和平会随着先前独立
159政治单元记忆被慢慢抹去，随着处于和平地带的人们感受到自己同传统或当地的共同体之间的连接变弱、与征服者的国家的结合变强而逐渐走向国内和平。

俾斯麦用铁与火锻造的帝国成了一个民族国家；罗马帝国直至灭亡都是一个和平地区。法国国王们锻造了法兰西民族；法国一度让帝国和平延至北非。

在**均衡和平**与**帝国和平**之间还有**霸权和平**。战争之所以缺

席并不是因为政治单元之间达到了力量的近似平衡，而这种力量的近似平衡又让任何政治单元或任何联盟都无法强加它的意志。真正的原因完全相反，是因为政治单元中的一个具有不容置疑的优势。这种优势一方面让没有得到满足的国家对改变现状不抱希望，另一方面又让霸权国家不去寻求把已经被削弱的那些政治单元消耗到完全虚弱无力。它不滥用霸权，它尊重国家独立的外在形式，它不渴望成为帝国。

在政治单元因为独立性而互相竞争的体系中，霸权是一种不稳定的均衡模式。德意志帝国获得过这样的霸权：俾斯麦希望通过节制来平息欧洲其他国家对德意志霸权的恐惧之心和怨恨之心，从而让它们接受这种霸权。这位宰相的继任者们就没有那么走运了，他们无法防止以重建均衡为目的的那些联盟的形成。或许俾斯麦德国还不够资格让我们称它为霸权国家，因为它的这种霸权仅限于欧洲大陆，而且也没有构成一个封闭的体系。如果考虑到英国及其海军的影响范围，德意志帝国确实还算不上霸权国家。它在陆地上有优势，就如同它之前的路易十四统治前期的法国或 16 世纪的西班牙。英国一贯加以阻止，不让这样的优势转化成帝国或无可置疑的霸权。只有在德意志帝国打败了法国和俄国，并且同英国签订胜利和约或达成妥协的条件下，德国的**优势**才会转化为**霸权**。威廉二世的德意志帝国会满足于霸权和平，而希特勒的第三帝国则应该会强加一种帝国和平。

在北美，美国强行推行的霸权和平并非部分存在或短暂存在于均衡体系中的一个方面，它是美利坚合众国同墨西哥或加拿大共和国之间力量持续不成比例的结果，这种不成比例被标注在地图上，为历史所巩固。19 世纪中期，美国需要一场大战，其目的不是扩大它的主权空间，而是维系联邦。获取路易斯安那、佛罗里达、加利福尼亚、得克萨斯只花费了很少的美元、开展了很少的军事行动。南部各州对脱离联邦的权利的诉求才是血流成河的真正原因。一旦联邦得以稳固，一旦西部和南部的土地被征服或占领，一旦印第安人或其他欧洲人被压制或放逐，美国对于在美洲大陆上建构一个均衡体系而言就已经过于强大了；况且它对统治的荣耀又十分冷淡，而且没有足够的土地需求使它对北边和南边邻国的独立性加以威胁。霸权和睦邻政策之间的组合被称为美国治世下的和平。自从"美洲国家组织"在美国的怂恿下成立并禁止国家间的公开战争以来，美国霸权就开始对盛行于南美的和平发挥作用（虽然内部的争端、政权间的冲突以及世界外交的渗透正在激起一种冷战）。

不论在古代，还是在亚洲，抑或在现代欧洲，介于均衡和平和帝国和平之间的那些阶段都持续时间不长。地中海的希腊 - 拉丁文明在长时间的动荡不安后，向帝国和平演进。亚洲的三大文明[①]则经历了多次均衡和平与帝国和平的交替更迭。在日本，均衡和平在事后被看成一种主权的封建割据，得益于德川幕府对文化和制度同质性的促进，日本的**帝国和平**最终走向了**国内和平**。中国由于一个政权在与其对手的竞争中取得最终胜利而早在两千多年前就完成了帝国的统一，剩下的时光中它不断经历的不过是分崩离析与统一重建的循环交替以及内战与和平（既是帝国的也是国内的）之间的反复更迭。对外，中华帝国在以长城为屏障的防守和向外扩张的朦胧意愿之间游移不定。它先后被蒙古人和满洲人征服，而且在任何时候（19世

---

① 这个词有斯宾格勒的"文化"或汤因比的"社会"的意思。

纪前）都从未进入一个持久的、平等国家之间的国际关系体系中。至于印度，在英国取得对其的支配权前，它从来没有完全经历过日本幕府将军的那种和平或中华帝国的那种和平，也没有发展出可以同希腊城邦或欧洲国家体系相比较的均衡体系。

从形式上看，一个历史空间要么由一种力量或一个单一主权所统一，要么被诸多决策和行动的自治中心所分割。第一种情况属于我们所说的普世帝国，第二种情况则属于战国局面。有着多极格局的均衡体系趋向于稳定化彼此认识的政治单元之间的关系，限制政治单元相互之间的对立。事实上，冲突总会在某个时期扩大并加剧，深陷其中的这些处于同一文明的伙伴 - 对手国会呈现出战国形态，并走向共同没落，对于以数世纪为长度来观察的人而言，其间的行为体与观察它们的观察者交相辉映，后者是前者的未来，前者是后者的过去。

和平的三分法同时为我们提供了对战争的最为确定、最为普遍的一种分类：符合战争的政治定义的"完美"战争是发生在**国家间**的战争，它让互相承认对方存在和合法性的政治单元陷入冲突。我们把从起源或结果上以清除某些交战方并建成一个更高阶政治单元为目标的战争称为**超国家**战争或**帝国**战争。我们把关系到一个民族政治单元或帝国政治单元的维系和解体的战争称为**国家内**（infra-étatiques）战争或**帝国内**（infra-impériales）战争。

如果国际体系行为体中的一个，无论其是否自愿，只要在它获胜的情况下被引导去建立了一个对于其对手而言是属于它的霸权或帝国，国家间战争在这个时候就转化成了帝国战争。当行为体中的一个有可能夺取压倒性力量优势的时候，国家间战争就有扩大到夸张型战争的倾向：伯罗奔尼撒战争或 1914 ~ 1918

161

年的一战就属于这种情况。冲突中的暴力不能归因于战斗的技术或交战方的激情，它是力量关系几何学的结果。正是利害关系的大小——希腊城邦或欧洲国家的自由——激发着战斗的热情。规模宏大的战争时常标志着格局之间或体系之间正在发生某种过渡，而这种过渡本身又有着多重原因。

一般来说，我们不应该把带有这样或那样具体特征的确定类别赋予战争。国家内战争或帝国内战争，比如犹太人对抗罗马的战争、朱安党人对抗法国大革命的战争、美国南北战争、阿尔及利亚独立战争，让有组织的权力的一方同拒绝服从它的人民陷入冲突，它们通常也是最残酷的战争；从某种角度上说，这些战争都属于内战，尤其是当掌权的一方获胜时。同样，当交战的其中一方以跨民族原则为旗帜使国家间冲突带上拥护者的激情时，战争也会演变为帝国战争。敌人因此既是异己也是对手（或异端分子，或叛徒）。

对这些抽象概念加以强调同样很危险。人们未必总是对保有自己所属的政治单元或自己国家体现的历史观念上心。苟延残喘的政治单元和空洞无物的观念也是存在的。哪怕这些观念决定了敌意的暴力，作战的持续时间和作战者的行为也不是由敌意的暴力单独决定的。

二 战争的利害关系与和平的原则

这两种形式类型学都需要更加深入的分析。如果均衡和平、霸权和平和帝国和平这三种和平类型都以权力为**原则**①的话，我们就会想知道，是否还存在除了权力原则之外的其他和平原

---

① 我要提醒读者，这个词的意思是孟德斯鸠赋予它的那个。

则？如果战争不是由这三种分类特征（国家间的、超国家的、国家内的）实际决定的话，那么我们就要问，有什么其他的限定可以被用来定义战争吗？

让我们从后面这个问题开始论述。战争的多种分类是可能的，它们也被提出过。或许这些分类中没有一个具有无可挑剔的信服力，或许众多分类都具有某种程度上的有效性，但似乎也无法把战争的多样性组织到一个和谐的系统中。不过，在我看来，除了上述那种类型学——它因为与和平的类型和国际体系结构建立了联系而被证明是合理正当的——似乎还可以加入另外两种类型学：一种是建立在**政治单元的性质**和交战方体现的**历史观念的性质**的基础上，另一种是以**武器和军事机制的性质**为基础。这两种类型学中的第一种意味着以目标为参考，第二种意味着以手段为参考。

人们习惯于谈论**封建**战争、**朝代**战争、**民族**战争、**殖民**战争。所有这些表述都表明，共同体内部组织模式给政治单元的好斗关系强行打下了自己的烙印，赋予了自己的风格。事实上，虽然组织模式不但没有完全决定冲突的诱因和利害关系，也没有完全决定国家决策者对非法、合法的判断，以及他们的外交观念和战争观念，但它的确对这些方面的限定有所助力。借用先前的表述来说，合法性原则①同时回答了以下两个问题：第一，谁在政治单元中发号施令？第二，这样一片领土或这样一群人应该归属于哪个政治单元？战争同战争所处时空中所盛行的合法性原则有着相似性。

合法性原则创造出冲突的诱因或原因。附属国同宗主国的

---

① 很明显此处的原则是通常意义上的含义，而不具有孟德斯鸠赋予它的意思。

关系如此错综复杂以至于自相矛盾之处层出不穷。权力的意志驱动某些附属国去忽视它们应尽的义务。当众多下级单元都拥有军事手段并且索要一定程度的自由决定权时，合法行动的界限就很难划清了。只要这些土地或人口还归统治家族所有，战争的利害就还是两个支配者采用法律或军事手段互相争夺的某个省份，又或是两个亲王都向往的王位。再有，一旦到了集体意识承认人们有权自己选择所属政治单元的那天，战争就变成了民族国家的，要么是两个国家对同一省份有诉求，要么是分布在两个传统政治单元之中的人民希望创立出一个单一国家。最后，如果在未来人们承认民族纪元已经过去，大聚合的经济或军事要求必须胜过被统治者的不同偏好，那么战争就将变成迄今还尚未出现过的帝国战争：无论是地中海的罗马征服者，还是在亚洲和非洲的欧洲征服者，都没有对民族观念加以否认，他们只是忽视它或拒绝它，这样做的原因在于，他们忽视或拒绝把这个观念的好处给予那些被他们认为暂时或永远不配拥有公民尊严的、处于底层地位的、卑微的人口或阶级成员。在这种情况下，征服者将以物质必要性的名义否定民族观念。

无论是希特勒的追随者，还是共产主义者都没有援引这种必要性。第三帝国事业真正的理由，即纳粹主义学说追随者真诚相信的那个理由是德意志人民具有种族优越性。在马克思－列宁主义学说的信奉者看来，对世界进行苏维埃化之所以正当，是因为他们的社会主义所建立的政权具有优越性并最终会取得胜利。在我们的时代，或许在其他时代也一样，征服者均感到需要以他们自己的眼光从道德或历史上为自己的征服行为做出辩护。

合法性原则引起了三种冲突：一是多种可能解释并存造成

的冲突；二是现状和新原则之间存在的矛盾引起的冲突；三是原则的实际应用以及力量关系中的各种更改引起的冲突。

英国国王对法国王位的诉求属于第一类冲突。德国和法国对阿尔萨斯互不相容的诉求同样属于第一类冲突：阿尔萨斯这块在中世纪属于神圣罗马帝国的土地，保留着日耳曼方言和文化，后来被路易十四所征服，而它的人民在 1871 年希望继续留在法国。1914 年，欧洲领土的状况是民族观念和历代法律的遗存之间的一个妥协。瓜分波兰事件，以及奥匈帝国和土耳其帝国这两个多民族帝国，均属于前几个世纪的产物，它们都不符合 20 世纪的时代精神。然而，所有对领土状况的改变都存在颠覆均衡的风险。欧洲秩序的守成者们都属于过去，即使他们或许是为了守住和平。虽然民族观念的捍卫者从长期来讲是爱好和平的，但在即时斗争中他们又都是好战的。

甚至都不用再提一位君主——君主专制或民主共和国的国王想要"扩大"他的领地这种发生过无数次的情况，我们就可以理解国家间的战争是多么频繁。寻求正当性的意向和寻求合法化的意志更多是创造出了众多交战的诱因，而非真正让国家间的纠纷得到了仲裁。即使持续不稳定的物质条件（经济的、政治的、人口的）并未要求不间断地对均衡进行靠不住的调整，历史观念的变化还是让国家决策者们肩负起了把变化着的公正同始终如一的均衡进行调和的重任。通过这种分析，我们更能理解为什么古典法学家会将合法战争和公正战争做出区分，他们让道德主义者决定何为公正，让君王们不要把自己的敌人视为非法。

然而直到现在，我们列举的还只不过是那些本身属于国家的历史观念，也就是那些可以作为共同体政治组织的存在依据的历史观念。某些观念是民族的、宗教的或意识形态的。在某些时期，观念的冲突和权力的对抗错综复杂地纠缠着。时而是民族或国家的权力意志战胜了宗教或意识形态的信仰，时而又是后者战胜了前者。国家决策者，假设他很现实，即使他是教会的显要人物，他也是一个会为了他所服务的团体的利益——在他眼中，这种利益与削弱敌对政治单元完全吻合——而运用群众激情的人。不过，道德主义者或历史学家不应该指责那些把他们教会的或真理的成功或至少是得救置于国家的稳固之上的人——无论这些人处于社会的哪个等级中——要知道国家可能会对最高价值怀有敌意。

合法性原则常常成为冲突的源头（这并不意味着它理所当然就是**真正的**原因），战争的结果有时会将它神圣化：奥匈帝国大公被塞尔维亚民族主义者暗杀，这就是导火线；民族国家在战火中纷纷诞生。不过，1918 年后的欧洲，即使不像战前的欧洲一样被众多民族战争所撕裂，它还是损失了一些均衡的要素。1939 年的战争，由帝国的意志引发，以产生两个世界而告终，而这两个世界又或多或少各自符合了胜利者联盟中某一部分的观念。

历史观念同军事机制也有关联。纵观历史，政治组织和军事组织一直都有相互呼应的关系。在古代文明中，所有公民——而非外国侨民或奴隶——都是战士。因此希腊城邦拥有一支军事力量，其数量——是巨大的而非传说中的那么小——不止一次地成了军事力量的基础。衡量帝国的力量，要以它贵族的数量而非其臣民的数量为标准，因为贵族才是享受了武装权利从而成为军人的人。正如汉斯·德尔布吕克①所展示的一样，比起

_____

① 参见第八章。

波斯帝国，希腊才是一个用之不竭的士兵库。

军事机制还取决于可用的装备以及这些装备或多或少的有效性。击打型武器和投掷型武器决定了战士之间的战斗距离。认为火药对部队所需资源的规模有着影响，因此也就是对政治单元大小有着影响，这种说法已经属于历史叙述中的老生常谈。征兵和工业、兵役的普遍化以及动员系数的极度增长，都是1914～1918年战争之所以达到夸张程度的根源：这场战争是民主的，因为是"身着军服的平民"在互相对抗；这场战争又部分是意识形态的，因为公民们相信他们正在"捍卫自己的灵魂"①；这还是一场把介入其中的国家消耗殆尽的物资之战，双方军队都无法取得歼灭型胜利，这让双方动用的人力和物力都极其庞大。

军事组织既依赖于社会和政治组织又依赖于摧毁技术，不过，就抽象分析而言，这种双重依赖性还无法让我们仅用一个词就能明确概括出一些纯粹类型。每个军事组织都是一种根据社会等级对武器的运用，或者反过来说，它是基于对武器的不同效率和多样组合的考虑而进行的某种社会部署。尽管参战的人们在某种程度上都是具有实证精神的——就奥古斯特·孔德对实证的见解而言——也就是说，如果他们总以经验和理智为依据来寻求对目标的达成和对自己行为的修正，那么在绝对理性的现代之前，他们便从没有能力将道德和习俗抽象化，以从纯粹效率的角度来看待战争行为。何况这种以战胜敌人为唯一目标的理性不过是一种不完全的部分理性，在某种条件下它还会被特权阶层视为不理智：军事组织的结构对社会结构并非毫

---

① 这两个表达借用自保罗·瓦莱里的法兰西学院就职演说。

无影响。领导阶层冒着削弱自己权力的风险把武器交给没有得到满足的那些阶层，这样做是否不理性？综观历史，很少有领导阶层会为了建成对自己祖国的独立和力量而言不可或缺的军事机制，就以类似明治维新的方式主动进行政治和社会革命。更常见的其实是，特权阶层没有能力推翻他们正在从中获利的那个现行秩序，哪怕那个秩序已经变得同战斗机制的要求不再相容：就这样，阿塔图尔克（Ataturk）应运而生，清除了奥斯曼帝国，建立了一个新的国家。

也只有在我们的时代，以工业技术为榜样的军事技术才会从所有羁绊中解放出来，完全自由地发展，并且完全漠视它的进步将给人类带来怎样的后果。自从生产（或至少是生产能力）成了（或看起来变成了）它自身追求的目的以来，摧毁或摧毁能力又怎么可能还会是其他的样子呢？工业和战争互相关联、不可分离。普受欢迎的工业增长却为那些对心怀良好愿望的人横加诅咒的战争提供资源。语言本身就在提醒我们，工业和战争之间具有牢不可破的联合，汽车同坦克之间、工人长队同战士队列之间、装甲师团同逃离城市的家庭之间所具有的相似处都是它的象征：同样一个词——**权力**，既指代了把自身意志加诸同胞的能力，又指代了以至高无上的方式操纵摆布自然的能力。

当然，这两者之间的区别还是存在的，即便人们常常认识不到这种区别。人使用水和空气并让它们服务于己，把煤炭转化成热量，把热量转化成能源，又或者掌握太阳自发产生的核聚变现象，以及所有在资源开发中可预见的、严格精密的且数量无穷的那些模型，这些统统属于技术范畴。无论是让产生于煤炭、石油、原子的**能量**代替劳力，还是制造出宇宙提供了元素却没有提供模型（诸如转化的、机动的、冷冻的等）的**物品**，又或者是改善和增殖用于供养人类的动植物，这些行为在本质上都是技术的，换句话说，它们都可以归结于一种**针对目标实施不同手段组合的模式**。我们知识的不精准性以及将在实验室中确立的法则用于实际操作时所包含的随机偶然性，创生了不确定系数，强加了安全边缘地带；但这些都不会改变技术行为的实质，不会改变人类对自然运用的权力的实质。

作用于人的权力同样具有这种理性特点，工人们表面上服从的是同事的权力，实际上服从的却是技术上的必需。技术人员发号施令更多不是基于个人权威，而是基于对人类改造下的自然所强加给所有人的那种纪律性的意识。相反，外交－战略行为则倾向于强迫或说服另一个意志、另一个自主决策中心，简言之，它强迫或说服的对象是一种意识——它对外部挑战的回应暗含一种根本的不可预见性：一切意识都有可能宁死不屈。

生产技术和摧毁技术的共同进步引入了另一个和平的**原则**，它不同于以前那种用途已经被规定好的权力原则。**基于恐怖的和平**（la paix de terreur）**盛行于（或将会盛行于）互相有（或应该有）能力给别的政治单元施加致命打击的那些政治单元之中**。由此而见，基于恐怖的和平也可以看作是基于无能而具有的和平。当传统的和平盛行于互相对抗的政治单元之中时，每一个政治单元的权力是以通过运用武力或以武力相威胁而把自己的意志强加给别人的能力来定义的。在理想化的基于恐怖的和平中，对手之间不再具有不对等的地方，因为每一方都拥有了能够用来袭击对方城市并造成巨大伤亡的热核武器。当连拥有最少数量热核武器和最不完善的运载工具的一方，都有能力使其敌人蒙受无论胜利得到怎样的好处都无法弥补的不成比例

166

的损失时，我们还有可能去谈论权力的多一点、少一点或些许的均衡和不均衡吗？

基于恐怖的和平从根本上不同于任何类型的基于权力的和平（均衡、霸权、帝国）。力量的均衡总是近似的、不明确的，每时每刻都被次级单元的改换阵营或主要国家发展上的不均衡威胁着。力量的估算包含风险：只有在考验面前，军队和人民的德行才能彰显。敌对行动根据外交和战略的手段计谋来开展，这更是增添了一些额外的不确定性。我们认为恐怖趋向于技术的确定性。最弱的一方也有手段让敌人遭受创伤，而这些创伤虽然事先无法被精确测量，却无论怎么说都足以让战争变得疯狂。这就像一座桥梁的耐久度虽然无法被精确测量出来，但无论怎么说，在一段时间内它还是能够承受住它所能承受的最大重量。

这种基于恐怖的和平目前尚未达到完美状态，即使在美国和苏联之间也没有。或许它永远也不会达成其完美形态。[①] 事实上，其完美状态要求一种绝对的确定性，即没有任何一个交战方能以突袭的方式除去敌人的报复手段或将敌人的报复手段缩减到即使反击也不会对侵略者造成"无法接受的"损失的程度。尚未证明现在的局势有着如此的确定性。在今天或明天，一方阵营大可以对其被动防御手段（民防工程）和主动防御手段（反轰炸机火箭或反导弹火箭）加以完善，同样它也可能把侵略手段（导弹的数量和精确度）完善到对领导人产生诱惑的程度：被诱惑以热核战争规模冒险攻击敌人的"珍珠港"，亦即大规模攻击敌人所有的报复性手段以及一些城市。既然侵略

---

① 第九章对此有更细致的分析。

中的受害者即使反击都已经无法明显削弱侵略者，而且还会进一步为自己招来全面毁灭，这种情况下的受害者难道还不应投降吗？不论这个假设发生的可能性有多大，只要首先发动进攻的一方当下所具有的优势还没有被完全消除或缩减至最低程度，基于恐怖的和平就不会是完美的。

　　不确定性除了包含在报复性手段的脆弱性中，还包含在"可容忍的摧毁规模"或"饱和限度"中。如果侵略者确定 167 自己也会在战争中被完全毁灭，或者如果他知道用来摧毁敌人报复性手段所需要的热核武器数目足以导致自己的人民或全人类都被核辐射严重波及的话，那么，他还去发动战争，就是彻底失去了理智的疯狂行为。无论专家们之间对现有局势存在怎样的意见分歧，我们还不至于已经到了这种境地。那么从现在起，需要考虑的就是下面这个问题：从造成了怎样规模的损失开始，战争就不再算是一个具有正当性的政治工具了？三十年战争期间，德国人口减少了一半。1941 年，前期的战斗就让苏联损失了数千万居民的生命，并让超过三分之一的工业能力落入了德国之手。苏联并没有因此无法存活，而且最终取得了胜利。

　　当然，被占领带来的损失同被歼灭带来的损失、损失数分钟同损失数年，这之间是无法相提并论的。让我们暂时满足于只观察与热核武器计算相关的初始因素：热核武器可能造成的毁坏能够达到如此严重的程度，以至于让战斗的成本自然地会超过胜利带来的好处。从这个意义上说，大规模杀伤性武器可能会让克劳塞维茨的"战争是政治通过其他手段的继续"这一论断出现问题。

　　基于权力的和平与**基于无力的和平**之间，至少在概念层次上，还存在第三个术语：**基于满意的和平**。瓦莱里曾写道，只有当所有国家对现有地位感到满意时，世间才有真正的和平。然而，现有地位反映的永远都是上一次力量较量结束时的关系情况。让一些国家满意的现状会引发另一些国家因不满而提出要求，这就是停战协议素来或多或少就不牢靠的原因。①

抽象来说，基于满意的和平需要具备哪些条件呢？目标理论或许能够让我们回答出这样的问题。首先，政治单元应该既不觊觎它们主权空间以外的土地，也不垂涎外国的人口。这是第一个条件，它既不荒谬，也并非不现实。既然我们假设人们对自己的国籍——也就是，对他们所属的政治文化共同体——抱有意识；执政者为什么还要强迫这些自己觉得自己是外国人的人融入他的国家，又或者禁止他们按照自己的选择加入某个国籍呢？

我们假设民族观念被普遍公认且恰如其分地被应用了。这样就足够了吗？当然还不够：政治单元还必须不去寻求自身的扩张——不为增加物质或人力资源，不为推广制度，不为享受最空幻却又最令人陶醉的胜利，也不为统治的自豪。从对同一合法性原则的尊重中所获得的满足对于达成基于满意的和平是不够的，还必须要终结为了土地和人口、力量和观念以及自尊的相互对抗才行。

这些假设都不互相矛盾，甚至就它们本身来讲，也都并非不可实现。不过还要小心一点：只要有事情尚未做，那就等于什么也还没有做。满意只在普遍满意的情况下才能持久和有保障。如果行为体中的一个心怀野心，或被认为心怀野心，其他

168

---

① Paul Valéry, *Regards sur le monde actuel*.

行为体又怎么可能不纷纷加入竞争的魔障中去？如果他人——邻居、坏人——正在谋害我们，我们还不做任何预防措施就是不理智的甚至是有罪的。不过，怎样的预防措施才能够替代力量优势以及对这种优势的使用呢（在还有时间可用来积累资源以便保持优势的时候）？

换句话说，基于满意的和平假设了普遍信赖的存在；它因而要求在国际关系的日常开展中进行一场革命，结束怀疑的年代，打开安全的纪元。然而，这种革命除非带来灵魂的转变，否则必定改变制度。换句话说，如果政治单元找不到替代用力量保证安全的办法，在我看来，这种基于普遍满足和互相信任的和平就不大可能实现。普世帝国能够提供这种替代，因为它能够消除不同决策中心的自主性。康德意义上的法治也能够提供这种替代，只要各国都保证服从一个仲裁、一个法院或一个议会的决定，并且对所有国家都会兑现服从承诺没有怀疑。然而，如果国家们所构成的这个（国际）共同体连约束罪犯都做不到，又如何能够消弭这种怀疑呢？

普世国家和法治统治并非对等的概念，前者处于权力政治层面，后者则处于国际法演进层面。不过，两者最终都意味着消除曾经的国际政治本质：**以追求荣耀和寻求自身合法性为念的国家间的对抗**。

因此，自古以来都还不曾有过覆盖全球的国际体系。那些局部体系经历过的都只是基于权力的和平。即使在某些区域内、某些时期中，我们猜测有过基于满意的和平端倪的出现，更大区域中的权力关系也会让我们在更高的层次上无法真正肯定那个曾经有过的和平所基于的**原则**一定就是满意。1945年以后，我们满目所见的都是基于恐怖的和平（苏联和美国之间）与基于满意的和平（在西欧）。不过，国际体系趋于全球化，因此，和平的各种传统类型也呈现出新的面貌，并且根据独特的复杂性法则互相并置或组合。

三　好战的和平

我们在前面几页中对和平的类型进行了区分，其中和平被严格定义为战争的缺席，而非积极德性①（用斯宾诺莎的表达来说的话）。甚至基于满意的和平也没有让我们远离自私自利的世界。那么，我们时代十分常见的冷战概念是否给和平与战争之间的这种区分带来问题了呢？我不这样认为。我们已经论述过了克劳塞维茨的命题，即战争是政治通过其他手段的继续，反过来也可以说成：政治是战争通过其他手段的继续。不过，这两个命题从形式上是等价的。它们都表达了竞争的连续性，以及依据本质上相同的各种目的而交替使用暴力和非暴力手段这一过程中的手段使用所具有的持续性。此外，我们还需要加上一点，和平时期的那些维持在合法限度内的半带暴力的手段，其界限具有自我扩张的倾向；孟德斯鸠的箴言——"国家必须在和平时期尽可能多地互相为善，在战争时期尽可能少地彼此为恶"——从来就没有像今天这样如此少地被实践。不过，它很可能永远也不会真正地被实践。

被称为冷战的局势具有某些独有特征，而这些特征，一部分来自基于恐怖的和平，另一部分则来自扩展至全球的那个体

----

① 积极德性：斯宾诺莎认为真正的和平是具有积极性的和平，它以德性为特征，而这种德性又是灵魂的力量和灵魂相结合或相协调的结果。因此，和平就是灵魂与灵魂的结合，就是协调一致。它不是指没有战争。——译者注

系所具有的**历史和意识形态的双重异质性**。在我看来，其独特性似乎可以由三个词来概括：**威慑**（dissuasion）、**说服**（persuasion）、**颠覆**（subversion），它们指代了冷战时期外交 - 军事策略的三种模式。

基于恐怖的和平驱动了所谓威慑战略的使用。两个超级大国都掌握了或多或少相互等价的摧毁手段，双方都向对方发出了在必要情况下会诉诸所谓的大规模杀伤性武器的威胁，并以此作为说服对方的最后论据。基于恐怖的和平是否意味着冷战会持久进行下去（除非有受控制的普遍裁军的出现）？还不一定。不过，基于恐怖的和平目前所处的阶段已经具有一些独有的特征。

首先，当前我们所处的阶段实际上还在基于恐怖的和平的第一阶段。人类还没有适应这个有待继续摸索的新世界，也没有能力放弃以热核战争进行互相威胁，人们希望不要将这种威胁兑现，并且也无法确定对这种威胁的策略性使用同不将威胁兑现这两者是否真的能够长期兼容并行。

美国拥有原子垄断权的那个时期，正是苏联在常规武器上具有势不可当的优势的时期。北约联盟中的美国同欧洲伙伴国所冒风险的不均等制造出了相互猜忌的气氛：战争期间遭受最少损失的美国，它所抱有的和平意愿，在那些即使在战争中获胜也收获甚小的美国的盟友看来，似乎总是显得不够坚定。结束了这种猜忌并且让所有西方国家相信它们是在同一条船上的事件，并非苏联制造出了原子弹和氢弹，而是研制出了战略轰炸机，尤其是弹道导弹。

此时又出现了另一种担心的动机：我们真的已经获得了基于恐怖的和平吗？美国或苏联的各种军备竞赛（炸弹和载具，

人民的被动防御和针对载具的主动防御）进行到哪种程度就会
损害到这种基于恐怖的和平呢？或者，如果我们喜欢用另一种
方式来表达的话，或许这样说会更好些，即基于恐怖的均衡在
何种程度上同基于力量的均衡一样不稳定或一样稳定？如果基
170 于恐怖的均衡处于**完美**状态——就我们前面给出的关于这个术
语的意思而言——那么，力量均衡的概念就会丧失其全部意义。
但是，理论家和国家决策者在这点上尚有分歧。不论在发明创
造上搞这种竞赛正确与否，它都维持了一种暗含的担忧，即担
忧基于恐怖的均衡会同基于力量的均衡一样不牢靠。

　　同时，人类还在自问前途远景：核俱乐部成员数量的增加
是合乎愿望还是值得悲叹？这两种选项都不乏论据：没有持有
原子武器的国家在未来是否能够受到一个盟友的庇护？美国是
否真的能够甘愿冒它自己的城市被毁灭的风险去挽救今天的西
柏林或明天的西欧？或者，更进一步说，苏联人是否相信美国
会冒这样的风险？不过，从另一个角度来看，想象十年或十五
年后，埃及或中国这样的国家也将拥有爆炸威力相当于数千吨
（投向广岛的原子弹是 2 万吨）甚或数百万吨（热核弹①）TNT
炸药的武器，这难道不可怕吗？简言之，人们总会发动他们正
在准备的战争。"如果想要和平，那就准备战争"（Si vis pacem
para bellum）这一忠告让准备措施变得正当合理，但即使忠实
地遵守了这一忠告，也从来没有做到防止战争。如果战争是我
们**几乎**不计代价力求避免的，我们还能在外交上运用战争来进
行威胁吗？

　　基于恐怖的和平同意识形态对抗相结合，这是所有异质体

---

① 仅一颗氢弹的爆炸威力就已经超出了 1939～1945 年被投向德国的所有炸弹
爆炸威力的总和。

系都有的特征。在涵盖了北美、欧洲和亚洲以北的体系中，两大主要参与国发生冲突，却既不是为了土地，也不是为了人口。美国和苏联都占据着人烟稀少的广袤空间，它们拥有可耕种土地的储备，它们也对自己国家的人口会增长毫不怀疑。然而，在所有的两极体系中，无法共同统治世界的领头国必定会相互竞争，一方所取得的所有进步都会被另一方看作是对它的危害。今天的两个超级大国，因为它们在制度上和合法性原则上①的不兼容而无法共同统治。于是它们以全球为舞台，其他所有有争议的国家和边界都成为它们之间纠纷的利害争夺点，这是一场它们不想用剑来解决，也无法用协商来解决的纠纷。

　　并非所有异质体系都会引发出同当今的冷战模式相当的模式。当前模式的新颖之处在于工业同征兵的结合，也就是技术同民主的结合。第一次世界大战期间，各交战方发现"穿上军服"的平民并不会像职业军人那样轻易地、在不知道为谁或为什么而战的情况下接受死亡。前线如同后方，宣传和鼓动热情的组织工作因此就必须包含意识形态的要素，包含能够让如此巨大的生命和财富牺牲变得正当、得到辩护的政治和道德理由。辩护的逻辑也同军事上的必要性互相印证。如果当时协约国为之战斗的理由是正当的，那么轴心国的理由就是不正当的。如果对理由的确信能够鼓舞己方的士气并构成力量的要素之一，那么，它被传播到战线的另一边也会很有用，它的传播能够让对方的战士和平民对他们正在捍卫的或他们以为正在捍卫的那

171

---

① 这样一个问题经常会被问及：美国和苏联，它们最终追求的是安全（或权力）还是观念的传播？这样的问题没什么意义。不论国家决策者认为追求的是前者还是后者，它们都不能够不去同时追求这两者，因为两者间有着互相驱动的关系。

个战争理由所具有的性质产生怀疑。因此，每一方都不可避免地会在己方阵营鼓动战斗热情，而去敌方阵营散播失败主义。

只需要一些技术手段（广播、电视）和安置一些革命党派到权力中就足以让这场宣传战、报纸战、传单和电波战持续下去。协约国的代言人希望能够让德国人民从德国的政体中脱离出来（他们也在一定程度上获得了成功），他们四处宣扬，"你们不是在为你们自己而战"，"你们是在为你们的主人而战，是为了已经欺骗了你们还在把你们往深渊里带的暴君而战，我们并非在同德国人民战斗，而是在同帝国专制统治战斗"。无论我们对《凡尔赛和约》如何评价，在战败者眼中，它应该看起来像是一种对战争中被民主国家的宣传激起的那些希望的阴险嘲弄。1939～1945 年的情况也别无二致：每一方都努力想说服敌方大众相信他们之所以互相争斗是由于，也是为了少数的剥削者、资本家、富豪财阀、纳粹分子、犹太人或共产主义者，而不是为了他们自己的祖国和一种公正的政体。这些宣传最后都奇怪地要么互相中和抵消，要么由于国家决策者或战略的失误而被中性化。所有人民都自始至终地追随了他们的领袖：德国军队的占领让传统爱国主义重获活力，占领者的粗暴在俄国锻造了苏维埃政权同人民之间的统一性，英美无条件投降的要求则消除了作为民族社会主义者对手的一方所拥有的最有力论据，即德国还有可能逃过彻底失败的结局。

随着欧洲被分割为苏联化和多元民主各占一方的两边，这个从战争时期因袭而来的习惯继续存在，通过用外语广播向外散布失败主义，在内鼓动热情，它变成了国家间关系中持久和正常的一面。对他国政体的抨击并没有达到战争时期的暴力程度。面向东欧国家的西方广播倾向于以传递信息为外在伪装，而非进行赤裸裸的争执。不过，只要信息针对的还是位于执政者以下的被统治者，它就实实在在地打破了国家实施的信息垄断，从而成了一种武器，或者说它想要变成一种武器。冷战时期的心理武器所要达到的最小效力是防止极权主义政权同它们的人民单独交流：总要让第三人——外国人、敌人、民主国家、世界舆论——在场。第三方虽然不会废除但会限制王权的现代形式，即限制官方制造谎言的权利和它在话语或解释上的独家专有权。

说服战略的效率很难被确切测量，不过经验显示它既没有动摇苏联政体，也没有动摇西方多元政体。用我更偏爱的概念来说就是，它既没有动摇垄断性党派政体，也没有动摇多元立宪政体；这样说的条件是，前者的政权建立在一个切实完成了革命的民族政党的基础上，而后者阐明了一种政治意志并让大众觉得自己是正在被领导的。并非西方的说服战略导致了1956年的波兰和匈牙利起义，这就像苏联的说服政策也不用为法兰西第四共和国的倒台负责一样。

当说服转变成颠覆的那一天，一切都将发生改变，换句话说，就是当推翻既有政权并以另一政权取而代之的行动被纳入定义哪个政权是令人振奋的、哪个政权不是（未来的政权或**另一个政权**）这一话语中时。我们之所以用**颠覆手段**而不是**颠覆战争**的说法，是因为在我看来后面这个概念有着含混不清之处。它具有把在法律上有定义的一种战争类型同一种战斗模式相混淆的倾向。一些冲突之间是具有明显联系的，在它们开始时，都只有一个交战方被国际承认，而其过程又都是以颠覆手段来展开的：革命政党因为没有或只有少量组织起来的军队而迫不得已只能够借助颠覆手段。不过，颠覆手段和颠覆战争具有概

172

念上的可分离性，而且有时它们也的确是分离的。

在法律上，法国学者习惯于把我们所说的国家内部冲突或帝国内部冲突称为**颠覆战争**或**革命战争**。它们都能被归类到内战中，因为从开端上讲，只有一方阵营被国际社会承认。然而，并非所有内战都是颠覆性的：虽然美国南北战争从法律上讲是内战，但从一开始就是两个有组织的政权之间的相互对立。以一项事业去对抗既有政权——比如佛朗哥将军的事业，也并不总是借助于那些被法国理论家认为是颠覆战争本质的手段，即懂得如何转变大众的思想和组织民众。颠覆是一个民族政党或革命政党用来打倒拥有军事和行政机制的政权的武器。

哪怕所有的革命政党都属于同一法律类别，哪怕它们几乎无一例外地诉诸颠覆这一武器，根据**既有政权**和**革命政党**之间的关系对多种情况进行区分，依然是恰当之举。在中国，国家的存在已经无须争辩，内战的利害关键在于国家的政权。蒋介石和毛泽东双方都希望成为中国的领袖。哪些人，以什么观念之名，去担负起中华帝国并让中国适应工业时代的各种要求，这些就是中国内战必须解决的问题。在印度尼西亚、印度支那、突尼斯、摩洛哥、阿尔及利亚，利害的关键是让服从于外国支配的全体人民或处于受保护国地位、丧失了主权的国家获得独立。阿尔及利亚战争产生于一次暴动。民族解放阵线的民族主义者是叛乱者，法国政府辩护说它涉及的只是内部事务。但在1945 年后，在印度尼西亚、印度支那直至阿尔及利亚发生的所有那些被法国学者称作颠覆战争的战争，都可以在历史学上和社会学上被归为尚未被内战概念定义的另一类型：这些帝国瓦解时发生的战争，这些在前帝国国家的理论家那里被定义为颠覆战争的战争，在民族主义者的语言中却有一个新名字：解放战争。如果我们在分析中只专注于颠覆手段而忽略了以下这两个事实，我们是无法理解这些战争的性质的。这两个事实是：大部分中立方的舆论都对反殖民主义论据抱以同情；革命者同大众之间有着大众同既有政权之间没有的在种族、语言及宗教上的一致性。

抽象地说，颠覆的目标是让人民从一个既有政权的行政和道德权威中解脱出来，并融入另一些正在进行斗争或通过斗争已经得以确立的政治或军事框架内。显而易见，成败主要取决于引导战斗的"有效的少数"同人民大众之间自发形成的关系如何。

从西方的角度看，最重要的是有效的少数同共产主义（当地共产党或苏联）的关系如何。当这个少数是由共产主义者构成或由共产主义者领导时——比如印度支那就属于这种情况，民族解放就会同时带来依附于苏联集团的政权；当这个少数包含了共产主义派别时，西方国家的战略就会在害怕共产主义得以发展和渴望支持"民族解放"之间举棋不定（适度的民族主义将对共产主义者有所抵制）；当这个少数是反共产主义的时候，西方国家（除了属于前帝国势力的那些国家）的战略会出于意识形态的好感和计算原因向民族主义事业倾斜。然而，前帝国势力的代言人依旧可以辩护说，不论民族主义者的意图或信念是什么，民族革命都会转到有利于共产主义的方向上。

西方在殖民地上有两种可能的战略，一种是放弃殖民，另一种是抵制民族主义诉求；不论这两种战略各自有着怎样的长处或短处，殖民地上发生的事件尤其受到革命者同大众关系的支配，而非受到在世界舞台上冲突着的阵营同革命者关系的支配。这些战争的结局会在全球外交框架中获得历史性意义；但胜利和失败的原因却主要还是地方性的。

四 对抗的辩证逻辑

威慑、**说服**、**颠覆**，这三个概念指代了不同的行为模式，因而也指代了将他者、中立者或客体的行为作为指向的那些行为。如果在分析中忽视了政治的辩证本质和对抗法则，哪怕是在最抽象层次上对这三种行为模式进行分析，也会是不完整的。三种手段中无论哪一种都至少是在被两个行为体使用：正是行为体之间的对话确定了行为的含义。

174　　只要苏联还没有办法对美国能够对它实施的打击还以同样的反击，威慑战略似乎就只是单方面的。在欧洲不设防期间，这种不对称性也更多是形式上的而非实际的。这种表面上的不对称甚至会消失，从而由单方面威慑变成相互威慑，此时，威慑本身的价值便会受到质疑。如果我们会在他人死亡后旋即死亡，那么在哪种程度上对他人以死威胁才合情理？同归于尽式的威胁在外交上是否有用？

　　我们将在本书第三部分详细研究原子时代的外交问题。现在，让我们暂时仅在抽象层面上去罗列相互摧毁的能力所包含的三种可能性。如果战争意味着同归于尽，那么，或许大国们为了让摧毁性武器的使用保持在理性范围内将不再互相争斗，又或者它们不会诉诸于具有摧毁性的武器来争斗，再或者它们只会通过卫星国、盟友或介于它们之间的中立国来争斗。这就是对没有原子战争的和平——不论核俱乐部成员国参与与否——的三个假设。体系中的大国之间非原子的有限战争，迄今为止从未发生过，就好像连领头国自己都不信任自己，害怕一旦再次醉心于斗争，那不计一切的求胜之心就会扼杀理性的声音和单纯的自卫本能。

　　在我看来，相互威慑似乎有把威慑战略中和化的趋势，因为威慑战略只有在是单方面的时候才最具说服力。用以动摇别人的威胁越是缺乏人性，它被认真对待的概率就越小。单方面威慑，是将危害悬于他人头颈之上。双向威慑，则是把相似的灾害悬于所有行为体的头颈之上。相互性减少了这种战略的使用频率，增加了热核威胁不被实施的可能性。

说服情况中的不对称性则受到陷入冲突的不同政权所具有的差异的影响。多元立宪政体事实上容忍了那些内心认同着另一国家或另一政体的政党的存在。如果多元立宪政体根据其原则有权不容忍谋反这一叛乱的初始步骤，那么，在实践中对说服和颠覆、宣传和阴谋做出区分就会十分困难。西方民主政权没有禁止"外国民族主义者"发表言论和自我组织，相较起来，在这些"外国民族主义者"所依附的政权中，反倒谁也没有权利为西方的立场辩护。

不过，夸大这种"机会不平等"的影响也是错误的。尽管有种种"电波干扰"，西方对于苏联而言还是存在的。当苏联领导人一再重复斯大林在第一个五年计划开始时发出的号召——赶超美国——时，他们同时也承认了美国在生产、生产力和生活水平上的领先。苏联的经济学家、哲学家、宣传家都阅读西方学者的著作，还不停地同他们对话。有时，官方的过度宣传最终反倒激起了对西方的巨大好奇。铁幕另一边的一些人因为力图不去相信官方代言人散布的对资本主义过于讽刺的夸张描述而形成了一种过分高估西方生活水准的想法。以政治阐释的国家垄断为基础而建立的政权，从长期上看，或许比接受内部和外部对话的政体（如果它正常运转的话）更加脆弱①。

175

---

① 参见第十七章第三节。

　　相互性在颠覆情况下更具有重要性，因为反击类似于挑战，镇压类似于颠覆，从而行动和反应之间、革命方和守成方之间的某种惊人对称性产生了。革命者想要让现存的共同体解体，他们首先让个体失去根基，随后再将这些个体融进另外一个共同体中。地下组织乃是这个共同体的核心：当它成功掌握行政和司法后，叛乱共同体就完全取代了原有共同体。镇压的目标，如果不是摧毁地下组织这一未来共同体的核心，以及从物质和精神上让人民重归先前存在的共同体，它还能是什么呢？主张镇压的理论家断言，无论人民怀着怎样的感情，这个目标都并非无法达成。因为只有少数人才有能力拥有地下活动所必需的精力、勇气和牺牲，而没有了积极分子作为中坚力量，大众就会倒向消极被动。

　　说服战略，是用来改变或巩固人的某些感情、观点或信念的所有手段的整体，也是颠覆战略和镇压的一个要素。民族解放阵线的民族主义者想要让阿尔及利亚的穆斯林相信，他们过去不曾是、现在不是、将来也不会是法国人，因此他们不会有除了阿尔及利亚以外的其他祖国。法国"心理行为"官员则想要让阿尔及利亚的穆斯林相信，民族解放阵线宣称的阿尔及利亚祖国是一个骗局，对他们而言将是一种不幸。发生在阿尔及利亚独立的支持者和法属阿尔及利亚的支持者之间的以穆斯林为对象的对话，在革命者使用暴力来打破现有共同体并让穆斯林和法国人之间的分裂事实暴露出来的时候，转变成为颠覆和镇压的辩证逻辑。此刻，恐怖，这一威慑战略的决定性要素，会成为颠覆的主要武器之一。

　　在我们的时代，恐怖一词至少在四种情况下被使用过：被德国人用来指代对城市的狂轰滥炸；被对既有政权持守成态度的人——比如法国德占区的政权或阿尔及利亚的法国当局——用来谴责抵抗运动或民族主义行动；被所有学者用来描述极权主义政权的一个特征；最后，被用来指代两个武装了热核武器的超级大国之间那种双方都无能为力的关系状态。同一个词的这些不同用法不但揭示了我们这个时代的一些深层特征，还揭示了当今的三大战略之间的同源关系。

轰炸城市，也就是德国公报上说的"恐怖空袭"，有着物质上的目标。它逼迫敌人把重要资源耗费在主动或被动的防御、清扫废墟和维持公共服务上。不过，它的目的还在于削弱人民的士气。通过给轰炸城市取"恐怖空袭"这一绰号，德国当局否认了同盟国实施轰炸这一行为的军事功能，而把削弱集体抵抗意志视作其唯一目标。不论真假，这种诠释都构成了对同盟国一方战略意图的一次反击。或许同盟国当时的主要目的的确是削弱人民的士气，但它并未予以承认。因为一旦承认，就会降低这种方法的有效性：他们的目的是让德国人认为摧毁城市符合战争的需要。相反，德国政府，它完全有理由去揭露这种恐怖空袭，因为这一方面可以让敌人显得卑鄙无耻，另一方面也可以让直接被炸弹瞄准的平民产生同前线战士一样的坚持下去的意志和自尊。

所谓的**恐怖主义**是一种暴力行为，它造成的心理影响与它造成的纯粹物理性后果完全不成比例。从这个意思上说，所谓的革命者的无差别袭击就是恐怖主义，就像盎格鲁－美国人对各个区域的轰炸一样。无差别对待助长了恐惧的蔓延，因为没有谁被特别瞄准，因此没有谁可以不受侵袭。事实上，当轰炸的目标是通信渠道或合成汽油工厂时，会有另一番效果。甚至从心理层面来看，无差别对待很可能也是一种错误。摧毁工厂

176

应该也可以动摇人民的信心，何况看起来没有军事用意的城市废墟的不断累积通常会激怒人们而非让他们气馁。如果在具有同质性的人群中实施城市恐怖主义，或许还会造成与革命者的期待相反的结果。在混合人群中，比如像阿尔及利亚的情况，某一社群的愤怒就可以导致反叛者衷心希望而保守方竭力防止的分化。因为土生土长的法国人同阿尔及利亚的穆斯林之间的分化会让民族解放阵线的论点得到证实，而且还会违背既有政权的主张。

在"无差别恐怖主义"的情况下，土生土长的法国人的反应是把所有的穆斯林都当作怀疑的对象，不然就是把报复实施在碰巧抓到的随便哪个穆斯林身上。如果恐怖主义没有选择性，镇压反击很可能也是不加选择的报复。作为被怀疑的对象，所有的穆斯林都感到自己被现存共同体排除在外了。他们和法国人之间的信任消失殆尽。然而，没有信任也就没有了共同体：如果人们无法知道能够从彼此那里等来什么，他们就不再是生活在社会之中。所有人都会恐惧，而且每个人都是独自一人。

镇压中在所难免的那些错误会加速这种解体。当过多的无辜者受到惩罚，不选择也不斗争就变得不再是一种保护。到了进行在法律上有罪的行动所冒的风险，看起来已经同在法律上无罪的被动所冒的风险相差无几的那一天，活跃分子便可以毫不费力地招募到战士。

因此，我们便可以理解颠覆和镇压的辩证逻辑所创造出的恐怖是如何过渡升格至政府体系中的恐怖的。让我们回忆一下赫鲁晓夫的讲话以及他对斯大林时代的描述。为什么没有任何政治局成员有能力站出来对抗斯大林并终结"借助于个人崇拜"而犯下的那些罪行呢？赫鲁晓夫给出的根本理由是，人民应该没有理解到这些，然而，他也让人清楚觉察到了另一个理由：国家的高层领导人不再敢相互信任。再没有比这更能鲜明地证实和阐明孟德斯鸠的恐惧（专制主义的**原则**）的理论了。当只有一个人在既无法律也无规矩地发号施令，恐惧就会驱使所有人趋近集体性无能为力。

现任苏联部长会议主席也批评斯大林，说他拒绝对各种犯罪形式区别对待并恢复了集体性惩罚措施。赫鲁晓夫则认为这些反对者是错误的，但他们并没有都错到叛徒或盖世太保那样的程度。不断反复地把任何异端分子都看成敌人，会使得人们把诚实的活跃分子也混淆成异端分子。这种结果是革命时期的典型现象，即怀疑的普遍化。恐怖在各个阶段上的中心概念都是**怀疑**，这绝非偶然。不计其数的人，无论有罪还是无辜，都感到威胁压上了心头。既然权力才刚刚建立，而且它也知道自己四面受敌，它又怎么能够没有成千上万的怀疑对象呢？

在所有怀疑对象中，一些团体吸引了权力当局的注意力。即使他们不行动，其存在本身也证实了当局的怀疑。旧制度的遗老们在雅各宾派眼中都是可疑的。斯大林时期，非俄罗斯人都变成了嫌疑人：赫鲁晓夫描述了对一些人口的整体流放，乌克兰人仅仅因为数量关系才逃脱了这样的命运。罪行之间之所以没有了程度之分，那是因为异端分子与叛徒没有了区别；不过集体不平等还是延续了下来，一些团体比别的团体更被怀疑。

从某个点开始，颠覆和镇压就可能互相牵扯进政治恐怖本身的可怕循环。在所有的战争中，失败主义者都因为对他们已经预见了的失败做了准备而被谴责，而有时候他们实际上是为此做出了贡献的。既有政权怎么可能不被对它的行动或合法性有所质疑的那些公民削弱呢？怀疑"法属阿尔及利亚"的法国人，**客观上**就是在帮助阿尔及利亚民族主义者。如果我们不考虑这些法国人的意图，那么就会认为他们形同叛徒，因为他们的确对敌人有所帮助。同样，拒绝服从民族解放阵线的穆斯林肯定了法国人的辩护词，从而成为他们的阿尔及利亚祖国的叛徒，就像自由主义法国人被极端保守分子看作法国的叛徒一样。

保守方同革命者比较起来，后者更经常把恐怖政治推行得更远，甚至在所谓的颠覆战争中也是如此。无论涉及的是维持地下核心组织还是争取不太热心的人，说服都是不够的。必须以死亡来惩罚气馁，因为那些仅被武装了枪弹却要去对抗飞机和坦克的战士总被气馁所窥伺；同敌人协商的朦胧意愿和拒绝服从都必须得到毫不留情的惩罚，因为流亡的或处于地下的政治组织的合法性缺乏稳固的根基。"通敌者"必须被清除，因为他们倾向于以自身为例来反驳如此多的人正为之战斗和死亡的那些诉求。当颠覆和镇压的辩证逻辑继续延伸，持守成态度的国家会渐渐对各种自由都加上限制，而革命者又会让暴力行动倍增，以便锻造出他们自己的共同体以及瓦解那个他们对之宣战的混合共同体。

所谓的再教育改造手段或洗脑手段是在说服战略和颠覆战略的结合中发展出来的。为了打破既有共同体并且把失去根基的个人融合进另一共同体中所做的这种努力，并不是秘密进行的，而是发生在光天化日之下，在俘虏聚集的集中营中展开。它产生的后果同样不对等：一些美国士兵被转变了思想，成千上万的中国士兵（那些以前在国民党部队中服役的士兵）却拒绝被遣返回国。**这项技术也并非万能。**在印度支那，被囚禁的法国士兵和军官也遭受了再教育改造的考验：其目的不是要让他们成为越南共同体的成员，而是要让他们依照他们敌人的意识形态来阐释他们的战斗和整个世界观。通过把帝国主义的罪恶归咎于法国以及承认越盟拥有为自由而战的荣耀，这些法国人不但责备自己的祖国，而且还对他们的狱卒表示赞同。但在他们被释放后，在民族环境的影响下，这种再教育改造的效果能持续数周就已经很罕见了。

这种实践的灵感来源同让人皈依的企图一样古老，要么是宗教裁判所的法官想拯救灵魂，要么是征服者或革命者想要从战败者或旧制度遗老所谓的放弃上得到某种尊崇。莫斯科审判的招供更多是对皈依的一种怪诞滑稽、骇人听闻的效仿。列宁的同伴们在将死之际还在以某种方式相信"党是无产阶级的"，认为斯大林作为党的领导并没有脱离无产阶级事业。意识形态思想通过一连串的链式认同而行事，虽然它时常不理智，但具有推理性。没有什么比赞同看起来煞有介事、实际上却荒诞不经的推理更容易的事了。

颠覆和镇压都会导致对再教育手段的采用，因为两者都力图瓦解一个共同体并锻造出另一个共同体。内战情况下的共同体，不论它是有待摧毁的还是有待建立的，都属于意识形态的共同体，而在解放战争情况下，它则属于民族共同体。两者所采用的再教育是否获得成功，首先取决于人的性质而非手段的质量。无论一个摩纳哥民族主义者在集中营中待多长时间，无论那里的心理技术如何高超，他都永远不会被争取到法国的伟大事业中来。真正心向民族主义事业的阿尔及利亚人，也同样是无法被争取的。观念比灵魂更具可塑性：民族性被铭刻在灵魂中，而非观念里。

179

* * *

冷战处于两个历史系列的会聚之处，一个系列引向的是热核武器和弹道导弹的发展以及更具摧毁性的武器和更加快速的运载工具的不断推陈出新，另一个系列则相对于战争冲突中的有形暴力而言对心理因素更加强调。两个系列相遇，其本身是明白易懂的：力量的工具越是超越了人类的尺度，它们就会越少被使用。技术的过度发展把战争又带回到它作为意志考验的这一本质，一方面，要么威胁取代了行动，要么大国相互间都奈何不了对方的这种情况阻止了直接冲突；而与此同时，另一方面则是，不会让人类承受过多风险的、隐秘或分散的暴力横行肆虐。

基于恐怖的和平是应用于摧毁性科学的天才创造，如果说这种和平恰巧遇上颠覆盛行的年代，那么历史性相遇是其部分原因。第二次世界大战逐渐削弱了在二十世纪初还自诩为世界之主的欧洲，削弱了它的威信和力量，加速了欧洲的衰落。正是西方人自己重拾了以往的实践，而这种实践又正是创建常规军队和实施战争法旨在消除或限制的：对所谓"不着军服的战士"进行动员。1914~1918 年，义务兵役制让被武装的权利得到普及——除了那些被认为工作比牺牲对共同体而言更有用的人以外。1939~1945 年，全民参与又表现成了另一种形式：在轰炸下被动，在抵抗时主动。公民自己组织起来抗击占领者。不论从军事层面上看是否有效，公民的抵抗显示出了这样的战争利害关系，用上文我们引用过的瓦莱里的话①来解释就是：未着军服的人是在捍卫自己的灵魂。每一方阵营的胜利都意味着，或看起来都意味着一种对灵魂的强行转变。

---

① 参见上文第 201 页。

基于恐怖的和平将一种涵盖整体的巨大威胁悬于人类大众之上。颠覆强迫每个人都要选择自己的命运、自己的政党、自己的国家。热核威胁使人类被迫处于集体被动状态。被革命者或保守方操控的心理武器因为无差别地针对每个人而针对着所有人。

第二部分　社会学

决定因素和规律性

在社会学科中，**理论**与**社会学**虽然在理论上容易做出区分，
在实践中却难以遵守。甚至在经济学这一严格且系统地建构的
理论中，它们之间的界限也常常不固定。什么样的论据、什么
样的原因属于纯理论范畴？什么样的论据、什么样的原因应当
被看作处于经济系统本身之外（外在的）？这些问题的答案根
据时代不同而不同，即使在同一时期，其答案也会根据经济学
家思想的不同而不同。无论怎样，理论都必须基于其自身的概
念和逻辑来设计，以便让社会学问题显现出来。

通过本书的第一部分，我们阐明了一些概念，在这些概念
的帮助下我们得以诠释对外政治的各种行为。在前三章中，我
们依次分析了外交和战略的相互联系、政治单元权力所依赖的
各个要素，以及国家决策者企图达到的各种目标。在后面三章
中，我们并没有对对外政治的各种行为连同其手段和目标做单
独的分析，而是分析了国际体系。对体系的分析包括两个步骤：
首先确定了任一体系本身的特征（同质的还是异质的、力量关
系和法律规定），其次描述了体系的两种理想类型（多极的和
两极的）。对不同体系的分析引出了和平与战争的辩证逻辑，
也就是列举各种和平的类型与各种战争的类型，其中也包括通
常被命名为冷战或好战的和平或革命战争的这些中间形式。

为了进行国际关系研究——如国际关系的具体运作——而

构想出来的理论有三个用处：（1）它给社会学家和历史学家指出了情势描述必须包含的主要要素（外交体系的边界和性质、行为体的目标和手段等）；（2）如果社会学家或历史学家想超越描述而理解政治单元或领导政治单元的国家决策者的对外政治行为，他可以把这个理论作为一个理性标准来使用，将根据理论应该符合逻辑的行为同现实中的行为进行对照；（3）社会学家或历史学家能够也必须去探究决定了国际体系的形成、转变或消失的外交关系的外因和内因（就如同经济社会学家寻找决定了一个制度——封建制度、资本主义制度或社会主义制度——的诞生或死亡的经济原因或非经济原因一样）。

我们在上文中有意把社会学家和历史学家相提并论。然而，在我看来，社会学家的任务介于理论家和历史学家各自担负的任务之间。他诠释和叙述对外政治事件，密切关注政治单元、外交体系以及被看作是一个独特单一整体的文明之变化发展。社会学家寻找的是某种普遍性命题，它要么涉及**某种原因所导致的**作用于政治单元权力或目标、体系性质以及和平与战争类型上的**行动**，要么涉及**有规律的连续系列或变化模式**，它们存在于现实中但行为体并不一定意识到了它们的存在。

因此，理论本身就要求我们对现象－结果和被决定的因素加以列举，而这又促使社会学家去探究现象－原因和决定因素。按照第一部分各章节顺序来说，这些被决定的因素是：（1）**权力的要素**（或者不同时期的权力的各种要素分别拥有多少权重？它们又是如何互相组合的？）；（2）**某个特定国家或在某个特定时期，对一些目标而非另一些目标的选择**；（3）**构成一个体系**（同质的或异质的、多极的或两极的）**而非另一个体系所必需的或有利的环境**；（4）**各种和平与各种战争的自身特征；**

（5）战争的频率；（6）秩序——如果有的话——根据这个秩序，和平与战争交替而来；模式——如果有的话——根据这种模式，主权单元的、文明的、人类的（它们或爱好和平或好战尚武）命运变动不居。正如我们所见，这些被决定因素可以归为两个类别：它们要么是能让我们理解对外政治行为逻辑的论据，要么是人类创出的全部变化，而只有对事件保持一定距离的观察者才有可能领会到其中的奥妙。

从某种程度上说，对第一类别的被决定因素的研究，甚至是因果研究，都属于历史学家的任务。他仅仅对单一独特的情况进行分析，从所有细节上去理解它、解释它。但是，如果社会学家能够做到把材料按照决定因素来划分，而非按照现象－结果来划分的话，他就在某种程度上触及了事实或关系的某种普遍性。要让这种社会学尝试派上用场，对决定因素的列举就必须是系统性的。

我们分析了政治单元之间的和平－好战的各种关系，这些关系当中的政治单元都是以领土为基础组织起来的人类共同体。一些人在具有边界的社会中生活，这就是政治单元，其主权同地球上某一部分的集体所有权相混淆。通过这个定义我们实际上已经提出了对两种原因的第一种区分：一类是物质或有形原因，另一类，如果用孟德斯鸠的词汇来说的话，是精神或社会原因。

我们称为物质或有形的第一类原因又可以细分为三小类，下面三个问题就足以将它们表示出来。这些人占据着怎样的空间？多少人占据着这个空间？他们在哪里找到了怎样的资源？**空间**、**人口**、**资源**，或者如果我们愿意的话，还可以用学科名称来讨论这些决定因素，它们分别是**地理学**、**人口学**、**经济学**。

空间、人口、资源将分别成为第二部分前三章的章名。

另外，不通过细分却依然分三章来研究社会决定因素，也是可能的。分为三章的原因，不是社会决定因素具有同物质决定因素一样的可以相互区分的三个类别，而是在对社会原因的研究中，我们寻找的是有规律的关系，尤其是典型的连续系列（如果它存在的话）。我们因此有权把我们的研究根据有着层出不穷变化的历史整体来分割，而这些历史整体在事后看起来就如同服从了某个总体法则。在这些历史整体中，我认为有三个是主要的（对于六千年的历史来说）：**民族、文明、人类**。

在第七章，我们将研究每个政治单元自身体制对外交或战略行为所产生的影响，同时，我们还会探询民族是否因为其自身的稳定性或者通过必要的演进而成为一个主要的决定因素。第八章，我们会探究每个文明的历史是否均呈现出了由某些典型阶段组成的有规律、可预测的连续系列，而这些典型阶段又都以某种对外政治的行为模式、某个确定的战争频率或某种战争类型为特征。最后，在第九章，我们将从人类整体的角度来对同样的问题进行考察。民族、文明和人类至今都无法逃避要么和平要么战争的命运，它们在明天是否还会面临相同的命运？

同样的分类还可以用下面这种方式来表示。我们从一个特殊单元的对外政治讲起。如果我们的目的是阐明决定了它对外政治的社会原因，那么，我们首先会遇到的就是根据某种特殊模式组织起来的共同体，我们必须就民族和制度分别将这些原因的重要性阐释出来。然而，民族和制度又置身于一个更加广阔的社会环境中，我们将其命名为"文明"：德意志第三帝国是20世纪欧洲的内在部分，而20世纪欧洲本身又属于西方文明的一个短暂时期。而这个文明自身又同其他文明有着关系。就和平与战争的实践而言，其他文明在怎样的程度上同西方文明相区别？社会的性质和人的性质在其中各自起着怎样的作用？这就是在后面三章开头会相继被提出的那些问题之间的逻辑联系。

在我看来，所有社会学家必须探究的问题都脱离不了这个框架。前三章属于对空间的考虑，后三章则是对时间的考虑。空间、人口和资源定义了政策的原因和物质手段。民族连同它的制度、文明、人的性质和社会的性质构成了或多或少具有某种持续性的政治决定因素。前三章中所用的方法是分析性的，旨在把不同社会学流派——从我们正在寻求最终解释的那三个原因中孤立，加以讨论。后三章的方法则通常为综合性的，因为它旨在阐明整体，这些整体虽然因为行为体的不谋而合得以实现，但行为体对它们却没有什么清晰的认识。

无论是物质原因还是社会原因，无论是对空间的考察还是对时间的考察，我们探究和针对的都是现在。正是为了明晰我们所处时代的独有特征，我们才在每一章中探讨过去。

第七章 空间

自古以来，所有的国际秩序从根本上讲都是关于领土的。
它涉及的是主权之间对空间分隔的协定。因此，国际法包含一
种在某些情况下看起来可以引为丑闻的恒定悖论：它将政治单
元确认为法律主体，而且仅仅（或几乎仅仅）把政治单元确认
为法律主体，这就让国际法不得不忽视个人。①

招来帕斯卡讽刺的那个悖论实际上无足轻重："在比利牛
斯山这边是真理，在山那边就成了谬误。"鉴于国际法致力于
稳定，它**不得不接受**比利牛斯山这边的人视为真理的东西在山
那边的人那里可以像谬误一样被抛弃。这种自相矛盾的必要性
所蕴含的逻辑为一种规则所象征，正是这一规则消弭了德国天
主教徒和新教徒之间的冲突：**在谁的领地就信谁的教**（cujus
regio，hujus religio）。每个人都必须追随他的君主信奉的宗教。
国家之间彼此承认它们的权利，靠的就是否认个人的权利。

时至今日，联合国同样几乎对个人反对国家权力压迫的种
种抗议置若罔闻。无论国家权力是如何临时组织而成，一旦国
家宣布了独立，国家权力就可以如同主人般在国境内为所欲
为。② 它们拥有地壳的一块以及居于其上的人和物。海洋还没
有被瓜分，它继续是所有国家的财产，也可以说是不属于任何

---

① 欧洲框架下将要成立的国际法法庭将从理论上结束这种悖论。
② 在前比利时属地刚果宣布独立后的一周内，这个新国家的政府将比利时试
图保护个人所实施的军事干涉宣布为"侵略"。

国家的财产，而空气在一个尚未被明确的高度内已经服从于国家权威管辖了。

跨越分隔政治单元领土的界线尤其构成了**开战的理由**（casus belli）和侵略的证据。战争时期，空间对战士的流动是开放的。战略就是调遣，它会受到交通工具或通信工具的影响。利用地形对战术而言是必不可少的；对土地进行占领在数世纪中都是冲突中军队的目标。吞并邻近或远方的土地，在传统上一直被视为君主的合法野心和胜利的标志。

国际关系的两种典型时刻——和平与战争——似乎互相都需要一种地理式的思考方法，需要以空间为参照来分析让冲突结束的条约以及让先前既有秩序加速崩溃的战斗。对外政治的地理研究是一般被称为人类地理学或政治地理学的学科的固有部分，它包括：对环境和人类共同体之间的关系的研究，共同体对环境的适应，人类通过双手、工具和头脑对环境的改造。不过，由于我们刚才已经指出的那个原因，国际关系的地理研究有着自身独特的发展轨迹，并且成了一个具有半自主性的学科。

本章中，我们的意图不在于一一回顾由地缘政治学家积累起来的事实及他们提出或建立的理论，而是期望以一种批判性思考或认识论深思来明确地缘政治的性质和限度。

一　地理环境

空间可以依次被视为对外政治的**环境**（milieu）、**舞台**（théâtre）和**利害**（enjeu）。

这三个概念中的最后那个很容易被理解。因为国家可以被视作一个空间的所有者，这个空间中的每一部分都能够成为个人或群体间为之发生冲突的利害所在。一个获得独立的伊斯兰国家，比如突尼斯或摩洛哥，不会心甘情愿地把它们开发出来的那些土地的所有权让予以保护者身份到来的法国人。在被以色列人称为解放战争的那场战争的一开始，穆斯林就从巴勒斯坦逃了出来（带着重返的希望）。在既定的地表区域，一类人取代了另一类人。如果需要说明的话，这个事件表明了这样一个事实：在 20 世纪，土地依然是共同体之间争端的一个利害所在。

相反，**环境**和**舞台**之间的区分在文献中就并不那么常见，这便需要我们做进一步的解释。人类地理学描述了既定气候下一块土地上的各种社会，它力图理解和解释环境特征对生活方式和社会组织的作用，以及生活方式和社会组织为它所处的环境带来的改变。地理学研究和定义的环境是自然环境也是历史环境，地理环境被具体地加以定义，它包括了专家们能够识别的动物群、植物群、地形、气候的所有特征，以及学者认为有指导价值的那些特征。

作为舞台的空间则不再是具体的，而可以说是抽象的，它被观察者的目光简单化、类型化、模式化。一旦成为战术家需要迅速掌握的战场，它就不再是地理学上那种永远无法穷尽其独特性的气候或地理环境了，而成了进行特殊活动的一个框架。开展足球比赛的场地可以，也必须以对游戏者行为有影响的各类特性（尺寸、硬度、干燥度、湿度等）为特征。同样，地球这个国际关系的舞台，也只能被国际政治行为体所必须考虑的那些特性所定义。正是在地球空间可以被设想成国际政治的模式框架这一界定下，地缘政治学才为外交历史提供了一种具有原创性的、有魅力的视角。因为框架永远不会完全决定游戏的

189

开展，地缘政治视角也就一直很容易部分地沦为某种辩解性意识形态。

我们首先将空间视作一种具体环境。那么，就一般意义上的人类共同体的生活方式和作为特殊情况的国际关系而言，地理学研究给我们带来的是具有什么样性质的指导呢？对此，我们立刻想到的是一个十分平淡无奇的主张。地理学研究的功德首先也尤其在于它驱散了气候或地形决定论的妄想或传奇。这类研究越是精确深入，有规律的因果关系就越少被发现。

让我们记住孟德斯鸠论断中的鲁莽之处：

"肥沃的地方常常是平原，从而无法同强者对抗：因此只好向强者屈服；一旦屈服，自由的精神便一去不复返了；农村的财富就成为那里的人们忠顺于强者的担保。但是在多山地区，人们能够保存他们所拥有的东西，同时，他们所要保存的东西也并不多。自由，也就是人们享有的自治，成为值得人们捍卫的唯一的东西。因此，自由在崎岖难行的多山国家比在那些条件得天独厚的国家更占优势。"①

"我们已经指出，炎热的气候使人的力量和勇气委顿；而在寒冷的气候下，人的身体和精神有一定的力量使人能够从事长久的、艰苦的、宏伟的、勇敢的活动……因此，如果我们看到，热带民族的懦弱几乎总是使这些民族成为奴隶，而寒冷气候民族的勇敢使他们能够维护自己的自由，就没有什么好惊异的，这是自然的原因所产生的后果。"②

---

① *De l'Esprit des lois*，XⅧ，2.
② *Ibid.*，XⅦ，2.

　　"阿提卡的土壤贫瘠，因而建立了平民政治；拉栖第
梦的土壤肥沃，因而建立了贵族政治。"①

　　当今已经再没有人会认为民族的勇气或怯懦取决于气候了，
或是认为斯巴达和雅典的政治命运早已提前被它们所占据的那
两个城市的土地决定了，又或是认为土地的好坏程度、丰腴或
贫瘠就足以定义地形特征，再或是认为所有的山地都属于同一
个唯一一种类，就好像所有的平原也只有唯一一个种类那样。虽
然要冒被指责为无益地卖弄学问的风险，我们还是要从内容和
方法上明确指出我们无法接受孟德斯鸠的那些主张的原因。

　　认为在气候和人的存在方式之间存在某种关系，这就隐
晦假定了后天特征具有遗传性。而生物学家却禁止我们相信
这种遗传性真的存在。无论气候对普遍意义上的活动或特殊
意义上的活动有着怎样的有利或不利的影响，对于存在这种
影响这点，我们也不是不可以接受。不过，气候对遗传倾向
的表现方式的影响从来就没有使整体人口或种族群体被标上
或美德或恶行，或光荣或面目可憎的记号。气候不会让人怯
懦或勇敢。

　　孟德斯鸠认为是原因的那个字眼永远无法被足够严谨地定
义，从而使我们无法将一些恒定的效用归因于它。我们的知识
越是丰富，粗糙的概念就会越不成其形。这个世界上有太多不
同类型的炎热和寒冷、干燥和潮湿、平原和山地，以至于一种
类型的社会组织（甚或一种居住类型）无法必然伴随一种气候
或地形的一般类型。

190

---

　　①　*De l'Esprit des lois*，XVIII，1.

即使我们避免了把原因定义得过于宽泛模糊而犯下的错误，我们依旧无法得出地理决定论。无论我们把自然环境定义得多么精确，我们都无法得出自然环境不允许人们以不同于现在的生活方式的另一种方式去生活的结论。如果环境是独特的、独一无二的，我们又如何能证明人们在其中的反应不可能有别于现有模样？规律性构成了伴生的必要性的唯一证据。而且，无法得到这种证据也符合并证明了自然给人的主动性留有发挥空间这一直接事实。甚至在自然给人以最沉重限制的情况下，比如爱斯基摩人的情况，人们也会倾向于去敬佩让这些古老社会得以适应严峻环境而存活下来的那种智慧，而不会得出结论说，这种适应方式才是唯一可能的适应方式。

另外，自然环境的**不决定**（non détermination）同**非决定论**（indéterminisme）也不一样。地理决定论（或其他所有断言人类社会或其某个方面是被一个既定空间内的**一种**原因所决定的理论）必须以一种对象哲学为前提，而非以决定论的一般原则为条件。决定论的一般原则完全不意味着，在某种气候或既定地形下的社会都会表现出某些特征。只需要生活方式和组织模式在取决于地理的同时也取决于历史，即它不是只取决于自然环境的作用，就足以有助于地理学本身对我们以前称为地理决定论观点进行反驳。

跟随这些评论的思路，我们可以得出下面这个命题：**理解**一个人或一个共同体与地理环境的关系总是可能的；然而，**解释**一个人或一个共同体与地理环境的关系基本（或根本）是不可能的，如果**解释**要求建立起来的这种关系具有**必然性**的话。理解按理说也可以是一种保证：不论在环境中的反应所表现出的智慧程度如何，它都是可理解的，因为它没有导致群体的消亡。即使导致了群体的消亡，它依然是可理解的：解释者会试图找出那些阻止人类采取对拯救人类而言不可或缺的措施的信仰、义务或禁令。

这是否意味着地理环境——无论是物质的还是历史的——永远不会成为社会现象的原因呢？这种推论是错误的。自然现象在史前阶段曾是人类社会现象的原因，有时几乎就是直接原因。我们祖先的迁徙，即使不是由气候改变决定的，也是受到了气候改变影响的。或许，正如汤因比①引用的柴尔德（G. Childe）的描述所言，人类创建文明并崛起的第一个挑战就来自地理环境：

当北欧大陆远至哈茨山脉为冰层所覆盖，当阿尔卑斯山脉和比利牛斯山脉为冰川所覆盖，北冰洋的高压气旋便将大西洋的暴风雨向南推移。当今穿越中欧的大气旋在当时通过了地中海盆地和撒哈拉北部，在被黎巴嫩吸收一定水分后，继续穿过了美索不达米亚和阿拉伯半岛，直抵波斯和印度。今日滚烫的撒哈拉，在当时却享有经常性降水，最东面的降水不但比今天更加充沛，而且在一年中的分布也更均衡。因此，当时北非、阿拉伯、波斯和印度河流域有着天堂般的土地，它们如同今天的地中海北海岸那样繁茂。当猛犸象、身覆茸毛的犀牛和驯鹿在法国和南英格兰埋头吃草的时候，北非则供养着分布于今天罗得西亚赞比西河流域的那些动物群。

北非和南亚的草原舒适宜人，那里的人口密度不亚于

---

① 参见 Toynbee, *l'Histoire*, trad. français, Paris, 1951, vol. I, p. 83。

欧洲冻原的人口密度，我们可以这样猜想，比起处于冰雪边缘的北部，处于这种有利且令人振奋的环境中的人们会取得更大的进步。[1]

不过，在冰河时期结束后，亚非地区遭受了向干旱发展的深刻转变，与此同时，在那片到当时为止同世界其他居住地一样都只被旧石器时代的原始社会占据的空间中，出现了两三种文明。我们的考古学家鼓励我们把亚非的干燥化视为一种挑战；这些文明的创生就是对这种挑战的回应。

现在我们触及了伟大的革命，不久以后，我们就将碰见通过驯养家禽和种植谷物而成为自己生存需求主人的人们。似乎不可避免地要把这种演进归因于一种危机，它是由北部冰河融化、欧洲上空高气压的连续收缩以及南地中海地区的大西洋暴风雨偏离了它们穿过中欧的当前路线所引起的。

这一事件应该最大限度地促成了这个以前还是草原的地区之居民所具备的灵巧机智和创造性。

随着欧洲冰川的收缩，气旋逐步向北直移，这个地区的干旱越来越严重，面对这种情况，受到影响的狩猎居民有三种选择：他们可以跟随习以为常的气候，向北部或南部迁徙；他们也可以留在原地，忍受悲惨的生存状况，捕食那些从洪水中逃生但数目稀少的猎物；最后他们还可以——在不离开他们故土的情况下——把自己从环境的频繁变化中解放

---

[1]　G. Childe, *The Most Ancient East*, 1934, chap. Ⅱ. 法文版以此标题出版：*L'Orient préhistorique* （Payot）。

出来，驯化动物并专事农耕。[1]

五六千年以来，也就是在所谓的文明历史时期，气候现象是否一直都是民族的兴衰、由干旱引发的迁移和大规模征战的直接原因？一些学者肯定了这种说法，比如埃尔斯沃思·亨廷顿（Ellsworth Huntington）[2] 就相信气候变动和中亚干旱时期对历史事件的作用。西班牙历史学家奥拉格（Olagüe）也同样相信降水量的减少是西班牙衰落的直接和主要原因之一。[3] 但其他一些学者却以同样的确信态度否认了这种说法：

> "西班牙的沙漠化仅仅同人类的干预活动有关系，"罗歇·埃姆（Roger Heim）[4] 写道，"其原因难道不是斐迪南二世和伊莎贝拉一世为了增加他们从欧洲羊毛市场获得的个人财富而大大增加了绵羊的放牧密度，同时，应西班牙无敌舰队之需而对高大树木的连续砍伐加重了对森林的破坏吗？这就是为什么虽然五千年以来没有什么气候上的可喜变化，也没有大规模的地表自然变动，尤其在地中海盆地没有这种变化，而耕作方法上的缺陷、砍伐森林、政治动荡造成的对干旱国家所必需的那些农业技术的荒废，还是让负担沉重的人口因素在今天造成了一日比一日更严重的后果。"

---

① G. Childe, *The Most Ancient East*, chap. Ⅲ.

② *The pulse of Asia*, 1907.

③ Ignacio Olagüe, *Histoire d'Espagne*, Paris, 1957.

④ 法国国家自然历史博物馆馆长，见 *Le Figaro littérature*, 21 novembre 1959。

气候变化是原因还是后果，这点尚不确定。对于一些学者而言，气候变动首先是与人的意志无关的，它起初是一些重大事件。对于其他一些学者而言，气候变动是由人类的错误或疏忽造成的。耗尽土地和破坏植被造成的地理环境，使身处其中的文明没有能力纠正自己犯下的错误，因此文明日趋消亡。

193 　　不论我们选择哪种诠释——我们没有资格和能力解决这个争论——这些例子都可以帮助我们辨别和明确环境的因果关系模式。当自然现象的发生不归咎于人类活动却剧烈地改变了一个共同体的生活时，我们谈论的就是自然现象的历史因果关系[1]：里斯本被地震摧毁或庞贝被维苏威火山爆发摧毁就属于这种定义类型。这种定义类型同样适用于不归咎于人类却逐步毁坏了西班牙的干旱。只是最后这个例子同前面的例子相比，其意义有所不同。因为它提醒我们注意环境对人类社会是有着隐匿而持久的影响的。

　　人类是这样一个物种：至少在有历史时期，它不断转化着自己的生存条件。即便环境本身没有发生变化，当共同体获取了可以让环境具有价值的工具时，环境也会变得不同。物理要素随着科学知识和技术工具的变化而改变。从这个意义上讲，实际由自然造化而成、为人力所改造的地理环境也是导致历史不稳定性的因素之一。

　　不过，在每个时期，环境作为自然和处于某个演化时期的人类共同造成的结果，也会对共同体的命运产生影响。它轮番作为**鼓励人的因素**和**限制人的因素**，促进或阻碍社会的努力，并对其失败或宽容或严厉。

---

　　[1]　它具有双重含义：其**表面**含义是独一无二的一种连续；其**有形**含义则是属于人类社会变化发展的事件。

　　让我们假设河流文明①，比如尼罗河、底格里斯河、幼发拉底河以及黄河流域这些文明的崛起，部分归功于它们在必须分洪、规律化水文周期、应对可耕地在灌溉上遇到的挑战。水利文明因为集体生存的这些必需而表现出一些独有特征，正是这些特征定义了马克思在《政治经济学批判》导言中讨论的"亚细亚生产方式"。然而，这样的文明比那些在温和气候下繁荣昌盛的文明更加脆弱，因为温和气候下的文明给予了个人和小群体在必要情况下自力更生的机会。如果后一个千年中的法国不但政治动乱持续不断而且还由此导致了行政的混乱无序及农业生产必需机制的毁坏，那么法国历史将不会那么具有连续性。当文明只能靠年复一年地不断战胜顽固不驯的自然来维持时，人们会服从于更加严格的纪律，而且有时即便众志成城也不足以抵御一次大灾难的侵袭。

　　环境鼓励坚定不移的组织，也惩罚错误或疏忽，但比起这些来，更清楚的是，由物质资源和技术手段历史性地结合而成的环境给共同体的规模确立了无法越过界限。甚至在今天，即使人类在物理环境层面获得了越来越多的自主性，但人类群体的分布虽然看起来没有被气候条件严格决定却还是在被气候条件影响着。多种多样的地球区域并非对所有文明的发展都同等有利。不论生产技术处于何种状态，可以在一定土地面积上生活的人的数量一直都依赖于诸如土地、地形、气候这样的物质条件。地理环境的作用既不是可被孤立的存在，也永远无法成为唯一的决定性因素，它持续不断地发挥着作用，而我们无法标示出其限度。是否有可能在非洲的中心地带建成工业型社会？

194

①　参见卡尔·魏特夫（Karl A. Wittfogel）非常重要的著作：*Oriental despotism*, New Haven, 1957。

或许我们都天生倾向于低估自然对人类社会的影响，即便在当下自然依然有其分量。

上面的分析对整个政治地理学都有效，**更不必说**将之运用在用环境解释对外政治上了。**位置**（德语：die Lage）实际上从根本上讲是历史的，因为它依赖于那些服从着变化法则的形势（调遣技术、运输技术、作战技术、同一区域内政治单元之间的力量关系等）。一旦穆斯林的征战行动封锁了地中海的商业运输，马赛地理位置的重要性也就不复从前。国家在有形地图上的情况是恒定不变的。但它充其量不过是其他原因中的一个，它对某些行动有所促成，它勾勒出的是可能性的框架，它或许在所有世纪中都微妙存在，体现着民族命运的所有方面。不过，它依然可以在随着国家的崛起和毁灭而变化的某个位置中有所体现，在以观念、梦想、工具、人类武器所标志的每一时期的不同制度中有所显露。

我们有时候还是会尝试——甚至安东尼·库尔诺（A. Cournot）也忍不住做了这种尝试——对欧洲各民族的结局进行事后解读。如果真的如此解读，就会发现历史总会在漫漫长路上把偶然和意外所留下的痕迹抹掉而更倾向于实现地理颁布的法则。西班牙、法国和英国也因此而最终具有了符合自然规则的大小。但事实上，西班牙却并非一直被比利牛斯山挡在欧洲文明潮流之外：在欧洲，它的军队曾经在某段时间中扮演着最重要的角色。王朝之间的联合曾经让在地理上分离的土地有所接近，然而，地理也的确没有赋予西班牙各省像法国那样的同质性。难道正如今天有人猜想的那样，法国的统一性是"事先注定的"吗？我们至少应该对这样的主张持保留态度。"领地"边界曾经是，而且还会继续是争执的对象。或许地理曾经有助于单一语言的传播，而让弗拉芒人、布列塔尼人、普罗旺斯人和贝阿恩人之间民族共同体的建立变得更容易：假设这种统一最后并没有实现，为此而寻找"深层原因"又会是多么容易啊！

瑞士或法国的格局以及英国的岛国条件千百年来不断影响着这些国家的外交，如果对此加以否认就会陷入自相矛盾。瑞士是因为其地理条件才拥有与它居民数量或经济资源不成比例的出众的防守权力。不过还需要一些特有的历史情势才能让联邦形成，然而成为赫尔维西亚（瑞士）联邦，又还需要另一些历史情势才能让瑞士在邻近它的大国互相攻伐的时候一直采用对维系它的统一性而言必需的中立政治。瑞士各州的历史也是如此——它们具有同侵略者做斗争且保持独立性以及组成一个中立国家还让他国尊重这种中立性的能力——它与旧大陆其他所有国家相比，很可能更多是得益于地理。

同样，我们的思绪很容易就转到了法国的"大陆－海洋双重使命平行论"上，以及它在外交上的踌躇迟疑。由于北部边境易受侵袭且靠近首都，法国总是由于一直令人担忧的安全问题而不得安宁。它位于小亚细亚海岬的最西端，不可能对海洋的召唤和远航探险置之不理。法国将它的力量同时分配在大陆霸权（或安全）外交和海外帝国外交上。它在这两头上都没有完全成功。

对英国的分析恰恰有效地指明了看起来有说服力且无懈可击的地理解释的限度。很显然，离了岛国条件，英国的富饶就会变得难以理解。就是否易受侵略而言，它具备威尼斯和荷兰都不具备的安全性；有着丰富的食物来源，因为有位于南部的麦田；煤矿资源给予了英国外交一种其他大陆国家都不具备的行动上的自由。英国有着自然赐予的得天独厚的防守权力。它可以对欧洲的争端置身事外，可以暂时地站到冲突中最弱的一方，可以在恰当的时机通过派遣远征队介入来结束争端，还可以保存主要实力以取得海上霸权和进行帝国扩张。

这种教科书中描绘的刻板印象，作为一种简单化和模式化的观点，也不算错误。英国利用岛国条件发展出了一种在其他地理位置的国家所没有的政策。不过，这种政策也不是真的就因此是被岛国条件**所决定**。岛国条件也给了人自主的空间，它为人们提供的是在多种决策之间的选择权。这种选择并非偶然的，也不是不可理解的，它只不过不是被自然环境强加的罢了。

从抽象的角度上看，一个主宰着整个岛屿的共同体，要么可以尝试退缩（断绝与世界的关系），要么可以以主动的外交尝试进取。而主动的外交又可以针对三个方向进行：征服大陆、远征海洋、自愿中立。这四种政策中的每一种都曾经在既定的某个时期被英国和日本这两大岛国中的其中一个采用。

当日本在 17 世纪完成统一时，它并没有趁机开始征服其他地方。相反，在德川幕府时代，将军们的抱负是去完善这种形势，也就是说岛国的孤立。稳定社会和精致文明的理想使得成形的日本帝国尽可能地避免同野蛮人的接触和同西方的来往。

196   明治维新后，日本反转了它的态度，不过它依旧在可供岛屿国家选择的两条扩张道路之间举棋不定：征服大陆还是征服岛屿。由于缺乏选择的决心或能力，日本最终陷入了同时对中国和对英美作战的境地。一方面，日本军队虽尽力却徒劳地对中国实施着占领；另一方面，它面对的是保护诸岛屿（菲律宾、印度尼西亚）的两大海上权力——英国和美国。从历史上看，英国在开展征服事业时显得比日本更理性：尝试征服大陆的阶段随同百年战争的结束而完成，一旦实现了英格兰和苏格兰两大王国的统一，它便将自己的野心转向了海洋、舰队、商业和帝国。英国最通常的行为显示出它俨然已经深谙欧洲的均衡逻辑。

自1945年起，日本和英国因为技术进步而与大陆的距离拉近，而大陆的势力又远胜于它们，于是这两个国家都被纳入了美国的联盟体系。两个岛国都依靠美国的保护、具有支配力的海权的支持来保障自己的安全。英国由于英美文明的相似性而毫不犹豫地或是几乎毫不犹豫地做出了这样的选择。相反，日本舆论对此众说纷纭，因为同中国的断交看起来非常勉强。被降至二流国家的日本，是否能够在既不像德川幕府时代那样闭关自守又不成为大陆国家卫星国的情况下保持中立呢？甚至在英国，同样的问题至少也以反对美国在英建立军事基地以及安置热核装备这样的间接方式被提出过。

岛国条件提供了一种针对外交可能性的模式分析，但它独自并无法建立因果关系。一个岛国并非一定要献身于海上权力。英国人也是在16世纪才真正变成了一个海上民族。日本人却从来没有变成这样的民族，他们自始至终都是陆上民族，很少被人口外移所波及，也很少倾向于把它的财富托付给把握不住的海浪。岛国条件是一种挑战，而非一种束缚。

二 麦金德模式

在前面的篇幅中，我们已经不知不觉地从第一个术语讲到了第二个术语，从**环境**讲到了**舞台**。正如我们所讲，当观察者仅仅考虑某些空间特征，而这些特征按理说又会独自对某种特殊行为产生影响的时候，空间就可以被看作是舞台，而不再是环境。例如，地缘政治学家就可以从地理环境中看出"外交和军事博弈的场所"来。环境被简化为一个抽象框架,人口被转换为演员,他们出现又消失于世界舞台之上。

那么,在这种舞台和外交－战略演员模式论中,地缘政治学家保留了怎样的具体现实呢?在地缘政治学家看来,对外政治行为具有**工具性**,是为了实现目的去运用手段。各种资源——人、工具、武器——被国家动员起来以保障安全或进行扩张。然而,扩张的道路同对安全的威胁一样,都已经事先在世界地图上显现出来了——如果地理学家至少还知道把目光专注于民族的繁荣和权力所依赖的那些自然资源上的话。地缘政治学结合了**外交－战略关系的地理模式论、资源的地理经济分析以及按照生活方式和环境模式(定居的、游牧的、陆地的、海洋的)而进行的对外交态度的阐释**。这些命题都过于笼统了,我们将举例来进一步明确和阐述它们。在 20 世纪,英国人麦金德(Mackinder)对地缘政治学的名望所做的贡献很可能比其他任何人都大。他发表的部分观点被德国学派用来为帝国主义服务。哈尔福德·麦金德的书简明扼要、言简意赅,它将有助于方法论的分析,而这是我们的目标。

在 1904 年发表的题为《历史的地理枢纽》① 的文章中,麦金德第一次展示了其思想的中心论题。在另一篇于 1905 年发表的题为《人力作为国家和帝国实力的度量》的文章(发表于《国家评论》)中,他强调了生产力(或人类劳动收益)所具有的决定性影响。而集中了麦金德主要思想的关键著作出版于 1919 年,名为《民主的理想与现实》(*Democratic Ideals and Reality*)。四分之一个世纪之后,《外交事务》杂志又在 1943 年

---

① "The geographical pivot of history",发表于 *Geographical Journal*,1907。在伦敦皇家地理学会上的报告是构成这篇写于 1904 年的文章的基础。

发表了他的题为《圆的世界与赢得和平》(*The Round World and the Winning of Peace*)的文章,可以说它具有遗嘱的性质。同样的地理模式论在二战刚刚结束时再次被用于处理当时提出的问题,而这种尝试在一战结束后不久就已经被徒然地进行过了。

也许概括这位作者的思想的最好方法是以我称之为**地理模式论**的思想为起点,也就是说重提**世界岛**(World Island)和**心脏地带**(Heartland)这两个概念并对之加以定义。海洋覆盖了地球的十二分之九。一块大陆,或者说亚欧非三个大陆作为整体的大陆覆盖了地球的六分之一。剩下的最后十二分之一表现为更小的岛屿、两大美洲和大洋洲。在这种全球布局下,美洲就世界岛而言所占据的位置相当于不列颠群岛在欧洲所占据的位置。

第二个概念,即**心脏地带**或**枢纽地区**,它并不总是在同种表述中被定义。① 心脏地带这片广袤区域在划界上还具不确定性,但这并没有影响到这个概念本身。**心脏地带**覆盖了欧亚大陆的中心和北部。它从北冰洋海岸一直延伸到中亚沙漠,它的西部边界位于波罗的海和黑海之间或波罗的海和亚得里亚海之间的峡区。

心脏地带具有三个有政治意味的有形地理特征,它们并非相互吻合地彼此结合。心脏地带构成了地球表面最广袤的平原:经由亚洲平原、欧俄大草原,穿过德国和荷兰,直抵西方中心法兰西岛和巴黎。还有几条地球上最大的江河向着北冰洋或内海(里海、咸海)奔流。另外,它也是一块草原牧场,有利于人口和战士在骆驼或马背上迁徙。心脏地带至少在其东部对海上权力

198

---

① 我在此使用的是《外交事务》那篇有"遗嘱"性质文章中所用的表述。

的入侵是封闭的，但它却为骑兵向西长驱直入打开了通道。

以对这种简化了的地图的解读为基础，麦金德的三大著名论断就容易理解了。**谁支配了东欧，谁就支配了心脏地带。谁支配了心脏地带，谁就支配了世界岛。谁支配了世界岛，谁就支配了世界**。正是这三个通俗化的论断成了麦金德最获成功的思想。希特勒通过德国的地缘政治学家也了解到了这些主张，并且很可能受到了它们的启发。这个自诩科学的理论也由此被转化成一种为征服辩护的意识形态。

理论本身是以地理模式论为基础，并通过对**一个常量因素**（陆地－海洋或大陆的－海洋的对立）和**三个变量因素**（陆上和海上的移动技术、国家对抗中可用的人口和资源、外交领域的扩展）的同时考查来建构的。由于麦金德的文章写于20世纪初，当时英国正处于灿烂辉煌、坚不可摧的优越地位，因此麦金德纵观历史、展望未来，向前追溯以期发现岛屿国家成功所必需的条件，向后展望以期预测到成就英国之辉煌的大部分形势是否注定会在未来消失。

纵观历史，把大陆和海洋的对立或大陆权力和海洋权力的对立视为一个基本对立，的确有其道理。陆地和水这两大因素似乎象征着人类的两种存在方式，它们促成了人类的两种典型态度。陆地以个人或集体产权的方式属于某人；海洋因为不属于任何人而属于所有人。大陆权力建立的帝国受所有权精神的启发；海洋权力建立的帝国受商业精神的启发。海洋帝国并不总是善意的（我们可以想想修昔底德笔下的雅典霸权），它也很少是封闭的。

如果陆地和水代表了全球舞台上相互斗争的两大因素，那么，用克劳塞维茨的话来说，国际政治就是交换与沟通。战争在个人与个人之间和共同体与共同体之间创造出关系，只不过是不同于商业的另一种关系。陆地上和水上的游牧人——骑兵和水手——分别是两类帝国的缔造者，两种战斗方式的专家。军事调遣和兵力运用在陆上和海上各有其用。陆地作战所希望的是把战斗的偶然因素减至最少，战术家也努力将其力量集中于一个战场并以连续战线御敌，而这些操作在无边的海洋中找不到对等物。在让通信手段面目一新的技术发明之前，投身海军事业意味着接受命运的不确定性，意味着对依靠临时发挥和个人首创精神来掌控意外事件的能力有信心。萨拉米湾海战前夕，雅典人把整个城市都打包装上了他们的船只；法国人在1940年则拒绝承认祖国土地以外的法国：这是两个有象征意义的决定，一个国家选择了水域，另一个国家选择了永远不与陆地分离。 199

　　麦金德意识到了这种二元性，不过还是他自己国家的命运在激发和引导他的研究。从外交和战略角度来看，岛国位置的存在从一个岛实现了其政治统一的那一刻才开始。在国际秩序中，一个国家在不再有陆地邻居的那一天便成了岛屿国家。大不列颠群岛实现了统一，而大陆则是分裂的：这种反差是大英帝国强大的首要原因。然而，这种反差或许不会永远存在：并非英王国的统一会受到威胁，而是大陆的统一可以变得不再难以想象。

　　在对历史的研究中，麦金德阐明了两个想法，它们对分析20世纪的形势依然有效。第一个想法最明显但也可能是最不为人知的，即认为在海上权力和陆地权力的相互斗争中，无情的数量法依然会发挥作用。倘若一个海上权力面对的是一个在物质资源和人力资源上优势过大的对手，即使它有上好的船只和高素质的水手，它也无法存活。第二个想法更加清楚，即认为一个海上权力是可以从陆上被战胜的，就像它可以在海上被战胜一样。一旦陆地权力占领夺取了所有基地，海上权力便再无立足之地。海洋变成了封闭的海域，从而臣服于一个不再需要保留海军的陆上帝国，比如罗马帝国时期的地中海。麦金德因此总结说，大英帝国有被摧毁的风险，要么是被一个积累了压倒性资源的大陆国家，要么是因为英国在欧亚大陆周围的岛屿和半岛上建立的基地被来自陆上的力量摧毁或占领。

许多个世纪以来，英国都从下面这些形势中获得了利益：欧洲一直处于分裂状态；英国岛屿的安全得到了保障；这些岛屿所拥有的原材料资源和人力资源并不输于与英敌对国家所拥有的资源；其他大陆没什么军事力量。这位英国地理学家以敏锐的洞察力在 20 世纪初就察觉到有两个主要变量正在向不利于海上权力的方向变化。

16 世纪至 19 世纪，海上的移动性比陆上的移动性更迅捷。然而，麦金德被差不多与他同时代的两大事件所震撼，一个是布尔战争，另一个是日俄战争。俄国能够派遣大量兵力在远离其基地 1 万公里处——唯一铁路线的尽头进行战争，这对他来说，比英国从海上派遣远征队到南非进行对抗更加令人叹为观止。内燃机的即将出现会让铁路的收益增长。斯宾格勒所说的"蒸汽战马将重新开启随着亚洲铁骑的消逝而结束的大型侵袭纪元"其实可以被麦金德用在他书中[1]对海上权力和陆上权力的前途进行论述的那两个章节中，在这两个章节中，他回溯了历史上的诸多帝国：崛起自高原、草甸或沙漠的马背民族帝

---

[1] 《民主的理想与现实》一书。

国——斯基泰（Scythes）、帕提亚（Parthes）、匈人（Huns）、阿拉伯、蒙古、土耳其、高加索，以及从克里特岛和雅典到威尼斯和英国的航海帝国。

然而，甚至在陆上移动性不可思议地增强的时代，心脏地带依然继续在获取对世界帝国而言不可或缺的物质资源和人力资源。东欧是一个交接地区，心脏地带由此通向边缘地区并面向海洋，斯拉夫人和德国人在此相遇杂居。在 1905 年和 1909 年，麦金德都曾害怕过，战胜了斯拉夫人的德国人会将心脏地带统一至一个主权国家治下，从而获得远胜于英国的力量。他预见到以巨大空间经济作为基础的陆地权力肯定能够以数量优势赢得对海上权力的胜利。正是因为以这种历史形势为参考，我们上面提到的那三个论断才能被解释得通而且具有部分真实性：谁支配了东欧就支配了心脏地带，因此就支配了世界岛，从而支配了整个世界。

这位作者从此种分析中推断出了他在 1919 年提供给《凡尔赛和约》编纂者思考的和约后果。作为国王顾问的麦金德在 1960 年被重读时似乎就已经遭遇了严重失势：他先前被国家决策者聆听，但最终被历史事件所嘲弄。对他而言，既然英国子民的自由和国家的辉煌受到心脏地带可能被统一的威胁，那么，最重要的事便是阻止这种统一，也就是说要阻止 1919 年的德国人实现对斯拉夫人的支配（在 1945 年则变成了阻止斯拉夫人支配德国人）。为了达到这个目的，这位地理学家将英国传统同他的个人（同时也是职业的）公式结合起来，建议在两个大国之间建构一个由众多独立国家组成的中间地带，使两个大国在不打破全球均衡的情况下谁也无法让另一国臣服于自己。这样做的结果是：众多独立的小国首先给了两个大国以瓜分这片隔离地带为目的而相互联合的机会，然而又变成了俄国和德国两军交锋的战场，最终它们还是隶属于一个陆地国家，这一陆地国家成了历史上占据心脏地带且有着庞大驻军和先进技术的首个国家。

那么，后40年的这种历史发展是否真的就让这位地理学家失去了信誉呢？传统学派的历史学家雅克·班维尔（Jacques Bainville）曾经更好地预测了《凡尔赛和约》中领土规定的后果。在他看来，居于（苏维埃）俄国和（所谓的永恒）德国之间的那些独立国家从源头上讲本来就是没有能力维持的，因为它们无力相互联合。波兰、罗马尼亚、匈牙利、捷克斯洛伐克，所有这些所谓的民族国家，事实上只是些在忠诚上成问题的少数民族，它们永远不可能形成统一战线去抵抗德国和斯拉夫发起的修正主义的诉求，因为尽管德国和斯拉夫归根结底都是它们的敌人，但它们还是有可能暂时合作。

在我看来，麦金德可以从两个方面来回应这种质疑。他可以说，如果那些暂时凌驾于战败国之上的战胜国并不关心领土规定，或现有领土规定因为战胜国之间的意见分歧而被削弱，那么任何领土规定都无法自我维持下去。《凡尔赛和约》下的领土状况的确是不稳定的，因为两大陆地国家都对它怀有敌意。但是，既然西方国家被赋予了一旦德国试图推翻既有秩序就可以马上做出反应的手段：当时德国被解除了武装，莱茵河左岸先由法国军队占领，后又处于不设防的状态。比起执行《凡尔赛和约》的国家决策者而言，条约的编撰者对于后来发生的战祸责任更小。德国已经被包含了海上国家（英美）在内的联盟击败了。然而，美国的孤立主义和英国的举棋不定让法国独自承担了超过它力量限度的任务：如果《凡尔赛和约》建立的秩序会崩溃，那并不是因为从道义上或政治上讲这个条约内在地比其他条约更不好，而是因为那些理应作为秩序守护者的国家放弃了它们的任务。

另一个回应可以用提问的方式来表达：如果不这么做，那应该怎么做呢？难道像法国民族主义学派建议的那样，去摧毁德国统一体？当时已经没有人相信德国还能够重建。挽回二元君主政体？当巴黎和会召开的时候，它就已经不存在了，当时的外交官都注意到了它的完全解体。或许如果部分或普遍的和平再早两年达成，它就能给哈布斯堡王朝统治下的中欧那不符合时代的联合以新的最后期限。而在 1908 年，一切都太晚了。

事实上，麦金德的地缘政治观点同其他人的一样，都使问题得以提出，却没有提供任何解决办法。阻止德国或俄国从中欧出发去实现对心脏地带的统一，这的确曾经是保持世界均衡的首要必需和保障人民自由的条件。然而，应该如何预防这种可能会因为德国帝国主义的胜利或失败而形成的统一局面呢？建立将两个大国分离的小国地带确实是一个办法，即便它没有成功，但一点也不荒谬。甚至事后回顾起来，这种现实中的失败最终也不意味着此思想的失败，因为盎格鲁－撒克逊人自 1920 年起就一直忽略了一个由战争得出的最清楚不过的教训：如果少了盎格鲁－撒克逊人对同大陆民主国家联合的积极参与，任何欧洲秩序都不可能维持。

不管怎么说，这也是麦金德在 1943 年写下的从战祸中得出的教训。当时战争还没有完全结束，这位英国地理学家还无法清楚地把今日的盟友指认为明天的敌人。不过，他还是明显察觉到，最终将战胜德国人的斯拉夫人在心脏地带实现的统一会带来危害。俄国的面积是法国的二十倍，人口是法国的四倍。而俄国向外部敞开的边境却也只是法国的四倍。这一次向西方滚滚而来的将不再是蒙古人或亚洲的铁骑，而是突击坦克和牵引炮队。机械化的征服者不再缺乏西方技术手段。无论危险是来自德国人还是俄国人，它都来自心脏地带，它都只能靠居住在欧亚大陆边缘地带的民族同英国人或美国人这种岛屿民族联合才能够消除。这位地理学家的眼前浮现出勾画在地图上的大西洋联盟：它有法国作为桥头堡，有欧洲大陆附近海域的"航空母舰"（即可以与地中海上的马耳他相比较的不列颠群岛），还有大西洋彼岸的储备物资和兵工厂。

然而，从此以后的前景恐怕会是另一番模样。海上国家的目标不再是阻止日耳曼人或斯拉夫人控制心脏地带：俄国人在柏林驻军并决意留在那里。覆盖了心脏地带的大陆帝国已经形成。那么，麦金德的第三个论断——**谁支配了中心地带，谁就支配了世界**——是否可以让我们预见当今冲突的结局呢？在没有确定地缘政治学判断模型的情况下，我们是无法回答这样的问题的。

三　从地理模式论到意识形态

麦金德自己很乐意谈及地理因果关系（世界历史中的地理因果关系）。事实上，就这一表述所具有的严格意义而言，在他对世界历史的整体看法中，并不存在什么地理因果关系的痕迹。

的确，他的出发点是**地理事实**，也就是陆地和水域在全球面积上的不均等，矿藏和农业资源在地球多种地区的分布，因各个大陆的气候、地形和土地肥沃程度的不同而不均衡的人口

密度。在温和的气候条件下，人口密集，文明繁盛。只有3000
万[1]人生活在世界岛南部平原边界那个面积为1200万平方公里
的高原上。10亿人生活在季风气候的国家中。只有数千万人居
住在非洲或南美的热带森林中。今天，人们通常把人类划分为
发达地区人口和欠发达地区人口，抑或划分为苏维埃阵营、西
方阵营和第三世界。麦金德努力想做的是把人类的人口聚集程
度同地理背景联系起来。不过，他应该是最后一个会提出环境
决定人口规模的人，因为在他看来，政治问题是会根据那些影
响到居于地表的人群之分布的变化而精准变化的。

世界历史的地理视角虽然是片面且模式化的，却依然具有
指导性，因为它突出了一个具有巨大影响力的事实：数世纪以
来，有着两种征服者、两种游牧人——骑兵和水手；根据陆上
权力和海上权力拥有资源多少的变化，根据技术对双方有利程
度的变化，陆地与海洋之争使外交波澜起伏，无数次高潮迭起，
胜利在双方之间来回易手。重要的事实都与地理背景相**关联**。
骑兵和水手的游牧生活是一种适应环境的方式，是一种我们必
须处于某种特定空间内才能理解的人类存在方式。蒙古人和阿
拉伯人本身就是由草原和沙漠塑造而成，但他们又并非如此完
全地只由广袤天空下的那块平坦区域所创造，如果不是从象征
意义上去说的话。成吉思汗和穆罕默德是两个历史人物，地理
充其量不过只表现出了成就他们的众多因素中的一个。因此，
从一种**世界历史的地理解读**中提取出某些预见或意识形态，这
种做法虽然很诱人但不合理。

地缘政治学家，尤其是德国的地缘政治学家，并不是总能

---

[1] 所有数据都由麦金德于二十多年前提供。（本书首版于1962年。——译者
注）

抵制住这种诱惑。从 20 世纪 30 年代开始——今天也有过之无不及，从对陆上和海上两方面的考虑来说，一个问题很自然地出现了：在陆上帝国和海上帝国的冲突中，今后谁将拥有更大的获胜机会？事实上，麦金德没有在任何地方清楚明白地对这样的问题做出回答。唯一可以从他的著作中提炼出来的一个普遍有效规则、一个约瑟夫·普吕多姆（Joseph Prudhomme）式的老生常谈是：从长远看来，最强的一方（人口最多的、最富有的、最具生产力的）最终会取胜。

从某种角度上说，作为理论家的麦金德看起来有些反马汉（Mahan）。身为 19 世纪末的一位海军理论家、著作家，马汉被制海权的决定性作用深深打动，而作为地理学家，放眼未来，他忧虑的却是诸神的眷顾会落在陆地之上。铁路和发动机使在固体空间克敌制胜同凭借蒸汽船在液体空间克敌制胜一样有效率。不过，让这位爱国的英国人寝食难安的事却唤起了德国民族主义者的希望。海上权力的时代正在终结，陆上权力的纪元正在开启。巨大空间的经济将接手世界市场。无论这些整体看法所带来的影响如何，在当时如果想要从中推断出第二次世界大战的结局只会是白费力气，在今天如果想要从中断定出胜利是否属于大陆帝国同样是徒劳的。或许决定了国家或联盟命运的原因数量实在过于巨大，使得任何形式的对政治或军事危机结局的短时期预测，从科学上讲都是不可能的。不过，不管怎么说，对这种秩序的预测都必须是考虑了**所有**已知条件后得出的结果，而不能只是对有意为之的那部分进行分析所得出的结果。

麦金德并没有更多地阐明地理意识形态——如果我们把地理意识形态理解成以地理范畴作为论据从而为政治范畴上的目

标或野心所做出的辩护的话。不过，他的思想依然成了许多地理意识形态的来源。事实上，它总可以追溯到下面这个基本观念上：空间本身——由它的延展或性质——构成了人类共同体之间斗争的利害。因此空间 - 利害关系的意识形态，可以根据其所援引的是经济必需性还是战略必需性分为两种类型。第一类是**生存空间意识形态**（idéologie de l'espace vital），第二类是**自然边界意识形态**（idéologie des frontières naturelles）。前者在德国尤为成功，后者则在法国很受欢迎。麦金德并没有对德国的生存空间意识形态表示赞同，但他却因为提出了一个既反对曼彻斯特自由主义也反对**掠夺型保护主义**（法语：protectionnisme de rapines，英语：protection of a predatory type）的奇怪概念而为这种意识形态的出现做了准备。

他比同时代的许多人都更加懂得我们称为工业社会的这个 　204
社会的性质，他将其称为"持续经营"（going concern，其法语翻译可为 entreprise qui fonctionne）。一个现代民族好比一个工业企业：其富有程度取决于它的生产能力，与劳动产出相对应。人口数量和在既定空间中的生存能力随着劳动产出的增加而增强。正是得益于现代工业，德国才能在半个世纪内就使人口翻了一番。

麦金德并没有由这些事实推断出，由于人口密度的上升在不扩大可用土地面积的条件下也行得通，围绕土地的斗争就正在丧失其强度和意义。完全相反，他认为自己观察到的是，狭小土地上的人口集中会由于挥之不去的集体饥馑的产生使不同人群间滋生出新的仇恨。德意志帝国疆域内的德国人数量越多，他们就越害怕缺乏空间，从而越害怕有一天会遭遇面包或初级原料的匮乏。

在麦金德看来，似乎曼彻斯特自由主义与德国的掠夺型保护主义同样严重地拖累了从从前一直到一战期间的工业社会的和谐发展。在他的眼中，曼彻斯特自由主义和德国的掠夺型保护主义事实上都倾向于阻碍对每个国家，或至少对地球上的每个区域而言都必不可少的均衡增长。他所说的均衡增长，根据弗里德里希·李斯特（F. List）的国家经济哲学来看就是，在每个大经济体中所有的重要工业都要有一席之地。然而，自由交换却让先进国家仅仅拥有了一些关键工业。德国曾经在《法兰克福条约》中强加给法国的最惠国待遇条款，同后来在一项简单商业条约中强加给俄国的最惠国待遇条款所造成的后果是相似的。

麦金德写道，德国人需要斯拉夫人，斯拉夫人为他们生产了一部分食物并且还向他们购买手工业产品。因此，德国人在恐慌情绪的驱使下展开了以获得维持他们生存所必需的支配权为目的的征服冒险。为了达到这个目的，他们必须首先清除掉岛国或海上权力在大陆的桥头堡。于是，英国因为宿命论而紧紧抓住已经过时的自由主义，德国由于忧虑而准备再次陷入同类相食的境况，而布尔什维克的俄国则陷入无政府主义的混乱中——这位地理学家预言残忍无情的专制统治将是这种无政府主义的结果。不同国家的经济的均衡发展首先是国家间的均衡，而后是全球各地区间的均衡，这才是和平的唯一道路。

很容易就能利用这些观念制造出一种地理**意识形态**。需要做的仅仅是强调共同体遭遇的危险，毕竟共同体的生存需要依赖土地、矿藏或位于它边境以外的某些工厂。还有更简单的办法，当然也是更粗糙的办法，那就是把共同体说成是天生具有扩张欲望的，从而让空间不再只是国际政治的**舞台**，而是完全变成了**利害**。德国的生存空间学说以及日本的共同繁荣学说都

从一种自然主义哲学中汲取了灵感，根据这种哲学，政治单元 205
可以被比作活物，其生存的意愿等同于征服的意志。

在用来进行宣传的各种陈述中，德国人和日本人都避免追
溯到他们形而上学的原则。他们都控诉缺乏空间，这给他们带
来了痛苦（德语：Volk ohne Raum①），因此他们就应该不计代
价地去满足这种占领更广阔土地的需要，满足为了养活更多人
口而拥有更多麦田的需要，满足为了补给工厂而取得更多初级
原材料储备地的需要。因为关乎生死存亡的问题帝国主义也变
得不可避免并且合理正当。这样一种论调明显依赖于这样一个
假设，即地球太过狭小而无法让所有民族一起享受繁荣：空间
的缺乏影响到全人类，国家之间和民族之间残酷无情的斗争则
是它不可避免的结果。

那个时代，伴随着这样一种意识形态的不是大型侵略，而
是人们对保罗·瓦莱里所称的“有穷世界”②有了意识。从蒙
古人到西班牙人，这些大征服者们几乎不会对怎么去为他们的
征服行为辩解发愁，即使他们做出辩解也是把自己在力量、文
明或信仰方面所具有的优势援引为理由。从 16 世纪至 20 世纪，
欧洲人已经惊人地扩展了他们的生存空间。在 20 世纪，在这全
球都已经或看起来已经完全被占据的时候，德国人走上了舞台，
用一种生物－地理意识形态将自己的苦涩和野心理性化。

到了 1960 年，舆论趋势发生了突然而迅速的逆转，人们在
过去的帝国主义宣传中看见的仅仅是谎言或诡辩。一方面，挤
在四个主要岛屿上的一亿日本人享受着即使作为“大东亚共荣

---

① 意为“人无空间”。——译者注
② 事实上，瓦莱里想到的不是占领所有的土地，而是在人类各个部分、全球
各个区域之间建立联系。

圈"统治者的日本人都从未享受过的高生活水平；另一方面，5500 万联邦德国人经历了十年来西方世界最快的人口增长，而且这种增长似乎大部分都可以归因于数百万名难民的涌入，也就是归因于昔日帝国主义宣传家所控诉的人口密度的增长；在这种情况下，怎样才能接受上一次战争中的战败者（日本或德国）曾经所做的一切都只是因为没有附加空间就无法生存的观点呢？

　　今天的观察者禁不住会概括，从地缘政治得出的帝国主义意识形态标志着一个过渡阶段。麦金德和他的德国门生当时就已经清楚了解到工业体系能够支撑既有面积、既有人口的大幅度增长。但是，他们没有对此进行彻底的分析：他们低估了人口在密度上的可增长能力。他们的思想被旧观念所禁锢，从而认为倘若国家需要依靠外部供给就必然会处于危难之中。而且，他们还抱有陈旧观念，认为农民应该在总人口中占重要比例，并提出，在某些情况下只有扩张领土才有可能维持这种高比例。206　最后，他们其实没有明白，在我们的时代，对空间的所有权的获取会根据空间是否有人居住而具有彻底不同的意义。在失去朝鲜、台湾岛和满洲地区的同时，日本随之丧失的是它对于自己的殖民地或被保护国而言所拥有的领导地位。不过，日本人也因此摆脱了分散投资的义务。在日本的情形中，帝国的垮台对国家经济发展利大于弊，一般是加速而非拖慢了经济的发展。

　　这种对地理意识形态以及对由上一代创建和摧毁的日本帝国和德意志帝国所做出的解释，并没有完全让历史学家信服。难道我们真的可能比我们的上一辈人甚或比 20 年前的人更加明智，以致到了这种地步？既然希特勒和日本人征服事业的失败所受到的惩罚是从今以后的繁荣，那他们的征服还是不是真的有罪和荒谬？

事情没有这么简单。军事力量并非同生产规模和生产力水平相称。身处自己的岛屿、卸下武装的日本人比昔日帝国时期的日本人有着更好的生活。不过，帝国时期的日本曾经是一个大国，而现在的日本却连二流国家都算不上：军事上，它没有自我防御能力，对于它的盟友而言，它是负担而非帮手。而联邦德国比第三帝国更加富有：它达到了第三帝国从未达到过的人均生产水平，它也保证了每个人拥有比希特勒臣民更高的收入。然而，希特勒的臣民却享有德国作为大国的荣耀。而对西德阿登纳（Adenauer）政府抱有信任的公民却需要美国力量来保障其安全，他们只是历史上大型冲突的观众罢了。换句话说，如果帝国的目标被确定为共同体的权力，即具有在历史进程中产生影响的能力的话，那么，帝国的企图或许并不是非理性的。

甚至在经济方面，这些问题在今天也比在 20 年前显得更清晰。当时，对外依赖的危险似乎并非仅限于军事层面，它也涉及经济方面。麦金德在 1919 年写道，德国人出于需要不得不削弱斯拉夫人在对德食品供应和购买德国手工业品中的作用。这种主张其实错误地假设了一个国家的工业化必须要求另一个国家的非工业化。我认为这种主张总体而言是错误的；不管怎么说，它对于德国人和斯拉夫人的关系而言是错误的。

虽然这些概念是由对工业系统的未完成的分析以及传统观念的顽固推导出来的，不过 20 世纪 30 年代的那些事件，特别是大萧条，还是短暂地让这些成问题的概念获得了足够以假乱真的表象。外币的短缺似乎拖累了对初级原材料的获取。横挡在日本出口贸易面前的高关税壁垒引发了日本领导人的忧虑，而帝国的舆论也认为这种忧虑合情合理。世界经济解体、重返双边协议、保护主义措施丛生，所有这些"大萧条"的后果在当时的确有能力，在表面上甚至在实际上，将那些把生存托付于国际贸易风险的国家之命运置于堪忧的境地。虽然如今这种命运已经是所有或者说几乎所有国家的命运，虽然今天的人们已经对此习以为常，但这并不妨碍我们理解，在 20 世纪 30 年代，这种对外依赖在当时人们的眼中是多么可怕且会引起恐慌。

因此，地理意识形态的命运看起来似乎与三种形势相连。其一，对定居民族而言，在马背上移动和战斗已不再是他们的正常生活方式，他们不再乞灵于战斗诸神，他们被激励以辩证逻辑逆转的方式去从自然中演绎出精神，从事实中演绎出法律，从物质必需中演绎出历史合法性。其二，对工业体系的一知半解让既定空间中以人口密度形式表现出的人口增长看起来似乎是风险多于机遇。其三，一场异常严重的危机似乎突然间让这些恐惧得到了证实，因而激起了对饥荒的严重恐惧。德国人和日本人都以为自己又回到了遥远的过去，那时的人类还在四处迁徙中寻找活下来的机会。

从历史上来看，自然边界意识形态表现出了某些与生存空间意识形态相同的特点。这种意识形态认为征服需要理由，而且这种理由还必须是不能轻易就能由唯灵论学说提供出来的。同样，自然边界意识形态也可以在人们无法找出更好辩护理由的时候作为疆界存在的理由。

在国王和王朝原则统治的时期，君主们相互决定了彼此对城市或省份的拥有权。人民的意愿几乎没有介入其中，而且也不足以去核准主权转移是否合法。路易十四的征服之所以成了一桩丑闻，并不是因为它完全忽略了人民的意愿，而是因为他的这些征服都是靠武力来实施的，甚至有些时候还不宣而战。

自然边界的观念在 19 世纪同样盛行，它似乎因为填补了新观念的空缺而对革命者也很具说服力。共和国是不能以国王的方式——国王对待他们的土地和人民就像对待个人财产一样——去获取或放弃省份的。在以共和国为荣和对它热情洋溢的时期，共和国没有兼并土地，而是将人民从专制中解放了出来。不过，人民还是要为此做好像致敬解放者那样去致敬赶走了国王的士兵的准备，并且将法兰西共和国或其他卫星共和国认作他们自由的实现者（当时还没有达到用组织游行来表达热情的程度）。如果战败，法国便援引民族自决权来反对德意志帝国。如果取胜，法国便会试图引用自然边界的概念来让自己被允许忽视人民的意愿。

自然边界，在其具有意义的范围内，指在有形地图上被河流或山脉事先勾画出的疆界，因此也是易守难攻的边界。自然边界应该被称为战略边界或军事边界。军事理由等同于生存空间论中的生物或经济理由，它取代了道德理由。安全的需要使对省份的兼并变得正当，就像生存的需要使大型征服变得正当一样。

边界的地理学研究几乎不会为所谓自然的边界学说带来任何佐证。综观历史，政治边界对有形分隔界线（河流或山脉）的偏离和遵循同样频繁。阿尔卑斯山作为意大利和法国分界的历史不过百年。而比利牛斯山构成的是西班牙和法国之间的政治边界，而非语言边界：比利牛斯山两边都有着加泰罗尼亚人（Catalan），尤其还有着巴斯克人（Basque）。莱茵河则不但不是语言边界，而且也没有成为德国和法国之间的政治边界。

我们能不能这样说，当政治边界遵循地理法则时，它便会更加稳固或更有机会维持下来？边界的稳定性只在很小程度上依赖于有形或战略的条件。它取决于它所分隔的共同体之间的关系。当边界具有时代合法性的时候，它就不会成为冲突的诱因。从这个意义上说，被相邻国家秉承公道来维持的边界，无论它在军事上是好是坏，其本身就是最好的。何况，根据不同的武器技术、联盟格局，边界还会改变意义。在 1960 年的欧洲，莱茵河不再是敏感地带。它一直都对人民之间的接触以及商品和观念的交换起着积极的作用。随着法德敌对的结束，莱茵河的政治军事功能发生了改变，它不再位于互相为敌的人们之间，而是位于伙伴之间。

文明地带之间的边界是否比政治单元之间的边界在地图上更容易辨识，更具有反差性？正是沿波罗的海到亚得里亚海、从什切青到的里雅斯特这一线成了来自亚洲腹地的侵略鞭长莫及之处。为这种稳定性找到原因并非完全不可能：征服者的冲击力因为地理距离而耗尽。虽然如此，我们还是不能让西欧的安全仅仅指望地理。如果西方仅被什切青－的里雅斯特一线保护的话，那就真是到了西方该担忧自己未来的时候了。

没有任何所谓的天然屏障足以抵御侵略。游牧民族和定居民族的斗争结果也永远不会仅仅由地理条件事先决定。共产主义国家和西方国家谁输谁赢、两种文明的共存、两个世界的未来边界，这些事件发生的空间将会作为舞台而存在，而非作为唯一的决定因素或主要的决定因素而存在。

四　科学时代的空间

历史的地理视野是否正在失去意义？人类随着获得对自然

力量的控制，是否把自己从环境的桎梏中解放了出来？既然空间已不再是民族之间争斗的优先利害，这些不靠征服也能够繁荣的共同体是否将变得更加和平？

很难否认，技术进步本身为人类带来了一定程度的自由，减少了环境的限制。既定空间中可以生存的人类数量也不再像以前那么严格地事先就被环境所限制。提供给某片土地上既有人类群体的选择大大增加，个人所能从事的职业也同样变得多种多样。对付寒冷和炎热的手段使人们可以在不久以前还无法居住的地球区域里生活。我们可以预见科学家不再花费天价就能改变气候的那天的到来。虽然地球的存在先于人类且将比人类存续得更久，但它从未像现在这样成了人类的杰作。

然而，把这种渐进且不完整的自由看作完全的自由，是很危险的。我们只举一个例子，一个最重要的例子，那就是在既定面积上能够生活的人类数量虽然不像以前那么严格地被环境限制，但它没有因此而变得完全不受限制。因此，历史学家或地理学家对空间的重要性所做出的评价是从一个极端走向了另一个极端。

美国历史学家沃尔特·P. 韦布（W. P. Webb）认为，[1] 欧洲人从 16 世纪以来拥有的土地面积是决定和解释欧洲诸社会某些特性（自由主义、流动性等）的主要因素。1500 年，1 亿欧洲人生活在 375 万平方英里的领土上，人口密度为每平方英里 27.6 人。通过对美洲的征服，他们又得到了 2000 万平方英里的土地，大约相当于欧洲面积的 5 倍。因此，如果不算自然财富（金、银、毛皮等）的话，每个欧洲人拥有

---

[1]　*The Great Frontier*, Boston, 1952.

的面积此时便成了 148 英亩，而非以前的 24 英亩。现代时期，即从 19 世纪到 20 世纪，特别眷顾欧洲人口。他们享受到了其他地区人口在过去从未享受过的好处，而且即便在未来也可能再没人能享受这样的好处。

在这些被眷顾的世纪中，欧洲人口从来没有停止过增长。1900 年，欧洲的人口密度重新回到了每平方英里 27 人的水平，到 1940 年，这个数字达到了每平方英里 35 人。从此时开始，空间和房屋变得比现代初期更加拥挤。韦布作为美国历史学家从中得出结论：欧洲诸社会的独特性，尤其是自由主义制度，将随着使它产生的超常规环境的消失而消失。欧洲诸社会将重归平凡，与其他社会一致。

很容易就能够反驳说，韦布过于夸大了他引用的数字所带来的影响。1900 年的人口密度数字 27 同 1500 年时的人口密度数字所表达的价值是不一样的。密度必须根据技术手段的水平来衡量，也就是说要么根据单位面积的产量，要么根据单位劳动者的产量来衡量。如果我们采用上述计算方法——它也是唯一有效的计算方法——即使现在的人口密度看起来是两倍或三倍于 1500 年的密度，但它在实际社会中其实还是低于 1500 年的密度。沿着这样的思路，人口学家阿尔弗雷德·索维（A. Sauvy）证实，当今地球的任何角落都没有出现绝对的人口过剩——可能荷兰是唯一的例外。其他各处，困难都来自发展不足，而非人口过剩。

现在，我们先不详细讨论这个概念，而是把它留给下一章。虽然人类共同体相对于环境而言已经获得了部分自主性，但目前地球表面的人口和财富分布依旧让人觉得对空间的争夺很可能仍然不会结束。韦尔莫－戈希（Vermot-Gauchy）发表过一项关于这种分布的很有意思的研究，我们将在下面引用这项 1955 年的研究中的数据①。

对照表

211

	面积 S（百万平方公里）	国民收入 P（十亿美元）	人口 n（百万）	人均面积 s（公顷）	人均生产力 p（美元）	空间生产力 p'（美元）
1 - 美国	9.40	324	167	5.6	1940	34100
地带：						
加拿大	9.96	21	16	62.50	1320	2100
拉美	20.50	15.50	183	11.30	280	2500
总体	39.86	396.50	366	10.90	1080	10000
2 - 苏联	22.40	120	200	11.20	600	5400
地带：						
东欧卫星国	2.55	60	100	2.50	600	26000
中国	9.70	65	650	1.50	100	6200
总体	34.65	245	950	3.70	260	7000
3 - 欧洲	3.91	232	360	1.10	650	58000
地带：						
非洲	30.13	28	233	13.50	125	930
亚洲	16.61	86	870	1.90	100	5200
澳大利亚 - 大洋洲	8.56	12.50	18	57.30	830	1500
总体	59.21	358.50	1468	4.00	250	6000
4 - 世界	133.72	1000	2784	4.8	360	7500

---

① 发表于 Bulletin de la S. E. D. E. I. S. n° 726，1959 年 7 月。（原表数据如此，疑存在误差。——译者注）

高于海平面的陆地面积约为 1.35 亿平方公里。1955 年的世界人口约为 27.84 亿人，因此**人均面积**（surface unitaire moyenne，即平均每个人可用的面积）约为 4.8 公顷。我们现在要定义两个概念。我们把国民收入与居民数量相除之商称为**人均生产力**，把国民收入与领土的平方公里数相除之商称为**空间生产力**。

美国拥有着 940 万平方公里的广袤领土，国民收入为 3240 亿美元，人口为 1.67 亿，人均面积为 5.6 公顷，人均生产力为 1940 美元，空间生产力为 34100 美元。苏联的人均面积为 11.2 公顷（领土面积为 2240 万平方公里，人口为 2 亿），人均生产力为 600 美元（国民收入为 1200 亿美元），空间生产力为 5400 美元。欧洲的人均面积为 1.1 公顷（面积为 391 万平方公里，人口为 3.6 亿），人均生产力为 650 美元（国民收入为 2320 亿美元），空间生产力为 58000 美元。

在美国地带，加拿大的人均面积为 62.5 公顷，人均生产力为 1320 美元，空间生产力为 2100 美元。拉美的人均面积为 11.3 公顷，人均生产力为 280 美元，空间生产力为 2500 美元。

在苏联地带，东欧卫星国的人均面积为 2.5 公顷，人均生产力为 600 美元，空间生产力为 26000 美元。中国的人均面积为 1.5 公顷，人均生产力为 100 美元，空间生产力为 6200 美元。非共产主义亚洲的人均生产力为 100 美元，空间生产力为 5200 美元。

这些数字因为国民收入计算所具有的不确定性而仅仅是近似数字。而且，它们在某种程度上也是错误的，因为计入的面积没有区分土地质量和气候特征。加拿大和苏联的北部空间是无法等同于西欧的肥沃土地的。不过这些错误也在所难免，而且还很难纠正（可耕地和不可耕地之间的区分也是相对的），但是它不会抹掉主要数据所代表的意义。

在发达国家之中，我们观察到了两种类型：一种国家的人均生产力超出平均水平（360 美元）的程度大于空间生产力（美国和苏联属于这种情况），另一种则相反，这些国家的空间生产力超出平均水平的程度大于人均生产力（西欧属于这种情况）。甚至从绝对数量来看，欧洲的空间生产力（58000 美元）也超过了美国（34100 美元）。

212

然而，从军事方面来看，人均面积的状况不佳会给国家带来双重削弱：它让人群无法分散，而这在热核武器时代是很重要的；它还增加了人口和工厂供应方面的对外依赖。具有高水平空间生产力的那些国家——达到了 250000 美元的英国就是最显著的例子——被迫要与国外进行大量的买卖。在前几个世纪，国际贸易是在英国皇家海军舰队船尾飘扬的米字旗的庇护下进行的。欧洲居民离不开海外的食物和原材料供应，而正是军队或舰队保证了供应商的忠诚。在我们的时代，这种以军事来保障的方式已经破灭。德国和日本曾经分别以"生存空间"和"大东亚共荣圈"的名义行动，想要摆脱对外依赖，或者更确切地说，想要摆脱经济的连带关系。而欧洲人则抛弃了这些野心和幻想，从此以后开始鼓吹征服的徒劳无益和交换的丰盛收获：所有人都能共存。这个理论也对应了新的形势。与昔日的帝国主义意识形态比起来，它一直有一个好处：教导国家做商品贸易，而不靠军队打交道。

同样地，那些被我们称为欠发达的国家，也可以马上分成两类：空间生产力相对强的国家（中国：6200 美元）和空间生产力相对弱的国家和地区（拉美：2500 美元）。中国在开始工业化进程之前就已经有了稠密的人口。拉美的人均生产力几乎是中国的三倍，而且它的人均面积是中国的八倍。基础条件对拉美比对中国更有利——但这并不意味着中国无法比拉美发展得更迅速。

这些数字绝不意味着缺乏空间的民族有朝一日会重新迈出前进的步伐，而这种前进是被德国和日本帝国主义无法逆转的失败打断的。相反，所有迹象都表明，在短期内，在几十年内，人均面积的重要性会比人口技术能力的重要性小。处于共同市场内的国家已经有了差不多20万美元的空间生产力。自1950年以来，也就是自重建时期结束以来，这些国家一直有着自由世界中的最高增长率。和平时期，一国从国外部分购买满足人口和工厂需求的供给品，这虽然造成了依赖（维持有竞争力的价格是必不可少的），但也有好处（初级产品的卖家对买家的依赖程度至少不低于买家对卖家的依赖：欧洲在1956年曾经害怕石油匮乏，而那些靠石油采地使用费为生的国家却害怕找不到来开采的客人）。同样地，在欠发达国家中，往后几十年将会迎来最迅速发展的并非那些拥有最大人均面积的国家，而是那些实施了最有效率的工业化政策的国家。换句话说，**在当前历史阶段，帝国主义国家不会援引生存空间意识形态，空间的缺乏将不会是那些有可能发生的征服的直接原因**。然而，我们不能因此就得出结论说，空间生产力之间的差距将一直不产生影响。从现在开始，在权力对抗中，苏联和美国相较于欧洲而言，因为其人口密度的相对低水平而具有优势，这种相对低的人口密度允许农业粗放经营，为人口和经济的增长预留出巨大的空间，并将在一个世纪或数个世纪的时间内，在保证居民数量大量增长的同时，人均生产力还可以获得哪怕是缓慢的增长，而这种增长最终还是会以整体资源的可观增长表现出来。在欧洲，法国一直处于资源和福利的人口最佳状态之下①，但西德和英国的人口规模是不可能在不增加人口和工业供给比例的情况下继续扩张的。不过，这并不是一个不可逾越的障碍（这十年来联邦德国已经证明了这点）。总体而言，这也并不是一个不利形势。更清楚的是，中国人有朝一日也可以得到同邻国所拥有的人均面积相提并论的人均面积。不管怎么说，不论民族是选择通过力量改变空间分配，还是选择在适应现有空间分配的同时通过交换来修正人口密度的差异，人均面积始终会是左右人口增长的因素之一。《巴黎和约》签署时在加拿大的 6 万法国人如今已经有了超过 500 万后裔。那些在加拿大的法国人同在法国的法国人并没有什么不同，只不过在加拿大空旷的土地上，大部分孩子都存活了下来。

得益于密度增长给人们带来的资源，对于空间的争夺暂时停歇，而这又与我们可以称之为空间感（来自卡尔·施米特教授②的表达：Raumsinn）的一次转变相符合。空间感在每个时期都由人们的居住观念、陆地和海上的移动和作战方式以及社会准备为之而战的利害关系来决定。

今天世界上的人类对他们居所的看法与埃及的河流文明、希腊和罗马般的封闭海域文明，甚或以自航海探险时期到今天的西方文明为代表的大陆 - 海洋两栖文明对居所的看法都不同。交流线和战略线已不同于往昔。飞机途经极地把乘客从巴黎送到东京。美国与苏联不再被西欧和大西洋阻隔：考

---

① 参见第八章。

② Carl Schmitt, *Land und Meer, eine weltgeschichtliche Betrachtung*, Leipzig, 1944.

虑到战略轰炸机或弹道导弹的速度，它们相互靠得很近，也可以说它们在北极地区有着一个共同边界。

214   陆地和海洋的对立——象征着海洋的远程控制同陆地的一寸一寸地占领之间的反差，或者也可以说，陆地人的足不出户及占有精神同海洋人的冒险和商业精神（海盗还是商人并不重要）之间的反差——趋向于消失，或者说其具有了另一种特征。船只和船员不再会在数周内孤身冒险而只能靠自己了。海盗船可以被飞机定位，通过广播通信可以实现船只的重组并让它们服从严格的纪律，甚至在利用对被摧毁的恐惧来下令疏散时也办得到。

用神话语言来说，我们可以说土地与水从此以后要忍受空气与火的法则。被强加在陆地人和海洋人身上的是同样的精神：科学精神。这里如同那里，首脑操纵着人们，根据规划来对各个单元、航空母舰或师团进行操控。如果个人首创精神、奇袭的想法、掠夺中的英勇、恐怖主义精神还轮流被高尚或卑劣的激情所激发且依然有机会表现出来的话，那也不会是在茫茫沙海或波涛汹涌中，而只会在山峦和密林之中。因为空军的存在，海洋不再属于冒险家；由于火的存在，基地丧失了它们原有的军事重要性，或者说基地至少不再像原来那样处于固定的地方。美国针对奇袭所施加的保护，不再是为人民准备的掩护的被动防御，也不是大炮、飞机或导弹的积极防御，亦不是防御工事、机场或港口的军事装置，而是实施报复的力量。然而，报复力量得以保全更多是因为它无处不在，而不是因为它被埋藏得深、隐匿得远——相对于敌人而言。装备了北极星导弹的核潜艇神出鬼没，它们时而浮出水面，时而潜入深海，它们刀枪不入，将和平加诸四方。历史学家已经在**无主之物**（res nullius）和**共**

有之物（res omnium）之间做出了干脆的选择：海洋属于所有人，空气从某个高度开始也**因为卫星的存在**而属于所有人。导弹大可将 U–2 侦察机击落，但是卫星会给地球照相并将相片传送回来。

欧洲人先是踏上征服海洋之路，而后又踏上征服天空之路，此后，全人类接替了他们的角色，开始把眼光和野心转向了星际空间。封闭社会是否将会为处于我们地球之上、大气层之上的领地而斗争，就像英国和法国在加拿大雪原上斗争一样呢？又或者，工业社会的统治者们是否最终会让秩序与和平盛行于世，而只留下深穴或意识的孤岛作为不顺从之人的避难所呢？

第八章 人口

215 　　在上一章中，我们已经多次提到过人口数量的问题。事实上，我们怎么能够在讨论空间的同时不提到居住于每块空间上的人口数量呢？正是自然资源分布同地表上人口分布之间的关系让麦金德受到启发，提出了我们前面研究过的地理模式论。空间在很大程度上也正是通过人口数量才作用于历史进程和国家命运。

　　在既定空间中能够生活的人的数量，显然会根据技术手段的变化而变化。如果假设技术手段恒定不变——在历史上的很长时期中①，这个假设虽有些脱离现实，但其脱离程度比人们想象的要小——那么，事件和制度、胜利和灾难、财产制和公共秩序，以及执政者对交换和财富所抱有的态度就正当合理地成了影响人口数量变化的直接原因。

　　然而，这种思考方式即便本身合理，有时却也使最有学识的学者得出荒谬的主张。孟德斯鸠相信 18 世纪的欧洲人口逐渐减少。② 他将法国人口数量的减少归罪于巴黎的集权：

　　　　正是很多小国的不断合并才造成了这种人口减少。以前法国的每个村落都是一座都城，而今天整个国家却只有一个大首都；以前国家的每个地区都是权力的中心，而今天这些

---

① 我们最后一次重申，我们所说的历史指的是被称作高级社会或高级文明的这一为时不长的时期，大约 6000 年。

② *De l'Esprit des lois*, XXIII, 19, 24.

地区却要依托于一个中心；可以说这个中心就是国家本身。

对人们而言，数量是一个可憎的决定因素，但又正因如此，216
它也十分神秘莫测。它隐匿不显，无法觉察。我们把陆地和海
洋、火和空气、石油和煤炭、社会主义和资本主义、托拉斯和
平民大众分别以吉祥或凶恶的神性来人格化，使之改头换面。
唯有军事天才才能在不被指责为犬儒主义的情况下承认上天其
实对庞大的军队更恩典有加。

对于喜欢**去神秘化**的人而言，数量是对事件的最好解释。
而对于那些拒绝把自己的野心限定在他们的资源限度内的人而
言，数量又让他们感到气馁或恼火。

一 人口数量的不确定性

针对人口数量提出的第一个问题也是最不容易回答的问题。
为了真正明白数量在怎样的程度上决定了军队的力量、民族的权
力、战争的结局以及国家的强大，就必须要准确确定人口规模以
及冲突中的兵力。然而，编年史学家给出的数字常常不但是错误
的而且是荒谬的，就好像在这上面精确会让他们感到恐惧。

根据希罗多德（Hérodote）的说法，袭击希腊城邦的波斯
人的数量是 200 万（不算辅助人员或仆从）。只用计算一下这
样一支军队排成纵队时从头到尾的距离就可以马上觉察到这个
估算数字的荒谬。[①] 历史学家们曾长时间地被这些在其他方面

[①] 我在本章中引用的是汉斯·德尔布吕克的研究：*Geschichte der Kriegskunst,
im Rahmen der politischen Geschichte*, t. I，Berlin，1900，I，p. 10. 希罗多
德给出的薛西斯军队的总人数是 420 万，排成纵队就成了 420 英里的一列。
当队列的头到达温泉关（Thermopyles）时，队列的尾还在底格里斯河另一
侧的苏撒（Suse）。

都值得信任的证人所做的此类断言所触动。即使在今天，许多历史学家依然还在为要不要认可汉斯·德尔布吕克的结论而犹豫不决：根据德尔布吕克的说法，在马拉松战役中，雅典人——公民组成的步兵——的数量超过了波斯骑兵的数量。[①]

为了让他们错得没那么夸张，中世纪的编年史学家采取了一些做法，但还是没做到坦诚。他们计算出的格朗松（Grandson）之战中有 12 万勃艮第人，汉斯·德尔布吕克把这个数字减少到了 1.4 万人。[②] 以当时的后勤和补给能力做参考的话，很容易清楚无疑地证明，18 世纪之前历史上的大型战役都是由数千战士完成的。亚历山大大帝用以征服亚洲的那支超过了 4 万人的军队，并非像我们的学校所教的那样是一支小型军队，而是一支在当时算得上极其庞大的大型军队。

这些用数字表达的想象来源于两种心理机制。我把第一种心理机制称为**群增错觉**（illusion de la multitude）。我们很容易就能够明白这种在我们的时代依然起着作用的机制。1940 年，法国人相信德国伞兵、突击坦克和飞机的数量十分巨大。事实上，不过只有数千伞兵参战（4500 人有伞兵资格）。突破法国防线的突击坦克数量也没有超过 2580 辆；轰炸战场大后方的飞机数量为 3000 架；它们的数量都因为它们取得了胜利而被认为更多。让欧洲一度惊恐的诺曼人、胡斯信众以及蒙古人也不过

----

① Hans Delbrück, *Geschichte der Kriegskunst, im Rahmen der politischen Geschichte*, p. 38 sqq. 关于德尔布吕克给出的 200 万波斯士兵的这一数字，让·贝拉尔（Jean Bérard, *Population*, 2ᵉ année, 1947, nᵒ 2, p. 304.）认为这个数字至少是真实人数的 5 倍，甚至更多。如果只按夸大了 5 倍来算的话，波斯士兵的数量就该是 40 万人，这和 200 万人看起来一样不太可能。

② *Ibid.*, pp. 8–9. 德尔布吕克总结的论据可以在以英文发表的讲座集中找到：*Number in history*, Londres, 1913。

数千。

英国人在计算 1940 年夏季不列颠战役中被击落的德国飞机数量时所犯的数字错误似乎是无意间造成的。所谓一天之内打下的 148 架飞机实际上只有 46 架。同样一架被打下的飞机被多个驱逐机飞行员认作是自己击落的，这或许情有可原，但如果每次都把这种情况下击落的飞机重复计算，就会得到一个三倍或四倍于准确数字的数字。群增错觉并非只在每个目击者都以为自己处于大群敌人中时才会发生，它也会在每个目击者都以为看见了别的敌人时发生。

现在只差一步就可以跨越到第二个心理机制了，我把它称为**蓄意捏造**（falsification intéressée）。1958 年 5 月参加了从共和国广场到巴士底狱游行的人的数量因为报纸的政治倾向的不同而被说成实际的一倍、两倍甚至三倍。每个政治阵营都夸大对手党派失去的支持者人数，且一贯低估自己党派失去的支持者人数。

有时候，群增错觉会同蓄意捏造结合起来。希腊人到底是真正相信他们给出的薛西斯军队人数，还是出于夸大自己功绩的考虑而捏造了这个数字？数量巨大的德国突击坦克和飞机是法国失败的必要辩白，还是法国人使自己相信了这一不但为他们的失败提供了托词而且还对应了他们印象中的真相的数字准确性？

尽管历史学家对此做出了批评性研究，但所有大型战役中的战士数量还是没有被确凿无疑地一一确定。数量上的优势和劣势也因此而从性质上说是不确定的。在我看来，当涉及人口规模的时候，这种不确定性还更严重。要在影响到了特权阶层，或至少是战士阶层的**局部人口减少**和整体人口减少之间做出区分，常常并不容易。古代学者没有给第一种人口现象留下可质疑之处：我们可以十分精确地知道雅典和斯巴达在不同时期的公民数量。但一旦涉及包含了外国侨民人数和奴隶数量的人口总数，要从中得出结论就必须冒风险。不过，根据涉及的是公民数还是人口总数，现象也不一样。前一种情况涉及的是不同阶层之间的**差别生育率**（fécondité différentielle），社会组织对此负责。而后一种情况涉及的则是生存活力枯竭的问题。

218　　即使第一个障碍被跨越了，即使战斗兵力和人口规模的数据被确定了，要想把数量的影响孤立出来考察也非易事。让我们举一个很著名的例子，其中的数字很精确也很确定。1870 年的普法战争可以细分为两个阶段：在第一阶段中，由职业军人组成的法兰西第二帝国正规军被普鲁士及其盟军击败；在第二阶段中，法兰西国防政府临时召集的军队虽然有着数量优势，却还是再次被击败。那么，应该把拿破仑三世军队的失败归咎于数量劣势，还是普鲁士大炮的精良，抑或法国的指挥失误？这些原因分别在哪种程度上影响到了结局？纵观历史，依赖数量去解释军队命运的学者是很少的，然而即便在今天，要做到确定既定局势下或既定历史时期中这些因素的影响程度仍然是十分困难。

　　既然我们的目的不是要对明确的例子一一进行细致分析——唯有这样的分析才能够缩小不确定性的范围——那么我们将尝试阐明一些有关以下两个主要问题的概括性主张：数量对力量或权力的影响，人口（或人口过剩）同战争的关系。

　　首先让我们以人口规模的大小顺序来观察这些变化。马拉松战役战场上的雅典战士数量很可能是在 3000～5000 之间。亚历山大大帝用以征服亚洲的军队（当时是很庞大的了）人数为

4万。拿破仑为了在1812年6月越过俄国国境，动员了十倍于这个数量的兵力。希特勒在1941年为了同样的目的聚集了数百万兵力，而非仅几十万。耶稣基督诞生的时候，整个地球上也只有1亿人而已，而在17世纪初这个数字大约是6亿，今天则为30亿。

力量和共同体文化的产物从来就不与共同体人口规模成比例。不论我们把希腊的奇迹和雅典的杰作归因于社会环境还是世袭的内在天赋，事实都是：在历史上，从来都是"一个人并非另一个人"。在政治单元内部如同在政治单元之间的竞争中，不止一次是少数人在左右着命运。

战场上，数量几乎总是一个重要因素。尤其是在文明地带的内部，当双方在武器上和组织上没有根本区别的时候，数量常常强行决定结果。因此，还需要用两个评注来对上面的主张进行限制或修正。如果战斗的双方属于完全异质的共同体，小股部队也有能力取得惊人大捷。"科尔特斯征服"已经成为文献中的经典。在这场征战中，面对还处于前哥伦布时期的阿兹特克人，数十名西班牙骑兵就足以体现一流的军事力量。同样，在欧洲，来自亚洲的几千蛮族士兵就让恐惧在比他们多出不知多少倍的人口中蔓延。

其次，在古代甚至在整个现代以前的漫漫岁月中，人口规模和战士数量之间一直不存在严格的比例关系。最广袤的帝国也可以以狭小的基地为发端建成，比如罗马帝国、阿拉伯帝国以及蒙古帝国都是如此。通过高程度的动员、更加有效率的组织以及将公民身份推至战败者，一个城邦可以在战场上一直保持数量上的对敌平等或对敌优势，从而做到让整个文明地带都臣服于它的法则。将大量人口招入军队的能力是运用政治有术

219

的证明，正如将所有力量集中起来的能力是运用战略有术的证明一样。

为了在这些概述上更进一步，我们必须对两个典型时期分开考察：古代是一个时期，19 世纪和 20 世纪的欧洲是另一个时期。在古希腊世界，雅典是一个巨大的政治单元，因为它在伯罗奔尼撒战争前夕就已经拥有了 4 万公民，如果再加上外国侨民和奴隶，那就是 20 万人甚至更多。在 19 世纪的欧洲，法国似乎注定走向衰落，因为它的人口仅在缓慢增长。从公元前 5 世纪的雅典到公元 19 世纪的法国，我们也把希腊学者提到的以千计（或严格说来，是数十千，也就是几万）的公民替换成了以百万计的现代人口，同时也把静态思考（城邦人口的理想规模是多少？）替换为动态分析（有利的人口增长率是多少？）。

最后，城邦力量和军队力量之间的关系以及人口规模和战士数量之间的关系，在勇敢精神先行的时代和石油或原子先行的时代是不一样的，也不可能是一样的（用 J. F. C. 富勒的话来说[1]）。只要武器还是价格低廉的简单武器，动员系数就一直会取决于社会制度。在我们的时代，这个系数依赖的是经济资源和中央权力的凝聚力。机器的数量比人的数量更加重要。

正是从这两个视角出发——考察人口问题的方式为一，人口规模和士兵数量之间的关系以及城邦力量和军队力量之间的关系为二——我们刚刚完成了古代和现代之间的简要比较。

二 稳定的理想与人口和政治的不稳定

希腊哲学家提出了后来我们称之为人口的**最佳规模**

---

[1] J. F. C. Fuller, *L'Influence de l'armement sur l'histoire*, Paris, 1948.

（optimum）的问题，我们对此并不惊讶，因为先哲们并不仅仅满足于对事实或原因做客观中性的研究，他们还努力把握秩序或善的终极性。在他们眼中，城邦是**必须**组织起公共生活的政治单元。柏拉图同亚里士多德一样，他们探究的都不是城邦的**理想**规模，而是城邦的**自然**规模。亚里士多德写道，十个人成不了一个城邦，十倍于一万的人数也不行。[①] 柏拉图在《法律篇》[②] 中提出的人数是 5040 人。"5040 这个数字有着显著的算术特征：它是前 7 个自然数相乘的结果；因此，相对于其他近似的数字而言，它也有了能在最多情况下成为其他数除数的好处。由此而带来了巨大的行政上的便利，比如当涉及细分人口，分配公民额或征兵配额，以及可以在公共登记中、交赋税中以及军事操演中以列来安排人口。"[③]

220

　　这种奇怪的思辨并非不具意义，甚至也没有完全过时。城邦的目标，也就是说政治的目标，并非追求权力，而是根据理性开展生活。既然有德的生活只可能在社会中实现，就必须确立一个有利于理性或让符合理性的秩序能够建立的公民数量。这里有两种考量互相对立，或者说它们有可能会相悖：对抗外敌的防守需要大量人手，而道德凝聚却要求小国寡民。两者之间的调和结果必然处于一个恰当范围内：城邦必须既不太大也不过小。有着 4 万公民的雅典就如同得了巨人症般遭受着规模过大的苦楚。

---

①　参见 J. Moreau, *Les Théories démographiques dans l'antiquité grecque*, Population, 4ᵉ année, numéro 4, oct. – dec. 1949, pp. 597 – 613。

②　*Lois*, V, 737 e – 738a.

③　J. Moreau, *Les Théories démographiques dans l'antiquité grecque*, Population, 4ᵉ année, numéro 4, oct. – dec. 1949, p. 605.

经验证明，一个人口过剩的城邦虽未必不可能，却总是很难对国家进行很好的管理；至少我们看到，凡以政治修明著称于世的城邦无不对人口有所限制，这是显而易见的，而且也是能以理性来证实的：因为法律就是某种秩序；良好的法律必然形成良好的秩序；可是，如果人口过多，就很难确立秩序……如果城邦中居民过少，就无法自给自足；而城邦的目的就在于自给自足。人口十分庞大的城邦当然能照顾到自己的所有需求，但会像部落那样行事，而非像城邦。在其中很难组织起公共秩序。谁能做过剩人群的将领对其加以统率？……如果没有斯滕托尔（Stentor）①般的洪亮声音，哪个传令官的话能被听见？因此，城邦的形成必须发生在拥有了能够让根据公共生活的政治规则所需要的所有生活便利得到满足的足够人口时。拥有超过这个限度的居民数的城市也有可能依然作为一个较大规模的城邦而存在；但正如我们上面所说，这样的超出不能无限度地进行。那么，这些限度是什么呢？事实本身很快就让我们知道了答案。政治活动来自执政者或服从者；执政者的功能就是发号施令和断案决事。为了裁决每个人的权利和按照个人的长处来分配职司，公民之间就必须互相了解且互相重视；如果做不到这点，职司的分配和权利的裁断两者都不免会有大失误。从这个角度来看，不假思索、随意处理是不行的，然而在人口众多的城邦中这点却显然无法避免。此外，人口过多的城邦也让外国人和客居者更容易插手城邦的管理；因为在居民过剩的情况下，避开监管

221

---

① 斯滕托尔，古希腊神话中的男性人物之一。在荷马的《伊利亚特》中为特洛伊战争的希腊联军之传令官。他凭借声音洪亮而闻名于世。——译者注

并非难事。因此，很显然，对于一个城邦而言，最恰当的人口限度应该是足以达成自给生活所需要的、但又不会引起监管困难的最大居民数。我们就此结束这个关于城邦大小的话题。①

既然目标是让城邦达到一个合适的规模，它既不能太小也不能过大，它要足够大，以便达到自给自足，也即拥有自卫能力，它又要足够小，以便让它的公民能够互相认识，并以此来保持制度的良好运行，那么柏拉图或亚里士多德所设想的人口政策便是倾向于防止人口过剩或人口不足。换句话说，它追求的是维持稳定不变的人口数量，因为在古典希腊时期②，危险要么来自人口过剩，要么来自**土地缺乏**（sténochorie）。认为人口规模达到一定程度后就无法再以理性来管理的希腊观念，在今天已经过时，不过，它曾在很长时间内被西方思想家看作显而易见的事。我们能在《论法的精神》第一卷中找到它的回声，在此卷中，作者把政府类型同领土大小联系了起来，并认为亚洲的大型帝国中出现的专制是不可避免的。

这种关于稳定的理想实际上针对的是人口数量的极其不稳定，此为一；共同体政治命运的极端不稳定，此为二。"人们往往把古希腊描述成一个由雅典和斯巴达支配的国度。其实，这种简单化的描述完全不准确。雅典和斯巴达在公元前5世纪和公元前4世纪的时候争夺霸权，并且成了标志着古希腊文明巅峰时期的希腊人的大型中心，然而它们也仅仅是在这一时期

---

① Aristote, *Politique*, Ⅳ（Ⅶ），4，1326 a 17 – b 24.
② 古典希腊时期是古希腊的一个历史时期，大约为公元前5世纪到公元前4世纪。它前承古风时期，后启希腊化时代。——译者注

才是中心。在迈锡尼时期，最大的中心是像皮洛斯或特里菲利亚（Triphylie）这样的城市，它们在古典希腊时期便不复存在，又或者是像迈锡尼或梯林斯这样的城市，只不过它们后来也失去了重要性。在公元前 8 世纪到公元前 7 世纪的古风时期，大都会是埃维亚岛上的哈尔基斯和埃雷特里亚或希腊大陆部分的科林斯和墨伽拉。在小亚细亚，则是福基斯和米利都。雅典和斯巴达在公元前 5 世纪争夺的霸权从公元前 4 世纪开始易手，首先是被以其居民的迟钝笨拙而闻名维奥蒂亚的底比斯夺得，而后又落入从希腊世界的边缘发展起来的马其顿之手，它对于真正的希腊人而言不过是半个希腊。"① 如果一个拥有一万名公民的城邦都已经算是大型城邦，城邦的命运又怎么可能保持稳定不变？

像雅典那样的"巨型"城邦的未来就更加变幻莫测了。雅典人口所需食物中的很大部分都只能靠进口，这个比例至少达到了一半，或许还更多。雅典本身则从事着副业，在我们的时代，称之为工业。它对外出售矿产品［拉里姆（Laurium）的银、彭特里卡（Pentélique）的大理石］和手工艺品（陶瓷、纺织品、船只），它不但有赖于居住在雅典的外国侨民和奴隶，而且还有赖于它的客户和供应商。然而，这种依赖在当时所具有的含义有异于我们这个时代的依赖概念。雅典的海上帝国是从抵抗波斯的城邦的联合上逐步发展起来的，它的维持全靠其舰队的优势和成为它卫星城邦的盟友所缴纳的贡赋。其经济活动并非建立在生产手段发展的基础上，而是与第一产业（如矿业）或第三产业（如商业、服务业）相连。纵观历史，这样的

---

① Jean Bérard, *op. cit.*, p. 309.

经济活动受军事成败的影响明显。古代世界中，帝国的大小和
财富多少事实上是密不可分的。

　　人口数量稳定不变的理想并不仅仅是对命运的变幻莫测做
出的反应，它也对应了希腊轮番被人口过剩和人口不足所折磨
的现实。人口过剩的根源在于从公元前 8 世纪到公元前 7 世纪
的大规模殖民活动。它也同样源于在必要情况下马上就可以投
入作战的、如同雇佣兵一样被使用的战士的数量的过剩。投身
于军事的人口过剩也同样可以用于解释亚历山大大帝的征服行
动。希腊直到公元前 4 世纪还是一个士兵储备地。获得统一的
各个城邦——即使这种统一是由被奴役状态换来的——也可以
创造一个与大国等量齐观的国家。各个城邦如果保持独立，便
会在毫无结果的相互争斗中耗尽彼此。通过臣服于一个主人，各
城邦拥有了进行大型征战的能力。在公元前 4 世纪，甚至到公元
前 3 世纪，相反的不幸到来了，当时**人口稀缺**（oliganthropie）
的状况四处可见。公元前 4 世纪初，雅典居民数量减少了四分
之一（以前的 4 万人减少到 3 万人）。更惊人的是斯巴达人口的
锐减。据希罗多德的说法，公元前 480 年步兵的数量是 8000
人，到了公元前 371 年留克特拉战役前夕，数量减少到不足
2000 人，而到了公元前 3 世纪，数量更是减少到 700 人。波利
比奥斯对这一现象进行了观察和解释，让·贝拉尔引用他的
话说：

　　　整个希腊都遭受了生育中止和人口不足之苦，情况严
　　重而致使城市变得人口稀少，其原因在于当时的人们喜好
　　奢华、金钱和懒惰，他们不再愿意结婚，即使结了婚，也
　　不愿意养家，而且他们对最多只要一两个孩子有着共识，

这样就可以让他们的孩子继续享受富裕，在奢华中长大成人。

这位对古代历史学家加以评论的现代历史学家进而讨论了我们这个千年（1000～1999年）初期的情况：

> 人口在质量和数量上的降低连续冲击了帝国的所有省份，在希腊它体现得尤为明显。令人困惑的观察结果是：似乎安全必然会让民族萎靡不振，而努力和争斗对于磨炼他们和让他们获得高生育率乃是必不可少的。

以斯巴达的情况来说，法律毫无疑问是人口减少的直接原因。公民终生从军，他们没有权利从事赚钱的工作。为了让所有人都保有足够的财力以支付他从供餐机构那里领到的自己的那份食物，不可让渡的长子继承制度被确立，这一制度在一般情况下发挥着马尔萨斯主义抑制人口的作用。同样，在所有希腊城邦中，各种各样防止人口增长的方法（晚婚，基于优生原因的筛选式弃婴、杀婴）被设想出来并加以实施，甚至在古典希腊时期也是如此。在随后的世纪中，这些实践也没有被摒弃。马尔萨斯主义暗含在了城邦的结构中、奴隶和自由民的区分中，以及政治的和军事的公民使命本质中。

政治单元的大小因此对希腊的历史进程产生了重大影响。城邦是集体组织的一个典型形式（无论这种集体组织形成的原因为何）。各城邦只需要借助简单的临时联盟就足以拥有抵抗波斯帝国的能力。一旦它们服从于腓力二世和亚历山大三世的意志，便有了出发征服亚洲的能力。不过当亚历山大使得希腊在**嫉妒好胜**（jealous emulation——用休谟的话来说）时代所潜存的力量服务于自己的野心时，城邦就不再有未来，也不再具有作为城邦而存在的理由。被褫夺了独立性的城邦如果不被一位君主引入某项宏大事业中，它们就不可避免地会日趋衰亡。

一个处于所谓的希腊文明边缘的城邦，如何以及为何能跨越最终阶段而让和平不但持续盛行于希腊城邦（正如马其顿做的那样），而且还支配了无可比拟的更为广阔的历史空间？阿诺德·汤因比和杰罗姆·卡尔科皮诺（Jérôme Carcopino）都对罗马的成就赞誉有加，他们强调的是政治上或道德上特有的原因。比如阿诺德·汤因比，他列举了五个原因[1]：有利的地理条件，对成为罗马盟国以及承认罗马霸权的民族宽宏大量，在授予罗马公民资格上对罗马的盟国和臣民慷慨有加，双重公民身份的自由制度，以及在新征服领土上建立殖民地。对于这种分析，西蒙娜·韦伊（Simone Weil）用罗马政治中的另一个因素来反对，它具有无可争论的真实性——不巧的是它具有毋庸置疑的恐怖的效力："谁也比不上罗马人在运用残暴上的娴熟精明。当残暴是一时的心血来潮、病态的敏感、愤怒以及憎恨的产物时，它常常对在它面前屈服的人具有致命的影响力；然而冷静的残暴则工于心计，且成了一种方法，它是一种无法被任何情绪的无常变化和任何出于谨慎、尊敬或同情的考虑所缓和的残暴，在它面前，人们无法指望用勇气、尊严或坚强来逃脱，也无法指望用屈从、哀求和泪水去打动，这样的残暴是无以复加的支配工具。因为它在像自然力量一样既盲又聋的同时，却还有着人类智慧般的洞察力和远见，正是通过这种骇人听闻

---

[1] Arnold Toynbee, *A study of history*, t. XII, Oxford Univ. Press, 1961, p. 380 sqq.

的冰冷结合，它让一切精神在宿命感的包裹下丧失了活力，动
弹不得。"① 西蒙娜·韦伊毫不犹豫地将罗马人和希腊人做了比
较，她运用现代概念做出了下面的诠释："罗马人征服世界，
凭借的是严肃、纪律、组织、思想和方法上的连续性；凭借的
是他们相信自己是个优越种族，生来就是为了发号施令；凭借
224 的是有筹划地、工于心计地以及方法化地对无情的残暴、冷酷
的背叛、最为虚伪的宣传进行的即时或轮番的运用；凭借的是
一直以来把一切都献给威望的那种坚定不移的决心——他们不
被危险触动、不发恻隐之心、不为任何人类尊严所左右；凭借
的是在用武力奴役对手之前，先在恐怖之下分解对手的灵魂或
让其耽于希望的那种能力；最后，他们也如此精于操控赤裸裸
的谎言，以至于不但欺骗了他们的子孙后代，甚至连我们都仍
然被蒙在鼓里。"②

很难否认，这种军事－心理技术在罗马的征服中以及所有
帝国的建立过程中都曾被运用。然而，罗马在运用恐怖的阶段
过去后，也的确具有把公民身份授予战败者这种作为主人的仁
慈，双重公民身份的普及有助于巩固罗马的权势，而且也为那
些因为罗马而失去原本自由的人的后代在对罗马进行歌功颂德
时提供了某些实质内容。

但是，令人好奇的是，无论是罗马事业的赞赏者还是中伤
者都没有试图对建立帝国和延续帝国的首要条件——军队的胜
负命运——进行哪怕一丁点儿的分析。帝国的缔造者，从本质
上看，最常见的是从战场上获得胜利的人，又或者不管怎么说，
他是最后赢得了战斗的人。那么，罗马的军事优势在哪里呢？

---

① Simone Weil, *Ecrits Historiques et Politique*, Paris, 1960, p. 28.
② *Ibid.*, p. 24.

大致上，我们可以说罗马在武器方面并非具有毋庸置疑的压倒性优势。诚然，古代各民族所使用的武器有所不同。战斗模式取决于生活模式和社会组织模式。骑兵或步兵、重装或轻装、使用冲击武器或投射武器，古代世界的战士并非具有不可替换性，他们不依循一种典型模式战斗。不过，主要的城邦都有获得大部分武器的能力，而且制造武器的金属质量又总是参差不齐，因此军事优势的决定因素并不在武器装备的质量上。

罗马军团在战场上的优势从根本上说是一种组织上的优势、一种战术上的优势，我们可以把它看作一种战术操作的能力。

根据德尔布吕克的观点——我们在此依然采用他的观点——腓力二世具有决定性影响的武器是重装骑兵：马其顿的骑兵在激烈的战斗中依然能保持集体秩序性。在那个武器不存在根本差异的时代，粗暴同纪律相结合就是制胜的法宝。

腓力二世从重装骑兵的纪律性中获得了优势，而罗马人则在军团三个梯队的关联配合上获得了优势，它比斯巴达人、底比斯人或马其顿人的方阵少了脆弱，多了灵活。方阵的问题在于它无法对侧翼或后方加以保护，而罗马式军团则甚至在刚刚遭遇敌人时还可以掉转方向。无论是腓力二世的骑兵还是罗马的军团，其主要特征都可以归于一个类型，即"集体行动的能力"。这种战斗中的新秩序在绝大部分情况下要求对军械进行改革，把战斗类型和战斗工具新颖地结合（更长或更短的矛、更重或更轻的甲胄、步兵和骑兵比例的变化等）。然而尤为重要的是，存在于军事纪律中的、建立在**集体行动能力**上的优势并不能直接传播，因为它与社会结构相连，要求更长时间的训练。[1] 罗马人

---

[1] H. Delbrück, *Geschichte der kriegskunst*, *im Rahmen der politischen Geschiche*, t. I, Berlin, 1900, I, 1, p. 239.

是一点一点才让军团在组织上、战术上和装备上成熟起来的，他们通过战斗的洗礼让军团的有效性得到完善。如果没有通过与迦太基的斗争让罗马的流动公民转化成职业军人的话，罗马人永远也不会拥有军团这种战争工具。①

军团的战术操作能力是罗马获胜的一个必需条件：军团士兵的数量则构成了另一个条件。在危机时期，罗马的动员系数出奇得高，据德尔布吕克的数据，10%的自由民或30%的成年男性都成了军团士兵。② 对战败者施加的"慷慨恩典"使军队兵力随着罗马主权区域的扩张而膨胀。不论罗马的主权区域多么广大，罗马人在战场上一般都能在数量上与他们的敌人相当甚或更多。罗马帝国并非靠数量极少的少数人的威望在维持，而是靠对军团的持续动员。

罗马军团的权力并非不受空间的限制。不管幸运还是不幸运，日耳曼人因为幅员辽阔、森林密布和领土上人口稀少

---

① H. Delbrück, *Geschichte der kriegskunst, im Rahmen der politischen Geschiche*, t. I, Berlin, 1900, I, 1. p. 333 及 p. 277：

　　……"第二次布匿战争向我们展现的是这种战斗模式（方阵战术）在大型战役中的最后一次大规模出现，它还展示了它的失败、不足以及向新战术的转变，而这种新的战斗技术让罗马人在两代人的时间内就统治了世界。"

　　还有："古代历史的关键性时刻在于罗马人于第二次布匿战争时最终成功形成了一种战争组织方法，它使得罗马人能够在与汉尼拔的直接对决中获胜，因此也有了完全毁灭迦太基的能力。"（p. 330）

　　"西庇阿的军队因此在它的操守上和恶习上都同样具有由职业军人组成之军队的特点，它们对自己的公民都加以蔑视。"（p. 333）

② 德尔布吕克估计，第二次布匿战争初期，罗马有100万名自由民。22～23个军团被动员，这在公元前212年或公元前211年意味着很大的努力。

　　I, 1. p. 309 sqq., 特别是第319段："在开展与汉尼拔的战争的那些年中，存在超过20个军团，也就是说不算盟军的话也有至少7万人的部队；这相当于罗马自由民中大约30%的成年男性或整体自由民中的大约10%。"

而逃脱了像高卢的克尔特人那样被罗马征服的命运。日耳曼人没有被罗马化，他们依旧讲着自己的原语言（Ursprache），而非胜利者的语言。面对帕提亚帝国，罗马也满足于与之共存的和平。

在导致罗马取得成功的这些因素之中，（战士的）数量几乎总是默默无闻、鲜被提及，军团的战术操作能力也只勉强被提及并且还常常被混淆为美德。虽然有效率的行动就算不被视为一种道德美德也值得被看成一种政治美德，但它还是既不包含文化价值也不包含精神价值。既然历史学家们将缔造帝国的崇高性赋予了罗马的美德，他们当然也就不得不把帝国的衰亡归咎于堕落。军事力量取决于帝国能够动员起来的士兵数量、军团的纪律性以及他们的战斗热情。一旦有朝一日军团包含了越来越多的蛮族人且不再有能力在边境竖起一道坚不可摧的屏障，甚至有时还无法在战场上克敌制胜，那么，军事机制的衰弱就变得显而易见，而这种衰弱反映的正是国家的瓦解和公民素质的沦丧。[①]

对于历史学家而言，在颂扬过罗马帝国后，很难不对帝国的衰落感到惋惜。但是，在以殖民主义的名义揭发殖民帝国的同时却又毫无保留地站在征服者一方，这实属自相矛盾。

三　法国的经验

在希腊哲学家眼中，拥有足够的人数是获得安全的一个条

[①]　比如，杰罗姆·卡尔科皮诺指出："根据我们的思考，罗马军事的堕落可以归为两个原因，这两个原因在我们的现代世界中都已经不再发挥作用：其一，罗马敌人的突然增多，而且这些敌人的装备都差不多达到了罗马的水平；其二，军队职业的专门化会使战士对公民生活的热情冷却。"（*Les Étapes de l'impérialisme romain*, Paris, 1961, p. 267.）

226

件，不过其目的还是在于公民之间的友谊，如果城邦的人口过于庞大，这个目的就无法达成。在现代学者的眼中，数量是权力的条件，而权力又是**地位**的条件。既然各民族都投入在一种持续的竞争之中，而它们中的一些又发展迅速，另一些民族就不得不在没落的苦痛中奋力追赶。人口增长率和经济增长率的相互比较也就取代了对适当规模的探究。

一个世纪前，普雷沃-帕拉多尔曾在他一本大获成功的书中这样写道："当我们的国家领导人表明国家之地位是以它能够武装的人数来衡量的时候，他就把一个合理观念仅赋在了一种过于绝对的形式上，因为在考虑人数的同时还需要考虑到人的相对素质。例如，比起希腊来，薛西斯武装的人多了很多，然而它还是被希腊的伟大精神所战胜。不过，当涉及的民族都是文明化的且都有着勇敢且被荣誉感支撑的公民时，数量准则就变得完全正确了。拥有最多人数的民族在军事和政治上的地位会上升，并且得到随之而来的所有物质和精神好处。"①

法国是欧洲第一个出现出生率下降的国家，在这里，有关人口数量的各种问题在极为忧心的氛围中被思考。第一个问题已经由上面那段引文表达了出来：国家的规模、军队的力量以及国家的世界地位之间存在怎样程度的相称性？第二个问题由法国在 19 世纪的征服活动提了出来：有没有可能通过在亚洲和非洲的军队招募弥补法国本土的相对衰弱？

从 20 世纪 30 年代起，一种新的担忧浮现了出来：人口增长的缓慢不前会不会导致经济增长的缓慢不前？经验表明，尽管小型家庭能保障每个孩子的财富，但如果进行动态而非静态

---

① *La France nouvelle*, Paris, 1868, p. 174.

的考虑，如果从国民经济宏观财务状况出发而非从（家庭的）微观财务状况出发，实际情况正好相反。人口增长，至少在某些情况下，刺激了资源的超比例增长。

另外，自第二次世界大战以来，不再只是法国，整个欧洲都在忧心忡忡地面对人口统计数据之间的对比。既然多数的有色人种同有特权的少数白人之间在生活水平上已经有了差距，而人口增长更快的地方又正是人们由于贫穷而寄希望于人口稳定，或是人口缓慢增长的地方，这种人口增长中的反向不对称难道不会进一步加大有色人种和白人之间生活水平的差距吗？

如果我们以整体视角来看一百年以来的法国的欧洲经验，似乎其对数量法则发挥了作用这点就很难否定。1800 年，法国有 2800 万人，1940 年这个数字是 4190 万。同一时间，英国人口从 1100 万（算上爱尔兰就是 1600 万）增长到了 4640 万，德国人口从 2250 万增长到了 7000 万，意大利人口从 1800 万增长到了 4400 万[①]，美国人口则从 530.8 万增至 1.317 亿。沙皇俄国的人口数量不是很精确，在 19 世纪它大约增加了 2.5 倍。

1800 年，法国的 2820 万人占了欧洲总人口的 15%，奥匈帝国的人口则占 28.15%；意大利有 1800 万人，占 9.2%；德国有 2300 万人，占 13%，在大不列颠群岛（包括爱尔兰）占 9%；俄国有 4000 万人，占 21%。1900 年，法国所占的百分比跌落至 10%（4070 万人），奥匈帝国下降为 12%（5000 万人）。德国人口所占百分比则上升至 14%（5640 万人），大不

---

① 这些数据都没有考虑到人口外迁。拥有快速人口增长的国家可能同时也是对美洲及英联邦自治领居住人口的增多贡献巨大的国家：1825～1920 年，就有 1700 万人离开英国；同一时间段中，6000 万德国人也离开德国去往美国，而 9000 万意大利人在 1876～1925 年也离开了意大利。

列颠群岛所占百分比为 10.6%（4150 万人），俄国占 24%（1 亿人）。20 世纪，法国人口比起它的欧洲对手更显劣势。法国人口完全不再增长，而其欧洲对手的人口却继续增长。

　　大致来说，力量关系随着人口规模的波动而变化。不过，我们的脑海中立即会产生一些对这种说法的保留意见。20 世纪初的英国在国际舞台上的地位超出了就它的人口资源比例而言应有的地位。岛国的位置以及长时间没同大陆大型军队开战的情况，都给予了英国无与伦比的优势（今天这种优势已不复存在）。反之，俄国的例子则提醒我们，在我们的时代，人口数量法则仅仅在与机器数量法则相结合的情况下才会产生作用。1914 年，由于工业化程度不足，或许还由于有能力领导民族国家的政治制度的缺乏，俄国的力量与它的人口数量远不相称。

　　至于法国，其人数无论在 1870 年还是在 1939 年都没有直接决定法国军队的胜败。1870 年，假设最初失败的主因是帝国军队的数量劣势，那么这种劣势本身就应当归咎于军事体制，而非国家的人力资源（法国当时的人力资源水平同敌国相当）。同样，虽然德意志第三帝国在人力和工业潜力上的优势比起法国来要高出很多，但这种优势却并非 1940 年 5～6 月德国对法取得迅速胜利的决定性原因。突击坦克，尤其是飞机的数量优势的确是闪电战胜利的原因之一，不过其主要原因还在于一个独到巧妙的策略［冯·曼施坦因（von Manstein）将军关于突破阿登山区、割裂盟军力量的计划］和一个具有创意的战术——火力与机动性相结合，在坦克大量出动的同时用飞机攻击敌军部队和距战场最近的后方。到 1914～1918 年及 1939～1945 年这两次冲突的尾声，德意志第二帝国和第三帝国才最终被数量所压倒——众多士兵和为数更多的大炮、突击坦克和飞机对德国一拥而上。

法国的欧洲经验的确揭示了数量对外交和军事历史过程的
影响，但其方式却比想象中更微妙。事实上，法国差点就因
1918 年的胜利而灭亡，但它又在 1940 年的失败中戏剧性地得
到挽救。在所有参战国中，无论从工业上还是人力上看都是法
国在 1914 ~ 1918 年做出了相对最大的努力，相应地也正是法国
蒙受了超出比例的最大损失（损失了将近 140 万人，而德国的
损失是 200 万人）。巴黎和会时，法国所获的荣光是以惨痛代价
换来的，而法国虽然在出生率上也经历了骤增却仍是所有欧洲
国家中增幅最弱的。1940 年，通过发挥适应了机械化和机动化
战争需要的军事机制，法国理应——从理论上说——可以支撑
数月甚至是一两年的作战。但战争一旦在西线展开，苏联便**隔
岸观火**（tertius gaudens），盎格鲁 - 撒克逊人又让法国承受了
最重的任务负担。而被中欧（捷克斯洛伐克、奥地利）的战争
工业所强化的德国战争工业，对于法国战争工业而言还具有压
倒性优势（英国的战争工业在 1942 年之前没有被真正动员起
来）。1941 年，德国本应该还可以在战线上额外投入几十个师
团。因此，如果法国在战役中坚持到了 12 个月或 18 个月，法
国所蒙受的物质损失和人口损失将会是历史上的三倍、四倍甚
至更多。在这样的新打击下，法国真的还能够恢复元气、重整
旗鼓吗？[①]

法国近期历史所呈现的这种悖论是人口衰退和帝国扩张的
巧合。这让人很想通过人口衰退来解释帝国的扩张，并以此解
决这种悖论。法国当时应该从非洲寻求额外的人力储备来重建　229

---

① 而且如果英国人在经过一年的战斗后最终损失了它的远征部队，这场战争
本身还能够打赢吗？

同对手之间的均衡。

这样的解释几乎是唯一一个可以赋予法国对外行为，尤其是法兰西第三共和国时期对外行为表面理性的解释。法国既没有对外输出剩余人口也没有对外输出手工制品，为什么这个先变得机会主义后变得激进的共和国会成功地成为世界第二的殖民帝国？诚然，只关注历史性解释的历史学家——这些解释受到哲学家和社会学家的普遍蔑视——可以重申，一旦阿尔及尔城被攻下，比起完成占领，从中完全撤兵会更困难。① 接踵而至的是，出于对法属阿尔及利亚安全的考虑，至少还需要在突尼斯和摩洛哥也建立被保护。至于对撒哈拉以南非洲的征服狂潮，那更多是欧洲人的整体趋势，而非仅仅是法国。法国的独特性在于具有开化任务的意识形态，它意味着要让殖民地在某些地方相似于宗主国法国。在殖民地征兵就是这种在抽象层面上包含了恩惠含义的开化学说的直接体现。

征服者通过征服及对战败者进行动员而使力量得到强化，这在历史上是普遍现象，直到今天也依然如此：1960 年，虽然民族主义几乎在全世界都得到了传播，但还是有数千穆斯林在法国的旗帜下战斗，他们或者对阿尔及利亚民族解放阵线宣扬的祖国无动于衷，或者被对游击队的怨恨所驱使，又或者只是

---

① 在 1840 年 1 月 15 日的一场国民议会的演讲中，比若（Bugeaud）元帅说道："有限占领在我看来就如同一个四不像的空想，而且还是危险的空想。"稍后他又说："放弃——如果用在我的惯用词汇中不存在的表达来说，就是法国官方不想放弃阿尔及尔，也就是说，书写历史的人，这些行政的贵族不愿意放弃阿尔及尔。"最后，他还说："是的，以我的意见，夺取阿尔及尔是个错误。但是，因为我们想要这么做，也因为你们不可能不这么做，因此你们就必须把这件事做大，因为这是能够从中获得某些好处的唯一办法。因此这个国家必须被征服，阿卜杜勒－卡迪尔（Abd el-Kader）的势力必须被摧毁。"

被贫穷所逼迫。在过去，人们很少知道（很少有知道的必要）他们为何互相战斗。比起对民族或观念的信仰来，构成军队凝聚力的更多是对首领的忠诚、对既有秩序的顺从，以及简单而纯粹的纪律性。

在这个方面，欧洲诸帝国直到1945年都符合先前的模式。如果英国没有得到印度军队作为皇家舰队的补充，它就不可能在亚洲和远东实施支配性影响。正是靠这些虽然大部分将官是印度人却依然根据英国指令行事的印度军队，英王陛下的政府才能在从波斯湾到苏伊士运河，再往东直抵印度支那边境的这片广大区域中建立一种帝国和平。同样，阿尔及利亚人、摩洛哥人以及塞内加尔人也在1914~1918年的战场上战斗。阿尔及利亚人参与了此后法兰西共和国的征服行动，从而为他们自己国家的平定也贡献了相当的力量。

宗主国军队通过对异族人口的动员而得到加强，这对于罗马军团中非罗马人所占比例、印度支那的法国远征队中越南人所占比例而言，是条件还是限制？很明显，这个比例虽然不一定在每一时期都是同一水平，但它一旦超过了某种程度便会变得危险。

在我们的时代，一方面是印度的英国军队或非洲的法国军队，另一方面是印度支那的法国远征队中的"黄皮肤"，这两者间有着根本区别。印度的英国军队在1939~1945年整个大战期间虽然拒绝同印度国大党合作，但一直为英国国王尽忠职守。同样，只有高级军官和部分下级军官是法国人的摩洛哥军团也在1939~1940年、1943~1945年，甚至直到1954年都在印度支那为法国而战斗。如果法国当时在北非实行的强力政治再持续数年，法国指挥下的摩洛哥军队还会一直如此地忠诚如一吗？

230

在法国军队常规编制中存在多于 200 名的摩洛哥军官，他们会不会被激励了他们祖国同胞的民族主义所打动？这些我们都无从得知。事实上，就我们的时代而言，这些军队都可以说是严守了军事纪律，然而这并不意味着有着最好组织性的军队一定完全不会受他们自己人民所抱激情的影响——毕竟这些战士都是从这些人民中招募而来的。

把越南人或阿尔及利亚人以算是较高的比例——最高也没有超过三分之一——融入宗主国军事单元，这就已经算半个放弃。因为权力机关无法再信任这些已经被同质化了的部队，其中只有干部配置还属于帝国人民。指挥部会对指令执行效率打折扣的现象予以接受，它还会在事先对部队中可预见的临阵脱逃的现象加以适应。这种方法是很危险的，因为一旦部队失利，临阵脱逃的人数就会大量上升（在印度支那，奠边府战役刚结束，我们就遇到了这种情况）。

那么，帝国对臣服人口的动员能力是否取决于臣服人口和帝国人口之间的数量关系呢？以生硬形式作答的话，数量不决定帝国的命运。如果数量会决定帝国的命运，那大英帝国永远不会存在。不过，大英帝国从很多角度上看都具有特殊性。如此少的英国人口却能够对如此大面积的土地、如此众多的人口实施统治，而且还是在没有实行义务兵役制的情况下达成的，之后又还能以数量如此之少的水兵、臣民和其他职业人士维系住帝国，这是不但需要超常的历史形势还需要政治的天资才能完成的奇迹。这个帝国，如果算是历史上最大帝国之一的话，那么，以时间来衡量，它也属于持续时间最短的帝国之一。大英帝国通过英属印度统治远方。它很难在不激起民族诉求的情况下把印度转变成一个就军事和行政而言可以称为现代的国家。

长期来看，征服方人民和被征服方人民之间的关系要么朝着互相融合为单一共同体的方向发展，要么朝着分裂为两个不同共同体的方向变化。不论朝哪一个方向发展，纯军事上的不平等都会被忽略或抹去。要么通过扩大帝国公民权范围①，要么通过异族人民的自主或独立，平等才会趋于重新被建立。英国人数量实在太少，他们太过注重他们的种族，所拥有的土地又过于遥远，其治下人民又具有过多的异质性，这一切只能让帝国除了分解为数量众多、完全独立的政治单元外，再无其他结局（虽然存在一个英联邦，但在非英国人看来，这越来越形同虚设）。

231

在法兰西帝国内部，帝国人民和异族人口之间数量的不对称要小些。但它也没有足够的力量去接受一个与大英帝国不同的结局。融合——同化的另一种说法②，要求罗马人或是法国人把公民权授予臣服者。这一方面可以给予臣服者公民的尊严，另一方面却迫使他们同生于罗马或法国的公民竞争社会地位。

现代经济的性质让帝国的融合政治不容易实行，因为后者不允许同一整体下的不同部分之间的生活水平差异过大（尤其在人们本来就没有共同的语言和习俗的情况下，更是不行）。不过，除了这些经济方面的原因③，共有的公民身份只有在两个前提下才会让异族人心满意足：公民身份必须成为一种向往

---

① 不平等可能存在于公民和非公民之间，又或者存在于同一共同体内部，而根源则可以追溯到征服发生之前的种姓之间。在政治单元内部，社会不平等可以部分归因于军事力量关系的固化。

② 发生在宗主国政治共同体内部的异族人的融合并不意味着要消除语言、宗教和习俗上的不同，而同化看起来却如是要求。不过，这两个词都要求政治公民身份的统一。

③ 我们将在下一章对此进行研究。

并被人们看作一种荣耀；公民身份必须为获得它之人创造更好的未来，而非限制他们的发展。1936 年，获得完全的法国公民身份还被阿尔及利亚人当作一种荣耀。1960 年，它却阻碍了人们在那些会带来荣耀的职业中的发展。又有多少在法属阿尔及利亚的阿尔及利亚人能竞争得过土生土长的法国人，从而提升至更高的社会职位呢？

法兰西帝国的瓦解虽然被众多事件所加速，但从一开始它就是被法国人口的缓慢增长拖了后腿的法国征服的逻辑结果。法国可以在异族人中招募士兵并武装他们，但无法把法国公民身份普遍化且毫无保留地授予所有异族人。只要法国公民身份还令人向往，它就不愿意授予。而当这些不久之前还表示臣服的民族精英分子开始憧憬担负国家主权的责任以及享有主权的好处时，法国再怎么给他们公民身份也只能是徒劳。

如果我们用现在是过去的未来这种时间给予的事后智慧来看的话，就可以观察到，19 世纪的一些学者所抱的希望通过征服非洲来弥补法国人口的相对衰减的想法是一种不切实际的幻想。如果出生率的降低可以归咎于缺乏空间，那么占有阿尔及利亚便能结束这种令人悲叹的人口变化。但是，这是不是就足232 以让法国人同意去地中海的另一边，从而让法国的生育率重新回到以前的水平，并让孩子像当时移居到加拿大的法国人那样在那里生存下去？没有任何理由让我们对这个问题做出肯定回答。在法属阿尔及利亚，数量得到增长的并非来自欧洲的少数人，而是身为多数的穆斯林。普雷沃 – 帕拉多尔所梦想的地中海上的法兰西帝国，那个寄托了普雷沃 – 帕拉多尔最多希望的、他认为可以以此让他的祖国避免活在被盎格鲁 – 撒克逊人支配的世界中的帝国，那个被他认为可以与罗马帝国中雅典的命运相媲美的帝国，最终解体了，因为在这个帝国中居住的并非公民，而是臣服者。我们可以不带任何忧伤地对这个问题做出否定回答：解体的结局更加符合历史法则，而非与帝国这种冒险事业本身相契合；一个人口正在减少的民族很少有机会维持一个帝国，即使是在它获得机会缔造了帝国的情况下也是如此。

如果殖民在一个时期内加强了宗主国的力量，那么相应地，非殖民化也并非总会成为宗主国被削弱的原因。事实上，把殖民地或被保护国的独立给宗主国带来的成本同宗主国在同一领土和人口上实施和平统治时从中所得的利益进行比较，这种做法是错误的。比如，法国显然因此而失去了一些军事基地，一个兵员储备地，以及一片广大的主权区域，而这些曾给法国同时带来过威望和行动手段。应该予以比较的是在拒绝和接受非殖民化这两种情况下法国的成本。1946～1954年的法国如果不进行印度支那战争会不会更加强大？如果法国在1946年或1947年同胡志明签订了条约，它今天会更加强大吗？法国的地位是被阿尔及利亚战争加强了还是削弱了呢？1840年，比若元帅认为在地中海彼岸配置10万兵力这一做法削弱了法国在主要阵地的力量，他说的其实是法国在莱茵河边界的布防。同样的问题又在1960年被再次提出。

换句话说，只要帝国的维系有利可图，帝国就会是一个力量来源。今天，法国在阿尔及利亚需要被保护的士兵已经同需要被保护的欧洲成年人一样多。比若元帅治下的"殖民者移民"并没有使法国的和平得到保障，他们每个人反倒还都需要配置一个从宗主国去的武装士兵，只有在这样的掩护下他们才能在穆斯林人群中待下来。当帝国（殖民地）所带走的士兵比它能提供的还要多，根据实际计算，哪种政策更合理：放弃还是坚守?[①]

在 19 世纪中叶，法国失败主义还仅仅是被人口的相对下降滋养着，而在 20 世纪，它却由于经济增长的相对放缓和那种认为人口萧条会同经济萧条一同到来的理论变得更加盛行。国家在人口下降或停滞的情况下被双重削弱：不但国家所拥有的战士和工人的数量变得更少，劳动产出或人均收入也会减少，或者说没有具有高出生率国家的增长速度快。

233　　为了全面讨论这个问题，需要对以下这两个问题进行思考：人口变动对经济变动具有怎样的影响？反之，经济变动又对人口变动影响如何？我们简略说下后面这个问题。即使仅仅考察近几个世纪的情况，人口学家也远远没有对这种影响的事实和解释达成一致意见。[②] 一些人口学家认为，从 16 世纪或 17 世纪以来的人口增长相对是自然发生的，因为经济进步一直很小。根据一些人的说法，1650～1930 年，中国人口从 7000 万人增长到了 3.4 亿人，而另一些人则认为是从 1.5 亿人增长到了 4.5 亿人。如果人口变动在某些情况下看起来不依赖于资源的增加[③]（生产技术、商业组织技术以及安全技术等的改进），那么，是否应该将人口活力的改变视作人口变动的原因？或者，看起来属于生物学领域的活力是否掩盖了众多复杂的社会现象？

至于相反方向的影响——人数对资源规模的影响——显然

[①] 缔造帝国所需的宗主国军队的数量同帝国内部招募的兵员数量之间的关系，其本身取决于战场上存在的常规部队和叛军之间的数量关系。

[②] 参见 E. F. Wagemann, *Menschenzahl und Völkerschicksal, Lehre von den optimalen Dimensionen Gesellschaftlicher Gebilde*, Hambourg, 1948。

[③] 根据威廉·兰格（William Langer）的看法，土豆作物的引进是 17 世纪欧洲和亚洲人口增长的主要原因。

完全取决于资源的弹性（根据时期的不同而不同）和已经达到的人口密度。如果我们假设技术手段恒定（孟德斯鸠在《论法的精神》中也隐晦地做了如此假设），资源的弹性，也就是人数，将取决于社会原因：公共秩序、财产分配、对外贸易结余、技艺或工业的重要性。在今天没有人会想要把技术手段设定为恒定不变。但反过来若把技术设定成总会改变，也会产生另一种理论危险。分析中所提到的人口是在已知技术条件都获得应用的情况下能够生存的可能人口数量，而不是由既定人口实际能够使用的技术所决定的可能人口数量。

抽象来看，经济－人口潜力同军事潜力一样，都取决于三个变量：空间、技术及集体行为能力（生产中的或战斗中的）。传统上，对这方面的分析一般在于确定人均产出曲线的反转拐点。无论在怎样的技术水平下，为了开发领土、从劳动分工中获益以及从合作产生的生产力给个人生产力所带来的附加产值中获得收益，一定的人口规模都是必要的。在**收益递减法则**开始作用的那刻，也就是说，**当额外增加的劳动者的收益变得低于生产力平均水平的时候，福利达到最优点**。人们很容易就会设想，根据社会组织和技术手段的不同，存在多个福利最优点。技术的进步和经济的发展被这样一个事实精确定义：它们移动了平均收益曲线（总产量同劳动者数量之间的关系）的拐点。234如果我们同意权力是以国家可用于达成对外目标的物质和人力资源来衡量的话，福利的最优点就不同于**权力的最优点**。过了福利最优点后，**额外增加的工人的产出虽然比平均水平少，但还是比保障劳动者生存所需的最小生产值多**。国家还能够取走这个额外增加的劳动者产出的一部分。虽然平均收益在递减，但国家资源却在继续增加。

这些从阿尔弗雷德·索维①那里借鉴而来的理论概念可以帮助我们理解在大多数学者笔下都可以找到的这样一种思想：在既定的技术和社会组织条件下，政治-军事权力的大小之所以成为问题，常常是因为人们希望达到的人口规模比只考虑福利时需要达到的人口规模大。"支配者"期望拥有尽可能多的臣民，因为臣民数量不仅仅要满足招募士兵的需要，而且还要能提供足够的赋税以便让"支配者"维持国家和军队。

在我们的时代，经济增长的绝对数字，即国民生产统计数值——总产值或净产值——同时包含人口增长的结果和每个人生产收益的结果。快速增长的人口可以使国民生产在每个劳动者生产力增长速度低于国民生产增长速度的情况下高速增长。相反，增长停滞的人口则需要在平均收益增加的情况下才能使经济增长，而平均收益的增加要么通过同样工作中劳动者生产率的提高，要么通过劳动者从低生产力的行业向高生产力的行业流动。法国的经验至少证实了如下关系：人口数量的弱增长减缓了（有时？经常？一直？）收益的增长。然而，在工业时代，军事力量对劳动收益的依赖与对人口数量的依赖是相当的（收益越高，超出生存必需的资源剩余就越多，国家可以从中抽取的部分也就越多）。在这种假设中，人口衰退会以两种形式导致政治-军事权力的减弱：人力潜力和经济潜力的降低或至少是极小增长。

毫无疑问，法国国民生产总值在 1850～1913 年比德国增长得少。在法国，如果我们从科林·克拉克（Colin Clark）②的数

① *Théorie générale de la population*, vol. 2, Paris, 1952 et 1954.
② *Conditions of Economic Progress*, 2ᵉ édit., Londres, 1951.

据来看，国民生产总值在这两个年份之间从 166 亿法郎增长到 360 亿法郎。在德国，则是从 106 亿马克增长到 500 亿马克。在法国，国民生产翻了一番多一点，在德国，则是以前的五倍。如果我们剔除人口数量的影响而以人均的实际产值来看的话，法国和德国之间的增长差距要比刚才的算法得出的结果小些。在法国，人均产值从 1850 年到 1859 年的 426 增长到 1911 年的 627（均采用国际单位），在德国从 406 增长到 930。

理论上，低出生率会形成一定的对增长有利的环境。只有两个孩子的家庭有着更多的储蓄机会。共同体在教育年轻一代身上需要进行的投入也就更少，从而可以在每个已经有工作的劳动者身上投入更多。不过，在法国的情况中，其他原因更重要。增长并不只由特定的经济原因所决定，或者至少可以说，经济原因（储蓄规模、刺激投资的程度等）本身又受到经济主体（企业、国家）所采取的态度的支配。停滞的人口鼓励了对经济增长不利的态度，这不难理解。

这就是 19 世纪和 20 世纪上半叶法国的情况，统计数据让我们对此无法质疑。不过，要将人口停滞对法国国家资产阶级的保守态度所产生的特殊作用孤立出来去谈，却又并非易事。不论是法国社会的法律还是意识形态都不以增长为目标。如果说人口停滞使保守主义成了可能，这点没有疑问。但要说人口停滞**允许**让保守主义形成，这就值得商榷。在缺乏人口增长的情况下，国家必定要献身于经济低增长率或零增长率，这点还没有被证实。

比起不久以前，当今的人们对经济发展现象了解更多。计划政体下的权威当局有决定投资的手段，而投资本身部分决定了经济发展的速度。即使在西方那种类型的政体中，虽然经济

235

发展速度是市场机制或经济主体自发行为的结果，国家还是有进行干涉的手段，可以对经济发展速度的高低进行修正（一般更多是往上调）。

在人口停滞、对经济现象认识不足的法国，在 20 世纪，经济发展相对较快的时期首先是 1900 ~ 1910 年，之后是 1920 ~ 1929 年。1930 ~ 1939 年的经济萧条可以归因于当时的形势。当然，日本和德国的发展"奇迹"并非与法国经验得出的结论相悖。战败后，有 700 万左右的人回到了日本诸岛，超过 1000 万人回到了联邦德国，这就形成了一种与高出生率等价的人口压力。然而却没有人敢断言，经济发展的速度在人口停止增长的情况下就一定会放慢。人口数量曲线和平均收益曲线并非彼此独立，但是，它们也并非由人口增长同收益增长之间的直接且无条件的因果关系相连。

法国人从 19 世纪中叶开始体验到的忧虑是否正在传递给其他西方国家？法国在不久以前还比它在古老欧陆上的对手发展得慢。被作为一个整体来看的西方国家在这场数量竞赛中是否正在被赶超？在回答最后一个问题之前，我想先讨论一下所谓的战争人口理论：不同社会之间为了消除过剩人口而互相战斗，且这种消除对它们而言是不可或缺的。

236　四　人口过剩和战争

一个显而易见且毋庸置疑的事实是：战争就是杀人，或者用更中性的表达来说即是，战争的恒定结果是人的死亡。狩猎者杀死动物，战士杀死自己的同类。通过从**恒定效应**（l'effet constant）到**功能**的过渡，我们得到了将要对其考察的这个理论的最初表述。既然所有战争都会减少人的数量，我们可不可以认为，减少人口数量是战争这一独特现象——它既是社会的又反社会的——的社会功能？由此，我们也可以将这个理论表述为：如果战争杀人，那是因为有太多活着的人。所有社会都进行战争：如果历史中除了人口过剩以外再没有任何其他条件同战争具有相同的规律性，我们难道不可以由此得出结论，战争现象的普遍原因不就是这种人口过剩吗？[1]

从**恒定效应**到**功能**的这种理论过渡，在我看来，基于方法论的种种原因，它要么很成问题，要么没有意义。可以肯定的是，由一个恒定结果而指出既定现象的目的，属于一种目的论的诠释模式，是一种相当粗糙的解释类型。战争的共同特征并不一定都以武装冲突为实质来表现。人的死亡也可以是由伴随战争的其他效应或功能所造成的不可避免的结果，比如在巩固既有共同体或建立新共同体时。

生命数量的减少并非政治单元之间武装冲突的唯一结果。这些冲突在各方面都会对政治单元产生影响：要么它们巩固了内在凝聚力，强化了本国与他国关系的分离性质，要么它们催生出一个吸收了各交战方的新的政治单元。如果我们静态地观察国家和它们之间的战争的话，我们会倾向于把战争看成社会联系的一种断裂，是一个体现了索罗金（P. A. Sorokin）所说的"社会失范"的样本。如果我们把战争重新放入历史进程中，就不可能看不到运动推动力的存在，更确切地说，我们看到主权地带在逐步扩大，也就是和平地带在扩大。

最后还要加上的是，战争并不总是腥风血雨，它们在任何

---

[1]　在法国，加斯东·布图尔（Gaston Bouthoul）是所谓的战争人口理论最坚定的支持者，建议读者阅读他的主要著作：*Les guerres. Éléments de polémologie*, Paris, 1951。

形势下都远远没有高效率地达成它们被分配的功能，瘟疫在抹去生命时更为迅捷。即便是在 1914～1918 年大战刚刚结束后的欧洲，被西班牙禽流感夺去的生命数量相当于那四年中死在机关枪下的总人数。支配了战争的那些惯例或规章法则常常是以减少损失为目的的，也就是为了降低道德主义者眼中的成本，这在那些认为战争的功能在于给"人口松绑"的社会学家眼中已属于降低了战争的效率。

让我们不再以功能来看战争，而是以原因来看。首先还是需要进行相同的推理：人口过剩（无论这种过剩是以怎样的方式在演变）并不是唯一一个被我们观察到的同战争一样有规律的现象。互相区别的政治单元对人类进行划分的现象也同样存在，而且当战争爆发时这一现象尤为突出。推理如下：战争的最终原因是先于它的或是总是伴随着它的那个现象。在我看来，这个推理无效，因为它事实上意味着，所有的交战行为都属于同一类型。然而，一旦我们假设这个推理是有效的，它就不符合所谓的人口学理论。实际上，至少还存在另一个同人口过剩一样有规律地贯穿文明的历史的社会现象：共同体的多元化。以军事主权为形式的政治单元正是社会存在的多样性的体现，我们也差不多可以说，它体现了人性的多样性。

超越这些概括性表述，我们可以如何证实或驳斥那种认为人口过剩是嗜战的原因，自主的共同体因而具有互相攻伐的癖好这样的论点呢？已考察过的原因并非在我们需要解释的现象出现时唯一有规律的存在，既然"在场法"无法给出我们期望得到的证据，那么，我们就可以考虑用"缺席法"。一旦过剩人口被消除，共同体是不是就不会再尚武好斗？不幸的是，对所有人类而言，这仅仅是一种思想试验，因为正是我们评述的理论告诉我们，人口过剩具有持久性。

历史实现了部分试验：一个尚武好斗的国家会不会在消除了人口压力后就变得热爱和平？大革命时期和法兰西第一帝国时期的帝国主义法国是不是随着 19 世纪出生率的下降而变得热爱和平？浪漫的德国人是不是随着德国人口总数和年轻人数量的增加而逐渐变得具有帝国主义倾向？先来看法国，它照理说应该因为出生率下降而在 19 世纪 "皈依" 和平主义，但事实却是，它在 19 世纪并没有比从前更少投入战争。尤其是，在 20 世纪它还投入更多的战争中。虽然德国代替法国扮演了体系 "扰乱者" 的角色，这点是毋庸置疑的，但它除了能说明一个再明显不过的事实外，别无他用：在任何时代，被视为其他国家自由之威胁的国家都是力量发展最为迅速的国家。1850 年，法国不再是欧洲体系的 "扰乱者"，这就如同波恩的联邦德国在 1950 年已经不再是全球体系的 "扰乱者" 一样。那么，人们的情感是不是会随着外交角色的变化而自动变化呢？这点很让人怀疑。尚武好战的沙文主义在 19 世纪的法国依旧频繁发作。退回到岛屿中的 1945 年后的日本，虽然人口密度比 1938 年还要高，但还是爱好和平的，甚至对二十年前它在帝国主义时期的军国主义也持反对态度。

为了超越这种在不明确且似是而非的主张——致人死亡的战争必然同人口现象有关联——与明确却无法证实的主张之间的来回摆动，首先必须要做的是更加严格地定义我们认为与战争有因果关系的那个现象：人口过剩或人口压力。很显然，人口数量并不适宜用来衡量人口压力。在 18 世纪，法国应该有着 4000 万过剩人口，而今天的它却人口不足。两个世纪前，4500 万这个数字应该是超出了福利最优点和权力最优点的需要，而

238   今天它却必定低于权力最优点对应的人口需求，根据不同情况，
它在今天也很可能低于福利最优点所对应的人口需求。

一个既定空间内的人口过剩可以根据资源来定义，而资源
本身又取决于技术手段。不过，如果通过人口数量来估算人口
压力是荒谬的，那么，以在运用所有科学和工业提供的手段所
获得的条件下能够生存的人口数量为参考来估算人口压力，这
种做法也同样不合理。用第二种方法计算，我们就会得出索维
（Alfred Sauvy）的结论，他认为只有荷兰人才真正经历了绝对
的人口过剩①：人口数量让荷兰即使在运用了最先进生产方式
的情况下还是遭遇了人均收入的下降。对此，还需要加上"人
均收入相对于福利最优点降低"，也就是说，其相对于在更少
人口情况下每个人可以享有的收入降低。这种相对于理论最优
点的降低完全不会导致实际收入的减少，相反，在荷兰的情况
中，整体经济发展依然在继续，人口的人均产出在增加。是这
位统计学家在断言：如果收益递减法则不发生作用，如果用于
从海洋手中夺得额外耕地的必要投资随着人口增长而增加，这
种生产会以比现在更快的速度增长。

换句话说，为了明确定义人口过剩的概念，我们必须同时
以空间、生产手段和社会组织为参考。当地质学家或生物学家
告诉我们今天有 80 亿人或 100 亿人可以在运用已获取知识的情
况下于地球提供的舒适环境中生活时，他们让我们得知的是科
学方面的东西，却没有告诉我们多少社会方面的东西。日本式
种植方法的传播，让世界茶叶或稻米的收成达到了可观的规模，
它因为留给人口增长更多余地而本身就值得关注，但它却让我

---

①   而且，索维还认为荷兰的人均收入继续保持了比人口增长停滞的国家更快
的增长速度（*Population*, juillet 1960）。

们完全无视了人口过剩是社会现象以及它对战争的频率或强度
有一种或然影响。

　　那么，我们是不是不应该用静态术语而应该改用动态术语
来定义人口过剩，从而认为只要人口数量曲线比资源曲线上升
得更快，就表明存在人口过剩？① 这样的定义要在每个社会都
同质的前提下，也就是在所有社会都属于同一类型的前提下，
才能令人满意。在过去，收入分配有时候意味着随着人口数量
的增加，大众的贫苦会增加（工资减少），而特权阶级的财富
也会增加。这种情况下，我们是不是还该谈人口过剩？在我看
来，如果人口增加的特征就是"大多数人的贫困化"（即因为
人口越来越多而产生的人民的贫困化），那它就涉及人口过剩
问题。不过，根据前面这种定义，人口数量曲线与资源曲线之
间的比较却无法再让我们断言是否存在人口过剩。而且，人口
数量的快速增长、青年男子的数量累积，这被加斯东·布图尔
视作迅猛形势之特征的 19 世纪欧洲的典型现象，也不能以通过
比较人口数量曲线和资源曲线而得出的人口过剩来定义。正如
我们提到过的一样，虽然有数百万人外移，欧洲人口在 19 世纪
还是比在其他所有时期都增长得更快。继续在古老欧陆土地上
生活的人口，在人口数量曲线一直未比资源曲线上升得更快的
情况下得到了客观的增长。德国的人均收入直到 1914 年都一直
在增长，因此，从严格意义上讲，当时并不存在人口过剩。那
么德国人仅仅是因为具有生物性活力（vitalité biologique）而尚
武好战吗？

　　我自己思考出了另一种定义：我们是否能够说，一旦人口中

239

　　① G. Bouthoul, *op. cit.*, p. 323.

由于受到限制或种种社会原因而变得游手好闲的人数达到了一定的比例，这些人对军事行业而言又为可用之材，而且可能发生在他们身上的死亡也不会引起生产水平的下降，这样，就存在人口过剩？我应该条件反射地总结说，被如此定义的现象——我以后将称之为"劳动力过剩"（surplus d'hommes）的现象——是如此频繁地发生着，以至于我们实难对数量和好战性之间的关系进行整体研究。古代社会几乎一直存在这种"劳动力过剩"。这个概念本身是相对于一个将工作视为第一要务、将战争视为奢侈活动的社会而言的，希腊城邦的公民的情况却正相反。虽然工作对于保障生存是一种必需这个显而易见的事实没有被城邦公民忽略，但政治和战争才是公民真正献身的事业。而在欧洲社会中，不仅没有奴隶制，而且只有贵族才有履行需要冒生命危险的参战义务，其社会组织比技术停滞所导致的局部劳动力过剩更具刚性。对军队而言，无论是以使命为由动员闲散人员（贵族）还是以奴役的方式动员游手好闲之徒（失业人员或游民），都是一样寻常的做法。唯一的区别不过是，前者的死亡被视为荣耀——国家给予殊荣，而后者则命如草芥。民主时代和劳作文明从原则上对这两种类型的无所事事都予以拒绝。

劳动力过剩并没有随着现代社会的到来而消失。常常在欠发达国家成为问题的农业人口过剩也属同一范畴中的现象：只要闲散的双手没有被动员起来（这是 1949 年后的中国在试图解决的问题），那么世界上大部分农村就都存在劳动力过剩的问题，因为即使突然消除掉一部分农业人口，农作物产量也不会随之降低。即便是在走上了现代化道路的 19 世纪的法国，历史学家也观察到，由于工业化速度缓慢和社会架构具有刚性，存在大量的闲散劳动力。不过，用闲散人口压力去解释法国在西

班牙、阿尔及利亚、意大利或墨西哥的战争，是可笑的。如果
以此来解释执政者的好战倾向及公众舆论在接受这些战争时的
漠然，也是不对的。

　　既相互联系又截然不同的三个人口现象可以同好战倾向相
关联，即**劳动力过剩**、**人口过剩（整体的或局部的）**①、**生物性**　240
活力。这三个现象中没有哪一个可以作为战争或"好战性"的
普遍原因或独断原因（何况因果关系假设了其他方面的情况都
不变；而在此情形下，其他方面的情况是不可能不变的）。不
过其中的每一个都同好战现象有一定关系，即便这些关系很难
被明确。劳动力过剩从最一般的意义上来说，是所有技术发展
几近停滞、组织有所固化的人类社会中都会出现的现象。所谓
的历史阶段则具有两个可以谈得上是负面的特征：人口数量的
均衡无法像在早期的小型封闭共同体中那样靠几近自然的机制
来维持②；创新能力、革新能力和技术或社会的适应能力更加
薄弱（并非指其本身，而是相对于所遇到的困难和问题而言）。
就生产而言，无用的人口几乎不可避免地一直存在。既然征服、
剥削战败者和掠夺又同时构成了财富的来源，那么，把闲散之
人转化成如果获胜就可以带回战利品的战士，便是完全理性的
做法。即使这些共同体以经济为念，但把战士的地位放在劳动
者之上也没什么错。因为前者不但保护了后者的生命，而且常
常比他们**生产**得更多。而到了 19 世纪，价值等级却完全变了模
样：战争（尤其是拿破仑三世在意大利或墨西哥开展的战争）

----

①　数量曲线和资源曲线之间有差距的现象只存在于部分人口而非全部人口
　　中，我将这一情况称为局部人口过剩。

②　此处，均衡事实上并非持续得到了维系。一些共同体萎缩，另一些则扩
　　张。存在没有文字的社会，却不存在没有变化的社会。不过这些社会**就其**
　　本身而言并不是历史性的。

的经济收益不再能够与劳动收益相提并论。只有军官阶层还部分保留了古老的英雄威望。我想表达的不是战争会在劳动力过剩被消除的情况下自动停止，也不是闲散人员的数量决定了战争的频率或密度，我只是想说，作为一个伴随好战行为的现象，"劳动力过剩"有助于将好战行为变得更好理解。大部分社会都存在从经济层面来说没有被雇用的人员，而他们一旦被武装起来，就可以**生产**出荣耀或掠夺物。

整体或局部的人口过剩，相当于上一个现象的加剧。在某些情况下，农村的失业人口数量变得比之前的一般情况还要多。穷人、失业流民、没有被整合进社会的人倍增。即使在劳动者收益依然不变或继续增长的情况下，工作职位上的竞争也会导致工资水平下降。但不论实际经验还是抽象分析都没有表明这种形势必然会导致战争，或者说，它们没有表明战争才是这种形势的最经常表现。疾病同机关枪一样，都对消除没有被整合到社会中的人口很有效。劳动力的充沛带来的更多是对非特权阶级的诉求力度的削弱。一些历史学家也的确在用人口数量的波动来解释中国历史中各朝代的交替更迭。即便只是在假设中，人口过剩也往往是内部动乱、造反暴动、农民起义、王朝更迭的起因，而非主权政治单元之间战争的根源。

就欧洲历史而言，人口学家观察到 5 世纪到 8 世纪之间存在某种程度的人口增长，而 14 世纪的人口因黑死病遭遇下降，15 世纪人口停滞，16 世纪中欧人口大幅增长，而 17 世纪的中欧人口又停止增长或增长速度下降，18 世纪的欧洲人口得到普遍增长，而 19 世纪的增长却纷杂不一。然而，黑死病之后的时期按理说本应该是最不好战的时期，十字军东征、三十年战争和 20 世纪的大战这三个战争时期也应该是位于人口增长阶段之前的时期。如果真的只有人口大幅减少才可能消解好战引起的暴力冲突，那么在这三个例子中，前面两个例子都没有提供让人信服的证据。衡量中世纪时期好战现象发生的强度十分困难，因为它随时期的不同而变化；而人口数量的增长同十字军战斗冲动的产生之间的关系又实在是晦暗不明。至于第三个例子，也就是关于 20 世纪欧洲的那个例子，它把我们引向了刚才提到的第三个概念，即**生物性活力**。

事实上，我们已经说过，无论是德国还是欧洲，在 1913 年时都没有遭受人口过剩之苦。**人民无空间**（Volk ohne Raum）的意识形态当时还没有盛行。德意志第三帝国的领导人知道德国的财富总量比人口数量增长得更快。如果人口增长真的是德国帝国主义以及那些让欧洲文明从中受损的战争的起因的话，那么，就不应该从人口毛数量或两个曲线的比较中去寻找根本事实，而是应该从共同体的无意识或它的阴影面中去寻找。

德国以及欧洲都完全不需要以损失千百万条生命为代价来换取更高的生活水平。没有任何国家的人口水平超过了福利最优点允许的人口数量。甚至也没有任何国家认为自己被人口重担所压制。德国同其他出生率高的国家一样，其年轻人在人口中的比重比出生率仅够进行代际替换的国家更大。战士储备也许滋养了"统治者"的野心，但它不会让统治者们因此对自己和自己的政权忧心。如果借用布图尔的表达并认为 20 世纪的欧洲战争具有"人口松绑"的功能，那么，激起了战斗狂热的数量上的人口压力既不是由于人口密度，也不是因为集体性贫困化，而是因为一种活力的过度洋溢，它类似于将身体中流淌着活力过度的血液的青少年引诱去斗殴或参加竞赛的那种旺盛精力。我们对决定共同体未来的法则了解得还不够精深，以至于还不能完全排除掉生育率和好战性格之间存在关联这种可能性。

242 不过我们可以肯定，这种关系并不总是存在，而一旦我们尝试去观察它，其他解释就会出现在脑海中。

作为一个用人口数量来解释战争的理论家，布图尔明确写道："人口过剩不一定会导致对外或对内战争。"① 他说，人口过剩使得那些会导致人口淘汰的制度的形成，而战争不过是这些制度中的一个。这种说法虽然显而易见，但没什么指导意义。它相当于这样一个主张：在既定空间内、既定资源下，只有一定数量的人类能够生存。既然这个数量总有被超过的趋势，社会机制便会清除掉多余的人口。

日本人就曾多次有意识地、系统地采取了阻止人口过剩形成的措施。除了这种罕有的实践外，瘟疫、饥荒和工作条件恶劣所导致的死亡率也有规律地淘汰着过剩人口。是不是应该把战争作为晚婚、杀婴或高死亡率以及有意识有组织地淘汰年轻人口等这些人口淘汰机制的补充或替代物？我不认为可以将"亚洲解决办法"（因工作条件而引起的高死亡率）同欧洲解决办法（由周期性战争来释放人口压力）互相对立起来比较。直到19世纪，"欧洲解决办法"一直在本质上同亚洲解决办法别无二致：都是以年轻人口和病患的高死亡率来从根本上达成淘汰无用人口的功能。在19世纪的欧洲，当人口过剩时，这种功能不再得以发挥。但是，人口增长并不会导致绝对过剩（相对于生存需要而言），甚至连相对过剩也不会（相对于福利最优点而言）。如果它的确又同经济理性和需求本身背道而驰，从而带来了帝国主义德国和好战的欧洲国家，我们可以总结出的

---

① G. Bouthoul, *op. cit.*, pp. 323 – 324.

不过是，出生率、年轻人口的累积以及某些难以确定的特殊形势驱使领导人和大众舆论向好战的冒险之途迈进。但是，如果"迅猛形势"确实激发了帝国主义，那么数世纪以来的经验却在提醒我们，无论君主还是人民都不需要借助这种刺激去滋养野心和让自己相信自己的使命在于统治。

五 从石油时代到原子时代和电子时代

自 1945 年以来的历史时期，人口数量的作用，无论是同 1945 年以前的几十年，还是同欧洲扩张的数个世纪相比，都有着深刻的不同。

在现代，欧洲人在独特形势的帮助下受益匪浅。北美空旷的空间向他们打开。1840～1960 年，5600 万欧洲人离开了欧洲大陆，其中的 3700 万人去了美国。同时，得益于生产手段和战争手段上的优势，欧洲人向非洲和亚洲强加了支配权，他们既富裕又强大，简直就像是在表明，所谓的福利与荣耀无法兼顾、必须两者择一的情况已经过时。

在向空旷空间迁移人口、扩展主权区域之后，接踵而至的是 1945 年后欧洲人在亚洲和非洲所缔造帝国的解体。"作为少数的欧洲人"离开了变得独立自主的国家，向本土回流。轮到非欧洲人为自己装备机器，而曾几何时，正是这些机器让欧洲这个瓦莱里笔下的亚洲小海角统治了世界。因为所谓的欠发达国家的人口平均出生率高于经济最发达的国家，担心会被数量压倒的恐惧就很容易在西欧甚或整个欧洲传播，而这种恐惧从 1850 年开始便已经在法国人心中激起愁云惨雾。

首先让我们回顾一下：1700 年欧洲人口（1.18 亿）大约占世界总人口（5.6 亿）的五分之一；1900 年，欧洲人口（4

243

亿）占世界总人口（16.08 亿）的四分之一；第二次世界大战前夕，欧洲人口依然占差不多四分之一。假设这个比例从四分之一滑落到五分之一，不过也就是向将近三个世纪前的那个人口比例回归罢了。

不过，计算欧洲人和非欧洲人之间的比例没有什么大意义，因为欧洲人已经被分割成两个敌对的阵营：一方的欧洲人感觉（或他们依如此的感觉去行动）自己同反对白人支配的有色人种的起义之间更加具有团结性，而另一方欧洲人则在军事上和精神上都同美国站在一起。然而，将铁幕两边的人口增长率做比较也无法让由数量困扰产生的那种失败主义变得有道理。如今的美国人口很有可能同苏联人口增长得一样快（近几年美国的人口年增长率都在 1.5% 左右）。西欧的人口增长率低于铁幕那边的东欧部分。不过，尤为人口稀少所威胁的法国和英国的出生率的重新升高，以及正在工业化的东欧国家的出生率的下降趋势，都不可能让这种不平衡令人如此不安。

那么，在认为美国的人口增长率具有工业化国家的特征而假设拉美国家的增长率代表了发展中国家的特征的情况下，我们是否可以将美国同拉美的人口增长率进行比较呢？毫无疑问，后面这些国家的人口增长速度更快。1940～1950 年，巴西人口的年增长率为 2.7%，墨西哥为 3.1%。从今往后三十年，假设出生率以中等速度增长，拉美人口也会翻一番。它很可能在 20 世纪末超过讲英语的美洲人口，不过，这种人口比例的变化不会直接给人口增长更慢但致富速度更快的那些民族带来危险。

在我们的时代，那些人均收入相对低、农民对现代种植方法不了解以及工业劳动力比例相对低的民族，其人口都有"增长和翻番"的趋势。对此我们可以这样解释：大致上，那是因为在传统的出生率水平得到维持的基础上,死亡率却因为卫生条件的改善(这种改善不再意味着资源的大量增加)而降低。 244人口数量的迅速增长更多是削弱了这些新国家,而非巩固它们、让它们更加强大:不但从经济上,而且从政治上都对它们有所削弱。

被布图尔认作战争刺激因素的庞大的年轻人数量,为那些满怀热情想将殖民者驱逐出去的民族主义者的事业提供了帮助。胡志明在印度支那战争开始前,也许会对法国的交谈者这样说:"你们的确以一当十,我们每杀死一个法国人,你们就杀死十个越南人。但是,从长远来看,我们将获得胜利。"一半的小于 20 岁的阿尔及利亚人和所有的阿尔及利亚年轻人都是民族主义者。不过,一旦获得独立,形势便会发生逆转,那些在对抗殖民者的斗争中拥有尖兵利器的人却在对抗贫困的斗争中成了羸弱的源头。只要经济迅猛发展的累积过程还没有被触发,对于培养年轻人必不可少的投资就必须从用于提高成人劳动生产力的投资中扣除。国家出于外交和军事需要而抽取的资源要么会削减用于消费的国民收入部分,要么会削减用于投资的部分。只要政权不是完全冷酷无情,同军事开销竞争的就正是投资需求。如果印度的出生率只有当今水平的一半,它就会有更广阔的外交可能性。

这样的主张并不同法国经验带来的教训相悖。一旦经济现代化所要求的教育和行政基础设施得以创建,经验证实,维持相对高的出生率(不然也可以引进外国劳动力)将有利于生产力或人均收入的提升。依然是在最近这十年中(1950～1960年),劳动人口增加最快的国家中的劳动人口人均产出增长得也最快。在这十年中,日本的劳动力增长了 37％,其劳动人口年人均产出增长了 5.6%；联邦德国的劳动力增长了 28%，而其劳动人口年人均产出增长了 5.8%；荷兰劳动力增长了 15%，其年劳动人口人均产出增长了 4.4%；意大利劳动力增长了 14%，其年劳动人口人均产出增长了 4.4%。这两个数字在美国分别是 8% 和 2.6%，在挪威是 4% 和 1.9%，在英国是 4.5% 和 2.2%。**就西方国家已经达到的发展水平而言**，劳动力的拓展不但方便了交换而且维持了创新意愿和对未来的信念，目前，它看起来不仅有利于增加国民总收入（这点显而易见），而且还有利于提高人均生产率或整个生产力。然而，对于拉美国家或亚洲国家以及人口增长率达到了 2% 的国家而言，情况就不一样了。人口增长过于迅速也可能会对西方构成一种威胁，因为数量过于庞大的贫困大众和无业闲散人员的倍增可能导致革命和独裁政体。

因此，我们不应该低估人口规模和军事力量之间的关系以及军事力量同外交权力之间的关系。高出生率民族所拥有的权力，不论是防守型还是革命型，都已经变得难以抵制。游击队的确无法战胜正规军，但他们却让维持秩序变得代价高昂，而且还无法真正完全平定。一旦征服者的威望消失，被殖民者凭借数量也必然会战胜装备更加精良的殖民者，殖民者却相反会陷入一种自相矛盾的境地，他们不得不动员数万名士兵去对付几千人的游击队。900 万名穆斯林对垒 100 万欧洲人，2 万名正规编制的民族解放军战士对垒 40 万名法国士兵，阿尔及利亚民族主义者的人员伤亡率是法军的十倍到二十倍，而法国的军费却十倍甚至二十倍于阿尔及利亚：政府决策者如果认真思考了这意味着什么，那么对于结果也不会有什么好质疑了。

贫穷但多育的民族虽然在他们自己的领土上难以被征服，

但在外面却赢弱无力。因为随着武器杀伤效能的提高，生产决定性武器所需要的经济资源集中程度也会提高。欧洲君主制行政系统对于支付17世纪和18世纪军队动员的成本而言必不可少。在两次世界大战，尤其在第二次世界大战期间，只有那些被称为大国的国家才有能力向数百万军队提供譬如大炮、突击坦克以及飞机之类的含有科技成分的武器装备。在原子时代和电子时代，大国俱乐部的范围更加狭小：目前，只有那些被我们称为超级大国的国家才拥有热核武器兵工厂和最新式样的载具——弹道导弹和战略轰炸机。

数量的影响在我们的时代因为战斗模式的多样化也变得多种多样。以冲锋枪进行的常规战争中的和可能发生的大规模杀伤性武器的战争中的数量法则是完全不一样的。阿拉伯人摆脱了西方人的束缚，却无法再将他们的骑兵推进至普瓦捷。西方人没有随着他们主权空间的缩小而变得贫穷；恰恰相反，他们还致富得更快。力量关系不稳定的部分原因在于不同民族在其上相互竞争的地缘的多样性，还在于各民族获得权力工业工具的速度不一。

在古希腊世界中，大国以1万到2万人为基础建立：我们很容易就能解释为什么这些"大国"都没有持续很长时间，从一个世纪到下一个世纪，马基雅维利所谓的德行从雅典转到了底比斯，从马其顿转到了罗马。在20世纪，只需要数十年就可以建立起重工业。1960年，苏联的钢铁产量达到了德意志第三帝国强盛时期产量的两倍多。而中国只不过用了十五年，就让它的钢铁产量达到了2000万吨左右，也就是说达到了一个超过法国现有产量的水平。一些国家因为工业领先而具有的优势正在随着工业社会的普及而逐步减弱并趋于消失。力量关系取决

于人口的相对数量和机器的相对数量：机器的相对数量从近一
个世纪开始，比人口的相对数量变化得还要快。

246   我们是否可以设想，在工业化阶段过去后，即当所有民族
都达到了一个可以互相媲美的生产力水平后，力量关系便会完
全取决于人口数量？又或者说，可以刚好相反地认为，从今往
后，真正具有决定性的是机器的质量吗？百万辆突击坦克真的
能对付核弹吗？用十来个核弹能对付配备了专门针对轰炸机和
弹道导弹的坚不可摧的防御体系的国家吗？我们不要扮演预言
家，我们仅仅要指出，在强大（或者说大小）程度相当的对手
国之间，也许质量才是决定结局的因素。罗马军队的战术操作
能力为古代世界所做的事，在今天则可以由弹道导弹防御体系
为北半球达成。只不过，学者取代了战略家。

第九章　资源

　　空间和数量最经常逃脱行为体意识的掌控：金子、银子、奴隶、石油在各个世纪都被认为是国家间战争的利害关键。历史学家和哲学家习以为常于冲突中的共同体对贵金属或原材料的万分渴求：他们做得更多的是修正犬儒主义，而非揭露虚伪。他们说，人们还会受到对荣耀之渴求或对战胜之野心的驱使。正是在我们的时代，所谓的经济解释才开始伪称自己具有原创性。因为我们的文明将劳动摆到了首要地位，学者和意识形态家便很自然地想象，当他们以经济理由来解释外交历史进程时，就能从中发现深刻而神秘的力量。

　　我是有意识地选择了"**资源**"这个最不明确也最笼统的表达，而不愿使用"**经济**"这个表达。事实上，让"经济"一词保有它所具有的明确且有限的含义才是合适的做法。我所理解的资源是指共同体拥有的用来维持它们生计的所有物质资源的总和。当人处于奴隶状态时，也就是说当他的用途在于满足其他人的需要或欲望时，他也属于资源的一部分。资源概念涵盖了最广泛的领域，从地上到地下、从食物到手工产品。它以某种方式包含了与空间和数量这两个概念相关的现实。空间与数量之间的关系取决于资源，即取决于自然环境（或事物）和对其的使用能力，而这种能力本身又依赖于人所掌握的知识和集体行动的效率。

　　经济这一概念不适合作为资源整体中的一个可单独分离出

来的部分，但可以将其作为活动的一个方面，通过这种活动，事物转化成了物品。我们把人们对物体采取行动以便使用它们的这种活动称为劳动。这种活动包括技术方面和经济方面。技术方面在逻辑上可以概括为针对目标所采取的手段的组合。自新石器革命开始，群居生活的人们便懂得了土地耕作，引导生物学现象发生，从而让土地上的果实成熟，人口数量也得以增长。不过，有史以来，劳动就包含另一个方面，即对具有不同用途的稀缺手段的选择活动，尤其是对那些从根本上就稀缺的手段，即每个劳动者的时间和作为集体的劳动者的时间。虽然在最低层次上，也就是在个体劳动者这一层次上，对技术和经济进行区分并非不可能，但以共同体为考虑要更好些。众多欲望与这些欲望得以满足的可能性之间并不相称，这一点显而易见。同样清楚明白的还有，所有社会存在都必须在欲望之间做出选择。共同体在各种工作之间**选择**如何进行**可使用劳动分配**（distribution des travail disponible）以及阶级之间的**物质财富分配**（distribution des biens）。从劳动分工过渡到收入分配，其中还要经过的是**流通模式**（mode de circulation）。所有经济系统，也就是说用于满足需要的所有建制所构成的整体，都根据劳动分工制度、物品流通制度以及收入分配制度的不同而包含了三个方面的特征。

因此，如果要考问资源和对外政治之间的关系，似乎就必须对可能构成其原因的三种数据进行区分：自然条件提供的**天然资源**（les ressources brutes），让人可以开发这些资源的**知识和专业技术**（connaissance et savoir-faire），以及作用于生产和流通的、决定了经济制度的**组织模式**（mode d'organisation），也就是个人之间、劳动责任之间和集体努力所得的收入之间的分配方式。一个彻底的研究似乎应该为经济系统这些方面中的每一个都划分类型，而且还要把它们中的每一个在国家行为和国家命运中所起的作用一一厘清。然而，这样的研究方法有可能让我们陷入永无止境的探索中。因此，在我看来，最好还是——而且试验也可能证明这种简化是合理的——将我们的研究集中到三个问题上，正如我们在前面章节中所做的那样：**首先，将资源作为力量手段来考察；其次，将资源作为交战者的目标，作为对立的利害关键或战争的原因来考察；在最后总结中，我们将比较不同的现代经济制度对国家对外行为有怎样的影响。**

第一个主题让我们回想起这样一个经典问题：一方面是繁荣、财富和福利，另一方面是政治力量或军事力量，这两方面之间的关系如何？第二个主题让我们重新回到下面这些永恒问题上：人们为什么互相争斗？他们是为了金子还是荣耀在相互争斗？他们什么时候是为了财富，什么时候又是为求胜心左右？最后，第三个主题让我们面向未来：劳动和战争是否会永远作为互补活动而存在，又或者是否存在某种类型的劳动，或无法避免地，或可能地，又或正如人们所愿地能够消除战争？

一　四种学说

经济学家、历史学家和哲学家就刚才我们列出的这些问题讨论了许多个世纪。但是，他们没有将这些问题分开来讨论。对这些问题中一个的回答几乎必然会导致要对另一个问题进行回答。不同学者对劳动或交换所下的定义不同，他们将财富视为有害于民族之强大，或视为对之有利；将商业和战争视为本质上的一回事，或视为本来就是两码事；将冲突视为由交换引起的，或视为可以由交换来平息的。

我在此力图介绍四种学说，我将它们分别叫作：**重商主义**、**自由主义**、**民族经济**和**社会主义**（mercantilisme，libéralisme，économie nationale，socialisme）。在历史上，这四种学说都已经被以不同方式表达过了。而比起纯粹的这四种学说来，更常见的是以此拼凑而成的混合学说或同纯粹学说有细微出入的修正过的学说。我做下面这些总结的目的不在于确切重述刚刚列出的这四种学说中的每个思想家的观点，而是期望阐明这四座知识大厦的逻辑结构。

关于国家经济和政治之间的关系，重商主义学说以下面这个著名表述作为论述的起点和原则："金钱是战争之命脉。"我在众多引用之中选择了蒙克莱田（Montchrestien）在《政治经济学概论》（Traité de l'économie politique，1615）中的语句："第一个说金钱是战争之命脉的人完全没有说错，因为虽然金钱并非唯一的关键，虽然素质良好的战士也同它一样是绝对必需的，但数个世纪的经验告诉我们，金钱总是主要的。金子在很多时候都比铁更加强有力。"[1] 马基雅维利在他的一篇著名文章中则坚持金钱与战争具有与此相反的关系。[2]

如果贵金属是战争的命脉，那它们也同样是国家力量的衡量标准。因为在上面的分析中，力量的大小在被称为"力量考验"那天到来的时候会被揭露出来。追求权力的意志因此会合乎逻辑地在致力于积累尽可能多的金银的行为中体现出来。不

---

[1] 这个引用可以在蒙克莱田《政治经济学概论》一书的第 141～142 页找到，*Traité de l'économie politique*，Paris，Plon，1988. 此处引文同下面的引文又都出自 E. Silberner, *La Guerre dans la pensée économique du XVIe au XVIIIe siècles*, Paris，1939；以及同一作者的另一本书：*La Guerre de la Paix dans l'histoire des doctrines économiques*，Paris，1957，traite du XIXe siècle。

[2] Machiavel, Discours sur la première décade de Tite-Live，II，10.

过，要达到这个目的却存在着两种手段，一种是战争，另一种是商业贸易。每个国家都可以通过获得战利品或交换的方式储备贵金属。这是重商主义思想的第二大主张，不过这两种方式从性质上说并没有什么不同。归根结底，它们具有相同的本质。

让我们听听科尔贝（Colbert）[1] 的说法："只有大量的金钱才能让国家在强盛程度和权力上与众不同。"果真如此的话，储备金银所依赖的商业贸易，也就是国家权力所依赖的商业贸易，怎么可能不成为另一种形式的战争呢？"商业贸易在谁能获得最丰厚利益的问题上无止境地引起欧洲国家之间的和平与战争。"[2] 还有："商业贸易是所有国家之间在精神上和工业上虽平静温和却永无休止的战争。"[3] 在随后的那个世纪中，迪托（Charles Dutot）重拾了这种思想："为了谋得一个大型商业贸易的所有好处而制造和平，就是在同敌人进行战争。"[4]

一些英国学者也同欧洲大陆的学者遥相呼应。他们也一样反对将商业贸易霸权同政治霸权区分开："谁支配了海洋，谁就支配了世界商业贸易；谁支配了世界商业贸易，谁就支配了世界财富；而谁成了世界财富的支配者，谁就支配了世界本身。"[5] **商业贸易均衡**同**权力均衡**相类似，这便是这种思考方式的结论："权力均衡除了靠维持或继续商业贸易均势外，别无

---

[1]　Cité par Siberner, p. 261. Colbert, *Lettres, Instructions et Mémoires*, Paris, 1862, t. II, Ire partie, p. CCLXIX.

[2]　*Ibid.*, t. VI. p. 266.

[3]　*Ibid.*, t. VI. p. 269.

[4]　Cité par Siberner, p. 53. DUTOT, *Réflexion sur le commerce et les finances*, in *Economistes financiers du XVIIIe siècle*, Paris, Guillaumin, 1849, p. 1005.

[5]　Cité par Siberner, p. 106, note 57. Evelyn, *Navigation and commerce*, Londres, 1674, p. 15.

他法。"①

　　将商业贸易视作战争的相似物的观点衍生出了下面这个推论：因为贸易顺差对于积累贵金属而言是必需的，又因为不可能所有国家都获得贸易顺差，所以贸易不可能对所有国家而言都是有利可图的。买得多而卖得少的国家会损失金银，因此也会因为交换而破产，也可以说，它们**在交换之中损失**。获取贵金属的竞赛让对外贸易和国内贸易之间有了本质的不同，因为国内贸易不会改变金银储备的数量，而对外贸易则对其有决定作用。同时，在 18 世纪中叶，一位法国学者还明确表达了这种论点："一国真正的贸易本质上存在于同其他国家在商业交换上的竞争中。相反，仅仅发生在同一国家内部不同主体之间的交换更多不是一种实在的贸易，而只是一种让消费更加容易的便利性转移，它一点也不会让国家的财富增加，也不会让国家的优势扩大。"②

　　对贵金属的追求导致了商业贸易的扩张，并且让国家间的对外贸易具有了侵略性的特征，因为金银储备如同能够用于交换的总额一样，都是有限的。重商主义者是在一个有穷的世界、静止的天地中思考。在其中，交换对买卖双方并非同等有利。根据意大利学者波特若（Giovanni Botero）的表述："最常见的损人利己的手段就是商业"③；"我之所失就是人之所得。"④

　　尽可能少地依赖外国供应商，尽可能多地自己生产本国所

---

①　Cité par Siberner, p. 106, note 60, *The Golden Fleece*, 1937, p. 21.

②　Cité par Siberner, p. 109. Goyon de La Plombanie, *La France agricole et marchande*, Avignon, 1762, t. Ⅱ, p. 468.

③　Cité par Siberner, p. 108. G. Botero, *Raison et gouvernement d'État*, Paris, Guillaume-Chaudière, 1599, liv. Ⅷ, p. 262.

④　Siberner, p. 108, Montchrestien, *op. cit.*, p. Ⅲ.

需之物，在同外国手工业者的危险竞争中保护本民族手工业者，这些建议完全遵循了为得到贸易顺差而需要采取的措施。"能够自给自足的王国总是更加富有、强大和令人生畏。"①

在这个学说中，战争责任问题是丝毫不会被探讨的。冲突是合乎自然、无法避免的，因为不同国家的利益从根本上就是相悖的。"治理国家的人必须以国家荣耀之获得、国家财富之增长作为他们的主要目标。"② 如果法国人只能在压倒荷兰人的情况下才能让贸易得到增长，为什么他们还要对借助力量去实现这个合法野心而心存疑虑呢？重商主义者本身并不尚武好战。但说"大型商业贸易的好处"相当于针对敌人的战争，这就是在以某种方式承认商业是战争的替代品。不过，如果我们假定国家之间存在着根本敌对关系，那么也可以说战争是持久不断的，它要么以公开战斗的方式进行，要么以商业贸易这一伪装形式进行。对君主而言，选择这种或那种形式只是时机问题。

博丹（Jean Bodin）并非煽风点火之人，但他将对和平或战争的选择归纳成一种理性计算。君主即便强大有力，如果他明智雅量的话，就"从来不会在不受荣誉法则左右的必要性没有强迫他的情况下去要求战争或和平；永远不会在自己获胜时明显可得的利益小于敌人获胜时自己损失的利益的情况下投入战争"。③ 威廉·坦普尔爵士（Sir William Temple）下面这个表述，也许以它的坦白和中庸很好地表达了重商主义所能企及的和平主义："我认为人们不得不同意的一个准则是，明智的国

① Siberner, p. 110, Montchrestien, *op. cit.*, p. 131 – 132.
② Siberner, p. 26, Montchrestien, *op. cit.*, p. 11.
③ Siberner, p. 20, J. Bodin, *De la République*, Paris, 1576, liv. Ⅴ, p. 593.

家除了决定实施征服或出于自卫的必需外，永远不去从事战争。"①

自由主义同重商主义比，不仅仅是目标同重商主义不同，而且还可以被诠释出与重商主义完全不同的事实。重商主义断言，我之所得便是人之所失。自由主义（仍是指典型的自由主义）则说，在自由交换中，获利最少的人依然是在获利。对这一表述的论证有着细腻程度不同的多种诠释。不过，自由主义学说的论述重点同重商主义学说中的一样简单。

依自由主义的观点，商业贸易不是一种放弃自己的无用之物以便获得自己的欲望之物的手段，而是一种用来增加自己贵金属既定储备的一种看似和平的方法。一旦渴求贵金属的顽念消失，一旦生产力手段的发展驱散了认为国家间的物品分配或商业份额一直具有固定数值的幻象，交换的好战特征便会自动消失，而与此同时显露无遗的将是交换的和平特征。如果每个交换者都可以自主决定，即便以货币价值来看他们在交换中不会同等地赚取，他们中的任何一方也不可能"在交换中损失"。

随着对贵金属的一味追求的消失，认为对外贸易同国内贸易之间具有本质区别的观念也消失了。彻底的自由主义是以存在一个交换的普世共和国为假设的。无论省份是在国境内还是在国境外，这都无关紧要：买家仅仅在以他们自身拥有之物去交换的条件下才能获得这个省份生产的物品。理想情况下，如果把人类视作一个整体，那么只有商业贸易是国家无法用军事力量改变的。根据边沁的名言，就是："即便征服全世界，也

① Siberner, p. 65. Sir William Temple, trad. Franc. *Les œuvres mêlées de M. le chevalier Temple*, Utrecht, Schonben, 1693, p. 38.

无法让你的贸易增加半毛钱。"①

　　自由主义者由此而依循逻辑总结道：商业贸易从本质上与战争相悖。商业贸易带来和平，政治对立则点燃战争激情。18世纪时反对重商主义的主张就开始比支持重商主义的主张更加频繁出现。魁奈（Quesnay）不再同意对外贸易不但主宰着国家的强盛而且还从本质上具有侵略性这一说法。"买卖双方的财富共同支撑着国家间的相互贸易。"② 内穆尔的杜邦写道："关税是国家间的某种敌对。"③ 博多神父（l'abbé Baudeau）在1771年写下的表述可谓是对科尔贝一个世纪以前那些主张的极好注脚："利益之间的对立构成的是强取豪夺政治的实质。利益之间的统一构成的是经济政治的实质。"④

　　以 J. F. 梅隆（J. F. Melon）⑤ 的话来说，一旦假设了"在国家中，征服精神和商业精神互不相容"，自由主义者就必须解释战争的存在（重商主义认为国际冲突不存在问题，因为它们属于事物的自然秩序，而自由主义的观点则与此不同）。在我看来，对此大致有三种可能的解释。第一种解释在于确定商业和政治属于根本不同的两个范畴。国家之间之所以持久对抗，　253

---

① Cité par Siberner, p. 260, note 18. Bentham, *Principles of international law*, essay Ⅳ, p. 557, in *The works of J. Bentham*, Edimbourg, 1842, t. Ⅱ.

② Cité par Siberner, p. 196. Quesnay, article "Gains" de l'Encyclopédie in *Œuvres économiques et philosophiques* publié par Oncken, Francfort et Paris, 1888, p. 340.

③ Cité par Siberner, p. 204. Déclaration de Dupont au Conseil des Anciens (séance du 4 floréal an Ⅳ. *Moniteur universel* du 28 avril 1796, n° 219, p. 875).

④ Cité par Siberner, p. 207. Abbé Baudeau, *Première introduction à la philosophie économique*, in *Physionatles*, E. Dain, Paris, Guillaumin, 1846, t. Ⅱ, p. 472.

⑤ Cité par Silberner, p. 172. *Essai politique sur le commerce* in *Economistes financiers du XVIIIᵉ siècle*, E. Dain, Paris, Guillaumin, 1843, p. 733.

并不是因为它们有着截然相反的经济利益，而是因为君主或人民贪图荣耀或土地。第二种解释在于强调存在于国家或民族中的实际利益之间的差距以及执政者对此有所意识。或者也可以说，自由主义者对在交换的共和国之中应当存在的经济，同现实中被私有垄断所扭曲的经济做了区分。第三种解释在于以人口过剩为理由。马尔萨斯的思想先驱为数众多。那位认为商业精神和征服精神互不相容的学者便同意把人口过剩作为征服的一个合法理由。

第一种解释相当于缩减以经济解释政治的范围。认为世界如同一个交换的普世共和国，这并不合理。国家间的政治竞争是首要已知条件：这样一种经济方法的好坏不应该从被想象成统一整体的全人类的尺度上去判断，而应该根据国家间实际对抗发展出的这种方法所导致的后果来判断。（只须将这一主张同工业化这一相对新近的事实相结合，就可以得到民族经济学派的原则。）

更常见的还是第二种解释，也就是将冲突的原因解释为应该存在的经济同实际存在的经济之间的差异。其根本思想贯穿了 19 世纪所有文献，也产生了譬如霍布森（J. A. Hobson）和诺曼·安吉尔（Norman Angell）等人的著作。在魁奈笔下，它表现为商人和商业之间的区分，某些人的特殊利益与共同体的共同福祉之间的区分。"商人参与分享国家的财富，但国家却没有参与分享商人的财富……所有战争和所有对商业的相对储备都只能出于垄断这一个目的，虽然它可能是王国大宗贸易商的无意为之，但总是给那些没有将国家利益同国家中商人的利益分开的国家带来致命灾祸。这些国家不惜以战争来保障国家商业代理人所具有的那种实际上对国家自身而言不利的排他性特权。"①

极端地讲，边沁式自由主义肯定了战争总是成本高于收益，即使获胜，征服从本质上说也是一笔不划算的生意。承担在外国领土上的行政开销有何益处呢？如果这块领土保有自己的主权且对交换开放，那么，比起将它变为殖民地，宗主国最终还可以在没有支出的情况下享有这块领土上的收益。

20世纪发生的事件与其说是驳倒了自由主义学说中的这种乐观主义，不如说是刺激自由主义经济学家更好地意识到了资本主义国家的实际情况同自由经济理性类型下应有情况之间的差距。利奥尼尔·罗宾斯（L. Robbins）② 关于冲突的经济原因或熊彼特（Schumpeter）③ 关于帝国主义的论述都位于魁奈或亚当·斯密的理论谱系中，他们都是把战争责任归咎于垄断精神和重商主义思想残余的经济学家。只有托斯丹·范伯伦重拾了商业精神和战争精神相似的观点并将工业作为和平精神的一个来源，从而开创了一个新篇章。

历史和民族学派的经济学家都不赞同这两种极端论点。他们摒弃了认为商业是战争另一种形式的继续的重商主义者观点，但是他们也同样摒弃了自由主义者（边沁的）观点："所有的贸易在本质上都是有利可图的，即使对受益最少的一方也是如此。所有战争在本质上都是毁灭性的。"或者还可以说："在国家利益之间没有真正冲突的立锥之地；如果它们看起来令人反

254

① Cité par Siberner, p. 172. *Essai politique sur le commerce* in *Economiste financiers du XVIIIᵉ siècle*, E. Dain, Paris, Guillaumin, 1843, p. 461 et 489.

② L. Robbins, *The economic causes of war*, Londres, 1939.

③ J. Schumpter, *Imperialism and social classes*, Oxford, 1951.

感，那只是因为它们被人误解。"①

从定义上也可以说，历史学派将历史现实作为了论述的出
发点。然而，这种现实包含了空间的区隔和人类的分割。国家
间的对抗不能够被缩减为经济竞争。国家间之所以互相战斗并
非仅仅为了获取财富或促进商业。战争的正负收益表不应该以
人类整体为尺度，也不应该在物品或商品的范畴中被确立。通
过防止国家被入侵，军队有着与其所拯救财产数量相称的生产
性。军队获得胜利为国家和人民最终带来的不仅仅是战利品，
还有获取繁荣的机会和手段。

这样一种对经济（或商业）和战争（或征服）之间关系的
既中庸又理性的解释，很可能会被 19 世纪的大多数自由主义者
所接受，因为这符合他们自身的经验。如果我们把人类会在国
家对抗中分裂这一点作为优先及必然命运的话，军队即便花费
高昂也对国家而言是必不可少的。我们也可以像魁奈那样写道：
"国家决策者为注定参战的人们感到惋惜，就如同地主对那些
为了维持田地而必须用作建设沟渠的地感到惋惜一样。"② 田地
在沟渠被建设的那天的确会损失，然而即便就空间不被分隔更
符合最优化原则这点而言，建设沟渠就算是一种损失，但它在
现实世界中还是有利可图。同样，自由主义者如果以忽视了国
界和军队的那个和平的普世共和国作为模型来参考的话，便可
以毫无困难地辩护说所有战争都花费高昂，即便对战胜者而言
也是如此。但是，历史还是它原本的模样，很难否认的是，获
胜的战争有时候的确会给民族带来利益，增加其获得福祉的
机会。

① Cité par Silberner, p. 261. Bentham, *op. cit.*, p. 552 et 559.
② Cité par Silberner, p. 193. Quesnay, *op. cit.*, p. 219.

因此，主宰着这个通常被我称为民族学派而非历史学派思想的重要新观念，并非武装冲突的资产负债表，也非对军队的评价。民族学派的独特之处在于将重商主义者的一些论据在工业经济思考中进行了翻新。弗里德里希·李斯特（F. List）既没有否认个人福祉不成目的，也没有否认战争本身就是财富的毁坏者。然而，政治单元作为互相分离的存在也是事实。经济学家没有权利不去关心他们所属共同体的命运，或者不去以虽然说起来很理想但暂时无法实现的无国界的全人类视角来思考。然而，在当今，自由交换并非对所有国家的繁荣都同等有利。相反，它倾向于帮助甚或强化最先进民族，即那些已经拥有了工业的民族所具有的优势。如果最落后的民族不对手工业产品开放它们的国境，它们又如何能够在它们的工业事业中实现进步呢？自由交换迫使它们无止境地作为初级产品的提供者。在这个工业才是权力条件的世纪，取消关税壁垒的做法趋向于将目前农业国和工业国之间的分工永久化，因此也是在将与公正甚或和平背道而驰的力量以及生活水平之间的不平等永久化。

李斯特清晰地构想了我们在上面所提到的[①]和谐发展理论。这种发展仅在一个充分扩展的框架内才可能存在，因此我们也可以很轻松地过渡到对大空间概念的论述上。创立庞大政治经济单元是走向交换共和国的第一步。民族经济学派的学者不否认可以用暴力完成这一步。一个民族如果想要从根本上自给自足，首先就必须要保护好自己的新兴工业，并且持续保护自己的关键工业。此外，它有时候还需要适当扩张主权领土。

从长远来看，李斯特没有排除基于民族之间和民族经济之

① 参见第七章第三节。

间的均衡建立起来的和平。除了促成了大整体的形成外，自由交换还因为在平等交换者之间建立了关系而表现得硕果累累。普世和平不会导致自由交换，但自由交换却可能是和平化了的人类的最后结果，这种人类的和平化得益于暂时的保护主义，得益于将人类自然而然分割于其间的各个政治经济单元的强化。

在所有关于冲突和战争的学说思想中，或许社会主义学派是最难用几个命题进行归纳总结的。乌托邦社会主义者倾向于认为，国家间的和平会随着民族内部的和平而来。只要依旧遍地困苦，只要不公正尚未消除，个人之间的斗争和阶级之间的斗争就会继续存在。在我看来，乌托邦社会主义者并没有一个关于阶级斗争和国家对抗的独特且严密的理论。不过，他们或多或少还是清晰地假设了在一个公正秩序之中人与人及群体与群体之间的和解，这本身便能够带来国家之间的和解。

相反，受到马克思主义启发的社会主义则信奉着一些简单而明确的观念。它把战争看作资本主义制度的宿命。它借用了自由主义学派众多派别中的一个的思想，用经济利益之间的竞争来解释战争。还在此基础上进一步断言，随着社会主义的来临，武装冲突的原因和动机都将消失。简化一下，我们应该可以这样说，即根据马克思主义者的观点，重商主义忠实刻画了**资本主义制度下**商业贸易的好战性质，自由主义者则很好地描绘了**资本主义之后**的商业贸易所具有的和平性质。

资本主义制度下的经济是好战的，而它将在社会主义制度下变得和平。所有问题就集中在为什么知道会如此上面。自由主义经济学家谴责保护精神和垄断精神，谴责那些期望将国内市场据为己有、将国外市场加以征服的大企业或托拉斯行径。列宁重新采用了受自由主义启发的经济学家对导致帝国主义的原因

（私人利益、特权群体等）的指责。不过，他将这些谴责加以改换，宣称帝国主义的形成远远不能归咎于少数人，而是资本主义演化到一定阶段（所谓的垄断资本主义阶段）的表现。由于受到了霍布森和鲁道夫·希法亭（Rudolf Hilferding）[1] 的影响，他又宣称资本主义必然走向帝国主义，想让私有垄断者和平地分享地球是不可能的。列宁主义重新找回了商业贸易和战争之间在本质上的相似性。不过，重商主义的辩证逻辑比列宁主义的更清晰：对总量无法增加的贵金属的追求会导致对抗和冲突，这是合乎逻辑的。而对市场的追求、对初级原材料的追求或对超额利润的追求是否真的也会同样如此呢？

为什么社会主义制度下的经济是和平的？马克思主义者就此进行了断言，却没有论证。在他们看来，这个命题不证自明，因为他们已经把国家之间冲突的原因在于经济这一点作为显而易见的事实接受了，然而饶勒斯（Jaurès）那句不断被重复的话——"正如乌云孕育着暴风雨，资本主义本身孕育着战争"——也是无法构成其证据的。问题依然存在：资本主义的哪些方面——生产工具私有制、市长机制、国家企业或跨国企业中所有权或权力的集中化趋势——以偶然或必然的方式导致了国家间的战争？

这四个学派并非处处都相互对立。如果涉及的是政治冲突，某些自由主义者[2]同大多数重商主义者和民族学派的经济学家都认为，国家间的对抗是第一位的，而且战争也并不总是由商业利益之间的对立而引起。社会主义者同自由主义者一样，其

---

[1]　*Das Finanzhapital, eine Studie über die jüngste Entwicklung des Kapitalismus*（paru en 1909），Vienne，1920.

[2]　参见如 Lionel Robbins，*op. cit*。

学说的最终目标都是人的福祉。民族学派和重商主义者则都以服务于民族国家之强大为愿望。这些学派都把商业（或交换）视为经济生活之根本，并以此来自我定义并同其他学派各执一词。在重商主义者看来，**商业就是战争**。在自由主义者看来，257 商业只有在自由的前提下才**是和平的**。在民族经济学家看来，在所有国家都得到发展的情况下，商业**将变得和平**。在马克思主义者看来，资本主义制度下的商业就是战争，同社会主义一起它才**将变得和平**。

二 学说的历史解释

理论总能部分地为历史环境所解释。无论最高目标是国家的权力还是公民的福祉，只要力量的前提条件不同就足以让不同经济学家对各种活动所抱的判断合乎逻辑地发生变化。

在古代，在那个尚勇的时代，军事力量从根本上取决于人的数量、战士的体力和军队的组织。因此，有利于提高战士数量和质量的生活方式，也就是农民的生活方式，在数世纪间被和平的、尚武的各种美德所修饰。1940 年，陆军元帅贝当还在歌唱"不会说谎"的土地；他在守旧幕僚和古老信仰的激励下随时准备让法国回归农业生活方式以对德国进行复仇。苏利（Sully）公爵在 16 世纪末更有理由认为"强大的民族是农民的民族，因为工业让公民不再习惯于从事繁重劳累的活动，而他们需要这些活动的磨炼才能成为高素质的战士"。艺术和城市被看作堕落的原因。工业让民族虚弱，奢侈让人们萎靡。国家的繁荣昌盛靠的是简朴和节俭。

虽然直到 18 世纪中叶这些论点还见于哲学家的笔端，然而，随着现代的到来，它们已经不过是部分真理。战士使用的是弹药和大炮，他们需要的是教导和训练。"在勇气的时代"，正如富勒（J. F. C. Fuller）所说，罗马公民是借助于布匿战争才获得了战术技能：长期服役将他们塑造成了个中的行家里手。在 16 世纪和 17 世纪支配了陆上战场和海上战场的那些精英战士，也都不是出身于贵族或资产阶级的业余外行。不论是武器装备还是战斗训练，都取决于政治权威——城市、公国、国家，只有它们才拥有足够的财政资源来对军队或船员进行动员、装备和组织，以及购买或制造舰船和大炮。

16 世纪初，作为军事理论家的马基雅维利十分守旧：他不相信炮兵的有效性，也不了解"战争之命脉"的必要性。出于对古代文化和政治学说的爱慕，他期望以公民为军队，而且还继续将步兵视为战场的主宰者。在私掠和海盗获利甚丰的时期，在海外贸易对战舰和货轮同时提出要求的时候，重商主义者其实就已经与历史事实相离不远了，他们给予君主的建议也没有今天我们看来的那么心术不正。当时的政治单元在人数或制造潜力上的区别还没有它们在资源动员能力上的不平等那么巨大。258 军事力量首先且首要地取决于这种动员能力。像威尼斯这样以商业致富的城市也可以以支付雇佣兵、战士或水手报酬的方式成为一个军事强权。相反，幅员辽阔的王国也可能在国库空虚而无力负担国内军队或雇佣军的情况下丧失行动的可能性。马基雅维利的"谁有军队谁就能找到金钱"的主张只会在佛罗伦萨人很可能没有考虑到的那个意义下才可能成为真实情况：国家垄断了治安机构和权力，也就由此而具备了抽取相当一部分国家资源来满足自身所需的能力。军事力量依旧取决于潜力和动员能力。不过，由于动员能力看起来似乎从今以后属于所有的国家，那么潜力便处于最突出的位置，成了区别国家间力量的因素。

18 世纪末，对铁和金以及对步兵和炮兵各自有效性的讨论走到了尽头。无论人们赋予金银怎样的价值，一国的财富（我们现在所称的经济增长或扩大）似乎都不再取决于国家的金银存量。和平的环境、公共秩序的建立、商人和制造者的活动以及创新精神，这些才是国家一个比一个更快走向富裕的深层原因。海盗时代已经过去。和平盛行之时，也是商业真正变得和平之时，它从此以后不再被视作"伪装的战争"。英国学者则倾向于强调交换促进和平的本质，因为他们的祖国在交换中获得最大的好处。

同时，只要看看周围就能够观察到"善有善报"：各民族在致力于和平事业的同时，也保证了它们自身的安全，建立了它们的权力。亚当·斯密指出，军事力量的前提已经改变。在过去，粗野的民族同时也是强悍的民族，武器和工具都很简单，互相之间差别不大：使民族力量相互区别的因素在于身体的活力和尚武的热情。艺术和奢侈更多是让战士们萎靡不振，而非让他们致力于改善战斗工具。其大众形象（image d'Epina）就是罗马共和国，它因为农民 - 公民的节俭和美德而走上顶峰，又因为帝国城市的财富和堕落而加速走向了瓦解。汉尼拔的军队在卡普阿（Capoue）肆意享乐，埋下了日后失败的伏笔。不过从此往后，另一个大众形象代替了现代学者从古典文献中借用来的罗马形象。文明从此因艺术而战胜了野蛮。财富和权力携手并行，因为两者都以工业为基础。

正是这点招来了"民族经济学家"的纷纷反对。如果工业发展统领财富和权力，那么工业发展就成了优先目标。交换或者说自由交换充其量不过是手段。然而，这些经济学家却断言，没有达到同等发展水平的政治经济单元之间的自由交换会让工业落后的国家陷入发展停滞或更加落后。工业主义论点虽然被他们重新提及，但其目的还是海关保护与和谐增长。

19 世纪中叶的这些学派在 20 世纪中叶继续存在，只不过在这期间它们都发展出了更加精妙的形式：一方从原则上赞成交换自由，另一方则是将和谐增长与工业化摆在了所有必需的首位。在某种程度上，这种分歧关乎以下这个实际问题：对外贸易的自由主义政策对欠发达国家的工业化有着怎样的影响？没有任何一个经济学家能够用一个简单且绝对的命题来回答这样的问题。倾向于自由主义的经济学家不会否认保护措施的必要性，至少他们会对部分且暂时的保护措施表示赞同。倾向于保护主义的经济学家也会对某些交换的有用性予以承认。不过这两种倾向都继续存在着，要么以尽可能达到自给自足的大空间经济为定位，要么以尽可能创造密集的交换网络为手段，以便向全球的团结更进一步。

以创建自给自足的大空间经济为定位的想法通常出于政治－军事和经济这两方面的考量。国家的权力不但取决于资源和动员系数，同时也取决于对外国的依赖程度。工业或军队都可能因为一种原材料或特殊产品的匮乏而陷入瘫痪的境地。围绕生产力来考虑会带来尽可能深入的国际分工，围绕权力来考虑则会阻止放弃生产机制中的任何关键部分。"国家派的"推理在这个被对抗着的主权所分割的世界中很有说服力，而自由主义者的推理则假设了一个普世共和国，或者在为它的诞生创造条件。

同样，有关资源同国家军事力量或国家权力之间关系的理论也能很容易得到解释。所有理论，就其探讨的时代而言，都体现了部分事实。没有一种理论是完全正确的，因为所有这些理论都没有系统地将多种决定因素进行仔细考量。如果我们假设武器相似，那么数量、活力和对战斗的组织就决定了力量关系。如果我们忽略数量的影响，就剩下原始激情的持续时间和组织因素。**正是这种作为时代特征的区分因素被理论家牢牢抓住，并且美化成了唯一因素。**

不过，我们还需要留意到，每个时代都存在一些边缘的、例外的或脱离常规的因素。雅典的军事权力建立于矿藏、商贸、舰队和帝国之上。这种权力也因此而不稳定且持续时间不长，但它依然在一定时间内支配了城邦体系。同样，让罗马胆战心惊的迦太基应该会赞成重商主义者的主张：金钱是战争的命脉。但迦太基的公民们在第三次布匿战争失败前，却也还是同罗马士兵鏖战了多年。而让罗马惊惶不安的汉尼拔领导的却是一支由雇佣兵和盟国提供的外国士兵所组成的军队。

现在让我们跨越几个世纪：在我们的时代，没有人会声明战士的素质取决于节俭的生活方式。如果涉及的是领航飞机或驾驶突击坦克，那么培训水平会比朴实的社会风尚更重要。不过，在阿尔及利亚的山地中，古代学者的那些主张依然正确。卡比尔（kabyle）农民比起习惯于在电灯照耀下的城市中作战的法国年轻士兵而言，更加擅长于夜间作战、徒手搏击和伏击。法国军队靠着数量优势、组织和有技术含量的武器保持了对战地的支配。然而，质量优势在这种特殊类型的战争中，即使是在工业时代，也不会站在文明的一边。

这种认为贫穷民族比富裕民族更具有尚武优势的主张部分反映了一个更加普遍的事实。的确，正规军的战斗力取决于装备，而装备本身又取决于工业。如果不计动员能力的影响，也就是认为不同国家具有相等的动员能力的话，军事力量因此会同人力潜力和工业潜力相称。然而，不同国家的动员能力实际上从来就不相等。它被两个变量所左右：行政效率和大众对贫困的接受程度。可用于进行战争的资源的规模大小是以总产量同生存必需最低水平之间的差距来衡量的。节俭的习惯缩小了战场上的军队所需要的供给。这些习惯使降低平民的生活水平变得可能，因此而扩大了总产量和无法再缩减的最小平民消费量之间的差距。

最后，制度本身也多少能够说服或迫使人民接受生活质量的降低。和平时期和战争时期的共同资源分配部分是由政府模式决定的。现代福利和权力之间的取舍是工业时代对古代节俭和奢侈的取舍的新形式再现——节俭是德行之母，奢侈是腐化之源。现在需要知道的是，现代专制政权所强加的节俭是否从道德上和政治上都与古希腊或罗马学者们所赞扬的美德相似？

如果在以历史情势为参考的情况下，对有关资源和力量之间关系的理论进行解释还相对比较容易，那么对有关冲突的经济原因的理论进行解释就比较困难了。虽然第一类理论不是对现实的忠实体现，而是对现实进行了扭曲、简化、改装，但它通常还是抓住了现实根本且真实的**某一方面**。相反，冲突的经济解释则似乎在备受争议上一点也不输它们的时髦程度。

在技术发展静止或进步缓慢的几千年中，力量（武力）是同交换一样的有效率地进行物品分配的一种方法。比起从事生产所得的收益而言，征服者可以通过武器攫取的财富数量十分巨大。奴隶、贵金属、从异族人那里收取的贡品或赋税，所有这些都让胜利的收益显而易见、丰厚异常。然而，古典学者在一直没有忽略或否认帝国的经济生产力的情况下，却几乎异口同声地断言，帝国本身就是令人向往的。

相反，在现代，胜利的经济收益除了偶尔会很丰厚以外，它在大多数时间中相对于技术进步或组织进步每年提供给工业化民族的超额物品而言，都是很一般或微不足道的。然而也正是在我们的时代，权威学者却认为，只要托拉斯施加的压力和对金钱的渴望没有从外交和军事行动的幕后被揭露出来，帝国主义就会一直保持其神秘性。

其实，这种表面的互相矛盾是"对国家间冲突的经济解释"这一问题的最好导言。在有史以来的几千年中，在复合社会内部的特权阶级和大众之间，以及在不同的共同体之间都存在着极端的不平等。劳动产出水平的低下无法让所有人都能够享受到奢侈或娱乐。无论是土地、贵金属、奴隶还是城堡，一些人对其所有权的拥有就意味着另一些人的失去。所有权在本质上具有垄断性。经济抽象理论证明，在既有的物品分配方式下，自由交换机制是对所有人都最有利的机制。但它并没有证明，条件差的人就必须被动接受某一历史时期的分配方式。"无产"（have not）的人使用武力去夺取富有阶层所有之物，这一举动在当时是很容易被理解的。

自文明伊始就与所有社会相伴的贫困，共同体内部及共同体与共同体之间的财富分配不平等，比起劳动创造的财富而言武力可夺得的财富数量更为惊人：所有这些事实都持久构成了阶级之间或国家之间冲突的结构性条件，它们让征服战争在事后看起来是符合理性的。

这是否意味着历史上所有征服者的动机就是以上这些？没有一个历史学家会疯到或蠢到去做如此断言。对沙漠或草原的游牧者（比如阿拉伯人或蒙古人）而言，战斗是他们生活方式的自发体现，是他们的主要活动。他们为了自己而打仗，他们之所以去攻击定居民族，是因为战斗是他们的乐趣，帝国是他们的使命。波拿巴在当时以战士的贫困同呈现在他们面前的财富之间的反差为诱惑对意大利军队发出号令的做法，对于亚洲骑兵并非必要。

雅典或罗马的帝国主义将为经济解释提供更多帮助。我们已经指出，它们的强大同它们在政治和经济上的、在海军和商贸上的强大密不可分。作为一个拥有超过四万公民的城市，这个壮丽辉煌且节庆不断的雅典，如果离了商业网络和盟友的贡赋，是不可能存在的。一旦失败，它不但保不住财富，还会失去荣耀。然而，修昔底德并不认为——而且我们也倾向于赞同他的观点——雅典人对财富尤为贪恋。不断激励着雅典人的，其实是一种统治的骄傲，这种骄傲没有止境，还最终把他们拖入灾难之中。

罗马帝国主义，尤其是从共和国末期开始的以及其帝国时期的帝国主义，是由多个经济因素共同导致的。这座已经变得无比庞大的城市需要非洲的小麦。一旦离开了被征服者们所缴纳的贡品，罗马是不可能维系对平民阶层的无偿配给和公共游戏的。特权阶层的罗马人——罗马的贵族或骑士——通过去各个行省担任行省总督或税务官来聚敛财富。当时应该没人会想到，今天也应该没人会想到把边沁的这个计算用到罗马帝国的身上：殖民地会让宗主国花钱。不过，也没有人会把维吉尔（Virgile）对罗马人民的以下忠告仅仅视为一种贪财的伪装：**你不要忘记，你将统治万民**（tu regere populos memento）。如果帝国在经济上有利可图，它就无须为自己的存在辩护。

262

为什么在现代，人们越来越多地以经济的或唯灵论的术语来解释帝国，而越来越少像古希腊那样用完全的政治范畴去解释呢？在第一阶段，我们可以简单认为在 16 世纪到 18 世纪之间，帝国式征服**明显**有利可图。然而，就此断言激发探险家甚或商人的不过是对利润的追求和对金银的渴望，则失之荒谬。在美洲的西班牙征服者的心理状况不适合被粗糙地简化。也许，他们之所以要把宗教任务援引为理由，更多是为了平息巨额利润和对原住民的残酷对待所引起的他们在良心上的不安。既然贵金属的不断到来和对远方土地的占有在权力和财富上都满足了西班牙的胃口，为什么还要探究征服者行为中多种动机各自所占的份额呢？

虽然曾在印度和美洲殖民的法兰西帝国和大英帝国之间在许多方面互不相同，并且与西班牙帝国也不相同，但这些帝国都没有在动机问题上提出新的考虑。让英国人、法国人、西班牙人及荷兰人去到美洲并在如今的美国或加拿大土地上定居的原因有很多。一些人是因为接到了当局的命令，另一些人是为了保护基于他们意识需要的信仰权利，一些人是为了到海外寻找更宽广或更自由生活的机会，还有些人是为了获取远距离及充满冒险性的商业贸易所带来的利润。在几乎空旷无人的土地上建立一个新的法国或新的英国，就如同明确以金钱为最终目的的英属印度诸省或特许公司所带来的诱惑一样，自成其理。

巴黎和会时期人们所犯的判断上的错误被法国学者重提过很多次，这些判断上的错误源于这块或那块领土的现有重要性和潜在重要性之间的不对等。对法国而言，对法属圣多明戈（Saint-Domingue）的所有权在 1763 年比对法属加拿大的所有权更加珍贵，因为加拿大被广袤无垠的冰雪所覆盖，几乎颗粒无收，对宗主国而言，它能提供的仅仅是皮毛或某些稀有金属。可以提供给人口的空间，当时还没有被公认为无上财富。商业精神和冒险精神之间的、好奇和贪婪之间的、交换收益和征服战利品之间的、国家垄断和政治主权之间的联系是如此明显，让关于欧洲扩张的特有经济理论在 19 世纪前既没有原创价值且连玩世不恭都不算。当时的它应该看起来像是一种专断无用的模式论。

气氛在 19 世纪开始缓慢变化。哲学家和道德家对战争和征服的合法性提出了疑问，自由主义经济学家也就帝国及殖民地对宗主国的好处提出了质疑。帝国主义者发现他们处于双重守势。从今以后，他们不得不给迄今为止一直符合了人类惯常做法的帝国找到思想上和利益上存在的理由，并以此来驳斥那些将帝国揭露为不公正或认为帝国花费过于高昂的人。茹费里（Jules Ferry）在演讲中便使用法国（或白人）的开化任务及在商业和威望上的需要这些套话来解释为何需要让三色旗在全球飘扬。英国帝国主义的解释者同样借助这两种论据：约瑟夫·张伯伦的"帝国带来昌盛"说及鲁德亚德·吉卜林（Rudyard Kipling）的"白人的负担"。

与此同时，社会主义和人道主义理论家以及对西方的未来抱有理想主义态度的解释者，则投身于对阶级斗争、不平等以及对战争的诠释中。他们把武装冲突的账算到资本主义的头上。不过，帝国主义者同自由主义者一样，也确实为这些人提供了资本主义应该对此负责的证据。帝国主义者以殖民地能为宗主国带来财富为荣。自由主义者，这些至少对殖民活动抱有敌视态度且被现代经济的和平特征所说服的人，则因为特权群体所做的恶事而被指责。马克思主义者同时采用了这两方的论据来证明"帝国主义是资本主义的最高阶段"。

三 帝国主义和殖民化

就最简单、最普遍的定义而言，帝国主义是政治单元的战略－外交行为，这一政治单元缔造了帝国，即让外国人民臣服在自己的统治之下。罗马人、蒙古人和阿拉伯人都曾是我们所说的帝国的缔造者。

许多暧昧不明的情况同这一在历史上从未缺席的现象擦边。我们应不应该在征服者和被征服者的政治单元同属一种文化或有着同一民族性的情况下谈帝国主义？（作为德意志帝国的创造者，俾斯麦是帝国主义者吗？[①]）沙皇俄国或苏联执政者对维系一个涵盖了异质人口的国家性政治单元有所期冀，我们是否应该就此而谈帝国主义？我们是否可以说，德国的统一就其回应了德国人愿望这点来讲不算是帝国主义的，而俄罗斯帝国的维系因为得到了异族人民的同意也不算是帝国主义的？即便对诚实的观察者而言，想要分别衡量出民众感情在赞成或反对帝国的建立上和是否继续保持帝国上所具备的力量，也并非易事。为了让帝国主义的范围被清楚划定，民族边界在文化地图、语言地图和人民愿望地图上都必须清晰可见。

帝国主义也有另一个意义上讲的含糊不清。帝国主义是否会仅仅因为国家主权得到了正式的尊重而消失？被苏联军队解放且正处于共产党治下的东欧各国，如果把莫斯科揭露成帝国

[①] 这些问题并非修辞上的伪问题，但也不要求作答。每个人都可以自由使用自己的词汇。这里仅仅是对概念进行明确和对这一现象的多个方面加以阐明。

主义，是否就是错误的？所谓的大权力的合法影响范围同所谓的罪魁祸首的帝国主义之间的界限浮动不清。在异质体系内，所有的领导权力都不得不对次级国家的内政施加影响，至少也会做到防止与敌对阵营相勾结的党派上台。[①]

希腊城邦在公元前 8 世纪到前 7 世纪之间所实施的**殖民**同欧洲人从 16 世纪开始在美洲实施的殖民，代表了互不相同的现象。在科西拉建立殖民地的科林斯殖民者占据的是一个可用空间；来自英国的清教徒，在征服自然上所需要做出的努力比在征服印第安人上更多。从长期上看，殖民比帝国主义更影响各民族相对于权力中心的地位（除非帝国主义达到了对被征服者实施灭绝的程度）。印度不可能长久处于英王的主权治下，美国人却会继续讲英语。

欧洲各帝国，部分源于帝国主义，部分源于殖民化。在北美，殖民化多于帝国主义，而在亚洲和非洲则是帝国主义多过殖民化。西班牙帝国在南美的情况则处于两者之间。在这两种情况下，来自宗主国的人都会在被征服的土地上定居下来。极端情况下，这些定居下来的少数，仅由军人和实施帝国权威的行政人员构成。最常见的情况下，它还包括一些公民，比如那些享受着统治民族才有的特权且从中得利的地主或商人。当这些帝国的少数最终安顿下来且人数够多的时候，便轮到他们主动与母国断绝关系且建立一个独立的新国家了。不过，他们不会因此而失去权力和财富。他们在帝国时期获得的支配权会继续延伸到新国家内部：极端情况便是，一个国家，两个民族。但是，当来自宗主国的这些少数人数不够

---

① 异质外交体系中的帝国主义辩证逻辑并不排除干涉、影响及控制的程度之间的区别。

多，又或者当他们无法同原住民融合的时候，他们就只能听
天由命了。突尼斯或摩洛哥的"法国殖民移民"便正在纷纷
离开。他们应该没法模仿将南美各共和国从宗主国手中解放
出来的西班牙裔殖民领导阶层，也没法模仿北美的那些欧洲
人去建立一个新的国家。

265　　帝国主义和殖民化是如此多种多样，这让我们不可能把唯
一且相同的解释应用到所有历史时期和所有国家身上。正是马
克思主义的帝国主义理论以及欧洲国家对它们在亚洲和非洲帝
国的清算，让关于帝国主义现象之性质的争论成为时髦。先把
公元前 8 世纪希腊的殖民和自 16 世纪开始的欧洲在美洲的殖民
放到一边，让我们仅仅提出这样一个问题：19 世纪的帝国主义
是否应该归咎于资本主义制度？

　　在我看来，从历史研究开始讨论更为可取，因为它虽没有
解决这些理论上的争论，但为这个或那个解释提供了更有利的
论据。众学者不断进行评论的三个历史事实是：19 世纪末到
20 世纪初欧洲资本的大规模输出、非洲殖民狂潮[1]、1914 年
（第一次）世界大战。列宁的帝国主义理论要求在这三个事件
间建立联系。这个理论在这些事件不必然相连的情况下就会被
动摇。

　　关于资本输出和殖民征服的历史研究已经进行了很多
次[2]，然而无一能证实简单而教条的解释。

　　在 1914 年大战之前的半个世纪中征服了最广袤领土的两个

---

[1]　这段时期的外交史被威廉姆·兰格（William L. Langer）在一本名为《帝国
主义外交》（*Diplomacy of imperialism*）的书中研究过，帕克·穆恩（Parker
T. Moon）也有研究：*Imperialism and world politics*，New York，1927。

[2]　经典著作包括：E. Staley，*War and the private investor*，New York，1935；
Herbert Fris，*Home and foreign Investment*，Cambridge，1953。

国家——法国和英国——同样也是经济上最不需要新所有权的两个国家。法国人口增长停滞、工业增长缓慢，因此既没有人口过剩也没有原材料的匮乏，同时也不存在制造产品的销路问题。人口和生产虽然在英国都增长更快，但其移民的阀门一直都是敞开的，加上对印度进行统治和行使主权，英国并不缺少空间。由于成了世界银行巨头，英法两国的确有着过剩的资本，但它们却只把这些过剩资本中很少的一部分投到了自己的殖民地。

1914 年到来前夕，法国投在外的资本额为 400 亿～450 亿金法郎①，其中只有 40 亿投资在了帝国内部。它们中的大部分被投资在了欧洲（275 亿，其中 113 亿投在了俄国），60 亿被投在了拉美，20 亿在北美，33 亿在埃及、苏伊士和南非，还有 22 亿在亚洲。英国投在外的资本中，虽然有一半在帝国内，但只有很小一部分被投在了帝国新近才获得的非洲部分。

首先需要知道的是，为什么法国和英国拥有着如此之多用于对外投资的资本？传统的回答认为收入分配的不平等是其原因，然而下面这些数据并没有完全与这种经典解释吻合。法国在 1875～1893 年的年储蓄额②大约为 20 亿金法郎，在 1900～1911 年为 35 亿，而在大战前夕则为 50 亿。不过，国民收入在 1903 年为 270 亿到 280 亿，1913 年为 320 亿到 350 亿，1914 年则可能超过了 350 亿：平均下来，储蓄都没有超过国民收入的

266

---

① 国民收入大约为 350 亿金法郎。
② R. Pupin, *La richesse de France devant la guerre*, Paris, 1916, 以及 *La richesse privée et les finances françaises*, Paris, 1919 和 J. Lescure, *L'épargne en France*, Paris, 1914。

10% 到 12% ，而对外投资则占了国民收入的 35% 左右。[①] 由于
储蓄总额没有出乎寻常的高，当时资本输出的刺激应该十分强
烈，或者法国这个宗主国的内部投资需求相对疲软（很可能两
者都同时存在）。

同样的情形也发生在英国。1907 年，一位英国经济学家[②]
得到了以下这些数据：固定资产投资价值高达 2.75 亿镑，存量
价值为 2000 万镑，耐用品存量价值为 3000 万镑，维护资本为
1.75 亿镑，对内投资净值上升至 1.5 亿镑，对外投资净值为
1.35 亿镑。简而言之，对外投资接近总投资净额的一半。"形成
症候的是，英国的对外投资不亚于国内除了土地之外的整个工
业和商业资本，而且它国民收入的十分之一都来自国外投资的
利息收入。"[③]

就资本输出的两个原因而言，至少其中之一在历史研究中
被充分认识到了。法国资本是被超额利润吸引到了国外，而这

---

① 何况也不能忘了对外投资还会越来越多地从先前投资的收入中抽取。法国
的对外投资重新兴起于 1870 年战后的 1886 年。它们的平均水平在 1886 ~
1890 年为 4.5 亿 ~ 5.5 亿金法郎，1891 ~ 1896 年为 5.19 亿 ~ 6.19 亿，
1897 ~ 1902 年为 11.57 亿 ~ 12.57 亿，1903 ~ 1908 年为 13.59 亿 ~ 14.59 亿
（这些数据出自 H. Feis, *op. cit.*, p.44, se référant à H. G. Moulton 和
C. Lewis, *The french debt problem*, N. Y. 1925）。对外放贷的收入通常都等于
或高于这期间的投资数额（Feis, p.44）。
② A. K. Cairncross, *Home and foreign Investment*, Cambridge, 1953, p.121.
③ *Ibid.*, p.3. 也许下面这些数字会更让人吃惊："从 1875 年到 1914 年的 40
年间，国内资本（除土地外）从大约 50 亿镑增加到了大约 92 亿镑，增加
了 80% 以上。对外投资从 11 亿镑增加到了 1914 年的 40 亿镑，也就是差不
多增加了 250%。以绝对值看，资本投资的比例大约是国内占五分之三，
国外占五分之二。国内投资大部分仅是用于维持人均资本水平，在 1873 ~
1913 年这一繁荣时期，雇佣人数增长了 50%。除去维持国内人均资本水平
固定不变所需的资本，还有 45 亿镑的剩余资本，其中接近 30 亿镑的资本，
也就是剩余资本中大约 60% ~65% 的资本，实际都被用在了增加英国的对
外投资上。"（p.4）

些超额利润并非总由资本的持有者所得，中介、银行家也会分 267
一杯羹。① 如果当时政府没有将国家的金融势力当作一种外交
工具使用的话，单靠超额利润应该还不足以导致法国资本向俄
国或巴尔干国家输出。这些借贷时而被用于有战略价值的俄国
铁路的修建，时而被用于保证其国家工业有足够的订单，时而
又被用于保持某个国家对法国联盟的忠诚——在此国中，倾向
于"同盟国"的党派和倾向于"协约国"的党派相互对立。

　　比起法国的对外放贷，英国的对外放贷受外交考量的影响
更小，时至今日，说英国对外投资在总体上为英国带来的好处
与为它带来的坏处持平或者更多，也并非不可能。② 外国债券
和外国企业股份收入的收益率总体上比国内投资收益率高。这
些资本在不同用途（铁路证券达到了 15.31 亿镑）和在世界不
同地区（一半以上在北美和南美，剩下的近一半在帝国内部）
的分布，证实了英国资本运动的经济动机。

　　在 1914 年第一次世界大战前的最后时期，德国在膨胀的政
治野心和经济扩张意愿的驱使下也加入了"借贷俱乐部"。德
国银行家时而追求超额利润，时而追求以工业订单数量为体现
的大型企业。德国政府有时候也会指望用资本来为政治影响铺

---

① 将资本放贷到国外是不是给这些投资人带来了比国内储户更高的收益？
　　　凯恩克罗斯（Cairncross）对法国对外放贷的情况进行了质疑："估计
1899 年国内证券的收益率是平均发行价的 4.28%，而与此同时的外国证券
收益率则不到 3.85%。两者之间的差异，无论正负，都很轻微。"（p.225）
　　　费斯（p.36）引用其他法国学者的研究指出，对外放贷的收益比法国
国内放贷的收益更高。它们在 1903 年分别为 3.13% 和 4.20%，在 1911 年
为 3.40% 和 4.62%。
　　　在英国的情况中，对外放贷的收益毫无疑问更高。1905～1909 年，据
凯恩克罗斯（p.227）的数据，收益率如下：国内投资为 3.61%，殖民地
投资为 3.94%，国外投资为 4.97%。
② 参见 Cairncross, *op. cit.* pp. 224 - 225。

平道路，抑或按照自己的意愿用资本去引导某些巴尔干或近东
国家的外交行为。然而，比英国经济和法国经济发展更快的德
国经济却有着更高的储蓄率和更大的国内资本需求。德国放贷额
在 220 亿～250 亿马克之间。战前二十年间的年均远期资本输出
额增长为 6 亿马克，这充其量只占 1914 年国民收入的 2%。[①]

将欧洲国家在第一次世界大战前的资本输出同它们在第二
次世界大战后对欠发达国家的资本援助做比较也是很有意义的。
两者之间有两个相似之处。两种情况下的资本输出都有助于让
正在现代化的国家得到发展：19 世纪末和 20 世纪初的英国资
本帮助阿根廷建设了铁路，美国资本则帮助它建起了大型工业；
同样，美国资本还强有力地推动了西欧的复兴，或许苏联资本
也将让阿斯旺大坝建成。今日如同往昔，资本输出一直都并非
无利可图：欧洲借贷追求的是更高的收益率或为国家外交服务；
美国援助则至少部分地被其政治考虑所左右。不过，如果我们
就此而对康德所称的"根本恶"（le mal radical）感到愤慨，在
历史上也是错误的；我们不能强求人们为了行善而行善，只要
他们的自私和对立所导致的结果同善良的人们直接追求的目标
相契合，我们便应该对此心满意足。

1900 年的资本借贷以及 1960 年对欠发达国家的援助，都
与国家之间特有的政治竞争相连。法国放贷给俄国是为了一旦
发生大战俄国能够迅速动员；它向罗马尼亚放贷是希望这个国
家能够选择协约国阵营。美国人对欧洲施以援手是因为期望用
繁荣筑起一道抵挡共产主义的壁垒；他们对欠发达国家的援助
则是为了抵制那些伴有意识形态侵袭的苏联援助，因为意识形

---

① 参见 Feis, *op. cit.*, pp. 71–72。

态会随资本和技术的输入而被输入。另外，有一个区别引人瞩目：借贷的规模程度不一。1914 年第一次世界大战前夕，对外放贷的收益占法国国民收入的 6%，占英国国民收入的大约 9%。战争前，法国年对外贷款额上升至国民收入的 4%，而这个数字在英国还比法国多了一个百分点。1960 年，美国国民生产总值的 1% 就是 50 亿美元，3% 就是 150 亿美元。对内投资需求让用于对外投资的资本不再像以前那么多了。1914 年前那种对外账户累积性结余持续构成对外投资增长的趋势，自 1945 年起再也没有出现。相反，美国对外账户的盈余被花费到了对美国军队的维持和帮助外国政府上。

1880～1914 年，法国和英国用于输出的资本规模没有阻碍国内生产的发展和生活水平的提高。[①] 我们无法确定当时绝大部分的储蓄额是不是由富有阶层提供的。在法国，小资产阶级有其惯常的生活习惯，他们想方设法尽可能多地储蓄。耐用消费品在当时才刚刚出现。开支名目也不像今天这样迅速增多。最后或许也是最根本的一个事实是，在 1914 年前的资本主义制度中，投资主要是由企业家做出决策的行为。而企业家的心理是不可以用纯理论推理去归纳的，主动精神、创新精神以及投资精神都随着社会背景的变化而变化。1960 年时的精神面貌不同于 1910 年时的精神面貌。

无论如何，对于殖民征服和 1914 年第一次世界大战而言，资本剩余都不是它们的直接原因。为什么法国要以这些剩余资本为动机去征服北非或撒哈拉以南非洲，难道法国没有将这些资本投放到北非或撒哈拉以南非洲吗？（同样的推理也可以用

---

① 不过，法国的生活水平似乎在 1900～1914 年毫无提高。

于英国。）为了让剩余资本的投资有利可图而对抗争夺，这不是什么神话。认为正是那些一心想着增长自己超额利润的银行资本家或工业资本家阶层推动了欧洲政府对殖民地的征服，甚至推动了欧洲国家之间相互开战，是值得商榷的。

关于殖民地，有三个主张是历史研究可以轻松证明的：

（1）如果用"资本主义基本矛盾"①解释殖民帝国主义的理论不可辩驳的话，那么，19世纪末欧洲各国实施的殖民征服的程度同这些国家的殖民需要程度之间将没有任何相称性。

（2）新近获得的殖民地——基本上指法、英、德各帝国在非洲的殖民地——只吸收了宗主国对外商业的一小部分。工业国之间的交换就绝对数值而言大于工业国与非工业国之间的交换。政治上对殖民地所有权的获得并没有马上导致殖民地同宗主国之间交换的普遍增加。

（3）在某些武装冲突或殖民征服中，一些私人集团、大型企业或冒险者起到了一定的作用，它们给外交官或国家决策者施加压力。但是，就"帝国主义外交"［采用威廉·兰格（W. L. Langer）对这个词的定义］的根源而言，特有的政治动机看起来比经济动机更强烈。比起多多少少含蓄伪装过的股份公司的影响，驱使执政者对重大事件的进程进行干预的，更多是强盛的野心和荣耀的欲望。

要准确测量出每个原因或每个人的确切动机产生了怎样的特有影响，这是不可能的。如果在不事先以任何解释为假设的情况下考察在非洲的法国帝国，历史事实没有表明法国政府为

---

① 无论这个理论是将打开销路的必要性还是将对超额利润的寻求作为原因。

了维护次级公司的利益而在当时干涉了突尼斯。恰恰相反，法国政府是把这些利益作为可以让这次干涉变得正当的理由。国家决策者将这次干涉看作阻止意大利在北非立足的一种手段，也是保障阿尔及利亚边界安全的一种手段，而且还将其作为法国复兴的一种证明。同样，在摩洛哥，银行或公司更多是被征服将会给它们带来的机会所吸引，但没有迫使议会和政府投入征服事业中。撒哈拉以南非洲的传教士、探险家和官员最初对此都比大资本家更加积极热情。美国历史学家尤金·斯泰利 270（E. Staley）在他的《战争与私人投资者》（*War and the Private Investor*）一书中认为国家领导人的意愿比资本家的手腕在发动征服上作用更明显。

　　这种解释并非教条式的。它并不排斥像布尔战争或在埃及的英国的被保护国曾经完全或主要是由私人团体的活动所促成的这类事实。它也不排除一些个人或企业在获得所有权后，出于追求土地特许权的目的，或出于垄断获利丰厚的商业的目的，抑或因为抱有通过对丰富矿产的开发和支付低廉的工资来保障超额利润的动机，而对国家主权加以利用。说西欧国家并非必须通过强占非洲来维持其资本主义制度或大众福利水平，并不意味着一旦这种征服完成后，殖民者不会像所有历史上的征服者那样支配和剥削被征服者。

　　使非洲的欧洲帝国主义在某些历史学家眼中被错误地神秘化的原因在于，虽然只有现代帝国主义的现象才由经济决定，但帝国主义本身却并非现代独有。即便按照列宁的说法而把资本主义经济描述成剥削的无休止全球性扩张，我们也无法用这种表述解释下面这个历史事实：如此缺乏活力的法国却在那些它既没有转移过剩人口、投资过剩资本，也没有倾销过剩产品的土地上建立了主权。帝国征服在国家领导人心目中一直就是国家强盛的标志。欧洲曾经和平主义盛行，西半球被门罗主义所保护。欧洲列强们强取豪夺着那些还没有被它们的权力瓜分的地方，欧洲的内阁外交所遵循的利益均沾这一不成文法则，让欧洲国家轮流瓜分这个对它们而言都并非非要不可的大陆①。

在这方面，帝国主义也没有少造成大国之间的外交冲突：德意志帝国曾经认为自己是法国在摩洛哥建成殖民地的受害者，并认为如果孱弱万分的邻国都可以大肆扩张领土而自己却要一直被困于国境之内，这简直就是侮辱。至于那些心怀自由主义精神的经济学家则坚持认为，是重商主义精神的回归使引发冲突的原因倍增。他们说，重要的并非经济领域的主权本身，而是基于这种主权所做的行为。如果所有统治者都维系着对所有人同等的竞争条件，那么在公共建筑上方飘扬着谁的旗帜也就影响不大了。然而，殖民精神却越来越被重商主义精神所影响。作为殖民者或保护者的那些国家，都把土地或矿产特许经营权和行政高级职位仅留给自己的国民，都把同宗主国相关的商业仅留给本国的航运公司。那些旨在增大帝国扩张在英法两国的影响力的协会（比如航海和殖民协会），非但没有掩盖以上事实，反而还倾向于夸大帝国主义的收益。对此，公众舆论要么漠不关心，要么心存怀疑。当时的宣传对"自由主义者"的反对更甚过对"马克思主义者"的反对。可以通过强调"开化任务"的必要性反对马克思主义者，而要反对自由主义者则等同于证明宗主国的繁荣很

_____

① 此处指非洲。——译者注

大一部分归功于殖民地。

当时的执政者和人民是否真的如此笃信他们自己的意识形态，从而把1914年的第一次世界大战作为一件对瓜分全球而言必须且必然要做之事予以接受呢？没有任何证据表明真相如此。大战不是围绕殖民冲突而爆发的，而是以巴尔干民族冲突为发端。在摩洛哥，法国和德国的银行家之间比大使馆官员之间更倾向于双方的融洽相处。然而，南部斯拉夫人的命运却危及奥匈帝国的存在，也就是危及整个欧洲的均衡。英国人是否真的就是以清除一个商业对手为目的才决定打败德国的呢？这样的战争神话经不起推敲。英国在某些对外贸易领域里的确受到了德国的冲击。不过，两个国家在对外出口上都有增加，即便德国增长得比英国更快。我们能够说英国舆论觉得自己被错误地威胁了吗？当时的英国舆论其实对英德两国经济的互补性和对立性都有认识，双方都是对对方而言最好的客户和供应商。而且在当时，自由主义者对征服没有意义的指责言辞比重商主义以武力拯救商业的过时呼唤影响更大。

事实上，1914年的战争同在非洲的欧洲帝国主义一样，从根本上说都是一个传统现象。从源头上说，它就是具有典型特征的普遍战争：国际体系中的所有成员都因为危及体系结构的一场争斗而被卷入其中。当国家决策者意识到其实工业转变的更多是战争的性质而非战争的原因时，为时已晚。

四 资本主义和帝国主义

虽然我们在上文中所提到且论述的那些事实并**没有**对具体的某个帝国主义理论加以**驳斥**，但这些事实却让一种比马克思主义或某些自由主义对帝国主义的解释更复杂的解释**成形**。即使在上文提到的那个时期中，征服的确不比在以前的任何时期中更有利可图，战争也比以前更具摧毁性，但这并不意味着我们就必须用纯经济机制去解释征服和战争。对资本主义制度的抽象分析是否能够让我们重拾那种看起来已经被经验分析揭穿的谎言呢？

首先，有一点是不能忘记的，资本主义经济具有向全世界扩张的趋势。也就是渐进且工业化的资本主义经济具有向全世界扩张的趋势，这点是没有疑问的。所有学派都承认这点。那么理论应该证明的就是，为何资本主义经济无法放过那些尚未被资本主义化的土地，或者还应该证明为何资本主义会在其自身内在矛盾的驱使下以殖民帝国和势力范围的方式瓜分世界，而且这种瓜分还是不可能和平进行的。

对于第一个证明——资本主义经济只要离开了那些还没有被资本主义生产模式同化的民族就无法运转，我们只略微谈一点。罗莎·卢森堡（Rosa Luxemburg）尝试过对此进行论证，列宁和主要的马克思主义者则拒绝去论证，而这种论证又的确不过是一种对历史的好奇心而已。

论证是以将现代经济分为两个部门为起点的，其中一个部门生产生产资料，一个部门生产消费资料。每个部门都生产价值，而根据马克思主义的概念，这个价值又被分为不变资本、可变资本和剩余价值。假设：

$$I = C_1 + V_1 + pl_1 （生产资料）$$
$$II = C_2 + V_2 + pl_2 （消费资料）$$

在一个简单的生产过程中，剩余价值只有在第一部门中的可变资本和剩余价值之和与第二部门中的不变资本保持相等的条件下才可能"实现"（用马克思主义的术语来说）。①

现在让我们来看所谓的扩大化生产过程。两个部门中的一部分剩余价值被资本家消费，另一部分则以扩大不变资本的方式重新投入生产之中。这种将部分剩余价值进行投资的行为构成了马克思所称的资本积累。

让我们以第一部门中的资本积累为论述的出发点来看。剩余价值由两个部分组成：一部分将被资本家消费，另一部分则将转化为下一生产阶段中的资本。由此，等式 $C_2 = V_1 + pl_1$ 也发生了改变。消费资料总价值，也就是第二部门的总价值，应该等于第一部门的可变资本、第二部门的可变资本、第一部门用于消费的剩余价值及第二部门用于消费的剩余价值的总和，即 $II = V_1 + V_2 + pl_1c + pl_2c$。或者，第一部门的总价值应该等于两个部门的不变资本加上两个部门中用于投资的那些剩余价值。在依此定义出的制度内部，扩大化生产过程只有在这两个等式被满足的情况下才能没有阻碍地顺利进行。

那么，这两个等式被满足了吗？罗莎·卢森堡和她的门生及他们的批评者摆弄着数字例证，并最后得出结论，只有在第二部门（消费资料）的资本积累率能够被第一部门的资本积累率决定的前提下，这些等式才能维持。这样的结论，可以说是显而易见的。学者们假定第二部门的不变资本同第一部门的可变资本和资本家消费的剩余价值之和必然相等。这一等式只有在等式两边中一边增长时另一边也同样增长的前提下才成立。将资本积累视作资本主义制度本质现象和弹性所在的这些马克思主义者，首先假

---

① 在简单生产中，可变资本和剩余价值都被完全用于消费，而 $C_2 + V_2 + pl_2$ 的和代表了全部可以用来消费的资料总数。为了让 V_1 与 pl_1 也被消费，就必须让它们等于 C_2。

定了第一部门的价值因为几乎其所有的剩余价值都被用于再投资而得到了增长。第二部门的价值——即消费资料——必须不超过两个部门（V_1 和 V_2）工人的消费量加上两个部门中资本家所消费的剩余价值之和，否则剩余价值就无法被"实现"。换句话说，以物质形式体现的这些价值就找不到对应的需求。那就可能存在一种"卖不出去的"（或无法实现的）剩余价值，体现在消费资料上，就是系统内存在找不到买家的消费资料。

273

如果围绕两个部门之间的关系来考虑的话，这种认为资本主义体系内部存在卖不出去的消费资料的剩余价值的想法（它与马克思主义认为资本主义受到集中化法则支配而且会在工资上尽可能维持低水平的想法相连）会更加稳固且面目一新。事实上，资本积累并不仅仅在于把剩余价值中的重要部分用于再投资，并期望经由同样的资本有机构成生产出更多的物品。如果真的只是如此，那么在扩大化再生产过程中要保持 $C_2 = V_1 + pl_1$ 等式的成立也不会遇到无法克服的困难。罗莎·卢森堡和她的评论者告诉我们，技术进步的实质会改变 C 与 V 之间的关系；而维持一个部门的不变资本和另一个部门的可变资本之间的比例关系也会相应变得自相矛盾且不可能。或者，如果说这种维持并非不可能的话，以罗莎·卢森堡最后研究这个问题的门生的话来说也会是："维持等式的平衡，最终需要第二部门的技术进步甚至第二部门的生产增长速度都随着第一部门技术进步的加快而放慢，当这种需要达到某种程度时，我们可以想象，第一部门格外迅速的技术进步会相应要求第二部门的生产停滞甚或倒退。"[1]

---

[1] Lucien Goldmann, *Recherches dialectiques*, Paris, 1959, p. 336.

那么，在历史事实中能够找到这种自相矛盾的证据？我不相信。在工业发展的第一阶段，资本主义国家或许有向外出口消费品的趋势，但其涉及的只是诸如布匹这样的手工业产品。如今，走上工业化道路的第三世界国家同样期望向外销售纺织品，不过它们这么做的原因不是相对于国内在消费资料上的购买力而言第二部门还存在着剩余价值，而是这类手工业产品的生产相对简单，不像大多数生产资料的生产那样需要更复杂的技术。当前生产资料的出口在所谓资本主义国家的出口总额中之所以占了越来越大的比例，原因很简单，即发展中国家期望以工业装备自己，而且它们也将自己本已稀缺的外汇专门留作此用。不过，如果依此而总结说两个部门之间的关系一定导致生产资料的持续过剩，又过于冒险。

在最近这 150 年中，没有任何农业上的转变有迹象印证了这种因为一方面需要保持 C_2 和 V_1 的相等①，另一方面却要维持 C 和 V 的可变关系而产生的自相矛盾。根据国家和资本主义发展阶段的不同，农业技术进步的速度快慢不一。在那些一旦额外追加生产便有导致或可能导致市场崩溃的危险而自己又不得不出口的国家中，农业技术的进步会放慢。美国农业技术进步的速度之所以从二十年前开始加快，个中原因似乎更多在于技术发展本身而非社会。支配着资本主义农业技术进步的各种变量是如此复杂，因而让罗莎·卢森堡发现的从历史事实中寻找"矛盾"证据的那种做法无法实现。

唯一能够让人联想到第一部门的快速积累趋向于导致第二

274

---

① 这个等式被简化了，完整的应该是：$C_2 + CS_2 = V_1 + VS_1$（CS_2 是第二部门中追加的不变资本，VS_1 是第一部门中追加的可变资本）。

部门技术进步放缓的，只有一个历史经验：苏联的经验。在苏联，生产和生产力在第一部门中比在第二部门中进步更快。第二部门没有任何生产过剩，但由于资本积累法则在第一部门完全发挥，而且所有权为国有的剩余价值大规模地被再次投资进生产，因此增长缓慢的不仅是第一部门的可变资本，还有第二部门的不变资本。苏联农业生产和生产力之所以发展缓慢，并不仅仅是由第一部门的资本积累步伐加快造成的。农民对集体化的抵制也有作用。尽管如此，苏联的例子还是很好地说明了某些马克思主义者认为的只有在计划经济体制下才能发挥作用的一种机制：如果加速第一部门的积累速度，唯一可以避免出现消费资料过剩的办法就是，减慢第二部门的积累速度和技术进步。

对我们而言重要的不是从细节上去讨论罗莎·卢森堡的理论程式，在今天那几乎已经成了一种对历史的单纯兴趣而已。显然，资本密集度的增加，也就是雇佣工人在其工作的机器上价值的增加，在不被过度简单化的情况下，是不可能表述为"C相对于V增加"这一公式的。转化到商品中的那部分不变资本的价值取决于机器的耐久度、折旧率以及同一台机器制造出的产品数。生产环节变得越来越多，生产时间越来越长。工资在国民收入中的比重没有降低，相对于年产值而言的资本价值也没有上升。而在上面的分析中，所有关于资本主义制度矛盾的理论都是以实际工资持续维持在最低水平为假设做出的。

因此，我倾向于认为，要把霍布森描述过的、被列宁引用过的那些事实改头换面为"帝国主义经济理论"的最好（或最坏的）方式是像约翰·斯特雷奇（John Strachey）在他最近一本书①中说的那样，把资本输出和政治经济的帝国主义视为资本主义的两个出路之一，而资本主义的另一个出路则是以提高实际工资的方式提升大众的购买力。

霍布森描绘了 19 世纪最后二十五年和 20 世纪初的帝国主义活动。在这些帝国主义国家内部，有少数人对征服尤其热衷。领导阶层的成员在对远方土地的所有权中为他们的下一代找到了既能获得名声又报酬丰厚的职位。工业企业或商业企业则得益于征服而积累了超额利润。资产阶级把他们的钱投资到世界各地，并逐渐转变为食利者，成了国民经济的寄生虫，而国民经济又慢慢成了世界经济的寄生虫。

历史研究并没有驳斥这种认为私人利益同欧洲国家的帝国主义外交之间存在共生关系的笼统看法。历史研究所带来的是一种更为微妙和复杂的解释，它指出资本借贷或征服的发端者往往是政客而非商人，通常是出于外交动机而非商业利益之目的。不过，它还让人看到了列宁从霍布森收集的事实中得出的那个"理论"是多么武断，这个理论可以被下面三个主张概括：资本输出是不可避免的；获取属地或建立势力范围是必需的；和平瓜分全球是不可能的。

约翰·斯特雷奇为了保留理论中的根本构成要素而采纳了第一个主张。他引用了列宁书中第四章的一段话："假如资本主义能发展现在到处都远远落后于工业的农业，假如资本主义能提高在技术获得惊人进步的情况下仍然到处是半饥半饱、乞丐一般的人民大众的生活水平，那当然就不会有什么过剩资本了。用小资产阶级观点批评资本主义的人就常常提出这种'论

---

275

① John Strachey, *The end of empire*, Londres, 1959.

据'。但是这样一来，资本主义就不成其为资本主义了，因为
发展的不平衡和民众半饥半饱的生活水平，是这种生产方式的
根本的、必然的条件和前提。只要资本主义还是资本主义，过
剩的资本就不会用来提高本国民众的生活水平（因为这样会降
低资本家的利润），而会输出国外，输出到落后的国家去，以
提高利润。在这些落后国家里，利润通常都是很高的，因为那
里资本少，地价比较贱，工资低，原料也便宜。其所以有输出
资本的可能，是因为许多落后的国家已经卷入世界资本主义的
流转，主要的铁路线已经建成或已经开始兴建，发展工业的起
码条件已有保证，等等。其所以有输出资本的必要，是因为在
少数国家中资本主义'已经过度成熟'，'有利可图的'投资场
所已经不够了（在农业不发达和群众贫困的条件下）。"[1]

今天的我们已经知道，资本主义制度——生产工具私有制
和市场机制——可以做到在提高人民大众的生活水平的情况下
而不摧毁自身。我们同样也知道，这种对人民生活水平的提高
当然是符合有产阶级利益的。从今以后，争论焦点集中到了下
面这两点上：

（1）根据一个纯理论模型来分析的理想 – 典型的资本主
义，是否真的就趋向于资本积累和维持大众的悲惨境况，而只
有靠民主政治支撑的公共权力的影响才能推翻这种自发力量的
影响，或者恰恰相反，真正的模式是可以让生产、生产力水平
与人民生活水平同时得到提高的？

（2）收入分配的形成和国内缺乏有利可图的投资是否真的
就是 19 世纪末 20 世纪初资本输出和政治 – 军事帝国主义的直

276

---

[1] *L'impérialisme, stade final du capitalisme*, Paris, Editions sociales, 1945, p. 57.

接和限制性原因？

要对资本主义的一种模式加以确定，从来就无法避免武断。人为构建一个包含了贫困化趋势的资本主义模型，也不是不可能。然而，事实却是，即便在不考虑民主国家预防性干预的情况下，像19世纪末20世纪初的欧洲这样的经济制度也许的确会造成财富的日益集中，但它却不会造成大众悲惨境况的加重。必须假设一支庞大的工业储备大军的存在，才能使生产力的进步（用马克思主义的语言来说，就是必要劳动时间的减少）至少体现为实际工资的恒定不变，而我们当然也清楚，生产力的提高通常是由实际工资的提高来体现的。

还可以肯定的是，想要人为构造一种能让所有处于同一体系内的国家或者同一国家内所有地区或所有阶层都得到均衡发展的市场经济模型，也是荒谬的。根据不同的条件，积累过程会缩减或者加大经济共同体之间的差距。在我们所考察的这个时期中，阶级之间的收入不平等是否真的在**迫使**欧洲资本主义输出资本和实施帝国主义？我们承认：要明确对此做出肯定或否定的回答，相当困难。否定社会结构、收入分配和资本过剩之间存在联系，就会形成悖论。而既肯定这些对外输出的资本是必不可少的又断言它是充满诱惑的（由于更高回报率的存在），这又很冒险。正如我们所见，政治和经济动机的纵横交错让任何简单的理论都不足以解释它。

进一步说，即便我们同意大众的贫困与资本输出有关系，也无法据此建立帝国主义的经济解释。

欧洲人在他们没有行使主权的那些土地上进行了庞大的资本投资，却在他们行使了主权的土地上投资寥寥，这表明资本流动和军队流动之间具有相对独立性。欧洲国家一般不需要花费大力气就能够实施干涉，只有法国是个例外，它在北非实施的征服费时长、进展慢而又代价高昂。欧洲国家都没有通过建立政治主权的方式来保证它们最重要的投资，而是通过控制那些弱小的或处于无政府状态的国家来达成，它们要么为了在这些国家中建立让自己有利可图的商品交换条件，要么为了夺取这些国家的战略要地，又或者是为了扩大和保护已经兼并的土地，最后也可能是为了满足它们自己对荣耀的追求。

我们是否可以像列宁间或提到的那样认为，欧洲实施控制的各种形式——势力范围、被保护国、殖民地——实际上都不重要，它们只不过是一个更为深刻的事实——欧洲的支配——的体现而已？肯定的回答就相当于承认了经济运动和政治运动之间有区别，这两者之间的分别从来没有像 19 世纪末那样突出。西班牙对南美的征服同永久在其间定居的欧洲主人们对那里的人口和财富的利用与剥削，两者密不可分。从一家英国公司商业活动开始的对印度的征服，属于同一类型的另一个例子，它们都符合获取主权的剥削传统。正是在 19 世纪末，正是因为此时的资本主义在是商业资本主义的同时也变成了工业资本主义，欧洲人开始乐于在没有财富可寻的地方实施征服，在没有征服的地方投放资本。

这样一来，列宁的第三个主张——无法和平瓜分全球——所具有的武断性似乎也跟着清晰起来。这种认为和平的瓜分或公道的折中都不可能的观点，颇有重商主义学说的遗风。大公司、银行和国家政府真的是受到了垄断精神的激发才认为战争是无法避免的吗？不存在任何事实或推理来让这样的主张成立。事实是，欧洲人毫不费力就可以在世界各地为他们的资本找到用途。20 世纪初，世界经济正处于扩张和价格上升的阶段。即便如此，独占性垄断的做法也依然罕见。殖民者或放贷人肯定会从竞争中得利，但他们也没有夺走他们对手的所有机会。

那么，我们是否可以像约翰·斯特雷奇那样认为，宗主国之间的发展不平等构成了和平瓜分的一个无法逾越的障碍呢？资本主义国家拥有不同的人口增长率和经济增长率，这是毋庸置疑的事实，但它却并非资本主义的特有现象。国际关系的不稳定在数百年、数千年以来一直都明确同国家间相对力量的波动有关。这种波动，尤其是近两个世纪以来，既取决于主权权威的程度也取决于人口和工厂的数量。发展速度直接决定了外交体系的格局。在 20 世纪初，各殖民帝国的规模同其宗主国的（经济或军事）力量并不相称。如果这种不相称真的是 1914 年战争的原因的话，就像列宁说的一样，这种解释就完全与马克思－列宁主义无关了：德国本就应该因为对那些比它获得更好境遇的对手心怀怨恨而变得尚武好战。为了把发展不平等纳入这种解释中并以此最终构建出一种关于因瓜分世界而注定争斗的"经济"理论，就必须认为在殖民地分配中处于不利位置的国家是迫于经济必需而去攻击那些不公正地享有特权的对手国。如果资本主义经济真的无法避免垄断——以武力实现竞争中的独占——的话，那么发展速度最快的国家，比如德国，就理应会因它自身垄断力的薄弱或遭受了其他国家的独占垄断而陷入瘫痪。然而事实上，我们在 1913 年观察到的情况却与此大相径庭：德国还在以比其他欧洲国家更快的速度发展；对外贸易和资本出口也同样稳步上升。无论是理论分析还是经验研究都得出了这样一个传统结论：也许和平瓜分真的不可能，但并不能归因于现代资本主义，而是因为千百年来的贪得无厌在推动着战争。如果国家决策者和人民真的是在依照经济理性进行

278 战争，那 1914 的战争也就不会发生了。没有任何垄断或辩证逻辑会让出于非理性而做出的行为变为一种**无法避免**的必然行为。

令征服的经济效用受到质疑的，头一个就是现代工业经济。只要奴隶劳动的收益给主人带来了剩余价值，换句话说，只要奴隶的生产产出高于其生活必需，奴隶制从经济意义上说就是理性的。只有在战利品的价值高于战争成本或统治成本的前提下，征服才是理性的。帝国，只要其商业在本质上还是垄断性的，只要它还在跟随国旗而动，只要它还以谋求存储量有限的贵金属为目标，那么它就是理性的。一旦财富依赖于自由劳动，一旦交换对交换者双方都有利，一旦遵循竞争才符合生产者和商人的利益，这种将经济作为整体来考虑的理性就会不再彰显。

自由主义者和社会主义者都或多或少意识到了现代经济存在的这种独特性。但是，在观察帝国主义现象的同时，他们却又都对现代经济中同样真实的另一些方面进行了强调，并以此来让帝国主义变得可以理解。与工业时代相伴的交换经济为一种动力所充盈。它有向全世界扩张、囊括全人类的趋势。马克思在《共产党宣言》中描绘了这一趋势，而他的见解也的确恰如其分。

至于私有制是不是真的由于某种捉摸不透的隐秘原因而无法消化自己的生产，这点我们不做探究。任何情况下，工业中的一些领域总会时不时受到过度生产的威胁。经济增长在没有一个总体规划的情况下是通过一系列创造性的不平衡得以实现的。我们怎么能够否认对外部领土实施控制确实对在宗主国找不到买家的产品销售有利。

何况，当时的欧洲或世界经济也并非与边沁的理想模型相符。托拉斯和卡特尔对内维持高价，对外进行倾销，这种与自由经济本质相悖的商业战争实践在当时依旧存在。虽然受到自由主义启发的社会学家和经济学家都将资本主义和资产阶级国家的帝国主义行径归咎于垄断精神的遗存，但社会学家还是力图证明这种垄断和征服的精神与资本主义本身也密不可分。

这些社会学家和经济学家的看法都是错误的，他们都错在对帝国主义的经济根源和经济意义的认识上。**19世纪末的帝国主义并非资本主义的最后阶段，而是重商主义帝国主义的最后阶段，而重商主义帝国主义阶段本身又是千年帝国主义的最后阶段**。霍布森和熊彼特①把与工业精神和商业精神相悖的帝国主义的推动力仅仅归咎于少数拥有特权的人。他们忽略了人类总是渴望为了统治而统治——国家更是有过之无不及。

即便帝国在经济上无利可图，这也还不足以让民族或民族的代言人放弃统治本身所带来的荣耀。

五　资本主义和社会主义

每一种现代经济都给了国家一种前所未有的对外行动的能力，因为它扩大了人民生活最低必需和可用物品总量之间的差距。这个差距越大，国家对集体资源动员系数的最大极限值就越高。战争当然不是被动员的国内资源的唯一用途，对外援助就属于另一用途，不过它被最频繁使用的地方还是战争。生产

---

① 在我看来，熊彼特的错误可以解释为混淆了现代情形与古代情形。比如我们知道，熊彼特在新条件下用传统生活方式的顽固来解释阿拉伯帝国主义。阿拉伯骑兵继续实施征服是由于战争在沙漠中是一种始终如一的、正常的、适应了周围环境的活动。但现代社会却不相同，不是像阿拉伯部落那样由马背上的生活来定义的，而是由劳动来定义的。资本家或资产阶级并不像阿拉伯骑兵献身于战争那样献身于生意。根据经济计算，他们应该是和平且反帝国主义的，但是他们却不会把经济计算运用到全部自身存在中。J. A. Hobson, *Imperialism*, Londres, 1902, et Josephe Schumperer, *op. cit.*

能力创造出了一种让人们可以用于自相残杀的过剩，这一点对我们时代中无论哪种经济类型和哪种政治体制都适用。撇开由一个世纪的宣传和意识形态斗争带来的那些激情和混淆不谈，关于对资本主义制度（私有制和市场机制）和社会主义制度（公有制和计划经济）的选择会给和平的可能性和战争的风险性带来怎样的影响这一问题，可以在抽象层面归结为一些简单的表述：哪些同资本主义密不可分的战争的利害关键、诱因和原因是社会主义制度想要消除的，社会主义制度又创造出了哪些战争的利害关键、诱因和原因？从定义上说，资本输出的竞争以及国家为了保护被掠夺性法规所威胁的民族利益而对外干涉，这些都是社会主义制度会予以消除的。同样，社会主义中也不会再存在那种为了得到高关税权（自由竞争将其视为不合法的或带有侵略性的）或其他特权向政府施压的、与公平竞争规则相悖的私人利益。然而，同是社会主义经济制度的国家之间产生冲突的诱因却没有因此而完全消失。

处于价格相对自由的世界市场体制下的国际交换环境，常常因为各国在国际上经济和政治的权重不同而对交换者双方中的一方不那么公道。只能靠售卖**一种**原材料获得所有外汇收入的小国家，通常不得不受制于买家，尤其是主要买家的规则。尽管如此，市场机制即便是国际的、不完美的，也还是限制了军事力量对商业交易的影响。不过，一旦这些交易成了政府之间的磋商，一切就仰仗于人与政体了。国际贸易的国家化令强国对弱国施加剥削的可能性惊人地扩大。斯大林时期苏联的所作所为——比如波兰人**必须**按照规定价格出售煤炭——就展示了存在于这类社会主义中的一种内在风险，而这种风险只要多国主权继续存在，便会一直存在。

只要私有制是真正的自由制度，只要国家，甚至敌对国家也对这点予以尊重，那么私有制就有可以削减军事胜利会获利这一好处。只要个人依旧能够从事他们的职业，保留他们的财产，那么重新划分国界所带来的收益就是有限的。当萨尔地区（Sarre）被纳入法国经济单元时，法国人从那里得到的物品是用以前法国人送给那里的东西来交付的。法国人不再在德国萨尔地区销售的物品，也许在其他地方同样可以卖个好价钱。

社会主义却不利于这种所有权和主权的分离。在国家内部，企业和个人都服从于国家制订的计划，而国外的买家和卖家却按照他们自己的利益或喜好来行动。国界的划分因此具有生死攸关的重要性。制订计划的人不喜欢依靠那些摆脱了他们控制且无法完全预见的决策。兼并可以消除不可预见性，可以让控制其他民族成为可能，还可以把战败国公民的财产所有权划归给战胜国。从理论上讲，计划经济加强了渴望扩张主权空间的动机。

托斯丹·凡伯伦（Thorstein Veblen）认为现代生产体系本身是和平的，但企业家、商人、股份公司和行会却利欲熏心，他们是冲突的制造者，也是应该对战争负责的人。凡伯伦忽略了一点：生产系统自己不会决定生产什么商品，也不会决定集体资源在不同用途之间或不同阶级之间要如何分配。这些纯粹的经济决定要么是市场机制（或多或少被国家控制或指引）的结果，要么来自一个或多或少受到社会方面势力阻挠的计划机制。

如果采用由市场提供的第一种解决办法，那么扩张或保护的动力就来自于富有野心或受到威胁的"私人利益"。某些在商业领域失败的人就会去动员公众舆论或国家反对自由竞争。

281

即便游戏者们对所有游戏规则予以接受，但这导致了雇员失业，让资本家遭受损失的商业失败还是会激起一种苦涩和怨恨，而这些情绪最终又很可能影响到那些对国家外交行为负责的人。在这样一种制度下，执政者越是能够以长远考虑为重来行动，越是能够把时不时不可避免会发生的暂时性牺牲同最终会导致贫困化的商业战争分开，制度对国家间关系的危险性也就越小。

如果采用的是第二种解决办法，那么主要变量就在于**政治**制度和人。经济增长率及国民生产中投资所占的比重从定义上说都是制订计划者（也就是国家领导人）需要决策的目标。让人惧怕的是，国家一旦认为自己参与了一场权力角逐，就会趋向于将所有经济资源都投入军事力量的传统竞争中。不过，如果整个人类社会都变成了社会主义制度，我们便可以设想一种以人类福祉为追求目标的规划，以及国家在增长上展开竞赛的行动会有所放缓。

因此，没有任何一种制度——无论是资本主义制度还是社会主义制度——让战争无可避免，也没有任何一种制度完全消除了战争的起因。甚至在抽象层面都很难确定到底这两种制度中的哪一种更有利于或相悖于和平安定。毋庸置疑的是，国际体系内部的制度冲突会让挑起战争的因素倍增并让冲突的利害关系放大。如果只是为了改善人民的生活水平，苏联是完全不用去攻占新土地的。苏联公民也可以很容易地同存在于世界另一部分的资本主义和解：建立在单一党派的绝对权力和国家学说之上的马克思－列宁主义政权，仍然出于一种非经济必需在实施扩张，这是一种政治的和意识形态的必需，一种可以部分归咎于形势的必需：全世界的起义者和革命者都为苏联的技术和模式所倾倒。但是，这种必需也是从布尔什维克的领袖们与积极分子的生活方式和思维方法中派生出来的：他们认为政治斗争本质上是持久延续的，而且政治斗争同国际关系一样都是在对党派间斗争的模仿中被设想出来，国际关系也被视为尚武好战的，直到救赎性真理传遍全世界。

所有受意识形态统治的大国，无论其经济制度如何，如果它不惜动用武力也要传播某种观念或对外强加某种政府模式，那么就可以认为它是**帝国主义的**。不管怎么说，这样的努力会在那些期望保留原有制度的国家眼中看起来是帝国主义的，即便这些受意识形态统治的大国通常更偏向于颠覆而非侵犯，即便它们更热衷于改变其他民族的信仰，而非兼并它们。只是在我们所处的时代，它们才在自己的徽章上画上了和平鸽。

第十章　民族国家和政体

　　在前面几章中，我们分析了直接作用于政治单元力量的那些决定因素，而政治单元又构成了行为体予以分析的形势要素。空间、资源和人口都是可能存在的冲突利害，它们不但是政治单元的领导人所追求的目标，同时也可能构成了集体行为背后没有被意识到的原因。空间、人口和资源之间的关系决定了每个时期的福利最优点或权力最优点，在某些情况下它们也可能左右了人民的好战情绪，为征服者提供了或多或少还算真诚的辩护理由。

　　在后面这三章中，我们不再以形势的决定因素为考察对象，而是准备考察行为体的存在方式和行动方式，也就是说考察我们称为政治单元的这些外交历史主体。这样，我们就遇到了第二种类型的对战争的解释。与其去展现无法摆脱的需求决定论和对黄金或财富的永恒贪恋，我们不如讨论对"永恒德意志""专制独裁政体、共产主义或资本主义政体"[1] 的指责，讨论对文明最终宿命的假设以及源于历史且作为历史结果的人性的相关理论。在本章中，我们将从政治体制（第一节）谈到民族国家不变性（第二节），然后把民族国家作为政治单元的一种历史类别（第三节）并探讨军事组织的多样性（第四节），最后回到以极端异质性、不同国家和不同战斗模式为特征的当今局势。

---

[1]　在讲资源的那一章中，我们已经围绕马克思 - 列宁主义的帝国主义理论就这类问题中的一个进行了考察。

一　政治体制

283

我将以对外政治评论家们从 1945 年开始就不断提出的那些问题作为论述起点。苏联的对外政治是俄罗斯的还是共产主义的？它是否受到了革命国家自己所宣称的那种意识形态的影响？这些问题也可以这样进行抽象表述：在某个既定时期内，行为体的各种行为是否取决于（以及在何种程度上取决于）政治体制？

既定时期内代表了某种社会组织类型的政治体制，不可避免会呈现出某些共同特征。但是，这些政治体制又至少会因为任命行使主权的权威者方式的不同而互有区别，会因为行使主权的权威者决策方式的不同而互有区别，也就会因为不同个人之间的、不同观点之间的以及社会群体与政府之间所存在关系的不同而互有区别。同样的一群人因为处于不同的政治体制下就不一定会得到权力，他们也不是在同样的条件或同样的压力下做出反应的。假设同样的一些人处于不同的情势中或不同的人处于同样的情势中仍会做出同样的决策，那么只会得到一种怪异的哲学，它意味着下面两种理论中的一个：要么，外交是严格被非个人因素决定的，个人行为体虽然处于国际舞台的前沿却只是照本宣科；要么，政治单元的行为就必须是由一个可以被理性定义的"民族利益"支配，云谲波诡的内部争斗和制度变化都无法改变（或都必须无法改变）它的定义。在我看来，这两种哲学中的任一一种都不符合事实。

斯大林是否同尼古拉二世有着同样的历史世界观？尼古拉二世的继承人是否会同在与王朝继承者的斗争中胜出的布尔什维克积极分子有着同样的历史世界观？希特勒对德国未来的看

法同施特雷泽曼（Stresemann）或布吕宁（Brüning）的看法会一样吗？某个民主党派的首领或某位霍亨索伦（Hohenzollern）家族成员在当时会不会让德国去攻击西方民主国家和一个采纳了元首制和德意志第三帝国制度类型的苏联呢？

读者可能会表示反对，认为这些都是伪问题。因为这些问题的答案显而易见都是否定的：希特勒的战略和战术当然会同施特雷泽曼或普鲁士国王某位后裔的战略战术大相径庭。战略，指的既是长远目标，同时也是让战略选择能够被理解的历史世界观；战术，指的是日复一日所做出的反应，是为了达到事先确定的目的而采用的手段的组合。断言一个政治单元（民族性的或帝国性的）的战略和战术无论在何种制度下都保持不变，这简直荒谬绝伦。从这个意义上说，认为苏联的外交是共产主义的而非俄罗斯的这种主张也就没了争议。不管怎么说，举证的责任在那些想要否定回答的人身上。

一旦超越这种显然性，就会引出真正的问题。对外政治在284何种程度上会随着政体的变化而变化？让我们马上明确一点：这不是一个理论问题，而是一个实际问题。问题的答案或许也会随时代和局势的变化而变化。比如在我们的时代，政体的更替会导致外交的巨变。国家意识形态对对外行动的影响并不亚于社会组织对其的影响。

让我们先以德意志第三帝国为例。希特勒的冒险受到了一种由来源芜杂的多种理论混合而成的哲学的启发：戈宾诺（Gobineau）或休斯顿·张伯伦的种族主义理论，麦金德和豪斯霍费尔（Haushofer）的地缘政治理论，对被视作劣等人（Untermenschen）的斯拉夫人的蔑视，对被视作被诅咒民族且必须像害虫一样被消灭的犹太人的仇视，向东欧方向扩展人口居住空间的需要，对被喻为弱者的闪米特宗教——基督教的厌恶……没有任何魏玛共和国的政治人物在 1930 年时会认为，希特勒在完全有意识的情况下于 1933 年开始的那些行动有实现的可能性：重新武装德国，兼并奥地利，解决捷克斯洛伐克，让法国丧失战斗力，侵略苏联，等等。[①] 这些目标中的一些在希特勒那里和在德国保守主义者那里是一致的（扩大空间），另外一些则与绝大部分德国大众的期待一致（权利平等、重新武装、德奥合并）。无论是对德意志帝国时代无限缅怀的人，还是魏玛共和国中的政党，都没有因受到这样一种世界观的激发而抱有如此巨大的野心。

相比战略，战术或许更为希特勒所专。他的战术与传统战术或民主战术有着深刻差异，因为它将国家内部斗争中行之有效的方法运用到了国际舞台上。战略得到扩展，用二十年前流行的表达来说，它包含了对宣传持续不断的运用，而正是这点补充且翻新了外交的传统方法。在第一阶段，"挑战"战术一直是成功的工具。比起遵循传统外交的做法——向更强大的意志屈服，希特勒像自己才是游戏主人一般行动，他将对手们置于被挑战境地，看他们会不会在和平时期动用武力来限制他的举动。

肤浅的观察家会把 1939 年《苏德条约》的签订视为斯大林或希特勒的外交都不是意识形态外交的一个证据，然而如果正确地对之加以解读，就会发现，即便它构不成对上面这个结论的反面证明，它至少还是构成了我们时代的政治制度会影响

---

① 我并非在断言，自 1933 年起希特勒就知道他接续不断的行动的每一步。不过，他的确清楚地知道自己希望达到的目标：战胜苏联，扩大德国的空间。

事件进程这一结论的一个证明。事实上，一个同魏玛共和国相似的政体或者一个由 1900 年时的沙皇制度衍生出来的政体，想要在一夜之间就反转自己的宣传，是不大可能的。魏玛共和国的确同苏俄签订了《拉帕洛条约》，而且国防军也与苏军合作进行了武器试验，王国国王和帝国君主们也曾给出瓜分波兰的先例。但是，在 20 世纪，所有非革命政体的外交都已经丧失像 1939 年斯大林和希特勒那样对成规嗤之以鼻、加以蔑视并抛弃的能力。由于不得不说服公众，不得不把盟军描述为好人、把敌人描述为坏人，守成的或议会制的欧洲国家所秉持的外交在长远目标上都很节制，在每时每刻的操作余地也十分有限。只有在那些其执政者在短期内拥有相对于公众舆论的钳制而言几乎完整的自由的政权中，才有可能在不深深扰乱被统治者心绪的情况下做出像这一秒焚弃他们曾经崇敬的、下一秒又崇敬他们曾经焚弃的这种极度出尔反尔的举动：被统治者中的一些人对所有宣传都不采信，另一些人随时随地都将宣传奉为真理，最后还有一些人则理解他们的统治者所耍的必要伎俩并期望其奏效。

顺着这一思路，我们可以得出如下观点：一方面，政权权威越重，即执政者越少受到社会群体或公众舆论压力的牵制，外交战术就越具弹性；另一方面，外交的目标会随着政权的不同而变化，政权越是意识形态化，外交目标就越会严格地被政权所决定。这两个观点很可能都不具备太多指导性，而且它们都还需要在某些地方被加以修正。说战术的弹性是以执政者采取行动的自由为尺度，这更多是一个平淡无奇的叙述，而不是什么法则。另外，如果执政者真诚相信事先确定好的某种历史性的未来进展，他们就不可能不把自己的计划同这种预言的前景联系起来。由此，我们就无法得出个人决策永远不会被意识

<small>285</small>

形态所影响或战略总是具有刚性等诸如此类的结论。

让我们再以苏联的外交行为为例。大致上说，它不但在战术上富有弹性，同时也在目标和世界观上保持了稳定。评论者们倾向于否定意识形态对此的影响，期望证明苏联的绝大多数决定都可以用所谓的理性来解释，也就是说可以用力量计算来解释。与德意志第三帝国的条约将战事抛向了西边，这符合了无论哪种制度下的苏联的利益。东欧国家对莫斯科的依附在形成一种缓冲保护带的同时还回应了泛斯拉夫主义的传统野心。苏联同美国的冲突也符合所有历史前事，可以说其反映的都是暗含在美苏冲突下的力量关系的几何形态：两极体系下的两个超级大国由于地位原因而互为敌人。虽然这种理解模式并非错误，但它片面、不完整，而且还可能会导致归纳中的错误。

战略刚性和战术弹性之间的反差并非仅仅因为战略具有意识形态特征而战术则是非意识形态的。苏联的意识形态虽然不会产生战术弹性却也允许弹性的存在。马列主义的历史视角本质上可以归纳为一种政体更迭，社会主义接替资本主义，即社会主义是由与无产阶级一致的共产党的权力来定义的。但是，生产力发展程度并没有规定不同国家进入社会主义的先后顺序。在进入社会主义的方式上，它可以是由内部引起的，也可以是由外部推动的，可以是由于危机，也可以是因为战争，可以是经由国家政变，也可以是通过苏联红军的干涉。最后，一旦建立了第一个所谓的社会主义国家，战争要么是发生在资本主义国家之间，因为它们都注定是帝国主义，要么会发生在社会主义阵营与资本主义阵营之间，因为从长远来看社会主义注定会获得胜利。

无论事件的具体进程如何，都总能找到一种可能成立的解

286

释，或更确切地说是一种可能成立的理论。美国和英国是否有争端？没有比这更符合逻辑的看法了，因为这两个经济体相对立。盎格鲁－撒克逊人之间达成同盟了吗？是的，既然如此，好吧，那就说矛盾是体现在它们的亲密合作中。苏联同德意志第三帝国达成权宜性质的协定了吗？双方代言人因为两大革命得以相遇而互相庆贺。同一个苏联是否又出于局势原因而与西方民主国家进行了联合？的确，布尔什维克在左派大家庭中重新成了社会民主党的兄弟。战争先是发生于帝国主义国家之间，然后，社会主义国家和资本主义国家之间的战争就很有可能依次发生了。

苏联甚至连最后的目标也都含混不清。希特勒的战略目标——在扩大的空间中建立日耳曼帝国——是具体确定了的。苏联的战略目标却并非同样清晰。它的目标是让被莫斯科的人们一致称为社会主义的那种政治体制（一党掌权，与无产阶级一致，等等）遍布世界吗？还是建立苏联或共产党（布尔什维克）的世界性帝国？这两种目标仅仅在社会主义阵营的统一性在与资本主义的斗争中得到维持这一条件下才等价。最终，战争本身就不再是社会主义赢得普遍胜利之前不可避免的阶段。

那么，我们是否应该因此而认可那些否定意识形态的影响，且把不同政治体制下政策的不同仅仅归因于制度（归因于决策模式的不同）的人呢？即便是在苏联的例子中，这种结论也是错误的。布尔什维克的世界观不允许苏联领导人在第二次世界大战期间不去怀疑同西方民主国家联盟的持久性和真实性。敌对的意识形态即便在双方合作期间也由学说所左右。美苏对立处于力量关系的几何学中：个人之间的恩怨即使并不是由意识形态的对立而引起的，也是被这种对立放大了的。不过，更有甚者：学说的影响在两个例子中都改变了力量计算和对民族利益的界定。

所谓的现实主义政治会想方设法地减少敌人现有或潜在的资源，增加自己盟友的各种资源，赢得中立国家对自己事业的支持。斯大林在南斯拉夫拒绝服从莫斯科领导之际把南斯拉夫视为了敌人。如果苏联和南斯拉夫在过去没有宣称过奉行同一种意识形态，我们是否还会把苏联－南斯拉夫的关系理解为争执？为什么赫鲁晓夫没有执意秉持对中国的担忧态度，即便当时的西方不停将中国描述成由"贫穷不堪、不计其数"的黄种大众①所构成的威胁？他为什么依然还是帮助了中国的工业化呢？那是因为根据共产主义的世界哲学，一个社会主义国家对另一个社会主义国家构成不了危险：空间和人口的论据无法，也不可能完全说服奉马列主义经典为圭臬的忠诚信徒。同样，既然各自依照自己学说行事的中苏双方在联合和敌对上做出了不同的预见，民族利益的计算又怎么可能不随政体的变化而变化呢？

事实上，在我看来，只有把苏联的思考方法同一种意识形态结构联系起来，才能真正一一去理解苏联在过去对待希特勒，对待自己的战时盟友，对待自己的卫星国，对待二战时期的美国，以及在今天对待美国和中国的那些行为。②

那么，是否有可能就政体更替给外交所带来的变化之程度而提出一些概括性主张呢？我们可能马上就会想到，一场革命引起的外交后果大小与它从主要行为体那里得到的关注程度的

①　我们没有忘记戴高乐的这种说法。
②　即便在战术层面上，对形成了莫斯科领导人外交行为特征的那些独特性和规律性进行观察，也不是不可能的。参见 N. Leites, *The operational code of the poliburo*, New York, 1951。

287

大小一致。事实上，所有对外政治行为都需要包含能够适应局
势的部分。这个对环境加以适应的部分占的比重越大，可以发
挥主动性的部分就越小，行为体自己所能发挥的作用也就越小，
换句话说，行为体自行支配的力量就越小。

然而，这种观点也有需要修正之处。从定义上说，一个二
流国家是无法决定国际上的主要事件和外交对立的类型的。是
希特勒的成功而非墨索里尼的成功，改变了欧洲历史的进程。
但是，在异质体系内部，国家内部不同观念的信奉者之间诡谲
多变的冲突，却有可能让国家从一个阵营改换到另一个阵营或
者变得中立。小国的"民族利益"远远没有远离意识形态的考
量，在异质体系内，它们的"民族利益"也是同这些考量密不
可分的。在 1960 年，没有人能够在定义法国的民族利益时不去
考虑当时局势压力下的政体选择问题。

为了让认为政体无关紧要的理论看起来像回事，就必须想
象数世纪以来的外交体系是在无限空间中的一个相对同质的体
系，所有行为体都必须或多或少遵循了相同的外交和战略的不
成文规则。外交领域的地理稳定性标示出了各种国家的扩张路
线。在 19 世纪末，西方国家就是世界大国，当这些无论是在共
和政体下还是沙皇制度下的国家都遵循了有节制的马基雅维利
主义内阁外交并以此结成相互关系时，外交决策机构对观念和
政体的无视就变成了一种随着文明进步才近乎被实现的理想。
然而，必须要靠非同寻常的盲目才有可能把这个时期的外交模
式美化成一种永恒模式。

二 民族国家不变性

越过上面这些观察——实际上要不是有些学者执意要去否

定它们，不然对它们着墨如此之多也几乎是无用的——我们可
以提出一个真正的问题，那就是有关"民族国家不变性"的问 288
题：一个共同体的"民族利益"在整个历史中都从根本上始终
如一吗？

在第九章中，我们已经说明了为什么"国家利益"不能作
为理性决定的对象。如果经济学家可以毫不犹豫地将某些最大
值（资产的、国民产出的或收益的）作为目标的话，那是因为
经济是一种手段科学。经济学家不会告诉人们或共同体应该拿
他们的资产去做什么（而且这是相对于欲望来定义的）。如果
社会学家能够从理性上说出什么是国家利益，他们就可以以科
学的名义对国家决策者指手画脚了。然而，他们却什么也说不
出来。力量的最大化并非显而易见地就是必需，因为这意味着
要把共同体资源中所有的可能部分都抽调出来供国家使用：为
什么人们就应该成为国家强盛的工具，而不是相反呢？权力的
最大化也并非必需，因为人类素质并非由一个个体或一个集体
所拥有的强迫他人的能力来衡量。简而言之，能够为政治单元
所追求的目标极其多元，此其一；权力在对外和对公共福祉
（城邦凝聚力或公民道德）上具有根本的二元性，此其二；这
两点让民族国家利益本身就是一个需要寻求的目标，而非一种
行动的准则。

在不再重复上面这个论据的情况下，我们还可能提出这样
的问题：这些不确定性是不是通常存在于理论上，而非实践中？
严格说来，不存在任何由科学所界定的"集体利益"：事实上，
经济学家们虽然就实现集体利益的手段并非总能达成一致意见，
但他们不是大致上同意存在着某种集体利益吗？同理，一旦我
们从外交和战略的现实主义计算来看，是不是也可以很容易就

在实践中把握住"集体利益"？我认为这种观点严重错误：存在于实践中的不确定性同存在于理论上的一样多。

从经济层面上讲，对时间加以考量会增加在个人利益到集体利益过渡中的不确定性。这里更多涉及的不是知道一些人的致富是不是以另一些人的牺牲为代价的。经济增长即便为某些社会群体或个人带来了至少暂时的贫困化，从中期来看它还是大致改善了整个人群的生活质量，它甚至还有助于减少不平等。但是，如果我们引入对时间的考量，统治者和他的幕僚们就必须每时每刻都让现有的消费需求与积累需求达成平衡。没有理由优先考虑未来一代人而非当前一代人，相反，也没有理由去优先考虑当前一代而非未来一代。最优增长率本身并不存在。苏联经济和西方经济的对立以及西方世界内部对增长率比较进行的争论，证明集体利益的这种模糊性还具有政治和历史意义。

如果我们不以共同体整体为考虑而只关注共同体内部一个群体的情况，就会发现，即使在严格的经济层面，也还存在着另一种不确定性。在经济层面，阶级，这个在假设中被视作一个凝聚性群体的存在，它关注的是尽可能地占有国民收入中的最大份额。然而，如果在另一个政体中，它是否能够获得更大的份额呢？非特权阶级的利益是应该在既有政体框架内被界定，还是应该以另一个政体为参考来确定呢？改革还是革命这一抉择是摆在期望改变既有秩序的人面前的首要问题。没有哪个选项是免费的。如果以革命为目标，阶级通常会丧失那些它如果选择在既有政体框架下行事所能获得的好处。

这些经济的不确定性也有其政治层面的对等物。国家对相当一部分资源的动员，（一般情况下）会减少用于投资的资源总额，也就是说它牺牲了国民产出的增加。对现有力量的动员抑制了潜在力量的增长。和平时期维持一支庞大军队的成本，在没有得到新领土或新资源这类补偿的情况下，就相当于是在消费：它抽取了累积的收入。在军备和投资之间进行选择实际上是在当前一代的消费和为未来一代谋福利的投资之间进行选择的一种形式。

通过内部发展或征服令力量得到增长，就相当于让共同体内部的一个阶级致富。这种增长被推动到某种程度后，会产生抵消其作用的反作用（至少在外交体系框架中是如此）。其他政治单元会认为自己受到威胁并且互相联合，以寻求平衡他国的这种不相称增长所带来的力量优势。是否有可能存在一个对于共同体个体而言的最优点，在这个点上，共同体能够拥有处于对手国容忍限度内的力量最大值？即便这个点在理论上存在，理性地讲，国家决策者也不是必须就要将其作为目标：强大与危险相伴，随安全而来的是平庸，为什么国家决策者们就不会认为强大更可取呢？

正如非特权阶级更多是把他们的希望放在革命中，而不是选择在既有政权给他们安排的命运中苟且，国家也会事先接受一旦它成功就会招来对手敌意这一事实。它把实现另一种体系或实现完全不同的另一种力量关系格局作为目标。德意志的统一以及统一的德意志帝国对奥地利和苏台德的兼并，是不可能不促成俄国人和盎格鲁－撒克逊人关系的亲近的：这是否就意味着德国（哪种德国？）的民族利益与这些宏伟计划相悖？

最后，共同体力量或权力的最大化，即使对于作为这个共同体成员的所有个人而言，也没有引起任何不利于它自己的反作用，它也不一定是他们的理性必须。那些希望第三帝国垮台的德国人真的失去理智了吗？所有爱国的人应该都会期望他的国家拥有最大的空间、最有利的边界、相对更强大的权力，然而这些所谓的明显事实却很少能够在历史中长时间存续。天主教徒和新教徒就置他们的教会于主权之上。法国大革命时期的流亡贵族们也心安理得地同革命武装厮杀。德意志第三帝国招募到了心甘情愿同共产主义做斗争的人——虽然这些人的数量比苏联招募到的在世界各地活动的共产主义积极分子要少。

为什么这些没有争议的事实通常都被看轻或被埋没？为什么民族国家相对于政体具有至高无上的地位这点，能够在历史学家（特赖奇克）、评论家（沃尔特·李普曼）或国家决策者（戴高乐）的笔下一再出现而成为一种历史哲学的深刻视角呢？首先让我们回忆一下我们已在多处提到的一些事实。

地图上的位置给一国的外交或战略强加了某种方向定位，这些方向定位即便不是永久不变的，也有可能是能得到长久维持的。这个位置在有形方式上的界定越多，方向定位就越能够持续。外交体系越是稳定，政体的变化对方向定位的影响就越小。英国发挥自己的岛国优势以阻止欧洲大陆上任何霸权的形成并且让自己建立起了一个海外的商业帝国，就这点而言，它让观察者和对手国觉得（尤其在事后），它遵循着一种不变的学说在行事，任何诡谲多变的内部斗争都无法撼动它的那种学说。俄罗斯势必一直受到向没有拘束的海洋扩张的诱惑，没有有形边界的德意志则是交替向东边、西边和南边扩展。不过我们还是要提个醒，苏联对士坦堡①从未表现出像沙皇俄国这个拜占庭的继承者对君士坦丁堡那样的兴趣。根据政体的不同，不同国家不会对一个城市或一个省份的重要性做出同样的评估。

---

① 士坦堡和君士坦丁堡都是现伊斯坦布尔在不同时期的旧称。——译者注

最后，是力量关系而非空间关系在主导现实主义计算。力量关系的空间格局以及身处其中无法移动的政治单元所抱的各种目标会呈现出一种不变性，而这种不变性又会衍生出某种民族政治的不变性。

然而，这种不变性还可以用其他方式来解释。法国人，不论是十字军战士、国王的士兵或是无套裤汉，是否都始终如一？德国人，不论是塔西佗（Tacite）笔下的日耳曼人还是希特勒治下的民族社会主义者，是否都始终如一？以战争时期所具形象出现的民族固有形象，不值得进行科学分析。但是，以下问题还是值得提出：民族性格中的独特性在何种程度上决定了国家的外交或战略行为？外交或战略行为中的不变性又在何种程度上可以作为支持民族性格持久存在这一假设的有利证据？

这里不是要展开对民族性格概念的批判性研究。我们将仅围绕我们本身讨论的问题提出一些必要的评注，亦即弄清楚"民族性格"可能对外交－战略行为产生的影响。

性格这个概念属于心理学范畴，而非生物学范畴。它适用于一种反应模式，不管是先天遗传的还是后天获得的。我们将个人对情感、欲望和激情的特有体会和显露方式称为性格。某一个体总是易于发怒，另一个体却总是很安静；某一个体在孤单中也感到幸福快乐，另一个体却对此深恶痛绝；某一个体总不满足，一直寻求消遣娱乐或提拔晋升，另一个体却安于现状、不思进取。性格介于气质和个性之间，气质是身体和心理条件的表达，而个性则是个体以气质为基础，并结合自身经验出于部分自愿建构起来的。

心理分析师从性格——一种永远不会完全固化的独特反应模式——中看见的是天然禀赋和早期生活经历共同作用的结果。

一些心理学家认为遗传禀赋的分量很小，另一些则认为早期生活经历的作用不大。最极端的情况还是有些心理学家否认天然禀赋的作用，假定绝对自由的存在，从而把性格诠释成为屈服或懦弱所找的借口：这个人以他的心不在焉为自己的疏忽找托词，那个人以自己需要改变为理由来为自己的不忠诚辩护。即使在这种情况下，性格也没有消失：它依然是行为举止的法则，被其他人看在眼里，与此同时，每个人都在以自己的选择来自由创建自己，不停地更新自己。

如果我们想要把同样的概念运用到共同体身上，马上就会出现第一个含混不清。民族性格是否取决于这个共同体中拥有同样性格的人的数量？又或者，民族性格是否位于个体心理之上，处于被人类学家称为文化的这个层面？每个共同体都有自己的价值等级体系、一个（或多个）模范生活的代表。每个共同体也以**它自己的**方式来抚育孩子，在家庭、学校及公共场所中以"符合规范的"言谈举止教导之。行为准则因国家而异，而且在国家内部也会随着时间的推移而变化。文化赋予了对诸如爱与抱负这样的永恒欲望的表达方式。不论暴躁易怒或富有抱负的公民数量是恒定不变的还是会因种族或民族的不同而异，人们表达愤怒和抱负的方式各有不同，对和平及竞争的评价也不会一样，对统治他人的骄傲也有的敏感有的冷淡。

外交－战略行为属于那种可以由人类群体的心理－文化遗传确定的反应模式。孟德斯鸠和托克维尔都没有用所谓的科学方法，而是用一般语言提供了在我看来适用于民族性格的"印象主义"诠释以及以民族性格解释外交特征的例证。

孟德斯鸠所说的"一个民族的精神"虽然同民族性格一样都属于含混不清的概念，但很可能比民族性格这个概念更可取，因为它更加强调文化和历史传承的分量。"很多东西都影响并支配着人：气候、宗教、法律、施政的准则、先例、社会风尚及规矩。其结果就是形成了一种具有普遍性的精神。"① 法兰西民族并非生来就是它现在这样，它是由经历的那些事件、逐渐形成的社会习俗以及施政模式共同造就出来的。民族精神更多是一种结果，而非一种起源。它让民族的命运可以像一个单独行为那样被理解，但不应该停止对它本身的探究；它有助于我们理解，但其本身也是需要被解释的。孟德斯鸠将一种典型外交归因于民族的特异反应："英国……对别人在它土地上开展的商贸极端戒备，它很少让自己受到条约的限制，而且只依赖它自己的法律。别的民族国家都是让商业利益服从于政治利益，英国却一直让政治利益服从于商业利益。"②这里，心理学意义上的性格几乎毫无作用。这里涉及的是一种风俗习惯，一种由地理位置和长年累积经验转化而成的第二性情。

《旧制度与大革命》一书末尾对法兰西民族形象的描述生动形象、华美壮观，但在我看来，它展现的不过是对民族国家不变性的一种典型合理诠释：

> 当我考虑这个民族本身时，我发现这次革命比它历史上的任何事件都更加惊人。请问世界上是否有过这样一个民族：它在行动中是如此充满矛盾，如此爱走极端，比起遵循原则的指导而言，它更多是任凭感情的摆布；它总是比人们预料的更好或更糟，时而在人类的一般水准之下，

① *De l'Esprit des lois*，XIX，4.
② *Ibid.*，XX，7.

时而又大大超过一般水准；这个民族的主要本性经久不变，以致在两三千年前人们为它勾画的肖像中，就可辨出它现在的模样；同时，它的日常思想和好恶又是如此多变，以致最后变成连它自己都没有料想到的样子，而且，对它刚做过的事情，它常常像陌生人一样吃惊；当人们放手任其独处时，它最是深居简出、因循守旧，一旦有人把它从家宅与习惯中硬拉出来，它就准备前进到世界尽头，无所畏惧；它桀骜不驯，有时却更适应于专制帝国甚至强横君主，而非由主要公民组成的常规的自由的政府；今天它坚决反对逆来顺受，明天它那股俯首帖耳的热情又让那些最长于受人奴役的民族都望尘莫及；只要无人反抗，一根纱线就能牵着它走，然而一旦什么地方出现反抗的榜样，它就变得再也无法控制；它总是让它的主人上当，它的主人要不是对它过于畏惧，就是对它的忧惧之心还不够；它从未自由到绝不会让人奴役，也从未奴化到再无力量砸碎桎梏；它适宜于做一切事，但算得上出色的只有战争；它对机遇、力量、成功、光彩和喧闹的崇尚，胜过真正的光荣；它长于英雄行为，而非德行，长于天资，而非常识，它善于设想宏伟蓝图，而不适合去尽善尽美地实现伟业；它是欧洲各民族中最光辉、最危险的，天生就最适于变化，时而令人赞美，时而令人仇恨，时而令人怜悯，时而令人恐惧，但它绝不会令人无动于衷。①

---

① Alexis de Tocqueville, *L'Ancien Régime et la Révolution*, Paris, Gallimard, 1952, Œuvres complètes, t. II, pp. 249 – 250. （译文部分参考了冯棠翻译的《旧制度与大革命》。托克维尔：《旧制度与大革命》，商务印书馆，1997 年，北京，第三编，第八章，第 241～242 页。——译者注）

对法国人政治行为的各种看法并非总在同一个具有普遍性的层次上。比起偏向于专制政体而非"由主要公民组成的常规的自由的政府"而言，不守纪律与服从的共存或交替很可能是一个更加具有持续性的特征。不管怎么说，所有这些特征都是在对法国历史上的大多数时期进行整体描绘，它不解释任何一个单独的时期。关于对外政治，托克维尔强调了两种倾向："它对机遇、力量、成功、光彩和喧闹的崇尚，胜过真正的光荣……它善于设想宏伟蓝图，而不适合去尽善尽美地实现伟业……"这些观点无异于将实际行为和事件归因于"倾向"。它们阐明了我们称为"行为风格"的东西，它历经突然变故以及技术和信仰的变迁却恒常不变。

在我看来，在对外政治中的确可以辨识出相对不变的"风格"。不过，这种风格会根据情况的不同，或接近于理性计算，或接近于心理－社会倾向，或接近于文化系统。经济考虑对英国对外政策的影响是一种由必要性结晶而成的习惯。法国对荣耀的孜孜以求，不但来自贵族遗风在价值体系中留下的烙印，还来自每个人心中从学校教育那里所习得的竞争精神向共同体自尊的转换。外交，时而严守法度，时而又会激进到像美国那样一定要求无条件投降的程度。它可以由民族的过去——美国拒绝践行欧洲外交中那种过于文明化的马基雅维利主义——以及粗暴和压抑的结合共同来解释。

这些例子仅仅具有说明性价值。每个例子都还需要冗长的批注。上面的看法中没有任何一个可以说是揭示了真理的。我们想指明的仅仅是对民族性格的不同理解类型，以及那些我们可以合理设想出的民族国家不变性。我们将以下面这些表述来进行概述总结。

无论我们赋予作为民族的法国人、德国人、西班牙人和英国人怎样的不变性，心理－文化特征从来就不是政治单元外交－战略行为的唯一原因。外交－战略行为具有过多的工具性，其中包含着权重过大的计算因素，以至于在背景条件变化的情况下即便是同样的行为也不会表现出同样的"特征"或同样的"精神"。如果我们对外交的不变性加以观察，就会发现这些不变性同地理、技术或政治形势的持久性之间的关联并不亚于同民族性格之间经久不变的关联，甚至与前者的关联更甚于与后者的关联。当上述形势发生改变时，和以前依旧相似的并非行为本身，而是从严格意义上说的风格。

不过我们所说的风格并没有包括侵略性、和平性或不人道。民族固有形象会随着政治机遇的起伏而变化。当一个国家扮演"扰乱者"的角色时，这个民族国家就会被它的邻居们和国际舆论看作在本质上就是帝国主义的。在雅各宾专政的恐怖统治时期，全欧洲都在谴责法国人的残忍。没有任何民族垄断了恐怖，尽管将 600 万犹太人屠杀构成了迄今为止的一个特例：作为屠杀技术的理性化结果，一种古老的实践演变成了一种有组织的种族灭绝。

294　　或许拥有《菊与刀》①文化的日本民族因这种文化而寻求成为一流民族。这种寻求可以将日本引至德川幕府的闭关锁国，也可以促成它在 20 世纪前半叶的军国主义，还可让 1945 年以后的日本和平主义之花绽放。也许法国的教育制度让法国人更倾向于爱慕荣誉，而这种对荣誉的爱慕也可以通过其他不同于战争或让三色旗飘扬于扩张后地域的另一些方式来满足。只要

---

① 鲁思·本尼迪克特（Ruth Benedict）关于日本的著作。

婴儿依然在俄式襁褓中动弹不得，俄国人就并非一定要采用侵略性外交。"基本个性"和"民族精神"一样，都无法预测国家的行为。

三　民族国家和民族主义

存在这样一种哲学，它将方法与内容混淆，将力量计算的持久性与目标和方法的伪不变性混淆。这些混淆在 19 世纪末是被明确表露出来的，时至今日，尽管它们已不再被系统地表述，却依然发挥着影响：按这种哲学的说法，民族国家应该是历史舞台的主角，在某种意义上也是唯一的真正行为体，是不论怎么说也会在历史长河中留下成就的行为体。"纳粹主义将成为过去，德意志人民依然会存在"这一表述看起来理所当然，直到把它运用到邻国身上才会出现问题。我们是否不得不说："共产主义将成为过去，俄罗斯人民或俄罗斯帝国依然会存在？"当政体成为过去之时，延续下去的人民是什么？然而直到现在为止，我们一直是把政治单元和政体分开来看的，以当代的例子来看，我们内在地假设了政治单元都属于同一类型，正如亚里士多德研究政体影响时假定所有希腊城邦都属于一种政治单元类型一样。现在我们必须在探究**政治体制**的影响的同时，考察**政治单元类型**的影响，也就是要对这两个概念之间的关系进行分析。

衍生出国内政治和对外政治区别的首要现象是社会秩序的多样性，每一种社会秩序都被强加给**同一**共同体的所有成员。规范支配着集体存在，而它所具有的强制性特征以及这些规范本身所具有的多样性又创造出了**同胞**和外夷之间的对立。外夷，就其本身而言并非总是敌人。有时候，一些小型封闭社会对外夷的习俗也可以不抱敌意地表示出好奇或漠然。将个人系于**其**群体的纽带力量以及支配着各群体行为的强制性之间的不兼容，仅仅引起了**相同者**与**他者**之间的对立，也可以说它仅仅是把人类分割成了相互分离的不同种类。

托克维尔①及继他之后的人都在一些印第安部落中观察到了一种制度性分离，而这也是发生在复杂社会中的分离现象的先声。一般情况下，部落是由某位世袭"国王"来治理，然而295 一旦战争爆发，部落就会指定一位首领来率领众人战斗。迪梅齐（Dumézil）在处于历史初期的印欧人口那里发现了宗教首领和军事首领的双重存在，而这在一些上古社会就已经现出端倪。这种双重性是通过分析就可得到的一种本质区分。所有共同体都包含了双重定义：对内，共同体是由一套规范系统或价值系统定义的；对外，它则是以独立自主或军事主权来定义的。外夷就是那些可以与之战斗至死也不算犯罪的存在。

卡尔·施米特在 1932 年出版了一本名为《政治的概念》（*Der Begriff des Politischen*）② 的小册子，他在其中将朋友与敌人之间的对立假设成政治的根源和本质。在我看来，这个理论的言下之意就是，对外政治是首要的，或者至少是，政治不应该在没有以共同体多元性为参考的情况下被定义。在政治单元内部，政治不包含朋友和敌人之间的对立，它是一种支配一切的秩序，而这种支配又因为习俗或信仰而具有合法性。哲学思考不能够也不应该将至死方休的斗争设定为秩序的基础，即便在所谓的文明阶段——共同体通常内部分裂为不同党派，而每个党派为了锻造符合它们自己偏好的秩序而准备像对待敌人一般

---

① Œuvres complètes, publiées par J. P. Mayer, t. V, p. 74.

② Munich, 1932.

对待自己的对手，又或者它们有时候是被逼这样做的——也不应该如此。①

想要在思想和行动上竭力实现美好社会的那种哲学，倾向于将政治单元的多元性看作障碍。如果时刻都面临他者或外国人——无论其远近——闯入的危险，又如何能做到按照理性去生活呢？我们已经看到，在人口方面，柏拉图和亚里士多德试图在对善的追求和自卫的需要之间寻求折中。然而，理想地说，好的社会应该是独自屹立于世的，它要么被隔绝到一个孤岛，要么因广袤沙漠而自成一个世界。那些暗示美德社会自会获得命运嘉奖的思想家也不再会将美德和政治美德区分开来。有时候他们还会抱有那种约定俗成的乐观态度，即认为公正的社会本身就是强有力的社会。

在数千年的文明（或复杂社会）中，"文化"作为由习俗和信仰支配的集体生活方式，同在与其他共同体冲突的情况下的"军事秩序"的区分是以"文化共同体"和"政治单元"的区分为形式的。从理论上讲，这两个概念中没有一个是完全清晰的；"文化共同体"和"政治单元"之间的界限也很少被精确划定。不过，也正因如此，在同一面旗帜下战斗的人才未必总是尊崇同样的神明，进行你死我活的斗争的人有时候也会有同样的信仰。换句话说，"文化秩序"和"军事秩序"之间的各种关系总是不停变动。有些"文化秩序"具有同源相似性，却希望在政治上独立自主，而且它们还不断投身以频繁战争为表现的持久对立当中。有些被被统治者毫不在意就接受了的

296

---

① 同一社会中作为对手的成员之间的仇恨以及这种仇恨导致的残忍，比起同外国人之间的仇恨和残忍来经常是有过之无不及。然而，即便在白热化的战斗中，国内对手还是认为他们注定要生活在同一个共同体中。

"军事秩序"，却可以超越文化多样性而存在。

要在语言或风俗上具备怎样的相似性才能建立起一个部落单元或一个民族单元？为此而去寻找单一标准的努力很可能都是徒劳的。尽管凯尔特或日耳曼各自的部落之间也存在方言区别，但语言还是将凯尔特人和日耳曼人分离开来。今天，在前比利时属地刚果，同样也是语言将不同种族大致区分开来。然而，被欧洲殖民之前的那些非洲的王国或帝国，却是由军事胜利以及这些胜利创造出的支配关系的固化共同缔造的：一个部落或部落的一个分支变成了统治阶级或军事社会集团。

文化共同体和政治共同体的不一致性也因此成了人类历史进程中的一个规律而非特例。这种不一致性主要是由两个因素导致的：政治单元，比如希腊城邦，其不一致性既来源于征服者对外族人民所实施的支配，也来源于由一个民族分化而成的、受到强烈独立自主意愿推动的不同军事单元。斯巴达人对其他希腊人而言并没有像对雅典人而言那么帝国主义，但斯巴达人自己的秩序又是由必须维持对他们之前的那些土地占有者的奴役这一需要所支配。城邦中的奴隶和在城邦侨居的外国人，其本身既非外夷也非公民。有时候他们参与到主人的文化中且得到公民身份，有时候他们虽然在主人身边生活却几乎得不到承认。

希腊城邦是一种集军事和政治于一体的秩序，而且它也自愿如此，因而它是一个人在其中就可以成就自身人性的共同体。人只能在同其他人在一起的时候成为人，人并非仅仅因为处于根源于生物性的家庭和群体中而成了人，但是在公共场合或战争领域，议员或战士与其他人在一起是为了决定真正的共同存在方式。既有御敌之大又有让所有公民彼此认识之小的城邦是一个天然单元，其政体是与个体和共同体之本性的终极性相符合的组织。

　　民族国家在 19 世纪末的历史学家或欧洲思想家眼中如同城邦在希腊思想家眼中一样自然①。在民族国家中，文化共同体和军事秩序聚合起来共同创造了政治单元，政治单元既因为所有个人都享有公民身份而是**符合自然的**，也因为倘若每个民族国家都完成了自己的使命，和平便会重新降临于这些获得自由且成为兄弟之邦的各个集体存在之间而是**理想的**。曾经的希腊人却没有 19 世纪的人那么天真：他们没有忽略，政治军事单元因为谋求独立自主而相互对立，又因为彼此间力量关系的不稳定而注定相互猜忌。

　　即便自主政治单元的这种多元性不是权力政治的始作俑者，有关民族性的哲学中所具有的这种乐观主义依然建立在了历史真相的错误展现之上。民族原则使冲突起因增多的程度并不亚于王朝原则。如果我们将民族性群体定义为一个有着自己的生活方式和文化，具有认为自己是独一无二的这种意识且希望将其保持下去的这样一种人类群体，那么，民族性群体就大致可以从外部辨识，尽管属于"外夷"的民族性群体之间的界限与同一民族性群体内部不同群体之间的界限时常难以区分。然而，是否保持文化自主的这种愿望不管在怎样的条件下都可以作为一种要求国家独立自主的正当权利吗？如果隶属于某个语言区域或文化区域的居民希望隶属于另一语言文化区域中的一个政治单元，那么，是应该把现在生者的这种希望还是应该把死者的遗存——也就是两个世纪以前被征服者的法则强加于身且从此被接受成为征服者民族的同胞的那些人的遗存——视为正

297

――――――――――

　　① 指符合自然秩序或具有固有的终极目的性。

当呢？

所有的民族性群体——彼此以自身在语言和文化上所具有的细微差别为特征的人类群体——未必都能缔造出民族，这一谋求成为国家之载体以及成为历史舞台上的自治主体的群体。在中欧和东欧，要不是有人口迁徙的发生，那里的任何国家都不可能成为民族国家。捷克斯洛伐克的多民族性并不亚于奥匈帝国。南斯拉夫所包括的斯拉夫人口，虽然在语言上差异不大，但经历了完全不同的历史，也不属于同一宗教，而且也并非都完全忠诚地依附于这个新国家，虽然这个国家从理论上说是他们共同意志的表达。

民族国家，作为政治单元的理想典型，具有三重特征：其一，所有被统治者都以兵役制和普选制这两种形式参与到国家之中；其二，这种政治意愿同文化共同体的意愿刚好吻合；其三，民族国家对外完全独立自主。一个民族国家总是历史的一种结果、世纪的一个产物。它生于磨难，始于人们经过考验的情感，但绝没有脱离力量的作用——那是政治单元所具有的摧毁了先前存在的政治单元的那种力量，或是让国家得以踏进不同地区或省份以建立统治的力量。

在如此定义下，民族在 19 世纪被视作历史的杰作、数世纪努力的成果。人们共同创造了一个文化，并且通过日日更新的公民投票最终选择在一起生活。每个民族在尊重其他民族的独立自主的同时也确立了自己的独立自主。

然而，情感和意识形态已经发生了改变。今天的人们焚烧了 19 世纪末尊崇的东西。民族其实没有解放人类，用勒南的话说，正是民族将人类带入了动物般的战争之中。期望成为一个民族的愿望膨胀成为一种集体的傲慢，一种关于优越性的自命不凡：既然主权民族都纷纷投入权力竞争中，征服就远远没有被这个新的国家制度所平息，而是频繁加剧。国王之间的战争演变成民族之间的战争。人们相信文化的命运同身份的命运一样都是在战场上决定的。

在今天看起来，对民族进行的谴责似乎同雅典人或斯巴达人应该可以对公元前 2 世纪的城邦发出的责难一样很具说服力。我们已经习惯于把战争作为形容词去描绘政治单元的特征。因为政治单元都是民族政治单元，战争因此也就都是民族战争。如果战争真的毁灭了欧洲，难道我们不能得出结论，民族就是这场共同毁灭的罪魁祸首吗？

从某种意义上说，这种推理无可挑剔。一个外交体系在制造出了数量过多、代价过重的冲突后，它在最后也会走向自我毁灭。一旦这个体系中的所有政治单元都不再强大，甚至都丧失了独立自主性，旁观者就很容易以事后诸葛亮的智慧去谴责身为兄弟之邦却互相为敌的政治单元，正是因为它们没有明白彼此之间的文化相似性，所以它们在一些注定毫无成果的斗争中耗尽彼此。为什么城邦会忽视希腊的爱国精神，而欧洲的民族会忽视欧洲的爱国精神呢？它们之间的共同之处难道不比它们承认的更多吗？将它们彼此分离的东西还无法成为让它们生死相搏的理由。①

这种推理看似合理，但相当缺乏历史感。心怀自治意愿而互相对抗的政治单元常常让文明地带遭到分割。爱国主义，即对民族国家的爱，是对一片土地或一个共同体的自发依恋转移到政治单元上的结果。爱国主义拥有的更多是情感力量，而非对希腊文明或欧洲文明的含糊意识。我们可不可以这样说，如

298

---

① 同样的推理也完全可以用在 1945 年后欧洲的两个部分上，用于白种人的两个部分上或工业社会的两个版本上。

果希腊人没有先落入马其顿、后落入罗马的桎梏，而是自由实现了统一的话，就会在罗马帝国中占据一个完全不同的位置吗？欧洲如果不是因为西班牙、法国和德国相继徒劳地想要获得霸权而展开了残酷无情的战争，而是形成了联邦，那么它在全球体系中会不会发挥与现在完全不同的作用呢？但是，城邦或民族所形成的联邦，在其中的所有城邦或民族都想超越联邦独自成为自己命运的主人的情况下，是否真的能够存在呢？法国人和英国人更偏向于美国霸权，而非德意志第二帝国甚或第三帝国的霸权，他们错了吗？就地理本身而言，美国并不是欧洲的一部分，它也不属于西方文明的发源地带。对于西方文明而言，它的确比希特勒的德国更近或比斯大林的苏联更远吗？

比让我们在事后为当时的人们没有给予他们的信仰和牺牲而感到惋惜的那些政治单元更加广博的单元，事实上都含混不清，因为它们在地图上从未出现过，在人们的意识中也几无真实可言。欧洲人有时候也会协调一致地去瓜分殖民地，或是共同去为他们在中国遭到冲击的使馆寻求报复。如果他们服从的是一个欧洲权力的单一意志而非德国权力、法国权力或俄国权力的意志，他们合起来应该会更强大：亚洲人和非洲人不会认为欧洲这种额外得来的力量对人类而言是好事。如果欧洲人当时实现了统一，从定义上说他们也就不会再相互开战，那么他们是否就可以和平地生活呢？在罗马治下的和平持续的那些世纪里，战争一点儿也不比以前少，变的只不过是其形式罢了。

我们可以因为民族战争也是人民间的战争这一点而去断言最坏的战争就是民族战争吗？可以因此而对人们追求且获得了组建民族的权利而感到懊恼吗？这种断言和懊恼在时下颇为流行：反民族主义者告诉我们，每个民族都认为自己投入的使命才是独一无二的，每个民族都听任一种天真自负的虚荣心的摆布，从而将自己文化的伟大性同国家权力相混淆。当这种自傲出自一个大规模共同体时，它就会把政治单元拽向侵略和冒险。当它在一个狭小共同体中作用，就会导致这些国家解体并且生出更多更小的政治单元。

我并无意否定一旦民族主义不再只是对一个民族和一种文化的合法依恋，而成了一种不纯粹却富有激情的情感时会带来的那种灾祸。但是，那些不但针对民族主义同时也针对民族的批评，却实在过于忽视这种政治单元类型的功劳。民族从原则和目的上讲都是让所有被统治者参与到国家中。正是为了参与到国家中，少数民族才要求他们的语言也被承认。有些历史学家崇尚每种社会功能都被具有某种民族性的人来达成的时代（比如在奥斯曼帝国中），他们却忘记了，这种异质性正是军事征服的结果，而正是这种异质性将大多数人排除在了政治之外。否定现代民族，也就是拒绝把对平等的永恒追求交由政治解决。

被授给千千万万人的公民身份，导致了兵役制的诞生。兵役制本身又提供了看似取之不尽的人力资源，而被战争统帅们在 1914～1918 年扔进战争熔炉中的正是这种人力资源。事实上，谁不怀念国家只动员它拥有资源中的有限部分来战斗的时代呢？在社会底层阶级中招募职业军人假定了社会等级结构的存在，假定了在赋予公民身份上的有所限制以及贵族的特权。君主制的那些时期越是从整体上被认为与当今的民主时期一样好战，这种对旧制度的缅怀就越微弱。对德国而言，它在 17 世纪的三十年战争中付出的代价比在 20 世纪的这三十年（1914～1945）的战争中付出的代价更惨重。

更进一步说，如果我们企图建立民族形式的适当责任，那么就必须做出一些分析性区分。民族的典型理想形式（文化共同体和政治－军事主权趋于吻合；绝对主权；所有被统治者对政治生活的参与，即普选制和当兵光荣）在 1914 年大战前夕的欧洲还远没有实现。欧洲大陆虽然被主权国家割据，但这些国家中的大部分无论从实际上还是观念上在当时都还不是民族性的。1914 年第一次世界大战爆发，而且冲突在传统国家和王朝国家向民族国家转换的阶段表现得尤为激烈。正是政体原则之间的冲突，而非原则本身导致战争的扩大。

300   1914 年前，欧洲国家的对外政治都属于同一种类型。议会民主的外交机制同过于文明化的马基雅维利主义哲学相符合，也同罗曼诺夫王朝、霍亨索伦王朝或哈布斯堡王朝等王朝国家的外交一脉相承。无论我们把一战爆发的责任归咎于哪个国家，在我看来有一点似乎是毋庸置疑的，那就是从战略和战术事实来看，这些不同政治单元的外交－战略行为从本质上别无二致。协约国同意大利达成的秘密协定（为了收买意大利进行干涉）或沙皇俄国同法兰西共和国在 1917 年达成的秘密协定，都包含了兼并土地、割让省份和分配势力范围这些内容。

不过，所有欧洲国家在一战期间的马基雅维利主义，相对于希特勒支持者或斯大林支持者的外交而言还算文明。对他人挑战的手段、对庄重承诺的公然背叛、在国际关系中运用革命行动的手腕、范围的不可预见、手段的惨绝人寰，这些都不再属于内阁外交的现实主义传统，更不属于民族性时代。德意志第三帝国等国家的外交－战略在两次世界大战之间都属于**意识形态的**和**帝国主义的**，从本质上来讲都不是民族的。民族在 1939～1945 年不再能找到它们在 1914～1918 年所拥有的那种凝聚力。意识形态的背叛者，比起希特勒的成功更希望自己祖国失败的德国人，与被他们视为专制独裁的政权进行战斗的俄国人，因为亲近法西斯思想或反对欧洲内战局面而期望德国战胜的法国人，这些人的存在见证了民族不再被所有人作为至高无上的价值和政治组织的唯一原则来感知这一事实。

总结一下：欧洲在我们可以称为民族战争的战争中自我毁灭，因为当时政治单元的组建原则是民族的。这个原则是 20 世纪的战争之所以会具有夸张特征的原因之一。但如果将 1914 年第一次世界大战爆发，或战争扩大到整个体系的责任都仅仅归咎于此，这就不合理了。如果想当然地认为政治单元的超民族原则——大陆的、意识形态的——本身会更倾向于和平，则更是不合理了。如果认为欧洲政治单元本身热爱和平，而民族却尚武好战，这就重复了那些认为民族本身热爱和平而国王们才好战的人的错误。至于那些将意识形态政治单元或帝国政治单元看作过渡形态，而将民族政治单元视为唯一的可持续单元的人，他们又在不自觉间将 19 世纪的欧洲历史哲学标示成了一种永恒存在。

四　军事组织和军事体制

存在着三种世俗权力：经济的、政治的和军事的。人类施展于他们同胞身上的权力可以有三个基础：财富、合法权威、武器。合法权威不可避免地派生于财富或武器，抑或以财富或武器为支撑。根据不同情况，要么财富向发号施令的人聚集，要么号令来自富有之人。没有理由认为这三者在彼此的因果关系或年代关系上总会相同。

正如存在三种世俗权力，每个共同体也存在着三种体制：经济的、政治的和军事的。正如我们希望用政治或经济体制来解释国家的对外行为一样，我们也在军事组织中寻找国家的外交－战略行为的原因。说到底，以战斗为职业的人会对有权选择和平与战争的人产生影响，这不是一件很自然的事吗？

军事体制同经济体制一样，它们都是由对两个问题的解答来定义的：一个关乎技术，另一个关乎人类。第一个问题关系到武器或工具，即关于摧毁或生产手段的问题；第二个则涉及在军营或工厂中的人与人的关系，即在战斗或工作中的人际关系问题。军事组织同经济组织一样都表现出了多方面的固有特征。

战斗活动如同生产活动，它们都具有工具性和合作性：战斗活动需要战斗纪律才能实现期望中的目标，即获得胜利。技术上的绝对必需部分支配了存在于战士和他的指挥官之间的关系（抑或存在于工人和工头或工程师之间的关系）。然而，技术上的绝对还不足以确定战士与军官之间、奴隶与主人之间、农民与地主之间所存在的社会联系的性质，换句话说，它不足以确定那些存在于战斗或生产中的等级体系里的各层级之间的社会联系的性质。

经济体制与生产技术不是一回事，经济体制是由人在工作中的社会关系、工种之间的资源分配、个人之间及阶级之间的所有制和财产分配以及资产和服务的交换模式来决定的。马克思用人类工作关系的独有特征（奴隶、农奴、工薪阶层）描绘了人类不同的经济时代，而且他还以生产力低下赋予了人与人之间旧有的剥削历史以正当性。奴隶制可能的确是生产力低下的一个结果，但它却非其唯一结果，它对生产力低下而言并非必不可少（我们可以设想，在不借助奴隶制的情况下也可以进行对某些人有利的剩余价值积累）。同样，在交换框架具有世界性的这种复杂经济中，工种之间的资源分配、阶级之间的收入分配以及供给和需求的调整至少可以通过两种不同方法来实现。生产技术、田野和工厂中的工作组织、社会生产和交换的组织，这三者之间有着互相呼应的关系，但我们不能说某一个是因，某一个是果，而且其中的**某一个**也未必就是历史变革的根源。

在军事秩序中也存在类似的三个方面。战士之间的合作必须服从富有效率的纪律。但是，实际的纪律又常常是社会等级的体现。在任何时期，实际存在于战士之间的秩序既取决于技术上的绝对必需，也取决于社会结构。换言之，就是在既定的战斗技术下，战士之间的或者个人和阶级之间的关系包含着一定的可变空间。同样地，历史变革的原因可能是这三个方面中的任意一个。一场军事革命会引发一场社会革命，反之亦然。弹药和炮弹确立了常规军具有的优势，这种优势因需要进行资源动员才能获得而不是一般的封建诸侯国能够企及的：中央集权国家从技术上讲也就成了必须。反过来说，正是法国革命让大规模征兵成为可能，从而也让战术得到了提高（多重纵队、狙击步兵、乡间募兵等）。

纵观历史，军事秩序一直就是自由选择和理性计算的对象，尽管其程度不如经济秩序。军事秩序不应该仅仅在对外御敌上行之有效，而且还应该对维持社会结构也有利。南非无法武装那些它拒绝给予平等公民权或经济地位的黑人。罗马在要不要给奴隶配发武器上也会犹豫。在中世纪，贵族保留了自己对重型武器的垄断权。每个社会的军队都反映了阶级关系，而阶级关系又是由每个阶级所拥有的军事力量和各阶级间的财产分配共同决定的。

有关军事体制，我们可以提出的问题有两个。一是如果我们假设某种特定类型的军事组织不变，那么在这一类型中不同模式的选择可能会带来怎样的影响？二是政治单元的类型又在怎样的程度上取决于军事组织的类型？

1870 年，普鲁士军队是以征兵为基础的，法国军队则是一支职业军队。选择职业军队还是征兵制度会对国家的对外政治行为产生影响吗？而且，普鲁士的军官群体是优先从贵族里招募的。士兵和军官之间的关系类型受到他们出身的影响，这是否也会对对外政治行为造成影响呢？

在某些时期，将武装冲突中的责任主要赋予军人阶层是一种很普遍的做法。约瑟夫·熊彼特和其他一些学者都认为贵族同资产阶级是对立的，因为前者的职业、娱乐消遣和存在理由都是开展战争（被路易十四驯化的法国贵族所得到的补偿是参战和荣耀），而资产阶级则习惯于经济计算，他们会掂量战争的非理性。20 世纪初，人们纷纷指责军国主义哲学以及那种看似体现了普鲁士贵族制特征的对军队和战争的狂热，认为普鲁士国家中士兵的地位就是德国帝国主义的源头。在 1918 年以后的法国，对战争的仇视就表现为反军国主义。

今天的我们已经知道这些谴责都浮于表面且片面。不论贵族和资产阶级谁是领导阶级，领导阶级都会对共同体的权力十分敏感。军国主义不一定总是尚武好战的，反军国主义也并非总是和平的。马克斯·舍勒（Max Scheler）写道，比起战争来，法国人更憎恶军队生活，德国人则相反，他们对军队生活的热爱更甚于战争：这句玩笑话中确有那么一丁点儿实情。至于军事参谋部对国家首脑的影响，根据不同情况和不同国家，它要么是被征服的欲望所煽动（法兰西第三共和国治下的法国帝国

就部分是军队的杰作），要么是被对战争的惧怕所驱动（1939
年前的法国）。

　　无论是法国的、德国的还是俄国的军事参谋部都没有直接
和有意识地谋求或制造 1914 年的大战，但它们也都没有坚决抵
制战争。所有军事参谋部都在为一场大战做准备，因为它们预
计战争会发生。那么，这种预期是否属于那种"自我实现的预
言"（self-fulfilling prophecies），也就是，它是否属于其存在本
身就能有效让自己实现的那种预言？想准确知道人们的预期在
多大程度上是他们所预见之事发生的原因，总是困难的。就战
争的直接起源来说，我们已经看到①，可以归咎于军事参谋部
的战争责任在于他们所定计划的刚性。俄军参谋部当时就无法
在不打乱全面动员的所有机制的情况下做到仅进行部分动员。
德军参谋部同样没有优先去预想一场有限度的战争。从这个意
义上说，它们的确推波助澜地让奥匈帝国－塞尔维亚冲突不可
避免地扩大成一场普遍战争。然而，这并非是人们的有意为之，
而是官僚主义的必然结果。

　　1914 年战争前夜欧洲社会的军事制度具有双重来源：一为
追溯到旧制度时期的军官行业传统，二为兵役制这一革命性新
举措。军官在当时都被视为守成者，不管怎么说他们都被看作
所谓的右派秩序（秩序、权威等）的支持者。不过，他们在所
从事的职业上同他们的政治观点一样都属于守成者。当时，交
战双方中没有哪方的军官群体预料到了战争会持续如此之久，
他们也没有预料到这场战争会需要如此多的资源以供给数百万
士兵，以及陆军和空军的机械化、机动化武器会取得如此惊人

---

① 参见第一章，第 34~36 页。

的发展。回顾来看，比起他们在冲突的发端上所应负的责任而言，他们似乎在减缓 1914 年前的技术竞赛上发挥了更大作用。人们更多不是谴责他们发动了屠戮大战，而是指责他们对火力的效能完全不清楚（尤其在西线），以致造成了数十万人毫无意义的死亡。反对军人阶层的宣传之所以能够取得成功，很大程度上可以用一种对历史的失望来解释。当时有很多平民百姓同大多数社会学家一样，他们相信现代的、资产阶级的、工业的或资本主义的社会具有和平的使命。因为当时的社会类型被人们认为是倾向于和平的，所以一些人势必会把军事体制，另一些人则会把经济体制作为屠戮大战的根源。

19 世纪初期，圣西门主义和实证主义关于战争和劳动相悖的概念才真正传播开来。生产手段的发展以及工厂数量的激增让观察者瞠目结舌。法学家、形而上学家、意识形态家和外交家构成了正在走向灭亡的这种社会的特权阶级：学者、工程师、银行家和工业家，这些人为所有人的生存和繁荣积累着知识，管理着人类的活动，他们即将成为未来社会的真正领导者。军官属于昨日之精英，而他们的位置则将由技术人员取代。

奥古斯特·孔德（Auguste Comte）就这种存在于本质为封建的旧制度社会与本质为工业的未来社会之间的对立，给出了理论解释。所有社会都抱有目标而且只有一个目标。首先是进攻性的，其次才是防御性的战争曾经是军事社会的目标；而劳动则将成为工业社会的目标。劳动将会在价值层面上得到公众舆论的认可，劳动将会创造出新的权威等级和声望等级。赫伯特·斯宾塞和卡尔·马克思都对圣西门主义和实证主义进行了扩展或重申。斯宾塞通过工业而把和平化视为自由交换的隶属物，马克思则把和平化视为社会主义的隶属物。

　　奥古斯特·孔德为论证"一个社会即便不是只有一个目标也会优先针对一个目标"而罗列的大部分论据，在我看来本身就是错误的。既然连个人都无法做到给自己的存在赋予某种同一性，为什么共同体却能做到给自身的存在赋予同一性呢？人类从科学和技术中获得的能力从今往后为人类历史打开了从某个角度说算得上是独特的新阶段，这点没人否认。至于说这个阶段必须是和平的，说社会因为希望让整个地球更具价值而必须放弃社会间的互相争斗以及社会结成的各阵营之间的对立，这兴许是一种希望，却肯定不是一种必然。

　　正是由于生产手段和毁灭手段具有同样的根源，或者说正是由于它们具有同样的性质，这种怀疑才尤为合理。对自然力量的操控必然会催生出越来越趋于完美的武器，它就像是掌控技术生成的副产品一样。奥古斯特·孔德没有对此否认，他认为，相比科学能够允许设计和制造出的武器的效能而言，现有武器之所以力量单薄，那是因为和平主义是现代社会的固有本质。① 然而，对我们而言，两者之间的差距在很久以前就消失了。

　　奥古斯特·孔德期望军人阶层的消失和新精英的集体性格能够对工业社会的和平主义有所助益。然而今天的我们已经知道，至少在奥古斯特·孔德去世后的这个世纪中，历史的演变方向完全与他期待的相反。为了响应战争巨兽的需要而对人和机器进行全面动员，这一事实让另一种解释涌现出来。并不是军人阶层的陈旧精神和被同样陈旧的精神所渗透的政府让工业社会改变了自身的和平使命。工业社会，当它不再是资产阶级

---

① 　我在《工业社会和战争》（*La Société industrielle et la guerre*，Paris，1959）一书中对奥古斯特·孔德的概念做了详尽分析。

自由社会，在它成了技术和组织的社会的那一刻开始，就自发转化成了军事社会。让我们回忆一下国民公会的著名法令吧："年轻人要奔赴战场。已婚男人要锻造武器、运输炮兵装备、准备给养。女人要为战士缝制衣衫、制作帐篷，并且到伤员避难所去照顾病人。孩子要将旧衣物做成绷带。老人要重温他们在旧制度下的斗争史，将这些经历带到公共场所去宣讲，他们要点燃年轻战士的斗志，要宣传对国王的仇恨和对共和国的爱戴。"一切尽在其中，连对热情的组织工作（对共和国的爱戴）和对意识形态的宣传工作（对国王的仇恨）也包含在内。兵役制、大规模征召，以及对物质、人力和精神资源的全面动员在根本上都既是工业的也是民主的现代社会。

德国社会学家约翰·普伦格[①]声称，1914 年的观念——组织的观念，取代了 1789 年的观念——自由、平等、博爱，然而正是大规模征召才让前者从后者中衍生出来。恩斯特·荣格用工人和战士来象征新秩序，这两类人既互补又相似。军队不再由农民组成、由贵族指挥，而是由技术人员领导下的工人组成。一群数量持续增长的身着军服的人从事的却是和平时期他们的平民所从事的职业。两种组织的相似性在 1945 年的美国军队中得到彰显：大量军官因为他们的职业表现而非军事方面的成绩而得到军阶。战争的指挥者也不再是贵族，而是工程师——武器工程师和灵魂工程师。

具有历史讽刺意味的是，奥古斯特·孔德的工程师淘汰贵族的设想在某种程度上得到了实现，但是工业社会却也随之转换成了军事社会，而非和平社会。工业为了战争而动员，战争

---

① J. Plenge, *1789 und 1914, die symbolischen Jahre in der Geschichte des politischen Geistes*, Berlin, Springer, 1916.

又被工业精神所浸润。1945 年，人们都被**军国**（Garrison State）的梦魇所纠缠，整个国家持久地以与敌国斗争为必须来进行组织。

自此以后，另一种历史翻转也发生了。原子武器和热核武器的出现让人类背负起对毁灭性大灾难的惧怕，不过也让国家摆脱了服务于工业动员的命运。大国之间的战争不再可能以常规武器进行，这让国家得以限制部分自身经济的发展，而将资源投入战争准备中。能够抵制颠覆的原子时代社会已经不再是"军国"景象，而是处于末日阴影下的资产阶级舒适生活和不计其数的汽车的景象。正因如此，任何关于军人阶层角色或有关战争手段和政治单元类型之间关系的简化理论都明显不再适用。

让我们重回古代世界。全体公民都身携武器的政治单元并不比只将武装荣誉留给少数人的政治单元更加和平。雅典这个民主城邦在当时被视作一个比贵族寡头城邦斯巴达更富有帝国主义性质的城邦。正是在布匿战争期间，军团才在长时间服役中获得了职业训练。当时的军事体制随着政治单元结构的改变而变化，但政治单元的外交行为却并没有表现出是直接由战士阶层自身利益所决定。

罗马帝国是一种与城邦完全不同的社会类型。它由军团缔造，也由军团维持。军事体制响应了帝国的需要。但武器性质与政治单元规模之间却不存在任何相称性。军团的优势在于组织和纪律带给它的素质上的优越。即便在帝国内部的和平区域，当时也不存在对军事力量的某种实际垄断，或一个独一无二的主权国家。异族人保留了他们的头领和武器。根据省份和时期的不同，罗马实施支配的形式也程度不一，从最简单的被保护

306

国到最全面的完全融入都有。

古代世界中的政治单元之所以扩展，似乎可以归因于一个城邦的美德、法律、风尚以及战士们或某个士兵的天才杰作。为了组建军队和维持军队纪律需要集中一种军事或国家的权威。然而，技术性武器的发展开创了一个新篇章。这一次，需要集中的是经济资源。由于缺乏人口、工厂和金钱，规模小的政治单元无法拥有像规模大的政治单元那样的军事力量。中世纪的主权割据变得与武器的性质不再兼容。欧洲诸国的形成是军事体制的经济必需所造成的逻辑结果。

这种变化一直持续到 1914 年，它在用工业武装士兵的国家与依然停留在以前的技术水平上的海上或大陆国家之间挖了一道鸿沟。所有欧洲国家，不论大小，都拥有了一支兵力与人口规模相称的同样类型的军队和舰队。然而，非洲的族群和绝大部分亚洲国家却没有在质量上与欧洲近似的这种力量，只有主动进行现代化的日本和英国治下的印度除外。均衡的欧洲体系和欧洲（在其他大洲建立的）帝国，一方面体现了它们在外交层面上的相似性，另一方面则体现了它们在军事组织类型上的不一致。

1914 年，比利时军队就像是一支小型的法国军队，有着相同的师、步兵、炮兵、骑兵、工兵，还有着由国内工厂制造的或者可以由国内工厂制造的与之相同的武器。而 1939 年，两国的装甲部队和空军已经开始有了质的差异：小国不再有能力自己生产所有武器，它们勉强才能组建出一支简化了的小型现代军队。1960 年，这种质上的差异变得异常巨大，因为只有三个国家拥有自动武器和热核武器（英国虽然拥有热核武器却不具备实际的报复力量）。外交 – 军事阵营的形成以及每个阵营都

以一个核武器拥有者为领导，此局面即使不是这种存在于战争
手段上的异质性的必然结果，也是一个可以理解的后果。

与此同时，正规军相对于临时武装的优势却有所减弱。人
们一直对在俄国战线后方、南斯拉夫和法国发生的针对驻军部
队的游击战的效率问题争论不休。在战胜正规军这方面，20 世
纪的游击队员所具备的能力并不比 19 世纪时更强。但只要地理
条件允许，他们就有能力激发出民众的热情，从而让抵抗持续
很多年。虽然欧洲帝国的瓦解有很多原因，但正规军战士对游
击队员优势的减弱也是原因之一。

构成了全球体系的这些政治单元之间所存在的异质性反映
了战斗技术的多样性。一方面，欧洲民族国家期望统一，以恢
复它们在大西洋联盟中丧失的军事自主性。然而，工业类型的
军事力量要求经济集中化，而经济集中又让文化共同体和政治
单元之间的一致性成了问题。另一方面，非洲由数百万人组成
的国家的数量在大幅增加，这些国家以抵抗外国支配的方式实
现了独立自主。但它们还没有实现文化共同体和政治单元的一
致性；民族主义驱除了殖民者，却无法让民族国家诞生于一夜
之间。

文化共同体和政治主权的辩证逻辑、平民制度和军事制度
的辩证逻辑，远远没有形成一个最终成形的独一无二的综合体，
而是发展出了一些新的形式。还从来没有互相如此不同的共同
体一起参与到同一个历史进程中。

我在总结上一章时已指出，工业一方面前所未有地给予了
人们无须征服、无须剥削就能变得富裕的手段，另一方面却也
前所未有地给予了人们用于自相残杀的手段。由于工业是在一
个被分割的世界中、在相互对立的共同体中各自发展，它自然也

会被民族抱负或帝国野心所利用。只要国家间的竞争不停止，就没有任何一种经济体制——不论它是自由的还是计划的——能够保证生产技术不会堕落为摧毁技术。

本章的结论是，一种政治单元或政治体制的类型以及一种军事组织或军事体制的类型，其本身并不好战或和平。或者至少可以这样说，存在某些社会或某些制度，其天职就是征服或战斗，可并不存在天职就是和平的社会或制度。我们的时代的一个重要事实就是国家单元之间、政治体制之间和战斗技术之间存在异质性。多民族国家、超民族融合体、帝国阵营和超级大国共存于世，相互敌对的意识形态共存于世，同样共存于世的还有机关枪、突击坦克、原子武器战术以及装备了热核弹头的弹道导弹。

这种共存的和平性通常只存在于言辞上而非行动上，没有人会对此感到奇怪。不过，一旦想到可能会发生的大灾难，我们就会对这种共存居然保持了相对和平感到奇怪。

第十一章　探寻演变规律

上一章中的分析几乎只包含了反面教训。虽然这些教训应该会让行为体和历史学家对用刻板和片面的视角看问题心生警惕，但没有为我们带来有关某种类型的政治单元或有关某种经济、社会或军事体制的战略－外交行为的任何普遍性命题、法则或不变性。

认为完全民族性的国家就一定是和平的，这种观点是错误的：在自负的驱使下，民族国家可能会变成帝国主义，或者会在其他国家眼中属于帝国主义。同样错误的观点还有以下这些：认为现代市场经济一定会实施征服，或者认为服从中央计划的现代经济本身就是和平的；认为人民在历史变迁中会始终如一，比如认为德国人总是残忍的，英国人总是背信弃义、阴险狡诈的，法国人总是轻浮随便的；认为对战争的喜好和追求权力的集体愿望随军事阶级的诞生而诞生，随这个阶级的消亡而消亡。没有任何民族国家，也没有任何体制，本身就是固定不变的。

这一系列的否定性陈述并不仅仅具有驱散错误观点的功效。它们也提示我们在所有具体研究中必须考察的那些主要变量。既然外交－战略行为具有工具性和冒险性，那么对于决策的理解也就只能以形势为参考，并在对形势的考察中以及在对行为体的心理－社会学考察上做出。而形势又是由某个历史空间所包含的力量关系构成的。有时可以像一个个体那样去理解集体行为体（领导者绝对专制的政体），有时它又好似多种压力共同作用的结果。在这两种形势中，我们均应该予以阐明的是集体行为体所追求的目标，它思考世界的方式，以及它出于自愿或迫于多少对它有所限制的影响而选择采用的行为模式。

然而，这种二元性——一为力量关系或力量形势，二为行为体的战略、哲学和战术——都是人为简化后的结果。解释一个决策，用现实形势还不如用行为体对形势的想法。另一方面，形势对于每个行为体而言并非仅仅由可计算的力量关系构成，而且还在于其他行为体——对立者、敌人或盟友——可能会做出的行为。战略家或外交家并非像工程师那样根据目标对手段进行组合，而是会像博弈者那样去冒风险。

所有对历史本身的考察，也就是所有以具体事件或事件系列作为对象的考察，都必须密切注意原因之间的盘根错节、形势和行为体的辩证逻辑，以及行为体对彼此的反应。可能能令分析更加清楚的那些不变性，要么涉及的是形势的某个方面，要么涉及的是行为体的某个方面。这些不变性不但是片面的而且是近似的：如果在限定体系内，主要行为体的力量保持了大致相等，那么其中某个行为体的外交便会在一段时间内表现出某种持久性（法国的反向同盟传统）。如果一个行为体抱有某个完全确定的目标，而目标本身又是出于地理位置的原因，那么这个行为体的对手会比它自己更好地认清漫长历史中它所遵循的那种行为规则（英国的均势外交）。我们还不能忘记考察的是，这些不变性是在哪些条件下显现的？怎样的转变足以让这些不变性降级成不定性？

历史性考察的目的在于，在每一时刻或每一个事件系列中把握住和区分出具有持久性的数据与变化着的形势，而且这一切还要是在没有事先做出这些变化总由同一类现象引发这样的假设下实现的。至于社会学考察，如果它不满足于只对那些被我们称为不变的、既近似又片面的常量进行研究的话，就必须另辟蹊径。原因之间的盘根错节，国家和体制的辩证逻辑，这些都不可否认；但在更高层次上，在全局视野下，我们还有可能对规律性或演化的模式有所认识。传统思想家虽然没有对他们详加研究过的事件之间所具有的不一致性提出疑问，但也没有因此而减少对国家兴衰的原因的思考。在本章中，我们将重新讨论这些关于战争和民族命运的经典思考。

理论上，我们有两条路可以走。由于涉及的是对众多大型整体的概括，第一个问题就是要弄清楚这些整体的性质。那么，我们是应该从一个**历史主体**着手，也就是从一个民族、一个国家或一个文明这些如同个人的存在开始研究呢，还是从一个**历史客体**着手，也就是从一个世纪、一个时期或一个时代这类被视作具有持续性的形势开始研究呢？

在我看来，第一条路径优于第二条路径。因为要概括一个时期的特征，就必须先阐明那个我们认为是最具支配性的变量。对这个变量的选择一直就是个值得探讨的问题。即便我们只就某个单一观点考察一个时期，比如关于国际关系行为，也很难将**一个最终原因**或**一个具体特征**孤立出来。历史学家描绘每个时期的特征：一些人用霸权国家（西班牙或法国等取得的绝对优势）来描绘，一些人用政治单元的类型和战争的性质来特征化（君主制国家、民族国家、宗教战争、王朝战争），还有一些人用军事和战斗技术来归纳特征（兵役制、工业、全面动员）。过去的一个世纪——1815～1914 年，从对外政治的角度来看，是民族国家时代还是工业时代呢？这个世纪是以国家的组建原则（民族）为主要标志，还是以可供士兵使用的工具为主要标

310

志呢？原子时代是否开创了另一种外交、另一种战略？要构建这些客观整体，就意味着要对决定性变量之间的关系做出假设。

现在让我们遵循另一条路径，从民族、文明和人类这些历史主体着手。下面几节将以三个问题作为研究目标。民族国家命运之兴衰原因何在？所有文明是否都有相同的命运？在人类历史中是否存在着外交的时代？

一　民族国家的命运

我接下来只考察欧洲的民族国家。我们已经看见，正是在欧洲，民族国家达到了它的最终形式，人民和国家是如此接近，以至于"法国人希望成为一个民族国家的意志"成了一种历史存续的深层原因。看起来似乎是国家源自人民，而不是人民源于国家行为的日积月累。

民族国家，就法国大革命以后这个词才具备的词意而言，是一个新近事物，但如果将现代法国视为君主制法国的延续，并且以法兰西民族国家来命名这个数世纪前就统一于一个先是王朝后是民主的国家之下且具有共同意愿的法国人的共同体，也没什么不合理。现代历史学家对民族国家演变的思考一点也不少于希腊思想家对政体演变的思考。

在现代历史学家和古希腊思想家那里，问题都是由经历提出的。同一个城邦经历了多种政体，但没有一个政体达到了稳定。就 Révolution 这个词所具的两个意思（革命和循环）而言，它似乎是政治生活最突出的一个现象：一种政体突然被另一种政体驱逐，而这些接连不断的危机又最终将一切重新带回到原点。一连串的政体自我组织形成一种循环，堪比宇宙之周而复始。然而，这并非政体的动荡，而是在欧洲历史中尤为突出的民族国家命运的动荡。先是西班牙，后是法国，它们都先后对衰落进行了思考；德国人则思考了多种历史形式，他们的天才也从中脱颖而出；英国人直到最近，还在赞叹钦佩他们那无法抗拒的命运。

历史学家和哲学家常常倾向于将权力等同于强大，虚弱等同于衰落。孟德斯鸠在《罗马盛衰原因论》① 中的那些著名论述就内含了这种混同："支配着世界的并不是命运。这一点从罗马人身上就可以看出来：当他们以某种方式治理的时候，拥有了一连串连续不断的成功，当他们用另一种办法来统治的时候，又遭遇到一系列不间断的失败。一些精神方面或物质方面的一般性原因作用于每个君主制政权，让君主国崛起、维持或衰亡；一切偶发事件都受制于这些原因；如果偶然有了一次战败，即如果一个特殊的原因摧毁了一个国家，那么就必然还有一个一般原因使得这个国家会因为一次战役而败亡。总而言之，存在一个会把所有特殊的偶发事件都带动起来的总的步调。"

他还写道："并不是波尔塔瓦战役葬送了查理；他即使不在这个地方覆灭，也会在另一个地方灭亡。命运中的偶发事件也许容易得到补救，但从事物本质中不断产生出来的事变却是难以抗拒的。"② 这些论述肯定了一般性原因的影响，而且与此同时还把军事成败归因于法律、体制或人的好坏。

无论在理论上，还是在现实中，我们都知道，**军事上的**成败都不能精确衡量人民的道德功绩或一个民族的文化水平。有时候，文化的繁荣鼎盛与军事的巅峰时期会偶然地吻合：例如

---

① *Considérations sur les causes de la grandeur et de la décadence des Romains*, Chap. XVIII.

② *De l'Esprit des lois*，X，13.

从希波战争的丰功伟绩到伯罗奔尼撒战争的一败涂地，雅典霸权短暂地持续了一段时间，而这一时期也正是菲迪亚斯（Phidias）、伯里克利和苏格拉底的时代。不过，德国的命运就完全与此不同了。德意志思想中最伟大的杰作产生于德意志邦国割据这一政治软弱无力的时期，而不是从德皇在凡尔赛宣告德国统一到 1914 年这一德国霸权的时期。在我们的时代，人民的创造力明显没有同国家的经济或军事实力相称。希特勒在外交上大获全胜却让德意志文化贫瘠。布尔什维克主义虽然为由前沙皇俄国转变而来的苏联带来了世界舞台的荣光，却也影响了俄罗斯的文学与思想，钳制了俄国的作家和艺术家。

过去的学者没有忽略这些区别。在哲学家眼中，马基雅维利的"德行"——那个从一个民族身上转移到另一个民族身上，对征服者加以激励，对日薄西山的帝国加以抛弃的德行——一直就不同于道德主义者口中的"美德"。一些哲学家或许梦想过这样一种政体，其中的人们可以同时获得政治的美德和道德的美德，公民服从智者，而智者服从真理。这样的理想城邦，有着足以抵御外敌侵略的强大力量，智慧拥有力量，力量服从智慧。然而，现实中的城邦却是持久对立的囚徒，它们不得不为此而强大，即使这意味着将冷酷无情的纪律加诸缺乏理智的大众，即使这意味着暴力的专制独裁。

也不是所有学者都像柏拉图那样对政治美德——精英的政治美德和大众的政治美德——做出如此悲观的诠释。转变成实证主义的、反对理想主义的马基雅维利思想，就将大众美德定义为盲目效忠，将执政者美德定义为施展暴力和诡计的能力。这些思想都与理性主义者所认为的道德美德应具有的特征截然相反。孟德斯鸠所设想的古代共和国美德无可厚非会在道德上有另一番模样，因为它意味着节俭、爱国主义和尊重法律。然而，即使是在孟德斯鸠的思想中，共和国美德也不仅是公民的美德，还是战士的美德。这种美德看起来似乎很少与福祉相容，也不利于艺术和文学。

312

孟德斯鸠和西蒙娜·韦伊[1]一样，都对罗马征服古代世界所用的方法不抱幻想。他敬仰赞叹的是罗马的法律、厄运中元老院的坚贞、对抵抗者或背叛者施加的严刑峻法，以及争取盟友或招来走狗的技巧。然而，这位敦促国家在战争时期尽可能少为恶、在和平时期尽可能多为善的学者，真的能够将这种对武器和谎言的有效利用看作一种模范道德吗？孟德斯鸠在两种价值体系之间犹豫了：一种是将征服者摆到最顶端，另一种是将致力于和平的活动和精神成就摆在首位。他并没有清楚明白地确认在征服者行为和道德律令之间的确存在不兼容。建立于法律和习俗之上的政治美德充当了人的功劳和国家命运之间那承上启下的转换物。然而，这种兼顾要求军事力量从根本上依赖于集体行动的能力，而这种能力还必须是在无论采取何种手段的情况下都会因其本身和其有效性而受到赞扬的。今天，我们拒绝把权力的强大程度归因于美德或政治自身的美德，我们也不同意把集体行动的能力混同于政治文明的素质。

与民族国家命运相关的理论不可避免地反映了力量决定性因素的相关概念和对演变的看法。在对各城邦和各帝国命运的沉思中，哲学家和历史学家低估了物质因素和人口因素的作用，他们也没有很好地认清军事技术本身的作用，也就是说没有很好地辨识组织、纪律和战术起到的作用。他们都假设政治的成

---

[1] 参见第二部分第八章。我们所引用的西蒙娜·韦伊的研究写于第二次世界大战前夕，它对罗马和希特勒的手段进行了比较。

就同军事的成功是相称的。一些人由此而尊崇一个城邦的政治
成就和作为立法者或英雄的个人政治功绩。国家的衰亡于是也
被归因于王朝的衰竭以及与王朝缔造者相比明显不称职的后继
者的登基。另一些人则因为这个假设而去强调法律和习俗的重
要性,认为或许由于一种类似让王朝衰竭那样的机制的存在,
国家注定腐化堕落:大众丢失了信仰,不久以前还因为抱有国
富民强的意愿而聚集起来的精英则慢慢不再能抵挡住享乐精神。
而且历史时间看起来也像是一种瓦解的力量:自以英雄的丰功
伟业、立法者的智慧或古代人的美德为标志的巅峰时期过去后,
统治者或人民又怎么能够不江河日下、走向衰亡呢?政体循环
的观点在政治层面上充其量也不过是衰亡宿命论观点的一个替
代物罢了。

得益于对历史意识的把握以及对各个时代、各种制度、各
种政治单元类型和观念本身的认识,现代学者面前又出现了另
外两套衰亡机制。变化——而绝不是持久不变——从今以后不
但被认为是无可避免的,同时还被视作一种值得期待的愿望。
313 由此,保守主义便成了毁灭的原因。耶拿会战中的普鲁士军队
落后了一个时代。1870 年和 1940 年在色当,又轮到法国军队
被甩在了武器或战术的进步步伐之后。看起来创新能力似乎比
维持原样的能力更像是集体行动能力的体现。

那么,是什么阻滞了创新能力?每个国家或每个时期,其
原因都不同。大多数个人都有思维惰性;所有制度和所有共同
体都倾向于保持当前的状态。军队的组织、军官的招募和军队
的精神可以用来解释一个国家在面对同一文明圈内的另一个国
家时为什么会在军队质量上稍逊一筹。哲学家们,尤其是黑格
尔,提出了一个整体性解释,我们可以将其称为"历史保守主

义"。一个被组织成为"权力国家"（Macht Staat）的人类共同体需要从一个历史观念中汲取生机与活力。一旦这个观念气数已尽又或者它不再符合时代的需要，共同体便会渐渐显露出精华已失的衰落之相，越来越没有能力创造出文化成就。设想一下，如果民族国家已经属于过去，法国还能依赖这个可以说与它自身存在都混同了的历史观念而继续存在吗？

对法兰西衰落的讨论是从 19 世纪开始在法国兴起的。这些现象很容易就可以用已知传统机制中的一个来解释。有一个学派认为，自大革命以来，法国就不再有无可争议的主权，不再有一种得到公民一致接受的合法性，法国因为不再有国王而无法再发动战争。① 所有的民族性危机都会自发转换为宪法性危机。一个民族国家如果在国家形式上存在分歧，就会丧失在国际舞台上行动的能力。另一个学派却回应说，在所有可能成为帝国的候选民族国家中，最终胜利的是英格兰人民（或盎格鲁－撒克逊种族）。这个命运早已决定，英法在 18 世纪的斗争结果决定了谁是世界之主。统一后的德意志帝国所取得的所有胜利都无法逆转已成定局的历史裁决。而战胜者就是实行了代议制、宗教改革和议会制度的人民。让法国加速走上下坡路的正是当时对实施自由主义制度的拒绝。最后还有另一个学派断言，让这种下滑变得无可避免的，其实是出生率的下降：从长期来看，处于同一文明水平的民族国家之间的等级次序是由人口数量来决定的。没有任何军事天才可以用战场上的胜利来挽回在人口出生率这个"摇篮"战场上输掉的优势。

这些解释并不互相矛盾。实际上它们可以合并起来，互为

---

① 人们也没有遗忘社会主义者马塞尔·森巴特（M. Sembat）的小册子：*Faites un roi ou faites la paix*，Paris，1914。

补充，不过，它们组合的方式在每个具体情境中又有所不同。就法国而言，人们在国家形式上所存在的分歧在整个 19 世纪都无可置疑地构成了法国衰弱的原因。民族国家的统一——精英和大众——是力量的决定性因素之一。拒绝改革导致了君主制的崩溃；对旧有习俗或信仰的依恋，以"既得利益"对那些对共同福祉而言所必需的变革进行的抵制，教会和教权主义支持的某种蒙昧主义，这些属于社会阻碍力量的现象都是衰落的原因。至于出生率下降对衰落产生的影响，那也是再明显不过的。不过法律和习俗之间、法国大革命和出生率降低之间到底有着怎样的关系呢？不想要两个以上孩子的父母们是否应该承担法国衰落的责任呢？如果他们该承担，那又在何种意义上呢？

在现代，这个问题尤为突出，以至于没有人能够无视**人口**和**技术**的重要性。美德在原子弹面前束手无策；4500 万法国人永远不可能在战场上或工厂中抵过 2 亿俄国人。等级无情地被人口决定。不过，如果越过这些显而易见的事实，就会发现，以往就存在的那些不确定性依然存在。

精神原因和物质原因之间的关系——如果用孟德斯鸠的语言来讲也就是法律和习俗之间的关系，制度的品质以及人民的素质，它们在今天如同在过去，都依然模糊不清、含糊不明。法国出生率的下降开始于大革命之前。继承法案的制定应该是对家庭规模产生了不利影响，正如《家庭法》对出生率的上升有所助益一样，然而法律又从来不过只是决定了习俗的那些形势中的一个而已。人口增长和经济增长是由错综复杂、难以厘清的多种原因共同决定的。

我们从没有像今天这样关注过政治美德和道德美德之间的相似性和对立性，也没有如此关注过历史生命力同文化素质或同共同体存在本身的素质之间的相似性和对立性。如果断言它们之间完全对立，这就太过悲观了：对牺牲予以接受、提高生产部门的投资比重、技术的快速进步，这些都要求领导人和人民在道德层面上有所建树。但是，为了这些是否就应该去赞扬那些被迫剥夺了被统治者同意权的领导人呢？反过来讲，自由的体制给予了公民不同意牺牲的可能性，而这正是处于极权体制下的人民所没有的权利。然而，高速的增长率本身又真的是集体美德的一个证据吗？

在我们看来，如果以生活水平或劳动生产力的提高为衡量效率的依据的话，构成了政治文明的那些制度，其本身是没有与效率相悖的。不过，就短期而言，集权体制拥有着为达到自身目的而从集体资源中抽取数量更可观的资源的手段。希望人民既达到文明状态，又取得战争荣光，这种想法是徒劳的。如果我们在缺乏更好表述的情况下，将在权力对立中赋予民族以优势的那些素质统称为**历史活力**的话，就不会有人断言，最具活力的民族就是最道德的民族；人们更多会问的是，集体活力在怎样的程度上能与对个人的尊重和对自由的尊重相兼容？

这虽然不是一个新问题，不过有着新的内容。它之所以不是新问题，是因为赋予民族权力的那些美德本来就并非一定要同教会和哲学家推荐的那些美德一致。之所以再次提出这个问题，是因为对人口数量上的要求会对君主和骑士期望开展的事业有所限制。因此，王朝的衰竭和政体的腐化就不再那么显得像宿命。任何演化的模式都无法在事件的混乱中被得出，无论是生物循环的模式还是时间持续性所拥有的腐化作用的模式。回顾历史，在欧洲，获得的强大权力的过程似乎并没有遵循任

315

何法则。

比起英国和德国，西班牙和法国更加卖力地寻找过关于衰亡的理论。英国的历史从 17 世纪以来似乎一直都有连续性，德国或德意志诸邦的历史则时断时续。两个民族所处的地理位置部分解释了这种反差。得益于岛国位置的庇护，英国人在内部争斗中不用付出受外敌侵略的代价，他们拥有更多机会在没有外人干预的情况下解决自身的争端，甚至是宗教争端。16 世纪以来，他们一直没有以损害同一文明圈内的其他民族为代价发起过对大陆的征服。当他们失去帝国时，他们也保住了自身的统一性、独立自主以及在制度上的声望。而日耳曼人居住的土地，则只要没有在一个强大国家的统治下，就会沦为战场。裹挟着战争和外部干预而来的宗教改革，让德意志诸邦在两个世纪中都处于政治无力的境况。18 世纪以后，德意志诸邦东面的俄罗斯帝国建成，它潜藏着无尽的资源，而且也有能力借来或获得武力，德意志诸邦所处的中央位置对它而言变得既让人垂涎三尺又无屏障。既然英国舰队使德国向更远土地的扩张无法实现，统一后的德意志帝国，被迫满足于自身的繁荣和在大陆的优势地位，或者再一次抱住被孟德斯鸠称为普世君主制而被我们在威廉二世的例子中称为霸权、在希特勒的例子中称为帝国的那种野心不放。这种尝试所遇到的阻碍同摧毁了拿破仑征服的那种阻碍完全一样：大陆国家因为仇视它们中的最强者而互相联合，最后以海洋国家的取胜告终。不过，如果 20 世纪的欧洲体系是封闭的，当时的德国应该有能力获胜。前后两次，均是美国的干涉决定了结局。

如今，不论英国人还是德国人都没有对衰亡进行思考：英国人赢得了那场标志了他们统治终结的战争，而德国人在输掉最后一次战争前[①]已经赢得过如此多的胜利，以至于没有人会去把失败的原因归结到军事素质的缺乏上。他们谴责的是昔日领袖的自负和疯狂，而并不认为是由于人民或士兵缺乏勇气或牺牲精神。"德国人都深深为他们的元首所折服，激情澎湃地追随他。直到最后，他们都完全臣服于他，以最大的努力去服侍他，这种尽心竭力是任何民族都未曾给予过他们的领袖的。"[②]"希特勒的征服企图是超出常人能力所及的，是非人道的。他丝毫不放松地坚持这种企图。直到在柏林地堡深处末日来临的最后那几个小时里，他依然像他如日中天时那样地不容人争辩、坚定不移、冷酷无情。"[③]征服之非人道被认为是事业主持者的责任，而非执行者的。德国的强大是被一个人的疯狂所葬送的，而不是像西班牙和法国那样是因为消耗。

316

　　实际上西班牙和法兰西这两个民族国家并不是像德国人那样一下子跌落，它们也没有像英国人那样直到最后都是胜利者，它们似乎是一点一点衰落下去的。因此，18 世纪到 19 世纪，西班牙学者不断追问的问题就是：为什么曾经让欧洲震慑的西班牙步兵不再能够主宰战场？金银的流入是否阻碍了艺术和商业的发展，它制造出的不过是一种靠不住的丰足、一种富饶的幻象？又或者从 18 世纪开始衰落这种印象本身就是错误的或夸大的，因为西班牙的支配和西班牙帝国本来就是昙花一现？19 世纪，西班牙在遭受拿破仑战争的蹂躏以及丧失在美洲的帝国之后，其颓败之势已经显露无遗，满是悲剧色彩；内战加上经济停滞加速了这个在四个世纪前还是体系扰乱者的国家的步步

---

① 就像 1815 年的法国人。

② Ch. De Gaulle, *Le Salut*, Paris, 1959, p. 174.

③ *Ibid.*, p. 175.

跌落。

　　法国历史的进程与西班牙又不相同。1815 年后，法国的衰落来得十分急剧，尽管复辟时期的法国由于依旧存有统一性和独立自主而与 1945 年的德国是不同的。不过，对胜利的记忆让法国人免遭侮辱。法国被碾碎于一个巨大的联盟之下，直到最后，它的领袖都才华横溢，它的战士都骁勇无畏。屈从隐忍的时光被复仇的梦想所充斥。法国的政治学者在 19 世纪中叶开始做出小结。法兰西王国曾经在 17 世纪的后半叶和 18 世纪的部分时间中是欧洲第一强国。法兰西共和国和帝国的军队在很多年中也曾是对它的对手而言具压倒性优势的军队。在如此多的战争、如此多的死亡和如此多的胜利后，还剩下什么呢？路易十四把自己变成了一个全欧洲都憎恶的人。为了让他的孙子夺得西班牙王位，他开展了一场没有休止的战争，从而让英国人趁机在制海权竞争中以及在印度和美洲建立帝国方面占尽优势。拿破仑以无与伦比的高超手段再次践行了获取霸权的企图，而法国在他壮丽宏伟的梦想中受挫，无可救药地走上了下坡路，统一性为合法性冲突所撕裂，国力被出生率的下降所削弱。

　　令西班牙、法国和德国成为第一强国的那些历史形势和条件过于多种多样，以至于我们无法用一种模式概括之。毫无疑问，体系的扰乱者，即在外交体系中有能力追求霸权的国家，都必须拥有更胜于人的资源。在西班牙国王是德意志皇帝以及南美洲统治者的时期，西班牙是欧洲最繁荣的国家。17 世纪和 18 世纪的法国是欧洲人口最多、治理最严谨的国家。威廉二世的德国则有着欧洲大陆上排名第一的工业实力。每一时期，获得力量所需的各种条件都朝着有利于意图称霸国家的方向聚拢。

　　从抽象定义来看，这些条件一直都没有变过：资源潜力和

动员系数。不过，贵金属、商业利润、农业和艺术各自在资源
总量中的份额却并非始终一样。中央集权和行政管理的效能、
王朝统一所带来的省份之间的偶然聚合，以及在远方土地上行
使的支配权，这些都可能以突然或渐进的方式让集体行动的能
力增强或减弱。西班牙不可能一直保有那些让它成为王朝联合
（union dynastique）的条件；在远方土地上进行的支配不可能永
远持续下去。一个民族国家在战场上所具有的质上的优势很少
能够延续一代人或几代人以上的时间（在某些时期，同样性质
的国家中没有任何国家能够取得这种优势）。人口数量和资源
的优势也会随着外交历史的起伏以及变化多端的财富模式从一
个国家转移到另一个国家。如果要从这些现象中得出一个概括
性主张的话，那么就是：在欧洲历史进程中，权力的强盛是很
难长久维持的。获得力量所需的条件过于不稳定而使命运也随
之动荡无常。能够加强或削弱集体行动能力的各种形势，不但
数量多而且充满了偶然性（精力旺盛的统治者或无能的统治
者，王朝的统一或瓦解）；相对于潜力所占的比重而言，动员
系数在19世纪以前的那些世纪中相对占了更大的比重（也就是
说，在某些形势下，相对于经济条件，政治条件所占的比重相
对更大）。最后，轮流眷顾了西班牙、法国、德国和英国的那
些有利条件也都各不相同：这样一种情况下，我们又怎么可能
辨识出衰落的单一步调、风格和模式呢？

　　法国和西班牙对此的深思都转换成了一种锲而不舍又让人
无从捉摸的追问。当勒南在1871年写下"一旦法国受辱，法国
精神便会荡然无存"这句话的时候，他是在迎合爱国主义吗？
他是否在为法国对昔日权势的怀旧寻找高贵的借口？难道一个
曾经"强盛过、荣耀过"的民族国家就真的无法适应第二流或

第三流的地位？一个曾经在世界舞台上发挥过重要作用的民族
国家，当它失去以往的重要性时，是否真的就会变得孱弱？一
个没有历史观念依靠的民族国家是否真的就会一点一点地失去
创造活力而在文化层面上颓败？简言之，国家的权力——即使
它是由违反宗教或道德律令得来的——是否与共同体的生存质
量和精神成就密不可分？

　　欧洲的历史经历不允许我们给出任何明确的答案。对于文
化的衰弱伴随权力衰退而发生这一点，我们可以以此来描述西
班牙，但描述法国就困难些。但它绝没有反映出德国的情况。
这个问题因此也没有由于分析而更加清晰。这个问题是现时
的，也是永恒的，它触及了历史的神秘一面，它将我们完全带
入了现时局势中。希特勒断言世界属于暴力，他是对的吗？欧
洲各民族国家如果继续作为民族国家存在的话，是否就注定会
衰落？

二　文明的命运

　　20 世纪的两次大战以及即便不是由这些战争导致却也被它
们加速了的欧洲的亚非帝国的解体，促成了欧洲各民族国家的
历史性衰落。从欧洲框架中走出来，进入全球舞台的欧洲各民
族国家不管怎么说都被赶下了一流强国的位置，如果用更悲观
的话极端地说，就是陷入了无能和衰落的境地。在"亚洲的小
海岬"之外，欧洲各民族国家不可避免地遭遇到了在"另一种意
义上强大"的政治单元，因为这些政治单元都属于另一种类型。

　　尽管罗曼诺夫王朝在 18 世纪时模仿过欧洲君主制，俄国沙
皇的帝国在历史上也同欧洲旧大陆各民族国家不属于同一种类。
作为政治单元，它属于帝国一类，它是建立在草原上的最后一

个帝国产物；但也是历史上第一次，征服者从西方向东而去，而不是从东方向西而来。沙皇的骑兵在中亚的撒马尔罕或第比利斯重新找回了对蒙古皇帝们的回忆，重新占据了蒙古皇帝们陵寝所在之地。与此同时，俄国——这个莫斯科大公的杰作——想方设法将欧洲的（讲不同语言的）斯拉夫人和非斯拉夫人统一成一个民族。最后，西欧人口向空旷地区迁移，这一很久以前就已结束的进程又继续在东欧原野上开展了起来，就像发生在北美广袤西部的人口迁移一样。欧洲类型的国家在俄罗斯和美洲的空间中建构起来，这本身就包含了其他各民族国家等级降低的萌芽（政治偶然性和战争本应会让这种降级推迟）。在如今还存在的所有国家中，或许只有中国和印度，未来还可能有巴西，能够在今后达到两大巨头的高度。

不同类型的国家在同一体系中共存，这并非一个没有先例的现象。在古代，希腊城邦曾经与米底（Mèdes）帝国战斗过；罗马帝国边界之处的对手则是部落人口。城邦、王国、帝国和蛮夷人口都代表着具有不同规模、秉承不同组建原则的各种政治单元。同样地，自由城市、封建公国、同威尼斯类似的富裕商业城邦以及那些正在民族化的君主制政权都是欧洲外交博弈中同质性很少的行为体。从内部结构来看，从国家和教会之间的关系以及国家和意识形态之间的关系来看，欧洲体系从来就不是同质的。

欧洲体系在19世纪时体现的同质性只流于表面。不同政治单元采用了传统外交的观念和实践。议会制共和国、自由主义帝国或集权制帝国都大致遵循了内阁外交的不成文规则。王朝性质的国家引进了自由主义制度；共和国又保留了某些王朝政体的习惯做法；多民族帝国也在不致瓦解的情况下顾及了民族诉求。所有这些折中都在 20 世纪顷刻间灰飞烟灭，而技术的逐渐平等又减少了空间和资源间的以及空间和可动员军事力量间的不相称性。但希特勒却以美国没有军人阶层为借口依然不相信美国的军事力量。1939 年前的很多观察者都认为墨索里尼大大增强了意大利的军事力量，或者相信苏联由于技术或制度的落后，在二战的这幕大戏中只能成为一个二流角色。

把欧洲各民族国家抛掷到二流位置的是当今政治单元所具有的多样性，而这种多样性又不同于欧洲体系曾经有过的那种多样性。现代君主政权远强过封建公国，不过，所有民族也都有权希冀实现这种历史形式。真正新鲜的地方还是在于政治层面。数年或数十年之后，落后会被弥补上。历史观念被潜在提供给了所有民族，除非民族被自身的历史所囿以致无法挣脱出来以实现这种新历史观念。

民族国家的地位下降在我们的时代表现得如同一种无法抗拒的命运。力量和资源之间的大致相称性，资源、人口数量和原材料之间的大致相称性以及可动员力量和权力之间的大致相称性，让依靠领袖的才智或人民的美德来颠覆数量法则的期望落了空。即使经济增长率在一处比另一处高，即使处于狭小空间的那些民族国家比占据广袤空间的民族国家拥有更高的出生率，前者的资源规模，因而也就是权力，仍然无法与后者相提并论。

各民族国家可以希望（或忧惧）拥有广袤空间的政治单元的分崩离析。比如这种可能性在印度就没有被完全排除，印度的统一性是一种文明层面上的、一种生活方式上的以及思想和信仰上的一致，而不是一种政治传统上的、语言或种族上的统一。从最长远来看，苏联的统一性，即便因为经受住了沙皇主

义垮台和布尔什维克主义建立之间的种种革命而更有机会持续
下去且看起来也因革命而变得更加牢固，它也不一定就能抵得
住政治的兴衰变迁。只有美国和中国这两个统一体看起来在未
来不会注定走上向多个对立国家分裂的道路（即便是由内部斗
争引起的解体一直有可能发生）。

　　命运给予美国、苏联、中国和印度四个大国的眷顾各不相
同。美国是欧洲民族国家的一个殖民地（我们说的是希腊城邦
国家建立的那种殖民地）。欧洲移民是带着欧洲文明去美洲的，
他们成功地在广袤空间中维持了一个单一主权。他们因此虽享
受了欧洲旧大陆的传统、观念和技术，却没有经历民族分隔和
土地狭小这些状况。东欧的斯拉夫人曾在长时间中处于不利境
况，因为他们处在蒙古人入侵的道路上，而且那里的气候也很
恶劣，不过他们最终还是等来了命运的逆转：他们所处的空间
中还有一半可以容人居住；19 世纪的人口增长让他们得以在这
广袤的土地上扩张。人口迁移和武力征服双管齐下。两个历史
时代混杂合并为一个时代。在苏联如同在美国，殖民与跻身于
国际体系中的一流位置几乎就是同一时代的事情。

　　人类历史上最古老、持续时间最长的国家是中国。一个世
纪以来它还在通过人口向长城以北地区的迁移继续扩展，而我
们知道长城长期以来都是这个国家和平的界限和庇护。中国的
统一性千百年来都是靠文人执掌的管理体系、近似宗教性质的
皇帝权威、家庭结构和地方结构的持久稳定性，以及即使方言 320
芜杂却书同文的中华文化所具有的威望在维系。共产主义政体
在整个中国空间中重建中央集权的权威，建设工厂，教导所有
人都读书写字：这个权威的、工业的、人口众多的共产主义国
家让中国变成了一个巨人。

在这四个规模庞大的大国中，唯有印度尚没有达到权力上的强盛，它也是最没有机会达成的，而且即便达成了，它也很可能无法保持强盛。今天的印度因为拥有远超于机器数量的人口而让国家饱受缺乏可动用资源之苦。它的人口增长速度比劳动生产力增长速度更快；相对自由的政体也无法让这种落后得到快速弥补。维持国家运转的政治和管理阶层都是昔日的征服者造就的，而不像中国那样传承自民族遗产。中国即使还没有完全成为但它却正在变成欧洲意义上的一个民族国家，而印度仍旧是欧洲意义上的一种文明。

那么这种被我们归因于外交领域之扩大的欧洲各民族国家地位的下降，如果参照历史前例来看，是否更应该被解释为西方"文明"的一个典型时期？

此处的意旨并不在于着手分析汤因比所使用的文明概念（或斯宾格勒意义上的文化）。这些庞大整体（希腊文明或西方文明）在多大程度上是**实在的**？它们的边界在哪里？它们的独特性源于什么？它们是否都是孤立的历史？既然命运的相似性就是这些历史主体所具实在性的最好证据，那么这些历史都是相同的吗？[1]我们唯一关心的问题是演化的模式问题，它是加诸政治单元之间看似无序的关系上的一种规律性。就这些关系而言，是否所有文明都要经历具有先后顺序且事先早已注定的各种典型阶段呢？

让我们重新讨论一下昆西·赖特（Q. Wright）[2]阐述的汤因比的观点。所有文明的演变都可以被分解成以下四个典型阶

---

[1] 我们可以在 1964 年巴黎出版的雷蒙·阿隆主编的《历史和解释：围绕阿诺德·汤因比的访谈》（*L'histoire et ses interprétations: Entretiens autour d'Arnold Toynbee*）一书中找到对这些问题的评论。

[2] Quincy Wright, *A study of war*, Chicago, 1942, Ⅰ, p. 117 et sqq., 462sqq.

段：**诞生、成长、衰落和解体**。以政治单元之间的关系来看，这四大阶段就是**战国阶段（或英雄阶段）、动荡阶段、普世帝国的稳定阶段、衰落或解体阶段**。让我们把因文明而异的最初那个英雄阶段放到一边不谈，两个极富特征的阶段是动荡阶段和普世帝国阶段，动荡由断裂开始（比如伯罗奔尼撒战争），以普世帝国的建立为终（公元前 31 年建立，一直持续到公元378 年）①。

究其实质，这种观点可以用下面这些表述来加以概括：注 321 定从事战争活动的国家诞生且成长，同时诞生且成长的还有文明本身；自某个关键性事件开始，战争变得只具摧毁性而不具创造性，战争在文明主体内部制造出了一种断裂。交战国在彼此争斗中消耗殆尽，最后臣服于一个帝国，虽然这让它们屈居于一个主人之下，但也为它们带来了和平。这让人想起"帝国即和平"这句名言，不过这种和平更多是暗潮涌动的解体来临之前的暂时平静。

倘若历史学家将界定文明作为研究领域，就必然会遭遇动荡阶段和普世帝国阶段之间的对立，因为这两个阶段从定义上来说是必然会以这样或那样的形式在所有文明的内部出现的。我们总是会在一切的起点看到相对狭小的政治单元。既然战争在主权单元之间猖獗，那么这些政治单元就很可能或者说已先验地消耗殆尽而使得其中之一最终能够成功战胜所有其他的政治单元。动荡阶段和（从国际关系角度来说的）普世帝国阶段就几乎没有从理论上或形式上给均衡和平与帝国和平这两个概念增添什么新内容。在我看来，真正的问题还在超越了这些表

---

① 在此，我以希腊文明为例，因为在我看来，正是希腊文明让阿诺德·汤因比受到启发，提出了我们正在讨论的这个理论。

面相似性的更高层面上，或者说还在这些在所难免的相似性之上。

这些阶段的持续时间是否有着近似的长度？所有的普世帝国是否都属于同一种类？只需要读读汤因比的著作就足以观察到，相较于应该进入普世帝国阶段的时间而言，各个帝国要么超前，要么滞后，它们之间很难互相比较。[1] 奥斯曼帝国是东正教文明的一个普世帝国，它迟到了数世纪之久。中华普世帝国顽强坚持得比预期的时间更久：它因此会由于没有如期赴死而"僵化"。[2] 在这点上，日本的德川幕府与中华帝国相似，它所属的阶段是具有同质文化的岛国人口在政治上的统一，而这种统一又归功于一个征夷大将军（或宫相）的功业，而征夷大将军又是那个从未被正式废除统治权的天皇的替代者。罗马帝国，由处于最终获得了和平的地带中（或者说此地带边缘）的一个政治单元所缔造的帝国；奥斯曼帝国，统治者和被帝国赋予和平的人们具有不同的宗教信仰的帝国；蒙古帝国，草原骑士们建立的既宽广又不稳固的帝国；大英帝国，由远方人民凭借海上优势在两个世纪中于印度大陆扩展的帝国：把这四个帝国归于同一类型的做法更多是损害而非证实了历史的比较方法。从外而来的征服者，无论他们是从草原而来还是从海洋而来，无论他们是蒙古人还是英国人，都属于介入了别的文明的演化，而他们对这些文明而言都属于外人。游牧民族的帝国，在建立

---

① 在《历史研究》（*A Study of History*, Oxford University Press, 1961）第十二卷中，不同文明的演化所存在的异质性得到了进一步强调。文明之间的合成时期区分了一个文明的死亡和另一个文明的诞生。

② 在他所做的"重新考察"中，汤因比提出可能存在一个"中国模式"，或者更确切地说是一种"中国式"演化，这个模式不同于以前他以为是普遍模式的"希腊模式"。

之初都不是由文明的自发演化引起的。然而，需要外来征服者化解的危机仅仅在动荡阶段最终以帝国为结局这种情况下才具有命定性：帝国和平导致了均衡和平。

从国际关系的角度来看，这两个阶段都代表了一些典型特征，而这也正是昆西·赖特在诠释汤因比思想时试图加以阐明的。① 在动荡阶段，国际体系属于均衡类别；各种类型的政治单元（城邦、君主国、帝国）结成的是和平或攻伐的各种充满变数的关系。它们的军事系统也并非同一类型：有些是贵族式的（只有贵族才有权武装，或者至少是由贵族构成了决定性力量的），有些是民主式的（所有公民——公民并非指所有人——都可以被征召成为战士）。不过，正因为战事的持久进行才让并不精通战斗的人变成了专业人员，战争也被交战国视为最重要的解救手段。战争成了司法操作的一个对象，司法明确了战争的边界、敌对行动的方式、交战国和中立国的权利及义务。战争履行着一个极易辨认的历史功能：它有利于外交领域的扩张，因此也就让一种多少普及化了的文化得到了传播。

在普世帝国时期，战争不再发生在那些互相承认的君主国或城邦之间，因为它们即使发生冲突也不会忽略彼此的同源相似性。战争发生在帝国和蛮夷之间，因为它们无法建立起平等的关系。战争有时也发生在不得不共存的两个帝国之间，因为双方都没有足够的军事力量推进到对方的腹地。有时候，帝国军队和反叛者（比如犹太人）也会交战，反叛者们不再愿意忍受帝国的枷锁，期望保存自己的法律和宗教信仰。帝国同蛮夷之间的战争、帝国内部的同反叛者的交战以及帝国之间为了确

① *Op. cit.*，Ⅰ，chap. Ⅶ et Appendice 24，pp. 677 - 678.

立统治权的战争，这三种战争都越来越多地被由国家武装起来的职业军人进行。哲学颂扬的不是战争这种公民权的最高表达，而是它可以为有文化的人带来安全及娱乐的和平。战争有一种稳定事物的功能：一旦帝国力量缺失，帝国内外的蛮夷暴乱就会让恢宏的帝国建筑崩塌。

斯宾格勒和汤因比虽然运用了相似的模式进行分析，却对形势做出了完全不同的判断。斯宾格勒是一个悲观主义者，他将（历史的或宗教的）期望视作懦弱。人类是掠食动物；科学和技术是权力意志的工具。只有少数人才真正具有创造力。人与人之间的平等和民主制度的建立宣告且加速了衰落。西方那具有创造力的少数，被淹没在白人大众和有色人种大众的双重反抗中。在将自身获得力量的秘密传授给其余的人类之后，西方成了数量法则的牺牲者，从而走向死亡。我们生活在专制者遍布的时代：作为一个处于正在文明中衰老的西方文化①中的个体，尊严迫使我们直面死亡。

斯宾格勒是普鲁士精神的推崇者，那是一种崇尚奉献、严格和纪律的精神，也是一种贵族精神。他瞧不起民族－社会主义，因为他在其中看见的是庸俗、缺乏教养、缺少格调这些民族时代的征候。在 20 世纪 30 年代，他等待着瓜分全球这一"关键性时期"的完成。由于怀有对专制的崇尚和对议会政体的蔑视，他认为墨索里尼有可能建立一个地中海帝国，而这在历史上却并没有实现。毫无疑问，他也会把反殖民主义的胜利

① 该词是斯宾格勒所使用的，而非我们所使用的。在本书其他地方，我们使用的"文化"一词具有美国人类学家赋予这个词的词义，或者从狭义上讲就是指艺术或思想的创造性。我们所使用的"文明"一词有两个含义：要么指汤因比的大政治单元，要么指"文明人"一词所表达的那种存在的素质。

和亚非殖民帝国的瓦解看作西方文明完全解体过程中的阶段。联合国在他的眼中是登峰造极的虚伪，是一场卑劣阴险的闹剧：文明人欢迎"野蛮人"，就像他们真的视之为与自己平等一样，他们还让"野蛮人"投票决定历史冲突。

汤因比则将双重反抗的观念同今天已经通俗化了的无产者——无论是内部的还是外部的——概念结合起来论述。具有创造力的少数——他同样把文化主动性仅仅赋予少数人——总是在普通大众中鹤立鸡群。虽然普通大众有时候会去追随模范或听从更杰出人格的号召，但永远不会真正理解最高成就所具的意义或价值。随着政治单元的扩张和战争所造成的奴隶与战败者数量的倍增，军事力量势必成为道德权威空缺的填补物。不论是在国境之内还是在国境之外，无产者都丧失了他们的根基所在。他们处于一种文明之中，却不属于这种文明，他们没有融入其中；他们将听从先知的话，将变成存在于衰落文明的普世帝国之中的那个普世教会的虔诚信徒。汤因比同斯宾格勒达成一致的是：文明的衰落、内外无产者的反抗。但他们秉承的价值等级却完全相反：对汤因比而言，在价值等级的顶点，是通向神圣性的动力，而非专制者们的丰功伟绩；同样，暂时的衰落在汤因比眼中正是精神更新的希望所在；帝国是教会的框架，教会则是即将诞生的新文明的灵魂。

我们在此处并不准备对这些宏大解释进行讨论。我们只希望知道，如果这些解释真的能够帮助我们理解当代的话，它们带给了我们怎样的启示？这些文明之间的比较研究都是以把古代世界和当今世界拉近作为基础的。我们当然也就可以从中找到两个世界的相似之处。然而，这些模式是否让我们明白了本质？它们是否能够让我们预见自己的未来呢？

让我们以斯宾格勒的一个论点为例：文明化阶段（人口向
城市集中、技术手段的发展、民主政治或煽动性政治等）也是
大型对内和对外战争肆虐的时代。专制统治者们拥有军队，帝
国就是这些混战的结果。以这种观点来看——这也似乎是斯宾
格勒写《西方的没落》一书时的观点，西方已经到达了标志罗
马共和国进入帝国的那种战争阶段：它离千年的终点已经不远，
这也是文化作为生命组织的大限。根据汤因比的编年表，1914
年就等同于公元前 431 年，也就是伯罗奔尼撒战争的开端，"衰
退"的开始。

都市社会和技术的阶段是否本身就意味着衰落？或者这种
看法仅仅反映了一个历史学家的理论偏好？生产的力量和西方
人掌握的科学知识难道不是已经获得了惊人发展，以至于 20 世
纪的都市文明并不构成一种文化的终结，而是一种无论如何都
注定可以生存下去的新的社会类型吗？[①]

让我们特别关注一下我们正在讨论的文明的国际关系方面，
并且接受汤因比的编年表：1914 年的大战等同于伯罗奔尼撒战
争。一个文明的创造中心——希腊或西欧——投入了一场至死
方休的战争中，其结局不光是让文明中心精疲力尽，还让它们
光芒四射。在每个政治单元及文明整体中的社会主体的道德凝
聚力都彻底遭到了毁坏。政治主权虽然扩展到了更广阔的空间
中，但这是由武力强加的，而且也将无法克服内部的分歧。
1960 年的我们又到哪里了呢？

1914 年的欧洲各民族国家等同于城邦。在我们看来，似
乎民族国家的演化并没有任何模式；希腊城邦的演化也没有

---

① 除非遭受了战争之类的大灾难。

提供一套有规律的变化法则。由于波澜起伏的内部斗争或运气的眷顾，由于法律或形势的造就，欧洲各民族国家被一个一个推到了世界顶尖的位置。然而，它们或是因为辉煌成就消耗了自己或是因为命运的唾弃又都很快一一跌落。西班牙君主国通过联姻统一成为西班牙帝国，又因为美洲的资源而得到了巩固；法兰西王国当年土地肥沃、气候宜人，政治和行政也具备统一性；德意志从混乱无序中走出来，得到人口和机器数量增长的助益：这些国家轮流担当着体系的扰乱者这一光荣而苦涩的角色。

今日处于大西洋联盟中的欧洲各民族国家是否类似于当年处于罗马帝国之中的希腊各城邦？或者**美国治世**是否只是通向**苏联治世**（pax sovietica）道路的一个阶段？又或者由上述分析所得出的这些假设，要么因为民族国家作为一个具有不变性的事实而不同于城邦或帝国，要么因为大规模杀伤性武器正在让对外政治贬值或革新，而没有任何一个是有效的？不论答案是什么，从对当代的分析中所得出的答案，都会比从既随机又流于表面的对比中得出的答案更可靠。

让我们深入斯宾格勒和汤因比描绘的框架内部进行考察。西方文明相较所有的过去文明而言拥有很多涉及国际关系的独有特征。民族国家将政治和军事公民权授予所有居民，而非仅仅授予自由人。民族性是世纪的遗产，它镌刻在大众的情感之中。对文明或帝国的"爱国主义精神"是否能够以相同于罗马帝国爱国精神形成的方式诞生呢？就大西洋联盟而论，欧洲人心中丝毫不存有这样的情感，甚至连会诞生某种欧洲爱国精神的迹象都没有。

从来没有任何一个文明与如此多的文明有过接触；从来没

有任何一个文明征服过如此多的土地，颠覆过如此多的习俗，向被它征服、奴役和剥削的人传播过如此多的知识，给予过他们如此多的权力。印度的解放和中国的重建都同外部无产者的反抗丝毫无关。没有人知道可以与罗马帝国等同的是否就是**美国治世**或**苏联治世**，也没有人知道它是否会是一个涵盖了从旧金山经由东京或柏林直到莫斯科的整个体系的和平，又或者它还会在更大空间上包括余下的亚洲、非洲和南美。既然正在酝酿的这个全球体系史无前例，既然人类历史的下一个进程或许会让完全不同于西方文明、历史上的中华文明或东正教文明的其他文明诞生，那么文明也可能已经属于过去，明天的历史将是具有普遍性的全球史，这些谁又能确定呢？

最后还有一点，政治单元的决定因素一直就是历史观念、国际制度和战斗技术。在我们的时代，观念更有利于民族国家而非帝国，因为时代观念宣扬的是民族自决且认为被统治者加入国家是一种必须。如果权力是由讲另一种语言或有着另一种宗教信仰的其他肤色或种族的人们在行使，被统治者又怎么会认为这个国家是自己的呢？国际制度也朝着同样的方向施加影响，至少是朝着不利于欧洲帝国存在的方向在发展。没有任何超民族观念来为被削弱的各大宗主国的统治辩护。不过，苏联尚有足够实力去阻止来自联合国的各种干涉，容忍不同语言和文化的自治，清除"资产阶级民族主义"。最后，军事技术自身的双重性——大规模杀伤性武器和个体杀伤性武器——有利于维持小国的生存，让大范围的军事统一成了可能，从而削弱了大国对弱国压迫的能力。我们离罗马帝国这个靠着纪律和组织，以军团在数世纪内对临时拼凑的交战对手保持了霸权的存在还很遥远。

一些在其他文明演化过程中留下的标志性现象在西方近几个世纪的历史中也有迹可寻。不过，这些典型阶段展示出的独特性比它们显现出的陈旧特点更加耐人寻味。在这种情况下，历史比较让我们理解了永远不会再见到的独一无二的现象。

三　定量研究

探索演化的模式也可以采取另一种途径，遵循另一种方法。直到现在，我们是通过直接观察和概念比较在推进研究；而定量方法因为一个显而易见、明白易懂的理由也值得推荐。演化的模式也可以说是人类的无意识和事件共同作用的产物。一个现象的发生频率或强度就属于这类既归因于个人又归因于全体的演化产物。那么，对于作为国际关系特有现象的战争，"社会计量学"（sociométrie）又会给出怎样的结果呢？

这种研究必须克服两大困难：采用什么样的"战争"定义？在怎样的框架下测算频率、确定强度？

我们在本书的理论部分所采用的"战争"的定义是"政治单元之间的武装冲突"，这个定义虽从概念层面上讲已经足够，但没有就交战现象在具体历史层面上做出限定。在历史上的绝大部分世纪中，国际法都没有得到充分发展，国家也没有被清晰界定，这让"武装冲突"并没有被清晰定义为主权单元的**内部**冲突或主权单元之间的交战这二者之一。即便在我们的时代，依然让人疑窦丛生的是，"冲突"的司法定义从战争开始到结束会发生变化。从法律上讲，阿尔及利亚战争在1954年被舆论一致认为是一场**叛乱**，而到1960年，它在那些承认了阿尔及利亚共和国临时政府（G. P. R. A.）

的政府眼中却变成了**对外战争**①。

统计学家刘易斯·弗莱·理查森（L. F. Richardson）② 给出
的定义应该算是一个极端的定义。说到底，战争除了是一群人
将另一群人置于死地之外，还能是什么呢？一个杀手谋杀的是
一个或两个人，而战争可以说是一场连环谋杀或大规模谋杀。
在杀手和战争之间，还要加进劫掠、强盗行为和集体抢劫：这
些中间行为展现的是各种程度的无政府或无组织状态。如果我
们接受每年在 100 万人中有 32 个人被杀害，又假定世界人口数
量为 13.58 亿，那么一个世纪内被杀害的人数就达到了以百万
计的程度（1820～1939 年应有 500 万人被杀害）。很显然，如
果这种客观定量方法忽视了人的行为在谋杀和战争中根本就不

---

① 至少也被视作一场解放战争。

② 我们能够在一本文集中找到对理查森思想的综述：T. H. Pear, *Psychological factors of peace and war*, Londres, 1950。

理查森最近出版了两本书：*Arms and insecurity*, quadrangle books, Chicago, 1960（publié par Nocolas Rashevsky and Ernesto Trucco）和 *Statistics of deadly quarrels*, quadrangle books, Chicago, 1960。第一本书研究的是军备竞赛。我们能够在下面这本书中找到相关的概述和讨论：A. Rapport, *Foghts*, *Games and Debates*, University of Michigan Press, 1960。第二本书在更宽泛的层面上讨论了"置人于死地的争端"。我们不会在这里对这项研究的方法和结果详加讨论。

就我们本章中正在研究的问题而言，理查森的结论与昆西·赖特的结论一致，也同我们分析论述得出的观点一致。比如，理查森在 1820～1949 年没有观察到任何战争频率的明显加大或减小。或许存在一种大战更频繁、小战更少见的倾向。

不同国家参与战争的频率是不同的，而根据历史时期的不同，既定的一个国家也会以多少不一的频繁程度参战。因此不可能说一个国家本身是好战的或和平的。国家被卷入战争的趋势同与它拥有共同边界的国家数量相称。

不过，理查森观察到，1820～1949 年的人口并没有伴随战争频率的相应增长和由战争频率增长导致的人命损失的增加而增长。他总结认为这是人类变得不好战的一个迹象，但还算不上是这个结论的决定性的证明。

同这一点，而只看死亡人数的最终结果，那么这种方法并不适用。

　　语言提供了大量词语来指代各种多多少少有所组织的力量所具有的不同使用模式：对内，我们称骚乱（émeute）、暴动（insurrection）、叛乱（révolte）和革命（révolution）；① 对外，我们称干涉（intervention）、讨伐（expédition punitive）、平定（pacification）。定性地看，这些表达所试图区分的现象之间的细微差别并不难明确。骚乱似乎是自发的，仅仅涉及相对狭窄的空间中的一小部分人：骚乱者反对法律、秩序和权力，他们使用武力又被武力消灭，他们似乎并非总是具备组织性或严格意义上的政治目标（诸如推翻政府或政权之类的）。骚乱之所以升级成暴动，更多不是因为骚乱本身的规模扩大，而是因为有了带头人或出现了某种政治目标。暴动者至少知道自己不想要什么。倘若既有的权力、政府或政体垮台，革命②就超越了骚乱或暴动的阶段。当掌权一方和暴乱者都无法迅速战胜对方时，内战爆发了。很明显，定量研究是没有将这些常常在现实中互相转化的区分考虑在内的。这些不同情况都包含在索罗金所用的"内乱"（troubles intérieurs）概念中：发生在一个主权区域内部多少有所组织的群体之间的，使用可用武器所进行的暴力冲突。

　　可以用卷入冲突的各个民族或政治单元之间的异质性，来解释为什么在指代一国在国界之外使用武力的方法上会存在这么多不同的措辞——干涉、讨伐、治安行动、平定。在 19 世纪，法国人谈论的是征服或平定阿尔及利亚，因为他们不但不

---

① 一种很常见的情况是，武力只在一方是有组织的。
② 叛乱是一种比暴动更普遍的现象，但它并不以革命为结果。

承认阿尔及利亚国家的存在（当时它或许的确不存在），也不承认阿尔及利亚人的人道主义平等地位。"阿尔及利亚战争"这个说法已经暗暗承认了阿尔及利亚的民族主义诉求。而这些阿尔及利亚的民族主义诉求又是以仿佛阿尔及利亚国家历来就存在为背景而表达出来的。每方都可以用符合时代习惯的方式书写历史。一方面，我们可以把 1830 年的阿尔及利亚想象成一张白纸；另一方面，我们又可以通过认为阿尔及利亚有自己的过去来赋予阿尔及利亚国家以重要性。同样地，干涉或讨伐也指代了当外国期望惩罚而非征服另一些被认为低人一等的民族时所采用的军事武装行为。

在克服概念困难所做的尝试中，昆西·赖特和理查森的努力最有成效。昆西·赖特将两种标准合而为一：一种是司法的（互相区别的主权），一种是定量的（战士数量超过 5 万人）。① 由此，他淡化了把骚乱和对外战争这两个异质现象做比较时所产生的那些弊病。事实上，他所秉持的量化标准——战士的数量——好像真的会让内战同对外战争发生混淆。不过，在社会学家眼中，除非是从理论上看，否则内战所具有的特征是完全可以让内战同对外战争进行比较的。

不过，在我看来，索罗金②的方法更让人满意，因为他从一开始就对内乱和国家间战争进行了区分。至于对战争强度的测量，索罗金将多种量化标准结合在了一起：军队规模、死亡人数、行动持续时间、战士在总人口中的比重。虽然这些标准

---

① 参见 Q. Wright, *op. cit.*, Ⅰ, appendice ⅩⅩ, p. 636。

② P. A. Sorokin, *Social and cultural dynamics*, New York, 1937；尤其是第三卷的第二、第三部分。索罗金的思想被清楚概述于下书中：F. R. Lowell, *History, Civilisation and culture*, Londres, 1952。

都是可接受的，但它们让我们既无法测算社会成本，也无法估量具体战争的历史重要性。单纯看死亡人数还不如看死亡人数在总人口中所占的比重和人口的恢复能力。特拉法尔加海战中几十个人的死亡在历史天平上比凡尔登几十万法国人和德国人的伤亡分量更重。同样地，在对动乱的测量上以多种标准来考察也属合理：涉及区域的范围大小、动乱持续时间、暴力的强度、受影响的大众数量（每个国家都被赋予一个指标，这个指标与它在我们研究的文明整体中所占的权重相称）。不过，即便这种方法真的合理，它也只把握住了国家内部暴力的数量方面。有些"动乱"具有创造力，剩下的则都是些就历史而言不会产生什么新东西的动乱。正如一句名言所说，布尔什维克获取权力就像拾起一根羽毛那么简单。佛朗哥为之树立纪念碑的那一百万西班牙人在内战中的死亡象征的却是毫无历史建树、白白牺牲的残酷而已。

　　让我们暂且接受定量方法，容忍它这些不可避免的局限性。那么，这种方法适合在怎样的框架下使用？又得出了怎样的结果呢？昆西·赖特和他的研究合作者记下了发生于 1480～1941 年的所有战争（以他们赋予"战争"一词的定义而言）。他们计算出的现代文明的战争达 278 次[1]，他们也计算了每个主要国家作为交战者的次数[2]：英国 78 次，法国 71 次，西班牙 64 次，俄国 61 次，奥地利 52 次，土耳其 43 次，波兰 30 次，瑞典 26 次，萨伏依王朝（意大利）25 次，普鲁士 23 次，荷兰 23 次，美国 13 次，中国 11 次，日本 9 次。如果我们把时间限制在 1850～1941 年，其结果如下：英国 20 次，法国 18 次，萨伏依

329

---

[1]　*Op. cit.*，p. 638 et suiv.

[2]　*Op. cit.*，p. 650.

王朝（意大利）12 次，俄国 11 次，中国 10 次，西班牙 10 次，土耳其 10 次，日本 9 次，普鲁士（德国）8 次，美国 7 次，奥地利 6 次，波兰 5 次，荷兰 2 次，丹麦 2 次，瑞典 0 次。统计者证明了一个很好理解的结论：《联合国宪章》所宣称的存在于热爱和平的国家与其他国家之间的分别，仅仅存在于战胜方国家领导人的想象或虚伪里。

这一结论事实上很可能是成立的。我们知道，在 1960 年，"民族固有形象"是多么容易随着外交的变动而变化。1941 年，美国舆论对日本人、中国人、俄国人和德国人有着怎样的印象？而今天，在这些民族外交角色置换的情况下，在日本人从敌人变成盟友、中国人从盟友变成敌人、苏联和德国也完成了同样的角色置换的情况下，美国对这些民族的印象又如何呢？每个国家的参战次数所衡量的更多是每个国家在国际舞台上起到的作用，而非国家或民族的侵略性。如果西班牙在 1480～1941 年参战次数位居第三，而在 1850～1941 年参战次数降到了第六，其原因并不在于西班牙人已被和平主义同化，而是因为西班牙的政治失势。

参战频率同国家在外交领域的地位相称这一事实意味着不为国家宣传所动地认为所有国家都大同小异、半斤八两这种关于民族国家的想法没有错。国家确实并非**每时每刻**都是好战的、帝国主义的和残酷的。当然，被满足的民族会比有诉求的或革命的民族具有更小的侵略性。民族的行为也同样被力量关系所决定。不过，从长期来看，没有任何居于一流地位的民族国家是一直保持了和平或始终尚武好战的。

索罗金通过另一种计算方法在关于内乱倾向——内部斗争中的暴力——的计算中得出了同样的结论。暴力顶点对处于同一文明地带内的不同政治单元而言是不一样的。每个民族国家都有自己的历史，但所有的民族国家的历史在统计学家或道德主义者眼中都差不多。

就欧洲近五百年的情况来说，体系扰乱者的连续出现和它们之间力量关系的波动似乎在任何意义上都没有对战争次数施加任何敏感影响。就 1500 ~ 1715 年而言，昆西·赖特记录下 143 次战争，1716 ~ 1941 年为 156 次。当然，如果少取半个世纪观察，他就会发现军事冲突的次数没有规律性。不过，他在这些波动中也没有观察到任何规律性。

正是在这个地方出现了一个决定性问题。欧洲在 1815 年以后的 19 世纪是相对和平的，所有历史学家都知道这一点，如果统计学家们要以统计数据来推翻这种印象，我们可能就要冒昧地认为他们才是错的。从历史角度上看，欧洲在 1816 ~ 1914 年既没有出现最后演变成为普遍性冲突的大战，也没有发生推翻国家内部秩序的战争或思想和制度上的大变动。冲突越是发生在本地，冲突的数量就越多，而当欧洲人没有自相残杀的时候，他们增加的是对远方的征伐，这些都是事实。好斗性或许一直都存在，但好斗性的历史表达却是变化多端的。

很多哲学家或学者都期望把握住蕴藏在这些变化之中的法则。生物现象的周期于历史表面上浮出，这种想法的确很诱人。然而，在我看来已尝试做出的任何证明无一令人信服。的确，在一场大战或一段长时间战争（1791 ~ 1815 年）结束后所发生的一切就像是各国人民歇了口气，民族国家也像生灵那样需要恢复元气。这些同生物学产生共鸣的论断除了在比较和景象描述上有其价值外，是否还有更深的价值？

有些人说，两次战争之间的间隙是一代人，也就是二十几

330

年的时间：最突出的例子是 1918 年各国签订停战协议，二十年
后欧洲第二次世界大战爆发。另一些人认为间歇是两代人的时
间，就像 1870 年战争结束到 1914 年战争再起。虽然儿子们尚
未遗忘第一次战争的情形，但孙子们已经忘记了前一次屠戮带
来的教训，从而摩拳擦掌地开始走向既荣耀又恐怖的征途。这
两种假设在我看来都不具备普遍意义。在大杀戮之后，一般都
存在多少会持续一段时间的平静期。那些把人口过剩视为人类
自相残杀主因的人会援引"人口释放"来对此进行解释。那些
将充满战斗活力和休养生息的交替想象成舒张和收缩的交替的
人，会用集体生活的神秘法则来解释暴力的爆发。倘若历史事
件没有完全符合他们所假设的模式，他们还可以把革命或内部
动乱同战争放到同一条目下讨论。19 世纪法国历史上的"危
机"巧妙呈现出一组近似规则的序列：1830 年、1848 年、1870
年和 1890 年。我承认我很难给予这样的排序做法什么确切意
义。内战和对外战争中的人员损失怎么能够成为类似 1830 年的
那场革命或类似由普鲁士的野心和拿破仑三世的虚弱造成的
1870 年的那场外交冲突的直接源头或直接诱因呢？[①]

　　在我看来，索罗金的研究在所有定量研究中算是最有启迪
性的。将内部动乱同战争区分开不但能让我们避免把两种根本
不同的现象混淆，还能让我们分别追寻和评估这两种现象：一
种是暴力在国家内部政治中扮演的角色，另一种则是国家之间
武装冲突的强度。即便这两种现象在国家诞生和灭亡之际会有
互相混同的倾向，即便它们在某些情况下互相交织且会互相加
重对方的程度，但也不影响它们在历史中具有不同意义和作用

331

---

① 　我这里是以夏尔·莫拉泽（C. Morazé）的假设——*Les Français et la République*，
　　Paris，1956——为参考的。

的事实。

在我看来，索罗金统计研究的价值在于，它清楚明白地表明了这两条线并不平行的事实。对于古代世界，这项研究揭示出战争现象在公元前 3 世纪（几次布匿战争的世纪）时达到了顶峰，而内乱曲线却仍然继续攀升直到公元前 1 世纪。以罗马的情形而论，我们当然不会奇怪于标志了"战争现象"的顶点的是几次布匿战争——这些一旦胜出便可在地中海盆地实施霸权的战争；我们同样也不会奇怪于标志了"内乱现象"的顶点的是共和国向帝国转换的那些世纪——政党或候选者之间为了最高权力进行武装斗争的世纪。如果我们同意这种方法的有效性，那么其结果则至少在消极秩序上是有意义的。

索罗金否认在战争和内乱之间建立关联的可能性，也否认这两个现象的强度与共同体的繁荣或没落有关联。他不承认可以观察出朝向"最多"或"最少"的规律性运动，也不承认可以观察到上升或下降的规律性交替。西方文明的内乱应该在 8 世纪、13 世纪到 14 世纪、19 世纪到 20 世纪三次达到过高峰。这三个时段都与被索罗金命名为观念文化（灵性）和知觉文化（感性）两种文化类型的过渡时期相吻合。

我们的重点并非在于讨论索罗金的所有概念，我们也不认为索罗金用以描述不同文化类型的概念是唯一可能存在的概念或最好的概念。把一种类型分析用于所有文明，而这些文明又在时间上和生活方式上如同上古和现代之间那么遥远，此种做法本身就是值得商榷的。我很难心甘情愿地接受战争和内部动乱均可以归入"社会关系的断裂"（break-down of social relations）这一概念。我们承认内部动乱是社会关系的断裂，因为内乱中的所有共同体都试图开创一种仅仅在维持秩序本身时

才准许使用武力的秩序。然而，诉诸武力来解决共同体之间的
冲突在历史上的很长时间中都被认为是不可避免的、合法的和
符合国家间关系实质的。因此，战争本身并不是社会关系的断
裂，因为战争与政治社会的性质是相连的。不过，由于政治社
会通常由武力开创且会慢慢扩展，它们因此会变得更加异质，
有时候它们还会遭遇一些内乱，而这些内乱的强度会随着对外
战争强度的降低而增大。停止对外扩张的帝国还必须镇压叛乱
和保证帝位的传承。

　　进一步说，即使对于那些不接受索罗金类型学的人而言，
内乱强度与两种文化类型过渡期的吻合也是有意义的。说动乱
强度取决于社会变动的深度和速度，这的确会被认为是一种平
332　淡无奇的观点。然而，定量方法有时候并不仅仅局限于确认变
化的发生，它还能让我们识破这些变化的深度和速度。最重要
的是，两条线（如果我们接受其精确度的话）排除了一种有序
演化——要么趋于缓和，要么趋于好战，要么或多或少好战的
各阶段交替变化——的存在。然而，这种演化规律性的缺乏却
间接地为某种对战争现象的解释提供了很好的证明。

　　我们前面的所有分析都将我们引向了一种解释，如果可以
的话，我将其称为历史－社会学解释。战争是一种社会现象，
但又是所有社会现象中独一无二的现象；它既肯定又否定了社
会性（socialité）以及战士之间的社会关系。当所有战士都隶属
于同一社会且对这一点有所意识时，他们就将武装斗争作为他
们共同体的暂时分裂来体验。当战士隶属于不同但具同源相似
性的共同体时，他们会认为战斗不仅意义重大且正当合法，但
历史学家却不可避免地会倾向于认为这些战争毫无意义，因为
作为这种战争目标的那种和平在各个政治单元力图保有自我裁

决权的情况下完全是不牢靠的。从历史角度看，符合了战争本质、无法约简为内部动乱的那些战争充其量也就是以消极方式获得了某种创造性（它们避免了一个征服者的独裁）。那些产生或限定了政治单元的帝国战争和内战，抑或决定了在组建起来的政治单元内部实行何种观念或政体的帝国战争和内战，才是富有成果的。因此，不存在任何演化规律这一点就很好地解释了：当政治单元的结构或原则受到质疑的时候，当一个外交体系解体了且另一个正在形成的时候，战争暴力的顶峰就会同富有成果①的战争阶段相吻合。所谓的两种文化的过渡期也就是内部动乱达到顶级强度的时期。如果暴力的最终原因是历史的和社会的，那么暴力的演化同国家和价值观的命运一样都不会与这些原因相符。

空间、人口和资源都是前提或局部性利害关系。然而人们之所以相互斗争，是因为他们让观念服从了权力的意志或者让权力的意志服从了观念，是因为他们生活在共同体中，而这些共同体既具同源相似性又互为外族，既无法彼此顺服又无法彼此忽视。在历史进程中，战争的深层原因从来没有改变过。交战现象的强度则因为受到形势多样性加强或减弱的影响而表现得没有规律。

四　人类历史的意义

然而，还存在最后一种发掘演变模式的可能性：不是在我们称为文明的大型整体中，而是在从一种文明到另一种文明，或至少从一个文明系列到另一个文明系列这一过程中。如果我

---

① 在历史上富有成果，其成果在我们看来也可能是令人厌恶的。

333 们以斯宾格勒的哲学为参考，这种假设便没有意义，因为斯宾格勒认为每个文明①在世界上都是独一无二的，每个文明都是一个被局限在出生、成熟和死亡这种生物循环中的独特灵魂在世间的表达。汤因比的看法则恰恰相反，他认为将文明区分成初级文明、二级文明和三级文明是可能的，这取决于它们是否诞生于一个非复杂社会，是诞生于本身就已经是初级文明的另一个文明，还是诞生于一个在摇篮时期就已经受到另一文明影响的文明。西方文明属于三级文明，因为它出自希腊文明（用昆西·赖特的话说就是出自古典文明），而希腊文明本身又出自米诺斯文明。

从国际关系或战争的角度来看，相较于不同时期或不同城邦之间的比较，文明之间的整体比较更成问题。在这方面的唯一已知的尝试是昆西·赖特和他的研究合作者做出的，但我认为这个研究在方法上很可能存在错误。关键问题很简单，那就是：是否可能**从整体上**衡量出一个文明的"好战性"？昆西·赖特使用了四种衡量标准②：源自宗教仪轨、演出和体育的**残忍习惯**；由侵略的频率以及帝国战争或国家间战争的频率表现出来的**侵略性**；军队纪律表现出的**军事道德的严苛度或其影响力**；最后还有**独裁倾向或集权倾向**，也就是权力的实施是否有宪法限制。

昆西·赖特的研究小组通过同时运用这四种标准确立了以下的分级：

---

① 斯宾格勒说的是文化，而非文明。斯宾格勒认为文明是一种文化的衰落阶段。不过，我们还是在此继续使用我们自己的语言，将斯宾格勒命名为"文化"的那些大型整体称为文明。

② *Op. cit.*，Ⅰ，p. 122.

（1）最好战的文明：古典文明、鞑靼文明、巴比伦文明、叙利亚文明、伊朗文明、日本文明、安第斯文明、墨西哥文明。

（2）好战程度适中的文明：赫梯文明、阿拉伯文明、日耳曼文明、西方文明、斯堪的纳维亚文明、俄罗斯文明、尤卡坦文明。

（3）最和平的文明：埃及文明、米诺斯文明、东正教文明、苏美尔文明、聂斯托利文明、爱尔兰文明、印第安文明、印度文明、中华文明、汉文明、玛雅文明。

这个分级无法让我们辨识出在初级文明向二级文明或三级文明演化的过程中是否存在向更多"好战性"或更少"好战性"变化的运动。在最好战的文明那一栏中三个时代的文明都有出现。好战与种族或地理之间也不存在任何明显相关性。我们可以做的充其量不过是罗列一些对文明"好战性"有所助益的形势：人口的异质性、沟通的便利性、畜牧人或游牧人所起的作用。高原文明或山区文明可能更具好战倾向。

事实上，我对文明的"好战性"这个概念本身是否有用都还抱有怀疑。严格说来，我们可以用这个概念来从事类似于索罗金研究那样的严谨的定量研究。然而，资料却不足以让我们把这种方法扩展应用到如此多样化的文明上。至于昆西·赖特提出的四个标准中的每一个在单独讨论时都是有意义的，但将这些标准组合运用后得到的结果却因为具有如此大的异质性而很可能不再具有任何意义。

以第二个和第三个标准为例，它们分别为侵略和战争的频率以及军事道德的严苛性，这两者似乎十分接近。雅典和斯巴达之间的经典反差提醒我们，一个建成的政治单元所具有的侵略性与军事秩序的严格性或管理模式的严苛性并不相称。日本

334

的秩序在德川幕府那两个世纪中属于一种源自军事精神的秩序，但它并不具侵略性。同样地，西方各民主社会设立了公民政府模式，这些社会却并没有少开展战争。它们之所以开展这些战争，难道是因为威廉的德意志帝国或沙皇的俄罗斯帝国依然为军事道德所浸润吗？我们能够说苏维埃的专制主义就是俄国或中国具有侵略性的原因，而和平就应该在自由民主政体的国家之间盛行吗？我承认这些说法都没有说服力，然而这些解释在一代人之前还是很时髦的。时至今日，我们已经更好地明白了"理性的狡黠"是多么层出不穷。一个秉持自由主义哲学的社会，譬如美国社会，是不会颂扬战争本身的，它从原则上说是奉行和平主义的，但它也可能最终变得冲动和愤怒，它也会在假装不经意发动了战争——也可以说是侵略——之后坚持要将胜利进行到底。正是政体之间的异质性，而不是各个政体本身，才是那股推动战争爆发的重要力量。

我们并非要否认，使用这四个尺度——残忍性、侵略性、军事秩序的严格度、治理模式——得出的民族或国家间在"好战性"上存在差异这一结论。文明很可能会因为参战民族扮演角色的不同以及他们在生活方式或自我管理方式上的差异而在好战性上显得不同——而这种不同也的确在统计学意义上[1]存在。对我们真正重要的是去驱散这样一种幻觉，即认为一个内部秩序是公民的、取消了残酷演出或残酷竞技的、有多重宪法保障的社会，其本身是不受别人侵略的，或是能够抵制自身的侵略倾向的。

在过去，这些不同现象之间可能存在一种模糊的相关性。

---

① 冲突的频率和强度。

从整体而言，中华文明以及后来的中国在多种意义上都算得上没那么好战的文明：这些人口更少被侵略波及，它们也没有遭遇过频繁的战争或入侵，它们在和平时期也不以军事秩序开展生活。然而，需要重申的是，这些特征并不总能放在一起来说。如果我们以战争的次数和代价来判断，那么 20 世纪是好战的世纪，然而 20 世纪的政治秩序却是同军事秩序分离的秩序，而且具有支配力量的哲学也是和平主义的。最具摧毁性的战争并非总是由那些将战斗作为正常活动的民族开展起来的。

　　那么，这是否让我们必须得出像 19 世纪末一位文化人类学家那样的悲观结论——"战争没有进化？"夏尔·勒图尔诺（Charles Letourneau）就多个大型社会现象——商业、政治、经济、所有权——写就了一系列的书。他也有一本书是关于战争的①，但这本书的书名中却没有"进化"一词。他认为，所有现象都在进化，只有战争除外。

　　诚然，用进化论来表现商业、所有权或国家逐渐出现的各种形式的做法，在很多方面都显得过于简单或虚妄。政治和经济的转变既没有他说的那么有秩序，也没有他说的那么方向明确。不过，勒图尔诺对此的断言仍然提出了挥之不去的问题。战争是否并不仅仅在所有文明和所有时期中具有普遍性，而是在本质上和形式上本来就具有不变性？战争是不是一直就只像它自己，因为它本来就是对人类通过长期的文化努力试图在自身内外进行创造的一种否定？战争是不是一种向原始野性的突然且暴力性的回归，是一种对所有进化的反抗，因为它对于人们身上所具有的某种人性而言本来就是陌生的？

335

---

①　*La guerre dans les diverses races humaines*，Paris，1895.

20 世纪的人们可能与公元前 6 世纪至公元前 5 世纪的人一样残忍甚或更加残忍，集中营、毒气室和原子弹让我们无法对此有所怀疑。被战斗激情左右的战士们做出了比我们称为野蛮人的人还要残暴的行径，这点也没人能否认。警察和侦讯人员发明出的对肉体和精神的酷刑是如此考究，我们所知的不过是冰山一角。如果对同类的杀害就是战争现象的本质，如果置人于死地本身就意味着战争，那么战争的确就是固定不变的，它的实质被它本身所具有的那个永恒部分定义了。

存在一个不容置疑的事实：战争从多个层面上都同开展它的社会相像。这种相像**总是**一种武器和工具上的相像。这种相像又**几乎总是**直接或微妙地是一种社会分层和军事系统上的相像。工具和武器上的相像在我们的时代尤为突出。公民秩序和军事秩序上的相像自从领导阶级不再是军人阶层后就被伪装掩盖了。不过，在和平时期与战争时期采取不同组织方式的现代社会，它所具有的这个独有的表面特征，仅仅是另一个更深层的独有特征的表达罢了：国际关系已经参与到理性化的现代进程之中。在分析了它的各个方面后，我们发现，这种理性化既解释了敌对行为工业化的原因（工具和武器的同源相似性），也解释了认定政治权力和军事秩序毫无共同之处之类的断言。

实际上，理性化导致了一种活动和功能之间的**分化**（différenciation）。在很多情况下，在镇压叛乱中所使用的力量与在抗击敌人时所使用力量在物质方面具有相似性。不过，我们还是用了不同的词来描绘它们，因为维持治安的行动与战争行为具有不同的含义。这种本质上的二重性是如此明显，以至于我们已经将它作为理论的起点。这种二重性在最简单的社会中尚处于萌芽阶段，然而随着时代的推移，它开始常常处于

动摇不定的状态，因为由武力缔造出的政治单元也要靠武力来 336
维持。大部分国家在武装力量——甚至在和平年代也是统治者
的最后手段和保障力量——分解的情况下，也会瓦解。

公民秩序和军事秩序之间的异质性也同样与 19 世纪的历史
经验相符。担负起欧洲各民族国家统治重任的中产阶级，将自
己视作劳动的管理者而非战士。它并不认为自己的权力是以力
量为基础的，即便它依然会用力量来让自己的政权合法性得到
遵从。马克思主义和美国政治哲学都脱胎于这个资产阶级时代：
马克思主义将对资本主义经验的不完全分析扩展成了一种普遍
理论，认为在生产资料所有制中蕴含着权力和特权的根源，然
而事实却是，拥有武器在很多情况下比拥有工具更重要；美国
政治哲学倾向于将战胜了自然的移民经历普遍化，美利坚共同
体产生于建设而非征服，美国政治哲学因此不由自主地认为军
事秩序和公民秩序之间存在着绝对的矛盾。

以国际关系的独有特征来考察国际关系，就会受到双重理
性化的影响，一个是法律上的理性化，另一个是纯理论上或社
会学理论上的理性化。法学家阐述了概念，明确了主权的后果，
推断出了领土空间划分和海洋空间不划分的后果，确定了交战
者和非交战者的权利和义务，增加了通过主权国家间公约所缔
造的国际组织或机构的数量，制定了国际关系在私人、社会、
国家及非国家层面上应当遵循的规则。但是，法律上的理性化
一直承认诉诸战争的合法性，这一点直到国际联盟建立和《白
里安 – 凯洛格公约》签订才废止（或许，尽管有国际联盟和
《白里安 – 凯洛格公约》，这种合法性依然继续存在）。因此，
社会学或抽象理论想方设法希望阐明的是，笼罩在战争威胁之
下或暗含在对胜利追寻中的那些外交 – 战略行为背后的含义和

效能条件。克劳塞维茨的理论以战争为假设，探究应该怎样开展战争。本书之所以要在"民族国家间的和平与战争"这个题目下展开论述，也是因为希望对外交 – 战略行为进行理性阐述。

法律上的理性化和理论上的理性化虽然源于同一种精神实质，但有可能陷入冲突之中。法律上的理性化越是期望以法律代替力量来解决战争争端，战争的利害就会变得越重大，因为只有这样才能让与法律联系的断裂和对古老粗暴行为的回归变得正当。然而，符合自己本质的战争却趋向于向极端升级。从战争的概念来想，战争会导致暴力的无限放大。绝对胜利是目标，为了达成目标，工具理性要求穷尽一切手段。既然工业社会适宜进行全面动员，那么这些自诩奉行公民原则的社会，或许也正是唯一会在战争情况下将社会的军事化推进至极致的社会。

三种形式的理性化（分化、概念阐述、对外交 – 战略行为的本质和效率的思考）还没有让几千年来观察到的国际关系的性质发生变化。战争手段与工具相似。既自称和平又开展全面战争，这种存在于社会中的矛盾在一波波宣传攻势中、在国家的虚伪中、在对外政治哲学的碰撞中随处可见。每个大国都有自己的一套和平学说，不论它经由的是国际法还是社会主义。

战争越来越多地对所有和平元素加以抛弃，直到它导致整个民族灭绝且失去了它对人类的意义。人们越来越认为和平，也只有和平才符合交战各方的共同利益；战争被非法化。全面战争的工具逻辑与将战争宣布为犯罪的法律逻辑之间是否注定互相矛盾？战争由于应用了对敌对行为的理性计算而让全面动员不得不实行。那么，同样的计算就无法在热核时代强加和平吗？

第十二章　好战的制度的根源

人在**本性**上是和平的还是好战的？哲学家们在以**本性**作为
社会现象的依据或以本性来解释社会现象时，把这个问题提了
出来。不过，根据与之对立的说法，本性这个概念却有着完全
不同的含义。

我们曾在本书第一部分中多次提到存在于政治单元之间的
自然状态，这是一个与**公民状态**相对的状态。受到法律和合法
性权威支配的共同体成员之间属于公民状态。反之，人们在进
入公民状态之前是既不承认规则也不承认主人的，他们好似在
自然本性的驱使下，或如同得到了自然本性的授权一样行事。

事实上，哲学家在对前公民状态的描述中结合了以下两种
观点：一种观点是，人作为动物或具有理性天赋的生命，是游
离于所有社会之外的；另一种观点是，如果人人都只能靠自己，
那么人人都应该有生存的权利。霍布斯和斯宾诺莎对自然状态
的描绘体现了这种双重特征：被想象成非社会的人的心理、在
公认规范缺位的情况下具有正当有效性的武力道德。

这样的自然人状态是否真的就是处于文明伊始的人的状态？
一旦权力在革命形势下或在主权共同体关系中崩溃，今天的人
是否依然会处于这种状态？又或者，自然人状态是人在自身的
理性使命或超自然使命的驱使下而达成的状态？换句话说，自
然的就与**历史的**、**文明的**、**理性的**或超自然的相悖吗？历史人
肯定是属于某个共同体的，而且也是参与到了理性之中的。自

然是与社交性或理性相反，还是它会遵循理性趋向于社会中的生活就如同向一个目标趋近一样？根据我们所做假设的不同，自然的含义也随之变得与原来相反。

在**自然权利**这个表达中，形容词"自然"表达的是一种属于人本身的普遍性，是抛开了各种社会附加于人的特殊性的人自身的普遍性。国际法虽然效法**自然权利**，却从来没能消除**自然状态**。确切地说，由于主权者没有建构一种公民秩序，他们的义务和特权也就来自人的普遍本质和理性本质。然而，由于无人能够向他们保障他们的权利一定会得到尊重，他们就必须实施自我保护。

如今，自然概念在含义上存在的众多问题已经互相分开。我们不得不去询问生物学家、心理学家、文化人类学家和哲学家，他们对这个问题的追寻如同历史一样古老，给出的答案虽然都片面却可互为补充：如果战争肆虐，这是因为人本性好战吗？或者会不会恰恰相反，有没有可能存在一种本性没有改变过的和平的人性？

通过一个表面悖论——被设想为所有人都处于对所有人的战争中的自然状态——并不能排除一个永久和平理论。霍布斯假设了人们本性处于战争状态，并指望存在一种绝对权力来约束人们以达到和平相处。他没有明确思考过国家之间的和平问题，因为国家之间的关系也没有超越自然状态。然而，在希腊哲学家和马克思主义者的历史图景中，至死方休的斗争变成了为了得到承认而进行的斗争，这种斗争才是导致无限制战争的根源；然而，这也没有判定全球和平（或一个普世国家）就一定毫无希望。孟德斯鸠持相反的观点，他写道："一旦人们进入社会，他们就丧失了虚弱之感；他们之间的平等终止了，战争状态开始了。"① 他建议用权力均衡限制独裁，用节制限制战争。如果人是暴力的，社会是和平的，那么历史随着向全球社会的迈进也会迈向和平。如果战争的根源在于社会本身，那么明智的做法就是去适应这样的社会。

一　生物和心理根源

生物学家将一种动物攻击同类或者异类②的倾向称为"侵略性"。③大多数动物，但并不是全部，都在物种内部互相争斗。有些动物没有侵略性，也就是说不会主动发起攻击，但当它们遭到袭击时也会进行自卫。

生物学家说，在动物世界中，不能将战斗行为（fighting）视作偶然或不正常。侵略性是许多动物日常行为中的一个持久不变且看起来很有用的部分，它只在一些特殊情况下才会变得具有摧毁性和有害（harmful）。

所有类别的脊椎动物——鱼类、两栖类、爬行类、鸟类、哺乳类——都互相争斗。包括人类在内的灵长类动物的好斗程度千差万别，存在"从雌雄两性都十分好斗而只能以很小的家庭群居的长臂猿，到雌雄两性的好斗程度都没有超过打嘴仗程度的吼猴"④。人类在灵长类动物中处于侵略性等级程度高的那端。作为动物，人是相对好斗的，换句话说，一点煽动或刺激（stimulus）就足以触发人的侵略行为。

在动物世界中，侵略的原始刺激因素很多，其中一些还会

340

---

① *De l'Esprit des lois*，Ⅰ，3.
② J. P. Scott，*Aggression*，Chicago，1958.　"精确使用'侵略'一词，它是指战斗，意为发起攻击的行为。"
③ 实际上，生物学家认为侵略性尤其存在于同一物种之间。
④ J. P. Scott，*Aggression*，Chicago，1958，p. 6.

让人想起人类之间的冲突。遭受痛苦的动物会做出具有攻击性的反应；被实验人员夹住尾巴的老鼠会试图噬咬。很多动物，比如鱼类和鸟类，会因为保护某个空间而互相争斗，我们趋向于将这种空间称为领土。欧洲的刺鱼只会在自己的巢穴附近而不会在其他地方激烈争斗，它们因此很少展开至死方休的搏斗，除非两个巢穴离得很近；在与各自巢穴都等距的地方，它们不会彼此攻击，只会向对方发出威胁；至于战斗的结果，则取决于战斗发生地与巢穴之间的距离：离自己巢穴近的一方会战胜对手，而它的对手则将逃回自己的居住地。① 一些哺乳动物同样能做到长久和平共存，只要每个群体都没有迈出对外部而言是"它的领地"的那个范围；相反，只要属于某个群落的一个个体跨越了分界线，它就会遭到攻击并被赶走。食物和雌性配偶是动物侵略性的另外两个最常见刺激因素，尽管不同物种在这点上十分不一样。

好斗性或侵略倾向在同一物种内因性别、年龄而不同，更常见的是因个体而不同。同一物种中，雌性的侵略性平均而言要小于雄性。不过，某些在雌性侵略性等级中居高位的雌性的侵略性，会高于某些在雄性侵略性等级中居低位的雄性的侵略性。每个人类个体都天生遗传了一定的侵略性。今天的我们已经知道，侵略性的程度会因为化学物质的变化而增加或减少。医生告诉我们，他们有能力暂时或永久地让随便哪个人变得如狼似虎或温顺如羊。无论是动物还是人，好战性都实实在在有其生物根源。

个体经历会改变好斗行为，个体可以在经历中习得好战行

---

① 参见 Konrad Z. Lorenz, *King Salomin's Ring*, Londres, Methuen, 1952。类似的行为也在其他物种身上被观察到。

为，也可以在经历中遗忘它。生物学家在老鼠身上做过实验，老鼠对各种刺激表现出战斗、逃逸、消极忍耐等条件性反应。对好斗行为的学习符合巴甫洛夫学派阐明的对其他类型的行为学习的一般原则。约翰·保罗·斯科特（J. P. Scott）坚持认为好斗行为具有特殊性：好斗行为消失得很慢，需要很长时间才能抑制侵略性反应（消失速度又取决于伴随侵略性出现的各种心理和情感现象）。

　　在所有训练老鼠战斗的方法中，有一个特别引人注目。在一只老鼠同其他老鼠战斗正酣时快速将它的对手拿出笼子，并以这种方法让这只老鼠接连数日保持明显的胜利，经过这种方法训练的老鼠会如狼似虎地扑向第一个反抗它的对手。最常获胜的会变得最好斗。通过让一只动物轻易获胜，就让它有了战斗能力，变成了粗暴的斗士。相反，通过矫正老鼠的行为，我们也可以让它们养成临阵脱逃或顺服于更强者的习惯。

　　人们观察到，动物的好斗行为，不论它是自发产生的还是后天习得的，都具有适应性。无论是鸟赶走靠近它巢穴的"外来者"，还是狗或狒狒为雌性互相争斗，侵略性趋向于消除那些可能导致危险的因素，让获胜者保存一些富有价值的东西。更甚的是，动物的争斗有时还会导致一种秩序，恰如战争导致和平。

　　当两只母鸡第一次相遇，最常见的情形是它们开始争斗，分出输赢。当它们下次再遇见时，它们还是会争斗，但输家会以更快的速度放弃斗争。这样下去，一种习惯便会建立起来：一只母鸡会习惯于发出威胁，另一只则习惯于逃跑。前者可被称为支配者，后者可被称为顺服者。这样一种被斗争经验证实了的等级体系不但牢固、持久，而且具有安定性。实验人员很难扭转这种等级，比如他们很难成功刺激那只臣服的老鼠重新投入斗争。

经由斗争结局所建立起来的等级结构而带来的和平共处，同被养在一处的动物之间的和平共处，甚至同与这些动物生活在一起的年幼或成熟动物之间的那种自发的和平相处截然不同。不过，这种初级社会化在动物世界中同样创造出了熟人和外人之间的区分、自己群体成员和其他群体之间的区分。社会间关系是否安定，常常同群体关系或各个群体内部的个人间关系所具有的敌对性息息相关。

在高等脊椎动物中，群落或团体常常对外来个体表现出好斗性。比如狼就会把自己群落的成员同其他群落的成员区分开。但群落或团体之间互相宣泄侵略性更少见。人类则相反，人类侵略性的表达与集体生活密不可分。群体对某个自身成员表现出的侵略性，群体对外人表现出的侵略性，群体对其他群体的存在这一事实表现出的侵略性，这三种侵略性在无论哪个人类社会都可以见到。一个男孩群体不但有自己的内部等级，有时候还会有自己的出气筒，群体在不服从纪律的单独个体面前形成统一战线，有时候群体也会对敌对帮派发难。

社会存在的诞生不是使侵略性现象产生新特征的唯一因素：作为侵略反应结果的挫折感和不适应才是人类关系中的主要现象。挫折感其实是一种精神体验，正是意识将它呈现在我们面前。不论哪个人类个体，从他年幼时期开始就蒙受各种挫折感：

342 他遭受食物被剥夺和缺乏关爱的痛苦；他在面对自认为是其受害者的环境的侵略性时也很少有适应的手段；他受到他人行为的伤害，却无法在与攻击者——无论这种攻击存心与否——做斗争的过程中疗伤；他无法对外表达自己的侵略性，而自己的内心又远远无法"平和"，被压抑的愤怒和持续的敌意弄得焦躁不安。

心理分析师对这种挫折感导致精神分裂的各种机制都有研究。具有客观倾向的生物学家或心理学家则在动物世界中，又或者通过习得实验去寻找挫折－侵略机制的等同物。我们知道，巴甫洛夫的门生们已经制造出了一种可以称为神经症的行为。当分别用以激发正面反应和负面反应的两种刺激（一个为圆形，另一个为椭圆形）有了互相趋进的趋势，而且其相似度达到狗再也无法对两种信号加以区分的程度时，狗就会表现得富有侵略性，它会不停吠叫和四处撕咬。由于没有能力逃避或适应，它会咬它的项圈或其他任何东西。另一个同样类型的实验——将两个相反的反应信号一起发送——也得到了同样的结果，即我们可称为"人为神经官能症"及"不适应性侵略行为"的行为。

事实上，用习得理论对侵略所做的心理学解释，同条件性反应及用弗洛伊德理论对挫折感进行解释并不矛盾。不过，也不能就此认为动物世界中的侵略性总是以挫折感为原因（容易获得的胜利会巩固好战倾向），或者认为挫折感总是以侵略性为表达。某些动物在食物被剥夺后并没有表现得好斗。[①] 就我个人而言，我并非毫无保留地赞同**挫折感仅仅在个体具有攻击性习惯的情况下才导致侵略性**；[②] 不过，在我看来，似乎受到挫折的个人的确更具应激性：他做出侵略反应的门槛比其他没有受到挫折的人要低。

然而，这并不是实质所在。生物学家从外部可以将挫折感

① 参见 J. P. Scott，p. 34。

② *Ibid.*，p. 35。

定义为对环境无法做出适应性反击的无力性。对于我们所有人而言，挫折感首先是一种期望某物却没有得到的剥夺性体验，是一种遭受压制的体验。一个夺走了母亲部分关注的哥哥会激起新生儿的侵略性。这种侵略性一般无力以"适应"的方式表达出来。通常，它不会以任何方式表达出来，而是要么通过迁怒方式转移到无辜者身上，要么被压抑到潜意识中。如果这种不适应在既不战斗也不逃跑的老鼠身上和被剥夺了部分母爱的孩子身上都存在，那么对我们而言，重要的不是去指出这种机制在动物和人类身上具有的相同性或相似性，而是去明白人类从幼年开始就生活在一个与别人不可避免地存在摩擦，也可以说是互相攻击的环境中，而人类又发明了无数言语上或想象上的手段在没有身体搏斗情况下表达自己的敌对感情。

343

正如心理学家向我们揭示的一样，人类是灵长类中的好战动物，其心智被各种冲动——性欲、占有欲、追求至高地位的权力意志——所驱动，与自己的同类展开竞争，并几乎不可避免地会与同类中的一些个体发生冲突。当然，人类也并非像需要食物或性满足一样那么需要战斗。① 导致了情绪激动或侵略行为的因果链总可以从外部现象中寻到根源。不存在任何明显的心理学迹象表明人在刺激下会自发进入战斗状态，或冲突的根源来自身体本身。在环境不会提供任何战斗诱因和动机的情况下，在不遭受任何心理性或神经性创伤的情况下，人类这种动物可以相当快乐地生活。

但是，即便不提弗洛伊德所说的死亡本能，情感的矛盾双重性以及个体间会为了稀有物品发生对立，这些又都是持久不

---

① J. P. Scott, p. 62.

变的经验性事实，它们即便没有揭露出存在于所有人与人关系中的**冲突成分**，也揭露出了存在于大多数人与人关系中的那种**冲突成分**。人类与同类战斗并非出自本能，但他又在每时每刻都既是他人的受害者，又是他人的刽子手。肉体的侵犯和摧毁的意志并非挫折感的唯一反击，但它们却是一个可能性反击，甚或是一种自发反击。从这个意义上说，哲学家认为人**在本性**上对人是危险的，的确有其道理。

二　社会根源

自尊同占有欲一样，它们都可以将兄弟变为仇敌，将伙伴变为对手。无论哪个社会都给这类场景的发生提供了无数的机会和利害关系，无论这些利害关系是多么不值一提抑或多么崇高重大，一旦屈居第二的人有了追求最高荣誉的野心，占据着头等地位的人对他而言就具有了侵略性。所有无法共享的东西，譬如权势或荣誉，都是不可避免的争执对象。当冲突的对象是可以分享的东西时，就有可能采取妥协，不过暴力依然蠢蠢欲动。既然通过武力可以获得一切，为什么还要同别人妥协呢？

战争是一个特殊的社会现象，它很可能是在人类历史中的某一刻突然出现的：它包含着卷入其中的各共同体对暴力行为的组织。然而，我们在所有或几乎所有的人类共同体中都看到了冲突，而且这些冲突有时候会转变为暴力，甚至是在严格意义上的战争制度之外都还存在或多或少组织化了的暴力。

从最一般的意义上讲，如果两个个体或两个群体都在谋求获取同一物品或力图达到互不相容的目标，他们就会陷入冲突。当对立双方中的一方诉诸武力强迫对方服从自己的时候，这种

冲突就变成了暴力冲突。人们也谈论精神暴力，它的确存在，
344 而且从意识上施加限制也的确包含在暴力的概念中。然而，一
开始就实施暴力的还是肉体力量，正是它侵犯了人身自由。以
"洗脑"为其最令人厌恶的表现的精神暴力，是一种暴力的精
妙衍生形式。①

　　在现代社会内部，存在着无以计数的冲突，暴力情形亦然。
在美国，每年有八千桩谋杀，二百万人因为重罪被捕。② 我从
形式上将暴力情况分为三类：打架、犯罪或谋杀、社会或政治
动乱。两个年轻人或两帮年轻人可能会在舞厅出口处打架，就
像两个邻居会为分界墙争吵一样。这样一种导致了暴力的冲突，
虽然爆发于社会内部，但实则是个人之间的冲突。当暴力的背
后另有原因或针对某个政治目标时，这种有时会自发从骚乱演
变出来的暴力会变成暴动或内战。根据最终结局，它的定性也
会改变：刚开始，暴乱是一种犯罪，但最后获得了成功的暴乱
会在事后赋予自己的源头以新的合法性。对抗宪法性法律的暴
力属于所有那些对其尊崇还是无耻全看个人见解的历史事件中
暧昧不明的部分。而违背普通法的犯罪则不论各党派之间的斗
争如何枝节横生，也不会改变对其的定性。只要不具备政治意

① 这种衍生形式可以简略概括如下：实施强制行为的暴力可以是被有效运用
的肉体力量。实施强制行为的暴力也可以是一种程度降低至威胁的对力量
的运用。被强制的人可以宁愿冒死亡威胁的危险也不屈服。最后，强制者
还可以用更精妙的方式，即作用于他人的抵抗意志，也可以说是瓦解他人
的意志。在最后一步中，受害者向他的刽子手屈服。实际上，这最后一步
常常比看起来更难达成。大多数在莫斯科审判中受到指控的人，都在第一
种或第二种强制方式下屈服，他们假装被审讯官"转化了信仰"。即便是
今天，战胜者对人施加的暴力依然是被伪装的。阿尔萨斯人在1871年还可
以抗议被兼并，而到了1940年他们已经没有可以抗议的手段。99%的波罗
的海人民投票赞成加入苏联。

② J. P. Scott, *op. cit.*, p. 102.

义，杀人就不会被认为值得称赞。每年，当杀死达尔朗
（Darlan）海军上将的那位英雄 - 罪犯的祭日到来之时，"抵抗
分子"都会到他的坟前给他献花。

至于冲突，很多分类方式都是可能的，而且它们还可能会
超出我们这个分析框架，让我们仅局限在冲突的一些基本类别
上。冲突可以是个人之间的对立，也可以是群体之间的对立。
冲突可以通过法律解决，也可以通过斗争解决（或通过竞争或
竞赛）。冲突可能符合社会秩序，也可能相反地标志了社会秩
序的断裂。我们时代的惊人之处在于，那些可以说是融入了经
济和政治运行的冲突，其数量之多、程度之严重令人咋舌。

卖家之间的市场份额分配以及个人和阶级之间的国民收入
分配，都在很大程度上取决于竞争，也就是说依赖于一些人和
另一些人之间的非暴力斗争的结果。更甚的是，老板和工人两
种职业工会之间的冲突或工人工会和公司领导层之间的冲突，
同样也被认为是机制的正常表达，而这种机制的功能正是决定
如何分享稀有物品（不过也要是能够分享的物品才行）。

商业竞争和工会斗争是正常群体间冲突的两种类型，这些冲
突的结局是由竞争本身而非法律决定的。这些冲突以冲突 - 合作
之间的结合为特征，属于今后最普遍的一种社会关系。同一种商
品的不同生产者在联合的同时也相互对立。他们出于发展共同市
场这种利益而联合，又因为每方都想获得最大市场份额而对立。
同样地，工人和公司领导层在公司的繁荣上具有共同利益，但在
如何分配利润上有分歧。相反地，一些表面上看似是合作的行为
也会包含冲突因素，在个人与个人之间这点尤为突出。处在党派
领导权竞争中的两个候选人在同一政党事业中是伙伴，选举胜利
之后他们会在同一内阁任职。不管愿意不愿意，为了满足共同行

动的要求，他们都要遏制他们之间敌对的辩证关系。

对手越是忽略他们之间的团结，以有组织的竞争为基础的社会秩序就越脆弱。当各个党派都不再秉持那部他们理应遵循且依此展开竞争的宪法时，当不同阶级的代表都将对方视为死敌时，政治体制和社会体制就被撼动了。很难立法阻止一个党派或一些工会对体制的"蓄意破坏"或让体制"陷入瘫痪"：政党或工会自己才是应该出于合作意识而自我节制的方面，因为这种合作意识是先于竞争存在的，正是这种合作意识使政党或工会获得了意义。

如果我们将暴力定义为使用肉体力量的话，诉讼人之间的诉讼、卖家之间（在繁荣时期）或买家之间（在萧条时期）的竞争、（个人的或集体的）政治行为体之间的竞争，这些都不算沦为暴力。罢工常常被认为是一种与谈话或协商对立的暴力行为。它实际上是一种强迫对手去做他们最初拒绝做的事情；如果我们愿意，也可以认为罢工属于同一政治单元不同群体之间的力量较量，而这些群体从定义上说都是放弃了在实现目标中对肉体力量，尤其是对武装力量的使用的。没有任何社会会允许在社会内部斗争中使用随便哪种武器。不过，也没有任何社会能够绝对确保公开暴力不会爆发，又或者它所容忍的那些冲突不会演变为有组织的暴力。

我们已经说过，社会化不会减少个人的侵略性，它通常是加剧了它。一个群体对外人和敌人的敌意通常比一个人对另一个人的敌意更甚，因为在这种情况下，敌意被一种高贵情感所助长，被抱有敌意的个人数量的众多所放大。如果政治单元内部群体之间的冲突在对立各方不诉诸武力的情况下也能得到正常①

346

---

① 就制度精神而言的"正常"。不过，我们已经在上一章中看到，内乱并不总是比战争少见，或在惨烈程度上逊色于战争。

解决，这并不是因为作为对立党派或对立省份的同胞之间拥有敌意的情况很少见或敌意还不够强烈（内战常常也是最残忍的战争），而是因为处于同一共同体中的不同成员之间的关系服从某些习俗性或合法性规范，服从一种所有人都公认的合法权威，服从一种即便成为对手也需要团结的意识，服从一个在必要的时候可以强制住所有人的、或为武装或为政治的更高力量。只要以上条件中的某一个突然缺位了，暴力就有可能猝然而至。当然，仅仅有团结的意识也是有可能维系住和平或维持住对法律和合法性的遵从的。不过，同样有可能发生的是，当少数人觉得自己的利益、理想或存在本身都受到了十分严重的威胁时，除非用武力，否则将没有任何办法再让他们重新顺服。

如果这就是内部和平的原则，那么政治单元之间暴力冲突所具有的普遍特征就很容易理解了。政治单元对它们之间的团结没有或只有微弱意识。它们既不接受共同的法律，也不服从合法的权威。每个政治单元都有自己的军队，只有战争而非治安行动能够强迫它们。更甚的是，千百年来，人们像颂扬至善一样去颂扬城邦的独立自主，歌颂为了拯救城邦而慷慨赴义的英雄。城邦为之战斗的东西并不总是那些可以通过妥协而与别人分享的稀有物品；有时候，它是一种无法与人分享的东西，譬如自主和荣耀。

在城邦内部，社会化增多了个人间和群体间冲突的诱因、利害和动机，不过它也同样为人们提供了更多非暴力的解决办法。在城邦之间，社会化同样增多了冲突的诱因、利害和动机，但这种增多却没有提供更多的弥补手段。恰恰相反，千百年来人们所想的、所做的和所说的都像是在表明，他们认为用武力解决国际冲突既合理又崇高。

　　我们可以反驳说，冲突的严重化不是社会化的结果，而仅仅是由一些社会化形态造成的。让我们以玛格丽特·米德（Margaret Mead）和鲁思·本尼迪克特学派的人类学研究为例。兼顾了心理学和社会学的人类学家，会用心理学解释社会现象，用社会学解释心理现象。他们指出，**冲动**——用他们的表达方式来说——服从于制度规范，而制度规范又由**冲动**的表达方式所确定。果真如此的话，各个文化在竞争、战争及社会内外冲突上都会从根本上不同。一些共同体没有把战争当作重要活动来对待，另一些却去颂扬习武之德。利害之处在于对武力威望的竞争，它在鲁思·本尼迪克特命名为"酒神社会"的文化中占了重要位置，在"日神社会"中却几乎没有踪迹。

　　两段引自鲁思·本尼迪克特的论述为我们阐明了这两种文化类型之间的对立。"对立模式是夸扣特尔族（Kwakiutl）的制度所依赖的重要模式之一，这也是这个地区的居民与我们的社会之间所具有的最大共同点。对立是一种斗争，其关注点不在活动中的某个现实目标，而是被好胜之心所驱动。人们特别关注的不再是拥有满足家庭需求的能力，或获得那些有用处的能带来舒适的物品，而是谋求比邻居更风光或比其他人拥有更多的东西。在这种强烈的好胜心下，所有其他目标都失去了意义。"① 另一方面，对普韦布洛人（Pueblos）的描述则是这样的："对普韦布洛人而言，理想的人是完全不同的另一番模样。对祖尼人②而言，个人权威可能是最被人蔑视的。渴求权力或知识的人，即那些期望成为被他们蔑称为'人民领路人'的人

① *Enchantillons de civilisation*, Paris, Gallimard, 1950, p. 271.
② 祖尼印第安人是普韦布洛人的一个分支，是居住于新墨西哥州和亚利桑那州的原住民。——译者注

所能得到的只有批评，并且还很可能被追究为巫术，而这种人的确经常被如此对待。在祖尼人那里，权威不是合法行为，而对那些在拥有权威上有嫌疑的人进行控告的理由之一便是巫术。人们会将绳索系于他的拇指之上并由此将他吊起，直到他'认罪'。这就是祖尼人对有强势人格的人所能做的一切。对祖尼人而言，理想的人是有尊严而且谦恭的人，他永远不会去追求领导之位，而且从来不会招惹邻居的埋怨。所有的不和，即便是他占理的不和，也要算成是他的不对。而且，比如在像脚力比赛这类体育竞赛中，人们会禁止经常取胜的人参赛。人们感兴趣的只有一点，那就是比赛可以在大部分人都有同等获胜机会的情况下进行，一个出众的赛跑者则会损害比赛：因此他也就是为人们所不喜的人。"①

让我们姑且承认后一种描述具有真实性，承认的确存在一些像祖尼人那样的人民，曾经可以或依然能够构成这样一种和平的集体存在。这种心理社会学研究阐明了一个重要事实，那就是竞争精神在文化中的地位会根据人类冲动之社会表达模式的不同而变化。一些社会之所以能够使好斗的灵长类动物变得和平，并不是因为灵长类动物在其中遵循了理性去生活，而是因为这些社会贬低追求威望和权力之心，借此消除了侵略性的**刺激物**。生物学家告诉我们"严格意义上的无缘无故攻击别人的那种侵略，一定是习得的"，那么或许存在这样一些小型社会，在其中的人们没有机会学习侵略。

事实上，对拥有"强势人格"的个人实施惩罚，这件事本身让我们看到更多的是，即便在文化贬抑侵略行为的情况下，

---

① *Enchantillons de civilisation*, Paris, Gallimard, 1950, p. 115.

侵略行为依然在发生，即使是在祖尼人那里也一样存在。不过，不管怎么说，即便假设社会化可以在某些条件下通过消除动机、贬损利害做到减少侵略性发作的诱因，即便假设那些出于本性或出于心理需要不与人争斗的人能够与同类在一个小共同体中和平生活，要将这种图景或这种令人和解的梦想投射到现在或人类未来，也是件不可能的事情。

348　　现代社会的竞争异常激烈。所有游戏中，排在前面的还是竞赛游戏。就像冠军想方设法战胜别人、超越自己一样，就像他们企图登上从未被人涉足的顶峰或探索星际空间一样，追求权力的人心中所想的是怎么战胜自然的力量和竞争对手。在这一点上，苏维埃政权同所谓的资本主义政体没什么差别。苏维埃政权虽指责商业竞争却也没有完全摒弃它；它们不过是用所谓的社会主义竞争下的多种形式替代了它而已。

　　即便现代社会从本质上讲不是一个竞争社会，它也无法做到以贬低人们追求自尊的方式来谋得和平。事实上，所有复杂社会都包含了或多或少存在差异的政治秩序。不过，在人的所有社会活动中，从本质上说就数政治是最具竞争性的活动，因为对于（政治中的）每一方而言，政治的利害都是谋得等级中的一个地位或在领导阶层中占一席之地，这是一种无法与他人分享的东西，是一种我之所得必为人之所失的东西。我们已经指出，所有人类关系都包含了合作的要素和竞争的要素。但是，在上面这个分析中，经济因为源于人与自然的关系，而在本质上具有合作性；政治因为对象和目标都源于被控制和顺从所支配的人与人之间的关系，而在本质上具有冲突性。

　　个人在自己所属的共同体中获得了自我认同，他们为集体的胜利而高兴，为集体的战败而痛苦，一切就像是他们自己的欢喜与忧愁。他们自己、他们的牵挂忧思以及他们内心的挣扎痛苦被共同的命运所牵动。他们所在共同体的伤痛让他们自己也感到了伤痛，从而准备做出侵略和暴力的反应。民族国家内部各群体间的对立的确是持续和平的。政治竞争因此并不**注定**是暴力的。但政治竞争最终会决定共同生活的方式，也就是说它会决定人的实际存在。难道真的不会存在某个群体，有朝一日放弃用武力来捍卫自己的观念或利益吗？民族国家和平或帝国和平是一种和平意愿下的制度形式，而这种和平意愿又是由共同体的自身意识，即那种成为**一个**且愿意成为**一个**共同体的意愿造就的。人类整体是否也能像每个民族国家那样达成这种**所有人都愿为一**的意愿？人类整体能屈服于一个合法暴力的垄断吗？

三 战争的社会类型

智人（homo sapiens）出现在大约 60 万年前。以土地耕作和畜养动物为标志的新石器革命发生在大约 1 万年前。文明或复杂社会发端于大约 6000 年前。我们的研究主体——我们所说的有历史的时期——在人类的全部过去中不过只占了百分之一。

有一个学术丛书系列新近出版了《圣经前的人类》①，我翻看这本文集时发现：索引中没有"战争"一词。新石器时代前的人难道就不互相争斗？在数千年的旧石器时代中生活的我们的远祖，难道不同于在后来那 6000 年中生活的我们的近祖？

先让我们重申一下这些词语的确切含义：战争是有组织化的各种行为冲突，是不同"团队"之间的力量较量，每个"团队"都试图依靠纪律增强战士的力量并以此战胜对手。就这样

349

———————————

① *L'Homme avant l'écriture*, Paris, Armand Colin, 1959（Sous la direction de André Varagac）.

的精确含义来说，战争是不可能先于团队的形成而存在的。战争作为社会现象，从定义上与社会相牵连。我们越是把人想成是在以高等脊椎动物的方式于家庭或群体中生活，就越不会认为他们会做出纯粹的好斗行为。我们已经知道，大部分动物都会互相争斗，但实施战争的动物——如果战争意味着战士的社会化的话——却相当罕见。蜜蜂和蚂蚁在包含了分工的共同体中生活。从外面看来，这些共同体中的个体像是在协调行动，并与看起来似乎也在协调行动的其他共同体的成员之间发生冲突。冲突会导致这个或那个整体瓦解覆灭，而且还伴随着一定数量的个体死亡。

旧石器时代的人互相争斗吗？他们又是如何争斗的呢？人类学家很难明确地回答这个问题。一些人类学家认为，在所谓的阿舍利时期（距今大约40万年到20万年），其代表器物——两面石器——应该是在当时的战斗中被使用的。另一些人类学家则认为此物并非武器，而是被作为劳动工具或狩猎工具来使用的。用来狩猎动物的工具同样也可以用来狩猎人类。然而，没有人类学家找到证据证明人类在青铜时代之前就已经对作战进行了组织或形成了战术。

我们有理由感到好奇：没有使用金属且不知农耕和文字是何物的这些人类，他们之间是如何相处的呢？不论答案是什么，对于我们这些生活在20世纪全面战争时代的人而言，这个答案应该不会具有什么指导意义。个人的好斗癖性或残暴倾向可以也必须以直接观察来衡量，而不是用对我们远祖行为的假设为标准。原子时代的和平机遇与战争风险并不取决于石器时代人们的好斗性。

不论什么时代，武器都不可能处于与工具不同的技术水平，军队组织也不可能从根本上异于社会组织。因此，第一个无可争议的军队痕迹和战争痕迹会在与青铜时代同时代的时期出现，也就没什么值得诧异的了。美国人类学家特尼 - 海伊（Turney-Hign）写道："青铜时代的工业和商业要求一定程度的政治稳定。不同于近亲群体之间的突袭和埋伏的有组织的战争，正是在这个时期出现了。受过训练的军队存在的第一个证据是在苏美尔找到的。"之后，他写道："如果铁器时代让人类在与环境做斗争时获得了更大的安全，它也增加了战争的频率并扩大了范围。事实上，从金属时代伊始直到现在，对人类安全造成最大威胁的并非自然，而是其他人类。从这个角度上说，金属时代的人类文化中虽然还没有文字却已经有了现代的一面。"①

在人类被凶恶野兽威胁的那些漫长岁月中，以及在人类被其他人类威胁的相对短暂的历史中，是否存在一个如伊甸园般的中间阶段：其间的人类拥有了足够抵御凶恶野兽的技术手段，却尚没有投入对别人的征服和奴役中，也没有阶级斗争和在财富上的竞争？一些文化人类学家相信，这样一种黄金时代在新石器时代刚刚开始时可能存在；一些上古社会虽然如今都已灭绝，却传递给了我们这样的绝响：当时的人们虽然贫困，却生活得很快活。

我完全没有能力去确定这一黄金时期的真实性、持续时间和范围。无论它是某些小型社会的特殊遭遇还是人类在过去某个时代的普遍现象，它对史前历史、有记录以来的历史，抑或未来都没有任何的借鉴性。没有金属器物且各自孤立的小型社

① H. H. Turney-High, *General Anthropology*, New York, 1949, p. 171 et p. 175.

会尚不具备好战社会的典型特征。

文化人类学家从好几百年前就开始观察的上古社会，它们也展现出了至少处于萌芽阶段的具有大部分"国际关系"特征的行为；它们区分了和平与战争、外交人员与战士。（在这些社会中）好战的制度呈现出的多样性丝毫不亚于那些有了文字且以此得以积累所得知识和意识传统的社会。

多样性影响了战争现象的主要方面。卷入战争的单元，或因为族群不同而彼此不同，或在同一族群中因为形势差别而彼此相异：有时候属于同一家族的不同群体互为敌人，有时候又是不同村庄、不同部落、不同联盟之间展开战斗。

这些有组织的武装冲突所具利害关系的多样性丝毫不亚于文明国家之间的战争所具利害关系的多样性。有时候，利害堪比工具性活动的目的：（它们可能是）等待被吃的人（在食人情况下）；为了宗教仪式而被砍下的头颅；想要保住的狩猎地或需要征服的奴隶。有时候，战争本身就像是场仪式，除了仪式外它没有什么明确目的，它与不是很血腥的平常游戏相似。在一些部落中，所有健壮男丁在战争爆发时（有时候爆发在时间上会有规律性）都要去战斗；另一些部落则存在战士种姓，只有他们才参与战斗，他们通常也会对共同体施加决定性影响。最后，不同的上古社会在竞争度、侵略度和好战度上也各不相同。体现了这些社会各自特征的那些价值体系和信仰体系，要么或多或少地将习武之德摆在高位，并对威望上的成就颂扬有加，要么完全相反地将和平秩序摆在第一位，并告知人们战斗的光荣和暴力的无益。换句话说，351　即便当时和平与战争现象的制度性实施尚且征候不全，造就它们的典型态度却已清晰可见。

是否能够超越这种明显的多样性并归纳出一些类型来呢？昆西·赖特教授区分了四种战争类型。[①] 一些上古社会只为了自卫而战，此为第一类。另一些上古社会虽然互相战斗但似乎并非为了政治或经济层面的目标；它们想要的是，就蒙受的耻辱实施报复或出于仪式对头颅或尸体的需要斩杀外面的人；有时候，它们也会出于竞赛的欲望或运动的偏好，抑或仅仅出于对声望的追求去战斗，此为第二类。在实施这两类战争的社会中，军事种姓罕有存在。战斗远远不是随心所欲的，它受到了严格规则的约束。第三类社会之所以开展战争是为了夺得土地、女人或奴隶。这些战争是由那些发展出了战术的职业战士来实施的。最后一种战争是由军人阶层发动、为了维持自身政权或稳固他们所缔造的帝国而进行的战争。随着军事贵族的出现和政治单元凭借武力的逐渐扩展，所谓的上古社会进入了历史时期。第一类战争是**防御型**战争，第二类是**社会型**战争，第三类是**经济－政治型**战争，第四类为**贵族－征服型**战争。上古社会要么把战争视为**灾祸**，要么视为**仪式**，又或者视为**一种征服或致富的手段**，最后还可视为**一种支配方法**。然而，所谓的文明社会又还不在这四种定性分类之内。

让我们先将第一种类型放在一边，因为它更多应用于社会而非应用于战争。从定义上说，一场战争是无法完全符合双方都进行纯粹防守这种类型的概念的：双方中的一方必须表现出某种竞争性或侵略性才行。明白在上古共同体的时代同在复杂文明持续的几千年中都存在一些不会攻击外夷的群体，这点很重要，这些群体既没有仇外之心，也不试图驱逐外夷，它们因

① *Op. cit.*，Ⅰ，p. 546 et pp. 560 – 561.

此也找不到战斗的理由。但是，我们也不能忘记，这些相对罕见的和平例子因为其特征过于突出而让我们无法从中得出任何普遍性的结论。

至于其他三个类型，首先，它们是不具有同质性的：**社会型**战争和**政治－经济型**战争之间的区别似乎在于两者的利害有所不同，然而，上古社会中冲突的利害也并非总比历史社会中冲突的利害更好辨识。被归入社会型战争的那些情况，本身甚至看起来都不是总具同质性。有时候战士的目的可能会带有宗教性质（复仇、赎罪、逞强），然而这并不会让他们的好战行为比起那些所谓的以政治或经济目的为动机的争斗更不"理性"。相反，如果这些战斗在除了指定一个战胜者且让他获得公认优势的威名外还有其他目的，那么它们就属于另一种类型，它们成了自身的最终目的，从而近似于博弈或体育运动。同源亲属性群体或村庄之间的兵戎相见就常常体现出这种介于仪式和有规则的博弈之间的战斗所具有的中间特征。有时候战争会被装点成一种节庆，这是对日常生活的一种否定。正如在狂欢节期间平时的禁忌被取消一样，对抗外夷的暴力在战时被允许，所有群体成员都加入集体性狂热和燃烧的激情中：整个共同体成了一块铁板。①

在我看来，所有**社会型战争**所具有的共同特征是，制度支配着目标，或仪式高于目的，至少表面上是这样。这种情况下的好战行为是不能用马克斯·韦伯的**工具理性**（zweckrational）来解释的，而应该用**价值、传统**或**情感**这些概念来加以解释。人们为了荣誉而战，要么以与既有秩序相符的方式（村庄之间

---

① Roger Caillois, quatre essais de sociologie contemporaine (en particulier, *le Vertige de la guerre*), Paris, 1951.

合作－竞争的交流模式便属此类），要么以情感突发的方式。

人们对**社会型**战争与**政治－经济型**战争之间的区分所提出的异议，同人们多次对韦伯式工具理性与其他类型的行动之间的区分所提出的那些异议是一样的：它们涉及的更多是人类行为的两个方面，而非一种二选一的选择。以征服女人或狩猎地为利害的战争同样可以是名声的来源，它同样可以像一场竞赛那样被规则化，像节庆一样为冲动提供发泄渠道。而且，为了头颅、土地或奴隶而进行的战争还假设了，在工具理性的另一面或在工具理性之上，存在一种对目标本身的传统性或情感性价值的提升。何况很多上古共同体还同时从事着多种类型的战争。

不过，这种分类也并非一无是处。战争既是一种关系类型，也是一种解决多少有着区别的不同单元之间冲突的办法，还是一种融进了信仰系统和共同体存在特征系统之中的制度。战争在每个共同体自身文化那里寻到原因，而且还大可以用从这些时近时远的文化之间的交流来加以解释。这些看法既适用于以征服、奴隶和女人为战争目的的社会，也适用于那些不以此为目的的社会。不过，已经变得审慎且具有工具意识的外交－战略行为获得的是一种明显的自主性，正如服从于货币量化的经济行为所具备的那种自主性。工具性外交－战略的自主性没有经济行为的自主性那么全面：为了胜利而胜利的渴望无时无刻不在打乱外交家和战略家的计算。战争保留了仪式或规则的因素，即便当战争从根本上具有工具性时，也会出现某些义务或禁忌继续对交战行为有所影响，又或者会出现无声无息地对暴力的脱缰加以限制的交战方。希腊人在战胜时不会选择继续追击穷寇，而是会在战场上炫耀战利品，就好像取胜的荣耀才是

353

战士的最高奖赏。

所有在同一文明地带（或者也可以说，只要互相为敌的人还没有完全丧失对他们之间同源相似性的意识）内部发生的战争都是一种社会制度；这种战争是以社会赋予它的意义为标志的，它是人类的暴力而非动物的暴力，它有规则的约束而非随心所欲。不过，随着它所包含的战场外政治经济利害分明度的提高以及对胜利醉心程度的增加，它会越来越服从基于效率性的考虑。要一一明确战士在每一时期中出于道德原因而自愿摒弃了哪些战斗手段，是完全不可能的，不过有问题的地方也并不在此。每一时期中的组织模式和战斗模式看起来都像是一种正在被谋求效率性的**理性**缓慢改变着的**传统**制度，然而我们又的确无从得知，这种在武器使用上和习惯战术上的保持不变到底是出于人们的思想惰性还是出于对禁忌的遵从。

至于最后两种战争类型之间的区分，也同样具有指导意义。贵族－征服型战争所具有的**工具性**并不亚于政治－经济型战争，不过贵族－征服型战争是决定了积累性历史进程的战争，而不是那种不同共同体以兵戎相见来寻求裁决的重复性战争。因此，贵族－征服型战争就像是社会型战争和政治－经济战争的综合。

这的确值得进一步思考。我们可以赋予第一种类型的战争——支配它的是宗教或竞争的礼仪化——怎样的无意识功能呢？很显然，它具有稳定功能：一个群体——部族、村庄、部落——在抵御外敌时会拥有更强的统一性意识。第二类战争的功能也是由其本身带来的：力量裁决替代了习俗权威。每个共同体都有自己的习俗，但也因此对抗着其他共同体的习俗，只有战斗才能解决这种冲突。顺着这个思路，战争就成了外交——这种避免、引发或结束战争的方法——最后的解决办法。理性化的解释考虑到了存在于独立自主的群体关系中的，存在于协商谈判和武力较量中的，以及存在于妥协或战斗中的工具性和计算性的那面。

由于过去的征服而获得扩张的社会所发起的战争，让一个军事阶层获得了武器垄断权，这种战争同时具有两种功能：它们巩固了处于战争中的那些共同体单元；它们还让边境问题能够得到解决，并能决定一部分人口或一个省份的归属。与前两种战争不同，这种战争不光具有社会功能或实用功能，而且还有历史功能。如果没有这种战争，文明的演变都将无从想象。通过这种战争，帝国诞生了；通过这种战争，王座坍塌了。如果没有武力的干预，民族很少能成功按照它的单一意志来建设国家。

也许战争的确与人类的最终目标背道而驰：它一直就与人类的历史命运密不可分。

四　乐观的神话和悲观的神话

如果前面的分析都正确的话，那就说明战争的确有其生物学、心理学和社会根源。作为灵长类动物的人类具有侵略性，人会以暴力迅速回应疼痛或挫折感。在与同类的永久竞争中人的欲求总是得不到满足，他在身体上和精神上因而便都具有竞争性，而且会对那些阻止他获得爱、荣耀和金钱的人——无论熟悉也好，生疏也罢——心生怨恨。作为共同体的一员，他也是部族凝聚力中的一分子，而正是这种凝聚力创造出了同胞和外人之间的区别，让其他群体的人不具备与自己群体的成员同等的尊严。从动物般的侵略性、人类的自尊和部族的凝聚力出发，社会在发展出生产工具的同时还发展出了战斗工具，还确立了它们无法摆脱并且无法持久支配的外交－战略关系。战争

354

的历史宿命也在表面上应运而生：既然政治单元的影响范围同它们的内部团结一样状况多变，它们就无法不持续相互猜忌，就无法不时而兵戎相见。然而，如果智者对战斗的残忍施以诅咒，社会学家又会以下面一问来回应：如果没有战争，人类能够跳出小型封闭社会的框架吗？大部分的意识形态，不论其对从人类历史中消除战争的可能性加以肯定还是否定，它们都没有承认战争现象中的某些要素；它们做的不过是对某一方面或某一现象加以强调并以此证明屈从于暴力或相信和平是有道理的；它们拒绝承认战争不仅仅是或从根本上就不是一种动物性现象，也不承认战争具有多种根源；它们还认为，要消除战争，仅仅消除这些根源中的某一个是不够的。

生物学神话盘踞在一个极端上。它认为，战争就是身体残暴的表现。这难道不是战争的本质吗？战争难道不是文明暂时压抑住的死亡本能浮出表面的征兆吗？社会哲学家和生物哲学家之间一直在对话。为了生存而斗争的观点既源自对人类的观察，也源自对动植物的观察。马克思和恩格斯在他们的暮年曾想用达尔文的思想来诠释阶级斗争。如果不带先入之见，我们又能从对这些现象的追问中得出什么结论呢？

生物之间相互吞食，动物吃植物，大鱼吃小鱼，豺狼吃绵羊，在学校里老师和书本就是这样教我们的。但是，他们却忘记强调另一个同样重要的事实：高等动物在同一物种内并不总是互相残杀，它们也对它们的争斗进行组织。狼有时候也会互相打斗，但一种本能抑制了它们，让这种打斗不会致死：伸出咽喉的战败动物会得到宽恕。[1] 这种抑制并非存在于所有物种

---

① 参见 Konrad Z. Lorenz, *op. cit.*, p. 195 sqq。

身上，它尤其在被认为和平的物种（野鸽、斑鸠、野兔、黄 355
鹿、孔雀）身上缺乏，这些物种的"战败者"是无法用"投
降"（伸出咽喉）来保命的。如果我们想通过把人类类比为猛
兽的方式来强调人类的残忍（就像斯宾格勒做的那样），我们
还必须要选对猛兽的种类，只能援引诸如美洲豹这种独居动物，
而不能选择狼为例子。

　　所有以动物的情况对人类领域进行的推断都是靠不住的。
我对从动物之间的侵略性现象和争斗现象中归纳关于战争的人
类制度和社会制度这种做法心怀警惕。不管怎么说，那些因为
拥有对人类而言最危险的"武器"而被人认为是最凶残的动物
物种，实际上几乎不会自相残杀，饶恕战败者的本能让它们免
于自我毁灭。人类的"武器"比狼的獠牙或狮子的利爪更令人
生畏，而且战胜者还并不一定宽恕战败者。通常是经济计算而
非本能在阻止人置人于死地。

　　为了生存而斗争？如果真的如此，人类的不同社会之间应
该同动物不同物种之间有着相同的关系：一些社会必须覆灭才
能让其他社会拥有生存下去的手段。必须要有奇怪的想象力才
能做到用这样的模式去设想人类历史上的大型冲突。在希腊世
界中，雅典和斯巴达曾并立生存；在公元前 3 世纪的地中海盆
地中，迦太基和罗马也有并存的位置；20 世纪欧洲的英国和德
国也同样可以并立于世；在 20 世纪后半叶的全球体系中，也有
莫斯科和华盛顿共同存在的位置。这些对立中没有哪一个是由
于缺乏生存空间而不可避免发生的对立。城邦的自傲不允许分
享；至死方休的斗争逻辑是人类的，而非动物的。

　　为生存而斗争这种盲目机制从某种意义上说曾经（而且还
依然）在共同体内部起着作用。处于共同体中的人口，其数量

无时无刻不受供给规模的限制。如果我们把夭折的孩童、瘟疫的受害者和由于饥荒而无法出生的人口都算进去的话，这种斗争的代价是十分高昂的。（供给的）稀缺性直接或间接地阻止了人口的增长，生者也可以说是战胜了死者的人。不过，这种根本上的贫困从历史纪元一开始就同剩余价值组合了起来，仆人或奴隶生产出了比自己生存所需的更多的东西。社会因此而分化出等级群体，一直属于社会少数的统治者为了自己的娱乐和奢侈留存了被统治者生产出的剩余价值中的一部分。从这个视角来看，特权阶级经常是那种伪装的生存斗争的受益者，而在观察者事后看来，阶级斗争似乎是这种斗争的一种表现。

将国内斗争和为了生存的斗争做如此比较得出的是一种类比特征，而非哲学特征。为了生存的斗争，在严格的达尔文主义意义上说，导致了自然选择，让适者得以生存。纵观历史，选择存活者的机制是社会的，而非生物的：是那些被武装了的人，是那些军事力量最强的群体，抑制了他人劳动的剩余价值。如果被武装的人有最擅长的一面，那也是在战斗技艺上的。战士的才能既不是道德主义者颂扬的那些品质，也不是那些对人类最有用的品质。再有，这些才能充其量也只属于战胜者自己。而一旦征服的成果在制度秩序中稳定下来，后面的数代人都将承受这种秩序，而这种秩序反映的也并非个人的天赋。亚里士多德并没有对奴隶制度本身加以谴责，但他观察到一些奴隶有着主人的灵魂，一些主人却有着奴隶的心地。两个城邦之间、两个民族之间或两个帝国之间的那些斗争也的确与"自然选择"没什么相似之处。迦太基覆灭了，然而，如果汉尼拔在坎尼会战后夺取了罗马，生物学家还能找出理由说适者死亡吗？让我们接受命运的兴衰更迭，而不要去相信历史的裁决总是公正的抑或总是无情的吧。

柏格森在他最后一本大部头著作《道德和宗教的两个来源》① 中经由另一种途径，详述了战争的生物学解释。这有点像古典哲学的做法，他首先尝试定义那些属于人的本性和人类社会本性的东西，即去掉了历史可能加诸人类和人类社会上的东西。自然赋予了人类一种制造者的智慧。自然没有像对待大多数动物物种那样把工具手段直接提供给人类，它选择让人类自己去制造工具。而人又必定是他们工具的占有者，至少在他们使用这些工具的时候是这样。但由于工具与人体是分离的，因此工具又是可以被剥夺的：取走工具总比制造工具更容易。在稍后的行文中，柏格森对这些分析做了这样的总结："战争的起源是个人和集体的占有，既然人类因其结构而注定要去占有，战争就是合乎自然的。这种作为战士的本能是如此之强，以至于当我们探究文明中自然之踪迹时它便第一个出现在了我们的眼前。"②

自然社会与民主制背道而驰，它的政体是君主制或寡头政体。在昆虫的世界中，社会功能的多样化与组织上的各不相同有关；存在多形性（polymorphisme）。在人类的自然社会中，存在的是"二形性"（dimorphisme），它将我们每个人都变成了拥有支配天性的领导者和注定服从别人的臣子。③ 这种社会的程式是"权威、等级、固定"，每个人都仅仅是他那封闭社会的成员。"人对人而言是上帝"（Homo homini deus）；当人们提到

① *Les deux sources de la morale et de la religion*, Paris, Alcan, 1932.
② *Ibid.*, p. 307. 这种诠释显然受到了卢梭的启发，柏格森十分尊崇卢梭，每年都乐于重读他的著作。
③ *Ibid.*, pp. 299 – 300.

这句格言的时候，想到的是同胞。另一个格言"人对人而言是豺狼"（homo homini lupus）说的则是外人。①

自然社会是尚武好战的，而真正的战争，具有决定性的战争又都是具有灭绝性的战争。"一定存在一种战争本能，因为存在一种我们可称为自然战争的残忍战争，众多的偶发战争纷纷而至，为的仅仅是不让这种本能生锈变迟钝。"②

357　　柏格森提出的那些对现代战争的因果解释，明显受到了1919～1939 年在欧洲流行的那些概念的影响。他写道，正是人口数量的增长将现代推到了实施大屠杀的境地。让执掌生育之神维纳斯任意作为，她却将我们带到了战神玛尔斯的跟前。害怕再也找不到食物或所需原材料的民族，相信自己正被饥荒或失业所威胁的民族，什么事都干得出来。为了生存，他们扑向敌人。于是符合战争本质的真正战争爆发了。这些战争以科技提供给战士的那些武器来开展，它们在未来还可能会摧毁或毁灭全人类。"随着科学的发展，这一天的到来已经为时不远：对立中的一方因为拥有留作备用的秘密技术而拥有抹除另一方的办法。或许地球上将不再存有战败者的任何痕迹。"③

和平，同民主制一样，也是从与此完全不同的思想中诞生出来的。不平等是形成了各种封闭社会及各种互相区分的共同存在的法则之一：精神冲力（élan spirituel）孜孜以求的民主平等是与动物和社会的本性、本能行为或工具性行为相逆的潮流。这种精神冲力是和平的，也是民主的，它不关心占有和享受，它推动着一条对每个人都有意义且面向每个人的启示。也许作

---

①　*Les deux sources de la morale et de la religion*，Paris，Alcan，p. 309.

②　*Ibid.*，p. 308.

③　*Ibid.*，p. 310.

为劳动者且充满智慧的人类通过对那些导致战争的因素加以节制——人口过剩、纵情享乐等——便能够做到限制战争。但无力回到自然社会的人类，在拯救性宗教还没能将处于不同国境中的民族统一起来的那期间，只能保持好战状态。而且这种统一可能根本就是无法实现的——如果处于死亡另一边的上帝的召唤也无法让动物本性和社会本性改变的话。

柏格森的某些观点很容易得到认可。比如下面这个如果缺了它战争现象就会变得无法理解的恒久论据：属于同一个物种的成员由于参与不同的共同体，相互之间存在疏离。不过，在我看来，柏格森错误地夸大了这个现象，他假设外人**从定义上说**就是敌人。外人**可以是**敌人，因为他并不**完全**是自己的同类。

卢梭认为共同体的扩张造成或至少放大了战争，还认为阶级不平等和私有制是与征服战争和战士的支配地位有关的，文化人类学家也力图为这些观点找到证据。既然共同体是由战斗锻造的，既然胜利的奖赏与土地、奴隶、贵金属密不可分，怎么还会是其他情形呢？

柏格森派论点中尚存争论的部分，其实是那些试图用生物学表达来阐释作为劳动者和战士的人的经历的论点。柏格森之所以要将某一类型的社会命名为自然社会，那是因为这种类型的社会同有着多形性的昆虫社会相似。历史人是智慧的工匠，也是工业和文化作品的创造者，但在柏格森眼中，只要他没有响应神性召唤超越自身，他就始终是**自然人**。只有响应了对上帝之道的信仰冲动才能激起与生活法则的决裂，也就是与秩序之必需和斗争之残酷的决裂。柏格森因此被引向去拒绝承认历史冲突中人本身因素的存在，譬如出于自尊的相互对抗、对被承认的渴望或对圣战的欲望。他仅仅将灭绝性战争视为符合战

358

争现象的本质，换句话说，他再一次把人类的和历史上的战争引回到为生存而斗争之上。有着犯同样错误的倾向的还有在二十年前盛行、对武装冲突进行的那些人口学解释和经济学解释，这些解释与柏格森的形而上学相符。既然历史人依旧是动物，那么即便他们的帝国再宏伟，即便他们的科技成就再辉煌，战争依旧是自然的，也可以说是动物的，而且不论在这些战争中有着怎样的历史利害关系，有着怎样细腻高超的外交和军事博弈，都是如此。

事实上，历史上的战争在绝大多数时候都不是灭绝性战争。野蛮人期望占有土地，文明国家期望消除对手：理性更多是让战败者获得宽恕，而非被赶尽杀绝。把真正战争之外的其他战争形式抛弃不考虑，是错误的做法。历史人会被胜利荣耀或战利品所驱动，也会奴役或剥削他人。实施灭绝不但与重生的欲望背道而驰，还与经济计算相背离，它同自尊、权力或财富的欲望都格格不入。灭绝要么因为盲目的狂怒，要么源于从历史敌意转化而成的某种无法缓和的仇恨。只有当科学加快了物种数量的增长速度且让抑制这种增长的机制完全陷入瘫痪，并因此使历史上第一次出现了物理范畴内的地球不再有可供所有人生活的空间的情况，在这样的情况下，屠杀战败者才能成为战争的意义。

受到生物学启发的哲学家入了战争现象动物性起源的魔障；衷心期望我们的地球获得和平的那些心理学家一心寻找的则是共同体间冲突的纯心理原因，并期望以此发现"好战癖好的心理疗法"。这些研究选择了不同的路径。

一种路径将他们带到了对民族固有形象的阐述上。美国公民在其他民族眼中形象如何？俄国人、德国人、日本人、中国人、法国人在美国不同阶层的人眼中的形象又如何？这类研究的方法就是，根据社会心理学的进路，在历史推移中追寻这种形象的变化和这些形象在同一社会内部不同阶层人眼中的多样性。

另一种路径则让他们对不同的社会心理学类型区别对待并确定一个民族中这些类型的出现频率。一个社会心理学类型是由观点和态度这两方面同时决定的。一些人虔信武力自有其优点，他们认为战争始终是无法避免的，死刑对维持社会秩序也是必需的；另一些人则相信协商和妥协必定会逐步替代武力，死刑只是野蛮世纪的遗存。不同的言论或多或少对应了不同的心理态度和不同的冲动平衡模式。"权威型人格"这一概念将一套观念的整体和一种特殊行为模式组合并统一了起来。政党、政体以及民族国家都或多或少清楚明确地以某种其本身多少被严格定义了的类型为主导特征。

对我们而言，重要的不是去详细考察这些社会心理学研究，它们毫无争议具有合理性，何况观点类型和行为类型之间的关系还时常晦暗不清、复杂异常。让我们姑且赞成说，每个党派中各种心理类型所占的比例是不一样的。比如民族社会主义政党的招募不光在社会学上具有自身特色，在心理学上也有自己的特点。对其他合宪的政党而言，当我们比较左派和右派、工人阶级和其他社会阶层时，是否也会如此呢？

不论事实本身对这个问题给出的答案如何，我们都不能忘记一个根本，那就是，高级文明中战争行为的心理学原因是以制度为终结的。草原上或沙漠中的游牧生活方式直接导致了争斗，因此也导致了侵略性和征服。希特勒的人格很可能由于挫折感而变得具有侵略性。被怨恨驱使的人在希特勒的追随者中所占的比例很可能高于这类人在人民整体中所占的比例，让我们姑且承认这点。但是，希特勒的政治观点是可以用一套意识形态体系来解释的，正如这位煽动家登上权力顶峰可以用 20 世纪各历史事件来解释一样。心理学家为历史解释增添了一个角度，但无论历史解释是事件型的还是社会学型的，这个新增添的角度都无法替代历史解释本身：它应该隶属于它。心理学方面的"原因"只存在于表层之下和历史背景之中。也许希特勒个性中的侵略性影响了他的行为，从而影响了历史进程。这位元首从书本中抽出了他的那些概念，无数德国人对他满怀希望或在他的梦想中找到了自己的梦想。

这些研究提出了一种"好战癖好的心理疗法"吗？这些研究仅仅指明了三种有待治疗的病症：**部族利己主义、集体侵略性、军国主义和英雄主义的道德谵妄。**

不承认外人是同类，这是共同体之间疏离的社会和心理根源，因而也就是战争的既社会又心理的根源。战胜民族自尊的荒唐，粉碎"永恒德国"或"残忍日本"这类神话，这些都是好事。（而且，在我们的世纪，历史事件也来助医生一臂之力：在联盟和敌对对象不得不时时反转的环境中，很难让人们相信民族的固有形象。）

作为政治这一身体的医生，美国人类学家预言，在日本或德国软化社会禁忌和放松家庭权威主义，对让每个人的冲动更加平和且以更加和平的行为来表达冲动是必要的。如果侵略性是文化让它其中的个人蒙受了挫折感的产物，那么相比言辞或条约，改革教育系统或改变价值等级更能消除这种侵略性。

最后，那些推崇侵略行为和战争体制的哲学也会随之被推
翻，其丑恶会随之被揭露。即将得到颂扬的不是胜利而是和平，
不是暴力而是协商妥协，不是战士而是智者。同样，帝国传统
下的日本也将变成一个拒绝重新武装的国家。

我们不得不再一次对这种理性的狡谲表示钦佩。民族的固
有印象会因为昔日的敌人变成今日之盟友及昔日之盟友变成今
日之敌人而不再威胁到和平。为了缓和今日敌对双方之间的敌
意，这些意识形态上的刻板印象必须被消除，换句话说就是要
向苏维埃人宣传西方政体的优点，同时也让西方人不要忘记苏
维埃政体的优点。然而，一个受意识形态统治的国家是不能批
判作为其基础的意识形态的。如果阵营中的一方陷入了狂热，
另一方实施的自由主义是否有利于取得平衡呢？当用更好的
教育技术去处理压抑和侵略性时，一种更加灵活的义务体系，
在社会给个人和群体提供的生活条件令人满意的情况下，是
能对共同体内部的和平安定有所助益的。只不过从这种和平
安定到国际和平还有很长的路要走，而且它也并非直通国际
和平的通衢。

生物学家没有让我们燃起任何希望；心理学家和人类学家
打开的是教育人类的漫漫长路；只有对集体无意识加以探索的
人才会将战争诠释为**历史发明**，认为它起初的动机已被遗忘，
现在它在人类面前摆下的是两个选项，要么意识到这点，要么
自杀。美国社会学家刘易斯·芒福德（Lewis Mumford）写道：
"只要我们非理性行为的源头一直隐藏，存在一种将我们往毁
灭方向推的力量这一点似乎就无法得到承认。文明化的人类最
初所犯错误中最严重的一个，也是在当下情况中对我们最有威
胁的一个，就是我们将我们最具自我毁灭性的一些行为看作是

正常的和无可避免的。"① 战争应该被放到同个人谋杀一样的领域中去讨论，它应该被认为是一种集体犯罪或一种丧失理智的癫狂行为。它顽固地存在了如此之久而且还威胁着人类本身的存在，这个事实本身对理智和科学而言就是可耻的，是必须首先得到解释然后将之消除的事实。

芒福德的理论可以细分为多个论点。它的出发点是论述历史纪元伊始的人类境况与现在状况之间的相似性。它借鉴了佩里（W. J. Perry）② 的假设，这种假设认为战争是埃及社会的一个发明，后被其他文明采用。此后这种理论力图用一些不变因素来解释战争机制的普遍存在。最后，它论述了原子时代战争的极端荒谬，且试图在非理性冲动中找出鼓惑人们继续从事战争的深层原因。

361 下面就是芒福德论述的新石器时代伊始同原子时代开端之间的相似性：

> 我们这个时代被看似无限扩张的一切权力激发着，这一时代与标志着埃及和美索布达米亚文明崛起的纪元有着极大的相似之处。当现代人在他们现有的丰功伟绩面前自豪傲慢的时候，他们或许自然而然地认为如此巨大的物质能量的释放和如此广阔的人类可能性的获得亘古未有。然而，考察证明，这不过是一种过于自吹自擂的幻觉：现代

---

① 这段话以及后面的引文都出自刘易斯·芒福德为《星期六晚邮报》（*Saturday Evening Post*）写的文章，在其中他对自己的概念加以总结。这篇文章后被收录进《思想冒险》（*Adventures of the Mind*）一书中，Publié par Richard Thruelsen and John Kobler, New York, 1960。

② W. J. Perry, *The growth of Civilization*, New York, 1923 et Wright *op. cit.*, t. Ⅰ, appendice Ⅵ, p. 471 sqq. (Theory of the unique origin of war).

　　和古代这两个强有力的时期被很多相似的特征相连，这些特征既是好的又是坏的，让这两个时代从人类历史的其他阶段中脱颖而出。正如水力、风力和热能的大规模使用揭开了核时代的序幕一样，迈向文明的第一步是新石器时代对植物和动物的驯化。这种农业革命给予了人类食物、能量、安全和劳动力剩余，其规模之大是以前任何文化都未曾经历过的。在标志了从野蛮向文明过渡的这些成就中，有着天文学和数学的开端，出现了第一部天文历法，还有帆船、耕犁、陶轮、纺织工艺、灌溉渠、缝纫机。文明人在情感和知识方面的才能，因为文字的发明，因为立碑刻文、绘画和纪念性建筑等长久保留文件的方法的诞生，以及带有城墙的城邦的建造，更是获得了进一步提升。这种大跃进在距今大约五千年的时候达到了顶峰。如此规模的动员，如此大幅的力量增长，一直到我们这个时代到来之前再也没有发生过。

　　在这些距今遥远的时期，神圣权力和世俗权力是与处于社会金字塔顶端的具有绝对权力的君王个人融为一体的。君王不仅是世俗统治者，也是大祭司，在埃及，他甚至还是活着的神灵。君王的意志就是法。神授的王权声称具有神奇权力，能唤起神奇的集体响应。那些单凭王权恫吓办不到的事情，那些单凭神奇仪式和预测精准的有规律的天文观察办不到的事情，在两者结合的情况下被实际完成了。数量众多的人被征召，行动反应如同一人，整齐划一地服从国王的指挥，让天神和领袖的意志得以实现。随着有效的官僚制度、训练有素的军队、税收制度和强制劳役的发展，早期的极权政体已经显示出了我们这个时代中相似政体的那些令人沮丧的独有特征。

处于这些早期文明中的人有理由惧怕由他们创造且实施的武力，就像今天的人们有理由惧怕核力量一样。物质力量和政治支配权的扩展并没有让作为其补充的道德意识随之发展。君王成为共同体的化身，他是凡人与必须尊重顺从的宇宙力量之间那不可或缺的纽带。为了避免以自然灾害为征兆的神明震怒，君王自己应该成为祭品。然而，为了让君王免遭如此命运，另一种宗教方法又被运用起来。人们为君王选择一个替身，在他最后履行作为祭坛祭品这一最高角色之前给予他所有的荣誉和王位特权。在动荡时期，人们对这种"君王替身"的数量需求更大，因此便用暴力在共同体之外去寻找。

这种刚开始不过是单方面进行的突袭捕囚活动，随着时间的推移在稍后演变成了集体性报复和具备了战争制度形式的突袭－反击。在战争的源头处，我们看到的就是野蛮的宗教认可：只有人的牺牲才能让共同体得救。战争因此是文明的一个特殊产物；它是为了实施宗教人牲祭祀而有组织地捕获祭品这一活动的演变结果。随着时间的推移，武装力量本身也成了看似独立的存在，权力的扩张也成了自具意义的目标，是国家"健康"的表现。但是，在理性化的重重粉饰之下，战争依然带有本初的幼稚成见，即认为只有通过牺牲的赎罪祭礼才能够拯救共同体的存续和繁荣。虽然文明人在其后做了很多努力以便摒弃出于灵长类动物本性——这种本性让人类对自身物种中的个体发动致命的攻击、侵袭——的战争源头，但这些努力却都只是徒劳的理性化罢了。从这个角度说，人类学家布罗尼斯拉夫·马林诺夫斯基（Bronislav Malinowski）的话很有道理：
"如果我们将战争定义为两个政治组织化且独立自主的群
体之间的战斗，那么在原始阶段就没有战争。"

这个理论的几乎所有内容在我看来都是成问题的或不符合
事实的。用新石器时代人的恐惧来解释现代战争恰恰显示出了
这种思想本身的非理性，而这种非理性正是作者认为现代人之
所以忧惧的原因。

认为战争是两个政治组织化了的且独立自主的群体之间的
战斗的这种定义，其下的战争起源相对新近，这是肯定的；既
然政治组织本身在新石器时代之前都不存在，这样定义下的战
争起源又怎么能够不新呢？佩里认为战争是埃及发明的观点既
不符合历史事实，也不符合人们在近三个世纪以来对上古社会
观察研究所得出的结果。前哥伦布时代的文明在没有借鉴埃及
人经验的情况下也开展了战争。这些文明根本不需要接受位于
金字塔顶端、用牺牲品献祭赎罪的那些帝王或祭司的指导。何
况，战争制度到底是一个独特发明的向外传播，还是某些社会
不约而同的发明，这一点其实并不重要。一种制度要想获得普
遍传播且在历史长河中延续下来，就必须具有根本且持久不变
的存在原因。这些原因是社会性的吗？它们对行为体和观察者
而言都是可理解的吗？或者，它们根本就是非理性和无意识的？
芒福德顺理成章地从第一个假设过渡到了第二个假设。他认为，　363
文明的本初模式，即那个它在围墙四面环绕的城邦中形成时所
具有的形式，在没做任何根本改变的情况下持续到了现代。领
导阶级之所以推崇战争献祭，是因为他们希望以此来维持自己
的权力。在这样一种假设下，战争成了政治单元间关系的正常

组成部分，因为政治单元是内部秩序以暴力稳定的结果。我们不用阐明从远古代代相传过来的那些铭刻于集体无意识中的非理性动机，就可以明白战争制度的顽固了：封闭社会本身的性质和这些社会之间的关系足以解释一切。

第二个假设与此完全不同，甚至还与第一个假设矛盾。现代的战争频率以及比所有其他战争都更具摧毁性的原子战争的威胁，为战争制度的深刻的非理性提供了很好的证明。这种非理性不但源自本初的脱离常规，还因为人类傲慢地认为自己获得了近似神力的权力，而人类又被这种权力在人类心中引出的复杂犯罪感和焦灼感所折磨。

我们的远祖是文明的缔造者，他们那些充斥了想象的梦想在今天变为现实。原子弹或弹道导弹的发明正是得益于这种世俗权力和神圣权力的融合。必须倾尽一国的所有物质资源和学者的智慧资源才让人类获得操控核能量和星际空间的能力。埃及人认为神明才拥有的摧毁力量，今天无论哪个美国将军或苏联将军都有了。不过，人类也因此遭受了忧惧神经症的折磨，其程度与人类武器的威力和犯罪感的复杂程度成正比。

封闭社会旧有结构越是处于解体状态，这些忧惧就越不理性。那个城墙四面环绕的城邦时代，那个阶级间普遍为敌的时代，那个人剥削人盛行的时代正在终结。我们现在重新回到了文明的开端，只是现在比当时更野蛮：与其做出象征性献祭来安抚众神，不如我们做一次全面献祭，而被平息的仅仅是我们的焦虑。

说我们远祖的梦想实现了，这是正确的。说人类对自己做出的普罗米修斯般的丰功伟绩抱有犯罪感，这也是可能的，尽管科学家在热核战争的风险面前抱有的那种有意识的合理忧惧

在我看来比犯罪感引起的集体焦虑更真实。至于生产力增长随
着经济逻辑的发展必定会打破民族之间和阶级之间的隔阂这一
点，我也毫不怀疑。不过，以成本和收益计算来看，战争必然
会变得越来越不理性，从而让和平得不到保证：这种说法只会
让那些不清楚历史人本性的人惊讶，作为某个城邦的公民，历
史人不但是一种个体存在，还参与了普世使命的历史进程。武
装了的主权共同体之间的和平问题，在不以返祖恐惧为必需理
由的情况下，其本身即便不是完全无法解决的死局，也是一大
难题。原子武器和热核武器把战争变得更加不合理，也让和平
对那些期望保持明智的国家而言变得更为不易。

　　人类是具有侵略性的动物，不过他们并非因为本能而互相
争斗，战争是一种表达，但它并非人类好斗性的**必然**表达。从
社会被组织和武装起来的那一刻开始，战争在历史阶段的进程
中一直都是人类好斗性的持久表达。认为暴力的风险最终是可
以被回避的，这不符合人类本性：在每个共同体中，都有一些
不适应者违反法律，攻击他人。这与个人和群体的本性也不相
符，根据个人和群体的本性，个人或群体之间的冲突也是不可
能消失的。然而，这并未证明冲突一定要表现为战争，尽管千
百年来我们一直经历着战争（它以有组织的战士用总是更具摧
毁性的武器来进行）。

　　和平，即主权共同体之间没有合法性战争的那种状态，是
否真的能够实现？它是很有可能实现的吗？我们将在分析完今
日世界之后再讨论这个问题。现在让我们姑且局限在本章的论
题上，即仅限于生物学家告诉我们的那些结论上。

　　和平之所以难以实现，更多是因为人性本身而非人的动物
性。遭到彻底失败的老鼠会向强者屈服，它们之间的支配等级

364

是稳固的；伸出咽喉的狼会被它的战胜者赦免。而人是可能选择在屈辱下反抗并坚持自己生活真理的存在。主人和奴隶的等级制永远不会稳定。明天的主人们将不再需要奴仆，他们握有的是赶尽杀绝的权力。

让 我 们  一 起 追 寻

Paix et

guerre

〔法〕

雷蒙·阿隆

著

王甦 周玉婷

译

entre les

nations

〔下〕

民族

国家间

的

和平与

战争

Raymond Aron

社会科学文献出版社
SOCIAL SCIENCES ACADEMIC PRESS (CHINA)

二十世纪雷蒙·阿隆最重要的政治思想名著之一

目 录

· 上 ·

第一部分　理论　概念和体系

第二部分　社会学　决定因素和规律性

· 下 ·

第三部分　历史

热核时代的全球体系

在前两部分中，我们试着以当前形势作为研究对象。不论是概念还是决定因素，理论的还是历史的分析都表明了今日时局的独特之处。

研究伊始，我们便在头三章的每一章中都提到了大规模杀伤性武器。原子弹或热核炸弹是否改变了战略和外交之间的关系？（我们是否被迫修正克劳塞维茨的经典论断：战争是政治以其他手段的延续？）在我们这个时代，力量或权力由何而来？国际社会的参与者又设定了什么目标？

研究国际体系，我们会注意到全球体系的扩张、外交结构的两极分化，两大核武器国家形成了分别以其为首的两大阵营。和平与战争的辩证关系导致了当今的冷战局面，换言之，形成了一个充斥着**威慑、说服、颠覆**的局面。

第二部分中的相当篇幅也谈及了当前的形势。援引麦金德的理论来阐释当今格局是完全可行的。美苏两国的对抗可以视为陆地与海洋间、大陆帝国与海洋帝国间永恒对话的变奏曲，二者延伸至整个近代世界。然而，这一对话还增加了空间层面。借助运输以及通信手段，人们掌握了太空科学，这削弱了海洋与陆地间的对立。弹道导弹随意跨越大洋或沙漠，不久，"人造卫星"将迫使国家定义其领空高度。

在过去的世纪里，人口与资源的关系决定着国家的命运和民族的繁荣。在既定的技术条件下，某一面积内的人口数量会低于或高于人类福利最大化或力量最优化时的理想状态。在过去，国家更担心人烟稀少的灾难而不是人口过剩的风险。20 世纪的人口大爆炸赶上了与福祉相容的人口密度空前增长。

同时，经济属性彻底改变了征服的意义。除非歼灭当地居民，否则主权对外扩张基本不能满足弹丸之国民众的切实需要或祈求。相比于此前的"大东亚共荣圈"，日本民众认为在日本四岛范围内生活更幸福。只要贸易交换足够自由，一个工业化国家不承担启动（被征服地）工业化进程所必需的投入，至少从短期看是合乎其利益的。

直到 1945 年，恺撒们的抱负还未受到自由经济学家的推论的影响。第二次世界大战之后，欧洲帝国的瓦解印证了"帝国并非有利可图"的论断。然而，英国决定放弃对印度的殖民并非出于成本和收益的考量，而是迫于敌对时期的承诺和当时的形势。放弃印度也就等于放弃了所有亚洲属地。人民解放潮流不断高涨，势不可当。法国在印度支那以及阿尔及利亚遭到的抵抗提醒我们——如果有必要提醒的话——民众的价值观和情感还未顺应工业社会的逻辑（或所谓的逻辑）。

按照汤因比对文明的界定，西方文明（世界）是否会像衰落的古文明（世界）那样发展为全球帝国？这个全球帝国（美国的）是否就是北大西洋公约组织？不论我们是否承认大西洋地区等同于全球帝国，这种局面的独特性都是毋庸置疑的，因为苏联与北大西洋公约组织国家在昔日德意志帝国的中心相抗衡。所谓的第二次世界大战开启了一个新的时代，各种"文明"融于一个单一的体系内正是这个时代的特征。

我们应当以人类社会的视角，而不再以民族的或"文明"

的视角来展望我们的时代。严格意义上的战争是指有组织的国家正规部队间的流血冲突，其历史不及"政治组织"或"正规部队"那般久远。战争作为一种组织制度，起源于近代（大约几千年前），这一不争的事实却也乏味：文明——或我们所称的文明——也是近来兴起的。事实上，从利用金属工具获取给养起，人类便成为彼此最大的威胁。战争并不是生物的本质现象：在高等动物中，我们并未发现类似于战争的行为。只有群居动物才会组织群体交战。正是这些"社会单元"离间了同类物种，挑起了敌对、仇恨以及残酷的争斗。

前两部分的分析都得出了相同的结论：1960 年的形势由两大事件主导。**技术革命**诞生了惊人的摧毁力（热核武器）和生产力（征服的虚荣）；**外交领域的全球扩张**不仅造成了现实的异质性（国家合法性原则的多样化、政治单元规模不一），还导致了法律的同质性（联合国、国家的平等与主权）。

继而，我们将详尽地研究原子时代的国际关系，旨在达到两个根本目的。首先，点明热核时代战略和外交的独特性；其次，借用前文中对概念和决定性因素的研究来描述具体的时局。这两个目的只能一并达成。

所谓的大规模杀伤性武器改变了我们称作主权国家的国家间关系中的**某些方面**。但它既没有改变人类的本性也没有改变政治单元的本质。因此，我们首先从高度抽象的层面，即理论层面出发，随后再逐步回到具体事物，以确定哪些方面发生了变化。

我们将先来研究**全球体系的异质性**，它是外交体系扩展到全球的结果，主要由工业化国家倡导。在每个时代，国际关系总是在"政治单元"间、"军事主权"间和"自治决策中心"

间展开。现如今，谁是国际关系的主角？是联合国所承认的国家？是由军事同盟或是相近意识形态组成的阵营？又或者说，国际关系的主角在什么程度上以及在何种意义上是国家或阵营？

接着我们会探讨当下两大独特之处中最具革命性的特点：热核武器。我们运用近似于模型研究的方法来分析其意义和影响。人类第一次筹备着一场他们不情愿，也不期望发生的战争。威慑战略意在何为？而那种旨在以己所不欲的方式来威胁其假想敌以禁止后者做出某些行为的战略用意何在？[①]

第十五章与第十六章将回答前两章中所提出的问题。原子武器的出现完全或基本没有影响阵营的形成。阵营的形成不过是二战局势的一种机械结果。随着这场风暴的结束，两个国家的实力得到增强：苏联尽管遭受破坏，却由于 1945～1946 年英法解散其部队而成为唯一拥有强大部队的国家；美国则因领土免受战乱，工业化设备增多，且垄断了原子武器。苏联在东欧建立其势力范围，也致使西欧国家结盟，作为回应，苏联继而又密切了与人民民主国家的关系。阵营间的传统的辩证关系符合两极平衡这种可预见的逻辑。问题在于洞悉新的威慑战略在什么程度上影响，或已经影响且仍会继续影响这一辩证。

我们下一步将重点分析中立国家，它们中相当一部分是不发达国家。欧洲以及北美洲的阵营集结了大部分发达国家。一旦开战，胜利便属于置身战事之外的国家。然而，如果它们并不愿相互厮杀，那么在正面冲突区域外它们也必定是敌手。因

370

---

① 此处有意模糊"己所不欲"这一表述，第三部分第十四章会对其进行具体分析。

而，双方都希望中立国家与之亲近，或投靠其麾下，或按其模式发展工业。换言之，第三世界国家激化了两大阵营的矛盾关系，**理性地说，它们虽不能决一死战却也没法和睦相处。**

最后，在第十八章中，我们将分析时下的主要争端对这两个超级大国的意义。二者的相似度如何？在哪些方面它们既是兄弟又是仇敌？各自如何诠释对手？盟国或中立国这些第三方国家又如何看待它们？

第十三章　有限的世界
或国际体系的异质性

1945 年以来，国际体系包含了五大洲，囊括了全部人类。
朝鲜和老挝的一举一动都会对苏联和美国产生影响。外交世界仿佛一个共鸣箱：各种人、事的传闻都会被无限放大并产生回响。地球一端的动荡会逐步传递至地球的另一端。

两个超级大国所扮演的角色证实了体系的统一性。美国向北纬38°线、金门岛、马祖岛以及西柏林派驻顾问及士兵，这不仅说明美国军事力量无所不在，而且反映出欧亚军事战区利害攸关。这恰好与麦金德所绘制的外交地图相吻合：相较于欧亚大陆，美国位于岛屿上，类似于欧洲与不列颠群岛的位置关系。美国试图在西欧与东亚地区保护欧亚的海岸线。它围绕苏联领土设立基地，而共产主义思想和制度传播至非洲和北美洲则是对这一部署的反击。通过宣传造势或传播制度，这个陆地强国突破了其对手的阻拦，挺入看似不受纷扰的遥远地区，这让美国很担心。

最后还有联合国，无论人们如何评价它的效力，它都力图成为世界联盟，所有的国家都有权成为其中一员。中华人民共和国的缺席归咎于美国顽固的外交政策，德国缺席则是由于二战。

因此，全球呈现了国际体系的特征：任何事件不管发生在何处，相互间都会产生影响。世界各地的政治单元组织成一个单一的等级，其中的两个国家在国际社会的地位相当于过去的欧洲列强；各国间还建立了法律外交关系。跨国机构面向所有种族个体开放。当今的奥林匹克运动会效仿了古希腊的竞技。古希腊竞技从未能阻止城邦间的战争，却依然见证了城邦间，或者更确切地说是不同城邦的公民间存在一个共同体。无论是处理人与人之间关系的奥运会，还是处理国家与国家之间关系的联合国，这些共同体都想成为全人类共同体的代表。

乍一看，国际体系在全球的扩张与大规模杀伤性武器、两大国的热核垄断毫无关系。美国轰炸机即便只装载传统武器，也同样能对朝鲜、越南、易北河流域和北极圈进行军事威慑。同样，纵使苏联不持有弹道导弹或热核炸弹，其意识形态和军事行动也能发生在巴拿马共和国与古巴。

纵观历史，国际体系的全球扩张始于第二次世界大战。希特勒和日本图谋合力钳制英国，特别是迫使美国将兵力分别部署到两大战场。美国的战争指挥官所面对的难题类似于 1914～1918 年德国指挥官面临的困难。威廉帝国的两大战线是在欧洲，而美国的两条战线则一条在莱茵河，一条在菲律宾。德意志帝国和日本帝国的垮台，让美国的影响力不可避免地延伸至苏联帝国边境——如果不是一直驻扎在苏联帝国边境的话。

然而，由于特定的时代背景，国际体系迟早会向全球扩张。现代的交通和通信工具减少了过去因距离而产生的障碍。苏联两面兼顾，一边面向欧洲，另一边面向亚洲；同样，美国一边面向大西洋和欧洲，另一边面向太平洋和亚洲。当苏联与美国位居国际社会之首时，它们便将国际社会的范围延伸至全球。总之，回顾历史，外交舞台的**规模**大体上同参与主体的**块头**成比例。一国势力的辐射范围取决于它所拥有的资源。在技术恒定的情况下，政治单元的本质及其所集中的军事力量决定外交领域的扩展。希腊各城邦如果不团结一致或归顺于一个统治者，就只能沦为地方政权。欧洲国家的占地面积与其所统治的庞大帝国不甚相称，这却是由特殊的时代原因所决定的。相反，国际体系的全球化却合乎逻辑，两大强国均能调动和武装约 1200 万兵力，并拥有千万吨以上的钢铁产量。

武器是潜在战争的特点，它影响着外交的进程，然而，外交首先取决于参与主体及其利益、理念和实践。同样，要了解民主政治体系必须通过其参与主体，即政党；要了解国际体系也要通过其参与主体，也就是国家。在这两种情况下，一些半地下的或不符合主流条件的参与者会在台前或幕后骚动不安。前者有如压力集团或职业工会，后者则是跨国集团、超国家集团或国际集团。

美国、加蓬（50 万人口）、苏联和利比亚均为联合国成员，因此都是国际社会的一员，亦即法定国家。没有必要强调这一众所周知的多样性，也没有必要明确或是分析其本质，因为异质性正是全球体系的特征。

一 共同体与异质性

我们分析的出发点是：所有政治单元都或多或少明确地参照"国家"这个大家口头上都接受了的相同概念。这个概念综合了三个历史性的观点：合法性是**民主的**，国家相对于个人信仰而言是**中立的**，**官僚机构**是行使权力的中介。

合法性的民主特征具有两层含义。人民不再隶属于君主，他们当家做主，是至高无上的。现如今，君主间的领地交换是不可思议的。不论是西方政权还是苏联政权，至少官方形式的妥协或以物易物——将两块价值相近的土地从其效忠国划归至对方国家——是禁止的。所有统治阶级都标榜代表被统治阶级的意愿，至少是最深切的意愿。

民主合法性不仅是政体的基础，也是国家存在的基础。这虽不乏伪善，但等同于默认了个人、部落、居民有权选择他们的国籍，与毫无认同感的国家决裂，建立一个独立的国家或是投奔另一个国家。所谓的自决原则或者说人民的自主权是民主合法性看似合乎逻辑的结果。在历史悠久的国家，人民具有认同感，能够进行全民投票，并不断重申对国家的忠诚，自决原则在这里不会遭遇太大阻碍。但在欧洲扩张所获的殖民领地，自决原则使民族的反抗合乎道义，助力带头反抗的派别或团体取得胜利。殖民者一旦离开，这一自决原则又可能促使新的国家解体或阻碍国家的形成。欧洲的君主们同样靠诉诸武力来建立国家。非洲部落（或种族）不会忘记它们之间过去的争战，不依靠暴力手段而使它们形成一个民族国家，这只可能是幻想。

更普遍地说，人民自决权的前提是民众具备政治觉悟，拥有组建民族的意愿。当政治觉悟上升到一定层次，人民自决权首先会反抗历史上的帝国（它们没有一个是建立在人民群众的意愿之上的）：因此，奥匈帝国和土耳其帝国都衰败了，沙皇俄国却不尽然——这个普通的教训之所以重要，是因为这足以提醒我们，民族在其自身原则遭到破坏时，往往通过寻找替代原则得以幸存，而沙皇俄国正是对这些原则妥协的结果。反之，当政治觉悟未能达到一定层次而任由族群享有自决权，这可能使部落再度陷入混乱。

民主合法性和自决权并未能阻止东欧向以莫斯科政府为首的苏联式制度屈服。我们不能因此而认为这些历史观念曾经是或现在仍是无用的、无效的。苏联并没有正式取缔东欧国家的主权。这些国家依然保有司法机关，这也为其日后的转变和国内外自决权的增强设好了铺垫。此外，苏联不能仅仅倚仗战胜者的权利，它还是要和西方国家、卫星国的精英进行商榷。一方面，它向西方表明，暂时压抑人民意愿是为了满足历史的需要，符合拯救人类的阶级使命。另一方面，莫斯科还向它的同志们解释道，社会主义国家的平等与苏联的优先地位是并行不悖的。苏联是苏维埃阵营的排头兵，一如共产党是无产阶级的先锋队。这些历史观念是决定事态发展的**其中一个**原因，既不是唯一原因，也不是次要原因：人们不甘愿为了他们所坚持的观点而牺牲利益，然而，即便他们违背了自己的观点，也不会对此全然无视。实干家需要坚信他们的事业，以图问心无愧，相较之下，在这些反抗内心情感的理论家中更易存在彻头彻尾的犬儒主义。

在欧洲，国家的中性或世俗化是宗教战争的产物。从理论上讲，过去乃至现在仍有两种方法来防止教会与教徒间的国内争端：其一是强制国民皈依君主的信仰或当地的宗教信仰，其二是将宗教信仰视为个人事务。德国曾利用第一种方法来结束血腥的无政府状态，并逐步过渡到第二种方法，这些异教徒只要守法，并低调从事宗教活动，便能得到宽恕。在德意志帝国时期，教派的繁多导致了要么争端（德语：Kulturkampf）要么平等这种非此即彼的境地。欧洲大陆教会与教会之间、教会与国家之间的争端直到20世纪初才结束。而认可的信仰不同、个人的宗教信仰自由及国家的中性概念都包含了各式各样的制度性解读，这些解读引发了争端，有些争端至今仍未平息。

375

国家是否能够靠赋税获得足够资金，以维系教会的运转（德国便是如此），或是像法国那样，国家无视教会的财政需

求，教会得靠信徒募集资金？国家是否会按父母的意愿在小学
设置天主教、新教或世俗化的教育？国家是否会根据天主教学
校与世俗化学校的重要程度来分配经费？抑或国家只重视世俗
化学校，不禁止却也不资助教会学校？德国、比利时和法国的
这三种方案，都不与国家的中性原则相抵触，亦符合"宗教是
个人事务"这一说法。不论从原则还是适时性来看，选择其中
任何一种方案都会挑起无尽的争论，而每种选择又都取决于过
去和现在的形势。

如今，并非所有的民族都能建立中性国家，或是因为宗教
构建了它们的民族性（巴基斯坦），或是因为传统而无法想象
将世俗权力与信仰彻底割裂。这样看来，以色列倒是一个奇怪
的例子。迁居巴勒斯坦地区的犹太人并非都是所罗门族或大卫
族的直系后裔，他们只是拥有共同的宗教信仰，然而，由于他
们中的部分人没有宗教信仰，或中性国家的思想根深蒂固，他
们宣告以色列将成为世俗国家。

国家的世俗化存在一个普遍的问题：假设国民的宗教信仰
不同，那么他们的忠贞建构在什么基础上？现代国家的先决条
件是政治秩序的分化，具体的民族意识应超越对家族或本土的
情感依恋，又低于超验的信仰。穆斯林人口中基本不存在这样
一种意识，因为他们分裂为不同的宗派或部落，难以认同伊拉
克人的国家或约旦人的国家；而撒哈拉以南非洲骤然独立，却沿
袭了殖民时代遗留下来的边界划分，这种意识在此则更为淡薄。

在欧洲，民族意识不同于宗教意识，它具有政治内涵，即
民族观念、民族体现的价值观念以及与之匹配的政体观念。只
有当国家沦为纯粹的行政工具时，才能于各种价值间中立。国
家被认为体现了民族在世界范围内所必须履行的独一无二的使

命，同时也为这一使命服务。"民族使命"或多或少明确地影响了某些制度，甚至是政府的建构。因此，当革命颠覆了制度以至于民族使命改变了方向时，国民便感到有权违背他们的忠贞誓言。德国的爱国志士们为了不"背叛"他们所恪守的价值观念而"背叛"了纳粹德国。

要说极权国家并非与自由国家不同，这体现在后者充当"守夜人"而前者是"信仰的守护者"这层意义上。理想地说，自由国家所允许的思想及党派的争论应在国民普遍接受的框架内展开：尊重共有的国家价值，尊重民主合法性，为争论提供基础和保障。理想地说，苏联不应当排斥关于经济的有效管理、工业建设的得失分配以及践行社会主义理想等技术问题的争论。然而，布尔什维克慢慢地将马克思－列宁主义与国家的使命和它的合法性混为一谈，以至于国民不再怀疑这一思想理论，也不再质疑掌权者所做的诠释。

人们或许想说，国家对宗教事务持中立态度，是因为政治－经济的意识形态成为今后历史争端的关键。这一说法在某种程度上是成立的：自由国家是允许意识形态争论的国家，极权国家是无法脱离其意识形态的国家。然而，自由国家并非缺少理念：国民可以进行讨论，但前提是他们忠于民族使命，尊重民主合法性，进而遵守公正讨论的规范。倘若国家缺乏民族统一性且缺少对合法性原则的统一认识，那么自由国家和这个共同体本身都面临瓦解的威胁。

西方文明圈外，民族国家（意指其民众具备了各具特点的民族使命意识的国家）为数不多。刚建立的国家的民众更像是混杂的人口，而非民族。大部分的非洲国家都是小国（尼日利亚除外），可它们却没有实现种族的统一，亦没有统一语言。

印度是一个拥有 4 亿多人口的大国。或许，印度人拥有"共同文明的意识"，且可以表述为"民族使命的政治觉悟"，然则这一文明意识缺少民族意识的一些要素：语言、制度、合法性等。

因此，世界上多数国家担负着建立民族国家的使命。不论是非洲、亚洲还是欧洲，国家首先是一个行政机构：公务员管理公共事务，在外国首都代表国家，维护社会秩序。税务员、外交官、警察肩负着国家的三大职能，现代国家将这些职能委托给为此而招募和供养的相关人员。

理论上，公务员应当与国家一样保持中性，但是在一党制国家，政治家充当了政治理念的代言人或仆役，在自由国家，政治家则由辩论和竞争来推举，并依照当时共同信念框架内的主导理念来管理公共事务。然而，在民众步调不一且缺乏共同使命感的国家，不论极权或自由的方式都不能完全满足他们的需要。极权方式下，政治觉悟所包含的意识形态多于民族意识。自由方式则放任一切离心力量。非洲和近东地区存在一种中间方式：近似一党制，但不掺杂意识形态，或者民族意识多于意识形态的内容。

那些领导独立战争的党派，或者首领曾是反殖民运动英雄的党派，自然便成为国家政党。国家的行政人员及政治家也在他们中产生（由于缺少足够的能手，人们尚不能辨别二者的不同）。国家政党并不声称他们是唯一合法的党派，不强加意识形态，但是他们限制反对派的权力，阻止其他党派与之分庭抗礼。

在如今这个人们骄傲地声明民主信仰的时代，代议制度和自由价值观却明显倒退。为此而错愕的人，只是那些孟德斯鸠所谓的将人民权力与人民自由混为一谈的人，或者更确切地说，是那些不了解这一时代悖论的人。政治理念，或者说政治话语，正遍播全世界：在发展程度、历史传统、宗教和民族凝聚力方面，人口的异质性仍十分明显。根据联合国的宗旨，主权国家是国际舞台的参与者。主权国家发端于欧洲的民族国家，其理想原型是民主、世俗、负责行政的国家。然而，民族国家往往流于表面：一面旗帜，几个大使，一个驻联合国使团和几百号受过高等教育的人。全球体系的扩张既表现为话语传播的单一性，又表现为形势的多样性。

我们稍微浏览国际组织中国家代表的名单，就会注意到历史实体的异质性。我们无法将这些历史实体称为民族国家，宣称它们平等并享有主权。中国拥有上亿人口，而卢森堡或加蓬仅有数十万人口。仅四个国家（中国、印度、苏联、美国）的人口总和就超过了世界总人数的一半。

面积与人口数量的异质性表现最为明显，却也是最无关紧要的，至少对那些关注国际关系**意义**的人是如此。我们往往认为数量上的差异表明了社会体的多样性，这里的社会体意指从属于一个单一主权的人口。大国的社会并不都支离破碎，而小国的社会也未必都协调一致。恰恰相反，利比亚的社会是松散的，而日本甚至中国的社会是和谐的。无论是一个拥有上百万人口的非洲国家，还是拥有上亿人口的日本，前者种族的多样性与后者文化的匀质性都是历史的产物。前者与后者都从观念上或是话语上参照发端于欧洲的民族国家，这本身意味着在全人类范围内传播同一势必将会应用到迥异的社会中的政治理念，其中一些社会已或多或少地具备了民族意识，而另一些仍只是部落组织或只是服从帝王的统治。

国际舆论，或者说是人们俗称的国际舆论，总是忽略联合国一百多个国家背后的历史千差万别，它们所管理的政治体亦不尽相同。然而，国际舆论不断地提醒并哀叹"社会""发展"的不平等，即工业化、人均生产总值以及生活水平的差异。由于发展**不均**的执念，且对政治团体的多样性所知甚少，人们相信发展和工业社会的主要制度就像转移机器甚至工厂那样能在短期内随意转让。不幸的是，这不过是空中楼阁。然则将这一套行为规范移至赤道非洲，虽然能提高个体创造的价值，但也意味着必须打乱当地习俗，挑起社会与人文革命。

无论如何，这场社会变革都无法避免。如今，它要么按苏联的政治－经济体制，要么按西方的政治－经济体制来设计，这两大体制将人类的发达人口一分为二。以美国和苏联为代表的两大体制并非仅有的选择（它们不过是提供了两种理想的类型），欠发达国家更不必在二者中进行抉择（事实上，大部分欠发达国家不能也不该因循美国 19 世纪的方式，亦不该效仿苏联 20 世纪的模式）。

然而，人类的全球一体化，以及经济与军事权力集中于美苏两大国的形势，使得美苏政治体制与意识形态的对立表现出了非此即彼的特点。在参与者与旁观者看来，华盛顿与莫斯科的对话、一党制度与合法党争的对话、计划经济与市场经济的对话都被错误地演绎为殊死斗争。

因此，外交领域的单一性不单单是物质的，它不取决于洲际国家的力量，也不取决于杀伤力、交通及通信技术，而是由一套共同的政治词汇来支撑的。这套政治词汇体现了历史观念的部分共同性。然而这部分共同性涵盖了社会体的千差万别，凸显了经济发展不平等的丑恶，政体与意识形态的矛盾撕裂着这种共同性。从各国国情判断，全球体系的异质性较过去更为

明显；而从联合国的法律形式、反对落后的宣言以及社会主义
理念的普世性抱负来看，国际体系的同质性将更加突出。人类
第一次生活在同一段历史之中，往往会忽视时而阻止时而迫使
人类走向统一的因素。

二 欧洲阵营和亚洲同盟

按外交史的方法来描述国际体系，首先就应当提出：和平
以降，从来没有缔结过如此多的同盟；国家间组织（万国邮政
联盟）、跨国组织（教会、具有全球使命的团体）、超国家组织
（欧洲煤钢共同体高级机构）方兴未艾；尽管联合国理论上担
负着结束强权政治的使命，可军事团体空前兴盛。长久以来反
对承担任何对外义务的美国也处处结盟。

通常被称为"阵营"的两大联盟，主宰着整个局势，一面
是由美国牵头建立的北大西洋公约组织，而另一面是以苏联为
首的华沙条约组织。这就好比两大巨头各自将被保护国和卫星
国纳入麾下。

明确"谁先发起"几乎没有必要。斯大林与罗斯福就"与
苏联交好的政府"这一表述的意义存在分歧，这也导致了阵营
的形成。在马克思－列宁主义理论看来，只有共产党领导的国
家才算真正的友邦。任何反对共产党领导的人或党派都属于或
被视为法西斯分子。因此，时至今日，我们明白了斯大林及其
拥护者们的推论。罗斯福和丘吉尔在西方民主观念下构建了自
由选举、代议制以及多党制。相比于罗斯福，丘吉尔也许并不
对苏联领导人抱有幻想，但他一直相信人们的反抗与民族间的
敌视会动摇苏联对东欧国家的控制。

没必要重述东欧是如何一步步效仿苏联建立政权并臣服于

379

后者。仅需要注意的是，东欧国家的苏维埃化突然发生在**原子时代**，却又与此毫不相干。或许是共产主义的抱负，或许是出于安全考虑，又抑或是对泛斯拉夫主义的追求，姑且不论这些因素所占的比重，事实上，东欧的苏维埃化并不是针对原子威胁的预防措施，而是属于帝国主义或意识形态扩张的伎俩。

《北大西洋公约》不过是以眼还眼的对策。第一次世界大战后，法国希望得到英美的保证，因为盎格鲁－撒克逊两大强国的参与是取胜不可或缺的条件。同样地，二战后，西欧国家希望美国在和平时期承担义务，因为美国为解放欧洲做出了关键贡献。诚然，北大西洋公约组织设想的侵略不再来自昔日之敌，而是旧日盟友。即便如此，它所体现的思想也符合先例。

380 此后，美利坚合众国完全被纳入欧洲体系。它曾两次表明其切身利益，意在防止欧洲出现霸权或帝国，且不论这恺撒是褐色还是红色。政治家走向未来，却不能与时俱进，他们认为北大西洋公约组织若早已存在，上一场战争就不会发生，因此他们相信北约能避免将来的战争。

朝鲜战争爆发后，北约组建参谋部，这标志着阵营的发展又向前迈进一步。两次世界大战期间，欧洲和美国就认为有必要建立一支集中指挥的武装部队，此外，他们担心"局部热战"蔓延至欧洲，于是自战争结束后便开始筹备战争初期不可或缺的事物。因此，北大西洋公约组织愈发成为一个政治军事共同体，比英法在 1914～1918 年的同盟关系更为密切，堪比英美在 1941～1945 年的仅有的合作。1954 年《华沙条约》的签订几乎未改变此前的状况：在《华沙条约》之前，苏联就已经拥有指挥其卫星国军队的权力（而且并不存在一体化的统一参谋部）。

两大阵营的军事同盟应运而生，尽管具有某些独特性，却仍未打破国际关系的常态。北约参谋部的建立合乎逻辑，既有对爆发全面战争的担忧，又有实现其明确目标（保卫西欧免遭战时侵略）的意图，还出于对暂时的（欧洲国家力量薄弱）和长期的（受限于地域狭窄及行动的速度，国家军队陆空行动缺乏自主性）军事条件的考虑。威胁、目标和军事条件与主要的事实息息相关，这也是两大军事阵营形成的直接原因：两大强国在欧洲的中心正面交锋，这里既是它们作战的**地点**，也是**砝码**。

英法这两个中等大小的国家位于另一片区域，它们今天拥有常规武器，明天或将拥有原子武器，可能足以承担起国防任务。它们能抵御常规武器的进攻，或者能够震慑侵略者（未配备热核武器的）。而目前，欧洲国家由于靠近大陆霸国，又是重要砝码，只能依靠美国的指挥才能团结一致，这便削弱了它们的自主性。

战后，德国的分裂以及东欧的苏维埃化营造了一种持续冲突的氛围。战胜国在处理领土的问题上无法达成一致，意识形态竞争及狂热的宣传口号激化了两大阵营的交恶态势。按照 19 世纪"和平"一词的意思，和平的缺失并不意味着战争的可能，而1949～1950 年，国家首领和各个民族尚未能完全理解和认同这一点。《北大西洋公约》和《华沙条约》都已缔结，**大西洋和苏维埃形成两大阵营，在这个人人畏惧热战的时期投入冷战。两大阵营继续成为冷战的工具，且时刻提防热战的爆发。** 381

在世界上其他任何地方都找不到像欧洲阵营这样特殊的情况。《东南亚集体防务条约》签署国（S. E. A. T. O.①）或者以前的《巴格达条约》签署国（CENTO②）都缺乏文明或政治制

---

① 东南亚条约组织（South East Asia treaty organisation）。

② 中央条约组织（Central treaty organisation）。

度的共同性。美国、澳大利亚和新西兰之间存在这一共同性，但这些英联邦的自治不受外来侵略的威胁，大海将它们与所有侵略者隔开：一份互助条约足矣，无须常设军事组织。至于美国与台湾岛上的国民党政府、韩国、日本之间的协议，则属于经典的形式：无论起草者使用何种措辞，事实都是被保护者将基地交予保护国使用。这看似保证了被保护者免受可能的侵略，但盟友的军事存在也可能将它们卷入一场毫不相干的冲突，只要提供的保障大过风险，那么这种结盟关系便能使各个缔约方受益。

在欧洲之外，苏联集团形成的条件同样罕见。苏联将它的意愿强加给东欧国家，并不仅仅因其首先发起了救亡革命、仍然处于新信仰的核心，还因其享有公认威望。苏联军队已经入驻或正在逼近，它武装干涉匈牙利，也即将插手波兰，在必要的时候，它就会这么做。一边是老大哥，另一边均是小弟，双方实力悬殊，如此一来，欧洲的苏联集团即便不是坚如磐石，也是一方独大。在亚洲，苏联集团则是双雄并立。

这一陈述并未告诉我们苏联与中国的同盟关系有多么协调、团结和持久。它只是承认了一个不容置疑的事实：在欧洲，苏联保留了诉诸武力的可能，以维护阵营的统一；而在亚洲，情况并非如此。中国太大、太强、太傲，它不会屈从于老大哥的意志。克里姆林宫必须与中南海对话。苏联人不乏劝服的理由和物质手段，却没有长久的强制工具。在亚洲，苏联有一个盟国，但没有卫星国[①]；美国有一些盟友，但它们之间并没有建立政治－军事共同体，其盟友（韩国和日本）间的关系有时也很糟糕。

---

① 朝鲜和北越不是卫星国，因为它们有两个老大哥。1961 年春，苏联和中国都与朝鲜缔结了互助条约。

双雄在亚洲的对峙好比熊与鲸、陆地与海洋间无穷尽的角力。美国主要把控亚洲沿海，将其势力建立在岛屿一带，从日本途经冲绳和菲律宾一直到台湾岛。美国在陆地仅占据了韩国这个桥头堡。

如果我们查阅美国缔结条约的文本，那么照其约定的准确含义和范围，这些条约可分为三类。第一类包括《北大西洋公约》①，签订于 1949 年 4 月 4 日，于同年 8 月 24 日生效，以及《美洲国家间互助条约》②，于 1947 年 9 月 2 日签署，翌年 12 月 3 日生效。第一个条约的第五条及第二个条约的第三条的规定至关重要：缔约方"对于欧洲或北美的一个或数个缔约国之武装攻击，应该被视为对缔约国全体之攻击"③。严格说来，这一表述并不意味着这样的攻击能成为缔约国的**战争借口**。《北大西洋公约》补充道："如果发生这样的武装攻击，每一个缔约国都要履行《联合国宪章》中第 51 条认定的个人权利和集体自我防卫的权利，即单独出面或与其他缔约国一道，采取它们认为必要的措施，包括使用武力援助受到攻击的一个或几个缔约国，来恢复和维护北大西洋地区的安全。"④ 仅按字面意思理解，美国有义务援助被攻击的大西洋国家或美洲国家，但它不

① 签署国共 12 个：美国、加拿大、冰岛、挪威、英国、荷兰、丹麦、比利时、卢森堡、葡萄牙、法国、意大利；德意志联邦共和国、土耳其和希腊后来加入北约。

② 缔约国包括：美国、墨西哥、古巴、海地、多米尼加共和国、洪都拉斯、危地马拉、萨尔瓦多、尼加拉瓜、哥斯达黎加、巴拿马、哥伦比亚、委内瑞拉、厄瓜多尔、秘鲁、巴西、玻利维亚、巴拉圭、智利、阿根廷、乌拉圭。

③ 《美洲国家间互助条约》的表述基本一致："对美洲任一缔约国之武装攻击，应该视为对缔约国全体之攻击。"

④ 《美洲国家间互助条约》与其一致，唯一有所保留的是，"包括使用武力"这一陈述并未出现。

必向侵略者宣战并动用其全部武力。可事实上，两大条约都接受了这层含义，尤其是《北大西洋公约》，由于共同参谋部及和平年代一体化军队的建立而变得更为坚固。

第二类条约包括与菲律宾签订的条约（1951年8月30日签署，1952年8月27日生效）、与澳大利亚及新西兰的协定（1951年9月1日签署，1952年4月29日生效），以及《东南亚集体防务条约》（美国、法国、英国、澳大利亚、新西兰、菲律宾、泰国、巴基斯坦于1954年9月8日签订，1955年2月19日生效）。与第一类相比，这些条约中的关键性条款不够明确，并未声明对任一缔约国的武装攻击应被视为对全体缔约国的攻击，而是规定：本条约区域内所遭受的进攻会危及它自身的和平与安全。例如，《东南亚集体防务条约》规定："各缔约国都认为，在本条约区域内用武装进攻的手段对任何缔约国或对各缔约国今后可能经一致协议指明的任何国家或领土进行的侵略，都会危及它自己的和平与安全，并同意在这种情况下它将按其宪法程序采取行动来对付这个共同的危险。"① 换言之，在任何情况下，每个缔约国都能自由采取措施应对侵略。

第三类包括与日本、韩国和台湾国民党当局签订的共同防御条约。其关键条款相同：任一缔约方领土所遭受的攻击会危及另一方的和平与安全。② 此外，美国的盟友将基地交付美军支配。

仅从条款措辞来看，这三类条约亦可以按两种不同的方式

---

① 与菲律宾、澳大利亚、新西兰签订的协定第4条都采用了相似的表述，仅有所保留的是，它只提及了对缔约国的攻击。
② 在日本的条约中，措辞略有不同：日本没有双向防御，根据其宪法，日本无权拥有军队。唯一计划中的袭击是针对日本领土，而不是针对太平洋上的美国财产。

进行归类：《北大西洋公约》及与韩国、日本和台湾国民党当局签订的互助条约都包含了缔约方间的军事合作、美国驻军基地。相反，第二类条约（例如《东南亚条约》）包含了军事磋商，但并不包含统一的参谋部及美国军事力量在外国基地的驻扎。可是，第二类和第三类又能归为一类，与第一类相区别，因为只有第一类条约使用了绝对的表述：对任一缔约方的攻击均被视为对所有缔约方的侵犯。

除了文本分析，是否还能区分这些不同联盟的目的？总体而言，在当今时代，这些联盟主要满足两大目的：或震慑可能的侵略者，或对结盟国的内政施加影响（二者并非相互排斥）。其次，这些联盟有助于外交上的协同配合，建立统一阵线，抵御敌人。

既然这两个目的全然不同，且每一个都与现时体系的独特性相关，如此，要么按照同盟的传统概念，要么通过低估每个同盟的特定功能，美国的同盟总易遭人诟病。

首先考量第一种类型的同盟，其主要目的在于震慑侵略者，与日本缔结的《日美共同合作与安全条约》就属于这种类型。这种同盟关系可能遭到保护国（美国）或是被保护国（日本）的指责。在热核双巨头时代，同盟关系对骇人武器持有者而言既是威胁又是辅助。一般而言，只要双方都从中受益，同盟关系就会牢靠。大国允诺保护小国，后者又将其兵力与大国联合：法国和英国承诺援助比利时，比利时组织了十二个师参战。当下，如果我们只考虑热核战争这一种可能性，那么在军事上，小国对大国的帮助无异于杯水车薪（除了基地之外，而且随着弹道导弹技术的进步，基地也愈发无足轻重）。因此，有些评论家只知道同盟仅仅是建立在军事互助的基础之上，他们就会担心当保

384

护国不再需要航空基地或导弹基地时会对被保护国漠不关心。

这种推论是错误的。美国与日本或韩国签订的互助协定一直是为了使敌人相信，如果侵犯美国正式承诺保护且派驻军队的领土，必定会受到制裁。即便当保护国不再需要被保护国提供基地时，威慑作用依然存在。

相反，保护国与被保护国会自问，这种依赖关系将给它们各自带来哪些风险。日本的一些党派认为苏联或中国的武力进攻不足为惧，所以条约没必要继续存在，它反而只会助长反美情绪。他们认为，即使日本保持中立，日本民众也会与美国民众交好。另一方面，当美国的领土也容易遭受袭击时，它便会思忖，没有建立在局部武力均衡之上的威慑，在多大程度上可以规避无意义的风险，它是在妥协让步和同归于尽两种可能的措施中做抉择。即便是"威慑同盟"，对保护国内政的影响可能才是条约主要考量的因素。美军撤离日本巩固了亲美党派，因为反对派失去了抗议的理由？又或是巩固了中间和左派政党，因为美军的撤离似乎意味着美国外交的失败，预示着依附关系的改变？在那些外交（组建庞大的联盟）和政治（支持同盟国内部亲美或亲西方的党派）意义多过于军事、防卫或威慑意义的同盟关系中，这些理由**更是**决定性的。

《东南亚条约》也有两个目的。它应作为可能采取军事行动防止共产主义渗透这一共同行动的框架。它使得美国总统无须提请国会授权便能做出决定。而与此同时，更重要的是，它旨在让受到威胁的政府相信，美国不会弃之不管。非洲或拉丁美洲的国家并没有直接受到所谓共产主义势力的威胁，与美国签订协议是为达到心理外交的目的：防止这些国家走向中立或是投靠苏联集团、巩固亲西方的政党或人士。

美国与某个亚洲国家、中东国家或是将来与某个非洲国家签订条约（互助条约或军事援助协定），其成本和收益视情形而定。某些情况下，向亲西方政府提供武器可以增强它们的威信；而在另一些情况中，与西方结盟使得当地政府不得人心，这些代价抵消了物质的资助，最终得不偿失。

在次级体系内，美国干涉的含义取决于当地局势。美国的干涉是在全球背景中被视为合法，还是在地区背景中被认定为非法呢？在尼赫鲁看来，《东南亚条约》是增强了自由世界的防卫能力还是将本可置身事外的地区卷入冷战之中呢？克什米尔问题悬而未决，美国向巴基斯坦供应武器是针对苏联集团，还是阿富汗或印度？

最终，这些同盟或军事援助条约是颇具成效抑或是蹩脚，取决于国内的政治局势。除共产党外，难道政府只能与美国结盟或接受美国的援助来奠定权力吗？它是非共产党派别中最深孚众望的吗？美国的干涉会使反对派的反美情绪日益高涨，甚至还包括那些承诺不倒向共产党的中立党派，这是十分危险的。力挺亲西方的政党或者中立分子，是防止老挝苏维埃化最行之有效的方法吗？

相比之下，苏联的同盟政策更为简单。1939 年以前，莫斯科与其邻国签订了互不侵犯条约，在第二次世界大战期间，莫斯科本可以吞并这些国家。1939 年 8 月，苏联与纳粹德国签订互不侵犯条约，这使其与法国签署的互助条约成为一纸空文。1943 年和 1944 年苏联分别与英国和法国签订互助条约，但很快被束之高阁，在《巴黎协定》规定德意志联邦共和国加入北大西洋公约组织后，莫斯科也即刻宣布废除这两个条约。

战争爆发以来，苏联只与东欧国家、中国、朝鲜以及北越

这些共产主义国家签订了互助协议,以抵抗德国(或其盟国)
和日本(或其盟国)。这些互助条约都是对既有事实的肯定,
而非创造某种局势。朝鲜战争时期,苏联并没有与平壤缔结互
助协定。1954 年《华沙条约》签订,德意志民主共和国才被纳
入互助协定体系。1939 年以前,苏联处于孤立无援且严阵以待
的状态,借助互不侵犯条约和互助协定来改善其外交环境。
1945 年以来,它所缔结的协定仅仅是为了巩固其与兄弟国的固
有关系。

386

三 体系与次级体系

通过对政治单元的分析,我们发现采用的标准不同,分类
的方式也会多种多样。相反,对参与者所构成的阵营进行描述,
可以得出一个在地图上清晰可辨的重要区别。国际体系包括两片
区域,一片是从符拉迪沃斯托克(海参崴)到旧金山,途经莫斯
科、柏林、巴黎、纽约,这片区域分裂为两大集团,各自围绕在
热核寡头周围;另一片区域内包含一些结盟国家和不结盟国家
(结盟与不结盟有诸多细微差别),它们没有并入两大阵营中。

俗称的两极体系仅适用于两大阵营所覆盖的区域:分别以
苏联和美国为首,一些中小国家向它们聚拢,处于中间地带。
可是,如果把两极体系的表述应用到被视为一个体系的地球,
则是缺乏根据的。

乍一看,一切似乎是发展程度不一的工业化国家所组成的
两个阵营间展开的双重竞争。一个是发生在欧洲的直接竞争,
德国的命运和分界线的划分是关键;另一个是间接的竞争,由
世界上其他国家,主要是经济欠发达国家的政治和经济制度决
定。两个阵营囊括了发达的人类社会,它们相互摧残,仅仅是

为了决定剩余的人类社会应采用何种方式战胜持久的贫困。反对热核战争，这一共同利益不仅促成了美苏间的微妙合作，还深刻影响了两个阵营的关系。这一分析，即便粗浅，也能看出两大阵营间的热战是荒谬的。

英联邦的自治领虽然地理位置偏僻，但仍属于西方文明。除此之外，其他大陆，亚洲、非洲、美洲在 1945 年时仍是历史的客体，而非主体。之后十五年，三件大事颠覆了世界格局：中国共产党的胜利，欧洲国家在亚洲、非洲的帝国解体，二战后苏联势力的全球蔓延——其中也包括西方国家或美国之前独占的"狩猎场"（近东、南美）。在某种意义上，**第三世界**的确成了两大阵营角逐的主要利害所在。两个超级大国需要适应不同的局势，而这很大程度上取决于第三世界国家。总而言之，第三世界国家成为主体的同时也仍是客体。

每个第三世界国家的外交态度与其内部政体之间并没有严格的关联。这些不保持中立并向苏联集团靠拢的国家，它们倾向于效仿苏联或中国的制度，或是模仿它们的做法。不过，只要宣称忠于莫斯科或者北京的政党尚未攫取权力，至少就不能明确地承认这一倾向。阿拉伯联合共和国使用苏联的武器，但它们却将左翼分子和极左翼分子投入大牢，这也包括共产主义者，而且对之尤甚。

有些第三世界国家投靠西方，这与它们的发展水平、自由或是民主的政治体制类型无关。亚洲国家与美国结盟，常见的原因无外乎地缘政治局势、当权派力量薄弱、外部威胁、地区冲突和接受军事或政治援助的愿望。这些国家在言辞或外交上与苏联交好，根据具体的情况和程度的不同，可以用以下几点来解释：这些国家对西方的怨恨，敲诈勒索的策略（威胁投靠敌营，

387

保持简单的中立就要收取更多的好处），抑或是出于通过在外交语言和姿态上战胜国内极左派反对力量以解除其武装的考虑。

这些抽象的分析忽略了一个现实。两个超级大国或两个阵营狭路相逢、针锋相对，在世界各处争霸，但各个地区的具体情况千差万别。这是全球体系的情况，在次级体系上却支离破碎。在欧洲、亚洲、南美洲以及中东，处处可以看到两个超级大国的影响。但在南亚，阿拉伯联合共和国却无迹可寻，尽管纳赛尔总统将拜访苏加诺总统。诚然，"插手"这个概念并不明确。在某种意义上，因为联合国的成立，所有的国家无论多小，都可以与其他国家产生联系、到处"插手"。"不结盟"阵营并非不能列入宣传或外交之旅的计划中，尽管这种提法既矛盾又毫无政治意义：不结盟的国家为形成阵营而"结盟"，它们反对超级大国的战争，反对殖民主义，但这些共同利益不足以构成共同的政策。

不论次级体系的概念多么不明不白，不论它的界限多么含糊不清，都可以用一个例子来说明它的含义。在近东，以色列和邻国签署了停战协议，但官方的战争状态依然持续。阿拉伯国家没有"承认"犹太人建立的这个国家。如果阿拉伯人占有武力优势且足以速战速决，他们多半会毫不犹豫地摧毁以色列。局部力量均衡是时局的关键因素。局部均衡不能因此而回避国际背景。尽管以色列在西奈战役中取胜，却没有留住分毫所占领的土地（但埃拉特如今已开放航行，联合国维和部队象征性地驻守的边境也很平静）。

大国为了避免它们所担心的战争，联合国则出于对原则的遵守，都禁止正式部队越过边境线，也迅速叫停了正规军的战斗（由于多种原因，游击队被忽略或容忍了）。人死不能复生，大国和联合国亦无能为力，它们也不能一直否认既成的事实。纳吉政府消失，其首领被枪决，但"叛徒"卡达尔却由于其在联合国的席位而受到礼遇，能毫无保留地表达对宪章的看法。对以色列而言，地区的力量均衡仍是救国图存的必要条件：这排除了既成事实的形成，也排除了突然消灭一个关键国家的可能。

其他被称为次级体系的地区并不具备近东的特点：处于战争状态又保持地区力量均衡。但是，另一个例子说明了地区体系或次级体系的意义。古巴革命骤然改变了西半球的局势。中国倒向共产主义、苏联掌握热核武器、发射**斯普特尼克号**卫星，正如德国人所说，这些都是**世界历史性**（weltgeschichtlich）事件，可任何一件都无法比拟卡斯特罗领导的革命，以及这个小国的革命政权向"大国"发起的挑战，这不仅震撼了南美洲国家的领导者和人民，也深深地撼动了美国的权威。南美洲潜在的**反美情绪**终于被释放出来。这些国家的领导人反对古巴领导人的过分之举和蛊惑宣传，却担心冲撞民众情绪，民众为长胡子的大卫砍下有美元护甲的歌利亚的脑袋而欣喜若狂。

为什么是古巴革命而不是中国革命引发了拉丁美洲的震荡？原因简单明了、亘古不变：交通方式或毁灭手段都无法消除距离之于人类的意义，空间的邻近和历史的亲缘关系相辅相成。菲德尔·卡斯特罗的作为，巴西或秘鲁的人可能也梦想能实现。总而言之，所有拉丁美洲的人民都认为古巴的经验很有指导意义，为他们指明了一条新的可行之路。远方不同种族所实现的革命却无法激起同样的热情。人类兴许是一个整体，但人们却还没清晰地认识到这一整体性。地区共同体总是比人类社会更为重要。

抽象地说，即使没有区域军事力量均衡，国家和民族也会本能地将它们的命运联系在一起，区别对待该历史地域内部与外部的事情，就此而言，次级体系是确实存在的。

我们不能盲目地运用第二个标准，因为在某些地区，地理、种族、历史上的休戚与共远不及与远方地区经济或意识形态间的依赖关系。以日本为例，十多年前东京似乎更亲近华盛顿、伦敦甚至巴黎，而不是北京。日本置身于由海军力量撑起的联盟和基地的网络之中，它与盎格鲁－撒克逊世界的沟通较临近的中国更为自如，日本接受了源于中国的文化，对其加以丰富，并最终按照自身特质对其进行了改造。这一悖论看似正在削弱，甚至消失。这是因为两个超级大国的直接对抗（或者更确切地说，一个超级大国与中苏联盟的对抗）在欧洲形成了两大阵营；在北亚，鲸、熊两派也因此暂时决裂。

次级体系的第三个标准源于两个超级大国自身的较量，以及它们在世界各地的竞争砝码及竞争方式。欧洲作为一个次级体系，不仅仅是因为两大阵营势力均衡，或是具备共有文明的意识：两强的直接对抗以及军事集团的建立使得欧洲成为一个次级体系，或者是说一个具有一定自主性的外交舞台。相比地区外部的局势，内部的局势更易牵动它们的神经。

同样，海洋强国与陆地强国的正面交锋赋予北亚局势以特殊性。相反，在东南亚，缺少这一正面对抗才是首要事实。它外部的威胁来自中国，而非苏联。美国冒着失去那些中立国家（印度、印度尼西亚、锡兰）的风险，与某些国家（巴基斯坦、泰国）联合。它直接地或通过《东南亚条约》，尽力支援老挝和南越，以阻止共产主义的渗入。于是，现有的形势既包含本土竞争（印度－巴基斯坦）、美国与最弱国的结盟，也包括可能具有历史性意义的竞争（印度－中国），还包括结盟与不结盟国家间潜在的紧张关系。

此外，非洲的局势更是与众不同。断然判断这些已西化的精英的族群情感的力量仍过早（刚果的例子表明群众的部落意识高于民族意识）。新成立国家间的和解与对抗方显露出来。马里和塞内加尔互相敌视，因为它们曾尝试组为联邦，而且前者较后者更为"进步"。法语国家与英语国家，尽管不分属两个阵营，但其当权者在不同地方所受的教育很可能表现在他们的举止甚至是言谈方式上。当前部分外交还主要流于口头辞令，会引发某种持久的争论。

不论是美国还是苏联均未武力插手非洲。双方在非洲的目的不同于在亚洲或南美洲的目的：在它们看来，非洲国家加入西方阵营是徒劳或危险的，它们只须保持中立。苏联采用其一贯策略：宣传造势，在特殊学校专门培养积极分子，邀请学生，精神或物质上支持友好的或与西方有冲突的政府，等等。然而，即便苏联达到其目的，某一非洲的共和国自称 390 "人民共和国"，这也不能与一个欧洲国家的苏维埃化相提并论。当某一非洲的共和国的当权者改变主张，这个国家兴许会"皈依"新的信仰。相较于那些毗邻物质与精神中心的卫星国，它并不会面临与之同样的压力，亦不会遭受与之同样的制裁。成为"人民民主的"或"社会主义的"那些非洲或南美洲国家并不像波兰和匈牙利那样一直受苏联掣肘：它们失去自主性的程度不同。倘若这些国家的共产党意图亲近西方，抑或是被其他派别推翻，效忠关系的更迭并不会遭遇类似粉碎匈牙利人英勇尝试时的那种镇压。

两大强国都重在将对方驱逐出非洲。美国希望保护尽可能多的新共和国不被共产主义渗透，不是为了在非洲建立基地，更不是为了占有非洲市场或原料矿层，而不过是希望阻挡即将席卷非洲的浪潮。不论是美国还是苏联，它们都不会对一个拥有几百万人口的国家本身感兴趣。但凡其易主，一方得之威望，而另一方则失于威望。而威望能增强力量，反之亦然。

在南美洲和北美洲，最后一个能辨认的次级体系情况全然不同。不久之前，西半球还处于美国的势力范围之内，置身于冷战角逐之外。睦邻政策及美洲国家组织看似确保了美国的安全及其绝对的影响力。诚然，即便共产党在大部分美洲共和国遭禁且沦为地下组织，但它却还在宣传造势。然而，不论是民主的还是专制的政府，姑且不论专制的特点，它们通常都遵循华盛顿在联合国的指令。它们都不是共产主义的，亦不是同情共产党的国家，不论它们与美国关系的好坏，都不会采取"积极的中立主义"以及"以弱挟强"的手段。

事实上，如果强者与弱者的一般关系在某个地方被推翻，这便意味着该地区成为冷战的场地或是关键所在。"支援我，否则我就投靠共产主义"——那些标榜亲西方的政府想方设法地、无休止地重复着这一理由，以寻求大国支持。"你拒绝我的，我能从另一方得到"——那些声称中立并自恃牢固的国家便会以此来要挟西方。"我希望得到你的支援，但不愿因此而做出任何妥协。如果大众转向共产主义，你我都是自找苦吃"——类似印度的中立国家会援引这样的理由。

1960 年，卡斯特罗胜利后，美国赠予拉丁美洲国家 5 亿美元。教训不能被遗忘：卡斯特罗主义可能广泛传播。无论如何，美国对卡斯特罗主义的恐慌总会促使它慷慨解囊，谁不想维持这一恐慌呢？

我们能够肯定地认为，美国一旦入侵古巴，苏联便会威胁使用洲际导弹，这是冷战延伸至西半球的原因和象征。只要美国没尝试，就不能确定苏联不会冒险进行军事干预，哪怕只是反击美国的行动。[①] 可无论如何，苏联至少能在外交上影响美国附近海岸，一如当初美国插手苏联边境，这便是今后的全球力量关系格局；美洲国家间关系形成新的格局，而这并不是唯一的原因，也不是主要的原因。

拉丁美洲的社会危机与其他地方一样严重，当地政府摇摇欲坠，又因邻近的美国霸权和一些（美国）大公司的行为，这些国家对美国的抱怨更为尖锐。拉丁美洲要得到更多的援助，只缺一个至关重要的理由：共产主义或进步分子的威胁。卡斯特罗慷慨大方地提供了这一借口。

我们可以认为，"禁猎区"的消失是外交领域一体化的一种表现。两个超级大国各自领导它们的阵营；阵营之外，它们自由竞争，却也并非全然鲁莽或毫无节制。不容置疑的一体化并未因此消除次级体系间的大致界限，这些界限由地理因素决定，人们铭记的历史则强化或者模糊了这些界限。

四　民族领土国家的命运

在我们这个时代，主流历史观点认为民族国家是国家的典型：一个民族表达其独立的意愿，成为一个有组织的民族国家。然而，很多作者却提到民族国家的式微或终结。

---

① 就个人而言，我并不认为如果美国的海军陆战队士兵与侨民一并或晚于侨民登陆，便会发生武装干预。

通过他们对民族国家趋于式微的分析，这一表面上的矛盾便不复存在。例如约翰·赫兹（John H. Herz）更多谈论的是领土国家，而非民族国家。领土国家具有欧洲古典时代的特征，存在于宗教战争结束后与第二次世界大战期间，它首先被定义为政治单元的统一行动，在地图上所界定的范围内行使主权。现代国家是"集中的区域单元，其主权、独立性及实力都来自其领土"①。君主——国王或其资产阶级继承人——能够在其领土范围内强加意志。换言之，他有能力垄断内部军事力量。与此同时，他作为领地的代表，有权利和义务对外发言，因为他需要依靠强劲的武力对抗反叛者、抵御敌人，以维护领土独立。"回溯历史，我们注意到，如今基本的政治单元为人们提供保护和安全，它调解个人与团体的关系，确保内部和平，免遭外部干涉或控制。"②

从军事上来说，一旦发生战争，国家的首要目标是**捍卫**领土：建筑堡垒防御或阻止入侵。在和平时期，国土上除了本国军队外并无他国部队。统治者没有权利也没有能力干预他国内政。空间的划分确认了外交与内政的分离。显然，国家现已失去一些在近代开端时的基本特征，而这些特征充分诠释了"领土权"这个概念的意义。

自和平以来，卫星飞越国家的领空。U-2侦察机飞过领空是非法的，而卫星飞过却算合法：国家领空的最高限度是多少？一旦爆发核战，国家将无力保护其国民、领空和城市。在和平时期，国家允许同盟国在其境内驻扎部队，这也意味着丧失了

---

① John H. Herz, *International relations in the atomic age*, New York, Columbia University Press, 1959, p. 58.
② *Ibid.*, pp. 40 - 41.

军事自主权。在冷战时期，观念、活跃分子甚至是游击队员都能跨过国界，更不必说跨国行动以及弹道导弹的国界渗透了。

这些不争的事实可归为三条：军事技术削弱了民族国家的威望，跨国观念及政党模糊了国内与国外事务的界限，经济、政治、军事领域成立了国际组织或超国家组织（大西洋集团、北大西洋公约组织、共同市场）。

姑且说弹道导弹削弱了民族国家的威信，然而就是因为民族的特征而被削弱的吗？事实上，所有的领土国家都贬值了，因为核弹的拥有者能够在敌人缴械之前，甚至在不需要解除其武装的情况下将其摧毁。大规模杀伤性武器从根本上改变了国防的传统概念。不论领土面积，也不论政治团体的组建原则，一枚核弹在一个大城市爆炸，会造成二三百万人伤亡。弹道导弹或轰炸机将这些毁灭性的武器从地球的一端运到另一端。换言之，民族国家因军事技术而降级是不容置疑的，但以此为超国家组织、欧洲的联合或大西洋的统一辩护却是错误的，因为这些更大的组织同样无法保护其领地或公民。

毫无疑问，观念和跨国党派能够渗透国界，可这并非完全新鲜的事物：正如我们在前面所说的，它是体系异质性的结果或表现。在宗教战争之后、革命战争之前的一段时期内，君主专制的领土国家反对异质性，不容个人选择宗教信仰，禁止君主干预其他亲王与其臣民的关系，遏止教会跨界继续宣传教义并挑起争端。每个国家都用自己的方式解决问题：只要它在国内建立和平，且不搅乱邻国的安宁，这种解决方式便是正当的。为了和平，个人不惜牺牲选择信仰的权利，但只要人们认为其灵魂的救赎取决于信仰的抉择，那么这样的牺牲就并非易事。

法国大革命破坏了欧洲体系的同质性。二十五年间，欧洲

393

人经历了背叛和易主：当普鲁士国王与拿破仑"合作"时，普鲁士军官却效力于沙皇；法国的"流亡者"与法国军队兵戎相见；共和国的一位将军成为瑞典国王并与母国交战；另一位共和国将军与同盟君主并肩作战反对他的祖国，因被法国军队的炮弹击中殒命；德国人向往"自由"和"雅各宾主义"，一如法国人缅怀旧制度。边界不可渗透、民族保持政体的统一，其前提条件都在于国家一致认可其体制及政府的合法性。19世纪，潜在的异质性尚未表现出它的全部后果。神圣同盟镇压革命者并未持续太长时间（然而，1848年，沙皇仍履行神圣同盟的原则，镇压匈牙利革命，解救其兄弟国奥地利）。传统的外交与跨国行动相结合，出人意料地控制了争端。即便军事设备滞后于可支配的资源及可能的技术，国王也安分知足。跨国运动——自由主义、社会主义、民族主义——要么势单力薄（第一国际仅仅在回顾历史时具有历史性意义），要么其领导人保守有余激进不足（俾斯麦为了也是凭借普鲁士王国统一了德意志）。民族主义向国家发起意识形态斗争，力求将国家融入一个更高级的体系，民族主义的目标不可能像具有全球使命感的运动那样宏伟远大。

如今，国际体系的异质性将国家间意识形态竞争的含义推向了它的极限。每个国家都有一套合理的秩序（经济的、社会的、政治的），同时，对那些与其原则相悖的政权，拒不承认其历史的或人文的合法性。全球体系的扩张不允许采用宗教战争末期的绥靖手段：根据意识形态的分歧进行隔离，使得观点无法渗透边界，敌人也无法入侵。如果世界上只有两大阵营存在，严格说来，这种方法也是可行的。可如今，意识形态斗争不可能靠分隔空间来抑制或解决，原因很简单：即便两个超级大国成心达成协定，双方也不可能确保不传播它们各自的观念。

在两大阵营内部，异质性主要体现在**政体**上，民族与国家 394 都参照同一个合法性原则，发展程度也并非差距很大。诚然，苏联最初是一个多民族帝国，但它依旧保持了民族性（乌克兰的、格鲁吉亚的和亚美尼亚的）与苏联公民间的差别。这一差别确实存在，造成了多民族帝国与民族国家规模上的差距。可是，在理论上，苏联各民族有权分立，仅凭它们自己的意愿归属其中。① 来自不同民族的美国公民趋于融为一个"寄居民族"。无论如何，广袤的领土与血统的多样性使得美国更接近苏维埃模式而非欧洲模式。

在两大阵营之外，异质性表现得更为明显，因为它关乎**政治体**本身。正如我们提到的，新成立的非洲的共和国由于太小而无法拥有现代经济或国防，因为部落繁多而无法形成凝聚力。或许有人会说，非洲国家尚未成为民族国家或者亚民族国家，因为这些国家面临的不是统一民族国家的问题，相反，欧洲这些地道的民族国家因两个超级大国的存在而失去社会地位，它们试图以国家间的或超国家的组织形式②实现统一。一边是几内亚共和国，有着 350 万人口，力图在其领土上实现完全独立；另一边则是有着 5000 多万人口的西欧国家，它们自恃落伍，介于这两个极端之间，还有十多个拉丁美洲国家和亚洲国家，它们中的一些与非洲国家一般大小，另一些却拥有面积堪比两大巨头的领土，一些国家（日本）与法国或德国一样具有凝聚力，另一些（印度）与苏联一样也拥有不同的种族、宗教

---

① 当然，这只是种假定，这只说明苏联领导人承认自决权。
② 超国家组织意味着要让渡主权，而国际组织仅仅是国家间的合作。实际上，二者间的界限是浮动的。

和语言。时至今日，印度人口的多样性看起来并没有严重削弱其对联邦国家的忠诚。然而，信奉共产主义的人士已几次三番点燃语言争端，显然希望破坏"多民族国家"的统一以及联邦国家的团结。其他国家，如缅甸、泰国、锡兰，国土面积虽小却仍包括诸多"少数民族"（与我们所称的欧洲"少数民族"意思相同）。

在不同的国家和不同的次级体系中，体系意识形态的异质性也表现得千差万别：两个超级大国的对抗有时直接并粗暴地表现为两大党派，甚至是两个政府的竞争，这些党派各自依附一方，效仿为其提供庇护或给予其启发的国家的制度。[1] 然而，多数情况下，党派表达各自国家或所属文化圈中的部落、社会或民族的现实，它们寻求获得一个超级大国的支持，或者不谋而获。[2] 在同一次级体系中，两个国家（马里和塞内加尔）的异质性既取决于国情（或部落的现实）又依意识形态（地区的或世界的）而定。新成立的国家，其制度及民族的统一往往会遭到威胁，这一切好似它们既要亲历 19 世纪欧洲民族的纷争，又要体验 20 世纪的社会冲突。

是否就应由此而认为，在西方文化圈外，领土民族国家尚未兴起便日暮途穷？那也不尽然。领土国家会受到意识形态和游击队员的渗透，但它并没有经历过防御工事、意识形态中立以及不干预内政的时代。**不论愿意与否**（volens notens），它还未享受到封闭国家的福利，且尚未发展到成熟阶段，便已参与到大国间的对抗中。国家虽然经历内部的、地区的或外部引入

---

① 事实上，如果共产党能自如地效仿其鼓动者，而亲美党派不能效仿其鼓动者，只能是因为存在一个受苏维埃影响的强大政党。

② 需要补充的是力图或不情愿地效仿政治或经济制度的一种模式。

的争端，但无论如何，它仍力图获得自身的发展。事实上，**领土和民族**国家是所有新成立国家意图实现的类型：领土意指在国土境内统治者有权利做他希望做的事情，民族意味着统治者力图成为民族的代表，而不是土地的所有者，亦非其所辖民众的首领。1961 年 5 月，20 个非洲国家的代表会聚蒙罗维亚，着手起草睦邻准则，相当于试着找到一种介于神圣同盟与冷战间的关系模式。

纵观历史，民族国家并不过时，对于世界上的大部分人而言，它是初露端倪的一个目标，是一个有待实现的宗旨。这些由民族主义者新创建的国家，意味着一个或几个族群拒绝由其他种族或是来自其他大陆的族群管理。如果说民族存在的前提是文化共同体或政治存在的集体意志，又或是二者兼而有之，那么民族主义并非总是源于民族。

这些仅有几百万人口的新国家是否从一开始就注定只能存在于历史现实，而在法律拟制中无法存活？我对如此仓促地做出结论保持警惕。联合国是建立在某些民族 – 领土国家的概念之上。在现有形势下，即便是力量单薄的国家，其执政者也能够依照国际法，判定某个超级大国军事入侵其领土的行为是否合法，有能力同意或拒绝将某个战略要地交付给超级大国。当然，这种双重权力是需要付出代价的，超级大国会从心理及政治方面干涉小国内政。既然国际法禁止，且出于审慎考虑而不允许使用武力（常规武器），那么，相较于超级大国，精英坚定地联手的国家和民心所向的国家反而获得了一定的权力，这意味着它们可以不与两阵营为伍，而其领土也不必受冷战波及。换言之，一个没有军事自卫能力的国家并非不能存活，个中原因在于国际体系的二元结构、不乏伪善的联合国理念以及国际

396

舆论。

小国无力生存是出于经济原因吗？毫无疑问，国家在每个时代都有一个最佳状态。可是，这一最佳状态并不一定具有普遍的特点，即在既定时期内，地球上的某种最佳状态并不一定最有利于生产、经济增长和生活水平。再者，我们知道，经济利益这一概念并非单义的。在某一时期，福利最优化并不一定与发展顶峰期相吻合。不同领域的劳动分配可以达到同样的生活水平。在此我们只提出或提示一些看似确凿的命题。

存在一个与人口数量相称的最低界点，低于此，严格意义上的国家政治总开支会过于高昂。如此，人口少于百万的国家显然是不合理的，尽管在某些情况下，当地资源（加蓬的石油、卢森堡的铁矿）给予人们维持独立的条件和欲望。在西非，如若几个共和国合并，行政和政府的总开支将会缩减。可是，自然资源相对较富足的国家合并到一个更大的整体中后会蒙受损失，即便这个整体能提高较大国家中每位公民可支配的收入（科特迪瓦所征收的税将部分用于西非国家的其他地区）。

我们暂且搁置国家的总开支与人口之间的关系这个重要议题，从某些方面看来，它并非关键议题。最重要的是清楚什么是最有利于发展的环境。两次世界大战之间，中欧经济共同体的解体令人悲叹，因为它中断了长久以来缔结的纽带。但所有欧洲国家在经济上都得到了发展，其中也包括诸如奥地利这样曾被认为无力生存的小国，这体现了工业体系的柔韧性，也表明了赋予某特殊形势所得出的教训以永恒意义是危险的。

我们观察非洲和美洲的这些新国家：至少政治和经济这两种因素能够决定最有利于发展的框架。这两个因素往往不相协调。民族凝聚力和国家权威是实现现代化不可或缺的条件。在非洲，大多数民众的种族意识强于民族或国家的团结意识。这并不意味着非洲的巴尔干化要比帝国主义更糟。然则，小国并不一定就具有凝聚力。即使只有 100 万人口，也存在芜杂的部落。至少，掌权的西化精英相对而言更有凝聚力，与被统治者更为亲近，因此他们更有可能维持权威，且不致引发极端暴力。即便是塞内加尔和苏丹也没能成功组建联邦。兴许，小国是超越部落传统、培养国家忠诚度不可避免的阶段（也就是效忠于一个遥远而抽象的现实，即民族或国家）。

我们着重指出两个相反的论点。国家利益，以及由此带来的激情和偏见，不久便会根深蒂固而难以根除，最好立刻从部落过渡到大的联合体；针对这个相左的意见，我认为，直接跳过小国阶段是合乎期望的，但这不大可能实现，至少，在将武力视为不合道义的年代是不现实的。另一个异议是经济方面的：在如此狭隘的范围内哪种发展是有可能的？可以肯定，更为宽阔的框架在理论上自然更好，但这需要改良土地或耕种方式，改善通信条件，或开发原料矿层。侏儒国家也可以进行初级阶段的发展，但随着发展的推移，困难也会不断累积。

国家越小，发展就越需要专业化。规划者越在产业部门之间进行选择，最终确定的产业就会越依赖外部市场。许多新国家都委任公职人员来启动和引导工业化。除了非洲的发展条件以及施政者的轻虑浅谋这些内在困难，狭隘的框架无异于雪上加霜。毫无疑问，在经济方面，限制"非洲的巴尔干化"更为可取。

因此，在现阶段，民族的凝聚力是首要之需。相较于一个时刻受到解体威胁的大国，一个受制于人的小国更有优势（而且非洲国家共同市场或国家间协定可以减少诸多小国的缺陷）。

　　基于这些考量，断言在非洲小国有时比在大国更易存活不过是看似矛盾罢了。在传统意义上，只有具备一定防御能力的国家才能生存。但这个说法有待商榷。小国无力与超级大国抗衡时，超级大国总会出于各种原因让小国存活下去（最常见的原因是无法就领土的分配达成一致）。小国占据重要的战略位置，这让任何一个超级大国都失去了占据其领土本可获取利益的可能；又或者小国形成了一个中立地带，充当超级大国边境之间的缓冲。这样，小国常常得以苟存，并非因为其自身的防御力量，而是因为符合超级大国的利益（让其苟存的利益）。军事防御手段不过是国家独立的次要工具。

398　　今天，超级大国拥有的摧毁小国的手段多于以往任何时候。超级大国不需要让这些小国缴械，便可以摧毁它们以及它们的城市和人民。然而，只要热核垄断未能成形，又或者甚至是存在这一垄断，这些超常规的武器也不会用于次要冲突。没有一个超级大国试图挥舞"热核之刀"来恫吓小国。① 它们更青睐使用破坏颠覆来赢取小国，而不是通过核恫吓或者侵略。然而，反颠覆的能力取决于国家的凝聚力以及政府的权威，而非资源的多寡。当下，面对这种最有可能的侵犯方式，国家以及领导人的团结才是最好的防御。因此，在和平时期，新国家的防御力量不止一次地和它们的大小成反比。

　　况且，在全球体系内，促使欧洲强国尊重小国之独立的理由有利于各个国家，甚至是更广阔的地区。强国可以心照不宣地接受一个不结盟的非洲，正如英国、法国和德国商定保留一个中立的比利时一样。大国相争，地理位置优越的小国便能渔

---

① 1960 年，赫鲁晓夫开始这么做。

翁得利。

照此分析，随着侏儒国家不断增多，欧洲国家的式微也算符合一定的逻辑。侏儒国家不是"大政治"的主体，相反欧洲国家却不断成为"大政治"的主体，因为欧洲国家富裕而且潜力巨大。它们决定不屈从他人，也不甘于中立，它们为最终建立一个超国家整体而迟疑不决，而这却是实现完全自治的唯一途径。这些昔日的欧洲大国缅怀辉煌历史，它们在蠢蠢欲动的不结盟企图和融入超国家的意愿间摇摆不定，它们缺乏足够的资源成为领衔的主角，却拥有过多的资源而无法委曲求全。

军备竞赛很可能对这些国家的最终地位具有决定性的影响。大国，说大也不大，小国，嫌小也不小。

* * *

外交体系的全球扩张、工业社会的普及以及国际司法秩序中的美式哲学的获胜，形成了我们正在描述的特殊局势。在一个世纪内，昔日欧洲列强只是中等规模的国家，而且只有其中的大陆国家跨过了强国的门槛。只有工业上足够先进的国家才拥有力量：敌对各方的共同利益互不相犯，它们在全球各地相互对抗，却又结盟反对战争。在现代社会的文明区域外，所有民族都妄想取得同样的富国强兵之道。然而，欠发达国家甚至都无法构成一个单元，哪怕是对立的单元。一部分是小国，另一部分是大国；一些倚仗苏维埃意识形态，另一些则属于西方意识形态；一些是中立的，另一些是结盟的，与这一方或那一方：这三种抉择并不是逐条对应的。不论是它们的种族、文化还是生活方式，欠发达国家间的差异显而易见。不同文明从此被纳入同一体系，随着时间的推移，文明的异质性所产生的后

399

果可能比两种体制或两种主义的对立更为严重。而多数民族都宣称追随其中一个政体或学说。两大阵营各自为政，它们都提出了自己的理念（一种工业社会模式），加之联合国代表了国家间形式上的平等，这些都暂时掩盖了异质性。

两大阵营都渴望博取前殖民地人民的好感。除个别欧洲国家外，双方竞争激烈，竞相批判种族主义和殖民主义。从前臣服于欧洲人的"野蛮人"，并没有脱离帝国回归传统或是大兴兵戈称王割据。他们按照宗主国遗留下来的模式组建政治生活，在法律上，他们随即被认为与历史悠久的国家和今日的大国具有同等的地位。不再有人敢暗示国家在联合国大会上的平等并不意味着其文明的平等；一如上帝面前人人平等，但并不排除个体在智力或智慧上的不平等。

第十四章　威慑战略

威慑是两个人或两个集体间的一种关系形式，自人类社会出现便已存在。孩子撕破爸爸书架上的书，很可能会被抽耳光，这一可能性打消了孩子撕书的念头；又如可能的违章罚款劝阻开车的人不要在蓝线区域超时停车。如果父亲以打耳光来威胁，这便是明确的威慑；违章罚款的威胁依靠法规实现，负责检查的警员人数越多，威慑就越有效，即便驾驶员对行政处罚无动于衷，交通事故的风险也会让他放弃闯红灯的念头。换一种说法，在社会生活中，个体因害怕可能的**后果**、法律的制裁和他人的**恐吓**而不去实施某一行为。

在两个具有主权和武力装备的政治单元间，即便不存在明显的威胁，威慑机制一样能发挥作用。在 20 世纪，人们丝毫不会怀疑，瑞士如若遭到攻击必会奋起反抗。瑞士人通过牺牲，多次证明了他们武装和训练军队的决心。瑞士的军队力量足以让可能侵占它领土的进犯者付出高昂的代价。瑞士威慑外来侵略的能力来自其政府积累的物质资源，以及外国元首认为该民族所具有的勇气和团结。

根据定义，中立国寄希望于威慑：它并不打算将意志强加在其他国家之上，只是说服他国不要干涉它。按此前我们所取的防御与攻击之意①，威慑力量介于防御力量与攻击力量之间。

---

① 参见第一部分第二章。

401　威慑与严格意义上的防御有所不同，因为一国威慑他国，可以武装干涉偏远的地区。威慑亦不等同于攻击，因为它偏向预防而非煽动对方采取行动。

　　一国如果仅是为了防止他国有针对性的攻击而使用威慑力量，则属于纯粹的防御。中立国家只为自己、自己的利益使用威慑手段。将军事力量完全用于防御符合防守性外交的要求。当中立国的军事实力更胜一筹，入侵者从征战中的获利微乎其微时，这种外交手段便更具胜算。

　　过去，中立国采取防御性的军事手段进行威慑，强国却并非如此。马奇诺防线未能阻止德国进攻捷克斯洛伐克或吞并格但斯克。诚然，武力冲突爆发之前，马奇诺防线在双方的意志较量中可以发挥作用。假设柏林和巴黎都将马奇诺防线视为法军发起攻势的起点，那么该防线同时也保证战争不会波及法国领土。如果防御堡垒成为法国资源的一部分，极大改变可能的敌对形势，那么英法爆发全面战争的威胁便会劝阻希特勒德国进攻波兰，也会吓住纳粹德国的首领。即便如此，一个强国总是要有能发起攻势的军队，以防其盟友遭受他国攻击。防御外交，正如我们所说的，即注重维持**现状**，但并不意味着其军队仅用于防御。

　　1938 年，法国试图威胁希特勒打消进攻捷克斯洛伐克的念头：希特勒不受恫吓，法国和英国更希望捷克斯洛伐克投降，而不是兑现它们的承诺，即实施威胁。1939 年，英国倡议与波兰签订互助条约，意在借此明确示范，打消疑虑，威慑希特勒。英国没有背弃其诺言：它破釜沉舟，与波兰签署协定。一旦德国入侵波兰，要么背信弃义，要么背水一战。这就是当时的战争。

　　尽管以上对历史的回顾相当粗略，但我们还是由此知道——如果有必要知道的话——威慑机制并非始于原子时代。英国学者们所谓的消极威慑，与中立国家的威慑一样，即防止对拥有威慑手段一方的攻击：威慑的主体也是其唯一的受益者。积极威慑，一如法国与英国在 1939 年时为波兰的利益而实施的威慑。现在与过去一样，威慑取决于试图阻止他国的国家所拥有的**物质手段**，以及威慑的客体赋予以制裁威胁它的国家的**决心**。现在与过去一样，威慑主要关乎心理问题和技术问题。采取防御外交的国家如何让在外交上采取攻势的国家相信它将实施威胁呢？现在与过去一样，最常用的两种手段有 1939 年英国对波兰的保证和瑞士的防御准备：郑重的承诺基本阻断了退缩的可能，以行动表明决心。

402

　　原子时代，威慑有何新颖之处？答案自然浮现在脑中：新颖之处在于实施威胁后的物质结果。希特勒知道法国和英国都渴望避免第二次世界大战，即便战争胜利，法国也会进一步被削弱，并导致大英帝国的瓦解。**实施威胁更有悖于恫吓方的利益，因而这个威胁更不足信**。然而在 1939 年，实施威胁既非荒谬，也绝非不可能，因为对于执政者或是两国的大多数公民而言，战争本身显然比投降更可取，这导致了希特勒帝国的胜利。战争首先是昂贵的而非灾难性的。它不排除一方最终获胜。无论如何，伦敦和巴黎的执政者更倾向于没有战争的和平，而不是胜仗。换言之，他们认为战胜后的情况将会比战前的情况更糟，可是，他们也认为，如果不抵抗希特勒，情况也将会比武力反抗的结果更糟。希特勒有理由不相信这一威胁，但是法国人和英国人实施他们的威胁亦是合情合理。那先使用原子弹，接着使用热核炸弹，将会是何种局势呢？

几千年来，人类所使用的武器都无法与所谓的大规模杀伤性武器同日而语，读者兴许对此并不陌生，却可能无法精确估量军事革命的量级。"一个武器袭击城市和民众，其威力是十年前的上千倍，是二十年前的百万倍。一枚炸弹所含的威力强于第二次世界大战的诸交战国使用的所有炸药，或大于以往人类战争中所使用的任何形式的能量总和。然而这种能量浓缩在一个装置内，通过传统飞机运载，且这种飞机有上千架。即便没有上千枚，全世界也有十来枚，甚至上百枚这样的炸弹。"[1]"量变引起质变"这一平常的表述从未表现得如此惊人。历史的进步从未如此显著。十年间，千吨级（数千吨 TNT 炸药）炸弹发展成百万吨级炸弹（数百万吨 TNT 炸药）。运载工具领域也经历了同样的进步，继轰炸机时代后，人类开启了弹道导弹时代。时速不再以百公里而是以千公里计。导弹跨越洲际所需的时间不再以时而是以分来计算（从苏联到美国只要 30 多分钟）。为什么人类不坚信新时代的到来？最简单且合乎期望的解释莫过于艾森豪威尔总统所言——"除了和平，别无出路"抑或"战争是不可能的"。

显然，两种表述都不正确，甚至从某种角度看是矛盾的。如果热核战争不可能发生，那么按这个词的具体含义，如何通过这一不可能的威胁去震慑他人？的确，这正是"热核威慑"[2] 的悖论：倘若无法实施威胁，那么它又怎能成为威慑的方法？使用威胁是因为威慑的主体和客体都认为具有实施威胁的可能性。

人们驳斥这种不可能性是精神的而非物质的。的确，人们

---

[1]　Morgenstern，*The question of national defense*，New York，1959，pp. 9 – 10.

[2]　我们使用这种简化的说法，避免每次重复它的完整表述：借热核炸弹以实施轰炸威胁的威慑。

认为实施威胁是可能的，否则威慑无从发挥作用。但所有拥有可怕武器的国家都渴望不使用它。有史以来，人类第一次筹备着一场不愿意发动的战争。任何时候，他们都不会忘记他们的共同利益是互不交战，即不自相残杀，这一利益远比他们在世界各地对抗的砝码重要。随着杀伤力的不断增强，"热核装置"①的持有者更为谨慎。自轰炸广岛和长崎后，一切都发生过了，仿佛人类已经信誓旦旦，承诺只使用过去的武器而将日后的武器囤积起来。

毋庸置疑，热核武器最明显的效果是打消了两个超级大国发起全面战争的念头，促使双方保持克制，不损害对方的核心利益。因恐惧而维持和平的乐观看法（或至少，因害怕核弹引发惨重灾难而限制战争）是建立在过去十五年的经验之上的。

可是，这段经验过于短暂而无法肯定或否定一个理论。况且，在很长一段时间内，苏联明显处于下风，至少在与美国的原子弹或氢弹的较量中是如此。在最初阶段，美国独自垄断原子武器（直到 1950~1951 年）。在第二阶段，苏联拥有原子弹，1955年才拥有氢弹，战略轰炸机是它仅有的运载工具，它不仅数量少于美国，而且起飞地点距离目标更远。1959 年或 1960 年，洲际弹道导弹投入使用，苏联与美国这才形成了真正的势均力敌的局面。多年来所讨论的**恐怖平衡**其实是近来才出现的。②

学者们，尤其是美国的学者们，创建了**热核威慑战略**理论，但这一理论完全是抽象的推断，缺乏实际经验。谁也无法确定

① 这个称谓指代由热核武器、运载工具以及预警、通信、指挥等主要配套设施组成的整体。
② 鉴于欧美的连带关系，这一均势关系已经存在一段时间。欧洲作为人质，事实上可能会被摧毁，就像当初苏联本可以将其摧毁那样。

在什么情况下对方会认为威胁合乎情理。此外，武器发展日新月异，数月或数年后，基于某一热核武器装备的推论便不再适用。理论可能像武器一样落伍得很快。我认为有必要先分析两个核武器国家间可能的**典型模式**，从而将历久弥新的真理与有赖于军备过渡阶段的建议区分开来。

模式法的论证不需要借助博弈理论。策略理论家自发地绘制了战争的模式（坎尼会战、洛伊滕会战）。热核战略的理论家们也应当绘制双头垄断的关系模式。①

一　三种模式

一枚核弹在莫斯科、纽约或巴黎市中心爆炸，会造成两三百万人伤亡，会大面积摧毁城市，且散落的放射性尘埃会扩散至数十万米之外。对这一命题，各国的第一反应是宣告热核战争不会发生。希罗多德古老的格言从未如此准确：没有一个人愚蠢到爱好战争甚于和平。

但是，放眼未来，这一人尽皆知的事实的前提条件是，受热核武器攻击的国家在遭受第一波攻击后仍然可以反击，并能给敌人造成同等量级的破坏。换言之，我们设想两个持有热核武器的国家可能出现的两种极端情况。要么一国先发制人消灭敌人，自己全身而退。要么一国后发制人，仍有能力进行还击，且给对手造成同比例的损失。我们称第一种情况为**逍遥法外**（l'impunité du crime，即所谓的**两大强盗**），第二种情况为**罪罚均等**（l'égalité du crime et du châtiment），这也可能是同归于尽。在什么情况下，这两种模式会成为现实？两大寡头何时会像强

405

---

① 当存在六个而不是两个热核装置持有国时，情况将更加错综复杂。

盗一样正面交锋？或相反，何时可以指望攻击与反击、先发与后发①具有同等效力？简言之，两种情况至关重要：一是热核装备是不堪一击还是无懈可击，二是两国领土的自然特征与人口特点（领土面积大小、城市人口密度）。

第一种情况清晰易懂。设想其中一个寡头率先使用热核武器，按常理，它会攻击对方的热核武器装备。实际上，如果它摧毁了这一装备，便能任意摆布对手。相反，如果对手仍保有热核武器，即报复的手段，它便会受到同等程度的还击。热核装备的脆弱造成了两大强盗的局面。随着热核武器的牢固性不断增强，局面便导向罪罚均等。

然而，坚固的热核武器也不足以让受害方对侵略国的报复达到与自身损失相同的程度。即使以色列或者法国拥有核武器，且量级分别与两个超级大国相同②，罪罚均等也只能是绝对意义上的，而不是相对意义上的。当法国和以色列受到第一波攻击，它们将不复存在，复仇也只是秋后算账。惨烈的报复还不足以让侵犯者致命，可是，受到攻击的受害者却无法存活。

确实会有人回应说，破坏超过一定程度后，人们就不会再权衡多与少的区别了。几分钟内，人口损失三分之一、二分之一、五分之四或是十分之九都没有什么差别。不论是对国家元首还是对市井百姓而言，这都是"绝对的灾难"，是另一种形式的世界末日，此后，人们再也没有勇气去展望未来了。

事实上我不知道，当难以忍受的破坏程度超过一定界限后，国家领导人是否会或将会权衡多与少的差异。但是，我可以肯定，在抽象分析中，超出一定程度的损失后就不计算其相对的破

---

① 英语的行话是"first strike"和"second strike"。

② 难道还有必要指明这个假设是不现实的吗？

坏程度是不合理的。有人认为周恩来总理曾经预测（我希望这是毫无根据的），经历过一场热核战争后，英国只剩下几百万人，苏联或美国仅剩下几千万人，中国还剩下几亿人。我们对数字稍做修改，就更明显了：经历同样程度的破坏之后，面积狭小的国家，其 5000 万人口就消失殆尽，而拥有广袤国土和 9 亿人口的国家，即便是极为不幸的，数十年和百年后便能重整旗鼓。

406　　　纯粹的热核对抗模式表明了两个胜利的概念，它们在本质上与传统理论中胜利的概念毫无二致。绝对的胜利意味着一方迫使另一方缴械，能够至高无上地裁决和平的条件。与以往不同的是，缴械仅需要摧毁反击的能力，即热核武器装备。即便被解除武装的寡头仍保留舰队和军队、防御堡垒和战舰，也无关紧要。理论上，毫无还击能力的寡头被迫投降，由于没有了自卫和报复的能力，它很可能被夷为平地。相对的胜利并不一定是谈判或与其中一个参战国签订优惠条约的结果。实际上，相对的胜利是指双方所遭受的损失不同。它很可能在相互交恶中获得，当然这并非无法理解：在非致命的热核交战后，处于劣势的决斗方接受战败和约，尽量减少损失。

　　只要我们面对的寡头是世界体系中的两个超级大国，这两种纯理论的模式就不大可能实现。事实上，第一波攻击并不能**彻底**剥夺对手的反攻能力。此外，大国的领土在遭受几十枚 500 万 ~ 1000 万吨级核弹的轰炸后，不大可能予以侵略者同等程度的还击。简言之，最可能的模式介于两种纯理论模式之间，可以称之为**罪罚不等**（l'inégalité du crime et du châtiment）。

　　热核威慑的乐观理论家①要么对**罪罚均等**以外的模式一无

---

① 那些相信"因恐惧求和平"的理论家。

所知，要么主张超过一定限度再计算得与失毫无意义。悲观理论家①则要么不排除与逍遥法外类似的情况，要么无论如何都绝对倾向于罪罚不等的情况。

事实上，假设两大寡头都了然于心②，后发所蒙受的损失是先发的三倍。这样，率先发起进攻的国家会获得相对胜利，双方都充分意识到了这种情况。诚然，即便是取之不易的胜者，在可选择的情况下，它也会倾向于不开战，而不是获得相对的胜利。可是它又认为宁可取得相对的胜利也不要相对的失败。倘若它怀疑对手会选择相对胜利而不是和平，它便会先下手为强，因为与丰特努瓦传奇不一样的是，胜利属于打响第一枪的国家。换言之，从抽象的角度讲，所有罪行与惩罚不对等的情况都有风险，尤其当这种不对等应归因于热核武器装备的脆弱性时，美国称这一风险为**先发制人的攻击**（preemptive blow），即怀疑对方将要发动进攻而先发制人。"预先"战争不同于"预防"战争。"预防"战争是认为时机成熟时，蓄意发动战争从而避免力量对比的恶化，或为了把握有利环境。"预先"战争则发生在危机时刻，它并不是为了获胜而牺牲和平，而是料到不久就会遭到攻击。

必要的时候，悲观理论家也会承认，罪罚不等并不会阻止强国打消对手的发起直接攻击的念头。还击造成的损失即便少于攻击造成的损失，却仍超出了侵略国执政者所能容忍的限度，或者至少他们不确定报复打击所受的损失是否处于尚可接受的范围。可如果超级大国只能靠威慑来阻止针对其自身的攻击，则无异于回到了过去中等或卑微强国的水平。如果美国可以打

407

---

① 那些认为热核战争存在严重风险的理论家。

② 为简化起见，我们给定了一个对称的局面。但是，不对称明显是可能的，一方的热核武器坚不可摧，而另一方的却未必。

消苏联对其发起进攻的念头，却无法阻止苏联攻打西欧，美国就必然囿于"美洲要塞"战略。在热核战略时代，威慑力量仅够自卫的国家无异于火药时代的中立国。

抽象地说，分析至此，即当我们思忖热核力量的对比给威慑能力带来的影响时，便出现了一个关键问题。威慑这个动词还得补上两个成分：威慑谁，以及拿什么来威慑？美国能否打消苏联进攻的念头，或威慑苏联不攻打西欧或韩国？美国一旦遭受直接攻击，其反击的决心是不容置疑的；然而热核武器装备的哪部分能躲避敌人的轰炸？另外，假设苏军占领柏林，且与此同时，苏联政府郑重宣布不采取针对美国的行动，那又会发生什么？哪位美国总统明知这会牺牲上千万美国人的性命还会命令战略空军司令部（S. A. C.）[1]发起反击？设想苏联以常规武器攻打西欧某国或整个西欧，我们也会提出同样的质疑。若攻击的对象并不是核武器拥有国——我们所指的是极端的挑衅——那么，反击取决于具有威慑力的国家的决心。可是，什么样的军备状态可让这个决心既看似可能又合乎道理？

通常的理论是把三种模式（逍遥法外、罪罚均等和罪罚不等）[2] 及三种威慑方式（直接攻击、极端挑衅和轻度挑衅）合并。显然，两大强盗的情况是最不稳定的。即便情况完全对称[3]，它也仍不稳定，以致无法持续。其中一个强国会迅速采取行动消灭对手，以摆脱难以忍受的威胁。既然先发制人灾难就能永

---

[1] Strategic Air Command.

[2] 并不是因为这些概念经典，而只是我认为这些说法概括了现行分析的要点。

[3] 如果我们假设的是不对称的局面，那么情况就更加不稳定。如果 A 国仅仅拥有打击力量，B 国会很想进攻，因为通过率先进攻，它就可以摧毁敌人的打击力量。然而，A 国也很想率先发动打击，为了事先就 B 国可能要进攻它而进行复仇。

远消失，那为什么要为可能发生的灾难而困扰？幸好，这种"理想"的情况仅仅是纸上谈兵，永远也不会实现。无论是美国还是苏联，这两个超级大国都不拥有摧毁对方所有报复手段的能力，且都不确信自己能拥有这样的能力。另外，如果我们想象以色列和埃及两国的未来，假设二者相对处于两大强盗的状态，它们仍应该考虑其他热核强国的反应。

此外，还可能是只有其中一个超级大国能够明显地削弱另一个超级大国的热核武器装置，而另一个不行，也可能是两国都能先发制人大大削弱对手的热核武器装置。总之，我们脱离逍遥法外的模式，进入罪罚不等的现实世界。罪罚不等的原因有两个：只要先发制人，双方都有能力攻击对方的热核武器装备（**反击力量战略**）；这种不平等不仅仅是因为出击更慢使热核武器的效力被削弱，更多是由于遭遇了对手大规模进攻后，整个国家陷入一片混乱，尤其是热核武器的无组织性。

我们能从这种不对等的局面中推出哪些合情合理的结论呢？首先，我们假设一种对等的局面。我们认为不对等越明显，不稳定性便越大，因而更接近两大强盗的局面。相反，局面愈对称，先发制人的意愿便愈微弱。与罚不及罪这一荒谬行径相比，罪罚不等并不严重。当各方的热核武器装备都让对方无懈可击时，当相较于攻击能力，反击能力只会因社会结构涣散而被削弱时，两大寡头便坚信，只有它们拥有反击能力，才能摆脱对热核珍珠港的恐惧，完全陷入对全面战争的理性恐慌中。

然而，如果先发制人的意愿减弱，如果对直接进攻的威慑得到增强，那么，针对挑衅的威慑，哪怕是针对极端挑衅的威慑便会遭到动摇。事实上，若两大寡头因惧怕冲突而不去挑衅对方，那么即便是次级冲突也会逐步扩大并上升至极端。然而，　409

热核武器的脆弱或将升级风险。面对重大危机，两大寡头越发清楚地意识到罚不及罪，因而它们更倾向于预先发起攻击。相反，如果两个超级大国都丧失了攻击敌人热核武器装备的能力，如果双方除了攻打对方城市（**摧毁城市战略**）就别无他法，那么唯恐对方主动进犯的困扰便不复存在。它们都坚信自己拥有报复的能力，不相信对方会铤而走险，因为涉险犯罪会招致同等程度的惩罚。然而，在这种情况下，局面越发不可能升级，而且热核武器对轻微挑衅施加的威慑，即便没有举起武器，也不复存在。换言之，当惩罚程度趋近与罪行相等，两大寡头间的关系趋向稳定，就可以排除次级冲突的升级，也使热核末日变得渺茫，使有限的战争更为可能。一面是残酷的战争，另一面是有效的威胁，即针对各种挑衅发动此类战争的威胁，二者是不能**同时发生**的。

这是否意味着一旦热核武器装备无懈可击，换句话说，一旦无法实行攻击敌方装备的战略（**打击军事力量战略**），那么，即使是超级大国，它们也只能进行第一种类型的威慑，即防止直接攻击拥有报复手段的国家吗？我不相信这点，原因有二：即便缺少针对对手军事力量的战略，率先出击，即使只是破坏对手的通信和指挥系统并戒备自身的防御网络，亦能占夺先机；此外，每个超级大国都能够向对方表明，某些领土和某些砝码对它而言的重要性丝毫不逊于其自身领土和自身生存。

理论上，可以合理地断定，热核武器装备的相对坚固、罪罚的近乎相等，增大了全面战争的不可能性，因而也增加了局部战争的风险。而由此推断超级大国不能再保护其盟友，抑或热核武器的扩散势在必行，却是不合理的。威慑战略是一场意志的较量，武器以及运输工具的技术决定威慑战略的条件而非结局。

二　多与少的意义

受到威慑的国家会认为不作为的局面比有所作为的局面更为可取，后者可能导致预想的后果，即在国际关系中，将明确的或含蓄的威胁付诸行动。一个国家越相信威胁会付诸实施（假设它不予理睬），认为实施威胁对该国的影响令人生畏，认为克制所带来的前景更能忍受，那么这个国家就越容易受到威慑。因此，成功的威慑取决于三个因素，**一个是心理的**（威慑国能否让可能的侵犯国相信威胁是严肃认真的），**一个是技术的**（如果实施威胁，又将发生什么），**最后一个是政治的**（对于威慑的对象国而言，有所作为和克制而不作为分别会造成哪些得失）。

410

技术因素随武器的发展而变化；政治因素由外交和武器的形势决定；最后，心理因素既取决于前两个因素，又取决于意志较量的结果，通常这一结果无法事先确定。这三种推论相互交错，致使与武器相关的具体战略研究可能被武器的命运左右，和武器一样易于过时。因此，我们将使模式分析和理论上的有效命题区别于那些标榜适用于现实世界且具有三重不确定因素的研究（因为技术条件发生改变，因为政治局势不会一味重复，因为人类的行为无法预料）。

热核威慑实为何物？换句话说，一国为了威慑侵略者而威胁发起一场并非情愿的战争，假使这场战争确实发生了，又将如何？**美国国务院和美国原子能委员会**在其出版的官方刊物①中描述了核武器爆炸的效果。下表中收录了其中令人印象最深的数字：

---

① *The effects of nuclear weapons.*

	广岛	长崎
总人口	255000	195000
摧毁的平方英里	4.7	1.8
死亡或失踪人数	70000	36000
受伤人数	70000	40000

报告的作者们同时指出了在人口密度为 1000 平方英尺每人的城市人口的正常伤亡数目。巨型化学炸弹（1 吨）造成的伤亡数为 40 人，广岛核弹是 26 万人，长崎核弹是 13 万人。

刊物中没有给出将 100 万～500 万吨当量的热核弹头投向世界上最大的城市之一可能造成的损失。兴许，伤亡人数与幸存人数一样都取决于多个因素（所用炸弹的类型，"脏"弹还是"洁"弹，爆炸高度，爆心，民防的状况，掩体的性质，幸存者蔽于掩体内几天或几周的可能性，等等）。目前各国都不存在民防组织，如果没有此类组织，受热核弹头袭击的城市将被大片夷为平地或完全瘫痪。

爆炸当量为 2 万吨的广岛原子弹所摧毁的面积估计是 4.7 平方英里。该刊物的一个图表[1]说明了一枚热核弹头（百万吨级）所能摧毁的面积。2 万吨当量的原子弹造成的损失在爆心投影点方圆 1.2 英里范围内，而百万吨级的热核弹头摧毁半径是 5～6 英里。因此全部的摧毁面积将扩大 20～30 倍。另外，直接的和永久的放射污染将带来另一个严重问题。

甚至事实要远比这些估量严重。卡米耶·鲁热龙（Camille Rougeron）先生告诉我们，赫鲁晓夫先生宣称一枚核弹足以将丹麦或荷兰夷为平地，以此，我们可以将美国所估计的 2 万吨当量的原子弹能够摧毁的面积再扩大 10 倍。"1954 年，美国在标塔顶

[1] *The effects of nuclear weapons*, p. 195.

端引爆核弹与其在几千米高空处引爆核弹一样，危害主要来自冲击波，其半径随炸弹威力的立方根而递增。在几千米的高空处引爆炸弹，其光辐射比冲击波效应更强，却在大气吸收的作用下减弱。这受指数法则影响，也就是，如果距离表示这种吸收作用的指数，威力强大的炸弹其光辐射的破坏半径会小于其冲击波的破坏半径。而在高空，比如在 25～30 千米的高空，引爆 2000 万吨级的核弹，结论则恰好相反。1954 年 12 月，我们首次在文章中指出这种炸弹攻击会危害农业。即便是在很高处释放的极偏斜射线，也并非会穿越数十千米密度与土壤接近的天空，而只是穿越大气层，其过程中只有微量被吸收。光度检测原理是光辐射随着高度衰减的唯一因素，根据这一原理，从某一源点发射的同一光流或热流，其散播面积随着高度的平方而增加。因此，一次爆炸的光辐射半径随着爆炸高度，也随着炸弹威力的平方根而增加，而冲击波效应的破坏半径只随着炸弹威力的立方根而增加。这就是高空爆炸处于优势的本质原因。考虑到我们已多次提及的其他一些因素：以热量形式存在的能量在半真空中趋于增加，而冲击波在半真空中只损失了表现为机械能的些许能量；热力作用可能发生积累，如果同时引发了爆炸，说明它还没有达到燃烧的临界值；2000 万吨级核弹的爆炸，其火光（干燥易燃物的瞬间燃烧）的"严重"破坏半径将达到 200 公里，是冲击波效力造成"严重"破坏半径的 10 倍多。尽管没有明确的确认，但高空爆炸不断增多足以说明各国都遵循这个路线。[1]

---

[1] *Revue de défense nationale*, *mai 1958.* 此后，卡米耶·鲁热龙先生的观点得到证实。在 1961 年 10 月的新闻发布会上，美国原子能委员会发言人阐述了一个 1 亿吨级核弹造成的破坏，首次认为高空爆炸的光辐射破坏面积为 3 万平方公里，是冲击波效应造成的破坏面积的 12 倍。参见 1961 年 10 月 2 日的《纽约时报》。

　　这样的文字可能会麻痹思考。业外人士感到怀疑和恐惧。"这样的战争绝不会发生。"他要么轻信学者的言论，担心一旦发生热核战争就是世界末日，要么轻信战略家的观点，寄望于建立在恐惧——人类害怕一切可能的灾难——之上的普世和平。

412　　这两种选择本身都不荒谬。如果一个几百万吨当量（又可能是今后的数千万吨当量）的热核炸弹空袭一座城市，造成几百万人死亡，同时污染广阔的区域，不难设想一个超级大国在不久的将来会成功制造出一种武器，其威力无异于种族大屠杀（歼灭敌国的全部人口）。抑或，根据赫尔曼·卡恩的假设，制造出**末日机器**（Doomsday machine），启动机器便会终结人类社会的冒险。可是这一说法言之尚早。如今，任何国家都未拥有这样的机器。任何国家，即便它筹备并发起战争，也无法灭绝敌国的全部人口。诚然，倘若炸弹仅为此目的服务，任何一个超级大国所拥有的原子弹或热核炸弹都足以杀死 30 亿人。事实上，如果它们都使用热核武器攻击，不论对象是敌国的热核武器还是城市，攻击所造成的物质损失和人员伤亡，都是过往的战争代价无法比拟的；然而，从物质角度上说，它却也不足以构成"将敌人赶尽杀绝"、"同归于尽"或"历史的毁灭"。

　　正是赫尔曼·卡恩[①]，这位**兰德公司**的物理学家，打破了禁忌，迫使政治家、职业的或业余的战略家以及公民来正视他们拒绝考虑的问题：如果"它"——"残暴的战争""稀有的战争""热核末日大战"——发生了，又会怎样？针对这一问题，卡恩由一组学者的研究得出了答案。在我看来，这些答案起初看似混乱，随后使人信服，最终又让人犹豫不决。热核战

[①] *On thermonuclear war*, Princeton, 1960, p. 20.

争，即便它像此前的 1960 年、1965 年，甚至可能还有 1970 年
发生的那样，会酿成一场前所未有的恐怖悲剧，它也并不会就
此决定人类的命运。

首先，一个图表阐释了卡恩的观点：

死亡人数	重建经济所需年数	死亡人数	重建经济所需年数
200 万	1 年	4000 万	20 年
500 万	2 年	8000 万	50 年
1000 万	5 年	1.6 亿	100 年
2000 万	10 年		

另外一个论点补全了上述图表的意思："尽管普遍的看法　413
对此持反对意见，客观的研究却表明，即便战后人类悲剧的总
数会大幅增长，这一增长却并不会妨碍大部分幸存者及其后裔
过上正常、幸福的生活。"① 放射性增多的结果是可悲的，却不
是致命的。

要证明这个图表，得进行一种区分，该书的作者提出将美
国分为 A、B 两片区域。A 区包含 53 个城市，人口约占总人口
的三分之一，拥有半数的"财富"（资产），一半以上的工业
潜力，以及近四分之三的军工业。而 B 区拥有几乎全部的农业
及部分（在五分之一到三分之一的部门的大部分中）工业潜
力。假设 A 区被夷为平地，专家们试图算出 B 区需要多少年的
时间才能重建被摧毁的部分。他们的结论是，如果事先采取一
些预防措施，且形势有利，那么完成这一任务所需的时间相对
较短。

---

① *On thermonuclear war*，Princeton，1960，p. 21.

当然，重建的时间取决于人口伤亡的数量。可是，该书的作者还认为，积极防御与民防措施能大大地改变死亡人数。[①]以攻击战略空军司令部和 50 个最大的城市为例，如果不采取消极防御（**民防**），死亡的人数可能达到 9000 万，如果采取措施预防散落的放射性尘埃，这一数值可能降到 3000 万 ~ 7000 万，若再配合疏散 70% 的城市人口，数值将减少到 500 万 ~ 2500 万。

通过这些分析，我们得出一个简单的结论：一旦承认即便发生热核战争也不会是"世界末日"，那么孤注一掷实施威慑并且对威慑失败后可能发生的事情漠不关心，便成为失去理智之举。这种漠然是荒谬的，更何况积极或消极的防御能极大地降低毁坏的程度，减少人口损失。

唯独我们自身的情感与这个常理背道而驰：人们如此惧怕热核战争，以至于之后将发生的一切都不再重要，几百万具尸体的具体数量也不重要。人们对专家的估算做出的情感反应，可以通过一种伪理性的方式进行解释：一旦破坏超出一定限度，人们就不再区分或者感觉不到差别。总之，所有以恐惧求和平的乐观主义理论的共同原理都源于这个观点，正是这个观点奠定了"最低限度威慑"理论的根基。这个观点还坚信恐怖平衡，鼓励热核武器的扩散，反对积极和消极防御的成果，并导致了**要么威慑**、**要么防御**这种非此即彼的局面。事实上，如果人们承认所有我们用心而非用脑子承认的，所有这些态度都至少会变成相对理性的：超出某一限度，罪罚不等便失去意义。

让我们再回到双方都备有热核武器装置的两大寡头模式。

[①] *On thermonuclear war*，Princeton，1960，p. 113.

时下的理论是"相互确保摧毁"理论：不论一方因率先攻击而获得多少优势，对它而言，它所受到的报复打击也是"难以忍受"的，因而，报复等同于第一次打击的受害者所承受的破坏。"难以忍受的报复"这个概念消除了罪罚不等的心理和政治影响。

同样，我们不再假设当今苏联和美国这两个超级大国间的对抗，而是去假设一个超级大国与另一个拥有热核武器但领土远不及它的国家或国家集团（比如法国或法德同盟）间的对抗：其恐怖平衡是否与两个洲际大国间现有的恐怖平衡一样呢？显然，由于地理位置靠近敌人，而且欧洲的报复工具比美国的更脆弱，所以平衡难免迥然不同。不过，作为假设，我们姑且排除不断增加的脆弱性。欧洲缺少空间便足以产生重大差异：热核武器被别人先行打击以后，只能秋后算账。抽象地说，攻击和报复约略相等，必须以双方具有相似的承受攻击的能力为前提。由于领土面积相差甚大，不论法国或者法德同盟的军备如何，它们总归弱于苏联。

这并不意味着我们希望彻底搁置所谓的最低限度威慑理论。[1] 也许，随着热核武器装备日渐完备，任何强国都无法摧毁或明显削弱对手的热核武器，于是，它可以发起攻击但难逃惩戒，或者说，它能够报复敌人却难逃敌人的第一次攻击。从逻辑上说，这种假设极大地增加了不使用热核（或者原子）武

---

[1]　最低限度威慑是指一国有报复入侵的能力，给敌国造成一定程度的破坏，但没有能力缓和敌国对它施加的破坏。最大限度下，如果热核武器装备无懈可击，即便是两个超级大国也只能沦为最低限度威慑。法国或英国等二流国家，除了拥有最低限度威慑，没有其他前景。因此，国家军事理论家［例如皮埃尔·加卢瓦（Pierre Gallois）将军］声称所有国家，即便是大国，也只能拥有最低限度威慑，换句话说，他们否认反击战略依然可行。

415 器的有限战争的发生余地。不过，只有当打击（第一次和第二次）和承受两种能力等同，或至少相近的情况下，最低限度威慑才是对称的。

一些空谈理论家主张尽可能地扩散原子武器或热核武器，他们往往错误地认为只存在罪罚均等这一种模式。这个错误在于他们将致命的惩罚与其他任何形式的惩罚混淆，认为所有的报复都是无法承受的。或许，他们用"相称"替换"均等"，赋予罪罚有效均等的概念某种合理性。拥有"小"原子力量的国家也代表"小"的砝码，如果它能够对敌人施以"小"的还击，它就能受到保护，因为报复之于砝码相当于犯罪之于惩罚。显然，这一推理忽视了很多情况：小国不可能主动交火，否则会导致它的毁灭；大国可以凭借其不必实施的威胁，来胁迫小国做出妥协。

"难以承受的损失"这个概念给人以安全感（任何国家都不会使用武器），同时散播了某种冷漠的情绪，对所谓的消极防御或民防，以及所有旨在帮助可能的热核战争后的重建都漠不关心。"不存在可行的民防"这一理由值得商榷。

同样的理由可用来驳斥积极防御（歼击机、地对空或空对空导弹）。在过去那场战争中，积极防御只要击落了敌方5%到10%的轰炸机，便被视为有效。既然每架轰炸机都应执行多项任务，那么每次行动都损失10%便是不能承受的。然而，如果每枚热核弹头都能摧毁一座城市，那么每一架轰炸机一旦实现一次目标，就算完成了任务。不过，双方的当权者并不会相信针对空袭的积极防御是徒劳的。他们非常理智地坚持，即便不完美的防御，也是必要的和有效的。地空导弹或许并不能阻止轰炸机进入美国或苏联领空，然而它们迫使，或者将迫使使用弹道导弹取代轰炸机，甚至给轰炸机安装发射装置，这样一来，热核武器装置无须接近目标就可以进行远程打击。另外，那些完好无损的热核武器按事先拟定的计划行动，如同阅兵一样。对此，积极防御是无法奏效的，但抵御那些被削弱或陷入紊乱且试图进行报复的热核武器，或许是有效的。用于麻痹敌方导弹或炮弹的"导引头"电子设备加重了轰炸机的负荷，从而使其损失了一部分续航力和有效负荷。无论如何，主动防御的功能和影响就是迫使敌国增加额外的支出，每一次防守上的革新都要求进攻上的革新。

为何民防又另当别论呢？无法庇护**全部**的人口并不意味着 416 不能减少可能的损失。乍看来，一个国家基本将所有赌注都押在威慑上，却不投入更多的资源来保护城乡居民，而仅仅是让热核威胁更为"可信"。几年前，我会认为，这种看似非理性的态度仅仅通过一种不经思考的、器质性的拒绝体现出来，即拒绝严肃对待人们声称正在准备应对的热核战争的可能性。

我不排斥这种解释，在我看来，这种解释涵盖了部分事实，如今，我也注意到其他一些解释。城市掩体的效力毫无保证且成本昂贵，几乎是令人不敢问津的高价，即便是世界上、历史上最富有的国家亦如此。不过，花费上千亿资金来挖深、加固这些掩体，配以长期滞留所需的设备，也许并不足以在遭遇突袭的情况下挽救民众的性命：百万民众无法在报警和爆炸的间隙内抵达掩体。平民防护措施增加了，敌方发动突然袭击的欲望也就更加强烈了。

况且，国家决定建设这样的掩体（或筹划城市撤离计划）令对手进退维谷：要么采取类似的举措，要么就长期屈居下风。（更不必说，另一个国家认为这样的计划是一种挑衅，甚至是相当坚定的战争意愿的体现，这种可能并非难以想象。）假设两个寡头经过多年时间并花费了上百亿资金，其被动防御的能力达到了不相上下的程度，任何一方都不会在威慑力上占得优势。最多也就是每个国家会减少任凭对方摆布的人质数量。然而，双方都增加了战争时得以幸存的机会，减少了人力和物力的损失。担心国防预算升级，而恐怖平衡也未能得到改变，这多少合理地解释了对花费不多且相对有效的被动防御措施（防御放射性尘埃的轻掩体，重建必备的物资和机器储备，城市撤离计划，民众教育，等等）为什么无动于衷。有鉴于此，领导人，特别是西方国家领导人，表现得好像他们认为热核战争过于惨烈，以至于任何减少其恐怖的努力都是枉然，考虑热核战争的后续事宜也是荒唐可笑的。

据此，不区分"多"与"少"的理论，似乎在一定程度上决定了国家行为。两个超级大国卷入了主动防御的军备与技术进步竞赛。两国几乎完全忽略了消极防御的可能。要发现这种表面矛盾的态度的心理动机并非不可能，不过在我看来，这种矛盾并不大合乎情理。

417 ## 三　威慑对抗阶段

一旦我们将多与少都无差异的诡辩搁置一边，便能提出两个问题：在各种理论或实际的情况中，罪罚不等的实际程度是怎样？另外，在过去这些年，两大寡头奉行什么理论，或者在将来，哪种理论可能会引导它们的行动？

阿尔伯特·沃尔斯泰特（A. J. Wohlstetter）的文章《微妙的恐怖平衡》① 遐迩闻名，由此引发的论战便是关于第一个问

---

① *Foreign Affairs*, janvier 1959.

题最为显著的例子。沃尔斯泰特通过研究 1957～1958 年战略空军司令部的实际情况，考虑到它所使用的基地数量（约 25 个），并根据弹道导弹的精准度估量了极大可能摧毁每一个基地所必需的弹道导弹数量后，得出的结论是：美国的热核武器在遭受大规模突袭后，虽能够反击报复，但其对苏联而言未必是"难以承受"的，在某些情况下，它远不及苏联在 1939～1945 年战争甚至是此次战争第一年所蒙受的损失。

我们没有足够的资质来进行技术方面的讨论，或是来探究恐怖平衡在什么程度上是"微妙的"或"脆弱的"。阿尔伯特·沃尔斯泰特考虑的仅仅是战略空军司令部的基地。他假设美国空军设在欧洲、亚洲或非洲的空军基地要么被摧毁了，要么没有停驻战略轰炸机，因而这些基地并不会明显地增加报复的潜力。另外，他也没有考虑运载携带原子弹或热核炸弹轰炸机的航空母舰。

总之，这篇文章（1959 年 1 月发表）所分析的情况在本书写作之时（1961 年 6 月）已不复存在，更无须说写下的这些文字被发表和阅读的时候了。战略空军司令部的基地数量增多，防卫能力增强，弹道导弹的精确度提高，与此同时，摧毁基地所要求的精确度也提高了。传统的炮弹与装甲的辩证关系，现如今也延伸并更新到打击力量与报复力量的敌对，以及获取攻击敌方热核武器的战略手段与确保热核武器安全的努力间的竞争。一方面，导弹数量增加，核弹头爆炸威力增强，打击精准度提高；另一方面，基地数量增多，部署更加分散，从而很可能机动性更强，安全性更好。

1960 年时，这位兰德公司的专家是否太过危言耸听，正如我希望相信的那样？同时摧毁美国的 25 个战略空军司令部基

418 地、原子弹与 B-47 轰炸机和歼击机所使用的三四百个基地以及航空母舰，尽管理论上存在这种可能，它也是组织和技术协调的杰作，苏联领导人及其幕僚事先都不会轻易承认这种可能性。

此外，认为苏联领导人会冒险做任何他们力所能及之事的想法是荒谬的。诚然，乍看来，人们素来认为奥斯卡·摩根斯特恩（Oskar Morgenstern）先生提出的原则是正确的，他认为我们应该根据敌人的客观能力而不是基于揣测敌方的意图来调整我们的行为。我们并不清楚莫斯科的政客是否在筹备或计划一起热核珍珠港事件，但是我们既能够也应该认为，他们没有这样做的能力。建议虽然明智，但其理由无法让人信服。

如果我们能够了解敌方的能力，如果敌方能够明确且精准地自我评估，那么区分敌方的**能力**与**意图**显然是必不可少的。可是，确定摧毁基地所需导弹的数量，这本身只是概率演算。按照既定计划同时袭击 50 个基地，这种复杂行动发生的可能性本身是难以确定的。再者，一个大国掌握的对手的军备信息并不可靠，那么我们可以断定，两大寡头都不能确定它知道自身或是敌方的真正实力。

所有的西方专家，即便是他们中最悲观的，都不会说苏联在任何情况下都能够根除美国的**一切**反击能力。部分专家仅仅断言，苏联率先进攻，便有机会削减美国的反击力量，使得苏联蒙受反击的损失少于它在 1941 年 6 月到 7 月间遭希特勒攻打时所蒙受的损失。然而，四年或四周内的百万损失与四小时之内的百万损失之间仍然有本质区别。此外，当因技术失败或者人为失误而牺牲上百万人的性命时，这些举动的不确定性便重重地压在了决策者的心头。我无法设想领导人会冷血无情，因相信这些毫无把握的估计而去涉险。我更难以想象，受布尔什维克主义教育的领导人会同意铤而走险，除非形势所迫。

苏联领导人并不是靠生物学来构想历史。他们并不是与美国人民为敌，并非试图将美国人民赶尽杀绝或者将他们贬为奴隶。他们相信，他们首创的政体必将逐渐向外传播；他们坚信，历史将向着他们预期和希望的方向发展。他们为什么会仅仅为了加速这一必然的演变，而使得所创立的一切岌岌可危呢？尤其是中国的崛起很可能引发了苏联的担忧（尽管这样的担忧在马克思－列宁主义的知识体系中并没有意义），在这样的关头，他们为什么还要这样做呢？政治局的行为准则素来谴责**机会主义**这种无谓的冒险。较之其他的机会主义，热核机会主义就更无从辩护了。

何况，那些固执己见、坚持恐怖平衡脆弱性的美国学者，并不会因此而得出克里姆林宫的领导人正无情地筹备着热核珍珠港事件这个结论。他们的目标首先是教育的和务实的。他们希望引导美国国防的负责人采取措施来降低报复手段（增加、分散和巩固基地）的脆弱性。他们希望消除这种洋洋自得的错觉：达到恐怖平衡不费吹灰之力，也毫无危险，而且一旦建立，它便会自己延续。最重要的是，他们希望将攻击和报复的本质区别公之于世。一种情况是战略轰炸机完好无损，它按照既定的计划行动，事先清楚自己的任务；敌人的防空体系尚未处于警戒状态，或者只在最后一刻才警戒起来。另一种情况正好相反，假设一半或三分之二的基地被敌人的弹道导弹摧毁，国土本身也受到200枚弹道导弹的袭击，且每一枚都承载着几百万吨当量的热核弹头，那么，通信将如何进行？幸存的武器又将攻击哪些目标？又有多少导弹将冲破敌人的防御？罪罚不等的可能性远

419

远超出罪罚均等。在不得已的情况下，假设一方的战略空军司令部集中在为数不多的几个并未准备充分的基地，另一方也只有二三百枚洲际导弹，那么人们不会想到两大强盗的局面，而是会鉴于攻击与报复的差异，采取行动占据主动优势——保持克制则留给敌人主动进攻的机会，行动比克制更为可取。

这种事实即便曾经存在，至少在我看来也是值得怀疑的。当战略空军司令部集中于 20 个基地的时候，苏联看上去并没有备足上百枚必需的洲际导弹来摧毁基地和热核武器，同时摧毁这些分布在苏联周边基地以及航空母舰上的中型轰炸机和战斗轰炸机，即便在理论上不会引出无法解决的问题，但一旦当实际结果和估算间存在明显差异，便会包含巨大的困难和风险。

如果我们避开 1959～1960 年这一时期不谈，即阿尔伯特·沃尔斯泰特的研究所适用的时期，苏联和美国的威慑关系事实上又怎样呢？在苏联使用洲际导弹之前，两国间的威慑关系一直是不对称的，是更**有利于美国**的。1949 年以前，美国是唯一拥有原子弹的国家（但存量不多）。至 1955 年左右，两个超级大国才都拥有热核弹头，但是与苏联相比，美国的战略轰炸机数量更多，技术更精良，更为训练有素，况且美国的基地数量更多，分布更广，比对手更接近打击目标。如果美国率先攻击，那么它的轰炸机能够将苏联的大部分城市夷为平地，然而，即使由苏联先发起进攻，它的轰炸机也无法与美国的量级相抗衡。

这未必会导致双方的威慑力不对等。因为当冲突扩大时，苏联可以凭借其常规军队的优势侵占西欧，夺取近东战略要地。尽管双方的原子或热核武器装备存在差距，但是（苏联）威胁占领西欧是否能恢复恐怖平衡呢？在理论上，答案是否定的。而根据发生的事实，却很难做出明确的判断。无论如何，

1945～1957 年，美国的战略轰炸机必定能摧毁苏联的城市，而苏联从未因此而瘫痪或惶恐不安。中国内战的进程并未受此影响。原子弹威胁既没能防止朝鲜战争爆发，也没能阻止中国的干涉，同样没能加快达成停战协定。1953 年后，苏联改变外交战略作风，这显然归因于斯大林的逝世、继承者们的纠纷和个性，而非原子或热核力量关系的改变。

的确，1950～1960 年时，在地球上的某些区域，世界局势发生了深刻的变化。法国和英国在亚洲的帝国统治已分崩离析，法国、英国、比利时在非洲的殖民地纷纷独立。1950 年，西方国家在近东的势力占统治地位，几近独断，此后，阿拉伯国家利用两大阵营的争夺，坐收渔翁之利。1956 年，英法远征的失败象征性地标志着一个时代的终结。在西半球本身，捷克斯洛伐克的冲锋枪和苏联的坦克竟然在山姆大叔的眼皮底下，悄然挺进哈瓦那，武装古巴社会主义共和国的"叛军"。

过去十年间，苏联将行动延伸至看似是西方"禁猎区"的地方，这一点不容置疑。可是，我们却忽视了核力量对比向着有利于苏联的方向发展与苏联大无畏行动间的联系。我个人怀疑这种联系是否密切。莫斯科与开罗达成的首份武器交付协议始于 1955 年：当时拥有热核炸弹的美国战略空军从未如此令人生畏。如今，苏联的战略空军力量很可能结束了美国领土坚不可摧的时代，可是，如果我们只考虑超级大国，这并不会重建恐怖平衡，要达到恐怖平衡起码需要具有同等的摧毁力。一旦美国侵犯古巴，（苏联）将诉诸弹道导弹，显然，只有这种含糊的威胁才是赫鲁晓夫所设想的威慑对抗。

倘若只有一个超级大国能将对手的城市夷为平地，那么这个国家便决定了原子（或热核）威慑在什么情况下发挥作用。

至少从理论上来说，美国在 1945～1958 年原本能够自行决定原子战争的情况，能够划定界限，超出这一界限，威胁就会付诸实施。可一旦两个超级大国势均力敌，各方都会试图决定原子战争的情况。如果一方不顾这种含蓄或明确的威胁，另一方将做出何种反应还有待观察。如果美国总统派遣海军陆战队进攻古巴，克里姆林宫又将如何回应呢？

一般说来，相互威慑的逻辑似乎会让热核系统陷入瘫痪，或许会导致常规部队，尤其是超级大国的常规部队，在冲突有限时不卷入战争，致使渗透和颠覆在第三世界大行其道。这些看上去像是苏联执政者们的教条。他们希望制衡对手的热核武器装备，并且在可能的情况下，迫使美国军队不去干预存在争议的领土。根据共产党人的世界观，这种不干涉足以保证"民族解放部队"和社会主义阵营的盟友获取胜利。

关于热核之战，根据领导人发表的声明和军事杂志上刊登的论著，苏联的官方理论看似涵盖了以下观念，而这些观念在西方也同样流行。一次大规模攻击，即便是突然发起的，所摧毁的敌人热核系统的那部分也不足以让进犯国逃脱惩罚的恐怖的热核战争将会带给人类难以名状的痛苦，但并不意味着世界末日的到来。甚至弹道导弹的交火也没法让战争消停：国家尽管承受着损失，依然会利用保存下来的战斗工具继续作战。[1]有限原子战争和全面原子战争的区别是虚构的，如果一个超级大国使用核弹，升级就在所难免。[2] 最后，苏联坚信历史本身

---

① 苏联学者真的相信这个"血战到底"的理论，抑或他们这么写就好像他们信以为真，这很难确定。

② 对此，有必要提出与上一命题同样的疑问：他们也许认为，提出不能容忍有限原子战争符合他们的利益，但如果问题真的出现，他们事实上会这么做吗？

将沿着共产主义道路发展，声称自己做好了全面裁军的准备，并且，即使不实行此类裁军，它也决心只会以其热核能力压制美国的热核能力和阻止西方的侵略①。

美国的国防是建构在什么学说之上的呢？显然，首要目标在于确保热核武器装备极尽无懈可击。自 1960 年讨论恐怖平衡的脆弱性以来，（美国）所采取的措施主要围绕三个方向：分散和加固空军基地；投入使用第一代北极星弹道导弹核潜艇并启动此类核潜艇（41 艘）的庞大计划；推进研发固体燃料导弹（Minuteman，民兵系列）——这种导弹点火发射仅需要几分钟，而且可以藏于发射井中。

此后的讨论集中于两个问题，一个是事实的，另一个是理论的。首先，在往后的 1961 ~ 1964 年，是否存在利好于苏联的热核能力不对称的局面，假设美苏之间弹道导弹的差距确有扩大，那么恐怖平衡又会怎样？第二个问题的意义更为宏大：假设热核武器装备无懈可击，至少相对而言坚不可摧，假设在整个军备竞赛和技术革新的过程中，双方都能保持这种坚韧性，西方应该采取什么样的外交战略呢？

导弹差距问题不仅是记者投机取巧的主题，还是 1960 年美国总统大选的议题。这些投机取巧的根源在于，苏联曾在某一时期（1960 年或 1961 年或 1962 年或 1963 年）承认其在役的弹道导弹数量更多。事实本身并未得到证明，或换句话说，并非所有专家都承认这个事实。但假设情况属实，又将会产生什么样的影响？

分析至此，读者会立刻明白这样的问题是没有答案的。一

---

① 在苏联看来，对反对资本主义和反对帝国主义的革命进行干涉，就是"侵略"。

方或另一方拥有多少在役的运载工具是毫无意义的，重要的是威慑力的较量。然而，这种较量关系取决于多重因素，部分是技术的，部分是心理的。一方如果先发制人，其热核武器能够摧毁对方多少反击武器？如果是报复性的突袭，那么两个强国的热核武器分别能造成多大程度的毁灭？导弹的数量只有在影响打击能力或报复能力时，才具有切实的重要性。可是，这种影响难以进行严格的估算，这也是为什么美国总统和国防部长难以知晓或确定是否存在"弹道导弹的差距"。①

423　　假设——在我们看来确有可能——今日或明日的局势变得对称。两个超级大国的任意一方即便先发制人，也不足以摧毁敌方的武器装备而逃脱难以容忍的惩罚。在这种情况下，除了具备热核攻击能力和报复能力外，还应该具备有限战争的能力。因为，对于两个超级大国而言，（战略轰炸机和弹道导弹的）交火意味着"难以承受的"损失，它们都准备好了容忍重大战争，而不让战争升级。

　　理论与事实依然疑点重重。应对直接攻击的报复能力与有限战争的能力相结合是否绰绰有余，两大寡头是否会为担当起大国角色而尽其所能，**合理地**率先使用原子武器？然而，如果两大寡头的任何一方都不再能指责对手的热核武器（**打击军事力量战略**），如果任何一方都没有组织民防以减少可能的损失，

---

① 自写下这些文字起（1961 年初），局势可能再次改变，且几近逆转。美国人具备或即将具备弹道导弹的数量优势，即便敌人先发制人，这一数量优势也能让他们采取打击军事力量的战略，即第一阶段专攻敌方军事设备、空军基地和发射装置。事实上，1962 年，美国国防部长罗伯特·麦克纳马拉陈述的战略学说就建立在这个根本假设之上。根据这个战略学说，苏联发射基地的位置已泄露，并防范不周。假使美国专家的观点是正确的，那么可以由此推出，几年来，双方寄望于热核武器的坚不可催，但这一希望尚未实现，甚至要比舆论所认为的还脆弱。

换句话说，如果罪行与惩罚趋于均等，双方趋于相互摧毁，那么事实上，除非针对直接袭击的报复行动，否则没有哪个国家领导人可以正当地启动热核武器。

假设美国要么放弃攻打敌方热核武器，要么放弃保护其国民，那么，它声称正在筹备战争，并以此胁迫对方，这不过是盲目摧毁的荒谬交流。可是，如果它不知道或不完全了解发射基地的位置，那么攻击敌人核武器的战略是否依然奏效？城市的居民成为现代的人质：缺乏防御的人质越多，寡头越倾向和平。但是，在这种情况下，所谓的大国对其盟友的保护又意味着什么？热核武器持有国不是威慑唯一的受益者吗？同盟体系是否有悖于军备的逻辑？

四 威慑的博弈

让我们来考虑当前的形势。公开的信息让我们得以至少以可信的方式重建这一形势。在弹道导弹服役之前，美国确有机会摧毁苏联大部分的报复手段①。如今，美国即使先发制人，它的打击力量也无法使其城市免遭大规模摧毁。

424

对于苏联而言，如果它主动出击，或许能摧毁美国的部分热核武器，毁坏其部署在英国、意大利、土耳其的中程导弹发射基地以及西欧的大部分机场。但美国幸存的热核武器系统仍可以反击，且这些报复在莫斯科领导人看来是"无法忍受"的。当前的局势是，没有战争的硝烟，美国依然存在，而且热核力量完好无损，然而侵略之后，局面则由报复的规模和实施报复的可能性来决定。相比之下，莫斯科领导人认为当前的局

----

① 指"惩罚"美国，而非"惩罚"西欧的手段。

势更可取。

在这样的局面下，任何敌对方都不会蓄意发动全面战争，除非它失去理智，或者误以为自己削弱对手报复力量的能力要强于它实际所能做到的。显然，行为合理性的前提是准确认识已知情况。在明白真相的一方看来，不准确的信息能够引起荒唐的举动。不过，在当前形势下，热核交火的后果犹未可知，这也有利于阻止末日的来临：任何一个超级大国都认为，免遭报复的可能性足以解释发动战争的决定，这样的局面是难以想象的。

在双头垄断热核武器的情况下，两个超级大国共享双重利益：不互相残杀（否则让第三国坐享其成）；不支持，且如果可能就阻止这种关键性的恐怖武器扩散。十年来，两个超级大国（尤其是美国）看似时刻都能意识到，即便存在很大的分歧，它们间避免战争可得的共同利益仍超出了相互敌对的利益；它们看似同样为延迟中国和法国加入核俱乐部操心，那时便意味着双头垄断的终结。尽管前者有社会主义大团结，后者有北大西洋公约组织，但苏联对中国的帮助也并不多于美国对法国的帮助。纵观历史，结盟和敌对从来就不是绝对的。对手之间同甘共苦，盟友之间反目成仇，在热核时代都有其独特的形式。

如果原本交好的两个国家都拥有了热核系统，它们会怎么做？提出这一问题并非毫无根据，或许苏中对话不久就会提出这个问题。这两个国家不可能同时放弃它们的热核武器而不丧失各自对其他国家的影响。它们不可能让自己的能力服从唯一的指挥而又不失去各自的军事主权。它们不可能兵刃相见而又不违背它们的友谊宣言。它们不可能继续技术革新的竞赛而又不引发焦虑：猜忌的辩证逻辑会逐步放大焦虑，而且焦虑可能最终导致出于恐惧的敌对。这种情况下，军备促成了恐慌，恐慌又让盟友反目成仇。除了主权的融合，唯一的解决办法就是缔结协定，稳定热核武器，增加透明度。换言之，就是双方缔结美国——甚至苏联——所渴望的协议。

425

　　然而，不论两大主角敌对程度如何，热核双头垄断显然不会产生同样的后果。当今的两个超级大国政治、经济体制各不相同，每一方都必然对另一方进行历史的和道义的谴责。它们未能就势力范围的边界达成一致，并且注意到在第三世界，不依附任何一方阵营的国家有着数量巨大的人口，这些国家能够酌情倒向其中一个阵营。无论如何，它们总会在很多场合下发生冲突。热核双头垄断会给两极体系的运行及有限冲突带来什么样的影响呢？

　　首先，我们应当警惕不够严谨的推理。一些人辩称，全面战争如此恐怖，以致没有人愿意发动。他们以一种表面的逻辑断定，地理上的有限战争可能会发生，甚至十有八九会发生。其他人也援引了"全面战争是恐怖的"这一论据，断定鉴于存在升级的风险，即便是有限战争也未必会发生：常规武器和原子武器间不再有断层。一些原子武器比部分常规武器更加逊色。世界末日的阴影足以阻止动用任何武力，确切地说，在暴力的阶梯上，梯度间隔井然有序，没有人能保证，一旦他爬上第一级，他就不会被迫节节攀登，直至梯子的顶端。

　　逐字推敲起来，这两个推理是互不相容的，同时使用这两种推理会自相矛盾，而学者们在使用时甚至都没意识到这个矛盾。那些强调热核战争恐怖的人，无权再不断地提出升级的风险。升级的风险即便很低，也会促使肇事者保持克制，使他们放弃使用哪怕是有限的武力（确实如此），这样的主张诚然无可厚非，不过，将全面战争的荒谬绝伦和升级的风险结合在一起，得意扬扬地断定，出于恐惧和平会统御世界，就不合理。

升级的风险取决于三个因素：首先，正如我们已经看到的，取决于两大寡头之间威慑力的对比；其次，取决于有限冲突的性质（地理位置、冲突中显性或隐性的利害关系等）；最后，取决于政治家的外交－战略行为。我们已经从模式层面分析了第一个因素，它主要在于两大寡头对先发制人所得优势的权衡。优势越大，超级大国就越会在危难时猜忌对手的意图。相反，每个寡头越是坚信自身的热核武器是坚不可摧的，它就越不会耽于猜忌的辩证逻辑，更不会采取主动进攻，因为它担心（或者相信）对手正要这么做。

426　　在我看来，双方在使热核装置无懈可击这方面所取得的进步已经减弱了相互猜忌的风险，而这种猜忌的加深最终会使双方做出致命的决定。此时，或是从今起，升级或绝不可能，或至少不是难以想象的，这取决于冲突是发生在老挝还是柏林，取决于一个国贫民弱的东南亚国家对内部政体的选择与潜在的西欧——欧洲文明的摇篮，正首次实现欧洲历史性的统一，依然位居世界三大工业聚集区之列——的命运间的利害关系。

不论是威慑力的较量还是冲突的地点和利害关系，都不能机械地决定危机的进展，也不能准确地预测升级的概率。每一场外交危机都是一系列事件的结果，即由个别人负责的一系列人类行为。每一场危机都是意志的较量，其中虚张声势是必不可少的。威慑对抗的结果往往不可预见。事实上，核武器拥有者既然想保护除自身领土外的其他领土，那么他就被迫让可能的侵略者相信他确有可能做出不太合理的决策。如果我们假定热核系统相对牢固，**那么在任何情况下，苏联或是美国发动热**

核战争，可能都是不理智的。

这一局面令人深思，因为它让人联想到在很多情况下最糟的事情会不期而至，可能是场战争——一方虽以此来威胁敌人却并不期望发生的战争，也可能是因为妥协而失去的利益，而这正是威胁所要阻止的。假设苏联大举进攻法国或者西欧，疏散转移本国的城市，并对美国施以要挟的伎俩（美国如不进行干涉，便能幸免于难，倘若兑现诺言，便会遭到蹂躏），美国总统是否会向战略空军司令部下达命令？而这将意味着数百万乃至数千万美国人死亡。或者，美国总统能够承受几百万人的牺牲，而执意营救它的盟友？扬言威胁的一方若付诸行动，其遭到的报复会更为惨烈，因而威胁的"可信度"更显得苍白无力。按此推理，欧洲人便会明白美国人永远不能保护他们，因为美国如果不任凭伦敦、巴黎或者波恩受命运的摆布，那么纽约、芝加哥和华盛顿就是代价。

我并不认同这样的推理，在我看来它不过是诡辩而已。如果一场热核战争必然会造成数百万人或数千万人的伤亡，那么在任何情况下，对任何一个超级大国而言，这场战争都很可能是不合理的。如果我们以侵略已经发生作为出发点（巴黎遭到轰炸，苏联承诺不攻击美国），我们便会理所应当地断定美国不会进行干涉，但是如果我们的出发点是假设美国做出了相对严正的威胁，我们就可以认定侵略不会发生。所有的问题都在于清楚应当选择什么作为出发点。

然而，就我个人看来，两个超级大国实际面临的局面才是"情理之中"的出发点：只要任何一方都不主动挑衅对方，定能规避恐怖的热核战争。正因为热核战争过于恐怖，那么仅仅需要制造一个恐怖的风险，即便是很小的风险，也能让超级大

427

国——不论我们认为它征服的野心有多大——宁愿选择克制
（因为克制不会让它自己陷入危险）。我们承认，进攻过于荒唐
而不可能发生，因此，若对手不顾一切发起严重挑衅，严阵以
待的一方不必考虑报复，不必考虑在屈服或是实施热核威胁间
做抉择。基本假设如下：当两个超级大国进行对话时，热核武
器仅为防守之用，各方都以热核武器相要挟，阻止对方主动采
取这样或那样的行动，任何一方都不会借核武器威胁来"掩
盖"进攻，也不会以此去阻止对方捍守其一流地位。

防御威慑遏制哪些主动行为？它扬言热核威胁旨在保护哪
些领土？这些问题的答案并不总是绝对的。威慑的战略包含了
某种模糊性。我们无法也不应当精确预见超级大国的还击。不
事先介入一些次要的利害关系是恰当的，但不应当公开表示漠
不关心，这种冷漠可能无法承受事件的冲击。无论如何，当威
慑的主体认为某片领土至关重要时，它便会建立一个政治军事
体系，让残酷的决定变得合情合理，也就是说，如果对方侵略
这片领土，这个政治军事体系就会迫使其将威胁付诸行动。

这个体系旨在让可能的侵略者认为这个原本残酷的决定尚
合情理，它具有技术和心理两方面的特点。技术能够建立一种
报复机制，且该机制在某些情况下几乎是自动运转的。全面自
动化并不可取，否则会因技术失误而酿成意外战争的风险。启
动热核战争的指令一定要人为掌控，也许只掌握在一个政治 -
军事首领手中。然而，在遭遇大规模袭击时，不论热核武器的
哪个部分受到多大程度的破坏，轰炸机和导弹的结构应该保证
还能执行反击任务。

与此同时，威慑的主体试图说服另一方相信冲突中利害关
系的价值。为此，口惠实至，说得多，做得也多，它签署协定，

在保护的领土内驻军并安装中程导弹发射架。文书、军队和发射架无不代表这个超级大国的承诺，在另一个超级大国看来，这则是不可改变的诺言，比任何理性计算都更重要。

阐明**利害关系**的重要性，让承诺与**名誉**挂钩，确保在发生侵略的情况下的民众**感情**（美国驻军与欧洲人民共患难），这些手段都属于**承诺**的范畴。可以说，威慑的主体迫使自己不能退缩。承诺越庄重，屈服就越可耻。如果危难时刻，欧洲被弃之不管，那么谁还会相信美国？问题不在于知道是否"得失相当"。事实上，侵略者不能再指望对手临阵脱逃。就理论而言，这个决定或许不合情理，但就利益关系、承诺和情感而言，它则是近乎必然与合理的。

这并不说明一个超级大国能够随心所欲地做出庄重承诺来捍卫任何地方。砝码的价值仍是必要条件，但不是让一个过分的威胁显得合情合理的充分条件。苏联扬言可能诉诸弹道导弹，以此阻止美国军事进攻古巴，这种威胁不大合情理（这并不意味着它没有给白宫的领导者施加影响）。美国因老挝而做出同样的威胁就更不合理。总之，在两大阵营交恶区域外的次要领土上，只能依靠在有限战争中使用的武器来进行保护。热核威胁充其量是含蓄的，因为对所有的对抗而言，不论这个风险多低，都存在升级的风险。

遭到威慑的超级大国可以通过两种策略来规避对手的承诺：**层层推进策略**和**既定事实策略**。前者是共产党人在东欧夺取全部权力的军事策略，**它将行动分割成足够多的部分，各个击破，以至于任何一步都不会招致暴力还击**。苏联和德意志民主共和国签署和平协定之日，唯一的变化只是控制权的更迭：谁会为官方文件的印章而征战？第一种策略可以与第二种既定事实策略一并使用：假设某个周一的早晨，西方人醒来时得知丹麦在一夜之间被彻底占领，最初的情况将会逆转：侵略者转为严阵以待，而原先处于守势的一方不得不迫使另一方撤退。

为了挫败这两种策略，防守的一方应该拥有常规武器，它首先能避免既定事实的形成，进而能以性质相同、暴力相近的手段抵御侵略者的每一步进犯。一旦双方都使用威慑，那么热核武器必然会成为终极诉求。使用低端武力并不意味着不存在威胁，只是说，除非为了反击大规模进攻，实际上并不会启动热核武器。因此，两大阵营不仅拥有热核武器，还拥有常规武器。热核武器不能真正派上用场，只能用于外交斡旋，而使用常规武器的同时也可能使用热核武器，因此也增加了不使用的概率。

429　　在我们看来，威慑的对话并不平等，它有利于防守的一方，因为我们假设防守方已经做出承诺而另一方却没有。不管怎样，进攻方不应将它的部分信誉投入诉求当中，因为一方由于"失手"而颜面尽失，可能并不亚于另一方因无力防守而狼狈不堪。

双方都做出承诺的情况是可以想象的；或许，它已在柏林争端中显露头角。苏联并非真心实意地承诺支持变化，它以这种虚张声势的方式来抨击欧洲此前赞成**现状**的承诺。当大国本身不受其他威胁钳制的时候，它发出威胁，扬言进行热核报复，以捍卫无从防御的局部地点，这是合乎逻辑的。一旦存在相互威慑，那么防守就不再合乎逻辑。防守的一方如何通过提高赌注来哄抬利害关系？

如果双方都同样做出了惊人的承诺，那就类似于两辆汽车全速驶向对方，每辆汽车的司机都希望对方能在最后关头刹车或转向。事实上，其中一名司机很可能宁愿失去赌注而保全性命。但是，在这场胆小鬼博弈中，获胜方不是实力最强的，而是意志最坚定的。

事实上，人们想到的第一个双向承诺的局面是柏林危机。在其他任何地方，威慑主体和客体之间、防守方和疑似预谋进攻的一方——它为保安全，只得不采取任何主动——之间，都存在清晰的区别。因此，一些理论家为了清楚地呈现热核时代外交决斗的危险，便设想了一个前文中所摒弃的因素：不作为。根据我们的假设，不作为能确保安全，但在某些情况下，也充满危险。

让我们回过头再思考一下1956年10月至11月间的匈牙利危机。只要美国不加以干涉，镇压匈牙利革命就仅仅是苏联集团内部的一段外交悲情曲。然而，如果美国采取一些措施，意在插手干涉，莫斯科就会做出选择或者担心被迫选择：要么是第一次指令失败（或许是苏联集团的解体），要么发动战役。这种局面下的角色定位是模棱两可的。就道义和国际合法性而言，苏联扮演的是侵略者角色；就强权政治来讲，美国介入一个超级大国和它的卫星国之间的关系，可被视为侵略行为。谁是威慑的主体？谁又是客体？谁又该退缩？

迄今为止，两个超级大国都谨小慎微，警惕无谓的冒险。美国任凭匈牙利人遭受命运和他们主人的摆布；赫鲁晓夫曾"承诺"将改变柏林的现状，但那已经是两年多前的事情了。总体而言，两个超级大国会就每个地区、每种局势之下可以使用的合法手段，达成心照不宣的共识。可是，双向承诺仍有可能，根据热核武器的脆弱与否，政治家和空谈理论家要么因罪罚不等而应该承认主动进攻的欲望，要么应该承认有可能发生

430

规模较大的有限冲突，因此必须保有常规武器，因为弹道导弹的交火对大家而言实属荒唐。

五　不可能的严格计算

在热核时代，威慑被视为外交战略的终极概念，它是否属于国际政治中理论的和实践的传统范畴呢？

现在与过去的几个世纪一样，国家保留自主决定权，包括决定和平与战争的权利。它们继续致力于无法调和的目标，自发地认为它们的利益是截然不同的，猜疑彼此最为阴险的图谋。与以往任何时候相比，当前的国家间关系更是一种意志的较量。国与国之间既不承认法律，也不认可裁定，它们试图相互遏制、相互诱导、相互说服，如果我们把这些国家间和平的或是好斗的交往称为强权政治，那么，我们时代的政治比以往任何时代都更符合这一古老的模式。

追求物质与道德优越性的竞争无法脱离强权政治，如今，这种竞争比过去更加持久，更加激烈。经济增长率、军备、人造卫星和月球探测站、制度以及人民的素质，所有的成就、所有的观念都被阐释为西方世界和共产主义世界斗争的工具或者舌战的论据。

只有那些不区分资源、军事力量和权力，将强权政治与军事行为政治混淆的人，才难以将热核时代的现实融入传统的理论中。他们倾向于思忖，不以使用武力为终极目标的外交战略，哪怕只是威胁使用武力的外交战略，是否与将战争视为赊欠行动的结局的外交具有相同的本质。

一面扬言威胁，另一面又因可用的武器极度残忍而努力不将威胁付诸行动，这种努力必然改变外交手腕。与以往相比，一国的武装力量与其强加于人的能力更不相称。（至少只要存在热核双头垄断，局面就一直如此：即便是一国垄断的情况，以威胁歼灭顽抗分子来称霸也是值得怀疑的。）与过去相比，力量与安全更不对称。美国从未如此强大，而不安全感也从未如此强烈。外交方式与理论之间从未有过如此明显的矛盾，就理论而言，国家唯一的、最终的目的在于通过自身或者联盟尽可能多地积聚资源。如果联盟都基于军事力量的考量，那么就不会存在如此多的联盟。一旦发生力量角力，美国因承诺保护欧亚大陆边境的国家而承担风险，这风险远远超出它所获得的额外资源。

431

我们知道热核时代和前原子时代的本质区别在于全面战争的成本不同——全面战争意味着倾尽一切可利用的武器直至取得绝对的胜利。此后，这种战争与以往不同，它不需要缴械就可以摧毁国家、灭绝人口。的确，在某种意义上，对付拥有热核弹头的敌人，唯一可能的防守就是报复能力。一国如果没有这种能力，主动和被动防御都有瑕疵，便无法抵御热核恐吓；一国要是没有报复能力，就必须接受核武器国家发出的所有最后通牒。

这并不是说人类彻底脱离了**防守时代**而进入了**报复时代**。防御手段，即军队或要塞，一直都是威慑的工具，针对空袭、原子或热核导弹袭击，主动和被动防御仍是威慑的组成部分。居民掩体与攻击敌方军事力量的战略（**打击军事力量战略**）一样，同属于威慑战略。但从今往后，两个超级大国将更多的资源用于准备报复而不是防守（就这一概念最宽泛的意思而言），而且防守日益式微，报复（即便是秋后算账）取而代之，这些都是事实。（目前看来，这种发展走了相反的方向。）

显然，与常规战略行为相比，热核威慑的战略行为具有某些独特之处。然而，在外交决策之前，深思熟虑的模式在形式上仍如出一辙。

假设一位国家元首思忖着发动或不发动战争的时机，以拿破仑在发动俄国战争之前的考虑为例，如果他希望行事妥当，就必须考量：（1）目标的价值；（2）根据可能的进展，各个阶段的战争成本；（3）战争不同阶段各自的概率；（4）最终实现目标的概率。在整个考量中，最不确定的便是军事行动的各种可能进展的概率。拿破仑有多大的机会让沙皇亚历山大认输？拿破仑也许希望沙皇会在危险关头意志衰退，无须强迫便顺从地缔结条约。鉴于战争的不可预见性、战争过程中的偶然因素，以及缺少对胜利收益和失败后果的数量评估，严格的计算是不可能的。

现在我们设想两个国家都拥有热核系统，其中一国占领了位于对方国土范围之外，却又在其势力范围之内的某片领土。侵略者又会做何考量？它思忖着：（1）所针对目标的价值；（2）根据对方的种种反击而产生的军事行动的成本；（3）各种反击的概率；（4）在由对方可能的反击造成的各种可能的情况下，实现目标的概率。与之前拿破仑跨越俄国边境前的考量相比，赫鲁晓夫对柏林的考量又有何不同？

赫鲁晓夫并不比拿破仑更足智多谋，他也无法从数量上评估消灭美国在西柏林的驻军的价值，他甚至无法确定在他偏好的方案中，消灭部队、危机过后不消灭部队、不发生危机也不消灭部队三者间的关系。显然，他更倾向于第三个而不是第二个方案，但是他却无法肯定，相较于第三个方案与第二个方案间的关系，第一个方案与第二个方案间的关系孰轻孰重。他也没法严格确定不同反击可能需要的成本，可他几乎不质疑自己达到目标的能力[1]，关键是摸不透他对手的回应。拿破仑知道，一旦越过俄国边界，战争就会打响，但不知道他的大军是否能征服沙皇的意志。在热核时代，侵略者并不清楚一个局部的主动行为会引发什么样的战争。假设敌人也持有热核武器，那么不确定性源于敌人的心理，而非战役的进展。

为了做出一个"理性"的决策，侵略者必须能够确定敌人会做出何种"理性"的回应。在决策之前，他要尽力还原敌人深思熟虑的过程。敌人将要考虑：（1）侵略者锁定的目标对他的价值；（2）各种反击的成本；（3）各种反击可能造成的直接或间接的结果。如果我们赋予侵略者和受害者的得失一个数字上的价值，同时赋予各种回应一个概率数值[2]，我们就能确定侵略在什么情况下是"理性的"，是有利可图的。同样地，居于防守的超级大国可以通过重构侵略者根据可能的回应所计算的得失，来估算自身威慑可能具有的效力。但是，数学表达式并不能说明在真实世界中，主体也能够确定这些价值和概率。

我们用 A 代表侵略方，D 代表防守方，B 表示被争夺的领土。除了用常规武器大规模进攻 B 或不进攻，A 别无选择；一旦发生侵略，D 要么**大举报复**，要么**消极应付**。并且，我们假设 A 和 D 都认为 B 的价值是 20，双方全面战争的成本都是 −100。我们可得出以下结果：

---

[1] 侵略者并不总是具有局部优势，但是，在一个双头热核垄断体系中，这种局面下，侵略行径最令人畏惧。侵略者，如果连局部优势也没有，就不会发动进攻。

[2] 参见 Glenn H. Snyder, *Deterrence and power*, Journal of conflict resolution, vol. Ⅳ, n. 2。作者在下书中重述了这一分析：*Deterrence and power*, Princeton, 1961, pp. 17 et suiv。

433

		A	
		进攻	不进攻
报复	10/100	– 100	—
不报复	90/100	+ 20	0
期望值		+ 8	0

如果我们认为，一旦 A 发动进攻，D 会还以大规模报复的概率是 10%，A 有 90% 的概率获得 20 的收益，10% 的概率遭到 100 的损失，二者之差是正数，等于 8。[1] A 通过计算对手的"期望值"估算 D 会做出回应的概率。然而，存在两种可能的计算方法。它要么试着计算 D 认为 A 会发起进攻的概率，要么计算报复与不报复间的成本差距。鉴于后一种差距很大，侵略方就会这样推理：防守方面对侵略这一既成事实，注定会失去这个砝码（– 20），如果它发起大规模报复反击，就将蒙受巨大损失（– 100），于是它甘于缩小损失。对防守方自身而言，如果它将目光放长远，就会断定侵略很有可能发生，尽管它希望可能执行的威胁能够阻止侵略方，即便这种可能性十分渺茫。[2]

我们所借鉴的美国学者的数字例证，出色地证明了威慑是无法进行严格计算的，即无法用数值来表示。局部进攻的利益与全面战争的成本之间的关系，和 – 100 与 + 20 之间的关系是不可相提并论的。以热核威胁来进行威慑，其本质在于意外不大可能发生，意外的成本可能过高（显然，不大可能发生是因为即便对先发制人的一方而言，其遭受报复的代价也很大）。

---

[1] – 100 × 1/10 = – 10； + 20 × 9/10 = + 18。

[2] 我大大地简化了作者的分析。

试想侵略已经发生，很容易证明防守方应当更倾向于有限的损失，而不是报复的代价（自己和敌人的代价一样多）。其错误在于，侵略方忘记了首先是它自己惹祸上身的，因此，即便是概率很小的大规模报复也会打消它进攻的念头。如果我们将侵略发生后，还击的成本定为－100000，而不是－100，将还击的概率降至1/1000，这样就不会做出侵略的"理性"决策。

我们刚才用了简化的图式来解释战略，事实上，超级大国已经舍弃这个战略。侵略方并非只有大规模攻击和不作为这两个手段，而防守方也并非仅囿于大规模报复和消极应对这两种选择。恰是由于这些计算的性质（成本极高、概率极低），两个超级大国**合理地**断定这两种抉择是无法忍受的。如果两个对手坚持这种二元抉择，那么很可能情非所愿地挑起它们都希望避免的事端。因此，计算就会变得复杂：会出现五种可能的回应（使用常规武器的局部防守、使用原子武器的局部防守、有限的原子报复、大规模报复、消极应对）。与前原子时代一样，当防守方保有多种求助手段时，消极应对也是不大可能的。然而，从这一时期开始，计算，甚至是理论上的计算都太过复杂。对侵略方和防守方而言，不同类型的战争成本是多少？这样的战争会如何发展？升级的概率有多大？双方的损失在多大程度上不同？

各种各样可能的回应降低了大规模报复的概率，这使侵略方没有把握赢得砝码，增加了局部军事行动的成本。对防守方来说，它如果做出惊人的承诺，在最后关头迫不得已做出也许它并非情愿的事情，这便改变了理性计算的数据。

在本书的开头，我们便以克劳塞维茨的著名论断"战争是政治以其他手段的延续"为原则，而现在我们是否能断言，在热核时代，这个论断不再适用了？一些人认为，既然一枚核弹头就足以将一座大城市夷为平地，那么克劳塞维茨的论断便确实失去了意义。对此的论证按照严格的形式，表述如下：即便是对胜者而言，任何利害关系也无法抵消一场热核战争带来的破坏；如果**所有**参战国的损失都超出了收益，那么，战争对于两个阵营而言都不合理，因此，理性地说，不能将战争解释为政治的延续。

不幸的是，这一论证不完全正确，起码就目前看来是如此。首先，战争的成本和收益都无法进行严格的评估。参战国人口与资源的得失是可以计算的。根据这一计算，热核大国间的多数战争现在是，且将来仍然会是不理性的。不过，对于任何一个超级大国来说，另一方都代表着威胁，那么摆脱威胁有多大意义呢？对于一个缺少空间的民族而言，将其领土面积扩大两三倍又有多大的价值呢？通过对比投入与回报，战争的这种非理性，要么源于一种合理却空洞的情感，要么源于经济取代政治的考量。

况且，即便是这种情感和计算，也未必符合现实。如果两个超级大国之间不大可能（不大可能并非绝不可能）存在两大强盗的局面的话，那么，大国与小国、两个小国之间的情况就并非如此了。一个大国可以彻底地或者近乎彻底地消灭小国的报复手段：大国扬言威胁以胁迫小国妥协，甚至落实这一威胁，这并不与外交－战略决策的传统理性针锋相对。或许，比起过去，大国或者小国即便获得绝对的胜利，其成本也会更低，因此更合乎理性。

但有一点仍是正确的：确切地说，热核弹头交火对于超级大国来说并不是"政治以其他手段的延续"。然而，这场无人愿打响的战争，其威胁存在于超级大国甚至是所有国家（就各国考虑到两个超级大国的热核系统都陷入瘫痪这一点来说）的战略－外交行为中。因此，我们并没有脱离克劳塞维茨建构的框架：国家间持续的斗争，和平交往与兵戎相见的交替，和平时期可能动用武力的考虑，战时对政治目标的考虑。再者，战略与外交间的连带关系是不可避免的、理性的，也从未像今天一样牢不可破，因为即便是敌对国家的领导人都深思熟虑，双方的热核系统却仍几乎剑拔弩张、兵戈相向。①

即便如此，大规模杀伤性武器仍开辟了历史性革命的前景，最终，国家间关系的本质将会改变。试想各方都拥有强大的报复能力，在任何情况下都能给任何侵略者致命的惩罚。进一步设想：这种报复能力能够灭绝整个人类，让地球无法居住。如此一来，"多"与"少"之间、罪与罚之间、大国与小国之间，都不再有任何差别，各国都对他国的存亡拥有否决权。② 政治单元的斗争仍将持续，这种推测也许不无道理，然而，从心理和社会层面考虑，我并不认为这种斗争是可能的。体系中的任何一个成员都不会同意永远受制于其他任何成员。当人类接近这一体系时，就必然会意识到它要么摒弃外交－战略行为，要么摒弃生命本身。不过，人类会在两种取舍中做出哪种抉择，犹未可知。

---

① 读者应该记得，四个国家或政府的首脑前往巴黎出席峰会期间，整个美国的热核武器装备都处于警戒状态，这次峰会最终告吹（1960 年 5 月）。
② 我们先前援引过莫顿·卡普兰的著作，此处的假设正与书中描述的六个体系中的一个相符。

第十五章　老大哥或集团的内部外交

　　热核双头垄断与外交体系的全球扩张构建了当前局势的独特性。这两个事实界定了主体间的等级以及它们所保持的关系。两大寡头鹤立鸡群，唯有它俩占据了传统意义上超级大国的地位，换言之，只有它们才能在战争与和平之间进行最终选择。但是，这一能力变得愈发不真实，因为选择大战或全面战争很有可能给双方都造成不可承受的破坏。从理性角度看，过度的军事力量不再适用。

　　大国、中等国家以及小国的区分并未因此而消失。在某种意义上，这种差别较以往任何时候都更为显著，却愈发不能决定意志的较量。相比以往，强者将其意志强加给弱者竟是难上加难。改写一句诗：不能发挥的力量还是真正的力量吗？每个超级大国和它的盟友（或卫星国）之间、各个阵营之间以及各阵营与不结盟国家之间，谈判与军事较量所产生的结果不可相提并论。弱者自然向强者妥协，或是因为这一礼节符合不成文的游戏规则，或是因为后者在幕后透露其必要时改变论调的意图和能力。自希特勒以降，外交已经抛弃了谦恭，而如今，另一论调的威胁也常常不被重视。

　　我觉得大体上应该将关系分为三大范畴：阵营内成员之间的、阵营和阵营之间的、阵营和世界其他国家之间的。这三个范畴也可以命名为：盟友关系、竞争（或精神敌人）关系、两个阵营和其余人类（剩余的这些不算同质的）间的关系。在这三种关系的任意一种之中，力量所起的作用不尽相同。按照简化理论，盟友互相说服而非互相强制；敌人则保留强制；而不直接参与两大阵营对抗的国家，一方面竭力减少时局给自身造成的风险，另一方面又力图从时局中谋求最大利益。然而，这些套话只是一个引言，历史现实要更为复杂。

一　大西洋集团

两大阵营并不同质。在某种程度上，国家与国家之间的关系由它们内部的体制所决定：民主国家的集体组织必然与苏维埃国家的集体组织有所不同（无论我们认为两大阵营形成的顺序如何）。

由于阵营的标准是军事共同体，每个成员国部分或全部军事主权的损失、阵营的架构由下列问题的答案所决定：（1）成员国保存怎样的军事自主权？（2）在集体组织之外，成员国在使用军事力量上保存哪种自主权？（3）在制定针对另一阵营的战略或外交政策时，成员国居于何种地位？（4）在制定本国对集团外地区的政策时，成员国保存怎样的自主权？（5）在集团内关系中，特别是在没有处于领导地位的国家参与的区域小集团之中，成员国保存怎样的自主权？（6）在制定国内政策，即政府管理与日常决策方面，成员国保存怎样的自主权？

大西洋集团设有最高司令部，其军队实现部分整合。军队的招兵、管理、军官、精神和武器等方面仍为国家所辖。虽然它经常声称要实现武器标准化，但这仍没有实现：没有任何一个主要国家愿意牺牲其工业；对于标准武器的选择遵循或看似遵循并非完全技术性的考量（至少在那些它们的标准没有被选中的国家代表来看）。从严格意义上说，国防部长与军官都是属于各国的。或许在总参谋部和北约防务学院，大西洋精神正在酝酿成形，尽管看起来仍不明朗。

这样的集体组织准许什么，又禁止什么？假如成员国为执行集团外的政策而需要军队，它准许成员国将其在集团中的军队撤出。为了在阿尔及利亚平叛，法国就行使了这一权利。因而，军事共同体仅仅限定于欧洲之内。即便法国与英国的苏伊士远征行动失败了，失误也不能算在《北大西洋公约》的头上，英法也并不是由于《北大西洋公约》而放弃了军事自主权，真正的原因在于两个超级大国的一致反对。

相反，军事共同体看似禁止将武装力量诉诸成员国之间可能爆发的冲突。德国的军事基地和训练基地大部分都在法国境内。联合军演、军事计划和共同的军事准备在物质上和精神上排除了友军之间发生冲突的可能。但在所有的情形之下，国家间都不再爆发军事冲突，至少跟苏联的威胁比起来，它们之间的那些次级冲突简直微不足道。无论《北大西洋公约》存在与否，只要政府与大多数公众舆论对苏联入侵或渗透的威胁感到担忧，西欧各国就感到需要团结一致。

成员国的武装力量可以投入非洲和亚洲，亦可用于防范内战。在 1958 年、1959 年、1960 年和 1961 年，许多法国人都相信政变有可能发生。无论军队或军舰在和平年代是否能够实现一体化，无论在战争期间一体化是否可以预料，联盟并不足以保证用来应对可能暴动的将军或上将的国内军事力量。

诚然，美国陆军师团驻扎欧洲、美国舰队镇守地中海，这足以"震撼"（比"恐吓"程度略轻）穿制服的武装叛乱。美国政府能够出兵相助，让作乱的军事首领遵守纪律。大西洋共同体形成了一个对**军事政变**略微有利的框架：它在法律上没有禁止，在事实上也不加以阻拦。

虽然北约的各国军队拥有相对的自主权，但也被迫放弃了伙伴平等关系在理论上暗含的诸多权利。鉴于仅有美国人拥有决定性武器——战略空军、热核炸弹、核弹头与近程导弹，于是美国人自己制定了核弹计划。在华盛顿，还设有研究联盟军事计划的常备小组，包括三四个主要国家的代表。实际上，一边是美国，另一边是欧洲各国，双方力量差距巨大、不成比例，于是不可避免地由美国领导人做出决策，建立在决策基础之上的计划则由美国势力或英美势力（无论如何，英国和美国的特殊关系仍旧存在）主导的总参谋部来制定。

大西洋共同体针对苏联集团的政策，则由大西洋集团全体成员协商决定。四个主要成员国定期进行外交磋商。当柏林问题出现时，波恩、伦敦、巴黎及华盛顿的部长们沟通非常密切。当发生危机时，谁来做出决策？"现实主义者"回答道，必然是美国。假如涉及的是严格的军事措施、战争风险的问题，或许就该如此；即使在这种情况下，理论上的否决权并不是无关痛痒，大西洋集团的军事行动须遵循全体一致原则。联邦德国或法国可以让华盛顿设想的措施陷入瘫痪。对于企图封锁旧都的外交－战略行为来说，四个大国都有话要说，都施以影响，没人能预料到哪一意见能起主导作用，甚至在事件过后也无从得知哪个意见才是决定性的。可能美国领导人暗地里希望盟友进行"阻拦"，这有先例可循。假如盟国让美国领导人得偿所愿，假如英国外交大臣恳请美国总统不去冒险，究竟怎么来确定它们的责任分工呢？

在此类事件上，准确地描述普遍又绝对的论点是不可能的。从某种意义上讲，美国与其盟友间的关系类似于法国 1914 ~

1918 年文职领导人与军事领导人之间的关系。在理论上，前者的领导地位没有被损害，但后者更强大的意志往往占据上风（霞飞①压过了政府领导人）。美国坐拥力量手段，但对其伙伴却没有法定权威，如若没有盟国的同意与合作，它就无法动用这些力量手段。最后，国家或政府领导人的个性也在时刻影响着影响力与责任的分配。在关键时刻，美国拥有最终发言权，因为只有美国拥有终极武器。外交的"关键时刻"并不常见：北约尚未经历过类似的时刻。

无须赘言，美国，也只有美国，才可以同苏联进行一对一的谈判。艾森豪威尔总统无须征求戴高乐将军或哈罗德·麦克米伦首相的意见，就可以对赫鲁晓夫发出邀请，这提醒我们，显然美国留存了独来独往的手段。但是，会谈没有取得任何结果。当召开峰会时，说**不**的人可以阻拦其盟友希望做的事。民主国家的联盟是一个波兰式议会，**自由否决权**发挥着作用（在一定限度内）。

从《北大西洋公约》获得更多利益的是欧洲国家还是美国？法国、联邦德国、英国，单独或联合起来，都无法形成跟苏联同等的力量。它们与美国联合起来，对抗苏联的能力就大大提高了，与此同时又可能对苏联施加影响。是欧洲国家的羸弱导致它们丧失了从前的独立性，而并不是由于《北大西洋公约》。美国则获得了工具方面的益处：只要所有的西方国家组成一个阵营，构建起抗击苏联的集团，那么美国就能在协商讨论或宣传层面，以及行动或行动合法性层面上获得益处。如果没有提供了原则和大背景的互助条约，美国在欧洲的军事存在

---

① 霞飞（Joseph Jacques Césaire Joffre，1852～1931），法国元帅、军事家。——译者注

就失去了根基。换句话说，抛开军事理由不讲，技术发展在任何时候都有价值下降的风险，欧洲人和美国人都发现，结成联盟并组成共同体对他们都有好处。因为欧洲人需要美国的保障，同时，协定使他们能对华盛顿的领导人施加影响；美国则需要欧洲的合作，以便部署军队并确认其"承诺"。① 440

北约在集团内部更像是传统联盟，在集团区域外又不似传统联盟。法国政府不知疲惫地宣称要将协定的适用范围扩展延伸至整个地球。戴高乐将军又以新的形式提及这一要求，倡议建立一个负责联盟在全球范围内开展外交行动的三方理事会。这一概念试图改变大西洋集团的形态，把一个有限区域内的集团变为世界舞台"行为体"。对于协定的这一解释，美国从没有表示接受，而提出这一诉求的法国人似乎也不接受。在世界舞台上的集体行动势必要求进行外交融合，而戴高乐将军将是首个予以回绝之人，因其重视外交的绝对独立："不要依赖任何人""不要将自己与任何人绑在一起"。既然英法都想留存在非洲和亚洲的行动自主权，美国是否认为需要听从欧洲盟国的建议？《北大西洋公约》只在一个限定的空间内适用。

假定北约的其他合作方同意，那北大西洋理事会只有在理事会成员在目标和手段上协商一致时才能发挥作用。对于华盛顿、伦敦和巴黎在苏伊士运河国有化事件之后的分歧（虽然理事会或许可以避免冲突的爆发），理事会显然无法进行弥合。1955～1960年，美国领导人显然对法国在阿尔及利亚的政策并不认同，也并不会劝说第四共和国或第五共和国的统治者。后者亦不可能心甘情愿地屈服于"英美多数"。由于没有取得一

① 按照第十三章对该词的定义。

致意见，北大西洋公约组织的伙伴们就可以在两大阵营对峙地区以外保存独立行动的权利，从而也就有了共同利益。

在两大阵营对峙地区外保存自主权，北大西洋公约组织的伙伴们在国内与地区问题上拥有同等的自主权。也就是说，超级大国的敌对部分地控制了成员国各党派间的争斗，通过"保护者"与"敌人"向舆论施加影响。这些现象发生的缘由必然是两极结构体系，以及两个超级大国的意识形态强化了两极格局。然而，对于一个居于苏联炮火射程之外、对宣传无动于衷的民族而言，无须惧怕美国的军事力量。美国对盟友或中立国家的内部政策施加影响的能力，随着一国精英或民族的同质性的不同而时强时弱。但其在瑞士的情况中无效或几乎无效。当一个民主政府遭遇共产党或进步舆论威胁的时候，寻求金钱、宣传或美国援助就是不可避免的。

441 依靠美国支持的领导人是被强制还是逐步执行华盛顿所做的决策？事实更为复杂。与同质的、可以抵御颠覆和威胁的国家的领导人相比，羸弱的政府、不受欢迎的政权的领导人通常需要更多支持。第四共和国的领导人有时通过提及他们所面对的危险来得到第五共和国领导人展示他们的安全得不到的东西。此外，随着马歇尔计划的实行，欧洲经济逐渐得到修复，美国代表们不再担心挂虑，一天一天地，他们一般也不再能够向盟国领导人施压。

至于阵营内的组织，美国多是促成而非阻碍其行事。美国没有存心地从统治或霸权的角度来考虑与欧洲的关系。经济上，欧洲的复苏依然削减了美国的相对权势。欧洲六国共同体潜在地可能成为一个一流强国，并可以在经济上或政治上甚至军事上同两个超级大国比肩。一些美国人保持着对权力的欲望，华盛顿竭尽全力保持着其**领导地位**、驾驭能力或者发号命令的能力。通过对军事力量垄断而垄断权威的帝国，既不是美国有意识行动的目标，也不是其秘密野心的内涵。二战后，无论愿不愿意，美利坚合众国都接受了那些军事资源和经济资源匮乏的战败国和盟国，并承担起责任。面对苏联威胁（真实的或虚构的），美国赋予这一责任以承诺的特性。美国通过结成传统联盟的形式明确自己的承诺。美国希望盟友能够以自己为范本获得行动的手段，而不再需要美国的帮助。如果有一天，欧洲强大到可以自行防御，美国的领导人，或者简单地说，美国的民众会因被迫撤出欧洲而悔恨不已吗？对于美国对六国欧洲的支持，我们应做出明确且否定的回答，否则就是极端的犬儒主义。但这个问题或许是徒劳的。为何我们要问，或者美国人要问，美国人是否为他们尚未失去的权力而后悔呢？按照"帝国"一词的传统词义，只要说北大西洋公约组织并非帝国就足可消除疑虑，因为军事统一尚未发展为政治单元，而持有武力者尚不知如何使用这一武力，对于他们来说，更多的是感到尴尬而不是骄傲。

二 苏联集团

对另外一个集团进行平行分析，二者的差异与类同便能立刻显现出来。起初苏联还有所犹豫，随后它便彻底地反对欧洲阵营内部的区域组织。

1947 年，在征得斯大林的同意——甚至也许是暗示——之后，季米特洛夫和铁托设想建立巴尔干联邦。[①] 这两人被认为

---

① 参见 Z. K. Brzeczinski, *The Soviet bloc*, Cambridge, 1959, pp. 56 – 56。

是最坚定、最纯粹的共产主义者。区域组织看似对苏联有利，有助于苏联控制那些尚不守规矩的国家。然而，1948 年 1 月，《真理报》公开谴责联邦计划，两个负责人看似被责令整改。在整个斯大林时期，"双边主义"是必需的，条约将苏联和一个或者两个东欧国家彼此联系在一起。友好或互助条约遵循了经典的模式，条约中特别规定，要共同抵抗重新武装后的德国或者任何联合德国进行侵略的国家。民主德国是唯一的例外，它与阵营内的其他国家只签署了友好条约，有的只签署了文化合作条约（1950 年 10 月 9 日与罗马尼亚，1952 年 5 月 5 日与保加利亚，1952 年 8 月 1 日与波兰）。苏联则与除民主德国外的所有东欧国家签署了友好及互助条约，并未和任何国家签署文化合作条约。所有东欧国家都要与苏联进行文化合作是硬性规定，因此没有必要通过外交手段来确立。

1955 年 5 月 14 日《华沙条约》的签署，标志着从双边手段到多边手段的过渡。条约规定建立一个受命于苏联将军的共同军事组织，赋予苏联军队驻扎于国外土地上以某种合法性（尽管这一合法性在 1956 年事件后才获得其法定的最终形式）。[1] 最终，德意志民主共和国首次和其他东欧国家以同样的身份出现在互助条约中。《华沙条约》效仿《北大西洋公约》，但时至今日，苏联仍无法容忍与《罗马条约》相同的条约。

这两个条约创造了两大阵营，即便两个条约形式相同，却也不应该掩盖它们实质上的差异。苏联集团针对另一阵营的军事政策最终由苏联裁定。《华沙条约》没有设立与北约相当的总参谋部。苏联并不只靠热核垄断来对抗西方，它所拥有的常

---

① 参见 Z. K. Brzeczinski, *The Soviet bloc*, Cambridge, 1959, pp. 170 – 171。

规武器也几乎处于垄断地位，而且可以立即调用。西欧所受到的威胁，正是来自苏联红军在东德部署的大约 25 个摩化和机械化师。

东欧国家并非完全丧失了国家军队的自主权。匈牙利军队在 1956 年 10 月至 11 月间的角色，以及如果苏联军队继续挺进华沙，波兰军队准备扮演的角色，都表明了东欧国家的士兵在几年前打心底认为国家的自主权依然存在。一旦苏联与另一阵营开战，这些军队看上去并不会按照苏联的计划发挥攻击的作用，因为它们的忠诚并不可靠。因为附和的诚意——尤其是民众附和的诚意——越发不可靠，老大哥的权威便越发严厉。在西边，共产党（特别是它的地下组织）组成了所谓的第五纵队。在东方，暴露于阳光下的第五纵队并不存在。不过，没人可以断言，在内部就没有敌人。

针对另一个阵营的外交及战略都由苏联最终裁定。在联合国，东欧国家的代表如实遵循莫斯科代表的指导路线。无论是建立还是撤销对柏林的封锁，过去的斯大林和将来的赫鲁晓夫看起来都不需要采纳或听取任何人的建议。不过，我们还是适可而止吧。在这些国家的领导人不采取行动或不作为的情况下，将行政机构和主权外在的法律形式留给国家是不可能的。显然，东德领导人并不会主动中断与联邦德国和西柏林的交往，甚至向突破封锁的联军坦克和飞机开火。但卫星国"亲王"能够在某种意义上执行收到的指示，从而影响危机的进展。①

此外，苏联集团还是一个意识形态主导的政治组织。它

---

① 战时，尊敬的费萨尔神父创造出奴隶亲王的概念，以指代维希政府，后者管理法国事务，却是德国的傀儡。东欧国家的政府并不是奴隶，但不论它们是否情愿，都是卫星国。

倚仗着一种共同的意识形态，以神圣的学说来奠定、建构其政体。鉴于这一本质，苏联集团的领导者们实际上力图友好。不过，对于另外一个阵营的外交和战略政策，从逻辑上讲应该是从其学说中推断出来的。在某一个时刻，只要学说的确切诠释由苏联单独决定，甚至仅由一个人定夺，那么苏联政体和苏联集团的政治意识形态的特点就强化了属于莫斯科的决策垄断权。苏联内部或苏联集团内部对学说的阐释存在分歧，因而对学说的阐释便引发了公开的辩论。自此，卫星国重获一定的自主行动能力，只因为它们摆脱了斯大林强制服从的言论纪律。我们无法确定，赫鲁晓夫及其幕僚会在多大程度上被地拉那或潘科（东德）、华沙或者布加勒斯特这些卫星国精英的"极端主义"① 或者"温和主义"② 言论所"震撼"。我们很难确定，学说争论所对应的利益和方法的分歧是什么。有资格参与学说争论的人成了对话的谈判方，以达成阵营的"路线"。然而，每种情况的决策都与当时的战略有关，因此也与学说的路线有关，而该路线则由一个阵营的首领或一些集团的首领来制定。

444　　　东欧国家基本不存在针对区域外部的外交和战略的问题。因殖民地问题，西欧国家的外交与其阵营的外交存在差异。然而，尽管哥穆尔卡（Gomulka）领导下的波兰在言论（书面的或口头的）上与联合国中的苏联完全保持一致，但仍在与西方阵营的文化和经济关系方面留有某些回旋余地。它接受美国的支援，允许本国学生、教授和作家赴西方国家旅游和学习。

　　　　最后，对东欧国家而言，关键的问题在于它们在践行学说

---

① 被批判的时候则为冒险主义的或宗派主义的。
② 被批判的时候则为机会主义的。

以及管理日常事务中的自由度。1945～1956 年这段时间分为四个截然不同的阶段。第一个阶段从苏联部队的到来至 1948 年对南斯拉夫的批判，这一阶段包含双重区别：一是人民民主国家与苏联（已经是社会主义国家）之间存在区别，二是各人民民主国家都将普世真理应用于当地形势，因而各自之间也存在区别。在第一阶段，铁托的南斯拉夫属于极左状态，它严厉斥责西方政党（意大利的和法国的）的非暴力，反感一些东欧政党果断地投身社会主义建设，坚决主张这些政党要强调国内形势的差异性。这一时期，南斯拉夫的政党因为战时所发挥的作用而备受拥护，信心十足地准备涉险实现其外部目标（的里雅斯特），它不肯承认它会一直落后于老大哥，也不承认它会在定义模糊的人民民主地区内落后于人。

第二阶段是 1948～1953 年的全盘斯大林化，轰动一时的拉依克（Rajk）审判、科斯托夫（Kostov）审判和斯兰斯基（Slanski）审判是这一时期的标志。在南斯拉夫分离主义和冷战的双重压力下，东欧展开了双重镇压。各国的共产党最终清除了多元民主的余党，同时，铲除了被怀疑甚至只是有被怀疑可能性的偏向民族主义的领导人（甚至还有那些可能代表民族主义倾向的领导人）。东欧各国的共产党全盘掌控权力，完全听命于莫斯科；波兰军队由苏联元帅统领；苏联秘密警察渗透并监视警察机构。苏联大使日复一日地监视着事务的管理，而苏联布尔什维克政党对卫星国各党行使教条的、狂热的权威。一切看似卫星国统治者既在推行他们的政策，又在履行他们的义务。

第三阶段，从斯大林之死到波兰和匈牙利反叛。斯大林，这位实施冷酷统治、让卫星国的首脑俯首称臣的领袖，已离开人世。继任者们争权夺利，同意将压紧的弹簧稍微放松一些，

445 于内于外，都让政体恢复了一定的弹性。在斯大林逝世前夕，
言论纪律曾臻于某种怪诞的极致，现在却被官方终止。在苏共
二十大会议上，曾经的同僚成了继承人，曾经让他们诚惶诚
恐、极尽阿谀奉承之人，则被他们谴责是口蜜腹剑、无用的、
残暴的人。他们揭发了 20 世纪 30 年代的审判，也影射了战后
的审判。苏联内部的派系之争投射出人民民主国家的内部争端。
苏联领导人之间以及各国政党领袖之间的斗争的交织，导致了
朝令夕改（纳吉复出，后再遭废黜），也酿成了 1956 年匈牙利
的暴动。

最后一个阶段，此书着笔之际仍在进行。这一阶段并不标
志着斯大林主义的回流，而是努力维持阵营的凝聚力和某些
"解冻"的利益。莫斯科的领导人们既不愿放弃社会主义阵营
学说的同质性，也不愿放弃苏联的首要地位，他们没有哪一个
能够像斯大林那样令他的追随者和同志们尊敬和畏惧。但是，
这两个原则在阐释与运用上存在些细微差别。

社会主义意味着单一政党、共产党是工人阶级的代表这些
信条不容置辩。但是，在适应形势的正当范围内，在农业集体
化的紧迫性、经济增长率、投资比例、重工业与轻工业的投资
分配等方面，存在政治与教义的争论，每位谈判者都引经据典，
为自己的立场辩护。农业集体化、高增长率和重工业优先的拥
护者被视为"强硬派"，有时被称为"左派"。可是，1957 年，
波兰的那托林派，即斯大林主义的残余分子和怀旧主义者，却
被划为右派。另外，这些领导人对经济政策（重工业）"强
硬"，对文化则相对宽容，赫鲁晓夫谴责马林科夫先生的经济
政策，却没有否定"解冻"。总之，从老大哥到小兄弟，派系
之间并无严格的对应。或许，赫鲁晓夫支持波兰走哥穆尔卡路

线，而在苏联和东欧其他国家都不会容忍这样的路线（比如在农业方面）。

斯大林集权政策的松弛符合莫斯科领导人的几项意图，也符合政治与心理的历史基本需求。后续任何一位领导人都无法担当斯大林的角色，因为他们都不具备他的超凡魅力，而这一领袖气质是由功绩与罪过，由杀戮以及石头、混凝土和钢铁铸成的参天纪念碑所给予的。克里姆林宫的绝对权力，只在崇拜教皇－皇帝时才具有意义。长此以往，这是不合乎理性的，因为它建立在对人性的长期压迫之上。况且，一旦卫星国的精英站稳脚跟，一旦过去的代表被踢出局，东欧国家的执政者便会不由自主地渴望自己行使权力，行使由国家独立的法律准则和国家平等的社会主义原则赋予他们的权力。然而，除非是处心积虑地为权力而权力，换言之，除非是欲求他人臣服以享受至高无上的权力，苏联的精英没有必须遵照的理由来干涉卫星国内部日常事务的管理或内部的个人竞争（只要这些个人都致力于阵营的共同利益）。

留给卫星国精英们一定的自主权，或许会缓和其政权不得人心的程度，强化其国家特性。现任波兰共产党总书记哥穆尔卡在波兰人民中的威信，没有比在其身陷囹圄时执政的西伦凯维兹（Cyrankiewicz）所拥有的威信更高。老大哥和他的保护人间关系的缓和，既符合前者又符合后者的利益。既然阵营的首领不怀疑卫星国统治者的忠诚，那么在逻辑上，凡有助于卫星国统治者获得那些屈从而非"皈依"共产主义的国民爱戴的事情，他必应予准许。对苏联和波兰人民而言，哥穆尔卡政体是最好的方案，对美国而言，它也同样是最好的方案，它稳定了波兰与苏联的关系，并留出了美好的未来：波兰并未变成苏联

446

的一个省份。

然而，赫鲁晓夫的方法并非没有风险。在西方，美国无须强加意识形态规范：只要盟国的执政者既非共产主义亦非中立主义，大西洋集团便能维系，因为它不过是军事共同体以及针对东方阵营的外交协调。在东方，苏联领导人不可能放弃意识形态规范而不损害或者改革其自身的政体。共产党从其学说中获得合法性：苏联据有的首要地位赋予了它阐释学说的权利。国内的阐述分歧应限于狭小的范围之内。这一限度是什么？或许没人能确切地回答这样的问题。共产主义的长远目标是什么？他们所认为的未来和最终世界是怎样的图景？假使资本主义国家不复存在，国际关系的格局又会是怎样的？这些疑问并非毫无价值，因为共产主义领导人着实奋斗的**目标**取决于这些问题的答案。苏联帝国并不会像希特勒帝国那样，建立在优等民族优越性以及奴役或灭绝劣等民族的基础上。苏联是多民族帝国，幅员辽阔，毫无必要再行扩张。超越两个阵营的冲突之后，所有的国家都同时衰败还是混合成一个单一国家呢？社会主义政体将趋向一致，抑或是政体中文化本源的烙印会日益彰显呢？

无论如何，在两大阵营交锋的当下，克里姆林宫的关注焦447 点必定更是近在咫尺，更是迫在眉睫：必要时，苏联集团在欧洲采取统一行动**势在必行**（对匈牙利的镇压阻碍了莫斯科人道主义的造势，它为恐怖宣传带来了前所未有的力量：此后必须承认，假使必要，苏联便能以武力征服卫星国）。而苏联和中国的统一行动则只能通过**谈判**，甚至连含蓄地诉诸武力威胁都不可能。诚然，面对劲敌美国，中国有赖于苏联提供技术支持和原子弹掩护。苏联则认为，类似1948年贝尔格莱德与莫斯科的公开决裂会是一场灾难。或许，两个共产主义大国有时仍能达成妥协并正式维系它们的友谊。我们揣测某些利害分歧，比如，苏联集团是否应该将援助不加区分地分配给所有亚非国家，只要这些国家行动上**客观地**反对西方？还是说应该特别照顾那些正向人民民主靠拢的进步政体，至少是优先考虑它们？它是否应当考虑纳赛尔总统迫害或者清除共产主义者的事实？国际缓和是否符合苏联集团的利益？它应当强调和平共处的可能性还是强调战争的必然性？且不论这些利害关系是什么，即便中国同苏联化解了或者掩饰了彼此间的矛盾，它们的共同存在仍为苏联体系内部恢复了某种政治理论－争论的自由，列宁时代热烈地使用过这种自由，斯大林政权则逐渐使其窒息，而斯大林之后的苏联领导人尽管对他的遗产存在争议，却也逐渐被迫容忍这种自由。并且，中国仅仅通过它的存在就能给苏联集团带来麻烦。欧洲苏联集团同亚洲三个共产主义政权（中国、朝鲜和北越）并肩而立，其中一个还是世界上人口最多的国家，这就改变了欧洲阵营的内部关系。总之，至少东德人和阿尔巴尼亚人可以采用所谓的中国话语体系，而捷克人仍然坚持追随苏联领导人的原则，波兰则偏离了俄国正统学说，但在方向上反对中国的学说。

我们无法准确知晓两个共产主义大国是如何进行谈判、如何做出决策的？是由某一国还是两国共同做出决策？也无法知道理论争论将对战略行为产生怎样的影响。无论如何，给予卫星国统治者的自主权导致了行事的多样性，甚至连社会主义建设的实质内容也多样化了，正如第二个社会主义大国的存在为阵营内的所有国家恢复了意识形态讨论的一定自由。这样的自由，西方的老大哥或许会不屑一顾，东方的老大哥对此却不无焦虑，因为克里姆林宫不仅不再（或者还没有）习惯这种做法，而且还极为注重观念①。

448 三 经济组织

欧洲国家的崩塌、两支"解放"部队在旧大陆中心的相会，导致了两大阵营的形成。这些阵营，究其根源是政治性的，而其实质则偏军事性而非政治性。然而，我们是工业社会，而苏联以其自身为摹本而建立的制度，其意识形态是历史－经济的。它宣告人类将首先迈入社会主义经济体制，最终步入共产主义经济体制，这是一场难以抑制且可以预见的运动。两大阵营中的国家都建立了符合各自主导意识形态的经济制度，显然，西方国家的偏差余地大于东方国家，尽管1953年以降，东欧国家间的差异也日渐明显，甚至表现在理论上遵从正统性的要求。

在经济方面，阵营形成的主要后果是打破了全球市场的一体化（这是共产主义学者使用的表述）。战后一段时间，国际时局改变了卫星国间的贸易关系。在某种程度上，这些改变是政体本身所蕴含的：如果不同时预估出口，便很难制订计划，买主如果属于自由经济国家，即买主是公司，而公司归根结底取决于消费者，那么这些预估便并非易事。可是，外贸的重新定位也诠释了苏联的意愿。② 社会主义国家应当按照计划的规律组建国际市场，正如它们应当在内部建立符合苏联标准的经济体。

---

① 他们称之为"观念"。

② 1951年，苏联集团对人民民主国家的对外贸易额（进出口）的份额在保加利亚上升至92%（战前是12%），匈牙利67%（13%），波兰58%（7%），罗马尼亚79%（18%），捷克斯洛伐克60%（11%）。

理论上,我们设想社会主义的国际市场可采取两种模式。要么优先超国家计划,国家计划作为其中的分项,同样地,地区计划又是国家计划的分项;要么优先制订国家计划,阵营内部的政府之间缔结双边协议,并在双边协议的框架内建构国际市场。第一种模式理论上更可取,严格来说却无法实行。第二种模式有其内在的弊病,斯大林主义曾把它夸大到荒唐的地步。

以国家计划为主,国家计划在各种情况下都能够适应国内形势。可事实上,1948～1953 年,每个东欧国家都趋向于在缩小的范围内复制苏联模式,各国都重视发展重工业,都拥有自己的钢铁工业、冶金业和机械工业。匈牙利是此番疯狂行径的代表:依靠进口煤钢支撑冶金业,单是进口的成本就高于外部购买匈牙利工厂生产的成品或半成品的价格。

尽管国家计划的优先地位未被舍弃,尽管这些计划仍以"苏联缩影"来构思,但双边协定的增多和**经济互助委员会**(模仿马歇尔计划和欧洲经济合作组织而创立,但长期无所作为)的工作增进了苏联集团内部的劳动分工。所有东欧国家都建立了重工业——生产资料工业,如冶金、化工、机床,且它在总产值中所占比重相对较大。近年来,欧洲经济合作组织在东部能够迫使这些工业推行一定的专业化,不再是**大家**都生产涵盖**全部**类型的机器。

苏联集团在欧洲以外的军事阵地进行一致或协调行动也需要这种专业化。从此以后,对于欠发达国家而言,贷款和赠予成了苏联手中的一张牌。东德、捷克斯洛伐克甚至波兰此后都是不容小觑的生产资料出口国。这些国家都和地球上的某个国家、某个地区维系着新型或传统的关系。所有国家都参与贸易攻势,参与政治目标,旨在与西方阵营争夺第三世界的市场。

449

　　阵营内国家之间的经济组织在运作时并非没有谈判和争议。我们知道，争议的内容毫无疑问是社会主义国家间商品交易的价格。1956年，波兰事后调高出售给苏联的煤炭价格。即使社会主义国家宣称遵循国际价格，其他的争议看上去仍在继续。国际价格会让某一个社会主义国家受益，而牺牲另一个社会主义国家的利益吗？

　　阵营内国家之间的分工也并非一帆风顺。任何一个国家都不愿意牺牲其所谓的基础制造业。即便所有国家都倚仗苏联的原料补给，也没有一个国家愿意过度依赖另一个国家。看起来虽然苏联画定了框架，但是卫星国之间、卫星国与老大哥之间的关系仍遵循谈判规则。这些国家的代表相互会面，磋商并谋求说服彼此，他们并不会牵涉到他们的共同体——这一阵营由相同政治体制下的不同经济体构成，独立于资本主义世界市场之外——但各方都会通过要求与让步等传统手段来确保自身的利益。1956年后，波兰甚至既从苏联又从美国那里成功获得了贷款，哥穆尔卡执政时模棱两可的特点赋予了它与**两个超级大国中任意一国**进行额外谈判的能力：在两个超级大国看来，斯大林主义卷土重来可能是场腥风血雨，相较之下，稍微自由的共产主义更为可取。

　　苏联与卫星国的经济关系沿着两个截然不同的方向发展。从1945年到1953年，苏联强化了控制，加重了对卫星国甚至那些不能被视为昔日仇敌的国家的剥削。阵营内的计划、伙伴间的分工仍停留在宣传规划或主题上。1953年以降，苏联放松控制，给予了各国政策自由发挥的余地，允许波兰缓慢推进农业集体化，鼓励经济互助委员会的工作，它从剥削（苏联主导的合营公司，收取赔偿，低估卫星国交付的商品的价值）过渡到援助（长期贷款）。不论是东方还是西方的老大哥，它们都接济因民众不满而身陷险境的卫星国亲王。某种程度上，苏联凭借卢布与修正主义做斗争，正如美国利用美元与共产主义和中立主义做斗争一样。

西方的第一阶段与东方的第一阶段背道而驰。美国援助欧洲国家重建，且于 1948 年启动马歇尔计划，这不仅加快了重建的步伐，也防止了共产主义的扩张。这一时期，美国的设想更是与苏联的设想南辕北辙。马歇尔计划促使欧洲国家形成一个整体，甚至鼓励以欧洲经济合作组织为代表的这一整体对美国的商品实施"贸易歧视"。欧洲国家间彼此给予优惠，却拒绝给老大哥以优惠，负面的宣传甚至指责美国是帝国主义或者新殖民主义。为了填补"美元缺口"，美国迫使它的盟国相互合作，为欧洲社会设立一个"授权的谈判对象"。同一时期，即 1948～1953 年，斯大林则仅与每一个卫星国单独地缔结双边关系。

美国是从经济角度来考量的：如果欧洲国家重犯 20 世纪 30 年代的错误，重拾国家计划并靠行政来管理对外贸易，各国都谋求尽可能多卖少买，那么欧洲的复兴便是无稽之谈。**在经济层面，东欧每一个卫星国都犹如显微镜下微小的苏联，而整个西欧则效仿美国。**美国旨在让自己的援助变得无足轻重，因此便要恢复欧洲国家所失去的独立（经济独立而非军事独立）：苏联的政策则倾向于确定卫星国的经济附庸关系，因为卫星国只能靠苏联来保证原料供应。

美国的政策是成功的，这种成功或许也超出了倡导者的期望。它的成功表现在两个方面：20 世纪 50 年代，欧洲的经济增长率一直高于美国；欧洲大陆比英国和美国这样的盎格鲁 –

撒克逊国家发展得更为迅速。欧洲大陆正在经历大批生产耐用消费品的阶段，对汽车、冰箱和电视机需求旺盛。西德与意大利积攒的黄金和美元提供了更加明显的证据。逆差跨过了大西洋：美元指不胜屈，不再稀罕。十年间，美国损失了价值60多亿美元的黄金。马歇尔计划和美国政策的结果一直都是重建国际市场，一如苏联政策的目标在于建立社会主义国际市场。然而，苏联的政策是将东欧国家和它们的老大哥捆绑在一起，美国的政策则是给予西欧各国在主导经济方面更多的自主权。

西欧国家间的经济关系引起了林林总总、连续不断的谈判。贸易外交几乎成为孤立的领域，专业官员驰骋其中、游刃有余，而部长们只能远远地关注，因为对外行而言，讨论中所使用的术语是高深难懂的。

在第一阶段，即马歇尔计划阶段，欧洲国家间主要围绕美元分配以及渐进的对贸易自由法规的制定与欧洲支付同盟进行谈判。各国政府通过一个国家间组织重新建立了一个多边支付系统，且废除了对进口的行政管制。与此同时，马歇尔计划的使命是对各国政府施加影响，促使其克服通胀、自由贸易、增加投资。这样的谈判属于传统类型。每一个谈判国都寻求获得老大哥或合作伙伴的优待；每一方都要其他国家轮流证明自身的不足和长处、敌人的强大以及它为共同事业做出的贡献；各方都试图说服对谈者，任何一方都无法钳制它的小弟或老大哥。这些谈判唯一的悖论在于，虽说援助本应按需分配，补助却有可能给予了管理不善的政府，伴随着通货膨胀的压力，外汇的需求会不可避免地增加。

1950年春，法国提出的"欧洲煤钢共同体"让谈判更为复杂。此后，旨在建立超国家组织的决定性谈判与有关商品交易和国家支付模式的应时谈判交织在一起。欧洲六国共同体的成员国形成了某种特殊关系。高级机构理论上具有某种超国家的权力，然而，机构的组成人员并没有放弃他们的原国籍，他们既受国家利益的影响，又受超国家组织利益的影响。此外，各国政府也会从内部或外部向超国家组织施加影响。

《罗马条约》又让谈判横生枝节。六国以外的其他欧洲国家都不同程度地反对共同市场，因为从定义来看，共同市场会区别对待成员国和非成员国。各方都力争得到老大哥的优待，然而非成员国认为成员国对共同市场的忠诚是不牢靠的，它们会或多或少谨慎地让这个或那个成员国反水。

20 世纪 50 年代，大西洋集团内的经济外交具有什么特点？ 452
当谈判的砝码为纯经济利益时，军事力量几乎不能影响一国强人所难的能力。当本国财产在外国领土上被扣押时，国家不再靠派遣炮舰来回击：这些炮舰会被海岸上的炮火驱逐，它原本也应当发起讨伐。盟国之间不存在这种可能性。无疑，军事强国一般都拥有可观的资源，在正常情况下，其资源总量必定影响所有谈判的开展。不过在此类事件之中，力量与权力的关系比目光短浅的现实主义所想象的要更为微妙。

诚然，当一国资助出口所需的外币大多来源于**某种**商品（锡、棉花或咖啡）的销售，那么它对买方的依赖就要大于后者对它的依赖。然而，我们所分析的是拥有多元经济的工业化国家间的谈判。任何国家都不依赖唯一的买主或主要的买主，也没有一个国家因逆差所迫而恳请老大哥贷款。谈判涉及关税减让、国际支付体系的建立以及区域组织的形成。降低关税的谈判本质上是讨价还价，大国在谈判中拥有更大的操作余地，因为与小国相比，同等程度的减让对它而言意义不大。可是，小国由此也能得到有利的议价，因为这些利益对它而言是可观的，但对于人口 20 倍于它的国家而言，便显得微不足道了。

的确，面对大国或是中等国家联盟采取的不公正举措，小国并没有能力施以报复。瑞士对六国共同体资本的禁止，带来更多的是微笑而非焦虑。当美国总统以所谓的保护国家濒危工业为由，试图限制瑞士手表入境时，瑞士赤手空拳，只能抗议和提醒它西方老大哥所倚仗的自由原则。道德武器并不总是无济于事。

法国与英国主导的外交斗争起因于《罗马条约》，这场斗争介于两种关系之间——经济关系和政治关系，我们会在阵营内部对之加以区分。六国拟定了一份条约，规定在大约 15 年之内组建一个共同市场，实行共同关税和法律协调。这一事业的终极目的是实现在共同法律与共同制度机构的管制下，商品、资本和劳动力自由流通。小欧洲的某些倡导者并未掩饰共同市场本身是手段而非目的这一事实——它是经济一体化的手段，而经济一体化本身又是政治联盟的手段。

英国和一些欧洲小国（瑞典、挪威、丹麦、瑞士、奥地利、葡萄牙）对经济手段，甚至是这一事业的政治目标并无好感。伦敦认为这存在以下弊病。首先，根据国际法[①]，它建立了关税歧视：在过渡阶段之后，德国商品将自由进入法国，而英国商品则要按共同进口税率来缴纳关税。在最初几年，这种歧视尚不明显，但随即便会有影响：消费者和进口商在歧视足以造成价格差之前，便会进行调整以适应歧视。

其次，在 20 世纪 50 年代，欧洲大陆国家就是增长率最高

---

① 《关税及贸易总协定》的文本。

的国家。随着边界的开放，竞争也将愈发激烈，或许也将进一步促进欧洲大陆经济的发展。受到原料低关税或零关税、成品和生产资料高关税保护的英国工业，难道不会在生产力竞争中被赶超吗？

无论如何，六国将组成首屈一指的经济统一体，成为世界上最大的原料进口商和最大的制成品出口商。如果它们以一个国家的形式一同谈判，那么它们在经济外交领域所具有的分量则是英国所无法比拟的，或至少与英联邦旗鼓相当。

在六国之中，德国的工业最发达、最先进，它无疑会成为最强劲、最具活力的合作伙伴。将来，它是否会对欧洲共同体的机构和运行产生决定性的影响呢？如果欧洲共同体成为一个联盟，它是否为德国主导西欧开辟了道路呢？诚然，这种和平的主导不同于威廉德国的霸权，亦不同于希特勒帝国，不过它仍然唤起了记忆和怨恨。

一些欧洲小国对共同市场的敌视昭然若揭。中立国家（瑞典、瑞士和奥地利）和在政治上结盟却在传统上面向海洋的国家，都不愿成为以欧洲大陆国家为主的机构的正式成员，这种政治联想在苏联看来与中立是格格不入的。然而，瑞士和奥地利是欧洲大陆国家，它们主要与六国发生贸易往来。不加入就会遇到**关税歧视**，加入便必然意味着同意一体化的要求，它们拒绝在这二者之间做出抉择，因为两种取舍都同样令人不悦。

毋庸置疑，在六国范围内依靠共同市场的形式来统一欧洲，起初会使那些在马歇尔计划庇护之下的在欧洲经济合作组织内部合作的国家之间发生分歧。英国冷嘲热讽道："名为统一，实则分裂。"六国则反驳说："如果不把那些决心参与的国家同那些满足**现状**和各种政府合作模式的国家相区别，那么要如何 454

实现统一呢？"

英国和欧洲小国反对共同市场无可厚非。法国反对自由贸易区计划也情有可原。与共同市场一样，制成品在自由贸易区之内也享有流通自由，然而区域成员国既没有建立共同对外关税的义务，也没有经济一体化（或者协调立法）、建立共同的农业政策和某些共同法律的义务。

当然，相互妥协的谈判是可能的。英国的最初计划是起点，这个计划代表了伦敦的理想方案，不过，倘若巴黎政府打算赞成自由贸易区的原则，女王陛下的政府就会同意向法国提议的方向靠拢一些。

可是，法国并不接受，也不能接受这个原则。① 这主要有两方面的原因。法国的工业家并非毫无顾虑地设想共同市场的内部竞争，但仍希望进行尝试。然而，他们担心并反对立即扩大共同市场。六国框架内的竞争仍属可以估算的风险，其不确定性也是有限的；而自由贸易区对他们而言充满了难以预料的危险。而法国政府有其他考量，更为迫切地反对同时建立两个组织。一旦**同时**建立自由贸易区与共同市场，那么贸易区将成为主要的事实。最优秀、最有抱负的领导则会在自由贸易区的中心大展拳脚，寻求成功。六国为实现经济一体化——共同农业政策、法律协调——煞费苦心，而一体化将陷入停滞，并逐渐被束之高阁。在共同市场生效之时便同意建立自由贸易区，这不过是将欧洲的统一重新引向制成品的自由贸易区，这也意味着按照自由贸易区的主张来发展欧洲经合组织的政府间合作，只不过是对世界其他地区而言的歧视性政策，而没有任何政治

---

① 尽管在谈判伊始，它同意这个原则。

目标。

这正是盟国之间切实的利益冲突。一方是六国，另一方是英国和欧洲大陆的小国①，双方仍通过北约团结在一起：对任何一方而言，敌人苏联都是最大的威胁，北约代表它们的团结，美国的威慑力是它们共同的靠山。不过，由于一众小弟兄分属不同的政治经济小团体，各自都拥有或多或少的威望，阵营内部的力量对比或多或少地有利于英国或者欧洲大陆。

争论的背景已概述完毕，那么外交斗争又包括什么？它包含两大主要方面：一方面是严格意义上的谈判，另一方面是说服伙伴、对手和老大哥的努力。说服的努力贯穿整个谈判的过程。法国努力说服的对象主要是老大哥和它的伙伴；而英国则主攻老大哥和法国的伙伴，其中德国和荷兰都不乏偏好自由贸易区而非共同市场的强大党派。

谈判和说服具有某些相似之处：谈判方（谈判人员和宣传人员）必须就两方面交换意见。他们谈判的对象并非无知的群众，而是政府官员或者能干的政治家。他们应该提出合理的论据，回应正当的异议。即便法国代表从一开始就知道他们最终的答复会是否定的，也不可能立刻坚决地说**不**，否则就会让他们在六国的伙伴甚至老大哥心烦意乱，因为英国的论点也同样建立在无可争辩的主张之上：共同市场将欧洲经济合作组织的成员国**一分为二**。法国只有在证明了自由贸易区和共同市场水火不容后，华盛顿、波恩和海牙才能接受它的否决。

英国主要使用了三个理由来努力说服。伦敦的发言人向美国揭发关税歧视，称其为贬义词，意指一国向另一国提供优待，

① 当然，中立国家排除在外。

有悖于最惠国待遇的规定，他们试图借此挑起对差别关税的敌意，显然差别关税与整个自由贸易区或整个共同市场都是不可分割的。他们还向美国谈及欧洲统一的破灭，认为马歇尔计划是欧洲统一的契机，而欧洲经济合作组织是统一的手段。他们向德国和荷兰的"自由党人"强调，对国际性贸易国家而言，与法国这类传统的保护主义国家结交是荒谬的（此外，他们低声宣传，暗示法国人与德意志联邦共和国——昔日的仇敌、日后的霸主——来往密切是愚蠢的）。

法国说服美国的努力既相似又相反。反驳歧视性指责非常简单：自由贸易区与共同市场一样会歧视美国商品。自由贸易区会使十三个国家对美实行歧视政策，而英国指责的只是六个国家。任何一个商业组织都建立在对第三方的关税歧视之上。美国认为，一个囊括了所有欧洲国家的区域，**在经济层面上**比起仅有六国的共同市场更令人恼火。六国以欧洲大陆统一为理由来回应分裂欧洲的责难。美国在全力支持欧洲军队后，又如何能改变原有主张，撤回对与其目标相同的共同市场的支持呢？法国的宣传人员提请其合作伙伴——尤其是德国——注意，英美主导的世界经济体系不划分区域组织，那么德国只不过是第二（或第三）杰出经济体。然而，德国却能通过六国重归政治大国地位。共同市场凭借其贸易地位和收支盈余，能够以独立主体的身份干涉非洲、亚洲和南美的发展中市场。军事上，六国暂时只是大西洋集团的普通伙伴，经济上它们则可以反对美国，毕竟它们都将以与美国同等地位、同等尊严的主体身份出现。

谈判持续了十八个月左右。谈判专家接二连三地发现难题：对外差别关税所必需的原产地证书、英国与英联邦的关系、农业政策、共同制度、立法协调、关税主权（各国保留不必征得伙伴同意而调整其对外关税的权力？）。不过严格地说，磋商从未曾有过讨价还价和相互让步这些正式谈判的特点。法国的策略自觉或不自觉地倾向于向伙伴国强调自由贸易区的不可能性，却不承担谈判破裂的责任。1958 年底，英国人主动决裂：他们既没能成功地让法国的伙伴反水，也没能赢得美国对他们的主张的支持。

这种外交斗争的性质是什么？显然，它更像国家内政的争端，而非主权国家之间的冲突。不论好坏与否，结盟这一事实都使对手无力诉诸最重要的手段。英国人无法阻挠六国构建合乎《关税及贸易总协定》国际法的共同市场。他们必须让美国的领导人相信共同市场必然与欧洲和美国的利益背道而驰。他们不得不劝导德国和荷兰的舆论或政府，共同市场将受到法国保护主义的支配；或者让法国的舆论相信共同市场将导致德国的霸权。由于既没能说服前者，也未能劝服后者，英国人只能接受共同市场，即六国脱离其他国家这个事实，也许也会为重建欧洲大陆一体化找到他路。[1] 英国组建小型自由贸易区是一种做法，单纯地加入共同市场则是另一种做法。[2]

我们刚才所勾勒的模式并不与多党冲突存在根本差别，两大党派的任何一方只有笼络中间党派或诱使对手党派的同伙反水，才能占据优势。我们刚才分析的格局在国家内部难以找到与之完全对等的情况。共同市场之争的关键和最终结果在于六国和六国以外的国家分离与否。只要宪法程序未中止，政党斗

457

---

① 这主要是向法国合作伙伴施压的一种手段，尤其是向受威胁的德国施压，使其在斯堪的纳维亚市场遭受歧视。
② 1961 年 7 月，哈罗德·麦克米伦政府决定采取后一种做法。

争的最终结果无外乎是联合政府和多数决策。政党之间必定并肩共存，而在某种意义上，六国则要求分道扬镳。

方法和风格上的相似性则更为显著：这些外交磋商中的谈判方类似于进行对话的政党，对话在形势所要求的不成文规定下进行，既是知识的辩论又是技巧的较量。任何一国都不能动用武力，也无法有效地以商战相威胁：舆论并不乐于接受这种威胁，因为这种报复行为违背了对手之间根本上的结盟精神；也因为六国没有违反《关税及贸易总协定》，也就找不到对它们实施报复的口实。无锋剑的剑端应该套上保护皮头。辩论人员是击剑队员，胜者更有技巧、更果断。如果艾哈德一方战胜了阿登纳总理一方，如果六国未能制定出共同的农业政策，如果美国政府不再支持六国，那么斗争的本质就会改变，阵营的命运也会不同。

四　集团内部的冲突

大西洋集团内合作伙伴间的政治斗争分为四类：（1）两个伙伴——同时也是昔日敌人——之间的冲突［利害是萨尔地区（Ia Sarre）这片领土］；（2）伙伴就集团组织有关昔日敌人的措施而产生的冲突（德意志联邦共和国的重新武装）；（3）伙伴间就如何应对敌方阵营行动而产生的冲突；（4）伙伴在集团外的区域内不遵循一致政策而引发的冲突。也许，"冲突"一词未必十分贴切：有时不过是对最佳方案存在意见分歧，好比同一个国家内部不同行政部门或不同党派之间的分歧。

第三种类型的冲突既属于集团之间的外交，又属于集团内部的外交，笔者姑且将其搁置。而另外三种类型，笔者在此不予赘述，只试图分析出和平斗争的本质、规则和模式。

第二次世界大战之后，萨尔地区的冲突可以说属于第二类。《凡尔赛和约》规定法国管治萨尔地区，并经营该地区的煤矿，以补偿德国对法国北部煤矿的破坏。十五年后，由全民公投决定这片富含煤炭和工业资源的领土的命运。

二战后，煤炭资源极度短缺，法国谈判人员要求并获准了暂时分离萨尔地区。[①] 纳粹德国投降后的最初几年，萨尔地区人民的物质条件明显优于联邦德国的同胞。与此同时，法国政府找到了引入政府民主形式的方法：政党按照西方规则相互竞争，保留国家的基础，即萨尔的自治不必提交讨论。

此举从一开始就显得岌岌可危。西方世界的主导性意识形态，使法国无法兼并萨尔或者强加专制制度。不仅政府必须由萨尔人组成，而且萨尔人可以自由讨论除了并入联邦德国以外的任何问题。只要战胜国与战败国之间存在差距，只要德国占领区的不幸与被压制的萨尔地区的相对舒适之间存在反差，那么同时维系民主政体和行省总督制度就不至于穿荆度棘。一旦"德国奇迹"成为现实，正要和解的法国和德国表现出消弭争端的意愿，那么情况就会截然不同。

萨尔人也许会同意被赋予欧洲国家的地位，如果这个地位能使其纳入欧洲防务集团的话。然而，当萨尔人被明确给予选择的机会时，他们也很可能投票赞同回归德国。通常情况下，生活在边境且具有民族身份意识的人，基本上都会表示同意融入其民族国家。分离与民主相结合的方法也无法阻止合乎规定程序的公投。1955 年，法德协议规定，如果萨尔拒绝欧洲国家

458

---

① 苏联拒绝这一要求，这也成为法国和苏联在 1947 年 1 月的莫斯科会议上关系破裂的导火索。

的地位，它将保持现状，可即便是这样的威胁，也没能阻挠萨尔人投票选择回归德国。两国通情达理，认为不能违背萨尔人的正式意愿而执行协定本身。事实便是如此。

萨尔领土争端并不是典型的国际冲突。尽管它是法德敌对时期冲突的历史再现，但它更像盟友之间而非敌人之间的冲突。首先，它富有教益地阐明了不成文规则的权威。法国如果否认萨尔人的自由权益，否认他们选择国籍的首要自由，那就是出尔反尔，就违背了它和大西洋集团所认同的观念。在组织公投之时，对赞成归入西德的宣传和政党的阻挠便自然而然地失败了。法国如果涉险在 1950 年之前组织公投，或许会出现不同的结果。不过，我并不认为这是最终的结果。在历史背景下，法国政策所能运用的手段注定会失败：法国没有破坏与德国的和解，痛快地顺从了萨尔人民的意志，这样看来，法国终是虽败犹荣。

涉及联邦德国重整军备的争端——是否应称之为冲突或是争论？——同样具有混合的特点。在某种意义上，它不过是对建立防务或者巩固集团的意见分歧。朝鲜战争之后，大西洋集团的伙伴国在美国的鼓动下也决定自行并共同重整军备。德国又将会有怎样的地位？波恩的共和国仍只是一个客体，一个可能爆发战争的战区？抑或是轮到它加入集团？

按照传统的推理模式，答案是毋庸置疑的。重新武装西德，将其视为盟友而不再是敌人，意味着巩固集团，将德国部队编入镇守分界线——西方世界边境——的卫兵行列。然而，重新武装德国的决策在法国掀起了风暴。

德国是昔日的敌人。纳粹德国发动的战争尚未远去。记忆不曾退却，愤恨还未平息。法国部长着重指出，法国人和德国人在同一面旗帜下携手并进仍为时尚早。姑且不论这些合理的情绪，从理性的观点来看，重整德国军备也有待商榷。苏联会对这一决策做何反应？苏联人难道不会视之为西方侵略意图的证据吗？无论如何，重新武装西德，难道不会在民主德国和联邦德国之间设立不可逾越的障碍吗？它不会进一步加剧紧张局势吗？换句话说，法国外交官可以像伙伴一样诚心诚意地和美国同僚讨论这一关系整个集团的举措，尽力权衡其利弊，衡量可能的结果与风险。最后，法国代表也担心德国重振军备，即德国获得盟国地位，对集团内部力量关系的影响。1950 年以前，在大西洋集团中，法国是欧洲大陆的唯一一个中等强国；1950 年后，如果美国的计划被接受，法国就得重视另外一个与自己平分秋色的国家。换言之，重振德国军备，法国公众舆论会**接受**吗？苏联会认为其是**适宜的**吗？这会对法国在集团内部的地位**有利**吗？

　　精确衡量这三个论点各自对舆论和领导人态度的影响是不可能的，我们更无法详细地追述法国各党派间、法国与美国之间的长期论战。美国没费多少力气就让集团内的所有国家接受了德国重整军备的**原则**。法国举棋不定，愤然抗议，最终却同意了这一原则，然而具体的方式尚无定论。法国在"欧洲党"的煽动下，发起组建欧洲军团的计划，令法国的国内外纠纷节外生枝。

　　《北大西洋公约》赋予每一个签署国否决集团的决策的权利，尤其是对重新武装德国的决议。在法律和实践上，美国难以对法国的反对不屑一顾。诚然，法国亦难以使用否决权来反对集团其他所有伙伴的共同意愿，不过它们的意志是官方的而非真诚的。其他伙伴国接受了美国的计划，但并不像美国那样

460

急躁，对法国的阻挠也不感到愤慨。在这场意志的较量中，老大哥和执拗的小弟兄都使用了什么手段呢？

显然，美国不能诉诸军事力量。理论上，它本可以暂停或缩减马歇尔计划提供的援助。然而，尝试使用**胁迫**的手段，不仅会在法国而且会在美国以及大西洋集团的其他国家激起强烈的反应：美国受制于"盟国之间相互平等"这一西方世界的官方意识形态。它可以使用威胁：要么威胁**痛苦地重新评价**（agonizing reappraisal）美国对欧洲的介入，要么威胁无视法国的反对，在大西洋联盟框架之外与波恩签订双边协定。法国舆论并不会认真对待"痛苦地重新评价"这一威胁：法国舆论有理由认为，美国保护欧洲是出于对利益的敏锐构思，换言之，威胁放弃欧洲只是一种要挟。但是，法国慎重考虑了美国与波恩签订双边协定的可能性，这也促使法国议会同意联邦德国加入大西洋联盟。

法国的政府部门都有各种理由。它们不断地表现善意，不过，赞成德国重新武装需要通过议会投票。部长们不能强迫议会批准欧洲防务共同体或者其他任何允许西德重整军备的手段。建立欧洲军队的计划赢得了美国政府几乎是热情洋溢的支持，德国重新武装就是进一步迈向欧洲一体化的征途。美国为了不破坏一个欧洲组织——它的意义超越了特定场合的军事需要——成功的机会，它愿意等待。同时，巴黎着重指出它承担着那场遥远且不受欢迎的印度支那战争的责任。它的虚弱也成了它的力量。它提醒美国领导人，如果对倾斜的大厦施加过于强大的压力，大厦就有"崩塌"的危险，这时候的它并非虚张声势，对话者也不认为它在虚张声势。巴黎并不是威胁要做它的对话者知道它不愿意做的事情（像杜勒斯描绘的"痛苦地重

新评价"）；它只是诉说了困扰它的事情，对话者也知道事实上
无力对之加以阻止。在这种情况下，弱者对强者的要挟，比相
反方向的要挟更有效，因为弱国并没有威胁要做出致命的决策：
它的诉说可能会吞噬它的命运。

久而久之，美国终归是获得了法国议会的同意，让西德重
新武装并加入北约。既然德国重新统一的希望渺茫，那么结果
必定如此。英国政府既担心西德因军事预算较少而获得经济和
贸易利益，又担心美国对法国顽固否决做出的反应。一个集团
如果将**自由否决权**原则纳入其法定规章，那么只有在成员国最
终服从不成文的规章时，集团才能运转；弱国尤其不该滥用否
决权，也不该滥用因弱小而获得的要挟的可能。

美国和英国在柏林危机和朝鲜战争上存在分歧，但还不足
以称之为冲突。至少当矛盾的重点是既定情况下的有效措施时，
不可称之为冲突。并不能说美国和英国在应对柏林封锁和中国
干预时，所构想的目标截然不同。双方都希望保全西柏林且不
发动军事战争。或许，美国人比英国人更渴望通过军事胜利实
现朝鲜半岛的统一，但双方的直接目标在本质上是一致的：击
退朝鲜的进攻，坚持不挑起与中国的全面战争。它们必须做出
什么决策？承担什么风险？就此，伦敦和华盛顿的答案未必
相同。

这些争论并非出自对自尊的考虑以及对荣耀的渴望，在战
争时期，将军之间为此引起了众多争吵。这些争论本质上与不
同部门之间、不同党派之间，甚至同一个政治单元内部不同个
体之间产生的争论并无区别。我很想指出，在大西洋集团内部，
英国人倾向于将与美国的争论归结为对适当性的讨论，而法国
则倾向将这些争论表述为国家间的分歧。

461

1941 年 12 月以来，英国历届政府都坚信与美国的结盟是不可或缺的，首先它能打胜仗，其次它能够确保英国的安全。英国接受"美国的领导"，认为这是无法回避的。照此决心（或是顺从），英国的策略总是采取相同的步骤：先是力求说服美国领导人采取被伦敦视为最好的政策，必要时去影响舆论和舆论机构。一旦美国领导人做出了决策，即便这个决策有悖于英国的偏好，英国也会忠诚地追随**领导**，可它并不会万念俱灰，它仍然希望美国能通过事件或者批评擦亮眼睛。英国政府通过磋商、忠诚和参与，试图从利于自身的利益和观念的角度影响美国。

462

法国人的方法和手段则不同。法兰西第四共和国与第五共和国的政府行事风格迥异。它们的共同之处在于较少进行**磋商**、经常进行**阻挠**。第四共和国的阻挠常是基于弱势进行要挟，而第五共和国进行的阻挠则是力争强势。在第四共和国内，极少有反对重新武装的法国领导人会试图劝说美国谈判方，集团应该或者能够采取一种不同的政策（中立德国的统一、与另一个集团谈判）。1958 年 9 月，戴高乐将军在备忘录中要求大西洋联盟建立一个由三国组成的领导机构，要求美国无论要在世界何处使用原子武器之前都要进行磋商，他指出大西洋联盟的合作取决于对这些要求的满足，他并没有十分努力地让他的对谈者信服这些要求的合理性，也没有提出一致通过的原则实施方案。他阐述了自己的要求，并以等同于"就地罢工"的外交手段加以支撑。二战时期，戴高乐将军身处伦敦，即便缺乏物质力量却依然很强势，因为他代表了一个民族，象征着一种理念。他并不是通过谈判和讨价还价，而是习惯于通过既成事实（圣皮埃尔和密克隆群岛），通过威胁辞职或者撤到布拉柴维尔或莫斯科，通过挑衅盟友－敌手（叙利亚、斯图加特）将其意志强加给他的伙伴。一旦戴高乐成为一个真实而衰弱的法国的领袖，不再是一个缺失的和观念上的法国领袖，盟友－敌手便不加犹豫地在各种场合迎接挑战。法国被迫撤离叙利亚，不无羞辱，早知如此而自愿离开的话，本可以避免这样的羞辱。

英法的两种策略，一个倾向于突出，另一个则淡化集团（或者联盟）和政治单元之间的差异。在某种意义上，英国人试图和美国人进行磋商和谈判，正如英美政党的内部讨论（或者又如美国陆海空三军在台前幕后明争暗斗）一样。然而，两种策略也具有两种交涉方式的特点：法国政党实施阻挠，即拒绝一种政策，却不提出另一种替代政策，它假装或是真正地无视停滞的后果，即不提出任何政策的后果。

这并不意味着与其他伙伴相比，集团的行为给法国的利益造成了更多的损失。自从苏联集团成为敌人，并构成了对非共产主义欧洲的唯一威胁，法国和其他伙伴一样，它们的最高利益都是大西洋集团的团结、西德的加入以及美国在朝鲜的胜利，因为这场胜利不仅能增加老大哥的威望，还有助于所有盟国的安全。法国和集团中其他国家的区别在于，它更关心的是不能和联盟如影随形，相比于第四共和国，第五共和国时期这一区别更为明显。两种考量对于务实的推理是至关重要的。集团的决策对集团本身是否有利？集团的决策对各成员国自身的利益有何影响？第四共和国的领导人可以辩称西德重整军备会有引发苏联进攻的风险，或者会降低法国在联盟中的地位。可是，巴黎的领导人所在意的看似是独立于华盛顿或者整个集团的外交的态度或表象。

今天，在戴高乐的执政下，这种关切尤为突出，且几近是萦绕在心、无法自拔的。有关峰会一事，看来只有赫鲁晓夫事先造访巴黎，法国元首才会同意召开。在戴高乐看来，事先的造访表明峰会召开的日期是由他来掌控的，这是接受或者希望峰会推迟几个月的有效原因。因而，决策的自主权不是达到某些目标的手段，而是目标本身。

戴高乐从未表明他期望大西洋领导机构带给法国什么好处，也未曾指明他要将集团在亚非的行动指向何方。在柏林问题上，他支持阿登纳总理所奉行的强硬政策以及美国政府的部分政策。时至今日，戴高乐未在具体的问题和采取的决策上反对集团的伙伴和老大哥。他抗议指挥安排，不满大西洋指挥下的军队一体化以及盎格鲁－撒克逊的领导；他没能制定一项独到的政策；他主张法国降低军事行为能力的依附程度，加大集团行动的参与力度。

英国人更倾向于影响老大哥，惊讶甚至讥讽地乐见一国元首求之而不得。如果他们读过我们之前引用过的戴高乐的报告，那么他们自然会提及："一如既往，新的秩序源于战争的考验，最后各国按其军事功绩排序。"更确切地说，在和平年代，所谓的"按其功绩"，军事只是其中一方面而已。任何阻挠都不能强迫老大哥同意它无法随意让步的事情。至于政治－军事的自主权，它存在或者**事实上**并不存在。外交可以制造假象，却无法将其转化为现实。

五　集团外部的伙伴冲突

大西洋联盟在欧洲不单单是一个联盟，而在世界其他地方，却又不足以构成一个联盟。这一史无前例的矛盾结合体，正是外交领域全球扩张的逻辑结果。

还可以用另外一种方式来表达同样的观点。在欧洲，大西洋共同体力图以一个集团的形式采取行动；在亚洲、非洲和南美洲，大西洋联盟的国家却为一己私利而各谋其政，即便在某些情况下它们也采取联合行动。美国在欧洲的两大同盟国——英国和法国——也加入了东南亚条约组织，但法国的参与只是象征性的。

无论如何，美国拒绝将大西洋联盟的影响扩大至全球范围，这是因为美国的资源和义务与盟国的资源和义务之间并不相称。而 1949 年，又有了另一个原因：欧洲的盟国仍是所谓殖民帝国的宗主国。美国的舆论本能地反对殖民帝国，在外交和宣传上都谴责殖民主义。1945 ~ 1969 年，英国、荷兰、法国和比利时在亚非的殖民帝国纷纷解体，在本书写作之际，仅剩下阿尔及利亚仍是武装冲突的利害所在。[1] 大西洋联盟曾多次受到动摇，但仅有的一次严重威胁是由于美国与殖民帝国的欧洲宗主国态度相悖。

战争期间，在富兰克林·罗斯福的推动下，美国推崇自由主义。熟悉内幕的人早已知晓总统对大英帝国的评论、与摩洛哥苏丹的对话，随后也公之于众了。在战争结束后的最初几年，美国人并未公开表态支持殖民列强，他们主要关心的是西欧的重建，每次当所谓的殖民问题被提交到联合国时，美国都必定保持绝对的谨慎。[2] 1945 ~ 1948 年，美国支持印度尼西亚共和国与荷兰进行调解。直至 1948 年末，它才强烈反对荷兰军队执行的第二次"治安行动"。在联合国，美国代表公开表态，反

464

---

[1] 葡萄牙帝国（安哥拉、莫桑比克）的危机初显。

[2] 参见 *Alliance policy in the cold war*, Baltimore, 1959, publié par Arnold Wolfers, en particulier le chapitre "The United States and the colonial debate".

对荷兰滥用武力、违反安理会的决议。参议员阿瑟·范登堡让参议院表决通过了一项决议，禁止向联合国制裁的国家提供财政援助，国际组织也要采取制裁措施。印度尼西亚获得独立，荷兰失去了属地，美国最终支持了由反殖民国家和苏维埃国家组成的阵营。

20 世纪 50 年代，北非国家出现在联合国的议程当中，也出现在历史的舞台上，首先是突尼斯和摩洛哥，1955 年后是阿尔及利亚。争论首先围绕的是权限问题。法国与突尼斯（或摩洛哥）的冲突是否可以提交联合国？或者，按照被保护国条约，法国担任被保护国的外交代表，是否意味着被保护国无权加入仅仅由主权国家构成的机构？在阿尔及利亚问题上，法国更是振振有词，认为联合国无权管辖，因为地中海南岸的省份早在一个世纪以前就已经不是一个国家，而且国际社会承认其主权完全归属法国。

大部分时候，美国代表团不参与法律辩论，不支持殖民主义的论点，也不与反殖民主义阵营投一致票。罗伯特·古德（Robert Good）总结如下："在 1951～1957 年，涉及北非提案的三场重要投票中，美国仅弃权 1 次，10 次投票赞同殖民列强（在这 10 次中，反殖民主义阵营与之相反），只有 2 次与反殖民主义阵营的投票保持一致，这两次投票是赞成拉丁美洲国家关于摩洛哥和突尼斯的温和提案，该提案是在苛刻的亚非国家的提案被否决之后才通过的。很多亚非国家投票赞成温和提案只是出于抗议，英国和荷兰都放弃参与每一场投票。"① 1959 年，美国没有反对不利于法国在阿尔及利亚政策的提案，而是在最

① *Alliance policy in the cold war*, Baltimore, 1959, publié par Arnold Wolfers, en particulier le chapitre "The United States and the colonial debate", p. 250.

后关头弃权。这一行为在法国掀起了愤怒的喧哗。

　　换言之，1952～1960 年，虽然联合国每年都组织讨论北非问题，但美国都不试图公开、直接地反对法国。突尼斯及其后的摩洛哥的独立，是当地局势的影响和法国的错误所致，法国政府和舆论不能视美国为罪魁祸首。

　　美国并未因此而少受双方诟病。尽管它没有同反殖民主义阵营投票一致，却也没有坚定地为法国辩护，它含蓄地表达了对民族主义者的同情，赞成“自由主义”方案，反对仅仅出于权宜目的就将问题列入议事日程或是某一亚非提案，因为它还得倚赖法国来实现其崇高的目标。诚然，美国对欧洲盟友的三心二意，同样会使亚非国家感到愤慨，但在欧洲盟友和亚非国家看来，这种三心二意并非不可宽恕。[①]

　　与欧洲一致表决同时又对亚非抱以同情，美国的这种权宜之计也有两个例外的情况，而这二者又是截然相反的。1950～1951 年，美国几乎毫无保留地承诺支持法国在印度支那的行动，反对英法在苏伊士运河远征期间的行动。第一个决策是因为受到共产主义的威胁，第二个决策，尽管最后是美苏联手，但也是出于集团敌对的考虑。

　　1945 年，法国恢复其在印度支那的统治，对此，美国最初表示反对，随后又缄默不语。1946 年末，越盟与法军开战，舆论和华盛顿政府都不赞同法国代表捍卫的观点：只要民族英雄胡志明要求整个越南获得自由，那么，法国的战斗就不会出现

466

[①]　1948 年对荷兰的反对，部分原因在于荷兰诉诸武力，荷兰的力量薄弱，以及华盛顿所拥有的压力手段。美国更多顾及法国的敏感之处：第一，法国是北大西洋公约组织不可或缺的盟友；第二，直到 1945 年，法国都在印度支那作战；第三，法国政府摇摆不定，受到威胁。

在自由世界的光荣榜上。中国共产党抵达越南边境、朝鲜半岛爆发冲突，这些改变了事件"客观的"意义：胡志明与毛泽东和斯大林结为盟友，成了共产主义征服全世界的工具。不过，胡志明的声誉与名望得益于民族主义，多年来，他一直是民族主义的象征，那么要成功地抵御，就要消除共产主义敌人对民族主义的垄断。如果因为越盟领导人是共产主义者而拒绝与之交谈，就必须将拒绝前共产国际积极分子的这一待遇给予其他人。在取得美国支持之前，法国对实施这一政策并非没有丝毫迟疑。1951~1954 年，美国在为战争买单的同时，也向巴黎施压，要求它承认其盟国的独立。

法美的联合政策因内部矛盾而未成功。在法国，这些抵制殖民主义的人士并不那么反共，以致去接受一场仅仅是为了让非共产主义越南独立的战争。这场战争对于民族主义者、帝国的捍卫者而言是有价值的。与我在印度支那闲谈过的军官们，对美国委员会的监督都很不耐烦。没有任何人赞同战争仅仅是为越南的民主主义者和非共产主义势力，即可能是亲美的或反法的势力，铺平道路。至多皮杜尔先生（Bidault）会辩护道，实际上，法国放弃印度支那将引起整个帝国的坍塌，法国阻挡共产主义在越南发展的同时，也捍卫了自己的传承。

另一个矛盾更为严重，它破坏着这一事业：战争时期，受命创造一种替代性的民族主义是相当不易的。当一个政党或者一个人代表国家意志（只有极少数人才能明白这一意志）的时候，其他的政党或者他人几乎不可能剥夺它/他从人民情感中获取的垄断。总之，即使保大帝（Bao-Daï）比之前的他更渴望成功，更满腔热忱，更雄心勃勃，他仍是革命世纪里传统合法性的代表。

《日内瓦协议》签署以后，吴庭艳（Ngo Dinh-Diem）在南越成功建立了一个半极权的、反共的民族主义政权。如果法国在战争期间同意他上台，或许越南独立的、反越盟的军事努力会有所成效。当法国政府拒绝盟国获得完全独立的时候，它就没有把这些民族主义者，即反对法国统治的对手，视为真正的盟友。如果法国政府有机会，即使是非常渺茫的机会，与越盟争夺民族主义的垄断权，那么它若是拒绝将帝国光荣的肃清作为战争目标，就会丧失这一机会。无论如何，在中国支持的保障下，越盟能够依靠武力和谈判夺取至少半个越南。

显然，美国调解规则的另一个例外，即美国反对法英远征苏伊士运河，是截然不同的。这并不是调和支持殖民主义列强、同情渴望独立的民族以及抵制苏联帝国主义三者的尝试：一边是法英和以色列，另一边是亚非国家和共产主义阵营支持的埃及，美国进退维谷，最终毅然决然地选择了敌方阵营和中立国阵营。

美国采取这一立场的原因是多种多样的，既是务实的又是唯心的，既是无意识的又是深思熟虑的，既是个人的也是国家的。艾森豪威尔总统正投身于连任的竞选中，他将法英的举动视为对他个人的攻击。或许，他素来倾向于认为巴黎或者伦敦的部长们因其参与竞选而不怀好意。在理论上甚至在多数实践中，美国的外交都建立在禁止使用武力之上。此处，武力的定义是一国的武装力量和跨过另一国边界的正规军。针对海外企业被国有化，在多数情况下，美国并没有使用军事制裁来回击（墨西哥将美国石油分公司国有化，却没有受到制裁）。即便侵略这一概念本身也具有不确定性，在安理会或者联合国大会上，任何人也都无法替法英的最后通牒和轰炸埃及机场的理由进行辩护。巴黎很可能立马和耶路撒冷秘密串通。即便法国和以色列的阴谋——这种"勾结"——并不存在，法英两国也无权僭取伸张正义之名，为隔离作战士兵而进行干涉，并攻打两国中已被侵占的一国。

的确，以色列可以反驳道，巴勒斯坦敢死队以及专门从事小型谋杀和破坏战争的特遣队跨越边界也算是一种侵略。无疑，埃及对以色列的所作所为应当受到谴责，它的行径属于间接或隐蔽的侵略，两次大战间的一些不侵略条款中包含了这一概念，并经过了法学家字斟句酌的分析。[①] 实际上，自 1945 年以来，国际惯例便容许游击队出现在邻国领土上，或是因为游击队员被视为崇高事业（受压迫民族的独立）的捍卫者，或是因为领导人担心合法暴力的泛滥而忍受这种无政府主义的暴力。

美国领导人面临的两难境地既明朗又悲惨。支持法英或是为法英的行为开脱，都意味着疏远亚非国家的舆论，背弃不诉诸武力的传统。谴责法英的行为，就是拱手将胜利送给苏维埃阵营，这就动摇了大西洋联盟，或许也为苏联支配近东提供了有利条件。在某些方面，这两个决定都令人惋惜，艾森豪威尔看似不大犹豫地就选择了后者，绝大多数的舆论对此予以肯定，只有极少部分"现实主义者"提出将保留或反对意见。与 1950 年 6 月 25 日一样，很多美国人燃起了理想主义的热情，那天美国拿起武器的唯一目的就是执行所谓的国际法。1956 年 11 月，它再一次将对法律的尊重置于友谊之上。

从多个角度看苏伊士运河事件都是病态的。如果美国国务卿与英国首相之间能多一些信任，如果 1936 年和 1938 年对错

---

① 在法国统治下的阿尔及利亚，突尼斯和摩洛哥也犯下这种侵略之罪。参见第四章第五节。

误解读的记忆没有误导法国议会主席（他急切地希望从国外找到结束漫无止境的阿尔及利亚战争的手段），那么就不会发生苏伊士远征。英国快刀斩乱麻，很快忘记了这一冒险之举，远征的举动与1945年以后它所表现出的智慧和顺从相悖。那些对帝国怀有眷恋之情的人，对另外一个时代外交的复苏兴高采烈，不过很快就跌回到他们的空欢喜之中。保守党在批准远征、尝到失败教训的人的领导之下，欢迎这些人回到现实中来。

此后，去殖民化的推进会使西方阵营的伙伴在亚非更加顺利地展开合作。西欧的经济复兴、美国对外账户赤字、新的越南战争迫使这个超级大国需要伙伴的协作，以便驾驭它对不结盟国家的援助政策。甚至将会是欧洲人在南美与美国帝国主义分道扬镳，正如美国在亚洲与欧洲帝国主义摆脱干系一样。

第十六章　欧洲均势或集团间的外交

当前欧洲的外交局势是第二次世界大战的直接结果。两大军事集团的形成，欧洲以横穿德意志帝国的中心以及现代德国的首都为界一分为二，这些既不是两个超级大国针锋相对的结果，亦非两极垄断热核武器所致。自1946年以来，欧洲大陆便成了冷战的战区，因为它曾是热战的主战场。希特勒帝国覆灭后，苏联与美国虎视眈眈，昔日里它们携手抗击第三帝国，而如今要填补空缺时，它们不会也不可能如往日那样同仇敌忾了。

1945～1946年，共产党显然接管了所有被苏联红军解放的国家。共产党掌控政权，自上而下实行彻底的改革，肃清投靠西方的人士和党派，引进与苏联相仿的制度和方法，昔日的"解放者"成了今天的"守护者"。

苏联能否采用别的方法行事，即让政党间自由竞争，尊重西方所谓的工会独立？当然，苏联并未通过其附属政党以及军队威胁来强迫东欧从根本上和政治上实现苏维埃化。苏维埃化并不是必然的，也不是在公共场所升起镰刀锤子旗就自动开启的，奥地利就是最好的例证。奥地利被四国占领约十年，却仍保留了西方的社会结构和政治制度。即使在苏联的占领区，支持西方的政党也享有发言权，而且只有极少部分的人单纯地支持共产党。德国的苏联占领区本可如此，然而从1946年起，共产党和社会民主党联合，这昭示着苏联决定在民主德国实行苏维埃化。

如果莫斯科的领导人或者苏联的占领当局并未受到任何强制，那么他们受到的诱惑是强烈的，而且在某种程度上是不可抗拒的。即便人民群众受资本主义腐化，失去了对命运的判断，不希望共产党政权带给他们解放，可是对"真正的信仰者"而言，建立共产主义政权难道不是军事解放的结局吗？

列宁主义的观念并不禁止一国的先锋队（党）使用一些暴力来发动人民群众。斯大林主义认为自上而下的革命和人民起义一样庄重、有效。如果苏联没能把握事变带来的机遇，既没能建立一片安全保护区，又没能将苏联创造的社会主义传播到国外，那么它还会忠于自己的信仰吗？

由红军解放的国家应建立何种政权？这只能是个笼统的决策。资本主义国家无法让共产主义的匈牙利或者共产主义的捷克斯洛伐克脱离苏联。民主德国本身也要"皈依"新的信仰。去奥德河–尼斯河线以东领土的德国，不苏维埃化就必然会反苏。民主德国的领导人愈不受人民爱戴，便愈发对老大哥忠心耿耿，那么，为了不使德国帝国主义卷土重来，还有什么能比民主德国更为可靠？

这些东欧国家都援引苏联的方式治理国家，都由听命于克里姆林宫，在西欧人看来，它们组成的阵营不可能不像帝国主义的。斯大林与其盟友们可能，甚至在一定程度上很有可能，从未想过发动苏联红军攻打西欧，也没有打算让美国面对苏联士兵抵达大西洋海岸这一既成事实。而另一方面，可以肯定的是，斯大林为了巩固被其征服的国家，同时削弱铁幕后方西方国家的抵抗，就不会停止在西方面前挥动着威胁，而他的审慎又迫使他不会将威胁付诸实践。当英美国家遣散军队的时候，苏联则依然武装驻扎在欧洲的中心，距离莱茵河200公里，武器装备不断改良，枕戈待命，莫斯科一声令下便可在几天之内占领亚洲小海角的一片自由区。

1946～1949 年，两个集团仅仅具有政治特征，而且其中一方解除了武装。《北大西洋公约》的签署明确地认可了美国的保障，苏联很可能已将此视为既得保障。朝鲜战争是一个转折点，它加速了欧洲两个集团向军事集团的转型。1950 年后，西欧国家着手建立防务体系，军备竞赛和技术进步迫使其不断地进行反思和改革。北大西洋公约组织成立十年后，领土的地位没有发生改变。自由世界继续存在，意味着大西洋联盟能够实现其防御目标（阻止侵略）。然而，军事准备的辩证逻辑并没有促成关于改变现状甚或是接受现状的协定，反倒加大了达成协定的困难度。

一　从单边威慑到恐怖平衡

两个欧洲集团并不对称。相比大西洋集团，苏联集团一心同体，统一行动。一旦战争爆发，这个统一体可能会四分五裂。1956 年，波兰军队和匈牙利军队听命于自己的国家领袖，而不是克里姆林宫的领导人或共产国际。只要和平依然持续，外交（封锁柏林）和战略（在民主德国维持几个师的兵力）就归莫斯科，且仅由莫斯科定夺。制度（农业的）和意识形态立场（左派的保加利亚和民主德国，对立于温和主义的匈牙利，或是半修正主义的波兰）的多样性可能会间接地影响苏联领导人：苏联领导人在决策之前并没有义务征求或者听取卫星国的建议。美国则不得不征询或听从巴黎、伦敦和波恩领导人的建议。在欧洲，大西洋联盟以联盟的形式采取行动，尽管军事共同体赋予其前所未有的意义。

在军事上，苏联集团采取进攻性策略（这并不意味着它打算攻击），这种非对称性因而越发明显。1949～1950 年，苏联在民主德国驻扎 25 个整编师，定期更新武器装备。而西方国家只拼凑了几个编制不完整的师与之相抗衡，它们没有集体组织，且缺少统一的指挥。当朝鲜半岛开战，战争的恐惧蔓延，西方决定让欧洲进入自我防御的状态。

1950 年，美国垄断了原子弹（苏联第一颗原子弹于 1949 年爆炸）。计划制订者预计，1953～1954 年，双头垄断将取代寡头垄断。他们中部分人的目标在于使大西洋的军事力量能够抗衡苏联的境外军事力量，另一部分人的目标在于一旦发生大战，大西洋的军事力量能够阻挠苏联红军。即便是最野心勃勃的军事计划，比如 1951 年计划在里斯本驻扎 96 个师，也并不是基于双方只使用常规武器展开大战的假设。国家领导人，甚至是军队将领，都将对过去那场战争的回忆与对将来战争的简单设想杂糅在一起。这一次应当避免欧洲被侵入，不然，人们解放的可能只是一具尸体，因此，当务之急是，大西洋军队应当拥有足够多的兵力，足够精良的装备，以便将可能的侵略"阻挡"到尽可能往东的地方（向前推进战略）。

几年后（直至 1954 年），大西洋军队才有所成效，但其兵力仍远远低于专家的要求。连 30 个师这样一个缩水后的目标也没能实现。联邦德国的军备重整尚未起步。国家元首们授意军队将领，一旦苏联入侵，即使只是常规武器入侵，也要准备使用战术原子武器。

那时，两个超级大国拥有原子武器，而且能够制造热核弹头，但是，相互威慑仍不对称，它更有利于美国。美国战略轰炸机占据数量和技术优势，且与苏联相比，它的基地数量、分

472

布和距离优势使它有能力重创苏联，其破坏程度是苏联的回击所无法比拟的。美国自视牢不可破，至少在言语上奉行行将毁灭的外交，即边缘政策，它提出了大规模报复的理论。

全球失衡的表现并不如苏美摧毁能力不平等所暗示的那般严重。因为整个欧洲都非常脆弱，不仅禁不住常规部队的进攻，也应付不了载有 TNT 炸药或者原子弹的空袭。一旦爆发全面战争，欧洲将被夷为平地或（且）被占领。每当美国领导人谈及大规模报复时，欧洲必然会惶恐不安。欧洲充当了人质。大西洋集团的能力受其最薄弱环节的限制，它所能承担的风险不可能高过那些最不坚定、最为脆弱的盟友所愿意承担的风险。从1950 年到 1953 年，英国对华盛顿的影响被认为是为了节制。欧洲和平主义与美国**边缘政策**的共同来源正是危害的不平等性。

两三年之后就不再有大规模报复的问题了：从此，两个超级大国都拥有热核武器。自 1950 年起，欧洲的政策制定者就预料到大规模杀伤性武器会造成相互遏制，这看似已成现实。然而，政治军事的后果却与预期相去甚远。没有人会认为，在两个超级大国都能给予对方以不可承受的打击的情况下，仍将会在战争中使用过去的武器，而不使用今天的武器。然而，一些人对陆地防御漠不关心，另一些人却意在巩固防御。

1957 年，苏伊士远征惨败后，英国国防大臣邓肯·桑兹（Duncan Sandys）起草或由其顾问代为起草了一份白皮书，极尽简明地阐释了一种可能的学说。白皮书的大意是，至少在欧洲，不可能存在介于和平（意指不使用武力）与全面战争之间的中间形态。一切关于"有限报复"和"渐进威慑"的学说都是危险的，它们降低了热核报复威胁的"可信度"。事实上，如果敌对肇始于欧洲，那么升级在所难免。人们宣称，要避免升级的风险，就要在和平与全面战争的两难抉择中虚构一个中间形态。这反而让风险增加了，因为中间形态的假设必然会导向第二个选择。直至 1959 年，这种孤注一掷的学说都被英国奉为官方信条，肇因于此，英国考虑废除义务兵役制，到 1962 年，英国将兵力由 69 万人缩减至 37.5 万人。英国部署在莱茵河的部队立即从 7.7 万人缩减到 6.4 万人，随后又进一步缩减。

这一论证遭到了公众自发的反对，同时也受到了众多专家的论证驳斥。归根结底，任何军事准备、官方公布的论点，都无法让明显违背常理、出于自卫本能的事情看起来是真的。在确认敌方计划发动全面进攻或意图谋取利益（如果大西洋集团出让这一利益，势必引发灾难）之前，英国和美国不会因为次要的事端而造成毁灭性的灾难。热核战争恐怖至极，即便对发起者而言，也只有在迫于难以抵挡的压力和涉及重大关切之时，才会做出这样的决定。因此，大西洋集团应该摆脱两难抉择（和平或全面战争）这种荒谬的假设，积蓄能量，以避免在遭到挑衅或有限侵略时进行妥协（或陷入被动）以及末日之灾的发生。

实际上，迄今为止，在两种极端的信条间犹豫不决或摇摆不定仍仅停留在字面之上，甚至只是抽象的、理论的。在集团覆盖的区域内，任何侵略，哪怕微不足道的侵略行为都尚未发生。没有发生侵略行为并非不可思议。除了柏林（这个德意志帝国的故都总有一天会成为头等危机的导火索和筹码）之外，对于苏联会从何处或是为何动用武力，人们尚不清楚。不论信奉这两种极端信条中的哪一条，军事局势都有助于威慑一切侵略行径（即正规军队越过边界）。对付小型入侵，最有效的威慑工具既不是孱弱的北大西洋军队，亦非女王陛下的政府白皮书，而是先发制人的优势。只要美国认为或自以为其热核武器面临在突袭中被严重削弱的险境，或在对罪罚不等的预期刺激下先发制人，那么1957年白皮书中的学说便极有可能成为现实，尽管白皮书中所提出的动机有所不同。随着两大集团向恐怖平衡发展，苏联甚至在弹道导弹方面技高一筹，威慑战略看起来并不尽如人意。在本质上，威慑战略是一种心理作用，它在保护国和被保护国的思想之中都留下了些许不确定性。

474　　　保护国琢磨着它能够并且应当保护哪片外部领土，换言之，在什么情况下，侵略者会对报复的威胁予以重视。它思忖着，从常规武器到热核武器，到底拥有哪种报复手段才能避免囿于屈服和大灾难的两难抉择之中。被保护国却被两种担忧撕裂：如果保护国的承诺对敌方起到了威慑作用，那么被保护国就倾向于寻求更为郑重的承诺和更加理所当然的反击；然而与此同时，被保护国还担心全面战争过于恐怖，以至于最雄辩的声明也会遭受质疑，并且保护国最终会穷途末路，做出令大家都毛骨悚然的事情。总之，被保护国希望敌人相信威胁是严肃的，且保护国无论如何可以保留自由，无论怎样都不将威胁付诸实施。

　　　不确定性的本质引发了莫名的争议。每位专家只要不阐明自己的解决方案，就有理由反对他人，而他自己的方案也会招致批评，一如被他驳斥的方案。某些卓越的军事作家［比如，利德尔·哈特（Liddell Hart）］重申大规模的报复威胁不过是虚张声势。倘若敌人明白它能够造成的破坏几乎就等同于它所蒙受的损失之时，它就不会相信这一威胁。在美国本土未受到攻击的时候，如果这个命令意味着上千万美国人会为此牺牲，美国总统难以向战略空军司令部下达这道致命的命令。[①] 然而，当苏联军队跨过边界的那一天，美国的士兵、战机和弹道导弹便会参与行动。战略空军司令部也处于戒备状态，时刻准备阻截敌人的攻击。谁能反驳说这还是一场有限战争？在任一事端发生之时，从天而降的大规模报复是虚张声势的，可是对这种虚张声势予以谴责的人，同时也常常怀疑欧洲战争是否可能是有限战争。如果他们怀疑欧洲有限战争的可能性，那么苏联领导人难道就不抱有同样的疑虑？这意味着热核威胁是"合情合理"的。

欧洲的利害关系甚大，双方可供支配的常规力量也很多。如果有限战争没有改变现有局势，那么这意味着什么？一方阵营如何接受分界线的推移？按此推理，就能断定欧洲的战争多半将不可抑制地被扩大。然而，在这种情况下，为什么不回到关于大规模报复的最初论断呢？这一论断消除了欧洲大陆战争不会升级的幻想，并为威慑任何形式的侵略——不论是次级的还是诉诸常规武器的侵略——都提供了更好的机会。

看上去，这些推理都言之有据，并给今日欧洲之安全营造　475
了一种惶恐不安的氛围。诚然，西方国家并不会因为一个微不足道的事端而挑起末日之战。因此，西方国家必须拥有军队和战机，这既可以防范既成事实的发生，又可以在侵略者继续进攻之时增加筹码的分量。当然，**没有扬言**大规模报复的威胁也利于威慑次级或局部的侵略行为，因为侵略者不可能不担心交恶升级，尤其是在热核武器仍然脆弱的现阶段。达成有限战争（例如，不使用原子或热核武器）的明确协议的时候，有限冲突

---

① 克里斯蒂安·赫脱（Christian Herter）在参议院委员会任职时说："我无法想象任何一位美国总统会把我们卷入全面核战争中，除非事实清楚地表明我们处于全面自我摧毁的险境，或者敌方做出了摧毁我们的实际行动。"

的可能性又进一步增大了，因为协议签署方对彼此更有信心。

在这种情况下，欧洲人的顾忌不无道理（美国人的亦然）。如果他们最终相信有限的战争，那么他们担心的是欧洲沦为战争的主战场，而超级大国则双双幸免。如果他们质疑有限的冲突，那么他们忧虑的是超级大国最终会成为摧毁那些它曾承诺保护（而不是防卫，因为保护是基于威慑的，而威慑失败会导致被保护国被摧毁）的国家的罪魁祸首。根据假设或抽象推定，欧洲人希望美国人更冷静或更好斗，要么坚定信守他们的诺言，要么背弃承诺。

根据这些不确定因素，北约实际上采取了哪些措施？美国的所作所为就好像是想安抚其盟友，并让苏联相信其决心。美国做出各种举措来证明它的**承诺**，特别是在一些部队的原子武器（原子炮、地对地导弹）中增加中程弹道导弹的发射装置。这些发射装置设立在敌人知晓的地点，容易受到空袭或中程弹道导弹的攻击，却没有加固（hardened）。因而，这些发射装置对美国或大西洋联盟的整体威慑能力贡献甚少。**事实上**，它们具有双重作用：它们代表承诺，并让有限侵略变得难上加难。苏联军队在清除这些报复工具（有限而非全部的报复工具）之前，如果跨过分界线，该怎么办呢？

与此同时，大西洋指挥部打算巩固"防御物"，也就是军队。但它遭遇双重阻力：一方面是来自英国和法国的阻碍——两国都决意成为原子大国；另一方面是来自大部分欧洲国家的阻碍——它们拒绝付出和牺牲，也许是由于对美国威慑工具不容置疑的依赖，欧洲大陆的领导人和舆论认为无论做出怎样的努力都徒劳无益。因此，在过去三年里，大西洋集团并未适应军事局势的变化。美国的脆弱性会降低其热核威胁的可信性，在承认这一点后，大西洋集团本应对美国承诺加以证明，并扩大自己可能的反击余地。它做到了前者（在某种程度上），却没做到后者，这一缺陷主要是因为大西洋军事共同体是一个联盟，而不是一个阵营。

在欧洲国家中，英国、法国和联邦德国这三个国家值得特别重视。① 英国在战争期间，参与了首批原子弹的研究。它是首个投入重要资源，以获取和平地与军事化地使用核能的必备知识和技术的国家。20 世纪 50 年代末，它拥有了由三 V 轰炸机组成的战略空军，能在高空亚音速飞行，同时能搭载热核炸弹。这是否就意味着英国具备了真正的威慑力呢？它拥有的充其量只是英国学者所谓的"消极威慑"（dissuasion passive）：一旦遭受直接攻击，部分热核武器有**机会**幸免于难，并向侵略者施以报复（报复的效力取决于遭受侵略者打击后幸存的那部分热核武器）。不过，这种消极威慑本身就不靠谱，在外交中的重要性也是微不足道的。美国承诺支持英国，以至于克里姆林宫无法在大规模攻击大不列颠群岛的同时对美国发起进攻。美国的确**有可能**进行报复，那么苏联若意欲发动侵略，唯一理性的做法是全力攻击整个西方的热核系统。换言之，并不是英国的热核武器，而是整个西方尤其是美国的报复手段打消了敌人直接进犯大不列颠群岛的念头。另外，如果英国在外交上孤立无援，那么面对苏联的要挟，它的热核系统基本上一无是处，因为一旦苏联与英国之间爆发有限战争，英国蒙受的损失无法与苏联面临的损失等量齐观。倘若英国与苏联兵戎相见，后者也许会顾忌如果发起直接进攻就会招致一些报复的风险，从而

476

---

① 在其他欧洲国家中，唯有挪威的情况引人关注。挪威是大西洋联盟忠诚而坚定的成员国，但是它却拒绝盟军在和平时期驻守其领土。

打消进攻念头，但前者为了避免全面毁灭，理应做出巨大让步，因为这些损失是英国战略空军的残兵败将在秋后算账时无法弥补的。

英国拥有热核装置，主要是有益于提高它在联盟内部的影响力和在国际舞台上的威望，而其威慑的效力甚浅。事实上，英国女王政府所奉行的防御政策，是 1945 年以来旧帝国的本土所坚定奉行的全球政策的一部分（远征苏伊士是一个例外，这证实了一条规律：它让国家为之撕裂）。这一政策首要的同时也是最重要的基础是与美国结盟。既然英国的舰队不再统治海洋，女王陛下的政府必须成为主宰海洋的强国矢志不渝、无可指摘的盟友。这并不意味着它屈尊沦为卫星国，这两者的概念是截然不同的，英国通过完全接受联盟的义务来获得机会，从而影响历史进程和说服美国领导人。大西洋共同体由美国统领是无可厚非的，正如我们所见，中等国家的盟友可以在两种策略之间做出选择，二者是两种战略的表现与象征：要么由联盟的领导者来影响事件，要么保留自主决策的空间。女王陛下的政府并不在意自身决策的余地，因为它没有丧失促使美国按照其意见和偏好做出决策的希望。

热核装置是英美联盟中的理性因素。它为英国学者与美国原子能机构的合作（至少交流一部分美国科技的"机密"），参谋部之间的长久合作以及威慑工具的可能运转都提供了保障。由此，英国就获得了对其有利的美国承诺，与其他任何国家相比，美国对它的承诺更为不容置疑，同时它也得到了在事态严峻时进行共同磋商的含蓄保证。[①] 按照这一分析，在遭受了敌

---

① "任何人都没有毁灭人类的权利。"

人的第一波攻击之后，英国的热核力量幸存与否都不如最初看起来的那么重要了。

法国的情况则完全不同，尤其是戴高乐法国。任何法国政府都无法像英国政府那样有能力①直接地，或是通过媒体和舆论间接地影响美国政府。况且，戴高乐（比起他的前任们，他的立场更鲜明，但在本质上并无不同）的目标不在于引导美国做出它认为对集团和法国都最好的决策，而在于保留他认为合适的、独立于集团的权利和行动手段，即便是在大西洋联盟涵盖的范围之内。法国若以此为目标，那么为了实现国家抱负，它的威慑力量就应当能够有效地应对苏联恫吓或可能的侵略威胁。法国规划法（oi-programme）明确，到1965年左右，法国的打击力量将由50架"幻影"Ⅳ轰炸机组成，能够携带原子弹抵达莫斯科。这些歼击轰炸机的飞行速度是2马赫，被认为是能够突破敌人的防空系统的。不过，在一个超级大国发动大规模热核攻击后，又有多少战机能幸存？又有多少在遭受打击后的幸存飞机能够飞抵它们的目标？

德国的情况更为迥异。德国在《巴黎条约》中承诺不制造原子武器，而且波恩目前并不打算规避条约里的限制条款。联邦德国的空间狭窄，与潜在的敌人直面接触。联邦德国的军事训练营与兵站设在法国；在联邦德国建立工厂制造原子弹和热核武器是不理智的。当波恩想拥有自己的威慑工具时，它可以尝试购买，如果找不到卖家，它可以试图与其他欧洲盟国达成协议，在后者的领土上制造武器。

战术原子武器的情况则不然：如果大西洋军队配备这种武

---

① 或许应该说：任何法国政府都不认为它能够拥有这种能力。

器，德国军区如今已成为这支军队最主要的部分，为什么就不能装备原子武器呢？美国人保留热核威慑手段，由于国会把持投票立法权，美国不得让其盟友自由支配原子弹头，甚至是战术原子武器。他们也不可能将德国军区和其他大西洋军区予以区别对待。如果欧洲的战争，即便是有限的战争，不可避免地要诉诸核弹，那么所有战区都应该能够使用原子武器。不过情况果真如此吗？在所有的情况下都准备使用战术原子武器是否对西方国家有益？

上述分析仅仅在于指出，在当前的军备局势之下，大西洋共同体为维护自身、对抗苏联所必须要解决的问题。

首先是威慑工具独立与否的问题。西方国家致力于集体威慑力量还是多个国家的威慑力量？它们能从哪种做法中获益？如果倾向于前者，那么如何让欧洲人信服这一做法？欧洲人暂时放弃国家打击力量，作为交换，他们又应当要求并且能够得到哪些让步？

按照战略－政治的设想，第二个问题则是联盟的军事组织问题。是否需要准备一支应对重要战役而不诉诸战术原子武器的军队？假设如此，要用什么理由来说服欧洲人，事先又该准备哪种共同战略？

二　国家威慑力量或集体威慑力量

假设美国的威胁不再令人信服，当欧洲国家的威慑工具引起敌人重视的时候，主张欧洲国家拥有威慑工具的论点才是理性的。然而，现在以及今后十年，这一条件都无法被满足。我们以抽象的形式假想一个小国与一个超级大国进行面对面的决斗。前者不会主动诉诸原子武器，因为不管事态如何发展，最

后都将给其造成全面的灾难。它势必要拥有报复的力量，也就
是原子或热核装置，并能够在超级大国的打击中幸存下来，然
后穿越敌方高度戒备的防御体系。说任何法国的轰炸机都不可
能完成这样的壮举是言过其实的，但显而易见的是，罪罚不等
过于巨大，在这一情形下应用"最多与最少的无差别"
（l'indistinction du plus et du moins）的论点就显得十分荒诞。

　　所谓的"成比例威慑"（dissuasion proportionnelle）理论尝
试在小国与大国对决的情况下证明这一论点。当然，比例威慑
理论家认为，作为苏联进攻的受害者，法国所承受的损失与它
对苏联进行反击所造成的损失，这两者之间没有相同的衡量方
法。超级大国理性地认为，风险与利害是成比例的。几座城市
遭受原子弹的轰炸的风险与法国的利害是不成正比的。

　　作为具有普遍性的理论，这一论据遭到了许多反对。首先，
超级大国在面对小国时，可能会像宪兵在面对强盗时其左轮手
枪保险是打开的一样。如果它率先出击，它就将消灭小国并且
毫发无损。我们假设小国拥有一定的反击能力，也就是说它的
原子装置在遭受第一波攻击后没有被完全摧毁，对于超级大国
而言，报复的风险是否总是高于小国所代表的利害？没有人会
抽象地计算这一对比关系。当超级大国毫不犹疑地将其威胁付
诸实施的时候，超级大国就实质性地增加了它的热核装置的进
攻能力。如若形势合适，为了惩罚鲁莽者、散布恐怖，超级大
国就值得去承担被小国报复的风险。

　　其次，认为超级大国应当在不作为与大规模进攻之间做出
选择，这种设想是不切实际的，超级大国并不能要挟另一个超
级大国，因为这只会让对手占据主动出击的优势。然而，超级
大国能够胁迫小国（假定后者处于孤立无缘的状态）。后者明

479

知抵抗意味着国家的毁灭和民族的几近灭绝，又会拒绝做出哪些妥协呢？

可是，有人会提出异议，认为小国与超级大国并不会在这样的条件下发生对抗。对此，我并不认同。英国或法国这些小国绝不会单独与苏联交锋：美国即便置身于欧洲之外，仍然是苏联对欧关系中必须衡量的战略因素之一。超级大国不应当为了弱化小国而涉险削弱自身相对于另一个超级大国的实力。英国或法国原子实力的价值，不应被囿于英法与苏联单独谈判这种不切实际的假定中，而应被置于我们时代的两极格局之中进行衡量。

或许有人认为，欧洲拥有国家威慑手段是必须的，以防止苏联要挟个别欧洲国家。我认为，这种危险并不存在。苏联能够对任何一个北约成员国使用外交手腕，但只要美国的军队还驻扎在联邦德国，只要各国部队自和平之日起就并入大西洋军队，苏联便不可能以原子攻击相威胁。

赫鲁晓夫（或其日后的继任者）能够向阿登纳总理（或其继任者）展现德国统一的前景，并许诺一旦联邦德国官方承认两德并存就与其签署和平协定。与此同时，他可以向法兰西共和国总统提出重修旧盟，以防德意志帝国主义卷土重来。针对策反的企图，北大西洋公约组织的成员国并未受到保护，因为它们没有放弃自身的外交独立。在我看来，它们受到了军事威胁的保护，因为它们放弃了军事独立。以热核攻击的威胁来要求联邦德国退出北约或放弃这样的武装，这无异于涉险遭到先发制人的攻击。

换言之，从以威慑手段确保安全这层特定意义上来看，欧洲国家暂时不能单独保障自身的安全。它们仍有两条途径可以选择，一条途径指向现代版的中立，另一条途径则指向新形势下的联盟（后者并不排除次一级的国家原子力量）。

1960 年，英国工党年度大会表决通过了单方面裁减原子武器军备的决议，它所诠释的知识和政治运动指明了一条可行的道路。美国空军中队的基地或中程弹道导弹的发射基地象征并证实了美国的"保障"，这种保障显然是一把双刃剑：它是招致还是避开苏联的炸弹？人人都认为，一旦爆发战争，美国的基地会"招致"苏联的炸弹。而问题在于，它们是否能"避开"战争。假设它们并不会招致战争，那么二流强国就不可能置身于潜在的战争之外了吗？

这种观点容易被谴责为是厚颜无耻的，但它符合历史所揭示的国家特有的行为模式。缘何小国就不能从超级大国的冲突中获益、谋求自身的安全，既保证在和平时期受到一个（或两个）超级大国的庇护，又确保在炸弹爆炸时得以幸免？各国拒绝接受这一论点，并不是因为这在道义上是中庸的，而是因为中立是危险的，同时部分因为这会损害其声望。

对日本而言，它面临的问题与英国并非完全相同。日本在其帝国强盛时期曾是美国的敌人。如今，约 1.1 亿人口聚集在一片狭小的国土之上，它已不再具备施展大国政治的能力，但保留了经济繁荣与高生活水准的必要资源。被迫实施和平外交的日本领导人，可能合乎情理而绝非异想天开地认为，无论如何美国的保障所带来的安全是既得的，因为只要日本摆脱掉美国的基地，苏联和中国觉得它不具备很强的挑衅性，日本就能与共产主义国家维持更好的关系。日前，正是社会主义者在或多或少地亲近与其"志同道合"之人，引领着反对日本与美国结盟的运动。然而，人们可以想见，对共产主义没有丝毫热忱

481

的保守派，会倾向于保持中立而不是与美国结盟。因为中立与结盟可以有同样的好处，而且成本更低。①

在英国，工党内部以及知识分子之间争论的根源并不是（大西洋共同体和美国基地）对成本与收益的考量；在我看来，它更多是围绕和平主义，在道义上拒绝热核战争可能的残酷性，拒绝使用这一外交威慑。出于传统，英国舆论大多仍倾向忠于与美国结盟，而不是严格地计算风险和收益。然而，这种凭直觉的忠诚是靠一种合理的信念来支撑的：不论是威慑还是传统意义上的防御，英国都不再具备单独防御苏联的能力。英国应当与海洋霸主结盟，而不可能再像过去的几个世纪那样，指望着欧洲国家陷入无休无止的竞争和战争之中，相互被削弱。

U－2 侦察机事件给几乎遍布全世界的中立主义拥护者提供了额外的论据。如果赫鲁晓夫的言论被严肃对待的话，那么即便没有爆发全面战争，一个国家也会成为美国联盟的牺牲品。针对盘旋在苏联领空的侦察机，克里姆林宫的首脑威胁对飞机起飞和着陆的基地实施"有限报复"。一旦发生这一不测，美国要么容忍报复行径（而同盟国只能自舔伤口），要么对苏联进行有限惩戒（那么就存在事态逐步升级的风险）。在这两种情况下，同盟国都会卷入与己无关的冲突之中，并且对之毫无益处。如果说直至目前，这些仍只是不引人注意的次要考量，那是因为巴基斯坦或其他地方的领导人既不认为赫鲁晓夫会言出必行，亦不认为美国会重蹈 U－2 侦察机事件的覆辙。

欧洲大陆国家甚至不明白失去武装中立的诱惑何在。其本质原因在于德国的分裂和柏林的分裂。联邦德国即便取得了经

---

① 此处我们不考虑条约或中立对内政发展的影响。

济奇迹，但其在政治上的生存仍岌岌可危：在分界线的另一边，由共产党领导的民主德国已然成形。诚然，时至今日，民主德国政权仍在挣扎求存。这个政权极有可能在其设计者和创始人离开后就难以为继。然而，只要苏联的 25 个现代化师驻扎在民主德国的领土上，只要苏联维持其对西欧的压力，并且要求其最终承认现状，那么联邦德国理所当然地会感到威胁。它只能仰仗美国的保证和意愿得以生存和延续。

482

　　既然联邦德国选择了强化与美国的联盟之路，那么其他欧洲大陆国家也应该走同样的道路。除了戴高乐法国之外，即便有另谋他路的自由，其他所有国家也坚定地做出了一致的选择。唯一的问题在于，美国日渐脆弱，应当考虑或要求对现在的军事部署做出调整。直至目前，两种看似合理的措施均未被采纳：既没有巩固防御，亦没能在欧洲建立起能够幸免于苏联袭击的报复装置。巩固防御本就是默认，一旦扬言威胁的一方无法摧毁敌人的装置，从而无法避免大规模毁灭的时候，以原子武器进行反击的门槛也就必然提高了。在欧洲建立报复装置，并由北约或欧洲指挥，这至少象征着欧洲大陆相对的军事自主。这种自主权也算是对所谓的法国立场——在热核时代，国家再也不能相互庇护，各国应当自我保护进行的回应。

　　事实上，时至今日，欧洲大陆自身尚未能获取足够的自主威慑力（这种威慑以概率来界定，即一旦遭到敌人突袭，其报复力量仍能让攻击者蒙受"无法承受"的毁灭[①]的概率）。发射基地和机场靠近苏联，因而容易受到攻击。轰炸机和中程弹道导弹能有效地进行首轮攻击，而作为报复武器却是不尽如人意

---

　　① 当然，严格说来这一传统的定义还存在值得商榷之处：何谓"无法承受"的毁灭？

的（或是仅起到微薄作用的），但并不因此就一无是处。增加并分散基地会让敌人更难发动全面突袭，就地囤积原子武器也有助于预防敌人使用常规武器发动局部攻击。

不过，大西洋集团尚未找到办法来调解联盟内部必要的合理分工，以及英国或法国对国家威慑力的欲望。然而从长远来看，联盟的内聚力有赖于共同军事观念的形成，而这也要求各国相互妥协。

当下，美国和法国的发言人都拒绝承认它们反对的观点中所反映的部分事实。美国专家有理由断言，法国在未来十年也不可能掌握独立的报复力量，即威慑力。然而他们却错误地忽视了，即便是拥有很少原子或热核装置，也能为其在联盟内部提供些许权威，给予其在世界舞台上某些威望以及些许外交自主权。未来，凡是大国必备有热核武器，正如在过去，凡是大国必然坐拥重工业和装甲师一样。法国并非唯一意识到这点的国家。即使这样的热核武器在外交上对大国小国都无济于事，但它确立了国家的地位，以及国家在战略－外交舞台上的排位。因此，美国若想协调军事规划，势必要在原子武器机密、运载工具和联盟领导权上向法国做出让步。

欧洲参与威慑和部署报复武器，至少是种心理作用。只要美国独占决定性武器、专断独行，欧洲便会对其自身的防御漠不关心，因为它们感觉防御并不取决于它们。久而久之，这会给保护国和被保护国都带来消极的后果。被保护国甚至不会在共同安全所需的传统武器方面做出贡献。而保护国最终也无法在经济上和道德上承受威慑和防御的重负。建立欧洲或大西洋的威慑力量符合双重需要：既让欧洲人关注自身的命运，又不至于分散报复和威慑的手段。

人们构思了两种模式来共享威慑手段，其中一部分甚至已经付诸实践：双边协定，其主要条款即所谓的"双钥匙"；多边协定，让大西洋联盟自己拥有和部署热核武器装置。

所谓的"双钥匙"体制是指弹道导弹的发射须经两国政府同意，即发射基地所在国政府和美国政府。因此，一旦发生国际危机，美国承诺欧洲政府能够参与磋商，但并不保证**在世界任何地方**使用任何原子武器时欧洲都能参与事前讨论。明确的磋商承诺，并不保证北约成员国能够反对美国将发生在世界其他地方且美国政策负有一定责任的争端延伸至欧洲。即便这一反对站得住脚，也不应被看得太过严重：没有任何解决办法完全称心如意。欧洲国家要么选择没有威慑手段的离群索居，要么选择与美国休戚与共。如果欧洲做出第二种选择，显然它可能卷入与之不相关的冲突之中。然而，因为两个超级大国在不愿扩大局部冲突方面的共同利益，以及同盟国对部署在其领土上的报复装置可以使用否决权，这一风险也被降低了。

"双钥匙"体制虽不完美，但暂时是契约路线中的最优体系。① 因为就现有的技术而言，发射液态燃料弹道导弹的基地不可能在全面突袭中幸免于难。它们无法保证被保护国能自由地布置这些武器以抵抗敌对超级大国的威胁，亦无法迫使结盟的超级大国在危机时刻进行磋商。然而，它们却给出了额外的理由，虽非关键，但并非微不足道，如此保护国会考虑被保护国的利益。侵略国也将这些小国视为集团不可分割的部分。

从表面上看，建立由大西洋总参谋部领导的威慑手段意味着在共享的道路上又向前迈进了一步。按照现有的北极星导弹潜艇

484

---

① 脱离路线即不结盟、"去核化"的道路。契约既是对保护国也是对被保护国的约束。

计划，由大西洋联盟总司令来指挥原子或热核武器装置，这一方案本身就直接地暴露了难点。总司令是美国人，当使用出现问题时，即便遵照协定，他有责任与盟国的代表磋商，但在某些情况下他也能自行做出决策。然而除了美国总统，他又会服从谁呢？

批评意见又一次轻而易举地获得了胜利。北约的总司令将**不能够**服从十五国政府的否决意见，也**不应该**只听命于美国总统一人，他没有**资格**承担严格意义上的政治责任，最重要的是，他没有资格决定是和平还是战争。如果人们坚持一种既无弊病又无疑点的方案，那么显然由大西洋总参谋部控制威慑力量的方案是不可取的。

如果欧洲人仅是为了寻求更多的安全感以及美国对其做出更为郑重和可信的承诺，那么就可以构想出一些灵活的方案。然而情况并非如此。

戴高乐拒绝美国的原子垄断，即便人们试着让他相信美国垄断原子武器是对法国以及整个旧大陆最有效的保障；戴高乐拒绝被保护国的地位，在他看来，这无异于成为卫星国。他渴望实现国家的自主防御，至少是部分自主。因此，他未对北约原子力量的建议表现出丝毫兴趣。英国政府担心核武器扩散，也希望保留国家防卫力量，因而也对这一"大西洋力量"持反对态度，该计划尚未实行便已搁浅。1962 年，肯尼迪总统按照麦克纳马拉的理念①，坚持美国垄断的必要性，然而法国和英国都不放弃各自的国家力量。

---

① 这一理念增加了在危机时刻，介于虚无的投降与热核毁灭性灾难之间的一切中间形态。因此，它强调了增加常规力量的必要性，并不立即诉诸战术原子武器，且定量实施核武攻击，核武器首先针对敌人的军事设施，只要对方没有主动攻打己方城市，就不应该攻击敌方的城市。

三　常规武器与战术原子武器　485

近年来，就一旦发生有限战争诉诸战术原子武器是否适当进行的讨论不绝于耳。支持或反对的意见也会随着时间的推移以及技术发展的偶然性而发生变化。这一变化取决于技术发展是有利于一方或另一方，提出了一种或另一种概念。在此，我并不打算赘述全部的争论①，而是提炼出在我看来的关键观点，从战略 – 外交的层面来看，这些观点也并非无足轻重。

如今，学者所谓的**有限战争**，非但不是一场世界大战（确切地说，当今的体系是全球性的，因而涵盖了整个体系的世界大战关系到全世界，就此而言，这也并非全球战争），而且还是一场交战国仅使用其部分武力的战争。有限战争的这两个特点并无新意：英国并未将其全部的军队投入南非战争，苏联在中国东北亦然。即便距离、交通和补给问题并没有迫使它们进行克制，但出于对现有或潜在的其他敌人的考量，这两个海洋、大陆帝国也被迫保持谨慎。原子时代的新颖之处在于，在不同类型的战争中并不会使用相同的武器。

朝鲜战争是在有限的地理空间内进行交火的范例，在这场战争中，双方仅使用了化学炸弹。只需要提及热核世界末日（其中一个超级大国出动轰炸机、发射弹道导弹攻击敌方的报复力量，另一个超级大国通过摧毁侵略者的城市予以还击）便足以明确另一个极端的情境。一面是持续三年之久的战争，数

---

① 相关概念可参见 Henry A. Kissinger, *Daedalus* 杂志 1960 年特刊上发表的 *Limited War；conventional or nuclear；an appraisal* 一文，*Necessity for choice*（New York，1961）一书中又转载此文。

百万吨钢铁转化为炮弹投向敌人,① 造成了数万人死亡；另一面是仅持续数小时的交火，武器成本不超过几十亿美元，直接或间接使用的原材料不过是几千吨钢铁，却造成了数千万人死亡。热核炸弹的你来我往，再现了克劳塞维茨所谓的"升至极端"。

然而，这一荒唐的恐怖升级让战略家或外交学者也不能坚持这种粗浅的对立。介于热核交战与朝鲜战争之间，存在多种可能的中间形态。对中间形态的找寻集中到一个问题上：争端中可以使用何种武器以不至于升级为大战？这样提问的方式并不一定是最好的：具体手段与战争限度的匹配取决于多种情形。如果仅仅考虑武器，我们可能是作茧自缚，无法给出满意的答案，对定义模糊的可能情况做出的一切答复都是不确定的或模棱两可的。

让我们站在这个问题的普遍立场上：在次级争端中诉诸战术原子武器是否得当？这一问题的答案取决于另外两个问题的答案：使用战术原子武器从而导致战争升级至极端的可能性有多大？使用战术原子武器是否会让一方受益，以及会让哪一方受益？然而，针对这两个问题，军事或非军事专家给出的答案相互矛盾，且均未加以证实。

不动用原子弹是防止战争升至极端最有效的手段，所有人都赞成这个简单的观点。这一主张的真实性是基于心理上的真实性。无论正确与否，社会各阶层的人们都对所谓的传统②武

---

① 从 1939~1945 年战争到朝鲜战争，交火密度的增量与从 1914~1918 年战争到 1939~1945 年战争的增量相当。

② 或者是常规的。英语中使用 conventional 一词，更清楚地区分了化学武器与原子武器。

器与原子武器做出了根本的区分。只要仅仅使用常规武器作战，那么不论是执政者还是老百姓，都会理所当然地认为双方都有保持克制的意愿。尽管现如今，化学炸弹与原子炸弹之间重新建立了一种连续性（最弱的原子炸弹，其威力不及最强的化学炸弹），对两种武器加以区分仍然是合理的。这种区分之所以仍然是合理的，是因为它最为简单，敌方能够同时辨认出来，而不需要沟通或达成明确的协定。超级大国的一方或双方都卷入争端，那么限制争端升级只能通过含蓄的协议。尽管两国兵戈相向，但它们的领导人还是**搭得上话的**。他们在物质和道义上能相互对话，但他们的言辞总不及行为具有说服力。一方只有通过行为才能让对方相信它是克制的。

因此，**毋庸置疑**，如果拥有原子武器的交战国均不冒险将之诉诸战争，那么升至极端就不那么令人担忧。然而，从这一**显而易见**的命题中推导出错误的或是有待商榷的命题则是谬论（即便是在有限范围内的战争，只要交战一方使用核弹，那么升级便**不可能**避免）。升级的概率首先取决于报复装置的脆弱性。报复装置愈脆弱，超级大国愈担心其报复手段的安全与否，因而它更倾向于将敌方的行动视为侵略意图的证明，便更想先下手为强。然而，除了相互威慑的稳定性与限制局部战争升级的可能性之间的一般关系外，还有多种情况会干预事态。这一冲突的利害关系是什么？涉及哪些国家？两个超级大国进行直接对抗，抑或是其中一国通过盟国或卫星国进行间接对抗？战争的进展如何？战场上节节胜利的一方在谋取何种利益？其目标又是什么？

不使用原子武器提高了避免升至极端（这符合双方利益）的可能性，而这仍不意味着违背原子武器的禁忌在任何

487

情况下都是不合理的。交战的一方可以认为不使用原子武器对它而言是不利的，而且使用原子武器并不会加重战争扩大带来的严重灾难。不使用原子武器被迫成为一种不切实际的情况，或是因为一方没有避免失败的其他局部手段，或是因为另一方使用原子武器是在所难免的（或仅是很可能的），因而先发制人、采取主动便具有了几近合理的特点（事实上，先发制人的辩证逻辑能够对核武器的战术和战略使用发挥作用）。

换言之，第一个问题的答案可能是：使用战术原子武器会增加升至极端的风险，然而明确提出一个一般命题来准确衡量风险并不合理——在每一个具体的事件中，都会有太多的情况干扰事态并有影响危机的进程和对手的行为的可能。同理，两个超级大国或两大阵营，哪一方能从战术使用核弹中获益？在我看来，这第二个问题并没有确切的答案。主要原因在于，使用原子弹作战的战争尚未发生，所有的军事历史都提醒着我们想象中的弱点和谬误：在过去，仅是那些我们事后看来平庸的技术或战术革新，就足以使战争发生意想不到的转折。1914 年以前，没有一个参谋部会准备工业动员。当专家试图想象装甲部队在被原子弹蹂躏或污染的较大区域内行动的时候，这何尝没有谬误的风险！

是否会因为伤亡而需要增加兵力？抑或是因为火力太猛而减少兵力？假如禁止使用浓缩物，防守一方该如何保护国家，既防御炸弹造成的破坏，又防御敌军的渗透或攻占？仅仅使用常规武器更有利于具有工业优势的美国，还是更有利于擅长征召更多士兵的苏联？按照基辛格的说法，美国陆海空三军对有限原子战争持不同的看法："空军认为它是对一片既定领空的控制，陆军认为摧毁可能影响陆上行动的战术目标至关重要，海军则首先考虑清除港口设备。"① 那么观察家又怎能大胆做出绝对的预测？

通过这些抽象的思考，我们唯一有把握得出的结论是平淡无奇的：战术使用核弹趋于将武器、破坏以及战争本身中存在的有限与无限的区别加以淡化。通过不使用某些武器来实现战争的有限化，这并无先例，然而这一独特之处与传统相吻合。纵观历史，胜者多半不会消灭战败国，也不会将其人口赶尽杀绝。然而，在取得绝对胜利的时候（解除战败国武装），实际上它本能够那么做。往后，原子武器能够使一国在战胜或解除敌国武装之前就灭绝其人口。当然，各国力求它们之间进行的是战争而不是相互毁灭：在当今时代，不使用热核武器相当于过去文明国家在胜利后所表现出的相对节制。

然而，有人会问使用原子武器真的会增加所谓的有限战争的创伤吗？我知道一些学者甚至质疑这一观点。原子炮弹的威胁并不一定强于化学炸弹，这一论据并没有太大的意义。如果人们不使用比常规武器效力更高的武器，又何必违背"原子禁忌"呢？为了让违背禁忌大有可为，应当诉诸比化学炸弹威力更大的炮弹或炸弹，让爆炸区域靠近居民和盟军两者并行不悖。还有一种论据认为，像朝鲜战争那样的持久战，其代价最终会高于以原子武器作战且速战速决的战役。这种假设并非不可思议。它假定交战国意识到双方存在误会，或者在受到残酷报复后吸取教训，放弃了它的攻击，因而便无所谓战胜国或战败国。大体上，战术使用原子武器仍旧很可能提高战争扩大的风险以

488

---

① *Daedalus*，p. 806.

及战争的人力和物力成本。[1]

这些观点是否可以直接应用到欧洲防御的问题上呢？我们是否应当，或者可以拒绝给德国军队配备原子武器？[2] 1954 年，北约参谋部同意在制订欧洲的防御计划中对原子武器予以重视。这一决议是由军力匮乏和原子武器充足两者共同决定的。既然炸弹的小型化和库存量的增加让核弹得以在战场上投入使用，为什么不用机器来代替人类，用火力来填补空缺呢？曾对大规模报复理论表示质疑的论证，现如今再次对战术使用原子武器提出质疑。敌人同样可以用大规模报复相威胁，亦能战术使用原子武器。看似有利的单边措施，在对方施以同等威胁时是否依然有效？只要仅西方诉诸这些武器，那么战术使用原子武器暂时能缓解兵力的不足。若双方阵营都使用时，情况又会怎样？

众多军事专家果断地从战术使用原子武器已获得的平等中，吸取了与从战略使用的平等中获得的同样的教训。一旦大规模报复是相互的，这一威胁便不再奏效。同理，一旦潜在的敌人同样拥有使用原子武器的能力，扬言在局部陆战中使用原子武器的威胁便无济于事。独立专家利德尔·哈特坚持他最中意的学说：具有同等资质的防守方能够抵挡对方优势兵力的进攻。[3] 攻方为突破由装备精良的机动部队把守的防线，必须具备 3 比 1 的数量优势。西方错误地将希望寄托在威胁之上，可事实上，威胁不过是虚张声势，不久便将会迫使北约受辱投降或陷入荒唐的灾难之中。

---

[1] 如果战术使用包含摧毁海军和空军基地，那么基地距离战场多远时会受到攻击？又该如何区分战术使用和战略使用？

[2] 根据"双钥匙"体制，德国与北约其他部队一样拥有战术原子武器。未经美国授权，不得使用原子弹头。

[3] Cf. Liddell Hart, *Deterrence or defence？* Londres，1960.

赞成加强大西洋军队的理由令人信服。如今的欧洲繁荣昌盛，本应该有能力长期供养几十支大型战备部队。作为人类文明的中心之一，欧洲可以说是放弃了自我保护，跻身于世界最富裕的国家行列。可它竟声称哪怕是通过集体的优势，自己也无力组建一支足够强大的军队，以抗衡远离其基地两三千公里的苏联**分队**，这是前所未闻的。

合理组建西方防御的道路障碍重重，这些障碍多是心理上和政治上的，而非技术上的。鼓励增加军备，尤其是常规军备，并无太大价值，因为欧洲爆发局部战争并非不可能，而只是不大可能，而且这一不可能性取决于热核武器装置的存在。加强地面部队赋予了集团的外交和战略以更多的灵活性。大西洋军队若拥有几十个师就可能对匈牙利进行干预。然而，如果给西方国家开启了一系列会降低将来在投降或灾难中进行致命抉择的风险的选择，那么它会增加小型侵略以及可能的局部战争的风险。① 只要1957年英国白皮书中的要么全面战争要么没有战事（全面和平或全面战争）的理论取得良好结果，令人忧虑的安全感这种奇怪的感觉就会延续：谁都不希望世界末日的到来，这个（有理有据的）信念抑制着隐隐约约的不安。

无论如何，欧洲的安全首先建立在美国热核装置的基础之上，苏联无论如何也不会试图冒这个无谓之险，因此军事准备

---

① 我之所以说可能，是因为这一推理并非显而易见，尽管它初看来具有说服力。事实上，认为增加常规武器可以打消敌人企图通过小型侵略来谋取某些利益的想法，继而也倾向于威慑发动小型进攻，并非不切实际。如果用低端的手段回击，那么原子报复就更可能发生。我并不认为我们可以在这些多少有些真实的推理中武断地做出选择。我们不应该忘记，事情的发生也取决于另一方领导人的心思，我们能够揣测却无法断定敌方首领的心理活动和战略考量。

和增强防御符合外交职能，或符合恐怖却极不可能的意外情况。专家的观点并没能博得众人的欣赏，因为这些观点错综复杂，也没能消除和平或同归于尽这种非此即彼所造成的安全幻觉。

当欧洲某国重燃国家雄心时，集团内部又会浮现紧张局势。戴高乐法国不再乐意完全倚仗美国的庇护。当法国的主力部队转战阿尔及利亚时，联邦德国的军队便成了欧洲大陆最强大的军队，它也要求获得盟友和敌人都拥有的武器。德国拥有战术原子武器不仅符合军事需要，也符合道义平等的要求。如若没有邻国部队所装备的武器，德国士兵又怎有勇气去战斗呢？对大西洋联盟的盟国而言，将仅仅训练常规武器的部队和训练原子武器的部队划分开来是无法接受的。第二种类型可能全是美国部队。

此外，如果所有大西洋国家的所有部队都按照拥有原子武器来组织，那么，统帅就提前放弃了选择的自由。在原子时代，和平时期的军事部署相比于以往任何时期都更加考验危机突发时政治家的决策。自 1914 年 7 月 30 日起，动员机制超越了政治家寻求和平的薄弱意志。如果大西洋军队都配备原子武器，民主德国的苏联军队亦装备同样的武器，对峙双方按照必然使用原子武器进行部署，事情的发展定会实现预期。参谋部将决策强加于政治家，当然参谋部也是在政治家画的框架内行动。

目前，一切都看似是大西洋集团希望同时从两种可能的学说中受益：阻止哪怕只是小型的侵略行径，并让敌人相信，在任何情况下它都会使用原子武器；当仍然遭到侵略时，仍可保留选择的自由。在一定程度上，这些利益也并非完全不相容。对他方意图保持怀疑向来是理性战略的一部分。对手不能也不应当确切知晓在某些意外情况下我方会做出的反应。此外，军事装置一定不能抹杀战略家的自由。如果所有人都拥有原子武器，那么所有人都会使用它。况且，我们势必要同意为可能产生误解的这种不确定性付出代价。如果敌人不知道我们会对它的一些主动行动做出何种回应，那么它可能错误地指望我们或是消极应对或是使用原子武器进行回击。如果对方错误地认为是第一种情况，那么将引起我方的强烈反击；如果它错误地认为是后者，那么它自己就会先发制人发动暴力攻击。

几个世纪以来，常规武器从来没有有效地发挥威慑作用，但它们常常能保护国土不受外来侵犯，保护国民免遭战争荼毒。假设使用常规武器作战，这便意味着又回到防御战略。以热核反击相威胁，意味着放弃防御并寄希望于威慑的有效性，筹备一场有限的原子战争，既寄希望于威慑，又不完全放弃防御。军事战区将成为废墟，而主要交战国的城市却得以幸免。显然，威胁使用原子武器进行局部战争，其威慑价值介于常规武器回击的威胁和热核武器回击的威胁之间，其防御价值也介于两种极端威胁之间。这一中间方案是否兼具两种极端方案的利与弊呢？这个问题暂时还浮于理论层面。

四　军事结盟

本章的主题是集团**之间**的外交，而从表面上看来，我们继续论述了集团**内部**的外交。这一矛盾很好解释：战后的一段时间内，两个集团间的外交关系被降低到最低程度，对双方而言，领土地位虽不尽如人意，但也是能够接受的，每个超级大国对另一方采取的行动主要是在分界线的一侧所采取的措施。三方共管区和联邦德国的建立，以及货币改革（1947）确认了两个德国的并存，因而确认了瓜分欧洲的现实。针对朝鲜战争，大西洋集团组建了一体化的参谋部并重整军备。1954 年，苏联集团签署《华沙条约》，在理论上建立了一个同等的参谋部。1954 年底，大西洋共同体的盟友——联邦德国得到重新武装，这是令人瞩目的，其意义不亚于联邦德国融入欧洲六国共同体的大西洋联盟。

492　　　战后头十年，苏联从未就"解决德国问题"或改变**现状**同美国或西方进行谈判。自 1947 年以来，英美政府坚信莫斯科决意将民主德国纳入苏维埃政体，于是它们意在阻止共产主义观念和制度向联邦德国蔓延。两个集团的竞争规则要求按照西方的民主原则来对待联邦德国，同理，民主德国逐渐地演变成人民民主国家。德意志民主共和国仍在继续进行赔款，直到 1954 年它成为《华沙条约》的缔约国才受到互助协定的庇护。联邦德国也在好几年内没能获得平等的地位。1950 年，当杜鲁门总统向迪恩·艾奇逊（Dean Acheson）提出重新武装德国的意见时，歧视的时期才告一段落，削弱工业潜力、拆除设备以及支付赔款的时期一去不返。联邦德国作为欧洲经济合作组织的一员，接受马歇尔计划中属于它的援助份额。此外，美国占领军还给它提供直接援助。在华盛顿看来，唯一的困难在于首先笼络法国，其次是其他欧洲国家来支持这一政策。英美政府认为这一政策是对东欧苏维埃化必不可少的反击。莫斯科无力阻止西方在己方区域内的行动，但它可以挑起民主和主权国家之间无法避免的分歧，从而让西方的行动陷入瘫痪。联邦德国重整军备的主要障碍来源于法国大部分舆论的抵制，随后是巴黎政府的反对。有关欧洲防务集团（C. E. D.）的长期争执是冷战和两个集团的外交中的一个片段。美国希望获得额外的一张牌，与其说是以此为赌注，不如说是留其备用。苏联使出浑身解数，它做出更多的威胁和承诺，动员其拥护者对不结盟国家施加影响，以期阻止美国获得这张牌。一方通过回忆"令人痛心的修正"来施压，另一方则通过提及恐怖的报复行动来施压。

此处无须详尽分析两个超级大国为阻止欧洲防务集团谈判后的批准而使用了哪些手段。大体上看，可以说苏联论点的发言人，无论其是否意识到，同时运用了传统的反德论据和符合当前形势且由此产生的新论据。（苏联对重整德国军备做何反应？联邦德国一旦重新武装，会怎么做？我们是否能将武器交予一个不安于现状的政府——它希望首先重新统一两德，继而收复被波兰吞并的全部或部分领土？）然而，引人注意的是，苏联官方代表在私下里建议，两个集团通过谈判让德国中立化或许可以成为重整两德军备的替代方案。

就我个人而言，我从来就不相信这个中间方案的可能性。　493
西方接受德国中立化的唯一前提条件或交换条件是民主德国的自由选举，也就是民主德国的去苏维埃化。时间过去得越久，苏联制度在民主德国扎根越深，这种交换条件便愈发不可能。一个力求获得世界性胜利的政体，一个将自己与历史命运串联在一起的政体，并不会心甘情愿地做出惊人的撤退。清除乌布利希及其党羽将在捷克斯洛伐克和匈牙利引起怎样的反响？德国在西方政体下实现统一，并在放弃意识形态中立后保持外交和军事中立，西方又能向苏联保证什么？在欧洲中部、两个超级大国直接对抗的前线上，存在一个不受制于苏联的一党制政体或者介于一党制与多党制间的政体，这个中间方案并非难以设想，而是难以实现。

此外，美国也对一个中立且统一的德国方案有所顾虑。它认为这一方案存在两大弊端：这使得在欧洲大陆上组织局部防御变得几乎不可能；它在复杂的方程式中加入了额外的未知变量。一个统一的德国基本上具备了成为大国的资源，却由于相互结盟又相互敌视的战胜国的决定，以及两个敌对老大哥的意志，而被迫采取中立，一旦德国统一又会采取什么政策呢？在意识形态斗争的年代，瓜分德国成了中立的替代方案，它同时为两个超级大国消除了一个变数：只要两个政权都声称代表德国，德国的意志就不可能存在。

自 1947 年起，西方国家煞费苦心地逾越了道路上的所有障碍。1960 年，联邦德国成了自由世界最繁荣的国家，它拥有最多的外汇储备（超过 70 亿美元）；它也被要求支持疲软的美元并参与针对发展中国家的援助；它拥有一支欧洲大陆最庞大同时装备最精良的部队；其政体看似最为牢固，由多数党（基督教民主联盟）和一位执政逾十年的总理执政。始于 1947 年，于 1950 年重新被推动并于 1954 年被最终确立的政策，难道到 1960 年还未实现其目标吗？联邦德国从贫困与怨恨中被解放出来，抵御了共产主义的诱惑，并融入了欧洲和西方世界。在民主德国，骚乱爆发了。工人起义在柏林和匈牙利爆发，苏联军队不得不进行干涉并成功将其镇压下去。1946 年以来，西方赢得了在欧洲的每一场政治斗争：柏林封锁失败，法德和解已成既定事实，民主政权主宰了欧洲，1950 ~ 1960 年的十年经济繁荣奇迹，1948 年南斯拉夫变节。尽管赫鲁晓夫表达了歉意，但南斯拉夫还是没有重返社会主义国家的大家庭。共产主义政权既未在波兰亦未在匈牙利牢牢扎根。正是在波兰，我才完全明白了马克思主义异化概念的含义：人们对他们所生活的社会关系一窍不通，不懂得他们支持的权威，对他们极不情愿创造着的集体作品非常陌生。

然而，即便取得了这些成果，欧洲舞台的观察家们也完全没有因为胜利而兴奋不已。意大利和法国的经济取得了惊人的，甚至是轰动一时的进步，却也没有严重削弱两国共产党的力量。法国陷入阿尔及利亚战争之中，第五共和国政权的建立曾得益于军队的叛乱，如今它也可能遭遇持续不断的纷争或是可能的和平（独立的阿尔及利亚共和国）这种令人不快的局面。分界线以西的繁荣令人瞩目，而东边的经济发展也绝不平庸。诚然，在现有阶段，经济增长指数（的差异）较生活水平或生活方式（的差异）更令人震撼。从民主德国前往联邦德国求职或淘金的人数是从西往东边迁徙人数的数倍。如果可以选择，大部分民主德国劳动者、知识分子和普通民众仍然会倾向于西方民主而非人民民主。然而，**他们明白在可预见的将来，他们都没有这种选择的自由**，而这最终也是决定性的事实。

1956 年 10 至 11 月，苏联的无情镇压与西方的不干涉，明确且悲惨地证实了苏联不顾一切地在东欧维持莫斯科权威的能力和决心。通过军队及常规和原子军备的局部平衡，军事准备的辩证逻辑强化了全球的恐怖平衡。大西洋外交力求发起攻势，拒绝接受东欧的苏维埃化，宣称受制于苏联式政权的欧洲人有权利自由选择自己的命运，鼓动被束缚的民众奋起反抗。然而与此同时，大西洋集团又采取了本质上是防御性的外交战略。大西洋军队和战略空军司令部除了威慑侵略外并无其他目标，而且实际上它们并没有发动过侵略。① 倘若这一政策尚在为顺利解决德国和欧洲问题创造条件，那么很显然它失败了。如果美国和欧洲拒绝承担任何风险，那它有可能成功吗？

---

① 当然，也许无论如何都不会发生侵略行为，甚至都没有统一的准备工作。

495　　　因此，大西洋集团内部纷争再起：每个集团不能根据对方采取的措施而做出回应，以至于平衡总是建立在更高的军备或核武器级别上，而双方均不使用这些武器，也不利用一种或另一种暂时的优势来达到目的。是否存在一种方案来代替这样的军事装备辩证逻辑？在一些地区放弃使用核武器能否降低战争爆发的风险？是否能够通过军备控制协定来制订双方都能接受的领土解决方案？

　　"无核武器区"的方案应运而生，并被推介给东西双方。1955 年，安东尼·艾登（Anthony Eden）阁下设想在欧洲的中心区域削减军队的密度，不部署任何原子武器，两军的隔离带将受到严格的检查，让集团之间可以尝试进行合作。波兰外交部部长也提出了一个计划，这一计划以其名字"拉帕茨基"（Rapacki）命名并载入外交编年史，这其中就包括欧洲中心的无核化。

　　围绕这些计划进行的严肃谈判从来就没有举行过，西方国家，特别是波恩政府惧怕此类方案，即便方案会有所放宽，但这从根源上就包含了整个德国的中立化。诚然，西方肯定不会接受这种中立化，因为这对两个集团而言影响程度是不同的。苏联集团可以将其防线退后几百公里而无太大影响。大西洋集团却不可能牺牲几百公里而不被迫放弃其所有的军事组织。

　　更普遍地说，认为存在能够发射核弹头的炮筒或火箭本身就会制造战争的风险，这不免有些幼稚。战略武器竞赛导致报复自动装置的建立，或者是缩短美国总统在某些情况下做出决策的时间，就这一范围而言，战略武器竞赛本身就是危险的。战术原子武器和常规武器一样不会走火。况且，军队的正面接触有助于防止发生事端、意外和误解：正是美军撤退产生的空缺让朝鲜有机可乘。军事空缺比军事存在更加危险。我非常清楚一些观察家十分担心并提出民主德国可能会发生叛乱，而一旦发生这样的情况，拥有国家武装部队的联邦德国不可能坐视不管。在我看来，这些揣测不可能发生：在民主德国，人们的生活条件得以改善，不至于糟糕到要奋起反抗的地步，而且共产党的领导人与苏联老大哥团结一致，不会从背叛中找到救赎或是归附敌对阵营。

再者，假设东欧确有人民起义的风险，倘若建立一个较大的无核武器区或非军事区，这一风险将过度加剧。事实上，这些举措的意义在于降低潜在政治转型的军事意义，结束两大阵营相互僵持的状态。1956年，苏联尚无法接受匈牙利建立一个多党制政权，抑或宣布实施与奥地利类似的中立政策。然而，倘若两个集团不再正面接触，倘若人民民主国家背叛老大哥并转换阵营的危险消失，对于一些转变，苏联也许会容忍而不会像眼下这样残酷地镇压。

这种思辨表明了西方这一可能逐渐取代现有政策的利与弊。分界线的画定清晰直白，美国的军队大举驻扎在分界线以西，莫斯科领导人对进攻的危险不抱幻想，"被奴役的人民"对所期盼的援助也不抱幻想。除了在第三帝国的故都，分界线两端相安无事，也不可能发生事端，因为虽然政治骚动一直暗流涌动，但它却被军事外壳抑制和掩盖了。为促进政治缓和，必须涉险化解两大集团军事组织之间刻意的冷漠。

假如这一分析确切无误，那么与公众舆论相反，两大集团的军事稳定体现了一种审慎的、维持**现状**的政策。中立区、无核区以及各种撤军方式，**除非它们使联邦德国变得中立而苏联一方并不中立**，否则都是冒险的手段，会让事件变得捉摸不定。

更不必说，这就是让苏美军队撤离欧洲。

作为整体谈判的目标，美苏共同撤军并不一定会重现与1945年相似的军事真空。通常，分界线以西1亿的法德人口能够共同动员出专家所要求的30个师。在其欧洲伙伴（或许也包括英国）的协作下，它们甚至可能获得一定的威慑力量。[①] 即便没有美军驻扎，欧洲也不会因此而失去保护。美国对西欧承诺的庄严性和明确性都会大打折扣，但并不会被废止。而且，如果我们假设苏联的军队也撤回其境内，大举入侵西欧就不可能发生。

497 欧洲的政治家之所以不去认真考虑这种转变，即放弃军事战线的结晶化以促进政治缓和，是因为这一新的外交战略充满了不确定性。东欧民众能够不推翻人民民主政体而只是改变它吗？一旦发生人民暴动，苏联是否会像在匈牙利那样以革命的"神圣同盟"来镇压反革命？两德的关系又将何去何从？和平统一后的德国又将采取怎样的外交政策？只要我们从思想上消除两大集团的军事结盟以及两个超级大国在欧洲中部的对峙，那么一切皆有可能发生，包括苏德达成牺牲波兰的协议。按照欧洲人现有的心境，他们倾向于保守。不论是实际的还是预计的军事措施对话，都很可能持续下去。

在不确定的进程中，不可能没有危机。因为是赫鲁晓夫而非西方拥有重新博弈的**一个**筹码：柏林。西方国家驻军西柏林象征着对第三帝国的共同胜利，象征着战胜国庄严宣布的德国统一，象征着西方不承认民主德国的合法地位，因而在政治上拒绝承认民主德国和东欧的苏维埃化。西方国家希望且必须维

---

① 我们可以设想一下乔治·凯南提出的方案。欧洲一旦被占领，就只能依靠民兵和消极抵抗。这对欧洲而言要求太高了。

护这一象征，而这也正是苏联希望并且势必要清除的象征。

柏林危机的结果将决定下一阶段欧洲竞赛的开局形势。然而，今后进退维谷的局面可能与今日的局面完全一样：西方国家必须在**军事结盟**和**政治变革**之间做出抉择。若它们不放弃前者，便也不可能指望后者。所有传统的外交谈判，其结果只能以**更大的危险**为代价来换取**可能的政治变革**。欧洲人是否对自己和德国人有足够的信心，以去期盼而不是畏惧政治变革，去更多依靠自身实力而不是美国的庇护来进行防御？

目前，这些问题的答案都是否定的。然而在比它们预想的更早的将来，不排除欧洲国家因事态所迫而承担它们如今拒绝的风险的可能性。

* * *

通过对"欧洲零和博弈"的分析，我们得出了一个看似矛盾的结论。军备竞赛可以维持现状并消除误解，就此而言，它将成为安全的保障。然而，观察家往往会思忖军备竞赛是否有引发战争的危险。两个阵营都不希望这场战争发生，而且利益的冲突也无法对此做出解释。事实上，这两种阐释看似自相矛盾，而实际上并非水火不容。

战争的风险可能来自争先恐后的技术发展，北约和华约的成立并没有提升战争的风险。军事结盟确保了两大寡头对事态的控制，然而重整旗鼓的欧洲可能再度骚动，并且令人难以捉摸。

军事结盟局部地避免了更为严重的危险，从全球视角来看，它看似军事对抗的一个表象，而这种对抗可能会挑起双方都希望回避的事端。作为全球博弈的一部分，它与其他储存原子武

498

器的方式一样，也会引发焦虑。

是否存在第三条途径？诚然，没有军备竞赛的军事结盟化或两个集团对**现状**的官方接受，看似兼具了两种可以设想到的态度的长处。然而，既然欧洲的两边都加入一个军事体系之中，那么军备竞赛也就在所难免。西欧也不可能自愿地认同这一它屈尊接受的地位，它暂时倾向于虚弱的安全，而不是恢复自治的焦虑和危险。

第十七章　说服与颠覆或阵营与不结盟者

在联合国的 100 多个国家里，3/4 的国家既不隶属于北约， 也不隶属于华约。"不结盟"的概念从此纳入外交词汇。联合国大会——尽管还称不上是全人类的大会——分为三个团体：其中西方阵营和苏联集团在各条战线上针锋相对，在旧大陆上，如两只山羊在窄桥上狭路相逢，都无力向前推进半步；但是，非洲、亚洲或南美洲的国家，无论古国或新国，大国或小国，都置身于这场直接碰撞之外，它们成为华盛顿与莫斯科之间、西方世界与苏维埃世界之间发生争论或历史冲突的真正关键所在。

"不结盟"的概念确有含糊之处。这一概念是否适用于所有第三世界国家？既不从属于苏联集团、又不从属于西方阵营的国家是否就可以被称为第三阵营的正牌会员呢？稀奇的是，第三阵营又以成员的行动自由来界定。我们首要的任务是通过分析不同的词汇——不结盟、中立、中立主义——来区分第三世界国家所采取的不同的态度。①

在非洲国家或亚洲国家，又存在地区性的争端，可与几个世纪以来欧洲国家引入的争端相提并论。美国一直都无法让韩国与日本和解，尽管这对前敌手与美国都是联盟关系。在南越和柬埔寨独立后，两国的邻居关系就很糟糕，问题的根源是地

---

① 第三世界的文化意义要甚于外交意义，它覆盖了两大阵营之外的人类，但也有西方国家（瑞典、瑞士）既不属于西方阵营，又不属于第三世界。

区性的，大国又觉得其无足轻重。印度和巴基斯坦的紧张局势是由于克什米尔：至少在 1948 年这个出发点，克什米尔与英属印度的两个继承国家的全球战略优先选项毫无联系，与苏联或美国的行动也毫不相干。

我们对这些阵营外国家的外交感兴趣，只要它们的外交是国际体系的组成部分。但事实上，非洲、亚洲和拉丁美洲的国家一些是自愿地日益融入国际体系以及联合国之中，另一些则是不得已而为之。对于两个大国的任一方，无论哪个卢里坦尼亚[①]都至少产生一种负面利益：更多担心的是不让这个国家倒向另一个阵营，而不是这个国家对己方的效忠。两个阵营的竞争让第三世界成为旷日持久竞赛的目标物，其筹码就是外交和道义上的抉择，不结盟国家对此难以避之。

由于两大阵营相互掣肘、相持不下，且在大多数时候不敢诉诸武力，作为竞赛的目标物，第三世界就成了历史悲剧的客体。现在的大国也帮助弱国，而不是压榨它们，大国放弃了逼迫就范，而是尽力说服弱国。大国针对不结盟国家的外交不再是慷慨馈赠的竞赛或经济学家之间的讨论，胜利属于给得最多者或辩护得最好者。在"向欠发达国家救助"之外，在增长率的争辩之外，在联合国的讲演与提议之外，革命者是通过颠覆，甚至是游击战，做到了打乱全球的外交地图。

一　不结盟运动、中立、中立主义

在欧洲，有三类国家可谓中立国。瑞士和瑞典实行传统类型的武装中立，芬兰和奥地利实行裁军中立，南斯拉夫则实行

---

① 卢里坦尼亚是一个虚构的国家，该术语用于表示古怪的欧洲小国家，或在学术讨论中用作未指定国家的占位符。——译者注

某种意义上的中立主义。

　　瑞士和瑞典拥有完全西方化的、民主的体制。它们加入了各种国际经济合作组织，对自己的认同毫不掩饰。它们与挪威或比利时的不同之处在于，它们没有加入由北大西洋公约组织组成的军事联盟。然而相反的是，相对于其人口，它们拥有的军备相当可观。瑞典积极发展了民间被动防御组织、城市人口疏散的准备工作、地下掩体的建设，瑞典在这些方面远甚于其他任何国家，包括两个超级大国。

　　奥地利在签署和平协议的时候保证永久中立，但与瑞士和瑞典不同，奥地利只拥有一支小规模的军队，用于维持国内秩序，而不是对大国可能的入侵进行反击。根据其体制和认同，奥地利属于西方国家。芬兰的政府形式是多党立宪式，该国不属于任何一个军事阵营。但由于邻近苏联大哥，芬兰只处于半独立状态。在做出重大外交决策之前，芬兰需要征得苏联的首肯（比如加入一个小的自由贸易区）。为了得到强邻的容许，芬兰会做出必要的妥协。

　　南斯拉夫在欧洲乃至全世界都是一个独一无二的情况。作为苏联集团的异端分子，南斯拉夫继续自称奉行马克思－列宁主义。该国属于"一党制国家"，尽管其严格程度已经极大地减少了。南斯拉夫被斯大林逐出阵营，在其从属于苏联集团的时候，南斯拉夫还接受了美国的援助。1954年以来，南斯拉夫又接受了苏联集团的援助。尽管表现出了这样的意愿，但铁托元帅无力公开放弃其分立派的信念，再重新成为苏联集团中的卫星国统治者。铁托所处的位置无法以直接的敌对行为来威胁其中一个大国，他无法成为一个"好的西方人"，一如他无法再成为一个"好的苏维埃"。美国人对分裂的南斯拉夫进行无

501

条件援助有双重好处：美国人巩固了一种在美国人看来比莫斯科指导下的政体更为可取的政权；美国人表达了他们的善意，其他卫星国统治者可能尝试追随铁托元帅的先例。

在欧洲之外，与传统中立国家（瑞士、瑞典）相同的国家并不存在。主要区分在于中立（印度）与或多或少积极的中立主义（纳赛尔）。几乎所有的新国家都自称不结盟国家，希望不要卷入两大阵营间的冷战。但不结盟国家的类型不同，从认同西方的突尼斯①到几乎加入苏联集团的古巴都有。

印度总理贾瓦哈拉尔·尼赫鲁表示在原则上反对军事联盟，他视之为加剧紧张的诱因，而不是安全上的保障。特别是，出于显而易见的原因，他对《东南亚条约》以及美国对巴基斯坦的军事援助表示遗憾和批评。在新德里看来，这一援助改变了克什米尔争端中的地区力量对比，但没有改变抵抗共产主义的能力。

在经济上和政治上，在体制上和意识形态上，印度与西方阵营的亲近程度要甚于与苏联集团的亲近程度。印度最大的贸易伙伴是西方。印度大多数的大学生在西方大学里读书，对印度进行经济援助金额最高的也是西方。

印度共和国发言人的措辞也因人而异，克里希南·梅农（Krishna Menon）演说时更接近于进步主义者的语言，总理本人发言时则更近于温和社会主义和本质上的道德主义。对法国和英国远征苏伊士运河的谴责要比对苏联镇压匈牙利革命或中国平定西藏叛乱的谴责来得更加严厉。但可能这种不安情绪较少源于同情，而更多是出于忌惮。

---

① 本章写于 1961 年 7 月的比塞大危机之前。（当时突尼斯对突尼斯比塞大的法国海军基地实施封锁，迫使其撤离。——译者注）

　　纳赛尔上校政府统治下的阿拉伯联合共和国提供了中立主义的另一种形式。在国内，共产主义者和进步人士被冷酷地追捕、囚禁，常常会被处决；在国外，国家和政权显得与苏联关系紧密，苏联为其提供武器，购买其棉花（再将其在国际市场上卖出），为其修建水坝和工厂。然而，阿拉伯联合共和国和苏联并非**正式**盟友，莫斯科并没有垄断经济援助或技术支持。在驱逐了欧洲势力在埃及的影响、将苏伊士运河收归国有后，阿拉伯联合共和国**客观上**按照苏维埃战略运转，而这一战略的优先目标是在全球任何地区让人民和政府起来反抗西方人。但是，纳赛尔总统没有如此这般丧失自己行动的自由。在国内，他并不是革命力量的囚徒，在国外，他亦非苏联的俘虏。他可以在未来不失原则地在接受苏联援助之外接受美国援助，又不改变其既有的路线。对于西方，纳赛尔的要挟并不是这样威胁："帮助我，否则我就倒向共产主义。"而是另一种威胁，即赫鲁晓夫的乐善好施："帮助我，因为你们拒绝我的，苏联集团都将给我，还不需要回报。"尼赫鲁从双方都获取了援助，而没有针对任何一方进行敲诈。通过简单直白地向西方敲诈、含沙射影地向苏联敲诈（"就像浪子回头金不换一样，西方欢迎我重回它们怀抱"），纳赛尔总统得到了同样的结果。

　　塞古·杜尔（Sékou Touré）的几内亚和菲德尔·卡斯特罗的古巴属于另一种不同风格的"活跃中立主义者"。几内亚事实上是一党政体。诚然，非洲所有的共和国都趋向一党政体，非洲所有的政治人物都倾向于或多或少地使用进步主义言论（至少在涉及欧洲人和有色人种的关系的时候）。但几内亚政党拥有共产党的结构和方法，在联合国也有几内亚的代表——以毫不逊色于莫斯科信徒的热情支持刚果的卢蒙巴。结果并不是塞古·杜尔完全地与苏联集团连成一体。对他来说，不和西方决裂有利可图——可以接受可能的援助，并留存要挟求助之道：一个国家要想威胁称自己可能成为共产主义国家，那它就应该不完全是共产主义国家。

古巴是另一种情况：在一个不久之前全部臣服于美国影响的地理区域，在美国周边创建一个亲苏联模式的政权，显而易见，这比几内亚 1958 年 9 月全民公投没有选"不"更有历史意义。菲德尔·卡斯特罗上台时获得了来自大部分民意的同情，以及美国一些阶层的物质援助，他在两年间上升为美利坚合众国的头号敌人。如同铁托挑战斯大林，他挑战山姆大叔。其政权与一党制的苏联政权相似。他对美国使用敌视语言，亲近社会主义阵营，在外交上自愿地支持苏联事业：这三个承诺的主要标准已经齐全。在这个意义上，菲德尔·卡斯特罗比直接冲突地区之外的任何一个国家走得都要远，因为他以后将无法重新收回承诺。

卡斯特罗的革命可能标志着西半球的一个历史转折点。邻近美利坚合众国的拉丁美洲国家，身旁是一个巨人，它们行事皆因循守旧，接受了强者更强的霸权，在它们的表述中有着深层次的间歇性的坏情绪。它们还没有抓住两大阵营针对不结盟国家的角逐带来的机遇，也没有明白更强者没有权利或拒绝使用武力时的无力。其他南美洲的国家可能追随菲德尔·卡斯特罗的先例，他也从纳赛尔身上学到了一课：一个摆脱"后花园"地位的地区成为"冷战的舞台"，从此大国的邻近地区或资源都无法震慑小国，小国相信两极中的另一个将会保护其不受军事干涉，并且在需要的时候给予其经济援助。

如果我们再来看以尼赫鲁、纳赛尔、铁托、卡斯特罗为名的外交态度，似乎可以立即发现，从印度的**中立**到古巴的**承诺**，再到埃及和南斯拉夫的**中立主义**，不同之处远没有相同之处显著。印度的中立反映了尼赫鲁的个性，信奉西方价值观如同信奉反抗殖民主义的战斗。埃及的中立反映了反西方的民族主义，但这并不是阿拉伯世界的亲苏联。南斯拉夫的中立是一个左派共产主义者不堪忍受老大哥压抑的保护，从而进行的冒险。古巴的中立是左派知识分子的革命和一个拉丁美洲国家对资本家剥削的反抗。所有声称是中立主义的国家、几乎所有第三世界国家都一致揭露殖民主义。但当涉及它们的体制、它们对国际冲突和自己不结盟承诺的主张、它们对莫斯科或华盛顿的真实认同的时候，它们各自为政的程度绝非难以察觉，尽管它们都声称是出于"缓和国际局势"和"裁军"的美好愿望。

选择某一种中立或中立主义并不是根据落后的发展水平的程度和特性：是由政治大环境、精英阶层和百姓的心理状态来决定不结盟的方式或忠于某一个阵营的承诺。通过审视新国家对前宗主国在外交层面以及基本价值观上所采取的态度，可以确认我们刚刚提及的中立主义国家之情况。

英国在亚洲的殖民地在二战后取得独立，至少从 1945 年开始它们无须通过斗争来获得独立。印度和锡兰保持了模仿英国模式的体制，特别是在印度，尽管有极端的困难，但是这体制依旧相当好地运行着；在缅甸，尽管民众生性平和，却长时间生活在内战之中；巴基斯坦从来没有实现组织自由的选举、党派竞争或议会的真正意义上的商讨，一支英式部队暂时承担着中立的行政权。显然，体制性质与外交立场之间没有相关性。由一位元帅治理的巴基斯坦通过《东南亚条约》与西方连接在一起。为议会制度骄傲的印度，却想同时成为英联邦成员和不

504

结盟国家。在锡兰，左派政党在选举中的胜利导致了对英国人的军事基地的驱逐，其语言更接近于进步主义者的语言，但它并没有放弃不结盟。

法国在亚洲的殖民地中，只有柬埔寨在印度式的真实中立中实现了某种统一。南越政府在反共产主义的口令下，陷入与由河内共产党政权组织和供应的游击队的长期争斗之中。至于老挝，该国分为三股势力，每股势力在行动和武器上所采取的态度都与1945年以来法国知识分子的三种不同态度一致：信奉共产主义的巴特寮（Pathet Lao）一派，坚决反共的部分军队一派，而共产党领导人（苏发努冯亲王）的同父异母兄弟梭发那·富马亲王[①]则尝试以对外中立的外交与对内和解的政府来实现民族和解。

在非洲，撒哈拉以南非洲的诸共和国均没有经过"解放战争"这一阶段就实现了国家独立。这些新国家的政府采取的外交路线几乎无一例外地取决于领导多数党或一党的那个人（或者几个人）的喜好。这个人或这些人的喜好与该国经济和人民感情不无关系，但没有人会怀疑，塞古·杜尔或乌弗埃 - 博瓦尼（Houphouët-Boigny）这些领导人，之前可以随心所欲操控1958年9月的全民公决的"是"或"否"，眼下一样可以随心所欲地选择留在共同体内或是实现完全的独立，同样可以选择像西方民主政体、活跃度不同的中立者或亲近共产主义的进步主义者那样发声。法语区的撒哈拉以南非洲国家都是欠发达地区。在通常意义上，这一表述，至少在近一段时间，并没有宣判这些国家从一独立就越过了中立或中立主义，滑向了激进主

---

① 自1960年年底以来，他似乎与他同父异母的共产主义兄弟有一些联系。

义：领导了"解放"的政治头领们，如果他们有意愿，他们有能力在不中断同宗主国联系的情况下，不在国际舞台上选边站、倾向某一个阵营，并在经济与理智层面实际与西方保持一致。

尽管阿尔及利亚冲突持久未决，但突尼斯和摩洛哥都没有同法国断绝关系。在 1961 年，其中学教育还是用法语授课，未来的突尼斯大学的大部分课程也都使用法语；摩洛哥亦是如此。的确，移居前被保护国的"法国殖民者"在这些国家独立后消散了。至 1960 年 4 月 1 日，11.4 万名法国人离开了布尔吉巴的共和国，占总数的 63%。在摩洛哥，法国人撤离的步伐更慢，截至同一天，31.5 万~33 万法国人中，还有 20 万人没走（撤离的比例在 35% 到 40% 之间）。尽管伊斯兰土地上建立的"法国社会"被迅速肃清，但是突尼斯和摩洛哥的贸易仍旧集中在法郎区内。摩洛哥超过 50% 的进口来自法国（1959 年为 59%），超过 50% 的出口销往法国（1958 年为 62%，1959 年为 56%）。

我们再来看法国殖民的三个区域：印度支那国家、撒哈拉以南非洲的共和国，以及北非。当前印度支那局势的根源，事实上是：越南独立同盟会民族主义运动的领导者同时也是共产主义者。是与效忠莫斯科的越盟达成和解，并同非共产主义者的民族主义者（现在的越南共和国总统吴庭艳）达成协议，还是同时打击共产主义和民族主义，在这两者之间，法国各届政府无力做出选择。结果就是越南两分，老挝被撕裂，仅有柬埔寨成功，同时保持了统一的人民和中立的外交，这得益于诺罗敦·西哈努克亲王的智慧。

在突尼斯和摩洛哥，主要的事实是民族主义运动的资产阶级构成和领导。"最优秀战士"（combatant suprême）说的法语和阿拉伯语一样好。远离共产主义，他希望建立一个独立的、与西方世界和阿拉伯世界同样关系紧密的突尼斯。① 在摩洛哥，受法国文化影响的资产阶级数量比在突尼斯要少，许多政坛和工会的领导者不会说法语，没受过一点前宗主国的精神影响。比起突尼斯，独立的摩洛哥同阿拉伯或伊斯兰民族主义的关系要更为紧密。但是，在这一点上，外交政策的态度主要取决于政治环境，即取得独立的方式、领导解放斗争的政党构成、与宗主国的关系，以及人民（特别是精英阶层）对跨国运动（阿拉伯主义、共产主义）和两个阵营的感情。

让我们对这些分析进行总结。如果我们将所有明确不属于任何军事阵营的国家称为不结盟国家，不属于西方世界或苏维埃世界的国家为第三世界国家，那不结盟国家和第三世界国家在它们的体制和价值观上，或在它们的外交态度上为统一的整体。选择哪个阵营，以及中立或中立主义的各种细微差别，都取决于多重原因，既有政治上的，也有经济上的。其中，精英阶层的培养至关重要。在我们这个世纪，各处的民众都处于潜在的活跃状态。少数人使这种革命潜力成为现实。这里或那里的这些少数人聚集在共产主义事业和莫斯科的周围，随后，党的组织、对民众的控制、私有财产的国有化、集权的计划经济，都接踵而至。

二 美元外交和卢布外交

历史上第一次，富人向财力较少者施赠或看似施赠时不求回报；历史上第一次，扶贫济弱符合强者的利益；历史上第一次，受惠者开出需求的清单，并拒绝捐赠者的要求；历史上第一次，捐赠者担心其竞争对手更为慷慨大方。然而，人类与国

---

① 或者，在比塞大危机前曾这样想过。

家的本性仍未改变。

在上一章中，我们分析了阵营的经济架构。位于铁幕以西的欧洲国家，饱受战争劫掠之苦，曾处于逐渐成形的苏联集团的强压之下。在几年间，美国以捐赠和借款的形式向这些地方进行投资。马歇尔计划以其规模为奇，可以很容易地说明国家间**传统**竞争的**新**条件：各国的效忠与内政有关，通过馈赠，美国老大哥能够让获赠的人或政党听命于它。

在战后的头一段时间里，我们看到另一个欧洲的经验与西欧经验间存在鲜明的反差。斯大林帝国是三重反常：**它在卫星国之间降下铁幕**，每一个卫星国都自我封闭，并被迫进行非常小规模的苏维埃模式的再生产；**它无视各卫星国之间的经济分工**，社会主义国家间的协议都是双边的，它并没有做出明显的努力，合理地整合这些协议，使之成为严密的整体；**它将最好的东西留给了征服者自己**，同时将老大哥扮演新信仰传教士的远大抱负摧毁掉了。从1956年开始，苏联意识到经济经营和意识形态主张难以兼容，所有的一切都如此这般，苏联就此变成了自私而光辉的老大哥。

合资公司被清理了，赔款索求也终止了，贸易的条件（有时还会成为公共讨论的目标）似乎不再有意地不公平了。在此之外，随着各自革命的进行，匈牙利和波兰也从莫斯科处获取了贷款。在欧洲，卢布外交在意义上和规模上与美元外交不可相提并论。1945～1956年，苏联给卫星国的贷款仅为7.27亿美元；1956年2月至1958年5月，它给这些国家的贷款总共达到9.665亿美元，[①] 在这之上还要加上17.705亿美元的贷款减免。 507 相对于马歇尔计划的200亿美元，1945～1960年苏联给阵营内

---

① J. S. Berliner, *Soviet economic aid*, 1958, p. 50 et suivantes.

国家的 20 亿美元贷款可谓少得可怜。但在东边，老大哥和小兄弟在资源和生活水平上的差距可不像在西边那样。今天，在经济层面，阵营内部的关系是可以比较的：通过计划和自由贸易，两大阵营尽力合理地组织生产和贸易，每一方都创造了潜在的世界市场，在市场内部实行分工原则。

从实用主义角度来看，有论据显示马歇尔计划的慷慨大方，这一计划的效果在落后国家身上更为明显。一个国家越穷，就离积累增长的门槛越远，于是就更需要外部的帮助。事实上，当受援国已经拥有了经济进步所需的行政、物质、政治、智力资本，经济援助会更加高效，西欧的情况便是如此。在几年间，这些国家缺少外汇，美国的援赠给它们提供了外汇，与此同时，美元的交换使得投资规模扩大。1950 年至 1951 年，欧洲就有能力独自发展。当经济增长的**社会**条件不具备的时候，援助只能显得是**经济上**的需要，常常是势单力薄的。

直到最近，经济援助还只是美国的垄断行为。自从斯大林死后，特别是最近六年，苏联也加入竞赛中来。有时（甚至非常）自相矛盾的是，同一个国家同时接受两个阵营的援助。两个阵营怎么会有兴趣支持同一个政权呢？这一自相矛盾的现象一旦放到全球大背景下就不再是解释不通的了。

要想理解最近几年苏联战略性地使用经济武器的原因，在一开始的时候就要确定两个极其普遍的观点。第一，完全由国家主导的对外贸易与由个人或私营企业主导的对外贸易相比，通常更多地受制于政治考虑。这并不意味着**所有的**对外信贷提议（苏联通常使用利率较低的长期贷款方式，利率在 2% 至 2.5% 之间）都或多或少地受到邪恶的渗透或颠覆计划的指使，然而分析人士倾向于给苏联与欠发达国家之间的协议赋予一种微妙的解释，这些协议**或许总是**产生了政治利益，但这并非其目的。

第二，苏联领导人似乎已经意识到，经济援助是美苏论战中的论据，或者是美苏竞赛（竞赛的利害关系是欠发达国家未来的效忠）中的重要武器，这种重要性至少在心理层面上体现出来。显而易见，他们力争让苏联拥有放贷人的名声，在手段上丝毫不逊于另外一个西方超级大国，甚至出手更为阔绰。苏联对欠发达国家的援助，就是要通过行动证明苏联产出富裕，40 年来其民众奉献牺牲，这让他们现在能够帮助最不幸的民族改变命运。苏联通过上述行为跻身富国之列，又通过并不强加任何条件的援助显示其荣耀与无私。在这一情况下，经济援助是**说服**的手段，而非**颠覆**的手段。

有鉴于此，苏联帮助印度发展的原因就简单易懂。如果西方认为帮助印度发展冶金工业就是维系印度的自由体制，那苏联为什么也要这么做呢？（在所有观察家看来，苏联的目标截然相反。）在我看来，对此应有两种解释。苏联的技术人员帮助印度发展冶金工业，就是要让社会主义国家与资本主义国家同场竞技。在名声上，这一行为有利可图，在其他层面耗资也不多。根据苏联领导人的哲学，他们坚信经济发展与经济滞胀一样都必将导向社会主义。另外，苏联给印度的援助金额非常少，约 2 亿美元，这对现有的尝试几乎没有意义（截至 1957 年底，拨付的信贷额达 3.62 亿美元）。

人们还会想到另外一种解释[1]：经济援助或许是一种渗透

---

[1] 也许有人指责我没有讨论基于无私的解释。根据这一解释，苏联对印度的援助纯粹出于人道主义。我不考虑这种解释，并非我敌视苏联，而是因为任何国家的领导人，特别是意识形态政治国家的领导人，由于领袖的作用和政治法则，会被迫考虑自己的利益。

手段，它可能将观念、间谍带到援助的现场。我不大相信这一解释：为何苏联资本能够实现美国资本从未实现的目标？在每一个国家，效率最高的宣传家都是民族主义的共产主义者。间谍网络总是和党的官方组织区分开的。可能某些苏联工程师隶属于一个情报网络，正如许多外交官在公开角色的背后还从事秘密活动。然而，苏联的经济外交并没有与这些次级考量纠缠不清。贷款修建一座冶金工厂并不是对搜集情报、策划活动的秘密组织的补充。

在接受苏联援助的国家之中，印度的情况几乎是独一无二的。出于显而易见的政治原因，苏联的援助只集中于几个国家。这些援助的目的，要么旨在**策反**一个西方联盟中的国家，并使其与苏联集团**联合**，要么旨在让一个国家先在经济上，随后在政治上**依附**苏联集团，它是在为最终实现**颠覆**并掌握该国的权力做准备，或者是在**巩固**一个亲共产党的政权。

509　叙利亚和埃及一直是苏联援助的主要受惠国（到1957年底，占苏联15.81亿美元对外援助总额中的3.97亿美元[①]）。苏联给埃及提供武器，不管使用何种支付手段，这对双方而言都是有利可图的行为。埃及宣称自治，如同南斯拉夫所做的那样：前者从苏联，后者从美国那里获得武器。通过证明近东不再是西方的"禁猎区"，苏联获得了令人惊奇的成功。小国有了敲诈大国的可能。

在国际关系中，即便贸易协定包括了信贷赠予，贸易协定的外交用途也已不再是新鲜事物。在不同时间段，所有的资本主义国家都曾根据政治目标调整贸易方向，或者让其资

①　到1960年底，这一数字是6.7亿，显然不包括武器销售的金额。

本为盟国所用。1914 年以前，巴黎的资本市场对一些国家是关闭还是开放，就取决于这些国家是否可能成为盟友，取决于这些国家是否服从法国外交部发出的命令。俄国的借款投资在法国，修建战略通道，一旦与德国开战，盟国军队采取行动的时间就可以减少。第三帝国是仅有的购买巴尔干和多瑙河国家的某些出口物的国家，它试图把这些国家和自己的财富绑在一起。法国或第三帝国的经验都没有证实这些方法绝对行之有效。

1914 年前和 1939 年前一样，贸易和金融关系是约定而非促成了国家间的团结或对抗。在关键时刻，忠诚取决于地理位置、民族情感、国家目标以及对战争结果的预判。沙赫特（Schacht）博士编织的协定网络并未能阻止南斯拉夫和第三帝国对抗。罗马尼亚只是在希特勒的军队统治欧洲之后才俯首称臣。匈牙利则指望德国修正主义来满足自家的野心。

没有证据表明，今天的情况会有所不同。苏联最早的援助引起了某些轰动，因为它们开创了新的阶段，出人意料。不过在道义层面，苏联并没有赢得缅甸，因为苏联提议如果哪年缅甸的水稻收成在资本主义市场没有买家的话就由苏联收购。苏联的手法是贷款而非赠予，受惠国完全有选择贷款用途的自由，这可能比西方手法的某些方面更容易接受（对那些要求援助的项目，西方的专家会进行检查）。对其他要素进行对比可能会反转或修改这些优惠条件。受惠国通过出售、交易或信贷获得苏联的产品，却并不总是令人满意。

单独的经济援助只在一个前提下方能成为保证小国效忠的有效手段：援助必须占被援助国国民收入的很大部分。有两个国家满足了这一前提：阿富汗和叙利亚。提供给前者的 1.15 亿

510 　美元，相当于其国民收入 5 亿美元的 23%；提供给叙利亚的 1.84 亿美元相当于其估计为 4 亿美元的国民收入的 46%①。在此情形下，政治和经济上的依赖有可能开辟一条苏联化的道路。在阿拉伯联合共和国成立之时，叙利亚正处于内部被共产党征服的过程中。阿富汗有可能自此处于苏联的势力范围之中，尽管只要该国的统治者与他们的"施主"决裂、倒向另外一个超级大国的能力没有丧失，任何事情就都不能说是尘埃落定。

　　近几年来，许多政权并非由共产主义活动分子组成，它们的形成在意识形态上有利于苏联集团，这给了苏联另外一种形式的援助的机遇。当几内亚和古巴突然失去了传统的顾客和供应商的时候，另外一个超级大国及时出现，向陷入封锁的受害者提供支援（当南斯拉夫与其曾经隶属的苏联集团切断开来之时，美国也做了同样的事情）。苏联、中国和东欧国家向古巴提供了约 4 亿美元的信贷（1959～1960 年）。但最主要的是，苏联集团购买了古巴的蔗糖，并向古巴提供石油和机器。应该指出的是，这些交易是以以货换货的形式进行的。在古巴首批百万吨蔗糖之中，只有 20% 是莫斯科用可兑换货币支付的。

　　苏联的经济援助做法与西方有什么不同呢？我们已经考虑了上面提及的那一类型：向对方世界中的异见国家施以援手。这是两个集团的共同之处。仅有的问题在于，两者之间哪一个更有机会给异见国家提供援助。为了获取声望而提供蔚为壮观的援助，这是苏联的做法而非西方的做法，因为美国无须展示它的财富：不结盟国家对于美利坚合众国的财富没有半分怀疑。美国有两种援助模式，而苏联并没有与之相等的模式。一种是**防御支持项**

---

① 　这一比例是相对于 1953～1957 年的信贷总额来说的，对于使用的信贷额则并非必需。

目，或者说是将美元提供给韩国、中国台湾地区的蒋介石或者南越，以维系当地资源不足以支撑的军队；另一种是向不结盟国家提供**纯粹的经济援助**，这可与苏联给予其集团内部国家的经济援助形成对比，但美国的目的并非大张旗鼓地显示其财富（从这个角度说，印度可谓是苏联与美国之间**夸富宴**的受益者），而是为了加快经济增长，这对捍卫与西方类似的自由制度来说被认为是不可或缺的，与此同时，这也有利于真正意义上的中立。

关于"防御支持"，两个阵营的鲜明对比体现在筹资上面：苏联连武器都不是免费供应的①，而美国则为那些受到内外威胁的政体支付武器开销。至于经济援助，除了在规模上的不同之外，两者的不同更像是在战略 - 政治概念上。苏联在对其集团以外的援助中，主要着眼于近期目标，诱惑处于犹豫之中的国家或者加强那些已经步入积极中立的国家；而美国的战略有时则从初级马克思主义中获得启发：欠发达国家本身的进步有利于西方。基于这一理论，处于增长中的国家更不容易受到共产主义的颠覆。西方国家，特别是美国，已经在被苏联领导人称为"殖民地或半殖民地"的地区花费了数十亿美元，只是这些不论公方还是私方的投资都没有换回感恩戴德或者深情厚谊。此外，未来的历史学家可能以相同的口吻嘲讽苏联对中华人民共和国的援助：在同一个阵营之中，会有两个"老大哥"共处的空间吗？正如乔治·奥威尔所说，它们其中一者难道不比另一者更想势均力敌吗？

我们有没有忽略一种苏联经济扩张的情形？一个或另一个苏维埃国家提供的信贷，是不是像英国或者联邦德国提供的信

511

---

① 一些迹象表明，在 1960 年，苏联提供给古巴的武器是免费的。

贷有着长期目标：不仅旨在立即占取市场，而且旨在压缩"资本主义世界市场"，并同时加快资本主义"最后的危机"？

从今以后，苏联及其伙伴生产大量的产品，这些正是欠发达国家急切渴望的商品。苏联集团扩大与不结盟国家间的贸易，其本身既非冷战的工具，也不是经济援助的要素，它是苏联集团实现经济进步的表达方式。随着苏联集团在工业化道路上前行，并逐渐消耗掉富有的初级原料储备，它将从阵营之外进口数量更多、价格更便宜的原材料，或者进口与其生产形成互补的制成品。真正的问题在于苏联计划制定者的意图：他们是否放弃了旧观念，即将苏联集团对资本主义世界的依存度降至最低？还是为了加速资本主义的衰落，他们通过纯粹的经济竞争手段致使资本主义国家丧失卖方和买方？

我们首先注意到，除了那些接受大量苏联信贷，并且苏联信贷占国民收入比例相当高的国家（阿富汗、埃及、南斯拉夫）①，欠发达国家 90% 以上的外贸都是同非苏联集团国家进行的。仅有埃及在 1956 年同苏联集团国家的贸易在 30% 以上（34%），然后是南斯拉夫的 24%。仅有南斯拉夫和阿富汗 20%以上的进口都来自苏联集团国家。

512　　另外，所谓欠发达国家在苏联对外贸易总额中只占到很小的比例，而对外贸易在苏联或苏联集团国民生产中的作用也相当有限。在苏联对阵营外国家的出口之中，欠发达国家在 1948年只吸收了其中的 20%，1953 年是 8%，1956 年是 23%。② 相

---

① 这是数年前的资料，或许只有几内亚和古巴应该加入我们所列出的国家。

② 我从约瑟夫·贝利纳（J. S. Berliner）借用了这些数字，他将下列国家归入此类：埃及、加纳、伊朗、伊拉克、以色列、黎巴嫩、摩洛哥、尼日利亚、苏丹、叙利亚、土耳其、南斯拉夫、缅甸、锡兰、印度、印度尼西亚、马来西亚、巴基斯坦、越南、阿根廷、巴西、古巴、乌拉圭。

比来说，在苏联对阵营外国家的进口之中，欠发达国家在 1948 年占 35%，1953 年是 13%，1956 年是 21%。① 欧洲的苏联集团国家有同样的波动，但不甚明显：1948 年，欠发达国家接受了 22% 的出口，1953 年下跌为 16%，1956 年恢复至 22%；出口情况则为，1948 年 28%，1953 年 17%，1956 年回升至 25%。为了让**经济**竞争能够威胁到西方，苏联计划制订者则不得不"皈依"他们尚未认同的学说：他们应该允许苏联集团的供应和销售在很大程度上依靠非国有经济。这些计划制定者不可能**同时**实现苏联集团内部的**相对自给自足和压制资本主义集团**②，剥夺其在欠发达地区的供应商和购买商。而且，对于这两个目标，相比第二个，他们更倾向于第一个。

当然，这并不排除在某一特定市场——比如石油或者锡市场，苏联人能对价格施加有效影响，甚至可以通过突然的大量供给"破坏"市场。我并不排除此类考量有时会支配苏联外贸负责人的行为，不过我相信，布尔什维克对这些考量远没有资本家那样熟稔。只有美国商人才会相信，克里姆林宫的领导人希望通过全球价格的降低或者美国价格的通货膨胀式上涨来让美国破产。

这一实际情况不足以让人相信苏联希望通过经济竞争将资本主义集团从欠发达地区逐出，也不足以让人理解为何苏联援助比西方援助，或者看似比西方援助更行之有效。目前，苏联的介入总是受欢迎的，因为它打破了美国或西方援助的垄断。突然，亚洲、非洲和拉丁美洲的统治者发现他们对西方多了一张牌可打：他们让西方人知道，他们不能从西方得到的，可以

---

① 1956 年的具体数字如下：出口，8.063 亿美元中的 1.836 亿美元；进口，7.8 亿美元中的 1.661 亿美元。
② 如果大部分第三世界国家加入苏联集团，那么这两个目标确实是兼容的。

513　　向东方提出要求并得到。当然，经济援助不会自动促成政治效
忠，而且苏联的慷慨大方也是有限的。对此威胁，西方人可能
不为所动，却不由自主地认真对待，或是因为挥舞威胁的领导
人可以直奔莫斯科而又不伤及自身，或是因为他们宣称无力抵
抗共产主义的"威胁"。在这两种情况之下，欠发达国家的统
治者都有一个强大的论据，通俗地说就是："如果共产主义者
获胜了，这对你们会对我更糟糕。"

　　从数量上来讲，西方的优势是压倒性的。16 个国家（南斯
拉夫、印度、埃及、叙利亚、阿富汗、印度尼西亚、锡兰、柬
埔寨、缅甸、土耳其、阿根廷、巴拉圭、尼泊尔、苏丹、黎巴
嫩、也门）① 从苏联获得了 15.81 亿美元贷款，到 1957 年底已
花费了 3.42 亿美元。这些国家在 1945 ~ 1947 年从美国接受了
7.81 亿美元的贷款、18.16 亿美元的馈赠，总计 25.97 亿美元。
1956 ~ 1957 年，美国的馈赠和信贷远远超过了苏联的信贷总
额，尽管苏联正是在这些年才启动新政策的。②

　　使用不同的统计方法，美国的慷慨会让人更加印象深刻。③
从 1945 年开始，美国向欠发达国家发放的信贷和赠送达 128.15
亿美元：南斯拉夫 8.35 亿美元，近东 34.04 亿美元，东南亚

---

①　J. J. Berliner, *op. cit.*, pp. 32 – 34.

②　根据 1961 年 6 月 19 日（星期一）《纽约时报》发布的统计数据，至 1960
年年底，苏联集团总共发放的贷款为 50 亿美元。据悉，1960 年的金额为
10 亿美元。假如这些数据是准确的，那就比 1955 年（1.89 亿美元）和
1957 年（4.11 亿美元）有了大幅提升，比 1956 年（9.6 亿美元）有所增
加。与此同时，贷款仅以每年 2 亿美元的缓慢速度被花掉。法国全国雇主
协会的研究数据显示，到 1960 年年底，仅苏联提供的经济贷款（不包含
武器）就达 30 亿美元，这与《纽约时报》所估数据非常吻合。另外，根
据法国人的研究，已经生效的支出达 28 亿美元。

③　J. J. Berliner, *op. cit.*, p. 267.

9.25 亿美元，亚太其他地区（日本除外）57.06 亿美元，拉美 19.45 亿美元。仅 1957 年一年，其总金额便达 16.28 亿美元（以上各地区分别为：4500 万美元，3.43 亿美元，1.45 亿美元，8.47 亿美元，2.48 亿美元）。但这些数字需要一番解释和评析。很大一部分赠送是由农业剩余产品交换的，印度或南斯拉夫政府使用本国货币进行支付，美国随后准许这些政府按照自身经济需要自由地支配这些赠送。对亚洲国家的经济援助很多都是"防御援助"。1956 年，在远东支出的 7.63 亿美元的总额中，7.24 亿美元是"防御援助"。在近东、非洲和东南亚总计 4.49 亿美元的援助中，防御援助占 2.87 亿美元。

　　即便扣掉"防御援助"一栏，西方的援助假如包含美国私人长期投资（1956 年为 12.68 亿美元）以及国际复兴开发银行的贷款（1957 年为 1.837 亿美元，1954~1957 年为 15.3 亿美元），这依旧极易膨胀。最后，在上面引用的数据的基础上，再加上美国提供资金的联合国技术援助项目、其他自由世界政府提供的政府间经济援助项目（7.5 亿美元），以及来自大西洋集团内的私人投资，总额将近 50 亿美元（48 亿~49 亿美元），而苏联集团仅为 1.2 亿~2 亿美元。

　　我以为，苏联 2 亿美元的援助不会比西方 50 亿美元的援助具有更好的心理 - 政治效果。但事实首先在于 50 亿美元是由计算器得出的抽象数字。对于这一总额，人们一无所知，对此任何宣传机构都没有进行宣传。从公开或宣传的角度而言，人们不知道的东西就是不存在的：表象才是真相。但并非全然如此，就算这些数据向公众公布，不结盟国家的舆论也会把防御贷款、私人投资（因为这部分是利益驱动的）、给予殖民地国家或前殖民地国家的贷款或赠送（为殖民主义所玷污）从总额中扣除出去，这就让 50 亿美元大打折扣，至少要减去 2/3 以上，甚至 4/5。但即便在苏联援助力度最大的 1957 年，仅美国或大西洋世界总体的确切经济意义上的援助也比其对手要多好几倍（尚且不算入私人投资和对殖民地或前殖民地国家的援助）。不过，苏联的援助非常集中且效果惊人，西方的援助则完全不同。而且尤其是和平的竞赛不是慷慨大方的比赛，不是奢侈就可赢得比赛——这个事实再怎么强调也不为过。假如是美拉尼西亚人的**夸富宴**或身穿金衣的国王的聚会这种性质的比赛，西方肯定能够取得胜利。但这既不是赠送礼品的比赛，也不是经济学家间的争吵。

三　颠覆的辩证法

1815 年，欧洲的国王们在经过二十五年的战争之后组成了一个同质体系，他们结成神圣同盟，更加注重打压革命，而非彼此削弱。主权国家的共同命运胜过了国与国之间的相互攻伐，而冷战的情况完全相反。每个阵营都想怂恿人民反抗对方阵营的体制。民主国家和苏维埃国家不会同意也不想同意像天主教或新教国王那样划分势力范围，放弃通过改变分界线另一端臣民的信仰来维系和平。由于缺乏对稳定的共同意志，体系的异质性就让说服和颠覆持续进行。

515 　　在欧洲，这些努力已经根深蒂固，以至于人们对此全然没有意识。面向全体民众的广播宣传在抗击第三帝国的过程中扮演了惊人且有效的角色，随后成为正常的机制。每个国家都像英国广播公司以前向被占领的欧洲进行广播那样，向他国听众进行宣传。英国广播公司的"法国人对法国人说"（*les Français parlent aux Français*）电台、"美国之音"、"自由广播"（*Radio*

Liberté）电台都试图传播或加强对共产主义政权的敌对情绪，维持解放的希望，或简单地让听众了解西方的生活。在每一种情形之下，其最低目标都是防止卫星国统治者垄断信息来源、意识形态以及对历史的解释。由于苏联政体要求这样的排他性和垄断，于是它就将西方的广播看作颠覆活动，并对此进行干扰。相反，西方对这样的排他性和垄断并无要求，于是它并不尝试干扰"苏联之声"，因为它与其教义相违背，也因为**另一方**无论以什么方式，都需要通过无私奉献给这一事业的人，才能发出它的声音。

从这一点看，体系的异质性似乎对西方有利。如果西方失去这种垄断权利，它可以毫无顾虑地接受，因为这种权利跟它的制度逻辑相违背。而苏维埃国家白费力气淹没它和人民之间的"第三方"的声音。对于资本主义的受害者寻求到"没有人剥削人"的地方避难，西方并不予以禁止，但是移民大潮仍不断从东向西涌入。

假设"观念的竞赛"确实动摇或破坏了苏维埃政体，老大哥确实保留了武力这一最高手段（西方的老大哥不会保留这一最高手段，至少在西欧如此），除了这样的极端情况以外，纯粹的共产主义宣传仅是苏联兵工厂中的武器之一，亦是其中最弱小的武器，一如纯粹的共产主义组织仅仅依附莫斯科的其中一个组织——还不是最重要的那个组织。苏联反对德国重新武装，反对原子弹，支持法苏友谊的造势活动，仅仅是苏联无数手段中的三个例子，我们称之为**渗透**。在周遭环境不利于这样或那样的共产主义事业的情形下，苏联力图通过渗透来获得同情者与参与者。从这些附属行动和"平行组织"中苏联可以获得双重利益：扩大反对派——它在所有情况下都对西方政府希望施行或采取的措施加以反对——的力量，从而彰显自身；诱使非共产主义者——它甚至没有意识到协会之中的领导人皆是共产主义者或共产主义力量的马前卒。

516 虽然苏联占有这些优势，但欧洲异质性的资产负债表要比大多数观察家所想的更为平衡，至少在心理－政治战争的层面如此。实际上，西方在苏联和苏联公民之间出现，与苏联在美国国会大厦、英国威斯特敏斯特宫以及美国公民或英国公民之间出现一样真实，甚至效率更高。**第三方**的影响力与其声称的自由不成正比。西方的声音传播得更多，虽然 3/4 的声音被扑灭。如果苏联的声音在法国也取得同样的效果，那是因为数百万的法国人敌视现有秩序，或者是他们自认为想要敌视现有秩序。共产党动员或操控他们制造不利因素，只要他们不能夺取权力，就还有有利之处。数百万的法国人在选举中投了共产党的票，让民主的功能发生改变，因为这个政党可以说是被排除在共同体之外的，是不可触碰的。然而，这一排除在外的政党又可以让亲西方的政策陷入瘫痪，方式是通过同样一批选民选择"中立主义的"或"社会主义的"代表。

在冷战以及说服－颠覆的争论开始十五年之后，苏联公民看似暂时不倾向于反抗所谓的共产主义政体，一如美国公民不对所谓的资本主义政体进行反抗。在欧洲，苏维埃阵营总体上已经输掉了理念的战争。假如今天举行多个政党参与的自由选举，所有东欧国家都将重新回到宪政多元的体制，这一点无人会产生质疑。但是，分界线两端都知道此类选举是不会进行的。1956 年的事件仍未被忘却，这证明了在无产阶级已被"解放"的地方，定义为反革命的叛乱将是无法被容忍的。

在两大阵营与第三世界之间，异质的资产负债表与颠覆的辩证法是不同的，第三世界（非共产党领导的国家）对于两大阵营的宣传以及来自两个阵营的人员和思想渗透都持开放态度。第三世界并非**仲裁人**（对发达国家而言最好的政治体制可能并不适合欠发达国家），但它可以作为**历史性的仲裁**。如果没有战争，两个阵营中的任一方都无法取得针对另一方的胜利，除非不结盟国家支持其事业。第三世界亦非**得利的渔翁**，它可笑地身处两个超级大国的争论或争斗之间，它甚至是这一近似于论战（实现工业化的最好方法是什么）或有时是殊死搏斗的对话的**客体**。它是客体，同时又是**主体**，因为超级大国在大部分情况下都不会动用武力。至少初看起来，两个论战者中的一个更适于这一冲突的性质和规则，这一冲突的政治意义大于军事意义，倾向于隐蔽而非公开，倾向于暴力而非和平。

颠覆是在人民中间埋下或煽动欲求不满的火种，是怂恿民众揭竿而起反抗他们的政府，是制造或利用骚乱、叛乱或起义，从而打击敌对国家，让某一制度或某一思想得以传播。为了取得全面成功，一些条件就需要被明确：在被攻击的国家，民众必须欲求不满，并且有少数人已然做好行事的准备，认同革命者在国内外散播的意识形态主题。而对于实施颠覆行动的国家，必须拥有代理人和组织，这些人能够将叛乱转化为起义，将起义转化为革命，并将革命导向符合自身利益或野心的方向。不管是意识形态问题还是组织问题，苏联集团都已经为实施颠覆精心准备，并且它发现大部分第三世界国家的形势都有利于颠覆活动的开展。

苏联意识形态惊人地符合受到半西方式教育的人士内心的需求与渴望（伟大的思想家希望他们所创立的意识形态即便不是充满智慧的，也应该是简单明了的，于是推出精简的版本）。

517

亚洲、非洲和拉美的许多革命者深有同感的怨恨，与马克思－列宁主义宣传家所提出的世界观有着天然的相近性。在古巴，在推翻富尔亨西奥·巴蒂斯塔的革命中，共产党的作用甚少，但革命的热情将菲德尔·卡斯特罗及其拥护者推向莫斯科人希望引导他们去的方向。

在尚未执政之前，不论共产党、秘密政党还是大众政党，它都可能设法破坏现有的政体，消除有能力推动经济增长的自由主义者和社会主义者。在取得政权之后，共产党成为唯一的党派，以意识形态为武器，引领大众，利用一种知识性的正统信仰，带来稳定、热情、高效的政权。①

同样，美国通过中情局②从事颠覆活动。在危地马拉，中情局秘密推翻了阿本斯（Arbenz）上校，他被当作共产主义者或同情共产主义的人。中情局又怂恿古巴难民，上演了笨拙的猪湾入侵事件。但是，由秘密情报组织操控的颠覆活动，与利用信徒或好战党派成员从事的颠覆活动相比，在本质上还是不同的。

一个简化的解释是，美国反颠覆的战略主要依靠经济援助（从这层意义上讲，它来自马克思主义的启发）。在很多国家，援助都难以奏效，这是由于缺少高效的行政人员或领导者。没有这样的人员，美元只会让人腐化而并不能推动经济发展。

有时，颠覆自身限制了反颠覆的经济工具，一如老挝和南越的情形。游击战爆发之后，大部分的美国援助流向对军队的维持，这就让可以用于投资的资源大为缩减。与此同时，共产

---

① 政治有效性是无可置疑的。假如考虑到苏联农业生产四十年来的成果，经济有效性至少存在争议，或者说在不同领域情况不一。
② 美国中央情报局。

主义和非共产主义之间的冲突，也在非共产主义者之间引发冲 　518
突，有的人支持国家和解或中立主义，有的人则信奉"绝对胜
利"。为了减少自由化，当权者使国家进入紧急状态。换言之，
不管是在本土所生还是从外部引入，颠覆活动都是实现政治与
经济发展的阻碍，只会造成家长式作风或传统威权政治，这反
过来又会引发现代化人士和开明人士的反感。

有些观点如今被抬到信仰尊严的高度，我对此不予评判。
不结盟国家的民众确实对自己的贫困和人类中少数特权者的奢
华有了或多或少的认识。数以亿计的民众的希冀与他们现实的
生活条件之间确实存在巨大鸿沟。这一鸿沟也确实利于开展颠
覆活动，缩小这一鸿沟也与西方利益一致。最后，在某种程度
上，不结盟国家实现工业化的方法确实也是两大阵营口诛笔伐
的利害关系之所在。**但是，正是人们对这一经济解释的认同，
导致了政治的部分优先权。**因为要想通过经济增长来抵御颠覆，
就应该建立和维持能够确保经济增长的政体。

世界上没有任何地方或几乎没有任何地方，权力仍旧基于
传统或过往之上。国王或王子、王子或王孙到处皆有，他们的
头衔可以追溯到几个世纪以前。然而，这些继承者或是逐渐失
去声望和权威，或是通过界定自己与未来的关系来获得新的力
量。在马里和加纳，皇族的后裔如今变成了左派政党的领导人。
柬埔寨的西哈努克亲王成为中立主义政党的领导，他通过与两
大阵营保持关系来团结他的民众。同时，民众对于其先祖的回
忆大可为其带来某种尊敬，而白手起家、应时而起的人无法获
得这样的尊敬。

由于权力在本质上是面向未来的，气势逼人的革命政党与
政体往往更具优势，至少看起来如此。它们提出了一种逻辑，

把它们的原则推论上升为逻辑的结论。既然所有专家都认为，要想经济"起飞"更早来到，必须经过不完全的计划经济，于是它们就推出了全面的计划经济。既然任何人都毫不质疑人民必须牺牲，甚至乐于做出牺牲，它们就可以比其他的政党更有能力、更好、更彻底地动员民众。苏联的共产主义者长于简化。假如将政治有效性定性为一小部分人的艺术，即将意志强加给大多数人，引导大多数人按照少数人的意愿行事，并且让大多数人相信服从乃是他们本身的意愿，如此这般的话，苏联的手段可以说达到了极致。

像李承晚或吴庭艳这样的独裁者，抑或是像土耳其曼德列斯（Menderes）这样的半独裁者，他们所实行的仅仅是权宜之计。他们疏远了温和的左派、意在保留西方自由传统的现代人士，他们让心存善意的民主人士不得不倒向共产主义，而他们的命令和行政能力都没能得以确保。对南美的自由政体与专制政体的相对表现进行全面判断是很困难的。然而从整体上看，违宪看似没有推动经济发展，又或是说，在推动经济发展上，掌权的军人并不比由民众或代表大会选举产生的代表做得要好。

但这并不意味着，在过去 100 年间，人们无法辨识出那几个类似于亚里士多德早已进行定义的"现代化暴君"——他们受到穷人的拥护，遭受特权者的毁誉——的专制统治者，或无法辨识出那些树立伟大功绩的专制统治者。长期以来，庇隆（Peron）得到工会的支持，其忠实的追随者达百万之多。巴西的瓦加斯（Vargas）在非法掌权多年之后多次当选，自己还重建了宪政体制。但是，相较于现代专制者，保守、反动的专制统治者仍占多数。庇隆是个"蛊惑人心的政客"，而非什么"现代主义者"。

非一党制的专制主义不能确保政体完成开启工业化的任务。一党制的专制主义则可能会重走法西斯政党在两次大战中间那段时间的致命老路。在拥有诸多政治阶层与现代化文明的国家之中，一党制要想获得胜利就需要意识形态的辅佐。如若没有一种强制思想、以伟大事业或神圣价值观激情为使命，就难以领导民众，也不可能笼络忠实斗士，亦无法保持组织内部的纪律。如果非共产主义的一党制的意识形态内涵不是民族主义，那又能是何物？或许为了实现"经济起飞"，为了增强民族内聚力，一定的民族主义必不可少，这是因为此类民族虽然拥有国家的地位，但个体却尚未形成共同体意识。但是，民族主义的热情通常会演变为民族狂热，至少在拉丁美洲，它不就揭竿而起与西方作对了吗？

在未来的数十年里，非共产主义第三世界的标志将是政治体制多样性。捍卫正统民主思想的十字军既可笑又不合理，就好像西方国家如果放弃将其认为是或本质上是最好的政治制度强加给全世界的努力，就是对自己的背叛。在国与国的对抗中，苏联集团拥有一个长久的目标：支持那些走克里姆林宫路线的、旨在建立共产主义政体的政党。在这个长久目标之外，苏联外交，如果不是中国外交的话，对于一些敌视西方同时也敌视所谓的马克思－列宁主义政体的民族主义政党，也丝毫不加犹豫地进行支持。而西方阵营则没有与之等同的长远目标，这是因为共产党可以保证能在一些国家建立起"人民民主或社会主义民主"，但没有任何一个西方政党或政权可以保证能建立同样的"多元民主"。

因此，在两个阵营强加的策略方面，还应该加入战术机会主义。西方阵营势必要对自己的制度进行调整，从而符合其他

国家的各种需求；对于苏联集团而言，此类调整则在共产党掌
520 握政权之后被推迟了。一个对布尔什维克政党组织进行照搬照
抄的共产党，在获得国家权力后引入相同的宣传、教育和权力
垄断，实际上便是吸收了苏联体制的实质内容。加纳的法官佩
戴的假发与议长的权杖仅有象征意义，表明它承袭了西方的传
统但并没有加以确定。但是，议会讨论和代表制仅仅是制度形
式，唯有实践才是体制的本质。政党能够像它应该扮演的那样
参与游戏吗？

这并不是说在"起飞"阶段抑或在当前的历史阶段，共产
党或应用共产主义手段的政党就是必不可少的或不可避免的。
这仅说明，西方国家无法在每个国家都找到一套可以接受的解
决方案。换句话说就是，政党、团体可以进行工业化，但又不
倒向苏联集团。诚然，有时选择看似局限于两难的抉择之中：
选择这一个，顿时就觉得甚是可惜，选择另一个，在不久的将
来更让人痛心；一边是共产主义或左翼政体，另一边则是无法
实现现代化的专制政体。不可避免地，美国与西方倾向于第二
个选择，虽然这是必然的，却也同样让人心生烦恼。

在颠覆战争中，苏联集团拥有三个无可置疑的优势。
（1）一党专制的政体违反和平竞争原则，因为它拒绝向反对派
提供他国可有的自由；（2）第三世界的大部分地方仍处于半革
命状态，这有利于那些可以付出任何代价以恢复秩序的政党，
而不利于顾全国家权威以及公民权利均衡的政党；（3）大部分
不结盟国家的精英，如若不是被迫选择，他们宁肯要发展经济
也不选择代议制，宁肯要工厂也不选择自由：他们接受专制，
只要它是致力于现代化的。

在经济增长的初始阶段，几乎不会有第三世界国家实行符

合英国或者美国的正统多元宪政民主。然而，白宫和克里姆林宫虽是两个世界的象征，但并非严酷抉择中的非此即彼的选项。即便在欧洲，内政与对外事务的立场之间也不存在严格一致性。**更不用说**，我们必须打消一种疑虑，即我们认为其统治方式是专制的所有第三世界国家在道德与外交层面上都将属于苏联集团。就算这些国家的政体被归为"一党制"，但从亲西方的突尼斯到几内亚，各国情形也有所不同。在实施一党制政体之前，古巴就是第三世界里最亲苏联的共和国。

四　中立的辩证法

521

在两大阵营与不结盟国家之间的关系这方面，1945～1960年的十五年冷战可以分为两个阶段。第一阶段，两大阵营在欧洲成形之后，开始大张旗鼓地从世界其他地区拉拢追随者，双方看似决定要在客观上在地球剩余地区建立起类似欧洲大陆战后的格局。一方面，从1947～1948年开始，美国外交设法和有这样意愿的民族结成联盟，向它们提供武器，从理论上说是防御外来入侵，而实际上则是扶持这些国家的统治者。另一方面，苏联执行的意识形态－外交路线只有两种选择，而非三种：在如今世界革命以及资本主义向社会主义过渡的阶段，两大阵营、两类国家、两种政体针锋相对；苏联认为，这些新兴的所谓的解放国家如果不参加社会主义阵营，那就是受到了新殖民主义的统治，不管情愿与否都充当了帝国主义的代理人。斯大林去世之前的1953年初，在约翰·福斯特·杜勒斯（John Foster Dulles）看来，印度的中立就是"不道德的"，而克里姆林宫的发言人则称之为"屈服于西方或与西方结盟的某种表现形式"。

在这样奇怪的竞争之中，没有一方可以达成其所谋求的目标，每个阵营看似都竭尽全力地向对方夸耀自己没有付出代价的胜利。印度与近东的阿拉伯国家拒绝同西方结成外交联盟，这事实上就等同于苏联集团的胜利，但苏联却连忙对此类胜利的实质加以否定，它以为但凡本方公开外交未能达成的东西，西方都有能力（实际上它们并没有这一能力）暗地里实现。此外，两个超级大国也都没有将它们试图拉拢、声讨其弃权行为的国家送到敌方怀中。再一次地，尼赫鲁的印度很有象征性——尽管苏联充满矛盾地谴责它"不道德"和"屈服于帝国主义"，它仍坚持中立。

在 1953 年后，苏联的意识形态外交路线渐渐发生转变。破坏西方联盟体系或权势成为斯大林的继任者的直接目标。对于那些声称中立、意在置身于两大阵营冲突之外的国家，他们不再进行声讨，而是进行公开支持，并表示将随时准备向这些国家进行经济援助。布尔加宁（Boulganine）和赫鲁晓夫的亚洲之行体现和象征了这一转变。但这并不意味着苏联关于两大阵营的教条主旨已被他们抛弃——两大阵营无可避免地进行争斗，所有的国家最终都会投向一个或另一个阵营——而是意味着，在当下这一阶段，他们认为中立是合理的，甚至潜在上是可靠的。显然，这一解释有利于苏联以及苏联集团的总体事业，因为这为所有同西方保持联系的国家提供了脱离朋友、主人与保护国的机会，并且苏联无须背负与这些国家结盟造成的风险。

西方国家在进行转变以前迟疑了很长一段时间。在 1954 年奠边府灾难之后，《东南亚集体防务条约》缔结。苏联批评这一条约是侵略性的，中立国家（特别是印度）则深表遗憾，它们声称这可能让东南亚卷入冷战。斯大林去世后，在近东，西方又签订了所谓的《巴格达条约》，约旦因内乱未加入这一条约，美国对此表示支持但也没有加入。使伊拉克国王和努里·赛义德（Noury Saïd）失去生命的革命发生后，这一条约就只包括非阿拉伯的伊斯兰国家（土耳其、伊朗和巴基斯坦）了。

即使我们非常希望，但也很难测算出此类"多边协定"对各方而言的利弊得失。此类协定在近东是不受欢迎的（约旦和伊拉克的骚乱证明如此），也让意欲保持中立的国家感到不安，同时也让西方同亲西方的国家、不结盟国家维系良好关系变得更加困难——亲西方的国家要求它们的忠诚能有所回报，而不结盟国家则威胁向另一个阵营要求获得西方拒绝给予的东西。另外，通过地区联盟，内部虚弱的政权得以巩固，世界大国对其的兴趣就是明证，而它们回报给世界大国的则是军事基地。

按照时下华盛顿流传的一个笑话，美国同东南亚盟友签署的协定一如总统与国会间的协定。美国向泰国、巴基斯坦、南越、老挝和柬埔寨（后三者虽未与美国签署协定，但受到协定的保护）做出的承诺是含糊其词的。就这一协定，美国总统可以在国会与公众面前进行陈述和辩护，对这一地区进行干预甚至诉诸最高武力。同时，这可能能够巩固这些国家中面临内部威胁的政权，并提供一种可将法国和英国纳入集体行动中的方法。还需要知道，对于行动的集体特性不可或缺的欧洲盟友在危机爆发之时是否有可能无所作为。美国是否能够笼络或帮助中立国家，而又不让盟友产生不快；是否能够对中立国进行武装而又不疏远盟友，这同样有待观察。

虽然在任何情况下美国都固守军事联盟的做法，但竞争的辩证法越来越逼迫它做出调整从而应对挑战，让它不再强迫不结盟国家倒向西方，从而与苏联的要求等同起来。美国发生转

变是在苏联之后，这也是时局渐渐形成的结果。① 1956 年，在
以色列远征西奈半岛和法国、英国在苏伊士登陆之后，按照美
国的说法，美国试图对欧洲国家撤出后的"空白进行填补"。

523

但是，这却不能通过军事联盟进行填补，埃及、叙利亚和约旦
这些阿拉伯国家都强烈反对军事联盟，伊拉克的舆论也声讨军
事联盟。这些国家的民众对西方怨气太甚，无论精英阶层还是
普通民众，都无法容忍同西方达成任何形式的一致。西方可以
期盼的最好的结局，并非这些国家从这个阵营倒向那个阵营，
而是它们继续维持当前状态，不由中立或中立主义倒向亲苏联
主义。换言之，斯大林继任者对外交进行提速，并非导致了
"帝国"解体和丢掉"狩猎场"，而是让西方国家旋即被迫接受
一些国家走向中立。

竞争的辩证法暗含了一个阵营对另一阵营的口号的使用。
当一个国家和西方联系在一起时，苏联外交就夸耀中立的好处；
当这个国家又将倒向苏联集团之际，就轮到西方进行防守并力
陈中立的益处。当然中立又有许多不同的实际情况，两大阵营
经常使用同样的词语却各有想法。但是，当每个阵营都知道一
种中立会比另一种中立更为合适的时候，在某些情形之中，双
方对于中立的严格界定达成一致，这也不是没有可能，虽然这
或许仅符合一方的意识形态和利益。

苏联在欧洲签署协定，将苏联军队从奥地利领土上撤出，
并确定奥地利保持中立，而奥地利的内部政体是自由的、认同
西方的。1958 年，在黎巴嫩问题上，西方国家既维护了该国国
内社会的平衡，又维护了其外交上的中立。西方做出让步，意

---

① 转变并不是普遍性的，一个拉美国家声称中立或不结盟就会让美国产生极
大不安。

在达成可能的目标，而不是合乎心意的目标，首先便是让黎巴嫩这个伊斯兰 - 基督教国家奉行积极中立主义，随后是力图阻止积极中立主义的埃及进一步倒向苏联集团。

老挝在 1960 ~ 1961 年的情形象征着中立的再进一步，或可能仅仅是中立的本来样式。这既是世界冲突的一个方面，也是摆脱世界冲突的一种手段，这是两大阵营相互争斗的后果，也是摆脱竞争辩证法的尝试。按照终止印度支那战争的条款，老挝不可加入任一军事联盟。在老挝，法国仍保留两个基地和一个军事代表团以对老挝军队进行训练。但事实上，北方两省由共产主义的巴特寮占据和统治，1954 年后，艰难抉择就存在了：或是内战，或是分裂，或是将这一武装组织纳入联合政府，将"游击队员"整编到皇家军队中，主要领导人苏发努冯亲王成为联合政府的一员。组建联合政权的尝试从 1954 年一直持续到 1958 年，梭发那·富马亲王是"红色"亲王苏发努冯同父异母的兄弟，他是民族和解及所谓中立派的象征。在他看来，只有所有政治宗派都参与到政权的组建中来，外交层面上的中立才能实现。

1958 年，由于美国外交担心在民族和解，或者所谓的民族和解时共产主义者会成功打入国家机构中，并夺取所有关键职位，于是便在老挝组建了亲西方的政权。因而，巴特寮的游击队员重返密林之中，苏发努冯亲王则锒铛入狱。

1960 年，由于厌恶了内战与被美元腐蚀的政府阶层的贪污腐败，伞兵指挥官贡勒（Khong Lee）发动政变，支持梭发那·富马亲王与中立主义政府（国内和解、国外中立）。数周以后，富米·诺萨万（Phoumi Nosavan）将军发动政变，支持文翁（Boun Oum）亲王的亲西方政府。巴特寮与中立主义者携手作

战，抗击亲西方的皇家军队。1961年的日内瓦会议上，所有的
参与者，包括苏联、西方和不结盟国家都表示赞成中立与联合
政府。西方国家放弃进行军事干预，不敢支持分裂（它们也没
有这么做的手段），认为比起巴特寮和中立主义者获得全面军
事胜利，外交上的中立坏处更小。①

共产主义、亲西方和中立主义的三个派别进行联合，首次
形成了所谓中立外交的国内基础。假定中立仍会持续下去（这
非常不可能，共产主义者和中立主义者有能力对第三个派别进
行清洗，至少也能将其削弱到无力的地步），这一中立与印度
或柬埔寨的中立有很多不同之处。即使如此，老挝的范例仍有
双重意义：它为异质国际体系的成员国解决内战提供了一个可
行方案；它也是赫鲁晓夫1960年提出的"三驾马车"原则的
第一次实际应用，"三驾马车"须代表三个派别（两大阵营与
不结盟国家）。

大部分内部包含着偏向于不同阵营或意识形态的派系的国
家，都按照威权或民主的方式进行统治。法国由多个国家政党
统治，印度则由国大党执政。在法国和印度，共产党都是合法
的，可以参加选举，在地方或国家议会中拥有席位，但都没有
担任任何关键职位，对外交方向不能施以任何影响。无论阿拉
伯联合共和国、柬埔寨、南斯拉夫及马里的执政党派或人士是
何性质，它们的中立或者中立主义并不是亲共党派与反共党派
平衡的结果，而是**一个**意愿的结果，即它们对不结盟或不结盟
形式的共同意愿。直至今日，亲共党派与反共党派间所有公开
和暴力的冲突都导致了国家分裂。虽然不太可能，但如果按照

---

① 或许与苏联达成协定也是防止中国进行干涉的手段，后者与苏联的冲突几
乎公开化。

"三驾马车"原则建立的老挝政府维护了真正的中立，那么在 525
国家分裂与一个派系获胜以外，第三种方案变得可能了。

根据"三驾马车"原则，三个派系（两大阵营和不结盟国家）有平等的代表权。将这一原则用于国际组织的秘书处同用于老挝小王国的联盟相比，显然意义大不相同。但是，无论是老挝还是联合国，都会有同样的问题：第三个派系真的存在吗？它有政治单元吗？它是公正的裁判和法官吗？其中不同的成员是否赋予具有（或可以承受）这一名称的态度相同的含义？

以上的分析使我们能够回答这些问题。在不结盟国家（无论这一概念如何延伸）之间或第三世界国家之间，制度上的、意识形态偏好上的或在世界外交舞台上的一致性都不存在。假如将不结盟国家这一概念用于所有没同任何阵营（或阵营中的某个成员）达成联盟条约的国家，那突尼斯、几内亚、印度和古巴同样都可位列不结盟国家。这些国家从道德和外交上让不结盟的含义明显地呈现出全然不同的特性。

尽管尼赫鲁先生经常怀疑西方对它自己的忠实度，但他认同西方的价值观与制度。他认为，不结盟既可以缓和局势、维持和平，也可以确定行动与思想的自由。根据已知条件，不结盟可以进行自我判断，而不再由事前预设的立场来决定。从这个角度出发，印度的中立声称在两大阵营的冲突之中坚持公正立场。

南斯拉夫、阿拉伯联合共和国、几内亚及古巴的情况则有很大不同。这四国中的任意一国都不宣称自己采取的是西方的价值观和制度，有三个国家声称是马克思-列宁主义国家，其中的南斯拉夫接连不断地批判斯大林及其继任者对马克思-列宁主义的应用。而第四个国家，阿拉伯联合共和国，直至现在一直对西方恶语相向，但其国内也没有对进步分子或苏联支持者表现出半点宽容。

这四个国家的不结盟态度表达了不希望卷入与自身不直接相关的冲突的愿望，而非道德与公平上的冷漠。通过阿拉伯联合共和国、几内亚、古巴、马里的代表的演讲可以看出，它们都不居于两大阵营的正中间，而是同等接受两大阵营的观点，同等关注两大阵营的利益。积极中立主义是一个承诺，是为了使其政策不与任何一个阵营相重合，但它也不宣称自己是公正的，而且它也不是公正的。

此外，潜在的公正的不结盟实际上并非如此。出于容易理解的缘故，非洲人、亚洲人和阿拉伯人对殖民主义实际所做或假设会做的不端行为比对苏联帝国主义的更为敏感。与苏联铁血镇压匈牙利革命比起来，法国对阿尔及利亚的战争更为卑劣。通过战争，苏联给东欧国家和 1/3 的德国人强加了其民众可能不情愿选择的政体，这一政体是他们若有自由可能就会抛弃的。但对于非欧洲人，特别是有色人种来说，他们毫不关心。在后者看来，当统治者与被统治者的肤色不一样时，殖民主义就出现了。为了挣脱种族主义，谴责种族主义远远是不够的。

不结盟国家既不能被视为一个阵营——因为它们不能进行集体行动，也不能充当仲裁者。当它们需要在刚果乱局中的候选者之间做出选择的时候，它们就会分裂成两个甚或三个阵营。在苏联与联合国秘书长发生争执时，一些国家毫无保留地支持苏联，其他则多多少少支持哈马舍尔德（Hammarskjœld）先生与联合国秘书处。每个不结盟国家的外交都是地区局势、内部政体、意识形态偏好、担忧和喜好共同作用的结果。不结盟的区域或许将进一步扩大，因为至少有一个超级大国会在世界每个地区都热情地宣称它赞成中立。美国希望"让非洲置于冷战之外"，但如果拉美声称中立并要离开冷战战场，美国的情感可能更为复杂。

中立的辩证法很少可以产生和平，但是它掌控了和平竞争、说服与颠覆的意识形态方式和外交方式。

第十八章　敌对的兄弟

在国际体系中，两个超级大国既是兄弟又是敌人，这一观念平庸无奇而非充满矛盾。按理说，如果一方不存在，另一方就会独领风骚。不过，头戴同样王冠的候选人总有相同之处。一个国际体系中的单元同属于一个文明地带，它们不可避免地在某些方面主张同样的原则，在进行斗争的同时进行论战。

华盛顿与莫斯科之间的论战同它们之间的斗争一样持续着。在我看来，这两者展现的独特之处本质上可以归纳为如下观点：两个超级大国相较于作为第三方的观察家，认为它们之间更为不同，后者却并不承认如此。尽管它们有相似之处，但第三方认为它们是敌人。这一结论并不算错，不过这常常忽视了它们之间存在着无意识的或者含蓄的团结一致，这些将它们之间的敌对细化了。每个超级大国都宁可保持热核双头垄断，也不容忍大规模杀伤性武器的扩散。比起它们对手的有限进步，双方都更担心全面战争。

一　两个超级大国与其他国家的对话

一个世纪以前，阿历克西·德·托克维尔第一次提出了华盛顿与莫斯科对立的经典模型。那段文字为人称赞，被人滥用，我们在此不引用，而是要用朴实的语言评述在 19 世纪初就可见的论据，这些论据为今天的双头垄断埋下伏笔，尽管这并非命中注定。

两个超级大国在拥有人口数量和现代力量工具之前就拥有了空间与资源。它们还拥有可供扩张的增长储备。对中亚处女地的农业开垦是征服的象征，西欧或远东民族很早之前就已经完成这种征服。19世纪，西欧的过剩人口被城市与工厂消化；俄国和美国不断增长的人口在空间中扩散开来，他们分别向东、西扩张，在空旷的空间里进行殖民。沙皇的军队夺取了古老文明的领土，西方人则驱逐印第安人，华盛顿从法国、西班牙和墨西哥手中购得或者骗走了路易斯安那、佛罗里达、得克萨斯和加利福尼亚。从这个简化了的角度来看，两个大国的历史运气在于，在工业社会发展的世纪它们就已经完成国家的成形过程，在其他民族竭尽全力却只能征服遥远的人口或将界桩推进几公里的世纪里，它们就已经将主权延伸到尚未开垦的广袤土地上。我们在前面的章节①里已经指出，苏联和美国拥有空间储备，这体现在它们那较低水平的每公顷产量上，即农业水平，或通常所称的经济生产力。

科学技术革命和夺取土地的巧合，解释了现实任务——对土地和矿产的开发，寻求高效的生产或者寻求利润——的优先地位。1830年，托克维尔观察到商业和经济活动在美国的优势地位，他将这归因于民众的独特性：具有清教徒倾向的欧洲移民与尚未开发的自然相接触，这对他们来说既是冒险的地方也是长久安身立命之所。今天俄国人所继承的传统文化并不能激起与美国人一样的对经济技术进步的渴望。然而，彼得大帝正是为了从西方获得财富的工具和权力的武器才着手实行国家现代化。赶超美国、建设社会主义的雄心壮志，让苏联举国上下

---

① 参见第二部分第七章。

528

崇拜机器、迷恋科技进步。苏联人可能比西方人，甚至比美国人对我们时代的科学特征更为清楚：基于自己的历史经验，美国人倾向于将商业和工业混为一谈，倾向于将技术产出与经济产出等同起来，倾向于将市场、竞争和利润作为经济体制的特征；在苏联人看来，只有生产才有价值，而技术的进步本身又取决于科学的进步。在美国，提高生产和提高生产率是或者看似是利润竞争的副产品；在苏联，这则成了国家计划和集体意志的直接目标。

于是，我们认为，两强既相互亲近又互为敌人。在理想类型中，现代经济可以通过两种形式进行调节——计划或者市场，具体的方式是：资源在不同用途中的分配。因此，国民收入的构成和收入的分配是通过计划来决定的，计划本身由政治领导人在经济学家或管理人员的协助下制订；公民通过他们个体不胜枚举的购买决策来控制共同体资源在不同部门之间的分配，每个人的收入或是由公司领导，或是由市场上的成败来决定。当然，这些都如埃皮纳勒版画一般，是对事实的极为简化的想象。在西方国家，政府也直接承担了一些公共利益的任务——这是按照利润竞争法则无法实现的，并通过预算手段和货币政策间接地影响经济大环境，并对投资总量甚至投资分配产生影响。即便如此，两种方法的对比仍包含了一些粗浅却又毋庸置疑的真实成分，正如一些象征性的事实所证明的那般。1960 年，苏联的消费者拥有大量电视机，而工厂每年只生产二三十万辆旅游用车。正是因为国家认为——它的判断是不容异议的——苏联大部分公民可以拥有电视机，却不能拥有汽车。

同样，私人财产和公共财产的对立也能用意识形态和广告宣传的形式来类比。生产资料或是属于私人和股份有限公司，或是属于国家。这里的事实再次包含了更为微妙的解释。在法律上，美国大公司是成千上万个股东的财产，但是公司组织的权力却掌握在专家和管理人员的手中，最高的权威只给予了几个人，而事实上，他们又是相互指派的，远非由股东大会选举产生。从这个角度来看，有人坚持认为生产资料的集中不再属于任何个人——就城堡属于男爵、田地属于农民这个角度而言。使用或者滥用权利仅适用于消费品领域。生产资料的管理是一种社会功能，由一个或多个服务于集体的个体来完成。尽管如此，不管这种微妙的解释有多少真实的成分，工业化体制都集中表现为两种都有可能却又相互矛盾的变体：一是对私有财产和自由企业（free enterprise）的崇拜，二是对资本主义人剥削人的揭露和谴责以及由其导致的所有企业全盘国有化。两者之间关系密切，因为在这两种情况下，生产资料在技术上是一样的；它们互为敌手，因为个体与国家之间，个体与个体之间，法律关系是全然不同的。

　　在政治层面上，类似的程式化的反命题也能够被建构。一方面，两个政党持续争夺国家最高权力，每四年举行一次壮观的比赛，争夺总统职位。数不胜数的压力集团、工会、企业主协会、宗教社团、公民自愿团体，为了地方性或世界性目标——包括建立一所学校或争取世界和平——进行游行、抗议、建言，从而促成此事（扩大黑人权利）或阻挠彼事（对宗教少数派或少数民族的歧视）。另一方面，一个单一政党将一种历史社会学说提升为国家真理。这个政党以无产阶级之名，以其自赋历史使命之名进行治理。宗教或者"民族文化"的多样性是被承认的，官方庄严地宣称种族和民族平等，但禁止对一党制的任何质疑。

530

对比并不排除相似之处。美国的政治生活像是集市，不过在喧嚣的表象之下，因循守旧在社会上占主导。大部分公民服从于相同的制度，认同相同的价值观。苏联在一党专政的表面之下，不同派系或不同人物之间的争吵——围绕应当采取何种行动以及（或）对事件的正统解释应是怎样——仍在继续，而社会主义国家之间的竞争又将争吵扩大化。在我们看来，从表现方式上，这些竞争是理论性的，而竞争的利害关系既是理论性的又是现实性的。

显然，两个超级大国的相似性与敌对性可以有两种解释：强调这种关系的深厚之处；强调无法平息的敌对。乍看起来，第三方更倾向前者，而两强自身则倾向后者。第三方贬低两强相互冲突的内涵，是在中立之中寻求良心上的问心无愧。两个蛮族的说法就含沙射影地抬高了第三方，抬高了不结盟国家的地位，赞赏了不服管教的盟国，礼赞了文明摇篮的欧洲，而只有在美苏广袤的空间上，这一文明才能怒放。

第三方的解释在于两强的亲近关系，行为体自身的解释则在于敌意，不过将这两种解释对立起来是错误的，因为这只是一种简化。在某些情况下，两种解释也会互相颠倒。乍看起来，每个超级大国自我理解的方式确实与另一超级大国理解它的方式是不同的，它也绝对不会放弃自我解释而认同对手的异质解释。苏联的宣传将美国的多元主义和民主仪式斥为"幻想"或"骗局"："垄断资本家"是资本主义的领导者，他们掌握实际权力，剥削劳苦大众，将美国外交引向帝国主义。苏联人通过宣传，竭尽全力地"撕下"美国民主的"面具"，揭露事实，揭穿表象背后的谎言。美国人的回答却是，决策显然是由一个人或几个人做出的（否则又能如何？），而他们受到大多数人的愿望或者意见的影响。美国的宣传家补充道，无产阶级专政实际上是党（也就是少数人）对无产阶级的专政。卡尔·考茨基在布尔什维克政权诞生的黎明抛出了这个说法，它在四十年后仍然是敌视苏联政体的自由主义者或社会主义敌人对苏联政体进行解释－控诉的主题。大众服从于一个政党，它由高高在上的一个或几个人来控制，它垄断了权力，禁止公民讨论他们的头衔，禁止公民自由选择在理论上能代表他们的那些人，这怎么能称为"民主"或"解放"呢？

　　换言之，宣传对话的主题是：谁是真正的民主？苏联人回 531答道：我们是民主的，因为我们废除了剥削者、垄断资本家和资本家，因为我们是由无产阶级统治的。美国人回答道：我们是民主的，因为我们的公民投票自由，我们的报纸批评自由，我们的工人罢工自由，我们的将军抗议自由。相同的对话在无阶级社会的主题上继续：两个国家均鼓吹人尽其才，然而任何一方都没有消除人们在生活水平和社会地位上的差异。

　　在宣传对话上，任何一方都不会放弃证明自己、揭穿对手。然而，在更为微妙的层次上，美国或苏联的任何宣传家都没有坚持自我辩护和谴责对方的官方版本。人们稍加思考，就能意识到每一个制度的优点所在，从某些方面来说，这恰恰是官方发言人向它们提供的对立面。集权计划体制显然给了统治者极大的便利，无论是扩大投资比例加快经济增长，还是在某一部门集中资源。消费者主权（在其存在的情况下）也限制、制约了国家权威。一方在民主方面有所失去，另一方则在经济效率或者历史功绩上有所失去。双方谁更忠实于民主观念的公开论战掩盖了另一个半秘密的论战，它是由来自另一个空间的对话者引起的，这些对话者对事实而非观念更加敏感，更想要知道未来属于谁，而不在意谁声称更有权利持有最高价值观。

这一关于两种政体相对效率的对话，互相谩骂并非总是其特征。经济学家半秘密地会谈，交流针对同一问题的解决方案中的相同、相似或不同之处；他们客观地讨论每一超级大国采取的解决方案中所包含的利害关系。有时，他们试图发现两种技巧的结合是否会成为最佳方案。与之相同的是，科学家，特别是原子科学家在最近几年已发现，他们沿着类似道路得出了类似结论。在科学家涉及他们科学的政治含义的对话中，更难以知道真实性的确切衡量标准。

这种不同政体的客观对抗的悖论在于，马克思主义为其提供了一个可能的意识形态框架。存在两个版本的马克思主义，它们可能都是马克思提出的。第一个版本是在技术和社会层面上强调生产力；第二个版本强调生产关系，特别是强调财产所有权关系。第一个版本**拉近**了两种政体的距离，因为它们都拥有同样的生产力，第二种版本**拉远**了两种政体，因为两个制度下的生产关系和财产状态都是不同的。第一个版本在东方是半秘密的，尽管西方很多社会学家或经济学家都对之予以认同，却多多少少有些迟疑。第二个版本是东方的官方版本，满足了正统自由主义经济学家的愿望，尽管这些经济学家推翻了价值的判断（对于马克思主义者，集体所有制是有益的，而对自由主义者来说则是恶魔般的）。

在民主、效率、生产力和生产关系这三方面的对话中，第三方最感兴趣的是哪一方面？一定不要误以为（此类错误屡见不鲜）这一问题有唯一的答案，也不要误以为这一问题是由两种政体关于各自的**道德**的辩论的首要地位来定义的。在两大阵营之外，世界各地区的民族对两个超级大国有着不同的印象，每个民族对超级大国以及它们之间的冲突的诠释，都首先也最为主要地受到实际形势的影响。

让我们回想战后最初几年里欧洲国家的反应。昨天还是大国的老欧洲国家，突然沦为被保护国，在显而易见的事实（美国的霸权较苏联的控制更为可取）和梦想（怀念过去的自治和梦想不结盟）之间犹豫不定。这就出现了奇怪的任务分配：一边是得到大多数选民支持的政治家，他们创建、维系和加强大西洋联盟的团结；另一边是包括一些真正自由主义者在内的众多知识分子，他们回想两个超级大国在力量和文化贫乏上旗鼓相当，聊以自慰。

在欧洲，对敌人之间的兄弟关系的承认仍停留在口头上，它作为道德上的托词，服务于不可避免又普遍接受或者说渴望的承诺。仅有个别人从中寻求纯粹的政治推论。共产主义者和反共产主义者都无法认同两个大国的任何修好。大多数人都敌视苏联式的典型制度，因此共产主义者势必就更加毫不妥协地坚持自己的正统学说。如果只有一个政党，那么对选举自由、个人自由与知识自由的废除都不会**既是**对无产阶级的解放，**又是**人剥削人现象的终结，那么两个工业社会版本的相似之处，无论其真实性如何，都提供了一种并非走向中立或中立主义，而是与美国结盟的动力。因为美国提供了富裕的好处却没有苛求整齐划一的步伐。至于反共产主义者，他们对两个超级大国的相似之处并不否认，却也否认"巨人间的兄弟关系"这一主题：通过贬低政治和知识的自由，民主党派便会贬低他们为之奋战的价值观。

在欧洲，几个不结盟的信徒选择将两个大国进行对比，尝试从中得出政治结论。如果计算的结果是苏维埃主义和美利坚主义都没有令人羡慕之处，都会达到同样的结果，那么既然欧洲至少有弃权的可能性，为什么还要选边站队呢？然而，鼓吹中立主义的十字军必须面对沉重而粗暴的事实：苏联军队驻扎在离莱茵河约 200 公里的地方。如果欧洲将未来建立在对布尔什维克会厌恶通过侵略而获得进步的想象之上，欧洲还有安全可言吗？随着美国变得脆弱，随着苏联增强热核能力，中立派系再次发声，在大不列颠，则变为鼓吹单边裁军的宣传。① 我不认为，这一派系在下一阶段会达到重要的历史地位。

世界其他任何地区都不会出现欧洲独有的形势。没有其他任何大洲会被两个军事集团所分裂。其他任何地方的民主与集权、多党制与一党制之间的对比都不像欧洲这么突出。各种社会类型源于欧洲，而两大巨头则是这些社会类型的杰出代表。与欧洲形势最为相近的是日本形势。日本出于现实主义忠于与美国的联盟，并让代议制度与经济高速增长结合得很好，然而在知识分子之中不乏意识形态的同情者，即便不是同情共产主义，也是同情进步主义，他们还在内心深处对受到蛮族威胁的自身文化满怀骄傲。

在亚洲，两个超级大国首先且首要表现为相似，如果我们只看部分事实，这种相似就十分明显了：美国和苏联都志在生产和生产力、在广袤空间上进行扩张，因而呈现出同样典型的城市化和工业化现象；工厂厂房、摩天大厦不相上下，热核弹头、弹道武器相差无几。通过与亚洲和欧洲的传统社会进行对比，苏联与美国可谓兄弟。

---

① 见第三部分第十六章。

这样解释两个超级大国的竞争，虽然没有导致欧洲产生中立，却让亚洲产生了中立。不过，这并不是中立的主要原因和必要表现，而是在历史背景下进行的哲学意识形态辩护。只要尼赫鲁的印度不受到共产主义扩张的威胁，就没有理由使它偏袒两强中的任何一方。从道义上讲，对偏袒的回绝最让人满意的理由就是认为双方都是错的，或是给予双方同样的奖罚。

在非洲，新国家的政府已在使用民主、苏联、中立这三个对谈者的其中一种语言。然而，无论使用哪种语言，都是效仿世界论战的结果，而并非基于当地的实际情况。在撒哈拉以南非洲，几乎所有共和国都朝着一党制的方向发展。这个政党或许不会完全像操着东方语言或西方语言的领导人所说的那个政党。不过，所使用的语言表现了这些领导人的意识形态偏好，表现了他们希望与某一个超级大国或阵营发展关系，表现了他们的外交方向而非内政实践。非洲国家并不坚持"敌人的兄弟"，虽然在非洲社会看来，西方和苏联政体的区别与对立是微不足道的。

最后，在南美洲，美国被赋予完全的帝国主义国家形象。美国在西半球占据统治地位，美国比中美洲和南美洲所有国家联合起来都更为富裕和强大。[①] 正是美国公司在拉丁美洲进行资本投资、开发自然资源，而这似乎阻碍了工厂的建立和加工产业的发展。那里的政府和统治阶级武力推进和谐的经济增长，对社会主义青睐有加，仇视资本主义，这种偏见又由于南美洲独特的经历而被进一步加深，这从而有可能造成它们对资本主义不轨行为的强烈意识，而几乎完全漠视苏联的残酷。同样的

534

---

① 在 20 世纪末，美国人口密度将小于中美洲、南美洲国家。

现象也可能在相反的方向出现，以 1945～1956 年的东欧为例，东欧国家在此期间被苏联严格管控：美国副总统在波兰受到欢呼和掌声，在拉美则遭遇骚乱和西红柿。有人以犬儒主义的态度尝试得出结论：一个超级大国受欢迎的程度与它的接近程度成反比。两个阵营发言人进行的道德竞赛几乎不能决定第三方的偏好。

二 敌对与友爱

如果两个超级大国是兄弟，为什么它们又是敌人，甚至是死敌呢？从波茨坦广场的两端到北极的冰天雪地，两个超级大国相互对峙，相互发起荷马史诗般的挑战，挥舞着对拥有者和目标者都同样可怕的巨型武器，这是为什么呢？

美国和苏联首先通过**立场的对抗**相互依存。在所有的国际体系之中，国家间关系无论是结盟还是敌对，从某种程度上说，都是由力量计算和均衡需要所决定的，而所有关于主权国家、领导人和人民之间的友谊或敌意的考虑都得排除在外。在 20 世纪初，英国和俄国选择对抗威廉德国，尽管三个国家的统治家族是亲戚关系，但这符合力量竞争的逻辑：威廉德国扮演了捣乱者的角色，英国不得不进行战斗。同样，第三帝国曾让美苏联合在一起，它的退出便让美国和苏联发现了它们之间所谓的敌对性。这是因为在两强格局的体系中，如果两强互无敌意，那么两强就会平分天下。但历史上没有出现过这样奇迹般的先例。

这种"立场的对抗"几乎以不同形式自发性地放大。我们知道，每一个国际政治单元必定会怀疑他国的意图。安全只能
535 建立在力量或力量均衡之上。一个政治单元越大，它所受到的和感受到的威胁就更大，因为它一旦战败，就需要面对被惩罚

的危险，惩罚的力度与敌人战胜它所做出的牺牲成正比。《凡尔赛和约》反映了德国引发的恐慌，反映了战胜的成本要远甚于战败国的"罪行"。每一个大国都不得不担心，它的敌人会在将来进行清算的时候强加条件。

传统的国际政治的矛盾之处在于，通过力量均衡寻求安全的做法制造或维持了普遍焦虑、相互猜疑、最弱者的苦恼和最强者的骄傲。随着大规模杀伤性武器的出现，这种悖论得以修正，但并没有发生深刻转变。过去，一国的安全就意味着另一国的不安全，因为一国占据优势，另一国则视之为威胁。如果德国感到自己相对于法国处于安全之中，这是因为德国更强，而法国就会感到处于危险之中，因为其没有能力抵抗敌人的可能入侵，只得指望敌人保持节制。

即便通过均衡来实现安全这一目标并非难以企及，但这总是不稳定的，因为人类行为总是反复无常。"不平等发展"的法则适用于所有时代：它通过均衡来实现安全变成了一种西西弗斯的劳动。

正如通常理解的那般，威慑战略看似打开了一条走出困境之路。事实上，只需要承认在遭受突然袭击的情况下，最弱者也保存了能力，可对侵略者造成"难以承受的"损失，因为传统的不平等危险消除了。威慑武器看似可以让西西弗斯将巨石推向山顶。当弱者仍可以对强者造成致命打击的时候，不平等发展还重要吗？

实际上，这样的情况尚未出现。之前，苏联的领导人并未感到安全，只要苏联的城市更易受到攻击，而美国却有可能限制其城市受到攻击的程度。只要苏联能够通过突然袭击摧毁美国一部分甚至大部分的热核装置，那么美国领导人就认为他们是不安全的。换言之，相互威慑带来的稳定并不比力量均衡制造的安全来得更幸福。西西弗斯仍在推动巨石，相互威慑尚未达到稳定的阶段——假设它终将实现稳定。如果一个超级大国拥有许多热核弹头，而另一个只有原子弹；如果一个拥有可以保护 3/4 人口的掩体，而另一个没有；如果一个拥有洲际弹道导弹，而另一个只有轰炸机；如果一个可以将航天飞船用于军事用途，而另一个不能，那么这些不平等都会危及恐怖平衡。恐怖平衡并不要求受害者的报复所造成的破坏程度与侵略者的破坏程度相当，但这种不平等仍然不能太过分。

诚然，这种不平等更多是心理上的而非政治上的。大战未曾发生，由此看来，威慑是颇具成效的。然而，双方依次胆战心惊，或许有时候是人人自危。一件武器便能将整个城市夷为平地，造成两三百万人死亡。当一方拥有并且知道敌方也拥有这样的武器时，又怎能对未来满怀憧憬？两个超级大国无法回避对抗的逻辑，几乎身不由己地被卷入技术竞赛之中，这便加剧了敌对的立场。

敌对的某些表现明显地与相互威慑的手法挂钩。U－2 侦察机经常飞过苏联领土，其他飞机则飞近苏联领空的边界，以便搜集一切所谓的反击力战略（counterforce strategy）不可或缺的情报，这一战略针对的是敌人的热核武器。（当一方放弃定位机场和发射基地，仅满足于威胁城市时，这些情报就不再是必需了。）携带热核弹头的轰炸机进行或多或少的持久巡航，正是为了避免受地面突袭的破坏。当雷达显示屏出现可疑点的时候，轰炸机就会直抵苏联。①

---

① 美国空军完善了一套失效安全系统（fail safe），轰炸机在飞往苏联的途中，如果没有收到明确的攻击指令，可以被"召回"（recall）。

　　然而，相同的武器装备迫使两大寡头摆出敌对的姿态，却又禁止它们让敌对态度失控，而要"限制"敌对的表达，这个悖论与威慑理论相吻合。一旦发生战争，两大寡头不得不直接兵戎相见。（美国的盟友会受到牵连，因为美国的部分核设施部署在它们的领土之上，否则，苏联没有兴趣摧毁欧洲的城市。）两大寡头互为眼中钉，二者倾向于相互憎恨，却又提及战争给它们带来的伤害，然而，它们完全屈从于那些迫使它们不战的理由。它们拥有一个共同的、至关重要的利益：**不诉诸它们所挥舞的武器**。

　　这不仅仅因为它们很可能因这场战争两败俱伤，还因为绝对的或相对的胜者也许无法从胜利中获利。唯一能够与风险或牺牲相称的收获，理应是歼灭**所有**敌人，并统治整个存有争议的领土。美国甚至无法指望捣毁苏联就能保证较长时期的安全：由于缺乏集体意志和适当的制度，美国无力禁止其他国家获得构成威慑力的武器和运载工具。理论上，苏联的装备不会比美国的逊色，它在肃清对手之后还能维持人类的裁军。然而，在我看来，大获全胜的苏联能够毫无阻拦地坐享热核垄断地位的时代已经一去不复返了。轮到中国参与竞赛了，可共产主义力量过于弱小，无法战胜民族主义，无法巩固全球帝国。世界仍是两极体系，而且就军事而言，或许 1960 年比 1945 年以来的任何时候都更具有两极特征（贫弱国家的技术专家尚未建立威慑力量）。不过，华盛顿和莫斯科一样——华盛顿尤其如此——都不再拒绝设想，也许在不久的将来，**敌人**会因为对抗另一个超级大国而成为正式的**兄弟**。

　　即便这不会让对立的超级大国想到它们之间的兄弟关系，它们还有一个拒绝殊死决战的理由：在我们的时代里，哪怕是最专制的国家也难以将**统治**和**剥削**持久地结合在一起。与往昔的征服者相比，20世纪的征服者极大地倾覆了奴役民族的生活条件。不过他们无法像古代社会的"主子"那样，将战争荣誉和极乐生活据为己有：工人和战士也是技术人员。让战败者永久屈从的唯一办法，就是禁止他们进入技术行业，确保主宰其民族的代表垄断科学和行政干部职能，在南非的白人便是如此。纳粹认为**斯拉夫人**出身卑贱，是低级人种，注定永久为奴，因此他们也可能在东欧做出同样的事情，这也是从这一看法中得出的逻辑结论。在同质共同体中，工业社会谴责人类本不平等的学说，种族主义者也可以将这一学说应用于共同体间的关系：种族，而不再是阶级，本身就是不平等的；毋庸置疑，当下人类团体的社会和智力发展不平等①，为那些空论家提供了虽单薄却也鲜明的论据。

苏联人和美国人都不想复辟古代奴隶制度。前者首先把他们"解放"的国家洗劫一空②，后者则以极低的价格购买原料，或者阻挠（或看起来阻挠）地方工业建设，这被指控为剥削。不过，总的说来，只要超级大国不缺少空间和原料，就不会因循种族主义的做法。任何一方通过胜利既可以摆脱敌人，又可以摆脱合作者。仅剩下决斗的幸存者来负责半数不幸的人类。两国几乎公开承认互不交战的共同利益，它们也承认——尽管有些迟疑——促进第三世界发展是它们的共同利益。在某种程度上，它们的所作所为同承认它们原则上对立利害一致。

---

① 人类学家会辩护说，部落生活并不亚于文明社会的生活，然而，不论这样的主张多么具有价值，"原始"和"欠发达"的民族在我们这个时代作为人类最高表达的活动中是低级的。
② 参见第十五章第三节。

正如我们看到的①，每个超级大国向一些第三世界国家提供经济援助，**总是**能够，也常常就是用冷战战略来解释的。美国加快西欧的重建，同时设置障碍阻止共产主义扩张，它巩固了西方联盟体系以及军事集团。苏联派遣技术人员并斥资在印度修建钢铁厂，这展现了这个社会主义国家的权力和慷慨。苏联给埃及、马里和几内亚提供信贷，意在支持选择人民民主道路的国家，以及不久前还依赖西方资本主义的国家。两个超级大国的慷慨解囊是它们敌对的衍生品。

对第三世界而言，两个超级大国是辩护人、对手、相互矛盾的榜样、无法调和的不同国家的保护国，它们是敌人而非兄弟。只有在极少数的情况下，它们会一致接受，至少暂时接受某个国家的中立（在外交不结盟和意识形态不结盟的双重意义上）。然而，两个超级大国之所以成为敌人——尽管它们彼此相像，是因为一山不容二虎（同样排除中立国家的情况）。弄清这两个阵营的代表是否做同样的事情并没有太大意义（它们的做法并不相同）。只要两个大国虎超龙骧，对抗就在所难免。

即便在第三世界，超级大国也并非完全对立。双方都口头宣称，第三世界的经济发展符合它们的期待、它们的利益以及全人类的利益。鉴于此，作为富国，它们对穷国设定的目标是一致的。因而，超级大国给予的援助，看起来不再只是冷战的衍生品，也不只是劝导、渗透和颠覆的手段。

落后国家的经济发展真的符合两个超级大国的私利吗？无论如何，超级大国应当对此深信不疑，或者至少应当假装如此。它们有理由这么相信吗？毫无疑问，只要大家有充裕的耕种土

① 参见第十七章第二节。

地，有充足的转化原料，那么答案是肯定的。理论上，第三世界的经济进步会威胁工业化民族的原料供应或军事优势。然而目前，工业化民族并没有把这两种威胁当回事。

最后，从政治角度来看，超级大国相信推广工业社会、改善生活条件是利大于弊的，这点并不荒谬。苏联人在工业化发展程度低下的国家获得了首要且辉煌的胜利，尽管这是事实，但他们仍然忠于马克思主义，认为资本主义必然会走向社会主义。笼统地说，苏联并不承认共产主义只在资本主义式微的国家才占据优势。美国人却欣然接受一种逆向的、简化的马克思主义，认为经济发展本身就是抵制共产主义最好的良药。

看起来，这种一致必定建立在对一方或是双方的幻想之上。然而，敌人间也有兄弟情谊，而且随着经济发展，这份情谊也会更加密切，这种半明半暗的论点为这种一致奠定了较为合理的基础。苏联人认为，随着资本主义的不断衰老，它会向社会主义靠拢。美国人认为，社会主义（或者苏维埃主义）衰老后会更为自由。如果双方都正确，难道他们看不出敌对背后的兄弟情谊吗？这两个论点孰是孰非，或者这两个论点有多大一部分是真实的？如果他们将这些问题的决定权交给未来，那么，难道他们不会再一次发现，他们虽无法和睦相处，却也断不能相互毁灭的这种信念又把他们团结在一起了吗？

有鉴于此，我们应当说华盛顿和莫斯科的对抗是由意识形态冲突决定的吗？或者相反，我们应当说对抗是由两大国在国际舞台上各自的地位、互不相容的抱负、不可避免的军备竞赛决定的吗？之前的分析足以表明，这两种极端的观点都不攻自破。意识形态冲突是整个冲突不可或缺的一部分，但这并不意味着当两强在意识到它们的兄弟关系时便不再视彼此为敌。

　　不论超级大国的制度何等相似，作为联盟的头领，它们必定会突出分歧。两极分化并不会产生，意识形态竞争却加剧了。1945年以来，意识形态的两极化并非立场对抗的诱因，而是立场对抗的结果。不过，"意识形态的对抗"和"立场的对抗"的重叠是当前形势的主要事实，也解释了形势的某些特征。意识形态冲突禁止双方以古典的或者犬儒主义的方式讨价还价。西方国家若抛弃200万柏林人便无法保全颜面；苏联人若赞成民主德国自由选举，也会颜面尽失。每个超级大国都受自己的宣传或者信念禁锢，除非它们背弃自己的观点，否则就会寸土不让，无法以某种让步换取对方的另一种让步。在过去，国王之间交换封地，而华盛顿则不会将"自由世界"的任何一部分拱手相让给"共产主义世界"，莫斯科也不会将"社会主义世界"的一部分交给"资本主义奴役状态"。

　　冲突的意识形态特点也解释了美苏在第三世界或者围绕第三世界的利益斗争中的劝导和颠覆。拉拢亚洲或非洲国家支持苏联事业的最好办法，就是说服它们的统治者或它们未来的统治者相信：苏联事业是优越的，它意味着"道德高尚"、"胜利在望"或者"合乎国家利益"（"苏联联盟比美国联盟更有价值，因为苏联制度比美国制度更适合当地需求"）。这并不是说知识分子或者政治领袖通常"根据意识形态"采取行动，即他们仅仅考虑观念而不考虑可能收获的好处或者不考虑当前力量，来做决定。20世纪，政治意识形态决定了思维方式、信仰方式和行为方式。我所说的日本、法国、古巴和巴西的左翼知识分子，并不是共产主义的左翼知识分子，也不是共产主义的**同路人**，而只是一个"进步分子"，他的语言和思维结构易于识别，他赞成计划手段，反对资本主义和"行会"，他殊死捍卫自由以对抗保守的政府;不过,一旦专制政府自恃为左翼的或革命的,他便会轻率地牺牲自由。这种判断方式一定符合深层次的需要,因为即便是卓尔不凡的思维也会暴露其中的幼稚或矛盾。

541 因而,我们至少要理解意识形态斗争的深层含义,意识形态斗争是两个集团多方位斗争中的一个基本要素。

这里包含了每个超级大国特有的舌战或统计竞争,以及增长率、经济制度和民主优势的较量。两国发言人在第三世界法庭前开展此类论战并不是无足轻重的。一方在斗争中的某一方面逐渐获得优势,这有助于赢取支持、引导预期,而预期和支持一样,都会影响不结盟国家的态度。然而,这些论战不过是真正竞争中的一个要素,竞争的关键在于少数统治者的而非普罗大众的思想倾向。可是,这些少数人的思想倾向由广义的意识形态锻造:在世界上任何国家,人们通过简单的对话,便能知晓对方属于哪个派别,是共产主义、进步党派、民主理想主义或者保守主义。每一个措辞都代表一种精神态度,既包含解释事实的方式,也包含判断价值的方式。如果认为正是这些"华盛顿代理人"或者"莫斯科代理人"发起了冲突或决定了结局,那就太幼稚了。然而,好战分子和领导人的精神态度的确能够决定冲突的结局,而这些精神态度是他们在莫斯科大学或者哈佛大学形成的。

如果我们要分析这些"精神态度",就非得对"敌对的伙伴"这一命题做出进一步的阐释。莫斯科拥护者强调苏联工业化手段的有效性;对此,华盛顿的拥护者则谴责莫斯科抑制知识和个人自由。面对指责,苏联又反驳道,这些自由不过是对欠发达国家的险恶嘲讽,事实上,这些欠发达国家受到了与当地奴颜婢膝的资本主义沆瀣一气的外国行会的控制和剥削。竞争表现为指控和辩护，主要围绕哪一种方法能最有效地实现必要的经济和社会转型。

　　然而，这种竞争形式，尽管理论上言之有据（所有人都思考着，欠发达国家能否不牺牲代议制而实现工业化；在经济发展初始阶段，市场经济是否优于计划经济），但仍然是表面的、次要的：好斗共产主义者（或者进步人士）和好斗亲西方人士（或者亲美人士）的思维结构特征的异质性才是主要的。对这种异质性最简单的解释就是，**前者拥有一种意识形态而后者没有**。

　　诚然，二者都具有某种思想结构。美国公民的思维、信仰和行为方式像苏联公民那样明确，但差别仍然存在，而且是决定性的差别。共产主义者以一种涵盖过去、现在和未来的全球视野来解释历史世界，甚至解释包含人类在内的整个宇宙。这种解释自诩是认知现实的方式，也是判断价值的方式，且勾勒出行动路线。共产主义者的概念共贯同条，而进步人士次之，这些概念自成体系，表面上首尾呼应。亲西方的活跃分子则没有与此对等的体系：他们区分事实和价值、发展的一般条件以及让一种方法比另一种方法更为可取的特殊形势，点明在特定发展阶段经济增长现象的相似之处，并根据时代和各大洲的具体情况得出可能诉诸的不同手段。往好了说，他们是社会学家，往差了讲，他们是不成体系的空想理论家，受到地方性的、脱离其社会背景的制度（议会、政党）束缚，很可能沦为一出闹剧。代议制，甚或是对国家正统学说的拒绝，植根于欧洲传统，植根于欧洲人民的情感之中。1945 年，苏联老大哥强迫东欧国家效法苏联政体，斩断了东欧国家与西方的历史纽带，强迫它们做出通常是无谓的牺牲，造成了新信仰逻辑上的想象。我们

542

可以思考西方民主能否在东欧有效运转。不过毋庸置疑的是，苏联在组建集团时会压制当地民众，而美国则不然，它帮助欧洲人捍卫他们的自由，保留他们的政府模式——绝大部分欧洲人认为自己的政府模式比少数苏维埃主义者获胜后建立的政府模式更可取。

亚洲、近东、非洲和南美洲又是另一番景象。在大部分地区，苏联无关紧要或鞭长莫及，而美国人或者欧洲人却举足轻重或近水楼台。精英们认为当务之急是发展经济，而不是建立或者恢复代议制政体。苏联在中亚拥有殖民地，不过这些殖民地位于大陆内部，离莫斯科较近，且在莫斯科的统治之下。文化自治、帝国（沙俄或者苏联）的公民身份、对资产阶级民族主义的压制都维持着联邦的团结，因而即便有叛乱发生，也不会走漏风声。正是欧洲人曾在亚洲统治了上亿人民；正是欧洲人在近东通过雇用的统治者施加了决定性的影响；正是欧洲人在非洲建立了自己的殖民帝国。

当涉及欧洲殖民地的民族主义运动时，两个超级大国能够或多或少慎重地显示它们间的兄弟关系。美利坚合众国发祥于对抗大不列颠宗主国的革命，海外定居的欧洲垦荒者与那些被迫屈从另一些未能在亚非寻得无人之所的欧洲人的亚非人民是不同的，如果美国忘记这种差别，就会感到自己在道义上与对欧洲帝国的反抗是一致的。出于大西洋联盟的考虑，美国不敢明目张胆地支持反对荷兰、英国和法国的民族主义者。美国对民族主义者略表支持，尽管不足以让民族主义者满意，却足以让欧洲国家相信两个超级大国在反对殖民主义方面的兄弟关系。

欧洲帝国不久后将消失殆尽，这正在改变世界舞台上的意识形态关系。按照时下的主流观念，欧洲帝国不论其功绩如何，都应当受到谴责，它不断遭到苏联宣传、联合国第三世界的代表以及欧洲本土内部一部分重要公众舆论的谴责。美国感到屈居苏联之下，因为与欧洲结盟的关系，它只能温和地反对殖民主义，而苏联可以尽其所能地反对殖民主义。在宣传战中，温和被认为不如激烈有效。大多数美国外交官在观察事态发展时如释重负：终于，他们再也不必言不由衷，不必为自己所不齿之事进行辩护，再也不必要求延时，以便"法国能够执行它的代表所宣布的自由计划"……因此，正如康德所述：小鸟设想，如果没有空气阻力，它就会飞得更快，可支撑着它的正是空气。

的确，在宣传竞争中，欧洲帝国的解体使苏联失去了使人无法辩驳的论据，让美国卸下了愈发沉重的负担。亚非成立了50多个独立国家，甚至诸如埃及、伊拉克等国，它们以中立主义政体取代不久以前或者战前还是亲西方的政体，这些被视为进步是无可非议的。只要是涉及欧洲先前统治或插手的地区，美国就熟悉这种解释模式，将来欧洲人也能轻而易举地以此来解释南美洲。菲德尔·卡斯特罗政权尽管专制，但难道不比巴蒂斯塔政权更可取吗？拉美国家表达了置身冷战之外、不投入任何一个阵营的意愿，为何人们要对此感到气愤呢？

劳苦大众和知识分子反对大地主、军队和美国公司联盟（无论是真正的联盟还是表面的联盟，在此都不重要）认为自己是"殖民"的受害者，将种种罪行归咎于殖民主义，堪比以前亚非民族主义者将罪行归咎于英法殖民行为。当帝国（当然，苏联帝国除外）不复存在，反对帝国主义的宣传也将终止，这种期望不过是天方夜谭。左派舆论和知识分子也将外国投资、他国公民或公司拥有土地和工厂视作帝国主义的一种形式。

如果资本主义国家施加的一切影响都是帝国主义的——正如共产主义所宣传的那样，那么，只有当西方无法在其文明带之外采取行动之时，它才不再是"帝国主义的"。欧洲帝国的解体并不会让超级大国的兄弟关系浮出水面，它将为两个超级大国的敌对关系提供新的诱因。看似矛盾的意识形态重组——比如西方和穆斯林联手对抗苏联帝国——并非不可想象，可如今还不是显而易见的，甚至尚未崭露头角。

544　　同样可以去想象，但不大可能的是，苏联集团与欧洲会形成一种半共谋关系，联合在拉丁美洲对抗"美国佬的帝国"。

三　联合国

我们已经分析了集团内部、集团之间以及集团和不结盟国家之间的外交，但还没有明确论及联合国。这个国际组织必然扮演着一个角色，不过是什么角色呢？

《联合国宪章》不损害"自我防卫的天赋权利"，允许组建地区防御联盟，就此而言，两个集团的组建并没有违背宪章精神。然而，苏联将其政体强加于东欧国家有悖于宪章精神，至少西方国家如是认为。这些国家发动自上而下的革命是苏联军队占领（或解放）它们的直接结果。它们是过去所称的"间接侵略"的例证：一个超级大国利用其军事介入的优势，让完全效忠大国事业的一伙人或者一个政党执掌这个小国。假如体系的两极结构没有渐渐地迫使两个超级大国在对抗中相互模仿，就会令人想起吉斯林（Quisling）这些通敌分子的手段。

这并不是说，对人民而言政体是等值的。如果苏联红军没有占领波兰和匈牙利，那么这两个国家可能就不会选择苏联式政体，共产党不论是施加暴力还是利用计谋多半都无法征服它们。另外，在西欧，尽管英国和美国的军事存在具有一些影响，以多元化政党、自由选举和个人自由为特征的西方民主却符合绝大多数人和政治阶层的期望。它在法律上是合法的，因为它符合合法性的主流概念，在事实上也是合法的，因为这一概念得到了恰如其分的运用。

然而，民族和观念上的异质性并非分析的定论。东欧国家的政体，尽管遭到民众抵抗，却也符合马克思－列宁主义的合法性概念。笼统地说，这个概念是民主的：共产党是无产阶级的先锋队，它体现并代表群众，传达了无产阶级的意志，因为它正在完成一项历史使命，甚至当无产阶级反对它时也是如此。东欧国家的合法性最终建立在这一指导思想上，堪比西方政体通过自由选举和公民同意获得的合法性。①

两个阵营的建立与联合国无关，主要是因为联合国诞生之时，铁幕已然落下。联合国无力保护东欧人民，因为西方政府承认这些统治者的合法性，而这些统治者受共产主义指导，与苏联红军一道或者在苏联红军的支持下返回祖国。国际组织的一切举动都看似违背了宪章的字面表述，因为宪章以国家主权的名义禁止"一切干预内政的行为"。不论多么暴虐的政权，不论民众感受如何，政权一旦建立，都受到国际法原则的保护：尊重国家主权，彻底区分内政和外交问题。

联合国曾审议集团内部的一个外交问题。在叛军成功占领匈牙利并组建合法政府时（它所接替的合法政府曾被联合国承认），联合国大会公正地判定卡达尔政府和苏联红军的行动是不合法的。卡达尔政府及其向苏联红军请求支援的行为被视为

545

---

① 这并不意味着我们赋予两者同等的价值。

阴谋或者苏联操纵的结果，以此说来，苏联就犯下了侵略之罪。但是，在共产主义的历史体系之内，反革命的纳吉·伊姆雷政府并不具有合法性，它成立的条件也是违法的。显然，卡达尔·亚诺什的"工农政府"自然而然是合理的，其次也是合法的。

这一事件的教训显而易见。联合国不可能救助一个违背自己意志、忍受着一个由苏联红军建立或者保护的苏维埃式政府的民族。合法政府往往受国际法保护，反对外国干涉。即便人民起义偶然推翻了专制主义，也仍是徒劳无获：苏联可以应"工农政府"的请求，进行军事干涉，而且这一干涉尽管被国际组织视为非法，在苏联的学说体系内却是正当合理的，可以轻而易举地抵制联合国大会的投票。若要强制苏联，就势必下定决心与之一战——即便是最凶残的空想家也不会心存这样的念想。

联合国干涉两大集团关系（尽管没有发生在欧洲战区）最为突出的例子当数朝鲜半岛危机。当朝鲜军队跨过三八线时，安理会应美国代表的请求立即召开会议，命令朝鲜政府撤军。朝鲜拒不撤退，安理会便要求成员国支援"受害者"，即韩国政府。联合国第一次尝试通过使用武力让一个国家重新尊重国际法，当时的形势对联合国极为有利。针对意大利的经济制裁没能让法律获胜，而 1950 年的军事制裁，发动了一场既没有胜利者也没有战败国的有限战争。朝鲜没有被制服，这可以说法律获得胜利了吗？

546　　　安理会因为苏联的缺席①得以将军事制裁合法化，即便没

---

①　苏联的缺席有各种解释。我认为失算是最有可能的。莫斯科知道朝鲜的企图，苏联代表本来打算一旦韩国被完全占领，就返回安理会，提出一个挽回大家颜面的方案。

有联合国，或者否决权让联合国陷入停顿，美国也会发起军事制裁。这并不是说，如果国际组织没能体现罗斯福的梦想，实际的事件完全就是那些原本就会发生的事件。美国政府以尊重国际法为由，就能轻而易举地说服美国国会和公众舆论。倘若杜鲁门总统或者艾奇逊国务卿不得不解释支配他们决策的正当却乏味的动机，民众的热情就不会如此高涨：迫切地需要让世人尤其是欧洲人更坚信美国保证的价值，如果朝鲜无视联合国的决议（拒绝确保选举自由的观察员进入朝鲜半岛）而消灭了联合国唯一承认的韩国政府，美国便会颜面扫地、威风尽失。克里姆林宫的领导人也许是无意识的，又或者是误解了美国政治家的宣言，认为美国没有将朝鲜半岛列入其在亚洲的防御点，便于 1950 年 6 月 25 日向美国发起挑战，而美国若不接受挑战就会惹祸上身，于是美国决定应战。

　　主要由美国师和韩国师组成的军队，却被称为"联合国部队"，而且其在理论上服从联合国大会的决策，这并不是没有产生间接后果。英国、土耳其和法国士兵给为韩国而战的部队打上国际军团的烙印。从宣传方面来看，美国动员了舆论和国际组织，具有"优势，也几近成功"。然而，重大决策是由交战国而不是由联合国在战争委员会中和战场上做出的。杜鲁门下令跨过三八线，是在登陆仁川不久，与麦克阿瑟将军会晤后做出的决策：联合国大会投票批准了这一决策。进攻鸭绿江在很大程度上是麦克阿瑟本人的决定①。中华人民共和国政府并没有因担心联合国谴责其为"侵略者"而止步，它应朝鲜政府的请求出兵，军队改名为"志愿军"以避免冲突扩大化，即避

---

　　①　我从迪安·艾奇逊先生那里得知，总统本人和参谋长都反对这次进攻。

免正式宣战。一旦美国放弃了绝对胜利的念头，它就不再计较朝鲜和中国是"侵略者"，或者不再考虑这些，它意在通过谈判寻求妥协性质的和平，正如它对其他任何国家所要做的那样。即便国际法视侵略为犯罪，这一观念也不足以激发美国抗战到底的斗志。朝鲜半岛命运的决定，是在战场上，而不是在联合国大会的法庭上。联合国只能影响事件的形式和道德意义，而无法影响战役的起因、经过和结果。

难以想象朝鲜半岛危机再次上演：联合国多数成员国都不愿意卷入针对苏联和中国的卫星国——哪怕是无足轻重的卫星国——的武装冲突之中。两个共产主义大国则更倾向于渗透而不是传统意义上的侵略——正规部队跨越边界。

匈牙利危机和苏伊士运河危机同时发生，联合国面对苏联束手无策，却在平息苏伊士运河危机中发挥了次要却有益的作用，这些都表明了这个"全球行为体"在当今世界的潜力和限度。联合国大会的投票显然不能迫使任何一个超级大国就范。另外，即便不存在国际组织，英国和法国也无法抵挡两个超级大国与第三世界的联合。在布尔加宁先生挥舞火箭的时候，美国已经采取了反对盟友的立场。一旦美国的威慑力不敌苏联的威吓力，英法就不得不做出让步。

这并不意味着联合国大会的投票无济于事：相比苏联式国家，民主国家更易受世界舆论和它们的朋友所做判断的影响。而苏联，不管其行为如何，都能凭借历史的形而上学为其行为辩护。对美国而言，联合国的存在也是它不能忍受以色列发动西奈战役和法英登陆苏伊士的额外原因。最后尤为重要的是，派遣"蓝盔"部队在道德和物质上促使了外国军队撤出埃及领土；国际武装力量有助于重建和平，同时也挫败了苏联集团可能采取的行动。在法国公众舆论诅咒联合国的时候，赫鲁晓夫先生也开始对联合国，尤其是对联合国秘书长愤愤不平，且一度毫不掩饰这种敌意。

不过，联合国正是在两个集团与第三世界的关系上，尤其是在欧洲殖民国家与它们的被保护国或者殖民地的关系上，发挥了重要的作用。欧洲帝国在纽约破产的说法是荒谬的。无论我们使用什么样的措辞，是"解放人民"还是"瓦解欧洲帝国"，这一历史进程显然是由多个深层原因（殖民国家的衰落、殖民地人民渴望独立、游击战的有效性、两个超级大国的反殖民主义立场）导致的。不过，联合国为忠于反殖民事业的国家的代表开辟了论坛，放大了反对帝国主义的宣传反响，影响了去殖民化的模式，甚或是加快了去殖民化的步伐。

这一国际组织也为非洲、亚洲国家以及将来的拉美国家提供了摆弄"大政治"（die grosse Politik）的机会。事实上，历史并不是在纽约被书写，正是国家之间渗透和颠覆的伎俩滋生或毁灭了国家政体，它们接二连三地得到了国际合法性的认可。如果哈加纳部队未能赢得胜利，那么联合国制订的分离计划和下达的停火命令都无法保证以色列国家的生存，甚至犹太人在巴勒斯坦的生存也难以为继。不过在某种程度上——而且小国的代表会不由自主地幻想是"在很大程度上"——历史也是在纽约写就的。

由于联合国大会的提案需要三分之二的多数同意才能通过，两个超级大国就不得不奉承小国，以便得到小国投赞成票的允诺。根据大会的规定，小国和超级大国不相上下，小国能够自豪地通过投票来决定历史性的问题。如果没有联合国，非洲国家的总统又怎会有机会离开他们的首都——欧洲的小学生甚至都不知道他们的名字——来认识世界并参与全球外交呢？联合

548

国这一国际组织差不多涵盖了整个人类，它旨在建立一个世界共同体，它表明了当前世界共同体的分裂，也象征着统一的使命。

近年来，由于去殖民化和非洲的巴尔干化，所谓的亚非团体急速膨胀，以至于某些人设想组成一个不结盟国家的集团，以平衡相互敌对的两个集团，并充当两个集团之间的调停人、仲裁方或者裁判，以能够让某个国家或地区摆脱冷战的纷争。不过这是不可能的。第三世界是一个地理概念而非政治概念，而不结盟的模式也是多种多样的。那些声称不结盟的国家，未必在任何形势下都具有同样的立场和利益，不论问题是否牵涉两个超级大国的斗争。①

刚果危机证实了不结盟国家在"联合国的"磋商博弈中的重要性，同时也证实了它们的不和。美国担心与苏联直接对抗，就把防止发生混乱和苏联化这一徒劳无益的任务甩给联合国，并将更加吃力不讨好的任务甩给联合国秘书长：执行安理会或者大会起草的言辞含糊的决议或者建议。希望刚果地区的国家置身冷战之外的意愿是美好的，这种要求也是合情合理的。然而，只要苏联的目标与之相反，那么联合国为美国分忧代劳的结果，不过是加速了莫斯科和联合国秘书处的冲突，而不是莫斯科和华盛顿担心的碰撞。

事实上，在刚果河流域并不存在国家。任何人或政党都无法在整个地区树立威望，或者确保公共服务的运转。真正的选择在于：要么刚果实行某种形式的联合国托管（trusteeship）——如果刚果政府打算起用比利时的技术人员，他们就重返刚果；要么

---

① 参见第三部分第十七章第四节。

由东方集团派遣的技术人员来管理政府。我们知道，一个新成立的国家越是软弱无能，越是一盘散沙，它就越难以恪守中立。因为若是刚果国家并不存在，刚果中立化就更加困难了，然而恰是让其如愿以偿的原因使刚果不可能实现中立。联合国和哈马舍尔德先生无法找到这一悖论的出路。

　　根据《联合国宪章》，国家的主权一旦得到承认，联合国就一定不能干涉其内政。联合国的使命是保证个人安全，保证比利时撤军。这显然是自相矛盾的。如果刚果政府无法保证人身安全，它就不配得到国际社会的承认，而这种它曾得到过的承认也过于轻率。如果联合国的义务是维持公共秩序，那么它就不可避免地会介入"国家的内部事务"。多国部队正是通过它的军事存在影响了刚果政客间的争执过程，也影响了亲苏派、亲西方派、"联邦派"、"统一论者"各自的机会。在联合国采取行动期间，刚果中央政府还是合法的政府，当其首相被那些握有某种法律和事实权力的人［共和国总统和蒙博托（Moboutu）上校］废黜、逮捕的那一天，苏联集团的国家在非洲和其他洲"进步"国家的支持下谴责联合国，最终将矛头直指哈马舍尔德秘书长。类似朝鲜半岛事件的危机出现了：共产主义集团指责联合国，谴责这一国际组织实际上支持一个阵营而反对另一个阵营。

　　刚果危机期间，一些不结盟国家支持卡萨武布（Kasavubu）先生，另一些支持卢蒙巴（Lumumba）先生，还有一些支持两人和解。倘若两人达成和解，且得到超级大国的赞同，或许所有的不结盟国家也都会发现它们奇迹般地达成一致，这种一致不再是必需的，因而愈发容易达成。事实上，阿拉伯联合共和国、几内亚、马里、加纳和摩洛哥（摩洛哥的原因在于毛里塔

549

尼亚，或许也出于内政的考虑）① 这些积极的中立主义国家力挺卢蒙巴先生，猛烈地抨击联合国秘书长。而联合国秘书长仍然得到多数不结盟国家和联合国大会的支持。

联合国集结了两个集团和不结盟国家，却无法拥有一个"普遍意志"。少数国家只在其切身利益不受影响时才服从"多数国家的意志"。"蓝盔"部队在以色列和埃及边境维持和平、隔离交战的士兵——他们出于种种原因希望被分开。至于美国，它顺手让亚非国家向荷兰和法国施压，而自己却充当反殖民主义和欧洲殖民国家之间斡旋调停的角色。换言之，两个集团和不结盟国家、大国和小国在联合国内的表现，与它们在其他地方的表现并无二致。每个国家都在联合国表达它的观念或热情，力图为自身利益服务。这一国际组织并没有改变国际外交的方式，只是偶尔让外交方式复杂化了。联合国作为一个组织独树一帜，但在原则方面则不然——是自相矛盾的；语言上也千篇一律，更多的是伪善而非理想主义；行动上也是因循守旧，越是远离我们时代的主要冲突，其行动就越有效力。

四 冲突与和解

过去十五年，国际局势是逐步趋向于某种稳定，还是恰恰相反，朝着冷战加剧的方向发展？抑或是说，国际局势波澜不惊，紧张与缓和交替，不时发生多少有些尖锐的危机，而两个超级大国常常诉诸武力平息这些危机？

让我们以第二个假设作为出发点。事实上，两个超级大国或者说两个集团已经共处了十五年，它们之间的关系被一系列

---

① 摩洛哥政府是保守主义的政府，它把左派反对党引向最没有危险的道路之上，也就是说仅仅在言语上坚持国际主义外交。

危机事件打上烙印：柏林（1948～1949），朝鲜（1950～
1953），印度支那战争（1953～1954），苏伊士和匈牙利
（1956），伊拉克、约旦和黎巴嫩（1958），第二次柏林危机
（始于 1958 年底，却一直保持着潜伏状态）。显然在每一场危
机的过程中，坚决不发动全面战争的决心支配着两个超级大国
的行为。柏林封锁或者朝鲜战争期间，西方争论的焦点不是目
标（限制冲突），而是我们所能承担且不造成冲突扩大的风险。
轰炸中国东北的空军基地是否明智？假设真的进行轰炸，朝鲜
人或者中国人会通过轰炸韩国港口或者日本的美军基地来予以
还击吗？武装队伍冲破柏林封锁是轻率的行为吗？几千名海军
陆战队士兵登陆黎巴嫩海岸，几千名英国伞兵空降约旦，是不
明智的吗？如果我们回顾双方所做出的决定，就会意识到，除
了美军跨过三八线的决策，以及由麦克阿瑟而非杜鲁门做出的
将第八军向鸭绿江推进的决策外，美国表现得最为克制。是苏
联在柏林封锁中采取主动，此外，它虽然没有挑起，却至少纵
容了 1950 年 6 月朝鲜的攻势；是中国人训练、给养了越盟军
队，成就了奠边府大捷；是苏联在苏伊士危机时，以"火箭"
和"志愿军"威胁法国和大不列颠；又是苏联不顾加勒比海处
于美国范围之内——正如匈牙利处在苏联范围之内——的事实，
意欲在古巴建立军事基地和弹道导弹发射基地。

在我看来，即便是在 1945～1955 年美国原子力量具有无可
争辩的优势的时期①，苏联集团往往具有攻击性，且胆大妄为。
即便如此，它也总是为自己留下了后路，它从没破釜沉舟。比 551

---

① 有可能美国的优势从未像在 1955～1959 年那般突出。战略空军司令部处于
其巅峰时期。苏联的战略空军实力平平，也许其可供使用的洲际弹道导弹
也为数不多。

如，它从没有正式宣布封锁柏林，它援引技术困难为借口，先是水路的，再是铁路的和公路的技术困难。一旦遭到西方的强烈反对，苏联也可以随时撤回，且不失颜面。它从未试图阻断空中交通，尽管这对它而言毫无技术难度。在这种情况下，双方尊重的博弈规则是禁止诉诸武力。苏联歼击机没有攻击毫无自卫能力的大型运输机，西方国家则没有试图强行通过陆地封锁。或许，双方事先都没有明确地构想这个规则。它源自局部形势以及敌对双方意欲控制事态的共同愿望。假如西方国家派遣武装部队，苏联可能不会开火。但如果它开火了，西方阵营就不得不加大赌注。同样地，如果苏联封锁空中交通，西方人将被迫在无法容忍的惨败和诉诸武力之间进行抉择。空中桥梁代表了二者都可以接受的一种折中方案。

在朝鲜半岛危机中，另外一条博弈规则也表现了双方限制冲突的共同愿望。美国人不将战争扩大到朝鲜边界之外，中朝和苏联亦是如此。中国东北的基地和美国驻日基地都没有遭到轰炸，苏联潜艇也没有企图切断日本和韩国之间的联系。两个超级大国取得了一种默契，将朝鲜半岛变成了一个封闭的战场，两个超级大国的代表在此结束了争端。我们将这一规则称为"战争的局部化"，应用这一规则会导致平局，但这并不是说这种结果是不可避免的（1951年春甚至是1952年春，美国增加两三个师就足以确保局部胜利，且不会导致战区扩大或者使用原子弹）。双方再次在冲突过程中创造并遵守了这一规则。它的优点更多在于其简易性而不是合理性：敌对双方不需要明确沟通也能辨识。

印度支那战争则是另一种类型，因为苏联和中国都没有直接介入，而且美国也仅限于通过资金赞助和交付武器来支持法

国和反越盟的越南政府。1954 年的春天是决定性时刻，此时法
国在奠边府的驻军第一战失利，看起来失败已成定局。由于美
国并未干涉，法国不得不放弃战斗，停战的代价起码是半个越
南的苏联化。美国决定不予干涉，中苏提出的条件也并没有因
奠边府大捷而有所不同。

事实上，1954 年春天的危机是偶然的而非蓄意的。斯大林
死后，苏联最高苏维埃主席团的成员忙于继承人间的冲突，希
望缓解紧张的国际局势。在朝鲜战争中，他们敦促中国不要一
味要求遣返全部战俘，而且很可能同意同时进行印度支那和朝
鲜半岛的停战谈判。是法国政府受美国政府盲目意志的怂恿，
一意孤行，导致战争延长，此外也让越盟在毛泽东领导的中国
的帮助下有了获得惊人成功的机会。这一胜利尽管没有改变协
议的实质性条款，却改变了和平的意义与影响。

1956 年的匈牙利危机和苏伊士运河危机并不是由超级大国
自己挑起的。苏伊士运河国有化是阿拉伯国家反抗西方施加影
响或插手的一个插曲。没有必要把挑起危机的责任归咎于莫斯
科：无论是埃及哪个政府都会设想出这一计划，尤其是出于十
二年后运河的特许权不管怎样都要到期的缘故。英国政府的反
应出乎意料且完全无法预料：女王陛下的政府为什么要试图以
武力重新占领它刚刚撤出的地区？就法国领导人再次谋求阿尔
及利亚问题的解决方案来看，法国的反应则还在意料之中。

尽管苏联、法国和英国都使用了大量武装力量，但对两个
超级大国而言，危机的意义主要还是来自美国的双重拒绝[1]：
拒绝为了"解放"卫星国而对之加以干涉；拒绝其盟友向第三

①　在前面的一章中我们分析了这次危机与集团伙伴之间的关系。参见第十五
章第五节。

世界国家发起军事行动。两次拒绝的原因相同：担心战争无限扩大。两者都可以用现实主义的说法来解释：一个是慎重，但道德平庸；另一个既可以用慎重也可以用理想来解释其正当性。

当然，眼睁睁地看着匈牙利革命被镇压却坐视不理，无疑是慎重的，或许也是合情合理的，却是不光彩的。美国禁止法英军事占领苏伊士运河地带，这无疑是慎重的。在与不结盟国家的交往中，采取反对昔日欧洲大国的立场更"有利可图"，但这对于保持大西洋集团的凝聚力而言却是危险的，即便这种做法也许是合情合理的。不过，在英法最后通牒的当日、苏联介入布达佩斯的前夜，艾森豪威尔说："不可能有两套规则，一套用于我们的朋友，另一套用于我们的敌人。"具有讽刺意味的是，他的表述无异于搬起石头砸自己的脚：美国在它的敌人的帮助下，对它的盟友应用了一套严厉的规则，而对于敌人的公然侵略，它只是口头抗议，容忍其逍遥法外。

一位美国学者[①]就苏伊士和布达佩斯危机提出了一种彻头彻尾的犬儒主义解释。两位老大哥患难见知己[②]，此处"见"有两层含义。每一方都认为，如果另一个超级大国要在自己的集团里重整纪律，那么这也符合自己的利益。美国不能容忍英法采取有可能扩大战争的行动。尽管美国领导人同情匈牙利的自由战士，却也含糊地指责叛乱者让美国陷入了两难抉择——要么羞愧逃避，要么轻率干涉。他们选择了前者，看不出任何犹豫不决。

---

① 见普林斯顿大学国际研究中心组织的一次会议上，C. A. McClelland 所做的报告——*Acute Interrternational Crisis in the Cold War: A System Theoretical Note*。

② 它们自己发现了这一点，并向世人展示了这一点。

两年以后，即伊拉克革命和黎巴嫩、约旦动乱时期，武力措施进一步缩减了。这一次美国派遣了海军士兵，不过，它是应合法政府的请求，这个政府被所有国家和联合国承认。况且，海军陆战队士兵并未投入战斗，他们避免卷入内战，而战事已经断断续续持续了几周。美国正式通过它的军事存在，通过它所表现出的在必要时采取行动的决心，以及通过精神支持贝鲁特合法权威，来进行干涉。从国内法和国际法来看，卡达尔政府原是合法政府，可按苏联的说法，卡达尔政府要求"老大哥"出手相助以便重新建立一个"工农政府"，可是情况并非如此。这两种干涉之间仍然存在重要的区别：一种是好战的，其目的和结果是镇压革命者；另一种是帮助两派实现不流血和解，而和解是黎巴嫩本身的生存不可或缺的。

通过回顾这些危机而得出乐观的结论并非不可能。武力的使用——至少就一个超级大国对抗另一个超级大国来说——愈发克制；每次危机的持续时间不断缩短。柏林封锁持续了数月之久，两大巨头不知道如何从它们发动的角力中脱身且毫发无损。朝鲜战争持续了三年，根据官方的解释，在最后两年，战俘遣返问题是谈判的唯一障碍（中国的全权代表拒绝了被美国俘获的士兵有选择自由的权利）。苏伊士和布达佩斯的危机在几天之内、伊拉克－黎巴嫩－约旦的危机在几周之内都平息了。危机中所使用武器的数量和规格都逐步缩减。

针对这种乐观主义的解释，我们可以理所当然地反驳：**武力使用趋于衰减的规则**（la loi tendancielle de la diminution de la force employée）只适用于两个超级大国或者两个集团间的直接关系。苏联对匈牙利动用了 12 个师，这超出了镇压所必需的兵力，不过，尽管其镇压手段冷酷且声势浩大，却也相应缩短了镇压时间，降低了镇压的代价。美国在近东的干涉是象征性的。

它相当于炮舰外交，目的不是象征性地使用武力迫使一个政府就范，而是象征性地以武力支持来巩固一个合法的政府。

我们之所以不能完全赞同"武力使用趋于衰减"这一观点，首先是因为每一场危机都有事件本身的特征，而将一场场特殊的危机进行比较，就会造成危机呈现出某种趋势的表象，而这或许是观察员人为造成的。苏联向匈牙利派遣一支大军，正是出于军事局势的需要。美国海军陆战队士兵在黎巴嫩不鸣一枪，这样的节制符合形势的要求。真正的问题在于两个超级大国是否已经学会尽可能以最低的成本解决它们的争执，并且决心最大限度地限制暴力的规模。

我认为，尽管苏联和美国的宣传荒诞不经、挑战惊心动魄，但事实上它们已经学会熟悉对方，不再轻率地将好战的意图归咎于对方。假设苏维埃最高主席团的成员曾担心美国会发动预防性战争①，如今他们便可以安心很长一段时间了。战争不会是预防性的：今天，抢先下手无异于担心湿身而将自己投向大海。两个超级大国倾向于不再怀疑它们限制冲突的共同意愿，即便是一个盟友或者中立国犯错而酿成危机，又或是一国或一个政权可能反水，两个超级大国也都不那么趋于歇斯底里和惊慌失措。

诚然，效忠的改变总是顺应相同的方向。一个前殖民地国家独立以后，先是中立的，继而是中立主义的，又有时是进步主义的。如果这些效忠的改变不断增多，尤其当反水发生在美国自己的势力范围内（拉丁美洲）而不是欧洲昔日的势力范围

---

① 我不认为斯大林担心过此类事情：斯大林在 1933～1941 年担心德国的进攻，1945～1953 年他的所作所为已截然不同。

内时，那么，美国得接受多少次它强加给盟友的游戏规则呢？

表面上看，这些游戏规则与《联合国宪章》的规定一致，即不诉诸武力。然而，人们并没有从理论上或实践上给侵略下定义，因而，仅有直接侵略被保留，即正规军跨过国界。如此一来，其他形式的侵略因为被容忍而取得了合法性。从今往后，招募并训练游击队员以对抗外国政府将是司空见惯的伎俩——当苏联集团担心而不是亲身采用这种做法的时候，它将这种伎俩视作典型的侵略。突尼斯不加掩饰地庇护阿尔及利亚游击队费加拉，法国以此来控诉突尼斯的侵略行为也是徒劳。跨境组织反对欧洲帝国的游击战得到了联合国和美国的支持。（美国自己也从事此类活动，在危地马拉取得成功，在古巴则失败了。）

正规军干涉的不合法性与党派的跨国组织干涉的合法性，   555
两者的等价交换物就是一个合法政府寻求外国帮助的合法性。联合国容忍了埃及的阿拉伯突击队，却对以色列发动西奈攻势以及法英向埃及发出最后通牒都予以谴责。相反地，美国对黎巴嫩的干涉和英国对约旦的干涉都是合法的，因为这些外国军队是应合法政府的要求来到这里。在国际法上，当合法的政府请求干涉时，外国干涉就变成合法的，两个超级大国的竞争发展到了其阵营国家国内，双方都意在选择那些如有需要就会向它们招手求援的人。

我们看到，建立在国家主权与国家平等基础上的国际法，并非现实的映射，而是对当前现实的否定。国际法最初是欧洲国家创制的，从某种意义上讲，欧洲相互承认彼此的生存权，随后国际法扩展至整个世界，而这时欧洲由于体系的异质性而形成的意识形态冲突已让国际法威严扫地。当前的国际法是虚伪的持续刺激物，它让两个超级大国遮掩难以逃避、被迫为之的事情，也就是对联合国成员国的内部事务进行干涉。任何一方都不会克制去行干涉之事，但每一方都竭力维护官方的不干涉原则：对每个阵营来说，获得成功的主要条件都是获得听命于它的政府。当两个阵营都满足于其目标之后，第三方要么像德国那样分裂，要么就陷入内部斗争。有时，一国不但分裂，而且共产主义没有占取的那一部分也陷入了内部斗争（韩国、南越）。

不言自明的是，两个超级大国并非通过各自的法律或双方的协议来确定第三世界的游戏规则，即党派战争的跨国组织合法化、两个超级大国掩饰干涉其他国家内部事务的义务，以及两个超级大国为了拉拢合法政府的你争我夺。在最近十五年的外交历史中，这些规则已然明确。由同质体系建立，并为同系体质服务的法律形式主义延伸至整个地球。欧洲自身体系的异质性已经改变性质，虽然苏联倚仗国家的主权和平等原则①，但也无视其精神内涵，这是因为苏联曾是革命国家，并想将这理念传播到全球。作为国家，苏联采纳了最传统、最不妥协的主权理论。由于苏联政府由政治局成员所领导，并事实上指挥着共产国际的行动，它会在按照**欧洲国际法**习俗与之保持外交关系的国家内部进行颠覆活动。非共产主义国家须在容忍这种两面三刀的行为和与其断绝外交关系之间做出选择。出于显而易见的原因，它们都倾向于选择前者。

第二次世界大战以后，苏联实力增强、新兴国家大幅增加，这都提供了大量的两面三刀的场合与机会。罗斯福延续了威尔

---

① 参见 Jean-Yves Clavez, *Droit international et souveraineté en U. R. S. S*, Paris, Colin, 1953。

逊主义，希望联合国能对维护和平起决定性作用，他反对将之视为防止美国重回孤立主义的手段。日渐将战争"犯罪化"的国际法与国际层面上的内战（或颠覆活动的跨国组织）的结合，合乎逻辑地体现在了当前的实践之中：正规军不再穿越边界，而是驻扎在他国领土之上，或是受合法政府的邀请才会集于此。如此，合法政府在国境之内就享有国家主权，这并非白费力气，因为这让小国的统治者可以获取大国公民的财富却不受惩戒。然而，这种行动自由权的等价交换物则是：小国统治者应对大国在决策方面的持续压力有所预期。

有人会问，这些游戏规则不是更有利于苏联集团而非西方阵营吗？后者不是应该一直谴责跨国游击组织，而不是强调不诉诸武力（实际上仅仅是不诉诸正规军）吗？工业化国家与自由政体被限制，它们仅可出动正规军，而欠发达国家和革命国家则还可同时诉诸恐怖主义或游击战。

这个反对看法无可置辩，不过是否会有其他情形亦难以得知。通过惩罚性的征讨来回应来自外国游击队的行动，国际组织会承认这种报复行为的合法性吗？假如国际组织承认报复（希腊军队在南斯拉夫与苏联断交之前进入保加利亚或南斯拉夫）的合法性，事件的进展会发生改变吗？有的人也许认为，用正规军对游击队的后勤基地进行报复的威胁，在一些情况下会有效果，至少可以让国际社会承认这是间接侵略行为。然而，在中国、印度尼西亚、印度支那和北非，游击队展现了一种革命形势，国际法尚不足以对此进行掌控。

减少使用武力的趋向仅仅适用于成组织的武力和正规军方面。由于游击队的存在而处于不安定的状态，这样的国家数量可能不比十五年前更多。但在同一时期，1945 年饱受战争灾难的众多国家建立了共产主义秩序；民族主义起义者因获得国家独立而建立的政权或多或少根基不牢。最后，曾是西方国家"狩猎场"的国家从此受到了叛乱者的威胁，趋向于保持中立或走向中立主义。

557　　　对过去十五年间时局变化——冲突的缓和、加剧、间歇性发作——的整体判断并不简单也不明确。存在危机的间歇期，时而多多少少有些暴力，时而平静：这种状态没有任何终结的迹象。过去几年，危机持续时间缩短，暴力成分减少，这显示人们已经习惯冲突，好像对手能够更加清楚地洞悉彼此的意图，并采取相应措施。

　　人类距离新秩序仍然非常遥远：正相反，共产主义政党引起或加以利用的革命骚动，有时不受其束缚，正在第三世界蔓延开来。可能明天，美国就不再受制于其强加给盟友的不诉诸正规军的准则（1962 年 11 月的古巴危机便是证明）。

　　只要人们所称的冷战的三大主要事业——**瓜分欧洲、军备竞赛、第三世界的命运**——继续存续下去，即使美国受制于此类准则，也不会出现缓和。不过，这三大事业是两个超级大国或两大阵营**是什么**的结果，而不是**做什么**的结果。局势缓和必然要求对势力范围进行双方都可接受的划分，而这种划分又与每一方的意识形态的全球意图不兼容。尚且不论颠覆活动，社会主义阵营存在本身就为第三世界国家提供了一种发展模式。西方不得不对苏联范本的影响力表示忧虑，因为"皈依"苏联的国家都是西方的敌人。

　　仅仅在军备竞赛层面上，才能够想象取得进展。任何协定，即便是停止核试验的协议也都没有被签订或批准，但似乎双头中的任一方都对另一方的意图日趋放心，同时每一方忌惮于自己与对方都拥有或对方将拥有的毁灭性手段。1960 年，局势最主要的现实仍是恐怖平衡和两个超级大国不发动战争的意愿，而这场战争是它们一直准备着的。一个主要的却也是负面的事实是：巨头动弹不得，但仅仅是**对它们彼此来说**动弹不得。只要它们不进行直接对抗，不使用它们最具毁灭性的武器，那它们就可将整个星球视为它们行动的场所，完全忽略国与国的边界。它们没有使用过的导弹可能日后会穿越国界，而用于颠覆活动的广播和金钱将持久地穿越国界。

* * *

西方的目的不是要毁灭苏维埃政体，而是说服共产主义者各种不同的政体应当有容身之所，而无须彼此视为仇敌。苏联集团的目的是灭绝资本主义政体，革命运动、民族解放运动或社会解放运动都被利用起来以实现此目的。一个超级大国意在实现政治意义上的，或至少是军事意义上的全面胜利，而另一个超级大国的目的则是和平共处，但其对手仅把这作为手段。

苏联领导人思想与行动的依据，究竟是声称"敌对不可平息"的官方学说，还是认为两个世界愈加相似的私下学说？就我个人而言，**现在**即使是在赫鲁晓夫时代，占统治地位的也是官方学说而非微妙的学说。

对于全面战争的忧虑确实可以归咎于某种中产阶级化。俄国革命已过去四十多年，其政体下的特权阶级甚至平民百姓都拥有了房屋，苦难已然成为过去。所有的苏联民众都厌恶冒险，这与美国民众一样。从这个角度上讲，超级大国之间对待彼此的态度十分相近，这比中国对待美国的态度更为相像。同样在第三世界，苏联经常像美国的敌人那样行事，而不是革命国家。

558

虽然纳赛尔总统的政体对共产主义者十分残酷，但苏联仍向阿拉伯联合共和国施加援助。

我们不能否认苏联的中产阶级化对其外交政策行为可能存在影响，我们只是认为，这一影响暂时是次要的。热核战争过于恐怖，以至于克里姆林宫的领导人无论是出于自愿还是出于谨慎，都不会承担风险。在第三世界进行推进的机会过于有利，以至于苏联不会不接受任何形式的安定。苏联的领导人，甚至是它的统治阶级，都需要马克思主义的理论来为他们的权势确定道德根基；在理论范畴上，他们思考了太长时间，以致向怀疑主义有所让步。他们继续相信两大阵营间的对抗不可缩减，同样相信他们的胜利必定达成。另外，每个超级大国对外行事都是依据其自身的存在。美国的资本输出多于理念输出，而苏联出口的理念，特别是意识形态要多于资本。美国人梦想着两个超级大国能签订协议，苏联领导人则说和解是不可能的。当一方想要而另一方想都不想的时候，和解就愈发不可能了。

似乎在一个尚未确定的期限内，仅有一个事件可以深深地改变世界时局：苏联意识到中国可能带来的危险。对于那些将民族和种族作为历史戏剧的演员来讲，这一事件不仅仅是可能发生的，还是必然的，将提前载入历史大典中。中国的人口已有七八亿，有一天也会向南或向北扩张。**如果说重大冲突的利害关系就是对空间的占有**，那么广袤的荒芜土地的主人苏联就潜在地受到人口过度的中国的威胁。俄罗斯民族属于白种人，属于天主教文明区域，黄色民众却"贫困交加、不可胜数"[①]，俄罗斯人又如何能够无休止地同他们的种族和宗教为敌呢？

---

① 这一表述来自戴高乐。

实际上，纵观历史，种族和宗教都无法将政治单元团结在一起，也无法阻止战争的爆发。冷酷无情进行杀伐的城邦或国家几乎一直都隶属于同一文明。或许中国和苏联明日就会成为仇敌；我怀疑肤色将是潜在的对抗原因。大陆国家中不同种族的重组已超出我们的历史眼界。

相反，苏联世界的分裂已然可以被察觉到。克里姆林宫与中南海之间、赫鲁晓夫及其下属与毛泽东及其下属之间的争执在苏联共产党第二十二次代表大会时就已爆发。苏联人对阿尔巴尼亚的谩骂指向中国巨人，中国对南斯拉夫的修正主义的批判又指向苏联老大哥。

有鉴于对话者的这些论据，两个共产主义大国在如何正确对待西方与第三世界上没有相同的观念：中国人主张针对帝国主义开展更为活跃的外交，他们可以轻松地接受战争风险加剧，他们想将对第三世界的支持保留给共产党，而不是像赫鲁晓夫先生做的那样，只要是在**客观上**敌对西方的政府就都予以支持。

这一论战是莫斯科与北京关系紧张的原因还是结果？苏联人与中国人在意识形态主题上相互攻击声讨，这是由于两国的民族利益不同吗？是因为赫鲁晓夫先生希望保持权威，而毛泽东予以拒绝吗？还是因为两个国家的社会主义发展阶段不同，每一方采取的态度都源于政体内部的迫切需求？在上述假设中进行选择不可能或许也没有必要。在意识形态政治的世界之中，这两方面相互补充而非矛盾对立。

我们只看到美国没有采取任何行动来造成中苏几乎分裂的局面（一如苏联无须为古巴革命负责）。两个共产主义大国满怀活力地抨击资本主义，又庄严宣布忠实于马克思－列宁主义：在这一点上，不相信这些话语，西方就会铸下大错。

559

第四部分　人类行为学

外交 – 战略行为的二律背反

所有理论①都包含了自身的规范性内涵。然而，关于人类行为的理论提供的却仅仅是一种系统的理解，根据人类行为性质的不同，从具体做法到形成规则的过程也特征各异，而且所谓准则，其实都是具有或多或少不确定性的**忠告**（conseils）或建立在规律性或明显事实基础上的**规则**（préceptes）。

克劳塞维茨让我们从一个侧面观察到，战略与战术理论有所不同，因为战略家面对的是比战术问题更复杂的问题，而且这些问题所呈现的规律性也与战术家面临的那些问题的规律性有所不同。拿破仑要怎么做才能够战胜沙皇亚历山大？他将拿下莫斯科定为取得胜利的关键，是正确还是错误？假定他攻占莫斯科失败，是否存在另一种方法让他更有机会赢得胜利？这些问题永远都不会有确定的答案。在拿破仑之前，没有任何统帅曾在相似的形势下考察过对俄国发动战争的问题。因此，战略理论在很长时间里都局限于列举一些原则，而这些原则又都不过是些模糊的程式罢了：**集中力量原则**（避免力量过于分散），**目标原则**（建立一个计划并顶住敌方压力将其坚持实施下去），**进取原则**（积极有力地扩大已经获得的优势），**进攻原则**（主动抓住时机且对其充分利用以让一切成为定局），**安全**

---

① 这里我们说的只是社会科学领域的各种理论。

原则（采取保护措施预防敌人对己方的部队和补给线奇袭），**出其不意原则**（欺骗敌人以让敌人摸不清自己的意图），以及

节约力量原则（充分使用所拥有的一切力量）。

很显然，这些原则并不能让人们确定在某种具体形势下哪一种策略才是最好的。这部分是因为这些原则之间有互相矛盾之处：比如我们很难既遵循进取原则又遵循安全原则，也很难既遵循集中力量原则又遵循节约力量原则。根据情况的不同，笛卡儿准则——一旦走上某条道路，就要坚持走完，而不是去走回头路——要么显示的是一种顽固透顶的荒唐坚持，要么表现的是富有智慧的决断。

战略的不确定性与战术的规律性之间的这种反差是不是总是存在？事实上，在我看来，战略的不确定性没有因为技术的进步而削减分毫（至少直到原子时代，情况都是如此），相反，许多战术的规律性却因为技术的进步而成了问题。在19世纪理论家提出的那些有关作战或防御工事的规则中，在1940～1950年的机械化部队面前，依然有效的还有哪些？这个问题的答案，只有在详细分析之后才会知道，但无论怎么分析，其结果都不会对下面这两个平常道理产生影响：一些规则只对火力和行动的某些特定状态有效，另一些规则却能够在摧毁手段和运输手段取得不可思议的发展后依然有效。

战略的不确定性当今仍然存在，因为它是由两个不可化约的原因引起的：其一，做出的决定受到整个局势（即各种因素综合形成的形势所具有的各种独特要素）的深刻影响；其二，战略决定所要达成的目标也不像战术家的目标那样被界定得那么清楚。

拿破仑和希特勒都曾决定攻击俄国，但这两个决定是根据

各自的特殊形势分别做出的，尽管这两个决定的作战区域一样。1811 年发生的事件同 1941 年发生的事件都必然在取决于地理情况的同时，还同样甚或更多取决于当时的历史形势（力量对比关系、英国行动的可能性及俄国的抵抗等）。行动越是与整体局势息息相关，越是植根于全局，那些常见局势中的影响因素对它的参考意义就越少。丘吉尔在英国战役正酣之时所做的向苏伊士运河派出装甲师的决定，就是根据格局中存在的那些史无前例的特殊情况做出的。

第二个原因虽然没有第一个那么明显，却能造成更重大的后果。战术规则通常涉及的是没有争议的目标：作战的目标就是要克敌制胜，也就是要防止敌人奇袭，维护己方的通信线路，切断敌人的作战线，利用每一次胜利，等等。这些不同程式的存在证明，即便对于战术层次的统帅而言，目标也并非总是一个或总是一成不变。然而，随着从班长到总司令的决策层次的提高，命令会越来越被政治考量和目标的多元性影响，军事命令不会仅仅取决于局部作战和具体行动，它也取决于战役和战争本身。

也许，很多观察者在初次接触这个问题的时候，都会倾向于赞同与上述观点相反的观点，即认为，战术具有不确定性（因为有如此之多的局部形势需要考虑），战略具有确定性（唯一的目标即胜利）①。20 世纪的历史足以提醒我们，赢得战争的方式有很多，各种方式的效果也不尽相同，最后的胜利并非总是属于强加和平条款的那一方。

战略－外交行为——或者说对外政治行为——不可能比单独的战略行为更具确定性，它也包含了我们刚才说到的那两个

565

---

① 这是吉罗将军的话。在美国人那里也有相似的表达，那就是麦克阿瑟将军说的：没有什么可以替代胜利。

导致不确定性的原因：其一，造就局势的因素是独一无二的、独特的；其二，目标具有多元性。不过，战略－外交行为与单独的战略行为比起来又有不同，或者说看起来存在差别。一方面，当简单的观察上升到提出规则这个层次的时候，国家间关系的悖论会一下子显露无遗：国家间关系是武力支配下的社会关系，在其中武力**可能且可以合法地**被使用，而使用武力本身并不是一件不道德的事（为了正义而使用武力一直以来就被认为是符合道德的）；然而，如果每个行为体都是自己行为合法性的裁决者且也是唯一的裁决者的话，它就会感到其他行为体威胁着自己，因此国家间的博弈就变成了斗争，遵守规则的行为体就有成为自己的（相对的）道德牺牲品的可能。于是，就产生了下面这两个问题。对外政治是否本来就是狠毒的？在国家唯恐失去自身独立性的情况下，使用什么手段才算正当合理？一方面，我们是否可以设想，又是否可以实现一种对对外政治的超越？比如让所有国家都臣服于一种法律之下，臣服于集体安全的法律之下或臣服于普世帝国的法律之下？我们是否能够终结被称为"国际无政府"的这种状态，也就是说终结国家想要自己成为自己行为裁决人的企图？换言之，国家间关系的实质反映的其实是被我称为"马基雅维利问题"和"康德问题"的这两个人类行为学问题：前者涉及正当手段的问题，后者涉及普世和平的问题。

在本部分的第一章中（即第十九章），我考察了现实主义和理想主义的二律背反引出的一个问题，这是一个经典问题，在美国文献中尤为如此：在一个非法治的世界里，什么样的行为才是道德的？在接下来的第二十章中，我想知道的是，原子武器的发展是否改变了传统战略－外交行为的道德，关于绝对和平的被称为理想主义的学说是不是已经成为唯一明智的想法。我的结论是，不知是幸还是不幸，反正情况完全不是如此：热核大灾变的阴影，如同昔日的装甲师的威胁或更早时候的军团方阵的阴影，处于其下的国家决策者和普通公民必须要做的是谨慎行事，而且不能对绝对安全抱有任何幻想或希望。

在以两大阵营之间的敌对暂时无法化解为假设的情况下，我在接下来的第二十一章和第二十二章中，为能为西方想要达成的两个目标提供最好实现机会的那种战略勾画了轮廓。西方的两个目标是：不打全面战争，也不屈服。第二十一章考察的是战略的纯军事方面，第二十二章考察的是战略的政治方面。在这两章中，我力图以第一部分的形式分析、第二部分的社会学规律性分析以及第三部分的历史陈述为基础得出结论。

最后，在本部分的最后两章中，我以当前的经验重新考察了国际秩序（更确切地说是国际无序）的真正根源问题。有没有可能让国家服从法治？处于世界邦联或普世帝国中的国家将保留怎样的国家"主权"和怎样的"独立性"？国家会继续存在吗？普世国家是否还称得上是国家？

换言之，前两章讨论的是现实世界中的手段问题，最后两章讨论的则是有关最终目的，即和平的问题。而中间两章则是在力图明确怎样的行为才是既符合当前需要又没有背离未来期冀的行为。然而，尽管我们希望达成两者之间的调和，但这种调和却并不是没有限度的：外交－战略的境况，亦即我们所有人的境况，存在着一种二律背反，因为历史是暴力的而我们的理想却是和平。

第十九章　寻求道德（一）：
理想主义和现实主义

我们已经尝试过分析独立于道德判断和形而上概念的国际关系，我们的出发点有三：一为国家的多元性，二为笼罩在执政者决策之上的战争可能爆发的阴云，三为统治者或多或少会遵循习惯性或合法性规则——但在"生存利益"和"民族荣誉"面前，这些规则永远不会被他们看作摈除武力的理由。在我们看来，这样的分析是中性的，因为它既包含了**事实**（千百年来，国家之间的关系模式历来如此），又包含了**主观看法**（国家决策者、公民、哲学家一直以来都承认，城邦内部秩序与城邦间秩序这两者**性质不同**）。

外交－战略行为在我们看来就像一种混合物。它是社会行为，行为体——除极端情况外——互相承认彼此都是人，甚至承认彼此具有亲缘关系，他们也不认为可以随意恶待彼此。然而，一旦发生冲突，决定一切的是武力，而且武力还构成最终将会成为规范的那些条约的基础，就这点来讲，外交－战略行为也是一种反社会行为。而就外交－战略行为被战争风险或备战所支配这点来看，它服从且不可能不去服从敌对的逻辑，它忽略且必须忽略基督教美德——只要这些美德违背了竞争的需要。

政治单元间关系上的这种双重特征引发了人类行为学和哲学的争论。行为体——政治单元或政治单元的代表——总是努

力为自己辩护。然而，对于它们援引的司法理由或伦理理由，它们是否必须或理应觉得必须遵守？或者说它们是否会或必须
568 根据力量计算或机会情况来行动？对原则、观念、道德和必需，国家和国家决策者们分别赋予了它们以及应该赋予它们怎样的重要性？

一　从理想主义幻想到审慎

　　1936 年 3 月，德国军队奉希特勒总理之命进军莱茵兰。毫无疑问，这一行动不但违反了《凡尔赛和约》，还违反了《洛迦诺公约》。然而，第三帝国的发言人依然可以辩称，非军事化莱茵河左岸属于不公正的决定，因为法国在边境已然对自己的防御工事进行了强化。就这样，权利平等①，这个所有人都接受了的意识形态，给违反现有规范的行为提供了公正的外衣。没有参与这次争论的国家决策者或道德主义者，应该明确维护**合法性**（légalité）或**公正性**（équité）的立场吗？或者，在知道莱茵河左岸一旦被占领就会危害到法国联盟体系，还会使捷克斯洛伐克和波兰陷入任凭第三帝国摆布境地的情况下，国家决策者或道德主义者是否应该指望用一次军事反击来维持这个对于欧洲安全而言不可或缺的非军事区的存在？

　　对于这些问题，今天的历史学家能毫不犹豫地给出答案。我们知道，当时的德国军队已经得到命令，只要法国军队一前进，他们就会撤退。尽管德国以权利平等作为依据，但尝试以武力惩罚德国违反规范的行为依然属于正当做法，因为这么做或可防止 1939 年的战争，至少不管怎么说它都能推迟这场战

---

① 的确，很难从严格意义上去界定权利平等。具体来说，每个个人或集体的权利都是不同的。

争；还因为，如果明知道一旦一国被授予平等权利，它就会利用这种权利来妨碍其他国家享受与它一样的权利，那么拒绝给予这个国家平等权利从道德上讲便是正当的。

如果法国在 1933 年听从了毕苏斯基（Pilsudski）元帅的建议，使用武力去颠覆刚刚上台的希特勒政权，那么法国就违背了不干涉他国内部事务的**原则**，否认了德国有自由选择政治制度和国家首脑的**权利**，法国就会遭到来自美国舆论、道德主义者和理想主义者义愤填膺的谴责，这些人之所以这么做并非为了声援民族社会主义，而是因为他们对人民意愿或不干涉他国内政的准则充满热忱。施于德意志民族的这种暴力行为将在历史上被打上耻辱的标记，历史学家们也永远不会知道希特勒的消失其实是将人类从怎样的不幸中拯救了出来。

我之所以对没有发生的过去做上面这些讽刺性评论，并不是想神不知鬼不觉地提出某种行为道德，而是希望揭示由国际关系本身所具性质造成的某些后果。既然国家没有放弃自己裁决自己的权利，而且仍继续充当着自身荣誉的唯一判定者，那么政治单元的存续说到底就还是取决于力量的均衡，国家决策者也就**有义务**把将命运托于他们之手的那个民族的利益摆在**最优先**考虑的位置。国家利己主义之所以必不可少，因为它是哲学家们所称的**自然状态**的逻辑结果，而自然状态在国家间关系中起着支配作用。

不过，国家之间的关系还是不能同动物之间的丛林状态相比。政治史并非纯粹是**自然的**。外交 – 战略行为倾向于以观念来为自己辩护，它声称自己是遵循了**规范**、服从了**原则**的。有些人将观念、规范和原则仅仅视为权力意志的伪装，而不认为它们具有实际效用，我们称他们为**犬儒主义者**。我们把那些不

569

承认一切国际秩序都必须用武力来维持的态度贬称为**理想主义幻想**（illusion idéaliste）。理想主义幻想，根据理想特征的不同或诉诸价值的区别，具有多种多样的表现形式。其中之一就是**意识形态理想主义**（idéalisme idéologique），它将某种历史观念看作用来判断公正与否的唯一且充分的标准，比如民族自决权或民族观念就属于这种情况。我们有意在使用中将**权利**和**观念**区分为两个不同的概念，尽管不论在过去还是在现在，这两个词都有混用的情况，而这种使用上的混淆体现的是思想中不可避免会存在的不确定性。

1871 年，德国人没有否认绝大部分阿尔萨斯人具有继续留在法国的意愿，不过（当他们不再仅仅满足于挥舞胜利之剑进行威胁时）他们回敬说，路易十四曾在两个世纪前对阿尔萨斯人实施了暴力（这才夺走了阿尔萨斯），而且阿尔萨斯属于日耳曼文化这一点也比阿尔萨斯一代人暂时的且有可能转变的意愿更重要。1919 年，捷克人没有声称苏台德的德意志人想要加入捷克斯洛伐克，他们宣称的是，如果少了苏台德人居住的地区作为领土，捷克人注定会遭受奴役。一些人的自由不可避免地必须用另一些人的自由换取，而捷克人又比苏台德人多。

将历史观念应用到领土状况上，这一过程不可能不存在不确定性，这种不确定性的产生要么是因为观念包含了多种解释（传承了日耳曼文化却希望作为法国人存在的阿尔萨斯人，他们的命运应该是什么？），要么是因为安全的要求让观念无法真正被运用（波希米亚在没有这片苏台德人居住的外围领土的情况下相当于没有设防）。犬儒主义者会倾向于得出结论说，在这种情况下，观念的唯一作用就是用来裹藏野心或利益——但他们的这种看法是错误的。而意识形态理想主义者的态度则完全脱离了现实：没有国家会只坚持**一个**观念且将它当作应该为之牺牲一切的绝对观念。这样的想法实际上很危险：不承认战略或经济手段的必要性，会增加领土状态的脆弱性，即便这一状态据称是符合观念的。不过，大多数国家在公开蔑视下面这个它们宣称依仗的观念时都会心存疑虑，这个观念就是，在 20 世纪去兼并那些明显已经习惯于且希望作为独立民族生活的人民。①

法律理想主义（idéalisme juridique）是指根据一种或多或少被定义了的规则来做出决定或开展战略。乔治·凯南曾多次谴责这种"合乎法律的理想主义"（idéalisme légal），而且当今的很多学者，甚至那些赋予了国际法极为重要地位的学者，也都开始认为现实主义者②的批评有一定道理。

"学者们认识到了诸如乔治·凯南之类的杰出观察家对过于倚重法律程序这一倾向所做批评的价值。美国对外政策就常常在没有对力量扮演的角色和民族利益予以充分关注的情况下被制定出来。我们不希望去鼓励这种被称为'合乎法律的理想主义'的天真想法，这种理想主义相信的是没有制度支撑的抽象规则。我们承认，为了达到某个当下的政治目标，国家常常会以偏向于自己利益的方式行动。"然而，学者们又马上补充道："不过，我们支持让大部分国际行为都从教义上符合规范性标准，即便这么做会与国家当下的特殊利益相违背，我们也认为具有长远意义的私利是希望而且也必须为符合国际法的行

①　至少有三种选择留给了征服者：灭绝被征服的人民、驱逐流放他们、为潜伏在此地区做内应的"第五纵队"建立政权或建立一个卫星国。"历史观念"会对国家的行为产生某种影响，但它无法保证国家本身的存续。

②　Morton A. Kaplan et Nicholas de B. Katzenbach, *The political foundations of international law*, New York, 1961, p. 10.

为提供政治支持的。"

美国的外交官用了各式各样的合法准则或半合法准则来表述政策或掩盖政策的缺失，我们对此耳熟能详：于中国实行"门户开放"原则，不承认由武力达成的领土变更，将战争排除在合法政治手段之外，以及"集体安全"原则。前两个准则没有企图想要改变国家间政治的根本特征，但后两个准则就属于朝这个方向尝试了，不过这四个准则还具有共同的特点：它们都属于抽象主张，都被说成具有规范性，而它们的权威又都遭到了削弱，其原因是它们都没有表达出人们的现实需要，而且它们都既没有力量的支撑也没有制度的支持。所以，无论是针对具体层面上的问题还是针对永恒不变的问题，这些准则都无法构成问题的有效答案或实际的解决之道。

"门户开放"原则的目的看起来是要维护中国的主权独立和领土完整，这个原则被认为既符合中国的民族利益也合乎美国的理想。但是，实行的困难并不仅仅来自欧洲列强的帝国主义野心，还来自中国旧有政权支离破碎的状态和北京缺乏一个能够让各省服从、让外国尊重的中央政府的情形。只要新政权还没有承接毋庸置疑的天命，欧洲通过谋取特权或势力范围从而对中国进行的干涉，就能轻而易举地逾越用"门户开放"原则构筑的障碍。

至于"不承认由武力达成的领土变更"这一条，那就更不值一提了。那些在自己不愿意的情况下被兼并了的民族，从美国政府拒绝承认业已发生的事实的政策中得不到丝毫帮助。人们都知道，从长期上看，国际法只能服从于既成事实。领土状态只要持续存在，就一定会以被合法化而告终。如果一个大国想要禁止对手开展征服行为，它就必须把自己武装起来，而不仅仅是去依靠事先表明自己在道德上的反对态度，并在实际上放弃真正能够钳制住对手的力量（这就是不承认由武力达成的领土变更的含义所在）。

《白里安－凯洛格公约》视战争为非法的原则及"集体安全"原则，这提出了一个基本问题，我们将在其他章节里予以讨论。确切而言，这个问题就是：有没有可能设想且实现这样的一种法律体系，它不但能够实际保障国家的安全，而且还能剥夺各国自己裁决自己的权利？不过，有一点是肯定的：在两次世界大战的间隙，这样的体系并不存在，而且也没有任何存在的机会。

我们在上文中引用过的那些学者还写道："非法化战争的努力得到的结果堪称人类无用功的最高体现，它就是《白里安－凯洛格公约》。"① 他们还认为："是否拥有可以保证法律原则受到尊重的制度手段，是决定一个法律体系能不能存在的关键。市镇法院能够请求警察的帮助，而且如果有必要，它还能提请国家军事力量来帮助自己执行做出的判决。政府职能部门必须维护法律程序。何况一个市镇的法律体系如果没有得到政治体的支持合作，就会难以维系。通过国联和《巴黎非战公约》② 表达出来的将侵略战争列为非法的主张，如果按照当时国际社会的现实来衡量的话，的确显得过分了。这种主张表达的其实是'一厢情愿'（wishful thinking）的想法，而不是法律。"③

根据上面提到的标准，确定有严格法律意义的国际法规范将不是一件容易的事。然而，就《白里安－凯洛格公约》而

① M. A. Kaplan et N. de B. katzenbach, *op. cit.*, p. 43.
② 即《白里安－凯洛格公约》。——译者注
③ M. A. Kaplan et N. de B. katzenbach, *op. cit.*, p. 291.

言，在我看来，结论毋庸置疑：无论是民族共同体的道德状况还是国际制度，都没有为战争非法化提供任何基础。那些想象可以用宣布战争非法来保障和平的人，就像是想要通过宣布疾病并非人类所愿来治疗疾病的人一样。

如果将非法化侵略战争投射到国家间政治中看，就会发现这种做法本身就包含了应用上的一个传统困局。如果为了维持领土现状且预防第三帝国的攻击，法国在1933年时采取了主动，它就很可能从形式上变成了侵略别人的罪魁祸首（1936年，这种主动则可以被看成对德国违背《洛迦诺公约》的法律惩罚），尽管法国的这次侵略有的只是一个有限且保守的目标。相反，等到重新武装起来的德国采取主动时，它的目标就会是改变领土现状，而且是在违背条约的情况下去改变，而如果当时的领土状况的确存在着某种不公正，那么德国的主动行为从道德上讲就不是那么应受谴责。换言之，出于以下两种原因，我们很难从道德上或历史上去谴责诉诸武力主动攻击的行为：其一，主动行动的唯一目的也可能是预防被别人攻击、避免自己被消灭；其二，没有任何法庭有能力公正地裁决怎样的和平改变才算得上大势所趋，并强制执行这一裁决。

如果我们在自治的军事国家体系里去思考这个问题，就意味着需要很多形势的配合才能让"集体安全"原则得到应用。首先，各国必须对侵略者的定义达成共识，也就是说，各个国家可以倾向于接受现有的领土状况，它们也可以对卷入冲突的国家的行为做出一致的公正评判。当有了一个从法律和公正的角度上都被一致认定为侵略者的国家（比如意大利），还需要其他国家对维护现有法律体系抱有足够大的兴趣，才能让它们有可能接受由此导致的风险和牺牲——要知道这些风险和牺牲换回的利益并非直接与它们当下的民族利益相连，而更多是从长远上符合它们的民族利益（这点要成立的话，还需要假设所有没有参与到冲突中的国家都有兴趣去维护现有法律体系）。其次，比起犯下侵略罪行的国家来，联合起来反对侵略的国家联盟在力量上还必须具有压倒性优势，这样一来，侵略国除了无条件投降或做困兽之斗外别无出路。如果侵略国的一国之力就与维护法律的国家联盟一样强大，那么"集体安全"原则就会导致战争扩大化，战争规模很可能无法被限制住，无法仅在局部进行，于是就出现了演变成普遍大战和全面战争的风险。如果很多国家都拒绝承担制裁侵略国所带来的负担，"集体安全"原则就将让防御联盟在还没有演化成一个普世联盟的情况下便瘫痪。

对理想主义幻想的批判不仅是务实的，而且是符合道德的。理想主义外交过于频繁地耽于幻想，它把国家简单地分为好的或坏的，爱好和平的或黩武好战的。它幻想能够通过惩恶扬善来获得最终的和平。因为相信自己已经与强权政治决裂，理想主义者会肆意夸大强权政治的恶行。有时候，国家会遵循原则且以此为借口来惩罚侵略者，并将战争进行到底，取得胜利。有时候，比如当战局关涉它们自身利益或当它们为形势所迫的时候，它们也会相机而动。比如，美国为了促成和支持一个准备将巴拿马运河区域的永久主权给予美国的巴拿马国家的建立，毫不犹豫地"干涉了哥伦比亚的内部事务"。罗斯福为了让苏联参战对抗日本（尽管事实证明这一决策是错误的），同意了斯大林的苛刻要求，甚至一概应允了那些对盟友中国的利益会造成损害的要求（不过，当时的中国政府并没有反对美国的这些让步，此点也是真的）。

处于生死攸关且无休止的竞争中的国家，其行为方式会因国家的不同和时机的不同而不同，它们是不能一劳永逸地被分为善恶两派的。所有过错均系一方所为而另一方则完全清白，这种情况十分罕见。我们首先需要做的应该是——不论是在政治上还是在道德上都应如此——以国家间关系的本来面目来看待国家间关系，这样才能让每个国家在合法顾及自身利益的同时也不会完全对他国的利益视而不见。在有争议的对抗中，即当交战各方在出师之名上没有达成公议且很难说哪方完全无过错的情况下，最好的行为——对于道德主义者想要实现的价值而言它也是最好的——是以**审慎**为先。审慎，就是根据特殊形势和具体条件来行动，而不是一味按照体系原则或者仅仅被动遵循规范或伪规范去行事；审慎，就是宁愿限制暴力，也不去强求惩治所谓的罪犯或追求所谓的绝对正义；审慎，就是确立具体的、可以达成的且符合国际关系世俗法则的目标，而不去追求没有限度或者像"一个让民主享有安全的世界"或"一个没有了强权政治的世界"这样可能不具意义的目标。

上述态度在支持和平（或限制战争）的同时又兼顾了国家
573 力所能及的相对道德，乔治·凯南的两段引文显示了与这种态度相似的理念。

一段是："在处理世界事务时，我们应该像园丁而不是像机械师那样行事。"另一段是："达成世界和平的最好方式，不是去建立严厉的法律规范，而是去借助政治审慎这一传统手段。国际关系紧张的源头从来就是特殊的而不是普遍的；它们总是具体的，它们总是无法被完全预测的。如果想要有效限制住或减轻由这些紧张关系引起的冲突，就必须做到不但以历史的公正态度来对待它们，而且还要把既定的力量对比关系考虑在内。不要忘了，这些冲突通常都触及那些能够引发人们心中最暴力政治情感的神经痛点。而另一方面，尽管国际法原则有能力对抗会促成战争爆发的人心冲动，却很少有人对国际法原则抱有抽象的虔诚。"①

二　强权政治的理想主义

在我看来，前一节的结论——审慎是国家决策者的最高美德——是显而易见的，因为它建立在两个毋庸置疑的事实的基础上：其一，每种局势都具有独特之处（这就堵住了按照系统或原则来思考的道路）；其二，陷入冲突的国家频繁地诉诸武力②，尽管存在战争"非法化"的尝试，但使用武力依然符合国际法中的成文法和习惯法。因此，我们没将**审慎**同**理想主义**对立起来，真正对立的是审慎和**理想主义幻想**，不论后者是关于法律的幻想还是关于意识形态的幻想。

不过，这样一来，我们似乎就没怎么谈及哲学和道德问题。我们赋予了国家间竞争怎样的意义？强权政治是动物性的还是人性的，是卑贱的还是崇高的？国家想要自己裁决自己的意愿是应受谴责，还是应该被赞美？永久和平是一个也许根本无法实现的理想，还是说它其实本就不是一个理想？还有，是否必须赋予国家主权、国家之间的持续对立状态以及它们之间偶尔会发生的战争正面或负面的价值？

就以上两种可能就**强权政治**采取的态度而言，德国历史学

---

① *Realities of American foreignpolicy*，Princeton，1954，p. 92，cité par Kenneth W. Thompson，*Polticalrealism and the crisis of world politics*，Princeton，1960，pp. 60 – 61. 凯南在 *La diplomatie américaine*（*1900 – 1950*），Paris，1952 一书中也表达过相似的观点。

② 《白里安－凯洛格公约》并不认为所有战争都有罪，而只是把"侵略战争"有罪化了。非侵略国家无法仰仗公约的保护。

家海因里希·冯·特赖奇克（Heinrich von Treitschke）的思想展现的是其中一种。他曾在 19 世纪末于柏林大学的演讲和《政治》① 这本书里阐述相关想法。在特赖奇克看来，强权政治不是奴役，而是真正的天命表达：**人只能在国家中，也只有通过国家才能完成他的道德使命；国家只有在相互的斗争中才能体现本质；战争说到底并非野蛮行径，它是公正决定各民族命运的神圣考验。**

让我们引用他的原文来说明这三个主张。

"国家就是人民，他们合法统一起来成为一个独立的势力存在。这里的人民是指长时间生活在一起的一定数量的家庭。这使得国家具有根源性和必需性，只要历史存在，国家就会存在，它同语言一样都属必不可少。"② 根据亚里士多德的说法，人是政治的动物。人身上的政治冲动与创立国家的倾向其实是一码事。人性观念并不是与生俱来的：是基督教教导他们人与人亲如兄弟。即便到了今天，情况依然如此："人首先觉得自己是德国人或法国人，然后才觉得自己是作为人类的人（Mensch überhaupt）。""就生理角度和历史角度而言，认为人们首先是作为人类，而后才是作为同胞来到这个世界，这种看法并不正确。"③ 如果政治能力是人与生俱来且必须发展的能力，那么认为国家是一种必要的邪恶就是不恰当的，相反，国

---

① *Politik*, edité par Max Corniulius, Leipzig, 1897.

② Der Staat ist das als unabhnägige Macht rechtlich geeinte Volk. Unter Volk kurzweg vestehen wir eine Mehrheit auf die Dauer zusammenlebender Familien. Mit dieser Erkenntnis ist gegeben, dass der Statt uranfanglich und notwendig ist, dass er besteht, solange es eine Geschichte gibt, und der Menschheit so wesentlich ist wie die Sparache. (*Ibid.*, p. 13.)

③ *Ibid.*, p. 19.

家其实是一种自然而高贵的需要（hôhe Naturnotwendigkeit）。

国家是一种人格，从法律角度上讲是如此，从道德和历史意义上讲也是如此。作为一种人格，它就有意志（Wille），它的意志与世上所有其他的意志具有同样的真实性，而且这种意志并不是时时都能与生者的意志等同视之。因为国家只在时间的持续中存在，这是由于世代积淀下来的遗产在不断传承。也存在这样的情形："过去的阴影被重新召唤出来以对抗误入歧途的当下意愿（gegen den verirrten Willen der Gegenwart），而且表现得比当下意愿更加强大有力。在阿尔萨斯，为了对抗弗朗西隆人（Francillons）误入歧途的意愿，人们重新提起了盖勒·冯·凯塞尔斯伯格（Geiler von Kaisersberg），指望他的精神能够复活。"①

如果国家是一种人格，那么国家的多元性就不但必然而且合乎理性（Vernunft-gemässe）。"就像人类生活的情形——自我假设了非我的存在，国家生活也是如此。国家是一种权力（Macht），而它的目的仅仅在于，在一个充满与它一样独立的其他权力的环境中维系自己的生存。哪怕对最粗暴的野蛮国家来说，战争和执掌公正（Rechtspflege）也都是第一要务。而这两点却只能在共存国家所具的多元性中才能够被看作任务。这就是普世帝国（Weltreich）的想法会让人憎恶（hassenswert）的原因所在；世间仅仅存在一个人类国家（Menschheitsstaat）这样的天下大同的理想根本就不是理想。"②

国家的多元性并不只是国家本质的必然结果，它同时还是人类丰富性的表现，是天意所在。没有任何民族能够独自实现文化的全部内涵，从某种角度上说，每个民族都是局部的和有

575

---

① *Politik*，edité par Max Corniulius，Leipzig，1897，p. 24.

② *Ibid.*，p. 29.

限的。"神光的照射似乎因为存在着不同的民族而最终碎裂了；每一个民族都展现了神性的不同意象和不同观念。"①

具有文化个性化表达的不同民族，互相交流自己丰富的文化：不同民族的文化共存是以基督教"给予和接受"的法则为基础的。正因为它们相互承认且一起应用了这条法则，所以现代的民族与古代的民族一样不会消失。但是，各民族并不会因此而放弃各自遵从的使命和各自的主权。"法律意义上的主权，即一个国家相对于世间其他权力而言所具有的完全独立性，是如此深刻地属于国家的本质，以至于我们可以说是它构成了国家本性的标准。哪里存在获得了主权的人类共同体，哪里就有国家。"②

"主权不容分享也不容分割。高等国家（Oberstaat）或低等国家（Unterstaat）的说法是荒谬的。古斯塔夫·阿道夫曾说：'除了上帝和胜利者之剑，我不承认任何人在我之上。'又一次地，人类的未来不可能被统一在一个国家性的主权之下，理想的状态将是，通过自由达成的各种条约来限制主权而非消除主权，从而让一个由不同民族组成的社会得以形成。"③然而，这个将与国家存续和历史延续共存的、由不同民族组成的社会，除了军事法庭外再无其他法庭。条约限制了国家主权，但这种限制却出自国家的自愿，而且它们不会将对自己主权的限制进行到底，它们总是在暗地里设法保留自己的主权：情势变更原则（rebus sic stantibus）④。当战争爆发时，交战方之间以前缔

---

① *Politik*, edité par Max Corniulius, Leipzig, 1897, p. 29.
② *Ibid.*, p. 35.
③ *Ibid.*, p. 37.
④ 属于国际条约的一项原则，即在情势发生重大变化时，可以修改或终止条约。——译者注

结的所有条约都将终止。而作为主权存在的国家，在想要宣战的时候是拥有不容置疑（unzweifelhaft）的宣战权利的，换句话说也就是拥有撕毁条约的权利。

不然还会怎样呢？拥有主权，就是自己决定自己权力的延伸范围，自己决定是战还是和。当涉及生死攸关的问题时，根本就不存在不偏不倚的仲裁者，甚至连存在这类仲裁者的念头也会变得无法想象。"假设我们失去了理智，把阿尔萨斯问题当作一个还没有被解决的问题来看待，于是把它交给一个仲裁者去解决，又有谁会真的相信这个仲裁者是不偏不倚的呢？因此，对于任何一个国家而言，自己解决这类问题都事关国家荣誉。"①

如果真正的主权被定义为拥有诉诸武力的实际权利，那么就只有强大的国家才算是真正的主权存在，才算是真正的国家存在。"如果国家是一种权力，那么只有真正强大的国家才符合这一理念。"②特赖奇克以一种不太符合今天思维方式的说法补充道："因此，在小国身上毋庸置疑地存在着可笑之处。弱小本身并不可笑，但以弱小自居强大，这就可笑了。"在德国的两个主要学派之间——一派对由小国组成的德意志邦联尚存怀念之情，另一派则颂扬俾斯麦统一德国的伟业——这位历史学家没有丝毫犹豫且毫无保留地选择了后者：最高价值只有在"大国"中才能实现。

能用来为大国辩护的理由，归根结底就是，只有大国才能在战争的考验中保持住一流的地位。而又只有战争才能阻止个人完全迷失在他们的私人经济活动中；只有战争才能提醒人们

576

---

① *Politik*, edité par Max Corniulius, Leipzig, 1897, p. 38.
② *Ibid.*, p. 43.

他们肩负的政治使命，重新树立国家在社会中的首要地位；只有战争才能限制住物质主义的横流，激发对高尚价值的关注。"战争是政治。一个民族只有在战争中才能成为一个民族，这个真理将始终得到验证。"[①] "国家不仅本身就是一种德行高尚的善，它也是民族得以持久存在的条件。只有在国家中，人的道德（sittlich）演进才能实现。"[②] 然而，"如果没有战争，就不会有国家"[③]。我们已知的所有国家都诞生于战争。用武器保护公民一直以来就是第一要务，而且也是国家最根本的任务。如果永久和平不过是像普世帝国一样的无法实现的理想，我们也就不用为此感到遗憾了，因为战争曾经是、现在是、未来也将一直是硕果累累的。"人类文化的巨大进步必须以反抗野蛮和无理（Unvernunft）来实现，而这点只能凭借武力才能办到。在拥有不同文化（Kulturvôlker）的民族之间也是如此，战争一直就是一种考验，国家通过战争这种考验形式彰显了自己抱负的价值。"[④] 如果普鲁士仅仅用说服的手段就想让那些小国承认统治德国的应该是普鲁士，那是痴心妄想；无论在波希米亚还是在美因河，一切的论证只有在战场上才能变得具有说服力。

武力裁决是否就是最后的裁决？世界的历史是否就是世界的法庭？特赖奇克的回答是肯定的，但不是那种毫无保留或不注重细微差异的全盘肯定。"还没有哪个民族像波兰那样是被如此公正地摧毁的。"[⑤] 大致而言，国家的演进是民族的内在生

---

① *Politik*, edité par Max Corniulius, Leipzig, 1897, p. 60.
② *Ibid.*, p. 63.
③ *Ibid.*, p. 72.
④ *Ibid.*, p. 73.
⑤ *Ibid.*, p. 22.

活赋予国家的必要外在形式，因此不同民族实现的国家形式与它们自身的道德实质相当。但这种历史的正义并不完美，因为裁决的执行人也同样负有责任，而且决定国家命运的除了道德力量外，还有数量法则。

同样，战神的裁决只有从长期看才会形似上帝的决断。"像普鲁士这样的国家，就其民族特征而言，它的内在比法国更加自由也更加理性，但仍然可能因为一时的麻痹几近灭亡。"①

这位德国历史学家虽然通过将战争象征性地表达为实现高尚德行和英雄主义的必要条件来为强权政治辩护，但他并不赞同庸俗的马基雅维利主义。就一般情况而言，一种不但光明磊落而且合乎法律的政治会是最有效率、收效最丰的政治。它能获取其他国家的信任。谎言绝非外交的典型特征或必不可少的手段。要求政治服从普遍适用的道德法则，这也是在实践中被公认了的。② 因此，在一般情况下，将政治与道德对立的做法，全无道理。

但这并不是说，政治完全没有与实在法矛盾的时候：条约并不能构成绝对的命令。不过，还存在着这样一个根本理念，它是对法律义务与行动必要性之间可能出现的冲突的一种超越，这个理念就是：基督教影响下的道德法则（sittliches Gesetz）会勒令国家去完成它们的使命，也就是去关注自己的权力。"不要忘了，这些大型集体人格的实质就是权力，因此，国家的道德义务就是要去关心（sorgen）自己的权力。"③

577

---

① *Politik*，edité par Max Corniulius，Leipzig，1897，p. 73.

② *Ibid.*，p. 97.

③ *Ibid.*，p. 100.

"个人能够也必须为自己的民族做出牺牲。然而，如果一个国家为了外国人民而牺牲自己，这就非但不道德，而且还与肯定自己（Selbstbehauptung）这一国家的最高理念背道而驰。"在国家的所有罪孽中，最不可饶恕的莫过于弱小，弱小是"违背了政治圣灵的罪孽"①。正是因为律师们希望国家之间的冲突能够由法庭来解决，正是因为法学家把对条约的尊重置于公共的救赎之上，政治和道德之间的二律背反理论才找到了市场。不论是想让道德变得更加政治，还是想让政治变得更加道德，这两种想法都承认，对国家行为的裁决必须以这些集体人格的性质和目的为参考来进行。

这样的强权政治，是不可能一直局限于使用基督教教理推荐或容忍的那些手段的。尤其当涉及野蛮民族或低等民族时，手段有时候会不可避免地变得残忍。同样地，诡计在外交手腕中也合法地占有着一席之地。不过，节制且明智的强权政治，是不会让自己像拿破仑那样投入没有限制的征服行动中去的，开展与力量对比关系不相符的行动，不但不道德，而且注定会失败。

特赖奇克的哲学结论不是犬儒主义的，至少从字面上理解的话不是这样。他在著作的最后一章里，清楚明白地驳斥了所谓的自然主义权力学说："维持内部秩序属于国家的目标：如果它连在外部事务上都不想与任何法则扯上任何关系，那它又怎么能够实现维持内部秩序这一目标呢？"② 一个国家如果从原则上蔑视忠诚和信仰（Treue und Glauben），那么它就会持久地受到敌国的威胁。国家之所以作为权力存在，并非为了国家自

---

① *Politik*, edité par Max Corniulius, Leipzig, 1897, p. 27.

② *Ibid.*, t. II, p. 544.

己，而是为了保护和促进实现更高的福祉。战争，就其本身而言，不会建立法律。国家必须十分珍惜荣誉。"如果有人侮辱了它的国旗，它就必须要求匡正，如果得不到弥补，那就必须宣战。"[1] "国际社会中必须给予它的尊重（Achtung），是它无论在怎样的情况下都不能放弃的东西。"[2]

尽管这位历史学家如此注重荣誉和威信（对美国哲学而言这些概念显得十分陌生），他的结论看起来却像是出自一个美国外交官之口。"我们要做的是去理解神圣理性是如何在多样的现实生活中逐步显现的，而不是去操控历史。国家决策者的伟大之处就在于他知道审时度势，而且有能力粗略地知道世界历史在未来某个时刻的发展方向。没有什么比谦逊节制更适合政治家的了。既然政治家身陷多种混乱的复杂关系之中，那么他就一定不能让自己被引诱走上一条昏暗不明而又不确定的道路。他必须仅仅谋求有可能达到的目标，清楚明白且坚定不移地保持追求自己眼前的目标。"

谦逊节制、对目标予以限制、做决定前权衡各种需要考虑的因素，这些关于审慎的建议不是与我们在上一节结尾时从凯南那里引用来的建议十分接近吗？理解自己身处的时代，根据冲突的实际表现形式去解决冲突，考虑力量对比关系，不要试图改变其他国家和国际政治的观念和想法——在这位曾驻莫斯科的使节的心中，这些就是外交官-园丁的任务。德国历史学家特赖奇克和美国外交官凯南信奉的哲学完全不同，却不约而同地得出了某些相似的规则。

这两位作者之间的相似之处比他们的分歧之处更有意义，

---

[1] *Politik*, edité par Max Corniulius, Leipzig, 1897, t. Ⅱ, p.551.

[2] *Ibid.*

不要忘了，特赖奇克仰赖的可是理想主义，而凯南则没有拒绝褒贬不一的评论家们对他的观点冠以现实主义的评价。他们两位都在教导我们审慎行事，只不过特赖奇克是以颂扬强权政治符合人类和国家的使命为出发点，而凯南是以要避免更大的恶就不得不顺从地接受强权政治为出发点。

三　从德国强权政治到美国强权政治

如果想要进一步突出海因里希·冯·特赖奇克的民族主义或犬儒主义思想，选择他的其他作品来分析，就能很容易地做到这点。

比如，他的不同民族都处于神光普照之下的想法或许就能作为教导所有人都应懂得谦逊节制或宽容忍让的基础。然而，这位历史学家从中实际得出的却是有关自负的训诫。"每个民族都有权相信，神圣理性的某些力量正是在它自己身上获得了最曼妙的表达。一个民族如果不高估自己就无法拥有自我意识。"特赖奇克又说，德国人缺乏这种厚重的自负感。而且，他还以某些胜利者为例，说明这些胜利者尽管在文化上高人一等，人数却不足以让已经臣服的乡下人改变旧有的观念习惯。比如，德国在立陶宛和拉脱维亚就处于这种情况。他毫不犹豫地总结说："剩下能做的唯一一件事就是尽可能地将这些臣民维持在最蛮荒的状态（möglichste Unkultur），从而使他们不会对人数过于稀少的主人构成威胁。"①

这位德国历史学家毫不怀疑欧洲民族将一直是历史的主角，它们在现在和将来都会拥有拔剑完成自己使命以及创建高等文化

579

---

① *Politik*，edité par Max Corniulius，Leipzig，1897，t. Ⅱ，p. 127.

价值的权利。他没有想到，在未来，某种更高等的国家类型有可能涌现，也没有设想其他大陆会发展出与欧洲并驾齐驱的文化。"欧洲一直都是世界的中心，而且，既然我们已经知道了全球的情况，我们就可以预见在未来欧洲仍然会是世界的中心。"[①]

　　时至今日，已经无须再去驱散欧洲人或德国人的这种自负虚荣了。受理想主义影响的强权政治思想有时候也会生出半犬儒主义的态度，当我们通过一个世纪以来的经验来看它时，这种态度会显得几近天真。特赖奇克思想中仍旧让我们感兴趣的东西是他为国家主权、权力对抗和战争所做的几乎算得上是热情颂扬的辩护。我们将在其他章节里重新讨论他在维护和说明强权政治的过程中提出的那些问题：主权的不可分割、高等国家（Oberstaat）的不可能。特赖奇克的思想对想要通过回顾 19 世纪德国哲学来理解德国哲学与美国哲学的分歧达到怎样程度的我们，具有重要意义。

　　在穿越大西洋的过程中，特赖奇克的德语强权政治"Machtpolitik"变成了英语的强权政治"power politics"，这种变化首先是精神实质上的演变。强权政治成了一个事实，而不再是一种价值。在美国，那些被公认为现实主义学派的学者观察到，受权力意愿驱使的国家始终处于相互对抗之中，不过这些学者既不认为它值得颂扬，也不觉得它属于神圣计划的一部分。国家拒绝臣服于某个统一法则或共同裁判，在他们看来此乃不可避免，这种行为虽然可以理解但也不算高尚，因为在他们眼中，战争和可以拔剑相向的权利都不算高尚。"一个组成了国家且具有自我意识的民族，它的理性任务是维持它在民族

---

　　①　*Politik*, edité par Max Corniulius, Leipzig, 1897, t. Ⅱ, p. 534.

社会中的地位，同时还需要为人类的伟大文化使命贡献自己的力量。"① 因此，特赖奇克是在用文化使命为每个民族的政治义务辩护。我认为美国的现实主义者，不论是神学家雷茵霍尔德·尼布尔（Reinhold Niebuhr）还是外交家（譬如乔治·凯南）或是大学教授（汉斯·摩根索），从未像特赖奇克这样在权力意志和文化事业之间建立如此紧密的联系。我倾向于将奉行德国学说之人的"Machtpolitik"与美国理论家的"power politics"概括为两个相互对立的学说。为了说明这点，我将引用马克斯·韦伯在阐述资本主义伊始的清教徒和当今人们之间的反差时的说法。"当时的清教徒希望成为职业人，而我们是不得不成为职业人。"德国民族主义者是因为强权政治本身而渴望强权政治，美国现实主义者相信人们不得不承认强权政治的存在，而且还不得不接受它的法则。

被称为现实主义的那个学派，它的灵感来源却是一个神学家，他就是雷茵霍尔德·尼布尔。而他就对外政治所做的具有自由主义、乐观主义和个人主义性质的评论，也的确为某些人性概念提供了来源、奠定了基础。人因为原罪而堕落；人不但自私，而且暴力。作为集体存在的国家比单独的个人更邪恶。单独的个人有时还会实践基督教的美德，但集体存在却永远不会这么做。公民在为国家做贡献甚或在为国牺牲之时可能会产生一种正当感，认为自己的行动符合道德。公民的正当感越强烈，陷入互相对抗中的国家的不道德程度就越高。不过，因为国家从根本上讲本就是不道德的②、谋求私利的和暴力的，因

---

① *Politik*, edité par Max Corniulius, Leipzig, 1897, t. Ⅱ, p. 32.
② 雷茵霍尔德·尼布尔把这些不道德的品质归结为：渴望权力、骄傲、蔑视他者、虚伪、自恃道德。

此，公民一直就是国家这个类似于利己主义部落的囚徒，即便是在为共同体服务之时，他们也依然是它的囚徒。尼布尔在将耶稣基督的行为作为参照标准和伦理道德的尺度的同时，并没有让自己对基督教的美德与政治行为，尤其是它与外交行为之间的绝对矛盾过于执着。不使用武力，就没有国家的创建或维系。历史的暴力过程呈现的正是由原罪造成的人类的堕落，因此，那些契约论哲学家、那些相信依靠法律可以建立和平的人、那些对一切诉诸武力的行为一概予以谴责的人，其实都顽固地罔顾了事实。

诚然，在德国学者笔下也不是不可能找到将战争与罪恶扯上关系的文字，在美国理论家那里也不是完全没有推崇国家决策者审慎的文字。特赖奇克的确也写过："不论人类种族会延续多长的时间，因为存在罪恶和激情，战争是不可能从世间消失的。"[1] 罗伯特·奥斯古德（R. E. Osgood）则在《有限战争》（*Limited War*）[2] 一书中宣称，所有追求超验性目标的战争都是不道德的。"将军事力量作为追求达到超验性道德目标的手段，不但缺乏效率，而且从道德上讲其本身也很危险。之所以说它危险，是因为为达到这类宏伟目标而使用武力的做法很可能让使用武力本身变成目的，以至于武力不但不再臣服于道德的约束，而且不再受到实践的限制，能够影响它的只有抽象观念的毒害。"[3] 为确保民主在世界范围内的安全而去使用武力，或者为让法治代替强权政治而使用武力去惩治犯罪国以及组建国际联盟，这都属于铤而走险，正是因为这些行为的最终目标是消除暴力，而现实从来不会在崇高梦想的面前主动低头，所以，

---

[1] *Politik*, edité par Max Corniulius, Leipzig, 1897, t. II, p. 554.

[2] Chicago, 1957.

[3] *Ibid.*, p. 17.

在这样的情况下使用武力会更显暴力。因此，奥斯古德总结道："从这个意义上说，国家最好还是不要把战争作为万能的政治手段来使用，而应该仅将其作为一种国家政治。"① 因此，国家利己主义没有在他的观点中变得神圣，而是类似一种不但最为审慎而且也最符合道德的态度。

581

在我看来，上面这些引文——我们还能找出很多类似的阐述——都没有触及 19 世纪末的德国空论家和今天的美国理论家之间在思想潮流、形而上学甚至神学上的对立。基督徒特赖奇克顺口说的那句话（只要人类依然因罪恶而堕落，战争就不会从世间消失）不但没有道出德国学说的精髓，也没有表达出听者理应从他的训诫中得出的那些结论。真正具有教导意义的、雄辩有力且具说服力的内容是特赖奇克的长篇大论，他在其中宣称战争是具有教育意义的，并谴责永久和平的理想。未来，当战争卷土重来之时，就是上帝派遣战争来治愈人的盲目，矫正人的耽于享乐，教导人们为更高尚的美德献身，为那些他们在过去忘记了的德行牺牲的时刻。没有一位美国现实主义者会使用这样的语言，当他们期望胜利属于和平主义者时，他们至多也就是去追求"战争的道德等价物"②。

至于在维护民族利益方面，民族利益的含义对德国空论家和美国理论家而言一直都有相左之处。雷茵霍尔德·尼布尔、汉斯·摩根索、乔治·凯南以及罗伯特·奥斯古德都没有去颂扬国家"神圣的利己主义"。他们担心，一旦这种利己主义被隐藏在了恢宏空洞的言辞之后，就会变得更加恶劣有害、粗暴

---

① *Limitecl War*, Chicago, 1957, p. 21.

② 我们知道，"战争的道德等价物"是威廉·詹姆斯（William James）一本书的书名。

蛮横和缺少理性。以惩罚侵略者为借口，国家可以将战争推向极致，直至摧毁敌国；正因为它认为自己是道德的，因此它才更不道德；正因为它以为自己是在遵从一个超验性原则，它才更自私自利。换言之，如果现实主义者得出了与罗伯特·奥斯古德相同的结论——武力必须**仅仅**被当作国内政治手段来使用——那并不是因为他们倾向于赋予集体利己主义以某种神圣的价值（就像特赖奇克试图做的那样），而是因为所谓的理想主义，在他们看来，要么伪装了一种更危险的权力意志，因为它对自己没有意识；要么就会导致灾难，因为它与国家间政治的本质格格不入。像尼布尔这样的神学家，或者像奥斯古德或摩根索这样的大学教授，他们的学说既具**实用性**也具**伦理性**，而且两者不可分割：国家决策者**必须**关心他们负责的那个共同体的利益，但他们**不应当**无视其他共同体的利益。比起理想主义或崇拜抽象原则，**现实主义**——承认民族利己主义——更有利于每个国家对其他共同体的利益和观念的认识。而且尼布尔，甚至摩根索都补充说，现实主义不应当是犬儒主义的，此外，用以"救治自命不凡的理想主义——它声称对未来和人类的认识比凡夫俗子更高明——的解药不是利己主义，而是一种关怀。在关怀自己的同时也关怀别人，在关怀当中，自我，无论是个体的自我还是集体的自我，因为对自己知识和权力的局限性具有谦恭意识而对人类的各种信念都保持了适当的尊重"。① 不仅如此，国家还是自私的，但"公正感必须阻止审慎变成过于小心谨慎，即在定义利益时变得过于机会主义"②。

582

---

① 我引用的这段文字出自论文集《雷茵霍尔德·尼布尔论政治》（*R. Niebuhr on politics*），由 Harry R. Davis et Robert C. Good 出版，1960，p. 332。

② *Ibid.*，p. 334.

"自我，无论是个体的自我还是集体的自我"这种说法，为我们展现了 Machtpolitik 在美国的第二个演变，即忽视对外政治的首要性，或者至少是把对外政治的首要性尽可能地降到最低。特赖奇克告诉我们，国家是（公正的）天平和（战争的）刀剑。不过它首先是刀剑，因为如果无法用刀剑保证对公正判决的服从，国家就无法强制实现公正。美国的现实主义者，在与错误的理想主义思想唇枪舌剑的同时，也深受美国奉行的那种个人主义和道德主义哲学的影响，因此他们要么是以（谋求私利的、暴力的）人性为出发点，要么是以政治的本性为出发点，而政治本性不可能不包含权力，因为它是个体自我间或集体自我间相互对抗的目标或手段。

在英语中，"power"一词的意思十分宽泛（或者也可以说十分模糊不明），在不同的情况下，它可以被翻译成法语中的"pouvoir"（权力）、"puissance"（权力/势力）以及"force"（力量）这三个词。首先，"power"一词从一般意义上讲，指的是行动的能力、创造的能力、摧毁的能力和影响的能力；其次，它是指合法发号施令的能力（成功掌权、运用权力）；再次，它还指一者（个体或集体）将自己的意志、榜样和观念强加于他者的能力；最后，它还指为了施展上述我们提到的这三种能力（或这三种能力中的一个）而拥有的物质、道德、军事以及心理手段的整体。

将 power 视为整个政治秩序的（即个体之间有序共存的）根本概念和原初概念，这种做法并非毫无根据。的确，无论是在国家内部还是在国际舞台上，不同的自主意志都在相互对抗，每一方都在追求自己的目标。这些天生就不一致的意志，都在寻求互相制约。尽管有拿破仑三世的阻挠，俾斯麦还是想要实现普鲁士领导下的德国统一，这就像尽管有理查德·尼克松的反对，约翰·肯尼迪还是想成为美国总统。不过，在我看来，这两者之间的相似性还掩盖着一个实质的不同，那就是，同属一个共同体的不同成员都遵循着共同体的法律，而且它们之间的斗争也受到了规则的约束。然而，被自己同意履行的义务限制了行动的国家，它们对自己所受的限制却始终有所保留，直到今天，国家还保留了诉诸武力的权利，保留了自己定义它们心目中"荣誉"、"根本利益"和"正当防御"的权利。就这点来说，在我看来，美国现实主义学派比欧洲传统思想退步了。契约论哲学的自由主义版本认为，仅仅依靠对法律和道德的尊重就能让政治人（homo politicus）服从，而现实主义者又因为过于执着于去驳斥契约论哲学，而用一种人类学反对另一种人类学，用权力去反对法律（或道德）。他们以权力定义政治，却没有以裁判或警察的缺位来定义国际政治。又是一位基督徒，不过这次是一位英国人，回归到了传统中，他写道："就国际关系而言，据我所知，正是霍布斯畏惧的恐怖处境挫败了迄今为止人类智慧的所有努力。"①

　　不论是雷茵霍尔德·尼布尔还是汉斯·摩根索，他们都没有忽略一点——这点真的还需要我说吗？——那就是，共同体内部公民之间的冲突是按照一定规则展开的（其最高规则在现代社会被称为"宪法"）或是由法庭来裁决的。显然，他们也不是不清楚"合法暴力的垄断者"与"军事主权的多元存在"之间存在着对立。汉斯·摩根索提醒着我们，生存是，而且必须是国家的首要目标，他的这一坚决主张相当于是说国家之间

①　Herbert Butterfield, *Christianity and history*, Londres, 1949, p. 90.

处于霍布斯状态，也即是说，在国家间政治和国家内部政治之间存在着根本差别。尽管摩根索有这层意思，但他没有直接阐述，只是间接含蓄地表达出来。

在我看来，理解摩根索在分析及思想上的这种踌躇不定，也不是没有可能。我们已经指出，美国的现实主义者处于相对于理想主义者的边缘地带，而且他们在时间上晚于理想主义者。他们是以**反对**的方式在思考，他们在批判理想主义者对世界的描述及建议的行事规则中思考。他们被引向了效仿自己反对之人的道路，却没有完全意识到这点。而所有的理想主义者，或者说几乎所有的理想主义者都是接受了国家内部政治和国家间政治之间没有且不应该有本质区别这点公设的。对他们而言，是国家服务于个人，而非个人服务于国家。国家必须服从（学会服从）法律，就像公民已经学会遵纪守法。一旦国际法建立，一切合法的诉诸武力的行为都将归为警察行为，与今天国家内部的警察行为没什么不同。

而且，在社会学层面或历史层面上，想要在"国家因为自我建构而使用武力"与"国家为了对付外部敌人而使用武力"这两种情况之间画出一条清楚界线，是徒劳的。帝国或民族，它们的创立和解体意味着，战争之初属于外部敌人的那些人对抗到最后都会变成同胞，又或者相反，对抗在同胞之间展开，因为其中的一部分人想要分裂出去，自己建立独立的政治单元。两种事实在实践中存在的这种连续性与它们之间具有本质区别这一点并不矛盾，不过，想要证明它们之间的区别，就需要使用另一些对美国学派而言十分陌生的方法：要么去分析人类活动的固有含义，要么去对历史本身做一番思考。人类的视角——从部落经由民族国家最终到普世帝国——被一种不合理的外推法所扭曲。

主权区域的扩大仅仅是让规模发生了变化，这属于一段历史之内的变化，而其本身的性质保持了不变；但人类国家的大一统意味的却是一种历史**的转变**，而不是历史**之内**的转变。

只要现实主义学派让自己局限于批判道德的幻觉或法律的幻觉，上面这些概念上的含糊其词就不会给他们理论的严肃性带来问题。然而，当一位现实主义者想要成为理论家时，当他声称自己提供的不是粗略的画面而是精细的描述，即他要去对国家间政治做理性的详述时，他就需要用到被严格定义的概念。

汉斯·摩根索的两个基本概念是**权力**和**民族国家利益**。但是，是否应该把权力看作对不论哪种行动而言的必需手段？或者将它看作个体**自我**或集体**自我**执着追求的目标？又或者，既然国家只能依靠自己求得生存，那么权力是否就是国家的优先目标？支持这三种诠释的文献，都很容易找出来。

在《国家间政治》① 一书的前几页，摩根索在这三种诠释之间的摇摆不定给人留下了深刻印象。他写道："国际政治，就像所有政治一样，也是一种权力斗争。不论国际政治的最终目标是什么，权力总是它的现时目标。"现时目标这一概念十分模糊：如果权力不是最终目标，那么现时目标就只能被认作一种手段。而且，他还写道："对权力的渴望是国际政治的显著要素，在这点上它与所有政治都一样，国际政治必然是强权政治。"② 不过，如果对权力的渴望在国际政治中与在其他政治中扮演的角色真的都一样，那么国家间强权政治的独特性也就消失了。如果国际政治的本质与"国内政治的本质"或与它的国内对等物完全一致，那国际政治中的战争也会像国内政治中

---

① *Politics among Nations*，New York，1949，p. 13.
② *Ibid.*，p. 15.

584

的战争那样可以被消弭，不是吗？

最后，如果我们把想要解放圣地的十字军，想要建立一个让民主享有安全的世界的伍德罗·威尔逊，想要打开东欧使其面向德国殖民统治、支配欧洲、征服世界的民族社会主义者这三者做个比较；如果我们宣布它们因为选择了权力来实现自己的目标，而都是国际政治舞台上的行为体，这样一来，权力就仅仅是一种手段，它既没有定义国家政治的性质，也没有定义国际政治行为体所选目标的性质。上面这一解释可以在摩根索的另一部作品中找到引文来证实："权力本身将依附、将服务的利益，就如同既定社会中不同成员可能持有的社会目标一样多种多样、千变万化。"①

然而，如果权力真的不过是手段而已，汉斯·摩根索用来作为自己理论基础的那些主张就变得成问题了，因为所有政体都将拥有同样类型的对外政治，民族国家利益的内容也将在历史上长期稳定不变。为什么民族国家利益具有不变性呢？因为形成民族国家利益的一切观念要素和物质要素都至少有赖于这些因素不会快速发生变更这个前提，"民族国家的生存及保有其自身身份均有赖于这一前提"。

585　　　无论国家的政体如何，它们都会被引向"同一类型的外交"②，真是如此吗？这种说法实际上极其含糊。拿破仑、希特勒和斯大林的外交与路易十四、阿登纳和尼古拉二世的外交属于同一

---

① In *The theoretical aspects of international relations*，publié par W. R. T. Fox，Notre Dame，1959，p. 26.

② 他们认为，国家奉行的对外政策的类型取决于国家拥有的国内制度的类型和国家依附的政治哲学的类型。所有有记载的历史都不支持这一主张。In *Diplomacy in a changing world*，publié par Stephen D. Kerteszet M. A. Fitzsimons，Univ of Notre Dame，1959，p. 12.

类型吗？如果我们回答说"是"，那么这个主张虽然无可非议，但也毫无教益。所有外交－战略行为具有的共同特征都是形式上的，它们都属于利己主义的行为，属于力量计算，属于虚伪与犬儒主义的不同方式的混合。然而，它们在程度上的不同却让一个拿破仑或一个希特勒在革命形势的帮助下就足以颠覆整个历史进程。

这样一来，第二个主张的错误之处也就很明显了：民族国家利益不会快速变更，因为国家的存续是相对稳定不变的。即便我们将存续的含义定得十分狭窄且仅仅考虑某些物质要素——比如人民免遭屠杀和国家独立自主——正如所有人都知道的那样，民族国家利益还是可能在数年间就要求联盟关系的完全扭转，即朋友成为敌人（苏联在 1942 年时是西方最好的盟友，在 1946 年却成为致命的威胁），敌人变作朋友（西方与阿登纳治下的德国建立起来的友谊取代了与第三帝国时期德国之间的敌意）。此外，在异质体系内部，那些支持敌对阵营意识形态的反对者，显然与执政者不秉持同样的民族主义概念，倘若他们获得了政权，他们追求的也将是别样的外交。

我们是否至少可以这样说，用来定义民族国家利益的那些要素都服从于生存的需要？如果这是一个由事实而来的主张，那么它明显是对事实的错误概括。现在我们不妨将所有国家，不论大小，都看作是具有某种实际的生存意志的——尽管这种生存意志会因为地点和时期的不同而奇怪地不具对等性（19 世纪中期组成德意志邦联的那些王国，它们只有很微弱的生存意志：不论是统治者还是人民都不认为失去独立是一场大灾难）。不过，我们也要对这种意志做出如下假设：这种意志不是依一个最终目标或某种选好的标准来定义的。所有大国都会为了达成自己的最高目标而将生存置于险境。比如希特勒，他为了自己也为了德国，宁愿选择成就帝国的机会，也不愿满足于生存的安全。他也不想把帝国——或权力的积累——作为获得安全的手段。如果想要按照要么追求权力，要么追求安全，要么两者兼顾的标准去模糊地对国家目标进行定义，那也只会是徒劳。如果不把生活用来追求更高目标，生活又是什么呢？尽管安全但流于平庸，要这样的安全又有什么用处呢？

何况，生存这个概念本身还有很多种不同的诠释。1960年，谋求生存的法国，是一个在制度上属于宪政－多元类型的西方法国。如果法国被苏维埃世界吸收了，它会丧失它的西方"身份"，但它历史文化的实质部分很可能能够得到部分保留。不论是在西方阵营还是在苏联集团，就具有独自做出重大决策的能力而言，它都无法拥有完全的"独立"，但是，它在东方会比在西方自主性更少。最后，不论在哪一方阵营，如果它参与进了热核时代的战略大博弈，那它就是在将自己的人民置于可能遭到残酷甚至致命损失的风险之中。根据对生存所下定义的不同——可以用独立的存续来定义生存，可以用政治体制身份认同的存续来定义生存，可以用历史文化的存续来定义生存，也可以用保全最简单纯粹的个体生命来定义生存——外交家所做的决定也会不同。就算他们全都采用了"同一类型的对外政治"，就算他们的最终目标都是让他们负有责任的那个国家获得安全，或者说他们都将国家安全作为第一要务来对待，他们依然不得不在很多情况下在保全政体和保全国家独立之间做出选择。

汉斯·摩根索没有花费很多时间和精力来分析这些基础概念，因为他更多关注的是人类行为学，而非理论。他也是一个十字军斗士，只不过他是一个推行现实主义的十字军斗士。诉诸民族国家利益，这不是一种定义政治的方法，而是定义态度的方法，是一种与永久和平观念学者、国际法、基督教道德或康德道德对抗的论战方法，是一种反对特殊利益集团的代表们将自身利益与他们所处共同体的整体长久利益混为一谈的论战方法。如果国家的执政者没有听信乌托邦主义者，如果他们竭尽全力地预防战争、限制敌对，如果他们愿意选择妥协而非争端，如果他们能够做到与其他所有国家协商而且不去关心自己盟友的或敌人的政治制度，那人类从共同体权力意志之间不可避免的斗争中所遭受的苦难将会少多少啊！

也许，告诉威尔逊们或罗斯福们他们错看了自己和世界，告诉他们他们同样受到了隐约晦涩而且几乎无法觉察的美国民族国家利益的驱策，告诉他们如果他们的思想能够摆脱理想主义迷雾、服从均衡的严酷法则，那么他们的行动将更有效率，是有好处的。也许，这样的现实主义告诫，当面对的是一个善意的听从者时也不会完全无用——他们之所以会犯错有可能是因为做事过度而不是因为缺少幻想。也许，现实主义学派注意到了一种必要反应，它用来反对认为仅仅靠遵守法律即可自我维系的国际秩序的天真想法，反对认为仅仅通过应用原则（民族自决原则）就能够和平解决争端的错误认识。不幸的是，由于现实主义学说混淆了理论和人类行为学，由于它对国际政治的永久特征和特殊历史特征缺乏严格的区分，它最终得出的还是一种意识形态，而且这种意识形态与它所批判的那种意识形态在缺憾方面是相似的。

有一点对所有历史时期而言都具有真实性，那就是，以力量计算为参考的必然性和形势的无穷多样性决定了国家决策者需要**审慎**行事。不过，审慎并不总是意味着去追求节制，追求妥协和平与协商，不在意敌国或盟国的政治体制。罗马的外交并不节制；美国北方军队对南方军队强加的和平也排除了任何妥协的可能。与希特勒协商常常属于与虎谋皮，有害无利。在一个异质体系中，国家决策者是不能以与大土耳其结盟的弗朗索瓦一世或支持清教徒的黎塞留为效仿对象的。今天，真正的现实主义是承认意识形态对外交－战略行为有影响。在我们的时代，与其去反复强调所有国家无论制度如何都有"同一类型的对外政治"，还不如去强调一个与这个结论互为补充而非矛盾的真理：如果不去认识一个国家的政体，如果不去研究执政者秉持的哲学，那就不可能真正理解这个国家的外交－战略行为。认为布尔什维克党的首领们对他们国家民族国家利益的看法与其他随便哪个时期的俄国执政者心中的民族国家利益一般无二，而且还把这点当作原则来遵循，这就等于是在自绝理解苏联的实践和野心的可能。

在今天这种形势下去建议西方国家不要把意识形态和外交混为一谈，会因为我们所处的时代而自相矛盾。苏联允诺，当社会主义最终在全世界战胜资本主义之时，世界性危机也将以持久和平为结局。在这种情况下，西方能够什么都不承诺吗？西方能够做到在国家内部不去倚仗某种类型的政治制度，对外不去倚仗某种类型的国家间关系吗？西方是不是应该在共产主义世界宣扬辉煌未来的同时，不情愿地接受那场致命的战争？

真正的现实主义会考虑到一切现实，它不会引导外交－战略行为去适应被修饰的肖像，即在国家决策者自私自利的情况下国际政治的样貌，而是会引导它去适应掺杂了世纪之疯狂、各种观念与暴力的国际政治。

四 蒲鲁东和力量的权利

19 世纪，自负主宰着德意志第二帝国，这解释了为什么德国历史学家特赖奇克会去吹捧强权政治。"只有勇敢的民族能够保障自己的生存，拥有未来和演进；弱小或懦弱的民族都会遭到毁灭，而且是理所当然地会遭到毁灭。历史之美恰恰蕴藏在国家的永恒对抗之中。"① 两次世界大战的悲剧经验以及国内的契约论哲学让美国学者们无可奈何地接受了强权政治，然而他们强调的更多是强权政治之恐怖，而非其美妙。历史情势解释了为什么对强权政治的看法会发生这样的反转；德国历史学家援引的是理想主义，美国神学家或社会学家大谈的则是现实主义。然而，这种反转还包含了一层更加深刻的含义：强权政治本身是不是与道德相悖？德国理想主义与美国现实主义之间的对话其实是**外交－战略行为固有的二律背反**的一种表现。

谴责强权政治，就是谴责整个政治历史进程。而且如果不承认力量具有某种权利——这种权利还早于建立在一致同意基础上的权利——又怎么去为强权政治辩护？

这位德国历史学家的哲学更多是给我们带来了震惊，而不是说服了我们，因为它是一种建立在个人和民族不平等的基础上的哲学。在经历过希特勒种族主义的狂热之后，人们会毫不犹豫地偏向于站在与这种不平等教义相反的立场上，即认为一切个人、民族和种族之间皆平等。尽管如此，我们还是需要小心，不要让自己也去迎合这种时髦。

个人生来就天赋不等，民族也各不相同。个人在天赋上不

588

---

① Treitschke, *op. cit.*, Ⅰ, p.30.

平等这一点是被所有教育家都承认了的，生物学也确认了这个事实，并给出了解释。不过，这种自然造成的不平等既不与权利和义务上的平等相冲突，也不与机会平等相矛盾。海因里希·冯·特赖奇克的错误不在于他没有观察到自然造成的不平等，而在于他低估了技术进步的影响，从而相信大部分人永远都不可能获得超过满足其基本生活所需的更多的东西："群众永远都是群众；没有仆人就没有文化。"① 他认为，几乎所有人一直以来都把他们几乎所有的时间用在了物质劳动上。由于受到社会中存在的夸大经济和社会无法消除不平等思想的影响，再加上被民族主义思想所驱策，特赖奇克倾向于颂扬德国之伟大，贬低其他民族的文化，而且他还将对各民族历史多样性的讨论慢慢转移到强调民族之间的不平等上，最终使得我们也弄不清楚，在他眼中这种不平等到底是镌刻在先天遗传中，还是仅仅是历史情势造就的结果。

我不确信当今的科学是否有能力就这样的问题给出一个确定的回答。文化多样性——如果按人类学家赋予这一表达的含义来看——尽管引起的争论最少，却属于最神秘的事实之一。狭义上的社会——也就是上古时期没有文字的那些社会，那些存在于六千年的历史社会（或文明）之前的社会——和当今依然存在的各个社会，都呈现出了某种多样性。人种学家已经区分出超过 600 个不同的社会，其中的每一个都有由自身生活方式和思考方式构成的独创特征。而在每个社会中，个人的行为举止又如此深受社会价值体系和教育体系影响，以至于人类的精神构成看起来就好像是因为社会的不同而多种多样，当然这

---

① Treitschke, *op. cit.*, *Dienstboten*，Ⅰ，p. 50.

并没有排除人们的基本冲动还是相同的。

　　镌刻在个人基因当中的素质，是否就是文化独特性的根源？或者恰恰相反，是由多重情势造就的文化独特性在赋予个人以某种第二属性——尽管它无法遗传但可以通过教育在每代人身上再造？毋庸置疑，教育有助于每个群体成员人格的形成，甚至是初级人格的形成；至于说这种人格是不是一直以来，甚至到了今天还依然反映着群体大部分成员的基因素质，在我看来，我们似乎没有无可争辩的证据去确认或否认这点。

　　如果把目光从上古社会移到欧洲各民族（法国人、德国人、意大利人）身上，然后再移到人类学家定义的各个种族身上，最后再移至更加宽泛的以肤色为特征的人类集合身上，那么多样性是显而易见的，历史环境的影响毋庸置疑，不过，这就让基因素质的作用更显神秘了。在包含了几百万个体的人口中，天赋、气质和性格（不论对这些方面的具体定义如何）不同而引出的多样性是肯定存在的，然而分布比例却并非肯定一样。以某种通过基因遗传的天赋为例，说某部分人口——一个民族或一个种族的人口——拥有高比例或低比例的具有这种天赋的人，这种说法虽然不算异想天开，但也无法真正被证实。不管怎么说，这些遗传下来的素质在表达的时候都会遭到受制于历史变迁的社会环境的渲染，甚至是由社会来定义。

　　至于以肤色为特征的更加宽泛的人类集合，人们很少以此来考虑天赋分布的问题。假设人类种族平等与素质的基因遗传一样，也超出了已有科学真理可以证实的范畴，而属于信念范畴，那么，至少平等信念所产生的后果会比过度崇信不平等所导致的后果更可取，这点是有公认的事实做支撑的：各个种族在历史进程中都做出了成就，此其一；个人和集体的生存依赖

589

于外部条件，此其二；极端的不平等虽看似自然但实为统治和
奴役的产物，此其三。1940 年 6 月，在法国境内节节胜利的那
些德国小伙子，看起来的确很像是来自一个统治者种族；而同
样是德国人，在俄国草原上像畜群一样被集中起来的德国战犯，
看起来又的确像是来自一个奴隶的种族。因此，是胜利造就了
统治者，而非统治者的基因造就了胜利。在假设人类群体的不
平等具有遗传性之前，让我们还是赋予所有人类群体大致相同
的机遇吧。

但是，与此同时我们也须注意，不能把下面这两个在哲学
上有区分的论点搞混：第一个论点认为，通过生物遗传传承下
来的素质，它们的不同并不是引起文化多样性的原因；第二个
论点认为，文化多样性反对任何等级划分，上古社会与被称为
文明的社会一样完美，法制国家并不比专制国家具有更多或更
少的价值，基督徒并不比食人者更该拥有特权。对人类成就高
低与否的评价，从来就无法拥有科学命题的确定性。然而，倘
若人类在走出封闭社会的框架这一经历中一无所获，倘若对自
然力量的操纵和人类知识的积累全都无足轻重，那么强权政治
也就没有了任何意义，而且所有的历史都将具有相同的命运。
于是，这实际上是在以反观的方式宣布人类的整个历史过程均
属荒谬，而且还可能是在以前瞻的方式将同样的不幸命运加诸
未来的那些世纪身上。

如果我们抛开这种历史虚无主义定下的命运，如果我们给城
邦和帝国的存在赋予意义，那么，我们就不必对历史法庭的所有
裁决都拍手称赞，也不必宣称总是最优秀者会取得胜利——就像
世间除了尚武就没有其他美德了一样，就像国家之间的斗争就
是残酷无情却必然存在的优胜劣汰的工具一样。

很简单，就是存在着这么一个事实：数千年来，国家，无论是城邦还是帝国，它们的缔造和毁灭都是在战争中实现的，都是通过战争来实现的。不可能去重构一个不存在人类自相残杀的历史，这就像不可能想象男人和女人完全忽视爱情，纯然出于欲望的巧合而结合一样。民族和国家之间的争斗属于观念和文明运动的内在部分，它的破坏性与创造性不相上下。那些同属一个文明区域的城邦，它们徒劳地互相争斗着，直至彼此精疲力竭。胜利者将众多城市夷为平地，还把作为某种独特文化的承载者的上千上万的人全贬为奴隶。对此，没有人能够建立一个不但诚实而且包含了一切的得失表。尽管如此，我们还是要说，战争并非总是荒谬的或有罪的，它也有自己的意义和功能。

在联合国，国家的发言人声明拒绝使用武力。然而，接管前殖民地管理事务的国家却再一次发现，如果不僭越拒绝使用武力这一限制就无法一统各个部落，让它们成为一个民族。所有这些新建的国家都憧憬着殖民者在 19 世纪给它们带来的现代化。被我们称为"西方化了的"国家精英们见证了西方对他们传统文化所施加的暴力，他们对他们那些依然奉行部落传统的同胞暴力相向。殖民化总是包含着危险和残酷。历史就是这样，当人种学家还在对某些古代文化恋恋不舍时，欧洲人业已摧毁了这些文化并强加了自己的文明，我们是否该为此感到惋惜？

在同一文明的不同民族之间，战争的功能只可能是纯政治的，是为了确定疆界，为了缔造国家，为了重新锻造政治单元之间在权力和威望上的对比关系，为了让某个观念获胜。在 19世纪，如果不通过战争，德国人和意大利人如何能够实现他们之间的统一呢？在 20 世纪，又有多少民族正是因为坚决诉诸了

590

武力才争取到自己民族的自由的?! 当涉及的是国家本身之生存时，在我看来，恐怕皮埃尔－约瑟夫·蒲鲁东的观点才是正确的，他说："相对于战士血洒沙场所证明的，公民在投票箱投票的行为证明了什么呢?"①

我们之所以引用皮埃尔－约瑟夫·蒲鲁东，是因为这位法国社会主义者和道德主义者尽管与我们引用的那位德国历史学家的哲学出发点不同，却同样在一定限度内承认了力量的权利②。劳动者对他的劳动产品拥有权利，思考之人有权抛弃那些"在他看来是错误的东西、讨论具有或然性的观点或发表自己的思想"，"爱情，就其本性而言，包含了恋爱双方之间的某种相互义务"。同样地，存在"一种力量的权利，根据这种权利，最强者在某些情势下有权比最弱者更受青睐，能够获得更大价值的回报"③。所有这些权利都表达了"我们感情中最持久、最基本的东西，（表达了）对我们自己和我们同类所具人性的尊重"④。

非但如此，蒲鲁东好像要故意激怒他的读者，他经常反过来引用驳斥他的论据来支撑自己的论点："狼和狮子同绵羊和海狸一样，它们都不会互相开展战争：很长时间里，人们都用这个例子来讽刺人类这个种族。我们为何不相反去把互相展开战争看作人类的伟大之处呢？假如出于某种不可能的原因，人

591

---

① P. J. Proudhon, *La guerre et la paix. Recherches sur le principe et la constitution du droit des gens*, Paris, 1861, Ⅱ, p. 398.
② 这里的"权利"是指被人们称为"主观权利"的权利：力量有权怎样怎样，力量赋予谁怎样的权利，等等。
③ P. J. Proudhon, *La guerre et la paix. Recherches sur le principe et la constitution du droit des gens*, Paris, 1861, Ⅱ, pp. 198 – 200.
④ *Ibid.*, Ⅱ, p. 197.

类被创造成一种特别有技巧且特别合群但又完全不好战的动物，那么人类从诞生之初就会掉落至牲畜水平——相互联合成畜群就是它们的全部命运。这样的人类在丧失了英雄主义自负的同时，也丧失了革命的才能，而革命的才能才是人类所有才能中最卓越、最有创造力的。"①

如果我们抛开那些慷慨激昂的长篇大论，蒲鲁东的论证其实是围绕一个论据展开的。所有国际法法学家都反对赋予力量一种权利。他们说，力量不可能创造权利。然而，权利，作为国家之间协议的结果，它的源头却是力量，因为如果没有力量，国家根本就不会存在。宣称不公正性为力量所固有，就是在宣布一切法律规范的源头都具有不公正性，因为没有国家的存在，这些法律规范就无从想象。又或者说，在下面这两种说法之间只能择其一：要么存在着一种力量的权利，要么整个历史都是由不公正编织而成。

或许有人会说，在缔造国家的阶段，力量的权利支配一切，这是不可避免的，但这一阶段结束之后呢？蒲鲁东回答说，对双方都公正的战争、处于纯粹状态的政治战争仍是解决下面这四类问题的唯一途径："（1）一个民族并入另一个民族，一个国家并入另一个国家；两个政治社会之间发生的兼并或融合……（2）重建民族性……（3）宗教上的不兼容……（4）国际均衡、国家边界的划定……"② 既然宗教在我们这个时代已经不再被作为国家原则，第三种情况——"由于各自宗教信仰不同而分裂且无法相互宽容对方宗教实践的同一民族下的两个派别

① P. J. Proudhon, *La guerre et la paix. Recherches sur le principe et la constitution du droit des gens*, Paris, 1861, II, p. 39.

② *Ibid.*, II, p. 225.

之间展开的战争"——也就不会再出现，至少不会再以这种形式出现（不过，还是会存在某个意识形态派别使用力量把自己的信仰强加给其他民众的情况）。相反，民族国家或帝国的形成、为了维持均衡而进行的体系重组，这些都将继续作为冲突的关键利害，而且这些冲突也并非总能以和平方式来解决。

当然，我们也不能认为，蒲鲁东或他眼中的力量的权利会为任何一种征服行为辩护。恰恰相反，拿破仑被打败了，这是理所当然的，因为他的征服事业不公正，违背了力量的权利。"路易十四发动的那些纯属为了满足自己野心的战争都属徒劳，同样地，那些因反对路易十四以正常手段建立起来的君主专制而发动的战争，也势必毫无成果。"[①] 而且，他还富有洞察力地反对欧洲所接受的**边界修正**（rectification de frontière）行为（尼斯和萨瓦省），也反对阿尔及利亚战争："阿尔及利亚仅仅是我们征服的战利品而已；但是，这次征服，在开展了三十年之后还是会像第一天那样，依然只能被定性为军事占领。对文明人而言，没有比同化野蛮和沙漠更艰难的事了。法国为了保有这个战利品，平均每年需要花费 5000 万法郎，搭上 25000人手。"[②]

592　　　对我们而言，重要的不是讨论保留还是抛弃蒲鲁东的用词。我们之所以要引用这位关心公正的哲学家，是因为他能提醒我们不去忘记那些根本不存在争议却十分容易遭人忽略的主张。没有一个大型国家的建立不是在超出限制且吸收其他狭小共同体的情况下进行的。如果使用武力是绝对的罪行，那么所有国

---

① P. J. Proudhon, *La guerre et la paix. Recherches sur le principe et la constitution du droit des gens*, Paris, 1861, Ⅱ, p. 328.

② *Ibid.*, Ⅱ, pp. 329 – 330.

家就都被打上了某种原罪的标记。因此，并不是说要对战争的恐怖麻木不仁——而且蒲鲁东也正确地谴责了战争的恐怖——而是说，想要理解历史的人，不应该去死死纠缠力量和法律规范之间的这种二律背反，他必须区分使用武力依据的不同模式，他必须承认在某些情况下，甚至是在某些违背现有法律的情况下（国际法从本质上讲是保守的，它强迫国家相互之间负有义务，而且有时候正是国家存续本身出了问题）使用武力，即便算不上具有法律合法性，至少也是具有历史合法性的。俾斯麦如果不对组成德意志邦联的那些王国动武就不可能统一德国，但对他的道德评价与对竭尽全力想要让全欧洲臣服的希特勒的评价不应该一样。简而言之，对外交 - 战略行为的**伦理**评判与对行为者的目标及其成败后果的**历史**评判密不可分。执着于一定要在权利和力量中二选一，就是在把所有革命性的努力统统看成铁板一块一并谴责。诚然，历史的评价的确具有不确定性（谁都无法预知未来），而且还常常带有偏见。尽管如此，这也无法构成放弃一切区别对待的正当理由。

我们不是想说，国家通过战争来建立或解体的进程一定要与人类历史一起延续下去；我们把这个关于未来的问题留到后面去研究。我们也不是想说，国家在主权上具有的戒备意识于国于民都是好事。我们仅仅是想指出，在很大程度上，是力量决定了国家的生死存亡。所以，除非认为一切历史创造都是有罪的（或都是清白的），否则，为了对行为做出评价甚或是道德上的评价，就必须在考虑利益问题的同时也兼顾观念问题，在考虑原则问题的同时也兼顾安全问题。只要民族的存续仍然因为法庭的无所不能或不偏不倚的仲裁人的缺席而得不到保障，对冲突各方进行的伦理 - 历史评判就必须考虑到力量对比关系。

反对这一论证的工作是由像诺斯罗普（F. S. C. Northrop）这样属于所谓理想主义学派的学者提供的。诺斯罗普想要振兴"洛克－杰斐逊－林肯"的传统来反对"马基雅维利－霍布斯－奥斯丁"的传统，不过，他承认人类在法律和道德的概念上发生了意见分歧。如何能够做到让产生了分歧的全人类都去遵守同一部国际法呢？下面这段文字取自诺斯罗普的最后一本著作，它概括了形而上学的多元性与国际法的统一性之间的调和原则：

593

（1）所有的人，而不仅仅是美国人或那些体力上最优秀的人，都从上帝那里获得了自由生活的自然权利；（2）美国将在受权力外交政策驱使开展的民族国家间战争中保持被动中立，但会积极主动地——甚至提供物质援助，就像他们在古巴反对西班牙的战争中做的那样——站在那些为了获得独立而与奉行强权政治的其他民族做斗争的人那边；（3）一套法律体系或一个民族国家要在长时间内发挥影响或效力，靠的不是宪兵的棍棒——尽管它有时也会用到宪兵的棍棒——而是人们自愿遵从的道德原则，这些原则不仅要能赢得本民族人民的精神和心灵，而且还要赢得世界上其他人民的精神和心灵；（4）事情并不是像马基雅维利、霍布斯、奥斯丁以及与他们同时代的人想的那样，是物质上的强大让道德和法律行之有效，而是人们自愿接受的权利使通过一套法律体系或一个民族国家来使用武力的做法变得公正且有效；（5）因此，任何民族国家在其边界之外使用武力都是不正当的，因为从长期上看，这种行为很可能与它自身的目标背道而驰，除非它服从的是某些特定的道德和法律原则或进程，这些原则均以民主为基础且致力于下面这项任务，即确保某个其他民族能够行使管理自身事务这一合乎契约法的天然政治权利——不过，即便如此，也必须是在其他民族完全自愿的情况下才能动武。[①]

这样的哲学，实际上是描绘国家间关系世界之长远景象的一种意识形态或看法，它的产生很可能与美国的情况密不可分，它对美国在世界舞台上采取行动而言也属必要。那么它是否解决了关于决策的诸多问题呢？它是否真能被实际应用呢？

第一个主张，即所有人都有自由生活的权力，也许所有赞同自然法概念的人——无论这种概念是多么模糊——都会表示接受。然而，这个主张却无法让我们定义自由的内容，也无法定义共同体内部的个人自由与共同体的独立自主之间的关系。什么样的人群有权利自己组建主权国家？是否应该为了民族独立而去牺牲个人的权利，抑或相反？在现实中，这样的取舍在某些情况下可能是不可避免的：在我们的时代，这种情况已经出现过很多次。

第二个主张，即在权力意志之间发生冲撞所引起的冲突中保持中立，以及支持那些为了争取独立而斗争的人民，这个主张使美国陷入一种致命境地：在孤立主义精神和十字军精神之间摇摆不定。国家之间的政治很少是非此即彼的，它很少处于要么是倾向于权力的政治，要么帮助一个民族争取自由这种单纯情况。民族之间的政治是一种混合物，只有在它那含糊不清的复杂性中才能理解它。所有的国际危机都有"强权政治"的面相，例如1956年的匈牙利十月事件——这是一个民族反对外国

[①] *Philosophical anthropology and pratical politics*, New York, 1961, p. 182.

压迫的起义。对此，如果一个国家决策者不去考虑持异见的匈牙利退出《华沙条约》将会对东西两个集团之间的均衡造成怎样的影响，他就无法真正对这件事情做出估量。如果美国领导人当时只是盲目地遵循"只要民族是为了争取自由而斗争就一概予以支持"这个原则的话，他们就很可能已经引发一场战争。

诺斯罗普骄傲地说起艾森豪威尔总统在英军远征时所做的决策：这次远征"让他必须在两者之间做出选择，要么站在他最好的朋友那边，要么让自己的国家站在反对单方面使用武力的立场上，从而处于世界共同体的国际法这边，他就像联合国里大多数国家做的那样，选择了后者"①。诺斯罗普问心无愧，几近天真，他甚至没有提到，同一时期的美国却在另一方面放弃了帮助"为了独立而与受到强权政治驱策的国家做斗争"的匈牙利人，对他们的命运听之任之。面对同样的情形，欧洲人通常可能会去引用拉·封丹的名言："这取决于你是强大还是弱小……"

第三个和第四个主张，即让一套法律体系或道德体系行之有效的并非力量，而是人们的信念，这两个主张的确包含了部分真理。规范离不开人民的拥护，它必须植根于人们的精神和心灵。无论是警棍还是刺刀都无法建立牢固且受人尊重的秩序。然而，同样真实的还有，法律是可以通过力量来强制实施的，而且人民最终还是会接受征服者的观念或是接受那个取得了权力的政党的观念。比如，在 1917 年，俄国人民并不全都拥护布尔什维克的法律或道德体系。在国家内部，许多规范即便没有武力的支撑也是被遵循了的。某个国家（或政府）遵循法庭对

---

① *Philosophical anthropology and pratical politics*, New York, 1961, Ⅱ, p. 205.

它的判决，这种情况也是有的，这说明有时候法律的强制实施并非以武力为基础。但是，这样的情形都发生在共同体内部。美国总统遵循美国联邦最高法院的判决，法国的部长（有时候）尊重法国最高行政法院的法令。然而，如果由此就得出结论说，国家会无条件地去服从某个国际法院的决定，那就属于不谨慎了。

因此，最后那个主张——它谴责了在国境之外使用武力的行为并认为这种行为终属徒劳，至少当它不是服务于为其他民族争取自由时就属徒劳——在我们看来，它不但模棱两可而且过于乐观。共产主义者基于他们自身的法律道德体系而认为，为了促进他国采用共产主义政体而使用武力完全正当。事实并没有表明，如此使用武力会遭到失败。除非我们将建立人民民主视作一种解放形式——诺斯罗普肯定不会如此想——不然的话，我们不知道怎样才能让"服从在民主基础上建立的道德和法律原则"成为，至少从长期上成为让武力有效的不可或缺的要素。

为了兼顾道德的多元性和国际共同体的法律同一性，这位美国哲学家最终提出了让拥有自己的道德或法律体系的不同世界和平共存的建议。国际法将确保各种现存法律全都受到尊重："它会保证为世界上每一种意识形态和每一个民族国家在各自生活的法律地理区域中实行的特殊规范都提供保护。"[1] 诺斯罗普忘记了，不使用武力属于一套道德法律体系，确切而言是属于美国的那套道德法律体系，它是一种哲学，是契约论和自愿同意的哲学，它并不在苏维埃体系之中，也不在马克思主义的哲学中。因此，对于克里姆林宫的决策者而言，促使他们不去

595

---

[1] *The taming of nations. A study of the cultural bases of international policy*，New York，1952，p. 272.

使用武力的原因，并不是他们想要遵守那套他们不承认其权威的国际法，而是出于审慎。而且审慎并没有禁止他们完全不去使用武力，只是让他们避免公开的宣战行为，即不让正规军跨进别国边境罢了。因此，我们不是在面对一个由法律保证的和平世界，而是真正进入了现实世界，在这个世界中，人们之所以没有开战，主要是出于惧怕，而不是出于某种共同意愿，何况这还是一个颠覆的秘密手段大行其道的世界。

* * *

各个国家组成了一个独一无二的社会，这个社会将规范强加于成员，但又容忍了动用武力的行为。只要国际社会保持着这个混合且从某种意义上是自相矛盾的特征，国际行为的道德就将一直具有模棱两可的性质。

根据形势的和平或血腥，国家间关系构成了对意志的不同考验。因此，民族无法忽视战斗的道德性，它使个人变得勇敢、有纪律、富有献身精神，使得集体信守承诺、重视荣誉。法国人对1940年6月的停战协议的讨论异常热情，除了因为这个协议将会带来政治军事后果外，还有什么其他原因让他们如此热情地对待这项协议吗？是的，那是因为停战协议事关荣誉。法国如果在当时就退出战争，是否就属于没有履行自己的承诺？是否就算是违背了那条将战斗盟友联合起来的结盟最高规则？当美国在联合国反对英法联军远征苏伊士运河时，很多法国人和英国人都感觉自己被盟友"出卖"了。美国人的感受却正好相反，他们觉得自己在两方面都很无辜：英法没有就它们的行动事先通知自己；即便它们这么做了，美国也会把法律道德摆在战斗道德之上。

战斗道德很容易堕落成**帮会**道德。那些蔑视社会法律的人并非一定"无法无天"。服从首领和帮派的纪律，这种行为体现的是一种粗糙的纪律观和荣誉观，这种粗糙的荣誉观没有阻止本帮派在对付其他帮派时不择手段，也没有阻止帮派以集体行为的方式去试图达成某些不可告人的目的。国家不会总在手段选择上挑三拣四，也不会总去信守它们许下的承诺。只要战争依然还是国际关系的最后惩罚手段，战斗道德就一直有其存在的意义，只是它永远不会提供任何关于持久和平或世界大同的前景。

法律道德与战斗道德完全相反，因为法律对所有人都有效，它不会因为某个人而改变，而国家或帮派所做的承诺却从根本上与个人相关。然而，既然国际法是保守的，既然国家永远不会毫无保留地接受国际法给它们规定的义务，既然依旧不存在一个能够决定必不可少的变迁的不偏不倚的法庭，那么，那些诉诸法律道德的国家常常会被认为是伪善，而非有德。不巧的是，遵守国际法的行为又太容易被其他国家理解成是受到民族国家利益的驱使。于是一直都在发生的便是，遵守国际法的行为不仅让战争的数量有增无减，还让战争无法平息缓和。

国际社会的模棱两可使得任何一种带有偏向的逻辑——要么偏向法律，要么偏向力量——都无法贯彻到底。唯一一种超越了战斗道德和法律道德的，是被我称为明智道德（la morale de la sagesse）的道德，它不但致力于将每一种具体情况的独有特征都纳入考虑，而且也不去低估任何围绕原则和机遇给出的论据，它既没有忽视力量的对比关系，也没有忽视各民族自己的意志。正是因为明智道德具有这种复杂性，人们才永远都会对它有争议，它既无法让道德主义者完全满意，也无法让马基雅维利的庸俗门徒完全满意。

那些想要扮演天使的人会去扮演野兽。国家决策者**不应该**忘记，一种国际秩序之所以得以维持，其条件只有一个：能够平衡不满意国家或革命国家所拥有的力量，形成均衡的力量支持。如果国家决策者忽略了力量计算，他就辜负了他应尽的职责，因此也就辜负了其职业与使命所要求的道德。他在犯下过错的同时还出现了失误，因为他连累了那些把命运交付于他的人的人身安全和价值观的安全。利己主义并不神圣，却因为国家的存续无人能担保而被强加给了国家。另外，那些想要扮演野兽的人却不会去扮演天使。像斯宾格勒那样的现实主义者，他们宣称人类是一种猎食动物，而且鼓励人们像猎食动物那样行动，这些人其实忽略了人类本性的另一部分。即便是在国家间关系中，对观念的尊重、对价值的憧憬、对义务的关心也都是有所体现的，共同体很少会完全不顾他国感受恣意妄为。

明智道德，就事实层面和价值层面来说都是最好的，它没有解决战略－外交行为的二律背反问题，但致力于为每个具体情况都找到一个最能让人接受的妥协。然而，如果国家和帝国依旧源源不断地出现，让人看不到头，那么暴力和道德憧憬之间的历史妥协是不是最多也不过是一种权宜之计？在热核时代，只要实行一种减少暴力频率和暴力规模的政治，就足够了吗？蒲鲁东宣布了力量拥有权利，但他也宣告了一个和平的纪元。现在，人类拥有了能够自我毁灭的手段，这种情况下的战争，如果最终没能带来和平，那它还有意义吗？

第二十章　寻求道德（二）：信念和责任

"到了 20 世纪末，要么人类在地球上不复存在，要么人
口遭遇灾难性锐减，人类重新回到野蛮状态，又或者人类将
服从于一个统一政府，由这个政府垄断所有决定性武器。"①
罗素（Russell）勋爵 1948 年在德国杂志《月份》（*Der
Monat*）的创刊号上如是写道。如果我们相信这位哲学家对未
来的描述，即认为未来就是这三种前景中的一个，那么留给
我们和我们孩子的时间就还有四十年。但是，如果这三种选
择就是人类的全部选择，玩威慑游戏还合情合理吗？小国效
仿超级大国还是理性的做法吗？超级大国当今拥有的武器已
让强权政治变得荒谬，在这种情况下延续强权政治，是否还
有道理？

在上一章的结尾处，我们总结认为，明智道德是最好的道
德，它更多是在战斗道德和法律道德之间达成了妥协而不是对
它们进行了综合。在热核时代，事情是否依旧如此？

一　原子武器和道德

热核战争给道德主义者提出的问题是否从性质上不同于常

---

① 德语原文："Entweder wird das menschlich Leben auf unserem Planeten
überhaupt aufgehört haben, oder seine Bevölkerung nach einer Katastrophalen
Verminderung in den Zustand der Barbarei zurückfallen, oder die Welt unter
einer einzigen Regierung vereinigt sein, die den Monopol für alle wichtigeren
Kriegswaffen besitzt。"

规战争给他们提出的问题？对这一问题的肯定回答通常建立在下面这两个论据上：敌对行为所具有的性质；这些敌对行为给全人类带来的长远后果。只有当战争是力量、意志、智慧的考验时，它才保留了人性特征。一些人与另一些人针锋相对，为了让敌人无能为力，每个人都冒着生命危险。当然，纵观历史，战争并不是双方"光明磊落"的决斗。计谋一直都被视为正当合法，甚至当计谋体现的更多是卑鄙无耻而非灵巧机敏时也是如此。"文明人"与"野蛮人"之间的战争——技术优势是前者获胜的保证，体力优势是后者获胜的保证；以及不同质的人们之间开展过的不可胜数的战争：这些战争并非总具考验性质，它们既没有体现上帝的裁决，最值得获得胜利的一方也不一定就是赢得战争的那方。只有那些在回顾过去时信赖历史天命的人才会去相信，"野蛮人"之所以能够战胜"文明人"是因为"文明人"处于需要更新的时期，"文明人"之所以能够奴役野蛮民族，那是因为"野蛮人"需要——尽管这违背他们自己的愿望——被文明化。

尽管如此，有一点没有错：在评判发生在同属一个文明区域的不同国家之间的战争相对于各个交战国而言是否公正时，需要根据每一方在发动战争时扮演的角色、每一方追求的目标、这方或那方倘若胜利将带来怎样的可能后果来做出判断。如果说这样的区分在过去的那些时代具有模棱两可的特点，在热核时代做这样的区分还有意义吗？热核战争是不是永远也不可能公正？

热核战争倾向于不仅仅以敌方战斗人员为攻击目标，这种趋势的加剧在 1940～1945 年清晰可见。两个论点导致了轰炸区域的拓展，而且它们还部分地让这种拓展变得正当合理起来：

战略轰炸不再被认为不道德，此其一；摧毁制造武器的工厂可能比摧毁武器本身更有效率，此其二。为了击垮敌人的抵抗意志，可以而且必须清除敌国的全部作战潜力：工作场所同工人一样，都属于作战潜力。它们因为战争的需要而遭到攻击，道德主义者有权利对此全盘否定，但如果他们从原则上接受了战争，那么他们就无法再去拒绝因战争需要而导致的攻击后果。第一个论据：整个民族都参加斗争，因此它的方方面面都是对方打击的合法目标。在此论据的基础上还要加入第二个论据。抵抗意志是全体人民的意志——如果人们丧失了勇气和信心，没有任何政府和军队能够继续战斗——因此，把非战斗人员卷入战争冲突就变得合情合理了，尽管在这种情况下作战潜力在身体素质上达不到要求。在这里，成为攻击目标的是敌国民众的士气：被英国人称为区域轰炸、被德国人称为恐怖轰炸的行为，从逻辑上讲，会造成对集体心理的打击。

　　事实上，这种方法并不怎么有效，而且针对它的伦理谴责也是举步维艰。就扩大目标范围而言，应该在何处止步？如果战争是举全民族之力，那为什么把全民族都作为攻击目标就不合法了呢？我们应该更多从审慎方面对实施无差别轰炸加以谴责。与其说无差别轰炸是在加快胜利的速度，不如说它是在增加战后的重建难度。如果交战双方都采用了无差别轰炸，他们就是在增加斗争的成本，而且还没有任何一方能够保证自己就因此会获得某种实质性的优势。原子轰炸或热核轰炸也会是同样的情况吗？

　　热核轰炸，倘若不再只是威胁，而是变成了现实的话，它可以有数种类型。理论上，我把它们分为下面这些类型。

（1）**鹿特丹型**：一个武装了热核武器的权力摧毁了一个没有核

599

武器的国家的某个城市，其目的要么是对后者以前的行为施加惩罚，要么是想让后者屈服投降且散布恐怖。（2）**有限报复型**：超级大国可能通过攻击应受谴责的国家的一个城市来遏制或惩罚侵略者（在其民众得到疏散之前或之后）。（3）**传统战争型**：如果假定两个超级大国发生战争，逻辑上它们都应该去把对方的热核装置作为攻击目标。双方民众会因为爆炸区域的扩大而遭受苦难，但这些爆炸并非直接针对他们。（4）**实施不会被对方严肃对待的威胁**：小国可能会在某些情势下玩威慑把戏，它会威胁超级大国说自己将实施热核报复。如果超级大国不相信这个威胁真的会被实施，小国就必须在它自找的惩罚到来之前或之后进行反击。（5）**街头斗殴型**：有可能超级大国之间的战争一旦爆发，超级大国就失去了一切节制，一味追求给对方带来最大伤害，每一方都竭尽全力摧毁敌人的城市，因为它们相信这是一场不可能由和谈或明确达成协议来中止的战争，而只能靠交战双方中某一方耗尽力量作为结局，胜利者要么是最后存活的那一方，要么是有能力迅速恢复、重新站起来的那一方。（6）**灭绝型**：如果超级大国之一还有核武器和载具，另一个超级大国什么都没能剩下，那么前者就可以抓住机会灭绝对手，尽管对方已经无条件投降。

　　或许有人会提出反对意见说这些区分没有意义，因为热核武器的爆炸威力是如此之大，使得不论哪种情况下它造成的毁坏都会十分严重。我不认为这一反对意见成立：毁坏的确将十分严重，但其程度会因为各交战方政治 - 战略意图的不同而具有很大的差异。

　　1962 年，美国国防部长麦克纳马拉（MacNamara）在安娜堡（Ann Arbor）演讲时指出，还是有可能遵循传统方法开展战争的，即依然将军事设施作为根本打击目标。因此，上面所做的区分，不论看起来多么抽象，还不至于完全没有意义。

让我们思考一下这六种类型，并且发出疑问：就它们本身而言，它们是否真的就比第一次世界大战期间英国人和美国人问心无愧实施的那些区域轰炸更加不道德呢？果真如此的话，为什么它们会更不道德？要判定"鹿特丹型"轰炸道德与否，一般来说，要根据主体是侵略者还是受害者来判断，换言之，就是根据交战方采取主动的原因来判断。我当然知道，其他道德主义者会认为，这样的手段即便是用在捍卫正义上也是不好的：恐怖手段将使用这种手段的人降格到与侵略国家一致的水平。我不是不承认这一手段具有风险，但如果不具体考察历史情势，就不可能做出任何伦理判定。在我们这个摧毁性时代，一切战争行为都是粗暴行为，因此能够让侵略者迅速投降的战争行为也不是完全没有机会被认为是情有可原的。

接下来的两种类型——"有限报复型"和通过互相攻击热 600
核装置来开展的"传统战争型"——与使用所谓常规武器开展的战争相比，它们未必就会给社会带来更大的破坏。我们咬牙去做一个无情的对比：至高无上的裁决者很可能不会在认为1941～1945年2000万俄国人的死亡符合道德的情况下，又去谴责说让5000万人牺牲掉性命的这方或那方实施的有限报复——这也是终止战争的代价——是不符合人类和上帝的律法的。

人们不假思索就会深深感到核武器和常规武器之间存在着某种性质差别——我也有这种感觉，而且我也很希望自己能够一直这样感觉。在我看来，人们会有这种感觉的原因有三个。首先，人们面对这件前所未有的武器时所做的反应与他们以前面对其他技术革新时所做的反应是一样的，在这些革新中，首先就是火药（远距离杀人是不道德的：一个真正的骑士不应该借助如此龌龊的武器）或毒气。在过去，人们的这种反应从来就没有阻止被称作恶魔武器的那些武器的传播使用。不过，在当前的情势下，人们的反应在我看来依然是正确的，因为人类意识到，原子弹以及热核武器引出的政治和道德问题与TNT炸药引出的问题相比，有质的差别。质的差别首先是量的差别导致的：1940～1945年，平均每吨投向德国的TNT炸药都会造成一些人的死亡（如果我们用死亡30万人和150吨炸药被使用这两个近似数字来计算的话，就是大约每吨炸药造成了0.2个人的死亡）。一枚爆炸当量2万吨的原子弹在广岛造成了数万人死亡，一枚几百万吨级的热核弹如果在法国法兰西岛爆炸的话，会造成几百万人死亡。以每吨炸药的威力来看，其"效果"成十倍地增加，正如我们所见，一枚热核炸弹的爆炸威力相当于第二次世界大战中使用的所有炸弹的威力的总和。爆炸威力上发生的规模变化造成了摧毁性和死亡人数的规模变化。如果说这种规模变化没有在前三种轰炸类型中得到体现的话，那是因为我们在这些类型中所做的战略意图假设抵消了这种规模变化的影响：敌对行为持续时间短，仅限于小数量交火，交战双方都不把城市定为攻击目标。这些假设并不违背逻辑，它们表明，并非对热核武器的一切使用都相当于世界末日，但它们也说明了人类天性恐怖的一面。爆炸威力和杀伤力规模的变化是如此巨大，以至于从今往后战争向极端的升级对一方或者通常对双方而言都是致命的。

我们列举的后三种类型——施加一种威胁而这种威胁又是在不被付诸实践的情况下才算理性，相互之间不加限制地进行热核攻击，灭绝一个已经没有任何报复手段的国家——具有的恐怖与前三种类型具有的恐怖不同，因为它们不但恐怖而且还很荒谬（至少第四种和第五种是如此）。让罗素这样的观察者拍案而起并觉得可耻的是，国家之间相互发出的威胁是连它们自己都不愿付诸实践的行动。英美文献中曾多次使用下面这个对比，它们说一切正如胆小鬼博弈中的情况：两个汽车司机迎头相向行驶，每一方都指望对方在最后关头转向以避免两辆车因为相撞而同归于尽，谁先转向谁就输了；然而，倘若因双方都指望对方做出能够避免灾祸的行为而双方最终都没有转向，那么，尽管双方驾驶员具有共同的意愿，灾祸依然会发生。让我们暂且不去讨论是否存在一种可以避免这种双向虚张声势或双向要挟发生的外交，我只想指出，热核武器的威力在改变杀伤规模的同时，也很可能让战争的道德性质发生改变。是否存在一个能为置数百万人于死地的行为辩护的理由，即便在国家声称自己是以这数百万人的名义行动而犯下侵略罪行的情况下？

　　对前三种类型进行的实用－道德思考和对后三种类型进行的实践－道德思考得出的结论似乎恰恰相反。这种表面的自相矛盾很容易解决，因为热核武器的新颖之处在于量变引起了质变。只需要用恰当的战略消除量变的影响，就能够让引出道德问题的那个源头消失。当报复手段分散在各个大洋之中而且战争以潜艇相互追逐的方式进行时，这种以热核手段进行的战争，比起昔日工业社会之间以煤炭、钢铁和石油进行的战争来，其代价可能更低。不论这两个结论在抽象层次上是多么相互兼容，它们依然提出了一个更深层的问题。前三种类型的存在是以对这些骇人听闻的武器的有限使用为前提的。那些怀疑论者会对这种限制是否真能实现表示怀疑：一旦原子弹或热核炸弹开始爆炸，战争向极端的升级难道不是必然的吗？

601

　　我们必须诚实地承认，因为缺乏历史经验，我们对此实在是一无所知。在这点上，存在着两种相互对立的论点，它们看起来都有些道理，而且都颇为流行：一些人认为，一旦战争打响，国家决策者就会丧失冷静，他们会被愤怒左右（战争向极端升级因此是必然的）；另一些人则说，即便战争打响，国家决策者们（如果他们在第一次打击中存活下来的话）也会竭尽所能以最快速度终止这种疯狂杀戮。简而言之，在领导人的行为是所谓的理性行动的时候，核爆炸造成战争向极端升级的可能性更小；如果领导人在原子大炮开动之后没有能力保持所谓的理性行动，那么核爆炸让战争向极端升级的可能性就更大。我个人倾向于相信恐惧的持久性，即理智的持续性，但是，决定事件的情势实在太多，使我们没有信心去做任何预言。

　　这些分析结果还可以用下面这些术语来表述：热核武器让完全摧毁敌对民族国家——领土和人民——成为可能，如果我们以国际关系传统规则来看，对这些武器的使用仅仅是在满足了下面这个条件时才被准许，这个条件就是卢梭所说的"我们是在对国家而不是在对人民进行战争"。这句话最低程度上的意义尚存，或者说只能对这些武器进行有限制的使用，不论是"鹿特丹型"还是"有限报复型"又或者"攻击热核装置型"，它们的目标都是让国家屈服投降或惩罚国家本身，而不是去毁灭城市及其居民。后面三种类型可以被命名为**复仇型**、**疯狂屠戮型**和**灭绝型**。比如一个宁死不降的小国在灭亡后所实施的复仇，就给哲学家提供了一个永恒思考的主题：一个国家，即代替所有人做出决定的那些人，是否能够、是否应该像一个要塞指挥官那样宁可选择英勇死去也不愿意投降，即便在此决定下，死的不是他个人，而是整个民族？

这个既属于道德也属于政治的问题可以被改动成：直到怎样的程度，这种有限使用都是可能的？直到怎样的程度，我们都可以想象，以无限使用这种武器为威胁却不会在短时间内导致威胁真的被付诸实践？问题不再是：对这些武器的使用只要是在某些情况下根据某种策略进行的，它是否就能情有可原？而是：这些武器为多个国家所拥有且被用于外交目的（在威慑战略中），这样的状况会不会造成一种风险——它不但在道德上有罪而且让人无法容忍，因为它让人类有可能蒙受那场被众多哲学家和学者都谈过的世界性大灾难？

由于这种风险的存在，我们就有了第二个论据，它所支持的论点是：在我们的时代，无条件拒绝开展这样的战争才是唯一称得上理智和现实主义的政治，因为只要一个不小心，其结果就将是一场面向全人类的热核战争。人类的基因遗传会因此而遭到破坏，一代又一代的孩子会一出生就畸形，而这一切的不幸又都归咎于他们祖先对战争的狂热。

比起当下活着的人的健康，是不是损害还没有出生的未来的人们的健康，在道德上更恶劣？我不知道这个问题的答案，但我倾向于相信它们之间的区别更多是程度上的，也就是说是物质上的。不论一场战争造成的破坏多么巨大，根据我们最近15年的经历来看，我们知道，只要有足够多的人活了下来而且只要这些人的技术能力没有遭到破坏，那么重建就是有可能的，而且还能相对迅速。不论用核武器开展的战争造成了怎样的损失，只要未来几代人的健康没有遭到无法挽救的损害，民族国家的重新崛起至少是可以想象的。热核战争如果毁坏了人类的基因传承，那么它的确与其他任何战争都不再有可比性。

可以这么说，未来的人就是被现下这 30 亿活着的人的染色体所携带的那几万亿基因预先决定了的。生物学家告诉我们，大多数因辐射而起的基因突变都会导致胎儿畸形。热核战争难道不是相当于在以绝对灾难性的方式变相增加这种畸形的概率吗？

对上面这个问题，生物学家的答案并不一致。但是，我想大部分生物学家都会同意我从赫尔曼·卡恩（Herman Kahn）那里借鉴来的假设，即不是任何热核战争都必然等于人类的自毁：

603 　　在一次公开讲座中，我曾经提到，很容易就能想象，一场战争可以让每个幸存者都受到大约 250 伦琴的辐射。这个辐射量，比起国家自然科学研究院报告中作为危险上限的 10 伦琴来，前者是后者的 25 倍。根据我们的计算结果，10 伦琴的辐射会导致大约 0.04% 的基因缺陷。根据辐射量和损害之间存在线性关系这个已被公认的理论来看，250 伦琴辐射造成的损害将是 10 伦琴辐射造成的损害的 25 倍。这就意味着，有 1% 的孩子本来可以生来很健康但现在却会有基因缺陷；简而言之，具有严重缺陷的新生儿数量将会因为这场战争而增加，其出现的比例将是现在的 25 倍。这就是战争将要付出的昂贵代价。更恐怖的是，我们还不得不在 20 代、30 代或 40 代人的时间里继续付出同样性质但比例相对降低的代价。不过，即便到了那种地步，也谈不上人类灭绝。比如，兴许会出现这样的情况：美国领导人在权衡各种打算的时候，有可能认为冒上让 1% 的孩子出生畸形的风险也是可以的，只要这样做可以避免欧洲落入苏联手中。又或者，苏联在某些情况下，为了能够除掉美国，它也可能接受比这更大的风险。

在讲座时，听众中有一位女士站了起来，她用强烈的指责语气说："我不愿意生活在你那个有1%的孩子以畸形出生的世界里。"恐怕我的回答也相当粗暴，我指出："那不是我的世界。"然后我又指出，如果她不愿意身处一个会有1%的孩子以畸形出生的世界，那她的处境就很尴尬了，因为目前有4%的孩子一出生就是畸形的。这个故事说明了这样一个事实，即和平也有其悲剧之处，我们在日常生活中倾向于无视那些持续存在的风险。除非是我们自己的家庭，比如我们的父母或亲密朋友遇到了畸形儿这种情况，否则的话，大多数人都会无视在我们日常生活和养家糊口环境中存在着的这类风险。

我完全可以想象，如果我们生活在一个没有任何儿童会一出生就畸形的世界里，然后有人告诉我们接下来发生的事会让4%的孩子一生下来就严重畸形，那我们会理所当然地认为这样的世界的确无法令人接受。也许我们不会相信，即便在每25个孩子中就有1个具有严重先天缺陷的情况下，人们依然愿意生养孩子。然而，这就是我们现在生活的这个世界中每天都在发生的事。我们不但容忍了这个相对而言比较高的悲剧概率，而且我们还几乎做到了完全无视它。①

伯特兰·罗素提请我们认识到，与其去开展一场锁住文明

---

① H. Kahn, *op. cit.*, pp. 46 – 47.

未来甚至锁住人类自身未来的热核战争，不如屈服投降。但是，罗素并没有很清楚地把四种不同的忠告区分开来：忠告一，宁愿屈服投降，也不要**冒风险**让一场**将会**导致人类自身灭亡的战争有开打的可能；忠告二，宁愿屈服投降，也不要**冒风险**让一场**可能会**导致人类自身灭亡的战争有开打的可能；忠告三，宁愿屈服投降，也不要**开打**一场**可能会**导致人类自身灭亡的战争；忠告四，宁愿屈服投降，也不要**开打**一场**将会**导致人类自身灭亡的战争。我们常常会有这样的印象，即罗素以及与他有同样想法的那些人通常混淆了这四种忠告，或者干脆把它们统统当成第四种来理解。**冒风险**让一场对所有交战方而言都**可能是**自杀的战争成为可能，他们把这句话中的"可能"用"一定"代替了。然而，如果战争最终必将导致整个人类的消亡，哪个国家——如果不是精神错乱或追求毁灭的话——又会将另一方推入这样的选择绝境：要么选择屈服投降，要么选择一场灭绝人类的战争？

下面要我们提出的这些问题，其可悲程度虽不输上面的任何一种情况，却更加复杂，它们可以用风险和客观可能性这两个概念来表述。一个大国，如果拥有所需的一切手段，它是否应该去制造那些能够对广袤空间进行无差别摧毁，甚至还能让地球上不再可能有生命存在或让全人类灭绝的武器呢？中等规模的国家，缺少能够制造靠近目标投下炸弹或核弹头的飞机或导弹的手段，它们是否就不得不以制造尽可能"肮脏的"炸弹——它们在高空爆炸后能够让大面积地区遭受火灾或受到辐射——来弥补这一弱势呢？为了降低威胁被实际付诸的风险，应该如何运用威慑呢？美苏军备竞赛或美苏协议需要朝哪个方向发展，才能让风险降至最低呢？

二　两条道路和禁止核试验

1960 年年底，著名的物理学家、高级公务员兼小说家，查尔斯·珀西·斯诺（Charles Percy Snow）爵士对他的学者同事们①说了下面这番话：

> 我们面对的是一种非此即彼的选择，而且我们已经没有多少时间了。要么我们接受限制核军备，这将以达成一项暂停核试验的协定作为开端，它仅仅是一种象征。美国不会因此而获得它要求获得的 99.9% 的"安全"，这是不可能达到的，然而美国还是可以获得一些其他的协定。这个假设意味着风险，我不会向你们隐瞒这点。这些风险显而易见，任何诚实的人都不会加以隐藏。看，上面就是两个假设中的第一个。另一个假设包含的就不是一种风险了，而是一种确定性。它是这样的：它没有关于核试验的任何协议。美国和苏联之间的原子军备竞赛，不但继续了下去，而且还加快了速度。其他国家也加入这场竞赛中。从现在算起再过六年，中国和其他许多国家都将拥有自己的核弹储备。再过十年，这些核弹肯定就会爆炸。我是以尽可能谨慎的态度来说这些话的。这里面有一种必然。所以说，一边是有限的风险，另一边则是导致灾祸的必然性。在这样的风险和必然性之间，任何思维正常的人都不会在选择上犹豫不决。②

---

① 那是美国科学工作者协会在纽约召开的一次学术会议。
② 这段文字摘自《纽约时报》1960 年 12 月 28 日发行的那一期。

　　将问题表述为二选一的选项，一边是有限的风险，这另一边是确定的灾祸，这准确吗？这种表述问题的方式完整吗？公允吗？对于这三个疑问，我很遗憾不得不全都给出否定的答案。查尔斯爵士是一位物理学家，他援引了人道主义者们不具备的知识，这让他提供的信息的歪曲程度更加严重。他的这个逻辑思路还有一个论据作为基础："我们中的几乎所有人都很熟悉统计及概率的性质。我们知道，根据统计学上的一个确定事实，如果足够多的这种武器被足够多的不同国家制造了出来，它们中的一些肯定会在将来的某一刻爆炸。不管它是出于意外、疯狂或愚蠢，总之，动机已不重要了。重要的是这一统计事实的性质。"需要多少拥有核武器的国家、多少炸弹、多长时间才能使得这个统计事实真的无可非议呢？我不认为"意外、疯狂或愚蠢"的统计概率真就那么容易得出。不过，既然这位学者把事情说得这么确凿无疑，就让我们暂且接受他的说法。然而，认为选择解除核武器就能限制风险，选择继续军备竞赛就会导致"必然的灾祸"，这样的总结是否真的有道理呢？这个结论其实有双重错误。

　　查尔斯爵士所证明的，或者说至少他表明的是：一些核弹将会爆炸。我们的确可以用比较文学的语言，把某些爆炸说成是"灾祸"。（在广岛和长崎爆炸的原子弹的确导致了灾祸，但如果美军试图登陆日本，就物质损失和人员伤亡而言，也会是一场灾祸。）通过将"有限的风险"与"必然的灾祸"对立起来，查尔斯爵士提出，如果不解除核武器，这场灾祸就肯定会发生。换言之，他不知不觉地就把一些核弹的爆炸（它们的爆炸被认为是必然的）偷换成了全面热核战争。然而，一些核弹爆炸就一定会引发"疯狂杀戮"①这一点却没有被证明，甚至也没有多大可能（尽管还是有可能）。

至于说两个超级大国之一违背限制核军备的协议而可能会酿成的苦果，也不一定就比**几枚核弹**的爆炸要轻。而且，如果涉及的不是**某一场**灾祸而是**这一场**灾祸，不是一些核弹的爆炸而是全面热核战争，那剩下要做的就只有选择一条能够降低灾祸发生概率的最好道路了。热核战争发生的风险既不会因为发展军备的政策被完全消除，也不会因为解除军备的政策被完全消除。从理论上讲，它只能通过缔造一个普世国家来消除：**就今天而言**，这样的国家还不可能通过与同是人类兄弟但又互相敌对的国家达成协议来建立，它只可能是这方或那方取得胜利后的结果。②无论两个超级大国之间达成了怎样的协议，它们都会保有自己的军事主权，而且如果它们之间真的发生了争斗，它们会试图使用热核武器，即便先前它们签署了禁止使用的协定，它们也会如此。

两个选项之间的比较不一定就是**必然**与**风险**之间的比较，也不一定就是**灾祸**和**有限风险**之间的比较。不论选择哪条道路，导致热核战争灾祸的风险都或多或少地存在着。如果原子武器的扩散真如查尔斯爵士所说，它**肯定**会导致一些爆炸，那么剩下需要知道的就是解除核军备这条路包含的风险。让我们仅仅讨论停止核试验这个条约，因为查尔斯爵士

606

---

① 后来在刊登于《评论》（*Commentary*）（1961 年 10 月）的一篇文章中，查尔斯爵士自己也认可了这种划分。

② 除非要求美国投降，这样就可以从现在开始消除风险。然而，这样的要求纯属乌托邦式的空想。就我们的价值观而言，它完全没有根据。我们宁愿接受一种巨大且肯定的恶，也要去规避蒙受可能发生的更巨大之恶的风险。

倾向于把这一条约说成不可或缺的，他将它看作限制核军备、得到安全这条路的象征，它与那条通向"必然灾祸"[1]的路平行存在。

停止核试验的条约应该是两个超级大国对它们共同利益的公开承认，它们在避免战争和保留对决定性武器的所有权上都有利益。正如我们所知，它们会尽可能地不去向盟友提供帮助，对于苏联而言它是中国，对于美国而言它是西欧。**共产主义阵营的团结同西方阵营的团结一样，都止步于原子武器。**因此，对这样一种条约的利弊做研究，对于两个超级大国的任意一方而言，都至少要考虑下面三个方面。其一，如果另一个超级大国暗中进行了非法核试验（即违背了条约），这种行为对力量均衡造成的后果如何？这种违背条约的行为，发生的概率有多大？其二，这样的条约对两个超级大国与它们各自盟友之间的关系（具体到 1960 年，就是苏联和中国之间的关系、美国和法国之间的关系）影响如何？其三，这样的条约对两个超级大国之间的关系以及对进一步解除核军备的前景有何影响？[2]

---

① 查尔斯爵士谈到的另一个"确定的知识"，也让人疑窦丛生。"正如科学家知道的那样，而且也正如确定的科学知识显示的那样，我们拥有能够改变另一半世界物质生活的一切科学知识，而且是在人们现在生活的环境中去改变它。我的意思是，我们拥有能够帮助另一半世界过上我们所过的生活、获得温饱的一切资源。我们缺少的只是这么做的意愿而已。"在此，必须赋予"意愿"这个词极端宽泛的意思，才能让这个主张不是在宣布一个事实真理（它也永远不会是真理），而是一种可能性。如果这里说的是拥有延长人类寿命和提高食物产量的技术，那么人类的确是已经拥有了。然而，如果这里说的是让另一半人类的卫生条件和饮食条件发生改变的政治 - 经济 - 社会可能性，那我就会觉得十分惊讶，不知道查尔斯爵士何以对一个专门研究此问题的专家都从未这么表过态的说法如此肯定。

② 在我写下这些文字之后，《部分禁止核试验条约》被签署了。不过，我会把它留到后面去谈：读者会在后面有关时事的论述中看到对这一条约的分析（1966）。

专家们就两点达成了一致，这两点对于我们正在进行的实 607
用－道德分析来说具有重要意义。就在自然形成或专门为此挖
掘而成的矿井或洞穴里进行的地下核试验而言，它们还无法被
当前的仪器准确测知；而且通过多种消音办法还可以把无法测
知的上限再次提高，现在的可测上限大约是 2 万吨当量。地下
核试验对于改进小口径武器和在保持既定爆炸威力的条件下减
轻弹头重量（换言之，就是减少重量和爆炸威力之间的比率）①
很有帮助，而且还很可能对制造其他武器（中子弹或反导导
弹）也有助益。每年仪器都会感知到所谓的可疑地震运动，因
为很难区分核试验造成的震动和地震震动，所以学者们就需要
去实地（on the spot）考察才能甄别震动现象的性质。非法暗中
进行核试验被察觉的可能性会随着核查次数的增多而加大。条
约签署国违背条约的概率取决于这些非法试验能够带来怎样的
预期收益、核查机制有多大概率能有效工作，以及一旦违约行
为被发现将会带来怎样的政治负面影响。在所有这些需要考虑
的因素中，最重要的一点可以被归纳成下面这个朴实的问题：
既然核试验直到今天还是公认的无法测知，一个国家能够从继
续（或重启）核试验中得到怎样的军事收益？换言之，仅仅就
该条约在技术上并不能得到广泛保证这点来说，违背该协议并
没有什么重大危险。如果非法核试验真的能够让国家取得实际
的或决定性的进步，那么就肯定会有某国②想去"偷着干"。这
让我们得出了一个多少让人有点泄气的结论，那就是，这个条
约更多是在心理上而非在军事上有意义。这是一场以签字国诚

---

① 在既定重量下增强爆炸威力。
② 这个国家可能会是苏联，这点不需要用美国比苏联在道德上更高一筹就可
以解释，只需要想想在美国秘密是多不容易藏得住这点就够了。

信打的赌，诸国之所以会在条约上签字，更多不是因为它们对条约被遵守有信心，而是因为它们对可能发生的违约行为漠不关心。

然而，这样一来，不确定性也就从根本上发生了转移：一个没有被签署但很可能被遵守的关于暂停核试验的协议①，对于两个超级大国而言，既没有剥夺它们实施突袭的手段，也没有剥夺它们对侵略进行恐怖反击的手段，而且还能阻止两个超级大国中的任意一个或它们两个去对某些武器（尤其是小口径武器）加以完善。一个预计完全停止核试验的协议，对世界局势，即（在简化了的分析中）对两个超级大国与它们各自盟友之间的关系、它们两者之间的关系，将会带来怎样的影响呢？②

608   我们对苏联和中国之间的关系所知甚少。但是，我们几乎可以肯定，许多中国物理学家都在苏联的原子实验室里工作，并与苏联物理学家共同发表学术文章，不过中国本身只从苏联那里得到了一个旧式反应堆。西方这边，美国也一样，美国对欧洲盟友的帮助局限于原子项目，在对法国的项目中没有一个是属于军事方面的。美国与英国之间有着足够紧密的合作关系，它让英国从一项法律条款中得到好处，即美国可以与在核领域取得足够先进成就的国家交换情报。这样看来，似乎两边达成了一个近似的对称，每个超级大国都自愿给盟国科学家提供培

---

①   在谈判期间，苏联没有在大气层进行核试验，不过，没人知道它是不是在继续搞地下核试验。既然地下核试验无法被测知，我们当然也就无法得知，难道不是吗？

②   我们暂时撇开超级大国与未介入国之间的关系不谈。事实上，这些国家赞成任何一种裁核条约。如果两个超级大国对此达成了协议，它们不会因此而从中立国家那里得到任何有利于它们对付敌国的特殊好处，因为它们两个对协议的签订都有功劳。

训，甚至还帮助盟国在和平使用原子能方面取得进步，但两个超级大国又都在没有过分公开违背阵营内部团结规则的情况下，即便不是在阻碍，也是在千方百计地延缓自己的盟国去独立地获得原子武器或热核武器。

不过在这方面，苏联和美国之间还是存在着一个不对称，或者我们不得不说是在欧洲和亚洲之间出现了一个不对称。苏联没有给予中国能够让其威慑美国挑衅行为的原子武器。苏联通过缔结互助条约一劳永逸地宣称，一旦中华人民共和国与美国开战，苏联将帮助中国对付美国。这一联盟关系足以"保护"中国不受美国的侵略或足以威慑美国对中国的一切公开侵略行为。但是，它却无法让中华人民共和国大幅度地主动出击，即便是在金门和马祖冲突中也一样。苏联通过将核武器据为己有，不但威慑了自己的盟友也威慑了自己的敌人，让它们不要凭借武力来解决争端。然而很明显，它也因此给中国加快自己的核军备计划提供了额外理由。

在欧洲，我们已经看到[1]，美国想要同时达到的目标有两个：一是保留对核武器的支配权；二是让盟友从美国对这些武器的所有权中得到好处。十年以来，为了达到这两个目标，美国所使用的手段随着技术的进步而多种多样。

1961 年，最有动机去获得原子军备的那个国家，不是法国，而是中国。共产主义政权的建立让中国跻身世界舞台上的大国之列。只要中国还没有加入原子俱乐部，它就没有任何机会达到它的下一个目标——清除盘踞在台湾岛的残存国民党势力。比起美国对待欧洲盟友的做法，苏联对它的主要

---

① 参见本书第十六章。

盟友有更多保留。美国和苏联之间就停止核试验签订条约并不会阻止中国为了建立自己的核军备而继续努力。如果这个条约的目的是禁止核军备的扩散，那么它的效率可以说是十分低下，它很可能只是延缓了这一进程。大国们——中国也是潜在大国之一——不会无止境地让自己被"两极大国"操纵，即便是二流势力也很难一直任由自己位居本质上的次等地位。

就盟友方面来说，停止核试验的条约也不是完全没有可能发挥效用，不过有一个条件：两个超级大国要么郑重其事地，要么不引人注意地承诺它们会强制没有签字的国家也尊重这个条约。然而，这样的承诺不但很难做出，而且更难信守。即便是在与美国进行的秘密协商中，苏联也无法公开地承认它其实是在担心中国拥有获得独立的核能力。同样，美国也做好了准备，只要有必要，它就会在一个国家获得独立核能力这件事情上发难，即便这个国家是自己的盟友也不例外。不过，美国还不至于采用武力或威胁手段来对法国制造原子弹进行威慑。换言之，就停止核试验所达成的那个条约，它反映的其实是一个未付诸行动的单纯愿望，即采取一种在理论上可以设想而且或许还算得上合情合理的政策。两个超级大国声明禁止一切国家制造核武器，然而，有两点会让这一政策陷入持续瘫痪的状态，其一是两大集团之间的针锋相对，其二是互为敌人的两个超级大国却**公开**结盟反对它们各自的盟友，这当中存在着无法解决的悖论。

由此我们也就可以提出最后几个问题。这个条约对两个超级大国之间的关系有什么影响？创立一个核查机制，即便它的效率不尽如人意，但这种做法本身是否就标志着一个新纪元的开始，标志着苏联的国境为国际官员开放，标志着苏联长期以

来严守秘密的执着有所减轻，标志着它尽管踌躇却已经向开放
世界迈出了第一步？

这些问题没有确定的答案。专家们，特别是物理学家们辩
解说，头一个条约，不论它有多大的局限性，其意义和影响总
是巨大的，达成头一个条约这一行为本身所具有的意义和影响，
大大超出了条约能够带来的实质性成果或它实际能够提供的保
障。另一些专家则无情地揭露了这个条约的隐藏含义。说到底，
两个超级大国互相承诺满足于它们当前已经拥有的武器，就是
为了阻止其他国家和它们一样拥有这些武器。只要两边的专家
们不相信新试验能让这方面取得实质进展，这个条约就能够得
到遵守。那么，相较于条约的这些局限性和不确定性，它有什
么积极面呢？人类从这个条约中看到了——哪怕仅仅是在象征
层面上——两个超级大国有意愿也有能力彼此统一意见。然而，
这个论据——它对乐观主义者而言是最具决定性的论据——却
被悲观主义者们推翻了：那种认为向解除武器或和平迈进一步
的感觉纯粹是幻觉。西方人可能倾向于为这种虚假的安全感到
骄傲。然而实际上却没有任何实质性的变化发生。

我做这些分析，不是为了提出美国应该不计代价地签署停
止核试验的条约，或是哪怕接受三人领导小组的原则（负责监
督和保证条约得到遵守的秘书处将由苏联、西方和未参与国三
方代表组成的委员会的领导）。这些分析的目的是明确这个时
代的外交－战略磋商所具的性质，并且像上一节中的分析那样
引导我们得出一个结论。这个结论在有些人看来可能会平淡无
奇，在另一些人眼中又会是令人失望的：鉴于一旦发生战争就
会带来无法估量的毁坏，因此磋商并没有从根本上改变事情的
性质。

610

伯特兰·罗素通过将屈服投降说成非此即彼的两个选项之一——另一个选项会带来必然的全面热核战争——而让屈服投降看起来是一个**明显理性的**选择。查尔斯爵士通过将停止核试验条约说成摆在人类面前的两条路中的一条——另一条路通向的是必然的灾祸——而改变了这个条约的本来含义。

事实上，我们上面分析的磋商具有的原创性并不意味着从今以后服从道德前提才是现实主义者的唯一道路。除非屈服投降，否则两个超级大国中没有任何一方能够放弃使用它的威慑力量，不去发出骇人听闻的威胁，不去威胁摧毁城市或杀害数百万的无辜生命。但是，这个威胁只在一种情况下才在道德上情有可原，那就是，它是最高限度的威胁，每一方都会想方设法地创造条件让它永远不会被付诸实践。于是，马基雅维利主义者的目标在这方面反倒与道德主义者的目标一致了：两边都想要降低热核战争发生的风险，而且即便用到了热核武器，双方也都谋求阻止冲突向极端升级。不过，我们也注意到，秉持实用主义的人和秉持道德的人之所以会在这点上趋于一致，并不是因为审慎本身已经变成正义的保障，而是因为比起正义我们更重视数百万人的生命。我们不敢去重申"即使世界毁灭，也要伸张正义"（fiat justitia，pereat mundus），因为时至今日**世界毁灭**的危险已经不再仅仅是一种修辞手法了。

三　小国的选择

停止核试验的条约让其他国家间接地也感兴趣，因为如果它们在条约上签了字，就相当于让自己再也无法加入核俱乐部。对于法国或印度的执政者而言，他们有必要去签这个条约吗？如果真有这个必要，原因又是什么？

那些出于道德原因而敌视原子弹的法国人，在逻辑上会去呼吁废除与某些已经拥有核能力的国家断绝已有的同盟关系，即退出北大西洋公约组织。如果他们判断，在外交上使用热核威胁不符合道德良心，那么他们就应当拒绝接受法国因盟国实施热核威胁而得来的安全保障。进一步说，那些**出于伦理道德原因**想要同热核威慑战略划清界限的英国人或法国人，不但应该放弃制造原子弹并抵制美国在其领土内部署飞机或导弹载具，还必须尽可能地去拒绝享受热核威慑带来的好处。然而很可能，即便他们退出了联盟，也不可能完全不去享有——至少需要部分地享有——这些好处。在冒险发动侵略之前，两个超级大国**无论如何都想搞清楚对方**会做出怎样的反应。尽管如此，在威慑战略阴影下缔结的联盟，其解体依然不失为一种象征，它体现了一种超越政治秩序的意愿：宁愿冒一切风险，也不以"滥杀无辜"为要挟。

如果想另起炉灶：以另一类型的理由去为一个由无核能力国家组成的无核俱乐部或核俱乐部大门的永远关闭辩护，这也是可能的。但是，在这种情况下，就意味着接受一种"责任政治"，即宁愿选择大国的保护也不去依靠自己，意味着不去一概拒绝所有的保护或不对民族国家与帝国的"和平主义"抱什么信心。让我们像刚才分析美国做选择的情势那样，分析一下法国做选择的情势①。

一个中等规模国家的执政者，比如说法国的执政者，会受

---

① 我们避免就美国是否应该签署停止核试验条约这点做出结论，同样，我们也避免就法国是不是必须继续实行自己的核计划这点下定论。我们在此处想讨论的是国家决策者会面对的问题，我们的任务是去明确他们必须做出的决策具有怎样的性质。

到三种谏言者的纠缠：一些现实主义者，最经常的是英美的现实主义者，他们**以全人类利益的名义**请求法国不要再增加拥有恐怖武器的国家的数量；另一些现实主义者，他们都是法国人，他们恳请政府让法国拥有威慑他国侵略的手段，并且让法国跻身当今世界超级大国的行列；某些现实主义者和道德主义者，他们恳请政府不要耗费巨资去发展这种对法国而言一无是处但会为人类带来危险的武器。

国家决策者首先会尝试去向英美现实主义者提出一些问题。法国拥有原子武器或热核武器会在怎样的程度上增加局部战争或全面战争发生的风险？人们很容易去回答说，原子弹的数量越多，发生"意外"的概率就越大。然而，如果我们把所谓的意外理解为技术上的意外的话，这种意外也可能在和平使用核能的过程中发生。同样，两个超级大国制造了数千枚核弹；从统计上说，法国制造的那一百来枚核弹不会明显增加发生"技术意外"的风险——除非能够证明法国人在操作上更不小心或法国人比俄国人、美国人或英国人更缺乏这方面的技能。第一派谏言者津津乐道的意外，看起来更像是政治意外而非技术意外。然而，事实却是，只要法国还属于大西洋联盟中的一员，而且后者还继续在联邦德国驻军，那么法国的核弹又能增加什么发生"政治意外"的风险呢？

至少可以这么说：法国加入核俱乐部会从根本上增加发生"政治意外或技术意外"的可能性这点没有被证明，而且初看起来，它还很可能不会成立。[1] 因此，第一派谏言者就会倾向

---

① 这会不会增加查尔斯爵士所说的"疯狂或愚蠢导致的"战争的风险呢？是的，从原则上说，精神健康状况需要安定的人越多，和平受到的威胁就越大。至于对这种威胁进行的数量上的衡量，其结果有待怀疑。

回复共和国总统说，危险不是来自法国制造的那些核弹本身，而是来自法国树立的榜样。一个在地理上和政治上都被纳入两大集团之一的国家，它所拥有的微弱核能力既不会显著改变联盟的力量，也不会显著影响到"疯狂或丧失理智引起意外"的风险。然而，如果联邦德国、意大利、埃及和以色列都走上发展核武器的道路，又会怎样呢？对此，法国国家决策者会试图回敬说，英国在这方面所开的先例也该与法国提供的榜样一样"值得谴责"。为什么选择法国而不是英国作为谴责对象呢？如果我们真是双头垄断的支持者，就会觉得美国和英国都犯了大错，因为英国让自己拥有了热核能力，美国则因在科学领域与英国紧密合作而让英国成了核俱乐部的第三位成员。美国在大西洋联盟内建立起的等级次序——集团首领、特权盟友、其他被保护国家——刺激法国追求提升自己的等级地位，而美国对此却感到遗憾并对之加以指责。

进一步说，如果美国认为众多国家持有原子武器的局面与联盟的利益和人类的利益背道而驰，那么它就有义务去说服盟友不这么做，或者说至少应该尽最大的努力尝试说服它们。说服的努力又包括两种要素：**说理**和**施压**（承诺或威胁，而由于在这种情况下很难使用威胁，因此承诺就格外重要）。说理，在本质上属于第三派谏言者的做法，他们认为"小打击力量"起不到效果。然而，我们马上就会看到，这些理由都不具有决定性。这些理由都需要以"承诺"为支撑。在现下大西洋联盟的内部外交形势下[①]，美国含蓄地以"人类最高利益的名义"

---

① 1962 年肯尼迪总统冷不防地谴责法国，说法国在建立国家力量方面所做的努力属于违背了（不利于）大西洋联盟利益的行为，不过，除了说理之外，他似乎根本没有想去"威慑"戴高乐将军。

612

"建议"法国放弃自己的核计划。对此，美国用了什么来补偿呢？甚至连在和平利用原子能方面的进一步科学合作，它都没提供给法国。我也清楚，美国的国家决策者可以反驳我说，他们这么做不是为了美国自己的利益，而是为了大西洋联盟和人类的利益。但是，即便他们说得有理，也无法让他们的对话者心服口服。因为放弃自己国家的核计划会让法国的国家决策者感到，法国为了大西洋共同体的利益或人类共同体的利益牺牲了自己的"民族国家利益"——当然是就"民族国家利益"的狭义和传统含义而言。那个因自身力量而坐上盟主宝座的国家应该对这样的牺牲行为进行补偿，这种补偿可以是科技方面的（帮助法国建造潜艇），也可以是政治方面的（承诺征求法国的意见、承诺将美军撤出法国的可能性）。

美国的谈判人士还可以反驳：为什么我们要为让法国人实行符合**他们自身利益**的政策而补偿他们？这又回到了第三派谏言者的论调上，尽管这一派中充斥着道德主义人士，这些人在这一派中起着或者说应该起着决定性作用，但从根本上说这一派还是现实主义的，他们的论调是：法国的打击力量派不上用场。然而事实正如我们所见，这个问题出奇地错综复杂。[①]

简而言之，我们可以这么说，要让一种打击力量成为能够施加威慑的工具，这种力量必须是一种反击力量，即它不能够过于脆弱，它必须挺得过敌人的第一波攻击。而且装载工具和原子或热核装置的构造还必须满足一个条件，那就是在遭受可能发生的第一次打击后它们依然具备继续行动所需的通信能力。最后，反击能力还必须足够强，至少要达到能够让一流核力量

———————

① 参见本书第十六章第二节。

国家执政者"三思而后行"的水平。这三个条件缺一不可，在此基础上，某些分析家还加上了第四个条件：在战争中，这个小国所遭受的破坏没有达到将它灭绝的程度。

很容易就能说明法国在1965～1970年其实尚未拥有独立的反击能力，那么，法国能在1975～1980年获得这种能力吗？这种在对付苏联时完全派不上用场的打击力量，对法国自身而言真的毫无用处吗？1960年，法国的核计划包含了两个部分：第一部分是科技部分，如果法国在以后需要具备核力量的技术基础和工业基础，科技部分不可或缺；第二部分的目的在于建成能在最短时间实施反击的力量。让我们暂且假设第二部分的计划缺乏理智，那么，如果法国想要在从现在开始的十五年内在热核导弹和弹道导弹方面拥有一定的自主生产能力，那么它现在必须立即启动计划中的科技部分。

法国能够获得核能力吗？某些专家认为可以，有些则认为不行。如果我们用美国在研发生产弹道导弹和氢弹上花费的金钱来看，答案是否定的。但是，这样的计算很容易被驳倒。取得某项科技进步所需花费的时间和金钱对后来者而言是有办法减少的，因为后来者知道可达到的目标，而且前人在这条道路上已经积累很多相关知识。何况，同样的军事问题——有能力实施给敌人带来重大损失的打击——也有可能经由不同的技术途径去解决，某些方法价格昂贵，某些则价格低廉。

美国学者想方设法地要生产出"净弹"，即具有最低放射性的核弹。对于一个无论如何都想拥有一定军事自主能力的小国而言，去制造且让人知道自己制造的是"脏弹"，是很有好处的，尽管它自己的人民或许也将成为坠落的放射性物质的受害者（因为面对超级大国的攻击，不管怎样，小国都相当于没有设防）。况且，一旦法国技术人员放弃了打击的精准度，而把战略目标坚决地定为攻击城市而非敌人的热核装置，那么他们就有可能生产出造价更低廉且更坚固的载具。如果目标仅仅是通过高空引爆脏弹以破坏一定面积的敌方领土，那么对法国这样的国家而言，想在不破产的情况下拥有核手段，或许也就并非完全不可能。

如果真是这样，法国是否也就因此拥有了威慑力量？答案取决于我们认为怎样的"打击力量"才称得上是"威慑力量"。如果我们要求威慑力量必须是能够粉碎敌人进攻的力量——要么通过攻击敌方的热核装置，要么通过能够保证己方人民挨过核打击的防护措施——那么，在可预见的未来，法国都不会拥有这种威慑的能力：法国的领土面积过于狭小，法兰西民族赖以生存的手段分布得过于集中。如果某天苏联给法国下了最后通牒，只能靠一己之力的法国政府如果依据力量计算来考虑，它多半会投降，因为法国人民的性命都系于此。不过，不管怎么说，法国还可以选择用鱼死网破的绝望行为来回应极端挑衅，甚至还可能以突袭的方式实施反击。

对于法国总统而言，思考的最后一步在于，比较法国的这种半威慑力会对法国、大西洋集团以及全人类带来怎样的利弊得失。反对法国在当前就建立威慑力方面做出的努力的那些论据可以被表述为：如果法国走上了这条道路，其他国家也会效仿；一旦拥有核力量的国家增多，法国在这种情况下要面临的危险会比它想用核军备去规避或减轻的危险更大。不管怎样，那些用在发展热核军备上的资源，如果是被用在发展传统武器上，它们的"回报率"会更高。

反对上述观点的人秉持的主要是下面这两个论据。随着技术的发展，苏联将采用什么样的战略和外交政策，我们不得而知。建立热核力量至少是得到了一种保险，而且因为涉及的是生死攸关的问题，有个保险还是必要的。即便这样的保险也可以通过与一个超级大国达成协议来获得，但很多法国人还是认为，只要有选择，任何国家都不应该放弃自己的防御力量。而且这句话在两个方向上都成立：在将国家的独立自主当作目的而非手段看待时，不论原子弹的最终效用如何，拥有原子弹本身就可以被看作一种优势。很明显戴高乐将军之所以会做出发展核武器的决定，他更多不是以成本和收益的计算为依据，也不是以己方力量能够带来的安全保障与北大西洋公约组织能够给予的安全保障之间的对比为依据，而是以他在军校演讲中谈到的下面这个学说为依据：一个没有负担起自身国防重任的国家就不能再被称为国家。

可以说，这种学说已经落伍了，因为如果真按它所言，那么这世上就只有两个国家才是真正的国家：美国和苏联。其他国家只能在两个超级大国相互导致对方瘫痪的情况下才能实现成功防御。而且，顺着这个学说的逻辑推下去的话，就会发现，这个学说其实是在鼓励所有国家元首都去追求由核能力带来的自主性。

在陈述完所有这些保留意见后，就本节分析而言，还剩下无法化约的不确定因素需要指出。其中一个与未来技术和政治的不可预见性有关，另一个与正当目标的多元性有关。

就防御方面而言，为建设一种近于独立自主的反击能力（即威慑能力）而做努力，这种行为理智与否，需要根据下面这两点来判断：一是这么做将会获得什么技术成果，二是今后十到二十年间的外交形势如何。倘若将来十几二十年的外交形

615

势与今日相仿，而且两者在根本上具有相同的特征，那么为了获得只有在大西洋联盟热核体系内部才有效力的威慑力量而每年去花费几十亿旧法郎，这种做法很可能就不可取。相反，倘若我们不像上面那样去排除局势变化的其他可能，而是认为诸如美国从欧洲撤军，又或者三个真正的超级大国（苏联、中国、美国）之间的关系发生根本性转变这样的变化也有发生的可能，那么，在这些可能的情况中，半威慑力量是具有外交－战略意义的。

不仅如此，法国在核军备方面做出努力也是一个新现象，美国和英国不能忽视它。如果英国最终加入了欧洲共同市场，那么英国想要保住特权盟友的地位——仅仅只有英国有权与美国原子能委员会合作——就会越来越困难。加入共同市场几乎会不可避免地让英国与法国及其他欧洲共同体伙伴国合作。这样一来就有可能，甚至很有可能出现一种"欧洲威慑力量"，它将刺激政治一体化的形成，而且还会以政治统一为表达，它是一种与美国力量协同配合的威慑力量。这样的搭配——强大的美国力量加略逊一筹的欧洲力量——几乎不会造成额外的战争风险，反倒是有诸多明显的好处，因为它缩减了大西洋彼岸那个超级大国与旧大陆众多小国之间的差距。

即便我们听取了上面这些各式各样的论据，还是存在另外一种不确定性，它是由目标的多元性造成的。国家同个人一样，它不仅想要生存，它还追求荣誉，它不仅想要安全，它还追求地位排行。我们经常见到，国家宁愿为独立自主而选择危险，也不愿意偏安于寄人篱下的和平。国家因此就是"不理性的"吗？与自己的船一同沉没的船长是不理性的吗？如果这样就是不理性的话，那我还是希望人类继续不理性下去！

四　超级大国的选择

马克斯·韦伯通常将和平主义者的信念或革命工会主义者的态度作为道德范例。如果他活到今天，他还会把那些热衷于单方面核裁军的人说成"单边主义者"。在我看来，这些人的确是无条件和平主义者的当代版。

英国单边主义者的情况与美国单边主义者的情况有所不同。正如我们前面所见①，前者秉持的诠释让其丧失了所有的道德价值，但这让它在作为一种政策时更容易被接受。就让我们实际假设一下，如果英国决定放弃自己的核武器并退出北大西洋公约组织，会发生什么。英国不会因此沦落到完全任由敌人宰割的地步。纵观历史，中立国或未介入国也常常在没有明显与超级大国结盟的情况下受到超级大国的保护。只要拥有核武器的国家还有两个，那么这两个国家中的任何一个便都无法一统天下，那么所有属于无核俱乐部的国家都可以继续抱有幻想，幻想自己并不一定要诉诸这种恐怖武器或与之相关的外交手段才能够得到安全保障。

一旦威慑变成了双边的，美国的所有盟友都会思考"美国的承诺"是给它们带来了安全还是让它们承受了更大的风险，这不足为奇。又或者，换一种方式来表述的话就是，盟友们想要知道，如果它们想在战争的状况下保有最佳的存活机会，那么现在的它们于侵略是否就无法享有同样或几乎同样的安全保障。欧洲人对美国承诺的拥护程度与他们对威慑具有防止战争和侵略这一好处的相信程度成正比。一旦这种信念被动摇，他

616

①　参见本书第十五章。

们就会开始质疑。

这种中立的外交政策对英国或对欧陆而言是不是真的最好？其中不乏反对的理由①，而这些理由又重新涉及前面说过的那些论据：断绝联盟关系增加了冲突爆发的风险，但如果这些冲突最终会转变成全面战争，那么它就没有从根本上增加让其他国家能够置身于冲突之外的概率。没有人能够精确预测各式各样可能发生的事件发生的概率到底是多少。何况它们的概率还会随着军事技术的进步和国际形势的变化而改变。只要柏林和德国依然还被分占，只要美国军队依然还驻扎在欧洲，即便旧世界与新世界之间正式分离，也不会从根本上改变它们之间历史性的休戚与共的局面，表现就是，一旦遭遇战争，如果一方开始了战斗，另一方也不可能保持中立。

无论情况如何——而且再一次地，我们关心的是做选择的逻辑，而不是选择本身的内容——出于上面这些原因去采取的这种类型的中立，其性质都将是责任政治的，而不是信念政治的。无论是那些请求美国或苏联单方面裁撤核军备的人，还是那些在英国请求英国人宁愿选择被占领也不要核战争的人——既然在我们的时代，所有正规军之间进行的战争都有使用核武器的可能，他们的其实是宁愿选择被占领，也不要任何形式的战争——这些人其实都是秉持了信念的道德主义者。

617　　　即便是最后那种选择——宁愿被占领也不要战争——也可以以现实主义方式被诠释，比如指挥官斯蒂芬·金－霍尔

---

① 尽管从可能性来看，支持中立的论据最为有力，但还是有很多英国人出于各种原因无论如何也会做出相反的选择，他们秉持的原因与外交 - 战略活动本身的性质有关：因为保持中立就意味着削弱西方在面对苏联时所具有的谈判能力，放弃在国际舞台上扮演积极主动角色，做出让自己在国防方面依赖其他国家这种不大体面，至少是无光荣可言的决策，等等。

（S. King Hall）所做的诠释。全世界反殖民政权的反叛已经显示，公民的不服从、非暴力不合作、恐怖主义和游击战是多么富有效率——它们对无力重建秩序的帝国权力而言代价高昂，帝国注定要在这项永无休止的弹压工作中耗费大量金钱，其支出的金钱数会比它从臣服于它的人民那里剥削来的还要多。只要一个民族——即便手无寸铁——下定决心不让征服者的日子好过，就足以让征服者渐渐发现征服不过是徒有其表、毫无实利。①

这种理论，**就其声称自己是现实主义的而言**，很容易遭到完全的反驳，因为它只考虑到了某些情况，而忽略了另一些事实。首先，它假设屠杀和灭绝的时代已经一去不复返，因此放下武器的人民是不会被流放、被贬为奴隶或被简单地全部灭绝的。不幸的是，我们没有任何理由去赞同他们的这种坚信。俄国人曾经把一万波兰军官关进了集中营；俄国人在撤退之前，将这些人全部杀死。斯大林曾经建议罗斯福和丘吉尔将数万德意志国防军军官统统枪决。德国人曾经关闭了波兰的所有大学，甚至几乎是取消了波兰的中学教育。印加帝国或阿兹特克帝国的文化阶层也曾被从西班牙来的侵略者大量杀害，被剥夺了传统文化的印第安大众则在数个世纪中过着不知为何活着的浑噩生活，征服者成了殖民社会的特权阶级，印第安大众则被像下等人一样对待。我们无须再提被以工业化方式成群终结生命的那600万犹太人，就可以做出总结：**对于一个民族和一种文化而言，被奴役的代价或许比进行战争甚至核战争的代价更高。**

另外，消极抵抗是否有效——就像在莫罕达斯·甘地领导

---

① 乔治·凯南在他做的"瑞斯讲座"（Reith letures）中简略叙述了一个这类型的理论。

下的印度人的做法——取决于拥有武器的那部分人是否遵守某些规则。战争期间，尽管存在着国大党，尽管印度当时显示出了半主动抵抗的意愿，但只要英国人下定决心毫不迟疑地使用武力，他们就可以将印度全国都动员起来参战。选个恰当时候将民族主义首领处决，尽管无法借此完全消除民族主义运动，却可以显著迟滞世界各地的民族解放运动。

在法属北非，民族解放运动之所以愈演愈烈，那是因为法国的法律就其自由方面而言太过专制，就其专制方面而言又太过自由。想以民主和对民族主义骚乱的容忍维持住在国外的统治，那是不可能的。不彻底的半吊子镇压，只会加剧民族主义激情，为反叛提供额外能量。比如在匈牙利，苏联人已经证明了，在舍得付出代价、充分使用武力的情况下，即便是在 20 世纪，依然还是可能粉碎人们所抱的几乎算得上众志成城的抵抗或解放意志。甘地反英或其他人民反对欧洲人的那些起义之所以会成功，在我们这个时代，除去镇压起义者、维持秩序所须花费的代价过于高昂这个原因外，还有其他的原因。

在匈牙利，苏联人在亲自动手镇压叛乱后，并没有实行直接统治，而是把权力重新交给了匈牙利共产党，这千真万确。的确，倘若我们这样假设：明天的英国或法国被一支名叫"红军"的军队（这是为了纪念苏军的过去，即便其性质已经改变，还是让我们这样叫吧）占领，苏联领导人在英/法土地上创建了一个名为"工农政府"的政府（这是为了纪念 1917 年的"十月革命"），这个政府由共产主义者和愿意与新政府合作的人组成，而后者要么是左翼人士，要么是那些理直气壮地认为他们的合作行为对法国人民或英国人民的存活而言必不可少的人。在这种情况下，如果没有任何外援可以指望，反对国内共产主义政府的武装抵抗活动很快就会平息下来，征服者也不必再为对付狂热的反叛分子而进行代价高昂、没完没了的镇压行动。

人们也许会反驳说，我们不可能同时去害怕**屠杀、奴役和转变观念**①这三者。如果想让战败者转变观念，就不能对他们**过分奴役或屠杀**。说实话，在过去，西班牙征服者没有拒绝将这三种手段并用：剥夺一个民族的文化的同时还用福音教化他们。在我们的时代，这些手段并用起来会更困难，因为我们这个时代的宗教是世俗的，它承诺的幸福存在于现世而非彼岸的另一个世界，因为它宣讲的是人与人之间和民族与民族之间的平等。因此，从短期上讲，风险的确主要是在**转变观念**这方面，因为转变观念意味着失去民族独立性以及失去与自由。欧洲人在美洲和非洲采取的那种传统上的屠杀和奴役方式，短期内已经不太可能再出现，尽管这并不意味着它永远不会再发生。

对一个美国人而言，以现实主义理由去为单方面核裁军辩护，就更是困难了。②首先，如果美国核裁军，美国热核装置赋予所有国家（无论是盟国还是中立国）的部分保护都将消失。作为世界上唯一拥有热核装置的国家，苏联可以毫无风险地实施威慑。没有任何国家再有去与苏联对抗的对等的实力。苏联具备了摧毁其他国家、人民和文化的物质手段，而且不用担心遭受反击。那些建议美国单方面核裁军的人，如果还想做

---

① 此处指服从一个效仿征服者政权建立起来的本国政权。

② 或许人们会问，为什么我们就美国提出这样的问题，而没有针对苏联提出同样的疑问。原因是，苏联政权强加的高度统一的意识形态让这个问题对于东边而言完全成了一个只在理论上存在的问题。在那里，无人能够为单方面核裁军辩护。而且，苏联公民接受的教育也让他们对非暴力宣传不敏感。

个有道德的人，他就必须以他自身的利益为准坦白回答下面这个问题：这种**肯定会出现**的苏联独大的局面，是不是真的比热核双头垄断造成的持久风险更可取？

这种双头垄断并非**一定会**导致全面战争，同样，这场有可能会发生的战争并非**必然**会导致交战的一方或双方甚或全人类灭绝。因此，这涉及去将由一方单独垄断热核所必然造成的恶果与双头垄断可能会带来的灾难做个比较。再一次地，这种比较还是无法给我们提供既精准又确定的信息。因为没人知道今后十年或二十年里发生热核战争的概率是多少，也没有人知道，在没有实行单边核裁军的情况下，两个超级大国选择一同核裁军或将决定性武器转交给一个国际中立权威的可能性有多少。简而言之，接受热核双头垄断并不一定意味着最终结局，它还可能导致另外一种独占垄断。比起让一个被世俗宗教武装的国家垄断核武器来，这种独占垄断的恐怖性没那么令人担惊受怕。

让我们暂且抛开这些遥远的可能性不谈。比起热核双头垄断或军备竞赛带来的持久风险，我们是不是应该去选择苏联热核独占垄断所带来的当下确定性？就我个人而言，我会毫不犹豫地回答"不"。单方面核裁军不会因为技术革新而变成一个负责任的选择，它依然是一个拒绝政治秩序的选择，是一个个人层面的道德决定，是一个不能让其变成国家决策的选择。

尽管我们想要通过屈服投降①来消解未来的不确定性，但

---

① 单方面核裁军相当于屈服投降。有些人认为只要有一个大国做榜样，所有国家就会效仿它去裁减核武器，这样的人过于幼稚无知，根本不值得我们与他讨论。

这种不确定性却依然以其他形式存在着。美国人民将不再处于热核轰炸的威胁中，因为苏联拥有了其他屠杀他们、奴役他们或让他们转变观念的手段。无法进行自我防御的美国人民，既无法保住他们的生活水平，也无法继续他们的生活方式（或者说他们至少没有把握能够去保持）。未来当然一直会不确定，但未来也是由现在谱写而成的。如果某些读者想反驳说，其他国家会尊重那个将自己命运交出来的国家，那么他必须举证，有朝一日一旦国家中的某一个出于高尚而非卑劣的动机放弃了核武器，其他国家就会洗心革面。对此，我们也不用专门假设国家是如何邪恶，只需要假设它们像以前在历史中那样行事就可以了。没有了武器的美国人既无法保卫他们耕作的土地，也无法保卫他们建立的城市，或守住他们享有的财富。一旦积累和维持财富的人不在了，财富也将失去意义，尽管这一点无可置疑，但还是需要在一种古怪的乐观主义思想下，才会真的认为其他种族和其他大陆的人不会幻想美国对征服者而言是一个巨大战利品。

这再一次地证明了把确定性和风险之间完全对立起来是一种错误的做法。单方面核裁军带来的确定结果只有一个，那就是丧失力量。而丧失力量，对于一个共同体而言，就意味着极端的不确定。奴隶的命运取决于主人的心血来潮，因此奴隶没有安全可言。自己没有武器的国家会任由另一个有武器国家宰割，这样的国家没有安全可言。

唯一的不同在于，一旦围绕一个国家建立了热核垄断，从理论上讲，人类本身就不会再面临被灭绝的威胁。即便如此，还有一点需要证明，即证明这种垄断就是最终结局，而且学者们不会再制造出迄今为止依然不为人知的其他毁灭手

620

段，因为这些手段可能会让需要通过让步来规避的危险再次卷土重来。不过，就算我们假设这一垄断是持久的，甚至是最终的：就目前看来，人类灭绝的风险十分很小，而且如果这种风险增大，统治者为了避免战争，经营起另一种国际关系所做的努力也会相应增加。因此，为了立即消弭掉尚且无法预测的未来中那只有极小可能会出现的引起人类灭绝的风险，而在今天让克林姆林宫人拥有无限权力，这就犯下了朱利安·班达（J. Benda）所称的最严重的知识分子的背叛：**愚蠢**。

* * *

查尔斯·斯诺爵士相信，只有核裁军的道路能够提供救赎机会；指挥官金-霍尔宣称，宁愿被占领也不要战争；伯特兰·罗素伯爵说，宁愿让苏联取胜也不能动用核武器。可是，这三位卓绝人士中没有谁会愿意让别人说自己是信念道德主义者。他们中有两个是学者，而且还自称论证了他们谏言的政策就是最佳的理性政策，甚至还是唯一的理性政策。我在前面的论述中试图做的，正是去揭露他们对已知局势的诡辩或扭曲，他们把这些诡辩和扭曲说成无法辩驳的显见事实，其实我们很容易就能提出至少与它具有同样分量的相反论据。他们的这种态度很可能是因为他们对战争的恐怖深恶痛绝：就算我们假设这种态度没有让他们做出最坏的选择，但这还是让他们视而不见别人为什么会做其他选择的那些理由。

在我看来，似乎这就是我们从当代论战中应该去汲取的教训。信念道德和责任道德之间的关系，在今天同在历史上一样，并没有改变。随心所欲而不关心自己行动带来后果的国家决策者，将辜负他肩负的职责，而且还会因此陷入不道德的境地。拒绝无条件使用武器斗争的非暴力人士，他们忽视了一旦他们的榜样被人纷纷仿效，他们的这种拒绝将会给他们自己和他们的国家带来怎样的后果，这些人或许是有和平意识的，但他们却也脱离了政治世界，所以他们也就必须接受因此而招来的惩罚。公民的道德或领导人的道德永远只能是一种责任道德，尽管其信念超出了实用的秩序，但也激发了对最高道德的寻求，并为这种寻求定下了目标。

我们所处的这个热核炸弹时代的新颖之处在于，人们偏向为那些出于意识动机而非出于风险与利益计算所做的决定营造出一种负责任的氛围。不过话又说回来，这又有什么好稀奇的呢？"人们声称用战争去避免的那些恶，统统都没有战争本身邪恶"，这句话在今天看起来似乎特别真实。然而，事实却并非如此。热核武器让在冲突期间灭绝敌方人民成为可能。而屈服投降以后再被灭绝的可能性，自古以来也是存在的。双头垄断中一方的投降不一定必然标志着危险的结束。这样的投降根本不值得考虑，美化这样一种也许符合时宜却很可能危险多于实用的偏狭办法，并且声称只有这个办法能够打开救赎之路，这样的做法只能是徒劳的。 621

如果人类真的获得了控制宇宙的力量，他也必然已成为主宰自己生死的主人。外交－战略行为，就像技术行为一样，只有在满足了计算性的条件下才谈得上理智。只是，外交－战略行为的计算对象是另一个智慧生命的反应，而不是金属的电阻。由于这种计算不存在严格的标准，因此它也就无法定义他人什么样的反应才是理性反应。它能够而且必须期待别人所做的反应是理智的。

第二十一章 寻求战略（一）： 武装还是裁军

热核武器的存在没有改变外交－战略行为的道德：这就是前面几章的结论。

可以肯定的是，热核武器让有关战争之革新作用或人民之英勇无畏的那些传统形容变得可笑了。它清楚地表明军事力量作为条件已经与具有创造性活力或政治单元和谐这些条件相互剥离。一个国家拥有热核武器和导弹载具，就相当于拥有了恐吓甚至灭绝其他人的手段，但这并不能说明它就真的具有了配得上成为普世帝国的成就。在过去，如果像皮埃尔－约瑟夫·蒲鲁东那样宣称，没有能力自卫的民族就没有权利组成国家，这或许属于过于乐观，但并不荒谬。然而，时至今日，这种逻辑暗含的意思却是，只有某些巨型国家才具备自称独立的合法性。

即使热核武器已改变了战争、武德和国家独立性的含义，即使我们引用的海因里希·冯·特赖奇克的那些文字已经明显属于另一个时代，不再适用于广岛和长崎的原子世纪，国家决策者所面临的实用－道德问题却没有发生实质性改变；与看起来的情况正相反，这些问题是变得更加复杂而非更加简单了。不论是个人还是集体，人总是倾向于以短期考虑而非长远考虑为基础做出反应，倾向于优先他们的个人利益而非他们所属的集体利益，倾向于只看见某些主动行为能为他们带来什么好处

而忽视主动出击必然会为他们招来的反击。在热核时代，行为
体的这种倾向很可能给它们带来致命的后果。在法国，那些做
出生产原子弹这一决定的国家决策者，如果真正想要现实地看　623
待问题，就必须去考察核俱乐部的进一步扩展会带来怎样的后
果，而不仅仅是去考虑如果法国成了第四个拥有核武器的国家，
能捞到什么好处。在美国，那些想让国会批准庞大消极防御计
划的国家决策者，他们应该考虑到苏联不会因此也采取应对措
施。归根结底，其实就是一个既最简单又最重要的思想：**每一
个超级大国的目标都是在不开展战争的情况下战胜其他超级大
国，以不战而屈人之兵，而不是"不择手段地"去取得胜利。**

　　两个超级大国的共同利益，即人类的共同利益[①]，在于没
有热核战争爆发，比起每一次冲突的有限收益而言，这个共同
利益至少具有与之相等甚至还更加重要的分量。没有一个国家
决策者能够在不顾不战好处的情况下定义他所肩负的民族国家
利益。有可能发生的核战的收益和成本不成比例，不幸的是，
本该每时每刻都意识到这点的两个超级大国的决策者，在每当
出现或看起来出现核战即将爆发的迹象时，就会让自己陷入退
却让步的境地，也就是说他们一个接一个地让自己失去了所有
局部冲突所能带来的收益。即便这些收益都不是什么大收益，
但加起来呢？

　　因此，存在一个二律背反，即要么接受相对于获得某种具
体收益而言大得不成比例的风险，要么冒那个可能让我们失去
一切收益的风险。唯一能够克服这个二律背反的方法是，由两
个超级大国[②]自己创造条件，促使双方不至于以热核武器要挟

---

①　其实这并非完全就是所有人类成员的利益。

②　或者对两个超级大国中倾向于让步的那方而言是如此。

对方，或者说，至少任意一方除非在非常罕见的情形下为了十分巨大的利害关系才会以热核武器来要挟，而且这一情形还必须不会让对方发生误判，无法让对方视而不见。如何创造这样的条件呢？我觉得有两个方法：其一是通过裁军（就下文我们将要详细谈到的这个词的广泛含义来说），其二是通过外交 - 战略手段减少威慑的重要性，加强防御的重要性。这两种方法是相互交叉的，很难自始至终只依赖一种手段。

一　以恐惧求和平

大规模杀伤性武器的研发让另一种和平概念——即便这种和平不是永久和平——成了可能，我在前面已经顺带提及这种和平，而且近年来也有很多学者以或多或少严肃的态度讨论了它，它就是：以恐惧求和平。

这种想法并不新颖。"战争将消灭战争"这句话在一个多世纪前就有了，而且它还依然到处为人所信，确切说来，其实是在相对和平的时期，它备受青睐。战争怪兽的再次出现让这句话成了空，不过对这句话的期待又很快重燃。这一次出现的是一个杀人更多更快的武器：热核炸弹。爆炸威力在量上的大幅提高引发了质上的革命，它的出现赋予了这一经典主题前所未有的现时性。弗里德里希·恩格斯相信军事技术的进步差不多已经发展到头，他错了；19 世纪的一些学者指望机枪和大炮可以阻止杀戮，他们错了；处于两次世界大战之间的理论家们宣称，如果再次发生世界大战，文明也将迎来末日，他们还是错了；但是，所有这些错误都还无法证明我们认为的热核威慑可以预防第三次世界大战是错的。

"以恐惧求和平"的论点一共有三种不同版本，它们之间并不是一直都有清晰的分别，但它们在逻辑上和历史上又的确是相互分离的。极端的论点认为，**以恐惧可以求得和平的普及，并让持久和平变成可能**：原子武器或热核武器的扩散会渐渐在国家之间创立一种与当今美苏之间和平一样类型的和平状态。第二种版本说的是拥有热核武器的国家之间会处于和平状态，这些国家会拒绝相互争斗，甚至因为害怕冲突会向极端升级，它们连用常规武器进行战争都会拒绝。最后，第三种版本，也是最适度的版本，它仅仅局限于提出，热核战争不会发生，因为各交战方即便拥有热核武器，也会因为害怕对方实施热核反击而不去使用这些武器。

在这三种说法里，最不可能成真的是第一种，但它却是唯一一个被说成和平学说的说法。其他两个版本相当于是以当前局势为出发点对事态的可能发展所做的假设。它们指出的是一种可设想的战略所需要达到的目标，它们还就未来提出了假设。不管怎么说，后两种版本依然属于外交－战略的**惯常**框架。

至于以恐惧求和平的极端说法，我们几乎不需要去认真对待它。不过，它对拥有某种思考方式的人而言又的确是一种蛊惑，它虽然有着逻辑谬误却把事情说得像煞有介事，它还有可能获得所谓的理性形式。因此，指出为什么这种版本站不住脚也并非全无意义。

倘若只需要两个国家拥有"用原子武器摧毁彼此"的手段就足以让它们互相之间停止争斗，那么，为什么不把这种手段给予所有国家呢？这样一来，永久和平不就建立了吗？对此持怀疑态度的人感到自己会受指责，会被谴责为怀有以人性化战争（将战争非原子化）的方式"拯救战争"的阴暗欲望。这种逻辑犯下了双重错误：拥有热核武器的两个国家之间的和平**并**

未得到保障，只要还有一丝无法保障的可能性存在，以原子武器的扩散来普及和平就是不可能的。

让我们先从第二种版本开始论述，即认为两个热核武器拥有国之间很有可能达成和平。这种想法是以下面这个假设为基础的：现实必须是一种类似于"罪罚相等"的模型，而不是其他的可能模型（两个暴徒、罪与罚不成比例）。然而，在两个小国之间，至少在下一阶段，给它们装备原子武器的做法更可能在它们身上创造出像两个暴徒那样的紧张和焦虑情绪，而不会让它们获得正义的安全感。一个领土面积小的国家，在还没有实施事后报复之前就会化为焦土（而且要实施事后报复还需要另一个条件，那就是它的反击手段在以其人民和城市为目标的打击中没有被摧毁）。

增加核俱乐部国家的数量，将增加两个不稳定因素：其一，一个小国无意或有意的行为有了引起超级大国之间战争的可能——不管超级大国是否蓄意为之；其二，因为一国决策者的所谓不理性决策而导致战争爆发的可能性会增加。

在超级大国之间，以恐惧求和平这一假设则可以被分解成一系列命题。胜利带来的收益根本无法与热核交战的成本规模相提并论。双头垄断国的每一方都是这么想的，而且它们都知道对方也是这么想的。因此，任何一方都不会执着地认为对方将会攻击自己。它们都没有处于"手指扣在扳机上"的那种一触即发的状态。双方在对自己的反击能力有信心的同时，也对敌人的理性有信心。然而，这样的安全感是经不起核俱乐部无限扩大的冲击的。因为一旦如此，仅仅拥有小打击力量的一个集团成员国在某些情势下采取的某些主动行为，就可能让超级大国们尽管不情愿却不得不相互开战。换言之，两极化国际结构所包含的未知因素，要比军事主权国家数量增加这种结构所包含的未知因素更少。比起有着多种联合可能的四个或五个行为体陷入争斗的局面，两个行为体显然有更多机会按照自己的意愿单打独斗。

如果多头政治让超级大国按照自己的意愿行事变得更不可能，那么它在另一方面又会让外交 – 战略家所谓的不理性行为或不负责任行为出现的可能性增大。在本书各处，我们都没能成功地给理性行为下一个单义性定义，我们甚至还在各处表明为什么这些试图下定义的尝试都无法成功。在后文中，① 我们会对整个分析过程中遇到的所有不同论据做个归纳。不过，如果我们放弃伪精准，重新使用通用的语言来说的话，可以简单地这么说：我们完全有理由对那些未来拥有原子武器或热核武器的国家不会以"理性的"方式行事感到担忧。

很难知道在外交上利用热核武器威胁别国的做法是不是从来就算不上是一种"理性"做法。也许，在敌人的第一次打击就会摧毁己方大部分热核装置的情况下，实施热核威胁的确是一种不理性的做法。然而，我们至少可以假设，双方的军方负责人和热核装置负责人都沉着冷静、三思而后行，我们还可以假设他们不会为冲动所左右，直到最后一刻，他们都会在下达那道会导致数百万人丧命的命令之前进行计算。我们还需要假设，这样的命令在双方那里都是无法由低级指挥人员下达的，即指挥链同通信网络一样，都挺过了国际危机带来的打击。这样的假设在只有两个国家的情形里比在有着五个国家的情形里更容易实现，它在双头垄断的情形里比在有着多个组织不够严

---

① 参见本书结语部分。

626 格且不习惯操纵现代技术的国家的情形里更容易实现。

上面这些评论都是在意义和目的被严格限定的情况下做出的。这两个命题都有自己的支持者，在这两个相互矛盾的命题——一为通过普遍化核威慑来求得和平，二为原子俱乐部成员的增多会带来危险——之间，我的观点毫不含糊：第一个命题是一种幻觉，它只是看起来诱人而已，它的诱人之处是由诡辩造就的。**简言之，应该去拯救的正是战争**，换句话说，就是让国家之间拥有以武力一较高下的可能，而非不得不依靠建立会导致热核牺牲的持续威胁来求一个永久和平。

也许，我们还应该更进一步思考且提出下面这个问题：被恐惧普遍化了的和平是否的确是永久和平（甚或简单而言是一种可持续的和平）的一个可能模式？在四种尚未成为现实却可以被设想出来的国际体系模式中，莫顿·卡普兰描绘过被他称作"单元否决体系"（unit veto system）的自由否决体系（système du liberum veto）。就仿佛一个反对声音就足以让波兰议会瘫痪，每个行为体——而不仅仅是主要行为体——都没有通过施加死亡威胁让其他行为体不敢异动的权利，但有这种能力。所有国家都有了对随便哪个国家实施威慑的能力，因为每个国家都有手段对侵略者实施致命报复或将全人类拖入死亡深渊。第一个假设要求，小国们有能力保障它们的热核装置不是脆弱不堪的，也就是说，最常见的情况是，它们会将自己的热核系统安置到不属于它们的领土上，或深埋于地下，又或深藏于海洋。第二个假设，即**末日审判机器**（Doomsday machine）的假设，这个机器所要求的条件会长时间地甚或永久地超出中小国家资源能够负担的水平。即便是大国家也很可能不会选择建造这样一个对所有人都十分危险的机器来解决问题，要知道，一旦出现"技术故障"，人类的覆灭命运就会被决定，与此同时被决定的还有制造这个机器的国家的命运。

因此，小国与超级大国相比处于更低的等级，这似乎不是什么短期现象。纵观历史，我们还没有见过有利于小国的颠倒情况出现。我们的确可以设想，小国也是可以获得——即便仅仅是在反击侵略中——给超级大国带来严重损失的武器的。但是，只要超级大国和小国在应对危险方面依旧差距极大，只要领土狭小依然构成国家居于劣等地位的理由，那么小国就会一直暴露在超级大国的恫吓策略下。的确，诸如化学武器、细菌武器这样的技术，对于大规模屠杀人类也是有效的。而且，这些技术也的确可能比起热核技术，尤其比起弹道导弹技术来成本更低，因此这些武器就有可能为小国提供一个机会，让它们拥有从质量上与超级大国相媲美的武器。但是，目前看来，近期前景的发展还不会是这样。

而且我们必须指出，从概率上讲，自由否决国际体系很可能难以持续。超级大国理所当然地会认为这个体系让人难以忍受。还远远等不到这个体系成形，超级大国们就会联起手来阻止小国针对大国优势地位发起质疑。**尚没有任何国际体系实现过平均主义**，而且**它也不可能被实现**。在缺乏一个**统一**权威的情况下，减少主要行为体的数量，对于维持最小限度的秩序和可预见性而言必不可少。

如果以恐惧求和平的极端版本经不起推敲，那么其他两种 627
没那么极端的版本也同样站不住脚。其中的一个版本认为，热核武器拥有国不会直接短兵相接，即便是以常规武器进行的冲突也不会发生；另一个版本认为，它们最多只会用常规武器来开战。实际上，这两种假设都是基于短时期历史经验做出的，而且关注的都是双头垄断国可能追求的目标。如果想对用恐惧求来的和平的稳定度做一个估计，最好的办法是去弄清楚，双头垄断国会在怎样的情势下自愿地，或者在双方都无意的情况下，动用它们在威胁对方时并不打算启用的那些武器来实际对付对方。

美国学者列举了下面几种典型情况，在这些情况下，即使存在对"无双战争"（guerre introuvable）的惧怕，战争还是会爆发。尽管这些情况是由学者们以不同形式提出的，不过它们大致说来如下。

（1）以恐惧求得的和平如果想要持续稳定下来，就意味着罪与罚之间必须接近相等。不过，就算获得了一时的稳定性，它也不是一劳永逸的。这种稳定会不断受到"军备质量竞赛"的挑战。超级大国中的一个有可能会获得某种领先优势，让它自认为有能力在自己可接受的成本范围内消灭对手，又或者让它自认为有能力将自己的意愿强加给对手而不遭受对手的抵抗。第一种情况，它将主动出击；第二种情况属于一方处于劣势的双头垄断，处于劣势的那方会由于把对方主动出击这一行为视为极端挑衅而引出防御决心，从而施加报复，只是这种以热核武器进行的防御报复对双方而言都是致命的。可以说，技术的革新（美国人说的"技术突破"）打破了恐怖平衡，造就了一种尽管难以估量却实实在在的战争风险——这是一场人们为之准备但又不想开打的战争。

（2）即便超级大国中没有一方相对于对手处于绝对的优势地位，局势的发展依然让我们能去设想两个超级大国重新回到两个暴徒的情形中，每一方都相信率先实施打击的那方会得到巨大的优势，而且是那种足以决定（相对的）胜负生死的关键优势。每一方都担心对方的报复会让自己无法承受，因此双方在保持冷静的情况下是不会启动自己的热核装置的。不过，双方都只会在相信对方箭在弦上的那个时刻真正倾向于率先实行核打击。因此，只要双方中有一方误解了对方的意图，就足以让它拥有所谓的理性动机，从而做出先前因害怕而不敢做出的行为。这第二种情况，就是通常被命名为"误解导致战争"的情况，其发生的前提是均衡中含有某些不稳定的因素，以至于让主动行动的一方占有巨大优势。

（3）然而，即便是在恐怖平衡得以维持的假设中，还是可能会有"意外"发生，比如仪器信息指示不确切、一枚炸弹的爆炸被误认为遭到攻击、通信系统或指挥体系失灵、低级军官有凭着自己责任意识下达核爆命令的可能，等等。换言之，"意外"有可能是技术的，也可能是社会的。

（4）第四种情况是武装冲突因为超级大国中的一方或双方被卷入而向极端升级的情况。比起率先实施打击会获得巨大好处的情况，比起双头垄断双方都尤其害怕敌人先采取主动的情形，这种升级自然会更可怕。因为升级包含了某些误解或**盛怒**的因素。

（5）最后一种可能发生的情况是，核战争由第三国引起——无论这个国家有没有核武器。如果它有核武器，不论它是否故意，它都能够将超级大国们卷入一场无法缓和的战争之中。对超级大国而言，它们不希望打这一仗，但这种战争却符合"坐收渔翁之利"者（tertius gaudens）的利益。即便这个第三国自己没有核武器，双头垄断的一方也可能对它使用热核武器，或以热核武器去威胁它，这样一来，就会激起敌对超级大国的干涉。

谁也不敢说上述五种情况无所遗漏地包含了所有情形，而且，被列举出来的这些情况，虽然在概念上相互区分，但在现实中却或多或少混淆在一起。这些可能发生的情况发生的概率分别有多大？所有情况一起发生的概率又是多少？我确信，没有一个观察者，无论他是数学家还是政治分析家，能够给出一个既精准又确定的答案。的确，我们讨论的既不是纯粹的数学概率问题（如果我们增加热核炸弹的数量，总有一天，一个炸弹会由于意外爆炸），也不是纯粹的政治概率问题（在两个武装了热核装置的国家单打独斗的情况中，从长远来看，一方或双方寻求用战争来解决争端可以说是在所难免的）。我们谈到的这种概率具有混合特征，它不但取决于技术因素（技术进步方面的竞赛结果），也取决于政治 - 心理因素。它从本质上不同于我们已知的所有军备竞赛。

能够保证热核战争不爆发的那种对热核战争的恐惧，是一种错觉还是实实在在的？让我们暂时把这个可能无效的问题放到一边不谈。我们在前面分析了以恐惧求和平的学说版本，还分析了另外两个实用主义的版本，现在让我们仅把这两个分析得出的结论结合起来看。第一个版本让我们得出了下面这个命题：设想通过将核扩散到所有国家来实现普遍持久的和平是一种不可能实现的想法。第二个版本让我们得出的命题是：即便只有两个国家持有核武器，在它们之间，恐惧也无法保证和平。不过，我们显然也不会否认下面这个明显的事实：对热核战争的恐惧促使外交官们稳重行事。作为这个命题的补充，我们还要加上下面这点：如果我们做到了消除原子武器或热核武器，那么在现有的国际体系里，普遍战争的发生概率会只增不减。我们完全有理由认为，以弹道导弹和热核炸弹展开的普遍战争会比以前发生过的任何战争都更恐怖，但没有任何理由认为，如果超级大国不再拥有令人恐惧的热核武器，全球体系就会比在过去几千年中的那些局部体系更加和平。

这一根本的二律背反让那些期望减少国际政治中武力作用的人们——比如这本书的读者——不得不去思考，在以和平为目标的战略中，当我们想减小历史中暴力的规模时，裁军到底有着怎样的功能。

二 以裁军求和平

629

我们已经考察了**以恐惧求和平**的情况，而且也尽可能地驱散了对它的幻觉。现在，我们还想跳跃到另一个极端上去论述**以裁军求和平**的情况，并且驱散人们对它的幻觉。

传统上存在着三种表达方式：**裁军**（désarmement）、**削减军备**（réduction des armements）、**限制军备**（limitation des armements）。第一种表达方式令人想到的是国家放弃了交战手段的世界，在这个世界中，国家把装甲舰和航空母舰消熔成钢筋，炸毁自己的大炮和要塞，解散自己的军队，仅仅保留维持秩序所必需的警察力量。素来奉行极端主义的奥古斯特·孔德毫不迟疑地预测，正规军终有一日会转变为警察部队。这种未来愿景，不论它实现的可能性有多大，一直都是一种乌托邦——这里取的是"乌托邦"这个词的贬义，它代表的是一个与现实世界不同的空想世界，它与人和社会的本性格格不入，它甚至连通向乌托邦目标的路径也没有指出来。

我们不需要长篇大论就能够证明，国家，比如以我们知道的 1960 年的国家为例，它们以善恶相分（如果我们愿意的话，也可以用"好的社会"这个概念来形容），它们都相信国家间在互相敌视，这样的国家是没有能力也没有意愿去放弃战争手段的，因为战争手段让它们可以捍卫自己的利益，是一种用威胁或武力将自己的意志强加给别人的手段。而在那个幻想的世界里，超级大国和小国之间的等级结构不复存在：不过，因为还有"维持秩序"所必需的"警察力量"的存在，国家间在警察力量上的差距还是有可能重建一种等级秩序，而且在这种完全裁军的情况下普遍达成共识的"警察力量"，还会引出围绕力量对比关系进行的没完没了的讨论。一个既没有权力等级结构又没有最高法院和武力垄断的体系，严格说来，根本就是无从想象的。如果我们愿意，我们可以说它是一个理想类型，不过是个建得很差的理想类型，因为它根本就是不可能实现的。

从根本上说，在大规模杀伤性武器投入使用前的几千年里，以裁军求和平的理论根本无法得到，其原因如下：国家决策者从没有把和平——如果我们愿意的话，也就是不使用武力——看得比利益（领土、资源、战利品）更重要。只有那些在战争考验面前事先就对维持不败或取得胜利失去信心的人才会赞同以裁军求和平。假设统治者们一致同意不把他们之间的争端交给武力裁决而是交给一个法官来决断，又有哪个法庭有能力做到不偏不倚的公正以取代战争法庭呢？最后，维持统治所需的力量和用于征服领土所需的力量是有区别的，但它们之间的区别还不够分明，这种不分明使得把所有力量都转化为警察部队的这种想法本身失去了意义。国家之间关系的和平化不可能在国家内部公民（或政党，或省份）之间关系和平化之前到来。从某种程度上说，一切政治都是暴力的，并非只有国际政治是暴力的。

630　　　国家内部的和平化或集团内部的和平化是否让我们可以去

设想，甚或去实现国家间或集团间关系的和平化？在我看来，答案尽管令人遗憾，但对于这个问题还是必须坚决地回答"不"。在那些最为古老的民族——比如法兰西民族——内部，没有任何社会群体或任何政党完全放弃过使用武力来保卫自己的收入或理念。为了镇压农民起义或共产主义革命而使用的那些"维持秩序"的"警察力量"，也不可能是微不足道的小力量。但最重要的是，还有很大一部分人尚未具备民族意识，这要么是因为个人依然是部落习俗的囚徒，这些部落还没有达到国家和民族的层次，要么是因为目前刚刚建成的那些政治单元，它们对自己本身或自己的未来尚缺乏信心（或者它们的领土面积虽大但过于结构松散，印度就是一例；或者它们不但小而且还虚弱不堪，比如加蓬和毛里塔尼亚）。在这两种情况之下，无论是想将领土现状无限制地维持下去，还是想以非暴力方式改变领土现状，都是很难想象的事。民族国家是否能够在不相互对立的情况下存在，它们是否能够在不互相为敌的状态下确认自己的存在？

让我们暂时假设存在着一个不偏不倚的公正法庭，在理论上，它能够根据人们的意愿和社会经济环境状况进行判决，它的判决可以预防或阻止流血事件的发生，可以让民族不需要经过和内外敌人争斗就形成自我、意识到自我。存在这样一个法庭意味着，大国之间不但就力量对比关系而且就公正和不公正的定义都达成了一致。既定的双头垄断国，它们之间的冲突不仅是力量上的，也是观念上的，第三世界注定只能跟随两个超级大国走上暴力之路，它们能做的只有期待，期待两个超级大国会为了双方的共同利益（即避免全面战争的爆发）想方设法地避免有可能在这里或那里爆发的冲突。

最后，由于超级大国出于维持它们等级地位的需要而被迫保留了数量充足的常规武器，因此为了实现和平而被明确提出的裁军要求，首先且尤其涉及的是原子武器和热核武器，随后便是导弹载具。只是此处又出现了一个矛盾：它虽然是技术原因引起的，但揭露的却是政治上的一个根本悖谬。

条约的履行情况越是无法被准确确定，违背条约带来的好处就越多，消除原子武器或热核武器就越困难。我们还记得为了限制海军军备而签订的《华盛顿条约》：条约中没有事先明确任何用以保证条约被履行的措施。五个国家——美国、英国、日本、法国和意大利——互相并不信任，它们信任的是新闻媒体透露出的消息。当时，秘密制造装甲舰被认为是不可能的事。控制德国裁军的那个委员会没有发挥完全的效力。即便如此，第三帝国公开重新开始武装的时候，德国在军事上依然是虚弱的，法国（单独一个法国或法国连同其联盟网络）如果愿意的话，它是完全有能力将意志强加给德国的。

不论是在原子弹还是在载具方面，都不可能存在这样一种 **理性保证，即通过让两个超级大国承诺销毁这些武器的一纸协** **约，就能保证它们遵守条约。** 没有人知道美苏两国将核弹藏在了何处。倘若超级大国真的决定违反条约，坚决保有部分热核弹头，那么，即便准许核查官员在两个超级大国的广袤领土上到处自由活动，他们也没有任何机会发现这些武器的藏匿之处。就目前的状况来看，可以用于掩藏的策略要比可以用于核查的策略多得多。

消除载具，同样也不可能。位于地下的发射基地很难被侦测到。即便真的销毁了载具，随便哪架民航飞机，在经过改装后或者根本不需要改装，就足以运输原子弹或热核弹。最后，化学战和细菌战的战备还更容易伪装。主要国家都拥有毒气弹储备，毒气弹作用于神经，要么让人几乎即刻死去，要么让人多多少少暂时瘫痪。在没有原子武器、热核武器或放射性武器的情况下，大规模杀伤性化学武器依然可以被使用。

　　然而，**欺骗偷漏带来好处的增加速度不比控制上遇到困难的增加速度慢**。假设超级大国中的一个，在签署了销毁所有原子弹和热核弹的条约后，成功地藏匿了这些武器中的一些而没有销毁它们，那么这个国家很可能有着以此而成为世界之主的信念或幻想。限制海军军备的条约之所以能够签订，是因为所有国家都几乎肯定条约能被遵守，而且少数的违约行为所造成的后果也是有限的。全面裁减核军备的条约永远也不会被签署，一是因为要想控制这项条约的履行情况根本就不可能，二是因为欺骗偷漏所导致的后果严重得无法估量。如果违背诺言就能得到建立世界帝国的回报，那么没有人相信对手会诚实。

　　对于那些反复思考过这些问题的人来说，这些论述会很有说服力，这使得以裁军求和平的论点同以恐惧求和平（普遍而持久的）一样，它们的信徒都不会很多。而且，认为只要各个工业社会没有用以互相战斗的手段，它们就会拥有和平生活，是一种很奇怪的想法。同样奇怪的想法还有，认为只要这些社会在短时间内自己把自己的手段摧毁了，它们就将拥有和平生活。这两种看法虽然看似相互对立，但实则犯了同一个认识错误。以恐惧求和平的学说认为，可以通过让最弱小的国家拥有给最强大国家致命一击的能力来实现国家之间的平等。以裁军求和平的学说认为，可以通过让最强大国家丧失制约最弱小国家的能力来实现国家之间的平等。对超级大国而言，这两种平等中无论哪一个都无法或不可能让它们接受。

这两个学说还有另一个共同点：它们都让人去设想这样一种国际体系，在这种体系里，和平能够自动获得保证，也就是说，不需要人们的干涉和自由决定就可以保证和平。为了让存在热核**自由否决权**的世界看起来不那么让人难以忍受，它们还假设了一定数量的**理性外交人**（homo diplomaticus）的存在。为了让每个国家都不拥有武器的世界看起来安全，它们假设，公民和国家下定决心不再诉诸武力，传统武器和现代武器全都被扔进了废铁堆或被沉入了海底。这种看法没有把政治家（个体的或集体的、公民的或国家的）考虑在内，这不但不合情理，而且还很荒谬。因此，不存在什么确实可靠的"诀窍"——军备或裁军——可以保证暴力的、四分五裂的人类拥有永久的和平。

如果比起恐怖平衡来，普遍的全面裁军不是取得永恒和平的秘密窍门，那么军备政策，就像对热核战争的恐惧一样，它对冲突的爆发风险和冲突的特征也有影响。我们在驱散了以恐惧求和平的幻觉后主张的看法是，对战争的惧怕可以成为理智行事的开端，同样，我们在驱散以裁军求和平的幻觉后，也没有排除将军备政策作为影响和平与战争的一个因素。

只要军事主权仍然多元，就不可能就裁减军备对维持和平有利还是不利下断言。对一种武器装备（装甲舰）进行限制，其作用是转移军备竞赛的具体方面，而不是消除军备竞赛。如果大国中的某一个（如美国），在和平时期将自己的军备削减到了与其潜力不相称的水平，这就相当于在变相鼓励与之敌对的国家无视它可以动员的力量以及它在反对敌对行动上的决心。同样，如果一方阵营没有重新武装或武装得不够迅速，而它的敌对阵营又恰在此时开始了一次大规模的军备扩充，在这种情况下对劣势的接受通常会从根本上加快而非防止冲突的爆发。纵观历史为我们提供的国际体系的例子，从长期来看，力量均衡从来就没有真正阻止过战争的爆发，反倒是对不均衡的共识有时候会加速或导致某个并非必然，或就当时而言并非必然的冲突的实际爆发。

从历史上看，那些看似对减少暴力最为有利的军备政策其实都是些限制性政策，它们都不是某个单方面决定或共同协商的结果，而是主要行为体心照不宣的共识。《华盛顿海军条约》或英国和希特勒在1935年签署的条约，即便从最宽尺度上讲，它们对当时事件的发展进程也是既没有有利影响也没有不利影响。人们曾寄希望于通过限制军备竞赛来避免引发的那两场战争——美国与日本之间的战争和英国与第三帝国之间的战争——都爆发了，而且爆发的日期都可能没有受到条约的任何影响。相反，在19世纪，欧洲国家或多或少都有这样的共识，即不论是在和平时期还是在战时，永远都不要实际地去把理论上可以动用的一切资源用到极致。

这些在限制军备方面达成的心照不宣的半自觉共识，对于我们呼吁的"减小历史暴力规模"才是最有效的，这点几乎不言自明。国家有时候只能够或只愿意动员理论上可以动用的一切资源中的一部分，原因有三：国内政体限制了动员，或是执政者不相信灾难已经临头而不愿意动员，又或是执政者并不认为将要发生的冲突会带来严重的后果。在部分动员情况下，敌对冲突的发生频率会更低，而且带来的生命和财产损失也会更小。

相反，如果裁军或单方面扩军不足而引起了力量分布的不均衡，这会鼓励对自己地位不满意的国家或阵营主动扩充军

633

备。至于那些限制军备的条约，它们不过是表达执政者或人们心怀恐惧的象征物罢了。当人们害怕战争且隐隐察觉在国际层面上有着十分严重的对立时，裁军会议就会大大增加。不论这些会议有没有结果，它们都无法治愈邪恶，也就是说它们都无法矫正国家之间存在的那种并非人为但真实且有发生根据的敌对关系。

一项军备政策，无论它的内容是扩充军备还是裁减军备，我们都不能从抽象理论层面评判它，而是应该根据具体情势给出判断。① 军备政策本身没有好坏之说，它的好坏仅仅是相对于情势、现有领土状况、某些行为体的野心，以及修正国和守成国之间的力量对比关系来说的。这一原则在热核炸弹和弹道导弹的时代发生了怎样的变化呢？事实上，它依然有效，只是它在应用上比以前更加复杂，而且还包含了某些新的方面。

传统的军备政策有时会以防止战争为目标，然而一旦战争爆发，军备政策就总会以赢得胜利为目标。就目前而言，两个超级大国采取的军备政策看起来像是在无视胜利，或者说好像不怎么关心胜利，似乎这些政策的唯一目标就是让非战状态（至少是非热核战争的状态）永远延续下去。从威慑完全取代防御这点来说，一切看起来就好像是行为体将和平与胜利混为一谈，而不去关心如果威慑不再有效，未来将何去何从。然而，我们不会认为这种策略是理智的，因为军备政策就该尝试减小暴力规模，在战争爆发时就更应如此。

---

① 不言而喻，这一主张意味着我们要根据战争或和平的发生概率以及暴力规模去判定军备政策。从经济上或道德上说，裁减军备可以说本身就是件好事。

以前我们会说，"减小暴力规模"意味着降低战争的频率和烈度。但是，历史证明战争的烈度有时候反倒会因为战争频率的下降而上升。1914年以前，欧洲社会曾经在差不多半个世纪的时间里保持了和平，至少欧洲大陆是如此。在欧洲各国内部，个人的安全比以前任何时期都更加有保障。政党之间的竞争，也没有或几乎没有借助物质力量。甚至在罢工中——一个社会群体通过这种制度手段来试图限制另一个社会群体——也很少有打架斗殴的情况发生，酿成人命的惨剧就更少了。和平时期对社会安定起到积极作用的是生活条件和行政管理中的团结精神，它们在靠武器说话的战争时期就成了有利于人力、物力资源动员的积极因素。政治权力在维持公民之间的和平状态时获取了力量，与此同时它也获取了对付外敌的力量。

634

热核武器的使用却改变了频率和烈度之间这种传统的二律背反关系。威慑战略，正如英国在1957年的白皮书中所述，亦如加卢瓦（Pierre Marie Gallois）将军一贯辩护的那样，它意味着热核战争**有可能**永远不会爆发，不过它也意味着一旦热核战争爆发就**极有可能**同归于尽。

然而，除了极少例外情况①，观察家们几乎无一例外地认为，以一场相当于自杀的战争相威胁，这样的威胁不能被用于所有场合。热核战争越是恐怖，用它来实施威胁就越说不过去，使用原子或热核武器的武装冲突就越不可能发生。

这的确是我们这个时代的国家决策者不得不面对的头等困境：他们是想拯救战争本身，还是想将人类从某一种战争（热

---

① 加卢瓦将军就是一个显著的例外，此外他还声称，可以通过让所有国家都获得原子武器或热核武器来阻止一切战争的发生。他用成比例威慑作为论据论证了自己的观点。

核战争）中拯救出来？他们是否想要消除常规武器和原子武器之间的区分——因为一旦这些武器能够用在随便哪种冲突上，就再没有人会使用任何武器了？又或者，他们被说服认为国家都还不够成熟，还无法做到和平解决它们的争端，因此他们保留了交战方为了有限利益使用常规武器互相攻伐的可能性？到目前为止，西方国家在欧洲范围内选择的是第一个主张，在其他国家则选择的是第二个主张。就一般意义而言，我觉得第二个主张从概念上来看最理智。第一个主张存在一个根本性矛盾：**我们不能一方面说热核牺牲过于恐怖，因此就不会有人去挑起这种战争，另一方面又去指望热核战争的威胁在无论哪个场合都奏效。**如果第一个主张是真的，那么国家决策者便会不相信别国郑重其事做出的威胁。

　　让我们重申一下我们在这一节中试图确立的两个观点：其一，想在现有国际体系里进行有控制的裁军，并以此剥夺两个超级大国的大规模杀伤性武器，这也根本不可能；其二，想用威慑战略（即以使用热核武器相威胁）来最终消除所有武装冲突，即便是原子俱乐部成员国之间的武装冲突也不例外，这也根本不可能。要想把"减小暴力规模"这个传统目标转化成行动，**就意味着要顶住困难寻求一种政治－军事行事方式，根据这种行事方式，两个超级大国愿意，在没有哪方会因为冷战取得优势的情况下，把那些能够让它们不由自主地卷入它们不想开展的那场战争中的风险降到最低。**美国学者建立起一个新概念——军备控制（arms control），他们用它来指代一种行事方式的军事方面，这种行事方式符合敌对双方的共同利益，它在没有让任何一方陷入失败境地的同时又让双方都免于去开展一场两边都害怕的战争。

这个概念的法语表达是 "contrôle des armements"（对军备 635
的控制），这个表达相对于英语原文出现了歧义，因为这个法
语措辞暗示要通过国家之间达成协议来控制军备，而美国学者
想要用这个词指代的却是国家为了在热核时代减小暴力规模
（主要是预防热核战争的爆发，但也不仅限于此）而采用的不
论单边还是双边的一切手段、不论含蓄还是明确达成的所有协
定。然而，预防热核战争，就是尽可能地去减少因先发制人、
误会、技术或人为事故、战争升级、某个小国的阴谋诡计而导
致的热核战争爆发的风险。战争爆发风险随着整体局势、力量
对比关系和双方可使用武器系统的变化而变化。这还不是全部，
"对军备的控制"所包含的措施在有限战争情况下——不论战
术核武器有没有被使用——还以减小暴力规模为目标；最后，
这些措施要以"限制暴力规模"为目标，即便是在假定装备了
热核弹头的弹道导弹已经发生交火的情况下，也就是说要从根
本上维持敌对双方的相互沟通，以便让它们能够通过双方达成
协议或一方屈服投降的方式结束对抗。

这种设想下的对军备的控制，如果用"军备政策"、"掌握军
备"或"军备和裁军政策"这些术语来描述的话，会更贴切。实
际上，其主导思想在于，和平时期的所作所为与战争时期将会得
到的结果相互关联，军事准备和外交相互关联，我方的所作所为
与敌方的所作所为相互关联，国家的防御措施与战争（或某种特
殊的战争）的爆发相互关联。这个主导思想可以简化成克劳塞维茨
的两个原则，我在本书第一章中提过它们，即国家之间的关系无论
是和是战都具有连续性，此其一；双方行为互为结果①，在相互报

_____

① 或对抗的辩证逻辑。

复过程中战争有向极端升级的危险，此其二。然而，比起过去，这两个原则因为时间观和武器的摧毁能力都发生了质的变化，而在我们的时代更添了一层悲剧含义。国家并非总是用它们在和平时期积攒的武器去交战，不过，在 1914～1918 年，诸国家在战争爆发后依然有时间继续动员，而且最后是中立国的参战让力量天平发生了倾斜。无论未来用于战斗的武器是常规的还是原子的，作战时间都将十分短暂。为了避免战争向极端升级，敌对必须简短：扰乱方势必造成既成事实来让自己立即进入守势，从而逼迫守成方要么采取攻势，要么听任利益失去。从华盛顿到莫斯科（或相反路径），战略轰炸机需要数小时才能到达。同样的路径，弹道导弹只需要几十分钟（三十来分钟）。至于令人恐惧的杀伤力，在 1939 年以前，武器的杀伤力就已经很大了，而现在我们在杀伤力方面取得的进步不再是程度上的，而是质上的飞跃，因为我们从几吨的当量跳跃到了数百万吨。

军备控制（假设这一用法保留了从英语翻译成法语时的错误表达）包含了或可以去包含削减军备的措施，不过在理性层面上，它也可以包含加强军备的措施：双方拥有 300 枚坚固的弹道导弹的情况比起仅仅拥有 100 枚的情况，更能给恐怖平衡带来"稳定性"。因此，美国人所说的军备控制其实是一种国家防御方式，它被一个或多个友邦国家或敌对国家所采用，为的是在不削弱任何一方在面对可能发生的侵略时拥有的安全保障的情况下，让每个国家及所有国家整体都能在应对各种战争威胁时获得最大的安全保障。简而言之，它是一种混合了扩充军备和裁减军备的政策，其目标是实现全人类对致命武器的控制。如果仅仅存在一个军事主权，一个人类单元的话，那么至少从理论上来看，这个目标轻而易举就能达到。然而，在主权多元的情况下，如果每个主权单元在考虑竞争中所要采用的措施时，都更多地从自己的利益出发，而不是以体系的共同利益（即避免热核战争爆发）为准来考虑的话，人类对致命武器全面且长期的控制还能实现吗？

三 寻求稳定

在这样的提问方式下，对于"什么样的军备政策能在冷战尽可能开展的同时不让冷战恶化为热核战争"这个问题，美国学者们的回答几乎异口同声，他们给出了这两个主要答案：一是限制核俱乐部成员的数量；二是确保反击装置坚不可摧，以便不让侵略者在认为自己不会受到惩罚上心存幻想。

当我写这本书时，即 1961 年到 1962 年，停止核试验的磋商已经进行了多年，我预见它会失败。在实际延缓试验三年后，苏联于 1961 年开始了新一轮核试验，而美国也效仿了苏联。质量军备竞赛的速度加快了，但在 1962 年秋天发生了古巴危机，那之后的 1963 年，磋商再次开启，而且两国很快达成了一项关于停止核试验的条约——尽管这个条约从两方面上看都只是一个不彻底的部分条约：其一，地下核试验没有被禁止，因为条约要求现场核查，而苏联坚决拒绝现场核查；其二，任何签字方都有权中止条约，只要提前三个月通知就行。事情的进展如下：先是 1958～1961 年毫无结果的长时间磋商；然后是两个超级大国分别单方面宣布延缓试验；再后来，苏联突然重启试验；最后，在莫斯科领导人决定停止试验的情况下双方很快达成协议。这一进程不但意义非凡，而且很能说明问题。

在此，我不再详述肯尼迪总统及其幕僚为什么会希望签署一个中止核试验的条约（阻止或延迟核俱乐部的扩大、建立第一种核实或核查机制、为达成内容更广泛的条约创造一种有利氛围）。我们其实已经解释过，为什么法国的执政者在承认了对人类共同体负有义务的情况下依然有可能非恶意地判断（拥有核武器）为**他们**国家带来的好处要比它给那个被认为具有整体性的体系所带来的坏处更重要。凭什么在迎接了第三个成员国后就关闭核俱乐部呢？为什么不能在迎接了第四个或第五个成员国后再关闭呢？

关闭核俱乐部大门的理论，尽管看似理性，然而至少就目前的情形来说，根本就不切实际。不管怎么说，这个理论要求国家被原子时代显而易见的事实转变思想，从而采取与它们在数千年历史中的所作所为有着**本质**差异的另一套行事方式。1963年时坚决想要拥有核武器的那两个国家——法国和中国——没有在莫斯科的那份条约上签字。中国于1964年成功试爆了第一颗原子弹，第三世界的许多国家都向毛泽东表示了祝贺，尽管这些国家一贯对核武器持的是反对态度。

1958～1961年日内瓦的外交马拉松是两个敌对国家（美苏）在试图就反对它们各自盟友这件事上达成一致：这种尝试符合逻辑，因为这两个相互为敌的国家在关闭核俱乐部大门这件事上具有共同利益，不过它们没有明说它们的意图，也没有强制其他国家服从它们的决定。这种尝试为什么在1961年失败了，而在1963年就能获得部分成功呢？对于1961年的失败，我认为可能有下面三个原因。

没有中国的同意，停止核试验条约是不可能得到执行的。一直以来，我都想知道为什么中央帝国的新王朝——如果大家觉得这种说法对历史不恭敬的话，我们也可以换个说法——为什么一个凭借自己努力赢得了内战胜利的共产党政权，会去接受永久放弃就今天而言具有决定作用的武器，要知道这种武器是可以决定，或看起来是可以决定各个行为体在国际舞台上的等级地位的。从1951年起，克里姆林宫关注的是，通过互助条约来保护中国不受美国侵略，至于让中国在台湾海峡获得采取进攻战略的手段，这不符合苏联的利益。因为从严格意义上说这符合中国人的利益，对于苏联而言这么做则有可能让中国把苏联拖入与美国的冲突中。

中国人从1961年起先后向世界公开了他们与苏联人在原子武器方面的争执、1957年双方的协定①以及1959年（金门炮战一年后）苏联单方面中止协定的行为。美国领导人和苏联领导人对它们各自的盟友——对美国而言是法国，对苏联而言是中国——所采用的言辞古怪地相互一致，不过这也符合逻辑。美国一方是这么说的："如果我给了你（法国）援助，那苏联又怎么能够去拒绝援助中国人的核计划呢？再说了，我的威慑力量是完全能够保证你的安全的。"苏联一方则是这么说的："苏联的威慑力量足以保证整个社会主义阵营的安全，而且一旦我们给了美国任何借口或落下了任何口实，美国就很难拒绝'德国复仇主义者'的请求了。"两个超级大国都为自己不让核武器扩散到盟国的行为辩护，它们的理由都是，如果自己这方让核武器扩散了，对方兄弟国就可能做出不好的反应。这么处理完全符合逻辑，甚至可以说是十分理智的。不过，先不论是否理智，法国和中国就此给出否定回答也是符合逻辑之举。我从来就不相信像中国这样强大的国家，像中国这样骄傲的民族，真的会彻底屈从于这样的劣势地位。

638

---

① 指《中苏国防新技术协定》。——译者注

在 1961 年至 1963 年之间，中国的态度没有改变，中苏冲突变得更加暴力了。两个国家的领导人甚至连团结的表面文章也不做了。苏联的抨击不再针对阿尔巴尼亚，而是直指"中国的冒险主义分子"。同样，南斯拉夫对于北京方面的发言人而言也不再被拿来当替罪羊。华盛顿和莫斯科之间达成的那纸停止核试验的条约应该被毛泽东及其同僚解读成了一种不友好的举动。只要苏联领导人还对与中国握手言和抱有期待，他们就会在签署条约这件事上有所犹豫。1963 年的事件表明，他们不再对此抱有希望。

第二个用来解释 1961 年的磋商为什么会失败的常见理由是苏联的技术"落后"。1961 年的一系列试验的确证明了苏联的专家和工程师希望改善他们的军备，尤其是想研制出千万吨级的炸弹。想要取得进步就需要在大气层进行试验，但大气层试验是无法瞒天过海的。美国方面的情况也几乎一样。很多学者、将军、国会议员都对既没有签订条约也没有设置核查的暂缓时期予以了批评，他们也希望重开试验并以此达到改进已有武器装备或取得根本性技术革新（成功研制反弹道导弹）的目的。1963 年，美国国会委员会没有经过激烈争论就以绝大多数票通过了《部分禁止核试验条约》。现在的问题在于弄清楚这个条约涉及的范围，换言之，两个超级大国承诺的是否只是暂时不去做就当时各种情况而言它们都没有理由去做的试验？而实际上，它们中没有一个准备放弃对自己武器的改进，也没有一个愿意最终放弃有朝一日只要自己认为合适就可以重开大气层试验的自由。两个超级大国都在继续进行地下试验。很可能这个条约根本没有阻止或阻滞技术人员正在从事的技术革新：垂直起降的飞机、反弹道导弹的研制、观测卫星或通信卫星、既定重量下具有更大威力的核弹，等等。这个条约也许延缓了这些进步，但它没有让两个超级大国之间展开的军备质量竞赛停止。

另外，苏联方面对核查机制怀有敌意——这是第三个原因，它被评论员无数次说到过，这些评论员希望以此来解释苏联代表在 1960～1961 年为什么没有软化立场，做出签订条约所要求的让步——而且这种敌意一直存在：当苏联的决策者下决心签订条约时，他们宁愿改变他们说过的话且让地下试验"合法化"，也不愿意同意现场核查，因为据技术人员称，如果没有现场核查，地下核试验是不可能被测知的。

这里，这个事件同样意味深长。在谈判之初，美国人预想了有限协议——仅仅是停止核试验——下的核查机制，它包括招聘高素质人才、建立观察站、每年耗费数亿美元。评论员们在心里琢磨，想弄明白：如果这样一个部分协议就需要搞这么多东西出来，那么一个全面（涉及所有武器）且普遍（包括所有国家）的协议会造成怎样的景象？"一个处于实际监控下的裁军措施，其花费很可能不比扩充军备本身所花的费用低多少。"美国学者奥斯卡·摩根斯特恩教授不无讽刺地写道。对于这样的说法，非专家的外行人所做的反应很可能是：如此假设的话，便不会有裁军。然而，如果分析一下这种反应，就会发现它完全不合理。为什么国家可以耗费金钱武装自己来对付其他国家，却不能耗费同样数额的金钱把自己武装起来抵制战争呢？

不过，这种反应的确是大众的，他们没能把裁军与减少军事开支区分开来。而且，更让人忧惧的是，连国家决策者也认为在限制军备的国际条约与需要数十亿美元来核实条约是否被遵守这两者之间存在矛盾。苏联对复杂的核查机制怀有反感，这种态度可能并非只是出于他们想要保持神秘或害怕被侦察，这种反感也许是因为他们觉得在目的和手段之间、在象征了共识的条约和象征了敌意与猜忌的核查机制之间存在一种矛盾。

不管怎么说，《部分禁止核试验条约》仅仅涉及那些无须国际核查机制插手的试验。技术向外交伸出了援手。1963 年莫斯科的那个条约就像 1921 年华盛顿的海军条约，都不可能被暗中违背。因此，没有任何迹象表明苏联人和美国人在关于核查条约是否落实这个关键点上的对立问题得到了解决。对此，还有一个经典笑话，说美国人宁愿核查也不愿裁军，而苏联人则大声嚷嚷要普遍裁军却又拒绝有效的核查方式。而事实上它们这种态度的对立符合了利益的逻辑，完全可以被理解：苏联人担心核查，是因为他们能从保密的氛围中得到好处；而不那么能够或更不愿意去隐藏自己的行为的美国人，则不打算在没有信息交换的情况下进行裁军。

因此，就物质层面而言，《部分禁止核试验条约》的意义十分有限。它没有禁止一切核试验，没有让军备质量竞赛停止，也无法让第一个国际核查机制得到实践的检验。然而，在世人眼中，它并没有因此缺少象征意义：它证明了两个超级大国在面对全面战争的危险时能够团结起来，而且这种团结比它们与各自盟友之间的团结关系还更加强有力。

正如我们所见，美国观点的出发点在于，那场让人难以想象的战争，那场没人愿意开打的战争，其爆发的可能性并不会因为其难以想象和无人愿打而减少分毫。要么因为技术事故（一个核弹意外爆炸，而敌人又错误理解了这次爆炸），要么因为管理上的意外（指挥链断裂），要么因为政治意外（两个超级大国都受到诺言约束，没有一方能够在不丢颜面的情况下让步），又或者由于心理原因（误解对方意图），两个超级大国都可能被卷入它们为之准备、用之威胁但又热忱希望避免的那场战争。

我们可以思考一下，按照马克思－列宁主义者的哲学观，他们也会像总是倾向于用技术思考政治问题的美国人一样为这场可能发生的战争担忧吗？如果这场原子破坏是事故的结果，而不是深层的力量的结果，也就是说如果它不是因为山穷水尽的资本主义走投无路想以发动一场末日大灾难来徒劳反抗的话，苏维埃学说赋予历史的理性又如何能保持得住呢？

不管怎么说，从 1955～1963 年，发生的一切似乎都在表明，克里姆林宫领导人相信能够从人类对热核战争的恐惧中获取政治利益。当赫鲁晓夫摆开弹道导弹虚张声势地威胁美国不要攻击古巴时（即便他知道，如果太过强硬，他就必须私下去减小这件事情的影响），他所炫耀的物质优势或道德优势是他实际上并不拥有的。事实上，苏联根本无法给菲德尔·卡斯特罗的社会主义共和国提供任何实地援助。摆在苏联面前的选择只有两个，要么在全球范围内找其他点展开有限行动，要么诉诸大规模杀伤性武器。当见真章那一刻到来之时，即在 1962 年 10 月到 11 月间，克里姆林宫的领导人选择了拆除发射架。他们放弃了在佛罗里达海岸对面建立中程弹道导弹发射基地的想法。

这是两个超级大国之间第一次针锋相对，也是迄今为止唯一一次针锋相对，这次对决似乎让莫斯科的领导人转变了思想，听取了美国学说。从此以后，苏联认为，美国总统在某些情况下的确有甘心冒上最极端风险的决心，赫鲁晓夫及他的后续者都公开表明会去保障世界的安全。与**德意志民主共和国**单独签订条约或无论如何都要以弹道导弹要挟，这些都不再可能发生了。从苏联发射第一颗人造卫星斯普特尼克一号到1962年古巴危机，其间的苏联似乎对自己在能动力和手段上所具有的优势很有信心，这使得它在外交上咄咄逼人。而到了1966年，国际氛围已经与五年前完全不同了。

尽管理查森①进行了研究，但没有任何证据表明，军备竞赛是导致世界大战发生的直接原因。1914年，欧洲国家没有因为国防预算或国防预算在经济中所占的重大分量而不去进行武装战斗。预算的上升很大程度上是由于弥漫着一种认为联盟之间的冲突日趋严重，总有一天它们会兵戎相见的情绪。更何况，当时德国和英国之间的海上对抗了英国与法俄同盟关系拉近的原因，这使得各个阵营更加固化，而阵营的固化就算得上是促成1914年冲突爆发的原因之一了。而且，今天这种就质量进行的军备竞赛与昔日那种就数量进行的军备竞赛存在本质差异。目前这种情况是独一无二的：军备竞赛在昨天、今天以及明天分别导致了或将会导致怎样的担忧呢？

有些人害怕，在额外花费了数十亿美元后，两个超级大国最终又回到原点，即每一方都具备给对方带来恐怖打击的能力，但又都逃不掉敌人的反击，即便这个敌人已经丧失过半的战斗力。如果发生这种情况，从经济层面上看可以说是十分糟糕，不过从政治层面上看它并不危险，因为它没有动摇恐怖平衡。耗费数十亿美元制造在未来数年后会进入废铁堆的武器，客观而言，我们也承认这种做法十分荒谬。就像所有人一样，我们也对没有把这数十亿美元用来造就其他人类伟业或不朽建筑感

641

---

① 参见第四部分第十一章。

到遗憾。然而，对于两个集团中的发达国家而言，军备预算也许会延缓但不会损害它们的国民经济的增长。印度和巴基斯坦因为相互对抗而遭受的痛苦要比美国和苏联因为对抗而遭受的痛苦大。美苏之间的对抗远远没有到让它们的国防预算把两个国家压垮的地步。

比起军备竞赛的经济后果来，大多数观察家曾经，或现在依旧惧怕的是军备竞赛引起的心理后果。军备竞赛会不会维持甚至加重国际上猜忌与担忧的氛围呢？未来的某一天，人们会不会说："与其天天担惊受怕，还不如来一个尽管恐怖却一次性的了结。"

实际上，这些担忧在最近这几年已经有所淡化。公共舆论，甚至专家观点都倾向于从一个极端倒向另一个极端，1966 年时，他们倾向于认为，恐怖平衡在热核武器的高水平上获得了稳定。人们哀悼有限战争，人们废除有限战争，人们在某种程度上相信了超级大国会明智行事，相信它们坚决不会开展致命的死战，相信它们会以灵活的方式与学说相契合。核武器是最后的救济手段：超级大国只会在关系到它们生死攸关的利益时才动用。此外，每一方也都让人觉得它不会染指那些对另一方而言生死攸关的利益。

这说明了世界舆论为什么会在 1966 年有着越南战争的情形下没有出现多少惶恐不安。从军事上说，两极局势继续保持，两个超级大国可以说已经习惯了彼此，它们以行动证明了它们的谨慎。苏联满足于自己洲际导弹的数量，而且它也知道美国拥有比它更多的同类型导弹。西方国家也没有从根本上增强它们在欧洲的传统军力。尽管没有发表官方声明，但美国领导人几乎不再将重心放在第一次核打击能力和打击敌方反击力量的战略效率上了。最后，直到现在，也没有哪一个超级大国部署了反弹道导弹防御系统或大规模的被动防御体系。

这个在继 1958～1962 年担忧阶段后的安全阶段会持续多长时间呢？没有人能给出确切答案，不过下面这两种情况很可能对此起了决定作用。军备竞赛会在未来重新开启吗？核俱乐部的扩大会不会刺激两个超级大国去做额外的努力，以便重新与其他国家拉开差距，以及它们的这种做法会不会导致新一轮的担忧的散播？

美国国务卿到目前为止依然没有采纳参议院（军事）委员会关于希望部署一个针对弹道导弹的防御系统的建议。他说，面对像苏联这种国家的强大攻击，技术上可以实现的那些防御部署在实际中的效率都很低下。由于攻击方可以增加导弹数量，而防御方没有足够的反导弹导弹来增补，因此攻击方有手段让防御方的这类防御"饱和"。这就像是一个新版本的炮弹和装甲的斗争，在其中，获胜的一方之所以会胜利是因为经济原因。

这与对付小力量——比如中国将在未来十余年中拥有的力量——时进行的防御完全不同。因此，目前美国关于防御的讨论，涉及的是如何对付中国的核力量而不是苏联的核力量。但是，无论美国针对导弹部署的防御的战略目的是什么，苏联都不会让自己在这个方面落后于人（甚至它可能已经领先了）。军备质量竞赛的逻辑实际上要求超级大国通过增强它们的攻击力量、防御力量或忍耐力将自己的优势尽可能维持到最久，直到中等规模的国家在落后数年之后逐渐获得了以前被超级大国垄断的那些武器。

尽管目前气氛轻松，两个超级大国还是很难接受让自己处于任何劣势——无论是在第一次核打击的能力上，还是在面对打击时进行报复、击退敌人和忍受攻击的能力上，它们都不愿意落后于人。苏联用数量众多的中程导弹来弥补自己在洲际导弹上的数量劣势。因此，很可能会是经济原因在促成甚或迫使苏联不得不减缓军备竞赛的进程：为了不被迅速占领，它在防御上的投入不得不占更高比例，因为它的国民生产总值比美国要小。

加入核俱乐部的国家在涉及被动防御时都有所保留，这些国家的此种态度就像是在象征性地说明，声称理性却不限制其发展的技术其实是不理性的。人们可以花费数十亿美元来减少越过国境的敌方轰炸机的比例，因为它们有能力越过由歼击机和地空导弹编织的防御网络；但在让人们为那场被公开声明有可能发生的战争做准备上，在减少战祸降临时的损失以及最重要的让人们活下去这方面上，美国却连几百万美元都没有花。我承认，尽管那些提出这个观点、赞成这么做的人对此的解释被说成理性的，但国家在这方面的保留在我看来根本就无理智可言。的确，如果双方都任凭城市人口甚至农村人口处于没有保护的状态，就相当于敌我双方互换了人质，这证明它们都有维护和平的意愿。而且同样真实的还有，如果超级大国中的一个主动实施了某个大型被动防御计划的话，行动反馈原则会导致另一个超级大国急于模仿对手，并且把重建新水平下的实力平等作为目标。然而，为什么最后这个论据——在竞赛的终点对手们会并肩而立——仅仅被认为在论证不对平民施加保护这方面具有说服力呢？要知道它也同样适用于而且有可能更加适用于论证进攻或防御武器、轰炸机或弹道导弹、空中防御或导弹防御等方面的情况。美国或者西方会比苏联更有能力把数十亿美元投在地下防护设施和食品储备上。人们说，保护平民不

643

会有什么效率。诚然，保护平民最多也就是可以减轻灾祸的影响范围，让数百万人获得更高的生存概率。然而为什么减少人口牺牲的比例就被认为没有降低越过防御网络的轰炸机或导弹的比例重要呢？人们为了降低后者的比例花费了无数金钱，而对前者却似乎毫无兴趣。

我们必须诚实地承认，当美国总统肯尼迪想要解决上面这个悖论时，美国舆论表现出来的是漠不关心或敌意的态度。一直以来都准备给为研发新型炸弹或飞机投资数亿美元的议案投赞成票的国会，对不过估计耗资几百万美元的被动防御议案却很迟疑。

核俱乐部的扩大，即被称为二等国家的那些国家拥有核力量这一事实，能够引发军备质量竞赛的新一轮增速，会刺激超级大国做出新的努力来让自己要么拥有针对导弹的防御，要么建成一个针对平民的更加稳固的保护体系。这些防御体系很可能对两个超级大国之间的原子竞争和军事竞争产生影响，除此之外，小型核力量会不会也因此而挑战了美国和苏联之间威慑的稳定性？挑战了国际体系的相对稳定性？

我不会重述"以恐惧求和平"作为普遍理论的弱点。但是，最近这些年发生的事情（1961～1966年）让我们对原子武器的扩散有了初步经验，而且还让我们由此了解了它的某些后果。美国理论家们曾经怀有的那些忧惧中的一些，似乎在今天已经处于半消弭的状态。

644　　法国属于1961年加入核俱乐部的两个国家中的一个，法国本身的安全或西方的安全并没有因为法国拥有战略核力量而得到显著改善，而且苏联和美国（或者说苏维埃阵营和西方阵营）之间的恐怖平衡也没有因此受到损害。出于纯粹政治上的原因，由于中苏分歧和东欧国家自主性的增强，西欧国家在1966 年开始不再担忧苏联入侵，甚至都不再对苏联入侵做出担忧的样子，他们顶多就是担心越南战争会扩大，从而影响到旧大陆。尽管法国指挥部高层的官方解释继续宣称会忠实地秉承大规模报复这个已经过时的学说，但这并没有让任何人感到害怕，哪怕是他们有义务用威慑去保护的人：的确，在当时，没有任何人相信会有局部的或大规模的武装攻击从东边袭来，也没有任何人相信巴黎的执政者们在侵略面前真的会去应用他们宣称的学说。

让我们把法国这个例子所带来的影响普遍化：即便假定核扩散（如果我们用这个词来形容核俱乐部扩大的话）本身就是件不幸的事，根据情况的不同，它对局部均衡和普遍均衡的稳定性而言危险程度也不一。如果加入核俱乐部的那个国家，其行事并不比超级大国更缺理性，而且它还处在关系到某个超级大国生死攸关的利益的某个区域内部时，作为一个国内意义上的脆弱的核力量，它对均衡而言不会构成什么大危险。危险很可能会发生在危机时刻或当博弈进行到生死一线之时。

法国的核力量与英国的核力量暂时一样，它们更多是一种地位的象征，而不是军事工具或外交工具。不管怎么说，对于可能成为敌人的国家而言，它们的情况是这样（对它们的盟友而言，它们的核力量是外交工具）。这种情况只可能在一种情形下有所改变，即有朝一日建立了欧洲规则，并且苏联军队跨过欧盟边境，再加上美国从旧大陆撤军。

中国的情况与法国完全不同。成功引爆几颗核弹并不等于拥有了可实际操作的核力量。目前我们能做的只是对未来进行理论思考，而且我们还无法观察到，核俱乐部中这第二个秉承马列主义的国家的加入会产生怎样的影响。1959年莫斯科方面宣布停止履行1957年签订的苏联和中国之间的原子合作协议，这是中苏关系断裂的原因还是结果？很可能它既是原因也是结果，它是两国辩证关系的一个阶段，这种辩证逻辑让这两个因意识形态和利益相通而成为盟友的国家之间成为大国之间的典型敌对关系，这种敌对又被意识形态主导的国家均怀有的那种雄心激化，这个雄心就是它们都希望自己秉持的学说是唯一体现意识形态教义真实版本的学说。无论中国想要获取核力量的愿望是否对东方集团的分裂负有重大责任，我们都不认为它比下面这个毋庸置疑的事实更重要：苏联和美国都有坚定的决心和完全的能力去预防被称为**催化**（catalytique）战争的战争危险，这种战争是由一个二流国家或穷凶极恶的第三国有意或无意引发的大型战争。装备了热核武器的国家不会以1914年7~8月欧洲国家的参战方式投身一场武装斗争，当时的欧洲国家以奥匈帝国的一个大公被暗杀以及维也纳给贝尔格莱德下达的最后通牒为战端开了战。

超级大国对核扩散的反击是双重的。随着核武器拥有国数量的增加，外交领域被分割了。尽管一场发生在亚洲或非洲的危机依然会在欧洲引起反响，但世界某个点上的武装冲突会不可避免地普遍化这点却不再是事实，而且事情越来越不会按此发生。武器使用得到限制的同时，冲突也被局部化了。不论双方主张的是怎样的战略概念，它们的实践都会越来越偏向于**灵活反应**（flexible response）。根据利害的重要性和侵略的严重性，对武力的使用会或多或少扩大规模，交战方会或多或少在暴力程度上有所提升。

在世界的某些地区，比如说在欧洲，两种学说的分歧很可能在于观念，而不是实践。当战争涉及所有卷入冲突的国家的生死利害时，在原子武器的累积使得一旦发生武装冲突，冲突向极端的升级看似几乎无法避免的情况下，大规模报复的要挟和在战争有向极端升级的危险时以灵活反应发出的要挟，这两者之间的区分开始趋向于模糊。即便是在这样的情势下，战略的根本原则（唯一能让人类在未来有一线生机的原则）是，核武器是且必须是最后的手段。核武器的阴影笼罩了国际舞台；行为体们不会不知道这些武器有朝一日真的可能会被实际使用，尽管这些武器存在的目的是影响国家决策者的行为，并以此来让武器本身的军事用途不但无效而且不可能。不过，这种威慑战略只有在满足一个条件时才会继续生效：威慑不是建立在以不设限力量荒唐地威胁别人的基础上。外交领域的分割就像渐进报复学说一样，它们都防御着核扩散带来的危险——要知道核扩散肯定会给超级大国带来危险，而且它可能对所有国家都是一种危险。

超级大国不会因此而对其他国家获得核武器这件事少了敌意，个中原因很容易理解。在我完成这本书时，裁军谈判正在进行，讨论的议题是暂停核试验，时至今日谈判的目的变成了让核不扩散合法化。再一次地，这些谈判持续了数年之久，我们无法确切知道两国在表面上对某项具体条款的分歧，到底是苏联方或美国方拒绝签字的真正原因还是它们用来拒绝的借口。

这一次条约签订的障碍更多是政治上的，而不是技术上的。不论是美国、苏联还是英国，都不会把原子武器的一切所有权赋予自己的某个盟友或某个中立国。（中国和法国同样不会这么做。）这些国家中没有一个会去帮助其他国家制造核武器。但是，美国为了维持住大西洋联盟，尤其是为了维持住与联邦

646　德国的同盟关系，它会想对某些合作方式予以保留（比如已经被放弃的多边核力量计划就属一例），而在这方面苏联人则声称——无论他们是否真的这么想——美国是在以一种巧妙的方式散布甚至扩散核武器。

《不扩散核武器条约》最终很有可能会被签订，就像暂停核试验的条约最终也以一个打了折扣的版本签署了一样。但是，这两个条约中无论哪一个，从大范围上看，它们不过是一种幻象。想要进行大气层发射试验的那些国家只要不去签订这个条约或废除这个条约就可以了。两个超级大国因认为大气层发射试验暂时不会对研发核武器有什么作用才签订了这个条约。于1966 年开始谈判的《不扩散核武器条约》没有解决任何实际问题，也几乎没有改变享有核武器的那些国家的举止。相反，这些国家还没有真正开始思考它们要怎么回应那些宣布放弃研制核武器，但也要求获得补偿的国家。如果印度不制造核弹了，美国准备给它怎样的保障呢？在未来，对同样这么做了的日本呢？

核俱乐部成员数量在1966 年并没有达到十年前人们害怕的那么多，原因有很多，最主要的有两个：其一是制造成本，其二是人们对这些武器对二流国家的效用甚至是其外交效用都有所怀疑。也许，对原子勒索的惧怕将继续消解，甚至达到让核扩散自动停止的程度。就目前来看，两个超级大国在涉及它们之间的交互关系或它们与其他国家的关系时，只在两点上成功达成了一致，那就是禁止自己继续做它们认为自己不再需要做的事，以及禁止其他国家做它们已经做过的事。

四　敌人之间协议的局限性

在美国，有两个学派的观点对立：一派赞成普遍裁军，尤其是核裁军；另一派赞成"军备控制"，就刚才我们赋予这一表达的意义而言，控制并不是前一学派的人眼中的那种全面或普遍裁军，它有时更像是维持军备而不是消除或削减军备。

前面几节的内容主要受到了第二个学派观点的启发。因为除非赞成不计代价地单方面裁军，或者除非想象一个与我们知道的国际体系有根本差异的另一个国际体系（这个体系中的国家和平共处，没有武器也没有冲突），否则"军备控制"学派的那些观点还是很有说服力的，而且我认为它们都是显而易见的事实。实际上，这些观点可以被归纳成下面这些主张。裁军或削减军备本身并非目的，而是一种手段，是在不减少最终没有避过的战争时期的取胜可能性的情况下降低战争风险的一种手段。既然这种说法对双方阵营或两个超级大国而言都是事实，那么，限制军备的协议就只可能在一种情况下被签署，那就是它不能改变双方的力量对比关系，不能给双方中的某一方带来特别显著的好处。而且，又因为至少在较近的未来，武器消失进而导致无法进行战争并由此获得和平，这样的前景依然无法想象，所以削减或限制军备的协议还不应该减弱人们对热核战争的恐惧，因为这种恐惧暂时还有助于保持没有战争的状态。最后，这些有可能被签署的协议，还应该从本质上与国家单方面采取的旨在减少由意外或误解造成的战争风险的那些决策——国家不会因为这些决策被剥夺以武力或威胁手段来达到自己的目标或威慑敌人的能力——没有差异。

在我看来，"军备控制"学派的论证——就削减、限制或核查军备达成的那些协议，不过是整个军备政策的一个方面而已，我们必须把它放到整体局势中才能得到客观的评价——就责任政治的需要而言，无可辩驳。但我们也可以认为另一个学派的论证有道理，因为"军备控制"迄今为止的确还没有能力促成任何裁军的实践。

1961年，停止核试验谈判的失败似乎具有某种象征意义。美国坚持的最低程度的核查超过了苏联的接受限度。五年之后，《部分禁止核试验条约》签署了，但又没有把无法用远程仪器测知的地下试验包括在内。1966年，谈判的目标变成了《不扩散核武器条约》。超级大国承诺不做它们无论怎么说也没有理由做的事。它们签署这个条约主要是为了增加其他国家在获得核武器方面的困难。即便核不扩散学说能够成立，它也怎么看都像是超级大国的工具，是超级大国用来维持近似垄断地位的一种手段。

两个超级大国在关闭核俱乐部大门上达成了一致，在以避免核战争为目标上达成了一致，它们能否做到以一个正式条约公开地就军事均衡的模式达成一致呢？美国的分析家们在这个课题上做了很多研究和方案。在没有达成任何裁军条约或限制军备条约的情况下，"缓和"业已出现。

两个超级大国都没有放弃制造这些它们无意使用的核武器。对它们而言，含蓄地达成一致比公开说出它们的良好意愿更容易。在它们之间，那些心照不宣的事一旦被说了出来，在实行上就会遇到更多的困难。

让我们来考察一下相互威慑这个问题。威慑的目的是在不给予任何一方任何优势——就现有形势而言——的情况下，打消彼此的疑虑。有一个假设经常不被明说，那就是双方阵营都对消除担忧情绪感兴趣，双方都对因为意外、先发制人或误会而造成的战争风险抱有足够严肃的态度，这使得它们因为害怕冲突升级而在不同情形下放弃了本来可以为自己谋取的好处。

在我看来，这个假设完全没有被验证。昔日（1960 年），是苏联因为害怕而相信自己最终会输；今天（1966 年），也许是美国会为了自己无法再保持核优势而惋惜，正是这种优势让它能够运用冲突升级的风险来为自己谋利益。

让我们姑且认为，两个超级大国一致赞成稳定的威慑比不稳定的威慑更可取。每一方都知道对方拥有一个脆弱的热核装置，每一方都知道对方的装置瞄准的是城市，而不是己方的攻击力量，所以，对方并不比自己有更多的侵略意图。也许，这种情形从某个角度上讲是现实存在的，但为了保证这种情形的确存在且不会改变，就必须建立一套复杂细致的核查机制，而这意味着新一轮无止境的谈判。

比起停止核试验来，停止军备质量竞赛更难设想、更难磋商、更难保障。对外层空间的探索毋庸置疑会在军事领域创造出前所未见的可能性。已知的便有 U－2 侦察机——或者说能够在相当高的海拔飞行的侦察仪器——的工作已经被卫星接管。卫星的其他用途也可以想象或是将会变得可以想象。为了巩固今日技术形式下的相互威慑，空间领域的合作协议或禁止将空间用作军事用途的协议必不可少。但这样的协议，在今天还没有可能达成。等到有可能的那天，一切又太晚了。

让我们假定，我们想要通过限制双方可以使用的弹道导弹数量来稳定威慑。我很佩服那些一本正经研究最佳数量是 300 枚、500 枚还是 1000 枚的美国专家。他们在理论上争论的目的只有一个，那就是：让那些坚持裁军的人不得不承认最大限度的安全并不一定代表拥有最小数量的武器。然而，除了这点教益外，这些争论不过都是智力游戏罢了，它们和任何谈判都没有什么可被设想的关系。的确，关心能否摧毁敌方反击手段的

648

侵略国，必须确保自己在数量上具有可观的优势（至少是三比一的优势，甚至更多）。如果两个超级大国被准许拥有的弹道导弹数量过少，那么很小程度的欺骗行为就足以危及均衡。相反，如果两个超级大国根据条约规定可以拥有 500 枚导弹，那么只有很大规模的欺骗行为，即至少需要私下隐瞒 1000 枚导弹的存在，才有可能决定性地削弱敌方的热核反击装置。然而，那些想象美国和苏联的谈判代表会一本正经地讨论每个超级大国是应该拥有 200 枚、300 枚还是 500 枚导弹，每个超级大国是否应该承诺不去为自己的人民建地下掩体或不将热核导弹安置在卫星上的人，无论他们的论述多么精妙，都将像那些热衷于不计条件和代价裁军的人一样，因为过于天真而以失败告终。

谁知道几年以后美国和苏联会拥有多少弹道导弹？谁知道它们的发射架会被安置在何处？如果核查的目的是保证裁军，那么它仍旧可行，但如果其目的只是简单地维持一种在国家决策者眼中很可能已经存在的均衡局面，那这些努力似乎过度了，而且还很可笑。在把双方对对方威慑工具的了解与己方的保密工作（至少对两个超级大国的一方而言，保密是保证自己坚不可摧的一个因素）相结合这方面，还存在一些困难（这些困难很可能是可以逾越的）。

简而言之，我认为对于一个由核查机制保障的协定，任何影响相互威慑平衡的因素都无望成为它的谈判目标；核查实验室以阻止改良现有武器（让既定重量下的炸弹爆炸威力更大，制作成本更低）或研发新型武器（中子弹、化学武器或细菌武器），核查领土以确定发射架的位置，即便这些核查在物理上和技术上可行，它们也不可能为苏联接受，而且它们还违背了利益均等或不利均等的原则。失去秘密对苏联而言可谓损失惨重，对美国而言却几乎不算损失。

如果尝试换个方向，比如制订一个普遍性计划，把所有武器都包含在内，而且把直到所谓的最后一步（与国家内部安全所需相匹配的最小军备）的所有步骤都依次规定好，这么做会不会让我们更有可能取得成果？从理论上说，比起分开分析的方法，综合性方法具有一个好处：利害的大小——如果国家决策者的确期望裁军的话——不会配不上付出的努力和做出的牺牲。

然而，直到目前为止，两个超级大国似乎都还没有认真对待过有关普遍裁军的谈判。这些谈判不过是宣传战的一个方面，而且还只是一个次要方面。两个超级大国都想说服公共舆论相信**另一方**才是造成军备竞赛的罪魁祸首。当然，某些不具持久性的偶然原因也可能引出怀疑。只要苏联及其盟友在欧洲具有或被认为具有常规武器上的实在优势，欧洲的均衡就要求欧洲国家有诉诸战术原子武器的可能，甚至有动用美国的核军备优势的可能。不过，苏联在常规武器上所具的优势相对旧大陆而言，既不是所向无敌的也不是必然存在的。同样，美国在洲际导弹上的优势也并非最终定局。但下面这个问题依然存在，而且它会以不同的形式被提出来：怎样才能在维持多种平衡的同时——不但有地理上的平衡，还有不同武器之间的平衡——做到限制或削减某种武器的军备呢？

让我们假定苏联已经将自己的军队削减到一定水平，从而建立起经典的力量均衡。当有朝一日谈判目标变得宏伟之时——一个有步骤的全面裁军计划——那些在达成部分协议谈判道路上遇到的障碍会奇迹般地被自动克服吗？这就是赫鲁晓夫一再想表达的意思，大意是说，如果有朝一日西方国家接受了全面裁军的原则，那么他就会同意接受任何方式的核查——
650 在一个武装世界里，核查几乎等同于间谍活动。那么，是什么
让西方国家没有以同样的声明回敬苏联，从而宣布接受全面裁
军呢？

原因首先在于，西方的宣传风格有异于苏联的宣传风格。
西方国家的决策者对"弥天大谎"或显然无法实践的主张都十
分反感。尽管他们多次暴露出与苏联人一样自欺欺人，他们也
在自己的计划里添加了某些对方阵营无法接受的条款，但只要
他们认为自己无法实行全面裁军原则，就不会做签署的决定。
西方人认为，他们从苏联要求西方认可全面裁军原则的执意坚
持中，识破了对方的意图，苏联根本不在意这个原则本身，他
们关心的只有宣传。

换言之，迄今从细节上来说还不可能的事情，在我看来从
大致上说并非完全不可能。至于每个步骤，这需要确定具体要
以什么样的核查方法来促成削减或限制军备，来保证整体力量
均衡得到维持，将威慑平衡予以保留。为了核实停止核试验的
条约执行情况而被预想的那个核查机制让人觉得，它会结合空中
观察（为了确定发射台的位置），对工厂、实验室、军营的地面
核查，更不必说对舰只和潜艇的核查了。说实话——我不得不这
么说——美国学者们就"对军备的控制、削减或限制"这一课
题做的那些重要研究使我相信（这有悖于他们本身的意图），
任何极端的条约都是不可能达成的。对于这个让人觉得悲观的
结论，我还想补充三点保留意见。

一些削减军备的措施是可以单方面决定实行的。比如，我
们可以想见，两个超级大国中的某一方，如果有朝一日坚决想
要减少自己积累起来的原子武器或热核武器储备，它就有可能

把这些武器中一部分逐年或逐月转交给一个国际机构，条件是它的对手也这么做。起初存量上的不对等不会妨碍"单边决策辩证逻辑"下的裁军。双方都会保留——而且它们不会对自己的这种保留有所隐瞒——足够多的武器存量来保障自己依然具有实在的反击能力，即自己依然不会任凭对手摆布。

我不认为这种可以与军备竞赛相提并论的裁军逻辑——尽管它与军备竞赛的方向相反——会在不久的将来被实际应用，我也不认为它会引领人类走向一个没有武器的世界。不过目前的局势包括两个交互关系的结合，一个是战备的交互关系，另一个是裁军的交互关系（这也是我想提出的第二个保留意见）。第一个交互关系主要发生在实验室中，第二个交互关系主要体现在不建造掩体上，它们共同决定两个超级大国的军费预算。

如果我们同意把军备控制定义为双方为了预防热核战争、避免局部冲突向极端升级而采取的一切措施，那么所有国家都在身体力行"军备控制"，它们就像茹尔丹先生（Monsieur Jourdain）① 那样误打误撞上了。因为西方的战略－外交与苏联的战略－外交都是为了不打热战，不输冷战，不让局部战争扩大。既然战略－外交的目的如此，那么军备政策就不仅取决于想要预防热核战争这一意愿，或取决于想在己方存活的情况下**赢得**这场战争的意愿，还取决于想要减小暴力规模这种更为复杂的意愿，也就是根据不同情况，想要以热核反击威慑来阻止一切对武力的使用，以及以威慑来防止任何战争扩大的那种意愿。

关于控制军备的大量思考都与西方国家之间围绕什么才是

651

---

① 茹尔丹先生是莫里哀戏剧《贵人迷》（*Le Bourgeois gentilhomme*）中的人物。——译者注

最好的军备政策进行的争论分不开。比如，军备控制的目标之一，就是将可能发生的武装冲突局部化和有限化，它也是减少暴力的一个实践。然而，这个意图只有在拥有足够数量的常规武器的情况下才可能被敌人相信。换言之，双方都是通过常规武器和热核武器之间的开支分配——分配方案由而且必须由单方面决定——而对局部冲突爆发的概率或对局部冲突的限制施加影响的。

诚然，仅仅通过单方面控制军备而不达成任何谈判协定，是无法实现所有军备控制的目标的。但在尽可能地减少技术意外、人为错误、先发制人或误会引起的战争风险的情况下，与互动行为逻辑相结合的单边措施会比任何谈判开启的前景都更广阔。专家们的工作是选择军备体系，是在让热核机制不会因非人为意图或设备给出让人误读的指示而导致武器启动这一前提下，将核弹爆炸的风险降到最低。国家决策者的工作则是提前思考用什么样的手段才能打消彼此对对方意图的疑虑，怎么做到危机时期仍然保持双方的交流，甚至还要考虑如何在一场使用了热核武器的战争中让双方依然有机会在耗尽武器储备之前结束这场战争。正如美国人反复告诉我们的一样，即便把考虑推进到设想为了拯救一部分人而不得不投降的情形，也都算理智。但在这里，我们要再一次指出，在理性方面过于钻牛角尖就会与天真无异。有限化冲突需要一种对冲突扩大化的恐惧：一方打消了另一方对自己意图的疑虑，这又一定会伴随着其他危险的产生。提前知道负责指挥莫斯科和华盛顿的国家决策者们将会怎样避免陷入疯狂屠杀，又如何做到对那些威力难测的武器仅有限使用，这的确很有用，但很可能无法办到。

最后——这是第三个保留意见——军备控制只包含很少削

减军备的内容或完全没有达成任何削减军备的条约，这种情况
出现的概率并非已为定数。核查方面遇到的那些巨大技术困
难，并非一定无法克服或注定无法解决。核查永远无法提供一
个就欺瞒和战争而言的绝对安全，不过，军备政策同样无法提
供。这里，决策一如既往地对等于风险比较。就目前来看，比　　652
起恐怖平衡对现有和平带来的危险，两个超级大国的领导人更
害怕裁军和核查背后的风险。他们之所以如此评估风险，其动
机多种多样，但在我看来，这些动机都可以归结为下面这个简
单的主张：苏联人对核查间谍活动十分反感，美国人极端怀疑
苏联人及其意图。尽管存在着专家们的大量警告，但双方都不
是很担忧热核战争会爆发。不论怎么说，对热核战争的担忧是
模糊的、长期的，近在眼前的对核查或欺瞒的担忧更能抓住人
心。

　　也许，只有发生一场十分严重的危机才能逆转华盛顿和莫
斯科领导人心中的危险等级和风险选择。

＊　＊　＊

　　军备竞赛是政治冲突的原因，还是政治冲突是军备竞赛
的原因？正如我们说过的，这个经典问题没有非此即彼的绝
对答案。军备竞赛是通过武力寻求安全的结果，它象征着和
平时期的敌对辩证逻辑，它是一种以不好战为形式向极端的
升级。因此，在某些情势下，军备竞赛很可疑，它很可能会
加剧作为它自身源头的那种对抗，增加对立双方的不安全感。
双方之所以都在武装自己，是因为对方在武装自己，没有哪
一方能独自叫停这一进程：对那些拒绝设身处地以行为体自
身逻辑来看待它们自身行为的人而言，这种情形似乎很荒谬，

然而，它却很可能真正被造就出来，这种情形之所以会出现，不是由于它们彼此的猜忌，而是由于对方拥有核武器这个事实；不是由于它们彼此对对方的意图，而是由于彼此知道对方的毁灭手段。这可能就是我们身处其中的当前局势。

那些坚持"裁军"或"军备控制"的人未必一定会赞同灾祸的唯一源头或主要源头就是热核武器。事实上，一些人仅仅因为这些武器没有消除战祸，就把前所未有的灾难特征赋予热核武器。另一些人则认为，两个超级大国在立场上、权力上或意识形态上的对抗不能构成开始一场热战的正当理由，美国和苏联互相憎恨的原因主要是双方都有对方可能会给自己造成伤害这种想法；最后还有一些人，他们既不认为武器是暴力冲突的源头，也不认为它是敌对激情的源头，但他们觉得武器的完善构成了战争的一个附加且独立的原因，作为武器发展的结果，热核战争就恐怖方面而言超越了人类在数千年历史中彼此施加的所有伤害。

这三种看法都至少包含了部分的真理。即便假定大规模杀伤性武器不会增加战争的风险，它也显然增加了战争的成本，它给冲突带来了一个新面向，给激情带来了更多的尖锐和激烈，653 也许它还生成了某些战争爆发的新风险（误解、事故等）。不确定性也与**数量**有关：战争引发的担忧是否与武器和革新带来的危险不但持平而且还超过了后者呢？

不论危险的程度如何，我都看不出目前的人类有摆脱这种危险的可能。没有一个超级大国承诺不使用原子武器或热核武器进行主动出击：对西方来说，做这样的承诺需要在重新装备常规武器上再做努力，而西方国家是不会这么做的——尽管在我看来它们的这种拒绝态度极有可能是错的。

两个超级大国没有表现得好像危险不存在。相反，它们的部分行为就像是听从了那些"军备控制"拥护者的言论，它们都在想方设法维护自己的利益，而且同时削减暴力的规模，防止冲突的扩大，在不得不使用武力时仅仅使用常规武器，在危机时期彼此消除对方对自己和平意图的疑心。但是，所有这些协议——如果它们真的存在的话——都是心照不宣的，这些措施都是单方面采取的，而且它们也无法终结被大多数专家看作目前全球对抗中最严重的那个方面：武器的质量竞赛。

我没有低估军备质量竞赛的严重性，它既悲剧又荒谬。不过我想问的是：除了人心和国家本性发生革命性的巨变外，还有什么奇迹般的原因能让宇宙空间不会被用作军事用途？美国和苏联怎么可能接受放弃它们拟好的空间计划，除了共同拥有的卫星外不再去拥有其他新的卫星？为什么超级大国要去拒绝把百万吨级的炸弹升级成千万吨级的炸弹①？为什么它们要去拒绝研发氢弹（其爆炸物不是由裂变炸弹构成的，而且它能在不摧毁建筑物的情况下杀死人）？

诚然，如果相互威慑平衡已经在拥有一定已知数量的导弹的情况下获得稳定，两个超级大国也就获得了安全感。威慑平衡就不配被称为恐怖平衡了。既然美国甚至不能说服自己的盟友放弃追求热核武器，那么恐怖平衡一直没能成为超级大国之间正式协议的目标议题，又有什么好奇怪的呢？

在接下来的几年中，技术进步也许会实实在在地让相互威慑稳定下来。这种稳定是不能指望外交官来实现的。

---

① 除非专家们宣布亿吨级的炸弹"毫无用处"。

第二十二章 寻求战略（二）：
活着就是征服

西方的目的不仅在于避免热核战争，而且要赢得胜利或不被打败。如果其唯一的目标就是避免热核战争，那么妥协可能是理性的决定，是实现目标的最好机会。尽管赫鲁晓夫倚仗着热核弹头和弹道导弹进行恐吓威胁，可西方并不妥协，因为斗争的利害关系值得西方涉险抵抗。

将上述观点运用到一个具体情况中，看上去也许自相矛盾，甚至是荒谬的。为了200万柏林人的自由而冒险发动热核战争是否**值得**？实际上，任何具体的利害关系都不能与"输掉的赌注"或"虚张声势的大赌注"相提并论。可是，一旦我们同意对一切做出让步，每一个具体的利害关系就超出了其自身的意义，因为它在一定程度上关乎整体的命运。这不仅仅关系到200万柏林人的命运，而且可以说关乎联邦德国的选择（在苏联庇护下的统一和有2/3受惠者的自由之间），进而是整个西欧的命运，归根结底是西方自身及其所代表的世界的命运。

然而，怀疑论者或犬儒主义者会反驳道，保障"西方的永福"真的值得以上千万人的牺牲为代价吗？这种反对并不合乎情理。当然，如果爆发热核战争，西方也无法得救。在防御战略年代，人们或许能通过战争来拯救一个国家或一种文明。而在威慑战略年代，人们无法通过战争来拯救国家或文明，**也无法通过妥协来实现**。因此，问题在于让我们以及其他人相信，我们所秉持的价值观可能会随着西方政体和文明而式微，这些价值观也为我们给数千万人制造的危险辩护，而妥协可能会**暂时地**规避这种危险。

一　利害关系

要证明在其他时期看似明显的事情在我们所处的时代也合乎情理，这并不容易。困难不只源于热核战争带来的巨大损失，还源于众多的天主教会显要人物，源于他们的诸如正义之战的传统观念今后将不再适用的声明。因为"无辜"民众的统治者犯下侵略罪行，便"用原子武器摧毁"这些无辜的男男女女和孩子，这也是一种极端的嘲讽。（政治的）公正事业不允许使用如此恐怖的手段。再一次，西方针对此类反对意见的唯一答复是，不能让自己深陷不得已主动诉诸此类武器的境地。我们提出的问题截然不同：我们需要挽救什么来为牺牲和危险辩护？

某些人立刻反驳说，提出该问题这一事实本身就是供认。如果连"冷战的十字军战士"也终于表露其疑虑并公开诘问自己，这难道不是式微文明不再自信的无数迹象中的又一指征么？而我认为，我们提出该问题这一事实的意义完全相反。仅一枚热核炸弹造成的死亡人数就比德国炮弹、炸弹和子弹在几年战争中杀戮的法国人还要多，在这样的时代里，也只有狂热分子和野蛮人才能对战争的正当性不闻不问。面对热核战争的危险，却不会时不时思忖"是否存在唯一的事业能与其危险相称"，凡是这样的人都不配称为人类。

我们坦率地自省，铁幕另一边的人却可能没有自问的权利，这种对比是我们当前的话题"西方的防御与例证"的最好引言。在第十八章中，我尽可能**中立地**分析了**敌对的伙伴**。我并不是以一位参与其中的西方人的身份来写作，再者，我没有站在任何一方的立场上来书写，既不采取批判美国的欧洲人立场——他们自知仍然与美国休戚与共，也不采取印度人的态度——他们更倾向于西方而非苏联但更惧怕苏联而非美国。此外，我也不奉行各种不结盟国家纷繁多样的立场。实际上，我以"纯粹的旁观者"自居，理解和判断全部立场构成的整体，这一抱负得以精心掩饰，因而更加宏大。可是，我确实不是这位"纯粹的旁观者"，归根结底，"纯粹的旁观者"遗漏了部分要点，遗漏了人和国家赋予其存在的意义。

只要我们比较铁幕两边政治体制与经济体制的结构和功能，就最容易，而且在某种意义上最有必要注意到它们的利弊：一面是集中计划，另一面是国家干预调节市场；一面是垄断性的意识形态政党，另一面则是基于宪法的多党派竞争。我个人认为，即便在社会学层面，就双方宣称追求的价值而言，西方体制总体上优于苏联体制，后者的优越性主要与权力相关（保持高投资率以及集中投资某些关键部门的能力等）。然而，我也要承认我个人的偏见或嗜好会影响对偏好的判断。总之，我承认总体上或理论上更加可取的某种政体未必总是此时此地的。或许在某一特定情境中，更为可取的体制并非我们比较两种理想体制所得出的那个。当缺少企业家和信贷机制，而只有国家及其官僚才能推进工业化时，垄断性的意识形态政党的体制可能是完成历史必然任务最不蹩脚的手段。

然而，这种思考方式，即使用于经济体制之中，也会引起些许担忧（不管怎么说，人的生活同时也是经济主体的生活，而生活正是由体制决定的），而应用于政治体制中时，则忽视了现象的本质方面。当然，一党制和多党制能够被视为同一问题的两种典型的解决方案，也可以被视为民主合法性的两种在逻辑上可以接受的阐释，还可以被视为执行相同职能的两种方法，我们可以在这些基础上来对两种体制进行分析和理解。既然权威源自人民，那就要么由人民在候选人中推选领导人，可能的选择的多元化将是自由的证明；要么人民以欢呼投票的方式认可某一政党的权力，这个政党明白、诠释并且实现大众的真正意志（或是一个阶级的意志，其意志具有历史绝对性）。在这两种理想的情况下，统治者与被统治者间保持交流对话；在这两种情况下，被统治者都感到他们在服从自己的代表，统治阶级也都意识到他们身份的合法性；在这两种情况下，政治阶级都是从一个政党或多个政党中招募产生的。

更进一步来说，理论上，两种体制都不能保障执政者与百姓间的对话交流，二者都不能彻底地阻止沟通的断裂、少数人的专制、享有特殊威信领导人的无限权力，以及人民与权力的相互异化。人民的参与度若低于某一下限，那么，即便是真正自由的选举也会巩固寡头政治。人民和寡头政党间的敌对若超过某一界限，那么民主的想象将荡然无存。

以公平之名将民主合法性现有的两种方式置于同一层面，这一做法并没有否认我们赞同或反对某些政治制度的理由。与经济制度相比，政治制度不过是生活方式本身的一个方面或一个部分。然而，这两种政体作为个人和集体的生活方式是迥然不同的。它们并没有分布在由少至多的梯度上，而是处于相反的两端。

两个阵营所倚仗的**民主合法性**不能也不该在所有集体中靠 657
同样的制度来实现，而只有当制度具备**合宪性**、**代表制**或**个人自由**中的某一种观念时，才能公道地宣告其合法性。执政者的选举和行事要循规蹈矩——并非任何人都能掌权，掌权人也不能为所欲为——民众感到执政者是他们的代表，执政者也谋求成为民众的代表，而且每位公民都能在法律规定的范围内随心所欲地去行动和思考。在我看来，正是这三个观念构成了民主的合法性，在理想的民主中，三者互为补充，而在任何一种现实民主中，三者是相互分离的。如果三者均未能大致实现，那么声称民主的政体就是欺骗。故意欺骗也好，无心欺骗也罢，骗局仍然存在。

苏联式的一党制，在其发源国仍然不是符合宪法的，它并没有首脑死亡情况下的权力交接机制。大清洗时期颁布的宪法确保尊重知识和个人的一切自由，而实际发生的事情与宪法的规定间并无明显的关系。时至今日，苏联主席团的成员也基本不是中央委员会的代表，后者只是在极为宽泛的意义上代表党员。我并非意指党员反对中央委员会，我感觉不到他们间的交流：我只是想说，目前党的领袖选择了被视为代表百万党员的那些人，而不是百万党员选择他们的代表。总之，苏联人被剥夺了各种具体的自由——出国旅行、任意收听外国广播、自发地创作或绘画。从前相对开明的独裁者的臣民所享有的自由，而今被"解放"的无产阶级却无法享有。

将所谓的人民民主政体称为民主的，就是滥用词语，或姑且更为谨慎地说，就是承认同样的词在东西方的意义是不同的。然而果真如此吗？1956年，匈牙利人和波兰人惊人地表示，他们仍赋予"部落这个词纯粹的意义"。事实上，苏联人无论在公开场合还是在私下里，无论是正式地还是秘密地，都没有将我们所谓的不自由视为自由。

苏联式政体首先用"为了人民"，甚至是"由人民"的套语来为自己开脱。党的绝对权力，或者说无产阶级先锋队的领导作用，并非被描述成正统的民主表达方式，而是被说成历史的必然。在异质的阶级社会和同质的未来社会之间①，政党以无产阶级的名义实行专政。同样，继承或决策的非合宪性，以及代表的非选择性都不能作为最高合法性或最高意愿的代表而被颂扬。1936 年的斯大林宪法、一致欢呼通过或党的代表大会这些形式，就是罪恶向美德付出的代价，也是最好的证明。人们是否会认为这是对宣传或是资产阶级所做的妥协？可是，这些妥协，如果它是宪法或选举的目标所在，就再次证实了苏联领导人相信他们的人民与其他各族人民一样所赋予民主合法性的意义。苏联人与美国人一样，并没有将党的至高权力等同于自由；对警察的恐惧是恐怖政策而非人道主义的实现。正如日丹诺夫（Jdanov）强制推行的主义，是专制而非自由。

　　在我看来，积极分子和领袖信奉的这套虚幻体系的真实理论正是历史理论。如果苏联拒绝并废止了资产阶级的多元政党和自由选举，并不是因为它将一党制和权力伪造的选举视为比民主本身更高的形式。可是，按照马克思－列宁主义的历史观点，西方党派的多元化掩盖了垄断资本主义的专政，而只有共产党才能打破这一专政，开辟一条没有阶级的社会的道路。

　　然而，这些对西方的断然谴责和对自身的含糊辩解所依据的历史哲学是错误的。因为苏联人的哲学与事实不符，他们终于逐步地建立了一个特别的虚幻体系。资本主义以生产资料私有制为特点，社会主义的特征则是计划经济；党的权力等同于无产阶级的权力；随着生产资料私有制和资本主义的消失，一

658

---

　　① 此处使用的同质和异质，取其常用语中的通俗意义，而非同质或异质体系中的具体意义。

切异化也随之消亡；一旦建立社会主义，社会便不再有阶级之分，也不会有国家意识：这些正是构成意识形态框架的主要命题。然而，我认为这些命题大体上站不住脚。党并非无产阶级的；废除私有制并不会消除经济和社会的不平等。不论经济组织多么富有成效，都不能消融国家所必需的政治秩序。

我可以想象怀疑论者的暗笑和"左派知识分子"的蔑视，左派知识分子自诩为社会主义者，他们坚信苏联集团承载着人类的希望。为了加重我的罪行，我将自己的想法和盘托出：那些倚仗启蒙运动的传统、自称"人道主义者"的知识分子，他们或保留对苏联的同情，或拒绝区别两个巨人（或野蛮人），在我看来，他们就是感染了堕落的道德观念。在本质上，在极权社会与自由社会之间，一个人若没有依附新的信仰而选择前者，或是只觉察到二者间的细微差异，便是对基本的价值观视而不见。

希望大家能好好体会我的意思。西方社会并非十全十美，甚至可能在某些方面还不及苏联社会，特别是当我们将美国与苏联进行比较时，也许美国在实行种族平等原则上较之苏联有更大的困难。任何事情都无法阻止可能某个观察家对大西洋彼岸的广播电台的厌恶甚于对铁幕背后的政治性电台的厌恶。然而，批判美国文明是这一文明自身不可或缺的部分——苏联文明则不是如此——况且，美国并未靠辩证的手腕将政体的负面转换为正面。人们对垄断者（或大企业）所持有的权力份额议论纷纷。但是，任何一位美国理论家都不会认为垄断者的权力越大，民主发展就越充分。**在苏联方面，这种价值的倒置才是政体之基，因为其政党等同于阶级，党的领导等同于自由的实现**。鉴于此，把党（或是作为党的化身的几个人或某个人）奉若神明符合心理和逻辑的需要。应当美化政党，这样个人在服从政党时感觉是在服从最高理性。马克思和最初的马克思主义者将使命托付给无产阶级，倘若历史没有将这一使命移交给党，为何只有党的专政才能解放无产阶级？可是，党一旦成为神圣不可侵犯的，就能够将其意志立法。社会人是完整的人，而党是社会人的主宰和拥有者。一个自诩造就人的全体性政权是"极权主义"，其专制本性绝非偶然，因为它建立在一种错误的哲学之上。

我还明白持怀疑态度的读者会用历史先例来反驳我。法国大革命在某些时候，或者它的某些表征也是"极权的"。同样，它也与教会做斗争，因为它源于宗教启示（就"宗教"一词的宽泛意思而言）。天主教会也批评大革命与传统的教义格格不入。大革命会像一切历史运动那样丧失影响。它最终产生的制度——权力平等、个人自由、普世公民、代议制政府——不仅未与天主教教条背道而驰，而且表现出与天主教的启示相吻合（至少与这一启示的某些倾向相符）。为何这次的苏联革命就有所不同呢？苏联革命最终将产生的某些制度——计划经济、加速工业化、个人的社会权利——对我们时代的所有政体都有一些借鉴意义。马克思 – 列宁主义将逐渐被废弃不用。苏联人将抱着冷漠的态度向卡尔·马克思的雕塑致敬，正如失去信仰的天主教徒在步入教堂时，仍然会画十字一样。

这种思维方式已成为，或者说差不多已成为西方**知识分子界**的准则。这种思维方式在于从今起，站在那些将我们正在经历的事情作为往事来评判的人的角度来思考。这种思维方式掺杂了某种通俗化的马克思主义，贬低了一个历史运动的深层意图，而且认为只有从这种运动中产生的制度才是实实在在的。

换言之，它建议我们无须认真对待苏联的体制，因为它不过是计划经济的"意识形态颜面"，而且在我们后辈的时代终会消失殆尽。

极权主义信仰或意愿终将衰竭，我们不情愿否认这一点，尤其当我们认为极权政体违背了人性的永恒驱动力时。然而，我们不会就此得出存在于宇宙万物之内的教条主义，以及创造完整的人和全新的人的追求不过是上层建筑或空想。苏联社会是由一套制度及其缔造者形而上学的意图构成的不可分割的整体。或许，某些制度脱离了促进和歪曲的意图依然能幸存。但目前，我们还不能认为这种分离已经实现。我们的职责是与我们谴责的事物做斗争，而非提前僭取纯粹旁观者的特权，就像我们不久的将来已成为我们遥远的过去。应当由我而非我的子孙后辈来慎重考虑。倘若我的后辈们并不认为极权威胁事态严重，也许我应当消除威胁，以此来帮助他们实现超脱。然而，祈求未来的超脱，实际上就是为怯懦或无动于衷寻找托词。

二 目标

然而，反对我的人，即我自己，能够无视经验教训吗？现如今，有多少史学家能够赞同斯巴达人和雅典人手足相残的疯狂？或者甚至是赞同父辈们在离我们更近的 1914～1918 年同德国人的战争？有多少史学家颂扬罗马帝国的美德，却不顾征服者所使用的手段？那些被征服的人在经历几代和平之后，是不是还不能接受他们的命运，甚至在几个世纪的野蛮时期，仍保留着对消逝帝国的眷恋之情？在同一个文明圈的内部，亲缘集体间的殊死之战或征战：旁观者在回顾过去时所做出的判断与行为主体激情相结合的例子几乎不存在。为什么我们的战争有所不同？为什么我们就不应该考虑这些？

实际上，我们应该考虑这些，并且充分意识到我们战争的**对象**，意识到我们为何而战。我们在分析当前局势时，常常注意到**不对称**的现象。西方并没有剥夺那些公然支持敌方阵营的人的法律权利。除了个别例外，西方并没有受敌对逻辑的影响，一味效仿其敌人，它几乎没有强行限制公民的自由，而这些限制在苏联政体看来是正常且不可或缺的。西方有多个发声渠道，而苏联只有一个。在面临国际危机时，西方各国都会表示它们的不安与迟疑；苏联常常使用多种说法，威胁与承诺并用：所有的手段都靠单一的意志来协调。

在最高层面上，这种不对称表现在战争目标和战略目标上。我们没有理由怀疑，苏联集团领导人的思维仍然不会跳出马克思主义的框架，正如列宁和毛泽东对其所做的修正。在他们看来，两大阵营交恶不过是世界革命的一个方面和一个片段，是资本主义向社会主义过渡的必由之路。美国是唯一能与苏联相抗衡的大国，可它同时也是资本主义的最高表现。它既是苏联的**国家**敌人，也是社会主义世界的**意识形态**敌人。

因此，按照马克思－列宁主义的哲学观，两个超级大国的对抗并不等同于两位候选人的王位之争或帝国之争，这一对抗融入革命改造的过程中，在其中某一阶段，它是革命性变革的外交表现。通过划分势力范围或是基于"活着并予他人活路"的原则所签订的持久协定，并不能结束这种对抗。和平共处只是也只能是"旷日持久的冲突"中暂时具有的特别模式。西方倾向于承认和平的优先地位（尽管是无意识的），但在面对冲突时，这是和平的解决办法或安排。马克思－列宁主义者承认，在社会主义最终全面传播开之前，（有益的）冲突在所难免。

661

西方人乐于满足不分胜负的和平：若苏联人打消摧毁西方的念头，那么西方会乐意让苏联人随心所欲地生活，西方会放弃被苏联红军"解放"或"征服"的民族，而不会感到太过内疚。然而，苏联人甚至无法想象不分胜负的和平。只要资本主义阵营依然存在，和平就无法得以保障（因为资本主义的本质是帝国主义），冲突不得不延续，这并非人们意欲如此，而是由历史法则所决定的。如果这便是目标的不对称性，那么西方岂不是事先就输了？

这正是一个美国学派所秉持的信念。他们近期出版了一本著作，书名是《美国的前进战略》①，由罗伯特·施特劳斯－于佩（Robert Strausz-Hupé）、威廉·R. 金特纳（William R. Kintner）和斯蒂芬·T. 波索尼（Stefan T. Possony）合著。几处引文可以表明该书作者认为西方应当制定的战略目标。"一切美国'重大战略'的优先目标，毫无疑问就是保护和巩固我们的政治体制，而不是维护和平。实现这一目标，可能需要，也可能不需要在全世界建立与我们体制相容的体制，但必然需要在世界上某些关键地区维系或建立与我们相容的自由体制。"②

既然美国的首要目标是**延续**其政治体制，那么撤守防御美国的战略就是不可想象的，因为在一个统统"皈依"苏联政体或某个极权政体的世界里，美国不可能保存它的自由制度。

可是，美国应当满足于这一相对的胜利，即确保其国家的生存吗？

---

① *A forward strategy for America*, New York, Harper, 1961.
② *Ibid.*, p. 402.

我们面对的主要决策如下：我们应当接受某种形式的共产主义的共处概念，还是应当促使共产主义最终败亡？如果我们选择第二个行动纲领，我们就必须决定，是该指望共产主义因为内部腐败或彻底的变革这类意外事件而失败，还是该多管齐下来实现这个目标。我们必须决定，消极的观望战略是否并不会涉险延缓共产主义的衰落而加速我们的式微。而且最后，我们必须决定为什么我们一定要战胜共产主义。这是因为我们希望用另一种经济秩序代替它的"经济秩序"吗？抑或是，我们试图推翻某一政治体制，将共产主义的知识分子集中营夷为平地，并且帮助共产主义阵营的人民获得自我管理的权利？又或是，我们相信共产主义尽管当前充满敌意，但倘若我们活得足够长久，就能看到其继承体制与之相比少一些执拗，并以此信仰为基础来确定我们的政策？所有这些意识形态共鸣一旦被消除，我们的政策就应该建立在以下前提之上：我们无法承受一个能力不断壮大、意志坚定、要将我们摧毁的政体存在。除了采取加图式战略（力主毁灭迦太基）外，我们别无他法。[1]

还有一处表述同样清楚明了：

我们认为，像封闭社会和开放社会那样根本对立的体制要持久共存是不可能的。明日，世界会更加狭小，再也不能承受无限期地被铁幕和竹幕分割，正如林肯时代的美

---

[1]　*A forward strategy for America*, New York, Happer, 1961, pp. 405 – 406.

国联邦不能继续半奴隶半自由地生活。①

这两处引文至少指明了西方在寻找战略时提出的所有问题。首先，将美国的生存——政体及国家主体——定为首要目标，这是简单且正确的。实现这一目标需要具备哪些条件？我们援引的作者代表激进学派，他们立马补充道，封闭社会和开放社会的**无限期**共存是不可能的。可惜（或是幸好）"无限期"或"永久"这样的形容词剥夺了这一主张的全部意义。也许，美国联邦无法**长久地**维系蓄奴州和自由州的共存：美国南北战争爆发的日期并非无法回避；如果推迟战争，或许不必发动战争，奴隶制就会被取缔，奴隶也逐步成为自由人。然而，重要的是，对 1861 年美国情形的参考并未告知我们两大阵营的对峙会如何发展。美国南部邦联派和北方都属于联邦，这是联邦的维系或解体的关键。两大阵营同属一个国际体系，却不属同一个政治单元。然而，当发生意识形态冲突时，每个政体的代言人都倾向于将政体敌对的国家的公民视为奴隶。换句话说，国际体系半奴役半自由的状态难以为继，它等同于如下主张：任何两极的异质体系必然会导致无情的战争，淘汰一个帝国候选国。我们已经知道历史上曾多次发生这样的事情，但我们也清楚我们从历史中汲取的教训取决于对先例的选择。如果我们援引帝国的例子，持久共存便是准则（帕提亚人和罗马人，穆斯林和天主教徒）；如果我们援引最终统一的文明圈的例子，通常会重复加图的一句话：**迦太基**必须被毁灭。军事首领也遵循这些训诫。然而，这两个先例哪一个更贴近当前局势？显然，两种比较给予

---

① *A forward strategy for America*, New York, Happer, 1961, pp. 35 – 36.

我们的收获都不及当前的分析给予我们的。

苏联集团与西方阵营在很多方面不同于那些持久共存的帝国。东欧人民暂时屈从于他们生活于其中的制度，却并不一定忠诚于这些制度。国家主权得以正式保留，民族甚至民粹情绪仍然存在，这让克里姆林宫的领导人无法给他们的征服打上合法、持久的烙印。苏联的统治权岌岌可危，被矛盾弄得支离破碎，其支撑力量既未受到赞同也未受到法律的巩固或取代。美国的统治权亦无法幸免于可能的危机。联邦德国的公民要自由和繁荣而不愿尝试统一的日子还会持续多久？西柏林沦陷，德国和欧洲的分裂被正式接受，此后，联邦德国的公民仍会忠于欧洲和大西洋共同体吗？法国和英国都对已逝的辉煌念念不忘，它们最终会就确保欧洲和西方稳定的政治地位和军事组织达成一致吗？

然而，两个帝国的不稳定性，不过是它们共存的不稳定因素之一。两个帝国虽不像美国南方联邦政府拥护者和北方联邦政府拥护者那样同属一个政治单元，但也不像伊斯兰教和天主教那般疏远。两种意识形态短兵相接。一种体制下的人民可以想见他们从属于另一体制时的生存状态。最后，同时也是最重要的是，技术强化了相互惧怕的辩证逻辑，因为技术可以说是消弭了时空。在 1914 年和 1939 年，国家领导人有些许时日来做出和平或战争的决定。军事筹备（在俄国难以进行局部调动）在紧要关头限制了选择的自由。然而，一枚弹道导弹只要不到半个小时便能横跨间隔苏联和美国的几千公里。在某些情况下，领导人——美国总统——只能在几分钟内做出决定，而且这一决定无论如何都是惨绝人寰的。

如果我们将持续共存的不可能性建立在恐惧的辩证逻辑上，

664

我们必定能得出与伯特兰·罗素一致的结论，即战略武器垄断为当前危机提供了唯一出路。一个超级大国社会开放，另一个超级大国社会闭塞，这只能构成更严重的情势。基本的情况是，弹道导弹和热核炸弹让拥有数量足够的这类武器的任何一个国家能够在短短几分钟或数小时内摧毁另一个国家，久而久之，两国都难以容忍这样的危险，双方都会暂缓向对方发出这种威胁。这一论据与林肯的观点大不相同，它令人绝望，因为它要求西方必须在妥协与热核战争之间做出最终的选择。

在这些条件下，两大集团不可能共存，支撑这一观点最有力的证据最终可归结为军备质量竞赛，归结为两大垄断寡头各自所具有的出其不意给对方难以承受的打击的能力。然而，这一论点与加图式战略并不相容。摧毁苏联或摧毁苏联统治权的设想可以被视为物质的或政治的。物质性的摧毁意味着使用大规模杀伤性武器：这样一种加图式战略极可能导致同归于尽，以至于心存善念的人不可能蓄意采纳这一战略。倘若只是政治上的毁灭，那么它基本上等同于我们赋予美国战略的目标：只有当克里姆林宫不再力图摧毁美国的制度时，美国的制度才能得以幸存。**各方都有此图谋，因此，另一方必然成为敌人**。

即便在这种情况下，对称也是虚无缥缈的，或者至少，不完全对称源于对抗的辩证逻辑。除了美苏是国际体系的两个超级大国这一事实外，俄罗斯民族没有理由将美利坚民族视为敌人，反之，美国也没有理由视苏联为敌人。竞争已存在，那么两强都会或多或少正当地设想，如果另一方不存在，它就会平安无事或成为世界的主人。正如我们已经指出的那样，这正是最初**毫无敌意的敌对**情形，或更确切地说是，敌对产生了敌意。

然而，民族之间没有敌意并不意味着掌权的少数派之间不存在敌意。政体和观念相互对立，因而，代表一种政体与观念的一方感到，也确实受到了代表另一种政体与观念的一方的威胁。在很大程度上，冷战是所谓的人民民主针对所谓的资产阶级民主，以及后者针对前者发起的颠覆。同样，这里的颠覆亦不对称。然而，这次更多的是这种不对称的表象让人产生错觉。即便所谓的资产阶级民主看似被动，看似遭受马克思－列宁主义发起的冷战却没有以牙还牙，但事实上，它因自身的存在、它带来的生活水平以及它赋予个人的自由而具有挑衅性。

665

这种政体之战能称为加图式战略吗？不容置疑，答案应当是否定的。**就西方旨在摧毁苏联政体而非摧毁苏联或苏联统治权而言，甚至只就苏联政体出于意识形态考虑而与所有反抗马克思－列宁主义经典的政体为敌这一点而言，加图式战略表述就毫无意义。**我们谈及加图式战略，意在表明西方为了赢得针对苏联或苏联统治权、政治或意识形态的战争的胜利，而被迫彻底摧毁苏联统治权，甚或是彻底摧毁苏联。实际上，西方的政治目的并非淘汰苏联的制度，而是只淘汰其观念和做法，这些观念和做法迫使或怂恿克里姆林宫的领导人向异端世界宣战，认为自己着手的事业只能以他们所称的社会主义的广泛传播作为结局。如果苏联人放弃垄断希望，如果他们不再自欺欺人，如果他们承认他们的国家只是现代社会的一种模式，那么和平竞争的确会取代冷战，论战会取代颠覆，观点的对话会取代意识形态的论辩。

然而，加图式战略的支持者会向我提出异议，他们认为权力斗争与纯粹的政治斗争不可能分开，二者互为手段和目的。以颠覆的方式推翻支持西方的政权，就是削弱一方阵营以巩固另一方阵营。从这层意义上讲，政治意识形态斗争为权力斗争服务。然而，苏联集团获得的权力壮大了思想的传播和榜样的权威。国家"皈依"马克思－列宁主义真理，因为莫斯科是最强军事国家的首都。苏联谋略家对一切军事、经济、外交和意识形态手段运筹帷幄：其目的与政体的胜利、政体创始国的胜利密不可分。倘若这就是其中一个集团的目的和手段，那么另一个集团如何能够赞同这些微妙的差别，如何能够与苏联意识形态的全球意图做斗争而不谋求推翻苏联本身？我认为这些差别尽管不同于斗争的激情，却仍是必需的。长远来看，它们独自提供了实现和平的机会，却未引发全面战争，也未**击溃**任何一位觊觎者。

666　　诚然，西方将苏联的政体视为其政治－意识形态上的对手，因为苏联政体宣布历史法则判定宪政－多元体制死罪，并竭力加速执行这一判决。可是，**一旦苏联政体不再否认西方的生存权利，西方就该停止将苏联政体视为敌人**。有人会提出异议，马克思－列宁主义理论家如果不背弃他们信仰的原则本身，就不会给予西方生存的权利。从这个意义上说，西方必然希望将苏联的**意识形态**置于死地，正如苏联也希望**西方**灭亡一样。然而，在我看来，苏联承认其自身局限性之日，便是其穷途末路之时。这种承认是可能还是不可能？是近在咫尺还是远在天边？事实上，这都是我们暂时无法得出结论的问题。当下，我们所关注的是西方战略目标的决心，这一目标可以用两个词来概括：生存与和平。物理上的存活是通过避免热核战争而得以实现的，道德的幸存是通过捍卫自由文明而达到的，和平是通过两个集团相互接受对方的存在以及其存在的权利而实现的。在和平中幸存意味着西方的胜利，因为西方可能说服其敌人放弃摧毁它的念头，而马克思－列宁主义只有在改变其信仰，使其阐释更为谦逊、真实的时候才会放弃摧毁西方。一旦实现这种改变，我们便获胜了，而我们的敌人也就因此而战败了。这是一切胜利中最富成效的，因为它无须流血，也为和解做好了准备。

三 危险评估

加图式战略的支持者们会反驳："您生活在幻想的世界里。难道您没有发现苏联在进步而西方在倒退吗？"这样继续下去，随着西方可支配空间的缩小、补给来源和市场的缺失，不战而败并被苏联统治权吞并的就是西方。

当代人难以对本质动荡的历史局势做出准确的判断。危机的结局，比如说柏林危机，能够改变欧洲的气氛，因而也许会在长期内改变两大阵营的力量较量。我们所卷入的这场斗争的性质是前所未有的，因此大多数传统的判断都毫无意义。

20 世纪中叶，国际体系既是全球性的，又是两极分化的。世界上没有哪片区域不受两个超级大国关系的影响，任何国家都在，或者都能够在联合国设立代表。同时，体系是两极化的，因为两强拥有且垄断真正具有决定性的武器，**1961 年的情况比 1945 年更甚**。双方都能够毁灭地球、夷平城市、消灭人类。然而，如果说两大阵营涵盖了北半球绝大部分区域，那么南半球则置身于阵营对峙之外。人们可以声称南半球是这场对峙的利害所在，但这并不能表明，如果两强之一在北半球占据上风，那么余下的人类都自行接受其支配。事实上，两个超级大国的军事优势是独一无二的，因为它建立在技术、热核炸弹、轰炸机和弹道导弹之上。时至今日，这些毁灭手段勉强只是权力手段，超级大国均没有利用热核武器装备来震慑其盟友、卫星国或不结盟国家。热核武器装备不同于 19 世纪的英国战舰，并未

667

被用来针对没有这类武器的国家。目前看来，它们只有相互遏制的作用。

美苏在北半球的争端并不取决于空间、人口数量以及资源这些传统因素。两个超级大国各自占据广袤的空间，并仍留有延伸、增长的余地，它们在其本土生产食品，从地下寻找满足其工业所需的绝大部分原料。联邦德国、英国、意大利这些老牌西欧国家则不具备与美国相同的增长潜力。它们拥有集约化农业，却仍要进口部分粮食。在未来的几十年内，大陆农业（德国、法国、意大利）将继续经历科技革命带来的益处和困难。生产过剩比短缺更令人担忧。英国、联邦德国这些进口国倾向于在国际市场上以最优价购买，而像法国这样的生产过剩国，因找不到剩余产品的销路而愤怒。这类危机不需要在战争中或是通过战争找寻出路。如今，以空间或资源为决定因素或利害关系的争端都是次要的，通常发生在近东（巴勒斯坦）或北非（撒哈拉）地区。

这并不意味着殊死之战一旦爆发就必定是荒谬的。事实上，不论对错，每个超级大国都会相信，如果它的对手不复存在，它必然会平安无事而且可能成为世界的主宰。华盛顿和莫斯科对冷战的阐释大相径庭，然而，对双方而言，殊死一战尽管用词不同，但其深层含义是一致的。如果苏联不复存在，可以想见，华盛顿将十分容易地倒向宪政政体以及反对殖民主义、封建主义和剥削的群众合法革命！如果美国不复存在，苏联将十分容易地将人民革命导向其理性结果——社会主义！倘若苏联不复存在，美国的热核武器便不会时刻处于戒备状态，它只用于禁止他国、本地人以及尚未被"驯化"的人滥用武力；倘若美国不复存在，苏联的热核武器便会失去用武之地，因为人类会即刻"皈依"社会主义，兄弟国家间可以确保和平。

无论如何，巨人决斗所付出的胜利代价是巨大的、过度的。为了胜利，**几乎**一切牺牲都是合理的，因为它表面上混同于恐怖的终结，混同于国家间霍布斯局面的结束。如果两强之一被彻底消灭，那么所有恺撒的野心都得以满足，疯子与贤人的梦想都成为现实，和平福泽大地，即便怀揣恶意的人也享有太平。这回帝国的边界与整个人类疆域吻合。胜利所获得的力量至高权不是靠不久就令人生厌的行政管理来维系，而是靠对工厂和实验室隐蔽而无情的控制来维系。

倘若两强都不将这种终极斗争看作不可避免的甚至极有可能的，那么这并不是因为缺少利害关系，而是因为风险过大。在一切国际体系中，最终斗争总是存在很大的风险。当战士们只是短兵相接、相互厮杀，殊死一战便已意味着共同自杀。20世纪上半叶，工业社会发起的战争并不具备这一特点，它削弱了第一批主导国家，促进了外围国家的崛起，它只保留了两三个大国，开辟了全球历史时代。无人知晓全球历史时代是否会，或者何时会走向全球国家。

武器的性质仍然抑制帝国候选国不超出终极较量的范围，它也趋向于消除，至少是**缓和冷战的变数对可能发生的殊死一战中力量较量的影响**。倘若美国和苏联开始使用热核炸弹相互攻击，两个帝国及其势力范围的边界又有何意义？自诩人民民主的非洲的共和国的数量多少又有何意义！假设整个东南亚（老挝、柬埔寨、南越、泰国、马来西亚）都"皈依"共产主义或被它征服，用美国流行的说法，"损失"这些国家是西方的失败，这增加了苏联集团的威望，它如滚雪球般越来越大，借由机会主义，归顺新信仰的队伍也日益壮大。**一事成功百事**

顺。话虽如此，事实仍然是东南亚国家从一个阵营倒戈到另一阵营，但这不会从本质上改变双方可支配资源的关系，至少没有改变用于热核战争的资源之间的关系。

我们希望提出的概念，可以被抽象地表述为如下说法：**物力和人力资源的数量与以热核武器为代表的军事力量之间并不存在直接且单义的关系**。倘若热核能力的平衡被打破，那么在当前国际形势下，无论哪一方试图以招募新盟友或让对方盟友反水的方式来恢复平衡都只是徒劳。在某一既定时刻，热核力量的对比取决于两强的打击和报复能力，以及其主动和被动防御的水平。这种能力和防御又取决于武器和组织性，也就是说，取决于实验机构以及批准的开支。美国若将其国防预算提高到800亿美元，也许会给苏联制造麻烦。眼下，苏联和美国在军备、研究和储备上的资源投入大体相同。在未来二三十年内，不论美国和苏联的国民生产总值如何，任何一个超级大国都不会因为缺少物资或资金而被赶超。

这是否意味着两个集团在进退之间没有共同的措施，即彼此之间的力量均衡？当然不是。然而，应当从抽象的分析着手来明确这些关系。我们要区分三个概念：威慑平衡、热核力量关系、热核时代的全部力量关系。当每个拥有热核力量的国家都①具有同其对手相同的威慑直接侵略或极端挑衅的能力时，威慑平衡就建立起来了。事实上，这种能力不仅取决于博弈各方所拥有的工具，还取决于有力的抵抗、冒险的意愿，取决于令人严肃对待不大可能的威胁的技巧。威慑是两种意志间的关

---

① 我们只做仅有两个拥有者的简单假设。倘若存在多个热核装置的持有国，那么可能存在各种不同的组合。我们将在另外的场合来分析多个博弈者的热核博弈。

系，威慑平衡就是心理技术的平衡。旁观者能够不无困难地察觉威慑工具的对等或不对等，却无从事先知晓考验到来时将会发生什么。

热核力量的关系源于热核武器间的交锋，以及一方或另一方使用这一武器时可能产生的后果。得益于被动防御的筹备，最有胜算的一方便可能是最强的一方。与过往的军事力量关系相比，热核力量关系更难评估。幸运的是，我们缺乏经验，此外，决定性的因素很可能是罪罚均等或罪罚不等，这难以提前估量。

通常，结盟或不结盟的第三方国家改变其身份，脱离联盟走向中立或是摆脱中立投靠一方阵营，都不会影响威慑平衡和热核力量关系。我们仍然需要强调谨慎的态度，并通过以下注解加以明示：以考虑到的国家彻底处于两个超级大国的热核系统之外为前提。实际上，对于美国军事力量而言，设在苏联周边的军事基地网络远非一无是处，即便可能发动核武战争（军事基地有助于分散装备，它们是轰炸机的起飞点和中转站，为观察和监视苏联边界提供了可能，等等）。如果美国按苏联和一些对国际义务感到厌烦的美国人所希望的那样，撤回热核武器并将其集中部署在本土的要塞中，那么美国的热核武器本身及其作为威慑工具的效用都将遭到无可比拟的削弱。

然而，**"求助于盟友以重建一种折中的平衡"属于过去的做法**，这点仍是事实。伯罗奔尼撒战争伊始，科林斯和科西拉的立场控制了海军力量的平衡；1941 年，法国舰队的反水足以动摇英国舰队脆弱的主宰地位。若两个超级大国中的一方先于对方拥有反导弹导弹或大规模民防，那么，即便是招募盟友或拉拢对方的卫星国都无法弥补在技术发展竞赛中的落后。在某 670

种意义上，两个超级大国面对面单打独斗，从逻辑上看，其结果会是平局，也可能会是一方战败或同归于尽。

全球军事力量均衡或全球力量均衡的概念会因此而失去意义吗？我并不苟同。每个集团要么使用常规武器，要么倾尽一切可支配的武器来发动局部战争或者大战，我们能对它们所支配的军事手段形成一个大致的概念。然而，评估一方或另一方的全部力量比以往更具有偶然性，因为在过去的战争中，交战国调动其一切力量，并逐步投入它们的武器，设想现在的战争还像过去那样看似不可能了（难以想象"血战到底"、被热核炸弹毁灭的国家的继续战斗）。

如果这一分析是正确的，我们就不能做出两种预测：建立在双方可支配资源比较之上的预测；根据某种武器或某种要素的优势而提出的预测。人口和机器数量与人口和军事力量间的比例（非常接近）构成了 20 世纪上半叶的特征。随着核工业和电子工业的盛行，这种比例关系即便是粗略看来也不再显得真实。战争开始之后，动员便不再可能。实验室代替了工厂，质量比数量更重要。倘若两个超级大国放弃同归于尽的相互协约，倾尽全力为在热核战争中幸存做准备，那么美国国内生产总值的优势会对均衡产生举足轻重的影响。

有关陆地与海洋各自优势的一般性陈述已经失去它们的有效性，同时，人口和机器的数量法则也不再适用于不久的将来的战争。军事作家常乐于思考**决定性武器**的含义。步兵、骑兵、炮兵以及航空兵的哪样武器能在战场上发挥主要影响、决定成败？这些思索从未让我完全信服，因为一个交战国所使用的武器具有技术或战术上的压倒性优势，看似具有决定性，而待到平等得以恢复，所有的武器又可能再度具有决定性，又或是另一种武器得以革新。

过去，兵器知识发展缓慢，像罗马军团或重骑兵所使用的那样的作战工具统治了战场几个世纪。在我们的时代，兵器统治难以为继。1940 年，坦克和俯冲轰炸机组合是决定性武器：两年后，防守战术弥补了其落后之处，装甲武器也不再是唯一的主宰。

同样，麦金德在书中提出熊鲸之争的结果因时代而变化，它既取决于各方海陆武器的效力，又取决于海上或陆上可支配武力间的关系。海权的确对现代历史产生了重大影响，然而那时候的情势非同一般：欧洲国家都是中等规模，与临时盟友所缔结的同盟相互掣肘，靠舰队统治海洋的国家利用其他大陆的资源，而这些资源是巨大的；在欧洲大陆之外，再无一流的军事强国。陆地交通条件的改善、工业集中化、德意志帝国以及俄罗斯帝国的形成，结束了英国霸权的时代。目前，参与斗争的政治单元的规模前所未有。一个是美国，它是个大陆国家，而与**中心大陆**相比，它又是个岛国。另一个是苏联帝国，它的触角已探入德国腹地，被视为陆地强国。

两个帝国都拥有陆地武器及海上武器，企图宣告海上或大陆武器更胜一筹也只是徒劳，好似这些武器认可了一种或另一种因素的优势地位。事实上，如果真存在一种决定性武器的话，便是天空（或宇宙空间）这种传输介质与核武器的组合。熊不再因为缺少外海通道而被禁锢在陆地牢笼里，鲸也不再受到距离与海洋的庇护。双方既无城墙庇护也无安全可言。每一方都可以灭绝余下的人类，每一方主动出击都面临丧生的风险。

如果这便是当前局势，如果竞争本质便是如此，那么苏联在过去十年中的进步是否会陷西方于危难之中？

就领土而言，在西方看来灾难性的变化发生在 1945 ~ 1950 年：东欧的苏联化、中国共产党的胜利。这两大事件最终撼动了两个集团间的关系。西欧沦为欧亚大陆板块的边缘地带，缺少有效防御所必需的空间深度。在亚洲，北京建立了新的政权，一个有能力的国家让美国的军事存在缩小至岛屿与桥头堡，让东南亚被一种即便不是被征服也是被支配的威胁笼罩。倘若将 1950 年和 1960 年的欧亚局势进行比较，这十年间最令人意外的是局势并没有进一步恶化。西欧经济的复苏超出了最乐观的预期。如今，日本、菲律宾、中国台湾地区较十年前更加繁荣、稳定了。即便是印度支那的继承国——南越、柬埔寨、老挝——在 1954 年日内瓦会议后的生存看似明朗，也尚未被共672 产主义浪潮席卷（虽然 1961 年老挝 3/4 的领土被共产主义力量或巴特寮和贡勒上尉的亲共势力把持，服从中立王子梭发那·富马的指令）。

过去十年间发生了哪些事情，竟会让如此多的观察家心生如此多的悲观情绪？我注意到四个事实：（1）**苏联的技术成就以及其威慑能力带来的均衡性**；（2）**势力范围的终结以及过去依附于西方的众多国家趋向于保持中立**；（3）**理论上或实际上的苏联经济增长率高于美国，中国则高于印度**；（4）**历史倾向于东方，未来属于所谓的人民民主政权的这种情绪在整个世界蔓延**。总之，苏联集团在**军事、政治、经济、道德**方面都取得了进步。

在军事层面，全球力量关系的改变是无可争议的。1950 年，苏联在常规武器方面保有极大的优势，而美国在原子武器、运载工具（轰炸机）、基地的数量和质量上优势明显。

十年之后，苏联所拥有的原子炸弹、热核炸弹、高续航能力轰炸机以及洲际弹道导弹的数量也十分可观。从今往后，美国国土与苏联国土一样经不起攻击。

核力量关系必然会恶化。今日之苏联、明日之中国都有能力为它们视为首要的任务倾尽自己所拥有的一切人力和物力。单边威慑向威慑平衡的过渡被提前载入史册：任何人或事都无法阻止。

1960 年，世界舆论甚至美国国内舆论都认为，优势即将易主，弹道导弹的差距将愈来愈大，形势将有利于苏联。即便苏联拥有众多的武器，恐怖平衡并未因此而被打破。事实上，美国得益于其经济优势而赢得了竞赛，并拥有更多的运载工具（轰炸机和弹道导弹）。国防部长甚至宣称这一优势或许能够让美国采取打击军事力量的战略，换句话说，先发地甚至是后发制人地攻击敌方的热核装置。

假设在 1965 年或 1966 年，美国仍有能力消灭军事力量，它也不太可能长期保有这种能力。优良的稳定性——弹道导弹和热核武器的稳定性——合乎军备质量竞赛的逻辑。然而与一般看法相反，这一稳定性并非一定对苏联或中国有利。正是经济上最富足的国家才独自大胆地全面武装。1966 年，美国能够维系派往越南的 30 万远征军，同时又不大幅削减其在欧洲的兵力，核计划或太空计划也未受到牵连。

在政治层面，势力范围的消除以及冷战向近东、非洲和拉美的扩散是两大历史运动的产物：殖民帝国的瓦解，以及此后苏联在全球范围内的行动。这些殖民地国家过去臣服于某个欧洲国家的主权控制，或被纳入其势力范围之内，后来由于两大集团的冲突而获得了一定的行动自由。这些国家都对旧主或其保护国颇具怨言，它们用言语来表达或加深这些怨恨，也正因如此，人们会轻易将冷战区域的扩张与西方的败落相混淆：从主权走向结盟，从势力范围走向集团竞争，从结盟走向不结盟，从中立走向积极的中立主义，再走向对苏联集团的归顺。按照苏联的说辞，所有民族都必定沿着这样的道路进行到底，这也是西方悲观主义者的噩梦。

然而，这些悲观主义者甚至还没意识到他们以倒置的价值判断采纳了他们敌人的历史哲学。正是马克思－列宁主义者将殖民统治和源于资本主义的帝国主义混为一谈，他们设想一旦资本主义失去了它的殖民地便没有了出路，他们声称条条道路通向莫斯科，他们相信坚定的决定论，即民族革命或资产阶级革命只是其中的某一阶段，共产主义政党的胜利才是结果。在我们自身的哲学框架里，我们能毫不费力地解释为何经济欠发达的新国家和民族难以采用与美国或英国相近的政治制度。然而，马克思－列宁主义的教条主义再次提出了两难抉择：要么是所谓的工农政党掌权，要么是资产阶级掌权。这种教条主义将所有非苏联类型的政体一概而论，认为所有的危机，无论是哪种类型，都只有苏联政体这个唯一的解决方案。阿拉伯国家尽管对西方和以色列充满敌意，却无一投靠苏联集团，抑或成为人民民主国家。在非洲，即便是几内亚和加纳这样的国家也会在两个集团之间耍弄伎俩。时至今日，古巴是拉丁美洲唯一自发完成革命的国家。出于对美国的憎恨，或迫于需要，或出于意识形态的偏好，古巴领导人正式宣布归附社会主义和中苏阵营。

可能，甚至很可能在今后的十年，还会有其他国家转向积极的中立主义，甚至是人民民主。毋庸置疑，西方会遭受这样的挫败，因为遏制苏联帝国是西方的战略目标。然而，如果国家和民族只不过是棋盘上的小卒子，是权力斗争中可利用的工具；如果对每一个阵营而言，招募盟友或卫星国是巩固自己和削弱对手的手段，那么许多失败就不会有严重的后果。老挝人和几内亚人都未能巩固一方或另一方阵营的经济或军事潜力。对西方而言，效忠的改变具有军事意义，要么在冷战背景下产生滚雪球效应，或是损害地区抵抗力；要么在可能爆发全面战争时消灭美国热核武器的基地或便利工具，或是将这些交付给敌方。

　　有人会反驳，集团的疆域越广，其资源便增加得越多。然而，这是虚假的表象。在某些方面，盟国或卫星国在日后是负担而非援手：它们从老大哥那里获取的多于它们所付出的。就它们是发展中国家这点而言，它们的国民总收入只有一小部分供外交战略所用。的确，就经济而言，社会主义世界市场的扩张和资本主义世界市场的萎缩给前者带来了好处，给后者造成了损失。假设除美国之外，整个世界都投靠苏联集团，显然美国的政治、军事和经济便会受到挫败。然而，我们远未达到如此境地。不论是产量还是与第三世界的贸易往来，苏联集团都已经取得进步且仍在进步。然而，第三世界国家仍与西方保持着更为重要的贸易往来。在可预见的将来，即在未来的几十年中，除非全球领土现状遭到颠覆，否则西方就不会缺少原材料供应商和制成品的买主。

　　此外，还有一个经济增长率存在差异的论据。科学的增长率对比需要比赫鲁晓夫先生的演说甚至是大部分西方经济学家的撰文更为谨慎。诚然，大体上在1950～1960年，苏联的国内生产总值和人均产值的增长率均明显高过美国。出于种种原因，这段时间，美国的经济增长率相对较低，即便与欧洲大陆的经济相比亦是如此。由于一些事实数据模糊不清，而且这些措施要求依惯例而行（相对于价格而言）——可任何惯例都无法让人毫无保留地接受——因而与增长率（苏联的增长率是8%还是6%？）和当前国民生产总值（苏联国民生产总值大约相当于美国的1/3还是将近一半？）有关的争辩难以得出无可争议的结果。因此，除非涉及技术性的讨论，否则最好是限于一些粗浅的、无可争辩的事实，它们足以让我们展开讨论。

675 　　十年来，无论苏联的消费取得多么长足的进步，人民的生活水平甚至是生活的舒适度和乐趣仍远远低于西方。正如每一位游历苏联的人所观察到的那样，苏联的居住条件、补给的不足以及贸易组织足以证明上述观点。占总人口40%以上的人仍从事农业，以养活约2.1亿的人口。然而，美国占总人口不到10%的人生产出过剩农业产品，产值在预算中占比高，并出口到世界各地。只要这种农业生产力的差距不只存在于苏联与美国之间，还存在于铁幕两边，那么西方就无须惧怕所谓的社会主义繁荣的威胁。那些几年前就已经设想法国或欧洲落下铁幕，禁止将"资本主义剥削"与"社会主义解放"进行比较的人，根本不知道受数字或热情误导的统计学家或观念学者所言为何物。

　　在苏联与美国之间、苏联集团与大西洋集团之间，缩小工业产量的相对差距实属可能。苏联报纸宣称，1960年，苏联集团（包括中国）的工业产量占人类工业总产量的37%，五年后将超过一半。当然，这一百分比的提高是因为苏联的工业产量增长率更高。到1970年，苏联在某些领域的产量有可能追平甚至超过西方阵营（美国和西欧）。事实上，1970年，无论是整个工业产量，还是人均产量，苏联都不可能达到与西方阵营相当的程度。然而，只要苏联在农业生产率上赶上美国，那么理论上，没有什么能阻止苏联在短期内赶超美国（很可能是在 21 世纪而非这个世纪）。①

倘若我们只考虑未来的二三十年，就定会认为苏联的优势会"威胁"美国或西欧吗？这一说法能从两层意思上来理解：要么苏联得益于其增长，能够将更多的资源投入对外政策中（武器和援助），要么苏联借由财富和繁荣成为西方以及不结盟国家难以抗拒的典范。这些"风险"个个都是确实存在的，可都不及赫鲁晓夫先生希望我们所想的那样严重。当美国承认有必要花费 600 亿美元而非 450 亿美元用于国防时，就更为迅速地提高了国民生产总值和工业产值。与苏联相比，美国工业产值增长较慢，部分原因在于需求的分配。倘若公众不愿购买更多的工业产品，他们将额外的收入用于改善居住条件或休闲旅游，工业产值增速将会放缓，其增速主要由另外两方面的增长速度决定，一是生产率进步，二是人口的增长②。然而，美国在军备竞赛中的增长能力仍毫发无损。美国没有冒军事上被赶超的风险，苏联及其盟友今后将更加慷慨地利用经济这把利刃。心理－政治的有效性并不单单取决于给予或贷出的美元或卢布的数值。

倘若说目前存有风险，那么未来的很多年，风险仍然会存

676

---

① 1961 年 7 月 9 日，赫鲁晓夫先生给出如下数据：1960 年苏联的工业产量相当于美国的 60%。苏联 1966 年的产量将达到美国现有产量的 106%，1970 年这一比例将达到 156%。赫鲁晓夫先生断定，倘若美国保持 2% 的增长率，苏联将在 1967 年赶超美国，如果美国的增长率为 3%，那么苏联将在 1968 年赶超美国。他补充道："就两国的农业发展而言，能够用大致相同的统计方法。"最后这句表明这是宣传而非运用统计。

② 美国的人口增长与苏联一样迅速。

在，精神风险多于物质风险，政治风险多于军事风险。在每一个集团试图让对方信服其优势进而承认其制度合法性的大辩论中，苏联的经济增长是一大论据。从现实的对比中可以看出西方无须担心：让不结盟国家的人民去柏林，让他们去对比柏林墙两边民众的命运以及生活和文化质量。事实上，即便苏联在今后十年仍取得进步，西方对此也无须畏惧。如果苏联人的生活水平提高了，如果苏联人平淡的生活在某些方面平添了几分色彩，也许克里姆林宫的领导人就会更真诚地希望和平共处。

还剩下最后一个"威胁"，这一威胁源自西方以及整个第三世界隐约且强烈地感觉未来属于俄罗斯和苏联类型的政体。这种感觉早已遍及四处，对此我毫不怀疑。可是在法国，受这种情绪影响的多是某些知识分子或资产阶级，而非普通的民众。这远远不是普遍性的，它是宣传的结果，甚至是由鼓吹者炮制的。放眼世界，它并不是自发地浮现在人们的脑海中。毕竟，二十年前，正是另一种极权主义将机会主义者团结在一起。显然，这种团结从来都不是最终的。与其估算他们的数量，倒不如与之做斗争。

四　和平战略

我们不仅要考虑我在第二节中概述的西方的战略目标，还要考虑我在第三节中指出的背景形势。根据这两方面的分析，西方的战略应该采取什么原则？

只有当苏联集团不再以摧毁它所谓的资本主义政体（即摧毁西方本身）为目的之时，西方才会真正享有安全；只有当德国和整个欧洲大陆不再分裂，西欧才会真正享有安全，只要苏联军队驻扎在距莱茵河 200 公里的地方，雅努斯神殿的大门就会一直敞开。可是前两条陈述应当辅以其他两条：既然美国人在其军力鼎盛之时也不愿冒丝毫的风险去拯救东欧人民，那么一旦他们仅仅够保持均衡，按理说，他们更不会冒此风险。更普遍来说，除非西方准备发动一场热核战争，否则就无法"摧毁"苏联政体或苏联统治权，也几乎没法影响这一统治权的内部演变，或影响苏联与中国的关系。

有些人粗浅地阐释对抗的辩证逻辑，希望加倍奉还敌人对我们表现出的敌意。在他们看来，这四条陈述合并在一块似乎在本质上充满矛盾。当苏联人由衷地放弃他们的事业之时，我们便认为自己胜利了，矛盾也随之消失了。哪怕终有一天，苏联会改变信仰，可是这一天也仍然遥远。我们应该认定冲突将会延续，而且除非发生有利的意外（苏联集团解体）或是不幸的意外（大西洋集团解体或爆发战争），我们所能期盼的最好结果就是苏联放缓在第三世界扩张的进程，以及两个集团之间的力量关系——政治上的而不仅仅是军事上的——逐步趋于稳定。不论我们愿意与否，只要未能达成军备控制的协定，我们就将生活在军事威胁之中，只要马克思－列宁主义者仍然忠于他们的信仰，我们就将笼罩在政治威胁之下。

像詹姆斯·伯纳姆（James Burnham）那样在共和党即将重掌政权时提及遏制战略，又或是像上文引述的三位作者那样提及**前进战略**，都无济于事。西方因其本质，从未拥有采用进攻性战略的政治能力，如今也没有相应的物质能力。战后伊始，唯有美国金瓯无缺、天下莫敌。与之相比，衰弱的西方却因而更为咄咄逼人、寸步不让，这并非没有可能。我们知道，民主国家倾向于在被激怒时而不是在情势有利时发动战争。

假设我们没有任何办法"迫使"苏联社会开放又或是"解

放"东欧国家，我们就必须准备长期生活在一个"半自由半奴役"的世界，但也不排除世界上这一半的奴役世界自行转变的可能。按照某些马克思主义者或者伪马克思主义者[1]的理论，随着苏联人民生活水平的提高，苏联政体**必定**成为民主政体，接受这种简单的理论是不可能的。然而，教条式地认为苏联政体不可能改变，或者莫斯科的外交－战略最终取决于列宁或者斯大林的**意图**，也是不可能的。这一哲学暂不受经验影响，在这种哲学框架内，克里姆林宫的领导人审时度势，相机而动。西方能够影响情势，莫斯科会认为适应这种情势是合理的。

这一战略将被称为防御战略或共存战略。我并不否认，相较于旨在摧毁苏联或苏联统治权以一劳永逸地消灭苏联威胁的战略，这种战略配得上"防御战略"之名，因为它可以说是援引了敌人的共存的口号，区别在于它予之以不一样的阐释。然而，战略的选择**还**应当受力量对比分析的支配，而且我认为，既然目标在于规避热核战争和拯救自由文明，那么不以世界性的意志对抗苏联世界的意志更为可取。西方正是通过要求制度多元化的权利，反对马克思－列宁主义一元论，确切地界定了它反对极权制的使命，而不是再提出一个与我们所反对的一元论名同实异的一元论。

事实上，两大阵营共存已被接受，首要的需求在于维持全球军事力量平衡。或者更确切地说，目前最大的危险仍然是军事危险，而不是每个人反复提到的颠覆或渗透的危险。大多数评论家对此做出截然不同的判断，这是由于他们混淆了紧迫性和重要性，混淆了显而易见的危机和深入持久的竞争。诚然，

---

① 例如，艾萨克·多伊彻（lsaac Deutscher）先生。

热核炸弹和弹道导弹对阻止苏联在东南亚和近东的扩张无济于事。毋庸置疑，一些人——假设存在这些人——指望借由原子战略来遏制苏联的全球扩张，则是大错特错，就此意义说来，提及原子战略的失败是可能的。然而，威慑战略——政治防御——显然只能收获消极的成功。因为威慑战略只针对**现状**，一旦事后大家决定无论如何都应当维持**现状**，那么威慑战略看起来就是徒劳的。

我优先考虑军事因素具有以下意义：倘若苏联集团相信，无论是被动威慑工具还是主动威慑工具，抑或是整个军事手段，它都具有无可争议的优势，那么危险有可能是致命的；克里姆林宫的领导人认为最后较量的时刻来临了，更可能的是，他们扩大自身优势，直至迫使西方陷入要么屈服要么战争的两难境地。多数时候，两大阵营并未发动军事领域的战争，具体原因在于力量维持了均衡。一旦这种均衡被打破，其他一切便会同时妥协。

然而，军事均衡在可能缺少军备控制协议之时，远不能通过最低限度的报复能力一劳永逸地实现，必须始终不渝地、大规模地进行研究和生产。这种均衡，在自此以后的一段时间内，愈发难以容忍手段处于彻底劣势，比如传统武器。今后六年内，热核武器装置很可能朝着更加恐怖、更加牢不可破的方向发展，由此带来使用常规武器的可能性，以不至于向极端升级，甚至对两个超级大国来说也是如此，尽管苏联对此矢口否认。

优先考虑军事，不仅是由于任意一种疏忽都包含着巨大的风险，还因为它关系到另一个优先事项——与时下的一般看法相左，两大阵营会针对第三世界在欧洲或主要战区相互对峙。**重要性**再一次区别于**紧迫性**。在赫鲁晓夫先生重新挑起柏林危机之前的那些年，欧洲看似风平浪静。两大阵营初具规模：双方都不满意现有的领土状况，战争看似唯一能够改变现状的途径，但比起战争的代价，维持现状更为可取。与此同时，印度支那战争、苏伊士运河的国有化、阿尔及利亚战争、比利时属刚果的解体、安哥拉叛乱引起了美国以及多数欧洲政府领导人的关注。

可是，对于欧洲的"零和"和全球层面的"威慑平衡"而言，这两个结果都不是自动获得的，也并非必然结果。**成功或者失败，只有在军备方面或是在欧洲大陆，才具有决定性。**倘若联邦德国希望重拾统一并投靠莫斯科，西欧便失败了，大西洋联盟也是如此。只要大西洋整体得以维护，一切仍可以挽回；若大西洋的统一性被动摇，西方其他的一切立场都会摇摇欲坠。

西方战略家往往重视亚非国家的口头或实际立场，我认为还有另外一个理由来减轻这一重视程度。眼下，这些国家中的多数，就单个来看，如果反水，也只是稍稍改变了两个集团的资源或力量均衡。最终，如果这些国家的多数一并投靠一方或另一方，那么就会产生全球范围内的不均衡。但这些国家投靠一方或另一方阵营都只是权宜之计，是能够撤回的，这种归顺并不具有决定性的特点，因为一个非洲或拉丁美洲的共和国一旦不再害怕欧洲"殖民主义"或"美国佬的帝国主义"，那么它显然也不再愿意臣服于莫斯科的权力。倘若北半球继续存在两个力量中心，那么任何一方都无法长久地统治南半球，因为在莫斯科或者华盛顿看来，作为筹码的国家首先不愿意成为客体，如今，它们通过各种不结盟或中立模式来表达这一意愿。

如果我们承认这种重要性的级别，那么西方又能从哪方面改善其外交战略？我个人认为关键的——同时也是最困难

的——答案就是，西方国家间关系的密切，以及朝着真正意义 680
上的大西洋共同体迈进的又一步。战后一段时期，整个大西洋
被视为一个文明带，它理应完成三项任务：重建受到蹂躏的地
区（西欧），放弃殖民帝国，建立共同体——这是美国在欧洲
的军事介入所要求的，也是今后不可或缺的。第一项任务完成
得比任何人敢于预想的更快更好。而第二项任务，美国和欧洲
殖民国家之间并不存在切实的合作，美国竭力挽留欧洲大陆的
盟友和反抗殖民统治的民族主义者。回想起来，可以轻而易举
地说，要是欧洲再英明一些，殖民国家再勇敢一些，那么去殖民
化付出的代价会小些，被殖民者心中留下的怨恨会少一些，前帝
国列强的痛苦要轻一些。然而，人们——特别是政治家、执政者
和公民——并不总是会接受他们预测要发生的事件。大部分的
法国部长预料到了去殖民化，却并未因此而抢先一步，未能按
照他们准确的预测，与华盛顿一道制定一项关于北非殖民地或
被保护国在十年至十五年之间获得独立的规划。也许殖民地人
民必须以暴力迫使殖民者认真对待这些意见，殖民者喜欢拿这
些意见当儿戏，而不是付诸行动。

　　话已至此，还需要补充的是，去殖民化差不多接近尾声，
但它既没有破坏殖民列强和美国反殖民主义者之间的联盟，也
没有破坏欧洲列强同盟的内部团结，① 这些欧洲列强被迫接受
与它们自身信仰和使命不同的信仰。② 一旦完成去殖民化的过
程，西方就会经历不同的、几乎是完全相反的机会和困难。心理

---

①　不幸的是，法国仍没有通过去殖民化的考验：它仍身处极端分子和自由主
　　义者发生内战的危险之中。
②　如果萨拉查（Salazar）先生仍然在位，葡萄牙就会因拯救葡萄牙社会而抗
　　战到底，从而面临被严重破坏的危险。

上，西方在宣传竞争中将会采取攻势，谴责苏联的殖民主义。不过，它再也无从施加排外的影响力，苏联集团的观念、特工和颠覆行为也无孔不入。在任何地方，它们不仅要顾忌马克思－列宁主义敌人，还不能忽略新国家的情绪和它们蒙受的不公。围绕殖民主义和反殖民主义，法国和美国公众舆论的相互控诉（你们对阿尔及利亚做了些什么？你们对印第安人又做了些什么?）已成为历史（也许在拉丁美洲，双方互换了角色）。可另一方面，所有大西洋联盟之外的据点，现在还都只是暂时保留了下来。

681 　　尽管存在这些不利之处，但如果大西洋联盟各国能摆脱殖民障碍，成功地施行**统一的**外交战略，或者至少是协调一致的战略，它们就会弥补这些弊端。可是，较之自己的敌人和盟友，美国的相对衰落可能会适得其反。今后共同市场的经济不再依赖美国经济，相反，美国经济会更依赖共同市场。继英国之后，法国竭力发展国家军事打击力量。德意志联邦共和国不再像从前那样听信麦克纳马拉的学说。麦克纳马拉从中看出了弹性战略，而他波恩的谈判对象却从中看出脱身事外的端倪。

　　大西洋联盟得以持续且发展成大西洋共同体，首要条件是华盛顿领导人意识到美国（或盎格鲁－美国）督导的时代一去不复返了（三国督导的时代也没因此而到来）。理论上，或许仅由美国拥有和支配联盟内部的核武器更为可取。可是彻底放弃决定性武器有悖于国家和它们古老的本性。如今，问题不在于弄清哪一种方式本身是最好的，而在于避免增加国家武力——这些武力代价高昂、效力不足，很快会被技术进步所淘汰——的负面结果。

　　经济上，肯尼迪总统提出关于**伙伴关系**的口号。要知晓共同体市场、英国、英联邦和美国之间的关系究竟将如何发展仍为时过早，可显而易见的是，欧洲翻天覆地的复兴非但没有破坏欧洲大陆西部与新世界的团结，而且正在肃清孤立主义最后的痕迹。六国共同市场是世界最大的进出口整体，构成了一个强大的经济实体，是美国的繁荣和外交关系不可或缺的伙伴。

军事上，目标在于确保美国承诺的持久和庄重，同时也让欧洲人真正参与威慑战略。我认为，一旦英国和法国启动国家计划，唯一的解决方案就是组建欧洲力量，它在制度上不倚仗美国力量，而只是与其协同配合。如此，欧洲会重新意识到自己的责任，而美国的承诺也不会因此弱化。欧洲各国关系密切，就能缓和**一个**大国和**众多**小国之间的不平等。大西洋联盟就不会再被视为来自美国的保护的形式，而会被当成一个共同的事业。

至于游离于两个集团直接对峙区域以外的地区，前面一节的分析已经表明，既没有绝对可靠的秘诀，也没有放之四海皆准的优先考虑（经济援助或者军事援助），亦没有任何本质上能同时满足经济发展和西方利益双重需要的体制。大部分被称作第三世界——亚洲、非洲和拉丁美洲——的地方，都在经历革命性的动乱，其原因五花八门，政治的、经济的、人口统计学的以及心理的因素，占有不同的分量。

政治上，传统权力几乎都受到了撼动。传统和过去都不再构成行使权威的正当名义。合法性成了民主的合法性，然而通过选举来践行这种形式的合法性总会遇到难以逾越的障碍。被选举人不尊重选举人的决定；这些决定被操纵或者伪造。在符合这一思想的两个政体——多党宪政政体和意识形态的垄断性政党政体——之间，居间尝试不断增加：支持或不支持选举的

682

保守寡头政治、有政党或无政党的独裁统治、现代主义者或反动分子，以及替代声名扫地或软弱无能的议会的军事首领或军委会。

经济上，这些民族，尤其是少数执政者，几乎都希望不游离在发展（即工业化）的边缘，不过，是否给予亚洲、非洲或拉丁美洲国家发展的必要条件并不取决于美国的外交。在紧要关头，捐赠人总能建立几个工厂，可这样的建设不能解决任何欠发达的问题，不能抚平精英和大众的焦躁情绪，也不能抹平人口数量和资源总量间的差距。

如今，那些力图弥补差距且完成革命——1/3 的人类幸运地通过这一革命从农业阶段过渡到工业阶段——的国家，比它们的前辈享有优势：需要转移的技术不是 150 年前的，而是当下的技术，可利用的科学不仅有自然科学，还有社会科学。相比过去，如今，我们更完全地了解社会规律、财政措施的可能后果、投资计划的要求，等等。发展中国家并不是步入了一片未知的领域。

要得到走西方道路的好处，就要付出沉重的代价。有些国家尚未启动工业化进程，人口就已经增长到原来的三倍或四倍（印度）。卫生和医药投入颇有成效，能够降低死亡率，而资源却没有随着经济进步而相应增加。亚洲主要国家（中国、印度），近东国家（埃及）和拉美国家①便是如此。为了改善人们的生活条件，经济进步必须赶上人口增长的步伐，为了实现经济累积增长，为了更容易控制逐年加大的日常消费占国民总收入的比重，国民收入中的投资比例必须达到 10% ~ 15%。

---

① 拉丁美洲的现有人口数量（约 2 亿人）高于美国，照现有速度，从今起至 20 世纪末，其人口数量将增至三倍。（本书首版于 1962 年。——译者注）

欧洲 18、19 世纪的局势与中国、印度和拉美当前的局势有着本质的差别。此外，还存在其他差别，其后果并不如此容易察觉。在相似的发展阶段，当时欧洲政治秩序和社会秩序的传统制度并不及如今的第三世界国家衰弱。当时欧洲的民众更加被动，他们没有意识到其他的可能性，发达国家也没有为他们的诉求提供合理的例证。只要共产主义政党没有夺取国家权力，两个超级大国和两种意识形态间的竞争就仍然模棱两可，就会撩拨激情，将精英的精力转移到国内纷争之中。人口的压力、过去特权阶级的反抗、群众的诉求，不单是这些不可避免的情况促进了对苏联发展模式的采纳，还有共产主义政党本身，只要是它无法从中获益、实现其远大抱负的事情，它都坚决反对并遏制其发展。

即便不存在莫斯科和马克思－列宁主义，一半或者 2/3 的人类也会发动革命。落后的民族在发动革命的同时，必定也在奋力实现社会工业化，西方和苏联给这些民族提供了两种社会模式，它们相互对立，在某些方面却又雷同。美国自认为素来就没有控制革命或引导革命的力量。有上升预期的革命（也许有人说是希望的革命）也好，群众革命也罢，不管我们赋予革命何种称谓，美国被认为向来就没有控制或最终引导这种革命的力量。这是一种由生物－经济不平衡和社会的巨变引发的全球现象，它将延续数十年，甚至几个世纪。认识到这些**显而易见**的事实，让战略家在制定目标时采取必要的**节制**，是走向一种明智政策的第一步。

今后，即便在美国，人们也都承认，政治制度（多党制和代议制政府）和经济制度（市场、企业家和消费者自由）很少适合初始发展阶段的需要。**因而，西方不应当偏爱与自己最相**

近的政体，而应该偏爱最有机会促进增长的政体。而且，我们应当警惕发展的成功**将确保**对西方有利的或至少是中立的态度这一幻觉。这样的保障并不存在。甚至还会出现这样的情况：经济进步有助于巩固亲苏联集团的团体，也就造成了与我们目标相左的影响。每当西方任凭自己被混同为保守阶级或反动阶级，任由共产主义者或半共产主义者支配近乎垄断的"进步主义"口号的时候，这样的情形就会发生。

事已至此，指望美国政府偏向于一个反西方的政权而不是一个亲西方的政权，也是枉然，因为前者加速了经济发展，后者让经济陷入瘫痪。然而要说服美国战略家也并非不可能，首先而且最重要的是让他们相信，任何政权，不管其制度如何，只要依附于莫斯科的政党没有掌权，就不该被称为共产主义政权。其次，要让他们相信，在非洲或拉美，即便是共产党执掌的政权也不同于苏联红军在东欧国家强行建立的政权；在亚洲、非洲、拉丁美洲，革命性政权即便倚仗莫斯科，也有不和西方决裂的利益，哪怕仅仅为了从两边都接受援助。换句话说，每当"卢里坦尼亚"（Ruritanie）宣称它效忠莫斯科时，与其在行动上甚至在言语上表现得好像我们的安全受到牵累，不如表现得漠不关心以及几乎无所谓的样子，事先揭露那些软弱无能的统治者频频以共产主义相要挟的伎俩，他们误认为莫斯科的胜利，危害的是美国人而不是他们自己。正好相反，我们应时刻牢记：冷战的变迁并不会严重影响我们时代的军事力量关系。

在某些人看来，这些告诫受到了"慕尼黑精神"的熏陶——通过不承认共产党来离间敌人；接受一切社会主义政党或者政体；偏向那些治国有方的统治者而不是那些大肆声称效忠西方的统治者；对发展提供援助，因为这是人类的义务，长期来看也符合我们的政治利益；假如巴西或者印度在实现工业化的过程中，加深了民族主义和中立主义，我们既不要感到失望，也不要感到意外。然而，这完全是一种错误的解读，因为即便是在距佛罗里达海岸 150 公里的地方，美国也拒不派遣**海军**（海军陆战队士兵）去镇压敌对政权。我们最好从这种对诉诸武力的拒绝，以及冷战的波折与威慑平衡间的毫无关联中得出结论。

这些忠告并不妨碍我们在经济、颠覆和论战三大阵地彻底地发动冷战。在第一个阵地上，人们希望发生两种变化，一个正在改变，另一个还难以辨认。如果一国权力薄弱而又维持过时的所有制结构，援助就是徒劳的，最好是将终归有限的资源集中投到那些具备，或者在外部压力下能够具备投资赢利必要条件的地方。捐赠或者长期贷款是且必须是西方整体政策的一部分，西方借此力所能及地帮助南半球实现工业化。不过，从今天起，而且在今后更是如此，正是西方最关键的商业政策增加或者减少了第三世界可利用的资源，它对于稳定原材料的市场行情尚无能为力。还存在另一个问题，日后这一问题会愈发尖锐：发展中国家通过向发达国家出口简单工业品（纺织品）而获得外汇。目前，西方国家之间的贸易日益自由，共同市场为这一初露端倪的势头锦上添花。但由于美国通过捐赠或贷款来获得外汇越发困难，越来越多的援助很可能采取长期贷款的形式，并必须在债权国进行采购。此外，为了避免欧洲内部或者大西洋内部的自由贸易给第三世界带来不利影响，或许采取统制经济的一些措施也在所难免——保证原料购买的价格，向廉价劳动力国家的商品开放大西洋市场，贷款与指定市场采购挂钩。

经济援助的成效并非一蹴而就。在颠覆活动即将占据优势

685

的地方，只有反颠覆活动（或者反游击战活动）才是有力的回击。在这点上，指出几种总是被遗忘的平庸观念并非一无是处。在殖民地，颠覆活动占据上风，因为技术上和策略上的还击都因一个决定性的事实而受阻：革命者和当地居民操同样的语言，属于同一种族，而居民正是颠覆和镇压之间对抗的利害所在。即便在阿尔及利亚，穆斯林民众也从未完全忠于民族解放阵线。一小部分欧洲人因征服者的权利而驻扎在阿尔及利亚，他们显然属于特权阶层，他们的存在让法国军队在心理和政治上的努力付诸东流——法国军队以口号反击口号、以个人解放反对阿尔及利亚的解放、以一个自由阿尔及利亚与法国结盟反对阿尔及利亚独立。在情势无法确保颠覆力量对镇压力量的这种优势的地方，为什么前者事先就赢得胜利了呢？

诚然，只需要一小撮人便足以反复发动恐怖暴力活动，营造一种不安全的气氛。的确，来自北方的越盟突击队深夜潜入村庄，恐吓村民，表面上成功笼络了居民，但那些不屈从于威胁和暴力的居民则会投靠另一方。简言之，颠覆战争的手法不止于使业已存在的人民意志显露出来，在很多情况下，它还能创造人民意志。然而，更确切地说，若这种意志并不存在，反颠覆——镇压或者平叛游击活动——**只要使用适当的手段**，初看来，成功的机会就并不比它所抵抗的侵略行为成功的机会要小。**这些恰当的手段**是否借鉴了，以及在何种程度上借鉴了敌人的手段？团团包围？地下组织？暴动核心的刚性纪律？对不坚定的群众使用恐怖手段？否认对手在战争中迫于需要而进行相互模仿，这样做是虚伪的。苏联一方拥有双重优势：共产党的自发组织能够立刻适应地下斗争的需要（列宁的组织原则符合这些要求）；共产党人一旦执政，就拒绝给予他们的敌人那些他们通常享有的自由。

当颠覆终于发展到游击战阶段时，镇压总是在所难免的。镇压对于宣传、渗透、试图拉拢知识分子、利用民众的不满、让犹豫不决的人们相信苏联集团的道德或者历史优势等极少奏效。反颠覆的基本原则，虽然难以应用，却像所有的战略原则一样简单。要应付一切武器，在每一个斗争领域，防御都要抵挡进攻，而且人们不能没有后患地忽视任何战区。我们现在开始明白，热核威胁绝不能保护遭受颠覆征服危险的领土。不过我们还没有明白，某种武力处于明显劣势是危险的，人们无法以经济援助来对抗游击队，也不能靠警察与宣传做斗争。确实，也有动用警察来对付敌方宣传家的情况：毕竟，马克思－列宁主义者并非不会这么做。然而，在极权政体下，警察力量为思想教化效力。但仅仅是警察，而没有组织和劝导的协同配合，它长此以往也会变得无效。

说我们应该关注敌人在所有领域的一举一动，并不意味着我们应该效仿敌人。恰恰相反，不论是战略还是战术、劝导还是颠覆，不对称都是不可避免的。我们并不想摧毁希望置我们于死地的国家，而是想让这个国家变得宽容与和平。我们并不想说服人们相信，只有我们的制度才能带来希望，相反，我们要让我们的敌人和第三世界相信，人类不仅要遵守某些原则，还肩负有多样化的使命。民主政体的国家不能使用与极权政体的国家相同的战术，背弃自身的原则，这样最终要为眼前的利益付出高昂的代价。它们既不能也不愿传播革命。它们既不能也不愿禁止人们追随自己的神灵，寻找永福。不过，只要两个阵营继续保持现状，西方享受的自由对铁幕那边就具有颠覆意义——西方的战略家绝不会放弃这种革命性的意义，但他们自己也希望这

686

种意义逐渐消失。当苏联人和西方的国民一样拥有阅读、写作、批评和旅行的权利之时，竞争就演变成了真正和平的竞争。

* * *

这种战略纲要看起来令进攻性战略学派与和平学派都感到失望。我并非不接受这两个学派的观点，真正的问题在于，君王的幕僚们有多大的权利把今天的世界想象成其他样子。

我个人认为，西方有可能在 1945 年后的几年解放东欧且不会带来严重的战争风险。即便是 1956 年匈牙利和波兰暴动之时，西方也不知道要把握机会。然而，我们无须证明即可断言的这种可能性完全是物质上的；它假定，美国和西欧不同于当下，具有不同的制度、不同的领导人以及另外一种心态。然而，过去政治上不允许而物质上可能的事情，现在在物质上也暂时不可能了。鉴于力量关系，克里姆林宫的领导人宁愿战争也不愿失去其**统治权**的一个重要部分。从领土上来看，西方无力觊觎其自卫范围以外的东西了。

687 　如果西方在全球威慑力和军事力量几乎均势的庇护下，满足于在每一个战区奋战，那么它就能指望不遭受惨败。但是它无法指望取得惊人的胜利，除非苏联人转变信仰，抑或是苏联与中国决裂——指望在不久的将来实现这一可能是荒谬的，同样，永久排除这种可能也是荒谬的。

在主张和平的学派看来，这一战略包含了军备质量竞赛，是反颠覆和反宣传并举的冷战的延续，看似穷兵黩武，充满了难以估量的危险。这两个集团使尽浑身解数，在各大洲明争暗斗，以最凶残的惩罚相互要挟却不付诸实践，这种局面能维持多久？

第一个学派谴责这种战略可能会招致逐步失败，第二个学派谴责这种战略延续了热核战争的风险。这两种责难都是有根据的。慢慢地，西方冒着因极权政体的推进而窒息、被颠覆的浪潮所吞噬的风险。它也可能被与敌人拥有相同的穷凶极恶的武器所毁灭。然而，只有增加热核灾难的风险，才能规避或减少窒息的风险；只有接受被迫屈服的更大风险，才能消除或者减少战争灾难的风险。

因此，在我看来，这种温和的战略为同时避免窒息和暴毙这两类危险提供了最好的机会。一旦避开这两种危险，西方的生存就有保证。在我们的时代里，活着，即便不是胜利的唯一表现形式，也是其最好的表现形式。①

（1）在西方，美国仍然是主导性的大国，因为只有它拥有热核武器。它失去了部分经济优势，而这一优势保证了其在西方世界无可争议的至高地位。由于经常项目的长期赤字，美元受到威胁。1962 年，有那么一段时间，美国在货币上对西方盟友诚意的依赖，与后者依赖美国的庇护相比有过之无不及。此外，1950～1960 年，欧洲大陆国家的经济增长率高于英国和美国。诚然，1961 年，六国的国民总收入仍远远落后于美国（如果按照官方汇率计算，六国是美国的 36%，而按价格体系的计算方法，这一数值可能是 50%），尽管人口数量相差无几。无论如何，自 1945 年起，尤其是 1950 年以来，这一差距不断缩小。假设大西洋联盟中的欧洲一方继续保持更加迅速的增长，

---

① 读者也许倾向于反对前两章的分析，正如反对本书的第三部分一样：将两个超级大国的对话置于国际舞台的中心是否还合适？国际体系是否仍是两极体系？假设今天尚且如此，那么几年之后还是如此吗？

而且共同市场包含更多欧洲国家，几年以后，大西洋共同体就将由两个大国组成，即便实力不均，**但它们已不再是具有本质差别的两类国家。**

688　　就苏联而言，1945 年以来，主导事件并非经济层面的，而是政治层面的。中国的经济处于类似苏联战前的五年计划时期的阶段，而且形势恶化：起初，空间与人口的比例，农业资源与供养人数的比例，注定让中国一旦遭遇类似苏联合作化过程中的挫折，就会出现普遍粮食短缺的情况。1961 年，中国在境外购买的食品达到 650 万吨，价值 3.6 亿美元。在很大程度上，营养不足貌似成了工业发展迟缓的罪魁祸首，甚至也许是工业减产的原因。1961 年，中国钢铁产量达到 1500 万 ~ 2000 万吨，但仍无法与苏联或六国共同体的规模相提并论。

政治层面并非如此。苏联不能使用武力来掣肘中国政府。后者的强势不仅在于它拥有 7 亿左右的人口，而且还在于它保持着旺盛的革命活力，声称代表了正统的意识形态。中苏友谊正式决裂对赫鲁晓夫和毛泽东而言，都是一种失败。因为这种学说不允许社会主义国家间发生冲突。悲剧的主导者都不得不将其对手视为分裂者或异端分子。在意识形态领域，国家首脑的分歧，哪怕是基于国家利益的矛盾，也要粉饰成学说争执。

北京和莫斯科的敌对将会对两大阵营的关系产生哪些影响？这难以详尽地预测。在某些情况下，两个阵营间的关系可能会更加棘手，因为两个共产主义大国担心被指控为修正主义而不断挑衅帝国主义。若非如此，莫斯科若为了阻止中国的扩张，更容易和西方和解，那么，北京就可能违背苏联谈判人员做出的承诺而破坏莫斯科和华盛顿之间的协定（这并非不可能，比如北越在北京的支持下，蓄意破坏美苏在老挝所做的和平努力）。

当然，莫斯科和北京的紧张关系使得华盛顿和莫斯科和解，这种相反的情况也是可以想见的。从长期看，这可能是两个共产主义国家公开冲突的逻辑结果。但短期看来，只要苏联自称马克思－列宁主义政体，它就不能公开承认两个社会主义国家间也可能存在民族对抗，苏联体系内的多头政治对西方、和平各有利弊。苏联继续保护中国不受美国的侵略，而且必须防止中国政体倾覆或是联盟的正式决裂。另一方面，中国几乎不再接受苏联的经济援助，不必再诚惶诚恐地对待老大哥，因为今后"公开决裂"的惩罚就能威胁到苏联，赫鲁晓夫对破裂的害怕丝毫不亚于毛泽东。

在我们所处的年代，对于倡导革命的国家、政党和人们而言，将学说纯正性的声望拱手让人是令人难以忍受的。克里姆林宫势必担心，一旦两个首都竞争新信仰的中心地位，亚洲、非洲和拉美的激进分子会认为北京更胜莫斯科一筹。

（2）美国和苏联并没有支持它们各自的盟国获得热核武器。几乎所有的美国作家都认为，由四五个国家来实施威慑战略，风险高于由两个大国实施该战略。689

在我们对威慑战略进行理论和实际分析的篇幅中，我们刻意使用了简化模型。我们假定两个国家拥有热核武器装备（因为实际情况也是如此），而且我们往往假定一种对称的局面，比如，假定先发制人对二者而言具有同样的好处。为了不超出本书的范围，我们没有假设更为复杂的模型，也没有设想苏美之间的种种不对称局面。况且，一旦明白了这种推理模式，就能够分析不对称局面的后果。困难在于事先断定军备质量竞赛将导致何种局面，以及各国政府会如何应对这种局面。

例如，以下问题在我看来具有决定性意义。几年以后，两个超级大国的热核武器将坚不可摧，以至于极端挑衅（即对没有热核武器的国家的领土发起进攻）的威慑不再合情合理，这种结果是由不诉诸热核武器的可能对抗升级导致的吗？或者，庄严承诺、不大可能的巨大风险，与被动防御计划一道，使得超级大国有可能保证其盟友不受侵略，有可能让它的敌人相信在某些情况下它会率先出击并诉诸核武器吗？

美国作者幻想着中国和西欧，以及其他国家可能会最终放弃原子武器。这些国家并不准备让两个超级大国垄断那些今天被视为具有决定性的武器，也不准备把人类代理人的权力、监管这些残暴工具的使命托付给它们。

就理论模型而言，一个由四五个国家把持热核武器的世界，未必会比只存在两个这样国家的世界更动荡不安。可能存在各种组合，这取决于这五个国家是相互独立，还是分属两个或三个团体。然而无论如何，除了两个超级大国，倘若还存在一个拥有实质热核报复能力的国家（或者集团、联盟），那么当前超级大国行动的自由将减少。对一个超级大国而言，消灭**另一个超级大国**，即便仅在理论上也不意味着控制了世界。它只应使用部分武器来对付对手，否则即便可能取得胜利，之后也会任由**坐收渔翁之利的第三国**宰割。人们能够辩护，即便是现在，第三国——中国或者整个亚洲——即便没有原子武器，它的存在也间接有助于两个超级大国关系的缓和。

（3）未来的景象并不会是具有四五个热核国家的理论模型所呈现的那样：在未来几年内，中国很可能拥有一些原子弹和能够运载原子弹的飞机。英国现已拥有热核弹头和能够运载核弹头的轰炸机（也许还不足以突破苏联的防御，也不足以幸免于攻击）。法国在 1965 年左右将拥有原子弹和幻影Ⅳ战略轰炸机，也许在 1970 年左右将拥有热核弹头和中程弹道导弹。1965 年或 1970 年，可以预见的局面并不等同于五个国家拥有基本相当的核能力的单纯模型。两巨头依然是主宰，中国、英国和法国将拥有核打击力量，即必要时相互威慑的力量，却无法与任何一个超级大国相抗衡，这要么因为它们的力量不能承受第一次打击，要么因为它们能够承担的损失（对两个欧洲国家而言几乎是灰飞烟灭）和能够实施的报复远不相称。

690

进一步来说，即便欧洲国家合并它们的资源共同产生一种威慑力量，与两个超级大国相比，它们仍然处于劣势，因为欧洲的空间比美国和苏联的都小。我们时代的一个悖论是，经济繁荣不再需要大片土地，然而军事力量仍然需要，因为领土范围大小是消化进攻能力的一个条件。不过，六国，最好再加上英国，共同制造出一种威慑力量，也并不是毫无效果的。恰恰相反，它能够将欧洲提升到主要行为体的角色。即便美国不再驻军德国，欧洲也仍间接受到美国力量的保护。苏联对美国或者欧洲发动侵略，哪怕是轻微的挑衅，也不得不担心其他西方国家的反应。

在不久的将来，中国会获得一定的原子能力，这很可能会极大地改变当前局势。显然，中国将借此提升它在亚洲的威望

（而且，印度急于效仿中国）。并且，北京怀揣的抱怨十分明确：在离其海岸几公里的地方，前任政权的幸存者指挥着驻扎在金门岛和马祖岛上的敌对力量，且受到一个外部强国的支助，这是无论哪个大国的政府都无法容忍的。当中国拥有一定原子能力的那天，是否还会忍受处于被动的状态呢？

第二十三章　超越强权政治（一）：
以法律求和平

国际政治素来被人们视为强权政治，只是在我们这个时代，一些法学家醉心于概念，一些理想主义者将理想与现实相混淆。然而，它从未像这样被全盘接受。对于被迫忽视战争，或将战争合法化，法学家感到惋惜。道德主义者则攻击外交－战略行为的本质，指责这一行为即便在和平年代也对战争的可能性，也就是对强制和暴力的可能性进行考量。

20世纪战争的残酷与热核的威胁，不仅为抵制强权政治带来现实性和紧迫性，同时也带来一定的显著性。如果人类希望继续征程，那么历史**绝不能再是**一连串的血腥争端。可能酿成的灾难与国家间竞争的利害关系，其间的差异从未如此明显和具有悲剧性。可悲的是，根据和平的需要与战争的危害，包括前述战略在内的一切传统战略都不合时宜。它们最终导致了束手无策的事实和对荒谬的屈从。

我并不反对这些看法，而是同意这些看法。人们渴望国家间关系发生历史性的改变，这种憧憬并非史无前例，但亦绝非普遍存在。不乏狂热分子将他们意识形态的胜利凌驾于一切之上。然而，这种憧憬属于跨国社会，它所团结的是以百万计的人类个体，而不是民主国家的公民或革命政党的积极分子。也许，它有助于开辟未来的道路，一如在过去人们对远古集体秩序的反抗。

692　　至少，在经历了长期的探究之后，我们应当思考在什么条件下，国家间政治不再是强权政治，即它不再在战争的阴霾下进行；再者，当今或未来实现这些条件的可能性有多大。

一　和平主义

马克斯·舍勒在一篇记录了 1927 年 1 月他在国防部演讲的论文①中，对八种和平主义进行了区分。我们以他列举的这八条作为出发点。

（1）**英雄与个人的和平主义**，它在原则上不抵抗暴力。

（2）**基督教和平主义**，天主教的半和平主义，一部分借鉴自教义，另一部分源于自然法和伦理，总之，它期望让教皇成为至高无上的仲裁者。力争团结、致力于永世和平的新教教会也参照同样的和平主义。

（3）**经济和平主义**，即自由贸易的和平主义，该学派最伟大的理论家是英国哲学家赫伯特·斯宾塞，其论断借鉴了实证主义思想和功利主义的价值体系。

（4）**司法或法律和平主义**，源于自然法的现代学说及其在**国际法**中的应用（格劳秀斯、普芬道夫），又通过圣·皮埃尔神父、康德（永久和平）、乌托邦的社会主义，以多种形式再现。它的终极目标是在陆海进行全面且系统的裁军，取缔国家的**最后辩驳**（ultima ratio），代之以最高法庭，依照一套严格的规范体系，通过司法裁决来解决一切冲突。

（5）**共产主义及马克思社会主义的半和平主义**，通过取消阶级国家，超越无产阶级的临时专政，强制实现永久和平。苏

---

①　*Die Idee des Friedens und der Pazifismus*, Publication posthume, Berlin, 1931.

联形式的半和平主义并不是直接的和平主义：它支持一切能够
实现其预言和颂扬其目标的战争。

（6）**全球帝国的帝国和平主义**（罗马普世帝国的稳定、罗
马和平、拿破仑的企图、某种形式的盎格鲁－撒克逊帝国和平
主义）。

（7）**大资产阶级的阶级国际和平主义**，存在于欧洲和美洲
的几大列强之中，它们担心成为新一轮战争的牺牲品，并力图
反对苏联发动战争导致全球革命的观念。

（8）**世界性的文化和平主义**，可追溯至斯多葛主义，通过
汇聚全世界的知识精英，依靠信息传播、知识和道德改革、教
育工作来实现永久和平。

以上是这位德国哲学家在两次大战之间所区分的八种形式 693
的和平主义。他在同一篇论述中写道："欧洲人民的经济和
（相对的）政治合作这一理念不会再消失。可是，它若消失，
便是整个欧洲文化的悲哀！"① 在我看来，马克斯·舍勒意在得
出追求和平的政治与精神运动的各种灵感来源。时至今日，这
些灵感也并无迥异：和平主义或源于对暴力的拒绝，或借鉴超
脱的宗教传统信仰，或取自经济功利主义，或源于建立司法秩
序的意愿，或汲取了马克思－列宁主义的新信仰，或源于一些
人武力消除国家多样性或军事主权多样性的秘密企图（许多人
赞同这一企图），或源于大资产阶级对战争的担忧以及国际资
本主义反对国际马克思主义的渴望，最后，或源于对民族主义
的批判和对国际主义的重视。不论是反暴力理论家、基督徒、
自由贸易理论家，还是支持以法律求和平、以社会主义实现和

---

① *Die Idee des Friedens und der Pazifismus*, Publication posthume, Berlin, 1931,
　　p. 28.

平、以全球帝国来统治和平、通过资本主义国际组织谋和平、以智者的行动和大众教育来实现和平的拥护者们，他们都对战争说**不**。舍勒指出，如果将各种和平主义的灵感进行比较，那么唯独第一种非暴力形式，就其接受忍受暴力而非实施暴力的角度而言，才是纯粹的精神和平主义。其他的和平主义都是"利益意识形态"，它们的和平目标并不是价值本身，而是一个阶级或全人类的利益（贸易比战争更有用）。我认为这些不同的和平主义的性质差别并非如此简单。诚然，只有为了保全同胞性命而准备牺牲自我的人，才能证明他拒绝战斗的英勇，因为他已经超越英雄主义。然而，那些渴望通过法律、无产阶级的胜利或文化的胜利来谋取和平的人，同样受到了理想的鼓舞，尽管这些理想是一些人或全人类的利益。总之，灵感的性质并不会受到计算因果关系的影响。

我认为这些不同形式的和平主义真正的区别并非如此。在我看来，这些和平主义可归为两类：一些是有条件或无条件地反对战争，并没有提出战争**起因**的理论或是和平**手段**的学说；另一些则将和平或好战的行为建立在战争理论的基础上，以求永久和平。非暴力和平主义、宗教和平主义、文化和平主义属于第一类。那些拒绝服兵役的非暴力人士相信殉难的意义，相信个人抵抗的长期有效性（而且他们是对的）。他们并不幻想去阻止战争，哪怕是某一场战争。当反对暴力的人士组织起来，针对可能使用原子武器的战争进行大规模的抗议游行时，他们不再是信念的道德主义者，而是责任的道德主义者，应当按照他们的行为可能造成的结果，而不是他们的意图来做出如此判断。拒绝使用原子武器是出于政治考量而非道德考量。倘若这能够减少历史暴力的总量，且无损需要捍卫的价值，那么就应

694

当对其表示赞同。造成这样的结果是可能的，但绝非无可争辩。同样，哲学家或教育家反对民族狂热，试图传播人类团结的思想意识，实现本身美好的事业。如果他自以为教育改革或是联合国教科文组织几百万美元的投入就能确保和平，那么他就太天真了，以致不应被认真对待。

相反，自由贸易的倡导者、法学家、马克思主义者、帝国主义者和资本主义者都有（或者至少能够有）一套关于战争与和平的理论学说。假如他们洞悉了战争的原因，就应当试图去排除原因从而保障永久和平。然而，这五类理论家又能进一步分为两组：**以法律求和平**与**以帝国求和平**的拥护者们。他们企图改变几千年来国际政治的本质。通过自由贸易，通过全世界无产阶级的胜利，以及通过生产和交换的国际或超国家组织来支持和平的人们，只有在他们的战争社会学理论成立的情况下，才能获得胜利。

在我看来，和平主义的这两大流派符合两种对战争可能性的解释。或者，国家间的原始状态在实质上包含了较为频繁的战争。如此一来，只有以法治取代暴力统治，或者以一个全球性的国家取代众多的主权国家，才能获得和平。国家交战要么是**为了谋取某物**（土地、人口、战利品等），要么是**因某物或某些人而起**（人口压力，对市场的寻求，独裁的、资本主义的或共产主义的政体，富人、将军或军火商的野心）。这两种解释既非相互矛盾，亦非不可调和，却存在着本质的差别。**第一种解释并不排除第二种解释的部分真实性。若第二种解释声称自己是全面的解释，那么它便是错误的。**换言之，众多的军事主权国家的确暗含着武装冲突的可能性，从而导致强权政治和战争。因此，一切靠消除某些利害关系和排除某些原因来**确保**

永久和平的学说，本身就是错误的。

我们这个时代流行经济学的理论和学说。"流行"的原因多种多样，一些是长期的，另一些是应时的。劳动和战争是既对立又相辅相成的两种活动。人类旨在征服自然，支配自己的同类。也许，因为人类能更好地支配大自然，所以减弱了支配同类的欲求。另外，只须特别考虑到社会拥有也只能拥有唯一的目标以便能够形成有关人类进化的具体看法便足够了，讲求实际的、工业的时代代替了神学的、军事的时代。实际上，较之过去，现代社会更加注重生产。因此可以想见，用垄断家、资本家以及军火商的贪婪来解释战争，无异于以往用国王对荣耀的欲望或他们宠臣的反复无常来解释战争。对市场、原材料和利润的追逐代替了君主对国土、臣民和要塞的追求。自由主义者认为冲突的利害在一个贸易共和国国内会出现贬值，于是国家不再具备发动战争的动机。资本家也希望通过国际或超国家组织达到相同的结果，而马克思主义者则期望从社会主义政权和全世界无产阶级的最终胜利中实现相同的结果。

在以消除武装冲突中的经济利害关系从而实现和平的理论中，马克思－列宁主义是最为彻底的。在资本主义世界里，垄断的本质在于贪婪地摄取国内外的利润，垄断资本家**势必受制于**扩张和利润的无情束缚，垄断与国家不相为谋。当一个政体不再以利润为动力，那么执政者将以人民的物质和精神发展为目标。政权内部不再有敌对的阶级，帝国主义也不再有理由"铤而走险"，因而不再存在战争的原因。换言之，马克思－列宁主义同时以**行为主体**和**利害关系**来阐释现代战争，一方面资本主义体制和垄断资本家的野心自相矛盾，另一方面在垄断资本的支配下，各国迫于现实的目标互不相容。

所谓的无产阶级革命可能改变行为主体①的本质，并消除争端的利害关系。

这一和平学说，即便我们同意对其所做的分析，仍然不足以说明问题，除非我们假设**永恒外交官**（diplomate éternel）发生破天荒的转变。事实上，假设所有的国家都依照马克思－列宁主义理念来组建，实行计划经济，并由所谓的无产阶级执政：国家会放弃供养军队吗？它们都确信自身是安全的吗？它们都不再想捍卫自己的利益，或者用武力或武力威胁来将其观念强加给他人了吗？为了积极回应这些疑问，需要做出两个假设：任何传统的利害（土地、财富、人口）都失去意义，任何国家都没有统治的野心，也没有受制于人的忧虑。

在当今社会，不论其经济社会体制如何，第一种假设都包含部分真实性。事实上，正如我们所看到的，只要经济仍可以保持强势的增长劲头，国际贸易自由能保证人口和工厂的补给，统治欠发达国家的成本往往高于统治发达国家的成本。② 然而，即便不考虑土壤肥沃但人烟稀少的土地这种个例，即便忽视贸易方式的争执，最终也无法完全消除经济的利害关系。如果中国人口继续按当前速度增长，到 20 世纪末，其人口将超过 10 亿，那么中国人民及其执政党很可能觉得空间狭窄。假设从经济角度来看，其他的解决方案仍然比征战更为可取，但征战仍有被视为最好出路风险。在西伯利亚和东南亚，还存在着人烟稀少的土地。

696

---

① 行为主体的解释同时从属于两种可能的类型：通过行为主体的意图来解释，通过驱使行为主体的力量来解释，而行为主体并未意识到，且无力控制这力量。

② 我们已在上文中指出这种论点在何种意义上、做出哪些保留意见时才属实。

对那些领土相对于需要供养的人口数量而言太狭小的国家来说，要让它们不为征战的诱惑所动，要让它们的邻国不觉得受到威胁，这些国家仅拥有相同的政体并称兄道弟还是不够的。即便是与资本主义世界之间的同仇敌忾的手足情谊，也未能阻止南斯拉夫的叛离，亦未能够消融莫斯科与北京的紧张关系。**更不必说**，如果我们设想社会主义国家存在于一个不再有敌人的世界中，那么不可能排除空间的划分像过往一样成为未来利益冲突的导火索。这些冲突未必会引发战争，但如果不通过武力解决，就应当构想由法庭宣判，或各方请求仲裁，又或是由上级强加旨意的一种解决方案。前两种假设让我们参考以法律求和平，以及国家同意不再自行惩戒，最后一种方案影射的是全球帝国。

基于战争原因和利害关系的社会学解释，我们得出国家主权服从法律或武力的和平主义学说。我们不会对这样的一条路线感到吃惊：倘若国家保留了自行惩戒的权利，就不可能一直处于和平状态，除非它们洗心革面，或者这个世界发生了翻天覆地的变化。工业社会的本质着实减少了由经济原因引发的战争，如果所有的国家都拥有相同的政体，那么目前，国际体系中的主要行为体之间不大可能存在大型战争的威胁。然而，这种和平局势得益于经济集约增长的可能性，却无法让人类彻底远离土地和财富的冲突：总之，一切取决于数量，更确切地说，取决于数量的增速。

如果我们以法律或武力求和平，以法庭无可争议的权威或单一国家无可抗拒的意志为研究问题的出发点，反其道而行之，是否还能重新发现经济社会原因引发冲突的危险？在某种意义上确实如此：国家间的发展差异会引发紧张局势，有时还会引发革命。为什么在一个全球帝国或世界联邦的内部情况又截然不同呢？然而，抽象的分析并不能为全球帝国的内部暴力定性。事实上，一切都取决于自治程度以及土地和人口所保有的武器。

这两种论据主要在概念上存在差异。我们设想实现了永久和平，而霍布斯困境并没有消失，那么我们便能推测出国家发生了彻底的改变，冲突中可能存在的利害关系也不存在了。若我们只是设想通过法治或全球帝国来实现永久和平，而没有做出其他假设，它所面临的风险正是如今国家内部秩序正在经历的风险，臣服于法律的民众的异质性，以及幸存民族或文明群体对法庭或帝国自上而下的命令所表现出的可以预见的反抗能力，都会加剧这些风险。

这些结论为我们指明了方向。一个和平主义学说不应当首先强调利害关系和行为主体，而应当重视霍布斯困境的依据：国家声称有权自行惩戒，有权保留诉诸武力的**最后争论**。我们旨在实现和平：法治能否在国家之间建立？

二　从《国际联盟盟约》到《联合国宪章》

我们已经从理论的抽象层面①，以及历史和实践层面②来衡量国际法（拉丁语：jus gentium），并分析了当前联合国的作用。

我们理论分析的指导思想符合1914年之前法学家所公认的一个原则，即国际法并未禁止国家诉诸武力，而且诉诸武力是主权的一种体现。之后，我发现国联这个本应以保证和平为职责和目标的机构却失败了，我称之为国联的败笔。这一失败具

---

① 参见第四章第三、四、五节。
② 参见第十八章第三节。

有明显且又有象征性的特点：由战胜国创立的国际联盟在其序言中加入了接受"某些不诉诸战争的义务"和建立"公开的、以正义和荣誉为基础的国际关系"以及"严格遵守条约义务"的条款。一切国际法的保守倾向都源于国家间的竞争意志。将尊重国际法和尊重协约国及其附庸国所确立的领土现状蓄意混淆，加剧了国际法的保守倾向。战胜国希望借条约获得更多的权威，战败国则反驳道，国联的权威因其给予协约国的法律－道德担保，即给予武力的担保，而被削弱了。然而，在没有武力的历史权利可以参照的情况下，双方都无法明确哪种地位才算是公平的。日本、意大利、德意志第三帝国的帝国主义图谋都沿袭了古老的政治行为方式。

1945 年以来，一个两极且异质的国际体系逐渐形成了。它的基本特征由政治和技术条件（大规模杀伤性武器、两个超级大国的对立、集团的形成、无休止的说服和颠覆活动等）来决定。假设不存在联合国这一组织，那么国际体系还会是这样吗？我并不知道。我仅仅能够肯定，且在我看来显而易见的是，[1]联合国并未对国际关系的进展产生重要影响。[2]

这样的双重失败归因于事实，而非文本，这几乎是无可争议的。探究文本是否且在多大程度上有效地修改了国际习惯法，禁止诉诸武力，并引入了一个有效的集体安全组织，这并非一无是处。

毋庸置疑，与习惯和传统法律相比，《国际联盟盟约》甚至比《白里安－凯洛格公约》更具有革新精神。17 世纪和 18

---

[1]　但那些力求成为理想主义者的人，有几乎无限的能力来无视事实。

[2]　对我们而言，准确估量联合国有效但有限的作用对各方的利弊，并不重要。

世纪，国王绝不会郑重宣布"以各民族之名谴责诉诸战争来解决国际争端，在相互关系中，放弃将战争作为推行国策的工具"①。不论是何种冲突，他们从未承诺只通过和平手段来解决。② 这些文本究竟是罪恶向美德的致敬，还是个人或集体意识真正进步的证明，还尚未知晓。

　　首先，我们应当注意到，即便是《白里安－凯洛格公约》也并未将一切战争视为非法。倘若发起的战争针对的是非缔约国，或是违反公约的缔约国，抑或是战争符合《国际联盟盟约》的义务，那么战争仍然是合法的。（不过在法律和事实层面，各国都能相当自由地诠释盟约的义务。）然而，最为重要的是，缔约国保留了过去通行的两条规避困难的途径：正当防卫的权利（**自卫**）以及使用武力却不宣战的可能性。《凯洛格－白里安公约》明确认可正当防卫的权利，却没有规定任何机构来确定并限制这一权利的条例和个中含义。因而，各国几乎总能或多或少地提出自己的辩解：他们只是在行使这一权利。日本对中国东北的行为就像意大利对埃塞俄比亚的行为。同时采用另一条规避途径也很顺手，即在不宣战的同时也拒绝将中国的"事变"定性为战争。此外，所谓的和平列强，例如美国，在对"模棱两可"的情形进行创新：1941 年 12 月之前，美国并未向德国宣战，而是采取了与通常定义的中立性不相容的措施，支持一方阵营而敌视另一方阵营。不交战是一种参与模式，正如中国的事变也是某种形式的战争。

　　盟约的漏洞则更为明显。盟约被认为引进了某种集体安全，其第十六条第一段这样写道："倘若国联成员国违背了盟约第 699

---

① 《国际联盟盟约》第一条。
② 《国际联盟盟约》第二条。

十二条、第十三条或第十五条中的承诺而诉诸战争，即视该国事实上发动了针对国联其他成员国的战争行为……"然而，在何种情况下，战争才构成了违约？第十二条规定，国联成员国承诺在做出仲裁或司法决定后的三个月期满以前不诉诸战争。第十三条规定，成员国承诺，不与陷入争端的国家开战，而争端交由仲裁判决或司法裁定。最后，第十五条（第六段）规定，一国如果服从国联理事会（冲突当事国除外）一致投票通过的报告里的建议，成员国承诺不与之开战。

诚然，各国也承诺将它们的争端提交法庭仲裁或裁定，如果没有法庭，则提交国联理事会。不过，各个国家仍能自由决定争端是否交予仲裁或司法裁定。若涉及政治争端且由理事会审理，那么也只有在全体一致通过的情况下，理事会的建议才具有权威性。若理事会无法达成一致意见，那么"国联成员国有权利采取它们所认为的维护权利和公正的必要举措"（第十五条第七段）。

换言之，在冲突提交仲裁或法庭的情况下，非法战争是指在三个月的期限结束**之前**发动的战争，或是**针对**已交于仲裁或法庭裁定的国家发起的战争。可是，国联成员国并没有同意**必须**将它们的争端交予仲裁或法庭裁定，那些挑起战争的严重冲突可能会由国联理事会或大会进行审议。然而，在这种情况下，只有在做出和平解决争端的一切尝试**之前**就发动的战争，或是违背理事会一致决议的战争，才是非法的。"集体安全"原则——一国发起的战争若违背了《国际联盟盟约》，**所有**成员国就应当视之为针对它们**每一个国家**的战争——只有在一致通过时才适用。国联各成员国保留了最终决定某场战争是否的确违背盟约的权利。

若达成一致，第十六条（第一段）规定（或者看起来如此）所有成员国必须实施经济制裁，却仅授权理事会就各国在军事制裁中的份额提出建议。

理论上，我们有三种方式来"填补盟约的空缺"。第一种方式是（国联理事会或大会）所做出的仲裁、司法或政治制裁对争议各方具有强制性。第二种方式是取消一致通过的规定，以便理事会或大会能果断解决争端。第三种方式是剥夺各国在判定是否违背盟约以及承担制裁份额方面的自由裁定权。这三种改革相互关联。为了废止第十五条第七段所规定的采取维护和平与正义的必要措施的权利，就应当赋予国联解决争端的**真正权威**。然而在多数情况下，成员国难以达成一致，理事会就应当有权按多数原则来解决争端。最后，为保证多数判决的政治有效性，就必须强化和明确第十六条中（第一段和第二段）有关违背盟约和制裁的国家义务条款。

我们知道，国际联盟曾援引第十六条来反对意大利与埃塞俄比亚的冲突，措施如下。首先，争端交由理事会审议，并由理事会提出一致意见。理事会的这一决议不能视之为国联所有成员国被迫履行的义务，亦不能当作集体决策。大会主席决定国联的任何机构均无权就所有成员国有责任认定其中一方违背了盟约做出决策。大会各成员国可以就理事会成员国的一致意见自由提出异议。奥地利、匈牙利和阿尔巴尼亚都行使了这一权利。其他成员国默认了理事会的意见。事实上，尽管存在第十六条（第一段），国联的成员国在制裁方面也具有自行决策的自由。

事后，很容易注意到，迫使意大利放弃攻击埃塞俄比亚这一企图的失败并不能归咎于盟约的"漏洞"，而应归咎于领导

700

集团（当时的法国和英国）对诉诸极端手段的反感。这些极端手段可能包含战争的（细微）风险，然而，即便盟约没有"漏洞"，这一风险也依然存在。国联的成员国并未放弃它们的军事主权，若一国决心使用武力，那么除非同样使用武力否则不可能制止它。就对意大利 1935 年的入侵、1938 年德国的侵略（奥地利和捷克斯洛伐克）和苏联 1940 年的侵略（芬兰）所做的制裁而言，尽管盟约第十一条至第十六条含糊其词、漏洞百出，却丝毫不影响国联的行动。1938 年，德国退出国联，1940年苏联被国联除名。强化盟约的约束力对希特勒和斯大林都没有丝毫影响。

若国联的成员国都由衷地愿意遵守盟约，那么在三个月的期限内禁止发动战争，或禁止向已服从仲裁判决、法庭裁定或理事会的一致意见的国家开战，这些规定便足以阻止战争发生。然而，日本并不打算尊重中国的领土完整，意大利也不愿接受埃塞俄比亚的独立，德国亦不尊重奥地利和捷克斯洛伐克的独立。这三个国家均不同意将它们的要求提交给一个"公正的法庭"来裁决；它们也并不认为国联的建议对它们具有约束力；它们亦不认为现有的领土状况就是最终的状态，相比于过去和将来的领土状况，它们都没有对现状予以更多的尊重。即便修改了第十五条第七段的条款，即便理事会非一致通过的建议具有法律效力，意大利、日本、德国这些国家也不会屈从，因而应当靠武力来进行约束。可是，保守主义国家并不具备这种武力，不论是区分国内立法和国际法的范畴，还是与他国的政治冲突问题，它们都不愿意认可法律的支配，这会剥夺它们的自由裁定权。

《联合国宪章》深入借鉴了《国际联盟盟约》的哲学思想，

即法律主义与和平主义哲学。根据序言，这个新机构旨在保护子孙后代免于战争的灾难，确保今后武力仅用于维护共同利益。尽管如此，编纂者深谙过去的经验教训，不太强调恪守条约，亦即**现状**，更多地注重履行国际法义务的必要条件。尊重人权、促进各民族的经济社会进步以及维护和平都成了联合国的宗旨。

就和平这一核心问题，宪章的条款措辞含糊，第一章陈述了国家应有的行为方式，或是解决冲突应当遵守的原则。其中第二条第四段写道："各会员国在其国际关系上不得使用威胁或武力，或以与联合国宗旨不符之任何其他方法，侵害任何会员国或国家之领土完整或政治独立。"同样，根据第二条第三段，所有会员国"应以和平方法解决其国际争端，避免危及国际和平、安全及正义"。可实际上，所有国家都时不时地使用了武力威胁。另外，如果诉诸和平手段只是有利于和平，那它却未必有利于公正。总之，如果所有国家的领土完整都应当受到尊重，那么任何一国都不能被他国以威胁或强制的方式来分裂或吞并。可是，如果不是受到威胁或强制，一个国家又会在什么情况下任凭他国破坏或摧毁？像对待《国际联盟盟约》中的条款一样，国家必然会规避或无视第一章中的表述。人们会认为这些条款表达的是一种理想而非具体的义务，或者认为这些条款只是在第六章和第七章中，即关于和平解决争端、威胁或破坏和平的行径以及侵略行为的章节中，明确了国家必须履行的法定义务。

宪章第六章和第七章所趋向的结果近似于盟约的第十条和第十六条，它们更明确，篇幅更长也更详尽，某些方面雄心勃勃，某些方面则雄心不足。雄心勃勃表现在它们赋予了安理会集体裁决权，甚至通过一切手段对会员国施以尊重，不论和平 702

与否。然而，宪章并非如此雄心勃勃，因为安理会只有在五大常任理事国一致同意的情况下才能采取第七章中的措施。换言之，五大常任理事国可以否决安理会的决议，更能否决安理会为使决议奏效而采取的措施。联合国大会则能以 2/3 的多数票对任何主题的建议进行表决，却无法强制会员国遵守其建议。《国际联盟盟约》所谓的制裁，宪章所称的"与威胁和平、破坏和平、侵略行动相关的行为"，英美法学家所指的"**强制措施**"都由安理会而不是联合国定夺。

《联合国宪章》也包含了"回避条款"。宪章第二条第七段重述了盟约第十五条第八段中的保留意见：联合国无权干涉在本质上属于任何国家国内管辖之事件（**本质上属国内司法的事件**）。荷兰、法国这些殖民主义列强企图使用这一条款来阻止安理会或联合国大会干涉印度尼西亚或阿尔及利亚的冲突。事实上，当国际和平受到威胁时，宪章便赋予了安理会出面干涉的权利（参见宪章第七章）。而且联合国大会每年都将阿尔及利亚问题列入议题，尽管法国代表团徒然地以退出联合国的行为来阻止这一问题被提上议程或讨论。

可以说，第一百零七条授予了国家对敌国的自由决定权。这一条文含糊其词，留出了极大的自由。① 也许，宪章的起草只关注了过渡阶段的预防措施。自从战胜国联盟解体，苏联集团国家签订的互助协定也开始明确针对德国或其盟国可能发动的侵略，这一条款便具有了重大的意义。授权针对昔日敌国的措施轻而易举地成了反对昔日盟国的措施，这些盟国在联盟瓦解后试图通过与昔日敌国结盟来壮大自己。

---

① "本宪章并不取消或禁止负行动责任之政府对于在第二次世界大战中本宪章任何签字国之敌国因该次战争而采取或受权执行之行动。"

最重要的两个规避条款，则是第五十二、五十三条有关地区组织的条款，以及第五十一条中引述的《白里安－凯洛格公约》中关于正当防卫的表述。然而，仅从条款的字面去理解，这两个条款并没有严格限制安理会的权利。宪章起草者考虑的地区组织中包括了美洲国家组织。这一组织能够自主采取行动维护和平，或者安理会也可以借由它来采取行动，若没有安理会的授权，这两种可能都不包括"合法暴力"（除了针对昔日敌国采取的措施）。第五十一条为传统政策提供了自由发挥的余地，此大西洋公约组织援引了这一条款，如苏联集团援引第一百零七条。仅须补充的是"集体防卫的正当性"要求事先筹备，如果发生了武装袭击才临阵磨枪，就无济于事了。

　　依照宪章，法学家们讨论了大西洋联盟的合法性。大西洋联盟是根据第五十一条还是第五十二条和第五十三条（区域组织）建立的？"个人或集体正当防卫的自然法"这一表述相当含糊，足以引发莫名的争论。不论注释多么灵活，甚至法学家指出任何一国都没有公开明确地违背宪章，但事实仍然是，当今国际社会也依旧与创立宪章的美国人所构思和设想的具有本质区别。这些美国人反对势力范围，反对联盟均势和强权政治，反对一国或一群国家为了自身利益而动用武力。他们指望联合国，尤其是安理会来维护和平。没有人想到当今会是这般情况。如果说集团政治是宪章的逻辑发展或体现，那么当初起草宪章的措辞就应当有悖于起草者的意图。

　　无须掺和法学家关于朝鲜行动的合法性（安理会常任理事国之一缺席且并未赞成）、宪章中为大西洋联盟辩护的条款，甚至是"**团结一致保卫和平**"这一著名决议的争论，我认为也能轻易发现，在历史层面上，宪章赋予了安理会确保集体安全

与和平的重任，因而它指望安理会常任理事国达成一致。这种
一致是难以达成的，安理会从未掌握第四十五条及其后文中所
规定的武装力量，各国注意到常任理事国的否决权阻止安理会
做出决议并采取行动，它们因此认为它们必须准备自己的"集
体正当防卫"。被宽泛地加以诠释的第五十一条，有可能最终
使集团制度与原本旨在排斥这一制度的宪章相协调。然而在我
看来，朱利叶斯·斯通（Julius Stone）的观点是难以辩驳的，
他得出结论，认为"集体正当防卫并不是为了履行宪章，唉，
而是因为宪章未被执行"①。集体防卫是集体安全的替代物，而
非其结果。1950 年表决通过了"**团结一致保卫和平**"的提案，旨
在将"集体行动"合法化，而提案本身建立在宪章允许继续存在
的防卫习惯法之上，而非"武力服务于国际社会"的原则之上。

704　　　正如我们刚才提到的那位法学家所言，宪章具有两面性。
否决权、正当防卫以及对抗昔日敌国的行动都构成了传统的一
面，这让强权政治的博弈成为可能。安理会的权威、强制实现
和平，代表着宪章的另一面，意在创建一种世界秩序。两个超
级大国的争端让安理会无能为力，而如今看来，只有传统的那
一面显露于强光之下。

　　谴责宪章并梦想进行改革以重拾 1945 年的希望，这是幼稚
的。正如希特勒的野心并不能归咎于盟约的漏洞，否决权也不
是两个超级大国竞争的根源。

　　简而言之，集体安全的概念从来没有被理解为法律义务。
或者各国保留了裁定诉诸的战争是否违反盟约的权利，在这种
情况下，安全受到危害，因为它取决于众多的个体决策；或者

---

① Julius Stone, *Legal Control of international conflicts*, Londres 1954, p. 265.

安理会有权做出集体裁决并且强制执行，即便要诉诸武力，可这一裁决需要所有常任理事国的同意，即理论上的国际体系中的所有大国的一致同意。不过，当所有大国都取得一致时，不论集体安全存在与否，都不会发生大战。

三　国际法的本质缺陷

国际法无力禁止在法律规定的情形之外使用武力，其原因何在？这便是主导有关国际法本质争论的核心问题。诚然，很难设想一种法律秩序，其本质上纵容主体的自行报复，即为了一己私利而自行决定诉诸暴力。我个人认为，在概念层面上，H. 劳特派特（H. Lauterpacht）在其《法律在国际社会中的职能》一书结尾处所提到的将法律秩序等同于和平秩序是令人信服的。

> 在探讨有关法律和法庭在国际社会中的地位问题时，法学家可能注重将法律陈述与一切和平的倾向分开考虑。然而，倘若在国际关系中，和平主义等同于坚持法治，那么人们会思忖，一位法学家在意识到其任务的真正本质后，是否会希望将这种本质分离出去，因为和平并不仅仅是一种道德观念。在某种意义上（虽然只是在某种意义上），既然和平意味着牺牲公正来供奉稳定与安全，那么就此而言，在道德上，和平的观念是无动于衷的。和平首先是一种法定公设。从法律的角度来看，和平是对司法体系一性公设的隐喻。法律逻辑必然导致依法对无政府主义和私人武力进行判决。①

---

① H. Lauterpacht, *The Function of Law in the International Community*, Oxford, 1933, p. 438.

705 　　我认为在某种意义上，和平确实是一种法律公设，是法律体系统一性的原则。但这并不意味着服从法律的人类就不存在，而是这种人类关系所包含的暴力只是为法律服务的，用于针对违反禁令者或是用于法律权威的裁决。

　　现代法学家要么借鉴实证主义的观点，要么借鉴新康德主义，而且考虑到事实与规范的区别，就更难以苟同国家间的合法秩序纯属法律秩序。事实上，若法律被视为一个国家的指挥，那么缺少一个凌驾于国际法主体之上的国家，就会抹去各国所服从义务的特有法律属性。至于纯粹的法律理论，它将法律秩序定义为对暴力的规范，只有将战争和报复解释为国际法规则规定的强制行为，它才肯定由国际法所构成的"法律社会"是真实存在的。①

　　从将战争和报复被解释为对违法行为的制裁那一刻起，纯法学理论家就有了一种幻想，即在没有遇到无法克服的障碍的情况下发展一种可与国家体系相媲美的标准体系。但在我看来，这就是一种空想，或者至少可以说，建造一个如此高大的规范体系，即便逻辑上合乎要求，却也过于脱离现实，没有丝毫意义。

　　首先，将战争和报复理解为对违法行为的制裁不过是法律上的一种假想，这不同于过去统治者或士兵对使用武力的**理解**。外交官和军人从来都不认为自己是（负责执行外院的判决的）

---

① "必须承认，因为权力过度下放，国际法律秩序或由其建构的社会并不是一个国家。此处所谓的国家，只适用于相对集权的秩序或法律集体。然而，只有战争和报复被解释为国际法规则规定的强制行为，亦即只有当它们是也只是对违规行为的制裁的时候，国家的法律或者法律共同体的特征才是确定无疑的。" Hans Kelsen, *Théorie général du droit international public*, Recueil des cours de l'Académie de droit international, t. XLII, 1932, p. 134.

司法人员。诚然，鉴于凯尔森（Kelsen）对法律的界定，万一发生了某些事实前提，如果缺少对暴力的管理和法律的制裁，国际法也不会存在。国家间的暴力不是犯罪就是制裁的这种假设，是不可靠且站不住脚的。有时，凯尔森也暗示自己，出于政治目的而非科学目的他更倾向于这种假设，而不是任何战争都是合法的那种假设。

　　这并非问题的全部。在论及纯理论之时，我们必须追溯到其基本规范，这种规范自身并不是法则，而是统领整个体系的公设。然而，就国际法而言，任何可以用来参考的基本规范（德语：Grundnorm）都不尽如人意。**条约必守**原则是个特例，它提出了遵守条约和公约是国际秩序所不可或缺的，却难以将其作为国际秩序的逻辑源头。倘若我们不去声明必须信守承诺，而是声称国家应当像过去那样遵照惯例行事，并以此作为基本准则，那么我们就是用对惯例的尊重代替了对条约的尊重。然而，如果说尊重条约的意思过于狭隘，那么尊重惯例的意思就太过含糊。国家应当遵守哪些惯例？诉诸武力是国家古老的行为：在力图沿袭惯例的法律体系中，又该如何判定这一行为？

　　此外，国际法并没有为事实性和诠释规范设立最高裁决机构。正如凯尔森的一位异端门徒写道：

　　　　按照传统的概念，尤其是凯尔森的概念，各国都是判决机构，有权在各种特殊情况下自由决策，而不存在法律控制的可能。**因而，会同时存在大量类似的裁决机构，它们有能力设定规范，且每当发生冲突时，会被迫设立相互矛盾的规范。**根据一般国际法，国家能够单独决定具体的规范在法律上是否成立，某一事实存在与否，是否应将其

706

定性为战争、干涉或无效……如果 A 国做出了其中的某个
决定，如果它确认了一种规范，如果它定性了某一事实，如
此种种，那么它便设立了一种法律规则，一种从属于国际法
的规范。然而，B 国同样能解决这些问题并做出它的决定，
这样，它也设立了一种规范。每次发生国际冲突的时候，A
国提出的规范总会与 B 国的相悖，否则也不会存在冲突……
超国家的国际法无法发挥作用，逻辑上也排除了这种可能。
因此，超国家的国际法并不存在。

他还说：

按照传统理论的构想，将国际法视为束缚各国的至高无
上的超国家秩序，这不仅毫无效力，而且逻辑上也行不通，
因为这些规范并没有构成一个严密的体系。①

如果说法学的纯粹理论由于没将原始的规范公之于世，并
且缺少解释的最高裁决机构来确保体系的协调性而注定是失败
的，那么，其他声称建立强加于各国之上的国际法强制力量的
法学家们，也不会有更多的收获。我们姑且赞成古尔维奇
（Gurvitch）的观点，承认存在本身就起到规范作用的事实，假
设存在一种纯粹的社会法律来体现非国家的社会；我们再进一
步假定国际法是整合法而非从属法，但这样问题的本质仍没有
得到解答。国际社会纯粹的、自发的法律具有怎样的约束力？
法学家从何证明这一"社会法"禁止或授权诉诸武力？当法学

---

① Panayis A. Papaligouras, *Théorie de la société internationale*, thèse de l'université de Genève of Geneva, 1941, p. 174.

家断言"必须服从国际社会的意志"时，人们轻易地回应道，主权国家的共同意志不过是理论家的一厢情愿。

总之，倘若理论家将国家和"主权意志"的多样性作为出 707 发点，那么，他就会沦落到以类似于自我控制①或默许这种或多或少微妙的方式来恳求法律主体的同意的地步。这类理论很容易遭到反对，因为它并没有超越作为出发点的国家主权。仅由同意产生的义务并不具有强制性。规则的有效性只归功于同意，这一原则是建立在什么基础之上的？

我们可以断定：不论是其自身，还是对于现实而言，任何国际法理论都不尽如人意。从逻辑上说，一种假定了主权的绝对性的国际法理论，不能为国际法的强制特征进行辩护。政治上，这样一种理论限制了法律的权威并鼓动了国际无政府状态。认为国际法权威高于国家，这种理论不能够找到与国内法中相似的"规范性事实"和原始标准。况且，缺少最高解释的裁定机构，缺少难以抗拒的制裁力量，便会损害超国家法律理论的严谨逻辑，同时也使其与现实格格不入。

在我看来，长久以来的争论，以及对一切理论自身或政治影响的正当反对，都可以通过国际法及其所表现的"国际社会"的模棱两可的，甚至是自相矛盾的特征来进行解释。现存的国际法发端于欧洲，尤其派生于 16 世纪以来的**万民法**。最初的**万民法**包含两个方面或者两层含义：一方面，它指明了一切国内法律的共同要素；另一方面，它指明了统治者们在相互往来中必须或者本应当遵守的规则。一切法律的共同要素被视为

---

① 如今，法学家乐于将耶利内克（Jellinek）的自我控制理论视为"荒谬"。在我看来，它远不及现代的许多理论荒谬。显然，它并没有奠定法律的"强制力"，但它是历史 – 社会现实的再现。

自然的，即符合人类本性，或顺应天意，又或是符合理性的智慧。就万民法是自然的这一意义而言，它还适用于统治者之间的往来，因为这种交往不可能服从于一套个别的法律。因此，对于主权者之间的关系所构成的问题，国内法甚至民法都有类似的用法每个主权者都被认为具有至高无上的、独立的意志。

然而，如果这些往来属于自然法的管辖范围——在哲学意义上自然法高于某一特定国家的法律（即我们所称的人为法）——从另一个角度来分析，这些往来也是自然的，它是先于公民状态存在的"自然状态"，公民社会的建立完全是个人意志服从更高意志的法律。16世纪至18世纪，**国际法**理论同时受自然法状态（普世的、神圣的或理性的）和自然状态的影响。在双方战争的合法性这一关键点上，自然状态的影响明显超过了自然法的要求。如果战争是对违法行为的制裁，如果它旨在获得道歉或赔偿，如果它是对侵略行为的防卫，那么它就是正义的。然而，不论正义与否，战争对交战国而言都是合法的，因为在主权国家之间既没有执法的法庭，也没有强制执法的不可抗拒的力量。

诚然，17、18世纪的哲学家们所设想的自然状态并非都相同。如果人们追求和平、向往社会，那么早于公民社会的有效法律（即适用于主权国家间关系的法律）就不会与传统的自然法之间存在本质差别。然而公民社会、法庭以及警察的缺失，仍然意味着国家在相互交往中在很大程度上保留了自惩的权利。犹记得《利维坦》第一部分第十三章中对"自然状态"的经典描述：

> 就具体的个人说来，人人相互为战的状态虽然在任何时代都未存在，但在所有的时代中，国王和最高主权者由

于具有独立地位，始终相互猜忌，并保持斗士的状态和姿势。他们兵戎相对，互相注视，也就是说，他们在国土边境上筑起碉堡、派驻边防部队并架设枪炮，还不断地派间谍到邻国刺探，而这就是战争的姿态。

霍布斯勉强同意这种国家间的自然状态，在描述的结尾评述道："但由于他们用这种方法维护了臣民的产业，所以便没有出现个人自由行动导致的悲惨状况。"

斯宾诺莎在《政治论》第三章中重述了这一观点：独立的城邦①与处于自然状态的人类一样是与生俱来的敌人（第十三章），战争的权利属于每个城邦。他并未指摘城邦关系中的狡猾与欺诈②。然而，他并不认为如此设想的自然状态与"人类对公民社会的自然渴望"相互矛盾，因此，他得出结论：公民社会可能不会彻底瓦解（第六章，第一段）。

然而，同时期的哲学家，即便其所构想的自然状态完全不同于霍布斯的构想，却也承认城邦内部秩序在本质上不同于城邦间的秩序。洛克在《政府论》的下篇③中写道： 709

人们受理性支配而生活在一起，世上并不存在一个拥

---

① 城邦泛指"被政治性地组织起来的人类团体"。

② "缔约的每个独立城邦都有权谋求它所关心的利益，因此每一方都尽其所能地摆脱恐惧、重获独立，以及妨碍他国变得更强。如果一个城邦抱怨受到欺骗，它所能谴责的并非另一缔约城邦的法律，而是它自己的愚蠢，它将自己的永福寄托在另一个独立城邦的身上，而对它来说最高权威的法律才是国家的永福。"（第十四段）更为直白的是："如果一个主权国家向另一个国家承诺做某一件事，随后出于大环境或理智的原因，这么做会有损其臣民共同之永福，它就必须终止自己所做的承诺。"（第十七段）

③ 第三章，第十九段。

有权威的共同尊长来进行裁决，他们正是处在自然状态中。但是，对他人使用武力或蓄意使用武力，而世上又不存在一个可以向其求助的共同尊长，这便是战争状态，而正是因为缺乏这样的诉诸，人便有权利向侵犯者宣战，尽管他是社会的一分子，也是一国的臣民。

洛克还从概念上对执行权和对外权做出了区分。[①] 前者在于确保"社会所有成员在内部都落实社会自治法"，后者旨在保障公共的外部安全和利益，包括一切可能得到的好处和受到的伤害。

事实上，洛克补充道，这两种权力总是相互混淆的，而且只能如此，但是它们在本质上仍有不同。因为和平与战争、联合与联盟的权力，"以及与城邦外个人及团体的一切关系，难以靠先前制定且仍然通用的人为法来决定，而应交由那些被赋予裁判权力的人，依他们的审慎与智慧做出决定，为公众谋福祉"。审慎与智慧，而非严守法规，才应是联邦权力的特质。

在这一点上，洛克是否借鉴了霍布斯的观点？他受后者的影响远比他自己承认的要多？[②] 这是可能的，但并非一定如此。因为即便是那些否认人与人之间——不论是个人还是集体——怀有天然敌意的人，也得承认自然状态，或者人们更倾向于公民社会的缺失所带来的后果。事实上，由于法官与警察的缺失，每个人都应当准备自卫，防备丧失理智、不择手段的**他者**。由于缺少法律上或事实上的最高裁决机构，国家间秩序只能任由每个联邦政府官员自由决定正当防卫所需的措施。

---

① 第十二章，第一百四十七段。

② 参见 Richard Cox, *Locke on war and peace*, Oxford, 1960。

当代否认自然法的倾向，或者，至少说是否认自然法严格的法律特征的倾向，似乎本应当促使法学家们效法 17 世纪的哲学家，强调国家生存于自然状态之中（没有法庭和警察），进而强调国内法与国际法的差别，甚至否认我们所谓的国际法在**严格意义上**的法律特征。然而，至少直到最近的一个时期，大部分的国际法专家的争辩方式仍并非如此，他们竭力证明国际法是正式法，其建立的前提表面上会让人想到相反的结论。但凡以**各个**国家的主权为出发点，并通过各种方式将法律与主权挂钩的理论，都剥夺了国际法某些法律构成方面的特征。

710

国际法专家常常不敢从他们的原则中得出这样的结果，害怕将国际法贬低（或抬高）到"文明社会"所认可的正面道义的层次上，但这让法律失去了严谨性、系统性以及严格意义上的法律约束性。我认为他们之所以这样做，至少有三个主要原因。

首先，国际法不论在理论上还是在实践中，都是由法学家来论述的，而这些法学家接受的是国内法学专业的培训。国际法必然逐渐具备了法律的特征。直到 1914 年，欧洲国家强制推行自己的法律概念，自由地决定哪些人类群体值得被视为国家，且相应地值得受到**国际法**的保护。后来，经济自由主义又限制了国家干预的范围，并将私有财产神圣化，因而否认国际法的法律特征是自相矛盾的，即使它与国内法从未如此相似。显然，这些文本和评论借鉴了法律精神，又怎能将它们引向正面道义呢？

其次，姑且不论国际法的一般理论，相当一部分的国际法都应该被视为**严格意义上**的法律。对属于大家的或不属于任何人的财富（海洋）的共同使用，跨国社会（在资本主义时期，看上去与国家无关）必然要求的国家间交往，一国公民在他国定居的权利和义务：这些问题诞生于以领土组织起来的共同体在这一星球上的共存，并都受到不断完善和通常被遵守的法规的约束。法学家常常探究是国内法高于国际法，还是后者高于前者。事实上，法庭几乎总是维护国内法的最高权威，不过，只要各类法律属于同一种类，而且法官认为多数国际法规则能够纳入国内法，那么争论对专家带来的扰乱就不那么多了。①

最后，超国家法律理论以及 1918 年后的国际联盟看似为最终克服国际法的缺陷开辟了道路。据称，国际法还处于所谓的原始社会阶段，缺少代表法律的最高裁决机构，不存在强制的垄断。同样的进步让国家内部出现了司法体系和治安机构，这将逐步推动国家间秩序在法律层面的发展。

这种乐观主义，不论是在事实层面还是在理论层面上，都711 毫无根据。在事实层面上，显然只有在任何国家都不再具备物质手段来抵抗"国际警察"时，对一国动用武力才相当于在国内使用武力。正如在朝鲜半岛那样，缺少"国际警察"，警察的行动无异于一场战争，其结局可能不是惩治犯罪，而是以审慎的妥协而告终，这不太符合制裁的本意。

在理论层面上，当涉及所谓的文明国家法律时，国际法所谓的最初特点暴露无遗。然而，尽管这个或那个部长勉强地为法律的最高权力做出牺牲，这些文明国家的行为却没有停止，像是拒不事先承认法庭的权威。这些国家是否会签署强制仲裁的协定？它们赶忙补充道，仲裁并不适用于国内法的问题，而这些问题的界定由它们决定（这相当于保留了对承担义务的情

① 参见 P. E. Corbett, *Law and society in the relation of States*, New York, Harcourt et Brace, 1951, p. 43。

形的选择）。如果它们放弃了一个保留条件，就会找到另一个保留条件以区别两类争端，一类是由法庭或仲裁机构提供法律解决的争端，另一类则不包括这些解决方法。正如人们常指出的那样[1]，这种区分是模棱两可的。可至少，它包含两层明确的政治含义。国家从未同意也不会同意无条件地承诺将关乎重大利益的问题交予仲裁或法庭处理。那些可能引发战争的争端被冠以政治之名，因此无法靠法律程序来解释。国家更不会无条件地接受现行法律的束缚，因为在某些情况下，条约和公约可能看上去并不公正，国家不敢将公平裁断的任务托付给法官，因为法官自己也害怕担此责任。这双重拒绝正体现了自治的意愿；它意味着国际无政府状态的基本性质。不论人们对此指责与否，它一直都是国家间关系独特性的构成部分。它合乎逻辑地形成了战争在国际法中的地位，这让几何般精确的思维反感。

以革命形式进行的战争并不是非法战争。人们可以认为"诉诸战争既不合法，也不违法；一旦做出了和平或战争的选择，国际法在某种程度上便会黯然失色"[2]。又或是，"在国内秩序中构成'合法革命'的事情在国际法中就成了某种合法的伪和解，它通过效力原则，传递了国际的、具有代表性的能力。国内的法律体系破裂了，而国际法律体系并未被打破：它仍在运作"[3]。

只要战争是合法的、被容许的，那么下面这种观点仍然是

---

[1] H. Lauterpacht, *The function of law in the international community*, Oxford, 1953.

[2] Julius Stone, *Legal control of international conflicts*, Londres, 1954, p. 297.

[3] Julius Stone, *Problems confronting sociological enquiries concerning international law*, Académie de droit international. Recueil des cours 1956, t. LXXXIX, Leyde, 1957, p. 133（73）.

正确的："国际习惯法与国内法至少在这一点上有所不同：国
际法自身主体的单一力量就能给国际法本身造成破坏。国际法
容忍战争，对依靠战争解决问题留有余地，赋予战胜国头衔，
认定强加于战败国的条约有效，因此，人们可以想象，单独一
个国家就可以将其法律权威强加于其他所有国家。"①

四　国家间战争与国内战争

第一，国家间关系由社会行为构成：除了在不承认"野蛮
人"人性的极端情况下，外交官或军人并不会将他们的敌人视
为任其使用的物体或是任其宰杀的动物。从两种意义上而言，
外交－战略行为具有社会属性：它指望他人对其自我定位做出
反应；它总是竭力自我辩护，从而承认某种价值或规则的权威。
然而，我们知道，即便是在高度文明的社会，国际法依然具有
本质缺陷：由于缺少有资质诠释国际法的机构，它就可能分成
与诠释国际法的国家数量同样多的体系；由于缺少难以抗拒的
力量来服务于法律，事实上每个主体都保留了自行惩戒的权利。
为什么会存在这种本质缺陷呢？

为了回答这一问题，我们试着区分国家间争端到底属于哪
些不同的类型。我们暂且搁置一些形而上学的概念，比如主权
的概念。整个地球上的人类并不服从于同样的法律，我们仅以
这个不争的事实作为论述的出发点。法律体系具有多样性，每
一个体系都在一片空间内或是对某些**特定的人口**有效。第一种
类型的争端源于法律的**领土性**与**民族性**间可能存在的矛盾。一

---

① Julius Stone, *Problems confronting sociological enquiries concerning international law*, Académie de droit international. Recueil des cours 1956, t. LXXXIX, Leyde, 1957, p. 132（72）.

国有权让居住在其领土上的他国居民履行哪些义务？即便他国违背了文明的惯例，一国又能在何种程度上运用本国法律来剥夺他国公民的财产和自由？

第二，国家间往来并非仅仅通过公民旅居他国，还通过海洋、尚待确定主权高度的大气层这些国际公共领地而相互联系。某些航道尽管位于一国领土之内，但对他国而言是不可或缺的，因而国际公约确保了所有或一些国家使用这些航道。各国对公约进行相互矛盾的阐释，或者实际上有能力的国家简单纯粹地违背公约，都会产生冲突。例如，埃及政府禁止悬挂以色列国旗的船只取道苏伊士运河，这严重损害了以色列的利益。这是法律解释上的冲突（埃及和以色列仍处于战争状态）还是违约行为？法学家对此存在争议，但通常他们接受二者中的后者。

第三，国家间往来是因为跨国经济往来日益显著。通过国家行政或是私人进出口的媒介作用，商品实现了跨境交换。然而，各国即便有权从总体上限制或是特别针对某些国家限制对外贸易的进行，可以合法地禁止买卖某一商品，但是，几个国家联合起来突然拒绝与另一国家进行贸易往来就等同于某种形式的侵略。苏联集团国家对南斯拉夫的封锁便为第三种类型的争端提供了例证。①

第四，一国可以采取措施制止或者纵容在其领土内企图颠覆邻国政权或政府的行为。发生在萨拉热窝的谋杀事件正是第一次世界大战的导火索，这起谋杀是在塞尔维亚策划的，因此塞尔维亚政府被指控事先知悉这起谋杀，甚至组织了筹备工作。两次世界大战之间的时期，在"列举的"有关侵略的定义中，

713

———————

① 对古巴进行的封锁是另一个例子。

就包含了招募或部署旨在向邻国领土发动游击战的武装团体这一条。

第五，国家因国际法的初级目标，即领土的划分而建立往来或可能发生冲突。它们可以对空间的归属存在异议，比如那些空地或半空地，或是该空间的占领者并未被由文明国家构成的法律社会的成员视为"法律主体"。它们甚至因边界的划分而发生争执，一遍一遍地援引战略（天然疆界）或者道义（民族自决）的理由。

显然，上面这种分类即便没有涵盖全部，也涵盖了大部分的国际争端。以与此前列举相反的顺序来看，冲突首先源自空间的划分，即不论何种国家秩序的内容本身。其次，冲突来自政治或经济对峙，一国可以以邻为壑，在本国领土内组织颠覆邻国的行动，或中断与邻国的正常贸易往来，又或者无视邻国的合法利益而将其视为各国所共有的加以利用。最后，冲突因一国对待他国财产和国民的方式而被引发。

通常，当国家都认同相同的原则时，关于财产和人身方面的冲突能够得以友善解决或是通过法律程序解决。倘若这一法律共同体并不存在，而且一国（或一个国家集团）独大，它可能会强制他国遵守自己的原则。这正是欧洲国家在 19 世纪末 20 世纪初的所作所为。它们派遣战舰，迫使弱国偿还债务，掌管非欧洲国家的海关或司法。如果发生冲突的国家法律理念不相调和，且任何一方都没有强制他方的力量或意愿，那么只能是达成外交和解或允许各国在本国领土内各行其是。美国记者在捷克斯洛伐克或苏联获刑，因为他们的行为在这些地区被视为间谍活动，而在铁幕的另一边却是完全合法的，对此美国也无能为力。菲德尔·卡斯特罗无意"公平地"赔偿美国公司，苏联亦无意补偿俄国债券的持有者。合法解决此类争端的条件是法律体系的相互靠拢而非国际法的进步，这就要求国际体系在法律和道义上具有同质性。然而，我们知道，当前的国际体系延伸至整个人类，与欧洲大陆框架内的国际体系相比更为混杂。

第二种类型的争端通常提交仲裁或法庭处理。它们很少触及国家的主要利益。如果这些争端表现出潜在的敌意，或者一国的行为在他国看来是为了满足其军事需要（或伪需要）而无视法律的非法行为，那么争端的形势就变得严峻了。比如，U-2 侦察机侵犯苏联领空便是如此。当然，国家的敏感性有时足以将因商船检查权以及领海范围的仲裁解释而起的海上事端上升为国际危机。国家变得不像以前那样敏感了，因为从今往后诉诸武力是非常危险的。如果外太空在将来成了重大争端的托词，原因并不在于国家贪恋荣誉，而在于它们希望出于军事目的而使用卫星。

经济敌对的做法，即毫无根据地拒绝销售或购买，这实际上与政治冲突是相关的。这种做法是政治冲突的表现而非原因。两次世界大战的间隔期，一些国家弥漫着无法"获得原料"的隐忧。人们勉强提出两种截然不同的假设：一国的外汇储备不足以购买原材料；原材料供应商可以阻止某些国家获得原材料。我们发现《大西洋宪章》中也反映了这些担忧。也许，当原料储备开始枯竭的时候，最后所剩下的矿层的所有者或最富饶的矿层的所有者能够实施敲诈要挟。目前，我们知晓国际卡特尔"剥削"消费者的情况。这些国家间常见的恶习并不会导致那些要通过武力解决的冲突。

如此，我们终于谈到了主要的敌对，政治单元的界限和政体构成了敌对的目标和原因。蒲鲁东并不认为这些冲突服从某一其他权利①，而是服从武力。在某些方面，它们类似于那些撕裂政治单元的冲突，而在国家间的层面上，它们又具有另外的意义。

所有权与主权的比较是平淡无奇的。我们说过，集体拥有土地就像农民拥有田地一样。我们设想在最初的历史时期，一715 个部落在保留了牧场与耕地的同时，也创立了所有权和主权。然而，一旦人类群体转为定居生活，并在地球上大部分地方定居，争执便极少涉及没有人烟的地方。争执的目的要么是让某地居民归附一国而非他国，要么是让某地居民有权利建立一个独立的国家。显然，这些争端触及"政治单元"的存在，与那些并不质疑其所属政治单元的派系、阶级或团体间的冲突有着本质区别。

诚然，国家声称它们并非师出无名，它们援引历史观念，这可与促进法律改革的道德概念相比较，如"民族自决权"。可是，这个例子表明，促进国内法律进步的伦理概念与伦理学家希望国家行为服从的历史观念之间存在巨大差异。乍看来，每个人都有权利选择自己的国籍，这是无可非议的。可是，谁来选择？选择什么？一个省的居民或是讲某种语言的人口是否被视为选择的主体？毫无保留地使用民族自决权可能会导致重要集体的瓦解，而这种瓦解到何时才能停止？在"优质单元"的内部，少数派表达了对多数派的反对意见后，他们会怎样？不过，这种观念并非毫无意义。它虽不能解决一切争端，却允许谴责对某些人施加的暴力行为。它也不能按照将废除奴隶制或取消社会等级（旧体制的）整理成法律的方式，被转化为明

---

① 主体法而非规范体系。

确的规范。

　　历史上有过为数不多的民族国家或帝国和平解体的例子。瑞典与挪威分裂，前者并未反对后者独立的意愿。第二次世界大战之后，英国准许印度、缅甸和锡兰获得独立。然而，相反的例子却不胜枚举，即便在当下这个去殖民化也符合宗主国利益的时代。荷兰迫于叛乱分子和联合国（或美国）的压力才勉强同意印度尼西亚的独立。印支战争历时八年之久，阿尔及利亚人民的抗争始于1954年的秋天，直至1961年仍未获得胜利。民族主义者往往通过浴血奋战来表现出他们组建国家的能力。如果敌国和平解体很罕见，那么也许英国、德国、法国的民族融合从来就不是和平的。而且从一种政体过渡到另一种政体——革命——总是暴力的，不论付出的鲜血有多少。

　　和平主义者憧憬没有暴力的历史。然而，在各民族日益相互依存的世界里，他们却没有考虑革命与战争间的关系。阿尔及利亚的穆斯林揭竿而起反对法国的统治，匈牙利人民发起暴动反抗拉科西（Rakosi）政府。即便在理论上，叛乱触及了他国的利益，而且叛乱分子的胜利会影响世界范围内的力量关系或意识形态关系，那么又该以何种"法律手段"来解决叛乱问题？纵观历史，此类冲突未曾且不能提交法庭处理，不能借由法庭采取诉讼程序，按照类似于民事及刑事诉讼的标准做出判决。理论上，可以设想两种方法来减少暴力：要么隔离叛乱的场所，要么将超国家的外部权力决策强加于双方。

　　19世纪，同质的欧洲体系的国际法含蓄地推荐了隔离的办法。不干涉的惯例让其或多或少具有了强制性，这也符合国家间交往的利益。美国并不承认那些靠政变篡位的政府，这种做法遭到不干涉理论的批判。在一方主权领土上有效行使权力的

716

政府，不论其来源如何，都应予以承认。如果人们开始质疑即位的合法性，那么又该如何终止承认与许可之间有害的混淆？一个是严格意义上的法律行为，它应当纯粹是一种宣告（非合法建立的），另一个是意识形态及道义上的许可。

然而，正如我们所知，当统治者——国王或共产主义政党——联合起来对抗革命分子或反革命分子的时候，当国际体系被划分为两大阵营，双方都担心敌对阵营获胜，而不得不以各种方式介入所有内战之时，隔离的学说既不适用也无法得以运用。19世纪，在某些情况下，列强间协调一致地进行干涉，对隔离学说进行修正：国际社会决定了一种解决方案，它难免有失公允，却重建了和平。在现行的异质体系内，各国同意回避或是推行一个共同制定且各国都能接受的方案，实属罕见。

尽管体系的异质性和跨国意识形态造成了困难，但国家仍然在各种场合继续诉诸"隔离"或"共同方案"的办法。1936年，法西斯意大利、第三帝国甚至民主国家都没有遵守有关不干涉西班牙内战的协定（民主国家违背程度较轻）。然而，为了避免冲突的国际化，它们至少建立了不干涉的一面。中华人民共和国明确表示反对宣战，并将派往朝鲜半岛作战的正规军称为"志愿军"，因为宣战可能导致战争升级。内部冲突的国际化可能迫使保护反抗分子或合法政权的超级大国参战。"志愿军"正是代表了一种中间形态，介于不干涉协定（因秘密运送物资和人员而被破坏）和内部冲突国际化之间。当今所有的内战都不同程度地包含了"隔离"和"国际化"。

在我看来，结论是显而易见却往往被人忽略的：只要国内政治的暴力未被根除，我们便难以想见没有暴力的外交。在国际社会中，某一成员国内部所发生的事情，其他成员国不可能对此无动于衷。当一国政体或政府的更替并未从本质上改变国际行为体和游戏规则的时候，即当国际体系为同质的时候，国际社会的其他成员国会声称对此漠不关心。当地球上的半数国家既没有一个合法的政权（即大多数民众承认其合法性的政权），亦没有一个稳定的政权（即有最低限度的连续性和武力予以保障）的时候，内部的不安定和平衡的不稳定愈演愈烈，和平就变成了冷战。

在异质体系内，国家间的和平使得主权国家不可能暗自达成反对叛乱分子和异端分子的协定，因为一个集体的异端分子恰是另一个集团的正统拥护者。因此，和平至少需要相互之间保持克制。然而，当今世界技术一体化、现世意识形态的普世使命，让相互克制难以实现。和平共处属于外交的虚伪，冷战指明了国际关系的真正方式，否则又会是怎样呢？既然国际法管理着某种社会关系，而当社会本身处于无政府状态时，国际法并不足以建立秩序。

五　国际法的进步或衰退

是否应当得出国际法在不断进步或衰退的结论？这两种观点都有学者支持。坦白地讲，就个人而言，不论是跨国社会、国际体系还是人类社会的意识，我都没觉察到进步。

相比以往任何时候，交通和通信手段都具有了无可比拟的优势。西方有众多的人出国旅游。从来没有如此多的人游历如此多的国家。从来没有这么多的人，不出国门就能在大小荧幕上看到那么多他们从未见过的异国风情。然而，将出国的人口比例、商品在被消费前平均跨越的公里数或是世界贸易的吨－公里数据作为判断跨国社会的有效标准，是相当虚假的。

首先，即便这些外在的且几乎物质的迹象值得研究，却也不乏与之相矛盾的现象和与之不同的发展路径存在。跨国社会是全球性的，而这也是未曾有过的。但是，基于同样的原因，贸易、人员以及商品的往来，在欧洲这片方隅之地还算频繁，而在远东与欧洲之间这类地区就不那么活跃了。在苏联体系内，718 跨国界贸易不允许私人参与，跨国界贸易成了国际贸易而非跨国贸易。因此，相较于自由经济时代，这种贸易更缺少自由，更多为国家利益服务。这些所谓的人民民主政权认为限制公民出国的权利符合它们的原则。从莫斯科乘喷气式飞机到华盛顿只需十几个小时，可是，有机会获准赴境外旅游的苏联公民能占几成？

物质手段让跨国社会的发展成为可能，但**体系的异质性**却约束了其发展。它破坏了整个人类的道德团结，且让人们无法意识到这一点。团结的低级形式是互动，体系内某处所发生的事情会影响其他所有地方：在这个意义上，所有的或几乎所有的政治单元都休戚与共。团结的高级形式不单单是互动，而是体系内的所有成员自动调节或统一定性某一既定事件。在现行体系内，这两种形式都不存在。

一个多极的同质体系有一定的自我调节能力：出于对体系内出现全球帝国的担心，主要行为体趋向于遏制它们的野心，在算账之时相互宽恕，并以另一个行为体替换缺席的行为体。然而，后面这种方法恰恰凸显了自我调节的局限性，从长远来看，任何一个行为体都无法倚仗自我调节来维系它的存在。波兰从欧洲地图上被抹去，而欧洲体系并未受到破坏。即便是这种有限的自我调节，也会受大战或者某一主要行为体资源的迅速扩张支配。

在异质的两极体系内，存在着众多不稳定的国家，因而它不具备自我调节的能力。每个主要行为体，即每个阵营，都明白，一旦它不再具备自卫能力，对手就会毫不留情。维持此前建立的大致平衡，并不符合大国的共同利益，各方都为了自身利益而不遗余力地阻止对手获取武力优势。

与过去相比，现如今，某一事件在全球范围内更无法得到同样的定性了，不论是公正的还是不公正的，是有利的还是有悖自由的。人类对**自然**灾害的反应正如对触及全人类以及每个人人性的不幸的反应一样。在我看来，中国的洪灾和饥荒并未让人感到愉悦，即便在最狂热的反共分子心中亦然。同样，我并不认为最狂热的共产主义分子会因资本家建造的大坝决堤而欢欣雀跃。然而，相对于凝聚民众或阵营并且分裂人类的民族情感和意识形态情感，这些人类所共享的情感又是多么少见、多么苍白无力！

我也承认这些情感常常是自相矛盾的。且不论外交时机，一国的公民或政治家有时也会为对方阵营国家取得的胜利而感到高兴。某个国家的首脑将苏联第一位宇航员作为欧洲的见证人，这位首脑也多次在其他场合鲜明地表明自己正统的大西洋观念。英国民众也为这名苏联英雄欢呼，也许这与他们对另一个民族英雄的怨恨不无关系。然而，这些民众的情绪并不总是与外交博弈相契合，也不能视之为人类的纯粹人性的情感。只要看一场国家队之间的比赛，便会发现个人对团体的认同感是非常强烈的，而对竞赛种类或规则的喜爱是微弱的。

在一切有限的体系内，比如希腊城邦、基督教团体或欧洲协调，价值或是共同利益**在重大场合**从未支配行为体的行为。在和平年代，不完全的共同文明意识对于解决次要问题不无影

719

响。当战争的号角吹响时，这种不完全的意识一下子就被激情击退了。

在如今的全球体系中，国际社会更有理由分崩离析，而没必要采取统一行动。每一个超级大国都竭力让其国民和不结盟国家相信另外的那种政体是可憎的。同样的事实，根据一种意识形态是令人憎恶的，而根据另一种意识形态却是令人赞赏的。按照莫斯科的宣传，多党派的自由选举不过是垄断专制的掩饰罢了。华盛顿则宣称无产阶级专政和99%的选举只是一党专制的借口。相互矛盾的阐释融入各种信息当中，阻隔了人民之间的沟通，尽管传递这些信息的手段在数量上和速度上都与过去不可同日而语。不管怎么说，认为跨国社会或国际社会的成员希望人类以国家共同体的方式成为**一个整体**是错误的。人民和国家可能会担心人类的灭亡，即人类在世界末日的灾难中消亡。但他们并不像追求民族、阵营和意识形态的繁荣、扩张和荣耀那样将人类的统一视为现实或理想。对战争的担忧会促使交战国保持节制，却不足以让它们和解。

如果说这就是国际法适用的社会关系，那么国际法看似取得的进步又靠的是什么样的奇迹呢？

在必要时，我承认国际公约日益增多，国家间关系法律化的领域日益拓宽，越来越多的国家会在更多的情况下遵守这些法律。我并不能肯定上述的所有观点都是正确的，但即便它们全部属实，其本质也不会改变。人们不能在和平年代根据次要的问题来评价国际法。说到危机，即国际冲突，要找到国际法进步的征兆不过是枉费力气。如果将以法律求和平作为目标，那么我们距实现目标仍有距离。如果目标仅仅是限制交战双方的合法战争，那么比起宗教战争后的任何时候，我们都离这个目标更远了。

国际法已经成为全球体系的法律，但它在本质上仍是**欧洲法**（jus europaeum）。它的适用范围先是局限在基督教国家，其次是欧洲国家。因而，"主权平等"原是赋予以欧洲为中心的国际社会中的特权国家，即大国，现在则明确地授予殖民帝国解体后出现的一切大大小小的国家。对"非自治人口负有责任的国家，应为他们的福祉和发展采取行动"。过去，英国下院的议员可以恬不知耻、肆无忌惮地宣称英国统治印度只是为了谋利，这样的时代已一去不返。富裕文明的民族要对尚未步入现代文明的民族尽应有之责任，这一意识形态不单单是罪恶向美德的致敬，更是对一个历史事实的认识：国家间体系的全球扩张。

然而，除了这些事实外，无一事实表明国际法在一些实质问题上有所斩获。为了建立法治，国家必须放弃自行惩戒，公民和政府必须认为国家服从公正的法官是值得颂扬的道德。可是，赫鲁晓夫却称，若联合国的一致决议违背苏联的利益，他就会不顾一切地反对。美国虽看重以法律求和平的意识形态，却不愿意将区分是否属于国内法范畴的事交予他人。

越来越少的国家能够剑拔弩张地解决它们的纠纷，然而大多数无力再诉诸武力的国家都为它们消逝的权力扼腕叹息。法国轰炸塞得港或比塞大附近的军事行动（1961 年 7 月），几乎没有在国内激起任何道德愤慨。在英国，民众舆论远不及"知识分子党派"那样反对安东尼·艾登和苏伊士远征。如果法律不能也绝不应当远远地超前于共同意识的切实价值观，那么从法律上禁止国家实施自行惩戒仍为时尚早。

我们并不能认为，相较于过往，国家现今更常违背良好的国际行为准则，不过这一准则比过去任何时候都少了。国家间不再频繁宣战，不过很多做法意味着符合法定程序的宣战不再与对外交关系的维系格格不入。

从这些评述中，**定不可**推断出当今和平有赖于国际法的进步，甚至是国际法的进步会为和平事业做出实质性的贡献。效仿国内宪法，国际上的宪法并非不可想象，它包含行政权（改革后的安理会）、立法权（联合国大会）、法庭（国际法庭）和警察（服从行政权力的武装力量）。美国法学家曾为这样一部宪法制定了详细的规划。① 作为一项精神尝试，这并非全然无益。可是，过多地关注这些勤恳的消遣则是误入歧途。权力竞争、利益冲突、意识形态不合都是事实。只要这些事实继续存在，安理会就无法支配武装力量以粉碎一切抵抗：大国不会承诺服从联合国大会的多数意见（不论采用哪种代表模式）。否决权是一种象征而非动机。一个超级大国不会接受命令，也不会任凭被束缚。

是否应当得出结论，认为法律下的和平是谬误，与人类和社会的本性背道而驰？或认为它不过是康德所谓的**理性观念**，即一种虽无法完全实现却激励着行动、指明了目标的观念？

法律规范社会生活，这种规范源于习惯，公正与不公正的概念为法律辩护或给予其启示，法律的系统化以及司法体系巩固了其地位，通常司法体系的强制手段能确保法律得以被遵守。这种规范部分来自创立国家、政体或宪法的武力。在国家这一集体内部，武力最初的作用却常常被抹去、遗忘和掩盖。极端不平等的方

---

① Greenville Clark et Louis B. Sohn, Cambridge, Havard U. P., 1958. 1961 年，法国大学出版社出版了这本《国际法下的和平》（*La Paix par la loi mondiale*）。

式已经消失或正逐渐弱化。共同价值观将最初的战胜国与战败国团结在一起。

在各式各样的国内法中，宪法始终最接近法律的暴力根源。因而，也正是宪法最难以进行和平修正，它通常因一方或另一方诉诸武力而被搁浅。旨在国家间建立和平的法律与宪法而非其他法律更为相似，因为它要在国际组织不同的机构之间分配权力，或分配财富。

从理论上看，国际社会的宪法在何种条件下才可能发挥效用？我认为有三个条件。要使各国愿意在它们对外行动时服从于法治，各国政要也必须像民众那样服从于类似的纪律。再引用康德的表述，我们可以说宪法，至少是主要国家的宪法，必须是共和主义的，必须建立在公民的首肯和按严格规则和合法程序行使权力的基础之上。倘若满足了第一个条件，那么第二个条件也很可能实现。国家意识到它们的同源性，意识到它们的体系应当是同质的，先是国际的，然后是超国家的社会。当发生局部危机时，这个社会就会在"隔离"与"强制解决"间做出明智的选择。

然而，如果没有国家的同质性、观念的相近性、宪法实践的相似性，这一"国际社会"便是不可思议的，这一必要条件仍不够充分。各国还必须愿意表态说"永别了武器"，必须毫无顾虑地将争端提交法庭处理，哪怕是有关土地和财富分配的争端。一个不存在军备竞赛、没有领土或意识形态纷争的同质化国际社会是否可能呢？理论上尚且可能，但仍须满足各种条件。结束军备竞赛不仅要求国家不再猜忌彼此的险恶用心，而且要求国家不再奢望靠武力来将意志强加于他人。集体的权力意志应当销声匿迹，或是转向其他阵地。至于经济争端——在过去它并不是导致战争的直接原因或主要原因，却让我们功利主义的思想认清了传统文明间的战争——它在我们这个年代已经弱化：一切现代社会都能不太费力地实现经济密集型增长，而不需要依靠扩张或征服。

让我们在脑海里整理一下这些分析的结论：同质体系、国家间不再相互猜忌、遵守相同的法律和道德观念、缓和经济 - 人口冲突，谁能看不出靠法律实现安定的人类社会，正如国家共同体，其中个人和利益的竞争鲜有暴力的特征？然而，按照理性的观念，这样一个法治保障和平的世界，仍将是各国分而治之，还是天下一统，即便不是组成一个全球帝国，也是组成一个全球联盟？

出于对和平的热爱或者说对战争的担忧，我们是否应当希望出现这样的联盟或帝国呢？

第二十四章　超越强权政治（二）：以帝国求和平

按照历史先例，当前危机的出路应当是一个一统天下的帝国。每一个过去所谓的全球帝国都统一了一个文明区，结束了敌对主权间的争端。依此类推，在 20 世纪的后半叶，全球帝国应当包括人类整体。 723

在追随汤因比展开的广阔视角中，我们找到了这一推论，对此我们并没有承认也没有拒绝，因为局势所包含的差异与相似性同样突出。

20 世纪的战争可能首先将北半球而非全人类统一成一个帝国单元。强烈的民族情感并不会就此承认任何**统治权**（imperium）。一旦苏军撤回苏联境内，美军退回大西洋的另一端，那么欧洲各国将趋向于重新恢复自治。欧洲尚且如此，欧洲之外更是必然。刚刚成立或是重获独立的国家小心翼翼地守护着宝贵的财产。意识形态的斗争阻碍了铁幕两边人民的交流，抑制了整个国际社会对于共同利益的觉悟。如果说莫斯科在维护其欧洲集团的统一时已经焦头烂额，那么倘若阵营扩大至整个北半球或两大半球时，情况又会怎样？

我们的目的并非思量帝国统一的可能性，而是分析以帝国求和平的必要条件，正如我们在上一章所分析的以法律求和平的必要条件一样。这两种出发点的差异如下：以法律求和平的理论家认为国家具有多样性，思忖着如何使这些国家服从法治； 724

以帝国求和平的理论家意识到国家的多样性可能引发战争，探索如何居于主权国家之上。

一 模棱两可的主权

直至目前，我们总是不时地使用"主权"一词，却未对其下严格的定义，因为我们用它来表明国际体系最初的事实。这一事实——政治单元相互竞争，力图成为它们利益和行为的最终评判者——历来是不容争辩的。然而，围绕着主权这一概念已制定出了众多的法律和哲学理论，主权转让的理想广为流传，以至于学派之争不可避之而不谈。

主权既可以被视为国内秩序的基础，也可以被视为国家间秩序的基础。主权国家，意味着其领土上保留着一切"文明国家"都必须遵守的习惯准则，以及通过缔结公约或条约所做出的承诺，它对其颁布或是认同的法定体系拥有最终的解释权。然而，这一体系仅在有限的空间内，对特定国籍的人才适用。倘若说主权是绝对的，那么国内秩序与国家间秩序在本质上是截然不同的。因为前者意味着服从独一无二的权威，而后者则排斥这一权威。

现如今，法学家、哲学家和国际关系理论学家都将重点放在了主权学说的历史特点上。从16世纪到18世纪，思想家们追求绝对的权威——它不从属于任何强国，也不屈从于任何人类法律——他们思忖这一权威存在于何处，其合法性何在。基督教的世界正在土崩瓦解。理论家创建了一套历史运动的思想体系，其中存在着君主专制制度和民族国家。绝对主权满足了君王们的野心，他们意欲冲破教会和帝国这些中世纪余留的桎梏。与此同时，绝对主权还能禁止封建领主、领地、城邦、行会这些中间团体的特权——一旦君主的意志成了权利与义务的唯一来源，特权就丧失了根基。

现代法学家建立了"含蓄的规范性"理论，蓄意责难主权的概念，他们要么按照凯尔森及其门徒的方式，对法律秩序和国家秩序不加区分，要么反其道而行之，将国家秩序降为范围更广的法律秩序中的一部分。在第一种情况下，主权的概念毫无意义，因为在纯理论中，它只意味着某种规范体系在特定空间内的有效性。在第二种情况下，主权概念是有害的，因为它暗示着法律命令的强制力来自国家的权力意志，一切法定秩序都是指挥命令。相反，对外政策的务实理论家倾向于保留主权概念，以便提醒各个政治单元为己立法，拒不屈从外部的权威。

因此，小亨利·摩根索将主权权威定性为**至高无上的立法和强制执行的权威**，并认为主权权威本来就是不可分割的，共同分享的主权权威可以说是一种**自相矛盾**，就像是四方的圆形一样。在被政治性地组织起来的集体内，也不可能存在两个主权，正如一山不容二虎。即便是在民主政权的内部，不论其外在形式如何，也只存在一个主权权威。"因为在民主国家，这一责任在正常情况下处于搁置状态，透过宪法协议和法律规则的网络也几乎难以窥视，所以人们常常认为这一责任并不存在，这种至高无上的立法权和强制执行权，过去只由君主一人负责，现在则分配到不同的、相互配套的政府机构中，以至于任何一个机构都不是至高无上的。"① 但这只是幻觉。改革家妄图将民主国家打造成一个法治而非人治的政府，这种努力只是徒劳的，他们忽视了在任何国家"必定有一个人或一群人承担实施政治

725

① H. J. Morgenthau, *Politics among nations*, p. 261.

权威的最终责任"。

主权属于合法且**至高无上的权威**。因此，对主权的探讨就是同时或者依次**探讨权威合法的条件，以及权威存在于的地方、人群或机构**。在最高层面上，第一个问题是不折不扣的哲学问题。纵观历史，命令的权利或是服从的义务，其基础和外延都已经发生变化。在当下一切的现代社会中，领导人都倚仗**民主观念**，声称他们并不会像君主那样"占有"土地或人民，也不会生来就拥有或靠武力来获取发号施令的权威。然而，对民主观念的两种阐释———一面是多党制竞选；另一面是一党制———复原了事实和"套话"的二元性①。如果合法性是指每个政体特有的**套话**，那么，不论是在党派合理竞争中临时胜出的当选者，还是在派系和个人斗争中暂时脱颖而出的苏联最高苏维埃主席团的成员，都**合法地**发号施令。民主套话或苏联套话，甚至民主观念都不是合法权威的最终答案（民主观念也需要靠一种哲学来支撑）。不过，我们可以不再对这些自相矛盾的套话和这个共同的观念追根溯源。

既然一切具有合法性的哲学都能为建立既定政体或树立某些人的统治权威而辩护，那么让我们搁置这主权研究的第一个方面，进而探究在国家内部所谓主权的权力归属。这一研究再次得出了模棱两可的结论，因为它不时地涉及**法律的权威**和**事实权力**。

在**人民的最高权力**这一表述中，最高权力的概念并不适用于实际掌权者，而是适用于全人类，因为按照宪法的逻辑，法律或执政者的权威源于人民。从更贴近现实的角度看，人们会

---

① 这里，我们将最为抽象的民主观念与接近现实、为多党制和一党制辩护的套话区分开来。

提及美国联邦最高法院的最高权力，因为一旦公民与法院、联邦政府和美国 50 个州中的某一州发生争端，最终的决定权并不属于总统、部长或议员，而属于法官。法官的最高权力与宪法至高无上的地位有关，宪法本身也是由加入联邦的各州的最初意愿确立的。然而，美国联邦最高法院的最高权力不可与专制政体下国王的绝对权力相提并论。借用洛克的表述，最高法院既不行使执行权，也不行使联邦权。因而，我认为用最高权力的概念来指代实际权力的中心或策源地是不合适的，因为事实上实际权力是被分割的。

正如小亨利·摩根索所描述的，所有国家都存在"一个人或一群人承担实施权力的最终责任"。这种观点和寡头政治的社会学理论一样包含着部分真理：总之，关系到整个集体的决议都是由一个或几个人决定的。然而，如果我们违背惯例，赋予这一"权力精英"最高权力，那么这一最高权力就不能被称为绝对的或不可分割的。

无论在哪个宪政－多元化的政体中，事实权力的分割不仅来自法律文本和习俗，也来自人。例如在美国，当涉及和平或战争的问题时，提案权属于总统，国会具有同意或否决的权利（一旦战争开始，通常都不会否决），而宪法的文本或实践都无法预测在某一特定时期内，总统的个性、幕僚的作用和不同压力集团的行为会对对外政策产生哪些影响。

同样，在英国，只要内阁在下院中拥有团结守纪的多数席位，那么权力就属于内阁而非议会。习俗和惯例将权力的天平倾向内阁一边，而在危急时刻，它未必拥有最终的权威。1940年 6 月，保守党尽管是多数党，但没有工党的合作，它就不能也不愿管理国家。在这种情况下，最高机构是下院、王室、公众舆论还是政客阶层？英国和美国一样，国难当头之时，总是由一个或几个人做出决策并采取行动。美国是由总统做出决策，英国则是由内阁。前者由宪法程序选举产生，后者形式上由王室甄选，实际上在和平时期由多数党推举，危难时期则由整个政客阶层或全国选举。这样"一个或一群人"所行使的是洛克所谓的联邦权，即掌管国家与其他国家的往来的权利，他们未必会与那些名义上拥有"**最高立法和强制执行权威**"的人相混淆。

727

对于政治单元内部的有效权力而言，主权是绝对的、不可分割的这一说法是错误的，那么将之应用到国际舞台的参与者上，这种说法是否正确呢？**事实上**，不容置疑的是，在某一特定空间内，通常有且只有一种规范体系是有效的，它有且只有一个立法机构来源，并由一个且是唯一的司法机构来实行。**在法律上**，对外主权即意味着独立，然而坚持主权暗示着一种敌视国际法最高权威却符合国家惯例的哲学，国家保留了阐释它们的义务以及确保自卫的自由。

在历史的长河中，尤其是在 19 世纪，介于独立和完全抹去主权之间的中间形式多次存在。欧洲各国不会像彼此相互承认那样"认同"其他大陆的人类集体。《联合国宪章》中的"主权平等"原则一度仅适用于欧洲国家，甚至仅适用于欧洲大国。我们目睹了欧洲国际法的构成原则扩大到所有国家（甚至包括那些还不足以被称为国家的集体）。

19 世纪，欧洲国家多次使自己的国民摆脱当地法庭，委任本国的公职人员来管理未偿清债务国家的财政或关税，甚至接管接受被保护国条约的国家的对外事务。在这些情况下，非欧洲国家不再是其领土上的**最高立法和强制执行权威**。从何时起，这种国家丧失了主权？1953 年，没有人肯定突尼斯和摩洛哥是主权国家，然而它们仍是国家，是国际法的主体。1901 年《哈瓦那协定》（即古巴宪法）附录了《普拉特修正案》，赋予美国"行使干预维护古巴独立的权利，以维持一个适当的，保护生命、财产和个人自由的政府"①，这样一来，古巴还能算是主权国家吗？

显然，答案取决于所采用的主权标准。19 世纪，尽管外国官员在中国设立了"租界"，并掌管中国的关税，但中国仍最大限度地保留了"联合权力"，继续由本国国民掌管对外往来事务。在严格适用被保护国条约的情形中，突尼斯和摩洛哥仅通过法国常驻外交代表与其他国家交流，而保留了大部分的国内自治，负责立法和执法的当权者主要是突尼斯人或摩洛哥人，而非法国人。

毫无疑问，一些领土国家曾在相对长的一段时间内丧失了　728某些主权的要素，随后要重新获得这些要素，或恰恰相反，通过融入一个更大的集体而完全失去主权。突尼斯和摩洛哥都收回了它们一度失去的主权要素；瑞士各州和美国各州都放弃了其主权。非欧洲国家或非欧洲准国家的一些所谓的不平等条约被废除，能够自由地决定它们的组织、立法、外交政策、武装力量的构成和财政管理（这并不排除它们像其他国家一样受国际法、条约、公约和惯例的约束）。

一切看起来就像是主权，甚至是对外主权，是可以分割的，可是这种分割好似具有不稳定且近乎矛盾的特点，至少在我们这个时代如此，以至于久而久之，对外主权要么得以实现，要么消

---

① 参见 Morgenthau，*op. cit.*，p. 251。

失。那些自诩代表一个政治共同体的人，即意识到其独特性并决心获得他人身份认同的人类团体，通常且在逻辑上会倾向于要求权利平等，即与他国一样，拥有"最终"（souverainement）处理所谓内部事务的权利。

我们来概括一下这些分析的结论。主权概念，除了其纯粹的法律意义之外（一套规范体系在特定空间内的有效性），要么用来对内说明政府的一种观念（或方案），以及某些人的权力（内阁或议会的最高权力）[①] 的合法性；要么与此相反，通过强调集体支配者（人民）或普通支配者（法律）的权威来掩饰人的权力。对外，主权与拒绝依附相混淆，然而拒绝依附的含义本身会引起相互矛盾的阐释：如果国家拥有主权，是否意味着它们不再受国际法约束？既然主权意味着至高权威，倘若它们仍受制于国际法，那么还能说它们是主权国家吗？

一派法学家正是为了回避（绝对）主权理论和（超国家）国际法理论间的矛盾所产生的形式上的困难，而希望彻底抹杀主权的概念。就我个人而言，鉴于这一概念的模棱两可性，我也主张舍弃它。但法学家们自以为一旦剔除"主权"一词，这一概念所掩盖的事实也会随之消失。已经建构的、超越国家的国际法理论仍不足以让国家放弃它们素来保留的"主体法"。提及主权让渡也不足以使得所谓的超国家组织取代国家的确实存在和权威。

729 二 主权和主权转让

《联合国宪章》中所使用的国家"主权平等"一词，其现

[①] 当法学家谈及第四共和国的议会最高权力时，他们意在谴责这一权力，而并非证明其正当性。

有的法律和意识形态意义是什么？传统上，根据自然法的哲学，国家被比作个人，与国内法的个人主体一样，国家被视为"平等的"。①

将这个概念移至国际秩序中，它启发了威尔逊的和平主义，也促进了国际联盟的和平诞生：只要"集体人"，即民族国家，像民主国家内部的公民一样自由和平等，像公民一样服从法治，那么和平将会建立在公平之上。这种换位是幻觉，因为既不存在为事实定性或诠释法律的最高机构，也不存在强制实施的不可抗力；既没有修订法律的立法机构，也没有公平裁决的法庭。人们从国家"在法律上自由与平等"的哲学中推断出和平主义，倘若这一和平主义被惨痛地推翻，那么，自第二次世界大战以来，"主权平等"的意识形态仍然履行了历史职责：它为承认所有民族形式上的平等，废除不平等条约、托管协议、被保护国制度，即**去殖民化**，提供了正当的理由。提出国家主权平等的国际法，以公众意识所接受的道义方式影响了事件的进程，这一道义方式逐步除去了与之相悖的事实。

一旦国家被纳为联合国成员国，其政府就会援引"主权平等"的思想来拒绝他国甚至是国际组织的干涉。传统上，一切隶属于国内法的事务都与此无关。一国在其领土内所采取的关乎财产和人身的措施，不论其是否违背了文明国家的惯例，都专属"主权国家"管辖。

可是，这一思想却未触动小国与大国，或是谋求有限利益

---

① 法律面前的人人平等从来就没有排除事实上的不平等，也没有排除由财富或权力分配导致的"主体权利"的不平等。出身没有禁止任何人行使拥有雪铁龙工厂的权利，而事实上，通过继承或合法途径获取这一所有权的那个人与打扫工厂的员工之间有着截然不同的"主体权利"。

与世界利益的国家之间的差别。赋予安理会五个常任理事国以否决权就是这一差别的象征。小国援引"主权平等"的思想来扩大其内部权限的范围，却不足以撼动大国素来占据的特权地位。

人们会反驳，在过去的十年内，发生了另一种相反的演变：欧洲国家通过协定，同意转让主权，这开辟了不诉诸武力而实现"统一联盟"的前景。共同市场的法律地位是什么？我们将以下法学家的答复作为分析的出发点：

> 共同市场是一个主权实体吗？某种意义上，它在条约覆盖的区域之内，在某些重要的政府功能方面行使了独有的、最终的权威。它与共同市场之外的国家和其他超国家组织建立关系，它拥有一些通常被认为属于主权国家的豁免权和权利，无疑它是一个主权实体。另一方面，如果一个人认为主权意味着广泛的领土管辖权，共同市场就不具备主权。尽管共同市场行使最终权威的领域极其重要，它仍然主要是功能上的而非领土上的权威。①

近来频频在讨论中使用的"超国家性"概念在欧洲组织中表现为三个标准：摒弃一致同意的原则，共同市场的立法权或规章制定权直接适用于不同成员国的公民或企业，（欧盟）委员会或（欧洲煤钢共同体）高级机构与外国达成协定。

摒弃否决权，即在某些条件下有所保留地接受简单多数或有效多数的原则，并不意味着与国家间条文或惯例一刀两断。

---

① Morton A. Kaplan et Nicolas de B. Katzenbach, *op. cit.*, p.139.

在众多国际组织中，比如万国邮政联盟、国际民用航空组织、国际货币基金组织，各国代表组成的大会通过票选的方式做出某些决议，任何国家的代表都没有否决权，每一张选票都按照或多或少严苛的标准来均衡。票选的适用领域，超国家机构与部长理事会之间的反差，这些造成的影响远没有支持或反对"一体化"的热情，即支持或反对高级机构或委员会的热情所带来的那么严重。高级机构或委员会应当被看作最高的、统一的实体，而不是各种完整主权的表现。

诚然，超国家组织拥有特权，而过去国家并不愿意放手这些特权，甚至不愿意将其交给它们自己建立的机构。关于欧洲煤钢共同体，其最高立法权隶属于高级机构（在条约框定的范围内），这一法律及由此衍生的规章措施直接适用于六国的个人及企业。另外，一旦建立关税同盟，六国的贸易谈判便由共同体来主导。然而，在传统意义上，贸易和关税政策属于"国家主权"的一部分，它脱离或即将脱离六国各自的掌控。

是否有可能将欧洲共同体划入国内或国际的古老概念中？法学家的创造性当然能够做到这一点。不同的学说或偏好将会削弱或强化这些"超国家"机构的独创性。如果我们肯定国家只是把某些行政或技术职能托付给机构，而这些机构的权威是建立在按缔约国意志所签订的、**不容篡改**的条约之上，那么，看起来成员国仍将保留国家主权。如果我们坚持最高公署或委员会行使或是能够行使的职能——要么为了建立类似于法律的规则，要么为了日复一日地采取近似于国内部长采取的管理措施——那么，国家的主权似乎会受到削弱。

我们暂且搁置法律概念化的争论，并思考在何种程度上存在、在何种程度上不存在"主权转移"。让我们重述一下洛克

731

对执行权所区分开的两方面：国内法的执行和与他国的往来。此后，共同体现在所管理的，无论是通过一致决议来决定的，还是通过多数决议来决定的，都是与某些事项有关的法律的执行，以及未来与非成员国间的贸易往来。这种转移表现了成员国在它们之间建立一个跨国的、在某些方面也是超国家的社会的共同愿望，然而国家主权的实质并未受到严重的损害。

让我们将**主权**称为立法的至高权威：三大协定（欧洲煤钢共同体、欧洲原子能共同体、欧洲共同市场）规定的议会都不具有立法权。行政机关除了阐释条约中提到的规则且实现条约设定的目标外，并没有权利制定法律。至于行政职责，它超出了通常授予国际组织中的行政机构的职责，然而这一职责只在**与外国进行贸易谈判的情况下才触及对外权**。

让我们将**主权**称为立法机构，它在存在危机的或者特殊的**情况下，在现有制度的框架内**，为更新制度和公共福利做出必要的决定。在这种情况下，尚没有任何一个欧洲共同体要求主权转让。不论是大西洋联盟还是共同市场都没有麻痹法国人的革命能力，甚至没有防止类似于苏伊士或者比塞大的军事行动。

让我们将**主权**视为**确实**掌控最高权力的那个人或那些人，他们遵照日常或特殊惯例，做出事关国家命运的决定（制造原子弹、承认阿尔及利亚独立）：在这一点上，六国的主权依旧完好无损。

最后，让我们将**主权**视为拥有**执法能力**，即强制遵守法律以及惩治违法的能力：欧洲行政机关和法庭都未支配武力。这并不会使得最高公署的决策或法庭的判决无法执行。多数情况下，个人和团体都会服从法律，因为他们相信法律保护他们的共同利益，他们习惯于服从法律，而不至于受到制裁的威胁或不必要的威胁。

按照条约的规定或已确认的经验来进一步分析最高公署或委员会和部长理事会之间在多数决议的数量和重要性上，以及在国家间相互妥协和尊重共同利益所占份额上的关系，对我们而言并不重要。重要的仅仅是要记得，主权转移——假设我们使用这一说法——只限于微不足道的事情（部分执行权和对外权，尤其是技术和经济方面的），而且如果将主权定义为在危机时刻做出决定的最高权力，那么，主权仍完整地存在于民族国家内部。

这一分析并未解决另一个全然不同的问题，即共同市场对六国间关系最终施加的影响。"主权转移"逐步吞噬成员国的主权，当被转移的国家权力要素聚合在一起时，是否会重新构建一个更高级别的主权？随着民族国家的式微，是否会出现一个统一的欧洲国家？这个欧洲国家是否会继承法国、德国、意大利的衣钵？在共同市场形成过程中尚未确定的一个阶段，是否将会出现欧洲外交事务部长？

我并不认为能够做出一个明确的回答，可对我们而言，只有这个才是关键。共同市场的建立，不论是出于法律的需要还是历史的需要，最终都不会形成一个货真价实的联盟。一些法学家希望将法律与国家分离，他们相信法律无须依靠拥有制裁手段的权力操控就能够发挥积极且有效的作用，他们倾向于坚持欧洲制度的创新之处。另一些法学家则认为主权是浑然一体的，因为它终归是一种意志，他们指出超国家性是模棱两可的，如果它不能促成真正意义上的联盟，势必会沦为一个具有行政权力的部门。

我并不会在这些含蓄的规范性理论中做出决断。然而我认为，就目前而言，第二种理论比第一种理论更贴近现实。欧洲煤钢共同体的高级机构几乎没有使用其名义上拥有的所谓超国家权力，也几乎没有做出各国政府必须执行的多数而非一致决议。布鲁塞尔委员会名义上拥有较少的这些所谓的超国家权力，可这并不是主要的：让我们想象按照《罗马条约》的规定建立的共同市场。德国、法国、意大利仍各自拥有外交政策、单独的政治史以及不同的警力和军队。要么假设共同市场**必定**走向欧洲联盟（或一个欧洲联邦国家），也就是假定在当今时代经济支配政治，甚至是涵盖了政治；要么就假设关税壁垒的崩塌会造成政治和军事壁垒随之塌落。这两种假设都是错误的。

733   完善的共同市场并不会妨碍法国或德国在阿拉伯国家或远东地区进行有分歧的甚至是截然相反的行动。它也不会让军队或警力服从同一批人的命令。它可能会置这些不同国家的宪法于危险之中，而这些危险又是迥异的。共产党在意大利获得选举胜利会损害意大利的政体，但并不会危及法国或德国的政体，除非对六国而言，欧洲议会成为等同于美国对 50 个州而言的国会，换句话说，除非产生了联邦。

我们之所以设想六国在实现经济统一后就会实现政治统一，可以说是因为我们暗自做出了假设，排除了大西洋联盟以及两大集团对立的政治秩序。在大西洋集团内部，假设德国、法国、意大利都听从美国的指挥，采取一致行动来对抗苏联的威胁。在集团的框架内，我们加入共同市场所实现的经济一体化，魔杖一挥，从中衍生出一个统一的欧洲、一个欧洲联邦。可是，我们忽略了根本的部分：被共同体意识驱动的共同体权力，以及意识到自身的独特性并决心在其他集体面前表明其独特性的国家、民族和人类集体。

我并不是说，共同市场所实现的那种经济一体化无助于"欧洲民族"或"欧洲国家"的创立。这种一体化必然会巩固跨国社会，建立"联邦政府"的雏形，让国家习惯于听凭"欧洲"层面的决策来影响自身的利益。民族国家的某些传统主权特权旁落了，而国家甚至还没意识到这一点。然而，那些被我称作"暗中联邦制"或"无痛联邦制"的论点，在我看来不过是海市蜃楼。欧洲机构组成的约束体系并不会暗中吞并一个人类集体做出决定的权威，正是借由这些决定，人类集体才得以标新立异、安身立命，也不会偷偷摸摸地吞并可能诉诸**最后手段**的权力，它也不会在法国人、德国人和意大利人之间创造出一种今后作为欧洲人而非历史国家的成员而独立存在的共同意志。经济共同体**能够**逐步地衍生出合法权威、事实权力和更高的民族意识，然而，前提条件是各民族都渴望如此，执政者也照此意愿行事，又或者是执政者以实现联邦为目的而有所作为，各民族也赞成这一做法。

共同市场势必会逐步产生欧洲联邦，这一希望建立在我们时代的一大幻觉之上：幻想人类各部分间在经济和技术上的相互依存最终会使"政治主权"这一事实贬值，会降低那些力图自治的不同国家存在的价值。诚然，从很多方面来看，人类形成统一意识，像一个单一的集体那样处理一些问题（自然资源的开发和保护、人口爆炸）是令人向往的。可是，繁荣与和平密不可分（尽管大大小小的角色每日都证实了相反的情况）仍然是个谬误（可以说很不幸）。印第安人的苦难并未殃及普通欧洲人或美国人的福地。一国的富裕并非造成他国不幸的罪魁祸首。未来几十年，地球暂时还能够提供足够多的资源，只要人类知识丰富且能够组织生产，那么全人类都能达到体面的生

734

活水平。然而，全世界半数人口食不果腹，而欧洲的农业产量却绰绰有余，如若必要，这一反差足以证明，在世界范围内，国家共同体间的等价并不存在。

或许，长此以往，财富悬殊对于那些富裕的国家也会是危险的，这或是借由共产主义的传播，又或是直接因为西方与其他地区不可避免的条件差距激起了贫穷国家的愤怒。这个论点可以为纯粹的慷慨援助增添一些开明的利己主义。然而短期看来，西方的威胁更多来自苏联集团的尖兵利器（这同样也由一小部分富人拥有），而不是饥民们的悲惨境遇。

最后，只有离奇糊涂的人才会声称"主权"或者"独立"不再有任何意义。即便在苏联集团内部，波兰国家的持续存在，不论是在头脑里还是在事实上，不论是在当下还是在将来，都对波兰民众意义重大。至少，波兰、罗马尼亚、捷克斯洛伐克和波罗的海国家作为卫星国，它们之间具有本质差别："俄国化"（通过教育体系或人口往来实现）在一种情况下是可能的，在另一情况下则不然；"波兰主权"所允许的相较于正统模式的差距，与苏联各加盟共和国间存在的差距不可相提并论。1956 年 10 月，波兰证明了它在巨人的阴影下仍然拥有自己的政治史，而乌克兰、白俄罗斯和波罗的海国家都不再拥有。

在我们生活的这个年代，尽管技术与经济相互依存，尽管存在超国家集团和跨国主义思想，但国家职能的扩大、国际法禁止公开染指独立国家内部事务的规则，以及文化的国有化，这三个特有的事实仍为国家的独立保留了意义，对此我们感到遗憾却无法否认。但应当为此感到惋惜吗？

三 国家和联邦

迄今为止，我们一直都忽略了主权思想中的一层含义：国家与人一样。然而，这种受自身意志驱动的国家人格化，是不同于个人意志的，是错误的，既是理论自相矛盾的原因，又是历史灾难的根源。

"事实上，不能将国家等同于人，尽管将国家人格化常常有其便利之处；国家只是机构，即人们为了实现某些目标而在他们中间建立的组织，其根本目的是建立一个公共生活活动得以开展的秩序体系。除了管理自身事务的人类个体的意愿外，国家心无旁骛。况且国家并不是存在于政治真空之中，而是处于持续的、相互的政治关系之中。"[①] 对我而言，这种偏激的唯名论，也含蓄地起着规范作用，但从哲学上讲并不尽如人意。然而，即便接受这一理论，也改变不了国际法的"本质缺陷"。按照通常的说法，国家既没有放弃阐释它们义务的自由，也没有放弃自行惩戒。按机构的唯名论的说法，一些人企图以机构——通常称为国家——的名义发言，援引"国家荣誉"或"切身利益"，以拒不屈服于那些以国际组织名义发言的人的权威。然而，前者指挥着通常是身着制服、能够使用武器的人的行动。同样，当两拨人起争执时，每一方都援引一个错误人格化的国家，那么也就不存在法律解决方案。实证主义理论家将法律的本质定义为制裁的合法性，却也认定存在**严格意义上**的国际法，相比之下，自然法的理论家所引入的国家－人的概念，更贴近历史现实。

然而，更进一步说，我并不认为将国家定义为"集体人格"有丝毫不妥。在每个人身上，人格是生物信息和清醒意志的合成。遗传与思考形成了一个不断变化的统一体，长此以往，

735

———————

① J. L. Brierly, *The law of nations*, 5e éd., Oxford, 1955, pp. 55 – 56.

这个统一体便构成了人格。它兼具自然①与理智的特点。依此类推，我们可以提到民族国家的"集体民众"。

费萨尔神父（R. P. Fessard）写道："民族国家是指这样一种民族，它意识到其起源、文化，尤其是利益上具有某种共同性，并倾向于客观化其统一性（在其成员看来，这是人格的统一）；还倾向于在自己和他人面前表现其统一性，以便完全自主地面对其命运。"② 这一定义并不适用于所有的"政治单元"，人类在这些政治单元中四分五裂。然而，确切地说，欧洲现代民族国家结合了文化共同体和自治的意愿。现如今，各式各样的政治单元远远无法完全实现这一结合，而另一种符合世纪观念的类型正日渐明显：联邦国家，其间文化共同体③多种多样且受到尊重，但它面对其他政治单元时仍保留了统一自主的意愿。

民族国家的集体人格，与个人人格一样，随着时代变迁而诞生与消亡，其先决条件多种多样，有物质的、物理的或生物学的，但它只有靠能够思考和选择的意识得以彰显。国家人格兼具自然与理性的特征，表现出人类潜能的丰富性。文化多样性并非需要驱除的诅咒，而是有待捍卫的遗产。

国家的特性并不及人的个性那般显而易见，然而通过观察和分析，仍然可以认知。它只能借由民众来发挥作用，而这些民众又为自己或他人充当了集体的代言人或向导。国家是由人建立的机构这种说法，只有在机构的概念含混不清时尚可接受。

---

① 此处"自然"取其自然主义的、生物学的含义。

② *Pax Nostra*, *Examen de Conscience international*, Paris, 1936, p. 422.

③ 这种"文化共同体"从来就不是一个完全单一的、同质的共同体。即便在法国，布列塔尼人、阿尔萨斯人、巴斯克人和普罗旺斯人通常所讲的第一语言也并不是法语。

这一机构的目的仅仅是保障全体及每个人规规矩矩地、安稳地从事他们的活动，这种说法并不正确。说人类集体缺少固有目标，既不正确，也不适当。

诚然，国家的目标归根结底是人民的生活。然而这生活并非隐居生活，脱离了"国家共同体"便无法实现，各个"国家共同体"都倾向于发扬独特的价值。假设这一目标得以实现，那么抹杀这些共同体的差异无异于使人类变得贫乏。人类意识到团结一致的理想，与人类分成各个意识到其特性及这些特性价值的国家这一事实并不存在冲突。

甚至，这一事实也是一种理想。对于每个人而言，为实现"国家价值"而做出贡献是一份职责而非奴役。这份职责并没有排除对全人类应尽的义务。各国都赋予了理想确切的内容，它并不否认（或者不应该否认）每个人都必须接受的普遍的、明确的为人准则。然而，如果个人都不为造就他的国家尽责，又怎会为整个人类尽责呢？

有人会辩驳，为什么是国家，而不是其他团体？我认为答案源于对我们每一个人所必须隶属的团体的分析。家庭的根具有生物性，家庭聚合在一起组成一个民族，然而家庭的统一体不单单是种族的，亦非严格意义上的地域性的，它是一种文化的统一体，是信仰与行为独一无二的集合。随着从古代社会过渡到历史社会，文化共同体与政治实体间的辩证对立产生了，而这又一直持续到现在。暴力主导着帝国的沉浮。武装团体攫取权力，奴役居民或阶级。然而，几个世纪以来，一些用武力和鲜血浇筑的现代国家重新发现了让文化与政治、历史与理性相融合（总是不尽如人意）的秘密。千百年来，国家传承了自己的语言和法律，而语言和法律又传达了独特的使命。公民期望共同生活，他们制定自己的法律，以期为人类事业做出贡献。没有他们，人类事业也无从谈起。在这一意义上，正如费萨尔神父所言，国家具有一种使命，而阶级却不具有。

737　　不论对阶级做出如何精准的定义，靠双手劳作的工薪阶层的特征主要是工作和酬劳方面的相似处境。他们与物质打交道，并不在人类关系中靠人际关系而谋生。在一国之内，他们的薪酬相差无几，他们持有某些相似的意见或态度（或不同的态度按特定的比例分布），工薪阶层往往意识到他们相似的处境，而且正是基于这一觉悟，他们组织起来（或他们中的大部分组织起来）以捍卫他们视为共同利益的东西。如果涉及经济上的共同利益，如果他们的组织是工会的或政治性的且顺从国家，那么这个阶级便服从于国家，且不会赋予自身国家才具备的使命。① 相反，否认国家以肯定阶级的意识形态则迷失在错综复杂的矛盾中。当阶级或是倚仗阶级的政党掌权时，是国家消失了还是阶级消失了？若阶级消失，那是因为除了改变经济体制，就再无永久的使命了。若国家消失，那么文化共同体又将何去何从，合法权威又从何而来呢？

　　实际上，在世界上那些宣称阶级比国家更重要的学说取得理论胜利的地方，民族国家仍在履行着自己的文化使命，尽管俄国布尔什维克党及其建立的国家的至高权力剥夺了它们的部分自主权。以处境的相似性为特征的阶级依然存在，尽管今后它们不再具有对抗性，也不再拥有构建压力集团的权利。换言之，阶级起源于工作，即起源于与物质的关系，这一学说的创立正是为了革命，而随着革命的进行，赋予阶级的政治特征也

---

① 参见 G. Fessard, *De l'actualité historique*, Paris, 1960, Volume. Ⅱ, p. 228 sqq。

随之消失。这是不折不扣的意识形态概念，就此，它颠覆了价值的等级，颠倒了只有通过历史行为才能解释，也只为历史行为辩护的本质关系，并将此视为永恒的真理。

如果民族国家既是理想也是事实，如果丧失了民族异质性的人类社会将陷入贫瘠，那么国家主义——觊觎权力或国家的自尊，拒绝服从法律或法庭——并不会因此而站得住脚。实际上，这正是人类政治命运背后的二律背反。不论是从意识上否定国家和圣化国家，还是拒绝赋予它们自行决定命运的权利和授予它们自行惩戒的权利，都同样不尽如人意。法学家们认为，国家不过是众多机构之一，人类社会和国家社会具有同样的凝聚力，国际法的规范体系与国内法体系特点相同，禁止国家诉诸战争或威胁与禁止个人杀戮或偷窃一样有着同样的积极意义和有效性，然而，他们如是推理并未解决二律背反的问题。这种二律背反是确实存在的，有史以来它便以这种或那种形式持续存在。它未必永恒，但它目前也还未被解决，假使它能够被解决。

理论上，组建联邦是种解决方案，是帝国的一种文明或自愿的形式。文化共同体得以保存，它只是放弃了高级单元需要用于保护所有人安全和福祉的权力。瑞士便是一个典型的例子。瑞士联邦拥有"主权"和独立意志，拥有军队，相当于国际舞台上的一个个人主体：联邦内部仍严格保留了个人和团体按自身理想生活和崇敬他们的上帝的自由。为何整个人类社会不能照瑞士联邦建立一个全球邦联，负责解决低层次的问题——自然资源保护、贸易环境、减少或限制有组织的暴力？

针对全球邦联或全球联邦的乌托邦，存在两类问题。一类

738

是历史 - 社会问题：何谓这一乌托邦的理论条件？这些条件在
20 世纪中叶是否可能实现？另一类是纯粹的哲学问题：这一乌
托邦是否违背人类的本性？是否违背人类社会的本性或政治的
本质？我们能否构想一个没有敌人的人类社会？

前一章的分析已经给出第一类问题的答案。全球邦联的途
径与以法律求和平的路子是相同的，关键的步骤在于放弃自行
惩戒的权利，即摒弃曾是且现在仍是"对外主权"的本质的东
西。然而，不论是《国际联盟盟约》还是《联合国宪章》都没
有强制要求摒弃的这一权利，只要全球社会的成员之间没能形
成类似于每个国内社会中的个人或团体成员间的关系——共同
体意识、对法律和**政治体制**的肯定、对武力的垄断——那么，
心怀诚意的人要求放弃它也只是徒劳。我们重申：目前，这三
个条件都没有实现，将来也未必能实现。

当然，幻想理性历史的哲学家能够援引一些事实依据。继
希特勒种族主义的狂热之后，知识风尚转向了另一个极端，最
轰动的莫过于宣称个人、种族、民族、国家一律平等，以至于
有时忽略了个人天赋参差不齐乃是最无可争议的事实。在联合
国中，上百个国家代表在各种场合提及宪章要求各国政府的义
务，有时还提及国际组织自身的权威。最后，援助所谓欠发达
民族的义务，承认缩小贫富国家生活水平的差距符合人类共同
的利益，那些寻求乐观主义动机的人会将此理解为"人类意
识"的萌芽，即人们意识到人类是一个整体。

不幸的是，与反面论据相比，这些论据显得苍白无力，部落
意识或意识形态狂热日新月异，相比之下，人类意识的迹象几乎
不见踪影。一些观察家强调国家单元的重要性下降了，而这并不
意味着部落意识的衰弱助长了人类意识，而是意味着一种部落意

识的衰退有益于另一种部落意识。比起老牌欧洲国家，苏联或美国①这种"民族国家"更为混杂。欧洲国家不再拥有足够的资源来拔得头筹。欧洲被分为苏联帝国区域和美国帝国区域，气势被削弱了。公民在"集团受国主义"与"传统爱国主义"之间摇摆不定，无法全身心地同意一方或另一方。一些法国人希望苏联集团获胜，另一些忠于大西洋集团的法国人则怀念法国的独立，这个事实打破而非削弱了"法国的民族主义"。那些热切盼望在国际社会中将苏伊士和比塞大争端交于法庭仲裁的法国人少之又少。

的确，两个超级大国都没有像第三帝国那样承认征服领地或制服他人的野心：个中原委我们是知晓的。苏联是否设想让全人类"皈依"共产主义信仰，正如统一成一个单一国家那样？② 这是有可能的，尽管这一遥远的目标无论如何对当前的行为影响甚微。苏联意在消灭敌人，即美国：在克里姆林宫领导人看来，美国象征资本主义世界，是邪恶的，按照历史决定论，以及为了人类的福祉，资本主义世界必须消失殆尽，但同时美国也是唯一能够抗衡苏联的力量中心。两个超级大国的竞争既有意识形态的敌对，又有国家间的敌视，这一竞争既没有酝酿也不会预示人类的和解。劳动及行政中合理组织的进步并未让个人或集体变得理智。

受人道主义甚至是和平主义影响的知识分子不止一次对那些不赞同他们情感的人怀有怨恨之心。他们宣称资本主义本身是邪恶的，而社会主义本身是高尚的，他们鼓吹阶级斗争，但

①　另一方面，在美国甚或在苏联，国家意识与政治体制是不可分割的，而法国人就不会认为法国与任何政治体制密不可分。

②　E. R. Goodman, *The Soviet design for a World State*, New York, 1961.

他们并没有意识到，在我们这个时代，每一个阵营代表一种意识形态，他们的做法反而滋生了战争。你们谴责苏联不也是如出一辙吗？的确，在某种程度上，我们都被卷入了冷战，只有放弃自我和自我价值才能够摆脱冷战。可是，基本的不对称依然存在。我们知道一切政体都不是尽善尽美的，尽管我们认为苏联的体制与我们的相比，可能瑕疵更多，但我们并没有发誓要将其毁灭，我们只是要求它抛弃谎言，承认自己是政体之一。如果苏联接受其本来面目，那么就有可能建立一场真正和平的竞赛。另一方面，在苏联传授的和在全世界宣扬的马克思－列宁主义学说在本质上是好斗的，它拒绝接受共同法律，即任何世界组织的原则。

现如今，不可能形成一个世界组织，世界组织本身也是不可能存在的，因为它有悖于人的或是社会人的本性。柏格森已经暗示了这一点，卡尔·施米特也希望通过将朋友和敌人的抉择作为政治的构成要素来证明这一点。在我看来，两位都正确地强调了政治单元的**扩大**与人类的**统一**间的本质区别。一般的论据——外推法的论据——无异于低估了这一区别。西欧联邦，不论是否合乎愿望，都将促进世界和平或加剧紧张局势，却无论如何也不会改变国际秩序。另外，我认为从敌我抉择是政治的构成要素这一假设出发，不可能推断出矛盾的特点，因而也不能推断出世界组织无法形成。

假如我们设想"主权单元"是多元化的：这样，敌我抉择不过是权力竞争、相互猜忌和自治意愿的体现。每个主权单元，因畏惧其他所有单元，时不时觉得受到这个或那个单元的威胁。共同阵线或敌对阵营由此建立。可是，按照这种假设，敌我抉择是主权单元之间"自然状态"的结果，它并未由此表现出必然的持久性。

或者，我们设想在一个集体的内部，所有成员在原则上同意服从法律。照此设想，个人或团体之间仍存在竞争。然而，根据已承认政体的规范，这些无法靠武力解决的竞争，并不会形成不可调和的战争状态。无论如何，这些敌对都不会妨碍一个世界组织的形成，因为这些敌对并非与国家组织不相容。

最后，还有一种最牢靠的解释：人与人之间的敌对是自然的，它只在一个政治单元的内部服从规章制度，这个政治单元通过与他者对比而存在，又借由敌对来进行自我界定。换句话说，历史辩证法从未取消诉诸武力，而是把它转移到了一个更高的层次。如果我们假设存在一个世界组织，显然，它不再具有外部敌人，那么它将在内部冲突的作用下再次自我解体。

事实上，这种辩证关系正是我们纵观几个世纪以来的历史所观察到的道德辩证关系。新兴力量正是通过自我假想或发掘敌人来克制与老牌力量间的争夺。大西洋集团正是为了抵抗苏联的威胁才构想出共同意志。欧洲国家正是为了收回相对于超级大国的部分自主而试图统一。如果魔杖一挥，巨人之争便不见踪迹，那么"欧洲一体化"或"大西洋集团"又将剩下什么？

这些例子既证实也驳斥了异议。的确，一些权力机构只凭借也只为了某些敌对而存在。"政治人"——构建国家的民族——有时需要对外权（取洛克赋予对外权的意义）来维系他们的存在。这些人只有靠抵抗外部力量才能明确其自主权。倘若在一个安定的人类社会中，也许许多政治单元都趋向于解体；文化共同体更亲密，更贴近个人，可能重拾它们的自主权，而安全和福祉所必需的职能则将在比民族国家更高的层面来被

741

行使。

整个问题在于弄明白，为了更小的文化共同体而造成的政治－文化单元的解体和一个全球性经济－军事组织的解体，是否意味着对立与结盟的辩证又卷土重来了。理论上，只要人类团体语言与信仰各不相同，它们就会有无数的机会来相互指责、相互贬低。将这些相互的误解称为敌对是否合适？一旦福祉与安全都不再岌岌可危，人类团体是否会更倾向于相互宽容？倘若我们假设存在一个为世人所接受的决定性力量的垄断，倘若我们假设全人类就开发地球资源的条件达成一致意义，那么不同的文化能和平共处吗？

我担心这个问题看起来毫无价值，因为这些假设离我们生活的现实世界很远。我乐意承认：这些假设在一些人看来荒诞不经，在另一些人看来不切实际。然而，这些怀疑并不是完全有理有据的。只要自然或军事灾难未能废除科学和技术的成就，未能将人类打回到农耕和手工业时代，我们所参与的历史就将是**全球**历史，并将一直延续下去。历史并不会断裂成一个个斯宾格勒和汤因比所谓的"文明史"，它将涵盖整个人类。

要使这种历史比国家历史和帝国历史少些暴力，必须满足三个条件：**不得使用热核武器（或与此相当的武器），确保资源公平分配，承认和尊重彼此的种族、民族、国家和信仰**。这三个条件还无一实现，若说政治秩序与敌对密不可分，也不足为过。任何人类个体都会对阻碍其和平的、坚信代表绝对真理或最高价值的**他者**表现出侵略性。如果我们排除前两个条件，友好和敌意会作为侵略性的表现而继续存在吗？

这并非一个华而不实的问题，也不需要给出一个绝对的回答。肯定的回答就是打赌人类信仰的转变。否定的回答除了寄

望于某个种族、某个民族、某个教会的胜利外，没有留下其他
和平的希望，因而嘱咐我们要么牺牲和平，要么牺牲多样性的
丰富程度。可是，之所以仍然要提出这个问题，是为了让那些
心怀诚意的人不再指望将热核武器交由联合国的某个委员会管
理，甚或是认为将全球规划的任务托付给专家委员会便可高枕
无忧了，因为这样一来政治对抗和意识形态对立便都销声匿迹
了。在全球性国家的层面上，如果各个团体都有黑格尔所描述
的希望置他人于死地的意识，那么便不可能相安无事。

　　几年前，我在一本著作的结尾呼吁大家保持怀疑主义的态
度，评论家对此书评述得比阅读得更多。我反感我们时代里简
化论者和"至善论者"这些空想家的狂热，他们自认为拥有繁
荣与公正的灵丹妙药，为了这个光鲜的目标，他们准备好应付
一切暴力。怀疑这些抽象的模型与庸俗的怀疑主义毫不相干。
恰恰相反，这正是在相信一种证实一切社会秩序都非十全十美
的理性，承认认识未来的不可能性，谴责描绘理想社会模式的
徒劳意图。正是我们的知识揭示了我们权力的局限性，建议我
们逐步地改变现状，而不是在摧毁数百年来的成果后，一切又
从零开始。

　　这种意识形态上的怀疑主义在很多方面都与宗教战争暴力
肆虐后逐渐建立起的宽容大相径庭。天主教徒和新教徒仍各自
坚信他们对基督教义阐释的正确性，仍对各自教会的权威深信
不疑，然而他们放弃了圣战，放弃了依靠武力来改变宗教信仰。
他们最终承认只有自愿皈依才是值得称赞的，才是真诚的。弃
绝暴力理想地证实了信仰的净化而非信仰的衰竭。事实上，人
们就其本性而言，之所以容忍他人的信仰，多是出于漠不关心，
而不是出于对自由的尊重。

742

意识形态上的怀疑主义部分类似于宗教上的怀疑主义：现世的永福并不取决于自由或统治教会，而是取决于所有教义和宗教仪式的共同因素。然而，意识形态上的怀疑主义甚至会怀疑模范秩序的可能性本身，而真正的基督徒既不怀疑启示和化身为人，也不怀疑圣事。当信仰是也只能是毫无条件的时候，便不存在圣战。当偏爱的信仰无从确定，目标亦不完美时——而这些便是和平制度的道德根基——就不存在无条件的信仰。

四 联邦和帝国

让我们回到现实中来。确保世界组织有效运转的三个条件，当前无一实现。如果我们不再怀想遥远的未来，那么中期的和平，这个当下之人能为此而有所作为的和平，不能靠国家**自**

743 **愿**①放弃权力斗争和放弃使用武力来保证。与其寻思和平是否与人类本性相容，倒不如思考如何让国家合理地行事，即不再摆弄残酷的武器。理论上，当前危机的出路要么是在国家协定的基础上逐步建立一个世界联邦，要么是由某个竞逐最高权力的获胜国来强制推行全球帝国。

联邦和帝国涵盖整个人类，这两者之间又有何差别呢？从概念上讲，**邦联**（Staaten-Bund）与**联邦**（BundesStaat）存在本质区别。前者仍然保留了成员国的政治主权，即诸多武力；后者则抹去了成员国的对外主权，并随即形成了国际舞台上的单一主体，却带有这些联邦成员国的主体地位（德意志帝国或美国）。通常，居间的情形让两者的实际区分不及概念区分那样明显。

---

① 除非是尽管并非不可能，但不可预见的灾难事件。

全球层面上的组织既不能完全复制联邦，也不能完全复制邦联。在美国，不论 50 个州保有哪些权利，也不论上诉联邦最高法院多么有效，联邦国家都逐渐扩大其权限，而加入联邦的各州的权力则逐渐降为行政职能。在不远的或者可预见的将来，难以甚至无法想象一个类似于苏联或美国政府的世界政府。它既不能也不应该负责如此多的事务，也不能将如此多的共同规则强加给所有人。邦联允许其成员国保留其武力，以及有所节制地支配武力，就此而言，它并非邦联。

一个"世界组织"应当剥夺国家绝大部分的军事主权，却不能剥夺甚至不能试图去剥夺国家管理其生存的权利。这即便不是矛盾的，也是暂时难以逾越的困难。"世界宪法"的模板都取自西方的多元化立宪政体[①]。它要么意味着类似于美国的国家，由携带暴力历史的遗产的移民建立，他们却通过在殖民地洗心革面从头开始而从暴力革命中抽脱出来；要么意味着意识到他们共同性的个人和团体缓慢地接受一个法律规章。既然在人类层面上无法再找到法律在国内运转的情况，那么可以想象两种假设：要么以明确的协定代替当前含蓄、不完全的协定，将决定性武器移交给一个中立机构；要么一个国家或集团取得胜利并解除其他所有国家或集团的武装。

旨在将决定性武器移交给一个所谓的中立机构（或由所有集团和所有国家的代表组成的机构），这种明确的协定并非全然不可思议。它代表了我们今天试图通过各种限制军备的方法来实现的极端方式。然而，除非共同的灾难迫使保持审慎，否

744

———————

[①] 这是我们在上文中已引用过的 Greenville Clark 和 Louis B. Sohn 在《世界法律下的世界和平》（*World peace through World laws*）一书中所描绘的宪政模型。

则，在短期内，超级大国极不可能将确保其优势而又让它们如坐针毡的武器"中立化"。

难道应当期待一个全球帝国，即期盼现如今的苏联取得胜利？这个问题虽然令人不悦，但并非毫无价值（终有一天会被提出）。在第二次回答这个问题前，我们不妨思考，一个全球帝国是否不同于世界联邦，其区别又是什么？

第一个区别显而易见：当我们提到"世界组织"、"以法律求和平"或"世界联邦"的时候，我们想象的是多元到单一的转变，是均势（或恐怖）和平向法律和平或满意和平的过渡，其间不需要经过殊死搏斗也无须一方胜出。联邦要求权力意志的转变，且这种转变是同时发生的、自觉自愿的。在可以预见的未来，我们无法想象，俄国人或中国人会接纳一个既非共产主义亦非民族主义的政府。另外，除非美国人或欧洲人败北，否则他们也不会接受一个受制于克里姆林宫领导人或是这些人参与其中的政府。正因如此，一个"中立的"世界组织（或许，苏联认为只有各集团的公平代表才能确保中立性）应当在某些方面持有绝对的权威，但得严格限定于其适用范围内。其基本职能并不在于保障裁军（有效的裁军控制需要庞大的、昂贵的以及有侵入性的管理），而在于维护世界权力相对于所有国家或集团无可置疑的军事优势。这一方案并非意在禁止战争状态，而在于防止战争蔓延。它认可了乐观主义者从今起赋予国际体系的体制并将其形式化、合法化：两个超级大国约定不再互斗，并阻止其盟友、卫星国或不结盟国家将它们卷入它们不愿意发动的殊死战争中。

全球帝国的概念则截然不同。它意味着一个国家或一个集团排除异己，将战败方纳入由暴力垄断保障的秩序中，从而巩固其胜利。在当下，这种假设等同于西方的败北或妥协。全球帝国的秩序究竟是何局面？姑且认为所有国家都参照同一种意识形态来建立政权。南斯拉夫和中国的经验足以提醒我们——如果有必要提醒的话——马克思 - 列宁主义国家未必比基督教国家更团结。全球范围内的帝国和平，涵盖了语言、文化和生活条件迥异的各个民族，为得以持久，就应当属于罗马帝国或者联邦国家的类型，抑或是两者兼而有之：文化共同体也许比现有的国家更为亲密，应当保留一切符合人类安全和福祉的自治权，并且与此同时，应当逐步从所有的国家或先前的国家中招募统治精英。我们所希望建设的持续数世纪或数千年的帝国与联邦有两个主要的相似点：下等集体保留了兼顾安定的自由；高官，甚至是政治高官应向众人敞开大门。

745

可是，苏联的军事胜利和西方的妥协能够产生这样的帝国吗？长远看来不无可能。短期而言，则需要对人类的本性抱有坚定的信念才能想象战胜者"克制他们胜利之喜"，为了所有人的和解而舍弃胜利的傲慢。即便胜者表现出了这种难以预见的智慧，他们也不能不排除那些他们眼中的资本主义偏见或资本家残余，而在我们看来，这正是人类存在的意义本身。况且，只要西方——美国和西欧人——的平均生活水平高于苏联国家或第三世界国家，那么政治自主权的丧失就将导致贫穷，唯一不确定的只是贫穷的程度。

这还只是冰山的一角。至此，我们在研究全球帝国时，都含蓄地承认了我们所处的不凡年代所具有的技术 - 经济特征，原料与能源的富足向任何具有一定知识的民族开放，大量投资开启第三世界的工业化进程，所有设备齐全的国家保持国内产值的高增长率，而苦力回报率低。若殖民活动没有走向剥削和惨绝人寰的极端境地，并将高级职位都留给殖民者，那么殖民的成本就会非常高昂。这一时期是史无前例的，冲突中的经济利害关系不及以往任何时候重要。西方国家可以沉迷于幻想之中，即便是在被剥夺了权力这种最糟糕的情况下，它们也只不过要为第三世界的发展多做贡献罢了。

假设统治者们依照经济的合理性采取行动，那么情况可能确实如此。所有民族向往的生活水平无法像黄金或钻石一样转让。任何战利品、任何成就都无法保证人口稠密的集体得到我们今后所称的财富，即高水准的生活。然而，转移有效劳动的产物（苏维埃政权以此方便了赔款的支付），并让无用之辈而非游手好闲之辈享用这些产物，并非不切实际。

最后尤其值得注意的是，当前阶段——在这一时期，失去一个殖民地就好比自然地取得了经济胜利——并非决定性的。这一推论，即便是放远几个世纪，也绝不可能成立。我们只考虑不远的将来。到 1960 年左右，全球有约 30 亿人口。保守估计，从现在到 20 世纪末，人口数量将会翻倍。到 21 世纪末，人口不断增长，其数量也许不会超出人类利用现有知识获得的食物和原料的限度，更不必说从今起至 21 世纪末所积攒的知识了。然而，这势必会动摇国内的均衡，也会动摇国家间的均衡。谁也无法准确地预料拥有 5 亿人口——这一数字，低于按当前出生率计算的两个世纪后的数值——的美国会采取何种经济或政治体制，更不消说预计有 30 亿人口的中国的经济－政治体制了。

撇开这些不确定因素，我们仅以关乎不远将来的那些较为确定的数字作为参考。保守估计，从今起至 1980 年，拉丁美洲的人口将从 1.9 亿增至 3.4 亿，近东人口将从 5000 万增至 8500

万，非洲人口将从 2.3 亿增至 3.35 亿，亚洲国家（日本和共产主义国家除外）人口则将从 7.3 亿增至 11.7 亿，这四个地区的总人口将从 12 亿增至 19.3 亿，也就是 20 年内增加约 60%。

今后，人口增长会相对独立于经济增长。既然个人自愿的、未雨绸缪的行为不会降低自然出生率，那么人口增长便是不由自主的、不可避免的。医学知识和卫生技术的传播足以降低死亡率，这是过去几个世纪里从未经历过的。1730 年前后，西欧人的平均寿命是 25 岁，而如今，其男性平均寿命为 72 岁，女性为 74 岁。[1]

与此同时，一些事实，比如美国的高出生率（年增长率超过 1.5%）也让大部分富人和资产阶级所期盼的家庭规模这样的公认观念受到质疑。也许一旦达到某一生活水平，当所有孩子的教育都得到保障时，家长往往希望要四五个孩子，而非两三个孩子。

从今起至 2000 年，尽管人口密度极为不均，人类仍将面临与发展相关的人口问题。以现有人口的空间分布——排除殊死战争的可能——作为出发点，人们以此来计算最落后的人口为实现人均收入所必需的经济增长率和贸易额。或许，第三世界的部分国家而非整个第三世界能够得到这一结果。假设直至 20 世纪末，苏联世界和西方世界的国民生产总值保持与 1950 ~ 1960 年同等数量级的增长率[2]，即使全球人口的某一部分加入

---

① J. Fourastié, *la Grande Métamorphose du XXᵉ siècle*, Paris, 1961, p. 11.

② 1952 ~ 1960 年，日本的国内生产总值增长率为 8.7%，联邦德国是 8.3%，苏联和东欧国家是 5.7%，法国为 4.1%，美国 3.5%。这些增长率既源于劳动力的增长，也源于劳动者生产价值的增长。法国劳动力的数量基本未增加，国内生产总值的增长率反而略高于人均收入的增长率。

747　了领导阵营，少数特权人口与全球人口间的人均收入差距，甚至是生活水平差距仍会进一步扩大。

　　我们正处于这一阶段之中，在过去的三十年里专家才逐步地认识到它的特点，公众舆论才刚刚开始理解这些特点，而且专家和舆论常常错误地高估了这个阶段可能持续的时间。这是工业社会的建设期，它颠覆了长久以来生产食品的劳工数量与奋斗在第二产业或第三产业中的劳工数量的关系。过去，农业人口占劳动力的 3/4 或 4/5，而今在最发达的社会，这一比例仅为 5% ~ 10%。即便是空间不足的欧洲社会，也通过实施集约耕种来设法自给自足，而留在田地里劳作的人力不到 10%。

　　意识形态－政治问题令人着迷，学者们也试图客观地对待这些问题。它们有双重起源：从农业社会过渡到工业社会可能有各式各样的方法，正如管理这个社会也可能有各种方法（即做出分配资源和收入的决定）；所有集体（至少通过它们的统治者）都希望实现同样的转变，它们在这条前进的道路上步调不一，就连实现这一任务所需的天赋也参差不齐。两个集团的冲突，用经济－意识形态的术语进行归纳，即两种方法的冲突。殖民主义濒临灭绝，而西方与第三世界的紧张关系源于第三世界的落后及其在方法选择上的迟疑。

　　从历史上看，这两种方法不应被放在平等的地位上。一个用于创造，另一个只是用于模仿。专制政府详尽规划的经济从不可能打乱传统，也不可能以创新为目的。然而，一旦一些国家掌握了科学知识、运用了技术，那么系统的、有计划化的模仿会比对个人创新的借鉴发展更快也并非不可能。眼下，苏联社会是先进工业社会的典范，它在某些领域可以组织科学研究，科学发现部分取决于投入的资金：在一些资源集中的领域，尤其是最强脑力这种稀缺资源集中的领域，计划体制取得的惊人成就势不可当。

按照苏联的宣传，西方担心共产主义的胜利，而这种担心不无道理，因为共产主义的胜利将会导致西方的溃败。对这种宣传只能持怀疑态度。西方害怕所谓的社会主义国家取得一定的成功，同时也害怕它们的某些失败。通过有计划的模仿迈向工业社会的国家，其工业上的成就要高于农业上的成就。它们优先掌握权力手段，其次才是分配舒适的甚至是普通的物资。赫鲁晓夫在其颂扬第二位苏联航空员功绩的致辞中，还承认了城市的粮食供应困难。比起调和集体农庄庄员与集体所有制之间的矛盾，宇航员登上月球为优先事项。然而，如果老鼠或拳击手每回搏斗都胜利，那么它就会愈发享受搏斗的乐趣。同样，一个政体总是迫不得已而为之，它会恨不得宣称对自己表现平庸的活动满不在乎，而大肆颂扬其表现出众的活动。既然镰刀锤子旗是第一面插在月球上的旗帜，那么生活水准又有何干系！

不论赫鲁晓夫对此有何看法，除非苏联和美国发生了翻天覆地且无法预见的变化，否则直至20世纪末，苏联普通民众的生活水平（住房舒适度、食品质量、交通工具、公共便利）都不可能达到与美国同等的水平，我指的是普通美国民众当今的生活水平，**更不必说**到2000年时的更高的生活水平了。或许至20世纪末，苏联的工业生产总值或人均工业生产值会超过美国，尽管这不大可能。至1975年或1980年，苏联的重工业完全有可能赶超美国。当然，一党制政权拥有极大的自由来利用其资源：为了权力的竞争，它能动员更多的人力和物力。

倘若有计划地模仿工业社会，并且摒弃西方自由和人道主义的观念，可能会导致权力凌驾于福祉之上，不论是否按部就班，模仿都会是彻底失败的。经济增长率低于人口增长率，非洲、亚洲、拉丁美洲的专制制度就可能加倍，这些政权主要仇视西方（其次可能是苏联集团）。眼下，第三世界人口快速增长也是公认的事实，特权民族试图影响经济增长率。一些国家的人口出生率严重下滑，一些学派担心人口增长率下降会在比例上超过经济增长率的下降，一些教会并不认为人口问题已成为全球问题：他们认为存在**一些**人口问题，但都是国内问题——有些地方人口过剩，有些地方人口相对减少——而并不存在全球性的人口问题。任何地方或者几乎任何地方，供养人口数量的增长并**不一定**会导致人均收入减少，更不会导致个人收入增幅下降。

正是在这种背景下，"合理的和平主义"在 20 世纪中叶发展了起来：统治几乎不再有利可图，更不必说发动热核战争了。这种和平主义并不排除战争的风险，因为超级大国不仅它们之间针锋相对，而且还要防范其他国家，它们并不需要使用凶残的武器，而是需要将其留作备用。这种和平主义也不排斥殖民战争，因为统一民族的资产负债表亏损并不与在殖民地甚至宗主国内定居的少数民族的资产负债表盈利相冲突。在殖民剥削牟取经济利益之后，统治战败国或使之"皈依"战胜国文明或意识形态的欲望依然存在。

这一时期工业社会的意识尚处于扩张之中，仅仅一小部分人建立起了这种意识，而与之同时代的"合理的和平主义"也并非最终结果。因为从现在起至少半个世纪内，**不可能既承认民族间土地分配是一个既定事实，又承认人口增长率是各国自身的问题，而非人类整体的问题**。从今天起，只有那些采取措施降低人口生育率的国家才应当被施以援助。然而，此处的应当意味着什么？我在使用这个词语的时候，是在合乎情理地进行思考：鉴于随时可得的资源增长率，生育率的降低有助于实现第三世界国家都渴望的向累积增长阶段的过渡。

当前，基于多种原因，这种"合情合理"的政策很难实施：一些教会组织对此坚决反对，将历史上正当的迫切需要与上帝的旨意混淆在一起；降低出生率的生物手段不仅成本高昂而且存在瑕疵；"马尔萨斯"行动恰恰在贫困人口这些最艰难的地方表现得最为必要。这些贫困人口忠于传统，除了天伦之乐，他们并不知道其他乐趣，他们将家庭的天伦之乐奉为圣恩。然而，马克思－列宁主义者仍拒绝承认这个显而易见的事实，换言之，即便在科学让物资变得充裕的年代，人口数量也存在一个极限。我们难以得知他们是对这一明显的事实置若罔闻，还是刻意拒不承认。

然而，倘若今日的激情、意识形态和敌对妨碍了我们理性地面对全球人口问题，那么明天又将会怎样？全球帝国之下又会怎样？如果各民族都应维持其现有的空间面积，那么便应当提高法国的人口出生率，抑制阿尔及利亚的人口出生率，鼓励阿根廷的人口出生率，抑制印度或中国的人口出生率，让苏联和美国——这两个超级大国拥有空间储备，且经济增长率高于人口增长率——保持现有人口出生率。可是，如果到了20世纪末人口达到了60亿，21世纪末，人口又翻了三四倍，那么不论愿意与否，必将出现人口问题。

援引富拉斯蒂埃（Fourastié）先生在他最新的著作中提到的一组简单却惊人的数据。[1] 假设人类既不会改变地球的自然

---

[1]　Fourastié, *La Grande Métamorphose du XXᵉ Siècle*, Paris, 1961, p. 16.

地貌，也不会改变气候，照此假设，地球上可供人类居住的面
750 积不过70亿公顷，"人类不自觉地身处政治流放或科学实验的
境地"。假设我们用山填平部分海域，那么可居住面积将达到
150亿公顷。到2000年，70亿公顷的人口密度（0.9人/公顷）
将高于法国当前的人口密度（0.8人/公顷）。如果我们假设几
十亿公顷的土地都有着纽约市的人口密度，那么地球将承载
7000亿人口，150亿公顷的承载人数将达1.5万亿。以40年翻
番计算，2270年便将达到第一个数值，2310年将达到第二个数
值。此外，自1950年以来，现有工业产量的增长率不可能维持
数世纪之久，这点是容易证明的，但实际上这一结果并非不可
能。"如果法国工业持续140年保持其现有的7%的年增长率，
那么到2100年，它将生产总量为12×2^{14}百万吨的钢铁，即接
近1000亿吨，而世界钢铁产量将会达到10万亿吨或15万
亿吨。"[1]

因此，在人口增长与经济增长方面，我们生活的时代非同
一般。在今后的几十年，至多一两个世纪以内，自发调节应当
代替自然机制以减缓人口增长。因此，稳定的经济状态有可能
建立：不同职业的劳动力分布基本不会再改变；努力提高生存
质量而非物资的数量；基本需求（住房、穿着、交通和通信）
达到饱和。

如果不能有意识地、自发地控制人口，或者各国无法就共
同控制达成一致，那么空间的争夺将会前所未有地猛烈。诚然，
在这种情况下，全球帝国将是一个"理性的"解决方案。然

---

[1] Fourastié, *La Grande Métamorphose du XXe Siècle*, Paris, 1961, p.58.（原文
数据如此，疑有误。——译者注）

而，对于唯一能按其意愿自由地分配空间和资源的统治民族而言，从今以后，其中最珍贵的便是空间。

历史人能否最终获得理性和公正？这样，国家们将在地球上安排它们的共存，并找到其他的竞争领域。历史人是否至少会像狼一样赦免不做抵抗以示投降的同类？全球帝国本身作为最重要的手段是可以接受的，因为从长期来看，统治者应当给奴隶与之平等的权利。可是，人并不总是像狼一样会心生怜悯：他有时会像鸽子那样对落败者绝不留情。"交战两派有可能彻底摧毁对方的那一天将会到来。整个人类将分裂成两大对立阵营的那天可能会到来。我们是将像鸽子那般还是像狼那般行动？这一问题的答案将决定人类的命运。"①

①　Konrad Z. Loren，*King Solomo's Ring*，London，1952，p. 199.

结语　理性战略与理性政策

著名经济学家奥斯卡·摩根斯特恩在《国防问题》（*La* 751
Question de la défense nationale）一书中对政治科学的状态做出了
无情的判断：

> "政治学家们"已经花费许多时间和精力来创造一整
> 套知识，这套知识特别不宜指导我们走出当前支配我们生
> 活的进退维谷之境地。这套知识是宪法、历史和各种政治
> 制度描述的奇怪混合体，慷慨大度地包容了各种言之凿凿
> 的个人见解和价值判断。某些行为准则会偶尔出现，比如
> 马基雅维利所阐述的行为准则。这些准则可以是或者可以
> 不是"好的"和"应受尊敬的"；至少，它们都试图提出
> 一系列的行为规范，让人们能够在政治局势中实现他们的
> 目标。在社会科学中，到目前仅有经济学具备了一些可操
> 作的价值。例如，我们知道如何产生或遏制通货膨胀，如
> 何征税而不破坏税源，以及其他许多事情。我们还不知道
> 如何稳定就业，如何针对不同的人征收不同的税，以及如
> 何实现其他重要任务。政治学能够帮助我们建立一套可行
> 的宪法，但不知道这一宪法在某一特定国家是否适用。政
> 治学对于解决当前世界所面临的问题的贡献十分微小甚至
> 全无帮助。这些问题中最重要的就是如何在恐怖平衡的阴
> 影下生存，如何在有史以来人类种族所卷入的最恐怖的争

752 斗之中，让所有参与方都寻得稳定与安全。而且，关于如何处理人口增长所造成的全球经济增长不平衡，以及富国与穷国之间的鸿沟扩大导致的不平衡，政治学亦没有告诉我们任何解决办法。①

任何与共产主义阵营可能进行的谈判都意味着讨价还价，最为微妙和最为艰难的都是讨价还价。因为就事态的军事层面而言，一方在不确定的情况下进行决策，这种不确定性并不简单，并非通过概率学就可以解决，就能够充分理解，而是极端复杂的，这种复杂性源于对手的战略行为，而对手也为这一复杂性所苦恼。这恰恰是政治学应当做出的最大贡献。没有任何定量，否则数学家就可以参与战略博弈理论的研究，但除了几个例外，"政治学家们"并未在实践中对这一理论给予关注。时至今日，政治科学甚至还没有将马基雅维利的建议形式化，以发现在此基础上是否能够建立一个行为准则的严密系统。

我们引用的这一段文字很大程度上揭示了一些科学人士在处理其学科以外的问题，尤其是政治问题时所表现出的特点：精确与混乱、深刻与天真混合在一起。从物理学所具备的可操作性以及部分经济学所具有的可操作性来看，政治学不具备**可操作性**，这是无可争议的。个中原委在于政治知识或博学者的不足，还是在于研究和活动的本身结构，这仍有待求索。

① O. Morgenstern, *op*, *cit*, pp. 263－265.

让我们以体制为例。何种体制适合一个特定的民族？数千年来的思想家一直深知这一问题的困难所在。哲学家和政治学家从未完全克服这一难题，但当数学家或者物理学家去碰运气的时候，也没有做得更好。抽象地说，我们有两种方式可以确定一种体制是否"行得通"：通过形式上的抽象分析，类似于对一个自由市场或对一种"拥有消费品自由市场的计划经济"的分析；或是通过一种试验道路（哪种体制在实际中行得通？）。大部分时候，这两种方法同时使用。然而，两种方法都没有给出确定的结果。一种体制运行所需的变量无法全部详细列出。试验的数量很少，也难以解释，每一个情形都具有许多特殊性，都让人对"历史教训"或"科学教诲"的有效性心生怀疑。即便一个"教诲"是可行的（我们以比例投票的危险为例），也会有制宪会议成员援引例外的规则以便证明自己的偏好，而其根源却是出于一己私利（一种投票方式可能符合某个政党的利益，却与政体的利益相悖）。由于一个或几个人所施加的过度影响，按照宪法行事的人的行为无法预测：我们可以预测犯罪或者自杀频繁，却无法预见选举人团所选之人是否智慧，更无法预料此人所要面对的具体情形。法兰西共和国的头两位总统将决定 1958 年制定的法兰西宪法是成功或失败。

是否有可能将马基雅维利的准则进行**科学**分析？比如，对于君主来说，让人恐惧好过受人爱戴。人们甚至无须阅读普鲁斯特和屈斯蒂纳侯爵（Marquis de Custine）的作品，就能知道人民对于暴君的感情是多么矛盾。不过，我们暂且不谈这种模棱两可：一个国家蔑视或尊重国际法的名声是否有价值呢？两位学者在他们的书中一页又一页地试图回答这个问题，给人以

753

自相矛盾的印象，一遍又一遍地表明两种做法都可以带来益处①。由于没有量化，我很怀疑科学能精确地对这些益处进行测量。至于对篡位者提出建议，将原统治者的家族赶尽杀绝，几年前某个近东国家就照此行事，却也并无不利的后果：新国王仍然大权在握。然而，甚至无人想起"在临终之日，无人可谓是幸福的"，以及谋杀的长期后果仍然不得而知，此类行为准则也都属于伦理学家的研究范畴。

至于政治学家对博弈论所表现出的漠不关心，其程度还远不如著名的《博弈论与经济行为》一书的合著者所提出的那样。而后，另一位学者布莱克特（P. M. S. Blackett）②，他也是一名物理学家，他的意见与之相左，指责美国专家过度使用博弈论。他认为，博弈论在战略决策时没有任何作用，战略仍仅限于军事范畴。而我个人对争论双方的观点都不认同。

对博弈与战争的对比研究并非从战略博弈的数学理论才开始的。约翰·赫伊津哈（Johan Huizinga）在其著名的《游戏的
754 人》③一书中，给研究不同文明、阐述战争的**游戏**因素的作者

---

① "丘吉尔比大多数人都了解……品行端正之声誉的重要性……有原则行为的声誉对一个国家非常有利。它的协议得到尊重，它提供的报价更令人接受，因为它们更值得信赖。"（《国际法的政治基础》，莫顿·卡普兰与尼古拉斯·卡岑巴赫合著，第 344 页）。在后面的第 348 页："由于苏联不仅比美国更具革命性，而且在政治上更有能力采取必要的措施来利用技术发展的成果，无论是艰苦的政治谈判还是发动战争，苏联对待规范性规则的态度自然比美国更有用。这给美国带来了沉重的负担，因为它现在必须承担维持国际法中可取的规范性规则所需的大部分费用和大部分负担……因此，苏联提出了越来越多的要求，而西方公众认为这是合理的，因为人们不能期望苏联接受任何其他立场。"

② Encounter, avril 1961, *critique of some contemporary defense thinking*.

③ *Homo Ludens*, *essai sur la fonction sociale du jeu*, Paris, Gallimard, 1951.（荷兰的第一版出版于 1938 年。）

们提供了许多参考。赫伊津哈认为，战争"可以被视为一种文化机能，它在一个圈子中进行，其中的成员认为它们相互之间是平等的，或者至少在法律面前是平等的"①。如果交战双方存在对彼此的这种承认，那么战争本质上是**痛苦的**，这将是一场竞赛，双方竭尽全力为了获得战胜的荣耀，而非胜利的利益。而且，这位历史学家毫不犹豫地写道："即使在发达的文明关系中，即使准备战争的政治家们将战争看作一种权力问题，对物质权力的渴望通常是次一级的，更多是出于骄傲、荣耀、声望的动机，以及优势地位或霸权的表象。对于从古至今的征服中所有的大战争，荣耀这一普通词语比任何天才的经济力量理论和政治计算理论，都为之提供了更为现实主义的解释。"② 骑士战争或身着花边袖口制服的士兵之间的战争，标志着战争既是游戏的又是痛苦的这种意图得到充分发展。通过一致协商，双方确定战争的时间和地点；双方都坚信将获得荣耀，如果靠卑鄙的手段赢得胜利，就没有任何价值。这种力量的考验是非常严肃认真的，而非演戏，尽管敌人的死亡并非胜利者荣耀必需之事，但战争本身造成了这一必需。

在我看来，柏格森错误地认为骑士战争并非真正的战争，而仅仅是人类战争的彩排，是为真正战争进行的演练，其中的抢掠和屠杀只是结果和祝圣仪式。就我个人而言，我更倾向于赫伊津哈所说的，竞争、对声望的你争我夺，是尚武机制中的人性要素之一，但它也包含了纯粹、单纯的兽性要素。在游戏、体育运动和骑士战争之中，人性的一面居于主导地位，要求每

---

① *Homo Ludens, essai sur la fonction sociale du jeu*, Paris, Gallimard, 1951, p. 151.

② *Ibid.*, p. 152.

个人都要遵守规则和个人荣誉，节制使用暴力。但是，在所有文明层级之中，兽性的一面都有可能翻越文化的屏障，兽性的愤怒窒息了战士灵魂深处的人类共同体意识。

赫伊津哈提出，只要冲突中的个体或集体丧失了同种同源的意识，战争就趋向于偏离形式上的、有限的游戏。"如果战争的对象是一个不被认作人类的团体，或至少是被认作没有人权的团体，那么，无论是将之唤作'野蛮人''魔鬼''异教徒'还是'异端分子'，只要团体出于满足自身荣誉的需要而进行自我约束，战争就仍在文化'界线'之内。"① 现实似乎更为复杂。确立自身优势的激情是竞争的根源，这种激情可以在某些情形下导致向极端升级，即便交战方像希腊城邦一般继续遵守规则和禁忌。竞争精神本身与对战利品的渴望和杀人的愤怒都格格不入，但有时也激起了这种渴望与愤怒，因为它拒绝妥协或谈判的中庸。此外，在观察家看来，冲突中的社会团体之间的关系无论表现得多么紧密，一个团体在另一方看来很容易变成"野蛮人"，每一方都急于不惜以牺牲另一方为代价来追求满足，证明命运站在自己这一边：战争是偶然的游戏，同时又是竞争。

古代社会和历史社会一样都起伏不定：在野蛮与形式化争斗之间，在遵守规则与不计条件地获得成功的排他性欲望之间，在竞赛与贪恋权力和财富之间变化无常。战争的工具主义理性化，即我们现在观察到的战争发展阶段，并没有造成严酷的灾难和去人性化（可能正如赫伊津哈所言，现代颂扬战争的趋势事实上重新启用了亚述－巴比伦时代的观念），然而它让战争

---

① *Homo Ludens*, *essai sur la fonction sociale du jeu*, Paris, Gallimard, 1951, p. 151.

比以往任何时候都更为严重。武器本身，而非拒绝承认敌人，具有消灭尚武机制中所有游戏幸存者的风险。

热核战争开始之时，所有游戏的痕迹都将消失无踪。然而，相反，只要处在**世界末日的阴影**之下，外交－战略的竞争会较过往更加复杂，因为它在实际上或实质上包含了**所有**通常独立的要素。

最近，一位学者①对**战斗、博弈**和**论战**进行了区分。在战斗中，对手们试着互相造成伤害（如果有目标的话，那就是伤害对手）。在博弈中，人们试图用智慧战胜对手（以智取胜）。在论战中，人们力图说服对手，或者说服**第三方**保持不结盟或者中立。在概念层次上，这种区分引人注意，不过显而易见，不存在不具备智力因素的战斗，多数博弈也包含力量的成分：在国际象棋中，智力对抗表现为纯粹状态；与之相对，即使在自由搏击或举重比赛中，也都包含智力因素（技巧性的）。从定义上看，外交－战略的竞争是**战斗**和**博弈**的混合体，因为它让双方的意志展开竞争，双方通过互相**耍弄阴谋诡计**（正如我们所说的**快人一步**），但又都保留诉诸**最后手段**。同样，论战显然也不是纯粹的，不仅仅因为它在说服的努力和违背良心的做法之间摇摆不定，还因为由于缺乏劝阻，论战的主人不放弃强制手段（克里姆林宫的领导人更青睐说服匈牙利人相信"社会主义"的福祉）。在领导人中甚至是在美国教授中，存在着巨大幻觉，他们认为苏联为争取第三世界的忠诚而发起的竞争，像是一场慷慨大方的比赛或是经济学家研讨会，礼物的大小或经济增长率的高低构成了支持一个阵营或另一个阵营的决定性

756

---

① *Fights, games and debats*, par Anatol Rapoport, Ann Arbor, Michigan Univ, Press, 1960.

理由。确实，根据数个世纪以来的情境变迁，战斗、战略智慧或论战支配了国际关系。在埃尔南·科尔特斯（Hernán Cortez）率领的西班牙人和阿兹特克人之间不存在任何论战的可能；面对苏联的师团，任何智慧都无法拯救匈牙利人；原子弹落在广岛和长崎之日，日本人唯有承受灾难。

战略的智慧和说服的努力，只有在战斗的极端时刻才变得无能为力。此时，战士肌肉紧绷，利剑刺向坚盾，炸弹或弹片落向士兵或城市。通常，无论是在和平时期还是在战争时期，无论一国使用战略（军事行动行为）还是外交斡旋（非暴力手段），抑或两者同时进行，智慧都介入其中：每一个战略家做出决策后都等待对手的回应，这种回应又支配着他的决策。传统上，政治家和战争领袖依靠直觉、对机会和风险的粗略评估做出决策，现在的问题是，要知道战略博弈的数学理论在哪些方面影响了政治家和战争领袖的决策。

博弈论矩阵给政治学家提供了至少三方面的服务。它迫使政治学家接受某种思想纪律，分析和列举一个特定局势出现的所有可能性。它帮助政治学家构建冲突的不同理想类型（两方博弈、多方博弈、零和博弈或非零和博弈）。它使得**对抗**的辩证法形成了理论模式：我们并非在对未来一无所知或面对一个所有事情都不得而知的未来的情况下做出决策，而是在已知不同层级的事情可能发生的大约频率的情况下做出决策。战略决策构成了一条决策链，每一个决策都会引发下一个决策，后者又对前者形成反作用。国际象棋棋手移动了一个小卒，以回应对手移动小卒：对敌人的战略与此相似。

但是，一旦阐释了外交－战略行为的性质，政治学家就能够区分通过数学计算的简化模型与具体局面之间的差别，来完成必要的任务。在我看来，这些差别部分是程度上的，部分是本质上的。普遍地说，在历史世界中，外交－战略博弈中有多个博弈者而非两个博弈者；它不是零和博弈（换言之，我所得到的并不永远等同于他人所失去的：在敌人之间有合作的成分，在盟友之间也有竞争的因素）；要想将每一个行为体可以选择的所有可能性都列举出来，这是不可能的。然而，无论这些情况多么严重，跟**利害关系**的不确定性和博弈的**界限**这一根本特征比起来，这些经典困难都相形见绌。就博弈这一词语的严格意义来说，为了让博弈确实存在及获得有可能界定理性行为的数学方案，博弈必须要有起点和终点。任何一个博弈者的行动都是有限的，对每一名博弈者来说，结果都可以进行基数和序数的计算。确切地说，这些前提条件在国际关系领域仍无一得到满足。

757

　　我们是否可以给战略－外交对抗博弈的利害关系赋予基数或序数价值？理论家希望将这些价值数量化，于是有时把权力等同于效用，因而效用就成为外交目标的普遍手段，正如货币是经济目标的普遍手段。然而，我们已经看到①这种等同引起了很多反对意见。确切地说，手段（资源、力量、权力）尚未被界定；它不是中性的，不能与行动的真正目标相分离，而货币可以与每一个体的具体偏好相分离；最后，手段一直是一种关系，因为它取决于力量关系结构：一个单元的权力取决于所有单元采取的立场，因此事实上，权力的绝对增加会表现为相对减少。

　　即便如此，为外交－战略博弈的利害关系赋予近似的价值，这仍可以接受。例如，对美国和苏联来说，老挝没有柏林的价值大，这不是很明显的吗？我们对此并不反对。但是，仅是多

---

　　①　参见上文第三章第四节。

与少的概念并不足以确立有价值的数学解决方案，即一个理性的处方。我们尝试对老挝危机的各种出路进行比较：①没有美国军事干涉，老挝完全共产主义化；②美国进行军事干涉，老挝完全共产主义化；③老挝分裂为共产主义占领区和非共产主义占领区；④老挝由所谓的中立政府统治，而其中共产党势力占支配地位。美国政府倾向于③多于④，还是④多于③？可能它觉得①比②更好，但我们能够确定①和②及③和④之间的差距吗？苏联政府认为①好过②还是②好过③，换言之，美国展示了保卫老挝的能力后，苏联是采取遮遮掩掩的干涉还是不干涉？在苏联看来，分裂的老挝比半中立的老挝更为可取吗？在相对简单、孤立的危机之中，博弈的每一方都很难确定自己偏好的程度，确定对手偏好的程度则更加困难。确定基数价值或差距价值只不过被视为一种智力练习。

此外，博弈者提出异议：在危机过程之中，利害关系的价值或不同出路的相对价值是不断变化的。如果**美国海军陆战队**的两个营参与了战斗，而老挝仍旧苏联化，相比没有美国士兵正式参战的老挝苏联化，美国的损失更大。挪动"海军陆战队士兵"这颗棋子自动地改变了博弈和不同出路的价值。要重新回到战略博弈结构，就要撤销走棋子的行动，因为这一行动改变了结果（偿付）价值，并在两种不同的博弈上进行推理，每一种博弈都仅由走棋子这一行动的价值来进行界定（一种情况是没有海军陆战队的干涉，另一种情况则是海军陆战队进行干涉）。但是，这两种博弈与真正的战略－外交博弈仍有天差地别，后者的**本质**特征在于最终诉诸武力，而这种对武力的运用事实上在大部分情形下，既包含军事行动中难以估算的风险，也包含效用甚至偏好程度可能发生的改变，而这正是由冲突赋予的军事特征所导致的结果。如果在一场战役后，一方丢掉了一个省，它就既失去了省份又输了战役；有时可能接受丢掉省份，却不情愿接受战役失败。我们还是不要急于批判这种观点的"不理性"。自尊心的忧虑本质上与竞争紧紧相连。无论是进行外交博弈，还是下棋，或是踢美式橄榄球，不屈服于对手的意志是每一名博弈者的正当目标。

何况，即使对自尊心不予考虑，外交的利害关系价值也随着危机的发展而不断变化：对于国家，博弈永无止境，因为可以说博弈从来就不排斥最终的利害关系。将外交博弈或利害关系进行孤立和分离，这是人为的做法：一场博弈的结果让下一场博弈的条件随之变化，超级大国的声望被它们的立场动摇或是加以巩固。美国在朝鲜半岛打了三年的战争，与其说是为了挽救韩国，不如说是为了挽回美国的荣誉和信守承诺的声望。因此，利害关系的价值无法与大背景分离开来，无法与事先可以预见或不可预见的后果相分离，也无法脱离博弈展开及结束的方式。博弈方对于对手得失的评估，不能仅以利害关系的物质特征为依据，而对于对手尝试暗示给他的这种评估，他也不能将就接受这一表面价值，而是要对这一价值进行思考。即使是对结果（偿付）进行评估，也不能将博弈者的心理与决策数学相分离。

诚然，某些**战略**决策（不是外交－战略决策）等同于在数学上可以确切解答的博弈。沃姆斯（M. Worms）在索邦大学1960～1961学年第二学期的授课中，给出了下面这个例子：一艘日本护卫舰从拉包尔（新不列颠岛）出发，驶向莱城（新几内亚岛）。其存在两种可能的航线：北部航线的能见度相对较差，南部航线的能见度相对较好。美军可供调遣的空军中队数量有限，这让美国指挥官只能将侦察机派往其中一条航线。因此，两个对手需要在两种战略，即两条航线之间做出选择，美国集结侦察机，日本确定护卫舰的航线。如果美国的侦察机在南部航线集中（能见度较好），日本也选择了这条航线，日本的护卫舰很快就会被发现，护卫舰大约三天的航程将伴随着飞机的轰炸。如果日本选择了北部航线，美国飞机就将延迟一天发现日本护卫舰的踪迹，轰炸也只能持续一天。然而，如果美国将侦察机在北部集中，无论怎样他们都有两天的轰炸时间，也许是因为北部航线的护卫舰很快就将被发现，也许是因为南部航线的能见度更好，尽管只有少数几架飞机，却能够成功锁定日本舰队。A 代表美国战略，J 代表日本战略。博弈矩阵如下所示：

		J	
		北部航线（b_1）	南部航线（b_2）
A	南部集结（a_1）	1	3
	北部集结（a_2）	2	2

美国人将飞机集结在北部航线，发现了那里的日本驱逐舰队。美国人可以保证两天的轰炸时间，日本人则将可能被轰炸的时间限制在两天之内。两名博弈者都采用了"审慎战略"。

上面所说的纯粹是战略的例子而非战略-外交的例子，它假设轰炸的天数与博弈的结果是对等的（这没有考虑军事行动中的危险）。除此之外，存在一个鞍点：一方的谨慎碰上了另一方的谨慎。然而，改变其中的数字，很容易就可得出新的矩阵：

		B	
		b_1	b_2
A	a_1	0	2
	a_2	3	-1

因为有机会赢 3，A 尝试选择 a_2 战略，却有失去 1 的风险。如果它采取审慎战略便会选择 a_1，因为这至少可以确保平局。对于 B 来说，它会试图选择 b_2，因为如果 A 选择 a_2 它就能赢 1。但 B 担心如果 A 选择 a_1，它就会失去 2，因此出于审慎，它就会选择 b_1。然而，如果 B 怀疑 A 会选择 a_2，B 就会选择 b_2，因为 B 怀疑 A 也有同样的希望：如果 B 预期 A 选择 a_1，B 就应选择 b_1（而 A 就会选择 a_2）。B 假设 A 做出这样的计算，B 选择 b_2 就战胜了 A。但是，A 也会预期这样的计算，并战胜 B，于是博弈无休止地继续下去。换言之，在博弈没有鞍点并是单一行动的情形之下，博弈没有"理性"方案，合理的政策取决于心理动机以及对风险或安全的偏好。

我们知道，博弈理论已通过所谓的混合战略①克服了鞍点缺失的障碍。这种最优化战略的概念可能包含同外交有关的相似经验：当对手可以事先知道特定情况下我方的决策，从而获

---

① 数学家证明，上一个博弈的最佳战略是按以下方式确定的：第一行方框之间的差异为 2，第二行方框之间的差异为 4。这两个差异之间的比率为 4/2 或 2/1，这一比率将决定 A 应选择 a_1 和 a_2 的频率，即时间的 $66\frac{2}{3}$ 和 $33\frac{1}{2}$（A 每次随机选择 a_1 或 a_2）。B 的战略类似地由列框之间的差异比率确定。由于这些差异相同，B 必须以同样的频率选择 b_1 和 b_2。两种混合策略是最好的。每次 B 选择 b_1 时，A 将有 2/3 的机会赢得 0，并有 1/3 的机会赢得 3。因此，它平均将获得 1。每次 B 选择 b_4 时，A 有 2/3 的机会获胜，有 1/3 的机会输掉，这又得出（$2 \times 2/3 - 1 \times 1/3$）= 1，这是博弈的值。B 只能通过偏离最佳战略来改善情况，这将使我们回到一开始的"心理圈"。

该模型在军事技术中具有多种应用，甚至可以应用于简单的战略问题。可以通过删除鞍点来修改两条路线和两个队列的问题，这样只有"混合战略"才能提供解决方案——这显然需要重复，以便每个博弈者可以随机选择提供给他的一个或另一个决策，该决策的频率由两行或两列的值之差的比率决定。

得优势之时，阻止这一预期的最好办法就是不规则且没有规律可循地选择某一个可能的决策。但**理性方案**的最好战略，其先决条件是对每个决策给每个博弈者所造成的结果进行精确的评估，并同时限定博弈的界线。大多数时候，诉诸武力（它也构成了可能的战略之一）带来的不确定性系数让模型和现实的差距进一步扩大了。

两个超级大国的热核垄断、冷战、在常规武器和核武器之间的选择，这些外交情境激发美国学者们对许多典型局势进行分析。只要人们不忘记数理图表和历史世界之间的差距，这一方法就是无可争议的。有些时候，这些计算的基础是对武器性能客观概率的计算（鉴于弹道导弹已知的精度、基地的抗打击能力，需要多少枚弹道导弹可实现以90%～95%的概率摧毁美国50个洲际导弹基地和10个发射平台？）；有些时候，由于利害关系的重要性（柏林）和常规武器、原子或热核武器的使用成本，这些计算还关乎外交或军事反制的概率。

第一类计算本身是完全合理的，但必须以不确定性系数来进行校正，而这是无法通过大体上的估算来实现的（对基地的位置和抗打击能力的了解有多完善？在多大程度上，实际发射是和演习一样的？诸如此类。）。

第二类计算，我认为是危险的，且没有什么用处。充其量，它使决策看上去是经过思考的严肃的结果，更甚的是，它歪曲了思考的性质和发展。首先，利害关系从来就未确定，因为它与整体的冲突无法分离，而战略家不知道，也无从知道这一点。美国会冒怎样的风险？一旦美国人战败，他们会变成俄国人的奴隶吗？会像奥斯卡·摩根斯特恩所设想的那般，上百万的中国人将到纽约或芝加哥生活吗？①

我丝毫不怀疑，"理性核政策委员会"中任意一个成员都会回应称，这位著名经济学家是他自己幻觉的受害者，俄国人和中国人都没有想象过如此这般的人口迁移。或许他们的确没有过这样的想象，但任何事情都没有办法证明，他们没有设想过在热核战争过后，或在没有发生热核战争的情况下，美国会投降的那一天。**抽象地说，我们所说的双头垄断的利害关系取决于冲突本身的发展进程，两边的外交－战略家都无法计算出他进行冒险会失去什么，因为任何一方都不知道潜在的征服者会如何处置他。**更进一步来讲，即便在战争中征服者只丧失了它所拥有的城市的一半，其风险仍比不战而降的风险要大。然而当下，不同的孤立博弈之中的全部利害关系，或多或少取决于整体博弈对之施加的影响。

鉴于孤立的博弈并不相同，它随着博弈中采取的战略的变化而变化，因此也就不可能给利害关系赋予价值，这种不可能性与"孤立的博弈和世界范围内的博弈都不是零和博弈"这一事实相结合。诚然，美国领导人更愿意相信如果没有苏联，一

---

① O. Morgenstern, *op. cit.*, p. 289：没有人可以肯定地说，敌人如果不战斗就投降会使我们的国家遭受什么。但是我们可以勾勒出这幅残酷图景的一些特征，无疑，这将是危险的。军事权力的任何痕迹都会随之消失：在军备规模越来越小，力量越来越强，但仍集中在执政的少数派手中时，没有比这更容易实现的事了。政府将移交给共产党官员；训练有素、服从命令的下属将掌权。贫民窟中的人将占领宫殿，而现在居住在那里的人将最终进入阿拉斯加和加拿大北部的劳务所。我们不为美国而是为亚洲生产汽车。1 亿或者是 2 亿中国人将会移民至我国，占有我们现在居住的房屋。根据他们的标准，即使他们会跟我们挤在一起，他们的处境也会比现在更好。我们的工厂将为世界其他地区提供"维修服务"，而我们将被置于严格的生存制度下，生活资料仅足以确保新来者和顺从奴隶（对镇定剂所需剂量的管理可以轻松保证其顺从性）的服务的永久性。

切就全然不同，而苏联在"社会主义"普遍传播的路上也仅仅看到美国这一个阻碍。但只要两大巨头存在，它们就保持着相互间的一些共同利益。我不知道美国拒绝中国恢复在联合国的合法席位，这是像有的学者所表现的那般深思熟虑，还是毫无意识地在帮助苏联维系它在社会主义体系中的权威。但是，两大巨头的行动似乎是要关闭核俱乐部，双方似乎都将尽可能长久地维持双头垄断的格局当作目标。或许从长远来看，美国会认为两个社会主义大国更为可取，而非只有一个社会主义大国。美国可能将其中一个社会主义大国看成抗衡另一个社会主义大国，或者至少是可以缓和另一个大国的巨大野心的砝码。

　　当对抗与竞争的混合博弈取代绝对对抗（即零和博弈）的时候，数学家的矛盾与心理学家的动机渐趋一致。博弈理论学家的经典问题，即"囚徒困境"，可以说明这一现象。[1] 两个犯罪嫌疑人分别接受审问。他们犯下了小罪，但审讯官认为他们也有重罪的嫌疑。假如两个人都保持沉默（a_2，b_2），也就是拒绝供认重罪罪行，那么他们将受到轻微惩罚（+5）。另一情形是，其中一方坦白认罪。如果 A 供认重罪（a_1），B 不供认（b_2），A 就免于惩罚（+10），B 就会受到严厉惩罚（-10）。如果双方都供认重罪，那么他们将都受到惩罚，但比起一方供认而另一方不供认的惩罚（-10），则不那么严厉（-5）。如下所示：

A		B			
		b_1[2]		b_2	
	a_1	-5	-5	+10	-10
	a_2	-10	+10	+5	+5

---

① 我将借用阿纳托尔·拉波波特（A. Rapoport）所引用的书中的表述。

② 第一个数字是 A 的结果（偿付），第二个数字是 B 的结果。

　　最好的解决方案是什么？我认为，很明显没有"理性的"解决方案。假如 A 或 B 其中一方供认，并说服另一方忠于承诺不供认，那么这一方案就获得最大的收益，即使他在"一般道义"上更加有罪。但是，双方为了将风险最小化，都供认不讳，这一方案对共同体的收益（－10）就低于双方都保持沉默的收益（＋10）。在这种情况下，博弈者可以进行沟通，这就足够让两个犯罪嫌疑人共同选择对共同体而言最佳的解决方案——保持沉默。但这一方案仍不是理性上必须选择的解决方案，因为对于每一方来说，虽然与另一方协商一致，但也可能怀疑对方会进行欺骗。总之，一切都由 A 对 B 行为的想法以及 B 对 A 行为的想法决定。最道德的解决方案（在一般道义上）和对共同体最好的解决方案（但并非对每一方都最好），就是共同保持沉默。假如不止两个博弈者，假设有三个博弈者，并希望找出它们之间利害关系的理性分布，我们就难以得出**一个**理性方案或是唯一的解决方案。能够进行瓜分的总量是一定的，每个博弈者通过自由地与其他两方进行结盟能够获得多少份额？这一切都由博弈者之间的心理联系决定，在于博弈者两两之间的暗中协定，在于其中一方对另一方或对敌对联盟中的一方所做的承诺，在于每一方所须面对的来自其他两方的威胁。在博弈过程中，这些确切的心理层面的概念必然会产生干预作用，对共同体最好的方案与对每个博弈者最好的方案并不相同，或者说，不可能在博弈者之间达成明确的默契。

　　后面的这些概念是热核战略理论家自发使用，或从博弈论简单模型出发而使用的概念。动用热核武器会有遭到报复的风险，因此不可行，战略家只有赋予动用热核武器某种可能性，以此揭示他认为某一利害关系（比如柏林）的最大价值。不使

763

用热核武器导致的结果（失去这样或那样的地位）的价值仿佛一早就已知道，热核战略并不在于根据给定的结果计算将要采取的决策。热核战略在于为了提高利害关系价值而移动棋子，如果战略家接受失去他对极端事物的依恋，其声望也将蒙受损失。或许有人认为，对于孤立的博弈，他赋予利害关系的价值与热核战争的成本是相等的，而他的出发点是，输掉这一博弈对全盘博弈看似有着严重的影响，即对热核战争层次上的利害关系具有严重影响（相对于热核打击，屈服妥协、全面失败并不可取）。但不应该把这一定性表述说得太过头：在数学家看来，若损失有"无限大"的风险，他们便不会同意计算出理性决策。对于外交－战略博弈者，热核战争就等同于无限大的损失。唯有博弈者屈服妥协才能摆脱这一博弈，而屈服妥协所带来的风险也没有少很多。在这一博弈之中，博弈的每一方都不得不接受几乎是无限大的风险，任何理性战略都不存在；一些看似合理的战略是存在的，我们也邀请对手尊重这些含蓄的规则。

在热核时代，博弈的每一方都旨在避免局势升至极端，并不输掉或多或少孤立的博弈。为了限制己方损失，每个博弈者要想避免让自己面临局势升级的危险，就必须承诺捍卫最重要的利害关系，并试图让对方相信承诺是牢固的。但是，他也要竭尽全力避免对方无法接受这一承诺，从而让对手既不失去重要地位，也不会颜面全无。这种博弈在本质上是历史性的也是心理上的，每一个行动都让最初博弈的条件发生改变。对每个对手来说，利害关系的效用不尽相同，任何效用转移都没有实质意义。热核时代的博弈并不排除传统外交以外的合情合理的行为，在现在和在过去的几个世纪中一样，它不适用于公式化的理性阐述（也就是说，博弈之于行为体，正如数学定理的真理之于理解定理证明的人）。全然相反，我认为相较于前核武器时代，热核时代的战略与理性战略模型渐行渐远。在 1955 年之前，即热核双头垄断格局确立之前，博弈本身看似并没有不合理之处，但现在的博弈者可能更想离开博弈局，或以这样那样的方式停止博弈①。与其他战略相比，承诺、威胁和虚张声势的战略与"个性"紧密相连。现在，在民主阵营之中，自由出版界与政治人物常对博弈的性质没有意识，博弈者从来没有如此不像一个人。所做的决策具有反映出不可转移的偏好的风险，因为这些决策体现了国家内部个体或法定团体之间的妥协。

* * *

在热核时代与意识形态的年代，外交－战略是合理的也是不合理的，这让领导人与平民百姓都直面道德的二律背反，甚至比以往更让人感到痛苦。哪个美国总统能在热核战争会对美国人民造成伤害的情况下，去命令**战略空军司令部**发起攻击呢？在对抗希特勒时，接受风险、拒绝妥协被认为是美德，如若另一个希特勒出现，我们还可以那样做吗？在面对挥舞着亿吨级炸弹的那个人时，我们那样做还会被认为是美德吗？

以圣贤之姿观察历史的哲学家认为，道德与政治的矛盾不像**国家理性**的分析者弗里德里希·迈内克所阐述的那样。道德也产生于历史，随着时代发展而变化。正是道德观念上的真正进步在引领我们严厉地对国家惯例进行研判，并渐渐地进行改革。正是在共同体具体的道德之中，方可实现普遍性的道德，

---

① 通过停止博弈或武器垄断（这是停止博弈的另一种方式）来消除无止境的风险。

尽管尚不完美。而正是在政治之中、通过政治，方可实现具体的道德①。

诚然，在一些学说之中，道德与外交－战略行为间绝对的二律背反部分是由我们对两者的定义造成的。即便世上仅有天主教徒的道德——无私的自我牺牲，而没有其他道德，那么很显然一国元首甚至是信仰天主教的国家元首也不会像天主教徒那样行事，**一个企业的总裁同样不会如此**。一个对私人共同体或公共共同体负责的个体，必须待人以公，恪守自己的义务，因为这义务不是他本人的，而是他领导并为之负责的人们的义务。任何一个国王都无权让自己的国家成为各国中的基督。一个国家为了生存就要维护自己对他国的权力意志，这并非不道德。美国现实主义者的悲观主义根源在于，它经常对道德要求怀有错误的或过分的观念。

然而直到现在，**强制**与一切政治都不可分割，国家之间的强制表现为**武力威胁**或**使用武力**，而法律要求个体服务于他的**国家，无论他是不是赞同他为之而战的国家事业**。

诚然，强制并非本身就不合理。所有或几乎所有国家的生存都是因为有强制的存在，甚至是美国这个由欧洲人在一片荒芜土地上建立起来的国家，它必定首先忘却南北战争，方可信奉其偏爱的意识形态。这种意识形态认为，在一致同意与强制统治之间、在理想主义外交与强权政治之间有着根本性的对立。

---

① 艾瑞克·怀尔（éric Weil），关于迈内克的书《现代史上的国家理性观念》（*Die Idee der Staatsräson in der neueren Geschichte*）的评论，1961 年 7 月，p. 664-665："……纯暴力不再可能，如果它表现出来，与之相反的力量就会团结起来反对它，这有助于获得历史意识和道德进步。从表面上看来，如果历史上的暴力问题没有已经被思想所克服，如果这种意识缺乏了解自己、承认自己的勇气，那么它不会被提出，这其中并不存在悖论。"

国内政治从未试图从根本上消除冲突和暴力的因素。即使国家的宪政秩序未遭受政变或革命的破坏——这意味着回到某一自然状态——民主政体的正常运转亦不会阻碍一部分或另一部分的被统治者感到受压迫。这有时是有原因的，这不会让这些人免受强权之苦，因此也就无法阻止他们由于看不到逃避强权的希望，便只能诉诸革命，即诉诸暴力。然而，赋予国内的政治进程以一定意义至少是可能的：根据一致同意原则建立起民意政府，依法确保个体的自由，为共同体所有成员分享文化和城市的益处创造有利条件。几个世纪以来，人类通向人性：所有人承认每个人的尊严，法治帝国能让所有人以理性生活。

在民族国家之间，我们能够觉察事件进程具有意义的蛛丝马迹吗？国家是否倾向于放弃决定自己的法律？与公元前的大国相比，20世纪的大国是否更趋向于尊重小国，并不滥用它们的力量？我以为，今天更严重的问题是，集体的良心易于向**"我的国家是对的还是错的"**准则屈服（可以评价其是高尚的或是卑鄙的），而非屈服于若没有它，由法律或世界联邦所实现的和平便仅仅是危险的乌托邦的命令。

公民服从于自己国家的命令，而无论是何种命令，道德主义者又怎么能谴责他们？即便倒回去看，历史学家也认为难以公道地评判人类共同体互相对抗的武装冲突的对错，那么被矛盾的意识形态包围的、缺乏足够信息的个体，又怎能要求解决问题的权利？历史共同体中的成员身份这一事实，确保他享受特权及传统，从那天起，他便不言自明地立下诺言。践行诺言不正是他一劳永逸的最好办法吗？我们知道，这种诺言或让我们非此不可。我们知道，还有另一些情况，其中道德主义者像历史学家那样观察到这种对立及每一方选择的矛盾，并拒绝对此做出判断。讨厌希特勒但又在德军中服役的德国人，讨厌希特勒但又致力于打败第三帝国的德国人，虽然他们在内心深处珍视同样的拒绝和希望，但又发现身在敌对阵营。没有一个普遍的规则让我们可以明确，个体反抗落入篡夺者之手的国家、反抗违背共同体合法价值的政体的权利，是从哪里开始，又是在哪里结束。

在这些极端情形之外，相信阿尔及利亚战争的不公正多于公正的法国公民就应该被流放去同阿尔及利亚民族主义者携手战斗吗？假如法国要求他去服兵役，他是该拒穿军装，还是遵循内心的狂怒？反对派成员应持何种态度，好让他在忠于理念的同时又不失去对国家的忠诚？

有人会反驳称，这种居心不良的例子也存在于国内。假如国王独断专横、独裁统治、滥用权力及合法权威，个体需要在屈服与背叛之间做出选择。这样的选择与政治生活自然密不可分，因为一切具体的道德都要求个体服从于法律与国王，但没有道德禁止个体对法律与国王进行反抗。当我们对国家间对抗进行考量之时，这一取舍的影响就大不相同。

国家要求公民冒着生命的危险为国尽忠。假如公民认为国家的事业等同于民族的事业，那么为国尽忠捐躯看似就是社会与生活要求每个人都必须承担的固有义务。但是，当希特勒让怀抱自由主义的德国人去冒最高等级的风险之时，从"矛盾"一词的真正含义来看，这就是悲剧：要么背弃自己的理念，要么背叛自己的国家；要么为他所厌恶的政权卖命，要么致力于打倒自己灵魂深爱的共同体。进而，若他足够睿智，他就应当承认：他厌恶的政体的某些方面并不必然与国家临时命运相违背。有时这个世界确实属于暴力。

　　让我们停下来思考关于马基雅维利主义的争论或国家理性的观点：在国际竞争中，获胜的国家是对内对外最不公正、最残忍甚至是最原始的国家吗？我认为，做出绝对**肯定**或绝对**否定**的答案都非常困难，这样的答案也是错误的。在利于共同体和符合道德二者间存在永恒矛盾，这个命题站不住脚，即使我们错误地仅以共同体权力为标准来对**有用**进行定义，也是讲不通的。如若行使权力的人或拥有权力的人的所作所为违背了臣民或公民自发地视为正当的规则，那么这样他们既减少了对法律与道德的尊重——遵守法纪、践行道德正是共同体本身的力量源泉，又损害了他们的声望。因此讨厌本国法律和统治者的民族，自然不是强大的民族。然则，假如秩序业已崩塌，需要重新来过，那最有可能获胜的人也是最没有基督美德之人，[①] 他们具备指挥能力，天性残忍狡黠，对自身和事业狂热自满。胜利者相信人治政府，而非法治政府。

767

　　对外亦然，在粗俗的意义上讲，认为仅有马基雅维利式的权谋家才能取得成功是不正确的。只要赋予力量模糊又宽泛的定义，蒲鲁东的观点就不全是错误的：从中期看来，力量的权利最终与正义趋于一致，或者比起每国有权得到的，力量也不会施舍得多一点。法国的武装力量可以征服阿尔及利亚，却不能同化阿尔及利亚人：这是因为这种同化已经超过法国拥有的力量，征服既无益也有失道义。但是，指望这种最终和解（何时才是最终？）就是相信圣诞故事。在历史上，武装力量就可

---

　　① 沙皇垮台后，英国在俄国的代表布鲁斯·洛卡德（Bruce Lockard）先生说，他目睹了激动人心的一幕幕，押注布尔什维克的成功：托洛茨基凭借他的话语和个性，使一群半醉的士兵回到了服从中。其他人、孟什维克、革命社会主义者等，则站在大多数俄罗斯人民的一边，他们只想着法律、自由、无政府状态。布尔什维克则恢复了军队的纪律和死刑。

以从事和维持征服，而（社会的、道德的和精神的）力量无法为征服辩护。也许有一天苏联将为 1945 年以来它对东欧所做的不公正行为付出代价，一如法国在 1954 年后为一个世纪以前对阿尔及利亚所做的付出了代价。我们对此尚不甚明了，也无法保证未来的结局就是如此。

相较于把决定动员或投资的程度的特权交予个人的政体，减少公民具体自由、将相当一部分国家资源投入对外政治的政体具有显而易见的优势。诚然，如若享有特权的公民正直而有道德，那它将胜过独裁政体。依靠强制手段所获得的，正直的公民可以通过公民精神来达成。在现实中，自愿动员通常弱于强制动员。一个民族丧失统治的欲望，就失去了帝国——这里套用了一名英国外交官员的理念，但这一理念只说出了部分真理：当一个民族发现不再可能让帝国延续之时，它往往也丧失了统治的欲望。然则，对于永恒的强大而言，统治的欲望不可或缺，今天的情况与昨天一样，苏联领导人向我们证明了这是符合原则的。

数个世纪以来，国际关系的本质一如这般显而易见地保持不变：和平与战争的具体特征仍由可利用的武器、冲突中的政体特质及冲突中的利害关系所决定。现在的和平没有像一个世纪以前那样稳定，这是因为国与国之间的对抗和意识形态竞争逐步加剧。一场大规模战争将比以往任何时候都更令人恐惧，人类并非变坏了，而是他们懂得的更多了。

768　　　与在国内秩序中所观察到的进步相比，国与国之间的秩序难道就没有一点进步的迹象？[①] 难道当前战争历史的结局不足

---

①　这既不是稳步的进步，也不是对未来的确定性。其中有倒退存在。我的意思是，哲学家可以确定什么将构成当今道德良知所期望的社会秩序，并且就这一理想而言，政治的历史具有某种意义。

以让我们确立符合人类使命的国际秩序？那么在怎样的条件下才能够实现这一国际秩序呢？

这样的乐观主义并非全然没有基础。在此立场的支持者中，有的人强调少数人意识到了人类属于同一单元，人类的尊严要高于任何单个的共同体。在另一些人看来，在经济上，所有共同体休戚与共，这一主要表象将促使国家跨越民族主义，将合理的和平共处体制进一步完善。还有人认为，显而易见，动用现代化杀伤性武器进行战争非常荒谬，因此超级大国如果依然诉诸武力就是与时代脱节。解放战争已经属于欧洲民族身后的时代。

这些观点并非毫无益处，但任何一个都无法让人信服。在整体上，人类意识很难与强大的部落意识相提并论。政治单元间的关系日益繁复，20世纪的历史第一次成为全球历史，但这并不能阻止一些政体决意阻碍交流。从某种意义上说，两种意识形态世界，一种是人们说得多却不理解，另一种则是很少有人去理解。2/3的人类与享有特权的少数人并不身处同一时代，未来他们也会如此吗？他们何时会这样？他们能够不接受这样吗？共同体的权力意志以及对荣耀渴望由于有热核弹头的存在而完好无损。相较于"野蛮人"，今日之征服者（希特勒除外）可能不会再无视文化共同体生活的权利。假若极权国家取得胜利，能够让如同迦太基一般誓死对抗征服者至最后一刻的共同体继续存在吗？

我不敢肯定我们能够发现观念的当前有效性和**现实性**（Wirklichkeit），这一观念给单调更迭的成功与失败、城邦与帝国赋予了意义。我也不能确定，人类是否对地球上的和平充满渴望。当然，他们想要挣脱战争的恐怖，但他们愿意放弃集体骄傲的欢乐，以及用他们的名义讲话的那些人获胜的欢乐吗？

他们中的每个共同体都可以彼此信任，直至不动用武力并把解决冲突的任务交付法庭的地步吗？从今往后，他们可以对全球人口的合理极限共同做出决断吗？如无此极限，他们将蒙受实质上的绝对人口过剩的威胁，这将致使资源、原材料与空间的你争我夺重新出现，同以往的战争无异，这看似不重要吗？最后也是最重要的是，人类是否能够在他们的信仰与价值体系之中，彼此亲近，对不同文化的差异保持容忍，如同容忍一个政治单元中不同省份间的差异？

很难对所有问题进行肯定的回答。我并不否认存在两个全新的因素：利用自然力量从事生产以及进行摧毁的能力；既是道德的（所有人都是人）又是务实的（限制各部分人群之间的冲突，这符合所有人的利益）人类良知的萌芽。这证明人类的事业到达了一个崭新阶段吗？我们不得而知，我们应当渴望如此，我们也有权利抱有这样的希冀。

重新回到伯特兰·罗素的预言中，我们也十分清楚国家间的和平与战争可以引发不同的结局。或是人类忘记所学的知识重回前工业时代；或是在灾难之后人类脱离了好战阶段，但并非所有民族都能幸免于难以得知后好战时代的好处；抑或是，人类在世界末日的阴影之中，在数个世纪里，人们继续悲剧性的博弈，几分钟的热核交战所造成的悲惨情况需要医疗卫生经过几十年来治愈；最后，又抑或是一个更为可取却更不可能的假设：国家会渐渐超越偏见与利己主义，狂热分子不再将绝对理想幻化为政治意识形态，科学让逐渐拥有自我意识的人类可以更理性地根据人口规模来管理可供使用的资源。组织将是全球性的，文化共同体数量更多、规模更小。所谓的强权国家完成其历史使命，将在和平的人类之中消失……

但读者们请不要笑得太早。如果考虑到人类还将存续的时间，那人类还处于幼年时代。"尚且不论消失的人种，我们今天可以认为现代人类已经在地球上存在 6 万到 10 万年，当前宇宙状态能让人类的子孙后代再生存几百万年。如果把**人类现象**存在的期限定为 100 万年，能够估算出人类已经生存其中的 1/10，仍有 9/10 尚待开发。人类的寿命与个体寿命之比为 10000∶1。当今人类与成熟人类相比，就像十岁小孩之于老人。人类的一千岁仅仅相当于个体生命的一个月。我们人类才十岁。当我们五六岁时，我们无父无母，亦无主人，甚至不能把自己跟其他哺乳动物相区分。之后，我们陆续发现艺术、道德、法律和宗教。我们学会读写的时间还不到一年。我们建起帕特农神庙的时间还不到三个月。两个月前，基督降生。我们明确实验科学的方法尚不足十五天，这让我们了解了宇宙的小部分现实。仅仅两天前，我们才学会如何用电和建造机场。我们只是一个十岁的小男孩，勇敢、强壮、满怀希望；我们知道下一年将要学习做没有错误的听写练习，并正确做算术题。在两年后，我们将开始六年级的学习，初领圣体。十万年后，我们进入成年。"①

如果我们被当下的不幸与不远将来的危险所打败，甚至到了放弃希望的境地，那将非常可耻。但是，在乌托邦中自我放逐，对当下的创伤不闻不顾，同样是非常可耻的。

任何事情都不能阻止我们承担两项义务，对于我们的人民和所有的人民来说，这两项义务并不总是兼容的：一是参与到构成历史脉络的冲突之中，二是为和平而努力。人类可能会和

---

① J. Fourastié, *op. cit.*, pp. 260 – 261.

平共处，没有人再讲法语。其他肩负国家使命的共同体也会销声匿迹。在从今天开始的未来几年或几十年里，人类或许会自我毁灭，或是一个民族消灭其他所有民族，独霸地球。

是否应该在回归前工业时代和后好战时代降临之间进行选择？在这个未知的时代，人类会是同质的还是异质的？社会是会像一个白蚁冢还是一座自由城市？战争时代将会在放纵的暴力之中，还是在渐进的和平之中终结？

我们知道这些问题的答案并不确定，但我们明白，人类唯有在放弃暴力或者放弃希望之日，方能克服行为上的自相矛盾。

让我们将通过思考寻求人类事业结局的光荣留给那些拥有更多幻想天赋的人，让我们竭尽所能地不违背我们每个人所被强加的义务：既不逃避好战的历史，也不背弃理想；在思想和行动上坚定我们的决心，让战争的缺位延续到和平真有可能的那一天——如果说和平从来都没有来到过的话。

引用作者索引[*]

（以下页码为原书页码，即本书页边码）

---

[*] 感谢 M. Semidéi 女士和 G. Lagneau 先生建立这两份索引。

关键词索引

（以下页码为原书页码，即本书页边码）

science des —, 85, 91, 167, 173, 389, 630, 715; national; constitution et désintégration de l'État —, 142, 312, 376, 583, 590, 630, 715, 724, 735-737; unité —, 397, 590, 592, 719, 723, 734; libération —, 173, 590, 593; égoïsme —, 568, 580-582, 596; caractère —, 290; intérêt —, 29, 37, 55, 71, 99, 101, 128, 148, 204, 567, 570, 572, 581, 584, 596, 611, 622, 623, 693, 735, 761; — et régime, 289; sociétés, cultures et idéologies transnationales, 104, 111, 113, 122, 139, 142, 161, 167, 691, 713, 716, 717-719, 731, 734; empire plurinational, 394; État subnational, 394; communauté internationale, 722, 739; supranationale, 722, 728, 730, 732, 734.

NATIONALISME, 46-47, 90, 172-174, 177-179, 201, 293, 446, 466, 578, 580, 616, 663, 680, 684, 737, 739, 768.

NATOLIN, 445.

NATURE, état de nature et état civil, 19, 60, 82, 121, 338, 565, 567, 568, 583, 595, 668, 694, 696-697, 708-709, 740; homme naturel, 338; société naturelle, 356.

NEHRU J., 385, 501, 521, 525.

NEPAL, 513.

NEUTRALITÉ, neutres, neutralisme, 13, 18, 521, 549, 593, 614, 635, 672, 679, 681, 684, 744; types de neutralité, 500, 522; neutralité sans armes, 480, 500, 532; — et insularité, 195; — et dissuasion, 400; — religieuse, 374; — de l'Allemagne, 493; — du Japon, 196; — du Congo, 548.

NEW YORK, 126, 404, 603, 750, 761.

NGO DINH-DIEM, 466, 505, 518.

NICARAGUA, 382.

NICOLAS II, 283, 585.

NIGERIA, 376.

NIVELLE R. G., 45.

NOIRE (mer), 197.

NOMBRE, 215; falsification intéressée du —, 217.

NORMANDS, 217.

NORODOM SIHANOUK, 505, 518.

NORVÈGE, 244, 382, 452, 476, 500, 715.

NOURY SAID, 126, 522.

NOUVELLE GUINÉE, 758.

NOUVELLE ZÉLANDE, 381.

NUREMBERG (procès), 123, 129.

ODER NEISSE (ligne), 106, 470.

O.E.C.E., 449, 450, 453, 492.

O.N.U., 22, 41, 113, 125, 128, 187, 323, 329, 371, 372, 373, 377, 387, 390, 395, 399, 443, 464, 499, 514, 544, 590, 594, 666, 697, 701-704, 715, 720, 729, 738, 761.

ORIENT (Proche-, Extrême-), 42, 51, 76, 95, 104, 122, 229, 267, 377, 420, 509, 513, 522, 667, 673, 678, 682, 717, 733, 746, 753.

O.T.A.N., 368, 379, 392, 437, 461, 470, 475, 482, 484, 488, 500.

PACIFISME, 609, 614, 615, 692, 704, 729, 748.

PAIX; typologie, 158-161, 166-169, 179, 623-636, 693, 744, 767; intervalles entre les guerres, 330; absence de paix et guerre, 380; — éternelle et universelle, 565, 576, 581, 587, 595, 623-626, 628, 631, 668, 692-694, 697, 770; — religieuse, 393; — de compromis, 586, 661, 666, 711; — par le droit, 336, 571, 580, 594, 690, 694, 696, 704, 720-722, 744; — par la peur, 403, 425; — par la religion, 357.

PAKISTAN, 375, 382, 385, 389, 481, 500, 501, 504, 522.

PANAMA, 372, 382.

PARAGUAY, 382, 513.

PARIS, 50, 89, 105, 198, 213, 217, 262, 404, 426.

PARTHES, 200, 225.

PATHET LAO, 504, 523.

PAYS-BAS, Hollande, 66, 95, 195, 198, 209, 239, 244, 251, 262, 329, 377, 382, 411, 455, 464, 549, 702, 715.

PELOPONNÈSE, 219, 311, 320, 324.

PÉRON J., 519.

PÉRICLÈS, 152, 311.

PÉROU, 382, 388.

PERSES, 216.

图书在版编目（CIP）数据

民族国家间的和平与战争：全2册／（法）雷蒙·阿
隆（Raymond Aron）著；王甦，周玉婷译. -- 北京：
社会科学文献出版社，2021.1
　书名原文：Paix et guerre entre les nations
　ISBN 978 - 7 - 5097 - 9710 - 5

　Ⅰ.①民…　Ⅱ.①雷…②王…③周…　Ⅲ.①国际关
系 - 研究　Ⅳ.①D81

中国版本图书馆 CIP 数据核字（2016）第 223111 号

民族国家间的和平与战争（全2册）

著　　者／〔法〕雷蒙·阿隆（Raymond Aron）
译　　者／王　甦　周玉婷

出 版 人／王利民
组稿编辑／董风云
责任编辑／张金勇
文稿编辑／张冬锐

出　　版／社会科学文献出版社·甲骨文工作室（分社）（010）59366527
　　　　　　地址：北京市北三环中路甲29号院华龙大厦　邮编：100029
　　　　　　网址：www.ssap.com.cn
发　　行／市场营销中心（010）59367081　59367083
印　　装／北京盛通印刷股份有限公司

规　　格／开　本：889mm×1194mm　1/32
　　　　　　印　张：37.125　字　数：858千字
版　　次／2021年1月第1版　2021年1月第1次印刷
书　　号／ISBN 978 - 7 - 5097 - 9710 - 5
著作权合同
登 记 号／图字01 - 2013 - 0932 号
定　　价／198.00 元（全2册）